ESTUDOS EM HOMENAGEM A JOSÉ ROGÉRIO CRUZ E TUCCI (escritos por seus orientados)

Coordenadores
Heitor Vitor Mendonça Sica
Paulo Henrique dos Santos Lucon
Oreste Nestor de Souza Laspro
Ricardo de Barros Leonel

ESTUDOS EM HOMENAGEM A JOSÉ ROGÉRIO CRUZ E TUCCI
(escritos por seus orientados)

GZ
EDITORA

Rio de Janeiro
2024

1ª edição – 2024

Diagramação: *Olga Martins*

CIP-BRASIL. CATALOGAÇÃO NA PUBLICAÇÃO
SINDICATO NACIONAL DOS EDITORES DE LIVROS, RJ

E85

Estudos em homenagem a José Rogério Cruz e Tucci : escritos por seus orientados / coordenação Heitor Vitor Mendonça Sica ... [et al.]. - 1. ed. - Rio de Janeiro : GZ, 2024.
1030 p. ; 24 cm.

Inclui bibliografia e índice
ISBN 978-65-5813-093-2

1. Tucci, José Rogério Cruz e, 1956-. 2. Direito processual - Brasil. I. Sica, Heitor Vitor Mendonça.

24-87751

CDU: 347.91/.95(81)

Gabriela Faray Ferreira Lopes - Bibliotecária - CRB-7/6643

08/01/2024 11/01/2024

contato@editoragz.com.br
www.editoragz.com.br
Estrada do Capuava, nº 1325 - Box Q - CEP 06715-410
Bairro Barro Branco - Município de Cotia - SP
Tels.: (0XX21) 99585-0737 / 99755-0737

Impresso no Brasil
Printed in Brazil

SOBRE JOSÉ ROGÉRIO CRUZ E TUCCI

Elogio em boca própria sempre é e sempre será vitupério!

Nasci em Mogi-Mirim, pequena cidade distante 150 km. da capital São Paulo, em 17 de agosto de 1956, filho de Rogério Lauria Tucci e Therezinha dos Santos Cruz e Tucci.

Cursei o primário no Grupo Escolar Dr. Oscar Rodrigues Alves e o secundário no Ginásio Estadual Monsenhor Nora.

Nos idos dos anos 60, quando supunha já ser gente, recordo-me de minha infância em Mogi-Mirim,

Meu pai, advogado militante, àquela época, estava à frente de movimentada e respeitada banca de advocacia na região, anexa à casa onde morávamos e que era composta por mais três jovens advogados.

Fascinava-me, desde cedo, ouvir os "casos" e as infindáveis "estórias" sobre as mais diversificadas questões jurídicas, típicas da província. Ainda hoje, lembro-me que o sabor ainda era maior quando o assunto dizia respeito aos embates entre os advogados e entre estes e os juízes da região. Foi assim que nasceu em mim, de forma absolutamente espontânea, o interesse pelo direito, na sua perspectiva dinâmica, no âmbito do foro, em suma, pela advocacia contenciosa. Recebi, portanto, inarredável inspiração paterna para ser vocacionado ao estudo do direito, sempre na perspectiva do advogado.

Já em São Paulo, a partir de 1971, época em que meus pais definitivamente fixaram residência na capital, após o curso clássico no Instituto Mackenzie, ingressei na Faculdade de Direito do Largo de São Francisco, da qual jamais me afastei. Considero me, pois, um "franciscano", que só um "franciscano" bem conhece a polissemia do termo!

Por natural influência de meu pai, o estudo pelo processo – civil e penal - sempre me atraiu. Tive como professores de direito processual civil, no segundo e terceiro anos, Antonio Carlos de Araújo Cintra; no quarto, Vicente Greco Filho; e, no quinto, Celso Neves. Destes três mestres – todos importantes para a minha formação –, convivo com o primeiro deles, que se tornou meu fraterno amigo; do último, mal sabia, que, mais de trinta anos depois, herdaria, pela generosidade de sua filha, a Dra. Lúcia Braga Neves, perto de 120 volumes de sua excelente biblioteca de processo civil e de história do processo. De direito processual penal fui aluno do instigante e magnífico Professor Sérgio Marcos de Moraes Pitombo, de quem, com o tempo, aproximei-me e de quem guardo ótimas recordações.

Durante o meu curso de bacharelado, não sei precisar bem quando, bisbilhotando a biblioteca de meu pai, deparei-me com um livrinho, com o curioso título, no original, *Elogio dei giudici scritto da un avvocato.* Intrigado, logo me perguntei: como é possível um advogado elogiar, de uma só vez, *"os juízes"*, "*todos os juízes*"? Tratava-se da tradução portuguesa (Lisboa, Livr. Clássica Ed., 1960) da 2ª edição italiana de 1938, da conhecidíssima e polêmica obra de Piero Calamandrei. Li-o de um só fôlego. Depois, com a devida calma, adquiri a 4ª edição original e póstuma, consideravelmente aumentada, com introdução de Paolo Barile (Firenze, Ponte Ed., 1959). Nunca mais a abandonei! Hoje, tenho esse trabalho de Calamandrei em sete diferentes idiomas.

Formei-me em 1978, e guardo ótimas reminiscências do meu tempo de estudante, tendo participado ativamente da política acadêmica.

No ano seguinte, fui admitido pelo saudoso Professor Moacyr Lobo da Costa no programa de pós-graduação nas Arcadas, na área de processo civil. Como o projeto de dissertação que me dispus a desenvolver abrangia a evolução histórica da supplicatio-sopricação-agravo ordinário nas fontes romanas, medievais e lusitanas, o Professor Lobo da Costa me sugeriu a consulta da *Cassazione civile* de Calamandrei. Deleitei-me com a leitura e anotei todos os três densos volumes da tradução castelhana de Santiago Sentís Melendo, com apresentação de Niceto Alcalá-Zamora y Castillo.[1] À época, além de ter constituído importantíssimo subsídio para minha pesquisa, fiquei encantado com a obra "juvenil" do Mestre florentino – Calamandrei tinha apenas 30 anos quando terminou de escrevê-la -, especialmente pelo profundo e completo trabalho de investigação histórica.

Por uma incrível coincidência, que agora não interessa, em 1981 e 1982, tive o privilégio de viver na Cidade Eterna, cursando o doutorado, sob a orientação do Professor Giovanni Pugliese, na *Facoltà di Giurisprudenza* da Universidade de Roma - *La Sapienza*.

Com o passar dos meses, entrevendo o meu crescente interesse pela ciência processual, Pugliese me recomendou o exame dos volumes que até então haviam sido publicados da obra jurídica de Calamandrei, em boa hora reunida sob a coordenação de Mauro Cappelletti, renomado aluno do Mestre de Florença. Aconselhou-me inclusive a leitura das respectivas apresentações - ele havia apresentado o tomo 8 da referida compilação.

Na verdade, aos poucos, percebi que o escopo de Pugliese era o de me aproximar do método de Calamandrei no desenvolvimento de temas de direito processual civil moderno, sob o enfoque histórico. Com tempo suficiente para me debruçar àquela agradável e proveitosa leitura, ainda em Roma, não demorei muito para descobrir que, ao lado do rigor metodológico e científico, os escritos de Calamandrei primam pela invulgar clareza e precisão. Ademais, o espírito crítico do grande Mestre, que marca toda a sua obra, desponta inigualável.

Em Roma, no segundo semestre de 1982, defendi o meu doutorado com a tese, escrita em italiano com inegável dificuldade, *L'ordinamento giudiziario*

1 Buenos Aires, Ed. Bibl. Arg., 1945.

e le impugnazioni nella legislazione di Costantino il Grande, perante comissão examinadora presidida por Giovanni Pugliese.

Retornando ao Brasil, no final de 1982, diante da exagerada demora e dificuldade burocrática no reconhecimento do meu título estrangeiro, acabei me submetendo a banca examinadora, em 1983, sob a orientação do Professor Moacyr Lobo da Costa, obtendo o título de mestre em direito processual, com a dissertação *Da* supplicatio *ao agravo ordinário: contribuição para a história dos recursos cíveis*.

Passei então a exercer a profissão de advogado, num escritório próprio localizado na Avenida Brigadeiro Luiz Antonio, n. 290, auxiliando em algumas causas, tanto quanto possível, a advocacia pessoal de meu pai.

Em 1983, iniciei o magistério, lecionando direito romano na Faculdade de Direito de Osasco, por indicação do saudoso Professor Luiz Carlos de Azevedo, e, em seguida, regendo, em turmas diferentes, direito processual civil e direito civil, na Faculdade de Direito das FMU.

Casei-me em São Paulo, em 28 de junho de 1985, com a aguerrida advogada Cibele Pinheiro Marçal Tucci, ao lado de quem exerço a advocacia desde então, juntamente com dois dos nossos quatro filhos, os dedicados advogados Rogério Lauria Marçal Tucci e Bianca Marçal Tucci. Os dois outros, Rafael e Amanda, mais sábios, optaram seguir atividades profissionais diferentes.

Em outubro de 1987, inscrevi-me num disputado concurso de ingresso na carreira universitária, para professor doutor do departamento de direito processual. Éramos nove candidatos e fui aprovado em primeiro lugar, certamente porque já inscrito no concurso para livre-docência, com a tese *Motivação da sentença no processo civil*.

De fato, no curso do mês de novembro daquele mesmo ano, submeti me à comissão examinadora integrada pelos Professores José Ignácio Botelho de Mesquita, Cândido Rangel Dinamarco, da São Francisco, Hamilton de Moraes e Barros, da Universidade Estadual do Rio de Janeiro, Adroaldo Furtado Fabrício e Ovídio Baptista da Silva, ambos da Universidade Federal do Rio Grande do Sul.

Tendo me tornado professor livre-docente, fui nomeado em fevereiro de 1988, ocasião em que oficialmente passei a exercer o magistério na Faculdade de Direito do Largo de São Francisco, para reger a disciplina direito processual civil.

No ano seguinte, em 1989, já atingido pela compulsória o Professor Moacyr Lobo da Costa, credenciei-me para orientar e ministrar aulas no programa de pós-graduação, passando a ser responsável pela disciplina história do direito processual civil, em quatro semestres, que havia cursado sob a regência do meu orientador Professor Lobo da Costa. Essa disciplina foi oferecida, ininterruptamente, por mim e pelo Professor Luiz Carlos de Azevedo, durante 22 anos seguidos, rendendo a produção de três livros, escritos em co-autoria.

Ocupava-me, portanto, da advocacia e do magistério.

Em 1991, fui convidado pelo amigo Clito Fornaciari Júnior a integrar o conselho da prestigiosa Associação dos Advogados de São Paulo, na vaga deixada pelo saudoso colega Alexandre Thiollier Filho. Fui conselheiro e diretor por muitos anos, tendo tido o privilégio presidir a instituição no biênio 1997-1998.

Nesse ínterim, nos anos 2001 e 2002, fui também Presidente da Comissão de Pós-Graduação da São Francisco.

Com a vaga deixada, por força de aposentadoria compulsória, por Luiz Carlos de Azevedo, então professor titular de história do direito, resolvi inscrever-me no concurso que se abrira no departamento de direito civil e que se realizou no ano de 2003. Apresentei a tese: *Perfil histórico do precedente judicial como fonte do direito*.

Embora tenha eu obtido a média geral mais alta das notas atribuídas aos candidatos, o ilustre professor e amigo Ignacio Maria Poveda Velasco foi o indicado pelo Professor Antonio Junqueira de Azevedo, pelo critério de desempate, para reger a disciplina.

Não muito tempo depois, em 2005, o Professor Titular José Ignácio Botelho de Mesquita atingiu a idade legal, tendo que se aposentar pela compulsória. Aberta a vaga e publicado o respectivo edital, fui o único inscrito, com a tese *Limites subjetivos da eficácia da sentença e da coisa julgada civil*.

O respectivo concurso se realizou nos dias 28 e 29 de agosto de 2006, tendo a comissão examinadora apresentado, ao final dos trabalhos, o seguinte relatório:

> "O concurso para Professor Titular do Departamento de Direito Processual – área de Direito Processual Civil, ao qual se inscreveu o Professor Associado José Rogério Cruz e Tucci – realizou-se no período de 28 a 29 de agosto de 2006, perante a Banca Examinadora aprovada pela Congregação, em sessão de 29 de junho de 2006, integrada pelos Professores Cândido Rangel Dinamarco, José Roberto dos Santos Bedaque, da Casa, Humberto Theodoro Júnior, Carlos Alberto Alvaro de Oliveira e Paulo Cézar Pinheiro Carneiro, estranhos à Unidade, cabendo ao primeiro a presidência.
>
> O concurso foi realizado nas seguintes datas:
>
> – Dia 28 de agosto de 2006, às 9:30 horas, o candidato José Rogério Cruz e Tucci realizou a prova pública de arguição sobre a tese *Limites subjetivos da eficácia da sentença e da coisa julgada civil*. No mesmo dia, às 14:30 horas, o candidato divulgou o tema escolhido que foi o de número 8 (oito), intitulado *A correlação entre a sentença e a demanda*.
>
> – Dia 29 de agosto de 2006, às 14:54 horas, foi realizada a prova pública de erudição do candidato José Rogério Cruz e Tucci. O tema foi escolhido e comunicado no dia 28 de agosto de 2006.

– No mesmo dia, a partir das 15:55 horas, procedeu-se ao julgamento dos títulos e, às 16:27 horas, ao julgamento do concurso.

Foram atribuídas as seguintes notas:

Candidato: José Rogério Cruz e Tucci

Examinadores e médias atribuídas:

Professor Cândido Rangel Dinamarco 9,7; Professor José Roberto dos Santos Bedaque 9,7; Professor Humberto Theodoro Júnior 10,0; Professor Carlos Alberto Alvaro de Oliveira 9,7; Professor Paulo Cézar Pinheiro Carneiro 10,0.

A Banca Examinadora, por unanimidade, indicou o Professor Associado José Rogério Cruz e Tucci, para prover o cargo, nos termos do parágrafo único do artigo 159 do Regimento Geral da Universidade de São Paulo, conforme classificação do mapa de notas, que é parte integrante deste Relatório, como também consta das atas relativas ao concurso, lavradas em livro próprio...".

Fui nomeado em outubro 2007 e empossado pela Congregação, em inédita cerimônia de "posse coletiva", no dia 24 de fevereiro de 2008, juntamente com os meus colegas titulares, Professores Antonio Scarance Fernandes, Ignacio Maria Poveda Velasco, José Roberto dos Santos Bedaque e Paulo Borba Casela.

Assim, na condição (até o presente momento) do quinto e derradeiro professor titular da segunda cátedra de processo civil das Arcadas, continuei regendo a disciplina no bacharelado e no curso de pós-graduação.

Durante essa trajetória, além de ter sido paraninfo e homenageado de diversas turmas, participei intensamente da administração da Faculdade de Direito, como chefe de departamento, membro de inúmeras comissões, representante da Congregação da São Francisco no Conselho Universitário, nos anos de 2012 e 2013, e, ainda, presidente da comissão de legislação e recursos da reitoria.

Integrei a comissão do Senado Federal de reforma da lei de arbitragem, ao lado de grandes juristas, durante considerável período de 2013, sob a presidência do eminente Ministro Luis Felipe Salomão.

Nesse mesmo ano, tive o enorme privilégio de ter sido o mais votado pelos meus pares, em novembro de 2013, para compor lista tríplice para diretor da Faculdade de Direito. Sucedendo o Professor Titular de direito processual penal Antonio Magalhães Gomes Filho, fui nomeado diretor pelo Reitor Professor Marco Antonio Zago, pelo período de 2014 a 2018, em 21 de fevereiro de 2014. Como vice-diretor, foi nomeado o Professor Titular Renato de Mello Jorge Silveira.

A posse solene, no Salão Nobre da Faculdade, ocorreu no dia 24 de março de 2014, ocasião em que o Professor Miguel Reale Júnior falou em nome da Congregação.

Na minha gestão, contando com o profícuo apoio de inúmeros colegas e servidores, procurei, dentre outros esforços, pacificar a instituição, em todos os sentidos. Posso dizer sem me equivocar, que, sob a gestão segura de meu sucessor, Professor Titular Floriano Peixoto de Azevedo Marques Neto, e hoje, sob a gestão do Professor Titular Celso Campos Campilongo, as Arcadas, apesar de todos os problemas impostos pela burocracia da Universidade, voltaram a ter um ambiente de excelência de ensino e de produção efetiva de conhecimento.

Igualmente, tive a satisfação de coordenar os festejos das comemorações dos 190 anos da fundação dos cursos jurídicos no Brasil, encerrando-se com a publicação de um belo livro, contendo um retrato da Faculdade de Direito em época atual, cuja apresentação encontra-se abaixo reproduzida.

Fui indicado pelo reitor a fazer o discurso de saudação, em nome do conselho universitário, na posse solene do então Reitor da Universidade de São Paulo, Professor Vahan Agopyan. Tal efeméride ocorreu no Palácio dos Bandeirantes, no dia 29 de janeiro de 2018.

Conhecendo melhor inúmeros aspectos da administração da Universidade, acabei me desencantando com o magistério, dado o excesso de burocracia, além de incontáveis dificuldades para a consecução de objetivos simples, embora inatingíveis. Por essa razão, depois de ter cumprido, com muita alegria e satisfação, a minha gestão de diretor, que, por certo, consumiu significativo tempo de meus afazeres diários, acabei requerendo, em abril de 2019, aos 62 anos de idade, a minha aposentadoria por tempo de serviço, então publicada no Diário Oficial no dia 24 de maio subsequente.

Quanto à vaga por mim deixada, da segunda cátedra de direito processual civil, depois de vários anos, foi finalmente publicado o edital em meados de 2023, para a abertura de concurso por meio da publicação do respectivo edital.

A aposentadoria rendeu um livro em minha homenagem, que muito me honrou, coordenado pelos colegas de departamento, Professores José Roberto dos Santos Bedaque, Flávio Luiz Yarshell e Heitor Vitor Mendonça Sica.

Contudo, não me afastei da São Francisco! Hoje, na condição de Professor Titular Sênior, continuo orientando estudiosos do processo civil e ministrando aulas no curso de pós-graduação.

O presente livro certamente é o reconhecimento da minha dedicação fraterna e constante aos meus diletos Amigos e Discípulos de todas as épocas, que sempre confiaram nos meus conselhos e na orientação acadêmica!

Como professor de direito processual civil, participei, ao longo dos anos, de inúmeros congressos, simpósios e jornadas, integrei bancas examinadoras de concursos de titularidade, livre-docência, doutorado e mestrado, não apenas na São Francisco, mas, também, na grande maioria das universidades brasileiras. Fui orientador e continuo sendo de dezenas de teses e dissertações. Tenho orgulho de ter sido orientador de meus atuais colegas de departamento, quais sejam, os Professores Associados Paulo Henrique dos Santos Lucon, Ricardo de Barros Leonel e Heitor Vitor Mendonça Sica, e, ainda, do Professor Doutor Oreste Nestor de Souza Laspro, todos eles com carreira e desempenho profissional notáveis.

Escrevi, igualmente, em mais de três décadas, mais de uma centena de artigos e ensaios, bem como os seguintes livros, vários deles com múltiplas edições:

- *A* causa petendi *no processo civil*, 3ª ed., São Paulo, Ed. RT, 2009.
- *A correção monetária nos tribunais*: Lei n. 6899, de 8-4-1981, em co-autoria com Marcelo Terra, São Paulo, Saraiva, 1984.
- *A motivação da sentença no processo civil*, São Paulo, Saraiva, 1987.
- *Ação monitória: Lei 9.079, de 14.07.1995*, 3ª ed., São Paulo, Ed. RT, 2001.
- Class action *e mandado de segurança coletivo*: *diversificações conceptuais*, São Paulo, Ed. RT, 1990.
- *Código de Processo Civil anotado* (co-organizador), 3ª ed., Rio de Janeiro, GZ Ed., 2018.
- *Comentários ao Código de Processo Civil*, vol. 8, 2ª ed., São Paulo, Ed. RT, 2018.
- *Comentários ao Código de Processo Civil*: procedimento comum (disposições gerais até da audiência de instrução e julgamento): arts. 318 a 368, vol. 7, 3ª ed., São Paulo, Saraiva, 2018.
- *Constituição de 1988 e processo: regramentos e garantias constitucionais do processo*, em co-autoria com Rogério Lauria Tucci, São Paulo, Saraiva, 1989.
- *Contribuição ao estudo histórico do direito processual penal: direito romano – I*, Rio de Janeiro, Forense, 1983.
- *Da reconvenção: perfil histórico-dogmático*, São Paulo, Saraiva, 1984.
- *Desistência da ação: doutrina e jurisprudência*, São Paulo, Saraiva, 1988.
- *Devido processo legal e tutela jurisdicional*, em co-autoria com Rogério Lauria Tucci, São Paulo, Ed. RT, 1993.
- *Direito processual civil americano contemporâneo* (organizador), São Paulo, Lex, 2010.
- *Direito processual civil europeu contemporâneo* (organizador), São Paulo, Lex, 2010.
- *Direito processual civil: entre comparação e harmonização*, Salvador, JusPodivum, 2021.
- *Enrico Redenti: vida e obra - contribuição para o estudo do processo civil*, São Paulo, Migalhas, 2019.
- *Francesco Carnelutti: vida e obra - contribuição para o estudo do processo civil*, São Paulo, Migalhas, 2017.

– *Garantias constitucionais do processo civil: homenagem aos 10 anos da Constituição Federal de 1988* (organizador), São Paulo, Ed. RT, 1999.

– *Giuseppe Chiovenda: vida e obra - contribuição para o estudo do processo civil*, São Paulo, Migalhas, 2018.

– *Jurisdição e poder - contribuição para a história dos recursos cíveis*, São Paulo, Saraiva, 1987.

– *Lições de história do processo civil romano*, em co-autoria com Luiz Carlos Azevedo, 2ª ed., São Paulo, Ed. RT, 2013.

–*Lições de processo civil canônico: história e direito vigente*, em co-autoria com Luiz Carlos de Azevedo, São Paulo, Ed. RT, 2001.

– *Lições de processo civil lusitano*, em co-autoria com Luiz Carlos de Azevedo, São Paulo, Ed. RT, 2009.

– *Limites subjetivos da eficácia da sentença e da coisa julgada civil*, São Paulo, Ed. RT, 2006.

– *Límites subjetivos de la eficacia de la sentencia y de la cosa juzgada civil*, Lima, Communitas, 2015.

– *Lineamentos da nova reforma do CPC*: Lei 10.352, de 26.12.2001, Lei 10.358, de 27.12.2001, Lei 10.444, de 07.05.2002, 2ª ed., São Paulo, Ed. RT, 2002.

– *O advogado, a jurisprudência e outros temas de processo civil*, São Paulo, Quartier Latin, 2010.

– *Piero Calamandrei: vida e obra - Contribuição para o estudo do processo civil*, São Paulo, Migalhas, 2012.

– *Piero Calamandrei: vida y obra - Contribución para el estudio del proceso civil*, Barcelona, JB Bosch Ed., 2019.

– *Precedente judicial como fonte do direito*, São Paulo, Ed. RT, 2004.

– *Processo civil e ideologia - subsídios estratégicos ao advogado do contencioso*, São Paulo, Marcial Pons, 2019.

– *Processo civil: evolução 20 anos de vigência* (organizador), São Paulo, Saraiva, 1995.

– *Processo civil: realidade e justiça*, São Paulo, Saraiva, 1994.

– *Questões polêmicas* do *processo arbitral - subsídios para o advogado do contencioso arbitral*, São Paulo, Quartier Latin, 2019.

– *Questões práticas de processo civil*, 2ª ed., São Paulo, Atlas, 1998.

– *Temas polêmicos de processo civil*, São Paulo, Saraiva, 1989.

– *Tempo e processo: uma análise empírica das repercussões do tempo na fenomenologia processual: civil e penal*, São Paulo, Ed. RT, 1997.

Integro o Colégio de ex-Presidentes da Associação dos Advogados de São Paulo, da qual sou membro honorário, o Instituto Brasileiro de Direito Processual, a Associação Internacional de Direito Processual, e a Academia Brasileira de Letras Jurídicas, desde 18 de abril de 2006, sucedendo o saudoso amigo Ministro Sálvio de Figueiredo Teixeira, na cadeira n. 12, que tem como patrono o Ministro Luiz Gallotti.

Recebi homenagem no VIII Congresso Pernambucano de Direito Civil, realizado nos dias 29 e 30 de outubro de 2015, ocasião em que fui saudado pelo meu então orientando, Professor Lucas Buril de Macêdo, que ressaltou:

> "A despeito da existência de nomes de maior relevo para este mister, recebi a grata incumbência de, neste importante evento científico, a pretexto de repensar os fundamentos do Direito Civil, saudar o prestigioso homenageado, o Professor Titular e Diretor da Faculdade de Direito da Universidade de São Paulo, o Doutor José Rogério Cruz e Tucci.
>
> A importância da homenagem é destacada, como lembrou o Professor Dr. Venceslau Tavares: é a primeira vez que este congresso, já em sua oitava edição, e a um só tempo, homenageia um jurista que não é nordestino e, igualmente, que tem como área de concentração principal outra que não o direito processual. Não haveria nome melhor para saudar em tão relevante quebra paradigmática...".[2]

Fui homenageado pelo Tribunal de Justiça de São Paulo, por indicação do ilustre Desembargador Jayme Queiróz Lopes Filho, que me concedeu o Colar do Mérito Judiciário, em sessão solene realizada no Salão Costa Manso, em 25 de outubro de 2018. Em tal ocasião:

> "Segundo o presidente do TJSP, desembargador Manoel de Queiroz Pereira Calças, Tucci sempre se destacou no exercício da advocacia pela 'lhaneza no trato, firmeza na defesa de suas posições, pela profundidade com que exerceu seu honroso mister, pela ética, pelo compromisso moral e notadamente pelo exemplo de grande advogado paulista'. O magistrado lembrou também o respeito e a admiração que professam os alunos do professor Tucci, deferência de que Pereira Calças é testemunha, pois também é professor no Largo do São Francisco. 'Vossa Excelência encarna exatamente o espírito que é a pedra angular da concessão do Colar do Mérito Judiciário', falou o presidente. 'Os serviços que Vossa Excelência prestou

2 *Saudação ao Prof. Titular José Rogério Cruz e Tucci*, Revista de Processo, v. 259, 2016, p. 573.

> em sua profícua vida de advogado, educador e amigo com certeza fazem com que seja um exemplo a ser trilhado pelos novos cultores do Direito'...".

Atualmente, dedico a maior parte do meu tempo a atuar como árbitro, à consultoria jurídica e à elaboração de pareceres, advogando ainda no contencioso empresarial, no escritório de nossa família, ao lado de meus queridos filhos Rogério e Bianca, coadjuvado pelas minhas estimadas noras, Roberta e Giovanna, sob o efetivo e zeloso controle de minha mulher Cibele Tucci, não bastasse a sua labuta diuturna, em particular, na delicada e árdua seara do direito de família e sucessões.

Não obstante, reafirmo a certeza de que a São Francisco continua sendo o meu segundo amor!

SUMÁRIO

PRECATÓRIOS, JUROS E CORREÇÃO MONETÁRIA: APONTAMENTOS SOBRE COISA JULGADA E SUPERVENIÊNCIA NORMATIVA

André Almeida Garcia[1]

1. Agradecimentos iniciais

Fiquei muito honrado com o gentil convite formulado pelos Professores Heitor Vitor Mendonça Sica, Oreste Nestor de Souza Laspro, Paulo Henrique dos Santos Lucon e Ricardo de Barros Leonel, para participar desta obra em merecida homenagem ao Professor José Rogério Cruz e Tucci, por quem há muito nutro sentimentos de profunda admiração, respeito e extrema gratidão por tudo que representa em minha formação acadêmica e profissional.

Foi no segundo ano da graduação, nos idos de 1997, ao iniciar as aulas de Teoria Geral do Processo com o Professor Tucci, que tive a certeza de que havia feito a escolha certa na carreira - até então, inclusive devido ao caráter zetético das disciplinas introdutórias, remanescia ainda uma certa dúvida. Mas aquelas aulas magistrais, sempre permeadas de causos e casos práticos, inspiraram o aluno inexperiente e direcionaram a minha carreira: busquei estágio em escritório com atuação no contencioso cível e, devido ao crescente interesse despertado, aprofundei os estudos em Direito Processual, tendo o privilégio de ser orientado no mestrado pelo Professor José Rogério Cruz e Tucci, que também integrou minha banca de avaliação do doutorado (*sob a orientação do consagrado Professor José Roberto dos Santos Bedaque, a quem também registro meus sinceros agradecimentos*).

Há ainda mais para agradecer: suas aulas sempre foram para além dos livros e, com uma constante e necessária preocupação deontológica, fazia orgulhosa referência aos feitos da gloriosa Associação dos Advogados de São Paulo - AASP, entidade que presidiu em 1998 e 1999;

---

1 Advogado especializado em demandas contra o Poder Público. Doutor e Mestre em Processo Civil pela Faculdade de Direito da Universidade de São Paulo (USP). Diretor da Associação dos Advogados de São Paulo (AASP). Foi Vice-Presidente do Movimento dos Advogados em Defesa dos Credores Alimentares do Poder Público (MADECA) e membro da Comissão Especial de Precatórios do Conselho Federal da Ordem dos Advogados do Brasil (CFOAB). Membro do Instituto Brasileiro de Direito Processual (IBDP) e do Centro de Estudos Avançados em Processo (CEAPRO).

tendo ali incutido a importância do associativismo e do papel essencial da Advocacia na realização da Justiça, foi fonte direta de inspiração pessoal que contribuiu decisivamente para que, passados vinte e cinco anos desde então, hoje eu tenha a honra de também integrar o quadro diretor da nossa querida AASP.

Por tudo, muito obrigado Professor Tucci!

2. Exemplo de caso concreto

Para que se possa bem visualizar e compreender importantes aspectos práticos do estudo proposto, apresenta-se, a título ilustrativo, específico caso concreto, cujas circunstâncias narradas são bastante comuns no cotidiano forense.

Processo de servidores públicos movido contra o Fazenda do Estado de São Paulo, iniciado em 1999, visando à cobrança de diferenças salariais, com sentença judicial condenatória proferida em fevereiro de 2000. Decisão genérica quanto aos consectários legais, tendo determinado incidência de correção monetária desde quando devidas as parcelas até o cumprimento da obrigação de fazer e "*juros de mora computados da citação*". Ao apreciar o recurso de apelação fazendário, em junho de 2005, a Turma Julgadora reformou parcialmente a sentença apenas para fixar que a taxa dos juros moratórios seria de 6% (seis por cento) ao ano, tendo transitado em julgado em setembro de 2005[2].

A execução da obrigação de fazer, com anotação do título de nomeação dos servidores (apostilamento), iniciou-se em 2007 e alongou-se sobremaneira, inclusive em decorrência das dificuldades para obtenção dos informes oficiais necessários à elaboração da conta de liquidação. Quando finalmente iniciado o cumprimento de sentença da obrigação de pagar, em 13 de dezembro de 2021, a Fazenda Estadual apresentou impugnação insurgindo-se contra a taxa de juros que foi utilizada nos cálculos, de 6% (seis por cento) ao ano, conforme estabelecido no título judicial exequendo.

A impugnação ofertada apoiou-se na superveniente alteração do art. 1º-F, da Lei nº 9.494/1997, pela Lei nº 11.960/2009, que estabele-

2 Processo nº 693/99, 1ª Vara da Fazenda Pública da Comarca da Capital de São Paulo; AC 179.372.5/7, 1ª Câmara de Direito Público do Tribunal de Justiça de São Paulo.

ceu a aplicação da taxa de juros da caderneta de poupança nas demandas movidas em face do Poder Público (conforme Medida Provisória nº 567/2012, convertida na Lei nº 12.703/12). A impugnação foi acolhida em primeira instância, tendo a decisão estabelecido que, a partir de 9 de dezembro de 2021, deveria ser aplicada apenas a Taxa SELIC, em atenção ao artigo 3º da Emenda Constitucional nº 113/2021; além disso, em razão do acolhimento da impugnação, condenou os exequentes ao pagamento de honorários advocatícios de "*10% sobre o valor exigido*".

Ao julgar o correspondente agravo de instrumento, em que os agravantes invocaram o artigo 5º, inciso XXXVI, da Constituição Federal, o artigo 502, do Código de Processo Civil, e a impossibilidade de alteração da coisa julgada sem o ajuizamento de ação rescisória, a Turma Julgadora acolheu a argumentação fazendária no sentido de que, tratando-se de correção monetária e juros de mora, não haveria violação à coisa julgada, tendo reformado a base de cálculo dos honorários sucumbenciais: "incidentes apenas sobre o excesso reconhecido (e não sobre a totalidade do crédito)".

O caso acima descrito suscita, pois, importantes questionamentos: qual índice de juros e correção monetária devem ser utilizados na elaboração dos cálculos de execução contra o Poder Público? Devem ser observados os consectários legais fixado no título judicial até o depósito do precatório?

3. Efeitos da demora na quitação dos precatórios

Muitos fatores poderiam ser elencados como causadores da atual crise dos precatórios, tanto de ordem política como jurídica. Embora o presente trabalho não tenha por escopo o aprofundamento desse estudo, é mister ressaltar a contumaz inadimplência do Poder Público, contribuindo para esse estado de coisas diversas alterações constitucionais com objetivos fazendários, visando a alongar sempre mais as dívidas judiciais para com os seus credores.

Na redação original da Constituição Federal, o Ato das Disposições Constitucionais Transitórios previa o parcelamento dos precatórios em oito anos; a Emenda Constitucional nº 30, de 2000, concedeu aos precatórios não alimentares novo parcelamento, de dez anos; a Emenda Constitucional nº 62, de 2009, criou o regime especial de pagamento de precatórios, com prazo total para quitação de quinze anos (ADIs 4357 e 4452 foram acolhidas, autorizando o prolongamento do regime especial até 2020; a Emenda Constitucional nº 94, de 2016, alterou incorporou ao texto constitucional esse prazo, sendo o texto novamente alterado pela Emenda Constitucional nº 99, de 2017, agora fixando 2024 como termo final para quitação; a Emenda Constitucional nº 109/2021 ampliou a moratória para 2029 (objeto da ADI 6804), tendo sido introduzidas novas modificações pelas Emendas 113 e 114, de 2021 (questionadas pela ADI 7064).

Como se pode inferir, a própria demora no pagamento é fator que conduz a ciclo vicioso que só faz elevar a dívida pública na medida em que há incidência de taxas de juros e de atualização monetária sobre os valores devidos. Afinal, a cada uma dessas modificações proliferam discussões acerca das taxas de correção monetária e de juros que devem incidir sobre os precatórios e contas de liquidação que instrumentalizam as execuções em face do Poder Público. Sobretudo diante da demora para a integral quitação do precatório, o tema assume especial importância, sendo muito comum constatar que os juros moratórios superam o valor da dívida[3].

Na década de 1980 e início dos anos 1990, período em que a inflação brasileira alcançara altíssimos patamares, havia a má-prática da Fazenda Pública de pagamento parcial dos precatórios, observando-se apenas os valores históricos, o que acabou por gerar milhares de precatórios complementares para pagamento da correção monetária e dos juros moratórios, que, naturalmente, elevaram o montante total do passivo com precatórios.

A partir da Emenda Constitucional nº 30, de 2000, não houve mais espaço para adoção desse expediente pela Fazenda Pública uma vez que passou a constar expressamente do texto constitucional a obrigatoriedade de atualização monetária do precatório no momento do seu pagamento (antigo § 1º do artigo 100; atualmente a previsão encontra-se estampada no § 5º do artigo 100 da Carta Magna: "É obrigatória a inclusão no orçamento das entidades de direito público de verba necessária

3 José Rogério Cruz e Tucci, a propósito, há muito tem destacado a necessidade de *tempestividade* da efetiva entrega da tutela jurisdicional e enfatizado a garantia constitucional da duração razoável do processo (*Tempo e Processo,* São Paulo: Editora Revista dos Tribunais, 1997; "Garantia do processo sem dilações indevidas", *in Garantias Constitucionais do Processo Civil,* São Paulo: Editora Revista dos Tribunais, 1999; "Duração razoável do processo (art. 5º, LXXVIII, da Constituição Federal", *in O advogado, a jurisprudência e outros temas de Processo Civil".* São Paulo: Quartier Latin, 2010.

ao pagamento de seus débitos oriundos de sentenças transitadas em julgado constantes de precatórios judiciários apresentados até 2 de abril, fazendo-se o pagamento até o final do exercício seguinte, quando terão seus valores atualizados monetariamente").

Recentemente, houve intensa judicialização acerca dos consectários legais, especialmente em decorrência do advento da Lei Federal nº 11.960/09, cujo artigo 5º alterou o artigo 1º-F, da Lei Federal nº 9.494/97, fixando a Taxa Referencial como índice de correção monetária das dívidas judiciais do Poder Público, o que foi reproduzido posteriormente pela Emenda Constitucional nº 62, de 2009 (art. 100, § 12, CF), tendo sido corretamente apontado que a TR não se prestaria à atualização de débitos judiciais do Poder Público justamente porque, como já havia sido definido pelo Supremo Tribunal Federal (ADI 493), não se trata de índice de correção monetária, mas sim de taxa de remuneração financeira.

Em decorrência, questionamentos acerca da insuficiência do depósito judicial dos ofícios requisitórios e insurgências na fase de cumprimento de sentença impactaram sobremaneira os litígios envolvendo o Poder Público, com o sobrestamento de milhares de recursos até a solução definitiva da questão.

Diversos foram os julgamentos relacionados ao tema, destacando-se o afastamento da incidência da Taxa Referencial pelo Supremo Tribunal Federal na apreciação das Ações Diretas de Inconstitucionalidade nº 4.357/DF e nº 4.452/DF, para o período após a expedição do precatório, especialmente pela violação do direito de propriedade e do princípio constitucional da isonomia (os débitos fiscais não são corrigidos pela TR), bem como o Tema nº 810 de Repercussão Geral (RE 870.947/SE) e o Tema Repetitivo nº 905 (REsp 1.495.146/MG, REsp 1.492.221/PR e REsp 1.495.144/RS) - da lesão até a expedição do ofício requisitório.

Contudo, apesar do reiterado entendimento judicial de imprestabilidade da Taxa Referencial para fins de correção monetária, pouco depois a Emenda Constitucional nº 113, de 2021, estabeleceu que, "nas discussões e nas condenações que envolvam a Fazenda Pública", haverá incidência apenas da taxa referencial do Sistema Especial de Liquidação e de Custódia - SELIC "para fins de atualização monetária, de remuneração do capital e de compensação da mora".

A discussão acerca da constitucionalidade da utilização desse índice aguarda julgamento das ADIs 7.047 e 7.064 pelo Supremo Tribunal Federal, novamente com argumentos contrários no sentido de que haveria violação à isonomia e ao direito de propriedade na medida em que a taxa não se presta à correção monetária de valores.

4. Precatórios e a Resolução CNJ nº 303/2019

O Conselho Nacional de Justiça, por meio de sucessivas resoluções, regulamentou a gestão dos precatórios no âmbito do Poder Judiciário, estabelecendo critérios administrativos e financeiros a serem observados, especialmente pelos Tribunais de Justiça (art. 100, §§ 6º e 7º, da Constituição Federal, na redação da Emenda Constitucional nº 62/2009)[4], visando à efetivação da decisão judicial que condena o Poder Público no pagamento de quantia por meio de ofício requisitório.

Contemplando as diversas alterações constitucionais que versam sobre o tema, atualmente encontra-se em vigor a Resolução CNJ nº 303/2019[5], com disposições que regem o pagamento das requisições judiciais pelo Poder Judiciário, tendo abordado de modo detalhado os critérios de atualização monetária e da incidência de juros em seus artigos 21 e seguintes.

Assim, por força da modificação promovida pelo artigo 3º da Emenda Constitucional nº 113/2021, a partir de dezembro de 2021 sobre o valor do precatório passa a incidir apenas o índice da SELIC (art. 21), exceto no chamado período da "graça constitucional" (Súmula Vinculante nº 17) - art. 100, § 5º, CF - , que foi ampliado em decorrência

---

4 Art. 100. Os pagamentos devidos pelas Fazendas Públicas Federal, Estaduais, Distrital e Municipais, em virtude de sentença judiciária, far-se-ão exclusivamente na ordem cronológica de apresentação dos precatórios e à conta dos créditos respectivos, proibida a designação de casos ou de pessoas nas dotações orçamentárias e nos créditos adicionais abertos para este fim.
(...)
§ 6º As dotações orçamentárias e os créditos abertos serão consignados diretamente ao Poder Judiciário, cabendo ao Presidente do Tribunal que proferir a decisão exequenda determinar o pagamento integral e autorizar, a requerimento do credor e exclusivamente para os casos de preterimento de seu direito de precedência ou de não alocação orçamentária do valor necessário à satisfação do seu débito, o sequestro da quantia respectiva.
§ 7º O Presidente do Tribunal competente que, por ato comissivo ou omissivo, retardar ou tentar frustrar a liquidação regular de precatórios incorrerá em crime de responsabilidade e responderá, também, perante o Conselho Nacional de Justiça.

5 Texto compilado com as alterações promovidas pelas Resoluções nº 327/2020, nº 365/2021, nº 390/2021, nº 431/2021, nº 438/2021 e nº 448/2021.

da alteração da data de apresentação dos precatórios para 2 de abril, com isenção dos juros e incidência apenas da correção monetária observando-se a variação do IPCA-E (art. 21, § 5º, da Res. 303/19).

No período anterior, aos precatórios de natureza tributária deve ser aplicado o princípio da isonomia, com a incidência dos mesmos critérios de atualização e remuneração da mora praticados pelo Poder Público (art. 21, § 4º, da Res. 303/19), enquanto aos precatórios não tributários incidem, em princípio, os índices "previstos no título executivo ou na conta de liquidação" (art. 21, § 1º, da Res. 303/2019) - caso não constem do título judicial, o CNJ indica os índices que seriam aplicados no art. 21-A da Resolução nº 303/2019.

Como se pode observar, a demora da tramitação dos processos em face do Poder Público até que seja possível expedir um ofício requisitório e, após, a longa espera para o recebimento do precatório finalmente expedido, acaba por conduzir à inevitáveis questionamentos acerca da manutenção ou não do que foi fixado no título executivo judicial diante das recorrentes alterações normativas.

De modo prático, como visto anteriormente, existem dois momentos cruciais em que surgem as dúvidas a respeito da taxa de juros e do índice de correção monetária: (1) na elaboração da conta de liquidação que acompanha o início do cumprimento de sentença, nos termos do artigo 534, do Código de Processo Civil, e (2) na conferência do depósito judicial finalmente realizado pelo Poder Judiciário, momento processual em que é necessário indicar se houve ou não insuficiência.

Pretende-se, portanto, sanar essas constantes dúvidas, considerando-se hipóteses relacionadas a circunstâncias do caso concreto e atentando-se aos limites da coisa julgada diante da superveniência normativa.

5. Coisa julgada e cláusula *rebus sic stantibus*

Após a declaração de inconstitucionalidade, algumas decisões judiciais passaram a autorizar o recálculo das contas que utilizaram a Taxa Referencial como índice de correção monetária, mesmo em sentido contrário ao do título judicial, com o fundamento de que se trataria de matéria de ordem pública[6], o que autorizaria, inclusive, sua alteração *ex officio*.

6 *Ordem Pública e Processo: o tratamento das questões de ordem pública no Direito Processual Civil*, Editora Atlas, 2011, pp. 240-241).

Ricardo de Carvalho Aprigliano, no entanto, ensina que a característica principal de uma questão de ordem pública é a "imperatividade de sua aplicação", atuando como "forma de controle de admissibilidade do processo, da sua regularidade e aptidão para atingir o resultado final buscado pela jurisdição, que vem a ser a realização de julgamentos de mérito", enfatizando que "sua aplicação está diretamente relacionada ao propósito de salvar processos e permitir que sejam julgados quanto ao mérito"

Outras, no entanto, fixaram a necessidade de desconstituição da coisa julgada[7], pugnando que "não é cabível ao juízo da decisão da fase de cumprimento de sentença alterar os parâmetros estabelecidos no título judicial, ainda que no intuito de adequá-los à decisão vinculante do STF"[8].

Leonardo José Carneiro da Cunha parece alinhar-se a esse posicionamento ao afirmar: "É evidente que deve ser respeitada a coisa julgada. Se a relação for continuativa e sobrevier mudança no índice de correção monetária, cabe à parte ajuizar ação de revisão prevista no art. 505, I, do CPC. Se o índice estiver errado, é cabível ação rescisória (CPC, art. 966, V). O que não se pode é desconsiderar a coisa julgada. Na hipótese de o STF vir a considerar que o índice correto é outro, em decisão proferida após o trânsito em julgado da decisão rescindenda, a rescisória terá por fundamento o § 8º do art. 535 do CPC"[9].

---

7 "Processual civil. Agravo regimental. Execução de título judicial em ação de repetição de indébito. Precatório. Juros de mora fixados na sentença. Alteração do percentual. Inviabilidade. Ofensa à coisa julgada. Tendo a sentença, transitada em julgado, fixado juros de mora no percentual de 6% a.a., é defeso modificá-la na execução, sob pena de ofensa à coisa julgada. 'Alterar o dispositivo de decisão transitada em julgado em sede de execução, por meio de simples petição, viola a garantia constitucional prevista no art. 5.º, XXXVI, da CF/1988 (LGL\1988\3)' (AgRg no AgIn 519862/RS, 2.ª T., rel.Min. João Otávio de Noronha, DJ 14.06.2004). Agravo Regimental não provido" (AgRg no AgIn 692.292/SP, rel. Min. Herman Benjamim, DJ 21.09.2007).

"Processual civil. Agravo regimental. Execução. Juros de mora fixados no título executivo judicial. Alteração do percentual. Impossibilidade. Coisa julgada. Consoante o entendimento desta Corte, é defeso, em sede de execução, modificar o percentual dos juros de mora estabelecido no título executivo judicial, sob pena de ofensa à coisa julgada. Precedentes. Agravo regimental improvido" (AgRg no AgIn 1.036.740/RJ, rel. Min. Sidnei Benetti, DJe 03.10.2008).

8 REsp 1.861.550/DF, Rel. Min. Og Fernandes, 2ª Turma, Dje 04.08.2020.

9 *A Fazenda Pública em Juízo*, 18ª edição, Rio de Janeiro: Forense, 2021, p. 360, nota 51. Nesse sentido também posicionou-se Domingos Franciulli Neto: "há de ficar consignado que o critério de cálculo é suscetível de abrigar-se sob o manto protetor da coisa julgada, o que se não dá com meros acertamentos de simples erros ma-

Por outro lado, aduz-se que os juros e a correção monetária ficam suscetíveis à norma superveniente na medida em que esta regular fatos posteriores à decisão prolatada - com a mudança das circunstâncias jurídicas, a questão deixa de ser alcançada pela coisa julgada.

Com efeito, especialmente quanto aos juros e à correção monetária, a decisão judicial que os fixou estabeleceu critérios referentes à mora até então verificada (protegida pela coisa julgada), podendo ser aplicados à mora futura enquanto não houver alteração das circunstâncias fáticas e jurídicas por tratar-se de relação conflituosa que se constitui diariamente até o efetivo adimplemento. A propósito, Fábio Lima Quintas identifica na mora aspectos das relações jurídicas continuativas, "que se não esgota com o pronunciamento da sentença, mas prossegue, apesar desta, variando, todavia, quanto aos seus pressupostos de qualidade ou quantidade" [10].

A respeito do assunto, lecionou Teori Albino Zavascki: "Estabelecido que a sentença, nos casos assinalados, irradia eficácia vinculante também para o futuro, surge a questão de saber qual é o termo ad quem de tal eficácia. A solução é esta e vem de longe [James Goldschmidt]: a sentença tem eficácia enquanto se mantiverem inalterados o direito e o suporte fático sobre os quais estabeleceu o juízo de certeza". (...) Daí afirmar-se que a força da coisa julgada tem uma condição implícita, a da cláusula rebus sic stantibus, a significar que ela atua enquanto se mantiverem íntegras as situações de fato e de direito existentes quando da prolação da sentença"[11].

De fato, diante da semelhança da situação, rememora-se a recomendação da tese fixada pelo Superior Tribunal de Justiça na avaliação

teriais, passíveis de correção, a qualquer tempo e grau de jurisdição", enfatizando que "ocorrido o trânsito em julgado, devem ser mantidos os índices constantes das correspectivas contas homologadas, ainda que discordantes do entendimento jurisprudencial superveniente ou de ulterior modificação legislativa" (*Revista dos Tribunais nº 768/1999*).

10 "O problema da eficácia da lei que trata de direito material processual no tempo: a análise de três casos envolvendo a aplicação do art. 100 do CDC, do art. 406 do CC/2002 e do novo art. 745-A do CPC em face do ato jurídico perfeito", *Revista de Processo nº 177/2009*.

11 "Coisa julgada em matéria constitucional: eficácia das sentenças nas relações jurídicas de trato continuado", p. 118. (https://www.stj.jus.br/publicacaoinstitucional/index.php/Dout15anos/article/view/3666/3755)

da taxa de juros após o advento do novo Código Civil[12]: devem ser observadas as *circunstâncias* em que a decisão judicial foi prolatada, devendo prevalecer o conceito da cláusula *rebus sic stantibus* (eficácia condicionada à manutenção das circunstâncias fáticas e jurídicas do momento em que a decisão foi proferida)[13].

Assim, os fatos ocorridos até o momento em que prolatada a sentença podem ser por ela regulado, observando-se, obviamente, as normas

---

12 Vale, a respeito, atentar para os termos do voto vencedor do saudoso Min. Teori Zavascki no REsp 1.111.117-PR:
"Toda questão, assim, está em saber qual é a eficácia temporal futura dessa sentença. Temos decidido, não só em casos de juros, mas em casos de correção monetária, que todas as sentenças têm embutida uma cláusula *rebus sic stantibus*, ou seja, a sentença tem eficácia futura desde que mantida a situação de fato e de direito na época em que ela foi proferida. Quando o juiz fixou os juros de mora na taxa legal, que no caso era de 6% (seis por cento) ao ano, ele certamente considerou a lei vigente na data da sentença. Isso não significa que, se ele tivesse julgado em outra época, não tivesse aplicado juros de mora do Código Civil.
De modo que não vejo ofensa à coisa julgada em modificar essa taxa, no futuro e para viger no futuro, se sobrevém mudança na lei. Isso não é ofender a coisa julgada, mas, ao contrário, observá-la.
Com efeito, deve-se atender à coisa julgada não no seu sentido meramente formal, mas no seu sentido substancial".

13 REsp nº 1.112.746/DF, Rel. Min. Castro Meira, j. 12/08/2009:
1. Não há violação à coisa julgada e à norma do art. 406 do novo Código Civil, quando o título judicial exequendo, exarado em momento anterior ao CC/2002, fixa os juros de mora em 0,5% ao mês e, na execução do julgado, determina-se a incidência de juros de 1% ao mês a partir da lei nova.
2. Segundo a jurisprudência das duas Turmas de Direito Público desta Corte, devem ser examinadas quatro situações, levando-se em conta a data da prolação da sentença exequenda:
(a) se esta foi proferida antes do CC/02 e determinou juros legais, deve ser observado que, até a entrada em vigor do Novo CC, os juros eram de 6% ao ano (art. 1.062 do CC/1916), elevando-se, a partir de então, para 12% ao ano;
(b) se a sentença exequenda foi proferida antes da vigência do CC/02 e fixava juros de 6% ao ano, também se deve adequar os juros após a entrada em vigor dessa legislação, tendo em vista que a determinação de 6% ao ano apenas obedecia aos parâmetros legais da época da prolação;
(c) se a sentença é posterior à entrada em vigor do novo CC e determinar juros legais, também se considera de 6% ao ano até 11 de janeiro de 2003 e, após, de 12% ao ano; e
(d)se a sentença é posterior ao Novo CC e determina juros de 6% ao ano e não houver recurso, deve ser aplicado esse percentual, eis que a modificação depende de iniciativa da parte.

então vigentes. Para o momento posterior, se o contexto fático-normativo for outro, novos critérios de correção monetária e juros moratórios podem ser observados (sem efeito retroativo), o que não implica desrespeito à coisa julgada.

Por um lado, até o momento em que prolatada a sentença, a mora está regrada pelo título judicial; todavia, permanecendo o estado de inadimplência, a mora futura renova-se mês a mês e não é protegida pela coisa julgada em caso de superveniência normativa[14].

Com esse enfoque, diante do artigo 3º, da Emenda Constitucional nº 113/2021, não existe violação à coisa julgada quando o título judicial foi proferido antes da EC 113/21 e, na fase de execução, é determinada a aplicação da Selic a partir de 9 de dezembro de 2021. Por outro lado, se a decisão for posterior à EC 113/21 e expressamente indicar índice de correção monetária e taxa de juros diversos, a Selic não poderá ser aplicada (exceto em caso de desconstituição da coisa julgada).

Não obstante, é mister acompanhar a solução que será dada pelo Supremo Tribunal Federal ao Tema nº 1170 de Repercussão Geral (RE 1.317.982/ES), afetado em 24 de setembro de 2021, que versa justamente sobre a utilização de índice diverso ao fixado no título judicial executivo:

> Tema 1170 - Validade dos juros moratórios aplicáveis nas condenações da Fazenda Pública, em virtude da tese firmada no RE 870.947 (Tema 810), na execução de título judicial que tenha fixado expressamente índice diverso.
>
> Descrição: Recurso extraordinário em que se discute, à luz dos artigos 5º, XXXV, XXXVI e LIV, e 105, III, da Constituição Federal a aplicabilidade dos juros previstos na Lei 11.960/2009, tal como definido no julgamento do RE 870.947 (Tema 810 da repercussão geral), na execução de título judicial que tenha fixado expressamente índice diverso.

14 A propósito da correção monetária, no julgamento do Recurso Extraordinário nº 111.787 (DJ 01/07/1994), o Ministro Célio Borja destacara: "Em matéria de índices entenderia que não há como submetê-los ao fenômeno da coisa julgada".

6. Conclusão

Diante do exposto, em se tratando de correção monetária e juros moratórios, prepondera o entendimento de que os consectários fixados na decisão judicial transitada em julgada vigoram até o momento em que foi proferida na medida em que a mora é circunstância que se repete posteriormente, prevalecendo a norma superveniente.

Em termos práticos, em atenção ao decidido pelo Superior Tribunal Justiça (Tema Repetitivo nº 905 e REsp 1.112.746-DF) e à Emenda Constitucional nº 113/2021, quando o Poder Público for condenado ao pagamento de quantia, as contas de liquidação deverão observar os consectários fixados na decisão judicial até a data em que proferida[15] (caso não estejam previstos, devem ser observados os índices fixados no artigo 21 e seguintes da Resolução CNJ nº 303/2019)[16].

Para o período posterior, inclusive para correção dos precatórios, enquanto não houver decisão em sentido contrário por parte do Supremo Tribunal Federal, especialmente na apreciação do Tema nº 1.170 de Repercussão Geral, deverão ser observados os índices de juros e correção monetária vigentes em cada período, sem que isso signifique afronta à coisa julgada[17].

---

15 § 1º do artigo 21-A da Resolução CNJ nº 303/2019.

16 Art. 21-A Os precatórios não tributários requisitados anteriormente a dezembro de 2021 serão atualizados a partir de sua data-base mediante os seguintes indexadores:
I – ORTN - de 1964 a fevereiro de 1986;
II – OTN - de março de 1986 a janeiro de 1989;
III – IPC / IBGE de 42,72% - em janeiro de 1989;
IV – IPC / IBGE de 10,14% - em fevereiro de 1989;
V – BTN - de março de 1989 a março de 1990;
VI – IPC/IBGE - de março de 1990 a fevereiro de 1991;
VII – INPC - de março de 1991 a novembro de 1991;
VIII – IPCA-E/IBGE - em dezembro de 1991;
IX – UFIR - de janeiro de 1992 a dezembro de 2000;
X – IPCA-E / IBGE - de janeiro de 2001 a 9 de dezembro de 2009;
XI – Taxa Referencial (TR) – 10 de dezembro de 2009 a 25 de março de 2015;
XII – IPCA-E/ IBGE - de 26.03.2015 a 30 de novembro de 2021;
XIII – Taxa Referencial do Sistema Especial de Liquidação e de Custódia (Selic) - de dezembro de 2021 em diante.

17 ARE 1.315.257-SP, Rel. Min. Ricardo Lewandowski, j. 26/04/2021: "afasto o argumento de coisa julgada incidente sobre o índice aplicável aos juros de mora. Nos termos do Código Civil, 'considera-se em mora o devedor que não efetuar o paga-

Bibliografia utilizada

Aprigliano, Ricardo de Carvalho. *Ordem Pública e Processo: o tratamento das Questões de Ordem Pública no Direito Processual Civil.* São Paulo: Editora Atlas, 2011).

Carneiro da Cunha, Leonardo. "A taxa Selic e a irretroatividade da EC 113/2021", publicado no Consultor Jurídico em 7 de março de 2022 (*https://www.conjur.com.br/2022-mar-07/direito-civil-atual-taxa-selic-irretroatividade-ec-1132021*).

________. *Precatórios: atual regime jurídico.* Rio de Janeiro: Forense, 2023.

Cruz e Tucci, José Rogério. *Tempo e Processo*, São Paulo: Editora Revista dos Tribunais, 1997.

________. "Garantia do processo sem dilações indevidas", *in Garantias Constitucionais do Processo Civil*, Coord. José Rogério Cruz e Tucci, São Paulo: Editora Revista dos Tribunais, 1999.

________. "Duração razoável do processo (art. 5º, LXXVIII, da Constituição Federal", *in O advogado, a jurisprudência e outros temas de Processo Civil".* São Paulo: Quartier Latin, 2010.

Dinamarco, Cândido Rangel. "Relativizar a coisa julgada material", *in A Nova Era do Processo Civil*, São Paulo: Malheiros, 2003.

Franciulli Neto, Domingos. "Notas sobre o precatório na execução contra a Fazenda Pública", *in Revista dos Tribunais Online, vol. 768*, Revista dos Tribunais, 1999.

Quintas, Fábio Lima. "O problema da eficácia da lei que trata de direito material processual no tempo: a análise de três casos envolvendo a aplicação do art. 100 do CDC, do art. 406 do CC/2002 e do novo art. 745-A do CPC em face do ato jurídico perfeito", *in Revista de Processo nº 177*, Revista dos Tribunais, 2009.

Scarpinella Bueno, Cássio. *Manual do Poder Público em Juízo.* São Paulo: SaraivaJur, 2022.

________. *O Poder Público em Juízo.* São Paulo: Editora Saraiva, 5ª edição, 2009.

mento e o credor que não quiser recebê-lo no tempo, lugar e forma que a lei ou a convenção estabelecer'. Efetivamente, a mora se constitui sempre que o credor ou o devedor protelar o cumprimento de uma obrigação legal ou convencional, mesmo que esse fato ocorra após o trânsito em julgado da decisão.

Zavascki, Teori Albino. "Coisa julgada em matéria constitucional: eficácia das sentenças nas relações jurídicas de trato continuado", *Doutrina do STJ - Edição Comemorativa - 15 anos*

(https://www.stj.jus.br/publicacaoinstitucional/index.php/Dout15anos/article/view/3666/3755

________. "Inexigibilidade de sentenças inconstitucionais", *Relativização da Coisa Julgada*, 2ª edição, Editora JusPodium, 2008.

DIREITO À PROVA E SUA REVISÃO PELO SUPERIOR TRIBUNAL DE JUSTIÇA

André Orthmann[1]

SUMÁRIO: **1.** Apresentação do problema e desenvolvimento do argumento. **2.** O Superior Tribunal de Justiça e a admissibilidade de recursos em matéria probatória. **3.** O raciocínio probatório e a argumentação por analogia. **4.** Encerramento. **5.** Referência bibliográfica.

1. Apresentação do problema e desenvolvimento do argumento

As reflexões desenvolvidas neste breve ensaio decorrem de uma constatação a respeito da aplicação do direito à prova pelos tribunais brasileiros.

Apesar de o art. 93, inc. IX da Constituição Federal determinar que todas as decisões judiciais devem ser motivadas e o art. 371 do Código de Processo Civil estipular que o juiz deve apreciar a prova e indicar na decisão as razões que levaram a formação de seu convencimento, a jurisprudência dos nossos tribunais tende a ser permissiva na regulamentação desse dever a ponto de, muitas vezes, desnaturá-lo.

Com efeito, o discurso corrente entre os órgãos do Poder Judiciário brasileiro em matéria de valoração da prova versa especialmente sobre a liberdade conferida ao juiz de formar seu convencimento a respeito dos aspectos fáticos da causa sem se preocupar de sobremaneira, contudo, sobre o que torna determinado elemento de prova merecedor de maior relevância que outro para a resolução do litígio ou sobre o grau de convencimento exigido para considerar uma determinada hipótese provada ou não. Ao se analisar referida matéria, afirma-se, em geral, tal como em uma petição de princípios, que o juiz apreciará com prudência a prova a partir de máximas de experiência e exporá na motivação as razões que o convenceram a considerar determinada alegação verdadeira ou não.

Ou seja, no direito brasileiro, manifesta-se o seguinte dilema: o julgador não está vinculado a qualquer eficácia legal atribuída às provas de modo prévio, ele pode apreciá-las livremente, desde que exponha em sua decisão os motivos que o levaram a considerar determinada hipótese provada ou não. O controle a respeito dessa atividade, no entanto, é

1 Mestre e Bacharel em Direito pela Faculdade de Direito da Universidade de São Paulo.

limitado, pois, em função da crença de que os juízes são livres para a formação de seu convencimento, não são impostos a eles quaisquer tipos de parâmetros a serem observados nas atividades de valoração da prova e aplicação dos *standards* probatórios. Nesse sentido, não é incomum, por exemplo, que uma mesma máxima de experiência seja utilizada em sentido distinto em casos análogos, ou que se apliquem *standards* probatórios distintos para as mesmas relações jurídicas de direito material.

Nesse sentido, apesar do predomínio da tese de que vigora entre nós um sistema de livre valoração da prova condicionado ao dever de motivação (livre-convencimento motivado), a realidade demonstra que, muitas vezes, estamos, na verdade, muito mais próximos de um sistema que prestigia a intima convicção dos magistrados no que diz respeito ao julgamento dos fatos em um processo.

Portanto, diante desse diagnóstico, que demonstra a prevalência do individualismo e do subjetivismo de cada julgador na tomada de decisões, esse ensaio procura refletir a respeito de uma possível solução para essa questão que compromete a racionalidade no julgamento dos fatos no direito brasileiro. Como se pretende expor nos itens a seguir, dado que incumbe ao Superior Tribunal de Justiça a função institucional de ser a última voz no processo de concretização do direito e na formação de precedentes, cabe a ele também admitir e julgar casos paradigmas dos quais se possam extrair parâmetros objetivos que possam orientar as atividades de valoração probatória e aplicação de *standards*.

Nesse sentido, no *item 2* a seguir, demonstra-se que o conhecimento de recursos especiais que versem a respeito de determinadas questões atinentes à valoração da prova e aplicação de *standards* probatórios é condizente com a função institucional do Superior Tribunal de Justiça; enquanto no *item 3* se procura analisar como a partir do argumento por analogia esses parâmetros fixados pelo Superior Tribunal de Justiça em matéria probatória podem contribuir para maior racionalidade do sistema que envolve o julgamento dos fatos no direito brasileiro. O *item 4*, por fim, a título de encerramento, reúne as principais conclusões alcançadas no desenvolvimento do texto.

O Superior Tribunal de Justiça e a admissibilidade de recursos em matéria probatória

A admissibilidade de um recurso endereçada a um Tribunal Superior deve ser analisada de acordo com as funções institucionais que a esse tribunal são atribuídas.

Como destaca a doutrina, tais órgãos jurisdicionais, além de resolver as disputas que lhes são submetidas, têm a função de complementar a ordem jurídica com a emissão de preceitos que a atividade legislativa é incapaz de fornecer.[2]

Com efeito, a partir da compreensão do direito como prática argumentativa, a ser construída a cada ato de interpretação que atribui um novo sentido às normas jurídicas, os juízes assumem um efetivo papel de agentes do processo de criação do direito. Nesse sentido, enquanto os tribunais de revisão, que compõem as instâncias ordinárias, prestam-se a assegurar um novo julgamento para aquilo que foi decidido em primeira instância, os Tribunais Superiores passam a ter reforçada sua função institucional de criar padrões decisórios não casuísticos que possam servir de parâmetro de orientação para casos futuros a partir da aplicação a cada caso de razões universalizáveis.

Ou seja, em virtude da posição que ocupam, esses Tribunais devem atuar como verdadeiras Cortes de Precedentes, que não se limitam apenas a analisar eventual violação à legislação federal, mas se dedicam também a estabelecer parâmetros interpretativos que deverão ser observados no julgamento de casos futuros. Por conta disso é que se justifica, por exemplo, uma maior restrição ao acesso a essas Cortes por meio da criação de filtros que permitam a devolução a elas de causas com reconhecida repercussão e relevância jurídica e social. Nesse sentido, os requisitos de admissibilidade dos recursos especiais devem ser interpretados a partir de tal diretiva de caráter funcional, de modo a evitar que o Tribunal se transforme em uma terceira instância de revisão.

Usualmente, a fim de delimitar a esfera de cognição do Superior Tribunal de Justiça, recorre-se à tradicional distinção entre questões de fato e questões de direito, de modo que apenas estas poderiam ser conhecidas pelo Tribunal. Enquanto as primeiras pressupõem uma atividade de dimensão cognitiva, fundada sobre provas, que visa a declarar a verdade ou a falsidade das alegações relativas aos fatos da causa, as do segundo tipo pressupõem uma atividade hermenêutica, cujo escopo é individuar o significado de uma norma e as consequências jurídicas que dela derivam no caso concreto.[3]

2 Melvin Aron Eisenberg. *The nature of common law*. Cambridge: Harvard University Press, 1991, p. 4.

3 Michele Taruffo. "Giudizio (teoria generale)", in *Enciclopedia Giuridica Treccani*, vol. XV, Roma, 1988.

Tal distinção, no entanto, é artificial e explica apenas parcialmente a construção de uma decisão judicial. Isso porque, fatos e direitos são indissociáveis nesse processo, dado que a identificação dos fatos materialmente relevantes para um caso parte da pré-compreensão do julgador a respeito do direito aplicável à espécie e a consequente construção da norma jurídica individual para o caso se dará com base nas inferências extraídas a partir desses fatos que forem considerados provados.[4]

Uma tomada de consciência a respeito da artificialidade dessa distinção entre questões de fato e questões de direito não tem o propósito de infirmar as noções já estabelecidas a respeito da admissibilidade do recurso especial, mas sim o de destacar que não é preciso se apegar unicamente a ela para decidir sobre o conhecimento ou não desse recurso. O recurso irrefletido a essa distinção artificial entre questões de fato e questões de direito contribui para a formação de uma jurisprudência defensiva que, muitas vezes, nega-se a conhecer de um determinado recurso sob a alegação de que ele versaria a respeito de uma questão meramente fática e ignora a possibilidade de essa questão ter o potencial de se repetir ou interessar a outros processos. Nesse sentido, é preciso ter em mente que o acesso ao Superior Tribunal de Justiça também justifica, se a partir do julgamento de um caso específico for possível extrair razões universalizáveis, capazes de serem replicadas em casos futuros.

Nessa linha, a doutrina mais sensível a essa problemática propõe o seguinte modelo de interpretação ao enunciado da Súmula 7 do Superior Tribunal de Justiça: "não se conhecerá do Recurso Especial tendo por objeto questões preponderantemente fáticas. As questões mistas, entretanto, poderão ou não ser revisadas 'in jure', desde que certos requisitos se façam presentes, quais sejam, (1) a existência de dúvida quanto à observância da margem de decisão e (2) a possibilidade, ao ensejo de revisá-la, de proceder-se a um desenvolvimento posterior do direito, circunscrevendo seu âmbito de aplicação. Nessa definição, poderá o intérprete servir-se de critérios indicadores alternativos - efeito exemplificativo, repetibilidade, transcendência e relevância".[5]

---

4 Michele Taruffo. *La prueba de los hechos* (trad. Jordi Ferrer Beltrán), 4ª ed., Madrid: Editorial Trotta, 2011, p. 96.

5 Danilo Knijnik. *O Recurso especial e a revisão da questão de fato pelo Superior Tribunal de Justiça*. Rio de Janeiro: Forense, 2005, p. 280.

A fim de tornar mais clara essa proposta de interpretação, faz-se uma distinção entre os elementos necessários e aqueles que podem contribuir para o conhecimento do recurso especial.

Os elementos necessários consistiriam: (1) na natureza mista da questão a ser devolvida ao Superior Tribunal de Justiça, que deve deter uma carga de indeterminação jurídica, tal como ocorre por exemplo com a aplicação de termos jurídicos indeterminados, cláusulas gerais ou standards probatórios; (2) na existência de uma dúvida objetiva a respeito dos limites em que são aplicados pelos tribunais locais os entendimentos que são fixados pelo Superior Tribunal de Justiça em torno da questão em julgamento; (3) na possibilidade de o Superior Tribunal de Justiça realizar um desenvolvimento ulterior do direito de modo a redimensionar os limites da questão debatida.

Já os elementos que contribuem para que uma questão seja devolvida ao Superior Tribunal de Justiça atinem: (1) ao efeito exemplificativo da questão em julgamento, que pode servir de pauta ou precedente para casos futuros; (2) à repetibilidade da matéria em discussão, que pode ser submetida a julgamento com frequência; (3) à relevância e à transcendência da questão, que deve interessar à sociedade de maneira geral, quer seja sob o ponto de vista político e econômico, quer seja sob o ponto de vista jurídico.[6]

Portanto, o conhecimento de um recurso especial que verse sobre uma questão probatória não se justifica para que o Tribunal se pronuncie simplesmente sobre a ocorrência de um fato ou não em um específico caso concreto. No entanto, a atuação do Superior Tribunal de Justiça em matéria probatória tem razão de ser tanto nos casos em que a questão for exclusivamente de direito (como ocorre com as discussões a respeito da admissibilidade de uma prova ou com a vedação às provas ilícitas), quanto se do recurso especial for possível extrair uma norma de julgamento a respeito dos fatos capaz de ser replicada em processos futuros.

Com efeito, se o Superior Tribunal de Justiça não tem interesse sobre a ocorrência ou não de um determinado fato, ele passa a tê-lo, se esse julgamento foi realizado com base em uma norma contrária ao ordenamento jurídico e com potencial de ser replicada em outros casos. Vejamos, nesse sentido, um caso paradigmático julgado pela Corte. Apenas no final da década 1990, o Superior Tribunal de Justiça reco-

6 Danilo Knijnik. *O Recurso especial e a revisão da questão de fato pelo Superior Tribunal de Justiça*. Rio de Janeiro: Forense, 2005, p. 280.

nheceu a admissibilidade do testemunho de um homossexual.[7] Nessa ocasião, foi estabelecida omo regra de julgamento que as declarações prestadas por homossexuais não podem sofrer restrições valorativas. Dessa conclusão, portanto, extrai-se que na valoração de qualquer declaração não se pode estabelecer qualquer hierarquia a partir de características pessoais dos declarantes, quer seja ela ligada a sexo, raça, orientação religiosa, etc.

Como a verificação dos fatos não pode se dar de maneira aleatória ou inquisitorial,[8] e como o processo se presta também a tutela de outros interesses, que não só a busca pela verdade da premissa fática de uma decisão, o direito impõe uma série de normas a regular essa etapa de construção da decisão jurídica. Nesse sentido, podem ser identificadas normas que disciplinam a atividade que dos sujeitos processuais se espera durante a instrução probatória, bem como normas que regulamentam as provas propriamente ditas; sua admissão, valoração e sua utilização como critério de julgamento. Tais normas conformam, portanto, o que se denomina de dinâmica da prova e em conjunto elas afluem para três momentos determinantes para o julgamento dos fatos no processo: a reunião dos elementos a serem valorados pelo juiz, a valoração judicial propriamente dita desses elementos e a análise da conformação dessa valoração para com o *standard* probatório aplicável ao caso.[9]

Com relação às primeiras fases dessa dinâmica, por estarem elas estritamente reguladas por normas jurídicas, não há grande divergência a respeito do conhecimento de recursos especiais que versem a respeito dessas questões. Assim, são comuns, por exemplo, os casos em que o Superior Tribunal de Justiça determina a produção de prova pericial ou a substituição do perito pela não observância dos requisitos técnicos para o caso.[10]

---

7 REsp n. 154.857/DF, relator Ministro Luiz Vicente Cernicchiaro, Sexta Turma, julgado em 26/5/1998, DJ de 26/10/1998, p. 169.

8 Jordi Ferrer Beltrán, *La valoración racional de la prueba*, Madrid: Marcial Pons, 2007, p. 30.

9 Jordi Ferrer Beltrán, *La valoración racional de la prueba*, Madrid: Marcial Pons, 2007, p. 41.

10 No julgamento do REsp n. 112.7949, por exemplo, o STJ declarou nula perícia realizada por profissional que não possuía a qualificação necessária de engenheiro para realizar a avaliação de um imóvel para fins de desapropriação: "É inconcebível que o Juiz forme o seu convencimento com base em opinião de indivíduo que não tem conhecimento técnico. O perito exerce múnus público ao prestar dados

Por outro lado, no tocante à fase decisória propriamente dita, o Superior Tribunal de Justiça adota uma postura refratária ao conhecimento de recursos especiais que versem a respeito dessas questões. Sob a já referida crença de que o magistrado é livre para formar seu convencimento e com amparo em sua mencionada Súmula 7, o Tribunal tende a negar seguimento aos recursos que digam respeito, por exemplo, à aplicação de máximas de experiência e de *standards* probatórios. A título de ilustração, veja-se, por exemplo, o teor do seguinte julgado: "verificar a suficiência de prova é valorar os elementos de convicção existentes, o que é interditado pela Súmula 7/STJ".[11]

Tal postura, no entanto, é contrária à função institucional da Corte. Em primeiro lugar, porque o direito à prova compreende também o direito à valoração adequada e isso inclui a aplicação de máximas de experiência e de *standards* adequados ao caso concreto. Não bastasse isso, a partir da análise de casos que contenham pronunciamentos sobre essas normas podem ser extraídos padrões para julgamentos de outras hipóteses. Assim, por exemplo, se estabelecido o *standard* aplicável para os casos que ensejam a aplicação da Lei de Improbidade Administrativa, que impõe penas que se aproximam de sanções criminais, a partir disso pode-se extrair um *standard* menos rigoroso para os litígios de natureza civil que versem sobre questões meramente patrimoniais.

Nesse sentido, vejamos como no desenvolvimento da fase decisória a respeito dos fatos em um processo existe espaço para a aplicação de razões universalizáveis que podem ser conhecidas e julgadas pelo Superior Tribunal de Justiça.

técnicos ao Juiz. A questão toma especial importância em se tratando de ação de desapropriação, medida extremamente invasiva, que interfere no direito constitucional da propriedade. O caráter técnico das informações periciais é presunção que decorre da formação universitária do perito, presumindo-se de forma relativa pelo compromisso do seu grau, presunção que se afasta quando não é o perito detentor da formação técnica indispensável. Na hipótese, o convencimento do Juiz foi flagrantemente viciado por opinião de leigo que se passou por perito em engenharia, sendo nulos todos os atos posteriores aos trabalhos do dito expert, até que nova perícia seja feita profissional habilitado" (REsp n. 1.127.949/SP, relatora Ministra Eliana Calmon, Segunda Turma, julgado em 3/11/2009, DJe de 17/11/2009.)

11 REsp n. 859.388/RJ, relator Ministro Luiz Fux, Primeira Turma, julgado em 2/10/2008, DJe de 20/10/2008.

No ordenamento jurídico brasileiro, como mencionado, está positivado o entendimento de que o magistrado é livre para valorar a prova desde que justifique o peso atribuído a cada uma delas em sua decisão. O dever de motivação, portanto, é a primeira limitação imposta à atividade de valoração. Essa liberdade conferida ao juiz, no entanto, não o isenta de observar as regras da lógica e da razão. Com efeito, para chegar a uma conclusão sobre a ocorrência ou não de determinado fato, o juiz deve atribuir um determinado significado a cada elemento de prova produzido. Após colher uma determinada informação, o juiz, em outras palavras, precisa constatar qual o grau de correspondência que ela guarda com alguma das hipóteses aventadas como solução para o litígio e qual grau de corroboração confere a ela. Ainda que o juiz não seja o único destinatário da prova, tendo o processo alcançado a fase decisória, para que seja justificada todas as atividades desenvolvidas até então, deve o magistrado atribuir um determinado valor às provas produzidas, ou seja, determinar quais informações merecem maior credibilidade para a solução da disputa. As conclusões que o magistrado alcança com a realização desse raciocínio consistem, portanto, no resultado da atividade de valoração probatória.[12]

Comumente se afirma que, no desenvolvimento dessa atividade, o juiz deve se valer das chamadas máximas de experiência, que consistem em juízos hipotéticos, abstrações derivadas da experiência e desassociadas dos fatos concretos que se julgam em um processo, e que por isso são aptas a serem aplicadas em outros casos.[13] Valorar a prova, porém, não consiste apenas em identificar aquilo que normalmente ocorre, mas sim encontrar a partir das provas produzidas elementos que corroborem determinada conclusão aplicável ao caso. A aplicação de uma máxima de experiência, portanto, deve vir acompanhada de uma justificativa a respeito da validade de sua construção e de sua compatibilidade com o sistema jurídico, bem como dos motivos pelos quais sua aplicação é adequada ao caso em julgamento, do contrário a seleção de uma máxima de experiência, por exemplo, pode se dar por um viés cognitivo do julgador ou por uma manifestação de sua ideologia pessoal.[14]

12 Jordi Nieva Fenoll, *La valoración de la prueba*, Madrid: Marcial Pons, 2010, p. 34.

13 Friedrich Stein. *El conocimiento privado del juez* (trad. Andrés de la Oliva Santos), Madrid: Editorial Centro de Estudios Ramón Areces, 1990, p. 22.

14 Jordi Nieva Fenoll, *La valoración de la prueba*, Madrid: Marcial Pons, 2010, p. 120.

Com efeito, tem-se de se atentar nesses casos, para que o juiz não perca sua imparcialidade e se deixe influenciar por suas convicções pessoais na construção das premissas fáticas de sua decisão.[15] A busca pela verdade, por exemplo, a inspirar a atividade de valoração probatória, não tem sequer razão de ser cogitada diante de um juiz parcial. A imparcialidade influi decisivamente na atividade de valoração probatória, pois um magistrado que se encontra em uma condição de parcialidade é incapaz de realizar qualquer atividade relacionada à valoração dos elementos de prova, porque a realizará apenas em parte, privilegiando as provas que lhe convém em detrimento das demais.

Portanto, nos casos em que constatada a aplicação de uma máxima de experiência que decorra de uma convicção pessoal do juiz, que não é, por alguma razão, compatível com o ordenamento jurídico, ou que não se aplica adequadamente ao caso concreto, o Superior Tribunal de Justiça deve conhecer do recurso especial para determinar que as instâncias ordinárias realizem um novo julgamento do caso, porque só assim se assegura o direito da parte à valoração racional da prova, um dos corolários do direito à prova e do devido processo legal.

Em síntese, como destaca a doutrina, uma hipótese será considerada provável: (1) se não for refutada por outras provas; (2) se houver um nexo causal efetivo entre uma hipótese e as provas que a corroboram – quanto mais segura e precisa for a conexão entre a hipótese e a prova, maior será o grau de confirmação de uma hipótese, por outro lado, uma hipótese será considerada de baixa probabilidade, se sua relação com a prova for genérica ou inconsistente ; (3) se o número de inferências en tre a prova e a hipótese for menor que o número de inferências realizados para sustentação da hipótese contrária – quanto maior o número de inferências entre uma prova e a hipótese que ela quer corroborar menor tende a ser a probabilidade de que esta hipótese seja verdadeira, (4) se a hipótese for corroborada por provas de diferente natureza[16]

Esse raciocínio que busca demonstrar a probabilidade de uma hipótese a partir de inferências extraídas dos elementos de prova produzidos em cada processo não pode se realizar a partir de métodos classificados como irracionais no contexto social em que se proferirá a decisão. As máximas de experiência que forem utilizadas, portanto, para a realiza-

15 Jordi Nieva Fenoll, *La valoración de la prueba*, Madrid: Marcial Pons, 2010, p. 142

16 Marina Gascón Abellán. *Los hechos en el derecho. Bases argumentales de la prueba*, Madrid, Marcial Pons, 1999, p. 115.

ção desse raciocínio deve encontrar um amplo consenso no contexto social em que se proferirá a decisão, sob pena de se ter uma injustificada decisão particularista. Nos fenômenos de massa, em especial, com potencial de originar processos repetitivos (como ocorre com as relações consumeristas, por exemplo), o pronunciamento do Superior Tribunal de Justiça a respeito das máximas de experiência aplicáveis evita que casos semelhantes recebam tratamentos jurídicos distintos. Portanto, no juízo de admissibilidade desses recursos, deve-se dar prevalência ao potencial de repetição de mesmos fatos e à possibilidade de se fixar uma máxima de experiencia aplicável a todos eles, ao invés de simplesmente não conhecer do recurso, porque ele simplesmente versaria a respeito de uma questão fática e isso encontraria óbice na Súmula 7 do Tribunal.

No que se refere ao julgamento dos fatos no processo, uma última menção ainda deve ser feita àquela que é a fase derradeira da dinâmica probatória, consistente no juízo de suficiência das conclusões obtidas na fase de valoração com o *standard* probatório aplicável ao caso. Um *standard* representa o nível mínimo de corroboração que se exige para que uma determinada hipótese seja considerada provada e possa então servir como premissa fática de uma decisão. É fundamental, então, que o nível mínimo de provas a ser atingido seja previamente conhecido das partes para que elas possam, assim, orientar todas as suas atividades para atingi-lo.[17]

O *standard* aplicável, por excelência, ao processo civil é o da probabilidade prevalecente, segundo o qual para que se considere provada uma hipótese basta que essa seja minimamente mais provável que as demais. Nos litígios de natureza civil que envolvam a aplicação de sanções ou a restrição a direitos da personalidade o nível mínimo de suficiência probatória, por outro lado, será mais elevado. O *standard* probatório varia, então, não só em função da natureza do direito material em jogo, mas também por conta das espécies de provas que fundamentam determinada pretensão.

Por tudo isso, dado o grau de indeterminação que envolve a aplicação de um *standard*, caberia ao Superior Tribunal de Justiça, enquanto Corte de Precedentes, fixar os modelos de constatação a serem aplicados em cada caso. Ao invés do que foi fixado no precedente antes citado, a manifestação sobre o grau de suficiência não significa uma reanálise das

17 Danilo Knijnik. *O Recurso especial e a revisão da questão de fato pelo Superior Tribunal de Justiça*. Rio de Janeiro: Forense, 2005, p. 17

provas já produzidas em primeira instância, consiste no estabelecimento de uma regra de julgamento a ser observada em cada caso. Com efeito, ao fixar o modelo de constatação aplicável a um determinado caso, o Superior Tribunal de Justiça promove, a um só tempo, o direito ao contraditório, pois as partes passam a conhecer o quanto delas será exigido para demonstração de uma hipótese; o direito à prova, já que a conclusão a respeito de uma determinada hipótese não se dará de modo aleatório e o direito à igualdade, na medida em que a conclusão a respeito do grau de suficiência de uma hipótese não dependerá do individualismo de cada julgador.

Em resumo, neste item, procurou-se demonstrar que a atuação do Superior Tribunal de Justiça em matéria de valoração probatória se justifica, pois essa fase da decisão judicial também exige a aplicação de razões universalizáveis que não podem ficar à mercê do convencimento de cada julgador. Assim, em se tratando de questões probatórias, cabe ao Superior Tribunal de Justiça avaliar não só temas ligados a admissibilidade, mas também questões ligadas à valoração propriamente dita (aplicação de máximas e *standards* probatórios) sempre que elas apresentarem relevância jurídica e social e possuírem potencial de se repetir em outros casos. Dá-se, com isso, concretude não só ao direito à prova, como também a outros princípios e garantias fundamentais, como o direito ao contraditório e a igualdade na aplicação do direito, por exemplo.

Valoração da prova e o argumento por analogia

Constitui um princípio básico de administração da justiça a noção de que casos semelhantes devem receber o mesmo tratamento jurídico, o que só pode ocorrer se observado o teor de decisões judiciais anteriores. Ao lado desse aspecto, a imparcialidade na aplicação do direito e a economia processual também são consequências do respeito aos precedentes que justificam sua necessária observância. Por conta disso, os precedentes judiciais, ainda que em diferentes medidas, são valorizados em qualquer ordenamento jurídico.

O precedente judicial desempenha a função de assegurar a coerência da decisão com o restante do ordenamento jurídico. O grau de aceitação da norma jurídica aplicável a um determinado caso, com efeito, é sempre maior quando essa norma já foi utilizada em um caso anterior. Tem-se a certeza, então, que casos semelhantes são decididos da mesma maneira pelo Poder Judiciário e que a sorte de uma demanda não depende de sua distribuição. Fazer essa referência aos precedentes na decisão judicial, assegurando o tratamento isonômico aos jurisdicionados, é ainda mais importante nos ordenamentos modernos em que o direito resulta mais das decisões dos Tribunais do que das próprias normas legislativas. A opção de legislar mediante a adoção de cláusulas abertas, versadas em termos jurídicos indeterminados, acaba por resultar em uma delegação ao Poder Judiciário para que ele confira materialidade ao direito. Ato contínuo, a aplicação do direito que não leve em consideração o quanto estatuído pelos tribunais é incompleta, dado os elementos que são acrescidos ao ordenamento por cada decisão jurídica.

Decisões judiciais, portanto, participam do processo de formação do convencimento judicial, na medida em que elas serão utilizadas como fundamento de uma nova decisão, se o juiz considerar os casos em análise análogos, ou então, em contrapartida, serão utilizadas como justificativa para a adoção de uma solução diversa a do precedente, quando se proceder a uma contra analogia.

Ou seja, além do dever de justificar a aplicação de um precedente quando constatada a analogia com o caso a decidir, há também o dever paralelo imposto ao magistrado de justificar as dessemelhanças nos casos em que se reputar não aplicável um precedente invocado.[18] A observância dos precedentes judiciais assegura, portanto, que a formação do convencimento judicial se dê a partir de critérios objetivos que estejam a serviço da tutela da igualdade. A aplicação de um precedente em desalinho à analogia, por outro lado, evidencia que um magistrado violou o dever a ele imposto de observar a igualdade na aplicação do direito. A origem maior da eficácia normativa dos precedentes judiciais reside, pois, na constatação de que fatos semelhantes, informados por idêntica razão, devem ser decididos da mesma maneira, sob pena de violação à igualdade.

O núcleo da formação do convencimento judicial por analogia, nesse sentido, está na comparação. O raciocínio analógico é aquele que tem lugar quando uma determinada norma, estabelecida a partir de uma determinada *fattispecie*, é aplicável a outra *fattispecie* para a qual não há uma previsão normativa específica. A analogia que subjaz a aplicação de um precedente consiste, pois, na comparação entre a situação descrita na *fattispecie* individual e concreta fixada em uma determinada decisão e os fatos do caso em que se pretende aplicar referida decisão. Quando há consenso a respeito da relação de identidade entre as situações fáticas, diz-se que a analogia é "rica", e, portanto, altamente persuasiva. Não

18 Neil Duxbury, *The nature and authority of precedent*, Cambridge University Press: Cambridge, 2007, p. 1 e ss.

é um exagero afirmar que diante de uma analogia desse tipo o que se espera do julgador é que ele se sinta realmente "constrangido" a ter de utilizar os mesmos fundamentos do julgado anterior.

A formação do convencimento judicial a partir de analogia para fins de aplicação dos precedentes judiciais se dá, portanto, com o cotejamento entre os elementos substanciais de uma decisão paradigma e os fatos do caso em análise que se quer decidir.[19] Dessa comparação preliminar, constata-se existir uma relação entre os casos que justifica sejam eles analisados de maneira conjunta – se forem os fatos absolutamente distintos uns dos outros não há razão alguma para prosseguir com o raciocínio analógico. Em seguida, individualizam-se os fundamentos do julgado anterior, a razão que levou o magistrado a tomar a decisão que tomou com base nos fatos que se pretende comparar, e só então, demonstrada a identidade de razões a inspirar o precedente e o caso em exame e constatada a existência de semelhanças relevantes entre os fatos em comparação, é que se torna justificável a aplicação do precedente como fundamento da decisão aplicada ao novo caso. A determinação de semelhanças ou diferenças relevantes a justificar a adoção ou não de uma decisão anterior como fundamento do caso a decidir é tarefa que incumbe ao juiz instado a se manifestar sobre essa relação de analogia que se estabelece ou não entre os casos.

Nesse sentido, o aspecto mais relevante do raciocínio analógico reside, justamente, nesse processo que envolve um constante intercâmbio entre as particularidades de cada caso e os fundamentos e princípios que os informam. Ao se reputar como relevantes os fatos para fins de comparação entre o precedente e o caso que se quer decidir, o que se está a realizar, portanto, é um juízo de valor quanto ao grau de congruência existente entre esses fatos e os princípios e fundamentos que informam os casos em questão. Para se assegurar a tutela da igualdade na aplicação do direito, quanto mais unívoca for essa relação de congruência mais justificada, portanto, a aplicação do precedente.

Portanto, quando se afirma que ao Superior Tribunal de Justiça cabe fixar os modelos de constatação aplicáveis a cada caso, o que se tem em mente é isto: espera-se que a partir dessas decisões, os magistrados que compõem as instâncias inferiores passem a orientar suas decisões a respeito das questões fáticas com base nesses paradigmas e os

19 Edward H. Levi. *Introducción al razonamiento jurídico* (trad. Genaro R. Carrió), Buenos Aires: EUDEBA, 1964, pp. 9 e ss.

apliquem de acordo com os preceitos que informam o argumento por analogia. Assim, por exemplo, o *standard* fixado para uma condenação por improbidade administrativa, que exige uma conduta dolosa e impõe como pena restrições a direitos individuais, pode ser usado por analogia como referência para os processos que digam respeito a direitos políticos e eleitorais, ou, ainda, podem servir como paradigma de um *standard* mais rigoroso para aqueles casos que versam apenas sobre direitos patrimoniais e são, por isso, informados por outras razões. Com isso, tende-se a evitar que casos análogos, fundados em acervos probatórios semelhantes, sejam julgados de maneiras distintas, porque um juiz considerou uma determinada hipótese provada e outro não.

4. Encerramento

Neste breve ensaio, procurou-se demonstrar que no direito brasileiro a atividade de valoração probatória e de tomada de decisão sobre os fatos no processo é confiada à liberdade do julgador sem o estabelecimento de maiores controles para o exercício dessa atividade. Em regra, exige-se dele apenas que cumpra com o dever constitucional de motivação, mas não se atribui a ele o instrumental teórico necessário para racionalmente considerar uma hipótese provada ou não. Nesse sentido, em atenção à função institucional que exerce, entende-se que caberia ao Superior Tribunal de Justiça revisitar sua jurisprudência e seu entendimento a respeito da aplicação da sua Súmula 7 para conhecer de recursos especiais que versem sobre questões probatórias ligadas especialmente à aplicação de máximas de experiência e de *standards* probatórios com relevância jurídica e social, pois eles poderão servir como precedentes para julgamentos de outros casos, de modo que se tenham assim decisões sobre as alegações de fato fundadas em razões universalizáveis e não particularistas, o que tende a permitir que a apreciação e o julgamento dos fatos se torne mais objetiva e, por consequência, passível de maior controle.

5. Referência bibliográfica

DUXBURY, Neil. *The nature and authority of precedent*, Cambridge University Press: Cambridge, 2007.

EISENBERG, Melvin Aron. *The nature of common law*. Cambridge: Harvard University Press, 1991.

FERRER BELTRÁN, Jordi. *La valoración racional de la prueba*, Madrid: Marcial Pons, 2007.

GASCÓN ABELLÁN, Marina. *Los hechos en el derecho. Bases argumentales de la prueba*, Madrid, Marcial Pons, 1999.

KNIJNIK, Danilo. *O Recurso especial e a revisão da questão de fato pelo Superior Tribunal de Justiça.* Rio de Janeiro: Forense, 2005.

LEVI, Edward H. *Introducción al razonamiento jurídico* (trad. Genaro R. Carrió), Buenos Aires: EUDEBA, 1964.

NIEVA FENOLL, Jordi. *La valoración de la prueba*, Madrid: Marcial Pons, 2010.

STEIN, Friedrich. *El conocimiento privado del juez* (trad. Andrés de la Oliva Santos), Madrid: Editorial Centro de Estudios Ramón Areces, 1990.

TARUFFO, Michele. "Giudizio (teoria generale)", in *Enciclopedia Giuridica Treccani*, vol. XV, Roma, 1988.

-*-. *La prueba de los hechos* (trad. Jordi Ferrer Beltrán), 4ª ed., Madrid: Editorial Trotta, 2011.

O CONTROLE DIFUSO DE CONSTITUCIONALIDADE COMO PODER-DEVER DOS ÁRBITROS: UM BREVE DIÁLOGO COM O "ACADÊMICO TUCCI"

Caio Cesar Rocha[1]
Gustavo Favero Vaughn[2]

1. Justíssima homenagem

Não há dúvidas de que José Rogério Cruz e Tucci é um dos maiores juristas brasileiros. Desempenhando suas inúmeras funções profissionais – professor, acadêmico, advogado, parecerista e árbitro –, José Rogério Cruz e Tucci é, para citar apenas algumas de suas incontáveis qualidades, firme, ético, assertivo e, como condição para ser tudo isso, absolutamente incansável. Homem de cultura (literária, mundana e jurídica) abundante, José Rogério Cruz e Tucci serve de modelo e de guia para inúmeros estudiosos do direito – os autores deste texto são dois desses sortudos estudantes.

O que dizer do "Professor Tucci"?

O Professor Tucci é – e sempre será – Mestre de todos aqueles que, assim como nós e os demais autores desta brilhante obra coletiva que lhe faz justíssima homenagem, têm a honra e a alegria de ser seu discípulo. O Professor Tucci não é controlador nem busca impor suas ideias

---

1 Mestre em direito público pela Universidade Federal do Ceará. Doutor em direito processual pela Universidade de São Paulo. *Visiting scholar* na Universidade de Columbia, em Nova Iorque. Foi membro da Comissão de Juristas, formada pelo Senado Federal, responsável pela reforma da Lei de Arbitragem em 2015. Advogado.

2 Mestre em direito pela Universidade de Columbia, em Nova Iorque, e em direito processual pela Universidade de São Paulo. Professor de Arbitragem do IBMEC-SP. Advogado.

aos seus orientandos. Pelo contrário: ele dá liberdade para que possam desenvolver suas teses e sustentar suas convicções. Apesar disso, é exigente e tecnicamente rigoroso. De seus orientandos não se espera outra coisa que não excelentes trabalhos que sejam resultados de profundas e sérias pesquisas. Não obstante sua atribulada agenda, o Professor Tucci está sempre disponível para conversar sobre qualquer sorte de trabalho acadêmico, discutir qualquer dúvida, ou mesmo apenas dialogar.

O Professor Tucci ensina com afinco, amor, dedicação e tem a habilidade que muitos não tem de transmitir seu vasto conhecimento de uma forma simples, objetiva e sempre bem-humorada. A Faculdade de Direito da Universidade de São Paulo – a "Velha e Sempre nova Academia do Largo de São Francisco," como ele diria – certamente não seria a mesma sem ele. Até mesmo porque o Professor Tucci foi Diretor da Faculdade de Direito, adotando como mote, em sua profícua gestão, o redesenho do "ensino jurídico, para que [se possa] oferecer uma formação humanística cada vez mais ampla, crítica e consciente, valendo[-se] de instrumental pedagógico especializado para estabelecer uma interação entre sociedade e universidade, numa matriz realmente democrática, visando a fortalecer os atos de ensinar, de aprender, e de moldar operadores do direito dotados de consistente capacidade."[3]

A propósito da docência, o Professor Tucci já disse, sem nenhuma surpresa, que procurou não se "omitir no cumprimento do dever de produzir, ensinar e orientar, de incentivar os que iniciam e prosseguem em sua caminhada pela órbita jurídica ou que ousam trilhar outras veredas; assim também, em reuniões e em certames acadêmicos, em momento algum fugi à responsabilidade de expressar minha opinião sincera e franca, ainda que assumindo posições delicadas, não exatamente simpáticas, sobre o justo e o injusto."[4]

O que dizer do "Acadêmico Tucci"?

O Acadêmico Tucci é um verdadeiro doutrinador, no seu mais amplo significado. Seus trabalhos monográficos e seus demais textos sempre trataram de temas fundamentais à processualística brasileira que, além de permanecerem atuais até os dias de hoje, trilharam o caminho

3 TUCCI, José Rogério Cruz e, **A cátedra de processo civil no Largo de São Francisco**, Ribeirão Preto: Migalhas, 2020, p. 152.

4 TUCCI, José Rogério Cruz e, **Discurso de agradecimento – Colar do Mérito Judiciário**, TJ-SP, 25.10.2018, São Paulo.

do direito processual civil brasileiro ao longo de décadas. Por exemplo, o Acadêmico Tucci já brindou a comunidade jurídica brasileira com estudos sobre a motivação das decisões judiciais, os precedentes judiciais, a causa de pedir e o pedido, os limites subjetivos da eficácia da sentença e da coisa julgada civil, o direito romano, a jurisprudência defensiva nos tribunais superiores, o modelo constitucional do processo, a ação monitória, os impactos do tempo no processo e o processo arbitral.

O Acadêmico Tucci talvez seja um dos maiores estudiosos (e curiosos) da história do direito e um dos juristas brasileiros que mais conhece do processo civil italiano, tendo escrito e publicado, entre tantas outras obras, sobre a vida e a obra de quatro ícones do direito processual da Itália – Piero Calamandrei, Francesco Carnelutti, Giuseppe Chiovenda e Enrico Redenti.

Antes de inspirar seus estudantes, porém, o Acadêmico Tucci foi inspirado por grandes e renomados juristas, como ele mesmo observou em seu discurso por ocasião do recebimento do honroso Colar do Mérito Judiciário no Tribunal de Justiça do Estado de São Paulo, em outubro de 2018:[5]

> "Na Academia, procurei me aperfeiçoar, inspirado nos ensinamentos, dentre outros, de mestres da envergadura moral de Sérgio Marcos de Moraes Pitombo, José Ignácio Botelho de Mesquita, Luiz Carlos de Azevedo e Moacyr Lobo da Costa, homens de personalidade austera, que traçaram os desígnios da minha formação intelectual e me instigaram a desvendar as raízes dogmáticas da ciência processual. Tive ainda a fortuna de ter sido orientado no meu doutorado, por dois anos consecutivos, na Universidade de Roma, pelo Professor Giovanni Pugliese, considerado, ao lado de Cesare Vivante, Emilio Betti e Francesco Carnelutti, um dos quatro maiores juristas italianos do século XX, pelas mãos de quem me aprofundei no estudo do método fascinante que conota toda a grandiosa obra de Piero Calamandrei."

O que dizer do "Advogado Tucci"?

O Advogado Tucci é combativo, aguerrido e, muitas vezes, implacável, mas jamais desrespeitoso. O Advogado Tucci é um verdadeiro

5 TUCCI, José Rogério Cruz e, **Discurso de agradecimento – Colar do Mérito Judiciário**, TJ-SP, 25.10.2018, São Paulo.

apaixonado pela advocacia. Ele teve um privilégio que poucos tiveram: ter recebido, como ele mesmo já notou, "inarredável inspiração paterna para ser vocacionado ao estudo do direito, sempre na perspectiva do advogado."[6] Isso, por óbvio, teve capital importância para o seu desenvolvimento pessoal e profissional.

Com destacada atuação no contencioso empresarial, o Advogado Tucci é um exímio orador e estrategista, que vive o dia a dia do foro há décadas, frequentando os mais diversos tribunais, notadamente aqueles situados em São Paulo e Brasília. A corroborar a paixão que nutre pela advocacia, o Advogado Tucci presidiu a prestigiosa Associação dos Advogados de São Paulo (AASP).

Ao mencionar, muito resumidamente, a sua brilhante trajetória na advocacia, o Advogado Tucci assim se pronunciou no salão nobre denominado Manoel da Costa Manso, por ocasião do recebimento do Colar do Mérito Judiciário da Corte de Justiça paulista de que aqui já se falou: "No Fórum, fiel ao juramento de exercer a advocacia com dignidade e independência, jamais agi de forma desleal ou postulei com receio de desagradar quem quer que fosse. Aos meus pares advogados, sempre uma palavra de alento e de respeito; aos magistrados, sempre uma reverência; aos servidores, sempre demonstrei estima!"[7]

O que dizer do Parecerista Tucci?

O Parecerista Tucci, assim como o Advogado Tucci, está envolvido nas maiores, mais relevantes e mais complexas causas do país. Ele não opina em qualquer caso nem aceita defender qualquer tese. Quando lido pelo advogado que o consultou, seu parecer serve de norte estratégico para a vitória na causa. Quando juntado aos autos, seu trabalho é visto como inegável argumento de autoridade. Lidas sempre com atenção do julgador, seja um magistrado, seja um árbitro, as palavras do Parecerista Tucci podem mudar os rumos de um processo, contribuindo para a resolução da disputa em favor daquele sábio cliente que o consultou para obter sua valiosa opinião jurídica por escrito.

6 TUCCI, José Rogério Cruz e, **A cátedra de processo civil no Largo de São Francisco**, Ribeirão Preto: Migalhas, 2020, p. 131.

7 TUCCI, José Rogério Cruz e, **Discurso de agradecimento – Colar do Mérito Judiciário**, TJ-SP, 25.10.2018, São Paulo.

O que dizer do "Árbitro Tucci"?

Sabedor que é do real significado do princípio do devido processo legal, notadamente sob a ótica do modelo constitucional de processo, o Árbitro Tucci atenta-se a cada detalhe da arbitragem e prestigia o contraditório. Mas ele não é adepto de manobras processuais que visam apenas a postergar, sem motivo, a marcha do processo arbitral, muito menos cai na armadilha do *due process paranoia*. O Árbitro Tucci não se intimida com táticas de guerrilha. Ele atua de forma célere e eficiente, envidando esforços para que a disputa submetida a seu julgamento seja dirimida da maneira mais correta possível à luz dos elementos fáticos e probatórias do caso, bem como do direito aplicável. O Árbitro Tucci respeita e ouve atentamente todos os sujeitos e partícipes do processo arbitral, tendo, como é evidente, absoluto controle dos aspectos processuais e procedimentais da arbitragem.

Não é preciso dizer mais nada para perceber que esta obra coletiva é mais uma justíssima homenagem a José Rogério Cruz e Tucci, esse jurista inigualável e que, na verdade, dispensaria quaisquer apresentações.

2. O tema deste artigo

Neste artigo, busca-se travar breve diálogo com o Acadêmico Tucci sobre o controle de constitucionalidade na arbitragem. Ao abordar os poderes dos árbitros, o Acadêmico Tucci já defendeu não haver dúvidas de que, no contexto do direito brasileiro, "o tribunal arbitral, a exemplo do juiz estatal, nos termos do art. 948 do Código de Processo Civil, tem a faculdade de exercer o controle difuso de constitucionalidade da norma legal invocada por uma das partes."[8]

Disso decore a seguinte pergunta: o julgamento da questão constitucional seria mesmo uma "faculdade" ou uma obrigação dos árbitros? Essa é a pergunta que se responderá a seguir.[9] [10] Para tanto, foram con-

8 TUCCI, José Rogério Cruz e. **Questões polêmicas do processo arbitral**. São Paulo: Quartier Latin, 2019, pp. 25-26.

9 Registre-se que boa parte das ideias e referências indicadas neste artigo foram extraídas do livro escrito por um dos coautores deste artigo, intitulado **Arbitragem comercial e controle de constitucionalidade** e publicado em 2022 pela editoria Almedina.

10 Para efeito deste texto, não serão abordadas as eventuais consequências do controle de constitucionalidade pelos árbitros na fase pós-arbitral. Este artigo ocupa-

sultados não só estudos feitos por brasileiros, mas também por juristas latino-americanos (ainda que não tenha sido realizada uma análise comparatista tecnicamente falando), com isso honrando o interesse do Professor Tucci e do Acadêmico Tucci pela ciência jurídica de outros países.

3. Algumas premissas

Antes da abordagem específica sobre a questão acima lançada, cumpre estabelecer, nesta exata ordem, algumas premissas de direito constitucional, direito processual civil e arbitragem.

A Constituição é a régua da validade de todas as leis e de todos os atos normativos, conferindo às leis e a tais atos o padrão mínimo e máximo de validade sob a ótica constitucional. Contrariar o conteúdo substancial da Constituição tem por consequência a inconstitucionalidade material; contrariar o que diz a Constituição sobre o processo legislativo acarreta a inconstitucionalidade formal.

Do ponto de vista subjetivo, o Brasil encampa apenas o modelo difuso de constitucionalidade, mas há, é verdade, elementos do controle concentrado em nossa jurisdição constitucional.[11] Melhor dizendo: o "sistema brasileiro não é de controle concentrado, pois admite que qualquer juiz de primeiro grau deixe de aplicar a lei que reputa inconstitucional diante de qualquer ação. O controle de constitucionalidade brasileiro é difuso, mas, além de poder ocorrer na forma incidental no caso concreto, pode ser realizado via ação direta proposta no Supremo Tribunal Federal."[12]

-se apenas de discorrer sobre o poder-dever de os árbitros realizarem o controle difuso de constitucionalidade na arbitragem, sem abordar o que daí decorre. Para uma análise mais aprofundada acerca de possíveis consequências, ver, por todos: VAUGHN, Gustavo Favero, **Arbitragem comercial e controle de constitucionalidade**, São Paulo: Almedina, 2022 (Capítulo 5, mais especificamente).

11 RAMOS, Elival da Silva. **Ativismo judicial**: parâmetros dogmáticos. 2ª ed. São Paulo: Saraiva, 2015, p. 213, nota de rodapé nº 564.

12 MARINONI, Luiz Guilherme. **A zona de penumbra entre o STJ e o STF**: a função das Cortes Supremas e a delimitação do objeto dos recursos especial e extraordinário. São Paulo: Thomson Reuters Brasil, 2019, p. 27.

Inspirado na *judicial review* do direito norte-americano, o controle difuso, como já bem lembrou o Acadêmico Tucci,[13] pode ser exercido por todos os órgãos do Poder Judiciário brasileiro (inferiores ou superiores, municipais, estaduais ou federais), por ocasião do julgamento das causas de suas respectivas competências. Quando a hipótese atrai o controle difuso, "a inconstitucionalidade não é declarada em tese e, sim, em processo regularmente instaurado, ao ser decidida uma pretensão."[14]

Com efeito, o controle de constitucionalidade é a principal finalidade da jurisdição constitucional, posto que a ele não se resuma.

Em primeiro grau de jurisdição, o controle difuso é realizado com maior liberdade pelo juiz: simplesmente declara-se por sentença, aqui compreendida como decisão terminativa ou definitiva, que determinada lei é ou não é constitucional,[15] sendo tal declaração passível de reforma pela via recursal, inclusive e sobretudo pelo Supremo Tribunal Federal. Já em grau superior, a declaração de inconstitucionalidade deve respeitar o procedimento previsto nos arts. 948 a 950 do Código de Processo Civil a propósito do incidente de arguição de inconstitucionalidade, e a regra de reserva de plenário disposta no art. 97 da Constituição Federal, segundo a qual apenas pelo "voto da maioria absoluta de seus membros ou dos membros do respectivo órgão especial poderão os tribunais declarar a inconstitucionalidade de lei ou ato normativo do Poder Público."

O controle de constitucionalidade é consequência da rigidez da Constituição Federal, pois é por meio dele que se extirpa do ordenamento jurídico leis contrárias (formal e materialmente) às normas constitucionais, aquelas que agridem a supremacia e a força normativa da Constituição, princípios tão caros à ordem constitucional brasileira. Sem esse tipo de fiscalização, a hierarquia constitucional de que se falou no início deste capítulo cairia por terra e tornar-se-ia inócua.

Além dessas premissas mais voltadas ao direito constitucional, o objeto deste artigo demanda, à guisa de introdução, mais uma constatação já conhecida: os árbitros têm poderes jurisdicionais. A arbitragem é

---

13 TUCCI, José Rogério Cruz e. **Processo civil, realidade e justiça**: 20 anos de vigência do CPC. São Paulo: Saraiva, 1994, p. 88.

14 MARQUES, José Frederico. **Instituições de direito processual civil**, vol. 1. 2ª ed. Rio de Janeiro: Forense, 1962, p. 308.

15 CALAMANDREI, Piero. **Estudios sobre el proceso civil - derecho procesal civil III**. Trad. Santiago Sentís Melendo. Buenos Aires: Ediciones Juridicas Europa-America, 1973, p. 62.

uma atividade jurisdicional, ainda que os árbitros não tenham poderes coercitivos, de fazer cumprir suas decisões por meio da coação estatal. Os árbitros são juízes de fato e de direito e suas sentenças formam títulos executivos judiciais, assim como as sentenças proferidas pelo Poder Judiciário. A jurisdição arbitral decorre sobretudo do fato de que os árbitros, mesmo que no âmbito privado, aplicam o direito para resolver, com definitividade, os conflitos de direito patrimonial disponível que lhes são endereçados.

Nesse contexto, é necessário reconhecer que a arbitragem é processo. Por isso, ela encaixa-se na teoria geral do processo e, mais relevante ainda, submete-se ao modelo constitucional de processo. Processo jurisdicional que é, a arbitragem está sujeita aos ditames superiores do sistema constitucional, sob pena de as decisões dos árbitros serem ilegítimas porque violadoras da Constituição. Sendo assim, o controle difuso de constitucionalidade está enraizado, é inerente à atividade adjudicante dos árbitros, independentemente de se estar diante de uma jurisdição privada cujo controle, em hipóteses excepcionais, compete ao Estado-juiz.

4. Perspectiva doutrinária no Brasil

Na esteira do que já fez o Acadêmico Tucci, há outras vozes na doutrina brasileira que defendem a possibilidade de os árbitros realizarem controle de constitucionalidade de forma incidental ao processo arbitral. Não parece haver quem defenda o contrário e se houver, é minoria. No geral, entende-se que o controle difuso a ser exercido pelos árbitros seria uma efetiva obrigação, um poder-dever do árbitro, e não uma faculdade. E isso justamente por conta da elevada importância de a aplicação do direito, seja na esfera pública, seja na esfera privada, obedecer aos mandamentos constitucionais.

Para Eduardo Parente, os árbitros devem apreciar a alegação de vício inconstitucional, sendo que o exame sobre o tema estará voltado à ocorrência ou não, pela via incidental, da mazela quanto ao direito material atacado.[16] Ao exercer o controle difuso de constitucionalidade, os árbitros se portariam da mesma forma que um juiz togado diante de uma arguição de inconstitucionalidade. De mais fundamen-

16 PARENTE, Eduardo de Albuquerque. **Processo arbitral e sistema**. São Paulo: Atlas, 2012, p. 281.

tal, Parente registra que a "atividade de verificação da ordem constitucional de maneira difusa é inerente à atividade jurisdicional, da qual o árbitro não escapa."[17]

Nelson Nery Junior e Rosa Maria Nery reconhecem a possibilidade de os árbitros exercerem o controle de constitucionalidade das leis pela via difusa, valendo a decisão apenas para o caso concreto. Nos seus comentários à Constituição Federal, asseveram que, "se a arbitragem se desenvolve sob a égide de um sistema constitucional que admite o controle difuso de constitucionalidade, seria contraditório afirmar que a arbitragem deve desenvolver-se em atendimento ao devido processo legal, e, ao mesmo tempo, impedir que o árbitro aplique diretamente a Constituição Federal, que é a lei fundamental de todo o ordenamento nacional."[18]

O dever de o árbitro exercer o controle difuso de constitucionalidade quando a ocasião durante a arbitragem assim autorizar é igualmente defendido por Georges Abboud. Para ele, se não fosse permitido ao árbitro declarar a inconstitucionalidade, ter-se-ia situação teratológica em que o ordenamento jurídico brasileiro admitiria a formação de coisa julgada material sobre decisão afrontosa à Constituição, que poderia ser objeto de cumprimento de sentença perante o Poder Judiciário.[19] Além disso, Abboud registra que "perante qualquer situação de inconstitucionalidade, o árbitro deveria pronunciar-se de ofício sobre a questão, tendo em vista a natureza de ordem pública que as questões constitucionais possuem."[20]

Em texto específico sobre o controle de constitucionalidade na arbitragem, Gustavo Fernandes leciona que, em razão da isonomia de poderes com o juiz togado, "não apenas pode, mas *deve* o árbitro decidir, sem limitações de qualquer natureza, acerca do direito aplicável ao caso", sob pena de inquinar a sentença arbitral de nulidade quanto

---

17 PARENTE, Eduardo de Albuquerque. **Processo arbitral e sistema**. São Paulo: Atlas, 2012, p. 281.

18 NERY JUNIOR, Nelson; NERY, Rosa Maria de Andrade. **Constituição Federal comentada e legislação constitucional**. 5ª ed. São Paulo: Editora Revista dos Tribunais, 2014, p. 638.

19 ABBOUD, Georges. **Processo constitucional brasileiro**. 2ª ed. São Paulo: Editora Revista dos Tribunais, 2018, p. 1.038.

20 ABBOUD, Georges. **Processo constitucional brasileiro**. 2ª ed. São Paulo Thomson Reuters Brasil, 2018, p. 1.037.

à fundamentação adequada na eventualidade de não ser enfrentado o argumento constitucional.[21]

Ao exercer a jurisdição em sua plenitude, Fernandes afirma que se impõe ao árbitro, como verdadeiro dever, "decidir qual norma incide sobre a relação jurídica controvertida, o que, logicamente, inclui o dever de afastar a norma repugnante à Constituição."[22] Não seria compreensível afastar da jurisdição dos árbitros o julgamento de conflito hierárquico de normas quando podem eles julgar, é claro que consoante a vontade das partes, por equidade, de acordo com usos, costumes e regras internacionais de comércio.

Ensina ainda o referido advogado que, tendo a Constituição Federal o *status* de lei suprema, devem os árbitros decidir o incidente de inconstitucionalidade, ainda que *ex officio*. Sem embargo, Fernandes sustenta que não podem os árbitros interpretar a questão constitucional como bem entenderem, sendo de rigor que contemplem o entendimento dominante da jurisprudência e da doutrina, "não lhes sendo lícito substituir o entendimento jurisprudencial consolidado, obsequioso da segurança jurídica, pelas suas próprias concepções individuais acerca da constitucionalidade da norma."[23]

Rodrigo Garcia da Fonseca aponta uma série de dificuldades para se tirar conclusões no sentido de admitir ou não o controle difuso na arbitragem. Fonseca reconhece que, sendo obrigação dos árbitros aplicar o direito, outra solução não poderia ser tomada que não declarar a inconstitucionalidade de uma lei se esta, sob a perspectiva dos árbitros, vilipendiar norma constitucional.[24]

---

21 ANDRADE, Gustavo Fernandes de. Arbitragem e controle de constitucionalidade: algumas reflexões. In: CARMONA, Carlos Alberto; LEMES, Selma Ferreira; MARTINS, Pedro Batista (coord.). **20 anos da lei de arbitragem**: homenagem a Petrônio R. Muniz. São Paulo: Atlas, 2017, p. 755; itálico no original.

22 ANDRADE, Gustavo Fernandes de. Arbitragem e controle de constitucionalidade: algumas reflexões. In: CARMONA, Carlos Alberto; LEMES, Selma Ferreira; MARTINS, Pedro Batista (coord.). **20 anos da lei de arbitragem**: homenagem a Petrônio R. Muniz. São Paulo: Atlas, 2017, p. 755.

23 ANDRADE, Gustavo Fernandes de. Arbitragem e controle de constitucionalidade: algumas reflexões. In: CARMONA, Carlos Alberto; LEMES, Selma Ferreira; MARTINS, Pedro Batista (coord.). **20 anos da lei de arbitragem**: homenagem a Petrônio R. Muniz. São Paulo: Atlas, 2017, p. 759.

24 FONSECA, Rodrigo Garcia da. Reflexões sobre a sentença arbitral. **Revista de Arbitragem e Mediação**, vol. 6, 2005, pp. 40-74. Versão eletrônica, p. 9.

Marcelo Bonizzi e Olavo Ferreira deixam claro que os árbitros não só podem, como devem declarar a inconstitucionalidade de leis, a exemplo do que faria um juiz togado no controle difuso.[25] Bonizzi e Ferreira entendem que seria afrontoso ao Estado Democrático de Direito e um manifesto prejuízo à segurança jurídica admitir que a supremacia da Constituição Federal pudesse ser desconsiderada por quem detém o poder de aplicar o direito, tal como os árbitros.[26]

Em monografia sobre o tema, Fernando Maluf diz claramente que não há óbices ao exercício do controle difuso na arbitragem. Maluf inicia sua argumentação lembrando de algo fundamental, mas que por vezes é esquecido: o fundamento da jurisdição arbitral é a Constituição Federal, de modo que os árbitros só podem decidir determinada controvérsia porque, direta ou indiretamente, uma Constituição assim admite que ocorra.[27] A própria constitucionalidade da Lei de Arbitragem brasileira foi questionada, através da SEC n. 5.206, tendo o STF decidido pela sua constitucionalidade; em outras palavras, a arbitragem é compatível com a Constituição Federal de 1988. Isso significa dizer, nas palavras daquele doutrinador, que "em toda e qualquer democracia contemporânea que admita a arbitragem como mecanismo de solução de disputas, o fundamento de validade da jurisdição arbitral é a própria Constituição," sendo tal conclusão o resultado prático da aplicação de um conjunto de fatores, quais sejam, os princípios da força normativa, supremacia e rigidez constitucionais.[28]

---

25 BONIZZI, Marcelo José Magalhães; FERREIRA, Olavo Augusto Vianna Alves. Declaração de inconstitucionalidade pelo árbitro: vedação ou dever? In: MUNIZ, Joaquim de Paiva; BONIZZI, Marcelo José Magalhães; FERREIRA, Olavo Augusto Vianna Alves. **Arbitragem e administração pública**: temas polêmicos. Ribeirão Preto: Migalhas, 2018, p. 400.

26 BONIZZI, Marcelo José Magalhães; FERREIRA, Olavo Augusto Vianna Alves. Declaração de inconstitucionalidade pelo árbitro: vedação ou dever? In: MUNIZ, Joaquim de Paiva; BONIZZI, Marcelo José Magalhães; FERREIRA, Olavo Augusto Vianna Alves. **Arbitragem e administração pública**: temas polêmicos. Ribeirão Preto: Migalhas, 2018, p. 400.

27 MALUF, Fernando Del Picchia. **O controle de constitucionalidade na arbitragem**: um estudo à luz da experiência no direito estrangeiro. Dissertação (Mestrado em Direito das Relações Econômicas Internacionais) – Faculdade de Direito, Pontifícia Universidade Católica de São Paulo, São Paulo, 2020, p. 108.

28 MALUF, Fernando Del Picchia. **O controle de constitucionalidade na arbitragem**: um estudo à luz da experiência no direito estrangeiro. Dissertação (Mestrado em Direito das Relações Econômicas Internacionais) – Faculdade de Direito, Pontifícia Universidade Católica de São Paulo, São Paulo, 2020, p. 108.

Por via de consequência, seria incoerente subtrair a fiscalização constitucional dos árbitros em um sistema constitucional que admite o controle de constitucionalidade pelo Poder Judiciário. E essa incoerência seria explícita porque, para Maluf, "na prática, inadmitir o controle de constitucionalidade na arbitragem seria o equivalente a dizer que qualquer norma, inconstitucional, deveria ser rigorosamente aplicada em um procedimento arbitral."[29] Assim, a missão dos árbitros contemplaria o controle de constitucionalidade.

A fiscalização difusa de constitucionalidade na arbitragem foi tratada em obra monográfica também por Ana Carolina Weber, que cuidou do controle no seio de litígio decorrente de contrato de concessão firmado entre a Agência Nacional de Petróleo e agentes privados. Concluiu sua dissertação dizendo que os árbitros podem exercer o controle de constitucionalidade na análise do caso concreto, não lhes sendo autorizado, porém, o controle concentrado, papel restrito ao Supremo Tribunal Federal.[30] A conclusão advém de uma relevante premissa: os árbitros devem aplicar o ordenamento jurídico brasileiro – quando assim for combinado pelas partes – em sua inteireza.[31]

Com precisão ímpar, Luciano de Souza Godoy defende que a "verificação constitucional é inerente à atividade jurisdicional, motivo pelo qual a exclusão do controle de constitucionalidade das atividades de árbitro não se justifica."[32] Segundo Godoy, o controle difuso consistiria,

29 MALUF, Fernando Del Picchia. **O controle de constitucionalidade na arbitragem**: um estudo à luz da experiência no direito estrangeiro. Dissertação (Mestrado em Direito das Relações Econômicas Internacionais) – Faculdade de Direito, Pontifícia Universidade Católica de São Paulo, São Paulo, 2020, p. 110.

30 WEBER, Ana Carolina. **O controle de constitucionalidade exercido pelo árbitro**: um exame à luz dos contratos de concessão de petróleo. Dissertação (Mestrado em Direito Internacional e Integração Econômica) – Faculdade de Direito, UERJ, Rio de Janeiro, 2008, p. 119. Mesma ideia reproduzida no seguinte texto: WEBER, Ana Carolina. O controle de constitucionalidade no procedimento arbitral. **Revista Jurídica da Faculdade de Direito**, vol. I, nº 4, ano III, p. 21.

31 WEBER, Ana Carolina. **O controle de constitucionalidade exercido pelo árbitro**: um exame à luz dos contratos de concessão de petróleo. Dissertação (Mestrado em Direito Internacional e Integração Econômica) – Faculdade de Direito, UERJ. Rio de Janeiro, 2008, p. 119. Mesma ideia reproduzida no seguinte texto: WEBER, Ana Carolina. O controle de constitucionalidade no procedimento arbitral. **Revista Jurídica da Faculdade de Direito**, vol. I, nº 4, ano III, p. 21.

32 GODOY, Luciano de Souza. O controle de constitucionalidade na arbitragem: um poder-dever dos árbitros, *in* GIUSTI, Gilberto; BARALDI, Eliana; ALMEIDA, Eduar-

"a bem da verdade, em um poder e um dever do árbitro, tal qual aquele exercido pelo juiz togado no Estado Democrático de Direito."[33] Afinal, em suas palavras, se "a arbitragem é reconhecida como processo, submete-se ao sistema constitucional e deve respeitar tal modelo, a despeito de suas peculiaridades frente ao processo que se desenvolve na via judicial."[34]

5. Perspectiva doutrinária na América-latina

Olhando para fora do Brasil, os países de língua latino-americana, que vêm em uma toada de "*constitutionalisation of the arbitral process,*"[35] têm a literatura mais vasta sobre o objeto deste artigo – ao menos foi isso o que se constatou com a pesquisa realizada sobre o assunto fora do Brasil e é isso o que se infere de afirmações como esta: *"the relationship between the Constitution and arbitration has received considerable attention in Latin America."*[36] Pode-se notar que a autoridade encarregada de verificar a legitimidade constitucional de leis e suas modalidades varia de acordo com cada país (e suas idiossincrasias jurídicas, naturalmente),[37] havendo semelhanças e distinções a serem destacadas.

---

do Vieira de; VAUGHN, Gustavo Favero (coords.), **Arbitragem e Poder Judiciário**: estudos sobre a interação entre as jurisdições arbitral e estatal, Ribeirão Preto: Migalhas, 2023, p. 830.

---

33 GODOY, Luciano de Souza. O controle de constitucionalidade na arbitragem: um poder-dever dos árbitros, *in* GIUSTI, Gilberto; BARALDI, Eliana; ALMEIDA, Eduardo Vieira de; VAUGHN, Gustavo Favero (coords.), **Arbitragem e Poder Judiciário**: estudos sobre a interação entre as jurisdições arbitral e estatal, Ribeirão Preto: Migalhas, 2023, p. 830.

34 GODOY, Luciano de Souza. O controle de constitucionalidade na arbitragem: um poder-dever dos árbitros, *in* GIUSTI, Gilberto; BARALDI, Eliana; ALMEIDA, Eduardo Vieira de; VAUGHN, Gustavo Favero (coords.), **Arbitragem e Poder Judiciário**: estudos sobre a interação entre as jurisdições arbitral e estatal, Ribeirão Preto: Migalhas, 2023, p. 830.

35 AZAR, Cecilia; ALDRETE, Paola, Why arbitrate in Latin America? *in* ASTIGARRAGA, José (org.), **The guide to international arbitration in Latin America**, Latin Lawyer, 2022, p. 130.

36 RIVERA JR., Julio César, The review of arbitral awards' manifest errors of law in annulment actions in the United States and in Argentina, **The American Review of International Arbitration**, vol. 29, nº 4, 2018, p. 409.

37 DAVID, René. **Os grandes sistemas do direito contemporâneo**. 3ª ed. Trad. Hermínio A. Carvalho. São Paulo: Martins Fontes, 1996, p. 94.

Na Argentina, país que adota o sistema difuso puro de controle de constitucionalidade,[38] Roque Caivano defende que cabe aos árbitros o controle incidental, competindo-lhes, na aplicação do direito ao caso concreto, selecionar a norma que tenha prioridade constitucional, sob pena de má aplicação do direito.[39] Caivano aduz, nessa esteira, que, ao *"descartar la norma que reputan inconstitucional, los árbitros no hacen otra cosa que afirmar la supremacía de aquella, que – como ha dicho la Corte – constituye la esencia de nuestro sistema jurídico,"* pois a obrigação que se impõe aos juízes estatais de efetuar o controle de constitucionalidade das normas é igualmente exigida dos árbitros.[40]

Para Jorge Rojas, em uma arbitragem doméstica, em que as partes, os árbitros e a resolução da disputa em si estão submetidos a um mesmo ordenamento jurídico, no qual se adota o controle difuso, seria *"una contradicción pretender que se desarrolle un debido proceso legal, omitiendo que el árbitro aplique la primera y fundamental ley del país que no es otra que su propia constitución, circunstancia que exime cualquier otro comentario, dado que el control de constitucionalidad implica la observancia del principio de razonabilidad de la ley en el caso concreto."*[41] Havendo atividade jurisdicional, como reconhece haver na arbitragem, Rojas assevera ser impositivo o controle de constitucionalidade, na medida em que *"[l] o contrario implicaría exponer a los árbitros a aplicar – aún contra su voluntad – una norma de rango inferior por sobre un precepto constitucional, lo que resultaría inadmisible."*[42]

Enrique Lavié Pico também compartilha das opiniões de seus compatriotas. Conquanto não pertençam ao Poder Judiciário, o aludido magistrado entende que os tribunais arbitrais são tribunais de justiça

---

38 SALGADO, José María. Jurisdicción constitucional. Relatório Nacional (Argentina). **Civil Procedure Review**, vol. 4, 2013, p. 196; SILVA, José Afonso da. **Um pouco de direito constitucional comparado**. São Paulo: Malheiros, 2009, pp. 129-133.

39 Admite-se o controle de constitucionalidade pelos assim chamados árbitros de derecho (árbitros de direito, portanto).

40 CAIVANO, Roque. Planteos de inconstitucionalidad en el arbitraje. **Revista Peruana de Arbitraje**, nº 2, 2006, p. 140.

41 ROJAS, Jorge A. **El control de constitucionalidad y de convencionalidad en el arbitraje.** Disponível em: http://jorgearojas.com.ar/wp-content/uploads/2010/06/El_control_de_constitucionalidad_y_de_convencionalidad.pdf.

42 ROJAS, Jorge A. **El control de constitucionalidad y de convencionalidad en el arbitraje.** Disponível em: http://jorgearojas.com.ar/wp-content/uploads/2010/06/El_control_de_constitucionalidad_y_de_convencionalidad.pdf.

que têm competência para dizer o direito e, consequentemente, têm o dever de examinar nos casos concretos, ainda que sem provocação das partes, a compatibilidade das normas infraconstitucionais com a Constituição. Caso assim não se proceda, isto é, se o controle não for realizado pelos árbitros corre-se o risco de se ter uma decisão que desrespeita a força normativa da Constituição e convalida uma transgressão à legalidade normativa.[43]

Estela Sacristán, também da Argentina, defende a fiscalização constitucional pelos árbitros, pois estes teriam funções equivalentes às funções dos juízes togados, o que os habilitaria, especialmente em arbitragens de direito, a confrontar a validade constitucional de uma norma em determinada causa específica.[44]

No Peru, país que adota o sistema misto de controle de constitucionalidade quanto ao aspecto modal,[45] Ricardo Luque Gamero sustenta a possibilidade de os árbitros exercerem controle difuso de constitucionalidade, nada obstante a Constituição peruana atribua literalmente tal múnus somente aos juízes estatais. Para chegar a essa conclusão, tal jurista afasta a interpretação gramatical do texto e invoca o espírito da norma constitucional aliado ao fato de a função julgadora dos juízes e árbitros ser a mesma.[46]

Considerando que tanto juízes quanto *árbitros* exercem jurisdição, Ricardo Luque Gamero entende que não haveria argumento válido para limitar ao Estado-juiz o controle difuso quando tanto os árbitros quanto os magistrados devem declarar o direito aplicável à espécie.[47] Desse modo, se, no exercício da função jurisdicional, os árbitros concluírem que uma norma resulta inaplicável por ser inconstitucional, devem declarar a inconstitucionalidade incidentalmente no processo arbitral. Do

43 PICO, Enrique Lavié. Control judicial de los laudos arbitrales. In: ROSATTI, Horacio et. al. **El control de la actividad estatal**. Buenos Aires: Asociación de Docentes de la Facultad de Derecho y Ciencias Sociales de la Universidad de Buenos Aires, 2016, p. 436.

44 SACRISTÁN, Estela. Control de constitucionalidad en el arbitraje. **Revista Brasileira de Infraestrutura**, ano 1, nº 1, 2012, p. 52.

45 LANDA, César. La jurisdicción constitucional en el Perú, parte I. **Revista do Curso de Direito,** UFMA, ano IV, nº 7, 2014, p. 27.

46 GAMERO, Ricardo Luque. El arbitraje y el control de la constitucionalidad. **Revista Peruana de Arbitraje**, nº 5, 2007, p. 131.

47 GAMERO, Ricardo Luque. El arbitraje y el control de la constitucionalidad. **Revista Peruana de Arbitraje**, nº 5, 2007, p. 132-133.

contrário estariam os árbitros descumprindo um mandamento constitucional, ao mesmo tempo em que estariam negando seu mister de julgador privado.[48]

Gamero ainda observa que não pode o Estado aceitar a arbitragem como uma forma de resolução de controvérsia na qual cabe aos árbitros dizerem o direito aplicável sem aceitar que eles exerçam o controle difuso, pois isso implicaria a limitação indevida da atuação dos árbitros em prejuízo da arbitragem. Para Gamero, obstar os árbitros de exercerem controle difuso *"convertiría al arbitraje en una jurisdicción disminuida y los laudos en unas sentencias de segunda categoría ya que en estos no podría dictarse sino un derecho condicionado o limitado"*[49].

Jorge Santistevan de Noriega, outro jurista de nacionalidade peruana, também admite que os árbitros possam exercer, pela via difusa, o controle de constitucionalidade. Noriega considera que a evolução recente da interpretação constitucional levaria ao reconhecimento de tal poder aos árbitros, embora entenda que a arbitragem não trate muitas vezes de questões constitucionais, por versar sobre direito disponível e buscar uma justiça célere.[50]

Na Colômbia, cujo sistema de constitucionalidade é híbrido,[51] *há precedente do Pleno do Tribunal Constitucional que, entre outros temas, tratou da possibilidade de os árbitros realizarem a fiscalização difusa de constitucionalidade na arbitragem.*[52] O Tribunal Constitucional colombiano, nessa oportunidade, enfatizou que, sendo a arbitragem uma

48 GAMERO, Ricardo Luque. El arbitraje y el control de la constitucionalidad. **Revista Peruana de Arbitraje**, nº 5, 2007, pp. 133-134.

49 GAMERO, Ricardo Luque. El arbitraje y el control de la constitucionalidad. **Revista Peruana de Arbitraje**, nº 5, 2007, p. 135.

50 NORIEGA, Jorge Santistevan de. Tribunal Constitucional y arbitraje: improcedencia del amparo contra resoluciones y laudos arbitrales, el control difuso en sede arbitral y el tratamiento de la recusación del tribunal arbitral *"in toto"*. **Revista Peruana de Arbitraje**, nº 4, 2007, p. 42.

51 SINISTERRA, Cindy Charlotte Reyes; GÓMEZ, Christian Camilo Gómez. Control de constitucionalidad por los tribunales arbitrales en Colombia. **Revista de Derecho Privado**, nº 56, 2016, p. 17.

52 A doutrina estrangeira vale-se dessa decisão para tratar do controle de constitucionalidade na arbitragem pela ótica colombiana: Cf. SINISTERRA, Cindy Charlotte Reyes; GÓMEZ, Christian Camilo Gómez. Control de constitucionalidad por los tribunales arbitrales en Colombia. **Revista de Derecho Privado**, nº 56, 2016, pp. 11-12.

jurisdição independente, a garantia do controle difuso de constitucionalidade prevista no art. 138 da Constituição da Colômbia seria uma *consequência necessária.*[53] Assim decidiu de maneira a interpretar o dito artigo de forma extensiva, negando a interpretação restritiva e literal de que o controle seria exclusivo da jurisdição estatal.

Nada obstante, ressalvou-se, no precedente acima referenciado, de que o exercício do controle difuso de constitucionalidade na jurisdição arbitral deva ser objeto de modulação pelo Tribunal Constitucional colombiano, com o propósito de dar cumprimento à finalidade de garantidor da primazia da Constituição e evitar, com isso, abusos e desvios no controle de constitucionalidade. Ficou estabelecido nesse paradigma colombiano o seguinte: *"El control difuso de la jurisdicción arbitral se rige por las disposiciones del artículo VI del Título Preliminar del Código Procesal Constitucional y la jurisprudencia vinculante dictada por este Tribunal Constitucional sobre el control difuso. Sólo podrá ejercerse el control difuso de constitucionalidad sobre una norma aplicable al caso de la que dependa la validez del laudo arbitral, siempre que no sea posible obtener de ella una interpretación conforme a la Constitución y además, se verifique la existencia de un perjuicio claro y directo respecto al derecho de alguna de las partes".*

Interessante notar que, ao final de seu voto, o juiz Urviola Hani faz um alerta aos árbitros, no sentido de que eles seriam, de certa forma, *juízes constitucionais,* assim como são considerados os julgadores estatais. Outra observação alerta feita ao final da decisão vale aqui trazer à tona: a opção de exercer o controle difuso de constitucionalidade na arbitragem deve ser feita com especial prudência, a fim de não desnaturalizar o fundamento da arbitragem, que é a autonomia da vontade. Foi dito que, tal como o excesso de judicialização da arbitragem poderia colocar em xeque a celeridade do processo arbitral, uma desvinculação absoluta dos direitos fundamentais seria desarrazoada no atual Estado constitucional democrático colombiano.

Juan Carlos Araúz Ramos, de origem panamenha – o Panamá filia-se ao sistema híbrido de controle –,[54] reconhece a obrigação de os ár-

53 Exp. nº 00142-2011-PA/TC, Sociedad Minera de Responsabilidad Ltda., decisão proferida em 21/9/2011.

54 HOYOS, Arturo. **La justicia constitucional en Panamá**: una apretada síntesis. Biblioteca Jurídica Virtual, UNAM, p. 591. Disponível em: https://archivos.juridicas.unam.mx/www/bjv/libros/6/2894/23.pdf.

bitros fiscalizarem a constitucionalidade de leis no curso da arbitragem, sob pena de intervenção da justiça constitucional no controle judicial da sentença arbitral.[55] Araúz Ramos adverte, porém, que a declaração de inconstitucionalidade pelos árbitros é medida excepcional e restrita, devendo ser exercido o controle somente nos casos em que não for possível exarar uma decisão arbitral apta a ser cumprida pelas partes sem inquinar de inconstitucional determinada lei.[56]

6. O controle difuso de constitucionalidade é um poder-dever dos arbitros

É predominante a vertente doutrinária que advoga a tese da possibilidade de os árbitros realizarem o controle difuso de constitucionalidade, deixando de aplicar lei tida por inconstitucional em um dado caso concreto – controle difuso e por via incidental, portanto. Mais do que uma possibilidade, defende-se aqui que o controle difuso é um verdadeiro poder-dever dos árbitros, de modo que não cabe a eles escolherem realizá-lo ou não; o controle difuso impõe-se na arbitragem se as circunstâncias do caso concreto assim determinarem.

Com efeito, não há dúvidas de que os árbitros devem realizar o controle difuso de constitucionalidade na arbitragem comercial, uma vez que a atividade dos árbitros tem natureza jurisdicional e a arbitragem é processo, que se submete inequivocamente aos ditames constitucionais.[57] Aos árbitros compete o controle difuso de constitucionalidade, por via incidental, sendo terminantemente vedado a eles exercer o controle de natureza abstrata, que, consoante o ordenamento jurídico brasileiro, é de competência exclusiva e soberana do Supremo Tribunal Federal, nas circunstâncias estabelecidas pela Constituição.

55 RAMOS, Juan Carlos Araúz. **Constitucionalización y justicia constitucional en el arbitraje comercial panameño**. Tese (Doutorado em Direito Internacional Privado) – Faculdade de Direito, Universidade Complutense de Madri, Madri, 2013, pp. 306 e 308.

56 RAMOS, Juan Carlos Araúz. **Constitucionalización y justicia constitucional en el arbitraje comercial panameño**. Tese (Doutorado em Direito Internacional Privado) – Faculdade de Direito, Universidade Complutense de Madri. Madri, 2013, p. 305.

57 Corroborando o *dever* de se realizar controle difuso de constitucionalidade ver: CAPPELLETTI, Mauro. **O controle judicial de constitucionalidade das leis no direito comparado**. Trad. Aroldo Plínio Gonçalves. Porto Alegre: Sergio Antonio Fabris Editor, 1984, p. 76.

A equiparação dos árbitros a juízes de fato e de direito chancela essa afirmação, porque, tal como acontece com os juízes togados, devem os árbitros declarar a inconstitucionalidade de uma lei quando assim entenderem cabível e pertinente. Assim como não cabe a um juiz estatal privar-se de decidir sobre a constitucionalidade de uma norma, o mesmo se aplica ao árbitro. Os poderes-deveres que os árbitros têm para resolver determinada disputa aplicando o direito à espécie estão inexoravelmente ligados aos parâmetros constitucionais, de modo que não há brecha para os árbitros se escusarem de sobrepor as normas constitucionais a qualquer outra quando do julgamento de uma controvérsia.

A força normativa e a supremacia da Constituição Federal são imperativos indissociáveis do processo arbitral e não estão ao dispor das partes, tampouco dos árbitros, mesmo que a arbitragem seja um mecanismo privado de solução de conflitos. O dever de os árbitros harmonizarem o direito aplicável com a Constituição advém de uma lógica sistemática do direito brasileiro, que é inescapável aos *players* da arbitragem, ainda que o processo arbitral tenha suas idiossincrasias e tenha um fechamento operacional diverso do processo estatal.

Reconhecer e aceitar a autoridade dos árbitros para controlarem, por via incidental, a constitucionalidade de leis aplicáveis à arbitragem é a interpretação mais consentânea – e arrisca-se dizer que a única, sob pena de se amesquinhar a arbitragem – com a ordem constitucional que impera no direito brasileiro. Inexiste justificativa crível para afastar dos árbitros o controle difuso de constitucionalidade se a Constituição Federal é a lei suprema do país, devendo todas as demais leis obediência incondicional a ela, sob pena de serem reputadas nulas, inclusive estando os três poderes constituídos do Brasil sujeitos à Constituição.

Os árbitros devem aplicar o direito eleito pelas partes e, sendo esse o direito brasileiro, a Constituição Federal revela-se como o parâmetro último de validade, diretriz maior dos intérpretes, restando inevitável a interpretação das leis à luz da Constituição. Inegável, nessa senda, que os árbitros têm a obrigação de afastar as leis incompatíveis com as normas constitucionais.

Por essa lógica, e para manter a coerência do argumento, é igualmente dever dos árbitros indeferirem pedido de declaração de inconstitucionalidade quando entenderem que a lei acusada de ser inconstitucional não o é. Da mesma forma que os árbitros devem afastar a lei inconstitucional, também devem aplicar a lei que entendam ser constitucional. O controle difuso de constitucionalidade funciona para os dois lados da moeda, mas há um peso maior para a declaração de inconstitucionalidade, mormente porque as leis têm presunção de constitucionalidade.

Concordar que os árbitros têm a obrigação de fiscalizar a constitucionalidade por via incidental – seja para rechaçar a lei inconstitucional, seja para aplicar a lei constitucional, indeferindo a arguição de inconstitucionalidade –, como ora se faz, insere-se na concepção de *multiplicidade de intérpretes da Constituição*, que se impõe no atual estágio do constitucionalismo brasileiro.

Essa concepção foi idealizada por Peter Häberle, para quem o juiz constitucional não mais interpreta isoladamente no processo constitucional, pois são muitos os participantes do processo. Observa o citado autor que "todas as forças pluralistas públicas são, potencialmente, intérpretes da Constituição", com antecedência à "interpretação constitucional 'jurídica' dos juízes."[58]

Nesse contexto, o árbitro é mais um intérprete da Constituição, competindo-lhe zelar e dar concretude à força normativa e à supremacia constitucional. Do contrário, novamente aqui invocando a lição de Peter Häberle, "significaria um empobrecimento ou um autoengodo" restringir a hermenêutica constitucional "aos intérpretes 'corporativos' ou autorizados jurídica ou funcionalmente pelo Estado," excluindo os árbitros de tal mister.[59]

7. Breves considerações adicionais ao poder-dever de os árbitros realizarem controle difuso de constitucionalidade

Como visto, os árbitros devem realizar o controle difuso de constitucionalidade na arbitragem quando se depararem, por exemplo, com uma norma inconstitucional. Declarar a inconstitucionalidade (ou a constitucionalidade, a depender da situação) é, repise-se, um poder-dever dos

---

58 HÄBERLE, Peter. **Hermenêutica constitucional. A sociedade aberta dos intérpretes da Constituição**: contribuição para a interpretação pluralista e "procedimental" da Constituição. Trad. Gilmar Ferreira Mendes. Porto Alegre: Sergio Antonio Fabris Editor, 2002, p. 41.

59 HÄBERLE, Peter. **Hermenêutica constitucional. A sociedade aberta dos intérpretes da Constituição**: contribuição para a interpretação pluralista e "procedimental" da Constituição. Trad. Gilmar Ferreira Mendes. Porto Alegre: Sergio Antonio Fabris Editor, 2002, p. 34.

árbitros. Há, porém, um pouco mais a se dizer sobre isso, considerando-se o corte metodológico e o escopo deste texto.

A decisão arbitral que declarar a constitucionalidade ou inconstitucionalidade de lei – sobretudo nessa segunda hipótese, tendo em conta a presunção de constitucionalidade das normas – deverá ser devidamente motivada, explicando o que levou os árbitros a concluírem de uma ou de outra maneira. Consoante a lição do Acadêmico Tucci, a motivação constitui solenidade substancial dos "pronunciamentos que encerram a prestação jurisdicional"[60] e, sendo a arbitragem um mecanismo jurisdicional de solução de controvérsias, os árbitros não podem se furtar da motivação acerca da questão constitucional. Senão, como bem expõe também o Acadêmico Tucci, "a atuação jurisdicional sentencial perderia a expressiva conotação definidora da relação jurídica tornada litigiosa, para transformar-se em inaceitável e insólito pronunciamento autoritário" dos árbitros.[61]

O dever de motivação do juízo arbitral está previsto no art. 93, IX, da Constituição, e no art. 26, II, da Lei de Arbitragem. Embora o citado dispositivo constitucional faça referência às decisões dos "órgãos do Poder Judiciário," é certo que tal dever igualmente se estende aos árbitros, pois dotados de jurisdição e submetidos aos mandamentos da Carta Política.[62] Tamanha a sua relevância, a obrigação de motivação submete o árbitro a um possível controle posterior do Poder Judiciário.

O controle difuso de constitucionalidade será exercido pelos árbitros a qualquer momento no curso da arbitragem, o que nem mesmo poderia ser diferente, uma vez que se defende neste trabalho que a inconstitucionalidade pode ser alegada a qualquer tempo na arbitragem. A interpretação da conformidade das leis com a Constituição Federal, justamente por ter como escopo precípuo assegurar a primazia e a força normativa das normas constitucionais, é uma atividade imperativa, mandatória dos árbitros, que não se limita a uma fase específica do processo arbitral, sendo insuscetível de preclusão, além de cognoscível de ofício, como dito.

60 TUCCI, José Rogério Cruz e. **A motivação da sentença no processo civil**. São Paulo: Saraiva, 1987, p. 107.

61 TUCCI, José Rogério Cruz e. **A motivação da sentença no processo civil**. São Paulo: Saraiva, 1987, p. 108.

62 TUCCI, José Rogério Cruz e. **Processo civil e ideologia**: subsídios estratégicos ao advogado do contencioso. São Paulo: Marcial Pons, 2019, p. 277.

Por uma questão de efetividade e eficiência do processo arbitral, é recomendável que o controle de constitucionalidade seja realizado, quando for o caso, quando da prolação da sentença (parcial ou final), em que se resolverá a prejudicial na motivação do ato decisório juntamente com as demais matérias submetidas ao crivo dos árbitros. Evitar-se-ia, nesse sentido, a decisão de inconstitucionalidade em sede de ordens processuais, por exemplo. Nada obstante, admite-se que a inconstitucionalidade seja declarada também em arbitragens de emergência e no julgamento de tutelas provisórias, cautelar ou de urgência, pelo tribunal arbitral ou árbitro único, a depender do que as partes escolherem.

8. Conclusão: uma respeitosa sugestão ao "Acadêmico Tucci"

O Acadêmico Tucci foi feliz ao escrever, citando lição de Carnelutti, que "o árbitro, tal qual o juiz estatal, pode muito, mas não pode tudo!"[63] O exercício do controle difuso de constitucionalidade na arbitragem insere-se exatamente nesse contexto dos poderes amplos, mas não ilimitados dos árbitros. Acontece que, tratando-se de examinar a compatibilidade de normas com a Constituição Federal e considerando-se a inclusão da arbitragem no contexto do modelo constitucional de processo, é certo que o controle difuso deixa de ser uma mera possibilidade e passa a ser um efetivo, irrenunciável e inegociável dever dos árbitros.

Não se trata aqui de um mero jogo de palavras: a possibilidade, que caminha junto com a ideia de faculdade (citada pelo Acadêmico Tucci no contexto do controle difuso pela via arbitral, como se viu), denota um grau obrigacional nulo. De outra sorte, o poder-dever evidencia um grau obrigacional elevado, que se torna ainda maior quando as normas constitucionais estão em jogo.

Por isso, ousa-se a dizer que o trecho da doutrina do Acadêmico Tucci transcrito no tópico 2 deste artigo tornar-se-ia mais completo se, em vez da palavra "faculdade," tivesse ele optado pelo substantivo masculino "dever," para sustentar, então, que os árbitros têm "*o dever* de exercer o controle difuso de constitucionalidade da norma legal invocada por uma das partes."

63 TUCCI, José Rogério Cruz e. **Questões polêmicas do processo arbitral**: subsídios para o advogado do contencioso arbitral, São Paulo: Quartier Latin, 2019, p. 52.

AUTOCURATELA: INSTRUMENTO PROCESSUAL AFIRMATIVO DA PESSOA COM DEFICIÊNCIA

Camilla Varella[1]

Introdução

O ingresso, no Ordenamento Jurídico Brasileiro, da Convenção Internacional sobre os Direitos das Pessoas com Deficiência (CONVENÇÃO), cujo texto foi aprovado pela Assembleia Geral das Nações Unidas em 13 de dezembro de 2006 e promulgado pelo Brasil em 25 de agosto de 2009, através do Decreto nº 6.949, inaugurou um novo paradigma axiológico e normativo no país quanto aos direitos desse segmento da população, que durante séculos foi invisibilizado na sociedade civil.

Legisladores e juristas de todo o mundo e, para os fins desse artigo, os nacionais foram desafiados a se libertarem da ideologia preconcebida de que as pessoas com deficiência, em especial aquelas com comprometimentos cognitivo, são inaptas para praticarem atos da vida civil.

A promulgação da Lei nº 13.146, de 6 de julho de 2015, chamada Lei Brasileira de Inclusão (LBI), veio sistematizar questões fundamentais atinentes aos diretos da pessoa com deficiência à saúde (artigo 18), à educação (artigo 27), à moradia (artigo 31), ao trabalho (artigo 34), à assistência social (artigo 39), à cultura, esporte, turismo e lazer (artigo 42), entre outros direitos afetos à vida cotidiana.

Entendemos, porém, que a grande inovação normativa reside nos artigos 84 e seguintes da LBI, que consagram um novo modelo da Teoria das Incapacidades, em que se presume a capacidade da pessoa com deficiência. Nesse contexto, passa a ser vedada qualquer interferência jurídica no âmbito da pessoa natural, nos chamados atos chamados existenciais, sendo permitida exclusivamente, e mediante farto acervo probatório, intervenção apenas quanto a direitos patrimoniais e atos negociais.

Além de corrigir um erro histórico, fundado em preconceitos e atitudes discriminatórias relacionados às pessoas com deficiência, o novo paradigma da capacidade civil irradia efeitos em todo ordenamento ju-

---

1 Graduada em Direito pela PUCSP, mestre em Direito Processual Civil pela USP, advogada, professora e autora de livros e artigos jurídicos, tendo como área de pesquisa e atuação os Direitos das Pessoas com Deficiência.

rídico, impondo ao intérprete da lei um novo exercício exegético no trato de institutos de direito civil e de processo civil.

Pessoas com deficiência na história

Antes, porém, de ingressarmos na análise das inovações relativas ao direito processual civil brasileiro em razão da incorporação da CONVENÇÃO em nosso ordenamento jurídico, com *status* de emenda constitucional[2], e do novo sistema da Capacidade Civil inaugurado pela LBI, reputamos fundamental fazermos um esforço para lançar algumas linhas acerca do percurso histórico das pessoas com deficiência e seus direitos.

E nem poderia ser de outra forma, já que tendo como mestre o Professor JOSÉ ROGÉRIO CRUZ E TUCCI, homenageado nessa Coletânea, aprendemos a buscar na História a compreensão dos institutos jurídicos[3]:

> "E aí está o propósito da História do Direito: oferecer ao Direito atual a compreensão de sua retrospectiva, esclarecendo as suas dúvidas e levantando, passo a passo, a estrutura do seu ordenamento, seus institutos mais perenes, suas bases de fundo e suas características de forma, até chegar à razão de ser de seu significado e conteúdo."

Complementa LUIZ CARLOS DE AZEVEDO[4] que a compreensão da História, para o Direito, "traduz utilidade, também, ao jurista de hoje, prático, técnico, dogmático, pois não é possível desvincular o direito atual das causas que determinaram a sua juridicidade."

---

2 EC nº 45/2004: "Artigo 1º - Os arts. 5º, 36, 52 92, 93, 95, 98, 99, 102, 103, 104, 105, 107, 109, 111, 112, 114, 115, 125, 126, 127, 128, 129, 134 e 168 da Constituição Federal passam a vigorar com a seguinte redação: 'Art. 5º (...) § 3º Os tratados e convenções internacionais sobre direitos humanos que forem aprovados, em cada Casa do Congresso Nacional, em dois turnos, por três quintos dos votos dos respectivos membros, serão equivalentes às emendas constitucionais.'"

3 *Lições de História do Processo Civil Romano.* São Paulo: Ed. Revista dos Tribunais, 1996, p. 23.

4 *Introdução à História do Direito.* São Paulo: Ed. Revista dos Tribunais, 2005, p. 22

Nos socorremos da obra fundamental de OTTO MARQUES DA SILVA[5] "A Epopeia Ignorada – a pessoa deficiente na história do mundo de ontem e de hoje", verdadeiro compêndio que segue a trajetória da Pessoa com Deficiência desde o homem neolítico, passando pela Antiguidade Clássica, o advento do Cristianismo, a Idade Média, o Renascentismo, passando pelos Séculos XVII a XIX e a moderna visão construída a partir do Século XX, que culminou com a proclamação, pela Organização das Nações Unidas (ONU), do "Ano Internacional das Pessoas Deficientes" em 1981, cujo tema foi "Participação e Igualdade Plenas".

Principiamos destacando que a deficiência, seja ela física ou cognitiva, é tão antiga quanto a própria vida sobre a terra. Nos trabalhos de arqueologia é comum se encontrar esqueletos de pessoas pré-históricas com fraturas calcificadas as quais testificam que "em alguns casos o indivíduo gravemente ferido não falecia, mas podia ficar vitimado por uma sequela qualquer e se tornava limitado para a atividade principal da qual originalmente participava: a caça ou a guerra."[6], donde se supõe que era mantido pelo grupo.

Por que razão o grupo não eliminava ou abandoava esse indivíduo? É impossível responder com segurança. Conjecturas levantam à hipótese de as atribuições desse indivíduo no grupo eram ressignificadas, deixando de ser caçador para ser fabricante de armadilhas ou preparador de peles, por exemplo.

O certo é que na Era Neolítica foram produzidos vasos e urnas que tinham, entre os temas de decoração, desenhos representando pessoas corcundas, anões e amputados. Indicam esses objetos de arte primitiva que essas pessoas "sobreviviam até a idade adulta e poderiam ter algum valor, seja por motivos de superstições, seja por real utilidade, para merecerem sua representação num utensílio permanente e de vital utilidade para os grupos sociais de então.[7]"

No Egito antigo se observa que as deficiências, sobretudo físicas, não impediam que o indivíduo vivesse de forma plena, destacando-se que mesmo faraós reinaram a despeito de sua condição física atípica,

5 São Paulo: Ed. CEDAS, 1986.

6 SILVA. Op cit., p. 38.

7 SILVA. Op cit., p. 39.

caso de Tutancâmon, que "contou com ajuda de bengalas para se locomover durante seu governo no século XIV a.C."[8].

Há indícios de que os egípcios tratavam as pessoas com deficiência de forma tolerante e respeitosa. Prova disso é o papiro datado do Século e XII a.C.[9] conhecido como "Sabedoria de Amenemope" que entre seus preceitos vaticina:

> "**Não deves zombar de um homem cego, nem caçoar de um anão, nem prevalecer obre a condição de um aleijado**. Não insulte um homem que está na mão de Deus, **nem desaprove se ele erra, em razão da sua deficiência**." (g.n.)

A mitologia grega contempla em seu panteão um deus com deficiência, Hefesto, divindade ligada ao fogo, artes manuais, metalurgia e indústria. Apesar de sua grande capacidade em seus misteres, foi alvo de preconceito e rejeição de sua própria mãe, Hera, por seu aspecto não formoso.

No Canto XVIII, 90, do poema épico "Ilíada", HOMERO traz o seguinte diálogo[10]:

> "Cáris (esposa de Hefesto): - "Vem até aqui, caro Hefesto, que Tétis deseja falar-te."
>
> Disse-lhe, então, em resposta, o **deus coxo** de braços possantes:
>
> "Acha-se, então, aqui em casa, a deidade que estimo e venero, que me acolheu quando tive o infortúnio de cair do alto Olimpo, **por minha mãe imprudente atirado**, que, assim, **pretendia de mim livrar-se**, tão só! **Por ser coxo**!" (g.n.)

Os operadores do direito estão bastantes familiarizados com a representação simbólica da Justiça como uma jovem cega, com uma balança na mão, a deusa Têmis, figura que chegou aos nossos dias e é muito utilizada nos meios jurídicos[11].

8 https://oglobo.globo.com/brasil/historia/novos-estudos-reforcam-que-farao--tutancamon-foi-fruto-de-incesto-14301601

9 https://www.recantodasletras.com.br/artigos-de-cultura/6135627#user--ftn5

10 Rio de Janeiro: Nova Fronteira, 2015, p. 385

11 https://portal.stf.jus.br/textos/verTexto.asp?servico=bibliotecaConsultaProdutoBibliotecaSimboloJustica&pagina=temhyis#:~:text=%C3%89%20uma%20

Difícil, entretanto, identificar uma conduta homogênea dos antigos gregos em relação às pessoas com deficiência, pois se por um lado PLUTARCO relata no livro "Vida de Licurgo" a ocorrência de uma reunião do conselho de anciãos espartanos que tem por objetivo avaliar um bebê que, se considerado fraco ou então "deformado", deverá morrer[12], noutro giro esse mesmo autor registra na obra "Alexandre, o Grande", o cuidado e a atenção do general macedônio em relação aos soldados com deficiência: "após lhes haver dado magníficos presentes; escreveu ao seu lugar-tenente Antípater, que em todas as assembleias de jogos e de divertimentos públicos, eles fossem preferidos e se sentassem nos melhores lugares, coroados de flores."[13]

Avançando na senda da História, ao analisar os Romanos, tão pródigos no estabelecimento de normas e códices, identificamos que a Lei das Doze Tábuas[14] trazia a previsão de infanticídio da criança com deficiência:

> "Tábua IV
>
> 1. **É permitido ao pai matar o filho que nasceu disforme**, mediante o julgamento de cinco vizinhos." (g.n.)
>
> Mesmo com a anuência da lei, o infanticídio não foi praticado com regularidade. A resposta cruel da sociedade romana foi, muitas vezes, utilizar meninas e moças cegas como prostitutas, além de rapazes cegos como remadores, quando não eram usados simplesmente para esmolar. WIIL DURANT, na clássica obra "História da Civilização"[15], registra que "existia em Roma um mercado especial para compra e venda de homens sem pernas ou braços, de três olhos, gigantes, anões e hermafroditas."
>
> A ascensão do Cristianismo, como religião hegemônica do Império Romano, trouxe para civilização ocidental uma nova

divindade%20grega%20por,com%20uma%20balan%C3%A7a%20na%20m%C3%A3o.

12 https://aventurasnahistoria.uol.com.br/noticias/reportagem/os-antigos-gregos--matavam-bebes-considerados-fracos.phtml

13 SILVA. Op. cit., p. 113

14 http://www.dhnet.org.br/direitos/anthist/12tab.htm

15 Apud SILVA. Op. cit., p. 130.

> abordagem em relação às pessoas com deficiência. Cumpre notar que hebreus já tinham por uso repudiar tratamentos hostis a pessoas com essa condição, como se extrai de Levítico 19:14[16] "**Não amaldiçoem o surdo, nem ponham pedra de tropeço à frente do cego**, mas tema o seu Deus. Eu sou o Senhor" e Deuteronômio 27:18[17] "**Maldito aquele que fizer que o cego erre do caminho**. E todo o povo dirá: Amém." (g.n.)
>
> O Novo Testamento seguiu essa tradição e a explicitou ainda mais, como em João 9: "1 Ao passar, **Jesus viu um cego de nascença**. 2 Seus discípulos lhe perguntaram: 'Mestre, **quem pecou: este homem ou seus pais**, para que ele nascesse cego?' 3 Disse Jesus: '**Nem ele nem seus pais pecaram**, mas isto aconteceu para que a **obra de Deus se manifestasse na vida dele'**.[18]". (g.n.)

De forma simples e definitiva afastou Cristo a presunção de pecado ou falta cometida pela pessoa com deficiência ou seus pais, estigma que costumava acompanhar situações como a reportada pelo Evangelista.

Tem início, então, uma Era de assistencialismo, em que a pessoa com deficiência passa a ser objeto de caridade de pessoas "piedosas", conforme preconizou o Imperador Justiniano (482-565):

> "Não obstante, é de nossa vontade que as **pessoas** de um outro sexo **que não sejam sãs de seus corpos**" (ou seja, pessoas portadoras de condições incapacitantes) "ou que sejam gravemente enfermas, não sejam molestadas em nossa cidade; queremos, pelo contrário, que elas **sejam atendidas por pessoas piedosas**." [19] (g.n.)

O viés assistencialista marcará o relacionamento entre a sociedade civil ocidental e as pessoas com deficiência pelos próximos séculos, atravessando a Idade Média, com prevalência, nesse período, das atenções e atividades caritativas prestadas pelo clero, e alcançando a Idade

16 *Bíblia Sagrada*. Barueri/SP: Sociedade Bíblica do Brasil, 2014, p. 87

17 Op. Cit. p. 148

18 Op. Cit. p. 716

19 SILVA. Op. cit., p. 174.

Moderna, quando os reis passam, então, a protagonizar a criação e administração de estabelecimentos destinados àqueles identificados com "inválidos", exemplar máximo nesse âmbito é o "Hôtel National des Invalides", cuja construção foi ordenada por Luís XIV, em 1670, para dar abrigo aos mutilados dos seus exércitos.

A partir do século XVIII começam as ser observados progressos no atendimento aos cegos, surdos, mutilados em guerra e às pessoas com deficiência em geral. Nota-se um pensamento crítico em relação à real necessidade de que essa população seja atendida em hospitais de caridade ou de casas de saúde. Principia, então, um movimento do Estado de dar apoio e instrução às pessoas com deficiência, o que deveria ser feito por profissionais especializados em cada tipo de deficiência. Por trás dessa mudança de abordagem figurava a crença de que a especialização tornaria seu atendimento mais racional, menos dispendioso e prepararia esses indivíduos para terem uma vida produtiva.

A linguagem dos sinais, utilizada por grande parte da comunidade surda, foi desenvolvida pelo clérigo francês Charles Michel de l'Epée, em meados do século XVIII[20]. No século seguinte, em 1825, com apenas 15 anos, Louis Braille terminou o seu sistema de células gravadas com seis pontos em relevo no papel e em 1829 publicou o seu método exclusivo de comunicação para pessoas cegas que hoje recebe o seu nome[21].

A partir desses incrementos observa-se uma tendência de "especialização" no trato das pessoas com deficiência, que passaram a ser atendidas em espaços físicos próprios, separadas de acordo com o tipo de comprometimento físico ou cognitivo que apresentavam.

Data de meados do Século XIX no Brasil, precisamente de 1854, a criação do "Imperial Instituto dos Meninos Cegos"[22], seguido pelo "Collegio Nacional para Surdos-Mudos de Ambos os Sexos"[23], criado em 1856, e por fim o "Asilo dos Inválidos da Pátria", fundado em 1868, e que foi responsável por abrigar os soldados mutilados que voltavam da

20 https://www.cenpec.org.br/noticias/linguas-de-sinais-e-educacao-inclusiva#:~:text=O%20pioneiro%20no%20uso%20da,de%20L%C3%ADngua%20de%20Sinais%20Francesa.

21 https://www.aclouisbraille.org.br/quem-foi-louis-braille

22 http://mapa.an.gov.br/index.php/menu-de-categorias-2/327-imperial-instituto-dos-meninos-cegos

23 https://editorarealize.com.br/editora/ebooks/cintedi/2020/TRABALHO_EV137_MD7_SA100_ID619_21052020223618.pdf

Guerra do Paraguai[24], todas essas instituições nacionais foram inspiradas em modelos europeus, sobretudo franceses.

O Século XX assistiu à proliferação de intuições "especializadas" em cada "tipo" de deficiência, sendo relevante destacar o caráter utilitarista desses estabelecimentos, figurando entre os seus objetivos a capacitação das pessoas com deficiência para o trabalho e geração de renda própria, como uma forma de desonerar os Estados modernos dos custos gerados por essa população.

Prevalecia, então, a crença de que a criança, o jovem e o adulto com deficiência sobrecarregam o Estado com seus elevados custos de manutenção (sobrevivência), sem que a sua existência revertesse em qualquer benefício para a Sociedade.

Como lembra DIOGO MAINARDI no livro "A Queda"[25], em que narra a experiência própria de ter um filho com paralisia cerebral, esse pensamento foi a base da ideologia que levou a Alemanha Nazista a implementar um programa de extermínio de pessoas com deficiência:

> "Alfred Hoche foi um dos inspiradores do **programa T4**. Em 1920, em um opúsculo intitulado *O aniquilamento da Vida Inútil de ser Vivida*, ele calculou o **peso financeiro da invalidez**: '*Estimei que o gasto médio anual para se manter um idiota tem sido de mil e trezentos marcos. Qualquer um pode avaliar a* ***grande quantidade de recursos subtraídos da riqueza nacional para este fim improdutivo***'." (g.n.)

Para aqueles que não estão familiarizados: o "Aktion T4" foi o programa conduzido por médicos alemães e austríacos, entre eles Hans Asperger, que durante anos emprestou seu sobrenome a um dos diagnósticos do Transtorno do Espectro do Autismo ("Síndrome de Asperger"), que colocou em prática a política de eugenismo por meio da eutanásia.

Por esse programa, que vigorou oficialmente no período de 1939 a 1941, mas continuou de modo não-oficial até o fim do regime nazista em 1945, foram assassinadas mais de 210 mil pessoas cujas vidas eram

24 SILVA. Op. cit., p. 292

25 Rio de Janeiro: Ed. Record, 2012, 2ª edição, p. 123.

consideradas por eles "vidas indignas de serem vividas"[26], precisamente vidas de pessoas com deficiência.

Abalados pela barbárie da Segunda Guerra Mundial, e com o intuito de construir um mundo sob novos alicerces ideológicos, as nações do planeta criaram uma organização multilateral cujo objetivo é o da promoção de negociações sobre conflitos internacionais, para evitar guerras e promover a paz e a democracia, e fortalecer os Direitos Humanos.

Anota REYNALDO DA FONSECA[27], ministro do Superior Tribunal de Justiça, que no segundo pós-guerra observa-se uma percepção acurada com conceito de humanidade, e que "nesse contexto de primazia da proteção dos direitos da pessoa, revisitou-se o conceito de dignidade da pessoa humana, até a sua efetiva positivação na qualidade de direito fundamental."

Em 24 de outubro de 1945 nasceu a Organização das Nações Unidas (ONU) e em 10 de dezembro de 1948, no "Palais de Chaillot", Paris, foi assinada a Declaração Universal dos Direitos Humanos (DUDH) que, embora não trate especificamente sobre as pessoas com deficiência, serviu como base para a revisitação de estigmas e preconceitos socioeconômicos ligados a esse grupo e propiciou a construção de novos paradigmas para a compreensão da deficiência, tanto no campo da medicina, da sociologia e do direito.

Observa SIDNEY MADRUGA[28] que nos anos de 1960, no Reino Unido, surge o que convencionamos chamar de "modelo social da deficiência", que serviu de inspiração e fundamento para a elaboração da CONVENÇÃO em 2006. A ideia básica que inspira esse modelo é de que a:

> "(...) deficiência não deve ser entendida como um problema individual, mas como uma questão eminentemente social, transferindo a responsabilidade pelas desvantagens dos deficientes das limitações corporais do indivíduo para incapacidade da sociedade de prever e ajustar-se à diversidade."

---

26 SHEFFER, EDITH. *Crianças de Asperger – as Origens do Autismo na Viena Nazista.* Rio de Janeiro: Ed. Record, 2019, p. 18.

27 *O Princípio Constitucional da Fraternidade.* Belo Horizonte: Ed. D'Plácido, 2019, p. 80.

28 *Pessoas com Deficiência e Direitos Humanos: ótica da diferença e ações afirmativas.* São Paulo: Saraiva Educação, 2021, pp. 35-36.

A partir dessa nova perspectiva é que foi redigida a CONVENÇÃO, cujo texto detonou uma autêntica revolução nos Direitos da Pessoas com Deficiência, alterando radicalmente, entre outros, o instituto da Capacidade Jurídica e o Regime das Incapacidades.

Novo instituto da capacidade jurídica

Elenca o artigo 3º da CONVENÇÃO os princípios que regem a normatização dos Direitos das Pessoas com Deficiência:

> "Artigo 3
>
> **Princípios Gerais**
>
> Os princípios da presente Convenção são:
>
> a) O respeito pela **dignidade inerente, a autonomia individual, inclusive a liberdade de fazer as próprias escolhas, e a independência das pessoas**;
>
> b) A não-discriminação;
>
> c) A plena e efetiva participação e inclusão na sociedade;
>
> d) O respeito pela diferença e pela aceitação das pessoas com deficiência como parte da diversidade humana e da humanidade;
>
> e) A igualdade de oportunidades;
>
> f) A acessibilidade;
>
> g) A igualdade entre o homem e a mulher;
>
> h) O respeito pelo desenvolvimento das capacidades das crianças com deficiência e pelo direito das crianças com deficiência de preservar sua identidade." (g.n.)

Muito embora a CONVENÇÃO tenha *status* de Emenda Constitucional, já que atende ao mandamento do § 3º art. 5º, da Constituição Federal, introduzido pela Emenda Constitucional nº 45/2004, o seu ingresso no Ordenamento Jurídico Brasileiro não gerou um impacto imediato entre os civilistas, como observaram com acuidade JOYCEANE DE MENEZES, FRANCISCO RODRIGUES e MARIA CELINA DE MORAES[29].

29 *A Capacidade Civil e o Sistema de Apoios no Brasil*, Indaiatuba/SP: Ed. Foco, 2021, p. 108

Foi apenas após a promulgação da LBI, que entrou em vigor em janeiro de 2016, que grande parte dos juristas se deu conta da dimensão da mudança pela qual passara o instituto da Capacidade Civil, em razão das revogações e alterações perpetradas pelo seu artigo 114.

A título didático entendemos oportuno trazer o seguinte quadro comparativo que evidencia a profunda alteração promovida no Código Civil:

Redação Original Código Civil (Lei nº 10.406/02)	**Redação Alterada Código Civil (Lei nº 13.146/45 - LBI)**
Art. 3º São absolutamente incapazes de exercer pessoalmente os atos da vida civil: I - os menores de dezesseis anos; II - os que, por enfermidade ou deficiência mental, não tiverem o necessário discernimento para a pratica desses atos; III - os que, mesmo por causa transitória, não puderem exprimir sua vontade.	Art. 3º São absolutamente incapazes de exercer pessoalmente os atos da vida civil os menores de 16 (dezesseis) anos.
Art. 4º São incapazes, relativamente a certos atos, ou à maneira de os exercer: I - os maiores de dezesseis e os menores de dezoito anos; II - os ébrios habituais, os viciados em tóxicos, e os que, por deficiência mental, tenham o discernimento reduzido; III - os excepcionais, sem desenvolvimento mental completo; IV - os pródigos. Parágrafo único. A capacidade dos índios será regulada por legislação especial.	Art. 4 São incapazes, relativamente a certos atos ou à maneira de os exercer I - os maiores de dezesseis e menores de dezoito anos; II - os ébrios habituais e os viciados em tóxico; III - aqueles que, por causa transitória ou permanente, não puderem exprimir sua vontade; IV - os pródigos. Parágrafo único. A capacidade dos indígenas será regulada por legislação especial.

Conforme se depreende do confronto entra a redação original e a alterada, todas as referências às deficiências foram extirpadas do instituto da Capacidade Civil, regulada pelo *codex*.

Assim, restou dissociado o conceito de capacidade legal do conceito de capacidade mental, esse último historicamente utilizado como justificativa como para denegação da capacidade legal.

Esclarece STELLA REICHER[30] que, enquanto a capacidade legal é a habilidade de ser titular de direitos e deveres e de exercê-los, a capacidade mental refere-se às habilidades para tomada de decisão que cada ser humano tem. Essas habilidades, porém, variam, de pessoa para pessoa e podem depender de outros fatores, inclusive de natureza social ou relacionados ao ambiente.

VIVIANE LIMONGI[31] acrescenta que a "dissociação entre conceitos de deficiência e capacidade também se justifica pela existência de transtornos especificados no *Diagnostic and Statistic Manual of Mental Disorders* (DSM5), que não preenchem o requisito da falta de discernimento e, por consequência, não deveriam ser hipóteses de perda de capacidade."

Ao revogar todos os incisos dos artigos 3º e 4º do Código Civil que faziam referência a "deficiência mental", "discernimento" e "desenvolvimento mental", a LBI reparou uma injustiça histórica, já que, conforme visto acima, a deficiência foi utilizada por séculos para privar um determinado grupo de seres humanos de usufruir de direitos fundamentais, como exercer sua sexualidade, casar, constituir família, consentir no caso de tratamentos médicos e internações, votar em seus representantes políticos e, até mesmo, o direito de viver.

Com isso, a legislação brasileira procurou estar em conformidade com a previsão contida no artigo 12 da CONVENÇÃO, que prescreve:

> "Artigo 12
>
> Reconhecimento igual perante a lei
>
> (...)
>
> 2. Os Estados Partes reconhecerão que as **pessoas com deficiência gozam de capacidade legal em igualdade de condições com as demais pessoas em todos os aspectos da vida**." (g.n.)

A CONVENÇÃO e a LBI formam, portanto, um arcabouço legislativo que promove o protagonismo da pessoa com deficiência, presumindo

30 *Lei Brasileira de Inclusão da Pessoa com Deficiência Comentada*. Campinas: Fundação FEAC, 2017, p. 250.

31 *A Capacidade Civil e o Estatuto da Pessoa com Deficiência*. Rio de Janeiro: Lumen Juris, 2018, p. 127.

sua capacidade civil e garantindo uma intervenção mínima na esfera dos seus direitos da personalidade.

Nos socorremos novamente de VIVIANE LIMONGI[32], para quem esse novo paradigma normativo promoveu a "substituição da dignidade-proteção pela dignidade-liberdade, em prol das pessoas com deficiência intelectual e mental que, ao longo da história e por questões políticas e de estigma, permaneceram à sombra do exercício de seus direitos fundamentais."

Ao abolir do Código Civil expressões que remetiam a questões de saúde mental, discernimento e desenvolvimento intelectual, a LBI renova o instituto brasileiro da Capacidade Jurídica, pois passa a exigir, tão somente, a manifestação da vontade do agente, porque pressupõe a capacidade da pessoa com deficiência.

Rechaça, com isso, o tradicional Regime de Incapacidades, que vigeu no país durante séculos, marcado pela rigidez legislativa, baseada na ficção jurídica que associava a deficiência à completa ausência de compreensão, entendimento e vontade.

Essa nova construção normativa consagra uma visão respeitosa e de igualdade da Pessoa com Deficiência, inspirada na prevalência da observação e promoção dos Direitos Humanos e da inclusão social.

CELSO LAFER[33], dialogando com o pensamento de HANNAH ARENDT, adverte que não é verdade que todos nascem iguais: "nós nos tornamos iguais como membros de uma coletividade em virtude de uma decisão conjunta que garante a todos direitos iguais."

A igualdade jurídica da pessoa com deficiência é resultado, portanto, de uma construção política. É produto da elaboração de diretivas da comunidade internacional que, ao passar ao plano nacional, foi sistematizada em um conjunto de normas e ações concretas que garantem a igualdade de direitos e, sobretudo, o reconhecimento da capacidade da pessoa com deficiência.

Pressupõe, ainda, uma concepção da deficiência pelo viés da análise biopsicossocial das barreiras impostas pela sociedade, em substituição ao vetusto modelo médico que tomava a deficiência como uma questão própria e intrínseca do indivíduo.

32 *Direitos das pessoas com autismo e outras deficiências.* Rio de Janeiro: Ed. Lumen Juris, 2021, p. 69.

33 *A Reconstrução dos Direitos Humanos.* São Paulo: Companhia das Letras, 1988, p. 150.

A análise das capacidades, alerta MARTHA NUSSBAUM[34], é "uma espécie de abordagem dos direitos humanos, e os direitos humanos têm sido associados de modo similar à ideia de dignidade humana. O enfoque das capacidades é completamente universal: as capacidades em questão são consideradas importantes para todo e qualquer cidadão, em toda e qualquer nação."

Nesse cenário de igualdade, normativamente positivada, a pessoa com deficiência emerge plena, ostentando a dignidade da pessoa humana prevista no inciso III do artigo 1º da Constituição Federal e detentora de capacidade jurídica conforme prevista no artigo 12 da CONVENÇÃO. Ela é protagonista de sua vida e de seus direitos.

Autocuratela como instrumento processual afirmativo

Na esteira das modificações referidas acima, a LBI trouxe também uma importante novidade na seara do processo civil, ao incluir a pessoa com deficiência como legitimada a requerer sua própria Curatela:

> "Art. 114. A Lei nº 10.406, de 10 de janeiro de 2002 (Código Civil), passa a vigorar com as seguintes alterações:
>
> 'Art. **1.768.** O **processo que define os termos da curatela deve ser promovido**:
>
> (...)
>
> IV – **pela própria pessoa**.' " (grifos nossos)

A modificação introduzida pela LBI está em perfeita consonância com a nova visão e tratamento jurídico que passaram a ser dispensados à pessoa com deficiência após o advento da CONVENÇÃO.

Ao conferir legitimidade *ad causam* à própria pessoa com deficiência para requerer a sua Curatela, o legislador disponibiliza um instrumento processual que reforça sua autossuficiência e lhe permite ajuizar demandas perante o Poder Judiciário em seu próprio nome.

Importa notar que o Código de Processo Civil (CPC) de 2015, ao reformular a categoria das condições da ação, anteriormente inspirada pela doutrina de ENRICO TULLIO LIEBMAN e consagrada pelo chama-

34 *Fronteiras da Justiça*. São Paulo: Ed. WMF Martins Fontes, 2013, p. 94.

do Código Buzaid (1973)[35], não extinguiu a "legitimidade *ad causam*", apenas a separou do trinômio que incluía a "possibilidade jurídica do pedido" e o "interesse de agir".

A legitimidade agora figura entre os pressupostos processuais, servindo de baliza ao exercício do juízo de admissibilidade da ação, donde a sua ausência implicará a extinção do da demanda sem resolução do mérito. Confiram-se os artigos que tratam da legitimidade no CPC em vigor:

> "**Art. 16**. Para propor a ação é necessário ter legitimidade e interesse."
>
> **Art. 315**. A petição inicial será indeferida quando:
>
> (...)
>
> II- a parte for manifestamente ilegítima;
>
> **Art. 467**. O juiz proferirá sentença sem resolução do mérito quando:
>
> (...)
>
> VI- o juiz verificar ausência de legitimidade ou interesse processual;" (g.n.)

A legitimidade *ad causam* é a aptidão atribuída à pessoa física ou jurídica para integrar, como sujeito ativo, a relação processual. É a "capacidade para figurar como parte em um processo, sem precisar estar representado ou assistido."[36]

Para ostentar essa potência, já advertia GIUSEPPE CHIOVENDA[37], deve haver "identidade da pessoa do autor com a pessoa favorecida pela lei", isto é, o autor da ação deve ser o mesmo que a legislação previu como legítimo para, em nome próprio, portanto sem representação ou assistência, ajuizá-la.

Na definição de CALAMANDREI, citado por AUGUSTO GONÇALVES[38], a legitimidade *ad causam* pressupõe que a demanda seja apresentada ao

35 CINTRA, ANDÔNIO; GRINOVER, ADA; e DINAMARCO, CANDIDO; *Teoria Geral do Processo.* São Paulo: Malheiros, 2000, 16ª edição, pp. 124-125.

36 RAMALHO, MARIA ISABEL. *Legitimidade para agir.* Tese de Doutorado em Direito Processual Civil: PUCSP, 2007. p. 95

37 *Instituições de Direito Processual Civil.* São Paulo: Saraiva, 1942, p. 109.

38 *Pequeno Tratado das Condições da Ação.* Campinas-SP, Pontes Editores, p. 147.

juiz "por quem se encontre frente àquele fato específico na posição subjetiva que se chama precisamente legitimidade de agir."

A legitimação da própria pessoa com deficiência para propor a ação de sua Curatela é um instrumento afirmativo da sua autonomia e vontade. Até porque se limita, exclusivamente a questões patrimoniais e negociais, sendo legalmente vedada a invasão da a seara dos direitos existenciais, conforme prescrito na LBI:

> Art. 85. A **curatela afetará tão somente** os atos relacionados aos **direitos de natureza patrimonial e negocial**.
>
> § 1º A definição da curatela não alcança o direito ao próprio corpo, à sexualidade, ao matrimônio, à privacidade, à educação, à saúde, ao trabalho e ao voto.
>
> § 2º A curatela constitui medida extraordinária, devendo constar da sentença as razões e motivações de sua definição, preservados os interesses do curatelado.
>
> § 3º No caso de pessoa em situação de institucionalização, ao nomear curador, o juiz deve dar preferência a pessoa que tenha vínculo de natureza familiar, afetiva ou comunitária com o curatelado." (g.n.)

A previsão legal de que a própria pessoa com deficiência possa, com base na sua autonomia, avaliar-se e, percebendo eventuais fragilidades biopsicossociais, como dificuldade de decifrar códigos sociais como ironia, malícia, ou má-fé, requerer judicialmente a instituição de Curatela para fins patrimoniais, elegendo ela mesma, de acordo com a sua confiança e afinidade, um pessoa que possa exercer o encargo de zelar pelo seu patrimônio e representa-la em atos negociais, nos parece a coroação de sua capacidade e autonomia da vontade.

A reforma operada pelo artigo 114 da LBI, que introduziu o inciso IV ao artigo 1.768 do CC e incluiu a própria pessoa com deficiência entre os legitimados a propor ação de Curatela, ao lado da nova disciplina desse instituto pela LBI, que limita o seu alcance a direitos patrimoniais, confirma o empenho do Brasil, manifestado no plano do Direito Internacional ao aderir à CONVENÇÃO, em adotar medidas concretas, inclusive legislativas, para "assegurar e promover o pleno exercício de todos os direitos humanos e liberdades fundamentais por todas as pessoas com deficiência, sem qualquer tipo de discriminação por causa de sua deficiência" (artigo 4º do Decreto nº 6.949/2009).

Ao comentar as alterações LBI, os autores FLÁVIA PIVA, LAURO RIBEIRO E WALDIR DA COSTA FILHO[39] pontificam:

> "Os **arts. 114 a 116 da Lei n° 13.146/2015** alteram o Código Civil. A LBI, por sua força da Constituição e da Convenção sobre os Direitos das Pessoas com Deficiência, trouxe, principalmente em seus arts. 84 a 87, um **novo paradigma para a teoria das incapacidades**, ao **garantir às pessoas com deficiência** o reconhecimento de suas habilidades e capacidades, oportunizando sua **autonomia e o seu reconhecimento** humano, o que, nas legislações anteriores, principalmente o Código Civil, era desvirtuando.
>
> Houve, então, a necessidade de se **rever os critérios anteriores da teoria da incapacidade** e consequentemente o instituto da interdição, por ferirem **princípios constitucionais da** liberdade, da igualdade e da dignidade da pessoa, bem como a capacidade legal, a **autonomia e a independência da pessoa com deficiência**.
>
> Conforme já dito no artigo de minha autoria sobre os arts. 84 a 87, onde já incluo as modificações trazida no Código Civil, a Lei n° 13.146/2015, além de trazer novos institutos jurídicos relativos à concepção de deficiência, capacidade legal, avaliação psicossocial e acessibilidade, promoveu alterações em diversas normas em suas disposições finais e transitórias, mas as alterações no Código Civil definidas no **arts. 114 a 116 foram de tal intensidade que criaram um novo horizonte na teoria das incapacidades e no instituto da interdição ou curatela**." (grifos nossos)

A ação de Curatela promovida pela própria pessoa com deficiência se insere, portanto, entre os instrumentos para o exercício da sua autonomia da vontade. Nas lições de THAIS COELHO[40]:

> "Sob a égide de um Estado Democrático de Direito, a **autonomia do indivíduo** passou a conviver harmoniosamente

39 *Comentários ao Estatuto da Pessoa com Deficiência*. São Paulo: Ed. Saraiva, 2016, pp. 420-421.

40 *Autocuratela*. Rio de Janeiro: Editora Lumen Juris, 2016, p. 51.

> com os limites das funções do Estado. Assim, a autonomia privada **passa a ser reconhecida como um poder concedido pelo Estado aos indivíduos, para regular seus interesses** e como tal devendo ser exercido segundo parâmetros estabelecidos pelo mesmo Estado." (g.n.)

Corrobora CAMILA GONÇALVES[41]:

> "A **possibilidade de a própria pessoa promover sua interdição**, prevista no citado inciso, é coerente com a regra da capacidade da pessoa com deficiência (EPD, art. 6º e CC, art. 3º) e com a excepcionalidade da curatela, que deverá ser proporcional às necessidades e às circunstâncias de cada caso (EPD, art. 84, § 3º). Consiste em **expressão da autonomia e da liberdade de fazer as próprias escolhas**, além de assegurar ao deficiente, em regra, o **exercício do direito individual de ação em igualdade de condições com os demais cidadãos**, dando efetividade à dignidade inerente, em consonância à ordem constitucional emendada nos moldes do art. 5º, §3º, da Constituição Federal." (g.n.)

A despeito do reconhecimento de que a legitimidade *ad causam* da pessoa com deficiência para promover a ação que visa estipular os limites de sua própria Curatela instrumentaliza um meio processual em plena consonância com a CONVENÇÃO e a LBI, na medida em que promove a autonomia da pessoa com deficiência, e assegura o exercício do seu direito individual de ação em igualdade de condições com os demais cidadãos, uma peculiaridade sobre sua plena vigência desafia o intérprete e tem despertado certa celeuma entre a comunidade jurídica.

Isso porque o CPC de 2015, em sua última disposição transitória (art. 1.072), expressamente revogou os artigos 1.768 a 1.773 do CC, aí compreendido o inciso IV do artigo 1.768, que incluiu a pessoa com de-

41 *O art. 1.072 do novo Código de Processo Civil e o Estatuto da Pessoa com Deficiência: revogação do inciso IV do art. 1.768 do Código Civil?* IBDFAM, 2016, p. 3 https://ibdfam.org.br/artigos/1165/O+art.+1.072+do+novo+C%C3%B3digo+de+Processo+Civil+e+o+Estatuto+da+Pessoa+com+Defici%C3%AAncia%3A+revoga%C3%A7%C3%A3o+do+inciso+IV+do+art.+1.768+do+C%C3%B3digo+Civil%3F+++

ficiência como legitimada a requerer sua própria Curatela. A nova lei processual enumera no artigo 747 os legitimados a ingressar com interdição, para obtenção da Curatela, porém não inclui entre eles a própria pessoa com deficiência:

> "Art. 747. A interdição pode ser promovida:
>
> I - pelo cônjuge ou companheiro;
>
> II - pelos parentes ou tutores;
>
> III - pelo representante da entidade em que se encontra abrigado o interditando;
>
> IV - pelo Ministério Público.
>
> Parágrafo único. A legitimidade deverá ser comprovada por documentação que acompanhe a petição inicial."

Ocorre que o CPC de 2015 foi publicado em 17 de março de 2015, para entrar em vigor um ano depois data de sua publicação (art. 1.045), portanto em 17 de março de 2016. Porém durante sua *vacatio legis* foi publicada a LBI, precisamente em 7 de julho de 2015, e entrou em vigor após 180 dias, isto é, em 3 de janeiro de 2016, incluindo o inciso IV no artigo 1.768 do CC (art. 114).

Surgiu, então, um problema de direito intertemporal, diante da revogação, pelo CPC de 2015, de dispositivos do CC modificados pela LBI, publicada depois de lei adjetiva civil, que porém entrou em vigor antes da norma processual.

Se por um lado o artigo 1.072 do CPC revogou o artigo 1.768 do CC integralmente, de outra forma a LBI, que foi publicada 112 dias após a publicação do CPC de 2015, incluiu novo inciso no artigo 1.768 (inciso IV) por meio de seu artigo 114.

Com todo respeito àqueles que entendem de maneira diversa, entre os quais citamos MARIA HELENA DINIZ[42], para quem "com a revogação do art. 1.768 pelo CPC, não há mais que se falar em *autointerdição*", parece-nos que nessa hipótese não se deu a revogação do artigo 1.768 do CC, observando-se, ao revés, a sua restauração em decorrência o efeito repristinatório da superveniência da LBI.

42 *Código Civil Anotado*. São Paulo: Saraiva, 2017, 18ª edição, p. 1377

É essa a posição de **J.E. Carreira Alvim**[43], a quem nos filiamos:

> "Como se observou, no Capítulo 3 retro, o artigo 1.768 do Código Civil foi expressamente revogado pelo inc. II do artigo 1.072 do novo CPC; mas a **Lei 13.146**, de 6 de julho de 2015, **que sobreveio ao novo CPC** (Lei 13.105, de 16 de março de 2015), em vez de repristinar *por inteiro* o artigo 1.768 do Código Civil, que havia sido revogado pelo novo CPC, cuidou apenas de dar **nova redação ao *caput* de art. 1.768, e acrescentar-lhe um inciso IV**, nestes termos:
>
> '**Art. 1.768**. O **processo que define os termos da curatela** deve ser **promovido**: (...) IV – **pela própria pessoa**.'
>
> Registro que **foram mantidos os incisos I, II e III do art. 1.768 do Código Civil**, na versão anterior, os quais, no entanto, haviam sido expressamente revogados pelo art. 1.072, II do novo CPC; pelo que, para que o art. 1.768 não fique 'maneta', composto de apenas um *caput* e um inciso IV, **deve-se entender que os incisos I a III do art. 1.768 foram inteiramente *repristinados* pela Lei 13.146/2015.**" (g.n)

Essa interpretação, salvo melhor juízo, é a que melhor se coaduna em vista da antinomia representada pela suposta prevalência do art. 747 do NCPC sobre o art. 1.768 do CC.

A hermenêutica que vaticina a ocorrência de efeitos repristinatórios do artigo 114 da LBI em relação ao artigo 1.768 do CC, parece-nos a mais adequada nesse caso, já que considera não só a questão temporal, como também a coerência do ordenamento jurídico brasileiro frente ao sistema normativo que atualmente rege os direitos da pessoa com deficiência, o qual sempre deverá render homenagens à CONVENÇÃO e à LBI, cujo conteúdo programático é o do empoderamento da pessoa com deficiência.

Quanto ao aspecto temporal, CAMILA GONÇALVES[44] resume de forma brilhante a divergência doutrinária:

---

43 *Interdição e Curatela de Interditos no Novo CPC.* Curitiba: Editora Juruá, 2017, p. 23 e 24.

44 IBDFAM: O art. 1.072 do novo Código de Processo Civil e o Estatuto da Pessoa com Deficiência: revogação do inciso IV do art. 1.768 do Código Civil?

> "Flavio Tartuce (2015), José Fernando Simão (2015) e Maurício Requião (2015) fomentando o debate e propondo a reflexão, sustentaram a curta duração do inciso IV introduzido pelo EPD no art. 1.768 do Código Civil, diante da revogação expressa contida no NCPC. Antonio Carlos Marcato e Humberto Theodoro Júnior afirmaram a vigência do mesmo inciso IV, com base na repristinação dos artigos do Código Civil revogados pelo NCPC, pela Lei nº 13.146/2015 (EPD). Nesse sentido, ambos entendem pela possibilidade da autointerdição, com base na vigência do inciso IV, do art. 1.768 introduzido pelo EPD (...). A favor da vigência da mudança introduzida no art. 1.768 do Código Civil, pelo Estatuto da Pessoa com Deficiência, Fredie Didier Junior (2015) argumenta que o NCPC não poderia revogar o que não estava previsto à época de sua publicação, prevalecendo a legitimidade da própria pessoa para requerer sua interdição, tal qual assegurado na LBI."

Entendemos, com base na Lei de Introdução às Normas do Direito Brasileiro (LINDB), que a lei posterior revoga a anterior (art. 2º, § 1º,). Assim, ainda que a vigência do CPC tenha começado em março de 2016, enquanto a LBI passou a viger em janeiro de 2016, as datas de suas respectivas publicações não deixam dúvidas de que o artigo 114 da LBI é posterior ao artigo 1072 do CPC que, por ser preceito normativo anterior, foi revogado. Apresentamos uma linha do tempo a título ilustrativo:

17.03.2015	07.07.2015	03.01.2016	17.03.2015
CPC	LBI	LBI	CPC
publicação	publicação	vigência	vigência

Ao argumento temporal que fundamenta a revogação do artigo 1.072 do CPC pelo artigo 114 da LBI, que incluiu o inciso IV ao artigo 1.786 do CC, soma-se a razão ontológica que justifica o entendimento de que Direito Brasileiro prevê a legitimidade da própria pessoa com deficiência para promover o processo judicial a fim de definir os termos de sua Curatela, no que se pode denominar a **Ação de Autocuratela**.

Isso porque, diante do cenário histórico e legislativo em que ocorreu o ingresso no ordenamento jurídico pátrio da CONVENÇÃO e da LBI, é possível concluir que a autonomia e o direito à autodeterminação da pessoa com deficiência, entre os quais se inclui a legitimidade *ad causam* para promover ação de Autocuratela, prevalecem diante de uma aparente antinomia fundada em divergência temporal do ingresso de duas normas de mesma hierarquia.

Já ensinava CARLOS MAXIMILIANO[45]:

> "Nenhum acontecimento surge isolado; com explicar sua origem, razão de ser, ligação com os outros, resulta o compreender melhor a ele próprio. Precisa, pois, o aplicador do direito transportar-se, em espírito, ao *momento* e ao *meio* em que surgiu a lei, e apreender a relação entre as circunstâncias ambientes, entre outros fatores sociais e a norma; a localização desta na série dos fenômenos sociológicos, todos em constante evolução."

O CPC de 2015, promulgado pela Lei nº 13.105/2015, teve origem no Projeto de Lei do Senado nº 166/2010 e foi o primeiro Código de Processo Civil brasileiro publicado em regime democrático, e o primeiro código brasileiro cuja tramitação legislativa se deu totalmente em regime democrático. Foi resultado de intenso debate entre processualistas civis, destacando-se que a comissão elaboradora foi presidida por Luiz Fux (então Ministro do Superior Tribunal de Justiça), Teresa Arruda Alvim Wambier (relatora), Adroaldo Furtado Fabrício, Benedito Cerezzo Pereira Filho, Bruno Dantas Nascimento, Elpídio Donizetti Nunes, Humberto Theodoro Júnior, Jansen Fialho de Almeida, José Miguel Garcia Medina, José Roberto dos Santos Bedaque, Marcus Vinicius Furtado Coelho e Paulo Cesar Pinheiro Carneiro.

Na sua redação, até pela área de especialização jurídica de seus elaboradores, todos processualistas civis de renome, foi priorizada a questão atinente à modernização do CPC anterior, uma lei de 1973, de modo a assegurar maior rapidez e coerência no trâmite e julgamento dos processos de natureza civil.

A questão da pessoa com deficiência e seus direitos recém reconhecidos por uma CONVENÇÃO internacional, que ingressou no ordenamento jurídico nacional apenas em 2009, passaram, *data maxima venia*, ao largo das considerações dos juristas que elaboraram o anteprojeto de CPC de 2015.

45 *Hermenêutica e aplicação do direito*. Rio de Janeiro: Freitas Bastos, 1947, p. 185.

A publicação e a determinação de vigência do CPC de 2015 e da LBI, por razões absolutamente fortuitas, restaram muito próximas, o que explica a razão pela qual alguns juristas sustentam, equivocamente em nossa opinião, que o artigo 757 do CPC sobrepõe-se ao artigo 1.786 do CC, e por essa razão, o direito pátrio não outorgaria legitimidade *ad causam* para que a pessoa com deficiência promova sua própria Interdição, em que serão definidos os termos de sua Curatela.

Essa conclusão, porém, não se sustenta, já que a possibilidade de que a própria pessoa promova sua interdição (artigo 114 da LBI, que incluiu o inciso IV ao artigo 1.786 do CC), é coerente com o novo paradigma da capacidade da pessoa com deficiência veiculado pelo artigo 3º do CC, fundamentado no artigo 6º da LBI e artigo 4º e 12 da CONVENÇÃO.

Estamos convencidos de que o direito pátrio, prevê a ação de Autocuratela, e com isso assegura a dignidade da pessoa com deficiência nos moldes estabelecidos por norma com *status* constitucional (CONVENÇÃO), na medida em que permite o exercício da autonomia, dando efetividade à capacidade plena vigorante na lei civil.

Vale lembrar que a capacidade jurídica, nas palavras de CAMILA GONÇALVES[46], situa-se na esfera do dever-ser, tratando-se de produto da cultura no campo do Direito, mutável por essência, como exemplifica a histórica incapacidade da mulher casada, que só foi corrigida e reconhecida como plena após o advento da Constituição de 1988.

A interpretação que conclui pela plena vigência do inciso IV do artigo 1.786 do CC, repristinado na íntegra pela LBI, encontra suporte tanto no direito temporal, como na interpretação ontológica do arcabouço legislativo dos direitos das pessoas com deficiência. Preconiza CARLOS MAXIMILIANO[47]:

> "É dever do aplicador comparar e procurar conciliar as disposições várias sobre o mesmo objeto, e do conjunto, assim harmonizado, deduzir o sentido e alcance de cada uma." (g.n.)

Estamos seguros em afirmar que a pessoa com deficiência está legalmente legitimada a promover, em seu próprio nome, sem assistência

46 Op. Cit. p. 3.

47 Op. Cit. p. 425.

ou representação, ação de interdição que vise estabelecer os termos de sua Curatela.

Ao promover uma ação com essas características a pessoa com deficiência não estará frente a um conflito de interesses caracterizado por uma pretensão resistida e, portanto, o ajuizamento de uma ação de Autocuratela implicará a instauração de um processo cujo rito será o da Jurisdição Voluntária e não o da Jurisdição Contenciosa.

A Jurisdição Voluntária se notabiliza por ser a atividade de natureza jurisdicional exercida pelo Estado em processos cujas pretensões consistem na integração e aperfeiçoamento de negócios jurídicos que dependem do pronunciamento jurisdicional sem, contudo, haver conflito de interesses.

Destarte verifica-se que a pessoa com deficiência, que indubitavelmente tem legitimidade ativa para propor a ação de Autocuratela, poderá indicar, de acordo com seu interesse e afinidade, a pessoa que entende ser mais habilitada a administrar seu patrimônio e realizar atos negociais em seu nome. Prevê o artigo 1.772 do CC (com as alterações trazidas pela LBI):

> "Art. 1.772. O juiz determinará, segundo as potencialidades da pessoa, os limites da curatela, circunscritos às restrições constantes do art. 1.782, e indicará curador.
>
> Parágrafo único. Para a escolha do curador, o **juiz levará em conta a vontade e as preferências do interditando**, a ausência de conflito de interesses e de influência indevida, a proporcionalidade e a adequação às circunstâncias da pessoa." (g.n.)

O processo de Autocuratela, então, seguirá o quanto previsto nos artigos 719 e seguintes do CPC de 2015 e no parágrafo único do artigo 725 do mesmo diploma:

> "Art. 725. (...)
> Parágrafo único. As **normas desta Seção aplicam-se**, no que couber, aos **procedimentos regulados nas seções seguintes**." (grifos nossos)

O processo de interdição, por meio do qual se concede a Curatela, encontra-se previsto nos artigos 747 e seguintes do CPC2015, donde se conclui que as regras do procedimento da jurisdição voluntária, previstas em artigos anteriores (719 a 725), se lhes aplicar-se-ão naquilo que couberem.

Registre-se, por fim, que a indicação da própria pessoa com deficiência daquele sujeito que ela gostaria de ver nomeado como seu curador deverá prevalecer, como manifestação de sua vontade, conforme previsto no artigo 755 do CPC2015:

> "Art. 755. **Na sentença** que decretar a interdição, **o juiz**:
>
> (...)
>
> II – **considerará as** características pessoais do interdito, observando suas potencialidades, habilidades, **vontades** e **preferências.**" (grifos nossos)

Assim é que a ação de Autocuratela reger-se-á pelo procedimento da jurisdição voluntária naquilo que couber, e pelos artigos 747 e seguintes do CPC 2015 naquilo que não conflitar com a LBI.

Conclusão

Depois de séculos de invisibilidade, intolerância e desrespeito, as pessoas com deficiência assistiram nas últimas duas décadas ao advento de legislação internacional (CONVENÇÃO) que alterou o paradigma dos seus direitos, estabelecendo, entre seus princípios, o respeito pela autonomia individual, pela liberdade de fazer suas próprias escolhas e pela igualdade em relação a todos os seres humanos.

Ao assim estabelecer a CONVENÇÃO, que no Brasil tem *status* de norma constitucional, rompeu com a premissa de vulnerabilidade e incapacidade da pessoa com deficiência, vinculando sua dignidade à proteção de sua autonomia e liberdade.

No âmbito do direito interno, a LBI verdadeiramente revolucionou o paradigma do instituto da Capacidade Jurídica, pois passou a presumir a capacidade da pessoa com deficiência, exigindo, para seu exercício, tão somente, a manifestação da vontade do agente.

A leitura conjunta da CONVENÇÃO e da LBI, resulta no reconhecimento da legitimidade *ad causam* da pessoa com deficiência para promover, em seu próprio nome, ação para estabelecer sua Curatela, que seguirá o rito da Jurisdição Voluntária, já que prescinde de conflito de interesses caracterizado por uma pretensão resistida.

A essa ação decidimos denominar "Autocuratela" e nela identificamos um novo instrumento processual civil, que assegura a expressão da autonomia da pessoa com deficiência, garantindo-lhe o exercício do direito individual de ação, em igualdade de condições com os demais cidadãos, dando efetividade ao princípio da dignidade previsto pelo inciso III do artigo 1º da Constituição Federal.

O panorama normativo brasileiro que hoje regula os direitos das pessoas com deficiência, além de redimir nosso ordenamento jurídico de uma dívida histórica, em razão das injustiças e discriminações perpetradas por séculos contra essa população, insere o país na vanguarda dos Direitos Humanos e reafirma os valores de igualdade inscritos no artigo 5º da Carta Democrática de 1988: "todos são iguais perante a lei, sem distinção de qualquer natureza."

Referências bibliográficas

ALMEIDA, JOÃO FERREIRA DE (tradução). *Bíblia Sagrada.* Barueri-SP: Sociedade Bíblica do Brasil, 2014.

ALVIM, JOSÉ EDUARDO CARREIRA. *Interdição e Curatela de Interditos no Novo CPC.* Curitiba: Editora Juruá, 2017.

ANATALINO, JOÃO. *A Deficiência na Antiguidade.* https://www.recantodasletras.com.br/artigos-de-cultura/6135627#user--ftn5 , consultado em 31.07.2023.

ASSOCIAÇÃO DE CEGOS LOUIS BRAILLE, PORTAL. *Louis Braille.* https://www.aclouisbraille.org.br/quem-foi-louis-braille , consultado em 31.07.2023.

AZEVEDO LUIZ CARLOS DE *Introdução à História do Direito.* São Paulo: Ed. Revista dos Tribunais, 2005.

BRUNATO, INGREDI. *Os antigos gregos matavam bebês considerados fracos?* https://aventurasnahistoria.uol.com.br/noticias/reportagem/os-antigos-gregos-matavam-bebes-considerados-fracos.phtml , consultado em 31.07.2023.

CABRAL, DILMA. *Imperial Instituto dos Meninos Cegos.* Arquivo Nacional, 2016. http://mapa.an.gov.br/index.php/menu-de-categorias-2/327-imperial-instituto-dos-meninos-cegos , consultado em 31.07.2023.

CARREIRA ALVIM, JOSÉ EDUARDO. *Interdição e Curatela de Interditos no Novo CPC.* Curitiba: Editora Juruá, 2017.

CASTRO, TAMARA. *Língua de Sinais e Educação Inclusiva,* 2019. https://www.cenpec.org.br/noticias/linguas-de-sinais-e-educacao-

-inclusiva#:~:text=O%20pioneiro%20no%20uso%20da,de%20L%C3%ADngua%20de%20Sinais%20Francesa, consultado em 31.07.2023.

CHIOVENDA, GIUSEPPE. *Instituições de Direito Processual Civil.* São Paulo: Saraiva, 1942.

CINTRA, ANTÔNIO; GRINOVER, ADA; e DINAMARCO, CANDIDO. *Teoria Geral do Processo.* São Paulo: Malheiros, 2000, 16ª edição.

COELHO, THAIS. *Autocuratela.* Rio de Janeiro: Editora Lumen Juris, 2016.

DINIZ, MARIA HELENA. *Código Civil Anotado.* São Paulo: Saraiva, 2017, 18ª edição.

DIREITOS HUMANOS, PORTAL DOS. *Lei das XII Tábuas (450 a.c.).* http://www.dhnet.org.br/direitos/anthist/12tab.htm , consultado em 31.07.2023.

FONSECA, REYNALDO SOARES DA. *O Princípio Constitucional da Fraternidade.* Belo Horizonte: Ed. D'Plácido, 2019.

GLOBO, O. *Novos estudos reforçam que faraó Tutancâmon foi fruto de incesto.* 2014. https://oglobo.globo.com/brasil/historia/novos-estudos-reforcam-que-farao-tutancamon-foi-fruto-de-incesto-14301601 , consultado em 31.07.2023

GONÇALVES, AUGUSTO. *Pequeno Tratado das Condições da Ação.* Campinas-SP, Pontes Editores, 2021.

GONÇALVES, CAMILA. *O art. 1.072 do novo Código de Processo Civil e o Estatuto da Pessoa com Deficiência: revogação do inciso IV do art. 1.768 do Código Civil?* https://ibdfam.org.br/index.php/artigos/1165/O+art.+1.072+do+novo+C%C3%B3digo+de+Processo+Civil+e+o+Estatuto+da+Pessoa+com+Defici%C3%AAncia:+revoga%C3%A7%C3%A3o+do+inciso+IV+do+art.+1.768+do+C%C3%B3digo+Civil?+++, consultado em 31.07.2023.

HOMERO. *Ilíada.* Rio de Janeiro: Nova Fronteira, 2015.

LAFER, CELSO. *A Reconstrução dos Direitos Humanos.* São Paulo: Companhia das Letras, 1988.

LIMA, CARLOS ROBERTO DE OLIVEIRA. *Influências de d. Pedro II sobre a educação de surdos no brasil: uma visão foucaultiana.* IV Congresso Internacional de Educação Inclusiva. https://editorarealize.com.br/editora/ebooks/cintedi/2020/TRABALHO_EV137_MD7_SA100_ID619_21052020223618.pdf , consultado em 31.07.2023.

LIMONGI, VIVIANE. A *Capacidade Civil e o Estatuto da Pessoa com Deficiência.* Rio de Janeiro: Lumen Juris, 2018.

MADRUGA, SIDNEY. *Pessoas com Deficiência e Direitos Humanos: ótica da diferença e ações afirmativas.* São Paulo: Saraiva Educação, 2021.

MAINARD, DIOGO. *A Queda*. Rio de Janeiro: Ed. Record, 2012, 2ª edição.

MAXIMILIANO, CARLOS. *Hermenêutica e aplicação do direito*. Rio de Janeiro: Freitas Bastos, 1947.

MENEZES, JOYCEANE; RODRIGUES, FRANCISCO; e MORAES. MARIA CELINA DE. *A Capacidade Civil e o Sistema de Apoios no Brasil*, Indaiatuba/SP: Ed. Foco, 2021.

NUSSBAUM, MARTHA. *Fronteiras da Justiça*. São Paulo: Ed. WMF Martins Fontes, 2013.

PIVA, FLÁVIA; RIBEIRO, LAURO; e COSTA FILHO, WALDIR DA. *Comentários ao Estatuto da Pessoa com Deficiência*. São Paulo: Ed. Saraiva, 2016.

RAMALHO, MARIA ISABEL. *Legitimidade para agir*. Tese de Doutorado em Direito Processual Civil: PUCSP, 2007.

REICHER, STELLA. *Lei Brasileira de Inclusão da Pessoa com Deficiência Comentada*. Campinas: Fundação FEAC, 2017.

SHEFFER, EDITH. *Crianças de Asperger – as origens do autismo na Viena nazista*. Rio de Janeiro: Ed. Record, 2019.

SILVA, OTTO MARQUES DA. *A Epopeia Ignorada: A pessoa deficiente na História do Mundo de Ontem e de Hoje*. São Paulo: Ed. CEDAS, 1986.

STF portal eletrônico. *Temis*. Coordenadoria de Biblioteca, última atualização em 14.08.2012 https://portal.stf.jus.br/textos/verTexto.asp?servico=bibliotecaConsultaProdutoBibliotecaSimboloJustica&pagina=temis#:~:text=%C3%89%20uma%20divindade%20grega%20por,com%20uma%20balan%C3%A7a%20na%20m%C3%A3o , consultado em 31.07.2023.

TUCCI, JOSÉ ROGÉRIO CRUZ E; e AZEVEDO, LUIZ CARLOS DE. *Lições de História do Processo Civil Romano*. São Paulo: Ed. Revista dos Tribunais, 1996.

VARELLA, CAMILLA (organizadora). LIMONGI, VIVIANE. *Direitos das pessoas com autismo e outras deficiências*. Rio de Janeiro: Ed. Lumen Juris, 2021.

ASPECTOS CONTROVERSOS DA REDISTRIBUIÇÃO (DINAMIZAÇÃO) DO ÔNUS DA PROVA NO CÓDIGO DE PROCESSO CIVIL VIGENTE

Camilo José D´Ávila Couto[1]

SUMÁRIO. Homenagem; Introdução; Ônus da prova: regra de julgamento x regra de conduta; Regrais gerais da dinamização do ônus da prova; Aspectos controversos da dinamização do ônus da prova: ônus da prova subjetivo *versus* ônus da prova objetivo; dinamização do ônus da prova antes da sentença; dinamização do ônus da prova na prolação de sentença; dinamização do ônus da prova e os custos da produção da prova; Considerações finais.

Homenagem

Este breve ensaio é uma singela forma de homenagear um dos maiores juristas do nosso país, o Professor José Rogério Cruz e Tucci. Tive a grande oportunidade acadêmica de ser, além de seu orientando, seu aluno em três disciplinas no curso de pós-graduação *stricto sensu* da Universidade de São Paulo e, assim, testemunhar sua altivez como ser humano, cientista jurídico e professor. Sinto-me sinceramente agradecido de somar-me a esta significativa e mais que justa homenagem que ora se concretiza a muitas mãos. A obra jurídica do Professor José Rogério foi e continua sendo um fundamental marco na formação de meu pensamento jurídico-processual e, indubitavelmente, uma fonte inesgotável de conhecimento científico e técnico-jurídico para todos os estudantes e profissionais do direito. Só tenho que lhe agradecer sempre. Muito obrigado Mestre!

Introdução

O Código de Processo Civil de 2015, com parcela de sentido ainda chamado por muitos de 'novo', trouxe para sua estrutura, relativamente ao direito constitucional à ampla produção de prova, a denominada teo-

---

1 Doutor em direito processual pela Universidade de São Paulo (USP). Mestre em direito processual pela Pontifícia Universidade Católica de Minas Gerais (PUC). Juiz de Direito Estadual - TJES.

ria da dinamização do ônus da prova, expressamente no artigo 373, §§ 1º e 2º. Em sua essência, a teoria sob enfoque e seus contornos legais gerais foram disciplinados em três dispositivos do CPC/15: a) no art. 357, inc. III, que dimensiona o saneamento e organização do processo; b) no art. 373, incisos I e II e §§, que estabelecem regras diretivas sobre a dinamização do ônus da prova e c) no artigo 1.015, inc. XI que regulamenta o cabimento do recurso de agravo de instrumento em face da decisão que redistribuir o ônus da prova.

Importante pontuar que a teoria e as regras estruturantes da dinamização do ônus da prova, ou seja, seu arcabouço específico e precípuo, encontram sua base positivada somente no artigo 373, §§ 1º e 2º do CPC/15.

Analisando o dispositivo acima citado, resta claro que o legislador processual civil permitiu ao Juiz redistribuir (dinamizar) o ônus probatório rígido (inc. I e II, art. 373) somente em três hipóteses (requisitos de aplicabilidade da teoria da dinamização): a) quando se caracterizar a impossibilidade ou excessiva dificuldade de cumprir o encargo rígido da distribuição do ônus probatório (requisito positivo); b) quando se caracterizar a maior facilidade de obtenção da prova do fato contrário (requisito positivo); c) quando se caracterizar a impossibilidade de existência da denominada prova diabólica reversa, ou seja, a aplicação da dinamização do ônus da prova não pode gerar situação que torne impossível ou excessivamente difícil a produção da prova pela parte então onerada (requisito negativo).

Da leitura aprofundada dos dispositivos acima, concluímos que ao menos dois requisitos devem estar presentes quando da aplicação da redistribuição do ônus da prova no caso concreto, um positivo e o negativo, pois consistem em critérios complementares, não podendo ser aplicados de forma isolada. Ademais, a análise do Magistrado tem que vislumbrar a situação probatória de ambas as partes quando da decisão a respeito do tema no caso concreto. A título de validação da afirmativa anterior, basta confrontar as alíneas 'a' e 'c' supra citadas, ou seja, não pode o juiz dinamizar o ônus da prova na hipótese da prova a ser obtida ser excessivamente difícil para o autor e, ao mesmo tempo, consistir em prova diabólica para o requerido.

Quanto ao primeiro requisito acima citado (§ 1º, art. 373), importante registrar que o legislador deixou a cargo da doutrina interpretar e estabelecer o exato sentido das expressões legais "impossibilidade ou excessiva dificuldade" e "maior facilidade" de cumprir o encargo rígido da distribuição do ônus probatório.

Na hipótese de uma demanda revisional de empréstimo bancário, onde ambas as partes receberam suas vias contratuais quando da finalização da negociação, quem teria maior facilidade na obtenção e produção da prova e, via de consequência, no cumprimento do encargo rígido do ônus *probandi*, quando ambas alegam terem perdido tal documento? Esta prova realmente se tornou impossível ou excessivamente difícil para ambas as partes? Qual o critério técnico-jurídico deverá ser usado pelo Juiz para decidir quanto ao ônus da prova ou sua redistribuição?

Firmamos o entendimento de que o legislador processual poderia ter avançado quanto aos requisitos de aplicabilidade da teoria da dinamização do ônus da prova e, sob a ótica teórico-dogmática, ter estabelecido cinco requisitos: a) impossibilidade de produção da prova; b) desigualdade econômico-financeira; c) desigualdade técnica; d) prova complexa; e, e) prova diabólica. Todavia, diante da positivação já concretizada no CPC/15, os requisitos acima citados devem servir de critério teórico à definição da expressão legal "impossibilidade ou excessiva dificuldade" e "maior facilidade" de cumprir o encargo rígido da distribuição do ônus probatório.[2]

ônus da prova: regra de julgamento x regra de conduta

A distribuição adequada e prudente do ônus da prova é uma das instituições mais necessárias ou, ao menos, mais desejáveis do ordenamento jurídico.[3]

Como acima mencionado, a norma que disciplina o ônus da prova no CPC/15, *i.e.*, o art. 373, incisos I e II, que consiste em idêntica repetição ao revogado art. 333, incisos I e II do CPC/73, estabeleceu, de forma rígida, que incumbe ao autor a prova do fato constitutivo do seu direito (inc. I) e ao réu a prova da existência de fato impeditivo, modificativo ou extintivo do direito da parte adversa (inc. II).

Abstrai-se da referida norma que o legislador processual, ao contrário do que pode parecer *prima oculi*, não adotou, de forma exclusiva, a regra romana *affirmanti incumbit probatio*, ou seja, quem alega o fato

2 COUTO, Camilo José D'Ávila. Ônus da prova no novo código de processo civil - dinamização: teoria e prática. Rev. e Ampliada. 2 ed., Curitiba, Juruá Editora, 2016, pp. 128-149.

3 Segundo Wach. (tradução nossa). *In*: ROSENBERG, Leo. **La carga de la prueba**. 2ª ed. Buenos Aires: B de F, 2002, p. 115.

tem o ônus de provar.[4] A correta interpretação dessa regra corrobora que o critério de distribuição do ônus da prova adotado foi, precipuamente, o da natureza do fato alegado (constitutivo/desconstitutivo *lato sensu*) e não o da mera alegação de um fato.[5]

O primeiro doutrinador a estabelecer uma distinção quanto ao ônus da prova foi Julius Glaser, por intermédio de ensaios publicados em 1883.[6] Todavia, os precursores na identificação e apresentação da distinção entre ônus subjetivo e ônus objetivo da prova[7] foram os processualistas civis austríacos.

O dogma do ônus da prova pode ser entendido sob duas vertentes[8]: uma relativa à atividade probatória das partes e às consequências

4 BARBOSA MOREIRA, José Carlos. As presunções e a prova. **Temas de direito processual**: 1. série. 2ª ed. São Paulo: Saraiva, 1988. p. 60, afirma que o ônus da prova é distribuído precisamente em função da posição dos sujeitos, *i.e.*, o critério básico repousa na circunstância de ser autor ou réu, no processo, o sujeito considerado.

5 Isso implica afirmar que mesmo se o autor alegasse, hipoteticamente, além do fato constitutivo de seu direito, qualquer outro fato que gerasse impedimento, modificação ou extinção de seu próprio direito, não teria o ônus de prová-lo. Da mesma forma, não geraria modificação da regra geral sobre o ônus da prova, nem o ônus de prová-lo, também na seara hipotética, se o requerido, em sua peça defensiva, alegasse um fato que induzisse a comprovação do fato constitutivo do direito do autor, sem configurar o reconhecimento do fato constitutivo principal inserido na peça inicial. Nesse sentido ARENHART, Sérgio Cruz. Ônus da prova e sua modificação no processo civil brasileiro. *In*: NEVES, Daniel Amorim Assumpção. **Provas**: aspectos atuais do direito probatório. São Paulo: Método, 2009. p. 331.

6 *In*: Handbuch des Strafprozesses. Leipzig, 1883. v. 1, p. 364 e ss. *Apud* ROSENBERG, *Ibid.*, p. 33 e nota 14. Ainda, BUZAID, Alfredo. Do ônus da prova. *In*: **Estudos de direito I**. São Paulo: Saraiva, 1972, p. 65. PATTI, Salvatore. **Prove**: disposizioni generali. Bologna: Zanichelli Editore, 1987. p. 14, afirma que a distinção entre ônus da prova subjetivo e objetivo se deve à doutrina austríaca do século passado, sendo prontamente acolhida pela doutrina alemã, recebendo menor quantidade de adeptos na literatura italiana. Essa foi a tônica dos estudos dos processualistas do direito comum e dos tratadistas alemães e austríacos daquela época. Na visão de ROSENBERG, *Ibid.*, p. 35 e nota 23, mereceu destaque a obra de Adolph Dieterich Weber, intitulada *"Sobre a obrigação de produzir a prova no processo civil"*, cuja primeira edição foi publicada em 1804, a segunda em 1832 e a terceira em 1845 (tradução nossa).

7 POLLAK, System, v. 2, p. 656; SPERL, Lehrbuch, p. 368 *et seq. Apud* BUZAID, **Do ônus da prova**, 1972, p. 65.

8 ROSENBERG, **La carga**..., 2002, p. 33, afirma que os conceitos de ônus subjetivo e ônus objetivo da prova são importantes para a compreensão de todo o problema da teoria do ônus da prova.

dessa inatividade e outra relativa à atividade jurisdicional. A primeira é denominada ônus subjetivo da prova e tem suas fontes conceituais em concepções jurídicas de ordem privada. A segunda, denominada ônus objetivo ou regra de julgamento, é aplicada no momento da prolação da sentença, possuindo natureza de ordem pública.

Assim, vislumbra-se que o fenômeno do ônus da prova apresenta duas faces que, apesar de se complementarem, possuem características bem distintas entre si, possuindo apenas um ponto de convergência: o risco da prova frustrada. Uma das faces é relativa às partes, de caráter subjetivo e a outra diz respeito à função jurisdicional, de caráter objetivo.[9] O ônus da prova subjetivo é regra de conduta e o ônus da prova objetivo é regra de julgamento.

Quanto ao risco da prova frustrada, situa-se em uma esfera limítrofe, congruente entre os dois conceitos, formando uma área comum, pois, se para uma face do fenômeno, a subjetiva, consiste em consequência, para a outra face, a objetiva, transforma-se em causa.

O art. 373, incisos I e II e §§ do CPC, ao fixar e permitir a dinamização (redistribuição) do ônus da prova, não estabeleceu expressamente sua consequência, a respectiva sanção processual, tendo fixado apenas o ônus de agir de uma forma ou de outra, sendo denominado por alguns como regra de conduta ou procedimento.

Há quem sustente, ainda, que essa norma relativa ao ônus da prova, na realidade, não consiste em um verdadeiro e próprio ônus, uma vez que a ausência do cumprimento do comportamento prescrito pela norma, além de não estar expresso, não determina automaticamente a não obtenção do interesse perseguido, pois tanto a demanda quanto a exceção podem ser acolhidas assim mesmo. Pode-se falar então de um risco da ausência de prova a cargo de uma ou outra parte.

Vale ressaltar, a título de crítica, que o ônus da prova como foi distribuído no CPC/73 e como é distribuído no CPC vigente, conduz a uma

9 Substancialmente nesse sentido ARENHART, Ônus da prova..., 2009, p. 335; BUZAID, *Ibid.*, p. 66. Este enxerga o problema do ônus da prova como sendo um fenômeno de duas faces: uma voltada para os litigantes, indagando-se qual delas há de suportar o risco da prova frustrada; é o aspecto subjetivo; e outra, voltada para o magistrado, a quem deve dar uma regra de julgamento. É o aspecto objetivo. [...] O primeiro constitui uma sanção à inércia, ou à atividade infrutuosa da parte; o segundo, ao contrário, é um imperativo da ordem jurídica, que não permite que o juiz se abstenha de julgar, a pretexto de ser incertos os fatos, porque não provados cumpridamente.

inércia do requerido por questões meramente técnicas, ou seja, o requerido só produz prova se o autor produzir e provar. Com é o autor que tem que provar primeiro, se ele não provar, em tese perderá a demanda.

Dessa forma, o direito processual interfere diretamente na ação humana diversamente da própria natureza, da própria lógica e da própria racionalidade do ser humano, pois, todo requerido, a rigor, tem interesse em provar a verdade, principalmente quanto a sua inocência (civil), ou seja, quanto aos fatos impeditivos, modificativos e extintivos do direito alegado pelo autor.[10]

Este critério, aliás, é alvo de inúmeras críticas em países que também o adotaram. Uma das grandes dificuldades, inclusive predominantemente de natureza prática, é a de distinguir, a partir da situação fática discriminada pelo autor, o elemento ou conjunto de elementos que integram o núcleo central dos fatos, daquele elemento ou elementos meramente acidentais aos fatos.

Em conclusão, a adoção pelo CPC/15 da teoria da dinamização do ônus da prova, vem efetivar a superação do modelo tradicional de distribuição do ônus da prova, diante dos resultados insatisfatórios que a repartição sob voga tem promovido, principalmente em relação à igualdade e à justiça.[11]

---

10 CARNELUTTI, Francesco. **Sistema de derecho procesal**. Buenos Aires: Uteha, 1944. v. 1, p. 424 *et seq*. Para o autor, o interesse à prova é bilateral e, por assim ser, o critério do interesse unilateral, ou seja, interesse de cada parte, não seria idôneo a estabelecer a distribuição do ônus da prova. Afirmado um fato, ambas as partes tem interesse em produzir provas relativas ao respectivo fato, contudo, em sentidos opostos. Enquanto o autor provaria a existência do fato, o réu provaria sua inexistência (prova e contraprova). Vincula a situação de determinada parte estar em melhor condição de provar ao critério do interesse à afirmação. Segundo o jurista o interesse à afirmação, ao contrário do interesse à prova, é unilateral, pois cada parte tem interesse em afirmar os fatos constitutivos de sua pretensão e, em efeito, quem tem interesse em afirmar tem o ônus de provar sua afirmativa, ou seja, quem ajuíza uma demanda tem o ônus de provar os fatos constitutivos e, quem apresenta uma exceção tem o ônus de provar os fatos extintivos, impeditivos ou modificativos.

11 MICHELLI, Gian Antonio. **La carga de la prueba**. Traducão Santiago Sentís Melendo. Bogotá-Colombia: Temis, 2004. p. 50, nesse sentido, afirma que tal concepção de ônus da prova, ao mesmo tempo em que indica a crise do conceito tradicional, mostra a necessidade de regras práticas particulares sobre a distribuição, que tenham em conta certos dados da experiência, a respeito de determinadas relações ou estados jurídicos.

Regras gerais da dinamização do ônus da prova no CPC/15

O primeiro dispositivo legal do CPC/15 relativo, *lato sensu*, à teoria da dinamização do ônus da prova é o art. 357, inciso III. Este disciplina que o juiz deverá definir a distribuição do ônus da prova, observado o art. 373 do mesmo diploma legal. E, ainda, fixa como momento para tal a fase do saneamento e organização do processo. Assim, consignou a citada fase procedimental como momento oportuno para o juiz aplicar a teoria da dinamização do ônus da prova.

Todavia, entendemos que o proferimento da decisão sob enfoque poderá ocorrer até o início da fase probatória propriamente dita, isto é, a audiência de instrução e julgamento, desde que não cause prejuízo à ampla produção de provas no caso concreto. E, até mesmo, excepcionalmente, na própria audiência de instrução e julgamento, na hipótese de sua continuidade em outra data posterior (fracionamento desta audiência), por um dos motivos legais cabíveis.

Em outra via, o que ocorrerá na hipótese de o Juiz designar o início da fase probatória sem que tenha decidido a respeito da distribuição do ônus da prova? A definição da distribuição do ônus da prova, na forma do art. 357, comporta duas possibilidades: ou o Juiz estabelece que o ônus da prova será o rígido, conforme os incisos I e II, do artigo 373, ou, o Juiz dinamiza (redistribui), total ou parcialmente, o ônus da prova, conforme os §§ 1º e 2º do citado artigo. Consiste, portanto, esta regra, em verdadeiro poder-dever do Juiz.

Todavia, como o próprio CPC/15 estabeleceu uma regra geral e rígida de ônus da prova, esta deve ser seguida ordinariamente. Assim, caso o Juiz não exerça seu poder-dever sob menção e, na sequência, as partes não apresentem requerimento nesse sentido, antes do início da fase probatória, para que o Juiz fixe o ônus da prova, entendemos que a distribuição do ônus da prova a ser seguida pelas partes será a rígida (incisos I e II do art. 373), por consistir em interpretação que guarda coerência lógico-jurídica e contextual com o sistema processual pátrio. Logo, não há que se falar em nulidade processual, bem como em prejuízo processual para ambas as partes na hipótese de ausência de fixação expressa do ônus da prova pelo Juiz, uma vez que deverá prevalecer o ônus rígido da prova.[12] Ainda com mais razão se a instrução probatória

12 *Mutatis mutantis*, esse foi o entendimento firmado pela Ministra Maria Isabel Gallotti, na decisão que segue transcrita *ipsis litteris*: [...] "No acórdão que julgou os

tiver início e as partes dela participarem sem qualquer impugnação quanto ao tema.

Corroborando o acima afirmado, vale lembrar que o artigo 1.015, inciso XI do CPC/15, somente previu a possibilidade de recurso, na espécie de agravo de instrumento, na hipótese de o Juiz dinamizar o ônus da prova, ou seja, quando o Juiz redistribuir o ônus *probandi*. Logo, da decisão que mantém a ônus da prova ordinário, rígido, insculpido no artigo 373, inciso I e II, não caberá o citado recurso.

Ainda nesse tema, quando o Juiz não proferir decisão quanto à definição da distribuição do ônus da prova, o único recurso cabível, seria o de embargos de declaração, para sanar a mencionada omissão.

Por outro lado, caso o Juiz decida na forma do artigo 357, inciso III do CPC, deverá fazê-lo por decisão fundamentada, nos exatos moldes do artigo 93, inciso IX da Constituição Federal Pátria. O proceder decisório, *in casu*, deve seguir os seguintes parâmetros: primeiro deverá o Juiz averiguar se estão presentes um ou ambos os requisitos positivos (impossibilidade ou excessiva dificuldade de cumprir o encargo rígido da distribuição do ônus probatório e/ou a maior facilidade de obtenção da prova do fato contrário) e, *pari passu*, averiguar se o requisito negativo se faz presente, pois, na hipótese de redistribuição do *onus probandi*, o 'novo' ônus *probandi* não pode consistir em prova diabólica reversa, tornando impossível ou excessivamente difícil a produção da prova pela parte então onerada, sob pena de violar o princípio constitucional da paridade de armas.

Importante consignar que não pode o Juiz, a título de fundamentação da mencionada decisão, meramente repetir a literalidade do dispo-

embargos de declaração salientou que "a distribuição do **ônus** da prova decorre da própria lei, encontrando a sua definição no art. 373, I e II, do CPC/2015, não havendo que se falar em ofensa ao Princípio da Não-surpresa». Desse modo, o acórdão recorrido está em conformidade com o entendimento deste Superior Tribunal de Justiça de que «No tocante à distribuição do **ônus** da prova, a decisão que considera idôneo o documento apresentado pelo autor da ação monitória e determina a expedição do correspondente mandado de pagamento é proferida em juízo de cognição sumária. Nos embargos monitórios, cabe ao réu/embargante desconstituir a presunção inicial que milita em favor do autor/embargado, utilizando-se dos meios de prova disponíveis em direito" (AgInt no AREsp n. 1.814.163/DF, relator Ministro Raul Araújo, Quarta Turma, julgado em 30/8/2021, DJe de 1/10/2021). *In*. STJ. Agravo em R.Especial 2143710-MG. Rel. Min. Maria Isabel Gallotti. Julgado em 03/10/2022.

sitivo legal insculpido no artigo 373 do CPC/15, sob pena de caracterizar flagrante violação ao princípio constitucional da motivação das decisões judiciais. Desta forma, deverá o Juiz especificar, diante dos elementos dos autos, onde e/ou em que reside a impossibilidade ou a excessiva dificuldade de as partes cumprirem o encargo rígido da distribuição do ônus probatório, bem como, onde e/ou em que reside a maior facilidade de obtenção da prova do fato contrário pela parte requerida, bem como ainda explicitar os motivos pelos quais a nova distribuição não gerará situação em que a exoneração do encargo seja impossível ou excessivamente difícil para a parte recém onerada.

Ainda em relação à decisão disciplinada no artigo 357, inciso III do CPC em vigência, importa mencionarmos o disposto no artigo 1.015, inciso XI do mesmo diploma legal, citado em parágrafos anteriores. Segundo a literalidade do referido dispositivo, caberá a interposição do recurso de agravo de instrumento quando o Juiz redistribuir o ônus da prova, ou seja, quando aplicar a dinamização do ônus *probandi*.

Quando o assunto diz respeito a hipóteses de cabimento recursal, deve prevalecer sempre a interpretação restritiva. Assim, quanto ao recurso de agravo de instrumento, resta incontroverso que o legislador processual civil estabeleceu de forma expressa, no bojo do art. 1.015, hipóteses de cabimento do recurso sob enfoque em face de decisões concessivas e denegatórias para um mesmo tema, *v.g.*, inc. IX, hipóteses de cabimento somente para decisões denegatórias, *v.g.*, inc. VII, e hipóteses de cabimento somente para decisões concessivas, como a objeto de análise, relativa ao inc. XI.

Nesse sentido, não resta outro entendimento que somente caberá o referido recurso na hipótese de redistribuição do ônus da prova, ou seja, quando o Juiz efetivamente aplicar a teoria da dinamização do ônus da prova subjetiva (regra de conduta). Por outro lado, não sendo deferido o pedido de redistribuição do *onus probandi*, o que implica dizer que o ônus da prova será o estabelecido pelos incisos I e II do art. 373 do diploma processual, não caberá recurso de agravo de instrumento.

Aspectos controversos da dinamização do ônus da prova no CPC/15

Ônus da prova subjetivo versus ônus da prova objetivo

A inserção no bojo do diploma legal processual pátrio, de forma expressa, da teoria da dinamização do ônus da prova, como dito acima, concretizou a superação do modelo rígido, clássico, tradicional de distribuição do ônus da prova (art. 373, incisos I e II - CPC/15), que em muitos casos concretos disseminava resultados insatisfatórios, tanto sob a ótica do direito material, quanto do direito processual, caracterizando violações aos princípios da justiça, da igualdade e da paridade de armas.

Contudo, apesar da introdução da teoria sob menção retratar um verdadeiro e incontestável avanço científico-jurídico-processual, trouxe para o sistema processual pátrio consistentes e indesejados retrocessos teóricos e práticos quanto à pura teoria do ônus da prova, não tendo o legislador processual observado, por 'dolo ou culpa', a integridade teórico-dogmática do instituto milenar do ônus da prova.

Assim, evidencia-se da interpretação literal dos dispositivos legais sob análise, *i.e.*, o art. 357, inc. III, o art. 373, mormente os §§ 1º e 2º, e o art. 1.015, inc. XI c/c o art. 1.019, inc. I, todos do Código de Processo Civil em vigor, a existência de vários aspectos controversos sobre a teoria da dinamização do ônus *probandi*, sendo que muitos desses violam flagrantemente a essência do dogma do ônus da prova.

Parece-nos incontestável que os legisladores focaram suas atenções e olhares, de forma absolutamente míope, influenciados pelo lobby de grandes grupos econômicos, somente para uma única e lateral questão: evitar surpresas advindas de sentença judicial, mormente em virtude de inúmeras sentenças condenatórias proferidas Brasil afora lastreadas no art. 6º, inc. VIII do Código de Defesa do Consumidor.

Nesse sentido e diante dessa narrativa superficial sobre o dogma do ônus da prova, criou-se o entendimento de que o Juiz não poderia dinamizar (redistribuir) o ônus da prova no momento sentencial, esquecendo que ônus da prova é regra de julgamento (ônus da prova objetivo), sob o argumento de ferir o princípio do contraditório e a ampla defesa. Introduziu, assim, o legislador, regra expressa no CPC/15 na qual permite ao Juiz dinamizar (redistribuir) o ônus da prova na fase de saneamento e organização do processo.

Este o ponto central da presente análise. Ao permitir, expressamente, que o Juiz possa dinamizar (redistribuir) o ônus da prova na fase de saneamento e organização do processo, o legislador, indubitavelmente, desconstruiu o dogma do ônus da prova, mormente, o dogma do ônus da prova como regra de julgamento, desestabilizando este pacificado entendimento doutrinário-jurídico.

Importante consignar que é praticamente unânime na academia jurídica do mundo ocidental, inclusive a nossa, ante a minimíssima discordância, o entendimento de que ônus da prova é regra de julgamento.

Vale lembrar que o dogma do ônus da prova como regra de julgamento, existente desde o direito romano, tem sentido e função absolutamente relevante para o sistema jurídico: a vedação ao *sibi non liquet.*

O dogma do ônus da prova como regra de julgamento existe para possibilitar ao Juiz, ao invés de proclamar o *sibi non liquet,* julgar aquela demanda, resolver o mérito daquela demanda na qual, diante da não produção de provas ou de sua imprestabilidade à formação do convencimento do julgador, permaneceu a dúvida, a ausência de certeza fática, a inexistência de convicção sobre o objeto da lide. Apesar da obviedade sistêmica, registramos que só há que se falar em ausência de convicção do Juiz quanto aos fatos objeto da demanda, após o exaurimento da fase instrutória, cuja fase probatória é seu objeto maior e nunca antes, mormente em fase mediana do procedimento relativa ao saneamento e organização do processo.

Abstrai-se, assim, que a única conclusão plausível quanto ao disposto no art. 357, inc. III, c/c o art. 373, mormente os §§ 1º e 2º, ambos do Código de Processo Civil vigente é que o legislador pátrio estabeleceu verdadeira regra de conduta, ou seja, ônus da prova subjetivo. Esta regra possibilita ao Juiz dinamizar (redistribuir) o ônus da prova como regra de conduta, disciplinando qual parte estará onerada a produzir prova de determinado ou determinados fatos (constitutivos ou desconstitutivos *lato sensu*) do direito do autor.

A norma pertinente ao ônus da prova subjetivo, consiste, na essência, em espécie de norma cujo objeto é responsabilidade da produção da prova, ou seja, sua premissa racional não é a ausência de convicção do Juiz sobre os fatos objeto da lide, mas critério diverso, que pode, *a priori*, ser sintetizado na maior facilidade de uma parte produzir determinada prova de um fato.

A regra de conduta, na sua essência, tem por função principal fixar a quem o magistrado imputará a regra de julgamento, ou seja, a quem aplicará uma sanção processual destinada a coibir a inércia no âmbito da produção da prova, e não fixar os fatos que cada parte deve provar. Em efeito, sua função principal é fixar a quem se aplica a regra de julgamento diante da omissão probatória.

Assim, a função secundária de natureza programática da regra de conduta é de fixar abstrata e genericamente o *thema probandum* (fatos constitutivos, impeditivos, modificativos, extintivos) e quem deve prová-los (autor e requerido). Importante ressaltar que em nosso sistema processual civil vige o princípio da comunhão das provas e da liberdade probatória. Afinal, tanto o autor quanto o requerido podem produzir provas válidas e eficazes contra si. Na origem, o dogma do ônus da prova não continha essa regra de conduta. Esta era vinculada à simples e pura alegação e respectivo interesse.

Destarte, insta reiterar que a teoria da dinamização (redistribuição) do ônus da prova não modifica a predominância teórico-conceitual do aspecto objetivo do dogma do ônus da prova, em efeito, não tem por objeto precípuo a distribuição direta da responsabilidade da produção da prova, como dispõe o artigo 357, inciso III do CPC/15. Enfim, a teoria da dinamização do ônus da prova distribui, de forma categórica, a responsabilidade diante da inércia probatória entre ambas as partes, não alterando ou desestabilizando a autonomia conceitual de ônus processual.

Entretanto, diante da lei positivada e dos argumentos acima apresentados, vislumbramos vários impedimentos teórico-dogmáticos e de natureza prática, quanto à hipótese de dinamização do ônus da prova em momento anterior ao da sentença, ou seja, quanto à aplicação do disposto no artigo 357 inciso III do CPC/15 (ônus subjetivo da prova).

Em apertada síntese afirmamos que o dispositivo legal acima citado desqualifica a perspectiva cooperativa-solidarista do processo, desconsiderando totalmente o fato de ambas as partes terem o dever de colaborar para o descobrimento da verdade; traduz em regra que incentiva e conduz à efetiva diminuição do grau de participação das partes no processo quanto à produção probatória; desconsidera a qualificação técnica dos operadores e servidores do direito e participantes do processo, pois os respectivos profissionais da área jurídica conhecem as regras clássicas e tradicionais de distribuição do ônus da prova; traduz em regra que, indubitavelmente causa prejuízo à celeridade e efetividade do processo, mormente ao estabelecer o cabimento de recurso para tal hipótese; estabelece perigosa permissão ao Magistrado de repartir o ônus da prova baseado em razões de verossimilhança do caso concreto, formando um convencimento ou anterior ou paralelo à repartição do referido ônus, tornando impossível saber onde termina o convencimento e onde começa a repartição do ônus da prova subjetivo.

Dinamização do ônus da prova antes da sentença

Como visto acima, não obstante as críticas apontadas, o art. 357, inc. III do CPC/15 estabeleceu a regra de que o Juiz deverá definir a distribuição do ônus da prova, em decisão de saneamento e de organização do processo, ou seja, antes do proferimento da sentença. Insta registrar que a regra sob enfoque que permite ao Juiz dinamizar (redistribuir) o ônus da prova antes do momento sentencial, não coaduna com o sistema jurídico dos países de origem *civil law*, inclusive o Brasil.

O legislador processual, com a edição do citado dispositivo, confundiu os fenômenos do ônus da prova objetivo com o subjetivo. Conforme anteriormente especificado, se o Magistrado dinamiza o ônus da prova antes do momento sentencial, ou seja, durante o procedimento, este não pode ser mais considerado objetivo, pois não estará o Magistrado aplicando regra de julgamento e sim regra de conduta.

Como se não bastasse, a discussão acima travada ainda confunde e conjuga dois outros fenômenos processuais absolutamente diversos: o da valoração da prova com o do ônus da prova. Ao dinamizar (redistribuir) o ônus *probandi* durante o procedimento, o juiz estará valorando circunstâncias fáticas futuras e incertas, bem como um resultado probatório igualmente incerto, advindo de uma produção de prova também incerta, pois nada garante, por ser um ônus para a parte (o de provar), que a parte efetivamente a produza. Ademais, vale ressaltar que nem mesmo as próprias partes, produtoras das provas em juízo, tem o condão de saber os seus respectivos resultados, conseguindo, apenas, realizar um juízo de mera previsão.

Por outra via, em âmbito probatório, assim agindo o Juiz estará implementando um exímio sistema inquisitivo puro, pois poderá determinar, antes da fase probatória, ou seja, antes de permitir às partes o livre e pleno exercício de suas atividades nessa seara, quem, *i.e.*, qual delas, deverá produzir o que, *i.e.*, qual prova. Isto fere frontalmente o sistema dispositivo.

Pela literalidade do contido no referido dispositivo legal (art. 373), não há qualquer sanção para o descumprimento dessa regra de conduta. A sanção faz parte da outra face do dogma do ônus da prova, a regra de julgamento. É algo tão inerente ao dogma do ônus da prova que o legislador nem consignou a respectiva sanção de forma expressa. Assim, se o autor não provar os fatos constitutivos de seu direito, a demanda será julgada improcedente, por ausência de prova e não porque o juiz considerou verdadeiros os fatos alegados pela parte contrária. Insta realçar que a sentença baseada na regra de juízo, apesar de transitar em julgado, não contém conteúdo normativo.

Indubitável que a regra de conduta e a regra de julgamento são faces do mesmo fenômeno: o dogma do ônus da prova. Via de consequência, essas duas regras devem observar os ditames do dogma a que fazem parte. Um deles é que sua aplicação se dará na sentença, momento no qual a regra de julgamento - de caráter imperativo, impositivo - tem de ser aplicada pelo Magistrado. Trata-se, portanto, de uma obrigação (a de julgar), sob pena de negativa de jurisdição. Quando o Magistrado aplica a regra durante o procedimento, ele efetivamente fará uma avaliação antecipada da prova e, invariavelmente dos fatos, em momento inapropriado, *i.e.*, antes da sentença. Como dito acima, estará o Magistrado repartindo o ônus da prova baseado em razões de verossimilhança do caso concreto, com base em um contexto probatório incompleto, formando um convencimento ou anterior ou paralelo à repartição do referido ônus, tornando impossível saber onde termina o seu convencimento e onde começa a repartição do ônus da prova.

Na verdade é impossível ao Juiz, em sua atividade intelectiva, distribuir a regra de conduta, sem pensar em quais provas estão ou estarão ausentes, em quais fatos a prova está ou estará pendente ou é ou será insuficiente. Com isso, o legislador pátrio estabeleceu uma perigosa regra que coloca o Juiz, em inúmeras situações concretas, em condições potenciais de violar o inafastável e fundamental princípio da imparcialidade.

Em conclusão, diante da interpretação contextual dos artigos 357, inciso III e 373, §§ 1º e 2º, ambos do CPC/15, vislumbramos de forma límpida que o legislador processual civil instituiu uma divisão absolutamente atípica e indevida, desestruturando e descaracterizando o dogma milenar do ônus da prova, ao determinar a definição do ônus *probandi* em fase anterior à sentença, ou seja, na fase de saneamento e organização do processo, possibilitando a dinamização (redistribuição) somente do ônus subjetivo da prova, como regra de conduta.

Vale ressaltar que a decisão consignada no artigo 357, inciso III do CPC/15 obriga ao Juiz definir a distribuição do ônus da prova, estabelecendo, em cada caso concreto, se o ônus da prova será o rígido (373, incisos I e II) ou o dinâmico (373, §§ 1º e 2º). Assim, não poderá o Juiz dinamizar o ônus da prova na sentença, como regra de julgamento, caso já tenha proferido decisão fixando o ônus *probandi*, quer rígido ou dinâmico, pois, foi o próprio Juiz quem o assim definiu anteriormente.

Sob a vigência do CPC/73, era o próprio legislador quem fixava o ônus da prova subjetivo, permitindo ao Juiz dinamizá-lo na sentença. Com o advento do CPC/15, é o próprio julgador quem irá fixar o ônus da prova subjetivo, sendo-lhe, regra geral, 'vedado' dinamizá-lo na sentença.[13]

Dinamização do ônus da prova na fase de prolação de sentença

O questionamento que permeia a mente do leitor, após atenta leitura e reflexão de todo o acima escrito é: ainda existe ônus da prova objetivo, ou seja, ônus *probandi* como regra de julgamento?

Vimos que o legislador processual pátrio, no art. 357, *caput* e inc. III, estabeleceu regra diversa dos Códigos de Processo Civil anteriores, fixando que o juiz deverá, quando do proferimento de decisão de saneamento e de organização do processo, definir a distribuição do ônus da prova, disciplinando de forma expressa se o ônus *probandi* será o rígido, conforme conta nos incisos I e II, ou o dinâmico, consignado nos §§ 1º e 2º, todos do art. 373 do CPC/15.

Vimos ainda que os §§ 1º e 2º do art. 373 do diploma processual civil vigente introduziram a teoria da dinamização do ônus da prova somente quanto a sua face subjetiva. Assim, tais parágrafos permitiram ao Juiz estabelecer qual parte deverá produzir determinada prova (dinamização parcial) ou todas as provas (dinamização total), ou seja, disciplinaram verdadeira regra de conduta para as partes.

Vale lembrar as premissas de que compete ao autor provar os fatos constitutivos de seu direito e ao requerido provar a existência de fatos que extinguem, impedem ou modificam o direito alegado pelo autor. Estas regras nunca serão alteradas. Quando o Juiz fixa o ônus da prova em observância ao CPC vigente, na fase de saneamento e organização do processo, irá fixar, na essência, a quem incumbirá o ônus de provar sob pena de, na hipótese de não cumprimento deste ônus, ser-lhe aplicada as consequências da ausência ou insuficiência de provas, isto é, a regra de julgamento. Como evidenciado anteriormente, o dogma do ônus da prova tem duas faces de um todo: a face subjetiva e a face objetiva.

Assim, se o Juiz dinamiza o ônus da prova, diante dos critérios dos §§ 1º e 2º do art. 373 do CPC/15 e fixa que competirá ao requerido o ônus da prova, estará estabelecendo, em outras palavras, naquele caso concreto, que caso o requerido não prove a existência de fatos extintivos, impeditivos ou modificativos do alegado direito apresentado pelo autor,

13 No capítulo seguinte será apresentada exceção a essa vedação.

o ônus da ausência ou insuficiência desta prova recairá sobre "seus ombros", ou seja, na sentença o Juiz aplicará o ônus da prova como regra de julgamento em face do requerido, logo, julgará procedente o pedido autoral com base na regra de julgamento.

Concluímos, portanto, que a resposta à pergunta acima apresentada é sim, ainda existe ônus *probandi* como regra de julgamento. Mais uma vez, pertinente ressaltar que o dogma do ônus da prova é composto por duas faces de um todo: a face subjetiva e a face objetiva.

Em um outro passo, nova e importante questão se apresenta: caso o juiz dinamize o ônus da prova (subjetivo), de forma total ou parcial, atribuindo ao requerido o ônus *probandi*, poderá dinamizar novamente no momento da prolação da sentença, na hipótese de concluir ter se equivocado em sua decisão anterior?

Entendemos não ser possível uma segunda decisão a respeito da distribuição do ônus da prova, mormente no momento de prolação de sentença, independentemente se esta decisão anterior fixou o ônus *probandi* de forma rígida ou dinamizada, sob pena de configurar revogação expressa da decisão anterior e, via de consequência, retroação ao *status quo ante* em matéria probatória, causando ainda, em virtude da literalidade do art. 373 do CPC/15, violação ao princípio constitucional da ampla defesa e do contraditório, evidenciando flagrante surpresa para a parte que havia sido desonerada desse ônus e que, agora, voltou a ser onerada, todavia, sem oportunidade de produzir prova, violando por sua vez o princípio constitucional da ampla produção de provas.[14]

Situação diversa ocorrerá quando o Juiz, na fase de saneamento e organização do processo, proferir decisão orientando às partes a produzirem todas as provas que lhes forem cabíveis, possíveis e pertinentes, em plena observância ao princípio da cooperação previsto no artigo 6º do CPC/15, segundo o qual todos os sujeitos do processo devem cooperar entre si para que se obtenha, em tempo razoável, decisão de mérito

14 Argumenta-se que, para se configurar um efetivo contraditório e uma efetiva ampla defesa, é necessário que as partes possam se valer de todos os meios de prova lícitos e pertinentes à reconstrução dos fatos por elas afirmados. *In*: TUCCI, José Rogério Cruz. **Garantias constitucionais do processo civil**. São Paulo: Revista dos Tribunais, 1999. p. 168. O direito à prova legitimamente obtida ou produzida é um complemento da garantia de defesa, sendo o fundamento prático do contraditório. Cf. TUCCI, Rogério Lauria; TUCCI, José Rogério Cruz e. **Constituição de 1988 e processo**: regramentos e garantias constitucionais do processo. São Paulo: Saraiva, 1989. p. 68.

justa e efetiva, deixando expressa a possibilidade de ser aplicado o ônus da prova de forma rígido ou dinâmico, no momento sentencial, na hipótese de ausência de certeza quanto à veracidade dos fatos e da consequente ausência de convicção do julgador, provocados justamente pela inércia ou insuficiência probatória de ambas as partes.

Diante dessa decisão, proferida no momento correto - saneamento e organização do processo -, ambas as partes terão todas as oportunidades em âmbito probatório, em plena observância à devida igualdade de condições procedimentais (paridade de armas), podendo, assim, produzir todas as provas em direito admitidas e, como resultado mais provável dessa ampla produção probatória, onde cada parte se esforçará para comprovar suas teses, formar no julgador uma plena e firme convicção sobre a verdade dos fatos, permitindo um julgamento de mérito baseado nas provas, na verdade dos fatos, ao invés de obrigar o Juiz a proferir um julgamento baseado em regra de julgamento - ônus *probandi* objetivo -, para evitar o *sibi non liquet.*

Dinamização do ônus da prova e os custos da produção da prova

A dinamização (redistribuição) do ônus da prova subjetivo, instituído nos artigos 357, inciso III c/c 373, §§ 1º e 2º, ambos do CPC/15, tem sido usada como suporte teórico, por alguns menos atentos, para sustentar a possibilidade do cabimento da "redistribuição" dos custos da produção de provas de forma diversa daquela insculpida no artigo 95, *caput* do referido diploma legal. Todavia, os temas acima mencionados não se confundem e não permitem uma interpretação analógica, muito menos extensiva, entre si.

É possível abstrair de uma breve pesquisa de decisões proferidas por alguns tribunais pátrios, que a confusão sobre este assunto derivou de alguns julgados que aplicavam a regra do artigo 6º, inciso VIII do Código de Defesa do Consumidor (redistribuição/"inversão" do ônus da prova com base na hipossuficiência), para fundamentar uma equivocada alteração do encargo relativo ao adiantamento do pagamento dos custos na produção de prova pericial que, regra geral, é maior que das demais provas, atribuindo àquele que não pugnou pela produção da referida prova, o encargo do pagamento das despesas de sua produção, consistente no adiantamento do pagamento de honorários periciais.

Desta forma, verifica-se que o equívoco desses julgados consistia em redistribuir o ônus da prova subjetivo ("inversão" do ônus da prova na linguagem do Código de Defesa do Consumidor) e, assim, modificar a responsabilidade pelo respectivo encargo financeiro, atribuindo-o a quem não requereu a produção de tal prova, em flagrante ofensa ao disposto no artigo 95 *caput* do CPC.

Assim, esses julgados consideravam o autor hipossuficiente e determinavam a "inversão" do ônus da prova e, como este mesmo autor havia pugnado pela produção da prova pericial, atribuíam, equivocadamente, ao requerido, o encargo pertinente ao pagamento do adiantamento dos custos na produção de prova pericial, restando clara a confusão entre os dois temas sob análise.

Ainda no intuito de espancar qualquer dúvida sobre a possibilidade dessa redistribuição do encargo do adiantamento dos honorários periciais, insta afirmar que o artigo 95 *caput* do CPC estabelece que os honorários periciais serão adiantados: a) pela parte quem requereu a perícia ou, b) serão rateados quando a perícia for requerida por ambas as partes e/ou determinada de ofício pelo Juiz.

Nosso sistema legal não prevê a possibilidade de uma parte pugnar pela prova pericial e os seus custos serem adiantados pela outra parte que não solicitou sua produção. Logo, não existe a possibilidade de "redistribuir" o encargo do adiantamento do pagamento dos honorários periciais de forma contrária ao dispositivo legal acima citado, o que configuraria *decisum contra legem.*

Vale registrar que, havendo ou não a dinamização (redistribuição) do ônus *probandi* à parte considerada hipossuficiente (pobre no sentido legal), caso esta pugne pela produção de prova pericial, apesar de não ter condições de arcar com o custo da antecipação do pagamento dos respectivos honorários, caberá ao Estado conceder-lhe o devido auxílio, fornecendo-lhe, gratuitamente, perito judicial pertencente aos quadros de servidores públicos ou mesmo efetuando o pagamento dos honorários periciais na hipótese de inexistência de quadro próprio de peritos, o que, inclusive já foi regulamentado por resolução do CNJ e replicado por resoluções da maioria dos tribunais pátrios.

Por fim, importar afirmar que, com a realização da prova pericial, tendo sido requerida por qualquer das partes ou mesmo pelo Juiz, perde a aplicabilidade a teoria do ônus da prova objetivo, uma vez que o Juiz, com o resultado desta prova técnica, invariavelmente formará seu convencimento sobre o mérito da demanda, não sendo necessário o uso da regra de julgamento.

Considerações finais

A teoria da dinamização do ônus da prova instrumentaliza e potencializa a efetividade da tutela dos direitos materiais através do exercício do poder jurisdicional, não obstante as críticas e polêmicas acima apontadas. A presente teoria está estruturada sob uma visão publicista do processo em detrimento a uma visão exclusivamente privatista-liberal que sempre conduziu o pensamento sobre o tema da prova em âmbito geral. Evidencia-se, com sua aplicação, um equilíbrio entre essas duas ideologias, desmistificando o princípio dispositivo que, em determinadas hipóteses, engessa toda a engrenagem do dinamismo processual.

Ademais, a visão solidarista de cooperação no âmbito da jurisdição - ter consciência que é um trabalho em comum - e, buscando efetivar seus resultados, impõe, sob a perspectiva do ônus da prova, de forma precípua, que nenhuma das partes possa, legitimamente, se refugiar no interesse individualista da parte onerada. As partes, em observância integral ao princípio da cooperação, expresso no artigo 6º do CPC/15, devem cooperar entre si para que se obtenha, em tempo razoável, decisão de mérito justa e efetiva.

Não se pode esquecer que a razão existencial da teoria sob menção é o valor justiça que, sendo um valor absoluto, é o objetivo síntese da jurisdição no plano social, restando indissociável do escopo jurídico, sob pena de descaracterização do sistema processual e da própria jurisdição. É exatamente esta a ideia central da teoria da dinamização do ônus da prova, *i.e.*, redistribuir o ônus da prova com maior justiça, diante de cada caso concreto, em estrita observância à igualdade proporcional, avaliando e identificando as desigualdades em âmbito de produção de provas para, em seguida, equilibrar, ao máximo, as diferenças que impedem a concretização desse valor absoluto.

Vale ressaltar que é equivocada a crítica de que a teoria da dinamização do *ônus probandi* concede ilimitados poderes aos Juízes, permitindo-lhes distribuir, arbitrariamente, caso a caso, as regras sobre o ônus da prova, sob critérios indeterminados e não universais. Na verdade, após verificar a presença dos requisitos objetivos de aplicabilidade no caso concreto e aplicar a teoria da dinamização do ônus da prova subjetivo, de acordo com o CPC/15, o Magistrado não o faz por livre arbítrio, mas por estrita observância aos ditames constitucionais e sistemáticos.

Logo, trata-se de exímio poder-dever, diante das garantias e direitos fundamentais que envolvem a matéria posta sob análise ao órgão julgador, não lhe sendo possível, diante do caso concreto e preenchidos os requisitos objetivos da aplicabilidade, optar pela sua não aplicação e pela adoção do critério tradicional de distribuição do ônus da prova, gerando assim efetivos prejuízos a uma das partes e, via de consequência, ao sistema constitucional-processual como um todo. Em síntese, as garantias fundamentais constitucionais à inafastabilidade da jurisdição, da igualdade entre as partes, o direito constitucional à ampla produção de provas e ao devido processo legal impõem ao Magistrado sua efetiva aplicação.

Questão fulcral posta neste ensaio foi a demonstração de que o momento de aplicação da teoria da dinamização do ônus da prova é o do ato sentencial. É no ato sentencial que o Estado-juiz irá averiguar e valorar, primeiramente o contexto probatório produzido e, na sequência, realizando exercício intelectivo e técnico-jurídico, verificará e valorará os fatos que restaram provados e os que careceram de demonstração. Todavia, vimos que nosso legislador processual civil pátrio enveredou por caminhos equivocados, estabelecendo a aplicação da teoria da dinamização do ônus da prova em momento diverso ao da sentença, precisamente na fase de saneamento e organização do processo (art. 357, inc. III do CPC/15), violando, desta forma, uma série de preceitos de natureza teórico-sistêmicos adrede expostos.

Como consequência, nosso Código de Processo Civil vigente somente autoriza a aplicação da teoria da dinamização (redistribuição) do ônus da prova em sua face subjetiva, como regra de conduta, vedando sua aplicação no momento da sentença, como regra de julgamento. Todavia, sustentamos haver uma exceção: quando o Juiz, na fase de saneamento e organização do processo, proferir decisão orientando às partes a produzirem todas as provas que lhes forem cabíveis, possíveis e pertinentes, em plena observância ao princípio da cooperação previsto no artigo 6º do CPC/15, deixando expressa a possibilidade de ser aplicado o ônus da prova de forma rígido ou dinâmico, no momento sentencial, na hipótese de ausência de certeza quanto à veracidade dos fatos e da consequente ausência de convicção do julgador, provocados justamente pela inércia ou insuficiência probatória de ambas as partes.

Em síntese, abstraindo o entendimento baseado em hermenêutica sistêmica acima apresentado, a interpretação literal dos artigos 357, inciso III e 373, §§ 1° e 2°, ambos do CPC/15, nos conduz a concluir de forma límpida que o legislador processual civil instituiu uma divisão absolutamente atípica e indevida, desestruturando e descaracterizando o dogma milenar do ônus da prova, seccionando suas faces subjetivas e objetivas, ao determinar a definição do ônus *probandi* em fase anterior à sentença - saneamento e organização do processo -, autorizando a dinamização (redistribuição) somente do ônus subjetivo da prova, como regra de conduta.

Referências

ARENHART, Sérgio Cruz. Ônus da prova e sua modificação no processo civil brasileiro. *In*:

NEVES, Daniel Amorim Assumpção. **Provas**: aspectos atuais do direito probatório. São Paulo:

Método, 2009.

BARBOSA MOREIRA, José Carlos. As presunções e a prova. **Temas de direito processual**: 1.

série. 2ª ed. São Paulo: Saraiva, 1988.

BUZAID, Alfredo. Do ônus da prova. *In*: **Estudos de direito I**. São Paulo: Saraiva, 1972.

CARNELUTTI, Francesco. **Sistema de derecho procesal**. Buenos Aires: Uteha, 1944. v. 1.

COUTO, Camilo José D´Ávila. Ônus da prova no novo código de processo civil - dinamização: teoria e prática. Rev. e Ampliada. 2ª ed., Curitiba, Juruá Editora, 2016.

LIEBMAN, Enrico Tullio. **Fondamento del pincipio dispositivo**. **Rivista di Diritto Processuale**, Padova, CEDAM, v. 15, p. 551-565, anno 1960.

MICHELLI, Gian Antonio. **La carga de la prueba**. Traducão Santiago Sentís Melendo. Bogotá-

Colombia: Temis, 2004.

PATTI, Salvatore. **Prove**: disposizioni generali. Bologna: Zanichelli Editore, 1987.

PEYRANO, Jorge Walter. **Cargas probatorias dinámicas**. Santa Fé: Rubinzal-Culzoni, 2008.

ROSENBERG, Leo. **La carga de la prueba**. 2ª ed. Buenos Aires: B de F, 2002.

TARUFFO, Michele. **La prova dei fatti giuridici**: nozioni generali. Milano: Giuffrè, 1992.

TUCCI, José Rogério Cruz. **Garantias constitucionais do processo civil**. São Paulo: Revista dos Tribunais, 1999.

_____; AZEVEDO, Luiz Carlos. **Lições de história do processo civil romano**. São Paulo: Revista dos Tribunais, 2001.

TUCCI, Rogério Lauria; TUCCI, José Rogério Cruz e. **Constituição de 1988 e processo**: regramentos e garantias constitucionais do processo. São Paulo: Saraiva, 1989.

LIVRE CONVENCIMENTO MOTIVADO

Cândido da Silva Dinamarco[1]
Cândido Rangel Dinamarco[2]

Sobre a expressão livre convencimento motivado

Uma das grandes contribuições do Prof. José Rogério Cruz e Tucci à ciência processual brasileira foi a concepção e desenvolvimento da expressão *livre convencimento motivado*, com a qual esse Mestre propõe um *equilíbrio* entre duas categorias de primeira grandeza na ciência processual, demonstrando que o poder de livre convencimento outorgado ao juiz só se legitima quando acompanhado do dever de motivar suas decisões à luz das provas constantes dos autos. O juiz forma livremente seu convencimento, sim, mas esse poder traria o risco de desandar para o arbítrio se não fosse ele obrigado a expor às partes, aos órgãos superiores da Justiça e mesmo à opinião pública quais foram os passos do raciocínio com que, na análise dessa prova, chegou à conclusão tomada ao decidir. Livre convencimento, sim; mas *convencimento moral ou íntimo*, não. Seria aberrante do sistema atribuir ao juiz o poder de formar livremente seu convencimento sobre os fatos inerentes ao caso em julgamento, sem exigir que o fizesse à luz das provas dos autos; e seria uma ingenuidade afirmar que esse convencimento deve apoiar-se nas provas, sem exigir que o juiz expusesse de modo explícito o modo como viu e o valor que haja atribuído a cada uma delas.

Um termo médio entre dois métodos inaceitáveis para a valoração da prova

Estamos no campo das provas e dos métodos concebidos e praticados ao longo da História do processo civil para sua *valoração*. Entre a total liberdade do juiz para a formação de seu convencimento (sistema do convencimento moral) e a imposição pela lei dos critérios para essa valoração (sistema da prova legal), o sistema do livre convencimento constitui o *termo médio* encontrado pelos juristas com vista a racionalizar as decisões judiciárias. Nem se impõem critérios legais amplos e

---

1 Advogado

2 Professor Sênior de Direito Processual Civil da FDUSP. Advogado.

polivalentes para a valoração das provas nem se deixa ao juiz uma total liberdade para valorar a prova segundo seus próprios gostos e suas tendências pessoais. Essa total liberdade (sistema do convencimento moral) constituiria um fator de insegurança para as partes e por isso afrontaria as balizas da garantia constitucional do *due process* (Const., art. 5º, inc. LIV). A imposição generalizada de critérios legais engessaria o espírito do juiz e o impediria de buscar a solução justa para cada caso em julgamento.

O sistema da prova legal

Sistema da prova legal é a ordem processual em que preponderem regras de valoração da prova estabelecidas pela lei em caráter geral e abstrato e não pelo juiz, em cada caso que julga. Antecipando-se a ele, em sistemas assim o legislador estabelece juízos valorativos ao impor normas que graduam, exaltam, limitam ou excluem a eficácia das variadas fontes ou meios probatórios, mediante verdadeiras tabelas de valores a serem observadas pelos juízes em geral. Daí falar-se em *provas tarifadas*. Elas constituem *vínculos normativos à formação do convencimento pessoal do juiz* (LESSONA), caracterizando-se por reduzir ou mesmo chegar próximo a aniquilar o espaço da valoração a ser feita por ele em casos concretos.[3]

Em tempos remotos essas regras gerais de valoração da prova tiveram muito peso no processo civil, sendo fruto da *superstição dos povos* e, em alguma medida, da *experiência do legislador*.

Foram de fundo supersticioso ou místico as *ordálias* ou *juízos de Deus*, vigorantes especialmente entre os antigos germânicos. Contava-se com a *resposta divina*, realizavam-se *provas de destreza ou de força* (duelos, prova *per pugnam*) e praticava-se o *juramento*, na crença, sincera ou não, de que esses fossem caminhos legítimos e confiáveis para a descoberta da verdade. A prova do fogo, a leitura do voo dos pássaros ou o exame das vísceras de animais eram expedientes que revelariam os desígnios da divindade em favor de uma ou de outra parte do litígio.

> Segundo jocosamente se relata, a mulher acusada de *bruxaria* pelos Tribunais da Inquisição seria lançada a um poço com

3 CÂNDIDO RANGEL DINAMARCO, *Instituições de direito processual civil*, vol. III, nº 984.

> uma pesada pedra atada ao pescoço. Se se salvasse, isso seria prova de suas relações com o Demônio e ela iria para a fogueira. Se fosse ao fundo e morresse por afogamento, é porque seria inocente.

A confiança em sua própria *cultura e experiência*, em associação com a crença na legitimidade das generalizações em tema de valoração da prova, levou o legislador, até em tempos menos remotos, a editar normas valorativas de fundo racional. Valorizava-se sobremaneira *a forma que protege, defende e tutela*, na prática do suposto *realismo de uma tendência racional* (AMARAL SANTOS). As Ordenações do Reino de Portugal incluíam preceitos dessa ordem, onde se via a distinção valorativa entre provas *plenas* e *semiplenas*, assim graduadas segundo as concepções culturais, políticas e sociais da época. Excluíam-se os testemunhos dos *escravos* e subestimavam-se os de *mouros* e de *judeus*, que não podiam depor em causas entre cristãos; privilegiavam-se os dos nobres, ricos, clérigos e varões, em detrimento dos prestados por plebeus, pobres, leigos ou mulheres; fixava-se *a priori* o número de testemunhas suficientes para a demonstração de certos fatos, desconsiderando-se o depoimento isolado de uma só testemunha (*testis unus testis nullus*). A doutrina chegou a reunir noventa e seis regras sobre o valor da prova testemunhal (DURANTE).

O processo civil moderno repudia o sistema da prova legal, concebido como conjunto de normas que pouco ou nada deixam ao critério pessoal do juiz, na convicção de que só mesmo as impressões captadas por ele em cada caso são capazes de reconstituir com fidelidade a realidade dos fatos. Descontados os critérios supersticiosos, assim como as distinções fundadas em superadas discriminações sociais e econômicas, mesmo a prova legal de fundo racional é encarada com muita reserva porque a experiência evidencia sua artificialidade. Subsistem no entanto, sem negação do sistema de valoração pelo juiz, algumas legítimas regras legais que em situações específicas suprimem ou limitam o livre convencimento do juiz. Embora se repudie o sistema da prova legal como regra geral do sistema, sobrevivem algumas determinações legais sobre a valoração da prova, como a norma constitucional de repúdio às provas obtidas por meios ilícitos (tortura, violação à garantia do sigilo bancário ou da correspondência) *etc.*

> A descrença nas testemunhas sobreviveu em parte no processo civil brasileiro, mediante o repúdio à eficácia da prova exclusivamente testemunhal em relação à existência e teor de

contratos acima de determinado valor (CPC-73, art. 401). Tal disposição não foi porém reeditada pelo Código de Processo Civil de 2015, o qual não impõe limitações como essa à eficácia da prova testemunhal. Mas após dizer que "a prova testemunhal é sempre admissível, não dispondo a lei de modo diverso" (art. 442) ele determina que "o juiz indeferirá a inquirição de testemunhas sobre fatos que só por documento ou por exame pericial puderem ser provados" (art. 443, inc. II).

São regras de prova legal no sistema do Código de Processo Civil brasileiro (a) a que dispensa de prova os fatos confessados (CPC, art. 374, inc. II), (b) aquela segundo a qual "a confissão extrajudicial, quando feita oralmente, só terá eficácia nos casos em que a lei não exija prova literal" (art. 394), (c) a que dita a indivisibilidade da confissão (art. 395) *etc.* O art. 425, inc. III, do Código de Processo Civil exige a autenticação ou conferência das reproduções de documentos públicos mas não há qualquer disposição legal ou razão sistemática que impeça o juiz de dar fé a documento sem firma reconhecida ou a cópia não autenticada de documento, sem que a autenticidade haja sido impugnada pelo adversário daquele que o produziu. É absurdo exigir prova de fato incontroverso (art. 374, inc. III) e o art. 425, inc. III, deve ser interpretado como portador da exigência somente em relação aos documentos *impugnados*.

Mas os casos de prova legal no sistema do Código de Processo Civil são todos de direito estrito, não sendo lícito ampliar ou interpretar ampliativamente as disposições da lei nesse sentido. O que prevalece como regra geral é sempre o sistema do livre convencimento.

O sistema da convicção íntima

O sistema da convicção íntima, ou convicção moral, não tem espaço para se desenvolver no direito moderno, porque seria um fator de insegurança para as partes, com debilitação da ordem jurídica como um todo e menosprezo da garantia constitucional do *devido processo legal*. Ao dispor que "*o juiz apreciará a prova constante dos autos*", o art. 371 do Código de Processo Civil manifesta a intenção de outorgar ao juiz o poder de valorar as provas dos autos, mas também exige a *motivação*, que constitui para ele um *freio* limitador da sua liberdade e portanto um fator de observância da *impessoalidade*, que é um dos predicados mais importantes do exercício da jurisdição.

Sem as exigências de racionalidade e atenção exclusiva aos elementos de convicção constantes dos autos, e sem ser necessária a motivação onde o juiz demonstre ter observado essas exigências, a regra do livre convencimento seria porta aberta ao arbítrio. Nesse contexto de limitações à liberdade de convencimento do juiz (racionalidade, vinculação aos autos e dever de motivação) reside o fator que a compatibiliza com os fundamentos da garantia constitucional do *due process of law*.

O dever de motivar

No Estado de direito, em que o poder se autolimita e seu exercício só se considera legítimo quando fiel a regras procedimentais adequadas (LUHMANN[4]; FAZZALARI),[5] é natural que à liberdade de formar livremente seu convencimento no processo corresponda, para o juiz, o dever de motivar suas decisões.

Como se sabe, a liberdade de apreciação da prova, a que chamamos *livre* convencimento motivado, e os elementos para formá-lo devem sempre vir dos autos, em conformidade com o direito positivo.[6] Tal regra é inerente ao contexto de legalidade contida na cláusula *due proces of law* e está expressa na fórmula de equilíbrio fornecida pelo art. 489 do Código de Processo Civil.

Daí por que a falta de fundamentação gera a nulidade do ato decisório, por expressa determinação legal (CPC, arts. 11 e 489 inc. II e §1º) e constitucional (CF, art. 93, inc. IX). Na lição de JOSÉ ROGÉRIO CRUZ E TUCCI:

"Decisão desprovida de fundamentação ou mesmo sem fundamento sério e aceitável como tal, ainda que mínimo, constitui provimento nulo, que nada impõe a ninguém e deve ser reformada, 'inclusive via mandado de segurança, com punição do culpado por essa violência desnecessária a uma garantia constitucional básica'".[7]

---

4 NIKLAS LUHMANN, *Legitimação pelo procedimento* (tradução de Maria da Conceição Côrte-Real), Brasília, Ed. Universidade de Brasília, 1980.

5 ELIO FAZZALARI, *Istituzioni di diritto processuale,* 3ª ed., Padova, Cedam, 1983.

6 JOSÉ ROGÉRIO CRUZ E TUCCI, *A motivação da sentença no processo civil,* S. Paulo, Saraiva, 1987, cap. V, nº 2.1, pp. 102 ss.

7 JOSÉ ROGÉRIO CRUZ E TUCCI, *Ação monitória*, São Paulo, RT, 1995, p. 63.

Com toda razão os tribunais brasileiros não são radicalmente exigentes no tocante ao grau de pormenorizações a que deve chegar a motivação da sentença. Como disse LIEBMAN, *"as formas são necessárias, mas o formalismo é uma deformação"*.[8] Com essa premissa anti-formalista, entende-se que se toleram na sentença eventuais omissões de fundamentação no tocante a pontos colaterais ao litígio, pontos não-essenciais ou de importância menor, irrelevantes ou de escassa relevância para o julgamento da causa.

O que não se tolera são as omissões *no essencial*, que violam os princípios, fórmulas e regras de direito positivo atinentes à motivação da sentença, chocando-se de frente com a garantia político-democrática do devido processo legal. A sentença não-motivada transpõe os limites da deformalização racional e incide no repúdio assim expresso pelo Mestre LIEBMAN, sempre presente nos grandes temas de direito processual:

> "uma *indulgência exagerada* para com a violação das formas deixaria sem eficácia as disposições da lei e ameaçaria a segurança da ordem processual e, conseqüentemente, a regularidade e eficiência no desempenho da função jurisdicional".[9]

É portanto natural que sempre se aprecie o cumprimento do dever de motivar, em cada caso concreto, em face das questões debatidas na instrução da causa e do grau de relevância de cada uma delas.

> Ainda LIEBMAN: "non sarà necessario che la motivazione si soffermi su tutti i punti discussi dalle parti, ma dovrà dare sufficiente e convincente ragione della conclusione a cui il giudice è pervenuto nella decisione della causa".[10]

Eis a fórmula definitiva. Dispensam-se minúcias e até se repudiam digressões sobre pontos colaterais e irrelevantes, mas exige-se que o essencial seja objeto da motivação. Na prática, reputa-se não-motivada a decisão judiciária que se omita sobre pontos de fato ou de direito cujo exame poderia conduzir a julgamento diferente daquele pelo qual houver optado o juiz.

---

8 ENRICO TULLIO LIEBMAN, *Manual de direito processual civil*, nº 117, esp. p. 328 trad.

9 ENRICO TULLIO LIEBMAN, *Manual de direito processual civil*, nº 117, p. 327 trad.

10 ENRICO TULLIO LIEBMAN, *Manuale di diritto processuale civile*, II, nº 270, p. 221.

Discorrendo sobre o *principio della completezza della motivazione*, ensina o conceituadíssimo MICHELE TARUFFO que a motivação dos atos judiciários abrange (a) a interpretação das normas aplicadas, (b) o reconhecimento dos fatos, (c) a qualificação jurídica da *fattispecie* e (d) a declaração das conseqüências jurídicas derivantes da decisão.[11] E chega à remissão, que faz, à necessidade de invariavelmente reportar o exame da *inteireza da motivação* [*completezza*] ao exame das peculiaridades de cada caso. Diz:

> "o parâmetro com base no qual deve ser avaliada a inteireza da motivação é constituído pelas exigências de justificação surgidas em relação à decisão,[12] sendo pois um parâmetro cujo significado varia sensivelmente em cada caso concreto, o que conseqüentemente torna pouco pertinentes eventuais critérios formulados de modo genérico e abstrato".[13]

Em suma, é indispensável que seja feita a demonstração dos motivos através dos quais o juiz chega ao *acertamento dos fatos*, ou seja, ao reconhecimento de sua real ocorrência. Sem isso e sem a ligação das conclusões com os elementos de convicção constantes dos autos, a sentença não estará completa. Ou seja, ela não se reputa suficientemente motivada e por esse motivo infringe aquelas exigências do direito positivo relativas à motivação (Const., art. 93, inc. IX – CPC, arts. 371 e 489, inc. II). Se de um lado nem todo vício de motivação compromete o ato de julgar, por outro *não só a ausência formal e total da motivação equivale à inexistência da sentença*. Isso quer dizer: embora formalmente dotada daquela parte estrutural que recebe o nome de *motivação*, a sentença não prevalece quando nessa motivação não se encontrem presentes aqueles elementos mínimos. Como é indiscutível, no exame dos elementos mínimos da motivação da sentença há de prevalecer aquela preocupação por uma motivação completa, isto é, capaz de levar ao leitor a íntegra do raciocínio que prevaleceu na mente do julgador, sob pena de se considerar violada a exigência constitucional do devido processo legal (Const., art. 5º, inc. LIV).

---

11 MICHELE TARUFFO, *La motivazione della sentenza civile*, cap. VI, nº 5, letra *e*, esp. p. 450.

12 Aquelas exigências transcritas logo acima.

13 *Op. loc.cit.*

Do livre convencimento ao dever de motivar. Tornando ao livre convencimento motivado e ao pensamento de José Rogério Cruz e Tucci

Ao discorrer sobre o poder de livre convencimento outorgado ao juiz, enfatiza Pontes de Miranda que "o inconveniente do princípio da livre apreciação, sem limites claro, é o de aumentar enormemente a responsabilidade do juiz, ao mesmo tempo que abre a porta às impressões pessoais, às suas convicções de classe ou políticas, às suas tendências de clã ou de clube".[14]

Abrir-se-iam as portas à parcialidade os riscos da desatenção, não fora, sobretudo, *a superior exigência constitucional de motivar todas as decisões judiciais* (Const., art. 93, inc. IX). Daí a exigência procedimental da tríplice estrutura da sentença, a qual deve necessariamente incluir, em precedência ao seu núcleo dispositivo, o relatório e a motivação (CPC, art. 489, incs. I-II).

Entenda-se sempre portanto, à luz de todos esses conceitos e judiciosos ensinamentos e nos limites do necessário, que o dever de motivar é o contrapeso da liberdade que o juiz tem para formar livremente seu convencimento – e daí falar José Rogério Cruz e Tucci em *livre convencimento motivado*.[15]

Essa expressão é dotada de um relevante significado político, na medida em que revela a preocupação em trazer o poder de livre convencimento, outorgado pela lei ao juiz, às bitolas da garantia constitucional do devido processo legal. O dever de motivar concorre eficazmente para a manutenção da *impessoalidade* ao julgar, evitando possíveis práticas do *convencimento moral* com desenfreados desapegos às realidades do processo e da instrução da causa. A montagem desse sistema bipolar, composto do poder de livre convencimento e do dever de motivar, é um mérito credenciado ao Prof. Tucci, que dessa maneira vem contribuindo, acima de tudo, para a efetividade de um sistema processual fiel aos superiores mandamentos do direito processual constitucional.

14 Pontes de Miranda , *Comentários ao Código de Processo Civil* (de 1.939), Rio, Forense, 1.958, II, nota 1 ao art. 118, esp. p. 231.

15 José Rogério Cruz e Tucci , *A motivação da sentença no processo civil*, S.Paulo, Saraiva, 1987, cap. V, nº 2.1, p. 102.

REFLEXÕES SOBRE O OBJETO LITIGIOSO DO PROCESSO CIVIL: A DICOTOMIA DO PEDIDO IMEDIATO E MEDIATO

César Augusto Luiz Leonardo[1]

1. Nota introdutória em homenagem ao professor José Rogério Cruz e Tucci

Diante do honroso convite de participar de uma obra coletiva composta apenas por orientandos do professor José Rogério Cruz e Tucci, diversas possibilidades de temáticas se abrem. As áreas de abrangência da sua produção acadêmica e da sua relevância podem levar a caminhos bastante diversificados, como explorar aspectos históricos a respeito de algum instituto processual, apresentar um novo enfoque sobre algum tema clássico ou apresentar soluções para problemas práticos e dogmáticos que demandam uma análise mais complexa.

Um relevante desafio proposto e capitaneado por ilustríssimos professores que também tiveram a orientação do professor Cruz e Tucci ao longo de suas formações acadêmicas e que hoje são grandes mestres e referências para quaisquer estudiosos do direito processual e, em especial, ocupam lugar de destaque na biblioteca, na bibliografia e na pesquisa deste autor.

A profícua obra desenvolvida com esmero pelo professor José Rogério é referência em diversos assuntos do direito processual civil, tais como a influência dos direitos romano[2], canônico[3] e lusitano[4] no direito brasileiro contemporâneo; o estudo dos precedentes[5] (bem antes

---

1 Mestre e doutor em direito processual civil pela Universidade de São Paulo (USP). Professor no Centro Universitário Eurípides de Marília (Univem). Defensor Público do Estado de São Paulo.

2 CRUZ E TUCCI, José Rogério. *Lições de história do processo civil romano*. São Paulo: RT, 2001.

3 CRUZ E TUCCI, José Rogério; AZEVEDO, Luiz Carlos de. *Lições de processo civil canônico:* história e direito vigente. São Paulo: RT, 2001.

4 CRUZ E TUCCI, José Rogério; AZEVEDO, Luiz Carlos de. *Lições de história do processo civil lusitano:* história e direito vigente. São Paulo: RT, 2009.

5 CRUZ E TUCCI, José Rogério. *Precedente judicial como fonte do direito*. São Paulo: RT, 2004. Recentemente, a obra ganhou uma (aguardada) segunda edição, revista e atualizada: CRUZ E TUCCI, José Rogério. *Precedente judicial como fonte do direito*. 2ª ed., rev. e atual. Rio de Janeiro: GZ, 2021.

de ser um assunto em alta entre os processualistas brasileiro); da relação entre o tempo e o processo[6]; dentre muitos outros aspectos, o estudo a respeito do (espinhoso) tema dos limites subjetivos da eficácia da sentença e da coisa julgada[7], do processo litigioso, com a elaboração de diversas questões e propostas a respeito da causa de pedir[8].

Todos os aspectos mencionados forjaram os estudos e direcionaram a atenção para a pesquisa deste autor, que teve a honra de ter sido orientado pelo mestre ora homenageado, além de ter a oportunidade de aprender com inúmeras disciplinas cursadas durante o tempo que foi discente no programa de pós-graduação stricto sensu da Faculdade de Direito do Largo São Francisco.

A importância de se olhar para o retrovisor enquanto se debruça no estudo de um tema atual, com todas as referências históricas e clássicas, sempre foi uma preocupação presente em todas as pesquisas desenvolvidas. Trouxe a indicação da relevância do direito canônico, por exemplo, para o desenvolvimento de assistência judiciária e do estímulo aos métodos autocompositivos, como decorrência dos princípios cristãos norteadores da criação do direito canônico[9], revelando fontes históricas de aspectos relevantíssimos de nosso atual sistema processual e, inclusive, as premissas para a atuação da Defensoria Pública.

A preocupação com o tempo do processo esteve presente especialmente na elaboração da dissertação de mestrado[10] e da tese de doutorado[11] – esta, aliás, em um primeiro pré-projeto até mesmo havia propendido para o estudo de outro tema dentre os destacados: os precedentes como fonte do direito. Apesar de despertar o interesse, a tentativa de cogitar um tema inédito (requisito para uma tese de douto-

6 CRUZ E TUCCI, José Rogério. *Tempo e processo*: uma análise empírica das repercussões do tempo na fenomenologia processual civil e penal. São Paulo: RT, 1998.

7 CRUZ E TUCCI, José Rogério. *Limites subjetivos da sentença e da coisa julgada civil.* São Paulo: RT, 2006.

8 CRUZ E TUCCI, José Rogério. *A causa petendi no processo civil.* 3ª ed. São Paulo: RT, 2009.

9 CRUZ E TUCCI, José Rogério; AZEVEDO, Luiz Carlos de. *Lições de processo...*, p. 162.

10 LEONARDO, César Augusto Luiz. *Contraditório, lealdade processual e dever de cooperação intersubjetiva.* Dissertação (mestrado) – DPC. FDUSP, São Paulo, 2013.

11 LEONARDO, César Augusto Luiz. *A contumácia do autor.* Tese (doutorado) – DPC. FDUSP, São Paulo, 2018.

ramento), acabou levando o autor a desenvolver tema diverso, também por influência de Rogério Tucci – mas neste tema especificamente, pelo legado do genitor do professor homenageado, Rogério Lauria Tucci[12].

Diante de tantas provocações e caminhos propostos, este autor optou por revisitar um tema que, apesar de clássico, parece por vezes pouco explorado, a respeito do objeto litigioso do processo[13]: a dicotomia entre o pedido imediato e mediato no processo civil brasileiro.

Aliás, foi durante as aulas de disciplina ministrada pelo professor José Rogério, acompanhado de outros mestres, que algumas dessas reflexões surgiram e resultaram em um estudo que até agora é revisitado e atualizado, como uma singela forma de homenagear e demonstrar a gratidão ao mestre que tanto influenciou na construção da doutrina processual civil brasileira, buscando aqui neste material apresentar uma pequena contribuição para aqueles que desejam melhor compreender o fenômeno processual.

2. Do pedido no processo civil: noções introdutórias

O pedido é elemento essencial para qualquer processo, tanto que a demanda é alçada por muitos como pressuposto processual de existência da relação jurídica de direito processual.

Quem vai a juízo e busca socorrer-se do Poder Judiciário, o faz com vistas à apreciação de um determinado pedido. Desde que se reconhece a autonomia do direito processual, não há como negar-se da relevância que exerce o pedido, seja para a identificação das demandas, seja para a delimitação do objeto do processo e, consequentemente, estabelecer os limites para o exercício da jurisdição no caso *sub judice.*

O pedido, indubitavelmente, ocupa o "lugar chave" no litígio: as partes litigam sobre o fundamento do pedido; se são vários os pedidos, há pluralidade de objetos litigiosos; a mudança do pedido implica em

12 TUCCI, Rogerio Lauria. *Da contumácia no processo civil brasileiro.* São Paulo: Saraiva, 1964.

13 Sobre aspectos do objeto litigioso do processo, diversas questões foram enfrentadas na obra coordenada pelo mestre homenageado: CRUZ E TUCCI, José Rogério; BEDAQUE, José Roberto dos Santos. *Causa de pedir e pedido no processo civil:* questões polêmicas. São Paulo: RT, 2002.

mudança da própria demanda; a análise dos órgãos jurisdicionais deve recair sobre o pedido[14].

3. Pedido na definição do objeto litigioso do processo

A profundidade das discussões envolvendo o objeto litigioso do processo civil extrapolariam em muito o objeto deste trabalho, razão pela qual o tema será abordado nos estritos limites impostos para a investigação do tema proposto.

Inicialmente, não se pode deixar de mencionar que há aqueles que afirmaram que a lide[15] é objeto principal do processo, tal com o CARNELUTTI[16], seguido no Brasil por BUZAID[17]. Entretanto, LIEBMAN criticou severamente tal posição, sustentando que o conflito entre as partes é a razão de ser, a causa remota, e não o objeto do processo, que nada mais é do que o pedido do autor[18]. Atualmente, ninguém duvida que o pedido é uma visão mais restrita conflito, construída unilateralmente pelo autor, ao passo que a lide, isto é, o conflito subjacente, é conceito sociológico muito mais amplo do que o pedido[19]. Ora, como é sabido, ao juiz não compete decidir a totalidade o conflito de interesses surgido entre duas pessoas, "mas apenas nos limites em que elas o levarem ao processo"[20]. Em conhecido ensaio sobre o conceito de mérito, DINAMARCO analisou a posição dos principais processualistas italianos e alemães que se volta-

14 SCHWAB, Karl Heinz. *El objeto litigioso en el processo civil.* Buenos Aires: Ediciones Juridicas Europa-America, 1968, p. 243.

15 No conceito clássico, como o conflito de interesses qualificado por uma pretensão resistida (CARNELUTTI, Francesco. *Sistema del diritto processuale civile. v.* I, Padova: Cedam, 1936, p. 341-345), conceito que foi adotado em nosso Código de Processo Civil, como consta no item 6, "Da terminologia do projeto", da exposição de motivos do Código de Processo Civil de 1973 (BUZAID, Alfredo. *Exposição de Motivos do Código de Processo Civil,* Brasília, 1972).

16 CARNELUTTI, Francesco. *Sistema del diritto processuale civile. v.* I, Padova: Cedam, 1936, p. 40.

17 BUZAID, Alfredo. Da lide: estudo sobre o objeto litigioso. In: BUZAID, Alfredo. *Estudos e pareceres de direito processual civil.* São Paulo: RT, 2002, pp. 72-132.

18 LIEBMAN, Enrico Tullio. *Manuale di Diritto Processuale Civile,* v. I, 4ª ed., Milano: Giuffrè Editore, 1980.

19 GABBAY, Daniela Monteiro. *Pedido e causa de pedir.* São Paulo: Saraiva, 2010, p. 34.

20 BARBI, Celso Agrícola. *Comentários ao Código de Processo Civil.* 13ª ed. Rio de Janeiro: Forense, 2008, p. 403.

ram ao tema, concluindo que o objeto do processo se consubstancia no pedido do autor[21]. Após criticar a adoção da ação como polo metodológico do processo civil, FÁBIO PEIXINHO GOMES CORRÊA alinha-se àqueles que sustentam que o polo metodológico do processo civil deve ser deslocado para o objeto litigioso do processo, consubstanciada na "pretensão processual à tutela jurisdicional, deduzida em juízo pelo autor da demanda"[22]. JAIME GUASP é enfático ao negar que a relação jurídica material em litígio e o bem concreto da vida que afeta o processo sejam objeto do processo, pois este seria consubstanciado na reclamação que uma parte dirige frente à outra e perante o juiz, qual seja: a pretensão processual[23]. Esclarece, ainda, que a pretensão processual é uma declaração de vontade pela qual se solicita de um órgão jurisdicional diante de uma pessoa determinada e distinta do autor da declaração[24].

A celeuma a respeito do tema não permite conclusões, pois "não se está sequer perto de um consenso doutrinário quanto à definição do objeto do processo"[25], mas esta abordagem inicial já permite a percepção de que o pedido está intimamente imbricado ao conceito de objeto litigioso do processo ou, até mesmo, com ele se confunde.

4. Delimitações conceituais: pedido, ação, demanda e pretensão

O adequado enfrentamento do tema proposto também impõe uma precisão conceitual do que se entende por ação, demanda, lide e pretensão, distinguindo tais institutos do pedido. Todavia, deve-se ressaltar, desde logo, que é muito usual a confusão dos vocábulos na prática, certamente por influência da imprecisão terminológica que parte do legislador. É comum, também, que, por tradição ou mesmo por metonímia, os operadores do direito acabem utilizando de uma expressão para referir-se a outro fenômeno análogo ou contingente.

21 DINAMARCO, Cândido Rangel. O conceito de mérito no processo civil. DINAMARCO, Cândido Rangel. *Fundamentos do processo civil moderno.* 6ª ed. São Paulo: Malheiros, 2010, pp. 299-348.

22 CORRÊA, Fábio Peixinho Gomes. *O objeto litigioso no processo civil.* São Paulo: Quartier Latin, 2009, pp. 100-101.

23 GUASP, Jaime. *Derecho procesal civil.* 4ª ed. Madrid: Civitas, 1998, p. 201.

24 GUASP, Jaime. *Derecho...*, p. 206.

25 RODRIGUES, Marco Antonio dos Santos. *A modificação do pedido e da causa de pedir no processo civil.* Rio de Janeiro: GZ, 2014, p. 33.

JAIME GUASP, de forma catedrática, estabeleceu a seguinte fórmula: o direito de ação é o poder concedido pelo Estado de se socorrer dos órgãos judiciários, pelo qual o particular pode formular reclamar qualquer bem da vida diante de outro sujeito (pretensão processual), iniciando, por intermédio de um ato específico (demanda), o processo correspondente, que terá como objeto aquela pretensão[26].

No mesmo sentido leciona BARBOSA MOREIRA, ao estabelecer que demanda é o ato pelo qual alguém pede ao Estado a prestação de atividade jurisdicional; e assevera que é por intermédio da demanda que começa a exercer-se o direito de ação e forma-se o processo[27].

Assim, pode-se dizer que o conceito de pretensão está entre o de ação e do da demanda[28], pois a pretensão parte do poder concedido pelo Estado de socorrer-se do Poder Judiciário, que está contida na demanda. Daí, advém a afirmação de que a pretensão não é um direito, mas um ato[29]. Pontes de Miranda acrescenta que ação não é algo se *pede*: se *tem* ação[30].

Com fundamento nos conceitos de JAIME GUASP acima referidos, MILTON PAULO DE CARVALHO conclui que pedido é a pretensão processual[31].

---

26 GUASP, Jaime. *Derecho procesal civil.* 4ª ed. Madrid: Civitas, 1998, pp. 205-206.

27 BARBOSA MOREIRA, José Carlos. *O novo processo civil brasileiro: exposição sistemática do procedimento.* 29ª ed. Rio de Janeiro: Forense, 2012, p. 11.

28 AROCA, Juan Montero. *Introduccion al derecho processal*: juridicción, acción y processo. 2ª ed. Madrid: Tecnos, 1979, p. 72.

29 AROCA, Juan Montero. *Introduccion...*, pp. 72 e 454.

30 PONTES DE MIRANDA, Francisco Cavalvante. *Tratado das ações.* v. I 289, p. 48.

31 CARVALHO, Milton Paulo de. *Do pedido no processo civil.* Porto Alegre: Sérgio Antonio Fabris Editor, 1992, p. 76. O autor ainda distingue o conceito de pretensão processual, daquele oriundo do direito material (Idem, p. 77). No mesmo sentido Dinamarco, com fundamento na doutrina de Rosenberg, analisa a distinção que os alemães fazem entre a pretensão do BGB e da ZPO: DINAMARCO, Cândido Rangel. O conceito..., pp. 268-269. No Brasil, também se admite a distinção entre o conceito de pretensão aludido no art. 180, do Código Civil, com o instituto processual que ora se analisa (GABBAY, Daniela Monteiro. *Pedido e causa de pedir.* São Paulo: Saraiva, 2010, p. 46.

A despeito do entendimento que vê homonímia entre demanda e pedido[32], parece prevalecer o entendimento de que demanda é continente, pois tem o pedido como seu conteúdo[33].

Ainda a título de definição conceitual, é oportuna a menção à análise feita por DINAMARCO acerca da pretensão, a partir da perspectiva temporal:

> [...] antes do processo, há uma pretensão insatisfeita e o processo se instaura e realiza precisamente em virtude dessa insatisfação e com o fito de elimina-la. Durante o processo tem-se uma pretensão deduzida, que constitui o objeto das atenções do juiz e das atividades de todos os sujeitos processuais. Depois do processo, havendo sido julgado o mérito, há uma pretensão dirimida - dirimida mediante a satisfação (pretensão acolhida) ou mediante a definitiva não satisfação (pretensão rejeitada), mas em qualquer hipótese com a eliminação da crise jurídica que o exercício da jurisdição visa a resolver[34].

Feitas tais observações preliminares, passar-se-á para a análise da classificação dos pedidos em imediato e mediato.

5. Dicotomia do pedido imediato e mediato

Como é de sabença geral, é clássica a divisão do pedido em mediato e imediato. CHIOVENDA refere que o objeto imediato deve ser compreendido como a atuação judicial que garanta o acesso ao bem da vida, ao passo que o mediato é o próprio bem da vida[35]. É dizer, aquele que deduz uma pretensão em juízo, tem por finalidade última a obtenção de um

---

32 LIMA, Alcides de Medonça. *Dicionário do Código de Processo Civil*, v. II. São Paulo: RT, 1986, pp. 429-430.

33 SCHWAB, Karl Heinz. *El objeto litigioso en el processo civil*. Buenos Aires: Ediciones Juridicas Europa-America, 1968, p. 263.

34 DINAMARCO, Cândido Rangel. *Capítulos de sentença*. 4ª ed. São Paulo: Malheiros, 2009, p. 53.

35 CHIOVENDA, Giuseppe. *Instituzioni di diritto processuale civile*. V. 1. Napoli: Eugenio Jovene, 1960, p. 308.

determinado bem da vida (objeto mediato), e necessita da atuação do Estado-Juiz para que lhe permita este escopo almejado.

Calamandrei, por seu turno, adota classificação bem semelhante à proposta por Chiovenda, ao subdividir o pedido em: objeto imediato ou instrumental e mediato ou final. Para referido autor, o objeto mediato (ou final) seria a satisfação do direito.

Ainda no campo da divergência meramente semântica, Milton Paulo de Carvalho também sugere terminologia um pouco diversa, ao tratar do pedido imediato como pedido força ou elemento condicionante, ao passo que o pedido mediato seria o elemento efeito ou condicionado[36].

Já Proto Pisani, conquanto não discorde da classificação seguida pelos demais mestres italianos acima referidos, sustenta que a nomenclatura mais exata e precisa seria a divisão entre o objeto substancial e o objeto processual da demanda[37].

Dinamarco, por seu turno, sustenta que a pretensão é bifronte, na medida em que parte da pretensão é destinada ao Estado-Juiz, ao passo que outro aspecto dirige-se diretamente à contraparte[38]. Sustenta que a pretensão de obter o bem da vida ou de obter uma determinada situação jurídica é, em primeiro lugar, uma pretensão ao provimento jurisdicional (executivo, cautelar ou cognitivo – e, neste caso, pode-se subdividir em meramente declaratório, condenatório ou constitutivo) e, apenas em um segundo momento, é que a pretensão se manifesta com o escopo de obter um bem da vida ou uma nova situação jurídica material, de modo que se apresenta como uma pretensão processual e outra material[39].

Mandrioli esclarece que o *petitum* é aquilo que se pede com a demanda, que se destina a dois sujeitos: ao juiz (o provimento, que pode se a condenação, a declaração etc.) e à contraparte, que é aquilo que se pede ao réu, que pode ser um objeto, uma prestação ou mesmo o pedido

36 CARVALHO, Milton Paulo de. *Do pedido no processo civil.* Porto Alegre: Sérgio Antonio Fabris Editor, 1992, pp. 98-99.

37 PROTO PISANI, Andrea. *Lezioni di diritto processuale civile*, 4ª ed. Napoli: Jovene, 2002, p. 55.

38 DINAMARCO, Cândido Rangel. *A reforma da reforma.* 4ª ed. São Paulo: Malheiros, 2003, pp. 152-153.

39 DINAMARCO, Cândido Rangel. O conceito..., p. 236.

para que não se conteste uma determinada relação jurídica ou que ela seja modificada[40].

Para além da discussão terminológica, conquanto seja corrente e tradicional a divisão ora analisada, não se pode deixar de anotar as críticas quanto à dicotomização do pedido, uma vez que teria sido proposta com vistas tão-somente à pretensão condenatória, pois partiria da premissa da nítida divisão entre provimento e execução, cuja origem remonta ao gérmen do processo romano.

Por este motivo, BUZAID sustentava que nas ações meramente declaratórias o pedido mediato se confundiria com o imediato[41]: nesta espécie, que se busca é a declaração, que consubstanciaria o próprio bem da vida e, concomitantemente, a tutela jurisdicional almejada. O mesmo raciocínio seria aplicável às tutelas (e, portanto, aos pedidos) constitutivas[42], na medida em que o ato jurisdicional almejado constituiria (ou desconstituiria) um vínculo jurídico, sendo autossuficiente.

Todavia, tal orientação não parece ser adequada, pois parte do pressuposto de que a declaração se confunde com o bem jurídico material. Ora, é certo que o provimento declaratório tem o condão de debelar a crise de incerteza que deu causa ao processo, mas não se confunde com o bem jurídico que visa assegurar. Por exemplo, em uma ação declaratória de paternidade, será despicienda qualquer execução para a obtenção da finalidade visada com a ação, pois a declaração basta para a proteção do bem jurídico visado, qual seja: a relação de paternidade. A declaração satisfaz o bem jurídico, mas com ele não se confunde. O provimento jurisdicional declaratório é fenômeno eminentemente processual, que sempre terá correlação com um bem jurídico substancial, em observância ao caráter instrumental do processo civil. A pretensão processual é de um provimento meramente declaratório; todavia, o que se busca substancialmente é o reconhecimento do estado de filiação, com todos os desdobramentos dele decorrentes.

É o que se depreende das lições de BEDAQUE, quando o autor afirma que: "a tutela meramente declaratória, além do *accertamento* quanto à

40 MANDRIOLI, Crisanto. *Corso di diritto processuale civile.* V. 1. 11ª ed. Torino: Giappichelli, 1996, p. 147.

41 BUZAID, Alfredo. *Da ação declaratória no direito brasileiro.* São Paulo: Saraiva, 1943, pp. 351-352.

42 GIANNOZZI, Giancarlo. *Appunti per un corso di diritto processuale civile.* Milano: Giuffre, 1980, pp. 27-28 e 57.

existência, ou não, de um direito, confere ao autor o bem da vida pleiteado, ao remover a incerteza jurídica"[43]. Ora, analisando tal assertiva, é possível notar a coexistência da declaração (*accertamento*) e do bem da vida (certeza conferida pelo provimento).

Entretanto, atualmente a dicotomia entre cognição e execução foi relativizada, sendo questionável se a divisão ainda se mostra útil e contemporânea.

6. Segue: utilidade e aplicações da divisão do pedido imediato e mediato

Como se sabe, o pedido, em sua dupla feição, desempenha importante papel no processo civil, seja para a identificação das demandas, seja para estabelecer os limites da jurisdição ao caso concreto, dentre outras finalidades. Importa, assim, analisar como as duas facetas do *petitum* influenciam cada uma dessas funções.

Dispunha o art. 286, do revogado CPC/1973, que o pedido deveria ser certo *ou* determinado. Todavia, era voz corrente na doutrina de que a conjunção "ou" empregada no referido dispositivo, deveria ser compreendida como forma aditiva, pois a regra determina que o pedido seja certo *e* determinado, pois são características que não se excluem, mas se somam[44].

Atualmente, a redação dos dispositivos correspondentes foi moldada em outros termos. Dispõe o artigo 322 que o "pedido deve ser certo", enquanto o art. 324 preconiza que o "pedido deve ser determinado" - trazendo no seu primeiro parágrafo as hipóteses em que se autoriza a dedução de pedido que não seja determinado (situações conhecidas como pedido genérico).

A par disso, há quem sustente que a certeza está ligada ao tipo de provimento que se busca, enquanto a determinação está na identificação do objeto mediato em quantidade e qualidade, com a ressalva da possibilidade de objeto indeterminado nas hipóteses permitidas em

---

43 BEDAQUE, José Roberto dos Santos. *Efetividade do processo e técnica processual.* 2ª ed. São Paulo: Malheiros, 2007, p. 525.

44 TJÄDER, Ricardo Luiz da Costa. *Cumulação eventual de pedidos:* art. 289 do CPC sem segredos. Porto Alegre: Livraria do Advogado, 1998, p. 24.

lei[45]. Aqui residiria uma primeira utilidade da divisão entre objetos imediatos e mediatos, impedindo, em qualquer hipótese, indeterminação ou imprecisão quanto à natureza do provimento almejado, que deve ser sempre *certo*.

Não parece ser possível, em nosso sistema, a formulação de um pedido imediato genérico, algo semelhante ao clamor por justiça ou ao pedido a qualquer forma de proteção cabível. A doutrina sustenta que, nesses casos, não há mera irregularidade, mas sim, ausência de pedido[46] - e, sendo o pedido requisito da petição inicial (art. 319, inciso IV, do CPC), sua ausência dá ensejo à emenda da petição inicial (art. 321, do CPC) e, em último caso, poderia ensejar o indeferimento da inicial, conforme previsto no art. 330, §1º, inciso I, do CPC.

É oportuno ressaltar que o Código revogado trazia expressa disposição de que o pedido deveria ser interpretado restritivamente (art. 293, do CPC/1973), enquanto a atual redação traz duas balizas interpretativas do pedido: o conjunto da postulação e a boa-fé (art. 322, §2º, do CPC). Por se tratar de ferramenta hermeutica que traz certo grau de insegurança jurídica, diante da natural abertura oportunizada pelo texto normativo, é importante destacar que, diante de alguma dúvida sobre qual a natureza da providência almejada, mister se faz o esclarecimento do pedido[47]. O dever de esclarecimento, decorrente da boa-fé processual e do princípio da cooperação, incide com vigor nos atos postulatórios, de modo que deve haver diálogo entre as partes e o magistrado, a fim de

45 CAVALLINI, Cesare. L'oggetto dela sentenza di condanna genérica. In: *Rivista di direito processuale*. v. 57, 2002, pp. 523-550. Frise-se que o objeto deve ser apenas relativamente indeterminado, isto é, dele deve ser determinável, ainda que em momento posterior (no curso da ação ou em sede de liquidação), de modo que mesmo os pedidos genéricos não se furtam à regra da certeza e da determinação, ficando a sua determinação apenas diferida para momento posterior à apresentação do pedido (TJÄDER, Ricardo Luiz da Costa. *Cumulação eventual de pedidos:* art. 289 do CPC sem segredos. Porto Alegre: Livraria do Advogado, 1998, p. 25).

46 CARVALHO, Milton Paulo de. *Do pedido no processo civil*. Porto Alegre: Sérgio Antonio Fabris Editor, 1992, pp. 151-155.

47 Concordamos com CARLOS ALBERTO ALVARO DE OLIVEIRA, quando prelecionava que a interpretação restritiva do pedido não deveria restringir o que se pediu (dando mais ou menos, ou coisa diversa do que se pediu), mas apenas aquilo que realmente foi querido pelo demandante, tendo a causa de pedir papel importante nessa exegese (OLIVEIRA, Carlos Alberto Alvaro. *Teoria e Prática da Tutela Jurisdicional*. Rio de Janeiro: 2008, p. 143).

evitar que o processo siga de forma obscura e imprecisa[48]. Ademais, vale a aplicação, para o caso, do disposto no art. 10, do CPC, que veda a decisão de ofício sem a oportunidade de manifestação, ainda que se trate de matéria cognoscível de ofício.

7. Segue: relevância da dicotomia para a identificação das demandas

A utilidade da dicotomia entre pedido mediato e imediato segue, inicialmente, para a identificação das demandas. Ora, como um dos elementos da ação (ou como principal elemento que forma o objeto litigioso do processo), a verificação da identidade de pedidos (provimento e bem da vida) serve para analisar se há litispendência, conexão ou coisa julgada - os três *eadem* servem para determinar a natureza jurídica do provimento que o juiz poderá emitir licitamente (condenatório, constitutivo etc.), especificam o objeto e a extensão (o bem da vida), delimitam os seus fundamentos e indicam o alcance subjetivo (partes)[49].

A individualidade de uma demanda está no preenchimento concreto de seus três elementos estruturais (partes, causa de pedir e pedido), de modo que a variação de qualquer deles acarreta, *ipso facto*, a modificação da própria demanda[50].

Milton Paulo de Carvalho estabelece uma ordem entre os critérios de análise, sendo o primeiro o que o autor intitula como elemento-efeito (pedido mediato ou bem jurídico-material), o segundo como o elemento condicionante (objeto imediato ou a natureza do provimento jurisdicional) e, finalmente, a utilização do fundamento (ou causa de

48 "Num processo cooperativo e informado pela visão dos direitos fundamentais, o remédio recomendado é excessivo. Não há nenhum sentido na extinção do processo sem julgamento do mérito, com maiores despesas e perda de tempo, se a simples determinação de emenda pode resolver o problema, sem nenhum gravame para o demandado e sem perda de isenção do juiz." (OLIVEIRA, Carlos Alberto Alvaro. *Teoria e Prática da Tutela Jurisdicional.* Rio de Janeiro: 2008, p. 143). Sobre o dever de cooperação e de diálogo, nos detivemos por ocasião da dissertação de mestrado: LEONARDO, César Augusto Luiz. *Contraditório, lealdade processual e dever de cooperação intersubjetiva.* Dissertação (mestrado) - DPC. FDUSP, São Paulo, 2013.

49 DINAMARCO, Cândido Rangel. O conceito..., p. 237.

50 OLIVEIRA, Bruno Silveira de. *O juízo de identificação de demandas e de recursos no processo civil.* São Paulo: Saraiva, 2011, p. 74.

pedir), quando não bastem os elementos do pedido para a identificação deste[51].

JOSÉ ROGÉRIO CRUZ E TUCCI enxerga na teoria do *tria eadem* nada mais do que "uma boa hipótese de trabalho" - à míngua de outro critério melhor - e não pode ser erigida ao *status* de regra absoluta, destacando que perante várias situações concretas, a teoria se mostra insuficiente para cumprir a finalidade a que se destina, devendo ser aplicada, nessas hipóteses em que for inaplicável perante uma situação concreta, a teoria da identidade da relação jurídica[52]. Tal advertência se justifica, na medida em que a análise prática dos três elementos pode deixar dúvidas sobre sua alteração ou não, de modo a persistir dúvida se há ou não modificação da própria demanda. ARAKEN DE ASSIS traz o exemplo de duas execuções de alimentos sobre o mesmo débito, uma com pedido de expropriação de bens do devedor, e outra com pedido de coação pessoal - prisão civil, chegando à conclusão de que, embora tenha variado o pedido imediato, as ações seriam idênticas[53].

Importante destacar que, conquanto se refira a elementos da relação processual (partes, causa de pedir e pedido), é impossível que tal análise não reflita na relação material subjacente, pois o diálogo entre direito e processo se mostra intenso na determinação da causa de pedir e do objeto do processo[54].

---

51 CARVALHO, Milton Paulo de. Do pedido no processo civil. Porto Alegre: Sérgio Antonio Fabris Editor, 1992, p. 98.

52 CRUZ E TUCCI, José Rogério Cruz e. *A causa petendi no processo civil.* 3ª ed. rev. e atual., São Paulo: Revista dos Tribunais, 2009, pp. 232-233. Sobre referida teoria, sua gênese está no processo formulário, pois um importante efeito da *litis contestatio* é a *novatio necessaria, que* extingue "a relação de direito material (obrigação originária) deduzida em juízo, dando origem a uma nova relação (obrigação processual derivada), o que vedava, pela regra *bis de eadem re ne sit actio,* o ajuizamento de outra ação lastreada na mesma relação jurídica substancial" (Idem, p. 40).

53 ASSIS, Araken de. *Cumulação de ações.* 4ª ed. São Paulo: RT, 2002, p. 157.

54 "O próprio objeto mediato da ação, o bem da vida pretendido pelo autor, é identificado em função da causa de pedir, ou seja, a partir dos fatos e do fundamento jurídico da demanda chega-se ao pedido. Assim, o perfeito entendimento sobre as relações entre direito material e relação processual constitui fator imprescindível para a demarcação do objeto litigioso do processo. Em síntese: identifica-se e individualiza-se uma ação com dados da relação substancial." (BEDAQUE, José Roberto dos Santos. Os elementos objetivos da demanda à luz do contraditório. In: CRUZ E TUCCI, José Rogério; BEDAQUE, José Roberto dos Santos (coord.). *Causa de pedir e pedido no processo civil*: questões polêmicas. São Paulo: RT, 2002, pp. 13-52.

O pedido mediato e a *causa petendi* são demonstrações inequívocas da instrumentalidade do processo, pois representam os contatos do direito material afirmado no processo. É dizer, são dois prismas diversos do mesmo direito substancial, que, conjugados, formam o objeto do processo[55].

Para manter o trabalho fiel à sua proposta inicial, não se aprofundará na análise da *causa petendi*[56] - sobretudo nas discussões envolvendo da teoria da substanciação, limites das variações fáticas que geram alteração do objeto litigioso e as demandas auto e heterodeterminadas[57], circunscrevendo a pesquisa ao estudo do pedido. Por este motivo, passa-se à análise da classificação das ações (*rectius,* dos pedidos imediatos ou das espécies de tutela jurisdicionais).

8. Segue: classificação dos pedidos imediatos (teoria ternária e quinária)

Ao tratar do pedido imediato (ou processual), é certo que podemos classificar os pedidos quanto à sua natureza. Conquanto existam variações e divergências entre os estudiosos do direito processual, é certo que duas teorias buscam categorizar as "ações" (*rectius,* os pedidos processuais)[58], os "processos", ou, ainda, as "sentenças" (ou me-

55 MANDRIOLI, Crisanto. *Corso di diritto processuale civile.* V. 1. 11ª ed. Torino: Giappichelli, 1996, p. 148. O autor explica que o pedido mediato foca no que se demanda, ao passo que a causa petendi visa ao direito sobre cujo fundamento se pede. Por outro lado, é certo que SCHWAB não reconhece o estado das coisas (*causa petendi*) ou a pretensão de direito material como integrantes do objeto litigioso, mas admite que o pedido deve ser interpretado à luz do estado das coisas (SCHWAB, Karl Heinz. *El objeto litigioso en el processo civil.* Buenos Aires: Ediciones Juridicas Europa-America, 1968, pp. 241-243).

56 Sobre o assunto, vide: CRUZ E TUCCI, José Rogério Cruz e. *A causa petendi no processo civil.* 3ª ed. rev. e atual., São Paulo: Revista dos Tribunais, 2009.

57 LEONEL, Ricardo de Barros. *Causa de pedir e pedido*: o direito superveniente. São Paulo: Método, 2006, pp. 86-98.

58 Não se mostra acertado tecnicamente referir-se à "ação" de conhecimento ou "ação" condenatória, uma vez que a ação é o direito abstrato, autônomo e condicionado para provocar o Poder Judiciário e dar início ao processo. Não é possível que a ação (entendida como direito de provocar o provimento jurisdicional) comporte tipicidade ou atipicidade, pois "cada vez que se exercita esse poder ou direito, ele é essencialmente o mesmo, embora relacionado a diferentes situações jurídico-substanciais" (YARSHELL, Flávio Luiz. *Tutela jurisdicional.* 2ª ed. São Paulo: DPJ, 2006, p. 57).

lhor, as espécies de tutela jurisdicional): a teoria clássica (ou ternária) e a teoria quinária.

É bom que se diga, desde já, que a classificação das "ações" ou das "sentenças", ou, com a terminologia mais precisa[59], das espécies de pedidos ou tutelas jurisdicionais, são equivalentes, em razão do princípio da correlação. Ora, ao pedido condenatório corresponde a possibilidade de uma tutela de natureza condenatória. Assim, a classificação é exatamente a mesma, embora com enfoques diversos (no ato das partes: demanda; no instrumento da jurisdição: processo; ou do juiz: provimento).

Como é cediço, os partidários da teoria clássica sustentam que o processo pode ser de conhecimento, de execução e cautelar, ao passo que o processo de conhecimento pode ter natureza condenatória, (meramente) declaratória e constitutiva.

Assim, ao classificar a tutela cognitiva em (meramente) declaratória, condenatória e constitutiva, leva-se em consideração a natureza da crise de direito material a ser debelada: a incerteza sobre a existência ou inexistência de uma relação jurídica dá azo à tutela declaratória (crise de incerteza); se o que se busca é alterar uma determinada relação jurídica, isto é, no caso de exercício de um direito potestativo a determinada modificação jurídica, a medida cabível é a tutela constitutiva; em casos de inadimplemento de uma obrigação, deve-se socorrer da tutela condenatória (crise de adimplemento)[60].

ARAKEN DE ASSIS critica a teoria clássica (ou ternária), apontando-a como "obsoleta e falsificável", sustentando que a teoria quinária ganha cada vez mais força na doutrina brasileira[61].

Os autores da conhecida obra *Teoria Geral do Processo* sustentam que, embora seja clássica a classificação dos processos à vista da natureza jurídica do provimento jurisdicional pleiteado em processo de conhecimento, processo de execução e processo cautelar, um número cada vez maior de autores coloca ao lado da tripartição clássica a ação man-

---

59 DENTI, Vittorio. Azione. In: *Enciclopedia Giuridica.* Istituto della Eniclopedia Italiana: *Roma v.* 4, p. 8, nº 4.1.

60 BEDAQUE, José Roberto dos Santos. *Efetividade do processo e técnica processual.* 2ª ed. São Paulo: Malheiros, 2007, p. 513 e 523.

61 ASSIS, Araken de. *Cumulação de ações.* 4ª ed. São Paulo: RT, 2002, p. 92.

damental e a ação executiva *lato sensu*, atribuindo a Pontes de Miranda a criação da classificação quíntupla das ações[62].

Barbosa Moreira, todavia, não concorda com a referência, comum em doutrina, que se faz à suposta criação ponteana da espécie de ações executivas *lato sensu*. O autor, além de discordar veementemente da terminologia empregada com a adjetivação "lato sensu" (pois sustenta a inexistência de uma ação executiva *stricto sensu*, de modo a tornar absolutamente sem sentido a nomenclatura empregada), ainda destaca que não se encontra na obra de Pontes de Miranda uma definição clara do que seria uma "sentença executiva". Afirma, ainda, de forma categórica que: "nenhuma sentença, seja qual for, é capaz, só por si, de produzir efeitos fora do mundo jurídico; para atingir o mundo dos fatos, necessita sempre de alguma atividade subsequente, que transforme a realidade para conformá-la àquilo que se julgou"[63]. Adverte que é comum o erro na doutrina de utilizar, na classificação, critérios heterogêneos, mas admite a existência de uma sentença executiva (sem a adjetivação *lato sensu*), distinta das constitutivas, pois estas se voltam a direitos potestativos, enquanto aquelas se referem a direitos a uma prestação[64].

Se é certo que existe nítida diferença quanto à natureza da atividade jurisdicional cognitiva (visa a formular norma jurídica concreta para disciplinar a situação litigiosa) e executiva (visa a atuá-la na prática, mediante atos que modificam o estado de fato), é certo que atualmente, não se vislumbra a divisão estanque entre o processo de conhecimento e o processo de execução.

Ora, não é possível, com o atual cenário processual civil, divisar um processo puramente de conhecimento, onde somente se admita a prática atos cognitivos, vedada qualquer forma de satisfação. Com a generalização das tutelas de urgência, observados os requisitos, é permitida a prática de atos satisfativos em meio ao processo de conhecimento. É

62 CINTRA, Antonio Carlos de Araújo; GRINOVER, Ada Pellegrini; DINAMARCO, Cândido Rangel. *Teoria geral do processo.* 24ª ed. São Paulo: Malheiros, 2008, pp. 322-323.

63 BARBOSA MOREIRA, José Carlos. Sentença executiva? In: Revista de Processo, v. 114, p. 147, mar. 2004, p. 151. Neste ponto, critica o conceito de Ovídio Baptista, que entende que sentença executiva é aquela que contém imanente em si mesma, como eficácia que lhe é própria, o poder de uma mudança no mundo exterior (SILVA, Ovídio Baptista. *Sentença e coisa julgada.* 4ª ed. Rio de Janeiro, p. 77).

64 BARBOSA MOREIRA, José Carlos. Sentença executiva? In: Revista de Processo, v. 114, p. 147, mar. 2004, p. 152.

dizer: todos os processos de conhecimento são sincréticos, pois permitem, em certa medida e desde que presentes os requisitos, a prática de atos de satisfação do direito invocado.

O mesmo raciocínio é válido quanto à fase de cumprimento de sentença, que não mais é relegada a um processo autônomo de execução, e, além do mais, não se nega a prática de atos de conhecimento no processo de execução, conquanto com limites e temperamentos.

Essa dicotomia entre conhecimento e execução, ao menos como então concebida e influenciada pelas remotas origens romanas, não mais tem sentido no sistema jurídico atual, de modo que toda a classificação que parte desse pressuposto deve ser refletida.

Na obra Teoria Geral do Processo, os autores sustentam que a partir das alterações promovidas pela Lei nº 11.232, de 22 de dezembro de 2005, teria sido eliminado do sistema processual civil brasileiro a categoria das sentenças condenatórias puras, na medida em que todas as sentenças que declarem a existência de obrigação a ser cumprida pelo réu comportam efetivação *sine intervalo,* isto é, sem a presença de uma nova petição inicial, de um novo ato citatório e, portanto, de um novo processo executivo distinto e autônomo, de modo que as sentenças que afirmam a existência de uma obrigação de fazer, não fazer ou de entregar coisa certa teria natureza de mandamental, enquanto àquelas que envolvem obrigação em dinheiro se enquadrariam no conceito das executivas lato sensu[65].

Claro que é de se questionar se houve, de fato, mudança substancial no sistema processual com o chamado processo sincrético, ao alegar que não há um novo processo, mas somente uma nova "fase"; que não há nova citação, mas apenas uma intimação. Seria a mudança meramente semântica ou representaria uma modificação que deva impactar a classificação dos pedidos e, portanto, dos provimentos jurisdicionais?[66] Tal

65 CINTRA, Antonio Carlos de Araújo; GRINOVER, Ada Pellegrini; DINAMARCO, Cândido Rangel. *Teoria geral do processo.* 24ª ed. São Paulo: Malheiros, 2008, pp. 323-324.

66 Embora não se refira propriamente à alteração realizada pela Lei nº 11.232/2005, parece lícito invocar a análise de Barbosa Moreira, quanto ao impacto que teria a hipotética de modificação, de *lege ferenda*, da iniciativa do processo executivo, passando-o ao impulso oficial, independente de provocação da parte interessada: "Houve, sim, tecnicamente, uma modificação formal; se preferirem, modificação estrutural. Terá havido também modificação substancial? O que in concreto passou a acontecer é tão diferente assim do que acontecia antes? Permito-nos pô-

ponto suscita debates e dá ocasião a divisão de pensamento entre os processualistas, embora a alteração legislativa – que após foi consagrada no atual *codex* – realmente tenha se apresentado como modificativa das categorias processuais.

A categoria das ações mandamentais também não passa imune às críticas doutrinárias. Barbosa Moreira explica que Pontes de Miranda referia-se a tal fenômeno processual como a vinculação de órgãos estatais aos efeitos de sentenças cíveis, quando há conteúdo a eles endereçados[67], sendo adotada pela doutrina moderna com contornos bem diversos.

Flávio Yarshell esclarece que a classificação das tutelas declaratórias, constitutivas e condenatórias leva em conta aspectos intrínsecos ao provimento analisado, mas a divisão das mandamentais e executivas *lato sensu* consideram outros fatores (forma de efetivação)[68].

Bedaque sustenta que a classificação quinária, além de não contribuir para o aperfeiçoamento científico do direito processual, também não apresenta utilidade prática, além de ser criticável no âmbito teórico, uma vez que a classificação se fundamenta em critérios heterogêneos[69]. As chamadas sentenças mandamentais e executivas, na verdade, somente se distinguem quanto ao tipo de eficácia, isto é, ao procedimento para a sua efetivação[70].

Em sentido análogo, Luiz Guilherme Marinoni explica que Pontes invoca fundamentos que não estão no mesmo plano lógico, ora fazendo referência ao conteúdo da ação, ora justificando a divisão com

lo em dúvida. Em qualquer caso, cuida-se de levar a cabo uma atividade jurisdicional complementar, tendente a conformar a realidade concreta àquilo que julgou. A constância desse traço parece-nos muito mais importante do que a eventual variação dos revestimentos externos do fenômeno" (BARBOSA MOREIRA, José Carlos. Sentença executiva? In: Revista de Processo, v. 114, p. 147, mar. 2004, p. 156).

67 BARBOSA MOREIRA, José Carlos. A sentença mandamental: da Alemanha ao Brasil. In: _____. *Temas de Direito Processual:* sétima série. São Paulo: Saraiva, 2001, pp. 55-56.

68 YARSHELL, Flávio Luiz. *Tutela jurisdicional.* 2ª ed. São Paulo: DPJ, 2006, p. 177.

69 BEDAQUE, José Roberto dos Santos. *Efetividade do processo e técnica processual.* 2ª ed. São Paulo: Malheiros, 2007, p. 519.

70 BEDAQUE, José Roberto dos Santos. *Efetividade do processo e técnica processual.* 2ª ed. São Paulo: Malheiros, 2007, p. 535.

base no comportamento do réu, ora caracterizando-as a partir da atividade do juiz[71].

Há quem sustente que não existem classificações certas ou erradas, mas apenas classificações úteis ou inúteis. Como é cediço, sempre que elegemos outros critérios diferenciadores, podemos obter novas e distintas classificações das tutelas. Há quem enxergue relevância prática na classificação, razão pela qual sustentam a sua superioridade em relação à divisão clássica, apesar das críticas que são feitas.

Qualquer que seja a conclusão a respeito desta provocação, não se pode negar que persiste válida e útil a classificação dos processos entre execução e conhecimento, bem como que o pedido no processo de conhecimento pode ter diferentes subclassificações.

9. Segue: a regra da congruência em relação ao pedido imediato e mediato

É o pedido do autor[72] que bitola o âmbito decisório do Magistrado, em observância ao princípio da congruência (ou adstrição ou correla-

71 MARINONI, Luiz Guilherme. *Teoria geral do processo.* v. 1. 6ª ed. São Paulo: RT, 2012, p. 301.

72 A lição clássica e o conceito de autor e réu sempre sustentou que autor é quem pede, ao passo que réu é aquele em face de quem se pede; o autor pede, e o réu apenas impede (resiste) (CINTRA, Antonio Carlos de Araújo; GRINOVER, Ada Pellegrini; DINAMARCO, Cândido Rangel. *Teoria geral do processo.* 24ª ed. São Paulo: Malheiros, 2008, p. 290-291.). Sempre se sustentou que o réu, ao se defender do pedido deduzido pelo autor – com exceção do pedido contraposto, dúplice e da reconvenção, além da possibilidade de ação declaratória incidente – a atuação do demandado se limitaria a defender-se do pedido do autor, sendo-lhe defeso deduzir pedido em face do demandante. Entretanto, atualmente questiona-se se o pedido de improcedência do pedido não seria, na verdade, uma verdadeira pretensão de uma tutela jurisdicional declaratória negativa, deduzida pelo demandado ao tão-somente pugnar pela improcedência do pleito do autor (SICA, Heitor Vitor Mendonça. *O direito de defesa no processo civil brasileiro:* um estudo sobre a posição do réu. São Paulo: Atlas, 2011, p. 229 e seguintes.). Tal raciocínio parte da premissa de que o réu também é destinatário da tutela jurisdicional e não pode ter menos direitos que o autor simplesmente em razão do polo por ele ocupado na relação processual, mesmo porque "o autor só é autor porque correu antes ao Poder Judiciário" (idem, p. 305). Acrescenta o autor que: "o aumento de poderes do réu aqui proposto desponta importante no (antes chamado) 'processo de conhecimento', para o qual o réu não é chamado para cumprir obrigação insatisfeita, mas para participar do contraditório e permitir que o juiz, ao final, elimine a crise instaurada entre as partes, dando razão a uma ou a outra" (idem).

ção). Daí dizer-se que a petição inicial é um projeto do provimento jurisdicional que se busca obter[73], de modo que há um "eixo sistemático" o pedido do autor e a parte dispositiva da sentença, em razão do princípio da correlação[74].

Ainda que tenha natureza indisponível, os direitos não exercitados não podem ser contemplados na sentença, pois a garantia do contraditório e da ampla defesa assegura ao réu que tenha um mínimo de previsibilidade, para que, no momento da citação, ele já possa saber qual o limite máximo do prejuízo que pode sofrer no caso de derrota na demanda, de modo que o juiz deve ter a virtude da autocontenção, consistente em silenciar sobre aquilo que não lhe compete dizer naquele momento, devendo julgar todo o pedido e só o pedido, e não dizer absolutamente nada que não esteja contido neste círculo[75].

Bedaque, todavia, destaca que os princípios da inércia da jurisdição e da correlação têm índole infraconstitucional, e, em casos específicos, podem ser superados por valores tutelados pela Constituição – como a inafastabilidade da jurisdição –, desde que observado o contraditório, que é a finalidade última do princípio da congruência[76].

O princípio da correlação liga-se não somente ao pedido mediato (bem da vida), mas também ao pedido imediato (natureza do provimento jurisdicional pleiteado), de modo que o pedido meramente declaratório não pode dar ensejo a um provimento condenatório, sob pena de configurar-se sentença *ultra petita.* Como se sabe, a sentença condenatória tem ínsita uma declaração, mas não se limita a ela, agregando um *plus*, que seria a "sanção executiva" (Liebman[77]). Trataremos da questão da executoriedade das sentenças declaratórias no próximo tópico.

---

73 PASSOS, José Joaquim Calmon de. *Comentários ao Código de Processo Civil*, vol. III. 8ª ed. Rio de Janeiro: Forense, 1998, p. 171.

74 DINAMARCO, Cândido Rangel. O conceito..., p. 275.

75 BARBOSA MOREIRA, José Carlos. Correlação entre o pedido e a sentença. *Revista de Processo*, São Paulo, nº 83, ano 21, jul./set. 1996, p. 208-211.

76 Os elementos objetivos da demanda à luz do contraditório. In: CRUZ E TUCCI, José Rogério; BEDAQUE, José Roberto dos Santos (coord.). *Causa de pedir e pedido no processo civil*: questões polêmicas. São Paulo: RT, 2002, pp. 34-38.

77 LIEBMAN, Enrico Tullio. *Processo de Execução*. 5ª ed. São Paulo: Saraiva, 1986. p. 3. A expressão é objeto de críticas, vide: BARBOSA MOREIRA, José Carlos. Reflexões críticas sobre uma teoria da condenação civil, 1988.

Mas é inquestionável que a regra da congruência sofre diversas mitigações, por expressa previsão legal, tais como: a inclusão dos juros legais, a correção monetária e as verbas de sucumbência (inclusive os honorários advocatícios), independentemente de pedido expresso – o que alguns sustentam tratar de "pedido implícito"; a imposição oficiosa de medidas necessárias para a satisfação do exequente no cumprimento de sentença de obrigação de fazer ou de não fazer (art. 536, do CPC), na fungibilidade entre as tutelas de urgência (art. 305, parágrafo único) e entre as ações possessórias (art. 554, CPC), na tutela condenatória *ex ofício* de pensão alimentícia em ação com pedido meramente declaratório de reconhecimento de paternidade (art. 7º, da Lei nº 8.560/92), dentre outros[78]. No que diz respeito ao pedido mediato em sede de tutela específica, merece destaque que o art. 499 autoriza a conversão em perdas e danos quando se tornar impossível a tutela específica ou a obtenção de resultado prático equivalente, de modo tal hipótese se impõe independentemente da formulação de pedido por parte do autor.

Marcelo Lima Guerra também vê na aplicação do princípio da fungibilidade das medidas cautelares mitigação à regra da congruência em relação ao pedido mediato[79]. O mesmo ocorre nas ações de obrigação de fazer[80].

Enfim, conquanto seja uma limitação relevante à imposição do poder estatal, a congruência encontra inúmeras exceções, que afetam indistintamente o pedido imediato e o mediato, mesmo porque forma de tutela concedida de ofício implica em quebra da correlação.

Dois tópicos que tocam na problemática da adstrição serão abordados em apartado, quais sejam: a eficácia executiva das ações declaratórias e a (a)tipicidade e a fungibilidade das tutelas jurisdicionais.

10. Segue: eficácia executiva das ações declaratórias

Ninguém duvida, outrossim, que o *accertamento* é ínsito à própria natureza do processo cognitivo, de modo que todas os provimentos emanados de um processo de conhecimento têm carga declaratória. Daí

78 GABBAY, Daniela Monteiro. *Pedido e causa de pedir*. São Paulo: Saraiva, 2010, p. 85.

79 GUERRA, Marcelo Lima. *Estudos sobre o processo cautelar*. São Paulo: Malheiros, 1997, pp. 33-43.

80 WATANABE, Kazuo. Tutela antecipatória e tutela específica nas obrigações de fazer e não fazer (art. 273 e 461 do CPC). *Reforma do Código de Processo Civil*. São Paulo: Saraiva, 1996, p. 43.

falar-se em *meramente* declaratória a sentença que não tenha eficácia condenatória (reconhece o inadimplemento) ou que altere a relação jurídica subjacente. PONTES DE MIRANDA já alertava para essa realidade, sustentando que a classificação deveria levar em consideração a eficácia preponderante da decisão[81].

Conquanto seja usual a distinção que se faz entre as tutelas declaratória e condenatória, é certo que a divisão nem sempre é tão evidente quanto se gostaria. Carnelutti chegou a negar a diferença entre as duas espécies, alegando que a condenação seria a declaração de uma responsabilidade[82].

O tema se tornou ainda mais espinhoso, com a alteração promovida pela Lei nº 11.232/2005 na redação do artigo 475-N, do CPC/1973, que abriu espaço legislativo para o reconhecimento a eficácia executiva das decisões meramente declaratórias, discussão que já existia na doutrina antes mesmo do advento da lei. Referida lei passou a prever no rol dos títulos executivos judiciais a "sentença proferida no processo civil que *reconheça a existência* de obrigação de fazer, não fazer, entregar coisa ou pagar quantia" – a redação anterior se referia à "sentença condenatória".

É fato que diversos autores negam ou criticam a executoriedade das sentenças declaratórias[83], mas a tese encontra algum agasalho na jurisprudência pátria[84]. Mesmo antes das alterações, TEORI ZAVASCKI já sus-

81 PONTES DE MIRANDA, Francisco Cavalvanti. *Tratado da ação rescisória das sentenças e outras decisões.* 5ª ed. Rio de Janeiro: Forense, 1976, pp. 68-71.

82 CARNELUTTI, Francesco. *Instituciones del Processo Civil.* v. I, p. 72

83 LUCCA, Rodrigo Ramina de. Inexequibilidade das Sentenças Declaratórias. *Revista Dialética de Direito Processual*, v. 92, p. 108-121, 2010. OLIVEIRA, Carlos Alberto Alvaro. *Teoria e Prática da Tutela Jurisdicional.* Rio de Janeiro: 2008, pp. 147-154.

84 A título de exemplo, em julgado recente, o Superior Tribunal de Justiça permitiu que o réu executasse ação declaratória em face do autor, entendendo que as sentenças declaratórias podem ter força executiva, desde que presentes os elementos necessários à execução (exigibilidade e certeza da relação), e, no caso, julgaram desnecessária a reconvenção do réu, diante do caráter de "duplicidade" dessas ações: "RECURSO ESPECIAL. DIREITO PROCESSUAL CIVIL. AÇÃO REVISIONAL. CUMPRIMENTO DE SENTENÇA. AÇÃO DECLARATÓRIA. FORÇA EXECUTIVA. FORMAÇÃO DE TÍTULO EXECUTIVO EM FAVOR DO RÉU. POSSIBILIDADE. PRECEDENTE DA TERCEIRA TURMA DESTA CORTE. DECISÃO AGRAVADA MANTIDA. IMPROVIMENTO. 1.- As sentenças de cunho declaratório podem ter força executiva, se presentes os elementos necessários à execução, como exigibilidade e certeza da relação. Precedentes. 2.- A sentença declaratória em ação de revisão de contrato pode ser executada pelo réu, mesmo sem ter

tentava que a sentença declaratória poderia ser título executivo[85]. Após referida modificação, sua teoria passou a ter ainda mais seguidores.

No CPC/2015, o art. 20 dispõe expressamente a possibilidade de realizar pedido meramente declaratório, ainda que tenha ocorrido a violação de direito. Por seu turno, o inciso I, do artigo 515, do CPC, adotou redação diversa ao apresentar o rol de títulos executivos judiciais, passando a se referir às "*decisões* proferidas no processo civil *que reconheçam a exigibilidade* de obrigação de pagar quantia, de fazer, de não fazer ou de entregar coisa" (destaque nosso).

Cotejando a redação revogada com o texto atualmente em vigor, inicialmente se observa que a lei não mais se refere às sentenças, mas a um conceito mais abrangente (decisões), pois decisões interlocutórias também podem ser objeto de cumprimento forçado e, portanto, podem formar título executivo judicial – como, por exemplo, o caso de julgamento antecipado parcial de mérito (art. 356, do CPC) – e, ademais, uma sentença pode ser substituída por uma decisão monocrática ou Acórdão, mediante o conhecimento de um recurso (com a aplicação do efeito substitutivo dos recursos), hipótese em que se executa a decisão substituta, e não mais a sentença substituída. Ademais, deixou de se referir às sentenças *que declaram a existência* de obrigação, passando a se referir às decisões *que reconhecem a exigibilidade* de obrigação, apresentando um aperfeiçoamento do texto legal.

Aliás, forte na constatação de Cruz e Tucci, é certo que desde o processo arcaico encontrado nas remotas fontes romanas, a sentença condenatória sempre foi o título executivo judicial por excelência[86]. Acrescenta que:

havido reconvenção, tendo em vista a presença dos elementos suficientes à execução, o caráter de "duplicidade" dessas ações, e os princípios da economia, da efetividade e da duração razoável do processo (REsp nº 1.309.090/AL). [...]. 4.- Agravo Regimental improvido" (STJ. AgRg no REsp 1446433/SC, Rel. Ministro SIDNEI BENETI, TERCEIRA TURMA, julgado em 27/05/2014, DJe 09/06/2014).

85 ZAVASCKI, Teori Albino. *Título Executivo e Liquidação*. São Paulo: RT, 2001, p. 101

86 CRUZ E TUCCI, José Rogério. Comentários ao Código de Processo Civil (arts. 485 ao 538). v. VIII. 2ª ed., rev. e atual. MARINONI, Luiz Guilherme (dir.); ARENHART, Sérgio Curz; MITIDIERO, Daniel. *Comentários ao Código de Processo Civil*. São Paulo: RT, 2018, p. 261.

> seja sob a égide da Lei 11.232/2005, que introduziu o art. 475-N, I, no velho estatuto processual, seja agora, na vigência do CPC de 2015, não foi, na verdade, criado qualquer título judicial novo, visto que, a despeito da respectiva redação, antiga e atual, é sempre o provimento de natureza condenatória que é passível de execução; jamais a sentença meramente declaratória[87].

Aliás, entendimento contrário poderia implicar em ofensa ao princípio da correlação, uma vez que formulado um pedido meramente declaratório, não haveria espaço para o juiz estabelecesse comando executivo. Em razão da vinculação entre pedido e sentença, como regra, é vedado que diante de pedido um provimento de uma determinada espécie, o Magistrado não julgar procedente a pretensão do autor[88] para conceder-lhe provimento de espécie diversa daquela postulada. Daí dizer, com CHIOVENDA, que: o juiz a quem se pede simples *accertamento*, não pode proferir condenação[89].

Sentenças declaratórias se limitam a certificar uma realidade já existente e, portanto, não têm o condão de criar, modificar ou mandar qualquer prestação, de modo que não alteram o mundo dos fatos ou do direito. Já as sentenças condenatórias impõem ao vencido uma determinada prestação a que está obrigado, garantindo a realização de direitos subjetivos[90].

Em idêntico sentido, CARLOS ALBERTO ALVARO DE OLIVEIRA esclarece que: "[a] sentença proferida na demanda declaratória não condena. Também não manda, não constitui, nem executa. Importante é que a declaração torne certa uma situação jurídica substancial determinada [...]."[91].

---

87 Idem, p. 264.

88 Referimo-nos propositalmente à procedência da pretensão, pois a sentença de improcedência tem sempre natureza declaratória negativa, qualquer que seja a natureza do pedido inicial, e isso evidentemente não fere o princípio da congruência, não havendo falar-se em decisão extra petita, por toda evidência.

89 CHIOVENDA, Giuseppe. *Instituzioni di diritto processuale civile.* V. 1. Napoli: Eugenio Jovene, 1960, pp. 305-314.

90 LUCCA, Rodrigo Ramina de. Inexequibilidade das Sentenças Declaratórias. *Revista Dialética de Direito Processual*, v. 92, pp. 108-121, 2010.

91 OLIVEIRA, Carlos Alberto Alvaro. *Teoria e Prática da Tutela Jurisdicional.* Rio de Janeiro: 2008, p. 146.

Critica-se ainda a eficácia executiva das decisões meramente declaratórias, pois sua adoção pode caracterizar uma burla ao sistema de prescrições, tornando imprescritível uma pretensão condenatória, ao transmudá-la em meramente declaratória em um primeiro momento e, em seguida, buscar a execução. Como se sabe, as ações condenatórias se submetem à prescrição (não são imprescritíveis), ao passo que as declaratórias são imprescritíveis[92].

Neste sentido é a crítica de CARLOS ALBERTO ALVARO DE OLIVEIRA:

> Ora, se o inciso I do art. 475-N pudesse ser entendido como contemplando mera declaração, o instituto da prescrição seria praticamente banido do nosso Direito. Basta pensar na pretensão de declaração de pagar quantia ajuizada 30 anos depois da lesão, ou na pretensão de declaração de entrega de bem, ajuizada 20 anos depois do inadimplemento etc. Como a prescrição da pretensão de execução é igual à da pretensão declaratória, nada impediria por exemplo viesse a ser exercida 100 anos depois da lesão a pretensão de realização prática do julgado[93].

Daí, dizer que a sentença que reconhece a existência de uma obrigação, na verdade, tem natureza condenatória. Por isso, RODRIGO RAMINA DE LUCCA sugere que, diante de uma demanda nitidamente condenatória (perceptível pela análise dos fatos e argumentos da petição inicial),

---

92 Vale trazer à baila os ensinamentos de Agnelo Amorim Filho, que, em estudo clássico, conclui: "1ª) - Estão sujeitas a prescrição (indiretamente, isto é, em virtude da prescrição da pretensão a que correspondem): - todas as ações condenatórias, e somente elas; 2ª) - Estão sujeitas a decadência (indiretamente, isto é, em virtude da decadência do direito potestativo a que correspondem): - as ações constitutivas que têm prazo especial de exercício fixado em lei; 3ª) - São perpétuas (imprescritíveis): - a) as ações constitutivas que não têm prazo especial de exercício fixado em lei; e b) todas as ações declaratórias. Várias inferências imediatas podem ser extraídas daquelas três proposições. Assim: a) não há ações condenatórias perpétuas (imprescritíveis), nem sujeitas a decadência; b) não há ações constitutivas sujeitas a prescrição; e c) não há ações declaratórias sujeitas a prescrição ou a decadência" (AMORIM FILHO, Agnelo. Critério científico para distinguir a prescrição da decadência e para identificar as ações imprescritíveis. In: *Revista dos Tribunais*, São Paulo: RT, v. 300, pp. 1-37, 1954, p. 36).

93 OLIVEIRA, Carlos Alberto Alvaro. *Teoria e Prática da Tutela Jurisdicional*. Rio de Janeiro: 2008, p. 151.

denominada declaratória por equívoco do autor, deve-se aplicar o princípio da fungibilidade, recebendo-a como condenatória, sendo a medida mais sensata a abertura de prazo para que o autor emende a inicial, pois, em qualquer caso, deve ser observado o contraditório e a ampla defesa, permitindo que o réu se defenda adequadamente[94].

À guiza de conclusão a respeito deste tema, compreende-se, portanto, que é lícito deduzir pedido meramente declaratório mesmo que já tenha ocorrido a violação do direito; todavia, diante de um pedido meramente declaratório, o princípio da correlação impõe que a decisão guarde a mesma natureza, de modo que uma decisão meramente declaratória não pode ser admitida como título executivo.

12. Segue: a (a)tipicidade e a fungibilidade das tutelas jurisdicionais

É de se destacar que, firme nas lições de Yarshell, a regra é a atipicidade das tutelas, pois elas devem emanar do direito material, inexistindo rol das ações permitidas pelo ordenamento (o que remonta à *actio* nas *legis actiones*). Assim, o direito de ação pode ser exercitado em favor de qualquer pretensão do direito material, sem que com isso o direito processual tenha ameaçada a sua autonomia. Entretanto, existem algumas hipóteses em que se nota certa tipicidade da ação (aqui entendida como o exercício concreto do direito ação, vinculado a determinada situação jurídico-substancial)[95], tal como se vislumbra a tipicidade da tutela jurisdicional diferenciada, que somente pode ser manejada quando presentes os seus requisitos, fixados em lei[96].

Diante desta constatação, a pergunta que se faz é: a partir da escolha de um dos "tipos" de tutela, seria possível a aplicação do princípio da fungibilidade das tutelas jurisdicionais? Inicialmente, deve-se esclarecer que a doutrina tradicional nega esta possibilidade, a partir da máxima *electa una via ad alteram nom datur regressus*.

Todavia, é plenamente possível se sustentar a viabilidade da conversão de uma *fattispecie* processual à outra (tutela de conhecimento, de execução e cautelar), mediante emenda da inicial, dentro dos limites

---

94 LUCCA, Rodrigo Ramina de. Inexequibilidade das Sentenças Declaratórias. *Revista Dialética de Direito Processual*, v. 92, pp. 108-121, 2010.

95 YARSHELL, Flávio Luiz. *Tutela jurisdicional*. 2ª ed. São Paulo: DPJ, 2006, pp. 58-63.

96 LEONEL, Ricardo de Barros. *Tutela jurisdicional diferenciada*. São Paulo: RT, 2010, p. 83.

impostos pela estabilização da demanda - até o momento do despacho saneador e, após a citação, desde que haja anuência do réu[97].

Neste caso, há especial atenção quanto à possibilidade de aplicação da regra da fungibilidade de ações (ou de pedidos). Como já se afirmou anteriormente, há permissivo legal expresso para as tutelas possessórias e as tutelas de urgência.

Partindo do princípio da inafastabilidade do Poder Judiciário (art. 5º, XXXV, da Constituição Federal), é possível afirmar que não há óbice à conversão de uma espécie de processo em outro, dentro das possibilidades que a própria lei permite a alteração do pedido. Tal acarretaria, em certa medida, a aplicação da fungibilidade, mas dependeria de ato do autor (emenda à inicial), embora exista quem defenda a possibilidade de conversão *ex ofício*, em casos específicos[98].

A ação rescisória tem natureza desconstitutiva (constitutiva negativa), diferentemente da ação declaratória da inexistência (*querela nullitatis*), mas há quem sustente a possibilidade de fungibilidade entre os pedidos diante de um réu revel não citado validamente[99].

A fungibilidade de tutelas tem por escopo "afastar a possibilidade de que eventuais divergências doutrinárias acabem comprometendo a efetividade da tutela jurisdicional"[100].

Por entender que não há diferença ontológica entre a tutela condenatória e a mandamental, BEDAQUE relata em sua obra sobre caso que julgara o mérito de uma ação ajuizada como mandado de segurança sem

97 MALACHINI, Edson Ribas. Da conversibilidade de um processo em outro, por emenda à petição inicial. *Revista de Processo.* 54, pp. 8-13, São Paulo: RT, abr.-mai. 1989.

98 TEIXEIRA, Guilherme Freire de Barros. *Teoria do princípio da fungibilidade.* São Paulo: RT, 2008, pp. 210-231.

99 "O réu, que não foi validamente citado e caiu em revelia, está habilitado a servir-se da *querela nullitatis* como ação 'ordinária', declaratória e autônoma ou da ação rescisória, sem restrição alguma na escolha que exercerá segundo sua melhor conveniência" (FABRÍCIO, Adroaldo Furtado. Réu revel não citado, 'querela nullitatis' e a ação rescisória. In: *Revista de Processo,* v. 48, p. 27, out. 1987, p. 27).

100 BEDAQUE, José Roberto dos Santos. Efetividade do processo e técnica processual. 2ª ed. São Paulo: Malheiros, 2007, p. 562. Sobre as sentenças mandamentais e executivas, ensina Bedaque: "Admitida essa premissa, torna-se mais simples o aproveitamento de processos, não obstante inadequada a técnica adotada pelo autor ao formular o pedido de tutela destinada a eliminar o inadimplemento de obrigação de dar, fazer, não-fazer ou pagar quantia" (idem).

observância do prazo de 120 dias[101], no qual aplicou a fungibilidade entre as tutelas, em consonância com os valores constitucionais que regem o sistema processual.

Em diversos casos, o critério da fungibilidade pode resolver eventuais problemas envolvendo pedidos que não correspondam ao fim almejado. Entretanto, Bruno Silveira de Oliveira em sua tese "O juízo de identificação de demandas e de recursos no processo civil", sustenta a superioridade a importância da interpretação adequada do ato postulatório, de modo a privilegiar a manifestação da vontade do demandante em detrimento do *nomen juris* dado pelo postulante. O autor conclui que: "há, camufladas sob o argumento impreciso e normalmente falacioso da `inadequação da via eleita`, inúmeras hipóteses cujo mero deslize está em seu nomen juris.", razão pela qual propõe a desconsideração do *nomen juris,* desde que haja descompasso entre o nome dado e a função a cujo cumprimento seu pedido visa e que haja atendido a todos os requisitos de admissibilidade típicos de sua espécie[102].

SCHWAB já alertava que o pedido é suscetível a interpretação e, em muitos casos, dela necessita, de modo que o que é decisivo é sempre *la solicitude interpretada*[103].

A correta aplicação do princípio da fungibilidade pode ser, portanto, ferramenta importante para que o formalismo exagerado não constitua um óbice ao exercício do acesso à justiça – sobretudo quando compreendido como o acesso a uma ordem jurídica justa[104].

11. Pedido mediato processual?

Durante o estudo sobre o tema, este autor buscou cotejar a distinção entre a classificação que se faz entre objeto imediato e mediato,

101 BEDAQUE, José Roberto dos Santos. Efetividade..., pp. 564-565.

102 OLIVEIRA, Bruno Silveira de. *O juízo de identificação de demandas e de recursos no processo civil.* São Paulo: Saraiva, 2011, p. 232. Acrescenta o autor: "Vez por outra, somam-se a esses errores in nomine questiúnculas de natureza formal, todas contornáveis por uma interpretação/aplicação exata da técnica processual" (idem).

103 SCHWAB, Karl Heinz. El objeto litigioso en el processo civil. Buenos Aires: Ediciones Juridicas Europa-America, 1968, p. 243.

104 WATANABE, Kazuo. Acesso à justiça e sociedade moderna. In: Participação e processo. São Paulo: RT, 1988, p. 128. WATANABE, Kazuo. *Acesso à ordem jurídica justa*: conceito atualizado de acesso à justiça. Belo Horizonte: Del Rey, 2019.

comparando-a com a classificação entre objeto material e objeto processual, investigando se os conceitos de pedido mediato e pedido material se equivalem, ou não. Para colocar a hipótese em prova, questiona-se se o objeto mediato sempre seria oriundo do direito substancial ou se seria possível imaginar um objeto mediato processual. A provocação se daria, sobretudo, em torno das ações cautelares, da ação declaratória de inexistência de ato processual (*querella nullitatis insanabillis*) e das ações probatórias autônomas. Em um primeiro olhar, o objeto dessas três ações teria natureza processual.

Ora, as ações cautelares são referidas pela doutrina como instrumentos ao quadrado (ou instrumento do instrumento), uma vez que se prestam a garantir a utilidade de um outro processo (que, por seu turno, é instrumento para a proteção do direito material). A partir daí já é possível ver, ainda que de maneira reflexa, que as ações cautelares sempre terão como fundo um direito substancial.

Ovídio Baptista da Silva sustenta a existência de um direito substancial de cautela, consistente no direito material à proteção[105]. Para referido autor, o objeto mediato da cautelar advém do direito material: é o próprio direito à proteção.

Embora exista certa divergência sobre a natureza jurídica das provas (se de direito material ou processual), prevalece o entendimento de que, ao menos em nosso sistema, o direito probatório pertence ao campo processual[106]. É certo, diversas vozes na doutrina já sustentavam a possibilidade de uma demanda que contenha pedido de produção de prova, o que, em alguma medida, foi abarcado pela produção antecipada de prova autorizada pelo artigo 381 e seguintes do CPC. Ora, neste caso, poder-se-ia imaginar que o pedido mediato seria a produção de uma prova, que, como se disse, é instituto de direito processual. Assim, a partir de tais concepções, estaríamos diante de um pedido estritamente processual, sem conteúdo de direito material. É dizer: nas ações probatórias, haveria tão somente pedido imediato, sem nenhum bem da vida oriundo do direito material?

Não nos parece. Ora, em sua tese, Flávio Yarshell não nega a natureza processual das normas que tratam das provas, mas reconhece a

105 SILVA, Ovídio Baptista. *Do processo cautelar.* Rio de Janeiro: Forense, 1996, pp. 67-76.

106 REGO, Hermenegildo de Souza. *Natureza das normas sobre prova.* São Paulo: RT, 1985.

existência de um direito autônomo à prova[107], para além de um mero desdobramento do direito de ação e de defesa (este seria o *direito de provar*)[108]. Assevera, ainda, o caráter instrumental do direito à prova se destina à formação da convicção das próprias partes, e não do juiz (o direito de provar é que tem o julgador como destinatário), razão pela qual haveria dupla instrumentalidade, tal qual ocorre na cautelar, de modo que, ainda que a pretensão seja estritamente processual, está ligada à relação de direito material subjacente [109]. Ademais, pode-se divisar no direito à prova arrimo constitucional, com fulcro nas garantias da ação e do controle jurisdicional [110].

Ainda que não se entenda a atividade judicial na antecipação da prova como verdadeiro provimento, não se pode negar que tem caráter nitidamente jurisdicional[111].

---

107 YARSHELL, Flávio Luiz. *Antecipação da prova sem o requisito da urgência e o direito autônomo à prova*. São Paulo: Malheiros, 2009, p. 238-239. "O provimento de mérito, dessa forma, não seria apto a projetar efeitos sobre a relação de direito material, dado ser estritamente processual. Embora essa última constatação, especialmente quando e porque considera o objeto do processo instaurado pelo direito à prova, seja correta, ela deve ser vista com cuidado. Com efeito, reiterando considerações já formuladas, e mais uma vez sem que se afirme ser o direito à prova emergente do direito material, não se pode, por outro lado, dizer que a produção antecipada da prova, na forma aqui alvitrada, se limite a tutelar uma situação exclusivamente processual" (idem, p. 317).

108 Idem, p. 242.

109 YARSHELL, Flávio Luiz. *Antecipação da prova sem o requisito da urgência e o direito autônomo à prova*. São Paulo: Malheiros, 2009, pp. 318-320.

110 Idem, p. 322.

111 "parece lícito afirmar que aquele primeiro consiste na atividade estatal tendente à busca, descoberta e registro de fatos. Talvez não se possa qualificar essa atividade como um típico provimento. Contudo, já se procurou demonstrar que aí reside atividade que se pode qualificar como tipicamente jurisdicional, uma vez que há uma atividade marcada pelo caráter substitutivo, cujos escopos são atuação da vontade do direito objetivo e, ainda que indiretamente, a pacificação social. Portanto, o pedido imediato é o que se refere ao ato estatal, e este, no direito à prova, consiste na prática dos atos e na edição de decisões necessárias à produção da prova de forma antecipada. Já o pedido mediato tem contornos aparentemente menos precisos. A propósito, não parece artificial dizer que o `bem da vida` pretendido é o esclarecimento, a documentação e – por que não dizer? – a certeza e a segurança acerca de determinados fatos" YARSHELL, Flávio Luiz. *Antecipação da prova sem o requisito da urgência e o direito autônomo à prova*. São Paulo: Malheiros, 2009, pp. 388-389.

É de se destacar, ainda, que o permissivo legal atrela a produção antecipada da prova a alguns requisitos, dentre os quais se encontra a urgência (possibilidade de perecimento da prova), a necessidade da obtenção da prova para possibilitar ou evitar a propositura de uma demanda ou, ainda, a fim de viabilizar uma autocomposição (art. 381, do CPC).

Deste modo, é fácil concluir que a obtenção da prova não serviria como um fim em si mesmo e somente se autorizaria a ação meramente probatória com a finalidade - ainda que indireta - de satisfazer um direito material subjacente.

Como se vê, o pedido sempre deve ter referibilidade a um direito material, ainda que de maneira reflexa ou indireta, não se vislumbrando a existência de um pedido estritamente processual, sem qualquer repercussão extraprocessual, sob pena de ofensa à instrumentalidade do processo e desvirtuação de seus escopos[112].

12. Conclusões

Conquanto seja grande a celeuma doutrinária acerca da conceituação do objeto litigioso do processo civil, não se pode negar que o pedido desempenha papel protagonista na delimitação do objeto litigioso, isso se não concluirmos que este último se esgota naquele primeiro.

A dicotomia que a doutrina processualista faz do pedido em imediato e mediato, embora tenha gênese em modelo que não mais é adotado atualmente, ainda persiste útil e com desdobramentos importantes para as diferentes funções desempenhadas pelo pedido.

O pedido imediato confunde-se com o pedido processual, e este deve ser sempre certo, não havendo cogitar-se de um pedido imediato genérico, ao contrário do pedido mediato, que pode ser determinável (mas nunca indeterminável).

As diferentes classificações do direito de ação, na verdade, constituem classificações dos pedidos imediatos e, consequentemente, das tutelas jurisdicionais que se pode pleitear. Os adeptos da teoria ternária discordam dos seguidores da teoria quinária (cuja gênese remonta a Pontes de Miranda), por criticar a heterogeneidade dos critérios adotados na classificação. Os detratores da teoria clássica também tecem

112 DINAMARCO, Cândido Rangel. *A instrumentalidade do processo.* 13ª ed. São Paulo: Malheiros, 2008, *passim.*

duras críticas, sendo um debate em aberto, embora o critério da crise a ser debelada (se de certeza, de inadimplemento ou de modificação da relação jurídica) ainda se mostre como o mais seguro.

A possibilidade de realizar pedido de tutela meramente declaratória, acolhida expressamente em nosso ordenamento jurídico, não se confunde com a executividade da tutela meramente declaratória, pois a tese contrária abriria a perigosa possiblidade de executar qualquer decisão declaratória, o que poderia configurar verdadeira burla ao sistema de prescrições.

O princípio da correlação determina que ambas as facetas do pedido (processual e material) sejam levados em conta pelo magistrado, que ficará adstrito ao pedido realizado pelo autor e não poderá dar provimento de natureza diversa ou mesmo coisa diversa da solicitada, senão nas hipóteses previstas em lei – que, diga-se de passagem, não são poucas.

É certo que vigora a regra da atipicidade das tutelas jurisdicionais, mas não se pode negar a existência de uma tipologia de algumas modalidades. Nesses casos, deve-se sempre interpretar adequadamente o pedido e, se for o caso, aplicar o princípio da fungibilidade entre as tutelas. Neste ponto, é sempre recomendável o diálogo e o esclarecimento a fim de evitar decisões-surpresa ou a ofensa à ampla defesa e ao contraditório.

Por fim, conclui-se que o pedido mediato sempre tem natureza material, de modo que não se vê qualquer problema em nomeá-lo como pedido substancial. No presente trabalho, não se conseguiu imaginar qualquer hipótese em que o bem da vida perseguido pelo processo seria meramente processual, sob pena de desnaturação da instrumentalidade do processo. Todo pedido deve ter correlação com um direito material, ainda que de maneira indireta ou reflexa, sob pena de tornar o processo um fim em si mesmo – o que afronta os seus mais elevados escopos.

Bibliografia

AMORIM FILHO, Agnelo. Critério científico para distinguir a prescrição da decadência e para identificar as ações imprescritíveis. In: *Revista dos Tribunais*, São Paulo: RT, v. 300, pp. 1-37, 1954.

AROCA, Juan Montero. *Introduccion al derecho processal*: juridicción, acción y processo. 2ª ed. Madrid: Tecnos, 1979, pp. 67-73 151-156.

ASSIS, Araken de. *Cumulação de ações*. 4ª ed. São Paulo: RT, 2002.

BARBI, Celso Agrícola. *Comentários ao Código de Processo Civil.* 13ª ed. Rio de Janeiro: Forense, 2008, p. 403.

BARBOSA MOREIRA, José Carlos. A sentença mandamental: da Alemanha ao Brasil. In: _____. *Temas de Direito Processual:* sétima série. São Paulo: Saraiva, 2001, pp. 55-56.

_____. Correlação entre o pedido e a sentença. *Revista de Processo,* São Paulo, nº 83, ano 21, jul./set. 1996, pp. 208-211.

_____. *O novo processo civil brasileiro:* exposição sistemática do procedimento. 29ª ed. Rio de Janeiro: Forense, 2012.

_____. Sentença executiva? In: *Revista de Processo*, v. 114, p. 147, mar. 2004

BEDAQUE, José Roberto dos Santos. *Efetividade do processo e técnica processual.* 2ª ed., São Paulo: Malheiros, 2007.

_____. Os elementos objetivos da demanda à luz do contraditório. In: CRUZ E TUCCI, José Rogério; BEDAQUE, José Roberto dos Santos (coord.). *Causa de pedir e pedido no processo civil*: questões polêmicas. São Paulo: RT, 2002, pp. 13-52.

BUZAID, Alfredo. *Da ação declaratória no direito brasileiro.* São Paulo: Saraiva, 1943.

_____. Da lide: estudo sobre o objeto litigioso. In: _____. *Estudos e parecedes de direito processual civil.* São Paulo: RT, 2002, pp. 72-132

_____. *Exposição de Motivos do Código de Processo Civil.* Brasília, 1972.

CARNELUTTI, Francesco. *Sistema del diritto processuale civile. v.* I, Padova: Cedam, 1936.

CARVALHO, Milton Paulo de. *Do pedido no processo civil.* Porto Alegre: Sérgio Antonio Fabris Editor, 1992.

_____. Pedido novo e aditamento do pedido. O art. 294 do Código de Processo Civil na sua nova redação. In: TUCCI, José Rogério Cruz e. *Processo civil*: estudo em comemoração aos 20 anos de vigência do Código de processo civil. São Paulo: Saraiva, 1995.

CAVALLINI, Cesare. L'oggetto dela sentenza di condanna genérica. In: *Rivista di direito processuale.* v. 57, 2002, pp. 523-550.

CINTRA, Antonio Carlos de Araújo; GRINOVER, Ada Pellegrini; DINAMARCO, Cândido Rangel. *Teoria geral do processo.* 24ª ed. São Paulo: Malheiros, 2008.

CHIOVENDA, Giuseppe. *Instituzioni di diritto processuale civile.* V. 1. Napoli: Eugenio Jovene, 1960.

CORRÊA, Fábio Peixinho Gomes. *O objeto litigioso no processo civil.* São Paulo: Quartier Latin, 2009.

CRUZ E TUCCI, José Rogério. *A causa petendi no processo civil.* 3ª ed. rev. e atual., São Paulo: Revista dos Tribunais, 2009.

CRUZ E TUCCI, José Rogério. Comentários ao Código de Processo Civil (arts. 485 ao 538). v. VIII. 2ª ed., rev. e atual. MARINONI, Luiz Guilherme (dir.); ARENHART, Sérgio Curz; MITIDIERO, Daniel. *Comentários ao Código de Processo Civil.* São Paulo: RT, 2018.

CRUZ E TUCCI, José Rogério; AZEVEDO, Luiz Carlos de. *Lições de processo civil canônico:* história e direito vigente. São Paulo: RT, 2001.

CRUZ E TUCCI, José Rogério; AZEVEDO, Luiz Carlos de. *Lições de história do processo civil lusitano:* história e direito vigente. São Paulo: RT, 2009.

CRUZ E TUCCI, José Rogério. *Lições de história do processo civil romano.* São Paulo: RT, 2001.

CRUZ E TUCCI, José Rogério. *Limites subjetivos da sentença e da coisa julgada civil.* São Paulo: RT, 2006.

CRUZ E TUCCI, José Rogério. *Precedente judicial como fonte do direito.* São Paulo: RT, 2004.

CRUZ E TUCCI, José Rogério. *Precedente judicial como fonte do direito.* 2ª ed., rev. e atual. Rio de Janeiro: GZ, 2021.

CRUZ E TUCCI, José Rogério. Tempo e processo: uma análise empírica das repercussões do tempo na fenomenologia processual civil e penal. São Paulo: RT, 1998.

DENTI, Vittorio. Azione. In: *Enciclopedia Giuridica.* Istituto della Eniclopedia Italiana: *Roma v.* 4, p. 8, nº 4.1.

DINAMARCO, Cândido Rangel. *A instrumentalidade do processo.* 13ª ed. São Paulo: Malheiros, 2008.

_____. *A reforma da reforma.* 4ª ed. São Paulo: Malheiros, 2003.

_____. *Capítulos de sentença.* 4ª ed. São Paulo: Malheiros, 2009.

_____. O conceito de mérito no processo civil. In: _____. *Fundamentos do processo civil moderno.* 6ª ed. São Paulo: Malheiros, 2010, pp. 299-348.

FABRÍCIO, Adroaldo Furtado. Réu revel não citado, 'querela nullitatis' e a ação rescisória. In: *Revista de Processo,* v. 48, p. 27, out. 1987.

GABBAY, Daniela Monteiro. *Pedido e causa de pedir.* São Paulo: Saraiva, 2010.

GIANNOZZI, Giancarlo. *Appunti per un corso di diritto processuale civile.* Milano: Giuffre, 1980.

GUASP, Jaime. *Derecho procesal civil*. 4ª ed. Madrid: Civitas, 1998.

GUERRA, Marcelo Lima. *Estudos sobre o processo cautelar*. São Paulo: Malheiros, 1997.

LEONARDO, César Augusto Luiz. *Contraditório, lealdade processual e dever de cooperação intersubjetiva*. Dissertação (mestrado) - DPC. FDUSP, São Paulo, 2013.

LEONEL, Ricardo de Barros. *Causa de pedir e pedido*: o direito superveniente. São Paulo: Método, 2006.

_____. *Tutela jurisdicional diferenciada*. São Paulo: RT, 2010.

LIEBMAN, Enrico Tullio. *Processo de Execução*. 5ª ed. São Paulo: Saraiva, 1986.

_____. *Manuale di Diritto Processuale Civile*, v. I, 4ª ed., Milano: Giuffrè Editore, 1980

MALACHINI, Edson Ribas. Da conversibilidade de um processo em outro, por emenda à petição inicial. *Revista de Processo*. 54, pp. 8-13, São Paulo: RT, abr.-mai. 1989.

MANDRIOLI, Crisanto. *Corso di diritto processuale civile*. v. 1. 11ª ed. Torino: Giappichelli, 1996, pp. 137-168.

MARINONI, Luiz Guilherme. *Teoria geral do processo*. v. 1. 6ª ed. São Paulo: RT, 2012,

_____. *Tutela inibitória*. São Paulo: RT, 1998.

OLIVEIRA, Bruno Silveira de. *O juízo de identificação de demandas e de recursos no processo civil*. São Paulo: Saraiva, 2011.

OLIVEIRA, Carlos Alberto Alvaro. *Teoria e Prática da Tutela Jurisdicional*. Rio de Janeiro: 2008.

PONTES DE MIRANDA, Francisco Cavalvanti. *Tratado da ação rescisória das sentenças e outras decisões*. 5ª ed. Rio de Janeiro: Forense, 1976

PROTO PISANI, Andrea. *Lezioni di diritto processuale civile*. 4ª ed. Napoli: Eugenio Jovene, 2002, pp. 59-60.

REGO, Hermenegildo de Souza. Natureza das normas sobre prova. São Paulo: RT, 1985.

RODRIGUES, Marco Antonio dos Santos. *A modificação do pedido e da causa de pedir no processo civil*. Rio de Janeiro: GZ Editora, 2014.

SCHWAB, Karl Heinz. *El objeto litigioso en el processo civil*. Buenos Aires: Ediciones Juridicas Europa-America, 1968, pp. 241-252.

SICA, Heitor Vitor Mendonça. *O direito de defesa no processo civil brasileiro:* um estudo sobre a posição do réu. São Paulo: Atlas, 2011.

SILVA, Ovídio Baptista. *Do processo cautelar.* Rio de Janeiro: Forense, 1996.

TUCCI, Rogerio Lauria. Da contumácia no processo civil brasileiro. São Paulo: Saraiva, 1964.

TJÄDER, Ricardo Luiz da Costa. *Cumulação eventual de pedidos:* art. 289 do CPC sem segredos. Porto Alegre: Livraria do Advogado, 1998.

WATANABE, Kazuo. *Acesso à ordem jurídica justa*: conceito atualizado de acesso à justiça. Belo Horizonte: Del Rey, 2019.

WATANABE, Kazuo. Acesso à justiça e sociedade moderna. In: *Participação e processo*. São Paulo: RT, 1988.

WATANABE, Kazuo. Tutela antecipatória e tutela específica nas obrigações de fazer e não fazer (art. 273 e 461 do CPC). *Reforma do Código de Processo Civil.* São Paulo: Saraiva, 1996.

YARSHELL, Flávio Luiz. *Ação rescisória:* juízo rescindente e juízo rescisório. São Paulo: Malheiros, 2005, p. 283.

_____. *Antecipação da prova sem o requisito da urgência e o direito autônomo à prova.* São Paulo: Malheiros, 2009.

_____. Tutela jurisdicional. 2ª ed. São Paulo: DPJ, 2006.

ZAVASCKI, Teori Albino. *Título Executivo e Liquidação*. São Paulo: RT, 2001.

OS DOCUMENTOS ELETRÔNICOS NA ATUALIDADE E NO CPC/2015

Clarissa Diniz Guedes[1]

1. Considerações prévias sobre a escolha do tema e sobre o homenageado

Sempre nutri admiração pelas pessoas – e juristas – que conseguem extrapolar o lugar comum dos assuntos cotidianos, instigam debates e investem o próprio tempo – e o nosso – em questões que realmente importam. Essa qualidade já era facilmente detectada no Professor José Rogério Cruz e Tucci em suas publicações, e aqui destaco um artigo que, ao final do século passado, dedicava-se ao tema dos contratos celebrados pela *internet*.[2] O tema era, então, duplamente inovador: os estudos de direito probatório eram ainda incipientes no Brasil e pouco se falava da eficácia probatória dos documentos eletrônicos. O tom do discurso não era de resistência ao novo, mas de uma preocupação justificada em compreender os efeitos e os possíveis problemas da utilização do documento eletrônico como instrumental de negócios jurídicos. Em poucas páginas, um pequeno artigo de caráter visionário, abria os horizontes para a complexidade da temática.

Ao conhecer pessoalmente o querido Professor José Rogério pude confirmar a autenticidade do caráter, a firmeza e objetividade das proposições, a honestidade do discurso. Recebeu-me em seu escritório, em São Paulo, com hora marcada, devido ao meu interesse em se orientanda de seu pai, o saudosíssimo Professor Rogério Lauria Tucci, que então já havia se aposentado. Eu já havia obtido aprovação no processo seletivo, mas, naquele ano, não havia vagas. Explicou-me então, o Professor, que estava me recebendo em razão do seu dever público, e que eu teria que me submeter ao processo seletivo no ano seguinte, podendo, ainda, participar da seleção para aluna especial naquele interregno. Sem meias palavras: mesmo que o edital me dispensasse da prova escrita, e independentemente de haver ou não outros interessados na vaga, eu teria que me esforçar e demonstrar a necessária aptidão.

---

1 Mestrado em Direito Processual pela UERJ, Doutora em Direito pela Processual pela USP. Professora Associada da UFJF.

2 CRUZ E TUCCI, José Rogério. A eficácia probatória dos contratos celebrados pela *internet*. In: DE LUCCA, Newton; SIMÃO FILHO, Adalberto. Bauru: Edipro, 2000, *Direito e internet:* aspectos jurídicos relevantes. 2000, pp. 273-281.

Iniciamos, então, gradativamente, uma relação acadêmica e de amizade, que envolveu generosa acolhida, por parte do Professor Rogério Lauria Tucci e da querida Dona Teresa, do Professor José Rogério e da amável Dra. Cibele Tucci. À medida que a idade e a saúde foram impondo algumas dificuldades ao meu orientador originário, o Professor José Rogério assumia as atribuições de guiar o meu caminho, sempre com generosidade e afeto, mas, nunca, com meias palavras.

Creio que deva ser assim o verdadeiro compromisso do docente: as palavras dele ecoam indefinidamente em nossas vidas, nos momentos mais oportunos. Essa honestidade no trato, esse modo simples direto de ser – sempre gentil e educado, são reflexos do cuidado genuíno, do zelo e do compromisso com os objetivos acadêmicos. No convívio social, foi sempre atencioso e caloroso comigo, como foram, também, seu pai e sua mãe.

Vejo o Professor José Rogério distante das disputas desnecessárias que por vezes se instauram na academia: uma pessoa alegre, de risada espontânea e fácil, desprovida das vaidades que seriam justificadas para um jurista do seu calibre. Acho que muitos e muitas colegas têm a mesma sensação ao conhecê-lo: a de que é possível ser um grande jurista, um profissional de excelência ímpar, sem ser enfadonho, sem deter-se em assuntos maçantes e repetitivos.

De minha parte, correndo o risco de ser repetitiva, tratarei deste tema que já não é assim tão novo, seguindo a trilha do então visionário artigo de meu Professor Orientador. E espero que, ao menos na abordagem, exista algo que não seja o "mais do mesmo", minimamente à altura de meu querido Mestre.

2. Os documentos eletrônicos: conceito e regulação do CPC/2015

A categoria do *documento eletrônico* foi inserida nos arts. 439-441 do CPC/2015 com base no conceito *largo* de documento recentemente desenvolvido pela doutrina, considerando-se a evolução tecnológica e a viabilização do registro de informações.[3] A partir dessa conceituação, é

3 Preferimos utilizar a expressão "registro de *informações*", pois, a despeito de a doutrina tradicional definir o documento como meio de prova tendente a registrar um *fato* de forma duradoura ou permanente, estamos de acordo com a ponderação de Vitor de Paula Ramos, no sentido de que os signos contidos no documento podem permitir ou não a cognição sobre fatos, ou seja, o *fato* supostamente representado pode ou não ser considerado provado (verdadeiro). Obviamente, a definição tra-

dispensável a caracterização do suporte documental como *coisa.*[4] Logo, para a caracterização de uma prova como documento, não é necessário um suporte *físico* capaz de armazenar, veicular e transmitir duradouramente determinadas informações.

A superação da vinculação do conceito de documento a um suporte corpóreo é o que situa o documento eletrônico na categoria de prova típica. Tal tipicidade, como será visto, não soluciona todas as questões atinentes à admissibilidade, à forma de produção e à eficácia probatória do documento eletrônico.

Ampla também é a concepção do próprio documento eletrônico, que inclui a subcategoria do documento digital. Enquanto aquele é qualquer documento (analógico ou digital) que pode ser acessado, lido e interpretado a partir de um equipamento eletrônico, este, o documento digital, é necessariamente codificado a partir de dígitos binários.

É possível, ainda, que um documento cujo suporte original cartáceo seja convertido para um suporte digital, a partir, por exemplo, de um *scanner.* [5]-[6] Trata-se, pois, de um documento que não é originariamente digital – não é *nato* digital –, mas digitalizado.

dicional não ignora que o *fato* representado no documento seja uma *informação*, mas, de qualquer forma, o último vocábulo é epistemologicamente mais neutro, remetendo o profissional do direito à necessidade de interpretação e apuração do conteúdo da prova documental, que não reflete direta e automaticamente a realidade. Cf., sobre o tema, com maior acurácia e ampla bibliografia: PAULA RAMOS, Vitor de. *Prova documental. Do suporte à informação.* Salvador: Jus Podivm, 2021, itens 1.4.2 e 3.1.1, respectivamente: pp. 47-49; 139-141.

4 Referimo-nos aqui à coisa ou ao suporte físico na acepção tradicional e vulgar, designando objetos sensíveis à percepção humana independentemente da utilização de recursos técnicos – máquinas – intermediários. Sobre a diferença entre coisa (*res)* e os bens (que podem ser corpóreos ou incorpóreos), *cf.* ARRUDA ALVIM, *Comentários ao Código Civil brasileiro*: do Direito das Coisas. Vol. XI, tomo I (Livro Introdutório). Rio de Janeiro: Gen-Forense, 2009, pp. 89 e s.

5 Para maiores informações sobre estes conceitos e a respectiva legislação no ordenamento jurídico brasileiro, consulte-se o endereço eletrônico do Conselho Nacional de Arquivos – CONARQ (https://www.gov.br/conarq/pt-br/legislacao-arquivistica, último acesso em 12/06/2023). Cf., ainda: LIMA, Marcelo Chiavassa de Mello Paula; ANDRADE, Vitor Morais de. *Manual de Direito Digital.* 2 ed. São Paulo: Tirant lo Blanch, 2023, p. 131.

6 "O termo documento eletrônico seria mais amplo, abrangendo todos aqueles produzidos por qualquer meio eletrônico, seja ele analógico ou não (como fax, grava-

Há, na Seção VII ("Da prova documental") do Código, referências esparsas a documentos que tanto podem ser eletrônicos no sentido mais amplo, como também podem se tratar de documentos digitais, codificados de forma binária. Isso se extrai principalmente do art. 422, que cuida das reproduções "mecânicas", exemplificadas como a fotográfica, a cinematográfica, a fonográfica ou "de outra espécie". Em princípio, o intérprete poderia concluir que o dispositivo apenas trata das modalidades analógicas destes documentos, mas os parágrafos do dispositivo fazem também referências à "rede mundial de computadores" e às "mensagens eletrônicas" que são, induvidosamente, formas digitais (binárias) de documentação.

Ao tratar da *produção* da prova documental, o art. 434, parágrafo único, traz à tona novamente a reprodução cinematográfica, atualmente utilizada na forma digital com muito mais frequência do que na modalidade analógica. O art. 425 faz referência tanto aos "extratos digitais" de bancos de dados públicos e privados, que muitas vezes se tratam de documentos digitais em sua origem (inciso V), como às "reproduções digitalizadas" de qualquer documento público ou privado (inciso VI e § 1º), dando a entender que os documentos originários não são necessariamente digitais.

Diante deste emaranhado de disposições, é pertinente a indagação sobre a razão da inserção desta Seção VIII no capítulo do direito probatório (Capítulo XII do CPC), para a qual nos parece acertada a ponderação de Clarisse Frechiani Lara Leite: o legislador não teve *segurança* para enquadrar o documento eletrônico na disciplina da prova documental, contida na Seção VII. Por isso, conclui a autora, "reuniu três tímidos dispositivos a seu respeito em Seção própria (VIII), intitulada 'Dos documentos eletrônicos'."[7]

---

dores, vídeo cassete, DVD, Blue Ray, dentre outros). Por sua vez, documento digital seria uma espécie de documento eletrônico, diferenciando-se daquele, na medida em que este é necessariamente produzido por um sistema computacional (digital)". (ARRUDA ALVIM, Eduardo; SANTOS, Rosane Pereira dos; CUNHA, Ígor Martins da. Títulos executivos extrajudiciais eletrônicos. In: ASSIS, Araken de; BRUSCHI, Gilberto Gomes (coord.). *Processo de execução e cumprimento da sentença: temas atuais e controvertidos.* V. 4. São Paulo: RT, no prelo).

7 LEITE, Clarisse Frechiani Lara. *Comentários ao código de processo civil.* Da prova documental. Arts. 405 a 441. Vol. VIII, Tomo II. São Paulo: Saraiva*Jur,* 2020, p. 265.

Muito provavelmente, o legislador, no art. 439, quis se referir ao documento eletrônico na modalidade digital, por ser mais complexa – sobretudo do ponto de vista da autenticidade –, mas deve-se ponderar que grande parte dos questionamentos sobre a forma de produção e a força probatória documento eletrônico analógico tampouco é solucionada pela disciplina geral da prova documental.[8]

Nesse contexto, e para fins do art. 439, é cabível, e amplamente citada, a definição de documento eletrônico como "sequência de bits", "traduzida por meio de um determinado programa de computador" que venha a registrar determinada informação.[9]

Da mesma forma que os documentos físicos, o documento eletrônico não se resume em escritos: pode ser um texto escrito, como também pode ser um desenho, uma fotografia digitalizada, um áudio, um vídeo, enfim, toda forma de registro de dados ou informações que estejam armazenados em um arquivo digital.

Para Augusto Marcacini, a principal característica do documento eletrônico é a autonomia que esta modalidade de documento possui em relação ao meio físico que o veicula.[10] De forma semelhante, Clarisse Frechiani Lara Leite destaca como características peculiares do documento eletrônico a *fungibilidade do suporte* e a *necessidade de recorrer a equipamentos e programas informáticos* para a percepção pelo ser humano.[11] Antonio do Passo Cabral refere-se à "desmaterialização do documento ante o tratamento digital da informação"; o documento deixa de ser o suporte, e passa a ser a informação nele contida.[12]

---

8 Sobre este ponto, remetemos o leitor às nossas considerações sobre a interpretação da prova em vídeo, em grande medida convergentes com as reflexões de Vitor de Paula Ramos a respeito da pertinência de distinção entre documento direto e indireto, de que nos ocuparemos mais detidamente nos comentários ao art. 440.

9 MARCACINI, Augusto. Provas eletrônicas e respectivos meios: O documento eletrônico como meio de prova. In: Luiz Rodrigues Wambier e Teresa Arruda Alvim Wambier. *Doutrinas essenciais: processo civil.* São Paulo: RT, 2011, vol. IV, capítulo 2, nº 27; LEITE, Clarisse Frechiani Lara, *op. cit.*, p. 265.

10 MARCACINI, Augusto. Provas eletrônicas e respectivos meios, *cit.*, capítulo 2, nº 27.

11 LEITE, Clarisse Frechiani Lara, *op. cit.*, p. 264.

12 CABRAL, Antonio do Passo. A eficácia probatória das mensagens eletrônicas. In: Luiz Rodrigues Wambier e Teresa Arruda Alvim Wambier. *Doutrinas essenciais: processo civil.* São Paulo: RT, 2011, vol. IV, cap. 2, nº 34.

3. A autenticidade e a integridade do documento eletrônico

Diante do que foi dito, a verificação da autenticidade do documento eletrônico não está relacionada ao meio que o veicula, mas a outros aspectos, que podem ser atestados ou verificados a partir de critérios técnicos. Alguns destes critérios – como a validade da assinatura eletrônica e a integridade do documento – são normatizados de forma não exaustiva pelos órgãos competentes, de forma a estabelecer uma presunção de autenticidade e integridade do documento.

A Medida Provisória 2.200-2, 2001 instituiu, para este fim, a Infra-Estrutura de Chaves Públicas Brasileira - ICP-Brasil, para "garantir a autenticidade, a integridade e a validade jurídica de documentos em forma eletrônica, das aplicações de suporte e das aplicações habilitadas que utilizem certificados digitais, bem como a realização de transações eletrônicas seguras" (art. 1º). Mas este regramento não exclui a possibilidade de outras entidades estabelecerem tecnologias e parâmetros suficientes à mesma presunção de autenticidade do documento digital, seja de forma paralela ou complementar à citada Medida Provisória.[13]

O conceito próprio de autenticidade não diz respeito apenas à autoria subjetiva do documento, mas também à sua origem e integridade.[14] A prova digital pode ser considerada minimamente autêntica quando demonstrado que foi adquirida de um computador ou localização determinados, que constitui uma cópia completa e perfeita da evidência digital originária e, sobretudo, que permaneceu inalterada desde que coletada.[15]

---

13 V., por exemplo, a Lei nº 14.063/2020, que dispõe sobre o uso de assinaturas eletrônicas em interações com entes públicos, em atos de pessoas jurídicas e em questões de saúde e sobre as licenças de softwares desenvolvidos por entes públicos. Ver, ainda, as considerações sobre os tipos de assinatura eletrônica em: ARRUDA ALVIM, José Manoel de; CUNHA, Ígor Martins da. As assinaturas eletrônicas no ordenamento jurídico brasileiro e a relevância da autonomia privada: uma breve análise da validade dos documentos eletrônicos à luz da MP 2.200-2/2001 e da Lei nº 14.063/2020. *Revista de Processo,* vol. 337, pp. 83-114, Mar / 2023.

14 Em sentido diverso: CABRAL, Antonio do Passo. A eficácia probatória das mensagens eletrônicas. In: Luiz Rodrigues Wambier e Teresa Arruda Alvim Wambier. *Doutrinas essenciais: processo civil.* São Paulo: RT, 2011, vol. IV, cap. 2, nº 34. Está tecnicamente correta a distinção do autor, mas o fato é que as formas de certificação de assinaturas servem, em grande parte dos casos, também para assegurar a integridade do documento que foi assinado.

15 CASEY, Eoghan. *Digital evidence and computer crime: forensic science, computers and the internet.* 3. ed. San Diego/London: Elsevier, 2011, p. 60.

Em grande medida, a encriptação do documento pelo uso de chaves é utilizada como método assecuratório da integridade. Essas chaves permitem, ainda, a associação subjetiva do conteúdo do documento com o emitente, a partir de processos de certificação estabelecidos e validados por entidades autorizadas.

No âmbito do processo civil, surge a dúvida se apenas os documentos emitidos e assinados a partir dos procedimentos certificados pelas autoridades credenciadas no ICP – Brasil ou congêneres seriam admissíveis como meio de prova. Cabíveis, a propósito, as conclusões de Eduardo Arruda Alvim, Rosane Pereira dos Santos e Ígor Martins da Cunha, respaldadas no art. 10, § 2º, da MP 2.200-2/2001 e no art. 18, I, da Lei nº 13.874/2019, no sentido de que "não são apenas os documentos assinados com processos de certificação emitidos pelas Autoridades Certificadoras credenciadas nos termos da MP 2.200-2/2001 que têm sua existência e validade jurídicas reconhecidas pelo ordenamento jurídico brasileiro", admitindo-se "outros meios que sejam hábeis à comprovação de autoria e de integridade".[16]

Além de previsto legalmente, este é, de fato, o entendimento mais compatível com o direito fundamental à prova e com o princípio da liberdade probatória. Todavia, algumas reflexões devem ser feitas quanto à possível exigência de critérios mínimos de fiabilidade do documento digital ou de suas reproduções,[17] levando em conta, sempre, o respectivo modo de funcionamento e a correlata possibilidade de manipulação ou fraude.

Nesse ponto, é importante atentar para a diversidade de mecanismos tendentes a garantir confiabilidade dos documentos digitais: enquanto alguns sistemas exigem o envio de códigos verificadores para *tokens* físicos ou via sms/e-mail, outros dependem da utilização de se-

16 ARRUDA ALVIM, Eduardo; SANTOS, Rosane Pereira dos; CUNHA, Ígor Martins da. Títulos executivos extrajudiciais eletrônicos. In: ASSIS, Araken de; BRUSCHI, Gilberto Gomes (coord.). *Processo de execução e cumprimento da sentença: temas atuais e controvertidos.* V. 4. São Paulo: RT, no prelo.

17 Permanece sem resposta, por exemplo, a questão da possibilidade de utilização de *prints* de documentos digitais, sem a respectiva perícia, para fins de prova civil. O enunciado 636 do FPPC estabelece que "As conversas registradas por aplicativos de mensagens instantâneas e redes sociais podem ser admitidas no processo como prova, independentemente de ata notarial". Não elucida, porém, se há parâmetros para a introdução desta prova no processo ou se, uma vez impugnados os *prints* eventualmente juntados, e ausente a demonstração da conversa por outro meio, a prova será admitida.

nhas ou mesmo de *tokens* biométricos de variadas espécies. Dessa forma, eventuais questionamentos sobre a segurança desses instrumentos poderão se resolver por meios de prova diversos e com base em regras distintas sobre o ônus da prova.

Além disso, o fato de serem admitidos em juízo documentos não certificados não afasta a que se venha a exigir, para efeitos de instruir decisões proferidas em sede de cognição exauriente, a produção de prova suplementar à mera apresentação de *prints* de mensagens eletrônicas[18] ou publicações em redes sociais, ressalvadas, obviamente, as hipóteses de incontrovérsia sobre a autenticidade do documento, amparadas no princípio da autonomia da vontade – quando aplicável, e não sendo objeto do processo um direito indisponível.

Em muitas hipóteses, será necessária a produção de prova técnica a respeito da autenticidade e integridade do documento reproduzido, a partir, por exemplo, da análise dos metadados dos arquivos eletrônicos contidos em dispositivos eletrônicos e computadores. A análise dos metadados permite verificar informações como a origem (dispositivo eletrônico), a titularidade, a data e o horário da elaboração do documento digital.[19]

E, mesmo quanto aos documentos devidamente certificados, é importante reforçar que a presunção de autenticidade possui natureza relativa, de forma que a dúvida pode também suscitar a necessidade de provas técnicas, como, por exemplo, a exigência do código *hash* diante da fundada incerteza sobre a autenticidade de uma contratação eletrônica.

As regras de certificação sobre a elaboração e assinatura do documento eletrônico acima referidas incidem, de modo geral, sobre documentos escritos, tais como instrumentos contratuais e declarações de vontade em geral. Ainda assim, como visto, há diversas ressalvas na dis-

18 Antonio do Passo Cabral lembra que as mensagens eletrônicas são mais abrangentes que as mensagens de correio eletrônico, incluindo-se nesta até mesmo preenchimento de cadastros com informações pessoais em *sites*. Daí a necessidade de o juiz conhecer e periciar, muitas vezes, os métodos de segurança que conferem credibilidade a tais documentos (Cf., CABRAL, Antonio do Passo, *op. cit.*).

19 A perícia incidente sobre dispositivos eletrônicos também pode ser necessária, conforme exemplifica Antonio do Passo Cabral: "pode-se fazer necessária a prova pericial, por exemplo, para obter registros contidos em um computador, verificar o conteúdo de um e-mail armazenado nas máquinas de um provedor de acesso ou para aferir se houve a utilização de mecanismos de segurança para conferir credibilidade às mensagens eletrônicas" (op. cit.).

ciplina normativa quanto à *outras possibilidades de certificação*, o que se justifica diante do crescente progresso tecnológico.

4. Os documentos em imagem e os registros audiovisuais: algumas especificidades

Há, ainda, formas de documentação digital às quais não se aplicam ou para as não são úteis (ou suficientes) as citadas regras. É o que ocorre, por exemplo, com as reproduções audiovisuais e fonográficas. Isso porque, como se sabe, o documento digital não está restrito a um texto, isto é, não há identificação necessária entre documento digital e documento escrito.[20]

Como já foi dito, tanto a verificação da autenticidade quanto a disciplina da produção da prova (procedimento, atribuição do ônus da prova etc.) dependem da compreensão do funcionamento do documento digital.[21] Nesse contexto, o contraditório participativo e o dever de esclarecimento do juiz exercem papel fundamental quanto à compreensão deste funcionamento do documento digital. O processo de elaboração, armazenamento e transmissão do documento, bem como as respectivas possibilidades de manipulação e adulteração devem ser compreendidos

20 Sobre as especificidades da prova em vídeo e ao procedimento aplicável na produção da prova cf. GUEDES, Clarissa Diniz. A prova em vídeo no processo penal: aportes epistemológicos. Rio de Janeiro, Marcial Pons, p. 67 e s. Para uma crítica a propósito da classificação da prova documental como prova escrita, em contraposição ao "documento informático", cf. PAULA RAMOS, Vitor de, *op. cit.*, pp. 137-138

21 PAULA RAMOS, Vitor de, *op. cit.*, p. 126, para quem também é importante saber como interpretar o processo de produção e a cadeia de custódia da informação armazenada no documento. Embora a observância do registro da cadeia de custódia (informações sobre a coleta, armazenamento e manutenção do documento digital) não seja alvo de discussão no processo civil, enquanto condição de validade, trata-se de aspecto de fundamental importância para a verificação da origem, autenticidade e integridade do documento. Trata-se de "retirar o foco do suporte – por exemplo, o *papel* - e saber as formas de produção e guarda das *informações*" (op. cit., p. 128). Registre-se que, para o autor, a discussão sobre a autenticidade está mais relacionada à valoração da prova do que à admissibilidade. Pelo que se extrai do texto, Paula Ramos entende que o documento só deve ser excluído se for irrelevante, isto é, se não detiver uma potencialidade – capacidade abstrata, em tese - de demonstrar a hipótese fática discutida no processo. De nossa parte, temos dúvidas sobre a possibilidade de exclusão do documento digital, à falta de uma fiabilidade mínima da prova, mesmo no processo civil.

pelo julgador, no caso específico.[22] Aqui também, a função do perito é primordial, sendo desafiadora a tarefa de identificar a *expertise* necessária para os objetivos pretendidos em cada caso.

Sob essa perspectiva, a exigência inicial regra do art. 439 do CPC, relativa à conversão do documento eletrônico "à forma impressa" é insuficiente e, muitas vezes, inadequada ao exercício do pleno contraditório sobre a prova documental digital.[23] Confirmando o exposto, Clarisse Frechiani Lara Leite pondera sobre a insuficiência da "mera realização das atividades que compõem o meio de prova documental – simples juntada e valoração", sugerindo a realização de prova pericial, quando cabível.[24]

Casos há, como na prova em vídeo, em que a forma de produção consistirá na exibição da mídia, em audiência, com a possibilidade de contraditório e contraste com outros meios de prova.[25] Esse tema é pouquíssimo explorado e são ainda desconhecidas as áreas de especialização aptas a analisar, por exemplo: a qualidade da imagem, os níveis toleráveis de compressão do arquivo original, as possibilidades

---

22 De forma análoga, especificamente quanto às mensagens eletrônicas, Antonio do Passo Cabral realça a importância de perquirir sobre o funcionamento da própria *internet*, bem como da forma de transmissão e armazenamento de dados, para embasar a valoração deste meio de prova (CABRAL, Antonio do Passo. A eficácia probatória das mensagens eletrônicas. In: Luiz Rodrigues Wambier e Teresa Arruda Alvim Wambier. *Doutrinas essenciais: processo civil.* vol. IV, *cit.*, cap. 2, nº 34).

23 Como explica Vitor de Paula Ramos: "A juntada de um documento, todavia, não confere qualquer 'acesso' para a parte contrária. Se alguém junta, por exemplo, uma fotografia afirmando se tratar da rua em que o acidente ocorreu, a parte contrária pode manifestar-se no sentido de a foto não ser atual. Entretanto, se o objeto da fotografia é, suponha-se, o saguão de um edifício, a juntada não confere o acesso à parte contrária ao local fotografado. Se o objeto do documento é um *print* de uma tela retirada do sistema do Hospital, isso não confere à parte contrária o direito de acesso ao *software.*" (PAULA RAMOS, Vitor de. *Op. cit.*, p. 41). O autor propõe uma revisão no conceito de autenticidade, que não mire apenas no documento, mas também "no próprio processo de sua produção e guarda" (*op. cit.*, p. 131).

24 LEITE, Clarisse Frechiani Lara, *op. cit.*, pp. 265-266.

25 Sobre o contraditório e o contraste das provas orais com o vídeo, *cf.* SILBEY, Jessica. SILBEY, Jessica. Cross-examining film. *Race, religion gender & class*, v. 8917, 2008, pp. 17-46.

de interpretação da imagem[26] e os vieses cognitivos incidentes sobre a prova em vídeo.[27]

Desse modo, a despeito de sua natureza típica, o documento digital não pode ser produzido de forma irritual – isto é, por um procedimento que não tenha previsibilidade mínima, e não guarde adequação às necessidades de contraditório do meio.[28]

5. O armazenamento e a produção do documento eletrônico

O art. 441 do CPC dispõe que "serão admitidos os documentos eletrônicos produzidos e conservados com a observância da legislação específica". Não se pode, contudo, defender a automática inadmissibilidade dos documentos produzidos de outra forma. O disposto no art. 441 apenas reforça o que já foi dito quanto à natureza não exaustiva

26 Como explica Jennifer Mnookin, a imagem seria semi-legível, pois não é completamente opaca nem totalmente transparente; não é ininteligível, mas também não fala por si mesma. Cf. MNOOKIN, Jennifer. Semi-legibility and visual evidence: an initial exploration. Law, culture and the humanities. V. 10, 1, 2014, pp. 43-65, esp. pp. 47-48.

27 Como observamos no item 4.2.3 do trabalho já citado (GUEDES, Clarissa Diniz. *A prova em vídeo no processo penal: aportes epistemológicos.* Rio de Janeiro, Marcial Pons, pp. 89 e s.)

28 "A princípio, a irritualidade diz respeito às provas típicas, porque somente para estas pode a legislação prever o procedimento a ser adotado. Porém, num sistema em que se permita a adoção de provas atípicas – não nominadas expressamente na lei – desde que observado procedimento compatível, a utilização de procedimento incompatível com o meio de prova produzido pode conduzir à irritualidade deste. Assim, não apenas os meios de prova típicos podem ser considerados irrituais, conforme deixem de observar o rito a ser adotado; também podem ser considerados irrituais alguns meios de prova atípicos, sempre que permitidos no sistema com a ressalva da adequação procedimental" (GUEDES, Clarissa Diniz. Persuasão Racional e Limitações Probatórias: enfoque comparativo entre os processos civil e penal. Tese de Doutorado. Orientador: Prof. José Rogério Cruz e Tucci. São Paulo: Universidade de São Paulo, 2013, p. 190). O conceito é um pouco mais amplo do que foi originariamente descrito por LARONGA, Antonio. *Le prove atipiche nel processo penale.* Padova: CEDAM, 2002, pp. 6 e s. A irritualidade da prova é alvo de especial atenção no direito processual penal: cf. BADARÓ, Gustavo. Provas atípicas e provas anômalas: inadmissibilidade da substituição da prova testemunhal pela juntada de declarações escritas de quem poderia ser testemunha. In YARSHELL, Flávio Luiz, e MORAES, Maurício Zanoide (orgs). *Estudos em homenagem à Professora Ada Pellegrini Grinover.* São Paulo: DPJ Editora, 2005, pp. 341-352.

das normas do CPC e da legislação extravagante sobre a autenticação de documentos eletrônicos.

Mais que isso, ao aludir que os documentos eletrônicos serão "produzidos e conservados" com a observância da legislação específica, o dispositivo reforça a importância do registro de toda a cadeia de custódia do documento eletrônico, cuja segurança dependerá da natureza do documento produzido.

A exigência de uma metodologia e de padrões de qualidade minimamente adequados à manutenção da cadeia de custódia está em consonância com as exigências epistêmicas da prova digital. Trata-se tema bastante incipiente, que já vem sendo desenvolvido na doutrina processual penal, a qual converge para necessidade de uma padronização mínima, e aponta alguns parâmetros para esta tratamento, [29] amplamente aplicáveis ao processo civil, se não para fins de admissibilidade, para efeitos de estabelecer parâmetros à valoração do documento digital.

29 BADARÓ, Gustavo. A cadeia de custódia da prova digital. In: SARLET, Ingo W *et al* (org.) Direito Probatório. Londrina: Thoth, 2023, pp. 176 e s. Apesar de reconhecer a inexistência de uma metodologia para o tratamento da prova digital forense, sugere que se adote "um conjunto de procedimentos mais ou menos consolidados e testados através da experiência" e faz referência às *best practices* reconhecidas pela comunidade técnico-científica: no campo internacional, os *standards* técnicos da série ISO/IEC 27000, publicados pela ISO (*International Organization of Standardization)* e pela IEC (*International Electrotechnical Commission),* especialmente: ISO/IEC 27035:2011 (indicações sobre a gestão dos incidentes informáticos), ISO/IEC 27037: 2021, (indicações concernentes à identificação, recolhimento, aquisição e conservação da prova digital), ISO/IEC 2704:2015 (indicações destinadas a garantir a idoneidade e a adequação dos métodos investigativos), ISO/IEC 27042/2015 (guia de análise e interpretação das provas digitais), com o objetivo de enfrentar as questões de continuidade, validade, reproduzibilidade e repetibilidade dos resultados obtidos; cita, ainda, *standards* aplicáveis à *mobile forensics*: NIST (*National Institute for Standards and Technology) Guidelines on Mobile Forensics,* de 2014, SWGDE (*Scientific Working Group on Digital Evidence) Best Practices for Mobile Devices Evidence Collection and Preservation, Handling, and Acquisition,* de 2019, e INTERPOL *Global Guidelines for Digital Forensics Laboratory.* (BADARÓ, Gustavo. A cadeia de custódia da prova digital, *op. cit.* pp. 4-5). No Brasil, menciona a norma técnica da ABNT NBR ISO/IEC 27037:2013 (com diretrizes para identificação, coleta, aquisição e preservação de provas digitais). Estes e outros parâmetros são citados também em PRADO, Geraldo. *A cadeia de custódia da prova no processo penal.* 2ª ed. Rio de Janeiro: Marcial Pons, 2021, pp. 173 e s.

6. A eficácia probatória do documento eletrônico

Foi realçada a importância da compreensão da tecnologia utilizada na confecção do documento, do ponto de vista do seu funcionamento. A segurança da informação veiculada está diretamente associada à segurança do sistema em que está inserida. A certificação do documento é segura? O conteúdo pode ser alterado ou manipulado por alguma espécie de tecnologia?

Como visto, há documentos eletrônicos cuja certificação de autenticidade pode ser padronizada por lei. Ainda assim, são diversas as modalidades de autenticação e certificação [30] e, por decorrência, é variável o grau de confiabilidade.[31] Evidentemente, esta gradação poderá guiar o

30 Como se extrai da exemplificação de ARRUDA ALVIM e CUNHA: "Por certo que a possibilidade de identificação e a preservação da integridade do documento encontram substancial e considerável variação a depender do formato eletrônico e de suas diversas características. Um documento em arquivo em formato Word com uma atribuição de autenticidade feita com base no *login* usuário que o criou é diferente de um documento Word com senha (mas que permita alteração do conteúdo do documento), que é substancialmente diferente de um documento assinado eletronicamente por um sistema que observe os termos da MP 2.200-2/2001, tanto nos termos do § 1º quanto nos do § 2º do art. 10, que é baseado em tecnologia que leva em consideração pontos de autenticidade, bem como que visa a manutenção da sua integridade." (ARRUDA ALVIM, José Manoel de; CUNHA, Ígor Martins da. As assinaturas eletrônicas no ordenamento jurídico brasileiro e a relevância da autonomia privada: uma breve análise da validade dos documentos eletrônicos à luz da MP 2.200-2/2001 e da Lei nº 14.063/2020. Revista de Processo, vol. 337, pp. 83-114, Mar / 2023, p. 5 da versão eletrônica). No mesmo texto, conferir as diversas modalidades de assinatura digital já incorporadas por lei, classificadas pelos autores conforme o grau de segurança (idem, p. 12 da versão eletrônica).

31 A variação da credibilidade – e até mesmo a possível incompreensão do funcionamento dos documentos digitais – tem gerado posicionamentos múltiplos sobre a eficácia probatória do documento digital. Apenas para nos atermos ao âmbito contratual, há documentos digitais que, com base no disposto no art. 784, III, do CPC – antes mesmo da inclusão do § 4º pela Lei nº 14.620/2023 – , foram considerados títulos executivos extrajudiciais pela doutrina e pelos tribunais. Para o STJ, independentemente da alteração empreendida no CPC (pela Lei nº 14.620/2023), (STJ, REsp 1.495.920/DF, 3ª T. j. 15.05.2018, rel. Min. Paulo de Tarso Sanseverino, *DJe* 07.06.2018) a certificação e a autenticação do título eletrônico já dispensava a presença e a assinatura de duas testemunhas. Sobre o tema, cf. COSTA, Rosalina Moitta Pinto da; AZEVEDO JÚNIOR, Manuel Albino Ribeiro de. A Executividade Dos Contratos Eletrônicos: A Análise do Posicionamento do Superior Tribunal de Justiça (STJ). Revista Eletrônica de Direito Processual. Ano 16, Volume 23. Número 2. Maio-Agosto de 2022. p. 1.201; ARRUDA ALVIM, Eduardo; SANTOS, Rosane Pereira

juiz no momento da valoração da prova documental, o que não exclui a análise das peculiaridades do caso. Se por um lado, a aposição de assinatura na forma tradicional e digitalização posterior do documento não constitui aprioristicamente um critério seguro de autenticidade, a necessidade de prova da assinatura pode ser suprida pela falta de impugnação de sua veracidade. De outra parte, uma assinatura digital considerada altamente segura pode ser alvo de impugnação se, por exemplo, o pretenso signatário demonstrar que teve seu *token*, senhas e dispositivos eletrônicos vulnerados.

Há, ainda, documentos digitais que não se concluem necessariamente com a encriptação e autenticação digital, pois estão inseridos numa plataforma ou sistema, em que eventualmente pode ser possível a utilização de ferramentas que permitem a sua edição (por exemplo, os documentos compartilhados e editados em *drives* – como os "*google docs*" –, os históricos escolares inseridos em sistemas de determinadas instituições públicas e privadas, os prontuários médicos eletrônicos[32] e até mesmo os sistemas de registros contábeis armazenados de forma eletrônica). Nesses casos, o nível de credibilidade será variável conforme o sistema, e a análise da eficácia do documento demandará, muitas vezes, prova pericial.

Como já foi assinalado, no tocante aos documentos escritos que protegidos por criptografia e/ou assinados por meio das autoridades credenciadas por lei – a exemplo do ICP – Brasil (MP 2.200-2/2001) –, a tendência é a atribuição de presunção de autenticidade (que, a depender do caso, englobará também a presunção de integridade) do documento, ressalvada a prova capaz de afastar a validade do sistema (p. ex., comprovação de utilização indevida de senhas ou *tokens)*.

Por outro lado, alguns documentos digitais – como vídeos, fotografias, áudios e mensagens – não estão sujeitos a qualquer padronização, o que não lhes retira o valor probatório.

dos; CUNHA, Ígor Martins da. Títulos executivos extrajudiciais eletrônicos. *op. cit.*, no prelo, sem paginação. A atual redação do § 4º do art. 784 do CPC é a seguinte: "§ 4º Nos títulos executivos constituídos ou atestados por meio eletrônico, é admitida qualquer modalidade de assinatura eletrônica prevista em lei, dispensada a assinatura de testemunhas quando sua integridade for conferida por provedor de assinatura."

32 Cf. este e outros exemplos em PAULA RAMOS, Vitor de, *op. cit.*, pp. 118-120 e *passim*.

A força probatória do documento eletrônico pode variar de acordo com a própria credibilidade dos mecanismos de segurança que envolvem a elaboração, armazenamento, transmissão e veiculação deste meio de prova,[33] que devem ser compreendidos pelo magistrado – se necessária, a partir de esclarecimentos técnicos.

Todavia, é relevante salientar que a valoração do documento não recai exclusivamente da credibilidade do meio digital; é de suma importância a compreensão do conteúdo e do contexto em que produzido o documento digital.

Documentos digitais consistentes em reproduções de áudio, vídeo e fotografias podem suscitar conhecimentos complementares, pois provocam distorções interpretativas em geral desconhecidas. Nesse passo, concordamos com a posição de Vitor de Paula Ramos,[34] no sentido da impropriedade da classificação dos documentos como diretos e indiretos, como se estes fossem insuscetíveis de interpretação.

Como já advertimos noutra oportunidade,[35] com amparo nos estudos de Elizabeth Porter, a imagem possui natureza fluida, emocional, subjetiva e não linear, não podendo ser comparada a uma "janela para a realidade".[36]

---

33 No mesmo sentido: CABRAL, Antonio do Passo, *op. cit., passim.*

34 Op. cit., pp. 43; 49-50 56 e 135, com diversos exemplos práticos. Na última página citada, o autor observa: "Uma distinção bastante antiga é aquela entre documentos ditos *diretos*, como a fotografia, e documentos ditos *indiretos*, como o desenho. Em primeiro lugar, a ideia de que documentos como a fotografia seriam *diretos* me parece um equívoco, pois levaria à impressão de que a fotografia conteria um sentido direto, unívoco e 'transparente', não necessitando de intérpretes, contextos etc. Como se fosse possível simplesmente ver a fotografia, a filmagem, e (como aparece na jurisprudência) 'ver' 'demonstrado' diretamente um fato, um nexo de causalidade, ou quem causou incidente. A realidade, entretanto, é bastante diversa: como desenvolvido em maiores detalhes no item específico a respeito de documentos com indexicalidade, não há documentos que possam ser *diretos,* pois a própria ideia de *signo* remete a um sentido que não está integralmente no signo, dependendo também do intérprete e, com isso, determinando a necessidade de que esse seja interpretado".

35 GUEDES, Clarissa Diniz; FARDIM, Giulia Alves; RICCIO, Vicente. O reconhecimento criminal de pessoa a partir de vídeo de vigilância. *Revista eletrônica de direito processual.* V. 23, nº 1, 2022, disponível em: https://www.e-publicacoes.uerj.br, acesso em 23.6.2023.

36 PORTER, Elizabeth G. Taking images seriously. Columbia Law Review, vol. 114, pp. 1687-1782, 2014, especialmente p. 1753.

A correta valoração do documento digital pressupõe, portanto, um procedimento epistemologicamente orientado à compreensão das dinâmicas de elaboração e interpretação das diversas modalidades deste gênero. Somente será valorado devidamente o documento digital cujos aspectos extrínsecos (autenticidade e integridade) e intrínsecos (conteúdo) tiverem sido contrastados com outros meios de prova e, principalmente, se estes tiverem sido alvo de *metaprova* – isto é, de prova sobre a própria prova[37] a partir, por ex., da análise pericial do suporte digital, do meio tecnológico que armazena ou veicula o documento e, até mesmo, de interpretação de seu conteúdo por um *expert*.

7. Considerações Finais

Passadas mais de duas décadas da publicação do artigo do Professor José Rogério Cruz e Tucci, mencionado na introdução deste texto, o panorama que se apresentou para os documentos eletrônicos em geral não destoa, absolutamente, daquilo que já constatava o autor: "as técnicas de certificação disponíveis na atualidade permitem garantir razoável segurança", principalmente, como era o caso do tema tratado, nos casos do comércio eletrônico e nas transações feitas com instituições financeiras.[38]

E, de fato, já nos habituamos a reconhecer como seguras as transações virtuais, assim como nos são extremamente úteis as formas de comunicação e de difusão do conhecimento por estas vias.

Resta, contudo, o grande desafio de reconhecer os casos, também enunciados pelo autor, em que é necessária a produção de outros meios

37 "A prova sobre a prova [...] pressupõe um controle sobre a confiabilidade das provas existentes, que as confirme ou as infirme. Trata-se de provas que não versam direta nem indiretamente sobre os fatos do caso, mas sobre outras provas, sendo essenciais em muitos casos para a correta valoração individual da prova, com vistas a determinar o grau de confiabilidade que oferece" (FERRER BELTRAN, Jordi. *Valoração racional da prova.* Tradução Vitor de Paula Ramos. Salvador: Jus Podivm, 2021, p. 130). Sobre os aspectos conceituais da metaprova v. entre nós, com vasta bibliografia, SALGADO, Daniel Resende. *A metaprova no processo penal:* seu perfil conceitual e funcional e o controle racional da fiabilidade da prova. Salvador: Jus Podivm, 2023, especialmente capítulo 2, pp. 176 e s.

38 CRUZ E TUCCI, José Rogério. A eficácia probatória dos contratos celebrados pela *internet.* In: DE LUCCA, Newton; SIMÃO FILHO, Adalberto. Bauru: Edipro, 2000, *Direito e internet:* aspectos jurídicos relevantes. 2000, pp. 273-281.

de prova, com ênfase para a prova pericial, nas situações em que os métodos de certificação não existam, sejam inseguros ou insuficientes. Apenas a título de exemplo, a jurisprudência do STJ[39] sobre o tema, reconhecendo o amplo debate ainda pendente sobre a validade da comunicação dos atos processuais via *"whatsapp", "instagram"* e outras redes sociais, pode ser uma boa amostra desta necessidade.

E mais, como se buscou pontuar ao longo do texto, seria ingenuidade imaginar que as questões sobre os documentos digitais estejam próximas de ser solucionadas. Ao lado de tudo o que se falou, uma nova realidade se descortina, com toda a sofisticação propiciada pela inteligência artificial generativa (*deepfakes* que manipulam imagens e sons). Nos dias atuais, é nítida a necessidade de explorar e compreender os impactos dessas tecnologias.

Com o viés retrospectivo, e para aqueles que vivenciaram a virada tecnológica, é possível compreender o caráter significativo daquela contribuição sobre um tema que era pouquíssimo debatido a fundo. Mesmo que as tecnologias ali tratadas já se tenham incorporado às nossas relações sociais, novos debates surgem, dia a pós dia.

Essa é uma pequena amostra do caráter inovador e comprometido do trabalho desenvolvido pelo Professor José Rogério Cruz e Tucci. É a demonstração de que a erudição e o conhecimento andam juntos com a generosidade, a intenção de trazer questões relevantes e efetivamente contribuir para o Direito e para a vida das pessoas.

Registro, aqui, minha gratidão ao Professor José Rogério Cruz e Tucci pelas portas e caminhos que abriu – e continua abrindo – na minha vida pessoal e na de tantos colegas. E minha imensa admiração pelo impacto de sua contribuição – ainda em curso – para o Direito Processual brasileiro.

39 Cf. STJ, 5 T., HC 641.877 – DF, rel. Min. Ribeiro Dantas, j. 09.03.2021, DJe 15.03.2021; STJ, REsp 2.045.633 (citação por *whatsapp* considerada válida, à luz da ciência inequívoca); REsp 2.026.925/SP, 3ª T., rel. Min. Nancy Andrighi, j. 8/8/2023, *DJe* 14.8.2023 (decidiu pela ilegalidade das normativas internas dos tribunais que estabelecem a comunicação e publicização dos atos processuais por meio de redes sociais).

CESSÃO DE CRÉDITOS SOB O ENFOQUE DO DIREITO PROCESSUAL CIVIL

Cláudio Mauro Henrique Daólio[1]

I. Considerações iniciais

Ao receber o convite do caríssimo professor Heitor Sica para participar de obra coletiva em homenagem ao não menos prezado professor José Rogério Cruz e Tucci, senti-me extremamente honrado. Afinal, seria mais uma oportunidade de expressar a enorme gratidão ao mestre por todos os ensinamentos, desde o já distante ano de 2004, quando do ingresso nos cursos de pós graduação.

Além da alegria de fazer parte desse importante trabalho, o convite trazia consigo o enorme desafio de estar ao lado de outros orientandos do professor Tucci, extremamente qualificados, que exercem grande influência sobre os atuais estudos de direito processual civil.

Para essa empreitada, decidi consultar as anotações das conversas mantidas em 2014, quando da elaboração do projeto de qualificação para ingresso no curso de doutorado.

Naquela oportunidade, o professor Tucci ressaltava a preocupação com a celeridade na entrega da prestação jurisdicional, como forma de implementar a garantia do artigo 5º, inciso LXXVIII, da Constituição da República. No contexto das discussões do Novo Código de Processo Civil, propunha o desafio de apresentar alternativas para que a participação efetiva de todos os atores pudesse influenciar no resultado útil do processo, que *"não é mais nem 'coisa do juiz' nem 'coisa das partes'; ele é às vezes coisa do juiz, porque a jurisdição é um serviço público que implementa uma função estatal; e coisa das partes porque o processo põe em causa interesses privados, os quais o juiz é chamado a decidir"*[2].

Foi dentro desse contexto de valorização da autonomia da vontade frente ao caráter cogente e indisponível das relações processuais que se desenvolveram os trabalhos de elaboração da tese de doutorado.

---

1 Mestre e Doutor em Direito Processual Civil pela FDUSP. Advogado

2 Loïc Cadiet. Prefácio à obra de Antônio do Passo Cabral. *Convenções Processuais.* Salvador: Jus Podivm, 2016. p. 12.

No entanto, desde então, não parece ter havido grande avanço, no que diz respeito à maior efetividade na entrega da prestação jurisdicional[3]. Apesar dos esforços e do empenho nas reformas, especialmente na digitalização de processos, remanesce a impressão de que o trâmite processual continua mais longo do que se espera[4].

Diante desse cenário, e a partir da prática forense, é possível observar certa tendência de aumento nos casos de cessão de créditos litigiosos, que passaram a atrair a atenção da indústria de fundos de investimentos em direitos creditórios. Esse foi o tema escolhido para esse breve estudo.

A partir da análise das características da cessão de créditos, como negócio jurídico material, pretende-se abordar a hipótese especial de cessão de créditos litigiosos, procurando tratar dos principais efeitos processuais, por ela irradiados, com especial enfoque na questão da legitimidade *ad causam* e dos efeitos provenientes das decisões judiciais.

II. A cessão de créditos

A cessão de crédito destina-se, precipuamente, à transmissão de situação jurídica ativa, no âmbito de determinada relação jurídica. Transfere-se a titularidade da relação obrigacional, como forma de possibilitar a circulação do crédito.

Disciplinada pelos artigos 286 a 298, do Código Civil, e inserida no capitulo da transmissão das obrigações, a cessão não se confunde com o negócio jurídico que deu origem ao crédito cedido.

Com efeito, os contratos são distintos, com partes diferentes e efeitos diversos: o terceiro em relação à obrigação originária é denominado

3 De acordo com a lição de Sandro Gilbert Martins, *tem-se efetividade processual quando se observa que o processo foi eficaz no sentido social, ou seja, quando o processo proporciona a efetiva (concreta) paz social, mediante a justa composição em relação ao bem da vida controvertido; vislumbrando-se que a tutela jurisdicional proporcionada é dotada de utilidade ao direito que condicionou sua produção"* (*Processo, Procedimento e Ato Processual – o plano da eficácia*. Rio de Janeiro: Elsevier. 2012. p. 101).

4 De acordo com o relatório *Justiça em Números 2002*, divulgado pelo Conselho Nacional de Justiça, os processos digitais representaram 97,2% de todos os casos ajuizados, com tempo médio de tramitação de 3,3 anos (Disponível em https://www.cnj.jus.br/wp-content/uploads/2022/09/justica-em-numeros-2022-1.pdf. Acesso em 13 de junho de 2023).

cessionário e passa a ser titular do crédito cedido; o credor originário, que delega o crédito, é chamado *cedente*. O devedor originário, por sua vez, não figura como parte no negócio jurídico de cessão, que se aperfeiçoa independentemente da sua manifestação de vontade[5].

O credor pode ceder o crédito que detém, se a isso não se opuser a natureza da obrigação, a lei, ou eventual convenção celebrada com o devedor. Nesse caso, a cessão opera-se a partir da convergência de manifestações de vontade do credor originário (*cedente*) e daquele que passará a exercer a titularidade da situação jurídica ativa (*cessionário*). De outra sorte, havendo cláusula proibitiva de transferência, esta não poderá ser oposta ao cessionário de boa-fé, se não constar do instrumento obrigacional (artigo 286, do Código Civil).

Em monografia sobre o tema, Gustavo Haical afirma que *"a cessão, além do crédito transferido, abarca direitos, pretensões, ações e situações jurídicas conexas"*[6]. Caberá às partes a definição da amplitude da cessão, bem como a definição da natureza da contraprestação, nas hipóteses de cessão onerosa.

No entanto, é importante frisar que a natureza e o fato constitutivo do crédito cedido não se alteram em decorrência da cessão pactuada, como já teve oportunidade de decidir o Plenário do Supremo Tribunal Federal, ao julgar recurso extraordinário com repercussão geral[7]:

> "A cessão de crédito não implica alteração da natureza. Desse modo, a cessão não altera a natureza do precatório, podendo o cessionário gozar da preferência de que trata o § 1º do art.

5 Em reforço desse posicionamento, as lições de Felipe Braga Netto e Nelson Rosenvald: *"A cessão de crédito envolve três personagens e dois consentimentos: o cedente é aquele que transfere total ou parcialmente o seu crédito; o cessionário, aquele que o adquire, preservando a mesma posição do cedente; o cedido será o devedor, que terá, a partir da cessão, de adimplir a obrigação em favor do cessionário. Importante observar que a vontade do cedido não participa da validade do negócio jurídico, pois ele não desfruta de legitimidade para se opor à trans- missão do crédito, pois, em regra, a modificação da pessoa do credor não lhe acarreta prejuízo, à medida que a prestação que terá de cumprir objetivamente se mantém idêntica."* (*Código Civil Comentado*. 2ª edição revista, atualizada e ampliada. Salvador: JusPodivm, 202, p. 410.

6 HAICAL, Gustavo. Cessão de crédito. São Paulo: Saraiva, 2013, p. 31.

7 Recurso Extraordinário nº 631.537, Rel. Ministro Marco Aurélio, julgado em 22/05/2020. Repercussão Geral – Tema 361 (Info 980).

100 da Constituição Federal, quando a origem do débito assim permitir, mantida a posição na ordem cronológica originária."

Em declaração de voto por ocasião da sessão de julgamento do referido precedente, o Ministro Alexandre de Moraes fez questão de consignar que eventual cessão ou transferência de titularidade não modifica a natureza do crédito em questão. De acordo com o entendimento, que acabou seguido pelos demais Ministros da Corte, *"(...) não havendo nenhuma objeção prevista no ordenamento jurídico, o cessionário, ao adquirir o crédito, assume o lugar do cedente; se esse faz jus a título de natureza alimentícia, não cabe ao Poder Judiciário, ou mesmo à parte devedora, alterar essa característica intrínseca à ordem de pagamento".*

Assentadas essas premissas, e a teor do disposto no artigo 104, do Código Civil, a cessão de crédito deve ser específica, firmada por agentes capazes, dispondo sobre objeto lícito, possível, determinado ou determinável. Deve, ainda, observar a forma prevista ou não defesa em lei, sujeitando-se, pois, aos mesmos requisitos de validade dos demais negócios jurídicos.

Entretanto, o artigo 290, do Código Civil, estabelece importante condição, no sentido de que *"a cessão do crédito não tem eficácia em relação ao devedor, senão quando a este informada; mas por notificado se tem o devedor que, em escrito público ou particular, se declarou ciente da cessão feita".* Verificando-se essa hipótese, a cessão de créditos continuará válida entre as partes que manifestaram a vontade de contratar, mas não poderá ser oponível aos terceiros, que do negócio jurídico de cessão não participaram, ou mesmo tomaram conhecimento[8].

Não se exige a concordância do devedor, mas tão somente a cientificação, para que a cessão produza todos os efeitos pretendidos pelas partes, também em relação a ele[9]. A notificação do devedor é, portanto,

8 "A jurisprudência do STJ é no sentido de que a ausência de notificação do devedor sobre a transferência do crédito não tem o condão de isentá-lo da obrigação, mas tão somente de desobrigar o devedor que tenha prestado a obrigação ao cedente de fazê-la novamente ao cessionário." (Superior Tribunal de Justiça, Quarta Turma, AgInt no AREsp n. 1.233.425/MT, Rel. Ministro Luis Felipe Salomão, DJe 15/05/2018).

9 *"A ausência de notificação ao devedor mantém a cessão perante ele ineficaz. Contudo, o cessionário, desde a conclusão da cessão, já é, perante o devedor, o titular do crédito cedido. Por isso, pode praticar, de modo legítimo, conforme preceitua o art. 293 do Código Civil, todos os atos em prol da satisfação e conservação de seu crédito,*

fator de extensão da eficácia do negócio jurídico de cessão de crédito entabulado entre cedente e cessionário[10].

A previsão de cientificação do devedor tem o fim precípuo de prevenir o cumprimento indevido da prestação contratual, relacionando-se à eficácia liberatória do pagamento. De acordo com recente entendimento do Superior Tribunal de Justiça, *"(...) nos termos do artigo 290 do Código Civil, a ausência de notificação apenas impede a eficácia da cessão em relação ao devedor em caso de pagamento ao credor originário, hipótese a qual não se encontra presente nos autos em análise, bem como não exime o devedor da obrigação de arcar com a dívida contraída"*[11].

Conclui-se, pois, que, não notificado o devedor, o pagamento ao credor originário produzirá regulares efeitos, sendo certo que a cientificação representa ônus do interessado (cedente/cessionário), sem qualquer influência sobre a validade da cessão de crédito entabulada, como ensina Hamid Charaf Bdine Jr:

> "A lei não impõe forma especial às cessões, que são negócios não solenes e consensuais, mas, para que ela seja eficaz em relação a terceiros, exige que a cessão seja celebrada mediante instrumento público ou particular, com os requisitos do art. 654, § 1º, do CC. Prevê a ineficácia da cessão em relação a terceiros se ela não for celebrada dessa forma, substituindo a expressão 'não vale' do art. 1.067 do CC/1916. É que a validade do negócio diz respeito apenas à relação estabelecida entre as partes que celebram a cessão. Os efeitos da cessão em relação a terceiros são irrelevantes à validade dela. A razão de o sistema legal condicionar a eficácia da cessão em relação a terceiros à existência de um instrumento público ou particular é a necessidade de os terceiros poderem conhecer sua existência.

por exemplo, a cobrança. Destarte, não pode ser considerado ato ilícito o ato praticado pelo cessionário de inscrever o devedor ainda não notificado da cessão nos órgãos de proteção ao crédito". HAICAL, Gustavo. Ob. cit, p. 30.

10 O professor Carlos Alberto Alvaro de Oliveira, ainda sob a égide do Código Civil de 1916, já afirmava que *"a questão da notificação ou não da cessão ao devedor (C. Civil, art. 1.069), condição de eficácia no plano do direito material, é sem alcance prático". Alienação da coisa litigiosa.* 2ª ed., Rio de Janeiro: Forense, 1986, p.127.

11 AgInt. no AREsp 1.320.037/RS, Quarta Turma, Rela. Ministra Maria Isabel Gallotti, DJe 03/03/2020.

No entanto, tal exigência não basta para que terceiros tenham conhecimento da cessão se não for atendida a regra do art. 221 do CC, que condiciona a produção dos efeitos ao registro no cartório competente.

(...)

Atualmente, sem o instrumento público ou particular com os requisitos mencionados no § 1º do art. 654 do CC, não é possível que ele produza efeitos em relação a terceiros. O registro no órgão competente, contudo, permitirá que se presuma seu conhecimento em caráter absoluto. Inexistindo o registro, a prova do conhecimento dependerá do exame de cada situação concreta. Mais uma vez, o dispositivo indica que a validade do negócio jurídico resulta do consenso entre cedente e cessionário, pois somente a produção dos seus efeitos perante terceiros é que fica condicionada à existência de instrumento apropriado, ou seu registro."

(...)

"Embora seja terceiro em relação à cessão, que se aperfeiçoa sem seu consentimento (ver comentário ao art. 288), o certo é que a eficácia do negócio em relação ao devedor depende de sua notificação, ou de que declare conhecê-la em instrumento público ou particular, ainda que não elaborado com esse objetivo específico, pois a lei não faz tal exigência. Na maioria dos casos, a cessão de crédito pode ser celebrada sem forma solene, mas em sede doutrinária foi discutido se ela se aperfeiçoa sem a notificação do devedor. O exame da questão tinha maior relevância na vigência do CC/1916, cujo art. 1.069 afirmava a invalidade da cessão até a notificação. No entanto, parte da doutrina e da jurisprudência já afirmava que a expressão 'não valerá' equivalia a 'não será eficaz' (AZEVEDO, Antonio Junqueira de. *Negócio jurídico, existência, validade e eficácia*. São Paulo: Saraiva, 2000, p. 54-5). A legislação em vigor deixou evidente que apenas a eficácia da cessão em relação ao devedor dependerá de sua ciência. Tal conclusão se extrai não só do presente artigo, mas também dos arts. 288 e 293, que autorizam o cessionário a exercer atos conservatórios de seu direito independentemente do conhecimento do fato pelo devedor — o que só é possível porque se lhe reconhece o direito independentemente da notificação."[12]

Por fim, importa consignar que o artigo 293, do Código Civil, ressalva que *"independentemente do conhecimento da cessão pelo devedor, pode o cessionário exercer os atos conservatórios do direito cedido"*. O dispositivo legal corrobora a afirmação de que a cientificação do devedor não guarda relação com a validade da cessão de crédito, sendo certo que sua inexistência não impede a adoção de medidas de cobrança[13].

Feitas essas considerações, voltadas a explicitar os principais contornos do negócio jurídico de cessão de créditos, passa-se a analisar a hipótese particular de transferência de créditos ou de direitos litigiosos.

III. A cessão de créditos litigiosos

De início, cumpre esclarecer que a cessão de créditos litigiosos não deixa de ser cessão de créditos. A aparente obviedade dessa construção destina-se a infirmar importante premissa desse tópico, qual seja, a aplicabilidade das normas gerais que regem o negócio jurídico de cessão também aos casos em que o crédito venha a ser objeto de questionamento judicial.

A esse respeito, são precisas as lições de Carlos Alberto Alvaro de Oliveira, para quem *"(...) o direito litigioso está no limite, digamos assim, entre o direito material e o processo: é o fenômeno (o da alienação) que se passa no plano do direito material, regido então pelo direito material, mas que vive só no processo, onde tende a repercutir. E essa vivência no processo é muito específica, para não dizer original, em razão da incerteza que a demanda judicial traz junto a si [...]"*[14].

Há que se ter em mente, portanto, o regramento do negócio jurídico material de cessão, para, a partir dele, buscar identificar as principais

12 *Obrigações*. In: PELUZO, Cezar (coord.). *Código civil comentado: doutrina e jurisprudência*. 16ª edição. Barueri: Manole, 2022, pp. 226 e segs.

13 A esse respeito: Superior Tribunal de Justiça, Terceira Turma, AgInt no REsp 1.935.154/MT, Rel. Ministro Marco Aurélio Bellizze, DJe 21/02/2022.

14 OLIVEIRA, Carlos Alberto Alvaro de. Ob. cit., p. 32.

implicações da alienação de crédito litigioso[15], no âmbito das relações processuais.

A cessão de determinado bem ou crédito, objeto de litigio, é expressamente autorizada pelo artigo 109, do Código de Processo Civil. Há, ainda, previsão similar no artigo 778, parágrafo primeiro, do Código de Processo Civil, ao estabelecer que o cessionário poderá promover ou prosseguir na execução, *"quando o direito resultante do título executivo lhe for transferido por ato entre vivos".*

Desse modo, parece claro que o legislador processual optou por consagrar a possibilidade de transmissão de situações jurídicas ativas, ainda que estejam sob questionamento judicial[16], criando modelo de negócio jurídico típico, que tem objeto marcado pela litigiosidade. Apropriou-se, assim, da cessão de créditos, consagrando a livre transmissibilidade dos direitos questionados judicialmente e disciplinando os efeitos processuais, que dela poderiam advir.

Em outras palavras, tem-se que as partes negociam sobre determinados aspectos de relação jurídica material, que se encontra pendente de deliberação judicial. Materializada a cessão, o cedente transmite ao cessionário as situações jurídicas de que é titular, em decorrência do fato de figurar como parte do litígio: direitos, deveres, garantias, ônus, exceções e faculdades.

Entretanto, de acordo com a regra do artigo 109, do Código de Processo Civil, a cessão do crédito litigioso não altera a legitimidade das

---

15 *"Litigiosidade (Streitbefangenheit) é o estado processual e sujeição aos efeitos do julgamento da demanda. Coisa, por seu turno, não é apenas a coisa dos direitos reais, mas tudo aquilo que pode ser objeto de uma pretensão processual: coisas corpóreas ou incorpóreas, créditos, interesses juridicamente tuteláveis, etc. Daí por que coisa litigiosa (tradução literal do latim res litigiosa, pelo alemão Streitsache) é o objeto sobre o qual litigam as partes em determinado processo (o 'objeto da controvérsia', como sintetiza Fredie Didier Jr.)".* BENEDUZI, Renato. *Comentários ao Código de Processo Civil*, vol. II. São Paulo: Revista dos Tribunais, 2016, p. 186.

16 *"Apesar de o direito litigioso ou contestado ter um valor económico inferior a um outro, de conteúdo idêntico, mas não contestado judicialmente, nada obsta a que aquela situação jurídica seja transaccionada. Deste modo, pode existir um interesse legítimo e sério na transmissão de um direito litigioso. Ora, este interesse merece protecção, pelo que os ordenamentos processuais instituem, não uma proibição, mas uma permissão de transmissão, tutelando-se, deste modo, tanto o interesse do transmitente, como os interesses do tráfego jurídico"* (SILVA, Paula Costa e. *A transmissão da coisa ou direito em litígio. Contributo para o estudo da substituição processual.* Coimbra: Coimbra Editora, 1992, p. 93).

partes: o cedente permanecerá sendo considerado parte legítima para discutir o crédito cedido, ainda que tenha delegado a sua titularidade, por ato de vontade[17]. Parece haver certa incongruência entre efeitos materiais e processuais, a partir da preservação da legitimidade do cedente para defesa judicial do crédito cedido.

Contudo, melhor análise permite afirmar que, após a cessão, a legitimação do cedente passa de ordinária a extraordinária, uma vez que *"o alienante, em virtude da transferência, continua como parte processual em decorrência de uma legitimação extraordinária, até a inserção do sucessor, com poderes para conduzir o processo, mas não mais como destinatário dos efeitos materiais do provimento jurisdicional (art. 42, §3º)"*[18].

Preservam-se, assim, os atos processuais já praticados, como forma de impedir que a cessão do direito litigioso venha a ocasionar a extinção do processo, assegurando-se a continuidade do tramite processual e a preservação dos atos já praticados. Essa preservação também beneficia o devedor, que não foi parte da cessão, evitando que se submeta a diversos processos para discutir o mesmo crédito.

O cessionário, por sua vez, passa a ser titular de legitimidade *ad causam* ordinária e superveniente, decorrente da trasladação do crédito ou do direito litigioso, seja ela gratuita ou onerosa.

No entanto, não poderá ele ser compelido a ingressar no processo, salvo no caso de manifestação de vontade expressa e livre, que poderá se instrumentalizar por meio de sucessão (na hipótese do parágrafo primeiro, do artigo 109, do Código de Processo Civil), ou intervenção (na

---

17 Além disso, o fato é que o cedente continuará a responder, em relação ao cessionário, pela existência do crédito cedido ao tempo da cessão, mesmo não podendo ser compelido a responder pela solvência do devedor, salvo se houver estipulação em contrário (art. 296 do Código Civil). A esse respeito, ensina Caio Mario da Silva Pereira que *"na ausência de estipulação, o cedente responde tão somente pela veritas nominis, isto é, fica responsável ao cessionário pela realidade da dívida, ou seja, pela existência do crédito ao tempo da cessão. E isto mesmo na cessão a título oneroso, porque, embolsando o correspectivo da cessão, traz lesão ao cessionário se a dívida a esse tempo já não existe. Se não existir o crédito cedido, terá recebido sem causa uma quantia ou coisa, o que terá como consequência a obrigação de restituir, fundada na teoria do enriquecimento sem causa. Se, porém, ela vier a se extinguir após a transferência, é a risco do cessionário".* (*Instituições de Direito Processual, Instituições de Direito Civil: Teoria Geral das Obrigações*, vol. II. 33ª edição. Rio de Janeiro: Forense, 2022, p. 378).

18 DE OLIVEIRA, Carlos Alberto Alvaro. Ob. cit., p. 197.

hipótese do parágrafo segundo, do artigo 109, do Código de Processo Civil).

A esse respeito, cumpre esclarecer que eventual inércia do cessionário - que deixe de postular a sucessão ou intervenção - não representa nenhuma ofensa à boa fé processual, nem mesmo pode dar ensejo à condenação por litigância de má fé, ou prática de ato atentatório à dignidade da Justiça. Por se tratar de faculdade, não há que se falar em aplicação de sanção ao cessionário que permanece inerte.

A sucessão do cedente pelo cessionário depende da concordância do devedor, que, como parte adversa, deve manifestar vontade nesse sentido. Aqui, vale destacar a marcante diferença: enquanto no negócio jurídico típico exige-se a mera cientificação do devedor, para que se opere a sucessão, no plano processual, há necessidade de expressa anuência do devedor, que não pode ser compelido a litigar com quem não manteve nenhuma espécie de relação jurídica [19].

Não se exige concordância do cedente, que, em princípio, não teria motivos para se opor à sucessão, uma vez que já manifestou a vontade de ceder o direito litigioso. Além disso, havendo sucessão processual, o cedente sucedido pode remanescer no processo, como assistente simples do cessionário.

Caberá ao Juízo competente, em que se processa o litigio, aferir a correta observância dos pressupostos da sucessão processual: a ocorrência da cessão, a exteriorização de vontade do cessionário e do devedor, bem como a preservação dos interesses em contraposição. A mesma conclusão pode ser aplicada ao procedimento arbitral, cabendo tal análise aos árbitros, ainda que com maior critério, para levar em consideração todos os limites e cláusulas estabelecidos na convenção de arbitragem.

Importa consignar que a eventual recusa do devedor não pode ser materializada de maneira imotivada, cabendo ao Juiz a valoração especifica dos argumentos invocados em oposição à sucessão processual, sempre sob o crivo do contraditório e da ampla defesa.

Os possíveis fundamentos para oposição do devedor são enunciados por Carlos Alberto Alvaro de Oliveira, para quem *"são justos motivos*

19 A anuência exigida para a fase de conhecimento não se aplica aos processos de execução, a teor das expressas disposições do artigo 778, parágrafo segundo, do Código de Processo Civil. Essa é a única diferença quanto aos efeitos da cessão de crédito litigioso em sede de execução, sendo aplicáveis todas as demais regras estabelecidas no artigo 109, do Código de Processo Civil.

para a recusa de parte do adversário: a inexistência ou falsidade do ato de transmissão; o se tratar de direito intransmissível, segundo o direito material; o perigo de não ser possível obter do sucessor o reembolso das despesas processuais e o pagamento da verba honorária decorrente da sucumbência; ou de modo geral, se a substituição vem agravar, de alguma maneira, a posição da parte contrária"[20].

Se acolhidas as razões de discordância do cessionário, este poderá ingressar no feito, na qualidade de assistente litisconsorcial do cedente, como forma de assegurar a marcha processual, rumo à resolução do objeto litigioso. Nessa hipótese, se estará diante de litisconsórcio unitário, a exigir solução idêntica a todos os litisconsortes, que partilham o direito litigioso cedido.

Uma vez formalizada a sucessão processual, o cessionário sucessor ingressa no feito no estado em que se encontra, vinculando-se aos atos processuais anteriores, que não são atingidos pelo fenômeno.

Em se tratando de cessão parcial de direito litigioso, as conclusões anteriormente enunciadas aplicam-se somente em relação à parcela cedida, permitindo-se o ingresso do cessionário e remanescendo o cedente na relação processual, na qualidade de legitimado ordinário, quanto à fração do direito litigioso ainda retida em sua esfera patrimonial.

Tal situação é bastante comum em hipóteses de cessão de direitos litigiosos no âmbito da Justiça do Trabalho, remanescendo a legitimidade do cedente para persecução do cumprimento de obrigações previdenciárias, enquanto o cessionário passa a buscar o pagamento do crédito devido pelo reclamado.

Em síntese, o cessionário poderá requerer o ingresso no feito, na qualidade de sucessor processual, que dependerá de concordância da parte contrária, na fase de conhecimento. Poderá, ainda, intervir como assistente litisconsorcial do cedente, independentemente de concordância do devedor, ou mesmo não adotar nenhuma medida concreta no âmbito do processo, aguardando a resolução do objeto litigioso[21].

20 Ob. cit., p. 190.

21 *"Além disso, em todo o caso, o cedente poderia continuar a conduzir o processo em nome próprio e uma vez obtida a sentença no processo de conhecimento, tornar e eficaz a cessão mediante notificação ao devedor. Finalmente, a não-notificação não produz qualquer ineficácia entre o cedente e o cessionário, permitindo a sucessão no plano do direito material".* OLIVEIRA, Carlos Alberto Alvaro de. Ob. cit., p. 127.

Em qualquer uma dessas hipóteses, a decisão judicial que venha a solucionar o objeto litigioso produzirá efeitos perante o cessionário, a teor de expressa disposição do artigo 109, parágrafo terceiro, do Código de Processo Civil.

Conforme já mencionado anteriormente, estará o cessionário não apenas vinculado aos atos processuais já praticados e decisões já proferidas ao longo do tramite processual, mas também se submeterá à decisão final, tenha ele tomado parte na relação processual, ou não.

A eventual coisa julgada, que venha a imunizar a solução conferida ao litígio, repercutirá na esfera jurídica do cessionário, independentemente de ter exercido o ônus de ingressar nos autos do processo e, de algum modo, influenciar a resolução da controvérsia. E nem poderia se admitir conclusão diferente, já que, ocorrida a cessão e mantidas as partes originais no processo, opera-se evidente hipótese de legitimação extraordinária.

A mesma conclusão acima enunciada aplica-se ao caso de vitória da parte adversária do cedente. Em tal hipótese, deverá o cessionário suportar os efeitos dessa decisão judicial, em todos os seus termos, uma vez que a incerteza quanto a determinados aspectos do direito ou do crédito era conhecida, quando da realização do negócio jurídico.

IV. Conclusão

Diante de todas as considerações, anteriormente formuladas, parece possível enunciar algumas conclusões. A primeira delas, relacionada ao negócio jurídico material de cessão de crédito, diz respeito à necessidade de observância das disposições do artigo 104, do Código Civil, cabendo as contratantes a definição dos limites e contornos das situações jurídicas, que pretendem trasladar.

Isso porque a cessão tem o condão de transferir ao cessionário, além do crédito em si, também direitos, garantias, pretensões, ações e exceções, que deixarão a esfera de direitos do cedente.

Cabe destacar, de outra sorte, que a notificação da transferência do crédito ao devedor está excluída do âmbito da validade do negócio jurídico, dizendo respeito, exclusivamente, ao campo da ampliação dos limites de eficácia. De fato, se o devedor não for notificado, não haverá comprometimento da validade da cessão de créditos, que continuará a produzir os seus regulares efeitos perante as partes contratantes, que a ela decidiram se submeter.

Especificamente sob o aspecto processual, o artigo 109, do Código de Processo Civil, traz disposições específicas quanto à disciplina das cessões de crédito ou de direitos litigiosos.

Merece destaque o fato do cedente não se tornar parte ilegítima para o prosseguimento da demanda, passando a deter legitimidade extraordinária. Além disso, o cessionário do crédito não pode ser considerado sujeito passivo de dever jurídico de ingressar na demanda, a título de sucessão processual ou intervenção de terceiro, na qualidade de assistente litisconsorcial. Trata-se de ônus processual, que, se for por ele exercido, ensejará a assunção do processo, no estado em que se encontra, preservando-se todos os atos anteriormente praticados, quando o cedente ainda ocupava um dos polos de relação processual.

Para que se complete o ingresso do cessionário, na fase de conhecimento, será necessária não mais a mera cientificação do devedor, mas a sua concordância específica. A eventual recusa, que sempre deverá ser motivada, ensejará a manutenção do cedente no polo passivo, permitindo-se o ingresso do cessionário na qualidade de assistente litisconsorcial. Tal exigência não se aplica, contudo, na fase de execução, que é disciplinada por norma específica, consignada no artigo 778, do Código de Processo Civil.

Em qualquer desses cenários, e independente da efetiva atuação no processo, ocorrerá a extensão subjetiva da eficácia da decisão, que venha a ser proferida. O cessionário estará a ela vinculado, por ter tomado parte do negócio jurídico de cessão de créditos ou direitos litigiosos.

A partir desse regramento, parece claro que o legislador procurou privilegiar a segurança jurídica e, ao mesmo tempo, incentivar as operações de natureza econômica. De fato, manteve os direitos litigiosos como bens passíveis de negociação, regulamentando e tornando claros os efeitos decorrentes de eventual cessão. Imaginando-se que tivesse feito opção contrária, bastaria ao devedor questionar judicialmente determinado débito, para obstar a realização de toda e qualquer operação de circulação de valores, a ele vinculada.

Além do mais, esta moldura legislativa acabou positivando modelo apto a proteger os interesses do cessionário - habilitado a intervir no processo originário e participar das discussões em contraditório, podendo influenciar a formação da decisão -, sem prejudicar o devedor, a quem restou assegurada a oposição à sucessão processual, ou mesmo a possibilidade de fazer valer a decisão proferida perante o cessionário inerte.

Exsurge evidenciada, assim, a proteção aos interesses de todos os sujeitos envolvidos, garantindo-se a estabilidade das relações processuais e dinamizando o tráfego de recursos econômicos. Tudo com o propósito de extrair do processo o melhor resultado possível, beneficiando o sistema processual como um todo.

Referências bibliográficas

BDINE JUNIOR, Hamid Charaf. *Obrigações*. In: PELUZO, Cezar (coord.). *Código civil comentado: doutrina e jurisprudência*. 16ª edição. Barueri: Manole, 2022.

BENEDUZI, Renato. *Comentários ao Código de Processo Civil*, vol. II. São Paulo: Revista dos Tribunais, 2016.

BRAGA NETTO, Felipe e ROSENVALD, Nelson. *Código Civil Comentado.* 2ª edição revista, atualizada e ampliada. Salvador: JusPodivm, 2022.

CABRAL, Antônio do Passo. *Convenções Processuais.* Salvador: Jus Podivm, 2016.

CONSELHO NACIONAL DE JUSTIÇA. *Justiça em números 2022.* Brasília: CNJ, 2022.

HAICAL, Gustavo. Cessão de crédito. São Paulo: Saraiva, 2013.

MARTINS, Sandro Gilbert. *Processo, Procedimento e Ato Processual – o plano da eficácia.* Rio de Janeiro: Elsevier. 2012.

OLIVEIRA, Carlos Alberto Alvaro de. *Alienação da coisa litigiosa.* 2ª ed., Rio de Janeiro: Forense, 1986.

SILVA, Paula Costa e. *A transmissão da coisa ou direito em litígio. Contributo para o estudo da substituição processual.* Coimbra: Coimbra Editora, 1992.

INEXISTÊNCIA DO NEGÓCIO JURÍDICO PROCESSUAL E SUA DECLARAÇÃO JUDICIAL

Daniel Gomes de Miranda[1]

1. Colocação do problema e referencial teórico

A produção doutrinária brasileira acerca dos negócios processuais, desde antes[2], mas notadamente depois da entrada em vigor do Código de 2015, tem-se mostrado crescente[3]. Essa produção, entretanto, parece focar, prioritariamente, alguns pontos de investigação, a saber: (i) a defesa da existência de negócios processuais, bem como sua categoriza-

---

1 Doutor em Direito Processual (USP). Mestre em Direito (UFC). Professor do Centro Universitário Christus (Unichristus). Membro do Instituto Brasileiro de Direito Processual - IBDP. Membro da Associação Norte e Nordeste de Professores de Processo - ANNEP. Advogado.

2 BARBOSA MOREIRA, José Carlos. Convenções das partes sobre matéria processual. In: *Temas de Direito Processual - Terceira Série*. São Paulo: Saraiva, 1984. TUCCI, Rogério Lauria. Negócio jurídico processual. *Enciclopédia Saraiva de Direito*. São Paulo: Saraiva, 1977, v. 54, pp. 190-192. GRECO, Leonardo. Os atos de disposição processual - primeiras reflexões. *Os poderes do juiz e o controle das decisões judiciais: estudos em homenagem à professora Teresa Arruda Alvim Wambier*. José Miguel Garcia Medina; Luana Pedrosa de Figueiredo Cruz; Luís Otávio Sequeira de Cerqueira; Luiz Manoel Gomes Junior (coord.). São Paulo: RT, 2008, pp. 290-304.

3 Basta verificar a profusão de teses, dissertações, artigos, ensaios e livros sobre o tema. De modo meramente exemplificativo: ALMEIDA, Diogo Assumpção Rezende de. *A contratualização do processo: das convenções processuais no processo civil*. São Paulo: LTR, 2015. CABRAL, Antônio do Passo. *Convenções Processuais*. Salvador: JusPodivm, 2016. DIDIER JÚNIOR, Fredie; NOGUEIRA, Pedro Henrique Pedrosa. *Teoria dos fatos jurídicos processuais*. Salvador: JusPodivm, 2012. ATAÍDE JÚNIOR, Jaldemiro Rodrigues. Negócios materiais e processuais - existência validade e eficácia - campos-variáveis e campos-dependentes: sobre os limites dos negócios jurídicos processuais. *Revista de Processo*. São Paulo: RT, nº 244, 2015.

ção dentre os fatos jurídicos[4]; (ii) a compatibilidade entre o publicismo processual e a autonomia privada no processo[5]; (iii) a existência de uma *"cláusula geral"* de negociação;[6] (iv) as espécies de negócios processuais lícitos, decorrentes da *"cláusula geral"* de negociação[7];

4 Exemplificativamente: TUCCI, Rogério Lauria. Negócio jurídico processual. *Enciclopédia Saraiva de Direito*. São Paulo: Saraiva, 1977, v. 54, pp. 190-192. BARBOSA MOREIRA, José Carlos. Convenções das partes sobre matéria processual. In: *Temas de Direito Processual – Terceira Série*. São Paulo: Saraiva, 1984. BRAGA, Paula Sarno. "Primeiras reflexões sobre uma teoria do fato jurídico processual: plano da existência". *Revista de Processo*. São Paulo: RT, n. 148, jun. 2007, pp. 293-320. NOGUEIRA, Pedro Henrique Pedrosa. *Negócios jurídicos processuais*. Salvador: JusPodivm, 2015.

5 CABRAL, Antônio do Passo. *Convenções processuais*. Salvador: JusPodivm, 2016, p. 222.

6 Parte considerável dos estudos textos classifica o texto do art. 190 como uma cláusula geral. Exemplificativamente: CUNHA, Leonardo José Carneiro da. Negócios Jurídicos Processuais. In: Negócios Processuais. Tomo I. CABRAL, Antonio do Passo; NOGUEIRA Pedro Henrique Pedrosa (Coord.). 4ª ed. Salvador: JusPodivm, 2019., p. 72. CABRAL, Antônio do Passo. *Convenções processuais*. Salvador: JusPodivm, 2016, p. 86. DIDIER JÚNIOR, Fredie. Negócios jurídicos processuais atípicos no CPC-2015. In: Negócios Processuais. Tomo I. CABRAL, Antonio do Passo; NOGUEIRA Pedro Henrique Pedrosa (Coord.). 4ª ed. Salvador: JusPodivm, 2019., p. 119. ATAÍDE JÚNIOR, Jaldemiro Rodrigues. Negócios materiais e processuais – existência validade e eficácia – campos-variáveis e campos-dependentes: sobre os limites dos negócios jurídicos processuais. *Revista de Processo*. São Paulo: RT, nº 244, 2015. CUNHA, Leonardo José Carneiro da. Negócios Jurídicos Processuais. In: Negócios Processuais. Tomo I. CABRAL, Antonio do Passo; NOGUEIRA Pedro Henrique Pedrosa (Coord.). 4ª ed. Salvador: JusPodivm, 2019., p. 72.

7 DIDIER JÚNIOR, Fredie. Negócios jurídicos processuais atípicos no CPC-2015. In: Negócios Processuais. Tomo I. CABRAL, Antonio do Passo; NOGUEIRA Pedro Henrique Pedrosa (Coord.). 4ª ed. Salvador: JusPodivm, 2019.. PEREIRA, Lara Dourado Mapurunga. *Negócios jurídicos processuais sobre presunções*. Salvador: JusPodivm: 2019. TRIGO, Alberto Lucas Albuquerque da Costa. *Promessa de não processar e de não postular. O pacto de non petendo reinterpretado*. Salvador: JusPodivm: 2019. BOMFIM, Daniela. A legitimidade extraordinária de origem negocial. In: Negócios Processuais. Tomo I. CABRAL, Antonio do Passo; NOGUEIRA Pedro Henrique Pedrosa (Coord.). 4ª ed. Salvador: JusPodivm, 2019. SILVA, Beclaute Oliveira. Verdade como objeto do negócio jurídico processual. In: Negócios Processuais. Tomo I. CABRAL, Antonio do Passo; NOGUEIRA Pedro Henrique Pedrosa (Coord.). 4ª ed. Salvador: JusPodivm, 2019. DIDIER JÚNIOR, Fredie. Fonte normativa da legitimação extraordinária no novo Código de Processo Civil: a legitimação extraordinária de origem negocial. *Revista de Processo*. Vol. 232. São Paulo: RT, 2014. MACEDO, Lucas Buril de; PEIXOTO, Ravi. Negócio processual acerca da distribuição do ônus da prova. *Revista de Processo*. Vol. 241. São Paulo:

e (v) as espécies de negócios processuais ilícitos[8].

Há um aspecto dos negócios processuais, objeto deste trabalho, que se afigura relevante: *a aferição judicial da (in)existência dos negócios processuais.*

Um artigo que pretenda discorrer sobre a declaração judicial sobre a existência ou inexistência de um negócio processual deve partir, necessariamente, de uma premissa, consistente no estabelecimento de um significado para o instituto, a partir de um referencial teórico.

Com efeito, *fato, ato* e *negócio jurídico* são espécies daquilo que se tem denominado conceitos jurídicos fundamentais[9], ou conceitos lógico-jurídicos: trata-se de objeto de cognição que auxilia a compreensão do direito, independentemente do regime jurídico ou do local onde se estabeleçam as normas jurídicas.

Adota-se, neste trabalho, a teoria do fato jurídico desenvolvida por Pontes de Miranda e aprimorada por Marcos Bernardes de Mello como sistema de referência[10], por parecer, ao autor, configurar pensamento que mais coerentemente explica a o fato jurídico e suas espécies, sem demérito às compreensões divergentes ou que partem de premissas diferentes.

Para esses autores, dentre os fatos jurídicos *tout court,* a vontade é relevante mais especificamente para os atos jurídicos, ou atos jurídicos em sentido amplo, que se distinguem em atos em sentido estrito e negócio jurídicos. São fatos jurídicos que têm, no *cerne do núcleo do suporte fático,* um comportamento volitivo.

Três elementos[11] compõem no *núcleo do suporte fático* dos atos jurídicos: (i) uma conduta humana volitiva, ou seja, a *exteriorização de*

RT, 2015. LIPIANI, Júlia; SIQUEIRA, Marília. Negócios jurídicos processuais sobre a fase recursal. In: Negócios Processuais. Tomo I. CABRAL, Antonio do Passo; NOGUEIRA Pedro Henrique Pedrosa (Coord.). 4ª ed. Salvador: JusPodivm, 2019.

8 DIDIER JR., Fredie; BRAGA, Paula Sarno. Carta psicografada como fonte de prova no processo civil. *Revista de Processo.* São Paulo: RT, 2014, pp. 33-61.

9 "Em todo sistema conceptual, existe um grupo de conceitos fundamentais, cuja amplitude cobre todo o território científico sobre o qual dito sistema repousa." (VILANOVA, Lourival. Sobre o conceito de direito. *Escritos jurídicos e filosóficos.* Brasília: Axis Mvndi/IBET, 2003, v. 1, p. 10)

10 SANTOS, Boaventura de Sousa. *Um discurso sobre as ciências.* 4ª ed. São Paulo: Cortez, 2006, pp. 42-43.

11 MELLO, Marcos Bernardes de. *Teoria do Fato Jurídico – Plano da Existência.* 18ª ed. São Paulo: Saraiva, 2012, p. 143.

vontade, por *manifestação* ou *declaração* do agente; (ii) a consciência da manifestação de vontade; e (iii) a finalidade de produzir resultado jurídico.

A *exteriorização* da vontade, por *manifestação* ou *declaração*, constitui *elemento completante* do núcleo do suporte fático do ato jurídico em sentido amplo, de modo que, se o suporte fático contiver previsão de *declaração* de vontade, a simples *manifestação* não provocará a incidência normativa, e o ato não adentrará no plano da existência jurídica.

Essa *exteriorização* deve ser consciente, ou seja, o agente deve exteriorizar vontade funcionalmente ligada ao objetivo que pretende alcançar. Deve ter consciência de que determinado ato praticado (gesto, concordância ou ato de consentimento, por exemplo) expressa sua manifestação de vontade suficiente para a caracterização de um ato jurídico.

Por fim, a exteriorização de vontade deve se dirigir à produção de um objeto jurídico. O objeto do ato jurídico deve ser, em primeiro lugar, existente, ou seja, a vontade tem um conteúdo. Vontade sem conteúdo não produz ato jurídico. Além disso, o objeto deve ser possível e sério.

Os atos jurídicos em sentido amplo se dividem em duas categorias: (i) atos jurídicos em sentido estrito e (ii) negócios jurídicos. O elemento comum no *cerne* do *núcleo* do suporte fático que os identifica é representado pela *exteriorização de vontade* consciente do agente. Entretanto, há outros elementos do núcleo (*completantes*), que os distinguem.

Negócio jurídico, em teoria geral do direito, é fato jurídico que tem, no suporte fático, *exteriorização de vontade* com dois conteúdos: (i) escolha da categoria jurídica e (ii) escolha dos efeitos que serão produzidos pelo ato, *dentre aqueles permitidos pelo ordenamento*.

Por decorrência, negócio jurídico *processual* é o fato jurídico em que a exteriorização de vontade compõe suporte fático de *norma processual*, seja na escolha da *categoria* jurídica, seja na escolha dos *efeitos* que a normatização processual admite.

Uma ressalva didática é imperiosa: o poder de autorregramento é *limitado*. O Estado regula aquilo que entende ser dotado de relevância jurídica, fazendo-o de modo exaustivo, em algumas situações, e de modo mais aberto, em outras. Na primeira situação, tem-se regulamentação completa, ou feita por norma cogente; na segunda, é dado ao(s) sujeito(s), *dentro de limites previamente estabelecidos*, quer no campo da legalidade, quer no campo mais amplo da *licitude*[12], o poder para escolher categorias jurídicas e suas respectivas eficácias.

A liberdade negocial, em suma, como salientou Pontes de Miranda, *"não é mais do que ficou às pessoas"*[13]; é residual, portanto.

Conforme conceituado por Marcos Bernardes de Mello, negócio jurídico *"é o fato jurídico cujo elemento nuclear do suporte fáctico consiste em manifestação ou declaração consciente de vontade, em relação à qual o sistema jurídico faculta às pessoas, dentro de limites predeterminados e de amplitude vária, o poder de escolha da categoria jurídica e de estruturação do conteúdo eficacial das relações jurídicas respectivas, quanto ao seu surgimento, permanência e intensidade no mundo jurídico."*[14]

Assim, adaptada a noção acima, pode-se conceituar negócio jurídico processual como o fato jurídico cujo elemento nuclear do suporte fático, *descrito em norma processual*, consiste em manifestação ou declaração consciente de vontade, em relação à qual o sistema jurídico faculta às pessoas, dentro de limites predeterminados e de amplitude vária, o poder de escolha da categoria jurídica e de estruturação do conteúdo eficacial das relações jurídicas processuais, quanto ao seu surgimento, permanência e intensidade no mundo jurídico, bem como de determinados atos do procedimento[15].

Essa é a compreensão de negócio processual que será adotada como referencial para o desenvolvimento deste trabalho.

2. Elementos de existência do negócio processual

Negócio processual é, como já afirmado acima, fato jurídico cujo elemento nuclear do suporte fático, descrito em norma processual, con-

12 VASCONCELOS, Arnaldo. *Teoria da Norma Jurídica.* 5ª ed. São Paulo: Malheiros, 2000, p. 187.

13 PONTES DE MIRANDA, Francisco Cavalcanti. *Tratado de Direito Privado.* Tomo. III. Rio de Janeiro: Borsoi, 1972, pp. 55-56.

14 MELLO, Marcos Bernardes de. *Teoria do Fato Jurídico – Plano da Existência.* 18ª ed. São Paulo: Saraiva, 2012, p. 189.

15 NOGUEIRA, Pedro Henrique Pedrosa. *Negócios jurídicos processuais.* Salvador: JusPodivm, 2015, p. 164.

siste em manifestação ou declaração consciente de vontade (exteriorização de vontade), em relação à qual o sistema jurídico faculta ao sujeito, dentro de limites predeterminados e de amplitude vária, o poder de escolha da categoria jurídica e de estruturação do conteúdo eficacial das relações jurídicas processuais, quanto ao seu surgimento, permanência e intensidade no mundo jurídico, bem como de determinados atos do procedimento.

Relevante, portanto, para a definição do que seja negócio processual é precisar, no caso concreto, se houve *exteriorização de vontade* suficiente ao preenchimento do suporte fático abstratamente previsto abstratamente em norma jurídica.

Em sendo assim, para a análise da existência de um negócio jurídico processual devem-se distinguir três situações: (i) aquelas em que o ordenamento não permite a própria formação do negócio jurídico processual, ao não reconhecer, pela exteriorização da vontade, o preenchimento *suficiente* do suporte fático; (ii) aquelas em que, por regulamentação cogente, deixa-se ao indivíduo apenas o poder de escolher a categoria jurídica; e (iii) aquelas em que, além da escolha da categoria jurídica, é possível escolher também a categoria eficacial, dentre aquelas compatíveis com o ordenamento.

Na situação *"i"*, não há negócio jurídico porque a vontade, da forma como exteriorizada, é *insuficiente*, de sorte que a previsão normativa, sobre a qual a vontade incidirá, não se completa. É o que se dá na opção unilateral por não-realização da audiência inicial prevista no art. 334, § 4º, inciso I, do CPC. A só manifestação do autor, na petição inicial, ou do réu, em momento posterior, de falta de interesse na realização do ato, é incapaz de alterar o procedimento, vez que o texto normativo (suporte fático abstrato) exige manifestação expressa do autor *e* do réu para que o procedimento seja alterado e a audiência não se realize. Portanto, a manifestação isolada, quer do autor, quer do réu, não preenche o suporte fático, impedindo-se a formação do negócio processual[16].

16 Em sentido diverso, a compreender que basta a mera manifestação do autor para afastar a realização da audiência: CÂMARA, Alexandre Freitas. *O novo processo civil brasileiro*. 3ª edição. São Paulo: Atlas, 2017, p. 206. Esse entendimento não é coerente com a premissa estabelecida neste trabalho, que exige, para a formação do ato jurídico, a exteriorização de vontade tal qual descrita no suporte fático abstratamente previsto no texto normativo, que, no caso do art. 334, § 4º, inciso I, do CPC, exige expressa manifestação de vontade de *ambas* as partes.

O ato se reputará negócio jurídico processual, ou seja, adentrará no plano da existência, nas situações *"ii"* e *"iii"*. Exemplo do primeiro caso ocorre na eleição de foro, em que é dado às partes modificar a competência territorial abstratamente prevista, sem disposição sobre os poderes de julgamento do órgão jurisdicional. Do último, é exemplo a desistência da ação de modo consensual, em que é dado às partes liberdade para requerer a extinção do processo sem resolução do mérito, que exigirá sua exteriorização de vontade, mas, regida a eficácia jurídica daí decorrente de modo cogente (extinção da relação processual), se lhes permite dispor sobre a sucumbência, alterando a responsabilidade pelo custeio das despesas processuais e honorários advocatícios, prevista, em abstrato, no CPC.

Tem-se, em resumo, que:

I) Se a vontade externada não é reconhecida pelo ordenamento como elemento de suporte fático, não se produz negócio jurídico; e

II) Sendo reconhecida como elemento do suporte fático, a vontade, uma vez externada como fato, provoca a incidência normativa, permitindo-se ao agente dispor sobre a eficácia do ato, sempre dentro de limites variáveis, disciplinados normativamente.

O problema se centra, portanto, no grau de (in)determinação normativa a regular o negócio, sendo certo que há situações em que o ordenamento o disciplina exaustivamente, havendo normatização quanto ao ato a ser realizado e os efeitos que sua realização é capaz de produzir.

Em outras, verifica-se a existência de normatização com texto mais aberto, permitindo-se aos agentes escolher dentre as eficácias determinadas, dentro de um rol possível, que pode ser fixado na própria norma, ou, por um grau de indeterminação mais amplo, ser fixado pelo campo da licitude[17].

O negócio se reputará existente, portanto, quando houver exteriorização de vontade apta a incidir em suporte fático abstratamente previsto em texto normativo caracterizador, em tese, de negócio processual[18].

---

17 "A amplitude do poder de auto-regramento da vontade (autonomia da vontade) varia em razão da indeterminação das normas jurídicas; quer dizer: quanto maior a indeterminação das normas jurídicas, maior a autonomia da vontade e, inversamente, quanto menor a indeterminação, menor a autonomia. (MELLO, Marcos Bernardes de. *Teoria do Fato Jurídico – Plano da Existência*. 18ª ed. São Paulo: Saraiva, 2012, p. 184)

18 "Qualquer negócio jurídico tem, primeiro, de existir como declaração de vontade. Se o pretenso agente nunca declarou vontade alguma, o que se tem, no máximo,

De modo contrário, se não houver exteriorização de vontade, embora possa haver uma situação de fato verificada no plano fenomênico, essa situação não propiciará a incidência da norma jurídica, impedindo que o negócio jurídico processual se forme.

A só exteriorização de vontade basta, de modo que a aposição de assinatura em um instrumento, com ou sem reconhecimento de firma, a determinação de confecção de um documento representativo do negócio processual, a manifestação corporal ou verbal de concordância como os termos do negócio ou outros atos reconhecidos pelo ordenamento como exteriorização de vontade constituirão o critério de aferição do efetivo ingresso do negócio no mundo do direito.

Para a *existência* do negócio jurídico processual interessa averiguar, em primeiro plano, a autenticidade (autoria) do documento que representa o fato negocial.

Autor é aquele que cria ou manda criar o documento (art. 410/ CPC[19]). Diz-se autêntico o documento quando a autoria aparente corresponde à autoria real, ou seja, a autenticidade diz respeito à circunstância de o sujeito ter produzido o documento, ter participado de sua confecção, ainda que por determinação a terceiros, não importando, para a aferição da autenticidade, o conteúdo do documento[20]. Analisa-se apenas sua forma, a fim de averiguar se o sujeito imputado como autor é realmente aquele que produziu – ou assumiu para si – a produção do documento[21].

---

pode ser um simulacro de vontade. Sem o fato material da declaração de vontade, não se há de cogitar de validade do negócio, e tampouco de sua nulidade ou anulabilidade." (THEODORO JÚNIOR, Humberto. *Comentários ao novo Código Civil.* Volume III. Tomo I. 2ª edição. Rio de Janeiro: Forense, 2003, p. 168) .

19 Art. 410. Considera-se autor do documento particular: I - aquele que o fez e o assinou; II - aquele por conta de quem ele foi feito, estando assinado; III - aquele que, mandando compô-lo, não o firmou porque, conforme a experiência comum, não se costuma assinar, como livros empresariais e assentos domésticos.

20 "Autenticidade do documento nada tem a ver com a verdade das declarações nele contidas. A declaração pode ser simulada, viciada por erro, dolo ou fraude, mas nem por isto deixará o documento de ser autêntico, desde que ele realmente provenha da pessoa nele indicada como seu autor." (BARBI, Celso Agrícola. *Ação declaratória principal e incidente.*7ª Edição. Rio de Janeiro: Forense, 1996, p. 89)

21 "Conceito de autenticidade. O conceito de autenticidade está ai em toda a largueza. Abrange a ausência de falsidade e a ausência de falsificação. Pode referir-se à participação ativa do autor na feitura do documento ou à sua co-participação

Quando a autoria aparente não corresponder à autoria real, tal circunstância pode decorrer de adulteração do documento, caracterizador de *falsidade*[22]. Diz-se objeto de falsificação o documento quando as informações nele contidas não corresponderem à verdade[23].

A adulteração pode ser concernente à forma ou ao conteúdo do documento. No primeiro caso, diz-se que houve falsidade *material*, caracterizada pela circunstância de a não-correspondência com a verdade decorrer de formação de documento falso ou de alterações promovidas em documento verdadeiro, por inserção ou supressão de informações.

No que toca aos negócios processuais, as disposições objeto de falsificação material impedem a formação do negócio, uma vez que, quanto à(s) cláusula(s) falsificada(s), *não houve exteriorização de vontade.*

Isso pode ocorrer por duas formas principais: (i) adulteração da firma do autor aparente, ou (ii) aposição, em instrumento com a real firma deste, de disposições negociais não pactuadas. Em nenhuma dessas situações há exteriorização de vontade a permitir formação de negócio jurídico, de modo que o ato não adentra no plano da existência.

ativa, ou à participação ou co-participação de outrem. Esse outro pode ser o réu ou terceiro. De modo que, falando de autenticidade, o Código de modo nenhum aludiu à autoridade do documento em relação a quem quer que fosse: o que se vai declarar é que o documento foi da autoria ou não foi da autoria daquele a quem se atribui tê-lo feito. Tal atribuição é que dá conteúdo ao conceito de autenticidade." (MIRANDA, Francisco Cavalcanti. *Comentários ao Código de Processo Civil.* Tomo 1. Rio de Janeiro: Forense, 1973, pp. 182-183).

22 "Conceito de falsidade. Também o conceito de falsidade está aí em sentido abrangente da falsificação e da falsidade propriamente dita. Todo documento foi feito por alguém, ou, pelo menos, procede de alguém. Se é falso, ou se o não é, depende da correspondência entre o que se alega e a verdade dos fatos. O mesmo ocorre no caso de ser acoimado de falsificado qualquer documento. A lei não distingue entre o interesse do autor quanto à declaração da falsidade em que ele seria o autor do documento e o interesse do autor quanto à declaração da falsidade em que ele seria o autor da falsidade. Tampouco, entre o interesse do autor quanto à declaração de falsidade em que o réu ou outrem seria o autor do documento e o interesse do autor quanto à declaração da falsidade em que o réu ou outrem seria o autor da falsidade." (MIRANDA, Francisco Cavalcanti. *Comentários ao Código de Processo Civil.* Tomo 1. Rio de Janeiro: Forense, 1973, p.183)

23 BUZAID, Alfredo. *Ação declaratória no direito brasileiro.* São Paulo: Saraiva, 1943, pp. 120.

É o que se dá, no segundo caso, quanto ao *preenchimento abusivo de documento em branco*[24]. Em conformidade como art. 428, parágrafo único, do CPC, há preenchimento abusivo quando alguém, tendo recebido documento assinado com texto não escrito no todo ou em parte, preenchê-lo, por si ou por outrem, em desconformidade com o "*pacto feito com o signatário*".

Algumas considerações sobre esse tema precisam ser feitas. Em primeiro lugar, no preenchimento abusivo, há exteriorização de vontade de um sujeito, representada pela assinatura aposta no documento, que é autêntica. Sucede que essa exteriorização não contempla as disposições que foram abusivamente inseridas por outrem. Quanto a estas, *não há exteriorização de vontade*, não gerando, por consequência, negócio processual.

Seria exemplo disso a situação em que alguém, tendo recebido minuta assinada de contrato, inserisse, em espaço em branco do instrumento, cláusula que configura, em tese, um negócio processual, como uma eleição de foro ou uma pré-exclusão de meio de prova, em eventual demanda futura entre as partes.

Não adentram no plano da existência a eleição de foro nem a cláusula de pré-exclusão de meio prova, por inexistir exteriorização de vontade quanto a esses pontos, ainda que a assinatura aposta no instrumento seja autêntica.

Em complemento, é de se ter que a redação do parágrafo único do art. 428 precisa ser objeto de interpretação extensiva. Isso porque, embora qualifique de abusivo o preenchimento realizado *"violando o pacto feito com o signatário"*, deve-se reputar abusivo qualquer preenchimento realizado violando a vontade do signatário, ainda que inexista pacto entre o signatário e o beneficiário da adulteração.

Pontes de Miranda, com razão, destaca a *desnecessidade de pacto com o signatário*, verificável nas situações em que o responsável pelo preenchimento, mesmo sem qualquer relação jurídica com o signatário, tome posse do documento em branco ou parcialmente preenchido

24 "Diz-se que há abuso no preenchimento ou documento quando a pessoa que recebeu um documento assinado, sem texto ou com texto em apenas parte dele, resolver escrevê-lo ou completá-lo, por si ou por meio de outrem, violando pacto feito com o signatário (atr. 428, p. único, CPC)." (DIDIER JÚNIOR, Fredie; BRAGA, Paula Sarno; OLIVEIRA, Rafael Alexandria de. *Curso de Direito Processual Civil.* Vol. 2. 12ª edição. Salvador: JusPodivm, 2017, p. 242-243)

e realize o preenchimento abusivo, inserindo disposições que não foram objeto de manifestação pelo signatário[25].

O dispositivo exige, por isso, *interpretação extensiva*, para compreender que é abusivo o preenchimento de documento sempre que não houver consentimento do signatário, independentemente de qualquer relação entre este e o autor da adulteração.

2.1. Inexistência de vontade na coação absoluta

A coação é estudada, geralmente, como *defeito* do negócio jurídico, de modo a atingi-lo no plano da validade. Todavia, assim não ocorre com a coação absoluta, que impede a própria formação do negócio jurídico.

Não há exteriorização ou manifestação de vontade na denominada coação absoluta (*vis absoluta*), assim entendida a utilização de força física irresistível que impõe a um dos sujeitos a realização do negócio jurídico processual. Isso porque o emprego de força física torna o sujeito mero instrumento passivo da ação agressiva do coator[26].

---

25 "Também se fala de pacto feito pelo signatário. Pode acontecer que nenhum pacto tenha havido. Tratar-se-ia, por exemplo, apenas de promessa ao público (e.g., para quem viesse subscrever-se em negócio jurídico), ou de simples intenção do signatário de levar a alguém, que ainda não sabia quem pudesse ser, o documento (e.g., assinou a nota promissória, ou a pessoa que lhe emprestaria o dinheiro, ou quem compraria o que desejava comprar a prazo, com o título cambiário." (PONTES DE MIRANDA, Francisco Cavalcanti. *Comentários ao Código de Processo Civil.* Tomo IV. Rio de Janeiro: Forense: 1974, pp. 362-363)

26 "A doutrina diferencia a violência que elimina a vontade (*vis absoluta*) e faz inexistente o ato praticado sob ela e a violência moral que apenas vicia a manifestação de vontade (*vis compulsiva*), tornando anulável o ato jurídico.
Se *A*, usando de força física, toma a mão de *B* e a conduz na assinatura de um contrato, ou põe no papel a sua impressão digital (exemplos de *vis absoluta*), na realidade não houve vontade, nem manifestação de vontade. A força física transforma *B* em 'instrumento' da vontade de *A*, em 'meio' de seu agir, porque, na realidade, somente *A* age. Precisamente porque não há qualquer vontade ou ato da vítima, tem-se por *inexistente* o ato jurídico produzido como consequência da *vis absoluta*; não nulo ou anulável." (MELLO, Marcos Bernardes de. *Teoria do Fato Jurídico – Plano da validade.* 9ª edição. São Paulo: Saraiva, 2009, p. 183) No mesmo sentido: MOREIRA ALVES, José Carlos. *A parte geral do Projeto de Código Civil Brasileiro.* São Paulo: Saraiva, 1986, p. 113. THEODORO JÚNIOR, Humberto. *Comentários ao novo Código Civil.* Volume III. Tomo I. 2ª edição. Rio de Janeiro: Forense, 2003, p. 166. PONTES DE MIRANDA, Francisco Cavalcanti. *Tratado de Direito Privado.* Tomo IV. Rio de Janeiro: Borsoi, 1972, pp. 348-349.

Não cabe falar, por isso, em *vício de vontade*, porque sequer há emanação de vontade. A vontade não é do coato, é do coator. Nessa situação, não se completa o suporte fático do negócio jurídico, vez que ausente um de seus elementos essenciais, qual seja a existência de ato volitivo.

É preciso, ressalve-se, que, nada obstante o uso de força física, não haja qualquer manifestação de vontade do coato. Se houver, ainda que em decorrência da força física, há exteriorização de vontade, dessa vez viciada, oportunizando a *invalidação* do negócio[27].

Francisco Amaral reconhece que na coação absoluta não há manifestação de vontade, mas defende que essa circunstância torna o ato inexistente *ou nulo*[28], sem especificar como distinguir a inexistência da invalidade. Caio Mário da Silva Pereira, ao discorrer sobre a coação absoluta, define-a como causa de *nulidade* do negócio jurídico, e não de inexistência[29]. No mesmo sentido se posiciona Orlando Gomes[30].

Inexistência e invalidade não se confundem. Enquanto no primeiro caso o fato jurídico não se forma, porque não há preenchimento sufi-

27 "Por maiores que sejam os sofrimentos físicos, a coação não será absoluta, se ao coator ainda resta a possibilidade de não declarar, nem aparentemente, sua vontade negocial. Sempre, pois, que alguma vontade acaba sendo declarada, seja para evitar a continuação da dor física, seja por medo da dor ameaçada, ou de outro mal qualquer acenado, a vis será compulsiva e não absoluta. Sendo moral e não física a coação, haverá conseqüentemente negócio passível apenas de anulação (embora válido e eficaz enquanto não anulado)." (THEODORO JÚNIOR, Humberto. *Comentários ao novo Código Civil.* Volume III. Tomo I. 2ª edição. Rio de Janeiro: Forense, 2003, p. 168)

28 "Na primeira, o agente não manifesta sua vontade, mas sim a de quem o obriga à prática do ato e, não havendo vontade, o negócio jurídico é *inexistente ou nulo.*" (AMARAL, Francisco. *Direito Civil – Introdução.* 7ª edição. Rio de Janeiro: Renovar, 2008, p. 516. Grifou-se)

29 "No primeiro caso, da violência física, não se pode dizer que houve uma emissão volitiva do agente, como se daria na hipótese de ser ele levado, contra a vontade e pela força, a assinar documento, ou de que se despojou de seus bens sob a ameaça de uma arma apontada à cabeça. Não há uma declaração de vontade, nem mesmo qualquer vontade na vítima, e esta falta completa de consentimento deve implicar a nulidade total do ato." (PEREIRA, Caio Mário da Silva. *Instituições de Direito Civil.* Volume I. 20ª edição. Rio de Janeiro: Forense, 2004, p. 530).

30 "Só a violência moral vicia o consentimento. A violência física ou material (vis absoluta) exclui a vontade. Nesse caso, o ato não será simplesmente anulável, mas nulo." (GOMES, Orlando. *Introdução ao Direito Civil.* 19ª edição. Rio de Janeiro: Forense, 2007, p. 379)

ciente do suporte fático, no segundo, o suporte fático se forma, mas com defeito tipificado em norma jurídica.

A coação absoluta é caracterizadora, por isso, de inexistência do negócio jurídico, e não de invalidade.

3. Ação declaratória de inexistência do negócio processual

No plano da *existência*, a tutela jurisdicional se pode prestar por via de ação declaratória, com fundamento no art. 19 do CPC[31].

Em conformidade com esse dispositivo, é cabível ação declaratória para obtenção de pronunciamento judicial sobre a existência, inexistência ou modo de ser de uma situação jurídica, bem como sobre *mero fato*, a saber: a autenticidade ou a falsidade de um documento.

Para melhor compreensão do que se exporá neste tópico, é necessário repisar a premissa estabelecida no início deste trabalho: o negócio jurídico processual - típico ou atípico, unilateral ou plurilateral, pré-processual ou incidental - é uma espécie de *fato jurídico*, do qual decorre(m) eficácia(s) jurídica(s) escolhida(s) pelos sujeitos que o praticam, dentre as eficácias autorizadas pelo ordenamento jurídico.

Sendo assim, é de se notar que a ação declaratória, quanto aos negócios processuais, tem cabimento para que o juiz decida, por via de mera declaração, sobre dois planos do fato jurídico negocial: (i) sua *existência*, pela ação declaratória sobre falsidade ou autenticidade de documento, sendo este, na maioria das vezes, um instrumento[32] que formaliza, no processo, a exteriorização de vontade negocial; e (ii) sua eficácia, por via da ação declaratória sobre a existência, inexistência ou modo de ser da relação jurídica, situação jurídica que exsurge como *eficácia* do negócio processual.

Em resumo, tem-se que a declaração sobre a falsidade ou falta de autenticidade do documento implica, necessariamente, num reconheci-

31 Art. 19. O interesse do autor pode limitar-se à declaração: I - da existência, da inexistência ou do modo de ser de uma relação jurídica; II - da autenticidade ou da falsidade de documento.

32 "(...) instrumento é espécie de documento constituído com a intenção deliberada de fazer prova no futuro. Assim, quando alguém escreve uma carta a m conhecido, não age com a intenção de elaborar um documento para produzir prova no futuro. Diversamente, na compra e venda de imóvel, exige-se a outorga da escritura precisamente para fazer prova do negócio realizado." (LOPES, João Batista. *A prova no direito processual civil*. São Paulo: RT, 1999, p. 102)

mento judicial de que *não houve exteriorização de vontade pelo sujeito*, o que impede a composição do *cerne* do núcleo do suporte fático do negócio jurídico processual. Disso decorre que o negócio não se forma, não adentrando no plano da existência jurídica.

Doutro lado, a declaração sobre a existência, inexistência ou modo de ser de uma relação jurídica processual decorrente de um negócio processual implica num pronunciamento que, tomando como premissa a existência ou não de um negócio jurídico processual, delimita as consequências desse ato jurídico. O negócio (i) não se formou e, por esse pressuposto de fato (elemento da causa de pedir e da fundamentação a decisão), não se reconhece relação jurídica nenhuma dele decorrente; ou, de outro lado, (ii) formou-se, podendo ou não ter produzido efeitos jurídicos buscados pelas partes, no modo contemplado na exteriorização de vontade.

Quanto ao cabimento da ação declaratória para fins de pronunciamento sobre a *existência* do negócio jurídico processual, tem-se a disciplina do art. 19, inciso II, do CPC. Importa, no processo dela decorrente, definir se determinado documento, instrumento do negócio jurídico, demonstra *exteriorização de vontade* apta à formação de um negócio processual.

De um modo geral, os negócios jurídicos processuais, embora não exijam, para a substância do ato, forma específica, instrumentalizam-se no processo por via de documentos, sejam físicos, sejam eletrônicos. Para ingresso no processo, os negócios se reduzem a instrumentos aptos a demonstrar, em juízo, o teor da exteriorização de vontade das partes.

Tais documentos não são, necessariamente, constituídos por escrito em papel ou em via eletrônica. Em geral o são, mas podem não o ser[33]. É possível que a exteriorização de vontade conformadora do negó-

33 "Há duas espécies de documento (sentido amplo): o instrumento e o documento em sentido estrito. Instrumento é o documento escrito adrede preparado, com a finalidade específica de produzir prova futura do ocorrido. Um contrato escrito é um instrumento, eis que a principal função da escritura é fazer prova da existência do negócio, bem assim dos seus termos.
Já o documento em sentido estrito é aquele formado sem que se tenha o objetivo específico de utilizá-lo no futuro como prova do fato nele representado. Fotografias ou vídeos, embora inicialmente pretendam apenas registrar certos momentos, podem ser utilizados no futuro, por exemplo, como prova da existência de união estável, ou da forma como se deu um acidente de trânsito." (DIDIER JÚNIOR, Fredie; BRAGA, Paula Sarno; OLIVEIRA, Rafael Alexandria de. *Curso de Direito Processual Civil.* Vol. 2. 12ª edição. Salvador: JusPodivm, 2017, p. 217)

cio esteja contida em uma fotografia, em uma gravação de áudio ou em um vídeo, não havendo dúvidas de que esses suportes configuram documentos, como *coisas representativas de fatos*, no sentido que lhes atribui a doutrina[34], podendo ser objeto de impugnação por ação declaratória em que se discuta sua autenticidade ou sua falsidade[35].

Isso posto, é de se destacar que o direito processual civil brasileiro disciplina, desde muito tempo, o cabimento de ação meramente declaratória sobre a autenticidade ou a falsidade de documento, com ampla produção doutrinária acerca do art. 4º, inciso II, do CPC/73[36], dispositivo sucedido, com texto normativo praticamente idêntico, pelo art. 19, inciso II, do CPC/15.

Na ação declaratória em que se discute a autenticidade do documento, não interessam à composição da causa de pedir as alegações de

---

34 SANTOS, Moacyr Amaral. *Prova judiciária no cível e comercial*. Volume IV. 4ª edição. São Paulo: Max Limonard, 1970, p. 58.

35 "Embora seja inegável, na praxe forense, que, na maioria dos casos, o documento previsto no art. 4º, II, será escrito em papel, não se devem descartar outras hipóteses, de modo que fica o cabimento da ação meramente declaratória depende do vício alegado pela parte interessada no caso concreto. Qualquer limitação anterior empobrece essa espécie de demanda e não encontra justificativa defensável." (NEVES, Daniel Amorim Assumpção. *Ações probatórias autônomas*. São Paulo: Saraiva, 2008, p. 457). "Entretanto, todos os documentos (que se destinam à prova) têm por detrás um autor, sendo possível verificar quem ele seja. Desde que, portanto, se trate de documento destinado à prova e em sendo possível encontrar o seu autor (autenticidade), é cabível o incidente." (MARINONI, Luiz Guilherme; ARENHART, Sérgio Cruz. *Comentários ao Código de Processo Civil*. Volume VII. São Paulo: RT, 2016, p. 358). No mesmo sentido: PONTES DE MIRANDA, Francisco Cavalcanti. *Comentários ao Código de Processo Civil*. Tomo I. Rio de Janeiro: Forense: 1973, p. 182.

36 CASTRO, Torquato. *Ação declaratória*. 2ª edição. São Paulo: Saraiva, 1942. BUZAID, Alfredo. *Ação declaratória no direito brasileiro*. São Paulo: Saraiva, 1943. GRINOVER, Ada Pellegrini. *Ação declaratória incidental*. São Paulo: RT, 1972. MIRANDA, Francisco Cavalcanti. *Comentários ao Código de Processo Civil*. Tomo 1. Rio de Janeiro: Forense, 1973. BARBI, Celso Agrícola. *Ação declaratória principal e incidente*.7ª Edição. Rio de Janeiro: Forense, 1996. THEODORO JÚNIOR, Humberto. Ação declaratória e incidente de falsidade: falso ideológico e intervenção de terceiros. *Revista de Processo*. Vol. 51. São Paulo: RT, 1998. SILVA, Ovídio Baptista da. *Comentários ao código de processo civil*. Vol. 1. São Paulo, RT, 2000. LOPES, João Batista. *Ação declaratória*. 5ª edição. São Paulo, RT, 2002. CUNHA, Leonardo Carneiro da. O objeto da ação declaratória. *Revista Dialética de Direito Processual*. nº 14. São Paulo: Dialética, 2004. NEVES, Daniel Amorim Assumpção. *Ações probatórias autônomas*. São Paulo: Saraiva, 2008.

fato relativas ao conteúdo do documento. Basta que se afirme que não há correlação entre o autor real e o autor aparente[37].

Pode-se impugnar, nessa ação, por exemplo, a firma aposta no documento, que pode ter sido objeto de falsificação, ainda que sobre ela se tenha aposto reconhecimento por oficial de cartório. Em conformidade com o CPC (art. 411), reputa-se autêntico o documento quando, em instrumento escrito, constar nele o reconhecimento de firma do signatário. Nesse ponto, é importante destacar que, conforme já apontado pela doutrina, o reconhecimento de firma gera uma *presunção* de veracidade de que aquela assinatura aposta no documento é do indivíduo que se aponta como signatário[38]. Essa presunção pode ser desconstituída no curso da ação declaratória de inexistência do fato jurídico representado pelo documento, qual seja o negócio jurídico processual.

---

37 "A autenticidade, no sistema pátrio, mantem ligame com a autoria de tal maneira que por *autenticidade* se considera a convicção de que o documento provém do autor nele indicado." (CUNHA, Leonardo Carneiro da. O objeto da ação declaratória. *Revista Dialética de Direito Processual.* nº 14. São Paulo: Dialética, 2004, p. 80)

38 Luiz Guilherme Marinoni e Sérgio Cruz Arenhart defendem que a norma extraída do art. 411, inciso I, do CPC aplica-se apenas ao reconhecimento de firma por autenticidade, ou seja, quando se realiza na presença do oficial do cartório, não produzindo o mesmo efeito o reconhecimento por semelhança. Veja-se: "Vale dizer: a regra do art. 411, I, apenas tem aplicação nos casos em que o tabelião reconhecer a firma do signatário do documento por ter ela sido oposta ao documento em sua presença. O reconhecimento de firma por semelhança não goza da mesma presunção nem permite a aplicação extensiva do dispositivo. A razão disso é pura lógica: o reconhecimento por semelhança não é capaz de atestar nada, a não ser que a assinatura constante em certo documento se pareça com a pertencente a determinado sujeito: como, porém, o tabelião não tem formação adequada que lhe permita emitir juízo técnico sobre a questão, sua afirmação não vale mais do que a opinião de qualquer pessoa que comparasse a mesma assinatura com outro padrão." (MARINONI, Luiz Guilherme; ARENHART, Sérgio Cruz. *Comentários ao Código de Processo Civil.* Volume VII. São Paulo: RT, 2016, p. 277) Discorda-se desse entendimento, vez que mesmo o reconhecimento de firma atestado pelo Oficial do Cartório como sendo por autenticidade pode ser impugnado, em caso de alegação de fraude ou conluio entre o beneficiário do reconhecimento e o Oficial. Acolhe-se, para fins deste trabalho, o entendimento de Daniel Amorim Assumpção Neves, para quem "(...) o reconhecimento de firma gera, tão-somente, conforme se verá, uma presunção relativa de veracidade, de forma que, não obstante poder afirmar-se que o reconhecimento na presença do tabelião pode ser mais seguro, o único efeito será uma presunção relativa, mesmo efeito do reconhecimento feito por semelhança." (NEVES, Daniel Amorim Assumpção. *Ações probatórias autônomas.* São Paulo: Saraiva, 2008)

Adequando-se isso à realidade dos negócios processuais, pode-se dizer que é irrelevante, para a ação declaratória de falsidade de documento (e, por consequência, de inexistência de negócio jurídico que este busca representar), que se discutam as disposições negociais que compõem o instrumento. A causa de pedir resume-se à alegação de que *não houve exteriorização de vontade*, ou seja, o autor da ação declaratória deverá alegar, na causa de pedir, que não anuiu com os termos do negócio, que a assinatura aposta não é sua ou que não determinou a confecção do documento representativo do negócio, e isso bastará para afastar a presunção de autenticidade do documento, até que haja pronunciamento judicial a respeito, conforme disposto no art. 428, inciso I, do CPC[39]. A discussão restringe-se ao não preenchimento suficiente do suporte fático do negócio processual, por inexistir exteriorização de vontade do sujeito.

Como a discussão, na ação declaratória, restringe-se à formação do documento, e não ao seu conteúdo, é de se ter que resta excluída de seu cabimento a impugnação de *falsidade ideológica*, em que as informações contidas no documento não correspondem à verdade, porque foram adulteradas.

Não convém, para os fins deste trabalho, discorrer sobre as divergências doutrinárias acerca do cabimento de ação declaratória de falsidade ideológica de documento. No entanto, é digno de nota o entendimento de Humberto Theodoro Júnior, para quem é cabível ação declaratória para discutir a falsidade ideológica de *documentos narrativos*, assim entendidos os documentos que contêm meras informações, sem disposição de vontade[40]. Estas informações poderiam ser reconhecidas como falsas pela via da ação declaratória, o que não ocorre com os *documentos constitutivos*, quais sejam aqueles que são representativos de exteriorização de vontade, uma vez que a discussão quanto ao conteúdo dos atos de vontade não pode ser objeto de mera declaração, mas de de-

39 "A simples impugnação da assinatura aposta num documento particular, desde que devidamente fundamentada, ou a alegação de que fora abusivamente preenchido já é suficiente para impedir que sobre um documento particular incida a presunção de autenticidade ou de veracidade (art. 426, CPC)." (DIDIER JÚNIOR, Fredie; BRAGA, Paula Sarno; OLIVEIRA, Rafael Alexandria de. *Curso de Direito Processual Civil.* Vol. 2. 12ª edição. Salvador: JusPodivm, 2017, pp. 242-243)

40 THEODORO JÚNIOR, Humberto. Ação declaratória e incidente de falsidade: falso ideológico e intervenção de terceiros. *Revista de Processo*. Vol. 51. São Paulo: RT, 1998, p. 32.

cisão constitutiva negativa, desde que sobre a exteriorização de vontade haja defeitos invalidantes.

Sendo o negócio processual ato jurídico caracterizado por conter, para sua existência, exteriorização de vontade, classifica-se como ato *constitutivo*, e não meramente *narrativo*, sendo o documento que o representa classificado como documento *constitutivo*, razão pela qual a ação declaratória de falsidade ideológica não pode ser tida como cabível, restringindo-se o cabimento para a ação declaratória de falsidade material.

4. Incidente de arguição de falsidade

Havendo *questão* sobre o negócio processual, relativamente a qualquer de seus planos, é necessário que se instaure incidente processual, a fim de que as partes possam exercer contraditório e produzir provas sobre esse novo objeto de cognição surgido no processo, contribuindo de modo mais eficaz para a produção da decisão judicial.

Isso porque o dissenso sobre a existência, validade ou eficácia do negócio amplia o objeto do processo, de modo que o magistrado deverá decidir a questão para (i) fixar como se dará o curso do processo, quando se tratar de negócio sobre o procedimento; ou (ii) delimitar as situações jurídicas das partes, quando o negócio concernir a poderes, deveres, ônus ou faculdades processuais que se deverão exercer no curso do procedimento.

Em qualquer das situações, poder-se-á verificar, a depender do conteúdo do negócio processual, *questão preliminar* ou *prejudicial* ao julgamento da causa, sendo imprescindível que se possibilite aos sujeitos manifestar-se e instruir os autos a respeito do novo tema posto sob cognição.

A discussão sobre mero fato no processo pode se dar por vias diversas: a *ação declaratória de falsidade*, exercida em caráter autônomo, com fundamento no art. 19, inciso II, do CPC, ou por via do *incidente de arguição de falsidade*, regido pelos arts. 430 a 430, do Código.

Neste último caso, não se instaurará processo novo, mas um *incidente processual* com vistas a apurar, nos autos do processo, a falsidade do documento juntado como prova por uma das partes ou por determinação do juiz.

Com a instauração do incidente, há uma ampliação do objeto do processo, estendendo a cognição judicial, para além do próprio *objeto litigioso* da causa, a essa nova questão que se pôs nos autos, e que com aquela não se confunde.

Cabimento. A falsidade pode ser objeto de arguição pela parte prejudicada em decorrência da juntada do documento, seja autor, seja réu, no prazo de 15 dias depois da introdução daquele aos autos, de modo que, vindo o documento com a petição inicial, o réu deve arguir sua falsidade na contestação; caso o documento seja anexo da contestação, a arguição deverá ser realizada na réplica; e, feita a juntada em momento posterior, ainda que em fase recursal, a parte prejudicada deverá arguir a falsidade no prazo de 15 dias, sob pena de preclusão[41]-[42].

A preclusão é restrita a um ponto: *perda do direito de arguir a falsidade de modo incidental*, a fim de discutir a matéria nos mesmos autos em que se discute o objeto litigioso. A perda do prazo não implica, entretanto, decadência do direito de discutir a falsidade, mas apenas a perda do poder de fazê-lo nos mesmos autos do processo em que o documento foi juntado.

Nada obsta que, ultrapassado o prazo de 15 dias, a parte prejudicada postule a ação declaratória prevista no art. 19, inciso II, do CPC, que, distribuída por dependência, e dada a relação de prejudicialidade ente as demandas, causará reunião dos processos (art. 55, § 3º, do CPC) e funcionará como verdadeira *ação declaratória incidental*, nos mesmos termos do CPC revogado. Não sendo possível a reunião, o processo deverá ser suspenso até que haja o julgamento sobre a falsidade ou não do documento na ação declaratória[43].

---

41 Entendendo que, mesmo com a perda do direito de instaurar o incidente, resta o direito de discutir a falsidade, como questão incidental, mas sem incidente com instrução própria: TALAMINI, Eduardo. Comentários aos arts. 430 a 433. In: *Comentários ao Código de Processo Civil.* 2ª edição. Lênio Luiz Streck, Dierle Nunes e Leonardo Carneiro da Cunha (Organizadores). São Paulo: Saraiva, 2017, p. 638.

42 O prazo de manifestação sobre a prova documental pode se estendido pelo juiz, a requerimento da parte, em caso de complexidade ou quantidade de documentos juntados, em conformidade como art. 437, § 2º, do CPC, o que ocasiona a prorrogação, também, do prazo para que a parte apresente a arguição de falsidade. Nesse sentido, Cf. BOMFIM, Daniela Santos. Comentários aos arts. 430 a 433. In: *Breves comentários ao novo Código de Processo Civil.* 3ª edição. Teresa Arruda Alvim Wambier, Fredie Didier Júnior, Eduardo Talamini e Bruno Dantas (Coordenadores). São Paulo: RT, 2016, p. 1224.

43 BOMFIM, Daniela Santos. Comentários aos arts. 430 a 433. In: *Breves comentários ao novo Código de Processo Civil.* 3ª edição. Teresa Arruda Alvim Wambier, Fredie Didier Júnior, Eduardo Talamini e Bruno Dantas (Coordenadores). São Paulo: RT, 2016, p. 1226.

Defende-se, em doutrina, que o objeto da arguição de falsidade de documento constitui pretensão de declaração sobre uma questão *de fato* que é *prejudicial* ao julgamento do mérito da causa[44]-[45], de modo que, em distinção da *ação autônoma declaratória de falsidade de documento*, que pode ser postulada para pedir a declaração de falsidade independentemente de um processo em referência, o *incidente de arguição de falsidade* se presta a viabilizar declaração que proclame a falsidade de documento que, constituindo prova nos autos, mantenha, pelo efeito de reconhecimento de sua autenticidade ou de sua falsidade, relação de prejudicialidade com o objeto litigioso do processo[46].

O documento trazido aos autos tem o objetivo de influenciar na formação da convicção do magistrado, para que este, adotando as informações extraíveis da prova, possa se convencer das alegações de fato suscitadas pelas partes, a fim de julgar o mérito da causa.

---

44 Conforme lição de Ada Pellegrini Grinover, questões prejudiciais são aquelas "que não dizem respeito à relação jurídica controvertida, à *res in iudicio deducta*, mas que, embora pudessem ser objeto, por si só, de processo autônomo, se apresentam na ação como mero antecedente lógico, como ponto duvidoso da discussão da questão principal." (GRINOVER, Ada Pellegrini. *Ação declaratória incidental.* São Paulo: RT, 1972, p. 1)

45 "A arguição de falsidade tem por objeto uma *questão de fato* (autenticidade ou falsidade de um documento), que é *prejudicial* ao julgamento do objeto litigioso, na medida em que o interesse de agir de quem a suscita está vinculado à relevância do documento reputado falso para o deslinde da causa. Assim, saber se o documento é, ou não, falso deve ser uma questão que tenha aptidão para influenciar na resolução do próprio mérito da demanda." (DIDIER JÚNIOR, Fredie; BRAGA, Paula Sarno; OLIVEIRA, Rafael Alexandria de. *Curso de Direito Processual Civil.* Vol. 2. 12ª edição. Salvador: JusPodivm, 2017, p. 265). MARINONI, Luiz Guilherme; ARENHART, Sérgio Cruz. *Comentários ao Código de Processo Civil.* Volume VII. São Paulo: RT, 2016, p. 355.

46 "Em relação ao *interesse de agir*, para o oferecimento desta impugnação, algumas reflexões se impõem. A questão foi esboçada anteriormente, quando do exame da legitimidade para a demanda, nos comentários ao artigo anterior. Colocada agora em foco, o essencial é notar que a parte somente terá interesse em oferecer o incidente quando puder identificar algum objetivo específico para a medida. Vale dizer que, a fim de que possa a parte oferecer a ação incidental de que aqui se trata, não basta a presença de dúvida objetiva (ou mesmo certeza) quanto à falsidade do documento inserto nos autos; é preciso que, aliado a isto, a solução do incidente possa acarretar algum *resultado para o processo.* Este resultado será sentido quando a prova, de que se trata, puder exercer alguma influência no julgamento da causa, ou seja, quando o documento versar sobre o ponto controvertido e relevante da lide. Caso contrário, a declaração sobre a autenticidade ou falsidade do documento será indiferente ao resultado do processo, já que aquela prova não tende a influenciar a cognição do magistrado na solução controvérsia." (MARINONI, Luiz Guilherme; ARENHART, Sérgio Cruz. *Comentários ao Código de Processo Civil.* Volume VII. São Paulo: RT, 2016, p. 373)

Sendo assim, poder-se-ia arguir a falsidade quando o negócio jurídico processual cuja falsidade se pretende demonstrar puder gerar interferência na resolução do mérito da causa, por configurar questão prejudicial, e não se pode negar que existem, efetivamente, negócios processuais cuja declaração de autenticidade ou de falsidade pode configurar *questão prejudicial* ao mérito da causa, o que se dá, por exemplo, nos negócios jurídicos processuais sobre presunção, bem como sobre os negócios processuais acerca da prova, sejam aqueles que disciplinam o modo de produção de prova, sejam aqueles que modificam o ônus da prova, vez que estes negócios, uma vez sendo necessária a aplicação do *ônus objetivo da prova*, influenciarão no modo de ser da decisão de julgamento do mérito do processo.

A existência e a validade dos negócios probatórios configuram verdadeira questão prejudicial ao mérito da causa, quando a prova produzida, em cumprimento ao ônus subjetivo, não é suficiente ao julgamento, de modo que o juiz, aplicando a regra do ônus objetivo, proferirá decisão contra aquele que deveria ter produzido a prova e não o fez[47]-[48]-[49].

---

47 "Conforme já acenou, a sistematização do estudo do ônus da prova tradicionalmente gira em torno de duas perspectivas: uma subjetiva, que dá ênfase ao encargo que se atribui às partes como uma espécie de condição – conjugada, certamente, a outros fatores – para que logrem êxito no processo; e outra objetiva, que parte da premissa de que, sendo vedado ao Estado deixar de julgar a pretexto da ausência da prova, o juiz deve se valer das normas que distribuem o correspondente ônus como uma regra de julgamento. (...)
Assim, sob o ângulo das partes, interessadas no resultado favorável, parece mesmo se inegável a existência de um encargo que lhes é atribuído; ainda que se possa – como se verá – controverter a propósito do momento em que essa atribuição pode ou deve ser feita, e de quem possa fazê-la (se a lei, em abstrato, ou se o juiz, no caso concreto). Trata-se de um princípio ônus, tal como concebido pela doutrina, na medida em que a posição jurídica é voltada para um interesse próprio: tendo a parte a liberdade de produzir prova, ao deixar de fazê-lo não pratica ato ilícito (a ensejar uma sanção em sentido estrito), mas apenas se sujeita, somente ela, a eventuais consequências desfavoráveis em virtude de sua inércia." (YARSHEL, Flávio Luiz. *Antecipação da prova sem o requisito da urgência e o direito autônomo à prova.* São Paulo: Malheiros, 2009, p. 49)

48 "No tangente ao ônus probatório objetivo, tem-se aqui uma questão de aplicação do direito, vedado o pronunciamento *non liquet*, essa regra fornece meio para que o julgador consiga prover, mesmo que as provas carreadas no processo não sejam suficientes para a elucidação do fato probando (regra de julgamento), garantindo à prestação jurisdicional racionalidade. Tais regras levam de certa forma, a um retorno ao formalismo na apreciação probatória, mas que se afigura necessário, sob pena de ser chancelado o arbítrio, configurado caso fosse permitido ao magistrado uma decisão por equidade em caso de ausência de provas.". (MACEDO, Lucas Buril de; PEIXOTO, Ravi. *Ônus da prova e sua dinamização.* 2ª edição. Salvador: JudPodivm, 2016, pp. 88-89)

49 "Diante de uma convenção processual limitadora dos meios de prova admissíveis no processo civil, pode ocorrer – mas, não necessariamente – a insuficiência

Ora, se o negócio que limita os poderes probatórios da parte é fruto de falsificação material, é evidente o interesse processual em arguir sua falsidade, para que a parte, uma vez declarada a inexistência do negócio, possa se desincumbir de seu ônus subjetivo e tentar evitar julgamento desfavorável a si.

Quanto ao cabimento da arguição para estes negócios, parece não haver dúvidas, vez que a declaração sobre sua falsidade pode gerar prejudicialidade em relação ao mérito da causa.

Todavia, parece que a arguição de falsidade não se deve restringir às situações que possam configurar prejudicialidade. Isso porque não há, nas disposições do Código, restrição a esse condicionamento. Esse é o entendimento externado por Daniela dos Santos Bomfim, para quem a arguição de falsidade documental independe da relação decorrente da falsidade do documento com o objeto litigioso do processo, vedando-se apenas a arguição de falsidade de documento que externe *fato estranho ao processo.*

A autora parte da distinção entre prova documental e documento, para, em primeiro lugar, destacar um deslocamento técnico dos dispositivos que regem a arguição de falsidade para, em seguida, sustentar a possibilidade de discussão sobre qualquer documento, constitua ou não prova documental. Sendo assim, seria possível arguir a falsidade de laudo pericial, de ata notarial, de termo de depoimento de testemunha, dentre outros documentos, assim definidos todo o suporte que possa ser representativo de um fato, não restrito à prova documental. Basta, para a arguição de falsidade, que haja um documento que, não sendo estranho ao objeto do processo, possa ter sua falsidade material impugnada[50].

---

probatória para formar a convicção judicial. Mas, mesmo assim, o juiz não se eximirá de prestar a atividade jurisdicional, tendo em vista que poderá basear a sua decisão na regra de julgamento do ônus da prova, julgando em desfavor daquele que não se desincumbiu do ônus que lhe cabia." (JOBIM, Marco Félix; MEDEIROS, Bruna Bessa de. O impacto das convenções processuais sobre a limitação de meios de prova. *Revista Eletrônica de Direito Processual – REDP.* Rio de Janeiro. Ano 11. Volume 18. Número 1. Janeiro a Abril de 2017. pp. 325-345. Disponível em <https://www.e-publicacoes.uerj.br/index.php/redp/article/view/28493>. Acesso em 29/04/2018.) Em sentido semelhante: GODINHO, Robson. *Negócios processuais sobre o ônus da prova no código de processo civil.* São Paulo: RT, 2015, p. 225.

---

50 "Todo e qualquer documento que seja inserido no processo pode ser objeto da arguição de falsidade. Não é necessário que o fato representado componha o objeto litigioso do processo, basta que ele se trate de questão do objeto do processo. Em outras palavras, a falsidade não precisa ser questão prejudicial ao mérito da causa.

Deixada de lado a interpretação restritiva do cabimento da arguição, é de se ter que a suscitação de falsidade poderia atingir todo e qualquer documento que venha a instruir o processo, como medida de eficiência processual, de sorte que a arguição de falsidade, ampliando o objeto do processo, permitiria ao magistrado resolver, em um só feito, mais de um conflito existente entre as partes[51].

Há, em verdade, uma questão *lógica* que compõe os entendimentos acima, de sorte a influenciar na interpretação do dispositivo: o modo como a arguição se apresenta nos autos.

Como cediço, a parte poderá requerer que o juiz se pronuncie sobre a falsidade em caráter *incidental*, resolvendo a questão na fundamentação da decisão, ou como questão *principal*, de modo que a declaração da falsidade constará no dispositivo da sentença e se submeterá ao regime da coisa julgada.

Ora, se a arguição de falsidade for suscitada como questão incidental, parece que deverá ser observada a relação de prejudicialidade entre

---

É possível que o documento impugnado seja fonte de prova de fato que componha o mérito do processo, o seu objeto litigioso, mas também é possível que ele documente fato cuja questão seja submetida à cognição do órgão jurisdicional como questão incidental. O que não é possível é a arguição de falsidade de documento que busque provar fato estranho ao objeto (de conhecimento) do processo.
Nesse sentido, veja-se que o texto do art. 433 não exige que a decisão sobre o mérito dependa, necessariamente, da decisão sobre a questão da falsidade, previsão inicialmente contida no projeto do Código.
Pode-se arguir a falsidade, por exemplo, de uma certidão de intimação da decisão agravada nos autos de um agravo de instrumento, de uma procuração, de uma certidão de nascimento, de um comprovante de preparo etc. Um instrumento de negócio jurídico processual pode ser também objeto de arguição de falsidade." (BOMFIM, Daniela Santos. Comentários aos arts. 430 a 433. In: *Breves comentários ao novo Código de Processo Civil*. 3ª edição. Teresa Arruda Alvim Wambier, Fredie Didier Júnior, Eduardo Talamini e Bruno Dantas (Coordenadores). São Paulo: RT, 2016, p. 1221).

---

51 José Roberto dos Santos Bedaque defende que, desde que respeitado o contraditório, pode-se admitir alteração da causa de pedir *posteriormente* à estabilização da demanda: "Mas, se, inadvertidamente, for introduzida no processo causa de pedir não deduzida na inicial e o contraditório abranger a nova realidade fática, não há por que desconsiderá-la. As regras da correlação, da eventualidade e da preclusão visam a assegurar a amplitude da defesa e o normal desenvolvimento do processo." (BEDAQUE, José Roberto dos Santos. *Efetividade do processo e técnica processual*. 2ª edição. São Paulo: Malheiros, 2007, p. 13).

o pronunciamento sobre a falsidade do documento e o mérito da causa. De outro modo, se for suscitada como questão principal, há independência de solução da arguição de falsidade com o mérito da causa.

Isso porque, ao suscitar, em caráter incidental, a declaração de falsidade, o requerente deverá demonstrar o *interesse processual*, por *utilidade*, em tal pronunciamento judicial, ou seja, deverá demonstrar a vantagem na obtenção de um provimento judicial que declare a falsidade do documento.

Como apenas a resolução incidental de *questão prejudicial* tem o poder de fazer coisa julgada, nos termos do art. 503, § 1º, do CPC, não há qualquer utilidade para o requerente, nem postura de eficiência do magistrado, no pronunciamento judicial sobre questão não prejudicial em caráter incidental. Por falta de interesse processual, eventual arguição assim suscitada deve ser inadmitida pelo juízo.

De outro lado, a declaração de falsidade requerida *como questão principal* será decidida *principaliter*, constando do dispositivo da sentença e, por isso, possibilitará a formação de coisa julgada material sobre esse novo capítulo declaratório da decisão[52].

Adotando-se esse entendimento, e adaptando-o ao objeto desse trabalho, pode-se admitir o cabimento da arguição de falsidade para todo e qualquer documento que seja representativo de um negócio jurídico processual, independentemente de o negócio manter relação de prejudicialidade com o mérito da causa, desde que requerido em caráter principal.

Poderiam ser objeto de impugnação por via da arguição disciplinada nos arts. 430 a 433, por exemplo, o pacto de distribuição de despesas processuais, o pacto de suspensão do processo, o calendário processual, a convenção sobre comunicações processuais feitas direta e reciprocamente pelas partes e a renúncia do direito de recorrer.

Incorporar-se-ia, na amplitude do cabimento, a arguição de falsidade dos documentos representativos de negócios processuais que não

52 "Quando houver a parte pedido o julgamento *principaliter* de sua arguição de falsidade, a decisão dessa pretensão virá como um *capítulo autônomo* da sentença que decidir a causa, sendo incluída em sua parte dispositiva (CPC, art. 433). Será uma *decisão de mérito*, que como tal comporta a autoridade da *coisa julgada* e, passando em julgado, poderá ser imputada por uma *ação rescisória* (art. 966). O recurso admissível contra essa decisão será o de *apelação*, justamente porque está incluída em uma *sentença* (art. 1.099)." (DINAMARCO, Cândido Rangel. *Instituições de direito processual civil.* Volume III. 8ª edição. São Paulo: Malheiros, 2016, p. 683).

configuram questões prejudiciais, senão *preliminares*, porque não afetam o *modo de julgamento do mérito*, mas, pelo contrário, *impedem-no*[53], a exemplo do pacto de não demandar (*non petendo*), da desistência da ação, da desistência do recurso e da renúncia ao direito de recorrer.

Falsidade ideológica. Entretanto, para que a arguição seja cabível, apenas se pode admitir, como *causa de pedir*, a alegação de *falsidade material* do negócio processual, ou seja, a causa de pedir se resumirá à alegação de que o documento que representa o negócio não foi produzido pelo autor do incidente, que não exteriorizou vontade no sentido expressado pelo documento, que não o firmou ou que não determinou sua produção.

Não há espaço, na arguição de falsidade, para discussão quanto à falsidade ideológica. Isso porque esta diz respeito não à autoria do documento, mas ao conteúdo, que deve ser desfeito por decisão constitutiva negativa, e não pode decisão declaratória, tal a que se pronuncia no incidente ora em estudo.

Em suma, assim como na ação declaratória do art. 19, inciso II, do CPC, não se discute a verdade do conteúdo documento, mas a autenticidade, a autoria do suporte do negócio processual trazido aos autos[54]-[55].

Aplica-se, aqui, o mesmo que já se afirmou quanto ao entendimento doutrinário sobre o cabimento da ação declaratória de falsidade de documento para os casos de falsidade ideológica: como os negócios processuais são representados por *documentos constitutivos*, assim entendidos

53 LEITE, Clarisse Frechiani Lara. *Prejudicialidade no processo civil*. São Paulo, Saraiva, 2008, p. 49.

54 "A imputação da *autenticidade* do documento consiste, pois, na alegação de falsidade da assinatura nele lançada e é uma das hipóteses de falsidade documental suscetíveis de serem apuradas mediante o incidente de arguição regido nos arts. 340 ss. do Código de Processo Civil." (DINAMARCO, Cândido Rangel. *Instituições de direito processual civil*. Volume III. 8ª edição. São Paulo: Malheiros, 2016, p. 679).

55 "A restrição tem por fundamento a disciplina do incidente, a apontar para obrigatoriedade da submissão do documento questionado à prova pericial (art. 432, *caput*), o que seria impossível na arguição do falso ideológico – em que se deve demonstrar que a ideia retratada no documento não é verdadeira. Ora, é bem sabido que a prova pericial apenas poderá indicar a ocorrência de falsidade material; quanto ao falso ideológico, este se prova por outros meios de prova, admitidos em direito." (MARINONI, Luiz Guilherme; ARENHART, Sérgio Cruz. *Comentários ao Código de Processo Civil*. Volume VII. São Paulo: RT, 2016, p. 358).

aqueles que contêm exteriorização de vontade, não se pode discutir seu conteúdo em ação declaratória, mas constitutiva. A ação declaratória, quando muito, presta-se a discutir a inexistência de documento *narrativo*, qual seja aquele que traz a descrição de fatos, o que não é o caso dos negócios jurídicos processuais.

Em conclusão, tem-se que o incidente de arguição de falsidade se presta ao controle da existência do negócio jurídico processual e, portanto, é cabível, desde que preenchidas duas condições: (i) o negócio jurídico processual configurar, em relação processo, fato relevante; e (ii) tratar-se de alegação de falsidade material.

Legitimidade. Terá legitimidade ativa aquele contra quem se invoca o negócio jurídico processual representado pelo documento. É deste o interesse processual em obter declaração de falsidade do documento, desvinculando-se da relação jurídica falsamente criada.

A legitimidade, portanto, independe de a parte estar no polo ativo ou no polo passivo do processo. Discute-se, no incidente, pretensão distinta, voltada à declaração de falsidade do documento e, por consequência, de *inexistência do negócio jurídico processual* que, por ele, se pretendeu demonstrar em juízo.

O sujeito passivo do incidente será aquele que *produziu* o documento, ou seja, aquele que trouxe o documento aos autos, independentemente de ter sido ou não o autor da falsificação. Em situação de espelho àquele que ocupa o polo ativo do incidente, tem-se que o sujeito passivo será *aquele beneficiado pelo negócio que se pretendeu comprovar nos autos*. Se for mais de um beneficiado, haverá litisconsórcio passivo unitário entre eles[56]-[57].

56 "Esta legitimidade passiva há de atribuir-se àquele a quem beneficia a prova, ficando este responsável por, querendo, defender sua idoneidade. (...) compreendendo-se que devem ser convocados para manifestar-se no incidente *todos aqueles a quem o documento beneficia*, em litisconsórcio necessário unitário." (MARINONI, Luiz Guilherme; ARENHART, Sérgio Cruz. *Comentários ao Código de Processo Civil.* Volume VII. São Paulo: RT, 2016, pp. 368/375. Grifos no original)

57 "Portanto, quando houver a incindibilidade, ficará percebida a existência de uma única demanda no âmbito de relação jurídica subjetivamente complexa e, a depender da pretensão exercida, todos terão de estar em juízo diante de um objeto litigioso monolítico." (EID, Elie Pierre. *Litisconsórcio unitário – Fundamentos, estrutura e regime.* São Paulo: RT, 2016, p. 116).

Essa conclusão é importante por dois aspectos. Em primeiro lugar, porque não se discute, no incidente, *quem criou o documento falso*, mas apenas a sua falsidade. A imputação pela criação é matéria de interesse concernente não ao processo civil, mas ao direito penal e ao processo penal, em razão de cometimento de ilícito para aquela área do direito.

No incidente, interessa apenas afastar dos autos documento que pode influir na formação do convencimento do magistrado, impactando o *modo de ser* da sentença de mérito, de modo que a autoria real é irrelevante para a fundamentação da decisão e para as consequências geradas no processo civil. Basta apenas concluir que o autor do incidente não é o autor do documento, retirando-lhe qualquer eficácia probatória.

Tanto é assim que se permite ao sujeito passivo do incidente retirar o documento dos autos, o que causará o encerramento do incidente, por perda do objeto, e a retomada do processo, não mais considerado o negócio processual representado pelo documento extraído (art. 432, parágrafo único/CPC).

Em segundo plano, deve-se atentar para as situações em que o documento vem aos autos por determinação judicial, por decorrência do poder de instrução oficiosa do magistrado (art. 371/CPC), situação em que não será o juiz ou o Estado o sujeito passivo da arguição de falsidade, que será instaurada a pedido do prejudicado em face do sujeito *beneficiado* pela juntada do documento.

Nessa situação, o sujeito passivo pode, até mesmo, concordar com a falsidade do documento, notadamente porque a inexistência de autoria do autor não implica que o beneficiário do negócio tenha sido o responsável pela falsificação.

O que se lhe veda, na hipótese de juntada oficiosa do documento, é a prerrogativa de pedir a retirada dos autos, uma vez que não foi ele, sujeito passivo do incidente, que inseriu o documento nos autos, mas o juiz, de modo que não incide o disposto no art. 432, parágrafo único, do CPC.

Resolução do incidente. O incidente de arguição de falsidade de documento pode ser resolvido de duas formas: como questão prejudicial incidental, na fundamentação da decisão de mérito do processo, ou como questão principal, caso a parte assim o requeira expressamente, quando sua resolução se dará no dispositivo da sentença, com aptidão para formação de coisa julgada material (art. 430, parágrafo único, do CPC).

Configuram-se, portanto, duas naturezas possíveis: um incidente processual ou uma ação declaratória incidental, com fundamento no art. 19, inciso II, do CPC.

O art. 430, parágrafo único, do Código, estabelece o cabimento de uma ação declaratória incidental[58]-[59], cuja extinção parece ter sido pretendida pelo legislador na edição do CPC/15[60], com a adoção de técnica diferente, qual seja a extensão da coisa julgada à questão prejudicial incidentalmente decidida, prescrita no art. 503, § 1º, do CPC.

É preciso analisar os textos normativos sistematicamente, a fim de obter conclusão que compatibilize as normas que deles se podem extrair.

Realizada a arguição de falsidade (pedido de controle de existência do negócio processual) como mero incidente processual, a decisão sobre ele poderá ter natureza interlocutória, sem solução do mérito da causa e sem formação de coisa julgada, quando não houver configuração de prejudicialidade entre a falsidade do documento que exterioriza o negócio e o objeto litigioso do processo.

Havendo relação de prejudicialidade, e arguida a falsidade como questão incidental, esta será resolvida na fundamentação da decisão[61] e, sobre si, poderá haver formação de coisa julgada, por incidência do art. 503, § 1º, do CPC, desde que preenchidos os requisitos ali estabelecidos, a saber: (i) se se tratar, efetivamente, de questão prejudicial de que dependa o julgamento da causa; (ii) ter havido contraditório sobre a alegação de falsidade do documento; e (ii) o juízo ter competência em

---

58 TUCCI, José Rogério Cruz e. Comentários aos arts. 502 a 508. In: *Comentários ao Código de Processo Civil*. Volume 2. Cassio Scarpinella Bueno (Coordenador). São Paulo: Saraiva, 2017, p. 493. DINAMARCO, Cândido Rangel. *Instituições de direito processual civil*. Volume III. 8ª edição. São Paulo: Malheiros, 2016, p. 271.

59 DIDIER JÚNIOR, Fredie. Extensão da coisa julgada à resolução da questão prejudicial incidental no novo Código de Processo Civil brasileiro. *Civil Procedure Review*, v.6, n.1, 2015, pp. 81-94. Disponível em <http://www.civilprocedurereview.com/busca/baixa_arquivo.php?id=110&embedded=true>. Acesso em 04/07/2018.

60 "Não há mais a ação declaratória incidental nem a ação declaratória incidental de falsidade de documento, bem como o incidente de exibição de documentos." (BRASIL. Senado Federal. *Código de processo civil e normas correlatas*. 7ª edição. Brasília: Senado Federal, Coordenação de Edições Técnicas, 2015, p. 32)

61 FONSECA, João Francisco Naves. *Comentários ao Código de Processo Civil*. Vol. IX. José Roberto Ferreira Gouveia, Luis Guilherme Aidar Bondioli e João Francisco Naves da Fonseca (coordenadores). São Paulo: Saraiva, 2017, p. 139.

razão da matéria e da pessoa para julgar, em caráter principal, a falsidade material do documento.

Havendo, *ou não*, relação de prejudicialidade com o mérito da causa, a falsidade do documento que exterioriza o negócio processual poderá ser arguida como questão principal, de modo que será decidida pelo magistrado não como premissa de julgamento, tal como ocorre na resolução incidental, mas como efetivo objeto de julgamento, fazendo-se constar no dispositivo da sentença, como capítulo autônomo, a declaração sobre a autenticidade ou falsidade do documento e, por consequência disso, a existência ou inexistência do negócio jurídico processual que por este se busca representar.

6. Considerações finais

Buscou-se demonstrar, no trabalho, que, antes de averiguar a validade de um negócio processual, deve-se atentar para o preenchimento do suporte fático da norma que o prevê abstratamente, a fim de aferir se *existe negócio processual* ao qual possa ser atribuída validade ou decretada invalidade.

Essa aferição pode-se dar, judicialmente, por vias diversas, quer por ação declaratória, quer por incidente processual, procedimentos em que, por instrução processual adequada, seja verificada a autenticidade ou a falsidade do instrumento que representa o negócio processual firmado, independentemente de esta guardar relação de prejudicialidade com o objeto do processo.

Bem aplicadas as técnicas, há possibilidade de o pronunciamento judicial acerca da (in)existência ser acobertado por coisa julgada material, de modo a conferir estabilidade e segurança à decisão que declara o negócio existente ou inexistente.

Referências bibliográficas

ALMEIDA, Diogo Assumpção Rezende de. *A contratualização do processo: das convenções processuais no processo civil*. São Paulo: LTR, 2015.

AMARAL, Francisco. *Direito Civil – Introdução*. 7ª edição. Rio de Janeiro: Renovar, 2008.

ATAÍDE JÚNIOR, Jaldemiro Rodrigues. Negócios materiais e processuais – existência validade e eficácia – campos-variáveis e campos-dependentes: sobre os limites dos negócios jurídicos processuais. *Revista de Processo*. São Paulo: RT, nº 244, 2015.

BARBI, Celso Agrícola. *Ação declaratória principal e incidente.*7ª Edição. Rio de Janeiro: Forense, 1996.

BARBOSA MOREIRA, José Carlos. Convenções das partes sobre matéria processual. In: *Temas de Direito Processual – Terceira Série*. São Paulo: Saraiva, 1984.

BEDAQUE, José Roberto dos Santos. *Efetividade do processo e técnica processual.* 2ª edição. São Paulo: Malheiros, 2007.

BOMFIM, Daniela Santos. Comentários aos arts. 430 a 433. In: *Breves comentários ao novo Código de Processo Civil.* 3ª edição. Teresa Arruda Alvim Wambier, Fredie Didier Júnior, Eduardo Talamini e Bruno Dantas (Coordenadores). São Paulo: RT, 2016.

BOMFIM, Daniela. A legitimidade extraordinária de origem negocial. In: Negócios Processuais. Tomo I. CABRAL, Antonio do Passo; NOGUEIRA Pedro Henrique Pedrosa (Coord.). 4ª ed. Salvador: JusPodivm, 2019.

BRAGA, Paula Sarno. "Primeiras reflexões sobre uma teoria do fato jurídico processual: plano da existência". *Revista de Processo*. São Paulo: RT, n. 148, jun. 2007, pp. 293-320.

BRASIL. Senado Federal. *Código de processo civil e normas correlatas.* 7ª edição. Brasília: Senado Federal, Coordenação de Edições Técnicas, 2015.

BUZAID, Alfredo. *Ação declaratória no direito brasileiro*. São Paulo: Saraiva, 1943.

CABRAL, Antônio do Passo. *Convenções Processuais*. Salvador: JusPodivm, 2016.

CÂMARA, Alexandre Freitas. *O novo processo civil brasileiro.* 3ª edição. São Paulo: Atlas, 2017.

CASTRO, Torquato. *Ação declaratória.* 2ª edição. São Paulo: Saraiva, 1942.

CUNHA, Leonardo Carneiro da. O objeto da ação declaratória. *Revista Dialética de Direito Processual.* nº 14. São Paulo: Dialética, 2004.

CUNHA, Leonardo José Carneiro da. Negócios Jurídicos Processuais. In: Negócios Processuais. Tomo I. CABRAL, Antonio do Passo; NOGUEIRA Pedro Henrique Pedrosa (Coord.). 4ª ed. Salvador: JusPodivm, 2019.

DIDIER JR., Fredie; BRAGA, Paula Sarno. Carta psicografada como fonte de prova no processo civil. *Revista de Processo*. São Paulo: RT, 2014.

DIDIER JÚNIOR, Fredie. Extensão da coisa julgada à resolução da questão prejudicial incidental no novo Código de Processo Civil brasileiro. *Civil Procedure Review*, v. 6, n. 1, 2015, pp. 81-94. Disponível em <http://www.civilpro-

cedurereview.com/busca/baixa_arquivo.php?id=110&embedded=true>. Acesso em 04/07/2018.

DIDIER JÚNIOR, Fredie. Fonte normativa da legitimação extraordinária no novo Código de Processo Civil: a legitimação extraordinária de origem negocial. *Revista de Processo*. Vol. 232. São Paulo: RT, 2014.

DIDIER JÚNIOR, Fredie. Negócios jurídicos processuais atípicos no CPC-2015. In: Negócios Processuais. Tomo I. CABRAL, Antonio do Passo; NOGUEIRA Pedro Henrique Pedrosa (Coord.). 4ª ed. Salvador: JusPodivm, 2019.

DIDIER JÚNIOR, Fredie; BRAGA, Paula Sarno; OLIVEIRA, Rafael Alexandria de. *Curso de Direito Processual Civil.* Vol. 2. 12ª edição. Salvador: JusPodivm, 2017.

DIDIER JÚNIOR, Fredie; NOGUEIRA, Pedro Henrique Pedrosa. *Teoria dos fatos jurídicos processuais*. Salvador: JusPodivm, 2012.

DINAMARCO, Cândido Rangel. *Instituições de direito processual civil.* Volume III. 8ª edição. São Paulo: Malheiros, 2016.

EID, Elie Pierre. *Litisconsórcio unitário – Fundamentos, estrutura e regime.* São Paulo: RT, 2016.

FONSECA, João Francisco Naves. *Comentários ao Código de Processo Civil.* Vol. IX. José Roberto Ferreira Gouveia, Luis Guilherme Aidar Bondioli e João Francisco Naves da Fonseca (coordenadores). São Paulo: Saraiva, 2017.

GODINHO, Robson. *Negócios processuais sobre o ônus da prova no código de processo civil.* São Paulo: RT, 2015.

GOMES, Orlando. *Introdução ao Direito Civil.* 19ª edição. Rio de Janeiro: Forense, 2007.

GRECO, Leonardo. Os atos de disposição processual – primeiras reflexões. *Os poderes do juiz e o controle das decisões judiciais: estudos em homenagem à professora Teresa Arruda Alvim Wambier.* José Miguel Garcia Medina; Luana Pedrosa de Figueiredo Cruz; Luís Otávio Sequeira de Cerqueira; Luiz Manoel Gomes Junior (coord.). São Paulo: RT, 2008.

GRINOVER, Ada Pellegrini. *Ação declaratória incidental.* São Paulo: RT, 1972.

JOBIM, Marco Félix; MEDEIROS, Bruna Bessa de. O impacto das convenções processuais sobre a limitação de meios de prova. *Revista Eletrônica de Direito Processual – REDP.* Rio de Janeiro. Ano 11. Volume 18. Número 1. Janeiro a Abril de 2017. pp. 325-345. Disponível em <https://www.e-publicacoes.uerj.br/index.php/redp/article/view/28493>. Acesso em 29/04/2018.)

LEITE, Clarisse Frechiani Lara. *Prejudicialidade no processo civil.* São Paulo, Saraiva, 2008.

LIPIANI, Júlia; SIQUEIRA, Marília. Negócios jurídicos processuais sobre a fase recursal. In: Negócios Processuais. Tomo I. CABRAL, Antonio do Passo; NOGUEIRA Pedro Henrique Pedrosa (Coord.). 4ª ed. Salvador: JusPodivm, 2019.

LOPES, João Batista. *A prova no direito processual civil*. São Paulo: RT, 1999.

LOPES, João Batista. *Ação declaratória*. 5ª edição. São Paulo, RT, 2002.

MACEDO, Lucas Buril de; PEIXOTO, Ravi. Negócio processual acerca da distribuição do ônus da prova. *Revista de Processo*. Vol. 241. São Paulo: RT, 2015.

MACEDO, Lucas Buril de; PEIXOTO, Ravi. *Ônus da prova e sua dinamização*. 2ª edição. Salvador: JudPodivm, 2016.

MARINONI, Luiz Guilherme; ARENHART, Sérgio Cruz. *Comentários ao Código de Processo Civil*. Volume VII. São Paulo: RT, 2016.

MELLO, Marcos Bernardes de. *Teoria do Fato Jurídico – Plano da Existência*. 18ª ed. São Paulo: Saraiva, 2012.

MELLO, Marcos Bernardes de. *Teoria do Fato Jurídico – Plano da validade*. 9ª edição. São Paulo: Saraiva, 2009.

MOREIRA ALVES, José Carlos. *A parte geral do Projeto de Código Civil Brasileiro*. São Paulo: Saraiva, 1986.

NEVES, Daniel Amorim Assumpção. *Ações probatórias autônomas*. São Paulo: Saraiva, 2008.

NOGUEIRA, Pedro Henrique Pedrosa. *Negócios jurídicos processuais*. Salvador: JusPodivm, 2015.

PEREIRA, Caio Mário da Silva. *Instituições de Direito Civil*. Volume I. 20ª edição. Rio de Janeiro: Forense, 2004.

PEREIRA, Lara Dourado Mapurunga. *Negócios jurídicos processuais sobre presunções*. Salvador: JusPodivm: 2019.

PONTES DE MIRANDA, Francisco Cavalcanti. *Comentários ao Código de Processo Civil*. Tomo 1. Rio de Janeiro: Forense, 1973.

PONTES DE MIRANDA, Francisco Cavalcanti. *Comentários ao Código de Processo Civil*. Tomo IV. Rio de Janeiro: Forense: 1974.

PONTES DE MIRANDA, Francisco Cavalcanti. *Tratado de Direito Privado*. Tomo III. Rio de Janeiro: Borsoi, 1972.

PONTES DE MIRANDA, Francisco Cavalcanti. *Tratado de Direito Privado*. Tomo IV. Rio de Janeiro: Borsoi, 1972.

SANTOS, Boaventura de Sousa. *Um discurso sobre as ciências*. 4. ed. São Paulo: Cortez, 2006.

SANTOS, Moacyr Amaral. *Prova judiciária no cível e comercial.* Volume IV. 4ª edição. São Paulo: Max Limonard, 1970.

SILVA, Beclaute Oliveira. Verdade como objeto do negócio jurídico processual. In: Negócios Processuais. Tomo I. CABRAL, Antonio do Passo; NOGUEIRA Pedro Henrique Pedrosa (Coord.). 4ª ed. Salvador: JusPodivm, 2019.

SILVA, Ovídio Baptista da. *Comentários ao código de processo civil.* Vol. 1. São Paulo, RT, 2000.

TALAMINI, Eduardo. Comentários aos arts. 430 a 433. In: *Comentários ao Código de Processo Civil.* 2ª edição. Lênio Luiz Streck, Dierle Nunes e Leonardo Carneiro da Cunha (Organizadores). São Paulo: Saraiva, 2017.

THEODORO JÚNIOR, Humberto. Ação declaratória e incidente de falsidade: falso ideológico e intervenção de terceiros. *Revista de Processo.* Vol. 51. São Paulo: RT, 1998.

THEODORO JÚNIOR, Humberto. *Comentários ao novo Código Civil.* Volume III. Tomo I. 2ª edição. Rio de Janeiro: Forense, 2003.

TRIGO, Alberto Lucas Albuquerque da Costa. *Promessa de não processar e de não postular. O pacto de non petendo reinterpretado.* Salvador: JusPodivm: 2019.

TUCCI, José Rogério Cruz e. Comentários aos arts. 502 a 508. In: *Comentários ao Código de Processo Civil.* Volume 2. Cassio Scarpinella Bueno (Coordenador). São Paulo: Saraiva, 2017.

TUCCI, Rogério Lauria. Negócio jurídico processual. *Enciclopédia Saraiva de Direito.* São Paulo: Saraiva, 1977.

VASCONCELOS, Arnaldo. *Teoria da Norma Jurídica.* 5ª ed. São Paulo: Malheiros, 2000.

VILANOVA, Lourival. Sobre o conceito de direito. *Escritos jurídicos e filosóficos.* Brasília: Axis Mvndi/IBET, 2003, v. 1.

YARSHEL, Flávio Luiz. *Antecipação da prova sem o requisito da urgência e o direito autônomo à prova.* São Paulo: Malheiros, 2009.

LIMITES DA JURISDIÇÃO NA RECUPERAÇÃO JUDICIAL

Douglas Ribeiro Neves[1]

SUMÁRIO: 1. Introdução. **2.** A posição do Superior Tribunal de Justiça. **3.** Interpretação sistêmica das normas envolvidas. **4.** A falência é do devedor, e não da empresa. **5.** A disputa de bens do devedor em recuperação entre credores sujeitos e credores não sujeitos à recuperação. **6.** A decisão sobre a excussão judicial dos bens do devedor em recuperação. **7.** Conclusão. **8.** Referências bibliográficas.

1. Introdução

A recuperação judicial é processo de conhecimento de rito especial pelo qual o devedor empresário pode obter tutela constitutiva do Poder Judiciário para alterar parte de suas obrigações.[2-3] A alteração das

---

1 Bacharel, mestre e doutor em Direito pela Universidade de São Paulo.

2 Sobre a tutela constitutiva, embora no regime da concordata: *"A primeira dessas situações é representada pelas sentenças constitutivas: elas contêm em si, ao lado do momento declaratório integrante de todas as sentenças de mérito, um segundo momento lógico consistente na alteração da situação jurídica em que antes as partes se encontravam (ordinariamente, situação jurídico-substancial). O volume de poder de que dispõe o Estado e a sólida base política em que se apoia autorizam-no a impor, nesse segundo momento lógico, a criação, modificação ou extinção de relações jurídicas, direitos e obrigações, como é o caso, v.g.: a) das chamadas "sentenças substitutivas a vontade do obrigada" (criam a relação jurídica que deveria ter sido criada mediante o omitido cumprimento da obrigação de contratar);* ***b) da sentença concessiva de concordata (modifica o valor e tempo de pagamento das obrigações do comerciante)*** *c) da que acolhe o pedido de anulação de contrato (extingue o vínculo jurídico existente entre os contratantes). É muito expressiva, nesse contexto, a lembrança das sentenças constitutivas necessárias (divórcio, nulidade de casamento), proferidas em casos de acentuada indisponibilidade de direitos, as quais instituem situações jurídicas que nem o comportamento do demandado ou o concerto de vontades de ambas as partes, nem antes nem depois da emissão do provimento jurisdicional, seria capaz de instituir".* (DINAMARCO, Cândido Rangel, *A Instrumentalidade do processo*, 7ª ed., Malheiros, São Paulo, 1999, pp. 100-101 – grifou-se).

3 Sobre a litigiosidade do processo, embora tratando de concordata: *"A eficácia vinculativa que tem a sentença de decretação da concordata, preventiva ou suspensiva, é resultante da natureza da sentença que é constitutiva. Não se pense em eficácia negocial, unilateral ou contratual, porque de modo nenhum há negotium. O devedor comum, a favor de quem o sistema jurídico criara direito, pretensão e ação de con-*

obrigações pela via forçada, submetendo mesmo os credores que não concordarem com o plano de recuperação, é uma exceção ao direito de propriedade, justificada à luz do interesse difuso da manutenção da empresa viável. E por empresa não se entenda empresário, conceito distinto.

Os fatos constitutivos do direito à modificação das obrigações, os quais, portanto, compõem a causa de pedir da recuperação judicial[4], são (i) a existência de crise econômico-financeira (que justifique alterar as obrigações do devedor - artigo 47), (ii) a existência de empresa viável (que justifique excepcionar a decisão do mercado - artigo 47) e (iii) a viabilidade do plano (que justifique afastar a falência e manter o devedor na condução da empresa - artigo 53, II). Tem direito à recuperação judicial, portanto, o devedor empresário que esteja em crise, conduza atividade empresarial viável e apresente plano de recuperação viável.[5]

Nesse contexto, indaga-se quais são os limites da atividade judicial na condução da recuperação judicial. O juiz deve atuar na recuperação

---

cordata, exerce a pretensão à tutela jurídica, invocando esse direito à concordata, exigindo-a em juízo. O Estado entrega-lhe a prestação jurisdicional, que consiste, em caso de procedência da ação, em estabelecer-se o estado de concordata. A vinculação dos credores do mesmo devedor resulta de haver, na esfera jurídica de cada um, limitação legal ao direito de crédito, o que permite ao Estado constituir a concordata". (MIRANDA, Pontes de, *Tratado das Ações*, vol. III, RT, São Paulo, 1972, pp. 439-440).

4 Trata-se de causa de pedir composta: *"A causa petendi é composta na hipótese em que corresponde a uma pluralidade de fatos individualizadores de uma única pretensão"*. (TUCCI, José Rogério Cruz e. *A Causa Petendi no Processo Civil*, RT, São Paulo, 2ª ed., 2001, p. 156)

5 Com entendimento diferente, p. 213, conclusão 15): *"A preservação da empresa e seus corolários - preservação da função social e estímulo à atividade econômica - constitui o objeto do pedido de recuperação, formulação da causa de pedir remota, enquanto os demais elementos fáticos do pedido - manutenção da fonte produtora, do emprego dos trabalhadores e dos interesses dos credores - são os da causa de pedir próxima".* Discorda-se. No artigo 47 a lei declara as justificativas em razão das quais o direito de propriedade e a força cogente das obrigações jurídicas foi excepcionado pela recuperação judicial. Esses são elementos que caracterizam o interesse difuso na manutenção da empresa. Nada têm a ver com os requisitos fáticos que fazem surgir o direito à modificação das obrigações. E a maior prova disso está em que o devedor possa falir, mas, mesmo assim, a empresa seja mantida, com manutenção da fonte produtora, empregos e atendimento dos interesses dos credores. (NEGRÃO, Ricardo. *A Eficiência do Processo Judicial na Recuperação de Empresas*, Saraiva, São Paulo, 2010.

judicial para verificar a presença dos requisitos legais necessários à outorga da tutela constitutiva de alteração das obrigações sujeitas à recuperação, ou o juiz deve, além do objetivo anteriormente exposto, perseguir recuperação judicial?

Dado o espaço que um artigo permite, escolheu-se tratar desse aspecto no âmbito do conflito de interesses que pode surgir entre credores sujeitos à recuperação e credores não sujeitos à recuperação.

1.1. Recuperação judicial, concurso universal e concurso comum de credores

Não há, na recuperação judicial, concurso universal de credores. A hipótese é diversa da falência. Não se trata de liquidar o ativo para pagar o passivo. Trata-se de modificar parte das obrigações do devedor que comprovar existência de empresa em crise, porém viável mediante um plano de recuperação viável. Os credores não concorrem entre si para constranger e excutir o patrimônio do devedor. Limitam-se a (i) decidir pela manutenção da empresa sob a condução do devedor, (ii) discutir (ou abster-se de discutir) o direito material à recuperação judicial, (ii) habilitar seu crédito, (iii) fiscalizar a habilitação de outros créditos e (iv) monitorar o endividamento posterior do devedor.

Não estando falido o devedor e havendo constrição sobre um mesmo bem por mais de um credor, estabelece-se o concurso comum previsto no artigo 908 do CPC, que se resolve pelos critérios da preferência legal e da anterioridade da penhora. Havendo falência, todos os ativos são liquidados para que o passivo seja pago na ordem estabelecida pela lei.

O processo de recuperação judicial, diferentemente do concurso comum e do concurso universal, não envolve constrição nem excussão de bens do devedor. O devedor continua na administração de seus bens. Não há penhora, nem há arrecadação. Ao cabo do processo, os credores sujeitos à recuperação terão à disposição título executivo judicial, que conterá as novas obrigações substituidoras das obrigações originalmente contratadas ou definidas em lei. Não recebendo espontaneamente os pagamentos, executarão ou pedirão a falência do devedor. Se executarem, podem vir a participar de concurso de comum de credores. Se pedirem a falência, participarão do concurso universal. Enquanto participarem da recuperação judicial, não estarão em concurso de credores.

Também não vigora, na recuperação judicial, o princípio de igualdade de condições dos credores (*pars conditio creditorum*), ao menos não na extensão e profundidade que vigora na falência.[6]

Na falência, essa igualdade é observada, em primeiro lugar, em relação à totalidade dos bens do devedor, que são integralmente arrecadados para satisfação dos credores, segundo ordem legal. Em segundo lugar, a igualdade é escalonada. Os credores são tratados igualmente dentro de suas classes. Todavia, não recebem tratamento igualitário em relação aos que lhes precedem nas ordens estabelecidas pelos artigos 149 a 153 da lei. A lei, com maior ou menor justiça (segundo a escolha do Poder Legislativo), aumenta ou diminui o risco de cada crédito, por sua natureza, ser satisfeito. Se houvesse tratamento integralmente igualitário, cada credor receberia, necessariamente, um percentual do ativo, por menor que fosse.

Na recuperação, a lei separa os créditos em duas categorias: os que estão sujeitos e os que não estão sujeitos à recuperação, dispensando-lhes tratamento diferenciado. Não estão sujeitos à recuperação os créditos (i) criados antes do pedido, mas excepcionados pela lei (como os tributários, por exemplo), (ii) criados depois do pedido e (iii) criados antes do pedido, mas não trazidos ao processo de recuperação (por ausência de citação dos credores)[7].

O artigo 49exclui expressamente da recuperação os créditos criados depois do pedido. Essa exclusão está fundada na necessidade de que o processo se desenvolva sobre fatos ocorridos antes do pedido de processamento. A admissão de créditos posteriores ao pedido dificultaria ou inviabilizaria o desenvolvimento da marcha processual. Se créditos

---

6 O que também é percebido no direito italiano, quanto ao *concordato preventivo: "Ed allora, se l'attuazione della par condicio era um dogma anche del concordato in passato, ora non è più così; le norme sulla formazione delle classi, là dove, in particolare, stabiliscono che ai creditori possono essere offerti trattamenti differenziati pur a parità di situazione giuridica, si pongono come norme derogatorie della disciplina generale in tema di obbligazione e responsabilità. Questo però non significa affatto che là dove non sono previsti trattamenti differenziati, lì non avrebbe ragion d'essere la costituzione di classi'.* (FABIANI, Massimo, *Falimento e Concordato Preventivo, vol. II - Concordato Preventivo*, Zanichelli Editore, Bologna, 2014, p. 93).

7 Em que pese manifestações em sentido contrário do Superior Tribunal de Justiça manifestada, por exemplo, em REsp nº 1.655.705/SP, segundo as quais o crédito se sujeitaria à recuperação mesmo que não incluído na lista de credores, ou seja, mesmo que o credor não tenha sido citado no processo de recuperação judicial.

posteriores ao pedido ficassem sujeitos à recuperação, uma nova lista de credores teria de ser publicada mensalmente, novas habilitações de crédito surgiriam ao longo do processo e a assembleia de credores dificilmente teria lugar. A exclusão dos créditos posteriores constitui, portanto, uma exigência processual.

Durante a recuperação, o devedor continua na administração de seus bens, com a limitação de não poder alienar ou onerar bens do ativo permanente, a menos que isso, segundo decisão final do judiciário, for de evidente utilidade ou tiver sido autorizado na aprovação do plano de recuperação (artigos 64, *caput*, e 66). É natural, portanto, que, na consecução de seu objeto social, o devedor contraia novas obrigações. Sabendo que a realização de novos negócios é vital à continuação da empresa, o legislador classificou como extraconcursal, em eventual falência do devedor, o crédito decorrente de obrigação contraída durante a recuperação judicial (artigo 67). Isso implica em que os credores sujeitos à recuperação corram o risco de que o devedor aumente ainda mais sua dívida. Não à toa, o endividamento do devedor no curso da recuperação fora dos limites adequados justifica a remoção do devedor ou de seus administradores da condução da atividade (artigo 64, IV, b e c, da lei).

Bem por isso, os artigos 69-A a 69-C da lei foram introduzidos para viabilizar maior controle do endividamento do devedor em recuperação judicial.

2. A posição do Superior Tribunal de Justiça

Mas e se os credores extraconcursais não forem pagos e tiverem de promover a execução, penhora e excussão de bens? Poderão penhorar e excutir bens livremente, como lhes faculta o artigo Art. 789 do CPC: *"O devedor responde com todos os seus bens presentes e futuros para o cumprimento de suas obrigações,* ***salvo as restrições estabelecidas em lei****"*?

A resposta do Superior Tribunal de Justiça é negativa.

No REsp nº 1.935.022/SP, o credor extraconcursal havia obtido a adjudicação de bem do devedor em recuperação judicial. A adjudicação foi, posteriormente, anulada pelo Tribunal de Justiça do Estado de São Paulo. Sua pretensão de reforma do acórdão para restabelecer a adjudicação foi rejeitada pelo Superior Tribunal de Justiça sob o argumento de que a excussão de bens depende de autorização do juízo da recuperação judicial. Do texto do acórdão, extrai-se o seguinte (note-se o destaque):

> *"Os créditos constituídos após o deferimento do pedido de recuperação judicial, por serem extraconcursais, não se submetem aos seus efeitos, sendo facultado ao credor propor a respectiva execução, que se processa pelas regras ordinárias aplicáveis a qualquer outro feito executivo e perante o juízo competente, a quem cabe promover todos os atos processuais,* ***exceto a apreensão e a alienação de bens****".*

Nesse mesmo acórdão, o Superior Tribunal de Justiça afirma que, se a recuperação não tivesse sido convolada em falência, determinaria ao juiz da recuperação para averiguar *"a viabilidade de excussão do bem sem o comprometimento da recuperação judicial"*. Veja-se, com destaque:

> *"Diante desse contexto, não fosse o fato de que a recuperação judicial foi convolada em falência no dia 19/3/2012, conforme admitido pela própria recorrente (e-STJ fls. 1.740-1.747), até se poderia determinar a remessa dos autos ao juízo da recuperação, tanto para averiguação da natureza extraconcursal do crédito executado, quanto para que fosse verificada* ***a viabilidade de excussão do bem sem o comprometimento da recuperação judicial****. No entanto, presente essa peculiar circunstância, e reconhecida a efetiva competência do juízo recuperacional para acompanhar e autorizar a excussão de bens da empresa que, à época, ainda estava em recuperação, não resta outra alternativa à recorrente senão habilitar seu crédito nos autos da falência, observada, se for o caso, a preferência legal estabelecida no art. 84 da Lei nº 11.101/2005".*

Condicionou-se a outorga da tutela executiva ao credor extraconcursal à autorização judicial e afirmou-se que tal autorização depende de a excussão não comprometer a recuperação judicial. A escolha, claramente, foi pelo alargamento dos limites da atividade judicial na recuperação. Considerando a indagação feita no início deste artigo, a resposta do Superior Tribunal de Justiça no sentido de que ao juiz da recuperação cabe perseguir a recuperação judicial.

Com a devida vênia, não parece ser essa a resposta da legislação atual.

O artigo 789 do CPC, norma de mesmo nível daquelas da lei de recuperação e falência, garante ao credor excutir quaisquer bens do devedor, salvo restrições legais. Como se viu anteriormente, a lei de recuperação e falência exige autorização judicial para alienar ou onerar bens do ativo permanente, e, mais recentemente, para o financiamento do devedor, mas não impede a excussão judicial, nem estipula ser da competência do juiz da recuperação autorizar ou não a excussão judicial.

Se o artigo 66 autoriza a oneração de bens do ativo permanente caso exista utilidade evidente analisada pelo juiz, é evidente que tal oneração não se fará senão para que os bens onerados sejam excutidos em favor do credor não sujeito à recuperação. Por que razão o credor, nessa hipótese, estaria autorizado a excutir os bens, ao passo que outros credores, ainda que não sujeitos à recuperação, não estariam autorizados a fazer o mesmo? Não há razão para admitir o tratamento desigual, porque ambos os créditos tem a mesma relevância, com a diferença de que, num caso, a relevante utilidade verificada pelo juiz autoriza a constituição de direito real, que garantirá preferência do respectivo credor em eventual concurso comum.[8]

O artigo 49, § 3º, impede que o credor proprietário fiduciário venda ou retire da posse do devedor *"bens de capital essenciais a sua atividade empresarial" "durante o prazo de suspensão a que se refere o § 4º do art. 6º"*. E aí está uma restrição expressa da lei ao direito do credor de satisfazer seu crédito, embora, aqui, evidentemente, não se trate de excussão de bem do devedor, mas de venda de bem de titularidade do credor sob a posse do devedor.

Mas tais argumentos de interpretação estrita da lei podem não convencer. Qual, então, é a interpretação sistêmica da norma, isto é, aquela que melhor se harmoniza com os princípios que regem a natureza dos direitos envolvidos?

3. Interpretação sistêmica das normas envolvidas

A indagação inicial persiste: ao juízo da recuperação cabe perseguir a recuperação do devedor?

O processo de recuperação judicial envolve, a um só tempo, o interesse do devedor de modificar suas obrigações; o interesse dos credores (concursais e extraconcursais) de obter a satisfação de seus créditos; e o

8 Em eventual falência, o direito real será irrelevante, porque o crédito será extraconcursal, como se viu anteriormente.

interesse difuso da manutenção da empresa. Ao juízo cabe o tratamento equidistante das partes, na forma do artigo 139, I, do CPC.

Se os credores e devedores têm seus interesses defendidos pelos advogados que decidirem constituir, a defesa interesse difuso de manutenção da empresa, entendida como organização dos meios de produção para gerar bens (renda, posições de emprego, tributos etc.), cabe ao Ministério Público, conforme lhe determina o artigo 129, III, da Constituição Federal.

Se, de um lado, a lei de recuperação e falência autoriza que o juiz defira a recuperação mesmo se os credores das diversas classes não os aprovarem em volume de crédito suficiente (*cram down*), de outro lado, a mesma lei determina que a falência seja decretada em diversas hipóteses.

Ora, se a falência é um desfecho possível, e não apenas a recuperação, parece ser decorrência lógica a conclusão de que o juízo não deve perseguir (ou ter compromisso com) a recuperação, mas deferi-la ou decretar a falência, conforme presentes os respectivos requisitos legais.

As hipóteses de decreto falimentar no curso do processo de recuperação são 6 (seis), conforme artigo 73.

A primeira, por deliberação da assembleia tomada nos termos do artigo 42. O juiz está vinculado à decisão dos credores, devendo controlar, evidentemente, a formalidade da convocação, instalação e deliberação da assembleia. Há que se relembrar: a falência é do devedor, de tal modo que a empresa deve ser vendida o mais rápido possível para que outro empresário a assuma.[9] Aqui, a lei reconheceu aos credores o poder de retirar, em definitivo, o credor da condução das atividades empresariais. Basta a vontade dos credores e não se exige insolvência. Aliás, se o inadimplemento de uma única obrigação no valor de pelo menos 40 (quarenta) salários-mínimos justifica o decreto falimentar (por

9 O artigo 99, XI, autoriza que o juiz, em vez de mandar lavrar o estabelecimento, determine a continuação das atividades empresariais sob a condução do administrador, de forma provisória, para que a alienação desses ativos seja feita em bloco (artigo 140) e imediatamente após o decreto falimentar (artigo 139). No conceito de estabelecimento estão inclusos os contratos sem os quais as atividades seriam inviáveis (artigo 140, § 3º), isto é, todos os ativos, tangíveis e intangíveis por meio dos quais a atividade empresarial é desenvolvida (artigos 90, 91 e 966 do CC). Para isso, é de **suma relevância** que as obrigações não sejam transferidas ao empresário adquirente dos bens, seja de qualquer natureza, conforme corretamente preconizam o artigo 141, II e § 2º.

razões que aqui não cabe discutir), com muito mais razão a deliberação da maioria dos credores justifica o decreto falimentar.

Nesta hipótese, o juízo está vinculado por expressa dicção legal.[10] O poder de impor a falência ao devedor é o contraponto da exceção à propriedade e à força coercitiva dos contratos imposta (a exceção) aos credores sujeitos à recuperação. Essa deliberação não deve, contudo, causar nenhuma estranheza ou preocupação em relação à manutenção da empresa e ser considerada apenas como a decisão de afastar o devedor da condução da atividade empresarial. Relembre-se o princípio de que a sorte do devedor deve ser dissociada da sorte da empresa. Relembre-se também as disposições da lei no sentido de que a empresa possa ser mantida na falência (artigo 99, XI) e alienada como um todo (artigo 140), cuja eficácia depende da observância literal do artigo 141, II (transferência livre de ônus e sem sucessão)[11].

A segunda hipótese é de não apresentação do plano no prazo legal. Essa é uma espécie de falência-sanção, porque o plano é um aditamento da inicial a ser feito em 60 (sessenta) dias da publicação da decisão que deferir o processamento da recuperação. De *lege ferenda*, não se deveria decretar a falência na hipótese, mas simplesmente indeferir a inicial e extinguir o processo sem julgamento do mérito. Todavia, a hipótese legal é essa e não há razão legal ou constitucional par impedir sua aplicação.

A terceira hipótese é de rejeição do plano de recuperação sem que estejam presentes os requisitos legais para o *cram down*. É mais um caso de falência-sanção. Se a recuperação não for deferida pelo *cram down*, seja em razão da ausência dos requisitos legais para o tanto, seja em razão da nulidade de cláusulas essenciais do plano, seja em razão da au-

10 Em sentido contrário: *"A expressão soberania da assembleia geral, em sua decisão, não significa, em absoluto, que o Juízo da recuperação estará diante de uma camisa de força. (...) Os motivos ensejadores da deliberação da assembleia poderão ser revistos pelo juízo, acaso não se convença dessa situação; porém deverá fundamentar a respectiva decisão, para que nela sobejem elementos convincentes, adstritos à realidade empresarial"* (ABRÃO, Carlos Henrique, in *Comentários à Lei de Recuperação de Empresas e Falências*, coord. Paulo F. C. Salles de Toledo e Carlos Henrique Abrão, Saraiva, São Paulo, 2012, p. 274).

11 Note-se a preocupação do legislador de impedir a fraude ao excepcionar essa sucessão nos casos em que o arrematante tenha relacionamento com o devedor falido (sócio do falido, controlador do falido, parente até o 4º grau, consanguíneo ou afim, do falido ou do sócio do falido, e agente mancomunado com o falido – artigo 141, § 1º). Não há motivo para impedir a fraude também na recuperação judicial pelo exercício da jurisdição no julgamento do pedido.

sência dos fatos constitutivos do direito alegado, a falência tem de ser decretada. Mais uma vez, a situação é de deliberação dos credores pelo afastamento em definitivo do devedor das atividades empresariais, de tal modo que os créditos sejam satisfeitos, ainda que parcialmente, pela alienação dos ativos.

A deliberação assemblear de rejeição do plano sem possibilidade de *cram down* e a deliberação pelo decreto falimentar extinguem o direito à modificação das obrigações e determinam a falência.

A quarta hipótese é de descumprimento de obrigações do plano vencidas em 2 (dois) anos do deferimento da recuperação. Tais obrigações referem-se àquelas de pagamento dos credores, e não aos compromissos assumidos quanto aos meios de recuperação. O importante é que a obrigação seja satisfeita, ainda que o devedor encontre outros meios para obter os recursos necessários para tal (como empréstimos, emissões de ações, venda de outros bens etc.). Para o descumprimento de obrigação fora desse período, o credor tem à sua disposição a tutela executiva, singular ou coletiva, conforme artigo 62.

A alteração legislativa de 2020 (Lei nº 14.112/2020) introduziu mais 2 (duas) hipóteses nas quais é cabível o decreto falimentar.

A quinta hipótese é de descumprimento de parcelamento de débitos ou transação celebrada com INSS ou Fazendas Públicas. Há, aqui, uma superproteção de um tipo de credor extraconcursal, o credor de tributos. Uns dirão que a distinção quanto aos demais credores extraconcursais está no interesse público envolvido. Outros dirão que se trata de violação ao princípio da igualdade. Para esse artigo importa dizer que a lei previu hipótese de decreto falimentar para esse tipo de credor extraconcursal, consequência muitíssimo mais grave do que a excussão de bens para satisfação de outros créditos extraconcursais.

A sexta hipótese é de *"esvaziamento patrimonial da devedora que implique liquidação substancial da empresa, em prejuízo de credores não sujeitos à recuperação judicial"*. E aí está externada a preocupação do legislador com a tutela dos credores não sujeitos à recuperação. A alienação de bens do ativo permanente depende de autorização judicial (27, II, c). A venda sob autorização judicial provavelmente não implicará liquidação substancial da empresa. Outros bens, contudo, podem eventualmente ser vendidos de tal maneira que os bens restantes não sejam suficientes para garantir a satisfação dos credores não sujeitos à recuperação. Ora, se o legislador quer também tutelar os interesses de credores não sujeitos à recuperação pela aplicação da sanção de falência do devedor em recuperação, é de se presumir que, com muito mais razão, tutela a satisfação de tais credores pela via da excussão judicial.

Os fatos que ensejam o decreto falimentar no curso do processo de recuperação devem ser conhecidos de ofício, ou seja, independem da vontade dos credores, porque, a falência, em tais situações, é efeito direto da lei, com caráter de ordem pública, e não tutela concedida a pedido de parte processualmente legítima e interessada.[12] Tais fatos extinguem o direito à modificação das obrigações e, embora supervenientes, devem ser levados em consideração.

Portanto, a lei trata o desfecho da falência como uma possibilidade natural, inerente à condição de devedor empresário.

4. A falência é do devedor, e não da empresa

O estigma que paira sobre a falência, como se, em raciocínio binário e simplista, a falência fosse "ruim" e a recuperação fosse "boa", atrapalha a visão correta do instituto. A falência do devedor não implica necessariamente extinção da empresa. A empresa pode ser transferida a outro empresário. O texto mais recente do artigo 75 da lei acolhe essa diretriz

12 Contrariamente, na hipótese de falência por descumprimento do plano, o STJ reformou acórdão que decretara a falência de ofício, sob o argumento de que a decisão dependeria da vontade do credor (que, no caso, havia requerido a desistência do requerimento de convolação da recuperação em falência por descumprimento do plano): REsp 1408973/SP, Rel. Ministro SIDNEI BENETI, Rel. p/ Acórdão Ministro JOÃO OTÁVIO DE NORONHA, TERCEIRA TURMA, julgado em 11/03/2014, DJe 13/06/2014.

de forma expressa ao enunciar que **a falência é meio de preservar a empresa na gestão de outro empresário** (artigos 75 e 140).[13-14-15]

> *Art. 75. A falência, ao promover o afastamento do devedor de suas atividades, visa a:* ***I – preservar e a otimizar a utilização produtiva dos bens, dos ativos e dos recursos produtivos,***

13 Ainda não está impregnada na doutrina brasileira – embora devesse estar – a ideia de que o processo de recuperação visa a manutenção das atividades empresariais, **e não a manutenção das atividades empresariais sob condução do devedor**. A recuperação judicial é o meio de preservar a atividade empresarial nas mãos do devedor, mas ela pode muito bem ser mantida nas mãos de outro empresário, mesmo que sem o *know-how* do devedor que a organizou e/ou simplesmente a titulou antes da crise.

14 Sobre essa questão: *"Cumpre notar que o Banco Mundial, ao tratar dos princípios a serem observados pelos sistemas jurídicos em matéria de insolvência, anota que, não sendo viável a empresa, o objetivo deve ser o de propiciar a rápida e eficiente liquidação, para maximizar a recuperação dos créditos. E acrescenta que 'liquidations can include the preservation and sale of the business, as distinct from the legal entity'. A recomendação mencionada acima foi seguida pela lei brasileira. Esta não apenas procura acelerar a venda dos bens da falida, de modo a que os credores possam ser melhor aquinhoados, mas também, como foi visto, inclui no artigo 75, menção expressa à preservação dos bens. Serão estes vendidos a terceiros, uma vez que o devedor foi afastado de suas atividades, conforme enuncia este mesmo dispositivo.* ***A alienação por referir-se preferencialmente ao conjunto dos bens, equivalerá à transferência do próprio negócio, como algo distinto da sociedade empresária que o explorou****".* TOLEDO, Paulo Fernando Campos Salles de, *A preservação da empresa, mesmo na falência*, in *Direito Recuperacional, Aspectos Teóricos e Práticos*, São Paulo, Quartier Latin, coord. Newton de Lucca, 2009, 517-534, p. 520).

15 Veja-se também: *"Preferir a venda da empresa, isto é, de todos os estabelecimentos, entenda-se, representa dar prioridade à sua preservação como unidade de produção, ou seja, como se houvesse algum tipo de sinergia operacional entre tais unidades, afastando-se inicialmente a venda de estabelecimentos ou ativos isolados. Quem adquire o todo, como se explicou antes, considera que é mais valioso, ou mais vantajoso, haver para si uma organização, unidade composta de partes que se entrelaçam, se encadeiam, enfim, mantêm entre si vínculos que aumentam a eficiência operacional ou que, ao menos, podem ser encaradas como forma de distribuir melhor os riscos da atividade empresa4rial, ou, ainda, como tentativa de reduzi-los mediante dispersão ou balanceamento daqueles riscos próprios de quem opera em mercados. Por isso é usual, esperado, que, na veda 'da empresa' em operação, o alienante receba preço mais elevado, porque se trata de um going concern, do que quando os bens são oferecidos isoladamente".* (SZTAJN, Raquel, in *Comentários à Lei de Recuperação de Empresas e Falência*, 5ª ed., coord. Paulo F. C. Salles de Toledo e Carlos Henrique Abrão, Saraiva, São Paulo, 2012, p. 487).

> ***inclusive os intangíveis, da empresa****; II - permitir a liquidação célere das empresas inviáveis, com vistas à realocação eficiente de recursos na economia; e III - fomentar o empreendedorismo, inclusive por meio da viabilização do retorno célere do empreendedor falido à atividade econômica.*

Nesse contexto, a lei de recuperação de falência não oferece ao devedor proteção irrestrita quanto à constrição e excussão de seus bens sequer em relação aos credores sujeitos à recuperação.

Os credores sujeitos à recuperação podem obter a constrição e a excussão de bens do devedor nas seguintes hipóteses: (i) o façam depois do transcurso do prazo de 180 (cento e oitenta) dias do processamento do pedido, prorrogável por igual período (artigo 6º, § 4º, novo texto), (ii) não tenham seus créditos alterados pelo plano de recuperação (artigo 45, § 3º), ou (iii) o façam após o descumprimento de obrigação exigível 2 (dois) anos depois da concessão da recuperação (artigo 62).

A proteção legal ao patrimônio do devedor quanto aos **credores sujeitos** à recuperação deve se estender pelo prazo de 3 (três) anos. Nesse interregno, pode surgir o conflito quanto à penhora excussão de bens, essenciais à atividade ou não, que tenham ou não tenham sido indicados no plano de recuperação como fonte de recursos (alienação para entrega do produto da venda ou dação em pagamento), em favor dos credores **não sujeitos à recuperação**.

5. A disputa de bens do devedor em recuperação entre credores sujeitos e credores não sujeitos à recuperação

Seja na Lei nº 11.105/2005, seja no Código de Processo Civil, seja no Código Civil, não existe a constituição de nenhuma preferência aos credores sujeitos à recuperação ou impedimento de que os credores não sujeitos à recuperação procedam à construção e excussão de bens. O simples fato de o devedor indicar determinado bem como fonte de recursos para cumprir as obrigações ou o de propor dar determinados bens em pagamento (até que a dação seja feita, obviamente) não implica nenhuma garantia, seja processual, seja material, de que os credores receberão, **com preferência sobre os demais credores do devedor comum**, o bem indicado ou o produto de sua venda. De fato, não existe, no ordenamento jurídico brasileiro, disposição que garanta aos credores sujeitos à recuperação preferência (quanto ao bem ou ao produto de sua venda) em relação a credor não sujeito à recuperação.

Além de não haver preferência ou impedimento legal, não há garantias materiais (privilégios ou direitos reais)[16], nem garantias processuais. Não estão presentes, na hipótese, os requisitos para tutela provisória (de urgência ou de evidência), nem para o ato de constrição da penhora em sede de tutela executiva (a obrigação pode ser certa e líquida, porém não será necessariamente exigível, nem haverá citação). Tais atos, aliás, dependem de decisão judicial e a decisão que defere a recuperação não determina qualquer tipo de constrição.

A lei também não estabelece privilégio, nem geral, nem especial aos credores sujeitos à recuperação. A outorga de privilégio é uma exigência legal prevista no artigo 963 do CC[17]. O rol de privilégios é, portanto, taxativo.

Por isso, quaisquer bens do devedor em recuperação, mesmo aqueles indicados como fonte de recursos podem ser livremente constritos e excutidos para satisfazer créditos não sujeitos à recuperação, mesmo aqueles que sejam essenciais às atividades do devedor (e desde que de propriedade dele). Os credores sujeitos à recuperação devem, portanto, ao decidir o voto na assembleia, **considerar o risco** de que credores não sujeitos à recuperação possam obter a constrição e a excussão de bens indicados no plano como fontes de recurso para satisfação de créditos sujeitos à recuperação. Daí a importância na constituição de um Comitê de Credores que monitore o nível de endividamento do devedor em recuperação, assim como a exigência de que o devedor em recuperação obtenha prévia autorização judicial para obter financiamento. Lembre-se, entretanto, que o crédito extraconcursal pode ser, por exemplo, de um fornecedor que, acreditando na viabilidade da empresa, não tenha cessado de fornecer insumos ou serviços ao devedor em recuperação, mesmo após o pedido processual de recuperação judicial.

Pode-se argumentar que o princípio da preservação da empresa justificaria impedir que outros credores excutissem os bens indicados no plano como fonte de recursos para cumprir obrigações sujeitas à recuperação. A justificativa, contudo, não procede. Não bastasse o simples fato de não haver outorga de privilégio (quer por garantia material, quer

16 A menos que sejam constituídas no plano.

17 Art. 963. O privilégio especial só compreende os bens sujeitos, por expressa disposição de lei, ao pagamento do crédito que ele favorece; e o geral, todos os bens não sujeitos a crédito real nem a privilégio especial.

por garantia processual, o que, por si só, põe fim à discussão), o princípio da preservação da empresa justifica, segundo a lei, o direito à modificação das obrigações, isto é, a própria recuperação. Não serve, pode, portanto, ser levado às últimas consequências, para excepcionar a garantia geral, de todos os credores, de que os bens do devedor fiquem sujeitos à satisfação de suas dívidas. A exceção legal requisitada pelo artigo 789 do CPC não consta do artigo 47, nem de qualquer outro dispositivo da lei.

Veja-se que, embora fosse desnecessário, a lei põe a salvo, expressamente, o direito à tutela executiva coletiva, declarando a possibilidade de o credor não sujeito à recuperação pedir a falência do devedor em recuperação (artigo 73, parágrafo primeiro, novo texto). Se o decreto falimentar é permitido, com mais razão é permitido a outorga executiva individual, pois ele não implica, necessariamente, a falência do devedor. Aqueles credores que se enquadram na categoria do artigo 67, isto é, titulam créditos constituídos em favor de fornecedores de bens e serviços desde o deferimento do processamento até o término do prazo de 2 (dois) anos do deferimento, terão seus créditos classificados como extraconcursais na falência (artigo 84), o que implicará o recebimento antes de todos os credores sujeitos à recuperação, nos termos do artigo 149. [18] [19] [20] Ora, se têm direito a receber antes dos demais no contexto da falência, com mais razão o teriam fora dele, pois seus créditos foram

18 Nesse sentido: *"Os créditos extraconcursais (arts. 67 e 84) e o valor objeto do pedido de restituição (art. 85 e ss.) não serão classificados no quadro-geral de credores e **deverão ser pagos pela massa antes dos demais credores** (art. 149, caput)"*, BEZERRA FILHO, Manoel Justino. *A responsabilidade do garantidor na recuperação judicial do garantido*, Revista do Advogado, São Paulo, v. 29, nº 105, pp. 129-34, set/2009, p. 212).

19 ***"Atribuir precedência na ordem de pagamento àqueles que participarem ativamente do processo de soerguimento da empresa, na hipótese de quebra do devedor, foi a maneira encontrada pelo legislador para compensar o incremento do risco experimentado".*** (REsp 1398092/SC, Rel. Ministra NANCY ANDRIGHI, TERCEIRA TURMA, julgado em 06/05/2014, DJe 19/05/2014) (grifou-se).

20 *"A expressão "durante a recuperação judicial", gravada nos arts. 67, caput, e 84, V, da Lei de Falências e de Recuperação de Empresas, abrange o período compreendido entre a data em que se defere o processamento da recuperação judicial e a decretação da falência, interpretação que melhor harmoniza a norma legal com as demais disposições da lei de regência e, em especial, o princípio da preservação da empresa (LF, art. 47)".* (REsp 1185567/RS, Rel. Ministra MARIA ISABEL GALLOTTI, Rel. p/ Acórdão Ministro ANTONIO CARLOS FERREIRA, QUARTA TURMA, julgado em 05/06/2014, DJe 10/10/2014) (grifou-se).

constituídos com esse benefício justamente com a finalidade de que o devedor em recuperação não fique sem crédito perante fornecedores de bens (entre tais bens, crédito) e serviços.

É exatamente em razão desse risco que a lei, em compensação, instituiu mecanismos que permitem aos credores sujeitos à recuperação prevenirem-se do endividamento excessivo do devedor. São mecanismos de prevenção: (i) o Comitê de Credores (especialmente artigo 27, II, a), (ii) o administrador judicial (especialmente artigo 22, II, a), (iii) a substituição dos administradores do devedor (artigo 64) e (iv) o afastamento do devedor da atividade empresarial (artigo 65).

6. A decisão sobre a excussão judicial dos bens do devedor em recuperação

Feitas essas considerações, retorna-se à indagação inicial deste artigo: qual deve ser a decisão judicial em relação à penhora e excussão de bens do devedor em recuperação por crédito não sujeito à recuperação?

Há de se tratar, inicialmente, da questão da competência para outorgar tutela executiva em favor dos credores não sujeitos à recuperação.

A Súmula 480 do STJ enuncia que: *"O juízo da recuperação judicial não é competente para decidir sobre a constrição de bens não abrangidos pelo plano de recuperação da empresa"*. *A contrario sensu*, o juízo da recuperação seria competente para decidir sobre a constrição de bens abrangidos pelo plano de recuperação. Tal regra de competência, contudo, não existe na LRF, no CPC, ou em qualquer diploma. A regra de juízo universal existe exclusivamente para o processo de falência (artigo 76). Mesmo assim, são inúmeros os julgados do Superior Tribunal de Justiça no sentido de que os atos de constrição de bens abrangidos pelo plano para satisfação de créditos **não sujeitos à recuperação** devam ser apreciados pelo juízo da recuperação, **independentemente de os bens terem ou não sido indicados no plano como potencial fonte de recursos.**[21]

21 Por exemplo: *"Nos termos da pacífica jurisprudência da Segunda Seção desta Corte Superior, embora a execução fiscal não se suspenda em virtude do deferimento da recuperação judicial, os atos que importem em constrição do patrimônio da sociedade empresarial devem ser analisados pelo Juízo Universal, a fim de garantir o princípio da preservação da empresa"*, com a ressalva importante de que: *"não se está impedindo a realização de penhora ou qualquer outro ato constritivo, mas tão somente determinando que tais questões sejam analisadas pelo Juízo Universal, sob pena de se inviabilizar a própria recuperação judicial".* (AgRg no CC 132.239/SP, Rel. Ministro MARCO AURÉLIO BELLIZZE, SEGUNDA SEÇÃO, julgado em 10/09/2014, DJe 16/09/2014).

E o critério eleito pelo Superior Tribunal de Justiça, como se viu anteriormente na análise dos fundamentos do acórdão do REsp nº 1.935.022/SP, é o de saber se a excussão do bem inviabilizará ou não a recuperação da empresa, sugerindo que o juízo deva perseguir ou garantir o cumprimento do plano de recuperação.

Entretanto não há disposição legal que sustente esse entendimento, nem interpretação sistemática que o justifique. O juízo da recuperação não é universal. O processamento da recuperação não suspende as execuções fiscais, assim como não impede a tutela de créditos não sujeitos à recuperação, seja qual for a natureza do provimento pleiteado. São disposições claras dos artigos 6º e 49. Houvesse juízo universal, todos os demais seriam incompetentes, não apenas para processar e julgar demandas relativas a tributos, mas também demandas relativas a créditos expressamente excluídos da recuperação.

Quanto ao critério para deferir ou não os atos de constrição, não se pode usar o princípio da manutenção da empresa para indeferi-los. Em relação à essencialidade do bem para a atividade empresarial, a proteção legal existente está limitada à posse de bens de terceiros e ao prazo de 180 (cento e oitenta) dias do processamento da recuperação (artigo 49, § 4º). Quanto a ter ou não sido incluído no plano como fonte de recursos, isso, por si só, não implica garantia nenhuma, material ou processual, pela simples ausência de dispositivo legal que preveja tal eficácia. Então, as opções interpretativas são claras: ou se respeita o princípio da legalidade e exige-se previsão de exceção ao artigo 789 do CPC, ou se outorga a tutela executiva aos credores não sujeitos à recuperação utilizando-se todos os bens do devedor.

Aqui se depara com uma questão fundamental: o fato de o Estado-juiz pretender assegurar o cumprimento do plano de recuperação, usando como meio para atingir tal finalidade (i) a criação de norma de competência absoluta (juízo universal da recuperação judicial) e (ii) a vedação dos atos de constrição do devedor em recuperação (ao menos em relação a bens considerados essenciais às atividades e aos indicados como fonte de recursos no plano de recuperação). A tutela que a lei determina seja outorgada ao devedor empresário é de modificação das obrigações com a finalidade de que o devedor se recupere. **Não existe previsão legal para tutela do devedor para que o plano, custe o que custar, seja cumprido.** Ao exercer jurisdição sobre os fatos constitutivos do direito à modificação das obrigações, entendendo presentes a crise, a viabilidade da empresa e a viabilidade do plano, encerra-se a jurisdição, de modo que, na eventualidade de credores não sujeitos à recuperação pleitearem tutela executiva, ela deve ser outorgada (obviamente, se presentes os requisitos legais, como, por exemplo, a existência de título executivo).

A recuperação envolve direitos individuais disponíveis[22], de modo que o Estado-juiz não tem autorização legal seja para tentar manter, a qualquer custo, o devedor, seja para garantir a satisfação dos créditos sujeitos à recuperação. Fazê-lo implica manifesto desrespeito ao princípio da isonomia. Afinal, os credores sujeitos à recuperação são tão credores (nem melhores, nem piores) dos que os credores não sujeitos à recuperação. A lei outorgou aos credores (i) determinar sua falência, pela rejeição do plano, ou (ii) correr o risco de que o plano não seja cumprido e o endividamento do autor aumente. Por isso, é ir **contra o espírito da lei** tolher a tutela executiva, em nome da "manutenção da empresa", dos credores não sujeitos à recuperação, ou mesmo condicionar essa tutela executiva à autorização prévia do juízo da recuperação, elegendo requisito não previsto em lei de "***viabilidade de excussão do bem sem o comprometimento da recuperação judicial***".

Essa seria uma tutela do devedor, e não da empresa, pois a empresa, mesmo na falência, deve ser mantida, se possível, pela transferência por inteiro ou por partes à condução de outro empresário.

Por tudo isso, antes de manifestar, em assembleia, o voto pelo reconhecimento da procedência do pedido (isto é, aprovação do plano), ou pela falência, os credores sujeitos à recuperação precisam levar em consideração o direito dos credores não sujeitos à recuperação (anteriores ou posteriores ao pedido) à tutela executiva, individual ou coletiva. Precisam inteirar-se da situação patrimonial completa do devedor, acompanhando todo o seu passivo e seu ativo, bem como sua administração. Muito coerentemente, a lei determinou prestação de informações completas pelo devedor no processo de recuperação: informações sobre o ativo e passivo, laudo de avaliação dos ativos, lista completa de credores, certidão negativa de obrigações tributárias, fiscalização pelo administrador judicial, fiscalização pelo comitê de credores, afastamento do devedor da gestão da empresa, entre outros. São diversos os instrumentos pelos quais os credores sujeitos à recuperação podem **avaliar e monitorar** tanto o endividamento não sujeito à recuperação, seja preexistente (exceções legais), seja os constituídos após o pedido.

22 Nesse sentido, TUCCI, José Rogério Cruz e, Limites dos Poderes Judiciais na Recuperação Judicial e Posição do STJ, *Revista Brasileira de Direito Comercial*, Porto Alegre, v. 4, nº 24, pp. 5-8, ago./set. 2018.

Na eventualidade de os bens indicados como fonte de recurso para cumprir as obrigações do plano forem excutidos em execuções de créditos não sujeitos à recuperação e os credores sujeitos à recuperação não puderem participar do concurso (pelo fato de seus créditos não se encontrarem, naquele momento, exigíveis), nada deverá ser feito, senão permitir que a satisfação dos créditos executados. Se os bens indicados como recursos forem excutidos para satisfazer créditos não sujeitos à recuperação, o devedor deverá encontrar outros recursos (novo sócio com aporte de capital, empréstimo etc.) para cumprir o plano.

Por isso, o credor, antes de contratar, deve avaliar o risco de recuperação e, estando na recuperação, deve avaliar o risco de aprovar o plano de recuperação, atuando ativamente, tanto no controle das decisões judiciais (processamento da recuperação, julgamento de impugnações, deferimento da recuperação etc.), quanto na supervisão das atividades (e do endividamento) do devedor (Comitê de Credores, administrador judicial, substituição de administradores do devedor e remoção do devedor do controle da atividade empresarial). Talvez, o juízo que for feito pelos credores conduzirá à decisão de votar pela falência do devedor, com manutenção da empresa (se viável) sob titularidade de terceiro, utilizando-se o produto da venda da empresa para liquidação das obrigações.

7. Conclusão

O processo de recuperação judicial outorga tutela constitutiva (modificação das obrigações do devedor) e tem, como efeito secundário, a manutenção da empresa sob condução do devedor. A sorte do devedor deve ser dissociada da sorte da empresa. Por isso, a falência do devedor não significa, necessariamente, a extinção da empresa. A empresa deve ser mantida, mesmo na falência, e vendida preferencialmente por inteiro, para continue sob condução de outro empresário, sem sucessão de nenhuma obrigação.

A promessa de vender bens ou dar em pagamento bens como meio de recuperação não gera nenhuma garantia, processual ou material, em favor dos credores sujeitos à recuperação, a menos que a garantia real seja constituída no plano. Por consequência, os credores não sujeitos ao plano podem penhorar e excutir livremente bens indicados como possíveis fontes de recurso no plano, pois a lei não lhe excepciona a tutela executiva, nem a afasta tais bens da responsabilidade patrimonial do devedor.

Por ausência de disposição legal, o juízo da recuperação não é competente para julgar atos de expropriação contra o devedor em recuperação, quer eles comprometam, quer não comprometam a recuperação do devedor. A lei já estabelece o papel de fiscalizar a venda e oneração de ativos, assim como a tomada de financiamento. A função do Estado-juiz no processo de recuperação judicial não é a de perseguir ou garantir o cumprimento do plano. A própria falência pode viabilizar a manutenção da empresa sob a gerência de outro empresário, que não o empresário em recuperação.

8. Referências bibliográficas

ABRÃO, Carlos Henrique, in *Comentários à Lei de Recuperação de Empresas e Falências,* coord. Paulo F. C. Salles de Toledo e Carlos Henrique Abrão, Saraiva, São Paulo, 2012

BEZERRA FILHO, Manoel Justino. *A responsabilidade do garantidor na recuperação judicial do garantido,* Revista do Advogado, São Paulo, v. 29, nº 105, pp. 129-34, set/2009

DINAMARCO, Cândido Rangel, *A Instrumentalidade do processo,* 7ª ed., Malheiros, São Paulo, 1999

FABIANI, Massimo, *Falimento e Concordato Preventivo, vol. II – Concordato Preventivo,* Zanichelli Editore, Bologna, 2014

MIRANDA, Pontes de, *Tratado das Ações,* vol. III, RT, São Paulo, 1972

NEGRÃO, Ricardo. *A Eficiência do Processo Judicial na Recuperação de Empresas,* Saraiva, São Paulo, 2010

SZTAJN, Raquel, in *Comentários à Lei de Recuperação de Empresas e Falência,* 5ª ed., coord. Paulo F. C. Salles de Toledo e Carlos Henrique Abrão, Saraiva, São Paulo, 2012

TOLEDO, Paulo Fernando Campos Salles de, *A preservação da empresa, mesmo na falência,* in *Direito Recuperacional, Aspectos Teóricos e Práticos,* São Paulo, Quartier Latin, coord. Newton de Lucca, 2009

TUCCI, José Rogério Cruz e. *A Causa Petendi no Processo Civil,* RT, São Paulo, 2ª ed., 2001

TUCCI, José Rogério Cruz e, Limites dos Poderes Judiciais na Recuperação Judicial e Posição do STJ, *Revista Brasileira de Direito Comercial,* Porto Alegre, v. 4, nº 24, pp. 5-8, ago./set. 2018

COISA JULGADA EM BENEFÍCIO DE TERCEIRO NA ARBITRAGEM SOCIETÁRIA: NECESSÁRIA PREVALÊNCIA DO DIREITO À PROVA SOBRE A CONFIDENCIALIDADE

Fábio Peixinho Gomes Corrêa[1]

SUMÁRIO: Introdução. **I.** Coisa julgada em benefício de terceiro na arbitragem societária brasileira. **II.** Exibição de prova documental em processo arbitral sediado no Brasil. **III.** Necessária prevalência do direito à prova sobre a confidencialidade da arbitragem. Conclusão. Bibliografia

"Saliente-se, por outro lado, que alguém, estranho ao processo, pode ser beneficiado pelo resultado nele determinado. E aqui também há de fazer-se a distinção entre os terceiros beneficiados de fato, que de forma indireta, acabam sendo favorecidos, e.g., os credores, pela vitória do devedor comum numa ação reivindicatória; e os terceiros juridicamente beneficiados, que se subordinam à autoridade da coisa julgada. Nessa derradeira situação, a extensão ultra partes geralmente ocorre porque o terceiro, no plano do direito material, situa-se na mesma posição jurídica de um dos demandantes ou então é titular de relação conexa com a res de qua agitur."

José Rogério Cruz e Tucci, Regime da Coisa Julgada no CPC de 2015, in Processo civil e ideologia: Subsídios estratégicos ao advogado do contencioso, São Paulo: Marcial Pons, 2019, p. 265.

Introdução

É com redobrada alegria que contribuo para a merecidíssima homenagem ao estimado amigo de mais de duas décadas, Prof. Titular Sênior José Rogério Cruz e Tucci. Sua inestimável e vasta contribuição

---

1 Mestre e Doutor em Direito Processual Civil pela FADUSP. Mestre (LL.M.) em Direito Norte-Americano pela Regent University.. Professor Colaborador dos Cursos de Pós-Graduação da FADUSP. Professor do Grupo de Estudos Avançados da Arbitragem da Fundação Arcadas. Advogado em São Paulo.

para a ciência processual civil continua crescendo e nos desafia a acompanhar a evolução de seu pensamento jurídico arguto, atento e preciso. Dentre as mais inovadoras obras do Prof. Tucci, o presente artigo é inspirado em sua tese de cátedra *Limites subjetivos da eficácia da sentença e da coisa julgada civil*, de 2006[2], cujo ineditismo lançou as bases para uma nova sistematização desses dois institutos, que têm de complexos o que têm de históricos. É com humildade que este artigo se propõe a desenvolver tema de especial predileção do homenageado, festejando mais uma etapa de sua carreira.

Ao introduzir sua tese, o Prof. Tucci identificou que o então marco legal sobre posição do terceiro frente à coisa julgada civil mostrava-se insuficiente, pois *"a interdependência das relações negociais e a complexidade do comércio jurídico acabam rompendo as fronteiras do denominado* ***princípio da relatividade da coisa julgada*** *e, com isso, torna-se inexorável a projeção, ainda que por via indireta ou reflexa, dos efeitos da decisão e, às vezes, em caráter excepcional, da própria expansão da autoridade da coisa julgada a terceiros"*[3]. Mais adiante, em capítulo dedicado à eficácia da sentença arbitral, tal obra explica que a imutabilidade do conteúdo decisório da sentença deve respeitar os limites subjetivos da convenção arbitral, não podendo acarretar prejuízo jurídico a terceiro que não está sujeito aos termos da convenção de arbitragem, sob pena de anulação da sentença arbitral perante o Poder Judiciário.[4]

Desde então, esses dois aspectos – a expansão da autoridade da coisa julgada a terceiros e os limites subjetivos da convenção arbitral – foram objeto de importantes inovações legislativas. De um lado, sobreveio o artigo 506 do Código de Processo Civil de 2015, no qual restou consolidado o entendimento de que terceiros podem ser beneficiados pela coisa julgada, ainda que não tenham exercido o contraditório ou a ampla defesa no processo do qual ela emanou. De outro lado, houve a edição da Lei nº 13.129 de 2015, que buscou aprimorar legislação específica em matéria societária para, ressalvando o exercício do direito de recesso ao

2 TUCCI, José Rogério Cruz e. *A cátedra de processo civil no Largo São Francisco*, São Paulo: Migalhas, 2020, pp. 136 a 138

3 TUCCI, José Rogério Cruz e. *Limites subjetivos da eficácia da sentença e da coisa julgada civil*, São Paulo: Malheiros, 2006, pp. 40 e 41.

4 TUCCI, José Rogério Cruz e. *Limites subjetivos da eficácia da sentença e da coisa julgada civil*, São Paulo: Malheiros, 2006, pp. 140 e 141.

acionista dissidente dessa modificação estatutária, confirmar a submissão de todos os acionistas à cláusula arbitral inserida no estatuto social.

Assim, afastaram-se as dúvidas quanto aos limites subjetivos da convenção arbitral, ao mesmo tempo em que terceiros passaram a usufruir da coisa julgada que lhes beneficie. A confluência dessas inovações mostrou-se especialmente útil para as situações decorrentes da dinâmica societária, nas quais, em regra, há uma pluralidade de sujeitos legitimados a impugnar o ato societário. Isso porque cada acionista pode mover, individualmente, a demanda cabível, por se tratar de litisconsórcio facultativo unitário, e não necessário[5]. Consequentemente, um acionista pode iniciar uma arbitragem e a sentença nela proferida produzirá efeitos aos demais acionistas, ainda que não tenham sido parte da arbitragem.

Há, entretanto, situações em que a eficácia perante os acionistas ausentes não decorre da mera eficácia natural da sentença. Nessas, embora a origem tenha relação com a sociedade, os acionistas ostentam posições jurídicas não idênticas, mas conexas. É o caso, por exemplo, da cobrança de dividendos que tenham sido apurados, mas que não tenham sido pagos. Eventual reconhecimento do crédito em favor de determinado acionista, que tenha instaurado arbitragem com essa finalidade específica, não implicará o pagamento imediato do mesmo crédito a outro acionista. Caberá a este valer-se da cláusula arbitral para também obter a condenação da companhia ao pagamento do valor retido.

Para essas e outras situações em que há a conexão do objeto de arbitragens iniciadas por diferentes acionistas contra a sociedade, existe a possibilidade de usufruir da coisa julgada inicialmente formada a respeito do mérito da primeira disputa, em estrita observância da convenção arbitral e dos limites subjetivos da coisa julgada[6]. Entretanto, a confidencialidade da arbitragem pode se tornar um óbice a que o segundo acionista tenha acesso à primeira sentença arbitral, para se valer da coisa julgada formada em face da companhia. Torna-se essencial, então,

5 FRANZONI, Diego. *Arbitragem Societária*, São Paulo: RT, 2015, p. 189.

6 "Na hipótese de uma extensão do caso julgado, a sua relevância significará tanto a inadmissibilidade de repetição da *jurisdictio* sobre o mesmo objecto processual como um efeito vinculativo da decisão 'prejudicial' numa causa dependente identificada subjectivamente por terceiro." (CAPELO, Maria José. *A Sentença entre a Autoridade e a Prova: em busca de traços distintivos do caso julgado civil*, Coimbra: Almedina, 2015, p. 374).

compreender os meios probatórios cabíveis na arbitragem, tendo em conta a confidencialidade da primeira sentença.

O presente artigo examinará o tema em três partes distintas. Na primeira, serão explicadas as principais características da coisa julgada nas arbitragens societárias, identificando as possíveis soluções para assegurar a uniformidade no tratamento dos acionistas sujeitos à convenção arbitral estatutária. Na segunda, analisaremos os mecanismos comumente utilizados na arbitragem societária brasileira para produção de provas documentais que estejam em poder da sociedade. Na terceira e última parte, buscaremos demonstrar que o direito fundamental à segurança jurídica preconiza que coisa julgada prepondere em relação à confidencialidade, para que se reconheça o benefício em favor do terceiro.

I. Coisa julgada em benefício de terceiro na arbitragem societária brasileira

No ordenamento jurídico brasileiro, a coisa julgada arbitral encontra-se calcada nos artigos 18 e 31 da Lei nº 9.307/96, segundo os quais, respectivamente, "*o árbitro é juiz de fato e de direito, e a sentença que proferir não fica sujeita a recurso ou a homologação pelo Poder Judiciário*" e "*a sentença arbitral produz, entre as partes e seus sucessores, os mesmos efeitos da sentença proferida pelos órgãos do Poder Judiciário e, sendo condenatória, constitui título executivo*"[7]. Tais dispositivos legais explicitam o entendimento prevalente na doutrina e jurisprudência pátrias de que a arbitragem tem caráter jurisdicional[8], de modo que a sentença arbitral independe de posterior homologação judicial.

A definitividade e intangibilidade típicas da coisa julgada arbitral são destacadas por Cândido Rangel Dinamarco, para quem a sentença arbitral "*tem a plena capacidade de proporcionar de modo integral a pacificação dos litigantes mediante a eliminação de conflitos*" e "*deve levar o*

7 "Consectariamente, a sentença arbitral não se sujeita a reexame de mérito nem pelo árbitro nem pelo juiz estatal, adquirindo, desde sua prolação, a imutabilidade decorrente da coisa julgada (artigos 18 e 31 da Lei nº 9.037/96), razão pela qual cabida sua execução definitiva (e não provisória)" (STJ, REsp nº 1.102.460/RJ, relator Ministro Marco Buzzi, Corte Especial, julgado em 17/6/2015, DJe de 23/9/2015).

8 CARMONA, Carlos Alberto. *Arbitragem e processo: um comentário à Lei nº 9.307/96*, 3ª ed., São Paulo: Atlas, 2009, pp. 26-27.

intérprete à percepção da necessidade de pacificar e eliminar o conflito de modo definitivo e imutável"[9]. Essa equiparação entre as sentenças arbitral e estatal no Brasil está em linha com a tendência internacional predominante[10] e também atende o artigo III da Convenção de Nova York, o qual prevê que os Estados devem assegurar o caráter vinculante e obrigatório da sentença arbitral.[11]

Uma vez demonstrado que, à luz da Lei Brasileira de Arbitragem ("LBA"), a sentença arbitral ostenta as mesmas características da sentença estatal, os contornos da sua coisa julgada encontram-se definidos no direito positivo brasileiro. No plano constitucional, a coisa julgada está prevista no art. 5º, inc. XXXVI, como instituto que integra o direito fundamental à segurança jurídica.[12] Isto posto, "*não é possível compreender a exata definição da coisa julgada, seus elementos e abrangência, sem recorrer aos parâmetros legais de determinado ordenamento. E no direito*

---

9 DINAMARCO, Cândido Rangel. *A Arbitragem na Teoria Geral do Processo*, São Paulo: Malheiros, 2013, pp. 203 e 204.

10 BORN, Gary. *International Commercial Arbitration*, 2ª ed., Kluwer Law International, 2014, p. 3752 e ss; e HANOTIAU, Bernard. *Complex Arbitrations: Multiparty, Multicontract, Multi-Issue and Class Actions*, Kluwer Law International, 2006, pp. 246 e ss.

11 Convenção de Nova Iorque, art. III: "*Each Contracting State shall recognize arbitral awards as binding and enforce them in accordance with the rules of procedure of the territory where the award is relied upon, under the conditions laid down in the following articles. There shall not be imposed substantially more onerous conditions or higher fees or charges on the recognition or enforcement of arbitral awards to which this Convention applies than are imposed on the recognition or enforcement of domestic arbitral awards.*" Na versão em português: art. III: "*Cada Estado signatário reconhecerá as sentenças como obrigatórias e as executará em conformidade com as regras de procedimento do território no qual a sentença é invocada, de acordo com as condições estabelecidas nos artigos que se seguem. Para fins de reconhecimento ou de execução das sentenças arbitrais às quais a presente Convenção se aplica, não serão impostas condições substancialmente mais onerosas ou taxas ou cobranças mais altas do que as impostas para o reconhecimento ou a execução de sentenças arbitrais domésticas.*"

12 "O cumprimento de sentença deve obedecer ao estabelecido no título executivo, sob pena de violar a coisa julgada, instituto consagrado de modo expresso na Constituição Federal (art. 5º, XXXVI) e que integra o conteúdo do direito fundamental à segurança jurídica." (STJ, REsp nº 2.043.324/RJ, relatora Ministra Nancy Andrighi, Terceira Turma, julgado em 18/4/2023, DJe de 20/4/2023).

brasileiro esses parâmetros, que constituem verdadeiras normas processuais gerais, encontram-se no Código de Processo Civil".[13]

Em relação aos limites objetivos da coisa julgada, os arts. 502 e 503 do Código de Processo Civil brasileiro estabelecem, respectivamente, que "*denomina-se coisa julgada material a autoridade que torna imutável e indiscutível a decisão de mérito não mais sujeita a recurso*" e que "*a decisão que julgar total ou parcialmente o mérito tem força de lei nos limites da questão principal expressamente decidida*". A partir desses dispositivos, entende-se que a coisa julgada material no Brasil gera dois efeitos principais[14]: por meio do efeito negativo, ela torna inadmissível uma segunda demanda idêntica à primeira; e por meio do efeito positivo, ela vincula "*o juiz de um segundo processo ao que foi decidido no primeiro, ainda que diferentes as demandas, quando a decisão proferida no primeiro processo atingida pela coisa julgada material vier a se tornar uma questão prejudicial (Vorfrage) no segundo*".[15]

No que se refere aos limites subjetivos da coisa julgada material, estes definem os sujeitos que estão impedidos de discutir novamente os provimentos jurisdicionais definitivos. Nesse ponto, dispõe o art. 506 do CPC/15 que "*a sentença faz coisa julgada às partes entre as quais é dada, não prejudicando terceiros*". Tal dispositivo legal reflete a evolução doutrinária a respeito da possibilidade de terceiros se beneficiarem da coisa julgada material[16], ainda que não tenham participado do primeiro processo em que ela se formou, na medida em que a observância dos princípios do contraditório e da ampla defesa apenas se faz necessária para os provimentos jurisdicionais que prejudiquem terceiros.[17]

---

13 APRIGLIANO, Ricardo de Carvalho, *Normas processuais aplicáveis à arbitragem: parâmetros para aplicação das normas processuais gerais ao processo arbitral*, tese de livre-docência defendida na FADUSP, 2022, p. 81.

14 CABRAL, Antonio do Passo. *Coisa julgada e preclusão dinâmicas: entre continuidade, mudança e transição de posições processuais estáveis*, 2ª ed., Salvador: Editora Jus Podivm, 2014, pp. 101 e ss..

15 BENEDUZI, Renato. *Preliminar de arbitragem no novo CPC*, "in" Melo/Beneduzi (eds.). *A reforma da arbitragem*, São Paulo: Forense, 2016, p. 303.

16 TUCCI, José Rogério Cruz e. *Comentários ao Código de Processo Civil*, vol. II, coord. Cássio Scarpinella Bueno, São Paulo: Saraiva, 2017, pp. 512 e 513; CINTRA, Lia Carolina Batista, *Comentários ao Código de Processo Civil*, vol. I, coord. Cássio Scarpinella Bueno, São Paulo: Saraiva, 2017, p. 509.

17 DINAMARCO, Cândido Rangel; e LOPES, Bruno Vasconcelos Carrilho. *Teoria geral do novo processo civil, de acordo com a Lei nº 13.256, de 4.2.2016*, São Paulo: Malheiros, 2016, pp. 202 e 203.

Para determinar o momento a partir do qual a coisa julgada material produz os seus efeitos, o parágrafo 3º do artigo 6º da Lei de Introdução às Normas do Direito Brasileiro determina que "*chama-se coisa julgada ou caso julgado a decisão judicial de que já não caiba recurso*". Essa impossibilidade de recorrer pode recair sobre toda a sentença ou sobre determinado ponto, seja porque a parte não apresentou recurso tempestivo, seja por inexistir recurso cabível. Portanto, é possível a formação da coisa julga material sobre um determinado capítulo, antes que haja o trânsito em julgado final total.[18] Como preleciona o Prof. José Rogério Cruz e Tucci, "*no que toca à arbitragem, proferida sentença parcial de mérito, no curso do respectivo procedimento, transita ela em julgado, adquirindo o status de coisa julgada material para todos os efeitos jurídicos*".[19]

Diante desse enquadramento legal da coisa julgada material no Brasil, é possível concluir que a sentença arbitral produz a imutabilidade e a indiscutibilidade da questão principal decidida, a qual poderá ser suscitada por terceiro que tiver sua posição jurídica beneficiada por tal pronunciamento jurisdicional, a fim de vincular o novo tribunal arbitral. A menos que as partes tenham estipulado na convenção arbitral que é cabível recurso contra a sentença arbitral, total ou parcial, considera-se que a coisa julgada material será produzida com a sua prolação[20], nos termos do art. 29 da LBA[21], ressalvada a apresentação de pedido de esclarecimentos previsto em seu art. 30.[22]

---

18 "Quando o recurso interposto é integral, abrangendo todos os capítulos de que se compõe o ato recorrido, não se opera preclusão alguma, notadamente a coisa julgada; quando ele é parcial, os capítulos de sentença não-impugnados recebem a coisa julgada e tornam-se, a partir daí inatacáveis." (cf. DINAMARCO, Cândido Rangel. *Capítulos de Sentença*, 5ª ed., São Paulo: Malheiros, 2013, p. 99).

19 TUCCI, José Rogério Cruz e. *Coisa julgada material sobre a sentença arbitral parcial*, "in" Revista Consultor Jurídico, 19 de maio de 2023, https://www.conjur.com.br/2023-mai-19/paradoxo-corte-coisa-julgada-material-sentenca-arbitral-parcial.

20 CARMONA, Carlos Alberto. *Arbitragem e processo: um comentário à Lei nº 9.307/96*, 3ª ed., São Paulo: Atlas, 2009, pp. 336-337.

21 "Art. 29. Proferida a sentença arbitral, dá-se por finda a arbitragem, devendo o árbitro, ou o presidente do tribunal arbitral, enviar cópia da decisão às partes, por via postal ou por outro meio qualquer de comunicação, mediante comprovação de recebimento, ou, ainda, entregando-a diretamente às partes, mediante recibo."

22 "Art. 30. No prazo de 5 (cinco) dias, a contar do recebimento da notificação ou da ciência pessoal da sentença arbitral, salvo se outro prazo for acordado entre as partes, a parte interessada, mediante comunicação à outra parte, poderá solicitar

Essa operacionalização da coisa julgada arbitral no ordenamento jurídico brasileiro serve de pano de fundo para as arbitragens societárias, cujo principal desafio é equacionar a necessidade de propiciar um resultado justo e efetivo, ao mesmo tempo em que a sentença arbitral tem o potencial de atingir, concretamente, a esfera jurídica de vários acionistas que não tenham participado do processo arbitral. Nas arbitragens societárias instituídas com base na convenção arbitral estatutária, todos os acionistas estão legitimados a participar do processo arbitral, haja vista a sentença arbitral produzir efeitos sobre aspectos do vínculo societário que os une. No entanto, essa efetiva participação de todos os acionistas pode não ocorrer, visto se tratar de uma hipótese de litisconsórcio facultativo unitário.[23]

Nesses casos, a natureza plurissubjetiva de parte relevante dos conflitos societários mostra-se incompatível com o modelo binário da cláusula compromissória estatutária, pois, à luz da isonomia, todos os interessados deveriam ter garantida a oportunidade de participar no processo em condições de paridade, inclusive para assegurar a formação de um tribunal imparcial.[24]Por conta dessa incompatibilidade, é razoável que os acionistas busquem instaurar arbitragens independentes, o que levará à prolação de pronunciamentos distintos sobre questões principais conexas. Para mitigar o risco de decisões conflitantes, há pelo menos três alternativas que almejam a isonomia entre acionistas[25].

ao árbitro ou ao tribunal arbitral que: I - corrija qualquer erro material da sentença arbitral; II - esclareça alguma obscuridade, dúvida ou contradição da sentença arbitral, ou se pronuncie sobre ponto omitido a respeito do qual devia manifestar-se a decisão."

23 "Sendo assim, conforme já observado em capítulos anteriores, o litisconsórcio facultativo unitário se caracteriza pela identidade de direitos que nascem para os legitimados, derivados de uma mesma relação jurídica material. Tal identidade se reproduz no processo pela mesma causa de pedir e pedido deduzidos pelos litisconsortes. A situação substancial em que cada um deles se encontra pode ser considerada a mesma, a despeitos de em alguns casos não necessariamente os interesses serem os mesmos." (EID, Elie Pierre. *Litisconsórcio unitário: fundamentos, estrutura e regime*, São Paulo: RT, 2016, p. 248).

24 RECENA, Guilherme. *Partes e Terceiros na Arbitragem*, tese de doutorado defendida na FADUSP, 2015, pp. 103 e 104.

25 BENEDUZI, Renato Resende. *Extensão subjetiva da coisa julgada material em arbitragens societárias*, "in" Arbitragem Coletiva Societária, coord. Guilherme Setoguti J. Pereira, André Luís Monteiro e Renato Beneduzi, São Paulo: Thomson Reuters Brasil, 2021, p. 541.

A primeira delas seria a reunião de arbitragens societárias conexas, a fim de permitir a produção conjunta de provas e o julgamento das pretensões paralelas pelos mesmos árbitros.[26] Todavia, o ganho de eficiência advinda dessa reunião importa na violação da isonomia entre os acionistas que são impelidos a transigir na escolha dos árbitros[27]. Para evitar esse cenário, o art. 6.2.3 do Regulamento da Câmara de Arbitragem do Mercado privilegia a constituição do tribunal arbitral e torna a reunião dos procedimentos facultativa, respeitando a vontade das partes. Além disso, evita-se que a reunião de procedimentos em etapas distintas impeça a participação ativa em atos essenciais do processo arbitral.

A segunda alternativa é a instauração de arbitragem coletiva, que é concebida para situações em que o benefício econômico almejado não justificar os custos e riscos envolvidos. Esse enfoque coletivo já havia sido introduzido pela Lei nº 7.913/89, a qual prevê a ação civil pública de responsabilidade por danos causados aos investidores no mercado de valores mobiliários, mas ela não se popularizou no âmbito judicial. Por conta do crescimento das companhias que estipulam a cláusula arbitral em seu estatuto, observou-se a utilização da arbitragem coletiva em disputas no Brasil, cuja implementação tem gerado diversos questionamentos, inclusive quanto à forma de escolha dos árbitros.[28]

A terceira alternativa envolve a extensão dos limites subjetivos da coisa julgada arbitral a terceiros, desde que para beneficiá-los. Como explica Renato Beneduzi, "*não existe qualquer óbice teórico a que terceiros (em relação à arbitragem), vinculados à mesma convenção arbitral estatutária, possam se beneficiar em outra arbitragem daquilo que tenha*

26 Essa é a opção do Regulamento de Arbitragem Societária do CAM/CCBC, aprovado na Norma Complementar nº 02/23, "in" https://ccbc.org.br/cam-ccbc-centro-arbitragem-mediacao/norma-complementar-02-2023/

27 "O princípio da igualdade das partes impõe-se também a respeito da designação dos árbitros. Com efeito, a ampla liberdade que detêm as partes de escolher os próprios julgadores é limitada pela necessidade que elas possuam os mesmos poderes no que diz respeito à indicação dos membros do painel arbitral." (cf. BONATO, Giovanni. A arbitragem societária italiana: análise comparativa sobre a abrangência subjetiva da cláusula compromissória e a nomeação de árbitros, "in" Revista de Arbitragem e Mediação, 2015, nº 46, p. 352).

28 MARIANI, Rômulo Greff. *Arbitragens Coletivas no Brasil*, São Paulo: Atlas, 2015, pp. 140 a 144.

sido decidido na primeira".[29] A principal vantagem dessa alternativa é preservar a isonomia entre os acionistas, pois o acionista ausente da primeira arbitragem poderá se beneficiar da coisa julgada formada nesta, mediante a comprovação, na segunda arbitragem, de que o objeto da primeira sentença é prejudicial ao objeto da segunda.[30]

A adequação dessa última alternativa às disputas societárias é explicada de forma percuciente – como é habitual, aliás – pelo Prof. José Rogério Cruz e Tucci:

> "Pois bem, nessas situações de conexão incindível (entre a relação jurídica do terceiro e aquela que foi decidida), com a procedência do pedido, a finalidade alvitrada pelo autor, que é a mesma dos demais interessados, atingiu o seu objetivo. Torna-se, pois, absolutamente inócuo o ajuizamento de ulterior ação judicial. Se a sociedade, por exemplo, pretender discutir a matéria em futura demanda ajuizada em face dos 'sócios estranhos' que não participaram do primeiro processo, os réus poderão valer-se da exceção de coisa julgada. Por outro lado, o sócio que tem interesse no reconhecimento da higidez do ato societário antes impugnado, atingido à toda evidência pela eficácia da sentença, na condição de terceiro, poderá perfeitamente buscar tutela judicial para o seu direito. Diante do impasse derivado dessas situações, entre uma tutela efetiva do direito do autor e uma proteção do direito de defesa dos terceiros ausentes (cuja presença no processo seria extremamente difícil), o próprio sistema equilibra o interesse do autor e dos terceiros interessados, por meio da extensão *ultra partes* da coisa julgada (terceiros que têm interesse con-

29 BENEDUZI, Renato Resende. *Extensão subjetiva da coisa julgada material em arbitragens societárias*, "in" Arbitragem Coletiva Societária, coord. Guilherme Setoguti J. Pereira, André Luís Monteiro e Renato Beneduzi, São Paulo: Thomson Reuters Brasil, 2021, pp. 544 e 545.

30 "Uma vez proferida, a sentença arbitral proferida incide sobre a relação jurídica litigiosa, dando-lhe uma disciplina específica. Nos casos em que, por imposição do próprio direito material, a situação jurídica dependente do terceiro deve conformar-se aos contornos da relação prejudicial, a sentença produzirá, dali em diante (*ex nunc*), efeitos inequívocos para o terceiro". (RECENA, Guilherme. *Partes e Terceiros na Arbitragem*, tese de doutorado defendida na FADUSP, 2015, p. 164).

vergente) e da relativa incontestabilidade da sentença (em relação aos terceiros atingidos pela eficácia da sentença)."[31]

No mesmo sentido, a jurisprudência pátria vale-se da extensão dos limites subjetivos da coisa julgada para conciliar pleitos indenizatórios movidos separadamente em face de litisconsortes passivos facultativos. Em demanda que buscava o ressarcimento de danos materiais e morais em face de agentes públicas, por conta de conduta culposa em estabelecimento público de ensino, o Tribunal de Justiça do Estado de São Paulo houve por bem reconhecer que a pretensão relativa aos danos morais se encontrava prejudicada pela coisa julgada, a qual havia sido formada em demanda anterior movida pelo mesmo autor contra o Poder Público. Isso porque nesta primeira sentença declarou a inexistência de danos morais novamente pleiteados, o que beneficiou as agentes públicas ausentes do primeiro processo.[32]

Por essas razões, o presente trabalho explorará a terceira alternativa, a fim de identificar o método apropriado para o terceiro se beneficiar da coisa julgada arbitral, antevendo as limitações aplicáveis.

II. Exibição da prova documental em processo arbitral sediado no Brasil

Para assegurar o tratamento isonômico aos acionistas em questões envolvendo demandas societárias, impõe-se que eles tenham acesso às mesmas informações. A propósito, Calixto Salomão Filho lembra que *"não pode o controlador ou grupo de acionistas (minoritários ou majoritários) apropriarem-se das informações relativas a processos da companhia. A justiça pode ser cega, mas jamais pode ser muda. É preciso que as deci-*

31 TUCCI, José Rogério Cruz e. p. *O Advogado, a Jurisprudência e Outros Temas de Processo Civil*, São Paulo: Quartier Latin, 2010, p. 233.

32 "Ante todo o exposto, resta incontroverso que a coisa julgada formada sobre o capítulo da sentença no processo de origem que julgou improcedente o pleito indenizatório por danos morais tem seus efeitos projetados também para as rés Zilda Aparecida Moretti Pereira e Maria Aparecida Benedito de Oliveira Santos, pois às mesmas aproveita a coisa julgada *secundum eventum litis in utilibus*, sendo as agentes públicas, em verdade, terceiras beneficiadas pela formação da coisa julgada" (TJSP, Rel. Des. Heloísa Martins Mimessi, 5ª Câmara de Direito Privado, v.u., Apelação Cível nº 1000626-35.2017.8.26.0445, j. em 8.04.19, "in" www.tjsp.jus.br).

sões sejam conhecidas por todos aqueles possam ser por ela afetados".[33] Imbuída desse espírito, a Comissão de Valores Mobiliários – CVM editou a Resolução nº 80/22, que regulamenta a divulgação de demandas societárias, incluindo as deduzidas em arbitragem.

Ocorre que essa regulamentação não exige que a companhia, por meio de seus administradores, divulgue a íntegra da sentença arbitral, total ou parcial, bastando que forneça as informações consideradas necessárias para fins da tomada de decisões no âmbito do mercado de capitais. Todavia, essa divulgação não chega ao ponto de permitir a efetiva apuração de coisa julgada que pode beneficiar os acionistas. A falta de visibilidade é ainda mais marcante nas sociedades que não estão sujeitas à regulação da CVM, pois elas só devem divulgar a seus sócios, em suas demonstrações financeiras, os dados atinentes à necessidade ou não de constituição de provisões contábeis oriundas de arbitragens.

Se de tais divulgações constar informação de que houve a coisa julgada arbitral em demanda societária, caberá ao acionista buscar acessar a íntegra da sentença arbitral, total ou parcial, para avaliar em que medida tal coisa julgada lhe beneficia. A via mais usual seria a formulação do pedido extrajudicial de exibição de documentos, o qual, entretanto, é restrito aos livros contábeis e está sujeito aos requisitos previstos no art. 105 da Lei nº 6.404/76.[34] É de se esperar que a companhia resista à exibição, visando resguardar o seu sigilo comercial. A pertinência de tal escusa deverá ser examinada em sede própria, na qual o terceiro beneficiado deduza o pedido de produção da sentença arbitral.

Desde logo, cumpre esclarecer que tal pedido de exibição de documento não se confunde com a alegação do efeito negativo da *res judicata*, que tradicionalmente é manejada como uma exceção contrária à tentativa de rediscussão da matéria já decidida.[35] Na verdade, o referido pedido

33 SALOMÃO FILHO, Calixto. *Breves notas sobre transparência e publicidade na arbitragem societária*, "in" Revista de Arbitragem e Mediação, v. 52, jan.-mar/2017, p. 63.

34 "Para fins de exibição judicial de livros societários, a Lei nº 6.404/76 exige que o requerimento seja feito por quem ostente a condição de acionista da companhia e represente, pelo menos, cinco por cento do respectivo capital social, circunstância não verificada no particular. Inteligência do art. 105 da LSA." (STJ, REsp nº 1.637.746/RJ, relatora Ministra Nancy Andrighi, Terceira Turma, julgado em 22/5/2018, DJe de 29/5/2018).

35 CABRAL, Antonio do Passo. *Coisa julgada e preclusão dinâmicas: entre continuidade, mudança e transição de posições processuais estáveis*, 2ª ed., Salvador: Editora Jus Podivm, 2014, pp. 105 e 106.

de exibição será justificado pela necessidade de usufruir do efeito positivo da coisa julgada. Para tanto, a parte beneficiada demonstrará seu interesse jurídico na aplicação da questão principal decidida na primeira sentença, em decorrência do nexo de prejudicialidade entre os objetos das causas[36]. Isso fará com que a coisa julgada do primeiro processo se torne conteúdo do segundo processo.[37] Porém, a produção dessa prova do conteúdo da coisa julgada não encontra procedimento específico previsto na LBA.

Para produção de provas na arbitragem no Brasil, há no art. 22 da LBA uma autorização genérica para que os árbitros determinem ampla produção de provas,[38] mediante requerimento das partes ou de ofício. Esse poder é conferido aos árbitros sem desnaturar a autonomia privada e a flexibilidade do procedimento arbitral. Tanto é assim que as partes usualmente definem o modo de produção de provas no termo de arbitragem. Se as partes não tiverem estabelecido regras procedimentais a esse respeito, caberá aos árbitros decidirem as regras aplicáveis para produção de prova da coisa julgada arbitral.[39]

Caso o acionista beneficiado pela primeira sentença arbitral, mas que dela não participou, busque acessá-la antes de instaurar o segundo processo arbitral, coloca-se a questão de definir o órgão competente para apreciar o pedido de produção antecipada da prova que será formulado em face da companhia. Para fins deste trabalho, será adotada a premissa de que a companhia participou da primeira arbitragem e não franqueou o acesso à primeira sentença arbitral aos demais acionistas.

Nesse contexto, o principal elemento será a convenção arbitral. Se as partes não tiverem atribuído expressamente jurisdição às cortes estatais para julgar ações para produção antecipada de prova, sem o requisito de urgência, será dado cumprimento à vontade das partes de

36 OLIVEIRA, Marco Antonio Perez, *Coisa julgada sobre a sentença genérica coletiva*, dissertação defendida na FADUSP, 2012, p. 126.

37 MARINONI, Luiz Guilherme. ARENHART, Sérgio Cruz. MITIDIERO, Daniel. *Curso de Processo Civil*, vol. 2, 3ª tiragem, São Paulo: RT, 2015, p. 635.

38 VERÇOSA, Fabiane. A Produção de Provas, *Curso de Arbitragem*, coord. LEVY, Daniel. PEREIRA, Guilherme Setoguti, São Paulo: Thomson Reuters, 2018, pp. 227-228.

39 "Apesar de as partes terem liberdade para convencionar regras feitas sob medida, no final das contas, o tribunal arbitral é que detém a competência para determinar a realização e alcance da produção probatória, bem como o tipo de prova a ser produzido." (SESTER, Peter. *Comentários à Lei de Arbitragem e à Legislação Extravagante*, São Paulo: Quartier Latin, 2020, p. 275).

conferirem jurisdição ampla ao tribunal arbitral para julgar e decidir todos os litígios relacionados ao contrato. Ainda que as partes tenham escolhido as regras de instituição arbitral que não contemplem essa modalidade de arbitragem preparatória, prevalecerá o entendimento de que a jurisdição estatal na fase pré-arbitral se restringe às situações de urgência que justifiquem a propositura de ação cautelar, com fulcro no art. 22-A da LBA.[40]

Reafirmada a competência exclusiva do tribunal arbitral para determinar a produção da prova documental, caberá ao terceiro beneficiado decidir se formulará apenas o pedido de produção antecipada da pretendida prova ou se formulará sua pretensão quanto ao mérito a ser demonstrado pela prova, visando produzi-la em etapa preparatória do procedimento. Em ambas as modalidades, prevalecerá a flexibilidade procedimental para fixação das etapas probatórias, desde o juízo de admissibilidade, passando pela definição do meio e sua efetiva produção, para atingir a etapa final de valoração. Não há que se falar, neste âmbito, em incidência obrigatória das regras do Código de Processo Civil de 2015.[41]

Nesse contexto de flexibilidade, o tribunal arbitral exercerá os poderes que lhe são inerentes para, de início, determinar a fonte do direito à prova pleiteada pelo terceiro beneficiado. Atualmente, não se coloca em dúvida a matriz constitucional do direito autônomo à prova[42], sendo certo que a concretização desse direito deve ocorrer tendo em conta o contraditório, a igualdade, a ampla defesa e a imparcialidade, tal como preconiza o artigo 21, parágrafo 2º, da LBA. Não havendo parâme-

---

40 "Ausente esta situação de urgência, única capaz de autorizar a atuação provisória da Justiça estatal em cooperação, nos termos do art. 22-A da Lei de Arbitragem, toda e qualquer pretensão – até mesmo a relacionada ao direito autônomo à prova, instrumentalizada pela ação de produção antecipada de provas, fundada nos incisos II e II do art. 381 do CPC/2015 – deve ser submetida ao Tribunal arbitral, segundo a vontade externada pelas partes contratantes." (STJ, RESP nº 2.023.615-SP, Rel. Min. Marco Aurélio Belizze, 3a Turma, j. em 14.3.23, v.u.).

41 "O que não se aplica, em hipótese alguma, são os detalhamentos procedimentais acerca das provas, sobretudo as limitações que, pensadas para um sistema de justiça estatal, com milhares de causas, não pode ser aplicado a processos individualizados, concebidos para o aprofundamento das discussões a busca por soluções mais aderentes à realidade" (APRIGLIANO, Ricardo de Carvalho. *Normas processuais aplicáveis à arbitragem: parâmetros para aplicação das normas processuais gerais ao processo arbitral*, tese de livre-docência defendida na FADUSP, 2022, p. 281).

42 YARSHELL, Flávio Luiz. *Antecipação da prova sem o requisito da urgência e direito autônomo à prova*, São Paulo: Malheiros, 2009, p. 312.

tros objetivos na convenção arbitral para que se dê essa concretização, aos árbitros competirá decidir se adotarão uma postura mais passiva, aguardando os requerimentos das partes, para, então, se pronunciar a respeito, ou se buscarão uma postura ativa, emitindo desde logo ordem processual que estabeleça as balizas dentro das quais serão admitidos pedidos de produção de documentos em posse da parte adversa.

Nas modalidades ativa e passiva, a postura do tribunal arbitral se orientará pelo princípio do contraditório, oferecendo ampla possibilidade para as partes se manifestarem sobre o pedido de exibição de documento. A menos que o exercício do contraditório revele que a produção de tal documento é manifestamente inadmissível, a atribuição do ônus da prova à parte que alegou a existência de coisa julgado será um fator determinante para que o tribunal arbitral decida a respeito da exibição[43]. Afinal, se a recusa em exibir o aludido documento prejudicar a capacidade de a parte sustentar sua pretensão, pode-se caracterizar violação ao contraditório, o que pode motivar a anulação da segunda sentença.

Demonstrada a relevância da coisa julgada arbitral do primeiro processo para o julgamento na segunda arbitragem, parece ser inquestionável o interesse jurídico do acionista beneficiado, na medida em que a exibição da primeira sentença arbitral afetará a esfera jurídica desse acionista. O fato de ele não ter participado do contraditório da primeira arbitragem é irrelevante para a caracterização de seu interesse jurídico na produção da prova. Como explica Flávio Luiz Yarshell, o terceiro pode se valer das consequências jurídicas da prova quando "*busca fazê-lo no confronto daquele que participou da relação processual; caso em que, diante do resultado eventualmente favorável da prova produzida, aquele que não integrou o contraditório aceita a prova, ainda que de sua produção não tenha participado*".[44]

Após a produção da prova requerida, terá início o contraditório a respeito da caracterização da coisa julgada arbitral, seus limites objetivos e sua conexão com o objeto da segunda arbitragem. O amplo exame

43 "A produção da prova por outrem, na medida em que o respectivo resultado possa beneficiar terceira pessoa, afeta a esfera jurídica desta última, quando menos na medida em que possa interferir com o ônus de provar de que seja, ou de que possa vir a ser, portadora". (YARSHELL, Flávio Luiz. *Antecipação da prova sem o requisito da urgência e direito autônomo à prova*, São Paulo: Malheiros, 2009, p. 382).

44 YARSHELL, Flávio Luiz. *Antecipação da prova sem o requisito da urgência e direito autônomo à prova*, São Paulo: Malheiros, 2009, p. 383.

dessas questões assegurará que o terceiro se beneficie na exata proporção que lhe couber.

III. Necessária prevalência do direito à prova sobre a confidencialidade da arbitragem

Uma possível objeção que a companhia pode suscitar para tentar impedir o acesso à sentença arbitral da primeira arbitragem é o caráter confidencial daquele procedimento. A publicidade do processo e da sentença arbitral tem sido discutida nas arbitragens societárias, visto que as sentenças arbitrais nestes casos podem ter impacto bastante relevante em relações empresariais. Por mais que a LBA não estabeleça a confidencialidade da arbitragem, os regulamentos de arbitragem das instituições brasileiras (CAM-CCBC[45], CAMARB[46], Câmara FGV[47], AMCHAM[48], entre outras) indicam o sigilo do procedimento arbitral e não têm por prática a publicação integral das sentenças arbitrais.

Dentre os motivos para justificar o sigilo do procedimento arbitral, merece destaque, pela relevância para este trabalho, a busca por um ambiente privado para as partes, que favoreça a celebração de acordos. Assim, a confidencialidade do procedimento evita que terceiros acessem e divulguem as informações nele veiculadas. Tais motivos são contrapostos por inúmeros outros favoráveis à ampla transparência do procedimento arbitral e da sentença arbitral, valendo mencionar a coerência entre as decisões arbitrais, que é uma derivação do princípio da igualdade. A divulgação das sentenças arbitrais facilitaria, a bem da isonomia, a extensão dos limites subjetivos da coisa julgada a terceiros.

Em que pesem os louváveis esforços de algumas instituições que buscam o necessário equilíbrio entre sigilo e transparência, a realidade atual é que o sigilo do procedimento arbitral continua sendo a regra, em especial para assegurar a privacidade do objeto da arbitragem, impedindo que terceiros participem da disputa ou das decisões a ela relacionadas. Em função desse viés, encontramos na jurisprudência pátria interessantes contribuições acerca da definição dos terceiros que, num

45 Art. 14.1 do Regulamento de Arbitragem de 2012.

46 Art. 13.1 do Regulamento de Arbitragem vigente desde 20.09.2017.

47 Art. 46 do Regulamento de Arbitragem vigente desde 01.07.2016.

48 Art. 18.1 do Regulamento de Arbitragem vigente desde 09.10.2014.

contexto de confidencialidade, podem ser considerados legítimos destinatários dos documentos que compõem o processo arbitral, ao mesmo tempo em que se preserva a confidencialidade.

O Tribunal de Justiça do Estado de Minas Gerais ("TJMG") julgou o Agravo de Instrumento nº 1.0024.16.058253-2/001, para o fim de confirmar a decisão do juízo da recuperação judicial que determinou a juntada de cópia integral de procedimento arbitral em habilitação de crédito, por considerar que a verificação da regularidade do crédito que a parte pretende habilitar dependia da análise daquele procedimento, em especial da sentença arbitral homologatória do acordo entre as partes. Considerando que o contrato continha cláusula de sigilo e a parte alegou que a arbitragem trataria de "segredos de negócio", o TJMG também ordenou que a habilitação de crédito em questão tramitasse sob segredo de justiça, nos termos do art. 189, IV, do CPC.[49]

O Superior Tribunal de Justiça ("STJ"), ao apreciar o RHC 39140, admitiu que o juízo criminal analisasse sentença arbitral relacionada a inquérito policial, cujo objeto era apurar acusação de exigir vantagem de empresa, ameaçando divulgar documentos internos desta última a autoridades competentes e à imprensa. Vale salientar que, ao ordenar a juntada da aludida sentença arbitral, o STJ deferiu sigilo específico ao documento, "*considerando possível segredo empresarial envolvido*".[50]

Na Apelação Cível nº 1.0000.18.051512-4/001 extraída de ação de produção antecipada de provas, o TJMG concluiu que a credora tinha direito de obter prova do *status* da arbitragem instaurada pela devedora, visto que a cobrança do crédito estava atrelada à conclusão do procedimento arbitral. Para tanto, o TJMG determinou a entrega à credora de certidão ou documento válido quanto ao estado do procedimento arbitral, ressaltando que deveria constar desse documento, "*no caso de ter sido proferida sentença ou firmado acordo entre os litigantes, o resultado alcançado*".[51]

---

49 TJMG - Agravo de Instrumento-Cv 1.0024.16.058253-2/001, Relator(a): Des.(a) Edilson Olímpio Fernandes, 6ª CÂMARA CÍVEL, julgamento em 27/09/2016, publicação da súmula em 03/10/2016.

50 STJ, RHC nº 39.140/SP, relator Ministro Reynaldo Soares da Fonseca, Quinta Turma, julgado em 17/5/2016, DJe de 8/6/2016.

51 TJMG - Apelação Cível 1.0000.18.051512-4/001, Relator(a): Des.(a) Amorim Siqueira, 9ª CÂMARA CÍVEL, julgamento em 26/06/2018, publicação da súmula em 10/07/2018.

Os julgados referidos acima indicam que não há, em princípio, impedimento a que terceiros juridicamente interessados tenham acesso a informações sobre o procedimento arbitral, bastando assegurar que tal acesso não implique a publicização da informação confidencial. Desta feita, a ordem de divulgação da sentença arbitral ou do procedimento arbitral deve ser pautada por um escrutínio quanto às informações estritamente necessárias e, concomitantemente, por uma limitação do acesso do terceiro à decretação de segredo de justiça, seja do documento, seja do processo judicial.

Destarte, a jurisprudência brasileira é uma importante referência sobre o regime excepcional da confidencialidade na arbitragem, pois limita sua incidência às hipóteses em que a legislação brasileira a estabelece como indispensável. Mesmo quando a confidencialidade é considerada parte integrante da arbitragem, os Tribunais brasileiros valeram-se da decretação de segredo de justiça para impedir a publicidade irrestrita do procedimento arbitral em questão. Tal orientação do Poder Judiciário também parece ter aplicação a terceiros juridicamente interessados que visam acesso a sentenças arbitrais, mediante a imposição do dever de sigilo da informação divulgada.[52]

Tal conclusão se baseia na premissa de que a coisa julgada arbitral é instituto com assento constitucional, cujo reconhecimento mediante a extensão dos limites subjetivos também está alinhado com princípios constitucionais como eficiência na prestação da justiça e duração razoável do processo. A incidência desses princípios na coisa julgada arbitral a torna um instituto de extrema relevância para a administração da justiça[53], fa-

52 "Dessa maneira, havendo interesse de terceiro envolvido em determinado litígio, eventual confidencialidade do procedimento ou da sentença arbitral deve ser relativizada, para o fim de, ao menos, os terceiros jurídica e potencialmente interessados acerca do resultado do julgamento sejam comunicados quanto ao teor da decisão que lhe beneficia e, nesse caso, sem que seja necessária autorização do sucumbente, contra quem a sentença poderá ser utilizada." (ALMEIDA, Cássio Drummond Mentes de. Arbitragem e coisa julgada, dissertação de mestrado defendida na FADUSP, 2019, p. 96).

53 "Tal entendimento decorre do fato de a coisa julgada, principalmente aquela em favor de terceiro, ser questão de ordem pública, que supera eventual sigilo por assegurar situações e relações jurídicas que transcendem – ou podem transcender – a relação processual que se formou entre os litigantes e que vale em face daquele contra quem se formou. Não há lógica em permitir-se ao vencido rediscutir questão que já sucumbiu" (ALMEIDA, Cássio Drummond Mentes de. Arbitragem e coisa julgada, dissertação de mestrado defendida na FADUSP, 2019, p. 96).

zendo com que, a luz de um juízo de proporcionalidade e razoabilidade, o tribunal arbitral busque flexibilizar a confidencialidade da primeira arbitragem, obrigando a companhia a exibir a primeira sentença arbitral, mediante a imposição do dever de sigilo ao acionista beneficiado.

Conclusão

O tratamento isonômico que a extensão dos limites subjetivos da coisa julgada proporciona é um dos principais motivos pelos quais são justificados todos os esforços no sentido de maximizar sua utilização na arbitragem societária. Desde que respeitada a relatividade da convenção arbitral estatutária, a coisa julgada arbitral deve se valer de todo o desenvolvimento da legislação, da doutrina e da jurisprudência em matéria de benefício de terceiros juridicamente interessados, como é o caso dos acionistas. Dessa forma, a arbitragem societária cumprirá não só seu papel de resolver as disputas de acordo com o direito eleito pelas partes, mas também combater a assimetria estrutural decorrente da concentração de poderes na mão do controlador[54].

Não se olvida que estão em trâmite discussões a respeito de projeto de lei[55] que visa incentivar a maior utilização da arbitragem coletiva no âmbito societário. Nesse passo, é digno de nota que tal discussão também abrange a proposta de tornar públicos os procedimentos arbitrais relativos às companhias abertas, de acordo com regulamentação a ser promovida pela Comissão de Valores Mobiliários.[56] Essa publicidade implicaria a divulgação dos precedentes arbitrais nos sítios eletrônicos das instituições arbitrais, organizados por questão jurídica decidida.[57] Não há, porém, a imposição do dever de divulgação de todas as sentenças arbitrais que tenham resolvido demandas societárias.

---

54 SALOMÃO FILHO, Calixto. *Breves notas sobre transparência e publicidade na arbitragem societária*, "in" Revista de Arbitragem e Mediação, v. 52, jan.-mar/2017, p. 63.

55 Vide Projeto de Lei ("PL") nº 2925/2023 em trâmite perante a Câmara dos Deputados, o qual propõe alterações na Lei n.º 6.385, de 7 de dezembro de 1976, e a Lei nº 6.404, de 15 de dezembro de 1976, para dispor sobre a transparência em processo arbitrais e o sistema de tutela privada de direitos de investidores do mercado de valores imobiliários.

56 Confira-se o parágrafo 4º do art. 109 com a redação proposta no âmbito do PL 2925/2023.

57 Confira-se o parágrafo 5º do art. 109 com a redação proposta no âmbito do PL 2925/2023.

Portanto, continua presente a necessidade de os acionistas terem que se valer de medidas probatórias contra a companhia para ter acesso à sentença arbitral coberta pela coisa julgada. Nesse diapasão, a LBA assegura aos árbitros a jurisdição para produzir as provas que julgarem necessárias, nos termos do seu art. 22, cabendo-lhes estabelecer um procedimento flexível orientado pelo pleno exercício do contraditório entre as partes. O maior êxito nesse procedimento tem sido obtido com a utilização da técnica denominada *Redfern Schedule*, a qual propicia um mecanismo objetivo de cumprimento de todas as etapas da produção da prova, culminando com a decisão sobre a produção ou não do documento.[58]

Tendo em vista que o pedido de exibição da sentença arbitral transitada em julgado será motivado na necessidade de utilizar tal documento como prova do direito do acionista beneficiado, é provável que, ressalvada alguma escusa justificada da companhia, o tribunal arbitral determina a produção desse documento no âmbito do segundo processo arbitral. Nesta ocasião, será dado às partes argumentarem a respeito da presença da coisa julgada arbitral e também da sua prejudicialidade em relação ao segundo processo, para o fim de vincular os árbitros ao julgamento já realizado na arbitragem conexa, haja vista se tratar de uma hipótese de litisconsórcio unitário facultativo, e não necessário.

Para que essa exibição não desnature a confidencialidade estabelecida na primeira arbitragem, o tribunal arbitral pode se valer das mesmas salvaguardas que a jurisprudência nacional se utiliza para que terceiros tenham acesso a procedimentos e sentenças arbitrais. Não se quer com isso reduzir a relevância da confidencialidade que tenha sido estabelecida consensualmente entre as partes, mas apenas compatibili-

58 "Em que pese a obrigação das partes de produzir os documentos que fundamentem seu caso, algum tipo de requisição de produção de documentos em poder da outra parte é aceitável na arbitragem. Nesse sentido, tornou-se usual a adoção da *Redfern Schedule* para a requisição de documentos. O *Redfern Schedule* é uma tabela, criada por Alan Redfern, que possibilita que as partes preencham as solicitações e as impugnações, ficando a cargo do tribunal a decisão. Em síntese, quem requisita o documento deve inserir, na primeira coluna da tabela, um detalhamento especificando o documento requisitado e, na segunda coluna, a justificativa da requisição. A parte contra quem o documento foi requisitado preenche a terceira coluna, informando qual documento está preparada para apresentar ou fazendo objeção à requisição. Por fim, o tribunal arbitral decide na última coluna (REDFERN; HUNTER, 2009, p. 396)." (MANGE, Flávia. *Processo Arbitral Transnacional: reflexões sobre as normas que regem os aspectos procedimentais da arbitragem*, tese de doutorado defendida na FADUSP, 2012, p. 156).

zá-la com a necessidade de a segunda arbitragem ser informada quanto a existência de coisa julgada, que é instituto constitucionalmente tutelado e que serve para promover não apenas a eficiência na administração da justiça, mas também a duração razoável do processo.[59]

Por fim, é preciso frisar que a possibilidade de terceiro se beneficiar de coisa julgada arbitral formada sem sua participação é apenas uma das maneiras pelas quais a arbitragem societária pode propiciar maior tratamento isonômico entre os acionistas. A questão, entretanto, é conciliar a estrutura dessas outras soluções com as características ínsitas do procedimento arbitral, tal como o direito à indicação do árbitro. Em que pese tal direito admita flexibilização em situações de desequilíbrio entre as partes, esse direito não pode ser simplesmente tolhido nas arbitragens societárias, sob pena de colocar em xeque a própria autonomia privada, que é a pedra de toque do processo arbitral.

Bibliografia

ALMEIDA, Cássio Drummond Mentes de. Arbitragem e coisa julgada, dissertação de mestrado defendida na FADUSP, 2019. www.teses.usp.br.

APRIGLIANO, Ricardo de Carvalho, *Normas processuais aplicáveis à arbitragem: parâmetros para aplicação das normas processuais gerais ao processo arbitral*, tese de livre-docência defendida na FADUSP, 2022, no prelo.

BENEDUZI, Renato Resende. *Extensão subjetiva da coisa julgada material em arbitragens societárias*, "in" Arbitragem Coletiva Societária, coord.

59 "No direito societário, em especial nas companhias abertas, como se verá abaixo, falta de transparência pode ter como efeito direito a denegação de acesso à justiça. Isso porque ela afeta não apenas a capacidade de aceitar uma cláusula arbitral (como visto acima), mas a capacidade de participar de uma arbitragem sobre assunto que pode diretamente afetar o interesse de uma multiplicidade de partes (imagine-se, por exemplo, o caso de uma demanda a respeito de dividendos intentada por um pequeno grupo de minoritários mas cuja decisão no mérito a todos afeta). Assim, se pode ser admitida em certas hipóteses a confidencialidade para decisões que afetem somente as partes do processo, ela é inadmissível quando existem interessados que não participam ou não podem participar do processo. Trata-se de questão há muito debatida pelos processualistas no tema do acesso à justiça e mesmo dos efeitos subjetivos da coisa julgada." (SALOMÃO FILHO, Calixto. *Breves notas sobre transparência e publicidade na arbitragem societária*, "in" Revista de Arbitragem e Mediação, v. 52, jan.-mar/2017, p. 64).

Guilherme Setoguti J. Pereira, André Luís Monteiro e Renato Beneduzi, São Paulo: Thomson Reuters Brasil, 2021.

BENEDUZI, Renato. *Preliminar de arbitragem no novo CPC*, "in" Melo/Beneduzi (eds.). *A reforma da arbitragem*, São Paulo: Forense, 2016.

BONATO, Giovanni. A arbitragem societária italiana: análise comparativa sobre a abrangência subjetiva da cláusula compromissória e a nomeação de árbitros, Revista de Arbitragem e Mediação, 2015, 46, pp. 337-358.

BORN, Gary. International Commercial Arbitration, 2ª ed., Kluwer Law International, 2014.

CABRAL, Antonio do Passo. *Coisa julgada e preclusão dinâmicas: entre continuidade, mudança e transição de posições processuais estáveis*, 2ª ed., Salvador: Editora Jus Podivm, 2014.

CAPELO, Maria José. *A Sentença entre a Autoridade e a Prova: em busca de traços distintivos do caso julgado civil*, Coimbra: Almedina, 2015.

CARMONA, Carlos Alberto. *Arbitragem e processo: um comentário à Lei nº 9.307/96*, 3ª ed., São Paulo: Atlas, 2009.

CINTRA, Lia Carolina Batista, *Comentários ao Código de Processo Civil*, vol. I, coord. Cássio Scarpinella Bueno, coord. Cássio Scarpinella Bueno, São Paulo: Saraiva, 2017.

DINAMARCO, Cândido Rangel. *A Arbitragem na Teoria Geral do Processo*, São Paulo: Malheiros, 2013.

DINAMARCO, Cândido Rangel. *Capítulos de Sentença*, 5ª ed., São Paulo: Malheiros, 2013.

DINAMARCO, Cândido Rangel; e LOPES, Bruno Vasconcelos Carrilho. *Teoria geral do novo processo civil, de acordo com a Lei 13.256, de 4.2.2016*, São Paulo: Malheiros, 2016.

EID, Elie Pierre. Litisconsórcio unitário: fundamentos, estrutura e regime, São Paulo: RT, 2016.

FRANZONI, Diego. *Arbitragem Societária*, São Paulo: RT, 2015.

HANOTIAU, Bernard. *Complex Arbitrations: Multiparty, Multicontract, Multi-Issue and Class Actions*, Kluwer Law International, 2006.

MANGE, Flávia. *Processo Arbitral Transnacional: reflexões sobre as normas que regem os aspectos procedimentais da arbitragem*, tese de doutorado defendida na FADUSP, 2012.

MARIANI, Rômulo Greff. *Arbitragens Coletivas no Brasil*, São Paulo: Atlas, 2015.

MARINONI, Luiz Guilherme. ARENHART, Sérgio Cruz. MITIDIERO, Daniel. *Curso de Processo Civil*, vol. 2, 3ª tiragem, São Paulo: RT, 2015.

OLIVEIRA, Marco Antonio Perez, *Coisa julgada sobre a sentença genérica coletiva*, dissertação defendida na FADUSP, 2012, "in" www.teses.usp.br.

RECENA, Guilherme. *Partes e Terceiros na Arbitragem*, tese de doutorado defendida na FADUSP, 2015, "in" www.teses.usp.br.

SALOMÃO FILHO, Calixto. *Breves notas sobre transparência e publicidade na arbitragem societária*, "in" Revista de Arbitragem e Mediação, v. 52, jan.-mar/2017, pp. 63 a 69.

SESTER, Peter. *Comentários à Lei de Arbitragem e à Legislação Extravagante*, São Paulo: Quartier Latin, 2020.

TUCCI, José Rogério Cruz e. *A cátedra de processo civil no Largo São Francisco*, São Paulo: Migalhas, 2020.

TUCCI, José Rogério Cruz e. *Coisa julgada material sobre a sentença arbitral parcial*, "in" Revista Consultor Jurídico, 19 de maio de 2023, https://www.conjur.com.br/2023-mai-19/paradoxo-corte-coisa-julgada-material-sentenca-arbitral-parcial.

TUCCI, José Rogério Cruz e. *Comentários ao Código de Processo Civil*, vol. II, coord. Cássio Scarpinella Bueno, São Paulo: Saraiva, 2017.

TUCCI, José Rogério Cruz e. *Limites subjetivos da eficácia da sentença e da coisa julgada civil*, São Paulo: Malheiros, 2006.

TUCCI, José Rogério Cruz e. p. *O Advogado, a Jurisprudência e Outros Temas de Processo Civil*, São Paulo: Quartier Latin, 2010.

TUCCI, José Rogério Cruz e Tucci. *Regime da Coisa Julgada no CPC de 2015*, "in" Processo civil e ideologia: Subsídios estratégicos ao advogado do contencioso, São Paulo: Marcial Pons, 2019, p. 223 a 274.

VERÇOSA, Fabiane. A Produção de Provas, "in" *Curso de Arbitragem*, coord. LEVY, Daniel. PEREIRA, Guilherme Setoguti, São Paulo: Thomson Reuters, 2018, pp. 219-251.

YARSHELL, Flávio Luiz. *Antecipação da prova sem o requisito da urgência e direito autônomo à prova*, São Paulo: Malheiros, 2009.

TEMPO E PROCESSO: REFLEXÕES CONTEMPORÂNEAS A PARTIR DA OBRA DE JOSÉ ROGÉRIO CRUZ E TUCCI

Fernanda Rosa Coelho[1]

1. Introdução

São inegáveis o fascínio e a curiosidade que o tempo desperta. Não à toa, muitos cientistas de diversas áreas já se debruçaram sobre o tema, que também serviu como reiteradamente enredo de filmes e livros dos mais diversos gêneros. No Direito, *não é diferente.* O decurso do tempo, por exemplo, pode tanto afirmar quanto negar direitos (como se nota, *v.g.* nos casos de usucapião e decadência, respectivamente). No entanto, quais as relações entre o *tempo* e o *processo*? Essa é a questão norteadora de um dos estudos do professor José Rogério Cruz e Tucci, aqui homenageado.

A obra "Tempo e processo: uma análise empírica das repercussões do tempo na fenomenologia processual (civil e penal)", publicada em 1997, é seminal sobre o tema, sendo tanto clássica quanto contemporânea, ao trazer ponderações arrojadas à época, que ressoam até os dias atuais. Exemplo disso é seu lamento sobre a ausência de previsão constitucional expressa sobre o "*direito à tutela jurisdicional dentro de um prazo razoável*"[2], defendendo a recepção dessa garantia pelo direito brasileiro como corolário da cláusula geral do devido processo legal (CF, art. 5º, LIV), reforçado pelo fato de o Brasil ser signatário do conhecido Pacto de San José da Costa Rica, que dispõe sobre tal garantia em seu art. 8º.

Como se sabe, a partir da Emenda Constitucional nº 45/2004, a "razoável duração do processo" e "celeridade de sua tramitação" são, expressamente, garantias constitucionais (CF, art. 5º, LXXVIII). Com a mesma tônica, o Código de Processo Civil vigente, promulgado em 2015, traz, entre suas normas fundamentais, a preocupação com a duração ra-

---

1 Advogada. Mestranda em Direito Processual pela Universidade de São Paulo (USP). Pesquisadora do Grupo de Pesquisa Processo e Constituição da Faculdade de Direito da Fundação Escola Superior do Ministério Público (FMP/RS). E-mail: nandarosa.coelho@gmail.com.

2 TUCCI, José Rogério Cruz e. **Tempo e Processo:** uma análise empírica das repercussões do tempo na fenomenologia processual (civil e penal). São Paulo: Revista dos Tribunais, 1997. p. 86.

zoável do processo, reforçando o comando constitucional[3]. Aliás, costuma ser recorrente nos trabalhos do professor o exame profundo, crítico e vanguardista sobre institutos posteriormente aprimorados dogmaticamente, à luz de sua doutrina e dos estudos que lhe sucedem, sobre a temática por ele desvelada[4].

Voltando à obra, já em sua apresentação, o professor afirma: "*tempo* e *processo* constituem duas vertentes em constante confronto". Se, muitas vezes, o tempo age em prol da verdade e da justiça, na maioria delas, porém, o fator temporal conspira contra o processo[5]. Essa relação é

3 O art. 4º refere-se ao direito das partes, de obter a solução integral do mérito, incluída a atividade satisfativa, em "prazo razoável", e o art. 6º disciplina o dever de cooperação entre as partes para obtenção de decisão de mérito justa e efetiva, "em tempo razoável". Não obstante, o art. 1º do Código vigente assenta a disciplina e interpretação do processo civil "conforme os valores e normas fundamentais estabelecidos na Constituição", reforçando as garantias constitucionais também em nível infraconstitucional. Sobre a abordagem do tema no projeto do Código vigente: TUCCI, José Rogério Cruz e. Garantias constitucionais da duração razoável e da economia processual no projeto do Código de Processo Civil. **Revista de Processo,** São Paulo, v. 36, nº 192, pp. 193-208, fev. 2011.

4 Citam-se os exemplos, talvez, mais emblemáticos, frutos de teses acadêmicas de relevo do professor: em 1987, foi publicada a obra "A motivação da sentença no processo civil", versão comercial da tese apresentada pelo professor Tucci no concurso para livre-docência junto à Faculdade de Direito do Largo de São Francisco, realizado no mesmo ano. A obra encerra-se com o tópico intitulado "Crítica ao sistema brasileiro e proposta ao legislador constituinte", referindo-se, à época, ao Anteprojeto da Constituição hoje vigente. O inciso IX do art. 93 da Constituição de 1988 expressa a obrigatoriedade de fundamentação dos julgamentos judiciais, sob pena de nulidade, além de garantir sua publicidade, tendo a redação sido aprimorada posteriormente, com a Emenda Constitucional nº 45/2004. A obra "Precedente judicial como fonte do direito", publicada em 2004 e reeditada em 2021, é versão comercial da tese apresentada pelo professor para concurso de titularidade no departamento de Direito Civil da Faculdade, realizado em 2003. O tema ganhou destaque com a promulgação do código processual vigente, sendo, talvez, um dos mais debatidos contemporaneamente. Por fim, o professor apresentou a tese "Limites subjetivos da eficácia da sentença e da coisa julgada civil" para concurso de titularidade do departamento de Direito Processual, realizado em 2006, publicada comercialmente em 2007 e reeditada em 2020. A tese tinha como ponto central a crítica à dicção legal da época, dada pelo art. 472 do CPC/1973, defendendo ser possível que a coisa julgada beneficiasse terceiros, embora não pudesse prejudicá-los, e apresentando diversos exemplos práticos para ilustrar e embasar sua posição. Atualmente, a redação do art. 506 do CPC/2015 traz previsão nesse exato sentido.

5 TUCCI, 1997, p. 11.

examinada sob diversos ângulos, inclusive no direito estrangeiro[6], tendo também o mérito de expor o tema não apenas teoricamente, mas a partir da experiência do autor[7], quando pouco se falava em pesquisa empírica no direito nacional. Merecem destaque, entretanto, o alinhamento dos fatores da lentidão do processo e os mecanismos para combater esse mal. A esses pontos dedica-se o presente estudo.

Partindo da estrutura e da linha de pensamento propostas pelo professor Tucci em 1997, busca-se examinar, nos estreitos limites deste artigo, o desenvolvimento da temática nos pouco mais de 25 anos transcorridos da publicação da obra até os dias atuais, empenhando-se em um diálogo com as ideias posteriores do professor a respeito do tema e da doutrina que lhe sucedeu, composta, inclusive, por muitos de seus discípulos. A abordagem pretendida, portanto, almeja propor reflexões contemporâneas sobre um problema atemporal, tomando por premissa uma obra clássica e vanguardista.

2. Fatores de lentidão do processo judicial

Entre os diversos fatores que contribuem para a morosidade do processo, Tucci afastou desde logo as críticas sobre a legislação processual civil (na época, regrada pelo Código de 1973), que apresentava uma feição arrojada à época[8]. Não obstante, a preocupação com o tempo foi uma das grandes norteadoras do Código de 2015, o qual, conforme consta de sua Exposição de Motivos, "tem o potencial de gerar um processo mais célere, mais justo, porque mais rente às necessidades sociais e

6 Especificamente sobre esse aspecto: TUCCI, José Rogério Cruz e. Duração razoável do processo nos países da zona do euro. **Consultor Jurídico (Conjur),** 15 set. 2020. Disponível em: https://www.conjur.com.br /2020-set-15/paradoxo-corte--duracao-razoavel-processo-paises-zona-euro. Acesso em: 5 jul. 2023.

7 "O texto ora apresentado, que contém inúmeros episódios de minha experiência no desempenho efetivo dessa árdua e formidável profissão que é a advocacia, traduz algo que é do conhecimento de todos, sobretudo daqueles que exercem a atividade no drama do contencioso: o tempo é um implacável inimigo...". (TUCCI, 1997, p. 11).

8 "[...] muitas das novidades que somente em época bem mais recente foram adotadas, *v.g.*, pelo processo civil italiano, já haviam sido consagradas em nosso Código de Processo Civil, evidenciando a conspicuidade científica do estatuto brasileiro. E essa diretriz revela-se, outrossim, na novel reforma processual, com a instituição de mecanismos visando a imprimir maior agilização à marcha processual". (TUCCI, 1997, p. 99).

muito menos complexo"[9]. Durante a tramitação do Projeto do Código, o Ministro Luiz Fux, presidente da Comissão de Juristas responsável pelo anteprojeto (para quem a morosidade da Justiça devia-se ao excesso de ritualismo e solenidades, ao volume de demandas e à quantidade de recursos), afirmava que o novo texto priorizaria a rapidez no trâmite de processos judiciais, com potencialidade de diminuir as demandas em 70% e a interposição de recursos em 50%[10].

Além de frustrar as expectativas do Ministro, os dados oficiais, apresentados anualmente pelo CNJ[11], parecem evidenciar que, realmente, a legislação processual não é (ao menos o principal) fator determinante para a lentidão dos processos judiciais[12]. Tucci, então, agrupa as causas da intempestividade da tutela judicial brasileira em três grupos: *i)* fatores institucionais; *ii)* fatores de ordem técnica e subjetiva; e *iii)* fatores

---

9 SENADO FEDERAL (Brasil). **Exposição de Motivos do Código de Processo Civil de 2015.** Brasília, DF, 2015, p. 25. Disponível em: https://www2.senado.leg.br/bdsf/bitstream/handle/id/ 512422 /001041135.pdf. Acesso em: 29 jun. 2023. Ainda conforme o texto: "Levou-se em conta o princípio da *razoável duração do processo*. Afinal a ausência de celeridade, sob certo ângulo, é ausência de justiça". (Ibidem, p. 27).

10 NOVO CPC vai garantir celeridade processual, afirma Luiz Fux. **SenadoNotícias,** Brasília, 7 abr. 2010. Disponível em: https://www12.senado.leg.br/noticias/materias/2010/04/07/novo-cpc-vai-garantir-celeridade-processual-afirma-luiz-fux. Acesso em: 29 jun. 2023.

11 Desde 2003, tem-se anualmente a divulgação do "Relatório Justiça em Números", promovido pelo CNJ. O mais recente relatório, estima o tempo médio de duração de um processo na fase de conhecimento na Justiça Estadual em 5 anos e 9 meses. O tempo necessário para zerar o estoque de processo, sem ingresso de novas demandas e mantendo a produtividade atual é de 2 anos e 10 meses, sendo que, especificamente na Justiça Estadual, é de 3 anos e 2 meses. (CONSELHO NACIONAL DE JUSTIÇA. **Justiça em números 2022:** ano-base 2021. Brasília: CNJ, 2022. p. 204. Disponível em: https://www.cnj.jus.br/wp-content/uploads /2022/09/ justica-em-numeros-2022-1.pdf. Acesso em: 29 jun. 2023).

12 Em entrevista concedida ao *site* Consultor Jurídico (Conjur), durante a tramitação do Projeto do Código de 2015, Tucci afirmou: "Em primeiro lugar, é necessária uma reflexão. Para qual finalidade um Código de Processo Civil novo se as instituições judiciárias no país continuarão com a mesma estrutura? [...] Do ponto de vista prático, o novo CPC não vai alterar nada. A distribuição de justiça vai continuar como está. O problema da demora do processo não é de legislação, é de gestão!". (BEZERRA, Elton. Do ponto de vista prático, o novo CPC não vai alterar nada. Entrevista com José Rogério Cruz e Tucci. **Consultor Jurídico (Conjur)**, 22 dez. 2013. Disponível em: https://www.conjur.com.br/2013-dez-22/entrevista-jose-rogerio-tucci-advogado-professor-direito-processual-civil. Acesso em: 5 jul. 2023).

derivados da insuficiência material. A rigor, tais fatores se mantêm até os dias atuais, apresentando, contudo, novos desafios.

2.1. Fatores institucionais

De acordo com o professor, "a questão relativa a uma eficiente administração da justiça não é meta digna de ser elevada ao vértice da escala das prioridades almejadas pelos Poderes Executivo e Legislativo"[13]. Quando o tema da celeridade judiciária é abordado, "as discussões concentram-se em vetores de natureza técnico-jurídica, olvidando-se totalmente que o problema da intempestividade da tutela jurisdicional está ligado a vetores de ordem política, econômica e cultural"[14]. Contemporaneamente, uma das causas da morosidade do Judiciário indicadas é, justamente, a falta de "vontade política" de parcela dos membros da magistratura, da advocacia e do legislativo para mudar esse cenário, além da conivência de alguns litigantes com a demora processual[15].

Em verdade, a sobrecarga do Judiciário, que acarreta sua morosidade, decorre de sua utilização exagerada por poucos atores, entre os quais empresas concessionárias, prestadores de serviços, instituições bancárias e o próprio Poder Público[16], em uma espécie de "oligopolização da Justiça"[17]. Para esses litigantes, corriqueiramente é mais vantajoso estender a tramitação do processo por um longo período, quando

---

13 TUCCI, 1997, p. 100.

14 Ibidem, pp. 100-101.

15 FRANCO, Marcelo Veiga. **Administração Pública como litigante habitual:** a necessária mudança da cultura jurídica de tratamento dos conflitos. Londrina: Thoth, 2021. pp. 45-46.

16 Em pesquisa realizada pelo CNJ, em 2012, com o objetivo de identificar os maiores litigantes do Brasil, identificou-se o setor público federal como o maior litigante nacional (12,14%), seguido pelos bancos (10,88%), tendo as empresas de telefonia em quinto lugar (1,84%). O maior litigante era o INSS, com 4,38% das ações considerando Justiça Federal e Estadual. (CONSELHO NACIONAL DE JUSTIÇA. **100 maiores litigantes.** Brasília: CNJ, 2012. Disponível em: https://bibliotecadigital.cnj.jus.br/jspui/bitstream/123456789 /64/1/100%20Maiores%20Litigantes%202012.pdf Acesso em: 29 jun. 2023).

17 ASPERTI, Maria Cecília de Araujo; COSTA, Susana Henriques da. Julgamento em extinção? O estudo do "vanishing trial" de Marc Galanter e a transformação da atividade jurisdicional no Brasil. **Revista Direito Mackenzie**, v. 16, nº 1, pp. 1-44, 2022. p. 15.

demandado, em vez de compor o litígio ou de corrigir a falha que originou a lide, sendo a mora judiciária um fator benéfico a si[18]. A outra parte, muitas vezes hipossuficiente (ao menos em comparação com esses sujeitos), pode não ter condições de suportar o tempo do processo, resignando-se "com o coração envenenado pela amargura, a suportar injustiça de quem tem mais dinheiro"[19].

Com efeito, a partir da promulgação da Constituição Federal de 1988, infundiu-se um verdadeiro "espírito de cidadania" na população brasileira, com a expectativa de ver cumpridas as garantias que lhe foram asseguradas, redundando em um vertiginoso crescimento da demanda perante o Poder Judiciário. A combinação entre um conjunto tão ou ousado de garantias e ausência de políticas públicas e sociais correlatas, propiciou uma maior judicialização dos conflitos[20]. Isso faz com que se aponte, frequentemente, como fator de sobrecarga do Judiciário a pródiga positivação de direitos e garantias no texto constitucional, aliado a uma leitura "ufanista e irrealista" do conteúdo do art. 5º, inciso XXXV, da Constituição Federal, o qual estaria superdimensionado[21].

No entanto, é questionável a afirmativa de que a responsabilidade pelo excesso de demandas judicializadas deva-se "a uma cultura do litígio supostamente incorporada pela sociedade brasileira. A cultura preponderante no Brasil é da violação de direitos e não a do litígio"[22], bem refletida nos maiores litigantes brasileiros. Assim, para além dos fatores institucionais relativos à inércia dos Poderes Estatais, tem-se uma acentuada contribuição dos próprios litigantes e do mercado em prol da morosidade do processo judicial, que, via de regra, têm o tempo em seu favor.

---

18 DIAS, Handel Martins. O tempo e o processo. **Revista da Ajuris**, v. 34, nº 108, pp. 227-245, dez. 2007. p. 232.

19 CALAMANDREI, Piero. Il rispetto della personalità nel processo. *In:* CALAMANDREI, Piero. **Processo e democrazia.** Confenze tenute alla Facoltà di Diritto Dell'Università Nazionale Del Messico. Padova: Cedam, 1954. p. 151. Tradução livre.

20 TUCCI, José Rogério Cruz e. Contra o processo autoritário. **Revista de Processo,** São Paulo, v. 40, nº 242, pp. 49-67, abr. 2015. p. 55.

21 MANCUSO, Rodolfo de Camargo. **Acesso à Justiça:** condicionantes legítimas e ilegítimas. 3ª ed. Salvador: Juspodivm, 2018. p. 66.

22 GORETTI, Ricardo. **Mediação e acesso à justiça.** 2.ed. Salvador: Juspodivm, 2021, p. 174.

2.2. Fatores de ordem técnica e subjetiva

Pensando no tempo do processo, tanto a legislação processual pretérita como a atual preveem prazos para prática de atos processuais, pelas partes e pelos juízes (CPC/1973, art. 189; CPC/2015, art. 226). Se a não observância dos prazos pelas partes pode ensejar a preclusão (temporal, no caso)[23], "sobressai a displicência quanto ao cumprimento dos prazos que têm como destinatários os juízes e auxiliares da justiça"[24]. Essa inação judicial, certamente, é consequência da sobrecarga de trabalho, inviabilizando o cumprimento tempestivo dos prazos pelos magistrados[25]. Com o excesso de trabalho, "os juízes não encontram tempo para o necessário aperfeiçoamento cultural", e, a partir disso, "o problema da falta de tirocínio profissional" dá azo à interposição de inúmeros recursos, diante da interpretação equivocada de certos institutos por parte dos magistrados, em detrimento da celeridade processual[26].

Em grau recursal, o cenário parece o mesmo. A notória dissidência jurisprudencial sobre diversos temas (muitas vezes nominada como "jurisprudência lotérica") serve de motivação aos jurisdicionados para litigar e recorrer[27]. Essa preocupação refletiu no Código vigente, que traz,

23 Sobre o tema: SICA, Heitor Vitor Mendonça. **Preclusão processual civil.** 2[aa] ed. São Paulo: Atlas, 2008.

24 TUCCI, 1997, p. 103. O professor também destaca as movimentações processuais que tendem à procrastinação de outros provimentos mais complexos ou da própria sentença, tais como "Digam...", "Diga a parte contrária...", e conclui: "Entre o não fazer aquilo que se espera, isto é, *julgar*, e negar-se a *julgar*, não parece haver senão uma sutilíssima diferença, a despeito de, na prática, corresponderem a situações absolutamente idênticas: *a não prestação da tutela jurisdicional*". (Ibidem, p. 104, grifo do autor).

25 O Poder Judiciário finalizou o ano de 2021 com 77,3 milhões de ações judiciais em andamento. Houve, também, um acréscimo de 10,3% de casos novos, tendo ingressado no Judiciário 19,1 milhões de ações originárias em 2021. Tanto a demanda pelo serviço de justiça, como o volume de processos baixados tinham reduzido em 2020 em razão do ano pandêmico e, em seguida, em 2021, voltaram a subir. A taxa de congestionamento, por sua vez, que vinha caindo gradativamente desde 2016, ficou em 74,2% em 2021, uma melhora de 1,6 pontos percentuais em comparação ao ano anterior. É dizer, de cada 100 processo, apenas 26 foram julgados. (CONSELHO NACIONAL DE JUSTIÇA, 2022, pp. 104-105).

26 TUCCI, 1997, p. 103.

27 Uma pesquisa empírica realizada pela Pontifícia Universidade Católica do Rio Grande do Sul apontou como um dos motivos para recorrer a "falta de consolidação da jurisprudência e de caráter vinculante de decisões anteriores, mesmo de instâncias superiores, um efeito de 'loteria' ou de 'roleta russa' nos recursos: a pre-

expressamente, o dever dos tribunais em "uniformizar sua jurisprudência e mantê-la estável, íntegra e coerente" (CPC/2015, art. 926), além de arrolar uma série de instrumentos aptos para esse fim, cuja observância pelo julgador é obrigatória (volta-se a eles oportunamente). A despeito disso, não é raro encontrar decisões conflitantes com entendimento já firmado pelas Cortes Superiores, inclusive daqueles que gozam de eficácia vinculante[28]. A possibilidade de revisão fomenta a impugnação e, consequentemente, retarda o processo, deturpando a lógica buscada pelo regramento processual.

2.3. Fatores derivados da insuficiência material

A crítica do professor, a esse respeito, destaca "as precárias instalações que, em várias regiões do país, inclusive nas mais privilegiadas, albergam dependências do Poder Judiciário"[29]. Por ser, como tantos outros, um serviço público, a atividade judiciária pressupõe aportes financeiro e material para sua boa realização. No entanto, mesmo com consideráveis investimentos no setor, a morosidade persiste[30]. Uma hipótese sobre

visibilidade do resultado do recurso em muitos casos é muito baixa, possibilitando ao sucumbente sempre ainda uma esperança de reversão da sentença em questão". (PONTIFÍCIA UNIVERSIDADE CATÓLICA DO RIO GRANDE DO SUL (PUCRS). **Demandas judiciais e morosidade da justiça civil.** Porto Alegre, PUCRS, 2011, p. 76. Disponível em: https://www.cnj.jus.br/wp-content/uploads/2011/02/relat_pesquisa_ pucrs_edital1_2009.pdf. Acesso em: 3 jul. 2023).

28 Exemplo recente é a decisão do Tribunal de Justiça de Minas Gerais, na apelação 5005306-73.2017.8.13.0245, julgada em maio de 2022, afastando a aplicação do Tema Repetitivo 1076 do STJ, que assentou a impossibilidade de arbitramento de honorários por equidade quando o proveito econômico obtido pelo vencedor for inestimável ou irrisório. O fundamento principal para afastar o poder vinculante da tese foi de que a sua fixação se deu por apertada maioria de 7 a 5, de modo que não estaria madura e pacificada no âmbito da Corte Superior, devendo ser fixada pela maioria absoluta dos membros do órgão colegiado competente.

29 TUCCI, 1997, p. 105. Comparando as repartições judiciárias a labirintos "kafkianos", o professor pontua, de sua experiência (relembra-se, uma das tônicas da obra): "[...] a famosa sala 325 (onde se processam os *recursos especial* e *extraordinário* e *agravos* correlatos), no 3º. pavimento do Palácio de Justiça do Estado de São Paulo, é bem mais difícil de ser localizada do que, muitas vezes – digamos -, a elaboração das razões do próprio recurso. As indicações para que se possa alcançá-la são feitas, inclusive, de modo bisonho". (Ibidem, p. 107, grifo do autor).

30 Em 2021, as despesas totais do Poder Judiciário somaram R$ 103,9 bilhões, correspondentes a 1,2% do PIB nacional, ou a 9,64% dos gastos totais da União, dos

esse aspecto é que o próprio investimento aumenta a oferta e retroalimenta a demanda, "porque o *gigantismo* da máquina judiciária induz no jurisdicionado a percepção de tratar-se de um serviço estatal cuja notável capacidade instalada assegura uma prestação satisfatória"[31]. Uma solução seria a promoção e a divulgação de outros meios de resolução de conflitos[32], oportunamente abordados.

Ainda sobre esse fator, chamando *à* atenção para um assunto que, atualmente, está na pauta do dia, mas, à época, era quase inexplorado, Tucci, com fundamento nas lições de Dalmo Dallari, destaca "o perigo da informatização sem prévia racionalização", podendo levar a uma era de "injustiças informatizadas"[33]. O professor tece uma crítica, em tudo contemporânea: "cada um dos tribunais implantou, em diferentes momentos, máquinas e programas que não guardam entre si qualquer similitude operacional"[34]. Em 2021, apenas 2,8% dos casos novos foram ajuizados em autos físicos[35], e 80,8% dos processos em andamento estão digitalizados[36]. Se, por um lado, isso representa ao advogado, inequivocamente, uma facilidade de acesso, por outro, a diversidade de sistemas utilizados nos tribunais do país[37], cada um com suas exigências e pecu-

estados, do Distrito Federal e dos municípios, representando um custo pelo serviço de Justiça de R$ 489,91 por habitante. No mesmo ano, a atividade judicial rendeu R$ 73,42 bilhões aos cofres públicos, o equivalente a 71% das despesas efetuadas. (CONSELHO NACIONAL DE JUSTIÇA, 2022, pp. 80-81).

31 MANCUSO, 2018, p. 158, grifo do autor.

32 Ibidem, pp. 187-203.

33 TUCCI, 1997, p. 109.

34 Ibidem.

35 As Justiças Federal, Eleitoral e Trabalhista registraram 100% de virtualização dos processos novos, e a Justiça Estadual, 96%, sendo que apenas os Tribunais do Espírito Santo e Minas Gerais registraram índice inferior a 90% (60% e 84,2%, respectivamente). (CONSELHO NACIONAL DE JUSTIÇA, 2022, p. 187).

36 Os indicadores de tramitação em processo eletrônico, em 2021, são de 86% no segundo grau, 80,2% no primeiro grau e 100% nos Tribunais Superiores. O Tribunal de Justiça do Espírito Santo e o Tribunal Militar de São Paulo apresentam os menores percentuais de informatização. (34,6% e 34,5%, respectivamente). (CONSELHO NACIONAL DE JUSTIÇA, 2022, p. 192).

37 Apenas para citar alguns: PJe é o sistema mais comum, usado por grande parte da Justiça Comum; eSaj, sistema usado, por exemplo, pelo Tribunal de Justiça de São Paulo; Projudi, utilizado, entre outros, pelo Tribunal de Justiça de Goiás; eProc, utilizado pela Justiça Estadual e Federal do Rio Grande do Sul, por exemplo.

liaridades no uso, impõe um novo obstáculo. Aliás, é comum (e até motivo de chiste nas redes sociais) advogados reclamando dessas plataformas, que frequentemente apresentam uma interface pouco amigável[38]. Os "labirintos" e a precariedade das instalações antes encontradas nas repartições judiciárias agora se apresentam em seu formato virtual.

Soma-se a isso o fato de que, muito embora o processo seja digitalizado, em plataforma virtual, a tecnologia não alcança todos os procedimentos necessários. Com a virtualização, a expectativa *não era apenas de facilitação do acesso* e da substitui*ção* dos autos físicos por sua versão digital, mais prática (e ecológica, é verdade). A tecnologia auxiliaria na otimização de atos de impulsionamento, eliminando os "tempos mortos" do processo e, por isso, privilegiando sua celeridade. Na prática, porém, grande parte desses sistemas precisa de um operador[39] para dar o comando de movimentações simples, como a juntada de uma petição protocolada, a intimação de uma das partes após determinação do magistrado, a conclusão para decisão após transcorrido determinado prazo, etc. Se antes os processos aguardavam essas movimentações nos escaninhos dos cartórios, hoje eles aguardam na "nuvem" dos servidores. Muda o local; o problema permanece. Se a tecnologia já *é* usada para triagem, identificação e classificação de processos[40], deve ser viável configurar tais sistemas para gerar esses movimentos automaticamente, impulsionando o processo.

---

38 Em entrevista, Tucci afirmou, sobre as dificuldades com o processo eletrônico: "Dá mais trabalho transmitir do que fazer o recurso ou a petição inicial. O tempo que nós perdemos e o custo, por paradoxal que possa parecer, é muito grande, porque ficam mais pessoas envolvidas na transmissão do que na confecção da peça". (BEZERRA, 2013, n.p.).

39 Sobre esse ponto, deve-se destacar que 92% das despesas do Judiciário são relativas aos custos com pessoal, incluindo remuneração (dos magistrados, servidores, inativos, terceirizados e estagiários), além dos demais auxílios e assistências devidos, tais como auxílio-alimentação, diárias, passagens, entre outros. (CONSELHO NACIONAL DE JUSTIÇA, 2022, p. 84). O maior aproveitamento das ferramentas digitais e dos sistemas de informática poderia contribuir com a redução desse custo com pessoal, convertendo-o em outros investimentos, por exemplo, na própria estrutura (física e digital) do Tribunal.

40 Como são os casos dos sistemas de inteligência artificial utilizados pelos Tribunais Superiores, Victor (STF) e Athos (STJ).

3. Mecanismos de luta contra a intempestividade da justiça

A morosidade do Judiciário provoca diversas consequências negativas. Para os juízes, "produz notório descrédito e desgaste do Poder Judiciário, cuja imagem, a cada momento, fica mais desprestigiada"[41]. Além disso, "o acúmulo constante de serviço tende a diminuir em considerável proporção a qualidade e o acerto dos pronunciamentos judiciais"[42]. Esse ponto reflete diretamente nas partes, maiores vítimas dos males da demora no processo, que, "sob outro enfoque, beneficia, quase sempre, o réu que não tem razão"[43]. Há, também, prejuízos de natureza socioeconômica, *porquanto o funcionamento insatisfatório do Judiciário compromete a economia,* pois aumenta a incerteza e os custos de transação, impactando negativamente nos investimentos no país[44]. Tudo isso reforça a necessidade de garantir-se, efetivamente, a duração razoável do processo.

A almejada rapidez, no entanto, deve sempre respeitar o tempo necessário para maturação do processo[45], sendo inviável uma determinação apriorística de quanto tempo é o razoável para cada processo judicial. Somente é possível identificar eventual morosidade excessiva no caso concreto a partir da análise da complexidade do assunto, do comportamento das partes e de seus procuradores e, ainda, da atuação do

41 TUCCI, 1997, p. 110.

42 Ibidem, p. 111.

43 Ibidem.

44 Ibidem, pp. 116-117. Vale ressaltar, como o próprio professor pontua na obra, o pouco enfoque dado, à época, ao estudo do direito sob o viés econômico, argumentando que o tema da administração da justiça era mais comumente abordado de forma paralela e apartada por juristas e economistas. O professor, então, a partir de estudos de autores como Richard Posner, traça algumas linhas do que se pode chamar de análise econômica do processo, especificamente, do tempo no processo. (Ibidem, pp. 114-118). Como se sabe, hoje a temática é pauta do dia e ganha cada vez mais adeptos e estudos interdisciplinares enriquecedores entre direito e economia.

45 Na lição de José Carlos Barbosa Moreira: "Se uma justiça lenta demais é decerto uma justiça má, daí não se segue que uma justiça muito rápida seja necessariamente uma justiça boa. O que todos devemos querer é que a prestação jurisdicional venha a ser melhor do que é. Se para torná-la melhor é preciso acelerá-la, muito bem: não, contudo, a qualquer preço". (MOREIRA, José Carlos Barbosa. O futuro da justiça: alguns mitos. **Revista de Processo**, São Paulo, v. 26, nº 102, pp. 228-237, abr. 2001. p. 232).

órgão jurisdicional[46]. Deve-se zelar, então, por um *"processo sem dilações indevidas"*, ou seja, sem atrasos decorrentes da inobservância injustificada dos prazos e termos procedimentais alheios à vontade das partes[47].

Em sua obra, Tucci identificou três frentes bem definidas, que visavam a mitigar os efeitos deletérios da intempestividade do Judiciário, classificadas em: *a)* mecanismos endoprocessuais de repressão à chicana; *b)* mecanismos de aceleração do processo (este, subdividido em tutela antecipada, procedimento monitório e ações coletivas); e *c)* mecanismos (jurisdicionais) de controle externo de lentidão. Tais mecanismos também sofreram a influência do tempo.

3.1. Mecanismos endoprocessuais de repressão à chicana

À época da obra, as legislações processuais modernas já eram plasmadas pelo dever de lealdade e cooperação entre partes e juiz na tarefa de realização do direito por meio do processo. Estabeleciam, também, sanções para reprimir manobras insidiosas que atrasassem a tutela jurisdicional[48]. No Brasil, o Código vigente assenta, em suas normas fundamentais, o dever de todos os participantes do processo comportarem-se de acordo com a boa-fé e a necessária cooperação entre partes e juiz (CPC, arts. 4º e 6º). Na linha de seu predecessor, apresenta, ainda, um rol exemplificativo de condutas consideradas de má-fé pelo ordenamento jurídico[49], cominando multa à parte contrária, para indenizar os prejuízos advindos de sua conduta reprovável[50].

46 TUCCI, 1997, p. 68.

47 Ibidem.

48 Ibidem, p. 123.

49 Expresso no art. 80 do CPC/2015, reprisando o art. 17 do CPC/1973, com redação dada pelas Leis nº 6.717/1980 e 9.668/1998. Entre as atitudes arroladas, destaca-se, para o objeto deste estudo, opor resistência injustificada ao andamento do processo, provocar incidente manifestamente infundado e interpor recurso manifestamente protelatório. Sobre esse último aspecto, tanto o CPC/2015 quanto o CPC/1973 preveem multa para interposição de embargos de declaração meramente protelatórios (art. 1.026, § 2º, e 538, parágrafo único, respectivamente) e para o agravo interno manifestamente inadmissível ou infundado (art. 1.021, § 4º, e 557, § 2º, respectivamente). Sobre o tema: MACÊDO, Lucas Buril de. **Litigância de má-fé.** São Paulo: Juspodivm, 2023.

50 Enquanto no CPC/1973 a multa ao litigante de má-fé não deveria ser superior a 1% do valor da causa (art. 18), no CPC/2015 deve ser superior a 1% e inferior a

No entanto, uma proposta interessante seria substituir o tradicional paradigma sancionador pelo aspecto promocional[51], trabalhando com a ideia de sanção premial, entendida como "a consequência jurídica positiva para estimular determinado comportamento indicado na norma (legal ou convencional), independentemente de sua natureza (dever, direito potestativo, ônus, faculdade, etc)"[52]. O Código vigente, nesse sentido, destaca a dispensa de custas processuais remanescentes quando as partes firmarem acordo antes da sentença (CPC, art. 90, § 3º) e a redução pela metade dos honorários quando o réu reconhecer a procedência do pedido e, simultaneamente, cumprir integralmente a prestação (CPC, art. 90, § 4º)[53].

Pode o juiz, no gozo de seus poderes-deveres[54], estimular determinadas sanções premiais, por exemplo, indicando, no mandado de citação, em vez das penalidades diante do não comparecimento na audiência de conciliação, as vantagens da autocomposição no processo, especialmen-

10% do valor corrigido da causa, e, quando este for irrisório ou inestimável, deve ser fixada em até 10 salários-mínimos (art. 81), reforçando a preocupação com a boa-fé processual, expressa nas normas fundamentais do Código.

51 Tem-se em Norberto Bobbio o expoente do tema, uma vez que a proposta do autor é, em apertadíssima síntese, a transmutação do Estado Liberal em um Estado Promocional, criando paralelamente ao sistema punitivo uma gama de prêmios e incentivos. (BOBBIO, Norberto. **Dalla struttura ala funzione:** nuovi studi di teori del diritto. Milano: Edizionidi Comunitá, 1977).

52 MAZZOLA, Marcelo. **Sanções premiais no processo civil:** previsão legal, estipulação convencional e proposta de sistematização (*standards*) para sua fixação judicial. São Paulo: Juspodivm, 2022. p. 75.

53 Há outros dispositivos de lógica premial, especialmente na fase executiva, incentivando o adimplemento do débito e a não impugnação, *v.g.*, art. 85, § 7º (não incidência de honorários sucumbenciais no cumprimento de sentença que enseje expedição de precatório pelo não oferecimento de impugnação pela Fazenda Pública); art. 701, *caput* e § 1º, correspondente ao art. 652-A, parágrafo único, do CPC/1973, incluído pela Lei nº 11.382/2006 (redução de honorários sucumbenciais pela metade diante do pagamento do valor integral do débito pelo executado, no prazo de 3 dias); e art. 916, correspondente ao art. 745-A, do CPC/1973, incluído pela Lei nº 11.382/2006 (direito de parcelamento do débito em até seis parcelas mensais, independentemente de concordância do exequente, diante do reconhecimento do crédito executado e pagamento de 30% do valor em execução).

54 Especialmente aqueles voltados a velar pela duração razoável do processo e a promover, a qualquer tempo, a autocomposição, como exposto nos incisos II e V do art. 139 do CPC/2015.

te as antes mencionadas, sobre redução das custas processuais[55]. Em um caso real, em ação de exigir contas na Comarca de Santos/SP, determinou-se, na fase inicial do procedimento, a dilação do prazo para oferecer as contas para até 45 dias a contar da citação, caso o réu renunciasse ao direito de contestar[56]. Essas técnicas de incentivos (*nudges*[57]) podem ser importantes instrumentos para induzir as partes a comportamentos desejáveis, em prol da celeridade do processo.

3.2. Mecanismo de aceleração do processo

Mesmo antes da Emenda Constitucional nº 45/2004, no início da década de 1990, houve uma série de reformas no CPC/1973 (as "minirreformas", na expressão de Cândido Rangel Dinamarco[58]), visando, entre outros propósitos, a otimizar o processo judicial. O Código vigente reverbera essa preocupação, aprimora os institutos já existentes para esse fim e traz novos instrumentos de combate à morosidade.

3.2.1. Tutela antecipada

Uma das mais significativas reformas em prol da celeridade foi a generalização da tutela antecipada, com a Lei nº 8.952/1994, que alterou a redação do art. 273 do CPC/1973. Dita alteração buscava ser "uma arma poderosíssima contra os males corrosivos do tempo no

---

55 MAZZOLA, 2022, pp. 202-203.

56 "[...] Se o réu renunciar ao direito de contestar o dever de ofertar as contas, com fundamento no artigo 139, incisos IV e VI, do CPC, concedo-lhe a sanção positiva consistente na dilatação do prazo para oferecer contas para até 45 dias, a contar da citação, desde que apresente manifestação expressa nesse sentido dentro do prazo de até 15 dias. [...]". (SÃO PAULO. 4ª. Vara Cível da Comarca de Santos. Processo nº 1009801-80.2023.8.26.0562, Juiz de Direito Frederico dos Santos Mesias, **Diário da Justiça Eletrônico,** 19 abr. 2023. Decisão Monocrática).

57 O *nudge*, traduzido como "cutucada" ou "empurrãozinho", parte da teoria da arquitetura de escolhas, sendo todo aspecto que "altera o comportamento dos agentes de maneira previsível, sem retirar do agente nenhuma opção ou alterar significativamente os incentivos econômicos ligados à tomada de decisão". (ABREU, Rafael Sirangelo de. **Incentivos processuais:** economia comportamental e *nudges* no processo civil. São Paulo: Thomson Reuters, 2020. p. 121).

58 DINAMARCO, Cândido Rangel. **A reforma do Código de Processo Civil.** 4ª ed. São Paulo: Malheiros, 1998. pp. 30-31.

processo"[59]. Em síntese, havendo prova inequívoca a convencer da verossimilhança da alegação, quando houvesse fundado receio de dano irreparável ou de difícil reparação ou ficasse caracterizado o abuso de direito de defesa ou manifesto propósito protelatório do réu, o magistrado poderia antecipar, total ou parcialmente, os efeitos da tutela pretendida, inclusive no curso do processo, em decorrência de fato superveniente, ou mesmo em grau recursal.[60]

O CPC/2015 apresenta uma nova sistematização da matéria, incluindo, no gênero tutela provisória, as espécies tutela de urgência (classificada, por sua vez, em antecipada ou cautelar) e tutela da evidência[61]. Em relação à tutela de urgência, a nova legislação permite que seja requerida tanto de forma incidental quanto de forma antecedente, cujo procedimento tem regramento próprio.

A tutela antecipada requerida em caráter antecedente ainda apresenta uma notável peculiaridade: a decisão de concessão, quando não recorrida[62] pela parte adversa, torna-se estável. Tal instituto ainda gera forte debates. Se, por um lado, é medida que se alinha ao objetivo de celeridade e efetividade da prestação jurisdicional, por outro, pode acabar compelindo o réu a interpor recurso para evitar a estabilização, enquanto poderia apenas apresentar defesa e prosseguir o processo com eventual revogação da medida pelo juiz, se fosse o caso[63]. Essa técnica

59 Ibidem, p. 140.

60 TUCCI, 1997, pp. 130-131.

61 O abuso do direito de defesa ou manifesto propósito protelatório da parte, já previsto no regramento anterior, passa a figurar entre as hipóteses de tutela da evidência, cuja característica é a prescindibilidade do requisito da urgência – ou da "demonstração de perigo de dano ou de risco ao resultado útil do processo", nos termos do código vigente.

62 Houve e ainda há divergência na doutrina sobre o meio apto a impedir a estabilização da tutela antecipada antecedente. A despeito de a lei indicar expressamente a necessidade de interposição de recurso para tal desiderato – agravo de instrumento, no caso –, a partir de uma interpretação teleológica, muitas vozes defenderam que qualquer manifestação do réu seria suficiente para obstar a estabilização. Essa corrente teve acolhida no STJ, no REsp 1.760.966/SP, julgado pela Terceira Turma, em 2018. Mais tarde, em 2019, a Primeira Turma, no julgamento do REsp 1.797.365/RS, entendeu que agravo de instrumento e contestação são inconfundíveis para finalidade específica de evitar a estabilização, exigindo, portanto, a interposição de recurso.

63 SICA, Heitor Vitor Mendonça. Doze problemas e onze soluções quanto à chamada "estabilização da tutela antecipada". *In:* DIDIER JÚNIOR, Fredie *et al.* (coords.). **Tutela provisória.** Salvador: Juspodivm, 2016. pp. 349-350.

apresenta claras semelhanças com o procedimento monitório[64], sendo ambos baseados na inércia do réu.

3.2.2. Procedimento monitório

A Lei nº 9.079/1995 instituiu a ação monitória, acrescentando o Capítulo XV ao Livro IV, Título I, do CPC/1973, mantendo-se no CPC/2015, com redação mais aprimorada e ampliação do seu cabimento[65]. Pode-se dizer que essa ação consiste no meio pelo qual o credor de determinada obrigação comprovada por documento hábil requer a prolação de provimento judicial consubstanciado, em última análise, em um mandado de cumprimento, procurando obter a satisfação de seu direito[66]. É um procedimento especial que, com extrema celeridade, propicia um título executivo ao autor munido de documentos idôneos para prosseguir imediatamente com a execução[67]. No entanto, o procedimento não parece ter desempenhado um papel tão relevante. Uma hipótese para isso são os efeitos da revelia e a possibilidade de julgamento antecipado do mérito, previstos na legislação brasileira e ausentes na regra italiana (inspiração para o instituto), tornando "menos úteis e necessárias técnicas processuais baseadas na inércia do réu e destinadas a abreviar o iter procedimental a ser percorrido para que seja possível dar início à execução" – aliás, mesmo destino vislumbrado para a estabilização da tutela antecipada antecedente[68].

---

64 TALAMINI, Eduardo. Tutela de urgência no projeto de novo Código de Processo Civil: a estabilização da medida urgente e a "monitorização" do processo civil brasileiro. **Revista de Processo,** São Paulo, v. 37, nº 209, pp. 13-34, jul. 2012.

65 Além das hipóteses já previstas no CPC/1973 (pagamento de quantia em dinheiro e entrega de coisa fungível ou de determinado bem móvel), o CPC/2015 permite o uso da ação monitória também para entrega de coisa infungível ou de bem imóvel e para o adimplemento de obrigação de fazer ou de não fazer. É cabível, também, em face da Fazenda Pública. Ainda detalha os requisitos específicos da petição inicial, da prova documental que deve instruí-la e dos embargos à ação monitória (CPC/2015, arts. 700 e 701).

66 TUCCI, José Rogério Cruz e. **Ação monitória:** Lei 9.079, de 14.07.1995. 2ª ed. São Paulo: Revista dos Tribunais, 1997. pp. 68-69.

67 DINAMARCO, 1998, p. 229.

68 SICA, 2016, p. 361.

3.2.3. Ações coletivas

Encerrando os mecanismos de aceleração do processo, o professor afirma: "não há dúvida de que o ajuizamento de uma *class action* implica evidente redução de tempo, se comparados com aqueles dispendidos em centenas de demandas individualmente aforadas para atingir idêntico escopo"[69]. Outro aspecto de relevo das ações coletivas é sua potencialidade de proporcionar aos cidadãos cultural, técnica e economicamente mais fracos um verdadeiro acesso aos tribunais, pois muitos dificilmente se disporiam a demandar individualmente[70].

À época, a base normativa até hoje vigente para sustentar as ações coletivas era recente, notadamente a Lei da Ação Civil Pública (Lei nº 7.347/1985) e o Código de Defesa do Consumidor (Lei nº 8.078/1990), este, responsável por instituir um microssistema de tutela coletiva[71], inspiração para outros países, especialmente os latino-americanos[72]. Não obstante, ao longo dos anos, o aprimoramento e os contornos mais precisos de conceitos, aplicação e delimitação de determinados institutos do processo coletivo ficaram por conta da doutrina e da jurisprudência, buscando dar ares mais contemporâneos à legislação pretérita. Com a promulgação de um novo Código de Processo Civil e o problema latente das demandas de massa, teve-se uma oportunidade de aprimorar a legislação das ações coletivas. Não foi, porém, o que ocorreu.

Durante o processo legislativo do Código de 2015, foi posto em debate o incentivo às ações coletivas como forma de combater a litigiosidade repetitiva, aliviar a sobrecarga do Judiciário e, consequentemente, proporcionar maior celeridade aos processos (relembra-se, objetivos

69 TUCCI, 1997, p. 136. Sobre o tema: TUCCI, José Rogério Cruz e. **"Class action" e mandado de segurança coletivo.** São Paulo: Saraiva, 1990.

70 TUCCI, 1997, p. 138.

71 O art. 117 do Código de Defesa do Consumidor (CDC) acrescenta à Lei de Ação Civil Pública (LACP) o art. 21, que dispõe ser aplicável à defesa dos direitos e interesses difusos, coletivos e individuais o disposto no diploma consumerista. A leitura conjunta das normas atinentes à tutela coletiva em leis esparsas criou um verdadeiro microssistema processual coletivo. Somam-se ao CDC e à LACP outras previsões legais, como a Lei da Ação Popular (Lei nº 4.717/1965), o Estatuto da Criança e do Adolescente (Lei n 8.069/1990), o Estatuto do Idoso (Lei nº 10.741/2003), o Estatuto da Pessoa com Deficiência (Lei nº 13.146/2015), o Estatuto da Cidade (Lei nº 10.257/2001), o Estatuto do Torcedor (Lei nº 10.671/03), entre outros.

72 Sobre o processo coletivo brasileiro: LEONEL, Ricardo de Barros. **Manual do processo coletivo.** 4ª ed. São Paulo: Malheiros, 2017.

centrais do Código). Contudo, foi logo afastado, sobretudo pelo receio da perda de apoio político para aprovação do Projeto[73]. Ao largo disso, o Incidente de Resolução de Demandas Repetitivas (IRDR), a ser adiante abordado, foi a solução bem-vinda para garantir a celeridade e segurança jurídica, privilegiando uma lógica eficientista, calcada na gestão processual e no desafogo do Judiciário[74].

No entanto, atualmente há três Projetos de Lei em tramitação, com escopo de disciplinar a Nova Lei da Ação Civil Pública. O PL nº 4.441/2020, de autoria do deputado Paulo Teixeira (PT/SP), foi o primeiro a ser apresentado, em 02 de setembro de 2020. Em 01 de outubro de 2020, o deputado Marcos Pereira (Republicanos/SP) apresentou o PL nº 4.778/2020, conhecido como "Projeto CNJ", por ser oriundo de atividades do Grupo de Trabalho instituído pela entidade. Vale a ressalva que esse é, sem dúvidas, o projeto mais criticado pelos juristas da área[75]. A partir dos debates fomentados por esses projetos, foi apresentado, em 29 de abril de 2021, também pelo deputado Paulo Teixeira (PT/SP), o PL nº 1.641/2021, proposto como um substitutivo aos anteriores, fruto do trabalho de uma comissão de juristas constituída por membros do Instituto Brasileiro de Direito Processual (IBDP), batizado como "Projeto Ada Pellegrini Grinover", em homenagem à professora que muito se dedicou ao tema no Brasil. Nesse cenário, a temática, provavelmente, deve permanecer por um bom tempo na pauta de debate dos processualistas.

---

73 MIRANDA, Andrea Pimentel. **Quem tem medo do processo coletivo?** As disputas e as escolhas políticas no CPC/15 para o tratamento da litigiosidade repetitiva no Brasil. 2019. Dissertação (Mestrado em Direito) – Escola de Direito de São Paulo, Fundação Getúlio Vargas, São Paulo, 2019. pp. 115-126. Lembrou-se, na oportunidade, do Projeto de Lei nº 5.139/2009, que ampliaria a ação civil pública e serviria como uma espécie de "Lei Geral das Ações Coletivas", mas, em 2010, rejeitado pela Câmara dos Deputados em votação de 17 contra 14, *e até hoje aguarda deliberação sobre recurso apresentado.*

74 Ibidem, p. 136.

75 Sobre as críticas ao referido Projeto, sugere-se: LEONEL, Ricardo de Barros. Processo coletivo: preocupações legislativas. **Consultor Jurídico (Conjur)**, 30 out. 2020. Disponível em: https://www.conjur.com.br/ 2020-out-30/ricardo-leonel-processo-coletivo-preocupacoes-legislativas. Acesso em: 4 jul. 2023.

3.3. Mecanismos (jurisdicionais) de controle externo da lentidão

O último aspecto abordado pelo professor em sua obra é a responsabilização objetiva do Estado pela demora no processo. Destaca já haver condenações da Corte Europeia dos Direitos do Homem por não ser assegurado o desfecho processual em um prazo razoável, o que poderia ser aplicado, igualmente, no Brasil[76]. A responsabilidade objetiva do Estado emergiria, no caso concreto, em última análise, pela frustração da garantia do devido processo legal, presumindo-se "a amargura da parte interessada que padeceu anos a fio, sofrendo, além de possível prejuízo material, o mal de natureza psicológica advindo da exacerbada duração do processo"[77]. Alçada *à* garantia processual, com a Emenda Constitucional nº 45/2004, reforça-se o entendimento do professor sobre esse aspecto.

Pode-se pensar, também, na responsabilização objetiva do juiz pela anulação da sentença eivada de vícios derivados da má aplicação (*error in procedendo*) das normas de direito processual[78]. Entretanto, mesmo havendo a referida condenação, é possível que o jurisdicionado se veja,

---

76 Indicam-se dois casos brasileiros de condenação em danos morais pela demora no processo: um deles oriundo da 7ª. Vara da Justiça Federal da Seção Judiciária de São Paulo (Processo nº 89.0017372-3), cuja indenização foi fixada em 150 salários-mínimos, diante da irrazoável de 20 anos para o deslinde de processo trabalhista; outro, julgado pela 6ª. Câmara Cível de Tribunal de Justiça do Rio Grande do Sul (Apelação nº 70006474233), de relatoria do então Des. Carlos Alberto Alvaro de Oliveira, condenando em R$ 12.000,00, porque reconhecido o excesso de prazo no desenvolvimento da sindicância e do subsequente inquérito administrativo. (TUCCI, José Rogério Cruz e. Garantias constitucionais da duração razoável e da economia processual no projeto do Código de Processo Civil. **Revista de Processo**, São Paulo, v. 36, nº 192, pp. 193-208, fev. 2011. p. 195).

77 TUCCI, 1997, p. 141.

78 TUCCI, José Rogério Cruz e. A responsabilidade objetiva do juiz pela anulação da sentença. **Consultor Jurídico (Conjur)**, 24 jul. 2018. Disponível em: https://www.conjur.com.br/2018-jul-24/paradoxo-corte-responsabilidade-objetiva-juiz-anulacao-sentenca2. Acesso em: 5 jul. 2023. Para o professor, tal experiência "não apenas conspira contra o princípio da duração razoável do processo como igualmente produz enorme dano a ambas as partes, com o consequente desprestígio ao Judiciário. [...] O pronunciamento judicial que resulta anulado pela superior instância não acarreta consequência alguma ao juiz que o proferiu. Absolutamente nada, nem mesmo, com razoável probabilidade, numa minoria, qualquer censura íntima ou preocupação pessoal! [...] Por certo, dois pesos e duas medidas: coitado do advogado que perde um prazo; ou, ainda, maneja um recurso em vez de interpor aquele que realmente é o cabível. Está perdido!".

novamente, refém da morosidade – desta vez, do pagamento estatal pela via do precatório. Uma alternativa seria o estabelecimento de metas ao Estado como um todo (inclusive ao Poder Judiciário) para otimizar a prestação jurisdicional, por meio de implementação de políticas públicas, por exemplo[79]. Movimentos nesse sentido já são observados no Brasil e *são* abordados na próxima seção deste artigo.

4. Novos mecanismos para combater um antigo problema

Aos mecanismos examinados por Tucci em sua obra foram acrescidos outros, com o mesmo objetivo de otimização e aceleração processual, merecendo reflexão. Sem a pretensão de esgotar o tema, indicam-se aqui novos mecanismos de aceleração do processo (aproveitando a nomenclatura utilizada pelo professor), além da grande aposta contemporânea para o desafogo do Judiciário, os meios adequados de resolução de conflitos (justiça multiportas).

4.1. Novos mecanismos de aceleração do processo

A Emenda Constitucional nº 45/2004 trouxe, além da já referida garantia de duração razoável do processo, outros importantes mecanismos de aceleração processual: a súmula vinculante e a repercussão geral da questão constitucional como pressuposto de admissão do recurso extraordinário. Em decorrência desses institutos, foram implementados os recursos extraordinário e especial repetitivos e, mais recentemente, o IRDR.

4.1.1. Súmula vinculante

A *súmula vinculante* foi instituída no art. 103-A da CF, posteriormente regulamentado pela Lei nº 11.417/2006. Permite-se ao STF, após reiteradas decisões sobre matéria constitucional, aprovar *súmula* com efeito vinculante em relação aos demais órgãos do Poder Judiciário e à

79 Isso ocorreu, por exemplo, com a condenação do Brasil, pela Comissão Interamericana de Direitos Humanos (CIDH), por negligência e omissão em relação à violência doméstica, levando à recomendação de pagamento, pelo Estado, de indenização a Maria da Penha (denunciante) além de medidas para mitigar o problema, originando, assim, a conhecida Lei Maria da Penha (Lei nº 11.340/2006).

Administração Pública direta e indireta, nas esferas federal, estadual e municipal[80]. A redação constitucional e legal do tema[81] deixa bem clara a motivação para criação da súmula vinculante, ao indicar que ela tem por objeto "a validade, a interpretação e a eficácia de normas determinadas, acerca das quais haja, entre órgãos judiciários ou entre esses e a administração pública, controvérsia atual que acarrete grave insegurança jurídica e relevante multiplicação de processos sobre idêntica questão".

Além do relevante propósito de prevenir ou superar a divergência jurisprudencial, o direito sumular também atua como elemento aceleratório da interposição e do julgamento dos recursos[82]. No entanto, tal instituto não ficou imune às críticas. Aqueles contrários à implementação da súmula vinculante entendiam que uma interpretação de texto normativo que tenha eficácia geral, abstrata e vinculante caracteriza-se como uma usurpação, pelo Poder Judiciário, de atividade típica e essencial do Poder Legislativo, o que ensejaria a violação ao princípio da tripartição dos Poderes[83]. Tais argumentos, porém, não apresentaram força suficiente para inibir a inclusão da súmula vinculante no sistema de justiça pátrio[84],

80 Ressalva-se que a experiência de valorização da jurisprudência e sua eficácia vinculante não são propriamente uma novidade no direito brasileiro. Isso porque os assentos, originados na experiência portuguesa, foram implantados no ordenamento jurídico nacional, com força de lei, pelo Decreto nº 2.684, de 23 de outubro de 1875, perdurando até o advento da República. Após isso, outros mecanismos para evitar a divergência jurisprudencial foram adotados no Brasil, como os prejulgados (Decreto nº 16.723, de 20 de dezembro de 1923), as súmulas de jurisprudência dominante (Emenda Constitucional de 28 de agosto de 1963) e o procedimento de uniformização de jurisprudência (CPC/1973, arts. 476 a 479). Sobre o tema: TUCCI, José Rogério Cruz. **Precedente judicial como fonte do direito.** 2ª ed. Rio de Janeiro: GZ, 2021.

81 CF, art. 103-A, § 2º; Lei nº 11.417/2006, art. 2º, § 1º.

82 MANCUSO, Rodolfo de Camargo. **A resolução de conflitos e a função judicial no contemporâneo Estado de Direito.** 3ª ed. Salvador: Juspodivm, 2020. pp. 211-212.

83 GOMES, Luiz Flávio. Súmulas vinculantes e independência judicial. **Revista dos Tribunais,** v. 86, nº 739, pp. 11-42, maio 1997. p. 37.

84 Cândido Rangel Dinamarco qualifica como "ingênuos" os argumentos sobre a violação do princípio da tripartição dos Poderes: "[...] a eficácia vinculante de decisões judiciais, seja pelo que já existe no sistema ou pelo que se propôs a implantar *de jure condeno*, situa-se num plano intermediário entre o abstrato da lei e o concreto das decisões em casos concretos". (DINAMARCO, Cândido Rangel. Súmula vinculantes. **Revista Forense,** Rio de Janeiro, v. 95, nº 347, pp. 51-65, jul./set. 1999, p. 55).

recebida como a grande esperança para aliviar a sobrecarga do Judiciário[85]. Como se sabe hoje, tal expectativa foi frustrada.

4.1.2. Repercussão geral da questão constitucional e relevância da questão de direito infraconstitucional

Houve, ainda, uma significativa alteração no âmbito do processamento e admissão dos recursos ao STF: a repercussão geral da questão constitucional como pressuposto de admissão do recurso extraordinário, com a inclusão do § 3º no art. 102 constitucional, posteriormente regulamentada pela Lei nº 11.418/2006. Notadamente inspirada no instituto da arguição de relevância, a partir da repercussão geral, implanta-se um mecanismo de filtragem, permitindo que apenas questões de real importância cheguem ao STF[86]. De acordo com o diploma processual vigente, "para efeito da repercussão geral, será considerada a existência ou não de questões relevantes do ponto de vista econômico, político, social ou jurídico que ultrapassem os interesses subjetivos do processo" (CPC, art. 1.035, § 1º).

O legislador, ao estabelecer conceitos jurídicos indeterminados, atribui ao julgador a incumbência de aplicá-los diante das particularidades do caso analisado, cujos critérios estabelecidos para exame e avaliação da repercussão geral jamais podem ser discricionários, pois devem ser explicitados em sua *ratio decidendi*[87]. O julgamento do recurso extraordinário com repercussão geral tem duplo alcance: é aplicado na decisão do mérito do recurso interposto no caso concreto e passa a influir na decisão das demais causas em que se controverta a respeito da mesma questão de direito. A tese vencedora, assim, adquire "foro de

---

85 "Portanto, alteração do sistema neste sentido seria boa para os jurisdicionados – já que geraria maior segurança e previsibilidade – e boa para o Poder Judiciário – que ficaria menos sobrecarregado, o que, como se sabe, indiretamente, representa benefício para os próprios jurisdicionados". (WAMBIER, Teresa Arruda Alvim. Súmula vinculante: desastre ou solução? **Revista de Processo,** São Paulo, v. 25, nº 98, pp. 295-306, abr./jun. 2000, p. 295).

86 TUCCI, José Rogério Cruz e. Anotações sobre a repercussão geral como pressuposto de admissibilidade do recurso extraordinário (Lei nº 11.418/2006). *In:* TUCCI, José Rogério Cruz e. **O advogado, a jurisprudência e outros temas de processo civil.** São Paulo: Quartier Latin, 2010. p. 127.

87 Ibidem, pp. 127-130.

jurisprudência dominante, o que selará a sorte de qualquer acórdão em sentido contrário"[88].

Na mesma linha, a mais recente alteração legislativa no campo processual se deu com a EC nº 125/2022, instituindo, no âmbito dos recursos especiais, a necessidade da demonstração de relevância das questões de direito federal infraconstitucional, mecanismo muito semelhante à repercussão geral da questão constitucional[89]. Aliás, a "novidade" resolve uma situação inusitada do sistema jurídico nacional desde a Lei nº 11.418/2006: havia questões constitucionais "menos relevantes" para os fins do recurso extraordinário, pois despidas de repercussão geral, enquanto todas as questões de leis federais eram tidas como relevantes[90].

O tema, apesar de não ser propriamente inédito no Brasil, gerou significativo interesse por parte da doutrina, com uma profusão de textos publicados, palestras e debates sobre o assunto e seus mais variados aspectos. A maior polêmica recai sobre a opção legislativa em relação à presunção de relevância contida no § 3º do art. 105 constitucional[91]. A justificativa para a escolha é, tão somente, de que as ações ali arroladas seriam mais "importantes", sem demonstração da veracidade de tal alegação, tampouco de uma análise de impacto dessa preferência legislativa, dos possíveis efeitos nocivos aos jurisdicionados, diante dessas hipóteses de "relevância predeterminada normativamente"[92].

---

88 MESQUITA, José Ignacio Botelho de *et al.* A repercussão geral e os recursos repetitivos. Economia, direito e política. **Revista de Processo,** São Paulo, v. 38, nº 220, pp. 13-31, jun. 2013, p. 25.

89 Sobre o tema: TUCCI, José Rogério Cruz e. Relevância da questão federal como requisito de admissibilidade do REsp. **Consultor Jurídico (Conjur)**, 19 jul. 2022. Disponível em: https://www.conjur.com.br/2022-jul-19/questao-federal-admissibilidade-recurso-especial-stj. Acesso em: 5 jul. 2023.

90 TUCCI, 2010, p. 127.

91 Nos termos do art. 105, § 3º, da Constituição Federal, incluído pela EC nº 125/2022, haverá relevância quando se tratar de *i)* ações penais; *ii)* ações de improbidade administrativa; *iii)* ações cujo valor da causa ultrapasse 500 (quinhentos) salários-mínimos; *iv)* ações que possam gerar inelegibilidade; *v)* hipóteses em que o acórdão recorrido contrariar jurisprudência dominante do STJ; além de outras hipóteses previstas em lei.

92 NUNES, Dierle; LISBOA, Cícero; BAMBIRRA, Camila. Considerações iniciais da arguição de relevância da questão federal no recurso especial: Emenda Constituicional 125/22. *In:* MARQUES, Mauro Campbell *et al.* (coords.). **Relevância da questão federal no recurso especial.** Londrina: Thoth, 2023. p. 138.

Com efeito, a hipótese mais criticada é a presunção de relevância das ações cujo valor da causa ultrapasse 500 salários-mínimos, o que não se coaduna com a postura esperada pelo autonominado Tribunal da Cidadania. Com essa presunção, é bem possível que causas de elevadíssimo valor econômico, triviais e enfadonhas, tenham seu recurso admitido, enquanto outras, envolvendo questões muito mais delicadas e "relevantes" (tutela coletiva, direito de idosos ou de pessoas com deficiência, por exemplo) não cheguem à Corte simplesmente por desatenderem a um requisito puramente materialista[93]. Tal critério se mostra incoerente com a própria noção esperada de relevância de questões que justifiquem o exame pelo STJ.

4.1.3. Julgamento de casos repetitivos

A Lei nº 11.418/2006, além de regulamentar a repercussão geral, implementou outra significativa inovação no STF: a possibilidade de processamento de recurso extraordinário de causas repetitivas, com fundamento em idêntica controvérsia, incluindo o art. 543-B no CPC/1973. Em 2008, a técnica de julgamento de recursos repetitivos chegou ao STJ, com a Lei nº 11.672, que incluiu o art. 543-C no CPC/73. O CPC/2015 aprimora a disciplina dada aos recursos extraordinário e especial repetitivos (arts. 1.036 a 1.041) e apresenta, como grande novidade, o IRDR, disciplinado entre os arts. 976 e 987. Esses institutos são considerados espécies do gênero julgamento de casos repetitivos (CPC, art. 928), cujo objeto é questão unicamente de direito material ou processual, motivo pelo qual se entende haver um microssistema de julgamento de casos repetitivos[94]. A tese jurídica fixada por esses julgamentos tem eficácia vinculante, ou seja, deve ser aplicada a todos os casos em tramitação e

93 NASCIMENTO, Hélio. Breves considerações sobre a relevância especial na interposição do REsp. **Consultor Jurídico (Conjur)**, 24 jul. 2022. Disponível em: https://www.conjur.com.br/2022-jul-24/helio-nascimento-relevancia-especial-interposicao-resp?utm_source=dlvr.it&utm_medium=linkedin. Acesso em: 4 jul. 2023.

94 Assim é o Enunciado nº 345 do Fórum Permanente de Processualistas: "O incidente de resolução de demandas repetitivas e o julgamento de recursos extraordinário e especial repetitivos formam um microssistema de solução de casos repetitivos, cujas normas de regência se complementam e devem ser interpretadas conjuntamente".

aos posteriormente ajuizados, que versem sobre a mesma questão ali decidida (CPC, art. 927, III)[95].

Essa postura legislativa é alvo de forte crítica doutrinária, pois foram inseridos no rol do art. 927 do CPC diversos institutos com notáveis diferenças entre si e, a despeito disso, quis o legislador conceder-lhes observância obrigatória – efeito vinculante –, motivo que levanta dúvidas, inclusive, acerca de sua constitucionalidade[96]. Os institutos mais criticados sob esse aspecto são os julgamentos de casos repetitivos. Na crítica de Tucci, "o inconveniente desta técnica é que, a rigor, fere a garantia do devido processo legal, porque a parte em um recurso cuja tra-

95 Os julgamentos de casos repetitivos, ao lado de outros pronunciamentos judiciais, como as súmulas vinculantes, devem ser observados pelo julgador quando da prolação de qualquer decisão (CPC/2015, art. 927), evitando soluções díspares para casos idênticos. Justamente por isso, a identificação de alguma dessas situações dá azo à improcedência liminar do pedido (CPC/2015, art. 332; CPC/1973, art. 285-A) ou possibilita o julgamento monocrático de recurso (CPC/2015, art. 332; CPC/1973, art. 557), além de compor uma das hipóteses de tutela da evidência (CPC/2015, art. 311, II), em mais um claro movimento de aceleração e otimização do processo judicial. Em artigo com interessante comparação entre o congestionamento viário e o congestionamento judiciário, Heitor Sica indica que expedientes como o julgamento monocrático de recursos e de improcedência liminar representariam algumas "vias expressas" durante o processo, cuja tramitação, a despeito disso, é quase que inevitavelmente lenta e, "o que é pior, com pronunciada tendência de a demanda ser tratada sem qualquer cuidado e julgada 'em bloco'. O acesso à justiça, sob essa perspectiva, torna-se, em alguma medida, um tanto ilusório". (SICA, Heitor Vitor Mendonça. Congestionamento viário e congestionamento judiciário. **Revista de Processo,** São Paulo, v. 39, nº 236, pp. 13-26, out. 2014. p. 15).

96 No ponto, importante a crítica feita por Tucci: "[...] a redação em apreço, modificada na última fase do processo legislativo, continua revelando acentuada despreocupação do legislador acerca da diferença conceitual e genética entre súmula, precedente judicial e jurisprudência. [...]Ademais, salta aos olhos o lamentável equívoco constante desse dispositivo, que impõe aos magistrados, de forma cogente – 'os tribunais observarão' -, submissão aos mencionados pronunciamentos, como se todos aqueles arrolados tivessem a mesma força vinculante vertical. [...] Daí, em princípio, a inconstitucionalidade *prima facie* da regra examinada, visto que a Constituição Federal, no art. 103-A, reserva efeito vinculante apenas e tão somente às súmulas fixadas pelo Supremo, mediante devido processo com quórum de dois terços, e, ainda, aos julgados originados de controle direto de constitucionalidade. [...] À míngua de uma dogmática própria, o legislador pátrio perdeu uma excelente oportunidade para regulamentar um regime adequado das decisões de nossos tribunais, entre as várias espécies de provimentos judiciais, a partir de sua natureza, considerando a sua respectiva origem". (TUCCI, 2021, p. 167).

mitação foi sobrestada é diretamente atingida por decisão proferida em outro processo, sem a sua participação"[97].

Assim, há uma notória violação do direito fundamental de ação e do contraditório que garantem a qualquer cidadão o direito de participação e influência, sendo ele atingido negativamente por uma decisão judicial da qual *não pode participar. Se*, no Estado Democrático de Direito, a participação é requisito essencial para a legitimação do exercício do poder, não há como imaginar que uma decisão possa afetar pessoas que não tiveram oportunidade de participar ou não foram adequadamente representadas[98]. Justamente por isso a doutrina vem se debruçando sobre o estudo de critérios para escolha da causa-piloto[99] e do controle de representação adequada[100] no incidente, a fim de contornar ou de, ao menos, atenuar essa falha do instituto.

4.2. Mecanismos adequados de resolução de conflitos (justiça multiportas)

A grande aposta para desafogar o Judiciário e otimizar a prestação judicial é a ideia do sistema de justiça multiportas, apresentando ao jurisdicionado não apenas a via judicial para resolução de seu litígio, mas outros mecanismos, *tão ou mais adequados para tanto, outras "portas" de acesso à justiça. O Código de 2015 adota essa concepção ao admitir expressamente a arbitragem, a conciliação, a mediação e outros métodos de solução consensuais de conflitos, privilegiando a autocomposição (CPC, art. 3º, §§ 1º a 3º)*[101]. Há duas vertentes principais desse mecanismo, a

97 TUCCI, 2021, p. 185.

98 MARINONI, Luiz Guilherme. **Incidente de resolução de demandas repetitivas:** decisão de questão idêntica *x* precedente. São Paulo: Revista dos Tribunais, 2016. p. 47.

99 Veja-se, *v.g.* CABRAL, Antonio do Passo. A escolha da causa-piloto nos incidentes de resolução de processos repetitivos. *In:* DIDIER JÚNIOR, Fredie; CUNHA, Leonardo Carneiro da (coords.). **Julgamento de casos repetitivos.** Salvador: Juspodivm, 2016.

100 Veja-se, *v.g.* COELHO, Fernanda Rosa. Critérios de escolha da causa-piloto e controle da representatividade adequada das partes no incidente de resolução de demandas repetitivas. **Revista da Faculdade de Direito da Universidade de São Paulo,** São Paulo, v. 116, nº 2, pp. 305-327, jul./dez. 2021.

101 Sobre o tema: TUCCI, José Rogério Cruz e. Novo CPC traz mudanças na arbitragem, conciliação e mediação. **Consultor Jurídico (Conjur)**, 8 dez. 2015. Disponível em: https://www.conjur.com.br/2015-dez-08/paradoxo-corte-cpc-traz-mudancas-arbitragem-conciliacao-mediacao#_ftnref1. Acesso em: 5 jul. 2023.

seguir abordadas: a desjudicialização de procedimentos (realizada fora do Judiciário, com ou sem consenso) e o fomento à consensualidade (dentro ou fora do Judiciário).

4.2.1. Desjudicialização dos procedimentos

Fora do campo do consenso e do Judiciário, a maior expressão de resolução de conflitos é, sem dúvidas, a arbitragem. Trata-se de meio heterocompositivo de resolução de conflitos pela intervenção de uma ou mais pessoas que recebem seus poderes de uma convenção privada, decidindo com base nela, sem intervenção estatal, cuja decisão assume a mesma eficácia da sentença judicial[102]. De forma sucinta, duas são as maiores vantagens dessa técnica, sobretudo em comparação ao processo judicial: a celeridade e a especialidade. Uma das grandes desvantagens do procedimento arbitral, talvez a maior, é o custo. Embora a arbitragem não seja uma novidade no sistema jurídico brasileiro, seu grande marco legal é a Lei nº 9.307/1996, posteriormente reformada pela Lei nº 13.129/2015[103]. Não obstante, o instituto é alvo de recente Projeto de Lei para "disciplinar a atuação do árbitro, aprimorar o dever de revelação", entre outras providências, objeto de grande crítica pela doutrina especializada, porquanto teria o condão de, em verdade, "desmontar o sistema arbitral brasileiro"[104].

O exato oposto ocorre com os procedimentos realizados nas serventias extrajudiciais, os cartórios. Embora já houvesse previsões anteriores, foi no final dos anos 2000 que o movimento da desjudicialização ganhou mais força. É notável a Lei nº 11.441/2007, muitas vezes tida como o marco principal da desjudicialização no Brasil, que possibilitou a realização de inventário, partilha, separação consensual e divórcio consensual pela via administrativa, por escritura pública. Mais tarde, a Lei nº 11.977/2009 possibilitou, em seu art. 60, a chamada "usucapião ex-

---

102 CARMONA, Carlos Alberto. **Arbitragem e processo:** um comentário à Lei nº 9.307/96. 3ª ed. São Paulo: Atlas, 2009. p. 31.

103 O projeto que originou a Lei de reforma da arbitragem foi fruto de trabalho de comissão de juristas, presidida pelo ministro do STJ, Luis Felipe Salomão, da qual José Rogério Cruz e Tucci fez parte.

104 TUCCI, José Rogério Cruz e. Inoportuno, indevido e perigoso ataque à arbitragem. **Consultor Jurídico (Conjur)**, 5 out. 2021. Disponível em: https://www.conjur.com.br/2021-out-05/paradoxo-corte-inoportuno-indevido-perigoso-ataque-arbitragem. Acesso em: 4 jul. 2023.

trajudicial", hoje regulamentada pela Lei nº 13.465/2017 e prevista no art. 1.071 do CPC. Aliás, o Código de 2015 expressa o reconhecimento de meios extrajudiciais para determinados procedimentos[105].

A mais recente – e polêmica – empreitada da desjudicialização advém do PL nº 6.204/2019, cujo objetivo é a desjudicialização da execução civil, um dos grandes gargalos da crise numérica de processos judiciais[106]. A proposta é delegar a função pública de execução de títulos judiciais e extrajudiciais, de dívida líquida, certa e exigível, aos tabeliães de protestos. A escolha desses profissionais como agentes de execução reflete o protagonismo que já vinha sendo concedido aos cartórios na condução dos procedimentos desjudicializados. Esse ponto, sem dúvidas, é um dos que mais geram debates entre os juristas da área, especialmente por aqueles que buscam ampliar o rol de sujeitos aptos a exercer o papel de agentes de execução[107].

No entanto, a desjudicialização deve ter em mente a tutela adequada do direito, não apenas o desafogo do Judiciário, sob pena de simplesmente mudar o problema de lugar: a sobrecarga apenas passaria do sistema judicial para os cartórios. Especificamente no caso da execução, um dos maiores problemas para satisfação do credor é a localização de bens do devedor, dificuldade que permaneceria no modelo desjudicializado. Um incremento importante seria a implementação de um meio de busca de bens pré-executivo[108], como existente no sistema português,

105 Exemplifica-se com a realização de demarcação e a divisão de terras por escritura pública (art. 571); o inventário e a partilha extrajudiciais (art. 610, § 1º); o divórcio, a separação e dissolução de união estável consensuais de forma extrajudicial (art. 733); a homologação de penhor legal pela via extrajudicial (art. 703, §§ 2º e 4º).

106 "O Poder Judiciário contava com um acervo de 77 milhões de processos pendentes de baixa no final do ano de 2021, sendo que mais da metade desses processos (53,3%) se referia à fase de execução. [...] Esses processos são os principais responsáveis pela alta taxa de congestionamento do Poder Judiciário, representando aproximadamente 35% do total de casos pendentes e congestionamento de 90% em 2021". (CONSELHO NACIONAL DE JUSTIÇA, 2022, p. 164).

107 Nesse sentido: ANDRADE, Juliana Melazzi; CABRAL, Antonio do Passo; PARIZIO, André; DUARTE, Larissa Carrasqueira; BOISSON, Eduarda. Anteprojeto de lei. Atribuição da prática de atos executivos para agentes de execução no cumprimento de sentença ou no processo de execução. Proposta de alterações ao Código de Processo Civil e à Lei de Execuções Fiscais. **Civil Procedure Review**, v. 12, nº 1, jan./abr. 2021.

108 Sobre o tema: PEREIRA, Marina Polli. **Meios digitais de investigação patrimonial na execução civil brasileira:** a busca por um procedimento pré-executivo. 2018. Dissertação (Mestrado) – Programa de Pós-Graduação em Direito, Universidade Federal de Santa Catarina, Florianópolis, 2018.

por exemplo, podendo ser viabilizado no Brasil pela produção antecipada de provas[109].

4.2.2. Fomento à consensualidade

O marco principal da temática é a Resolução nº 125/2010 do CNJ, que dispõe sobre a Política Nacional de tratamento adequado dos conflitos de interesse no âmbito do Poder Judiciário. Embora a conciliação não fosse estranha ao processo civil brasileiro, tem-se, nessa Resolução, o grande impulso para o fomento das soluções autocompositivas. No Código vigente, o legislador incluiu a promoção da solução consensual dos conflitos entre as normas fundamentais do processo civil, devendo o Estado criar espaços para a efetivação do comando legal. Outro avanço do diploma processual é a previsão dos conciliadores e mediadores judiciais como auxiliares da justiça, além da listagem de uma série de princípios norteadores das práticas, dedicando um rol significativo de artigos ao tema (CPC, arts. 165 a 175)[110].

Essa ideia influenciou sobremaneira o procedimento comum, com a previsão do art. 334, que determina a designação de audiência de conciliação e mediação prévia à contestação. Se antes o demandado era citado para apresenta*ção de* sua defesa, hoje tal ato é convocatório para tentativa de solução consensual do conflito. A despeito de todo esse movimento, a autocomposição ainda não apresenta o sucesso esperado. Desde 2016, quando a audiência de conciliação tornou-se obrigatória, o número de sentenças homologatórias de acordo cresceu apenas 4,2%, representando 11,9% do total de processos julgados em 2021[111].

Uma nova aposta para otimização da resolução de conflitos vem com a incorporação da tecnologia aos mecanismos de resolução de conflitos, configurando a chamada *online dispute resolution* (ODR). No cenário nacional, o expoente no tema é a plataforma *consumidor.gov.br*, institucionalizada em 2015, pelo Decreto nº 8.573, tendo sido desenvol-

109 HILL, Flávia Pereira; SICA, Heitor Vitor Mendonça. Produção antecipada de provas para localização de bens previamente ao ajuizamento da execução por quantia: uma proposta de reforma legislativa. **Revista Eletrônica de Direito Processual - REDP,** Rio de Janeiro, a. 16, v. 23, nº 2, pp. 1440-1451, maio/ago. 2022.

110 A mediação conta, ainda, com Lei específica para disciplinar o instituto (Lei nº 13.140/2015).

111 CONSELHO NACIONAL DE JUSTIÇA, 2022, pp. 201-202.

vida pela Secretaria Nacional do Consumidor[112]. Desde seu lançamento, a plataforma já registrou mais de 3,8 milhões de reclamações e tem cadastrados, em sua base de dados, 2,7 milhões de usuários e 992 empresas. O ano de 2020 representa mais de 1/3 do total de reclamações registradas desde sua criação; nesse mesmo ano, o índice médio de solução das empresas no *consumidor.gov.br* foi de 78,4%, e o prazo médio de resposta foi de oito dias.

A despeito das críticas sobre a metodologia utilizada pela plataforma para essa avaliação[113] ou sobre o potencial excludente do ambiente virtual em relação à população mais vulnerável[114], ganha forma, na doutrina e jurisprudência, uma corrente cada vez mais forte, no sentido de condicionar o acesso ao Judiciário à tentativa prévia de autocomposição, com destaque para o uso das ODRs[115]. Assim, a busca por meios auto-

112 Em síntese, o consumidor deve cadastrar-se na plataforma e verificar se a empresa contra a qual quer reclamar também está cadastrada. Ele, então, registra sua reclamação, e a empresa tem até dez dias para analisar e responder. Em seguida, o consumidor tem até 20 dias para comentar e avaliar a resposta da empresa. Ele deve indicar, inclusive, se sua reclamação foi ou não resolvida e seu nível de satisfação quanto ao atendimento recebido. (CONHEÇA o Consumidor.gov.br. **Consumidor.gov.br.** Disponível em: https://www.consumidor.gov.br/ pages/conteudo/publico/1. Acesso em: 4 jul. 2023).

113 O portal divide as reclamações finalizadas em três categorias, quais sejam, as resolvidas, as não resolvidas e as não avaliadas. O percentual divulgado de reclamações resolvidas considera também as "não avaliadas", distorcendo o índice de sucesso de plataforma diante do somatório das duas classificações. Certamente, não se pode presumir que a falta de avaliação decorra da solução do problema, podendo ser um reflexo da indignação com o fato de determinada reclamação não ter tido o desfecho esperado, sendo essa a origem do descrédito em relação aos índices apresentados pela plataforma. (DIAS, Daniel; QUIRINO, Carina de Castro; RODRIGUES, Eduardo Oliveira. O balanço do consumidor.gov.br merece reclamação no próprio consumidor.gov.br? **Jota**, 05 abr. 2018. Disponível em: https://www.jota.info/opiniao-e-analise/artigos/o-balanco-do-consumidor-gov-br-merece-reclamacao-no-proprio-consumidor-gov-br-05042018. Acesso em: 4 jul. 2023).

114 Não apenas a população de baixa renda sem acesso à internet ou com acesso limitado, por meio de aparelhos celulares e pacotes de dados, mas também idosos e pessoas com deficiência (especialmente visual) podem apresentar dificuldade com a interface do ambiente digital.

115 Se tem notícia de decisões, em primeiro grau, extinguindo o processo por falta de interesse processual, pela ausência de reclamação prévia no *consumidor.gov.br*. O exemplo mais notório é o processo nº 0301352-63.2017.8.24.0103, que tramitou na 1ª Vara de Araquari, em Santa Catarina (Juíza Cristina Paul Cunha Bogo), julgado em 05 de janeiro de 2019.

compositivos em momento anterior ao ajuizamento da ação deveria ser considerada para aferição do interesse processual suficiente ao regular processamento do pleito[116].

Autorizadas vozes doutrinárias defendem essa possibilidade. Grande cultor dos meios consensuais, Kazuo Watanabe, em parecer respondendo à consulta da empresa Mercado Livre acerca da possibilidade de extinguir e/ou suspender as demandas judiciais sem registro de reclamação prévia, entende que tais medidas são absolutamente compatíveis com a garantia de acesso ao Poder Judiciário, mormente por permitirem um tratamento mais adequado e eficaz à resolução do conflito, justamente pelo número altíssimo de resolução satisfatória de controvérsias tanto na plataforma da própria empresa, quanto no *consumidor.gov.br*, além dos prazos de resposta serem bastante reduzidos[117]. Na técnica processual, esse filtro se daria pela caracterização do interesse processual[118].

No entanto, se medidas como essa buscam atender às garantias constitucionais da eficiência e da duração razoável do processo, o igualmente constitucional acesso à justiça, ainda que possa ser submetido a limitações infraconstitucionais legítimas, deve ser atendido na maior

116 O tema já foi analisado pelo STF em duas oportunidades: em 2014, no RE nº 631.240/MG, quando a Corte considerou que a concessão de benefícios previdenciários depende de requerimento do interessado, não se caracterizando ameaça ou lesão a direito antes de sua apreciação e indeferimento pelo INSS, ou se excedido o prazo legal para sua análise; e em 2019, com a ADI nº 2.139/DF, quando reconheceu, por unanimidade, a inconstitucionalidade do art. 625-D e parágrafos da Consolidação das Leis do Trabalho (CLT), que reconhecia a submissão da pretensão à Comissão de Conciliação Prévia (CCP) como requisito para ajuizamento de reclamação trabalhista.

117 Referido parecer foi lavrado pelo Professor Kazuo Watanabe, em conjunto com Ricardo Quass Duarte e Caroline Visentini Ferreira Gonçalves, em 05 de abril de 2019.

118 Nesse sentido, o PL nº 533/2019, de autoria do Deputado Júlio Delgado (PSB/MG), pretende acrescentar o parágrafo único ao art. 17 do CPC, dispondo que "em caso de direitos patrimoniais disponíveis, para haver interesse processual é necessário ficar evidenciada a resistência do réu em satisfazer a pretensão do autor". O PL ainda busca incluir o § 3º no art. 491 do CPC, com a seguinte redação: "Na definição da extensão da obrigação, o juiz levará em consideração a efetiva resistência do réu em satisfazer a pretensão do autor, inclusive, no caso de direitos patrimoniais disponíveis, se o autor, por qualquer meio, buscou a conciliação antes de iniciar o processo judicial".

extensão possível[119]. Daí porque os meios extrajudiciais de resolução de conflitos, quando utilizados nos casos adequados, ampliam o acesso à justiça; porém, se usados com escopo principal de desafogar o Judiciário, deixam de ser legítimos e passam a ser obstáculos criados apenas por necessidades gerenciais do sistema de justiça[120].

Assim, entende-se que é inconstitucional o condicionamento *a priori* do ajuizamento de demanda judicial, embora seja plenamente possível à própria parte buscar tutela jurisdicional fora do Judiciário, como na arbitragem, por exemplo[121]. Em um Estado Democrático de Direito, é razoável conceder ao cidadão a liberdade e a possibilidade de submeter-se ao meio de resolução de conflitos que melhor lhe aprouver, mantendo, em todas as searas, o respeito às garantias constitucionais. Dessa forma, uma interpretação constitucional dos meios extrajudiciais de resolução de conflitos impõe a voluntariedade como pressuposto essencial de sua legitimidade[122].

O ideal de um sistema de justiça é que os jurisdicionados possam livremente escolher o meio que entendam mais adequado a seu conflito, não por se sentirem constrangidos a isso, mas por estarem convenci-

119 COSTA, Susana Henriques da; FRANCISCO, João Eberhardt. Acesso à justiça e a obrigatoriedade da utilização dos mecanismos de *online dispute resolution:* um estudo da plataforma consumidor.gov. *In:* WOLKART, Erik Navarro *et al.* (coords.). **Direito, processo e tecnologia.** São Paulo: Revista dos Tribunais, 2020. p. 666.

120 COSTA, Susana Henriques da. Comentários ao art. 16. *In:* BUENO, Cássio Scarpinella (coord.). **Comentários ao Código de Processo Civil.** São Paulo: Saraiva, 2017. v.1. p. 274.

121 Essa também é a posição de Tucci, ao ser questionado sobre a possibilidade de adoção, como em outros países, de "várias instâncias antes de entrar no Judiciário", afirmando a necessidade de alterar a Constituição para tal fim. (BEZERRA, 2013, n.p.)

122 Nesse sentido, Renato Beneduzi: "Mas o binômio *meios adequados/sistema multiportas* só será constitucionalmente legítimo se interpretado em harmonia com a *garantia constitucional de ação* (art. 5º, inc. XXXV, da Constituição Federal). A seleção da porta, por esse motivo, não poderá ser nunca imposta às partes, que deverão ser apenas *aconselhadas* sobre qual delas, à luz das características particulares do litígio, poderia vir a ser a mais adequada. Todos, com efeito, têm o direito de pedir ao Estado tutela jurídica mediante sentença em um processo judicial, mesmo quando este não for o meio teoricamente mais adequado para a solução do litígio. Por isso, a voluntariedade é condição indispensável de legitimidade da aplicação no Brasil do sistema multiportas". (BENEDUZI, Renato Resende. Teoria geral do litígio. *In:* MENDES, Aluisio Gonçalves de Castro *et al.* (coords.). **O novo processo civil brasileiro:** temas relevantes – estudos em homenagem ao professor, jurista e ministro Luiz Fux. Rio de Janeiro: LMJ Mundo Jurídico, 2018. v. II. p. 429, grifo do autor).

dos de ser aquele, efetivamente, o caminho mais vantajoso. O estímulo ao uso de meios extrajudiciais de resolução de conflitos não pode se converter "numa maneira iníqua de permitir a exploração do mais fraco pelo mais forte", sendo insuficiente fundar-se apenas no argumento de necessidade de desafogar o Judiciário[123]. O esforço contemporâneo, portanto, deve voltar-se ao incremento e ao aprimoramento desses meios não-judiciais e/ou consensuais de resolução de conflitos, para torná-los atrativos e confiáveis ao jurisdicionado. Havendo à disposição um mecanismo mais célere, menos custoso e adequado que o processo judicial, a consequência lógica e natural é um esvaziamento do Poder Judiciário.

5. Conclusão

A preocupação com as influências do tempo no processo, especialmente a morosidade do sistema de justiça, é um tema atemporal. Os fatores de lentidão do processo judicial, indicados por Tucci em 1997, não apenas se mantêm presentes, mas têm novos contornos. Além do aparente desinteresse dos demais Poderes em lidar com o tema, os grandes litigantes (especialmente a própria Administração Pública) usam o tempo do processo a seu favor, sendo indesejável, portanto, a solução desse problema. Soma-se a isso a conhecida "jurisprudência lotérica", mantida a despeito do esforço do Código de 2015 em valorizar a uniformização da jurisprudência, sendo um aspecto que fomenta o ajuizamento de demandas e interposição de recursos. Por fim, embora a digitalização dos processos tenha sido recepcionada como uma grande aliada à celeridade processual, a complexidade e a falta de automatização dos diversos sistemas de processo eletrônico não entregam todo o potencial esperado pela informatização.

Da mesma forma, os mecanismos de luta contra a intempestividade da justiça apresentados pelo professor tiveram algum incremento com o passar dos anos, embora não o suficiente para amainar a morosidade judicial. Dos pontos abordados, destaca-se o incentivo às sanções premiais como um potencial mecanismo endoprocessual de repressão à chicana. Além disso, merecem atenção os Projetos de Lei da Nova Ação Civil Pública, com potencial de renovar as ações coletivas, alçando-as a um protagonismo, inclusive, na tutela de demandas de massa, sendo preferíveis ao IRDR, por exemplo, diante da sua notória constitucionalidade.

123 Ibidem, pp. 431-432.

Os julgamentos de casos repetitivos, especialmente o IRDR, são protagonistas contemporâneos em prol da celeridade processual. No entanto, no afã de otimizar e acelerar os processos, desafogando o Judiciário, outras garantias constitucionais essenciais foram negligenciadas, como o contraditório. A grande aposta para lidar com o problema é o incremento da justiça multiportas, oferecendo ao jurisdicionado outros meios adequados de resolução de conflitos, com destaque para os meios consensuais. O cuidado com esses mecanismos deve ocorrer não apenas no sentido de mudar o problema de lugar (da esfera judicial para a extrajudicial), mas no de zelar, também, pela manutenção das garantias constitucionais. Espera-se, com as reflexões aqui apresentadas, fazer jus ao homenageado que inspira a presente coletânea.

Referências

ABREU, Rafael Sirangelo de. **Incentivos processuais:** economia comportamental e *nudges* no processo civil. São Paulo: Thomson Reuters, 2020.

ANDRADE, Juliana Melazzi; CABRAL, Antonio do Passo; PARIZIO, André; DUARTE, Larissa Carrasqueira; BOISSON, Eduarda. Anteprojeto de lei. Atribuição da prática de atos executivos para agentes de execução no cumprimento de sentença ou no processo de execução. Proposta de alterações ao Código de Processo Civil e à Lei de Execuções Fiscais. **Civil Procedure Review**, v. 12, nº 1, jan./abr. 2021.

ASPERTI, Maria Cecília de Araujo; COSTA, Susana Henriques da. Julgamento em extinção? O estudo do "vanishing trial" de Marc Galanter e a transformação da atividade jurisdicional no Brasil. **Revista Direito Mackenzie**, v. 16, nº 1, pp. 1-44, 2022.

BENEDUZI, Renato Resende. Teoria geral do litígio. *In:* MENDES, Aluisio Gonçalves de Castro *et al.* (coords.). **O novo processo civil brasileiro:** temas relevantes – estudos em homenagem ao professor, jurista e ministro Luiz Fux. Rio de Janeiro: LMJ Mundo Jurídico, 2018. v. II.

BEZERRA, Elton. Do ponto de vista prático, o novo CPC não vai alterar nada. Entrevista com José Rogério Cruz e Tucci. **Consultor Jurídico (Conjur)**, 22 dez. 2013. Disponível em: https://www.conjur.com.br/2013-dez-22/entrevista-jose-rogerio-tucci-advogado-professor-direito-processual-civil. Acesso em: 5 jul. 2023.

BOBBIO, Norberto. **Dalla struttura ala funzione:** nuovi studi di teori del diritto. Milano: Edizionidi Comunitá, 1977.

CABRAL, Antonio do Passo. A escolha da causa-piloto nos incidentes de resolução de processos repetitivos. *In:* DIDIER JÚNIOR, Fredie; CUNHA, Leonardo Carneiro da (coords.). **Julgamento de casos repetitivos.** Salvador: Juspodivm, 2016.

CALAMANDREI, Piero. Il rispetto della personalità nel processo. *In:* CALAMANDREI, Piero. **Processo e democrazia.** Confenze tenute alla Facoltà di Diritto Dell'Università Nazionale Del Messico. Padova: Cedam, 1954.

CARMONA, Carlos Alberto. **Arbitragem e processo:** um comentário à Lei nº 9.307/96. 3ª ed. São Paulo: Atlas, 2009.

COELHO, Fernanda Rosa. Critérios de escolha da causa-piloto e controle da representatividade adequada das partes no incidente de resolução de demandas repetitivas. **Revista da Faculdade de Direito da Universidade de São Paulo**, São Paulo, v. 116, nº 2, pp. 305-327, jul./dez. 2021.

CONSELHO NACIONAL DE JUSTIÇA. **Justiça em números 2022:** ano-base 2021. Brasília: CNJ, 2022. p. 204. Disponível em: https://www.cnj.jus.br/wp-content/uploads /2022/09/justica-em-numeros-2022-1.pdf. Acesso em: 29 jun. 2023.

CONSELHO NACIONAL DE JUSTIÇA. **100 maiores litigantes.** Brasília: CNJ, 2012. Disponível em: https://bibliotecadigital.cnj.jus.br/jspui/bitstream/123456789 /64/1/100%20Maiores%20Litigantes%202012.pdf Acesso em: 29 jun. 2023.

COSTA, Susana Henriques da. Comentários ao art. 16. *In:* BUENO, Cássio Scarpinella (coord.). **Comentários ao Código de Processo Civil.** São Paulo: Saraiva, 2017. v. I.

COSTA, Susana Henriques da; FRANCISCO, João Eberhardt. Acesso à justiça e a obrigatoriedade da utilização dos mecanismos de *online dispute resolution:* um estudo da plataforma consumidor.gov. *In:* WOLKART, Erik Navarro *et al.* (coords.). **Direito, processo e tecnologia.** São Paulo: Revista dos Tribunais, 2020.

DIAS, Daniel; QUIRINO, Carina de Castro; RODRIGUES, Eduardo Oliveira. O balanço do consumidor.gov.br merece reclamação no próprio consumidor.gov.br? **Jota**, 05 abr. 2018. Disponível em: https://www.jota.info/opiniao-e-analise/artigos/o-balanco-do-consumidor-gov-br-merece-reclamacao-no-proprio-consumidor-gov-br-05042018. Acesso em: 4 jul. 2023.

DIAS, Handel Martins. O tempo e o processo. **Revista da Ajuris**, v. 34, nº 108, pp. 227-245, dez. 2007.

DINAMARCO, Cândido Rangel. Súmula vinculantes. **Revista Forense**, Rio de Janeiro, v. 95, nº 347, pp. 51-65, jul./set. 1999.

DINAMARCO, Cândido Rangel. **A reforma do Código de Processo Civil.** 4ª ed. São Paulo: Malheiros, 1998.

FRANCO, Marcelo Veiga. **Administração Pública como litigante habitual:** a necessária mudança da cultura jurídica de tratamento dos conflitos. Londrina: Thoth, 2021.

GOMES, Luiz Flávio. Súmulas vinculantes e independência judicial. **Revista dos Tribunais**, v. 86, nº 739, pp. 11-42, maio 1997.

GORETTI, Ricardo. **Mediação e acesso à justiça.** 2ª ed. Salvador: Juspodivm, 2021.

HILL, Flávia Pereira; SICA, Heitor Vitor Mendonça. Produção antecipada de provas para localização de bens previamente ao ajuizamento da execução por quantia: uma proposta de reforma legislativa. **Revista Eletrônica de Direito Processual – REDP**, Rio de Janeiro, a. 16, v. 23, nº 2, pp. 1440-1451, maio/ago. 2022.

LEONEL, Ricardo de Barros. Processo coletivo: preocupações legislativas. **Consultor Jurídico (Conjur)**, 30 out. 2020. Disponível em: https://www.conjur.com.br/2020-out-30/ricardo-leonel-processo-coletivo-preocupacoes-legislativas. Acesso em: 4 jul. 2023.

LEONEL, Ricardo de Barros. **Manual do processo coletivo.** 4ª ed. São Paulo: Malheiros, 2017.

MACÊDO, Lucas Buril de. **Litigância de má-fé.** São Paulo: Juspodivm, 2023.

MANCUSO, Rodolfo de Camargo. **A resolução de conflitos e a função judicial no contemporâneo Estado de Direito.** 3ª ed. Salvador: Juspodivm, 2020.

MANCUSO, Rodolfo de Camargo. **Acesso à Justiça:** condicionantes legítimas e ilegítimas. 3ª ed. Salvador: Juspodivm, 2018.

MARINONI, Luiz Guilherme. **Incidente de resolução de demandas repetitivas:** decisão de questão idêntica *x* precedente. São Paulo: Revista dos Tribunais, 2016.

MAZZOLA, Marcelo. **Sanções premiais no processo civil:** previsão legal, estipulação convencional e proposta de sistematização (*standards*) para sua fixação judicial. São Paulo: Juspodivm, 2022.

MESQUITA, José Ignacio Botelho de *et al.* A repercussão geral e os recursos repetitivos. Economia, direito e política. **Revista de Processo**, São Paulo, v. 38, nº 220, pp. 13-31, jun. 2013.

MIRANDA, Andrea Pimentel. **Quem tem medo do processo coletivo?** As disputas e as escolhas políticas no CPC/15 para o tratamento da litigiosidade repetitiva no Brasil. 2019. Dissertação (Mestrado em Direito) – Escola de Direito de São Paulo, Fundação Getúlio Vargas, São Paulo, 2019.

MOREIRA, José Carlos Barbosa. O futuro da justiça: alguns mitos. **Revista de Processo**, São Paulo, v. 26, nº 102, pp. 228-237, abr. 2001.

NASCIMENTO, Hélio. Breves considerações sobre a relevância especial na interposição do REsp. **Consultor Jurídico (Conjur)**, 24 jul. 2022. Disponível em:

https://www.conjur.com.br/2022-jul-24/helio-nascimento-relevancia-especial-interposicao-resp?utm_source=dlvr.it&utm_medium=linkedin. Acesso em: 4 jul. 2023.

NOVO CPC vai garantir celeridade processual, afirma Luiz Fux. **SenadoNotícias,** Brasília, 7 abr. 2010. Disponível em: https://www12.senado.leg.br/noticias/materias/2010/04/07/novo-cpc-vai-garantir-celeridade-processual-afirma-luiz-fux. Acesso em: 29 jun. 2023.

NUNES, Dierle; LISBOA, Cícero; BAMBIRRA, Camila. Considerações iniciais da arguição de relevância da questão federal no recurso especial: Emenda Constitucional 125/22. *In:* MARQUES, Mauro Campbell *et al.* (coords.). **Relevância da questão federal no recurso especial.** Londrina: Thoth, 2023.

PEREIRA, Marina Polli. **Meios digitais de investigação patrimonial na execução civil brasileira:** a busca por um procedimento pré-executivo. 2018. Dissertação (Mestrado) – Programa de Pós-Graduação em Direito, Universidade Federal de Santa Catarina, Florianópolis, 2018.

PONTIFÍCIA UNIVERSIDADE CATÓLICA DO RIO GRANDE DO SUL (PUCRS). **Demandas judiciais e morosidade da justiça civil.** Porto Alegre, PUCRS, 2011, p. 76. Disponível em: https://www.cnj.jus.br/wp-content/uploads/2011/02/relat_pesquisa_ pucrs_edital1_2009.pdf. Acesso em: 3 jul. 2023.

SENADO FEDERAL (Brasil). **Exposição de Motivos do Código de Processo Civil de 2015.** Brasília, DF, 2015, p. 25. Disponível em: https://www2.senado.leg.br/bdsf/bitstream/handle/id/ 512422 /001041135.pdf. Acesso em: 29 jun. 2023.

SICA, Heitor Vitor Mendonça. Doze problemas e onze soluções quanto à chamada "estabilização da tutela antecipada". *In:* DIDIER JÚNIOR, Fredie; COSTA, Eduardo José da Fonseca; PEREIRA, Mateus Costa (coords.). **Tutela provisória.** Salvador: Juspodivm, 2016.

SICA, Heitor Vitor Mendonça. Congestionamento viário e congestionamento judiciário. **Revista de Processo**, São Paulo, v. 39, nº 236, pp. 13-26, out. 2014.

SICA, Heitor Vitor Mendonça. **Preclusão processual civil.** 2ª ed. São Paulo: Atlas, 2008.

TALAMINI, Eduardo. Tutela de urgência no projeto de novo Código de Processo Civil: a estabilização da medida urgente e a "monitorização" do processo civil brasileiro. **Revista de Processo**, São Paulo, v. 37, nº 209, pp. 13-34, jul. 2012.

TUCCI, José Rogério Cruz e. Relevância da questão federal como requisito de admissibilidade do REsp. **Consultor Jurídico (Conjur)**, 19 jul. 2022. Disponível em: https://www.conjur.com.br/2022-jul-19/questao-federal-admissibilidade-recurso-especial-stj. Acesso em: 5 jul. 2023.

TUCCI, José Rogério Cruz e. Inoportuno, indevido e perigoso ataque à arbitragem. **Consultor Jurídico (Conjur)**, 5 out. 2021. Disponível em: https://

www.conjur.com.br/2021-out-05/paradoxo-corte-inoportuno-indevido--perigoso-ataque-arbitragem. Acesso em: 4 jul. 2023.

TUCCI, José Rogério Cruz. **Precedente judicial como fonte do direito.** 2ª ed. Rio de Janeiro: GZ, 2021.

TUCCI, José Rogério Cruz e. Duração razoável do processo nos países da zona do euro. **Consultor Jurídico (Conjur)**, 15 set. 2020. Disponível em: https://www.conjur.com.br/2020-set-15/paradoxo-corte-duracao-razoavel-processo-paises-zona-euro. Acesso em: 5 jul. 2023.

TUCCI, José Rogério Cruz e Tucci. **Limites subjetivos e eficácia da sentença e da coisa julgada civil.** 2ª ed. São Paulo: Marcial Pons, 2020.

TUCCI, José Rogério Cruz e. A responsabilidade objetiva do juiz pela anulação da sentença. **Consultor Jurídico (Conjur)**, 24 jul. 2018. Disponível em: https://www.conjur.com.br/2018-jul-24/paradoxo-corte-responsabilidade-objetiva-juiz-anulacao-sentenca2. Acesso em: 5 jul. 2023.

TUCCI, José Rogério Cruz e. Contra o processo autoritário. **Revista de Processo**, São Paulo, v. 40, nº 242, pp. 49-67, abr. 2015.

TUCCI, José Rogério Cruz e. Novo CPC traz mudanças na arbitragem, conciliação e mediação. **Consultor Jurídico (Conjur)**, 8 dez. 2015. Disponível em: https://www.conjur.com.br/2015-dez-08/paradoxo-corte-cpc-traz-mudancas-arbitragem-conciliacao-mediacao#_ftnref1. Acesso em: 5 jul. 2023.

TUCCI, José Rogério Cruz e. Garantias constitucionais da duração razoável e da economia processual no projeto do Código de Processo Civil. **Revista de Processo**, São Paulo, v. 36, nº 192, pp. 193-208, fev. 2011.

TUCCI, José Rogério Cruz e. Anotações sobre a repercussão geral como pressuposto de admissibilidade do recurso extraordinário (Lei nº 11.418/2006). *In:* TUCCI, José Rogério Cruz e. **O advogado, a jurisprudência e outros temas de processo civil.** São Paulo: Quartier Latin, 2010.

TUCCI, José Rogério Cruz e. **Ação monitória:** Lei 9.079, de 14.07.1995. 2ª ed. São Paulo: Revista dos Tribunais, 1997.

TUCCI, José Rogério Cruz e. **Tempo e Processo:** uma análise empírica das repercussões do tempo na fenomenologia processual (civil e penal). São Paulo: Revista dos Tribunais, 1997.

TUCCI, José Rogério Cruz e. **"Class action" e mandado de segurança coletivo.** São Paulo: Saraiva, 1990.

TUCCI, José Rogério Cruz e Tucci. **A motivação da sentença no processo civil.** São Paulo: Saraiva, 1987.

WAMBIER, Teresa Arruda Alvim. Súmula vinculante: desastre ou solução? **Revista de Processo**, São Paulo, v. 25, nº 98, pp. 295-306, abr./jun. 2000.

CONSIDERAÇÕES SOBRE O PEDIDO E A CUMULAÇÃO DE PEDIDOS

Fernando Hellmeister Clito Fornaciari[1]

1. Introdução

No presente estudo, trataremos da importância do pedido no processo civil, em vista de ser fundamental para a prestação jurisdicional e para a delimitação do âmbito de atuação do Judiciário, sendo, não por acaso, um dos requisitos da petição inicial (art. 319, IV, do CPC).

Assim, o autor deverá, na petição inicial, identificar as partes, expor os fatos e os fundamentos jurídicos, bem como indicar o pedido, revelando expressamente o que pretende obter do processo. Essa importância fica ainda mais evidente, por ser possível, a partir do mesmo contexto fático, deduzir, em tese, mais de um pedido e, ainda, pedidos diferentes. Essa diversidade não deve afetar a sua clareza, de modo que o pedido deve ser claro e expresso, inclusive a fim de o réu poder defender-se, sem ser surpreendido, e o juiz compreender qual é a efetiva pretensão do autor, de forma a poder decidi-la.

Sua relevância ressalta-se, ainda mais, em vista de o processo iniciar-se por provocação da parte (art. 2º CPC), dado ser vedado ao magistrado, em regra, proceder de ofício, ressalvadas poucas exceções que o sistema expressamente permite que ocorra. Depende, portanto, a postulação de provocação, e o pedido que vier a ser deduzido torna-se imutável ao longo do processo (art. 329 do CPC), balizando a atividade jurisdicional. Ademais, deve existir uma congruência entre o pedido e a sentença, vedando-se a decisão *ultra petita* (além do que foi pedido), *extra petita* (que concede algo de natureza diversa do que foi pedido) ou *infra petita* (que julga menos do que foi pedido), como decorre da proibição de se proferir sentença de natureza diversa da pedida, bem como condenar a parte em quantidade superior ou em objeto diverso do que lhe foi demandado (art. 492 do CPC).

Além de o pedido caracterizar a ação e a própria sentença[2], é fundamental para a estrutura do processo[3], razão pela qual lhe é reservado

---

1 Mestre e Doutor pela Universidade de São Paulo. Advogado.

2 Paulo Pimenta sustenta "que o pedido formulado na petição inicial é de importância decisiva pois é através dele que se determina o fim ou objetivo pretendido pelo autor com a acção, e porque, assim o impõe o princípio dispositivo, é ele que delimita o âmbito da sentença já que esta não pode, sob pena de nulidade, condenar em quantia superior ou em objeto diverso" (*Processo Civil*, p. 21).

3 Humberto Theodoro Júnior assevera que "O pedido põe em marcha o processo e, por isso, é o ato mais importante do autor, além disso delimita o objeto litigioso (a

Seção própria, no Código de Processo Civil, dentro do Capítulo nominado de "Petição Inicial".

Esse prestígio também fica evidente, em vista de o processo poder ser extinto, sem resolução do mérito, quando o juiz indeferir a petição inicial por deficiência ou comprometimento do pedido (art. 335, I, e 485, I, do CPC). Entre outras previsões, isso ocorrerá se a inicial não possuir pedido; o pedido for indeterminado, ressalvadas as hipóteses legais em que se permite o pedido genérico; e contiver pedidos incompatíveis entre si. A possibilidade de extinção diante de vício desta ordem confere-se ao magistrado, que pode atuar de ofício, sem, contudo, retirar do requerido o direito de alegar o mesmo vício em contestação (art. 337, IV, do CPC).

A partir dessas particularidades, é inegável a importância do pedido para o processo civil[4], atingindo todos os sujeitos do processo, não só para o autor alcançar o que postula, bem como para apresentar-se ao réu o que exatamente está sendo postulado, a fim de garantir o contraditório e lhe permitir defender-se de maneira precisa e segura e o juiz, investido da função jurisdicional, decidir, do que não pode se eximir (art. 140 do CPC).

2. Pedido: aspectos gerais

O pedido é, no âmbito do processo civil, o objeto da demanda, o que o autor pede em juízo, não se confundindo com o fundamento ou com as razões pelas quais se pede. O réu não formula, tecnicamente, pedido, salvo os casos de pedido contraposto e reconvenção, onde atua ampliando o objeto do processo e exercendo papel semelhante ao do demandante. Sua defesa volta-se a negar a pretensão do autor, sem ampliação da demanda, buscando com isso ver o pedido do autor rejeitado, com um julgamento de improcedência.

Relevante, outrossim, destacar que o pedido não é identificado de maneira simplista apenas na parte final da petição inicial, dado que ele é

lide) e, consequentemente, fixa os limites do ato judicial mais importante, que é a sentença" (*Curso de Direito Processual Civil*, p. 387).

4 Cf. Francesco Carnelutti, ao concluir que "la domanda costituisce l'atto essenziale e fondamentale del loro ministero nel processo civile, qualche cosa coma la fondazione dell'edificio, che essi debbono costruire" (*Trattato del Processo Civile*, p. 99).

muito mais amplo e deverá ser interpretado do "conjunto da postulação e observará o princípio da boa-fé" (art. 322, § 2º, do CPC).

A doutrina classifica-o em *pedido imediato*, que constitui a espécie de provimento jurisdicional postulado (declaratório, condenatório, constitutivo ou executivo), e em *pedido mediato*, que é o bem da vida que o autor pleiteia[5], evidenciando o objeto litigioso e o mérito[6]. Há, portanto, íntima conexão entre o pedido imediato e o mediato[7]. Desse modo, numa ação de cobrança, apenas para exemplificar, o pedido imediato é a condenação do réu a pagar, enquanto o pedido mediato é o valor postulado.

Para delimitar o âmbito de atuação, o pedido deve ser certo (art. 322 do CPC), no sentido de ser claro, expresso e compreensível, e determinado (art. 324), na acepção de estar delimitada a qualidade e a quantidade[8]. Caso o pedido seja indeterminado e o autor, se o caso, não o emendar, a petição inicial deve ser indeferida, por inépcia da petição inicial (art. 330, § 1º, II, do CPC).

Embora o autor deva, ao formular o pedido, incluir tudo o que pretende, o julgador, mesmo sem a formulação de pedido, deverá pronunciar-se sobre os juros legais, a correção monetária, as verbas de sucumbência, inclusive os honorários advocatícios (art. 322, § 1º, do CPC). Também quando o pedido é relativo a obrigações com prestações periódicas, as prestações que se vencerem no curso do processo devem ser incluídas na condenação, mesmo que não tenham sido expressamente requeridas, dado que elas são consideradas incluídas no principal (art.

---

5 Celso Agrícola Barbi assevera que o Código de Processo Civil não faz essa distinção entre objeto mediato e imediato, constituindo uma classificação doutrinária (Comentários, nº 55, p. 74).

6 Cf. José Manoel de Arruda Alvim Netto, *Manual de Direito Processual Civil*, p. 139.

7 Oportuna a consideração de Marcelo Abelha, ao afirmar que "O pedido imediato põe a parte em contato direto com o Direito processual, e o mediato, com o Direito substancial" (Manual de Direito Processual Civil, p. 476).

8 No Código de Processo Civil de 1973, o art. 286 dispunha que "O pedido deve ser certo ou determinado", utilizando-se a conjugação "ou", que tecnicamente não era correto, como destacava José Carlos Barbosa Moreira, ao ponderar que o "ou" deveria ser compreendido como "e", o que o legislador corretamente alterou por meio da Lei nº 13.105/2015, dado que o "certo" e o "determinado" constituem expressões de sentido diferente, sendo ambos requisitos do pedido (O novo processo civil brasileiro, p. 12). No mesmo sentido, Araken de Assis afirma que "os predicados [certo e determinado] não se repelem. Ao contrário, ambas as qualidades se ostentam imprescindíveis" (Cumulação de ações, p. 206).

323 CPC). Sobre esses pedidos, nominados como implícitos, há de se ter presente que eles não vinculam o juiz, inclusive quanto à sua extensão. Se o autor pedir juros de 1% ou honorários de 20% ou correção monetária a partir de determinado evento, o juiz pode não os conceder ou concedê-los diferentemente, sem que isso importe em sucumbência para o autor que os pediu em maior extensão. São meros acessórios definidos em função do pedido principal.

Ressalva-se, ainda, ser lícito formular pedido genérico em três hipóteses: "nas ações universais, se o autor não puder individuar os bens demandados"; "quando não for possível determinar, desde logo, as consequências do ato ou do fato"; "quando a determinação do objeto ou do valor da condenação depender de ato que deva ser praticado pelo réu".

Diante dessas exceções, a indeterminação pode dar-se somente em relação ao pedido mediato, mas não quanto ao pedido imediato, o qual não pode ser genérico, dado que deve ser de condenação, declaração ou de constituição. De qualquer modo, o pedido genérico, se acolhido, não significa que a sentença necessariamente será ilíquida, devendo o julgador, se tiver condições e elementos suficientes, delimitar, desde logo, a condenação, ao invés de remeter a definição à fase de liquidação de sentença.

Pondera-se, outrossim, que, antes da vigência do atual Código de Processo Civil, era usual na praxe forense deduzir pedido genérico de indenização por dano moral, deixando para o julgador o arbitramento do montante devido, sem que se cogitasse de inépcia da petição inicial, desde que a pretensão estivesse corretamente individualizada.

No entanto, no Código atual, o legislador procurou afastar a possibilidade de pedido genérico para ação de indenização fundada em dano moral[9], a fim de evitar surpresa, conferir um senso de responsabilidade nas postulações desta ordem e coibir a indústria do dano moral, culminando, então, por limitar o provimento jurisdicional (arts. 141 e 492 do CPC). Além de essa hipótese não ter sido incluída nas exceções do art. 324, § 1º, do Código de Processo Civil, estabeleceu-se expressamente que o valor da causa corresponderá ao valor pretendido na ação indenizatória por dano moral (art. 292, V, do CPC), de modo que eventual pedido parcialmente acolhido importaria, em tese, em sucumbência recíproca, exceto se for vencido em parte mínima (art. 86, parágrafo único, do CPC).

9 Cf. André Vasconcelos Roque, *Processo de conhecimento e cumprimento de sentença, Comentários ao CPC de 2015*, p. 30.

Apesar disso, ainda se admite na jurisprudência pedido genérico de indenização por dano moral, dado que o entendimento predominante dos nossos Tribunais é que o arbitramento do valor da indenização é de competência exclusiva do órgão judiciário e o valor apontado pelo autor é mero indicativo referencial e serve como mais um elemento para a fixação do valor da condenação, até porque sequer a revelia seria capaz de ensejar o acolhimento integral do valor postulado. Decidiu, a propósito, a 4ª Turma do Superior Tribunal de Justiça no AgInt nos EDcl no AREsp nº 1.956.083/RJ, cujo acórdão foi relatado pelo Min. Raul Araújo, que "É pacífica a jurisprudência desta Corte quanto à possibilidade de formulação de pedido genérico de compensação por dano moral, cujo arbitramento compete exclusivamente ao juiz, mediante o seu prudente arbítrio (REsp 1.534.559/SP, Rel. Min. NANCY ANDRIGHI, TERCEIRA TURMA, julgado em 22/11/2016, DJe de 1º /12/2016)"[10].

De qualquer maneira, isso conduziria à sucumbência recíproca, o que também tem sido temperado, pois continua em vigor a súmula 326 do Superior Tribunal de Justiça, que estabelece que "[n]a ação de indenização por dano moral, a condenação em montante inferior ao postulado na inicial não implica sucumbência recíproca"[11].

Esse entendimento precisa ser revisitado[12], dado que o referido enunciado foi aprovado no ano de 2006, quando a realidade era completamente distinta, e houve significativas e relevantes alterações do direito, que influenciam a matéria. Além de as partes deverem comportar-se

---

10 V., em idêntico sentido, STJ, REsp nº 1.837.386/SP, Rel. Min. Antonio Carlos Ferreira, 4ª Turma, J 16/8/2022.

11 V., nesse mesmo sentido, STJ, AgInt no AREsp nº 1.644.368/SC, Rel. Min. Raul Araújo, 4ª Turma, DJe de 26/8/2020; STJ, AgInt no REsp nº 1.810.890/RS, Re. Min. Assusete Magalhães, 2ª Turma, DJe de 29/10/2019; STJ, AgInt no AREsp 1.437.077/SP, Rel. Min. Nancy Andrighi, 3ª Turma, DJe de 02/08/2019; STJ, AgInt no REsp 1.788.373/RS, Rel. Min. Marco Buzzi, 4ª Turma, DJe de 01/07/2019; STJ, AgInt no REsp 1.784.052/CE, Rel. Min. Marco Aurélio Bellizze, 3ª Turma, DJe de 25/06/2019; STJ, REsp 1.791.371/RS, Rel. Min. Herman Benjamin, 2ª Turma, DJe de 29/05/2019; STJ, AgInt no REsp 1.774.574/CE, Rel. Min. Mauro Campbell Marques, 2ª Turma, DJe de 28/03/2019.

12 Também é a opinião de Leonardo Carneiro da Cunha, ao asseverar que, nas ações de indenização por dano moral, o pedido não pode ser genérico e criticar a posição do Superior Tribunal de Justiça, firmada sob a égide do Código de Processo Civil de 1973, afirmando que "Tal entendimento não deve mais persistir na vigência do CPC/2015, pois este foi expresso ao exigir a indicação do valor da causa" (*Comentários ao Código de Processo Civil*, p. 454).

de acordo com a boa-fé (art. 5º do CPC) e o valor apontado integrar o pedido mediato, paradoxal que a correta indicação do valor da causa tenha repercussão unicamente no recolhimento de custas processuais e eventualmente na competência do órgão julgador, mas não na distribuição das verbas sucumbenciais.

Vários são os exemplos que poderiam ser trazidos para revelar a incoerência dessa inflexibilidade conferida ao pedido de indenização por dano moral, que não merece esse tratamento privilegiado, como se o autor fosse, geralmente, uma pessoa vulnerável, que tivesse direitos que devessem ser protegidos.

A revelar essa contradição, destaca-se que, nas ações revisionais de locação, o autor precisa indicar na petição inicial o valor do aluguel cuja fixação é pretendida (art. 68 da Lei nº 8.245/91), de modo que não se admite pedido genérico e o autor corre o risco de ser condenado a pagar custas e honorários, em razão da sucumbência recíproca, se a sentença fixar o valor do locativo em montante inferior ao postulado[13]. Diante dos inúmeros elementos influenciadores para definir o valor de locação, o autor, mesmo que esteja de boa-fé, pode sucumbir em parte, mas nem por isso lhe é dado tratamento diverso e protetivo.

Nas ações de arbitramento de honorários, a sucumbência recíproca também pode eventualmente restar caracterizada, na hipótese de o advogado demandante restar em parte vencido, por ter postulado valor superior ao fixado ou até mesmo ter dado diretrizes para a fixação que não sejam seguidas pela decisão da causa. Colhe-se, com efeito, de aresto da 36ª Câmara de Direito Privado do Tribunal de Justiça de São Paulo, no julgamento da AP 9246684-41.2003.8.26.0000 (800.084-0/7), de Relatoria do Des. Palma Bisson, ao concluir que "Anoto, no pertinente à sucumbência, que não me escapou o fato de que a apelada se sagrou vencedora na tese substancial de que fazia jus à verba honorária; ficou vencida, entretanto, na tese para si igualmente substancial de que esta verba deveria corresponder a um percentual se não integral (6%) ao

13 Cf. TJSP, AP nº 1035610-11.2020.8.26.0002, Rel. Des. João Baptista Galhardo Júnior, 30ª Câmara de Direito Privado, J. 10/05/23; TJSP, AP nº 1060035-36.2019.8.26.0100, Rel. Des. Lino Machado, 30ª Câmara de Direito Privado, J. 22/03/22: "Rechaçada a pretensão dos réus de não ser renovada a locação, bem como a proposta da autora de ver fixado um aluguel muito inferior ao de mercado, impõe-se a conclusão de que houve sucumbência recíproca, cabendo a ambas as partes o pagamento das custas e das despesas processuais em igual proporção, bem como da metade dos honorários advocatícios arbitrados na respeitável sentença".

menos razoável sobre o significativo patrimônio recebido pela apelante a título de meação; e ficou, aqui, muito mais vencida que ali, já que a proclamei merecedora do montante que havia inicial e simplesmente cobrado da apelante, e não daquele resultante da aplicação de percentual que ela, longe de meramente estimar, claramente defendeu, a ponto de pedir que norteasse o arbitramento. Daí ser incontornável condená-la por mais sucumbente, a despeito da manutenção do decreto de procedência do seu pedido, contudo por valor como visto significativamente menor do que pediu"[14].

Ademais, também é significativo o exemplo da Justiça do Trabalho, que deve servir de reflexão. Apesar do princípio da proteção de ordem processual existente no Direito do Trabalho, visando colocar empregador e empregado em situação de igualdade, estabeleceu-se, com o advento da Reforma Trabalhista (Lei 13.467/2017), que o empregado será condenado a pagar honorários, nas hipóteses de sucumbência recíproca (art. 791-A, § 3º, da CLT)[15], baseado no princípio da litigância responsável, rompendo, em parte, com o protecionismo processual que é um dos pilares de sustentação do processo trabalhista e pode eventualmente transformar-se em um fator inibitório do acesso à justiça da parte economicamente mais fraca.

Diante dessa nova realidade e do tratamento distinto conferido em pretensões de outras naturezas, não é possível coonestar com a abusividade das pretensões em ações de indenização por dano moral e é necessário exigir que os litigantes atuem com mais seriedade e responsabilidade, comportem-se de acordo com a boa-fé e não formulem pedidos temerários, o que, de qualquer maneira, não prejudicará a inafastabilidade da jurisdição e o direito de acesso à Justiça. Além de o autor ser quem tem melhor condição de mensurar e quantificar a dor moral, independentemente de qualquer elemento probatório, não é razoável admitir que atue sem qualquer risco, deixando a fixação ao magistrado

14 V., no mesmo sentido, TJSP, AP nº 1000613-90.2021.8.26.0511, Rel. Des. Rômolo Russo, 34ª Câmara de Direito Privado, J. 30/05/23.

15 Art. 791-A da CLT: "Ao advogado, ainda que atue em causa própria, serão devidos honorários de sucumbência, fixados entre o mínimo de 5% (cinco por cento) e o máximo de 15% (quinze por cento) sobre o valor que resultar da liquidação da sentença, do proveito econômico obtido ou, não sendo possível mensurá-lo, sobre o valor atualizado da causa.
§ 3º Na hipótese de procedência parcial, o juízo arbitrará honorários de sucumbência recíproca, vedada a compensação entre os honorários".

e permitindo que o próprio autor recorra, a fim de majorar o valor arbitrado, o que seria um verdadeiro contrassenso.

Assim, não há fundamento jurídico para admitir pedido genérico de indenização por dano moral ou para não reconhecer sucumbência recíproca, quando o valor fixado for inferior ao postulado, exceto em parte mínima. O dano moral, embora seja comum em um número exagerado de causas, não merece o privilégio que o sistema pensou em lhe emprestar.

3. Da cumulação de pedidos

Em vista de não serem raras situações complexas que envolvem vários fatos e diversos fundamentos jurídicos, admite-se, em um mesmo processo, a *cumulação de pedidos*, o que atende o princípio da economia processual e elimina os riscos de julgados contraditórios, evitando que os mesmos fatos e fundamentos possem gerar decisões diversas, o que poderia ocorrer se viessem a ser colocados em processos e momentos diferentes[16].

O art. 327 do Código de Processo Civil dispõe que "É lícita a cumulação, em um único processo, contra o mesmo réu, de vários pedidos, ainda que entre eles não haja conexão"[17], desde que atendidos os requisitos de os pedidos serem compatíveis, de o mesmo juízo ser competente para conhecê-los e de o procedimento ser adequado para todos os pedidos. Se corresponder tipo diverso de procedimento para cada pedido, a cumulação é, ainda assim, admissível, se o autor empregar o procedimento comum, abrindo, assim, mão do rito especial que se destinaria a algum dos pedidos. A dispensa de conexão entre as ações exercitáveis em pedidos cumulado importa no reconhecimento de que o vínculo entre as demandas pode ser mais tênue do que o da conexão[18].

---

16 Cf. Araken de Assis, *Cumulação de Ações*, p. 221. No mesmo sentido, Cândido Rangel Dinamarco (*Instituições*, II, nº 470, p. 162) e José Rogério Cruz e Tucci (*Reflexão sobre a cumulação subsidiária de pedidos*, p. 280).

17 Nada impede que exista conexão entre os pedidos, o que, de qualquer modo, não é um dos requisitos para a cumulação. A propósito, Cândido Rangel Dinamarco explica o significado da locução *ainda que entre eles não haja conexão*, afirmando que "não se exige qualquer liame fático ou jurídico entre os pedidos, nem entre os fundamentos de um e os do outro" (*Instituições*, II, nº 472, p. 165).

18 Bruno Silveira de Oliveira define a conexão como "a existência de alguma relação lógica entre os elementos objetivos e concretos de duas ou mais demandas. Os modos por que o sistema processual trata essa relação é que caracterizarão os efeitos da conexidade" (*Conexidade e efetividade processual*, p. 157).

No caso de a cumulação de pedidos ser inviável, o juiz deve determinar o desmembramento, passando cada qual dos pedidos a ser objeto de processo próprio, como sucede, por exemplo, na impossibilidade de cumulação de ações demarcatória e possessória[19].

Assim, trata-se de previsão legal que atende e valoriza o princípio da economia processual e alivia o Judiciário de diversas ações, pois as pretensões, se não cumuladas em um mesmo processo, poderiam vir a ser propostas em processos diversos, simultâneos ou contemporâneos, neste caso ainda com possibilidade, dependendo o estágio de cada qual, de serem reunidos para decisão conjunta.

A doutrina distingue entre *cumulação própria*, quando se formulam diversos pedidos e pretende-se o acolhimento simultâneo de todos eles, e *cumulação imprópria*, em que o acolhimento de um pedido implica a impossibilidade do outro ser provido[20].

Há duas espécies de cumulação própria de pedidos: simples, quando os pedidos são independentes entre si e não existe precedência lógica ou prejudicialidade entre eles, de modo que as pretensões poderiam ter sido deduzidas separadamente[21]; e sucessiva, nas situações em que existe um vínculo de precedência e dependência lógica (o segundo pedido depende do acolhimento do primeiro)[22], sendo essas demandas, segundo Cândido Rangel Dinamarco, "invariavelmente conexas pelas causas de pedir, porque os fundamentos da *prejudicial* são também fundamentos da *prejudicada*: esta terá sempre outros fundamentos além desses, mas a identidade parcial de títulos, ou de *cause petendi*, basta para caracterizar a conexidade juridicamente relevante"[23].

A cumulação imprópria divide-se em eventual (art. 326, *caput*, do CPC) e alternativa (art. 326, parágrafo único, do CPC). Na eventual, também chamada de subsidiária, existe uma preferência entre os pedidos

---

19 Cf. STJ, REsp nº 1.485.872, Rel. Min. Marco Buzzi, DJe de 13/12/2019.

20 Essa classificação também é conhecida como cumulação propriamente dita (própria) e cumulação ficta (imprópria), conforme Marcelo Abelha, *Manual de Direito Processual Civil*, p. 480.

21 A súmula 37 do STJ prescreve que "São cumuláveis as indenizações por dano material e dano moral oriundos do mesmo fato", enquanto a súmula 384 do STJ prescreve que "É lícita a cumulação das indenizações de dano estético e dano moral".

22 É o caso da cumulação de investigação de paternidade com petição de herança ou pedido de alimentos.

23 V. *Instituições*, II, nº 473, p. 167.

formulados, de modo que o segundo só será examinado se o primeiro for rejeitado ou não puder ser enfrentado[24], estando o juiz condicionado à ordem em que os pedidos foram apresentados, de modo que está em sintonia com o princípio da economia processual. Assevera José Rogério Cruz e Tucci a vantagem dessa espécie de pedido no sistema processual brasileiro, por ser marcado por um sistema rígido de preclusões, porém ressalva que essa cumulação é marcada por uma postura contraditória, "indicativa de um estado provável de insegurança" de não ser acolhida a pretensão primária[25].

Relevante, ainda, destacar que, caso o pedido principal seja acolhido, hipótese em que não se dará sequer o exame do pedido eventual, os efeitos da coisa julgada não se darão em relação ao pedido subsidiário, por força de não ter sido decidido[26].

Por sua vez, o autor não expressa preferência, na cumulação alternativa, em relação aos pedidos, que são autônomos, de modo que qualquer deles, mas apenas um, pode ser julgado procedente, enquanto os demais ficam prejudicados, sem que o autor saia vencido, dado que sua pretensão (alternativa) foi acolhida.

Nas cumulações subsidiária e alternativa diz-se que a cumulação é apenas aparente, por isso imprópria, dado que não existe o requisito de os pedidos serem compatíveis entre si[27] (art. 327, § 3º, do CPC), por não ser possível que ambos sejam acolhidos simultaneamente.

---

24 V. Clito Fornaciari Júnior, que trata da denunciação da lide pelo autor e conclui que nesse caso há "um pedido em face do réu que, se acolhido, torna prejudicado o pedido formulado em vista do denunciado" ("Limites da denunciação da lide pelo autor", in *Processo civil: verso e reverso*, p. 35), de modo que o autor propõe demanda em face do réu e outra, na mesma petição inicial, contra terceiro, caso seja vencido, caracterizando, portanto, a cumulação subsidiária.

25 *Reflexão sobre a cumulação subsidiária de pedidos*, p. 284.

26 Oportuna a consideração de Fredie Didier Júnior, ao afirmar que "Acolhido o pedido principal, estará o magistrado dispensado de examinar o pedido subsidiário, que não ficará acobertado pela coisa julgada, exatamente por não ter sido examinado" (*Curso de Direito Processual Civil*, v. 1, p. 427).

27 Araken de Assis explica que, na cumulação eventual, dispensa-se "a compatibilidade substancial dos pedidos, justamente porque eles não se situam no mesmo plano lógico. Não pode o autor de uma única vez a redibição do contrato e a restituição parcial do preço (art. 1.114 do CCB), não, ele pede uma coisa ou outra, a última só na hipótese de não se lhe prover a primeira" (*Cumulação de ações*, p. 224).

Assim, no caso de cumulação simples, o juiz deve decidir sobre todos os pedidos; na sucessiva, só enfrentará o segundo, se o primeiro for acolhido; na subsidiária, o juiz decide sobre o primeiro pedido e só passa ao subsidiário, se não acolher o primeiro; enquanto, na alternativa, o juiz só pode acolher um deles, ficando o outro prejudicado, de vez que a cumulação é imprópria.

Há, ainda, outra classificação de cumulação, que pode ser inicial ou ulterior. Verifica-se a cumulação inicial quando veiculada já na petição inicial, enquanto a ulterior, quando é agregado outro pedido depois da postulação inicial, como o aditamento da inicial (art. 329, I e II, do CPC), a ação declaratória incidental de falsidade de documento (art. 430 do CPC), a reconvenção (art. 343 do CPC), a denunciação da lide (art. 125 do CPC)[28], a oposição (art. 682 do CPC) e a reunião de processos por conexão pela mesma causa de pedir (art. 55, § 1º, do CPC).

Existe também a classificação da cumulação em homogênea, quando os pedidos são deduzidos pela mesma parte, e heterogênea, nas hipóteses em que os pedidos são formulados por partes diferentes.

4. Da sentença e do interesse das partes em recorrer na cumulação de pedidos

Questão processual interessante que surge é sobre o interesse das partes em recorrer em cada uma dessas espécies de cumulação de pedidos, o que nem sempre é de solução simples, por força dos inúmeros desdobramentos possíveis. A depender do pedido que for (ou não for) acolhido, poderá revelar-se o interesse das partes em recorrer quanto ao decidido em relação aos pedidos (sem aqui nos preocupar com o capítulo dos acessórios), o que deve ser enfrentado a partir do disposto no art. 996 do Código de Processo Civil.

No caso da cumulação própria simples, existe uma justaposição de pretensões. Se todos os pedidos forem acolhidos, só o réu tem interesse em recorrer da sentença, até porque não haveria utilidade ao autor, a quem se acolheu integralmente os pedidos, pois a sua situação não poderia melhorar, se todos os acessórios forem concedidos. Caso todos os pedidos tenham sido julgados improcedentes, apenas o autor teria interesse.

28 Para o caso de o réu denunciar a lide. No caso de a denunciação da lide ser deduzida pelo próprio autor, já na petição inicial, trata-se de hipótese de cumulação inicial.

Na hipótese de parcial procedência dos pedidos, ainda na cumulação simples, é inegável que ambas as partes teriam interesse em atacar da sentença, dado que os capítulos são independentes e seria necessário recorrer para obter uma situação mais vantajosa.

Se a cumulação for própria sucessiva e ambos os pedidos forem julgados procedentes, apenas o réu tem interesse em recorrer, enquanto o autor é quem tem interesse, caso ambos os pedidos sejam julgados improcedentes. No caso de parcial procedência de qualquer dos pedidos, é inegável haver interesse tanto do autor, para o acolhimento integral deles ou para o segundo pedido também ser acolhido, como do réu, para reformar o provimento jurisdicional, buscando uma situação prática que lhe seja mais vantajosa.

Na cumulação imprópria subsidiária, é necessário ater-se que o juiz só poderá examinar o pedido subsidiário se não acolher o pedido principal, seguindo a ordem de preferência estabelecida pelo autor. No caso de procedência do pedido principal, só o réu tem interesse em recorrer[29], enquanto, se for reconhecida a carência do pedido primário ou se ele for julgado improcedente e o secundário procedente ou ainda apenas em parte, ambos podem recorrer, sendo que o interesse do autor, diante da hierarquia dos pedidos, é para o principal ser julgado procedente[30] e, caso assim não se entenda, para ser acolhido integralmente o secundário. Se ambos foram julgados improcedentes, apenas o autor tem interesse em recorrer.

Pode ocorrer, no entanto, de o juiz examinar indevidamente o pedido sucessivo, sem ter decidido o pedido principal. Como o autor tem uma preferência e o juiz não seguiu essa ordem, é inegável o interesse de o autor recorrer, visando que o pedido principal seja acolhido.

---

29 Caso o recurso do réu seja provido, o tribunal deve, desde logo, apreciar o pedido subsidiário, se estiverem presentes os elementos necessários (art. 1.013 do CPC), ao invés de simplesmente remeter os autos à origem: "Se, na inicial, o autor formulou pedido sucessivo, este deve ser apreciado se o relator, nesta Corte, acolhe o recurso especial da ré, para julgar improcedente o primeiro pedido" (EDcl no REsp nº 260.051/SP, Rel. Min. Nancy Andrighi, relator para acórdão Min. Castro Filho, 3ª Turma, DJ de 18/8/2003).

30 Cf. STJ, AgInt no REsp nº 1.958.399/PA, Rel. Min. Gurgel de Faria, 1ª Turma, DJe de 1/4/2022: "A sentença que acolhe o pedido subsidiário não retira do autor o interesse de interpor apelação para ver atendida a sua pretensão principal mais abrangente". Nesse mesmo sentido, STJ, REsp nº 1.238.360/PR, Relator Min. Mauro Campbell Marques, 2ª Turma, DJe de 9/5/2011.

Independentemente do *error in procedendo*, é certo que o réu também tem interesse[31], a fim de buscar afastar o pedido subsidiário, em relação ao qual restou vencido.

Eventualmente o juiz pode não acolher o pedido principal e não decidir o pedido subsidiário. Nesse caso, a sentença é *citra petita*[32], o que também poderá ser atacado pelo autor.

Se o pedido principal for acolhido apenas parcialmente, parece-me acertada a conclusão de José Rogério Cruz e Tucci, fundado no posicionamento de Ricardo Luiz da Costa Tjäder, ao concluir que o juiz poderá passar ao exame do pedido secundário, dado que se presume que o interesse do autor estaria mais bem atendido com a procedência total do pedido secundário do que apenas com a parcial do pedido principal[33].

Como o juiz apreciou o pedido principal e não o acolheu na íntegra, pode ser mais vantajoso ao autor a procedência integral do pedido subsidiário, o que, se efetivamente ocorrer, justifica essa solução que terá que ser, de qualquer maneira, devidamente motivada para não comprometer a essência da cumulação imprópria subsidiária. Isso fica evidente nas hipóteses em que, apesar da hierarquia manifestada, os pedidos podem satisfazer o autor quase na mesma intensidade, de modo que, ao final, não há muita diferença entre o acolhimento do pedido principal ou do subsidiário.

Necessário pontuar, ainda, sobre a fixação das verbas sucumbenciais no caso de o pedido secundário ser julgado procedente na cumulação subsidiária. Embora o autor tenha traçado uma ordem de preferência e o pedido principal não tenha sido acolhido, ele será ainda assim vencedor, de modo que o réu deve ser condenado a pagar as verbas sucumbenciais[34].

---

31 Cf. Leonardo da Cunha Carneiro, *Comentários ao Código de Processo Civil*, p. 456.

32 Cf. Fredie Didier Júnior, *Curso de Direito Processual Civil*, v. 1, p. 427.

33 V. *Reflexão sobre a cumulação subsidiária de pedidos*, pp. 287/288.

34 Nesse sentido, Cândido Rangel Dinamarco afirma que "O caráter eventual dessa alternatividade distingue-a da alternatividade ordinária, pela *escolha prioritária* manifestada pelo autor. Não existe, como lá, a indiferença deste quanto aos resultados. Por isso, a rejeição do pedido prioritário e procedência do eventual não têm o efeito de procedência integral da demanda, mas parcial: o autor tem legítimo interesse recursal em pedir aos órgãos jurisdicionais superiores o provimento do pedido de sua procedência. De todo modo, como os pedidos não são somados, basta o acolhimento de um deles para que suporte o réu, por inteiro, os encargos da sucumbência (art. 20). Pela mesma razão, os pedidos não se somam para efeito de atribuir valor à causa: esta terá o valor do pedido principal e não de ambos (art.

Esse entendimento é controvertido[35], mas o acolhimento de mais de um pedido não é possível e a existência de interesse em recorrer, por o autor pretender o acolhimento do pedido principal, não pode ensejar, por si só, sucumbência recíproca.

Na cumulação imprópria alternativa, se qualquer dos pedidos for acolhido, apenas o réu tem, em tese, interesse, dado que o autor não demonstrou preferência em relação a qualquer dos pedidos[36]. De qualquer maneira, é certo que o autor será o vencedor e o réu deverá ser condenado ao pagamento das verbas sucumbenciais, dado que vencido[37]. O autor apenas terá interesse em recorrer, na hipótese de nenhum dos pedidos ser julgado procedente, de modo que, no ataque, poderá pleitear o acolhimento dos seus pedidos, mas, se um deles for julgado procedente, o outro será excluído.

Bibliografia

ABELHA, Marcelo. *Manual de Direito Processual Civil*, 6ª ed., Rio de Janeiro: Forense, 2016.

ALVIM NETTO, José Manoel de Arruda. *Manual de direito processual civil*, v. 2, São Paulo: Revista dos Tribunais, 1977.

259, inc. IV)" (*Instituições*, vol. II, p. 172). Na mesma linha, v. Fredie Didier Júnior (*Curso de Direito Processual Civil*, p. 428) e, ainda, STJ, REsp nº 776.648/MG, Rel. Min. José Delgado, relator para acórdão Min. Luiz Fux, 1ª Turma, DJe de 8/5/2008.

35 Entendo haver sucumbência recíproca: "Processual Civil. Honorários advocatícios. Pedidos sucessivos. Acolhimento de um deles. Sucumbência parcial. Recurso especial conhecido, mas desprovido" (STJ, REsp nº 193.278/PR, Rel. Min. Pádua Ribeiro, 3ª Turma, DJe 10/6/2002) e, ainda, STJ, EREsp nº 616.918/MG, Rel. Min. Castro Meira, Corte Especial, DJe de 23/8/2010.

36 V., em sentido idêntico, Cândido Rangel Dinamarco, *Instituições*, II, nº 474, p. 171.

37 Cf. STJ, AgInt no AREsp nº 1.657.150/SP, Rel. Min. Manoel Erhardt, 1ª Turma, DJe de 29/9/2021: "Sobre a questão processual levantada, a saber: se o acolhimento integral do pedido subsidiário é ou não capaz de ensejar o pagamento dos honorários de sucumbência aos advogados da parte autora, registra-se que, nos casos em que há ordem hierárquica na cumulação de pedidos realizada, é possível o reconhecimento da mútua sucumbência, uma vez que, rejeitado o pedido principal e acolhido o subsidiário, a parte autora terá obtido vantagem apenas parcial com o resultado do processo. Hipótese diversa se dá quando a parte autora formula pedidos alternativos, ocasião em que o acolhimento de qualquer deles importa procedência integral do pedido".

ASSIS, Araken. *Cumulação de ações*, 12ª ed., São Paulo: Revista dos Tribunais, 1989.

BARBI, Celso Agrícola, *Comentários ao Código de Processo Civil*, v. 1, 2ª ed., Rio de Janeiro: Forense, 1981.

BARBOSA MOREIRA, José Carlos. *O novo processo civil brasileiro*. 27ª ed., Rio de Janeiro: Forense, 2008.

CARNELUTTI, Francesco. *Trattato del Processo Civile* Napoli: Morano, 1958.

CUNHA, Leonardo Carneiro da. *Comentários ao Código de Processo Civil*, ALVIM, Angélica Arruda e outro (coord.), São Paulo: Saraiva, 2017.

DIDIER JÚNIOR, Fredie. *Curso de Direito Processual Civil*, v. 1, 11ª ed., Salvador: Jus Podivum, 2009.

DINAMARCO, Cândido Rangel. *Instituições de direito processual civil*, v. II e v. III, 2ª ed., São Paulo: Malheiros, 2002.

FORNACIARI JÚNIOR, Clito. *Processo civil: verso e reverso*, São Paulo: Juarez de Oliveira, 2005.

OLIVEIRA, Bruno Silveira de. *Conexidade e efetividade processual*, São Paulo: Revista dos Tribunais, 2007.

PIMENTA, Paulo. *Processo Civil*, v. III, Porto: Antonio Silva Lemos, 1995.

ROQUE, André Vasconcelos. *Processo de conhecimento e cumprimento de sentença, comentários ao CPC de 2015*, GAJARDONI, Fernando da Fonseca (coord.), Rio de Janeiro: Método, 2006.

SANTOS, Moacyr Amaral. *Primeiras linhas de direito processual civil*, v. 2, 19ª ed., São Paulo: Saraiva, 1998.

THEODORO JÚNIOR, Humberto. *Curso de Direito Processual Civil*, v. I, Rio de Janeiro: Forense, 1985.

TUCCI, José Rogério Cruz e. *Reflexões sobre a cumulação subsidiária de pedidos*, BEDAQUE, José Roberto dos Santos e outro (coord.). *Causa de pedir e pedido no processo civil*, São Paulo: Revista dos Tribunais, 2002, pp. 279-294.

A PRODUÇÃO ANTECIPADA DE PROVAS NO CÓDIGO DE PROCESSO CIVIL DE 2015: LIÇÕES DE UMA PESQUISA EMPÍRICA DE AÇÕES QUE TRAMITARAM PERANTE AS VARAS CÍVEIS E EMPRESARIAIS DO ESTADO DE SÃO PAULO ENTRE OS ANOS DE 2021 E 2022

Gláucia Mara Coelho[1]

Introdução

A Exposição de Motivos do Projeto de Lei n. 8.046/2010, que antecedeu a promulgação da Lei n. 13.105/2015, esclareceu que o objetivo do legislador nacional com a elaboração de um (então) novo Código de Processo Civil, seria, entre outros, o reestabelecimento da coesão entre as normas processuais, além "da manutenção e do aperfeiçoamento dos institutos introduzidos no sistema pelas reformas ocorridas nos anos de 1.992 até hoje"[2].

Visou-se, por um lado, à conservação dos institutos cujos resultados foram positivos e, por outro, a inclusão de novos instrumentos capazes de elevar o grau de eficiência do sistema, sob os aspectos da coesão e "realização, no mundo empírico, por meio do processo" dos direitos reconhecidos como dignos de tutela pelo ordenamento jurídico[3].

Com esse objetivo em vista, o Código de Processo Civil de 2015 ("CPC/2015") elevou os princípios da celeridade processual, da resolução consensual de conflitos, do contraditório e ampla defesa e da boa-fé como fundamentos da ordem processual civil, o que implicou reflexos na alteração do tratamento atribuído à instrução probatória pelo Código de Processo Civil de 1973 ("CPC/1973" – Lei n. 5.869/1973).

Dentre as suas inovações, o CPC/2015 trouxe o reconhecimento e a positivação do direito autônomo de produção de provas. Nesse sen-

---

1 Mestre e Doutora em Direito Processual Civil pela Faculdade de Direito da USP. Advogada e sócia do escritório Machado Meyer Advogados.

2 Exposição de motivos do Código de Processo Civil. Brasília, 8 de junho de 2010, p. 27. Disponível em: <https://www2.senado.leg.br/bdsf/bitstream/handle/id/512422/001041135.pdf>, acesso em 5 de julho de 2023, 17h22.

3 Exposição de motivos do Código de Processo Civil. Brasília, 8 de junho de 2010, p. 26. Disponível em: <https://www2.senado.leg.br/bdsf/bitstream/handle/id/512422/001041135.pdf>, acesso em 5 de julho de 2023, 17h22.

tido, o instituto da produção antecipada de provas, que já existia no CPC/73, foi igualmente lapidado pelos princípios norteadores do novo diploma processual.

Nesse contexto, o presente artigo tem como finalidade expor a transição do regramento do instituto da produção antecipada de provas do CPC/1973 à nova regulamentação prevista pelo CPC/2015 e, sobretudo, trazer destaque às nuances entre a literalidade da lei e o efetivo emprego e instrumentalização do instituto pelos operadores do direito, a partir de um mapeamento dos processos em trâmite perante as varas cíveis e empresariais[4] do Estado de São Paulo, que tiveram recursos julgados pelas Câmaras Empresariais do Tribunal de Justiça do Estado de São Paulo ("TJSP") entre os anos de 2021 e 2022.

Para tanto, em primeiro lugar, serão abordadas as facetas teóricas do instituto, tanto sob a ótica do CPC/1973, como do CPC/2015, explorando os principais aspectos das ações dessa natureza, a partir de análise da lei e de sua interpretação pela doutrina e pela jurisprudência.

A seguir, o artigo apresentará pesquisa empírica desenvolvida a partir de amostra de processos das varas cíveis e empresariais do estado de São Paulo[5], referente a ações que tiveram recursos julgados entre os anos de 2021 e 2022. Tal pesquisa teve como objetivo mapear a forma como os magistrados de primeira instância vem aplicando as regras processuais atinentes às ações probatórias autônomas, o que será de grande valia para as partes e seus advogados na definição de estratégias processuais mais adequadas para a satisfação de suas necessidades e solução e prevenção dos litígios.

1. Evolução da ação de produção antecipada de provas no ordenamento jurídico brasileiro

No sistema do CPC/1973, o escrutínio da necessidade e da adequação das provas estava intimamente ligado à lide instaurada entre o autor e o réu de determinada demanda – considerando a extensão e a profundidade da pretensão e da sua respectiva resistência – e às discussões de

4 A referência a varas empresariais inclui as varas de falências e recuperações judiciais da capital do estado de São Paulo.

5 Registro especial agradecimento às brilhantes advogadas Debora Fernandes, Anna Carolina Abrantes, Luciana Souza e Barbara Braz pela contribuição dada neste aspecto para a elaboração do presente artigo.

direito material. Nesse sistema, a prova constituía um meio de demonstração ou elucidação dos pontos controvertidos pelas partes, de modo a embasar o exercício da função jurisdicional.

As provas, portanto, seriam instrumento para auxiliar a formação do livre convencimento do juiz, fornecendo os subsídios para a solução do mérito do conflito de interesses qualificado por uma pretensão resistida, na tradicional definição cunhada por Carnellutti. As provas serviriam às partes apenas na medida de sua utilidade e necessidade para permitir que a lide pudesse ser resolvida a seu favor.

Por esse motivo, a produção antecipada da prova era entendida como medida excepcional, cuja admissibilidade estava atrelada à demonstração da urgência na produção da prova[6], conforme hipóteses previstas em rol taxativo[7]. Desse modo, o CPC/1973 impunha natureza cautelar à produção antecipada de provas[8].

Sendo as ações antecipadas de provas tratadas como medidas cautelares que antecediam a propositura do processo principal, estendia-se ao juízo competente para julgar o processo principal a competência para decidir a respeito dessas ações[9], invocando a prevenção deste para o jul-

6 A necessidade de urgência para o deferimento da produção antecipada da prova era ratificada pela jurisprudência do Superior Tribunal de Justiça, no sentido de que "a produção antecipada de provas esta[va] adstrita àquelas hipóteses em que a necessidade da medida urgente resta[va] evidente." Superior Tribunal de Justiça. Agravo Regimental no Habeas Corpus nº 182.981/SP, relatora Ministra Laurita Vaz, Quinta Turma do Superior Tribunal de Justiça, votação unânime, julgado em 04.10.2012 e publicado no Diário de Justiça eletrônico em 09.10.2012. Disponível em: <https://processo.stj.jus.br/processo/revista/documento/mediado/?componente=ITA&sequencial=1184160&num_registro=201001557144&data=20121009&peticao_numero=201200171385&formato=PDF> Acesso em 14.07.2023, 22h51.

7 Nery Junior, Nelson; NERY, Rosa Maria de Andrade. **Código de Processo Civil comentado** [livro eletrônico], 3ª Ed., São Paulo: Thomson Reuters Brasil, 2018, p. 1.007.

8 Bueno, Cassio Scarpinella **Manual de direito processual civil - volume único / Cassio Scarpinella Bueno.** - 6. ed. - São Paulo : Saraiva Educação, 2020, pp. 648/649.

9 "Art. 800. As medidas cautelares serão requeridas ao juiz da causa; e, quando preparatórias, ao juiz competente para conhecer da ação principal. Parágrafo único. Nos casos urgentes, se a causa estiver no tribunal, será competente o relator do recurso."

gamento daquelas[10]. Essa sistemática foi expressamente afastada pelo regramento atual[11]-[12].

Exceção à regra estabelecida no CPC/1973 era a ação de justificação tratada nos artigos 861 a 866 daquele diploma legal, que admitia a propositura de ação por aquele que pretendesse justificar a existência de algum fato ou relação jurídica, para simples documento e sem caráter contencioso[13]. A prova admitida, nesse caso, era somente a testemunhal.

Durante o período em que a comissão de juristas encarregada de elaborar o anteprojeto de novo Código do Processo Civil discutia o teor do texto legal, passou-se a defender o reconhecimento da prova como instrumento para convencimento também das partes a respeito dos seus direitos, de modo a permitir o acesso ao Poder Judiciário exclusiva-

10 "[C]onforme os arts. 17, § 5º, da LIA e 800, c/c o art. 108, ambos do CPC/1973, a competência para processar e julgar a ação de improbidade e os feitos posteriormente intentados, "que possuam a mesma causa de pedir ou o mesmo objeto", está a recair no Juízo ao qual foi distribuída a demanda primeva" (grifo nosso). Superior Tribunal de Justiça. Agravo Interno no Recurso Especial nº 1.521.578/DF, relator Ministro Og Fernandes, Segunda Turma do Superior Tribunal de Justiça, votação unânime, julgado em 19.09.2019, publicado no Diário de Justiça eletrônico em 24.,9.2019. Disponível em: https://processo.stj.jus.br/processo/revista/documento/mediado/?componente=ITA&sequencial=1866675&num_registro=201401701753&data=20190924&peticao_numero=201900310859&formato=PDF. Acesso em 14.07.2023, 21h07.

11 "Art. 381. (...) § 3º A produção antecipada da prova não previne a competência do juízo para a ação que venha a ser proposta."

12 Ainda na vigência do CPC/1973, o entendimento jurisprudencial já caminhava para a mitigação da referida regra de prevenção. Nos termos do entendimento do Superior Tribunal de Justiça, tal regra era atenuada, "podendo ser reconhecida a competência do foro em que se encontra[va] o objeto da lide, por questões práticas e processuais, notadamente para viabilizar a realização de diligências e perícias." **Superior Tribunal de Justiça**. Agravo Interno no Agravo em Recurso Especial nº 1321717/SP, relator Ministro Marco Aurélio Bellizze, Terceira Turma do Superior Tribunal de Justiça, votação unânime, julgado em 15.10.2018, publicado no Diário de Justiça eletrônico em 19.10.2018. Disponível em: https://processo.stj.jus.br/processo/julgamento/eletronico/documento/mediado/?documento_tipo=integra&documento_sequencial=88801986&registro_numero=201801658577&peticao_numero=201800473297&publicacao_data=20181019&formato=PDF. Acesso em 14.07.2023, 22h36.

13 O outro fundamento da ação de justificação era, justamente, a pretensão do autor de utilização da prova em "processo regular" (segunda parte do artigo 861 do CPC/1973), o que evidencia a percepção do legislador de 1973 da prova como meio de convencimento do juiz para solução de lide posta.

mente com o objetivo de acessar fontes ou meios de prova pertinentes a uma determinada relação[14].

Assim, acompanhando as discussões doutrinárias, o CPC/2015 alterou a sistemática relacionada à produção antecipada de provas. Manteve-se a possibilidade de obtenção de provas em momento anterior ao ajuizamento de ações de qualquer natureza, dando-lhe nova roupagem[15] e ampliando as hipóteses de cabimento do instituto, com dispensa do requisito da urgência[16]. Permaneceu o caráter sumário do procedimento, mas alterou-se o seu fundamento.

O principal motivo para a mudança de paradigma no novo diploma processual é o reconhecimento de um direito autônomo à produção da prova[17]-[18], segundo o qual as partes teriam o direito subjetivo de buscar

---

14 "Então, sob o ângulo da busca da prova (...) o direito em questão envolve uma prerrogativa que bem evidencia o caráter instrumental dessa última não apenas em relação ao convencimento do juiz, mas também dos interessados, na medida em que propicia elementos que autorizam o ingresso em juízo ou que podem evitá-lo. Nessa perspectiva, rompe-se a tradicional e limitada ligação que se faz entre prova e julgamento estatal, para se valorizar o relevante nexo que existe entre a obtenção da prova e avaliação das partes quanto a suas chances em juízo. Dessa forma, a prerrogativa de busca e de obtenção de certa prova (...) sugere a existência de um direito de pedir ao Estado que intervenha tão-somente para permitir a pesquisa e o registro de certos fatos. (...) Sob esse prisma, o direito à prova ganha, em certo sentido, autonomia" (YARSHELL, Flávio Luiz. **Antecipação da prova sem o requisito da urgência e direito autônomo à prova**, São Paulo, Malheiros, 2009, p. 211)

15 RODRIGUES, Daniel Colnago. **A velha e a nova produção antecipada de prova**. *In.:* Revista de Processo, v. 327/2022, maio/2022, p. 130.

16 Nas palavras de Daniel Amorim Assumpção Neves, "a hipótese prevista no inciso II [do artigo 381 do CPC] liber[a] praticamente de forma integral a produção antecipada de provas (...) Da forma como foi redigido o dispositivo legal, a amplitude no cabimento do pedido de antecipação na produção da prova é praticamente absoluta" (NEVES, Daniel Amorim Assumpção. **Código de Processo Civil Comentado**, 5ª Ed., revista e atualizada, Salvador: Jvspodium, 2020, p. 735)

17 De acordo com Fredie Didier Jr., "o direito à produção da prova tem ganhado cada vez mais relevância; sua autonomia tem sido tão destacada que o CPC resolveu criar uma ação probatória genérica, cujo conteúdo é exatamente a afirmação do direito à produção da prova" (DIDIER JR., Fredie. **Curso de direito processual civil: teoria da prova, direito probatório, decisão, precedente, coisa julgada e tutela provisória**, 13ªEd., revista, atualizada e ampliada, Salvador: Jvspodium, 2018, p. 159)

18 O direito à prova deve ser entendido como direito ao conhecimento às fontes de prova. Enquanto as fontes de prova são os elementos externos ao processo dos

o Poder Judiciário com o objetivo exclusivo de obtenção da prova em ação que se esgotasse nesse ato[19], para fins de um exercício mais qualificado de determinado direito - pela via judicial ou por meio da negociação de acordo, como adiante se verá.

Tal pressuposto embasou e guiou a positivação das atuais ações de produção autônoma de provas, dispensados os requisitos da urgência e da vinculação da pretensão de declaração de um direito material pelo Poder Judiciário.

Cabe ressaltar, nesse aspecto, que o reconhecimento ao direito autônomo à prova não implica necessariamente a desvinculação total da ação probatória autônoma da relação de direito material, mas, sim, que o objetivo da ação não é resolver o mérito de uma lide entre as partes no tocante a algum ponto da relação de direito material, cujos aspectos não serão objeto de avaliação pelo julgador nesse tipo processual. O que será objeto de discussão é o direito do acesso às fontes de prova ou de realização dos meios de prova[20], os quais poderão vir ou não a ser utilizados para solução de um potencial (mas não certo) litígio futuro ligado à relação de direito material subjacente[21].

Portanto, no CPC/2015, a relação de direito material e discussões a ela relacionadas deixam de ser o único fundamento para justificar a produção da prova e se tornam fator para verificação da pertinência da prova que se pretende produzir[22].

---

quais se podem extrair informações relevantes para a relação de direito material; os meios de prova são os instrumentos utilizados para extrair conhecimento das fontes de prova. (DINAMARCO, Cândido Rangel. **Instituições de processo civil**, v. 3, 7ª Ed., revista, atualizada e ampliada, 2017, p. 52)

19 YARSHELL, Flávio Luiz. **Antecipação da prova sem o requisito da urgência e direito autônomo à prova**, São Paulo, Malheiros, 2009, p. 234

20 DINAMARCO, Cândido Rangel. **Instituições de processo civil**, v. 3, 7ª Ed., revista, atualizada e ampliada, 2017, p. 111

21 *Idem, ibidem.*

22 A esse respeito, há quem defenda que, na petição inicial, deve o autor indicar "sua situação de potencial autor de uma possível ação judicial", o que estaria também inserido no escopo de demonstração da relevância da prova que se pretende produzir na medida em que "a prova judicial é aquela que busque revelar, tão somente, fatos relevantes destinados à solução da controvérsia instaurada", inexistindo razões para se excluir tal critério de admissibilidade da prova, exigido na fase de instrução probatória de ações de conhecimento, das ações

Conforme esclarece Flávio Yarshell, um dos idealizadores e referenciais teóricos do instituto no Brasil, "a necessidade da prova – não apenas da antecipação – depende da exposição de um substrato fático mínimo e coerente com a medida que se quer produzir. A prova, independentemente do momento em que produzida, tem por objeto fatos. Eventual deficiência na narrativa dos fatos que se quer investigar interfere com a antecipação porque, na verdade, prejudica a admissibilidade da prova"[23].

Em que pese a manutenção, no inciso I do artigo 381, da ação de produção antecipada de provas similar àquela consagrada no CPC/1973, de natureza cautelar[24] (ou inibitório[25]), e, nos parágrafos 1º e 5º do referido

autônomas de produção de provas, especialmente quando "a postulação pela antecipação da prova for deduzida sob a alegação de uma suposta oportunidade de se evitar (ou confirmar) uma ação futura de acertamento de direitos ou se permitir a autocomposição" (ALVES, Antonio Bruni Vieira. **Da admissibilidade na produção antecipada de provas sem o requisito da urgência (ações probatórias autônomas) no novo CPC**. *In.*: DIDIER JR., Fredie, et. al, Direito Probatório, Coleção Grandes Temas do Novo CPC, 2ª Ed., revista, atualizada e ampliada, Salvador: Jvspodium, 2016, pp. 565 e 567)

23 YARSHELL, Flávio Luiz. **Breves Comentários ao Novo Código de Processo Civil**. São Paulo: Revista dos Tribunais, 2015. p. 1.031.

24 Nas palavras de CÂNDIDO RANGEL DINAMARCO: "Nítida natureza cautelar tem, todavia, a produção antecipada da prova com esteio no 'fundado receito de que venha a tornar-se impossível ou muito difícil a verificação de certos fatos na pendência da ação' (art. 381, inc. I). Esse é um risco claramente associado aos efeitos perversos do tempo-inimigo, valendo então a produção antecipada de provas como um meio destinado a precaver o sujeito e seu possível direito contra o periculum in mora. Visa, como claramente se vê, à conservação de um elemento externo potencialmente útil ao processo, que são as fontes de prova postas em perigo. E, como é do entendimento geral, esse escopo de conservação é uma das mais profundas características essenciais das medidas cautelares.
Da produção antecipada de prova não fala expressamente o Código ao cuidar das medidas cautelares, mas isso é inerente à sua opção por não tipificar as medidas cautelares, como fazia o Código de Processo Civil anterior". (DINAMARCO, Cândido Rangel. **Instituições de processo civil**, v. 3, 7ª Ed., revista, atualizada e ampliada, 2017, p. 114).
Na mesma direção: THEODORO JR., Humberto, **Curso de direito processual civil: teoria geral do direito processual civil, processo de conhecimento e procedimento comum,** volume 1, 56ª Ed., Rio de Janeiro: Forense, 2015, p. 917

25 DIDIER JR., Fredie. **Curso de direito processual civil: teoria da prova, direito probatório, decisão, precedente, coisa julgada e tutela provisória**, 13ª Ed., revista, atualizada e ampliada, Salvador: Jvspodium, 2018, p. 162

dispositivo, das ações de arrolamento de bens e justificação com reprodução dos aspectos relevantes já consagrados no CPC/1973, ampliou-se o rol de admissibilidade – agora, entendido como exemplificativo[26] – , incluindo expressamente duas novas hipóteses de cabimento, voltadas à redução de litigiosidade[27]-[28].

Por essas novas hipóteses, tem-se a possibilidade de propositura da ação quando (i) o requerente demonstrar que o conhecimento de determinados fatos possa viabilizar a autocomposição ou a adoção de outro meio não-judicial de solução do litígio e (ii) sempre que o prévio conhecimento dos fatos possa justificar ou evitar o ajuizamento de demandas judiciais[29]. De acordo com Cassio Scarpinella, "bem compreendida a [última] hipótese, ela mesma faz (ou pode fazer) as vezes de um meio adequado de resolução de conflitos"[30]

26 TALAMINI, Eduardo. **Da produção antecipada da prova**. In.: CRAMER, Ronaldo. CABRAL, Antonio do Passo. **Comentários ao Novo Código de Processo Civil.** Rio de Janeiro: Editora Forense, 2015, p. 591; e DIDIER JR., Fredie. **Curso de direito processual civil: teoria da prova, direito probatório, decisão, precedente, coisa julgada e tutela provisória**, 13ª Ed., revista, atualizada e ampliada, Salvador: Jvspodium, 2018, p. 163

27 "Chama atenção a expressa previsão do inciso II do art. 381, novidade para o direito processual brasileira, que admite a medida com o ânimo de viabilizar a autocomposição ou outro meio adequado de solução do conflito, inciativa que vai de encontro ao §3º do art. 3º". (BUENO, Cassio Scarpinella. **Curso sistematizado de direito processual civil: procedimento comum, processos nos tribunais e recursos**, 12ª Ed., revista, ampliada e atualizada, São Paulo: SaraivaJur, 2023, p. 193)

28 Daniel Amorim Assumpção Neves, ainda na vigência do CPC/1973, em sua tese de doutorado defendida perante a Universidade de São Paulo já defendia que "A ação meramente probatória teria importante papel na otimização das conciliações, considerando-se que, diante de uma definição da situação fática, os sujeitos envolvidos no conflito teriam maiores condições de chegar a uma autocomposição. A indefinição fática muitas vezes impede a realização de uma conciliação porque leva uma das partes a crer que tenha direitos que na realidade não tem." (NEVES, Daniel Amorim Assumpção. **Ações probatórias autônomas**. 2006. Tese (Doutorado) – Universidade de São Paulo, São Paulo, 2006).

29 "É inegável que a produção de provas conduzida de maneira isonômica e em respeito ao contraditório permite uma aproximação dos jurisdicionados na tentativa de construírem, juntos, uma solução consensual que os liberte das incertezas e possíveis insensibilidades do julgador" (FILARDI, Hugo. **Ações probatória autônomas.** Revista de Direito Privado, v. 102/2019, Nov - Dez / 2019, p. 145)

30 BUENO, Cassio Scarpinella. **Novo Código de Processo Civil anotado**, São Paulo: SaraivaJur, 2017, p. 277

Esses dois casos evidenciam a ideia de que o magistrado não é mais o exclusivo destinatário das provas. Nessas novas hipóteses trazidas pelo legislador, a produção antecipada da prova se presta precipuamente à formação do convencimento das próprias partes, a respeito de aspectos fáticos da relação e de suas chances de êxito em uma demanda para, munidas dessas informações, definirem suas estratégias, mediante o exercício de um juízo de custo e oportunidade quanto à adoção de medidas judiciais[31].

Olhando para a ação de produção antecipada de provas fundada nos incisos II e III do artigo 381 do CPC/2015, é possível identificar similitudes à fase preparatória (*pretrial*) dos processos na jurisdição norte-americana, conhecida como *Discovery*[32].

As regras gerais do processo de Discovery americano estão no §26.b(1) do *Federal Rules of Civil Procedure* – aplicáveis aos processos de jurisdição federal nos Estados Unidos da América –, o qual garante que, na fase pré-julgamento, "as partes podem obter *discovery* relacionado a qualquer matéria não protegida por confidencialidade que seja relevante para a ação ou defesa de qualquer das partes" (...)"[33]-[34].

---

31 DIDIER JR., Fredie. **Produção antecipada da prova**. *In.:* DIDIER JR., Fredie, et. al. **Novo CPC doutrina selecionada, v. 3: provas**, 2ª Ed., Salvador: Jvspodium, 2016, p. 650

32 CARVALHO, Nathália Gonçalves de Macedo. **Introdução ao *Federal Rules of Evidence* e os pontos de encontro com o CPC 2015**. *In.:* DIDIER JR., Fredie, et. al. **Novo CPC doutrina selecionada, v. 3: provas**, 2ª Ed., Salvador: Jvspodium, 2016, p. 1.002

33 Tradução livre do seguinte trecho: "*parties may obtain discovery regarding any nonprivileged matter that is relevant to any party's claim or defense*". ESTADOS UNIDOS DA AMÉRICA. Federal Rules of Civil Procedure. Disponível em: <https://www.law.cornell.edu/rules/frcp/rule_26#rule_26_a_1_B>, acesso em 11 julho 2023, 12h40.

34 Merece destaque a nota oficial relacionada ao dispositivo em comento: "*Note to Subdivision (b). While the old chancery practice limited discovery to facts supporting the case of the party seeking it, this limitation has been largely abandoned by modern legislation (...)*". Disponível em: <https://www.law.cornell.edu/rules/frcp/rule_26#rule_26_a_1_B>, acesso em 11 julho 2023, 12h40, grifos não constantes do original.
Em tradução livre: "Nota à Subdivisão (b). Enquanto a antiga prática dos tribunais limitasse Discovery aos fatos que fundamentassem o caso da parte que buscasse exercê-lo, essa limitação tem sido grandemente abandonada pela legislação moderna".

No *Discovery* do direito norte-americano, admite-se também a produção de todos os tipos de provas e, em que pese as distinções entre os institutos americano e brasileiro[35], é inegável sua similaridade no que se refere ao acesso a informações, documentos e produção probatória antes do início da demanda e como meio para justificar, qualificar e/ou evitar seu ajuizamento – além de dar as partes melhor dimensão de seus direitos e interesses, podendo conduzir à celebração de acordo[36].

2. Outros aspectos relevantes das ações probatórias autônomas

2.1. Contraditório e ampla defesa nas ações de produção antecipada de provas

Em respeito ao consagrado princípio do contraditório, o artigo 382, parágrafo 1º, do CPC/2015, ordena que sejam os "interessados na produção da prova ou no fato a ser provado" citados para participação do processo.

Conforme tratado, o objetivo da ação de produção antecipada é, essencialmente, o reconhecimento de que a instrução probatória se deu de maneira regular, o que dependerá da observância da garantia do contraditório.

Desse modo, a possibilidade de participar da produção da prova pretendida deverá ser oportunizada, por meio da válida citação, às partes cujas esferas jurídicas poderão ser afetadas pela prova ou pelo fato que se pretenda provar, sendo-lhes facultada a possibilidade de influenciar em seu resultado.

No que diz respeito à defesa dos requeridos, o parágrafo quarto do artigo 382 prevê que "neste procedimento, não se admitirá defesa ou recurso, salvo contra decisão que indeferir totalmente a produção da prova pleiteada pelo requerente originário". Contudo, esse dispositivo requer interpretação sistemática, que vem sendo dada pela jurisprudência.

---

35 No *Discovery*, por exemplo, o espectro de provas e fontes de prova a serem acessados costuma ser mais amplo e a colheita de provas é feita, como regra (com exceção aos documentos protegidos por sigilo), diretamente pelas partes.

36 De acordo com informações da New York Bar Association, 90% dos casos levados ao Poder Judiciário são encerrados em acordo antes de serem levados a julgamento, ou seja, na fase *pretrial*. (VOGEL, Brandon. If 90 Percent of Cases Settle, Make Your Virtual Deposition Count: Best Practices for Today and After COVID-19. New York State Bar)

A despeito de a urgência ser o norteador do instituto da produção antecipada provas no CPC/1973, admitia-se a apresentação de contestação quanto ao preenchimento dos requisitos de urgência, aos pressupostos processuais e às condições da ação[37]. A jurisprudência, portanto, já dava sinais quanto à possibilidade de resistência, pela parte requerida, à pretensão probatória, o que justificaria o cabimento de defesa.

Reconhecido o direito autônomo à produção da prova, não há razão para não se admitir a possibilidade de as partes divergirem quanto à possibilidade ou não para o seu exercício, os seus limites, a utilidade e cabimento da ação, dentre outros. A lide instaurada e, portanto, a defesa a ser apresentada, não são quanto ao direito material subjacente, sobre o qual recai a prova pretendida, mas sobre o direito processual[38].

O conflito de interesses com pretensão resistida de Carnelutti toma nova forma nas ações probatórias autônomas e passa a versar sobre o direito de acessar o Poder Judiciário a fim de exercer a pretensão probatória, o que impõe necessária garantia ao contraditório e à concessão da possibilidade de a parte requerida contestar o pleito deduzido em juízo, respeitadas as limitações do tipo processual, em que não se admite a de-

37 NERY Junior, Nelson; NERY, Rosa Maria de Andrade. **Código de Processo Civil comentado** [livro eletrônico], 3ª Ed., São Paulo: Thomson Reuters Brasil, 2018, p. 1010.

38 Colhem-se da doutrina considerações relevantes a esse respeito. Nesse sentido, Eduardo Talamini assevera que a ação probatória autônoma: "(...) normalmente se insere no contexto de um conflito, ainda que não tenha por escopo diretamente o resolver. Por outro, pode estabelecer-se um conflito específico relativamente à própria produção da prova (por exemplo, o demandado resiste, não permitindo acesso às fontes probatórias). Em qualquer caso, o juiz substitui-se às partes: atuando como terceiro imparcial, define as normas jurídicas incidentes sobre os fatos postos, relativamente à admissibilidade e modo de produção da prova". TALAMINI, Eduardo. **Produção Antecipada de Prova no Código de Processo Civil de 2015**. Revista de Processo, vol. 260/2016, p. 751/01, Out./2016, p. 2.
No mesmo sentido: Marinoni, Arenhart e Mitidiero indicam que "as hipóteses descritas no Código tratam da asseguração com natureza contenciosa, ou seja, em que há potencial ou efetivo conflito entre os sujeitos a que se refere a prova. Fora dessas hipóteses, porém, é sempre possível que a parte exerça pretensão à simples obtenção da prova, com finalidade de simples documentação, desde que demonstre seu interesse jurídico nessa medida. Nesse caso, não há polo passivo (art. 382, §1º, in fine, CPC)" (MARINONI, Luiz Guilherme; ARENHART, Sérgio Cruz; MITIDIERO, Daniel. **Código de processo civil comentad**o, 6ª Ed., revista, atualizada e ampliada, 2020, São Paulo: Editora Revista dos Tribunais, p. 521)

liberação a respeito dos fatos discutidos e suas consequências jurídicas (artigo 382, §2º, do CPC/2015).

No STJ, localizou-se precedente recente indicando a necessidade de se harmonizar o dispositivo ao princípio do contraditório, colocando a restrição ao exercício de defesa sob a ótica do escopo limitado dessa ação, de modo a se assegurar a contestação de pontos que não digam ao mérito de uma eventual ação principal[39].

Nos casos analisados, os magistrados concederam à parte requerida o direito de defesa, conforme se demonstrará abaixo, o que demonstra uma correta ponderação entre a cognição sumária que marca as ações probatórias autônomas e a indispensável observância das garantias processuais consagradas na Constituição Federal.

2.2. Extensão da atividade probatória

A ação probatória antecipada poderá ser utilizada para a produção e acesso a meios e fontes de prova de qualquer natureza, o que ratifica a ampliação do escopo desse procedimento frente ao que previa o CPC/1973, em que a atividade probatória era mais limitada, com exceção das medidas de natureza cautelar.

Por um tempo, discutiu-se a possibilidade de utilização do instituto para a exibição de documentos. A discussão parece ter sido solucionada pelo STJ que firmou entendimento a favor do cabimento da medida com esse fim[40]

39 **Superior Tribunal de Justiça**. Recurso especial nº 2037088/SP, relator Ministro Marco Aurélio Belizze, Terceira Turma do Superior Tribunal de Justiça, votação unânime, julgado em 07.03.2023. Disponível em: <https://processo.stj.jus.br/processo/pesquisa/?tipoPesquisa=tipoPesquisaNumeroRegistro&termo=202202788280&totalRegistrosPorPagina=40&aplicacao=processos.ea>. Acesso em 14 de julho de 2023, 22h49.
O caso também foi objeto de matéria elaborada pela comunicação do próprio STJ, a saber: https://www.stj.jus.br/sites/portalp/Paginas/Comunicacao/Noticias/2023/10082023-Contraditorio-nao-pode-ser-totalmente-vedado-na-hipotese-de-producao-antecipada-de-prova.aspx. Acesso em 11 de agosto de 2023, 17h56.

40 **Superior Tribunal de Justiça** (STJ), REsp 1.803.251/SC, relator Ministro Marco Aurélio Bellizze, Terceira Turma, Brasília, julgado em 22.10.2019. Disponível em: <https://processo.stj.jus.br/processo/pesquisa/?tipoPesquisa=tipoPesquisaNumeroRegistro&termo=201802358233&totalRegistrosPorPagina=40&aplica

Ainda sob o aspecto da extensão da atividade probatória, cabe destacar que se admite, inclusive, que o requerido formule pedido de produção de prova, ainda que diversa da pleiteada pelo autor da demanda, desde que tal medida não implique excessiva demora no processamento da ação, conforme estabelece o parágrafo 3º do artigo 382 do CPC/2015.

2.3. *Requisitos da petição inicial e a preocupação com a prevenção ao abuso de direito processual*

A petição inicial da ação probatória autônoma deverá preencher não somente os requisitos do artigo 319 do CPC/2015, que estabelece os requisitos gerais das petições iniciais, mas também aquele indicado no caput do artigo 382 do vigente diploma processual. Tal dispositivo impõe ao autor da demanda o ônus de indicar "as razões que justificam a necessidade de antecipação da prova" e demonstrar "com precisão os fatos sobre os quais a prova há de recair".

A exigência do artigo 382 harmoniza-se com a ordem do artigo 320 do CPC/2015 que inadmite pedidos incertos, além de ser necessária para a verificação do interesse processual do autor. Este, como cediço, está relacionado ao binômio utilidade/necessidade, sendo certo que se aplica o quanto previsto no artigo 370, parágrafo único, do CPC/2015, segundo o qual o magistrado deverá indeferir "as diligências inúteis ou meramente protelatórias".

A exigência visa, ainda, a coibir o uso abusivo das ações autônomas de produção de prova – como meio de constrangimento indevido da contraparte – evitando, assim, a propositura de demandas similares às denominadas "*fishing expeditions*" ou "*Document huntings*" do direito americano.

Tais termos consubstanciam pedidos excessivamente amplos de acesso à documentos e informações, para que seja possível, a partir desses elementos, construir uma futura ação principal – que, provavel-

cao=processos.ea>. Acesso em 14 de julho de 2023, 21h30; **Superior Tribunal de Justiça** (STJ), AgInt nos EDcl no REsp n. 1.867.001/CE, relatora Ministra Nancy Andrighi, Brasília/DF, julgado em 10.08.2020. Disponível em: <https://processo.stj.jus.br/processo/pesquisa/?termo=1867001&aplicacao=processos.ea&tipoPesquisa=tipoPesquisaGenerica&chkordem=DESC&chkMorto=MORTO>. Acesso em 14 de julho de 2023, 21h.

No mesmo sentido, é o Enunciado de nº 129 do Fórum Permanente de Processualistas Civis: "*É admitida a exibição de documentos como objeto de produção antecipada de prova, nos termos do art. 381 do CPC*"

mente, não seria ajuizada sem que a parte tivesse acesso a tais dados. Em síntese:

> "a procura especulativa, no ambiente físico ou digital, sem 'causa provável', alvo definido, finalidade tangível ou para além dos limites autorizados (desvio de finalidade) (...) [É] a prática relativamente comum de se aproveitar dos espaços de exercício de poder para subverter a lógica das garantias constitucionais, vasculhando-se a intimidade, a vida privada, enfim, violando-se direitos fundamentais, para além dos limites legais. O termo se refere à incerteza própria das expedições de pesca, em que não se sabe, antecipadamente, se haverá peixe, nem os espécimes que podem ser fisgados, muito menos a quantidade"[41]

A utilização predatória das ações de produção antecipada de provas não é novidade, em especial, no âmbito criminal, no qual já se admitia a coleta de provas antes e independentemente do ajuizamento da ação penal, sendo consagrada, nessa seara, a ilicitude das provas coletadas em ação marcada pelo desvio de finalidade e desconsideração das balizas legais[42].

Não parece haver razão para que entendimento diverso seja aplicado ao processo civil.

O direito à produção da prova deve ser utilizado nos limites idealizados pelo legislador – muito embora a redação relativamente aberta dos artigo 381 e 382 do CPC dificultem essa interpretação –, vedadas condutas abusivas que extrapolem ou desvirtuem os propósitos legais, conforme artigo 187 do Código Civil, que estabelece a vedação ao exercício abusivo de direitos, cujos efeitos se espraiam para outros âmbitos do direito[43], e a necessária observância à boa-fé, consagrada como norte

41 ROSA, Alexandre Morais da. **Guia do Processo Penal Estratégico: de acordo com a Teoria dos Jogos**, 1ª ed., Santa Catarina: Emais, 2021, pp. 389-390

42 **Superior Tribunal de Justiça** (STJ). Habeas Corpus (HC) nº 663055/MT. Relator: Ministro Rogerio Schietti Cruz, Sexta Turma, julgado em 22.03.22, publicação no DJE em 22.03.2022. Disponível em: < https://processo.stj.jus.br/processo/pesquisa/?tipoPesquisa=tipoPesquisaNumeroRegistro&termo=202101288508&totalRegistrosPorPagina=40&aplicacao=processos.ea>, acesso em 19 de julho de 2023, 22h.

43 LOPES, Teresa Ancona. **Exercício do direito e suas limitações: abuso do direito**. In.: MENDES, Gilmar; STOCO, Rui (coord.). Doutrinas Essenciais de Direito Civil [livro eletrônico], vol. IV, Ed. Revista dos Tribunais, 2011.

do comportamento das partes também no processo civil, nos termos do artigo 5º do CPC/2015.

Sobre o tema, recentemente, o TJSP, ao apreciar argumento formulado pelo requerido da ação quanto à abusividade da conduta do autor e configuração da chamada *"fishing expedition"*, decidiu que a alegação genérica de atos fraudulentos, somada à ausência de indícios de fraude, inviabilizariam a ação.

Nas razões de decidir, a 1ª Câmara Reservada de Direito Empresarial do TJSP indicou que

> "no sistema processual civil vigente a respeito da produção antecipada de provas (arts. 381 a 383 do CPC), dado o disposto nos incisos II e II do art. 381, maior amplitude tenha a medida, para possibilitação de autocomposição ou mesmo para evitar-se, ou justificar-se, o ajuizamento de ação. Não obstante isso, há o autor de comprovar fato constitutivo do alegado direito à prova, o que, no caso, conduz ao indeferimento da pretensão inicial"[44]

O direito à prova, ainda que autônomo, não pode ser subterfúgio para a obtenção de vantagens ilegais. O exercício abusivo das ações de produção antecipada de provas deverá ser coibido pelos tribunais nacionais, o que dependerá de uma análise casuística quanto à pertinência e adequação da prova pretendida à demonstração dos fatos narrados na petição inicial, bem como sua correta delimitação.

---

44 **Tribunal de Justiça do Estado de São Paulo**, apelação cível nº 1022356-31.2021.8.26.0100. Relator desembargador Cesar Ciampolini, 1ª Câmara Reservada de Direito Empresarial do Tribunal de Justiça de São Paulo, votação unânime, julgado em 21.11.2022. Disponível em: <https://esaj.tjsp.jus.br/cposg/show.do?processo.codigo=RI006ZQ5N0000>. Acesso em 14 de julho de 2023, 22h. Em sentido similar, também vedando a produção extensiva de prova injustificada, com base, inclusive, no princípio da proporcionalidade e razoabilidade (artigo 8º do CPC/2015) e necessidade de consideração dos efeitos práticos das decisões judiciais (artigo 20 da Lei de Introdução às Normas do Direito Brasileiro), decidiu, por votação unânime, a 2ª Câmara Reservada de Direito Empresarial do TJSP no agravo de instrumento nº 2259365-35.2021.8.26.0000, julgado em 18.04.2022, sob relatoria do Desembargador Sérgio Shimura. Acórdão disponível em: <https://esaj.tjsp.jus.br/cjsg/getArquivo.do?cdAcordao=15585733&cdForo=0>. Acesso em 14 de julho de 2023, 22h30.

2.4. Honorários de sucumbência

O cabimento da condenação ao pagamento dos honorários de sucumbência nas ações de produção antecipada de provas não é matéria nova no ordenamento jurídico e, a essa altura, a fixação de ônus sucumbenciais nos casos em que se instaura contencioso a respeito da prova, já encontra bastante aceitação entre os magistrados.

Em âmbito doutrinário, o professor Humberto Theodoro Jr. destacava, ainda na vigência do CPC/1973, a possibilidade de instauração de lide em torno da produção da prova pretendida na ação antecipatória, o que ensejaria a imposição dos ônus sucumbenciais à parte vencida:

> "Urge, por outro lado, distinguir entre ação cautelar e simples medida cautelar. A ação pressupõe litigiosidade, ao passo que a mera medida cautelar pode cumprir sua missão preventiva sem a contestação ou oposição do requerido. Uma antecipação de prova, uma caução e quase todas as outras medidas cautelares, em determinadas circunstâncias podem perfeitamente ser requeridas e promovidas até mesmo com o assentimento da parte contrária.
> Sem a lide cautelar (isto é, sem o conflito de interesses em torno da providência preventiva), não há ação cautelar, mas apenas medida cautelar. E não havendo lide (o que praticamente se revela pela falta de contestação ao pedido preventivo), não haverá, também, sucumbência, o que exclui a condenação de custas e honorários advocatícios.
> Sendo certo que as medidas cautelares nem sempre reclamam ação cautelar, deve-se concluir que a incidência da verba advocatícia estará sempre condicionada à existência da situação contenciosa caracterizadora de verdadeira ação cautelar, situação essa que não se revela pelo simples pedido de providência preventiva, mas sim pela atitude assumida pela parte contrária diante da postulação provocadora do acionamento da atividade jurisdicional cautelar.
> O inegável, porém, é que sendo contenciosa a ação cautelar, haverá de o vencido sujeitar-se à regra dos ônus da sucumbência, ficando obrigado a reembolsar o vencedor não só das custas como dos honorários advocatícios"[45]

45 THEODORO JR., Humberto. **Processo cautelar**, 14ª Ed., São Paulo: Leud, 1993.

A despeito disso, a questão nem sempre foi tratada uniformemente pelos tribunais, inclusive no Superior Tribunal de Justiça.

Nesse aspecto, destaca-se que o primeiro caso em que se identificou discussão no STJ sobre a matéria foi julgado em 21 de junho de 1993. Na ocasião, a Primeira Turma do STJ entendeu que, dada a natureza limitada da ação de produção antecipada de provas do CPC/1973, não haveria verdadeiro litígio, de modo que "Dele não resulta vencido, nem vencedor. Por isto, na sentença que o encerra, não há lugar para condenação em honorários por sucumbência"[46].

Cabe destacar que, a despeito de a questão não ter sido expressamente tratada pela Primeira Turma do STJ no julgado em questão, registrou-se a ausência de impugnação, pelo requerido da ação, à pretensão probatória formulada pelo autor. Foi esse ponto que, tanto no âmbito do Tribunal de Justiça de São Paulo como no STJ, fundamentou a ausência de condenação em honorários sucumbenciais.

Nos anos subsequentes, a jurisprudência do STJ, confirmou o descabimento da condenação ao pagamento de honorários sucumbenciais nas ações de produção antecipada das provas, partindo do pressuposto de que, dados seus estreitos limites e objeto, inexistiria – como regra – litígio que pudesse dar causa à sucumbência[47].

A análise atenta dos precedentes indica que, nesses casos, o fundamento para rejeição da possibilidade de imposição dos ônus sucumbenciais residia na ausência de resistência do réu à produção da prova pretendida pelo autor.

---

46 **Superior Tribunal de Justiça**. Recurso especial nº 21.418-3/SP. Relator Ministro Humberto Gomes de Barros, Primeira Turma, votação unânime, julgado em 21.06.1993. Disponível em: <https://processo.stj.jus.br/processo/pesquisa/?tipoPesquisa=tipoPesquisaNumeroRegistro&termo=199200096794&totalRegistrosPorPagina=40&aplicacao=processos.ea>, acesso em 31 de julho de 2023, 12h31.

47 **Superior Tribunal de Justiça**. Recurso especial nº 39.441-4/BA. Relator Ministro Cláudio Santos, Terceira Turma, votação unânime, julgado em 15.12.1993. Disponível em: <https://processo.stj.jus.br/processo/pesquisa/?tipoPesquisa=tipoPesquisaNumeroRegistro&termo=199300277871&totalRegistrosPorPagina=40&aplicacao=processos.ea>, acesso em 31 de julho de 2023, 13h10.
No mesmo sentido: **Superior Tribunal de Justiça**. Recurso especial nº 401.003/SP. Relator Ministro Carlos Alberto Menezes Direito, Terceira Turma, julgado em 11.06.2002. Disponível em: <https://processo.stj.jus.br/processo/pesquisa/?tipoPesquisa=tipoPesquisaNumeroRegistro&termo=200101897596&totalRegistrosPorPagina=40&aplicacao=processos.ea>, acesso em 31 de julho de 2023, 15h10.

Nesse aspecto, merece atenção o acórdão do recurso especial nº 39.441-4/BA, de relatoria do Ministro Cláudio Santos, em que se entendeu pelo descabimento da imputação de honorários sucumbenciais ao autor em razão da declaração de nulidade do laudo pericial produzido sem a participação do requerido, porque não instaurado litígio quanto ao cabimento da medida pretendida, uma vez que, na hipótese, a notificação do requerido ocorrera após a vistoria do perito judicial e elaboração do respectivo laudo, em razão da concessão de medida liminar *inaudita altera pars*.

A partir de 2007[48], acompanhando a percepção doutrinária destacada, acerca da instauração de lide quanto à produção da prova (cabimento da ação, legitimidade para o pedido, utilidade da prova pretendida, dentre outros), o entendimento do STJ verteu-se a favor da existência de sucumbência nas ações antecipatórias marcadas pela oposição de interesses das partes – isto é, com pretensão resistida – e, portanto, da possibilidade de condenação do vencido a arcar com os ônus sucumbenciais.

Desde então, o entendimento da Corte Superior consolidou-se para admitir a condenação em sucumbência da parte vencida nas ações de produção antecipada de provas em que houver pretensão resistida, havendo, ao todo, desde 2007, 28 precedentes julgados pelo STJ que adotam esse critério (de existência de pretensão resistida) como ensejador de sucumbência[49].

O posicionamento, conforme demonstra a pesquisa empírica, vem sendo observado na prática das varas cíveis e empresariais do Tribunal de Justiça de São Paulo, como será destacado a seguir.

48 **Superior Tribunal de Justiça.** Agravo regimental no recurso especial nº 826805/RS. Relator Ministro Humberto Gomes de Barros, Terceira Turma do Superior Tribunal de Justiça, votação unânime, julgado em 18.12.2007. Disponível em: <https://processo.stj.jus.br/processo/pesquisa/?tipoPesquisa=tipoPesquisaNumeroRegistro&termo=200600440907&totalRegistrosPorPagina=40&aplicacao=processos.ea>, acesso em 31 de julho de 2023, 15h20.

49 Termos de pesquisa utilizados: "produção antecipada de provas" e "sucumbência" junto à busca de jurisprudência disponibilizada no site do Superior Tribunal de Justiça: <https://scon.stj.jus.br/SCON/jurisprudencia/toc.jsp>

3. Breve análise dos precedentes das câmaras empresariais do TJSP

3.1. Base amostral e metodologia

O desenvolvimento da análise empírica apresentada nesse artigo se baseou nos acórdãos proferidos pelo TJSP entre janeiro de 2021 a dezembro de 2022, que contivessem o termo de busca "produção antecipada de provas" em suas ementas, conforme dados extraídos entre junho e julho de 2023 do sistema de busca de jurisprudência do próprio TJSP e da plataforma de análise jurisprudencial de dados denominada "Inspira Legal"[50].

Em uma busca inicial, identificou-se 2.621 acórdãos proferidos pelo TJSP entre janeiro de 2021 e dezembro de 2022 que contivessem o termo de busca "produção antecipada de provas" em suas ementas.

Do total de precedentes identificados, somente 123 haviam sido proferidos pelas Câmaras Reservadas de Direito Empresarial do TJSP, distribuídos da seguinte forma: 64 da 1ª Câmara Reservada de Direito Empresarial e 59 da 2ª Câmara Reservada de Direito Empresarial. Do ponto de vista temporal, os julgados se distribuíam da seguinte maneira: 53 recursos foram julgados entre 1º de janeiro e 31 de dezembro de 2021 e 70 recursos, entre 1º de janeiro e 31 de dezembro de 2022.

A justificativa para o corte temporal está relacionada ao objetivo da pesquisa: verificar as tendências recentes de julgamento dos pontos controversos das ações de produção antecipada de provas em busca de *insights* a respeito do comportamento desses processos.

Em um segundo momento, para complementação e validação dos dados, realizou-se pesquisa no instrumento de busca de jurisprudência do próprio TJSP com base (i) no termo de busca "produção antecipada de provas", que deveria estar contido nas ementas dos acórdãos; (ii) nos acórdãos prolatados pelas 1ª e 2ª Câmaras Reservadas de Direito Empresarial; e (iii) no corte temporal definido.

Com a utilização dessas métricas, localizou-se um total de 142 processos, originários dos recursos julgados entre 2021 e 2022, identificados na pesquisa.

Dos 142 processos localizados, verificou-se que 18 deles não se referiam a ações de produção antecipada de provas, o que levou a um espaço amostral inicial de 123 processos, dentro dos quais, 39 tramitavam

50 Mais informações disponíveis em: <https://www.inspira.legal/>.

em segredo de justiça e, portanto, não puderam ser acessados. As decisões referentes a processos em segredo de justiça foram classificadas como não aplicáveis à análise (N/A). A análise se baseou, portanto, nos 84 processos efetivamente qualificados como ações de produção antecipada de provas e cujos autos não estão protegidos por sigilo.

Do espaço amostral analisado, 71% dos processos tramitavam perante a 1ª ou a 2ª Vara Empresarial e de Conflitos de Arbitragem do Foro Central da Comarca da Capital. Dos 29% restantes, 25% tramitaram perante juízos de varas cíveis ou únicas da capital ou de comarcas do interior do estado, enquanto 4% tramitam junto a varas de falência de recuperação judicial da capital.

Com base na totalidade dos dados colhidos e tratados para a pesquisa, elaborou-se gráficos que demonstrassem as proporções encontradas.

3.2. Resultados

Valor da Causa

O valor das causas analisadas variou entre R$ 1.000,00 e R$ 500.00,00, conforme proporção acima. Dos processos computados, cerca de 88% tinham como valor da causa R$ 1.000,00 ou R$ 10.000,00. Somente 12% do espaço amostral analisado divergia dessa dicotomia, atribuindo valores específicos à causa, a depender de seu objeto ou possível proveito econômico.

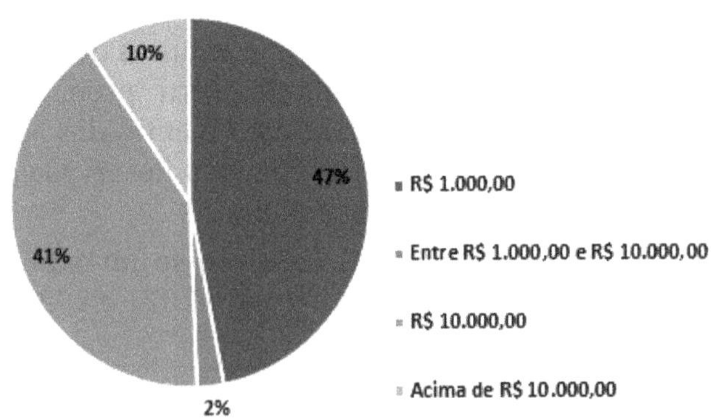

Os números demonstram que, como regra, atribui-se à ação de produção antecipada de provas valores meramente fiscais, o que decorre, em princípio, da inexistência (i) de conteúdo patrimonial da pretensão (a qual está limitada ao acesso à prova), bem como (ii) de benefício econômico a ser imediatamente auferido com a ação.

Essa característica, que extrai sua lógica da ausência de um benefício econômico associado unicamente à produção da prova, acaba por reduzir significativamente o risco econômico das ações de produção antecipada de provas, sob uma perspectiva de custo/benefício.

Os resultados parecem estar adequados ao entendimento que prevalece, atualmente, no Tribunal de Justiça do Estado de São Paulo no sentido de que, a despeito da possibilidade de se vislumbrar determinados reflexos econômicos na medida pretendida, dado o objeto limitado da ação – que visa tão somente à obtenção da prova – não seriam aferíveis reflexos econômicos imediatos, de modo que cabível se atribuir à causa valor somente para fins de alçada ou meramente estimativos[51]. Esse racional também encontra guarida na omissão do artigo 292 do CPC/2015 quanto ao valor a ser fixado nesse tipo de demanda.

Sobre esse ponto, cabe destacar, ainda, que, no último ano, foram observados precedentes no tribunal estadual paulista em que se determinou a correção do valor da causa para corresponder aos custos da

51 A título exemplificativo: "Agravo de instrumento. Produção antecipada de provas. Exibição de documentos. Valor da causa. Determinação, de ofício, de correção do valor estimado em R$ 10.000,00 (dez mil reais) pelo equivalente à "diferença entre receita e recursos (supostamente) recebidos" pelos requeridos e que seria R$ 106.432.593,63 (cento e seis milhões, quatrocentos e trinta e dois mil, quinhentos e noventa e três reais e sessenta e três centavos), conforme parecer inicial apresentado pela autora em outra ação conexa. **Pretensão de exibição de documentos que, todavia, não possui conteúdo econômico imediato. Possibilidade de estimativa pela parte**. Precedentes. Recurso provido." (Tribunal de Justiça do Estado de São Paulo, agravo de instrumento nº 2072186-84.2023.8.26.0000. Relator Desembargador Alexandre Lazzarini, 1ª Câmara Reservada de Direito Empresarial, votação unânime, julgado em 26.03.23. Disponível em: <https://esaj.tjsp.jus.br/cjsg/getArquivo.do?cdAcordao=16692337&cdForo=0>, acesso em 31 de julho de 2023 12h05).
Na mesma direção: **Tribunal de Justiça do Estado de São Paulo**, agravo de instrumento nº 2062988-23.2023.8.26.0000, Relator desembargador Grava Brazil, 2ª Câmara Reservada de Direito Empresarial, votação unânime, julgado em 26 de abril de 2023. Disponível em: <https://esaj.tjsp.jus.br/cjsg/getArquivo.do?cdAcordao=16647611&cdForo=0>, acesso em 31 de julho de 2023, 12h10.

prova – nesses casos específicos, de natureza pericial – pleiteada nas ações[52].

Nesse sentido, vale ressaltar que, nos 12% dos casos analisados que fugiram à regra, justificou-se a atribuição de valor específico à causa com base no valor, ainda que estimado, do benefício econômico da pretensão a ser deduzida no processo principal.

Recentemente, até em razão da crescente complexidade e relevância que as ações de produção antecipada vêm assumindo, a questão parece estar ganhando foco e há processos nos quais o magistrado determinou, de ofício, a correção do valor da causa para que delas constasse o efetivo valor do benefício econômico esperado pela parte autora no processo principal, como ocorreu nas ações de produção antecipadas de provas de nº 1000147-05.2023.8.26.0260 e 1000151-42.2023.8.26.0260, ajuizadas contra as empresas do Grupo Americanas[53] no contexto da divulgação de fraude contábil, seguida de pedido de recuperação judicial.

52 "AGRAVO DE INSTRUMENTO. Ação de produção antecipada de provas. Suposto uso indevido de programas de computador. Decisão que determinou a correção do valor dado à causa. Inconformismo. Acolhimento parcial. Conteúdo econômico que não corresponde àquele de eventual ação principal. Valor atribuído que deve corresponder à prova que se pretende produzir, que, no caso, é a perícia técnica de vistoria. Fixação das custas com base no valor dos honorários periciais, a serem oportunamente fixados pelo julgador a quo. Decisão parcialmente reformada. RECURSO PARCIALMENTE PROVIDO." (**Tribunal de Justiça do Estado de São Paulo**, agravo de instrumento nº 2007885-02.2021.8.26.0000. Relatora desembargadora Clara Maria Araújo Xavier, 8ª Câmara de Direito Privado, votação unânime, julgado em 20.05.2021. Disponível em: <https://esaj.tjsp.jus.br/cposg/search.do?conversationId=&paginaConsulta=0&cbPesquisa=NUMPROC&numeroDigitoAnoUnificado=2007885-02.2021&foroNumeroUnificado=0000&dePesquisaNuUnificado=2007885-02.2021.8.26.0000&dePesquisaNuUnificado=UNIFICADO&dePesquisa=&tipoNuProcesso=UNIFICADO#?cdDocumento=24>, acesso em 31 de julho de 2023, 12h15)
No mesmo sentido: Tribunal de Justiça do Estado de São Paulo, agravo de Instrumento nº 2049860-38.2020.8.26.0000, Relator Desembargador Marcos Pimentel Tamassia., 1ª Câmara de Direito Público, votação unânime, julgado em 24.06.2020. Disponível em: < https://esaj.tjsp.jus.br/cposg/search.do?conversationId=&paginaConsulta=0&cbPesquisa=NUMPROC&numeroD igitoAnoUnificado=2049860-38.2020&foroNumeroUnificado=0000&dePesquisaNuUnificado=2049860-38.2020.8.26.0000&dePesquisaNuUnificado=UNIFICADO&dePesquisa=&tipoNuProcesso=UNIFICADO>, acesso em 31 de julho de 2023, 12h20.

53 Tribunal de Justiça do Estado de São Paulo. Ação de Produção Antecipada de Provas nº 1000147-05.2023.8.26.0260, em trâmite perante a 2ª Vara Regional de Competência Empresarial e de Conflitos Relacionados a Arbitragem, ajuizada pelo Banco Bradesco S.A. em face do Grupo Americanas; e TJSP, Ação de Produção An-

Existência e Concessão de Pedido Liminar

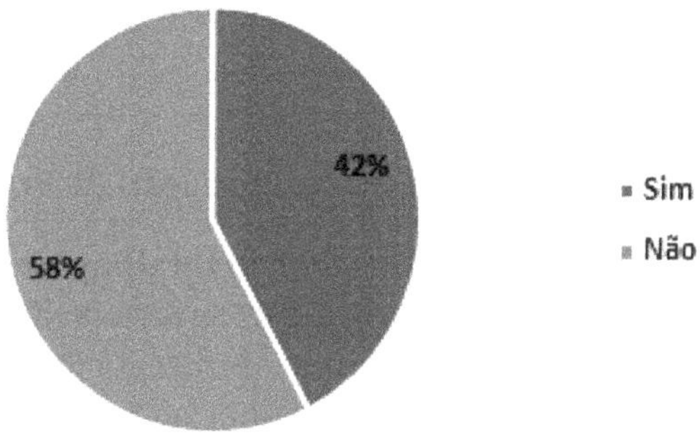

Ainda com base na pesquisa empírica realizada, nota-se que em 58% dos processos não foi formulado pedido liminar para produção da prova, enquanto os processos com tal requerimento representam 42% do total analisado, – o que sinaliza que a urgência (do que depende a concessão de medidas liminares, na forma do artigo 300 do CPC/2015) não é mais um fundamento predominante a embasar, na maioria dos casos, o ajuizamento das ações de produção antecipada de provas.

Por outro lado, nos processos em que foi formulado pedido de liminar (42% dos casos acima), a medida de urgência pleiteada pelo autor não foi conferida sem que antes se ouvisse a contraparte em 62% dos casos. O resultado demonstra uma preocupação dos juízes em conceder liminares *inaudita altera pars*, mesmo no contexto da produção antecipada de provas.

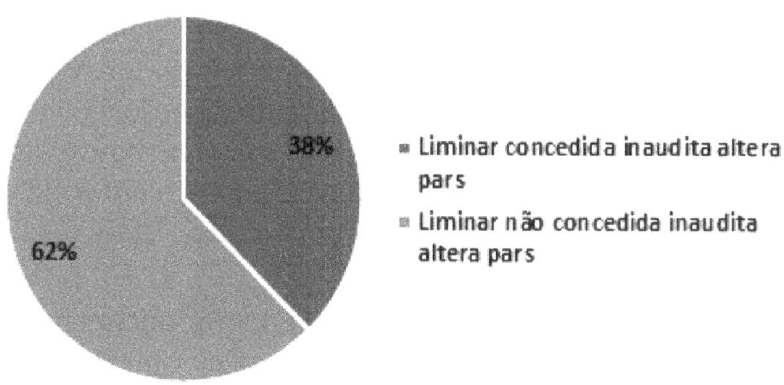

tecipada de Provas nº 1000151-42.2023.8.26.0260, em trâmite perante a 1ª Vara Regional de Competência Empresarial e de Conflitos Relacionados a Arbitragem, ajuizada pelo Banco Safra S.A. em face do Grupo Americanas.

Nesse sentido, o privilégio ao contraditório e à participação das partes interessadas na produção da prova evidencia a interpretação sistemática do artigo 382, §4º, do CPC, que, em uma leitura literal, inibiria a apresentação de defesa nessas ações.

Tempo entre Ajuizamento da Ação e Início da Produção da Prova

Quase metade das ações analisadas (47% do total) ainda não contou, efetivamente, com a produção da prova pretendida, seja porque a produção requerida foi indeferida, seja porque ainda está em discussão – entre as partes – se a prova será produzida e qual será sua extensão.

Dos 53% restantes – em que a prova foi deferida e sua produção já foi iniciada –, predominam os processos em que se levou menos de 6 meses para que se iniciasse a produção da prova pleiteada.

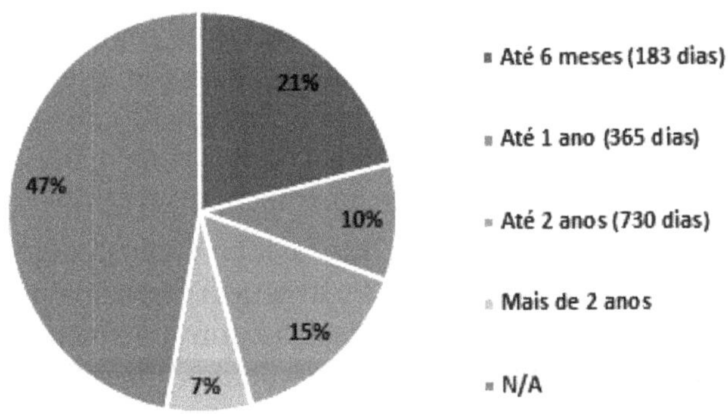

Há, contudo, casos em que o contraditório se estende substancialmente, retardando o início da produção da prova. Em vista disso, ao somar o tempo decorrido entre o ajuizamento da ação e o início da produção da prova, dos 45 processos analisados em que houve deferimento da prova (e que correspondem a 53% da amostra, conforme detalhado acima), obtêm-se a média de 361 dias para o início efetivo da produção da prova.

A demora entre a formulação do pedido e o início efetivo da produção de provas tem relação com a crescente complexidade que essas ações vêm assumindo, assim como com a ampliação do contraditório que vem sendo permitida pela jurisprudência.

Acolhimento da Defesa

Os casos em que as defesas apresentadas pelos réus foram, de fato, acolhidas representam menos de 1/3 da base amostral, havendo preponderância da rejeição das defesas suscitadas pelos réus. Há também, dentro do espaço amostral, considerável parcela de processos em que não houve apresentação de defesa, seja porque a inicial foi indeferida logo de princípio, seja porque o réu simplesmente cumpriu a ordem judicial de apresentar os documentos solicitados, particularmente quando a prova perquirida se limitava à apresentação de documentos.

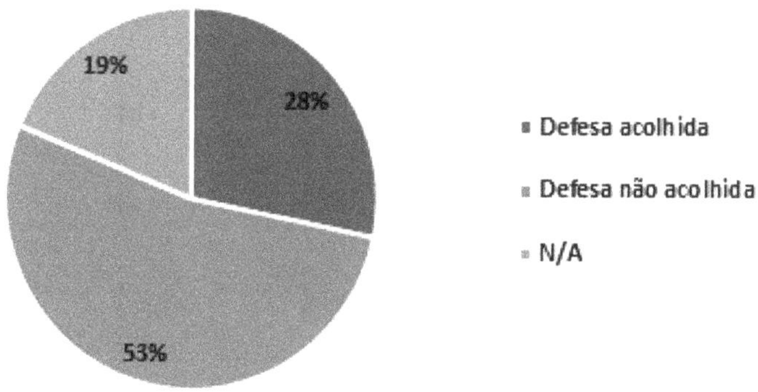

De todo modo, é possível identificar dos dados coletados que a regra é o deferimento da prova requerida em toda sua extensão – sendo a defesa da parte ré nas ações de produção antecipada de prova acatada na menor parte dos casos. De maneira geral, os pontos mais suscitados pelas defesas dos réus são a ilegitimidade de uma das partes (seja passiva ou ativa), a ausência de interesse de agir (necessidade e/ou utilidade na produção da prova) ou razões de mérito sobre a produção da prova – como por exemplo, que parte autora não teria direito a acessar as provas que pretende produzir e/ou o réu não está legalmente obrigado a produzir a prova (por questões relacionadas a sigilo).

Condenação em Honorários de Sucumbência

Conforme também demonstra o resultado da pesquisa, há preponderância dos casos em que a parte sucumbente é condenada ao pagamento de honorários advocatícios (59% dos processos analisados), o que evidencia que o posicionamento jurisprudencial, fixado ainda na vigência do CPC/73, pela admissão da condenação nos ônus sucumbenciais no caso de pretensão resistida – como preconiza a teoria da causalidade –, tem prevalecido em primeira instância.

A condenação em honorários sucumbenciais apenas foi afastada em 21% dos casos que compuseram a amostra analisada.

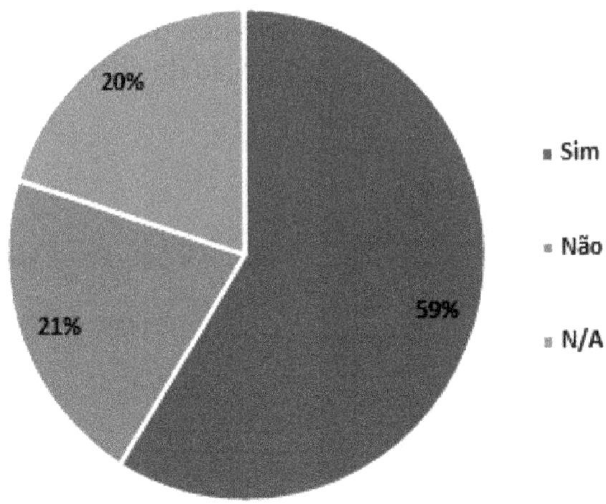

A razão para tanto variou desde o indeferimento da inicial até o estrito cumprimento da letra da lei. Em geral, os juízes que afastaram a incidência de honorários de sucumbência entenderam pela inexistência de uma resistência injustificada por parte da ré que fizesse jus à condenação ou, do contrário, entenderam que, mesmo ao indeferir a produção de prova pleiteada, não seria cabível condenar o autor em sucumbência pois não se trataria da exceção prevista pelo CPC.

Os processos em que se classificou o resultado como "não aplicável" (N/A) são aqueles ainda em trâmite.

Conclusão

O aumento do grau de complexidade das relações jurídicas aliado ao assoberbamento do Poder Judiciário, que, no mais das vezes, prejudica a eficiência do sistema; bem como o reconhecimento das partes como destinatárias da prova, fazendo jus à sua produção para melhor entenderem suas posições jurídicas, demandaram a atualização do ordenamento processual, que já vinha paulatinamente sendo adaptado pela doutrina e pela jurisprudência.

O resultado dessa evolução é o CPC/2015 que consagra, dentre seus inúmeros preceitos, a utilização dos métodos extrajudiciais de solução de conflitos e o direito autônomo à produção das provas como corolário do contraditório e da ampla defesa. Esses vetores levaram à ampliação do rol (segundo parcela da doutrina, agora, não taxativo) de hipóteses em que se admite a produção ou o acesso às provas, por meio das ações probatórias autônomas.

Passados sete anos desde o início de vigência do CPC/2015, percebe-se a crescente aceitação do instituto, que vem ganhando enorme relevância no meio jurídico, conforme se denota do elevado número de ações ajuizadas e recursos tratando sobre a matéria que foram objeto de julgamento pelo TJSP nos dois últimos anos.

A pesquisa empírica realizada para este artigo mostra que as partes e os magistrados que atuam nas varas cíveis e empresariais, bem como na câmara reservada do Tribunal de Justiça do Estado de São Paulo, têm dado aplicação consideravelmente coesa às ações dessa natureza.

Nesse sentido, percebe-se a consagração dos seguintes aspectos:

(i) a dispensa do requisito da urgência para a admissibilidade da ação probatória autônoma, que poderá ser ajuizada com o objetivo de obtenção de informações, documentos e/ou provas aptas a guiar as partes à celebração de acordo e/ou a justificar o ajuizamento ou a desistência de uma ação judicial;

(ii) o caráter sumário do procedimento deve ser compatibilizado com as garantias do contraditório e da ampla defesa relacionados ao direito à prova, cabendo a apresentação de impugnação à pretensão do autor da ação, desde que observadas as balizas legais quanto à limitada cognição do magistrado nesse tipo processual;

(iii) o direito autônomo à produção da prova e a possibilidade de sua utilização no CPC/2015 não é ilimitado e não pode ser subterfúgio para a obtenção de vantagens ilegais, de modo que seu exercício deverá ser pautado pelos princípios que regem as relações processuais, notadamente, aqueles que estabelecem a observância à boa-fé e vedação ao abuso de direito;

(iv) a natureza do procedimento implica a inexistência de conteúdo econômico imediatamente aferível, o que justifica o ajuizamento da ação com indicação do valor da causa apenas para fins de alçada ou baseado nas estimativas da parte autora;

(v) dada a possibilidade de pretensão resistida nas ações probatórias autônomas – o que decorre, como demonstrado, da necessária compatibilização do instituto com as garantias da ampla defesa e contraditório –, é possível a condenação da parte vencida a arcar com os ônus da sucumbência; por fim,

(vi) em que pese a evolução das discussões desde a entrada em vigor do CPC/2015, é necessário o estabelecimento de limites à atuação das partes e seus advogados, de modo a evitar o exercício predatório desse tipo processual, desvirtuando um instituto que tem o potencial de qualificar o exercício do direito de ação e prover caminhos mais adequados à solução de controvérsias.

Bibliografia

ALVES, Antonio Bruni Vieira. **Da admissibilidade na produção antecipada de provas sem o requisito da urgência (ações probatórias autônomas) no novo CPC**. *In.*: DIDIER JR., Fredie, et. al, Direito Probatório, Coleção Grandes Temas do Novo CPC, 2ª Ed., revista, atualizada e ampliada, Salvador: Jvspodium, 2016.

BUENO, Cassio Scarpinella **Manual de direito processual civil – volume único / Cassio Scarpinella Bueno.** – 6ª ed. – São Paulo: Saraiva Educação, 2020.

BUENO, Cassio Scarpinella. **Curso sistematizado de direito processual civil: procedimento comum, processos nos tribunais e recursos**, 12ª Ed., revista, ampliada e atualizada, São Paulo: SaraivaJur, 2023.

BUENO, Cassio Scarpinella. **Novo Código de Processo Civil anotado**, São Paulo: SaraivaJur, 2017.

CARVALHO, Nathália Gonçalves de Macedo. **Introdução ao *Federal Rules of Evidence* e os pontos de encontro com o CPC 2015**. *In.:* DIDIER JR., Fredie, et. al. **Novo CPC doutrina selecionada, v. 3: provas**, 2ª Ed., Salvador: Jvspodium, 2016.

DIDIER JR., Fredie. **Curso de direito processual civil: teoria da prova, direito probatório, decisão, precedente, coisa julgada e tutela provisória**, 13ªEd., revista, atualizada e ampliada, Salvador: Jvspodium, 2018.

DIDIER JR., Fredie. **Produção antecipada da prova**. *In.:* DIDIER JR., Fredie, et. al. **Novo CPC doutrina selecionada, v. 3: provas**, 2ª Ed., Salvador: Jvspodium, 2016.

DINAMARCO, Cândido Rangel. **Instituições de processo civil**, v. 3, 7ª Ed., revista, atualizada e ampliada, 2017.

FILARDI, Hugo. **Ações probatória autônomas.** Revista de Direito Privado, v. 102/2019, Nov - Dez / 2019.

LOPES, Teresa Ancona. **Exercício do direito e suas limitações: abuso do direito.** In.: MENDES, Gilmar; STOCO, Rui (coord.). Doutrinas Essenciais de Direito Civil [livro eletrônico], vol. IV, Ed. Revista dos Tribunais, 2011.

MARINONI, Luiz Guilherme; ARENHART, Sérgio Cruz; MITIDIERO, Daniel. **Código de processo civil comentad**o, 6ª Ed., revista, atualizada e ampliada, 2020, São Paulo: Editora Revista dos Tribunais.

NERY Junior, Nelson; NERY, Rosa Maria de Andrade. **Código de Processo Civil comentado** [livro eletrônico], 3ª Ed., São Paulo: Thomson Reuters Brasil, 2018.

NEVES, Daniel Amorim Assumpção. **Ações probatórias autônomas.** 2006. Tese (Doutorado) – Universidade de São Paulo, São Paulo, 2006.

NEVES, Daniel Amorim Assumpção. **Código de Processo Civil Comentado**, 5ª Ed., revista e atualizada, Salvador: Jvspodium, 2020.

RODRIGUES, Daniel Colnago. **A velha e a nova produção antecipada de prova.** *In.:* Revista de Processo, v. 327/2022, maio/2022.

ROSA, Alexandre Morais da. **Guia do Processo Penal Estratégico: de acordo com a Teoria dos Jogos**, 1ª ed., Santa Catarina: Emais, 2021.

TALAMINI, Eduardo. **Da produção antecipada da prova.** In.: CRAMER, Ronaldo. CABRAL, Antonio do Passo. **Comentários ao Novo Código de Processo Civil.** Rio de Janeiro: Editora Forense, 2015, p. 591; e DIDIER JR., Fredie. **Curso de direito processual civil: teoria da prova, direito probatório, decisão, precedente, coisa julgada e tutela provisória**, 13ª Ed., revista, atualizada e ampliada, Salvador: Jvspodium, 2018.

TALAMINI, Eduardo. **Produção Antecipada de Prova no Código de Processo Civil de 2015.** Revista de Processo, vol. 260/2016, p. 751/01, Out./2016.

THEODORO JR., Humberto, **Curso de direito processual civil: teoria geral do direito processual civil, processo de conhecimento e procedimento comum,** volume 1, 56ª Ed., Rio de Janeiro: Forense, 2015.

THEODORO JR., Humberto. **Processo cautelar**, 14ª Ed., São Paulo: Leud, 1993.

YARSHELL, Flávio Luiz. **Antecipação da prova sem o requisito da urgência e direito autônomo à prova**, São Paulo, Malheiros, 2009.

YARSHELL, Flávio Luiz. **Breves Comentários ao Novo Código de Processo Civil.** São Paulo: Revista dos Tribunais, 2015.

É POSSÍVEL JULGAR SEM FATOS?

BREVE EXAME CRÍTICO QUANTO À OBJETIVAÇÃO DE JULGAMENTOS EM SEDE DE RECURSO ESPECIAL REPETITIVO (O CASO DAS MEDIDAS EXECUTIVAS ATÍPICAS)

Guilherme José Braz de Oliveira[1]

I. Introdução: delineamento do tema

O Superior Tribunal de Justiça afetou para julgamento[2], por meio de dois recursos especiais *repetitivos*[3], o tema nº 1.137, assim delimitado:

---

1 Mestre e Doutor em Direito Processual Civil pela USP. Advogado.

2 Na forma do artigo 1.036 do Código de Processo Civil: "Sempre que houver *multiplicidade de recursos* extraordinários ou *especiais com fundamento em idêntica questão de direito, haverá afetação para julgamento* de acordo com as disposições desta Subseção, observado o disposto no Regimento Interno do Supremo Tribunal Federal e no do Superior Tribunal de Justiça" (destacamos). O procedimento de julgamento vem regulado, com mais detalhes, nos artigos 256 a 256-G do Regimento Interno do Superior Tribunal de Justiça.

3 Autuados sob nºs 1.955.539/S.P. e 1.955.574/S.P., ambos originários do Tribunal de Justiça do Estado de São Paulo, sob a Relatoria do Ministro Marco Buzzi. Houve, inclusive, com esteio no artigo 1.037, inciso II, do Código de Processo Civil, a determinação de "*suspensão* do processamento de *todos os processos pendentes, individuais ou coletivos*, que versem sobre a questão e tramitem no território nacional" (destacamos). O número de processos paralisados é enorme, nacionalmente. A decisão do saudoso Ministro Paulo de Tarso Sanseverino, na qualidade de então Presidente da Comissão Gestora de Precedentes e Ações Coletivas, no âmbito do Superior Tribunal de Justiça, destacou: "Com relação à questão de direito objeto da presente indicação de recurso representativo da controvérsia, destaco o potencial de multiplicidade da matéria veiculada neste processo. Em pesquisa à base de jurisprudência desta Corte, é possível recuperar aproximadamente 76 acórdãos e 2.168 decisões monocráticas proferidas por Ministros das Terceiras e Quarta Turmas" (publicada em 3 de novembro de 2021).

"Definir se, com esteio no art. 139, IV, do CPC/15, é possível, ou não, ao magistrado, observando-se a devida fundamentação, o contraditório e a proporcionalidade da medida, *adotar, de modo subsidiário, meios executivos atípicos*" (destacamos).

Dessa forma, pretende-se estabelecer, mediante decisão de cunho *objetivo*[4], qual seria a norma jurídica[5] resultante da interpretação do artigo 139, inciso IV, do Código de Processo Civil, que dispõe: "O juiz dirigirá o processo conforme as disposições deste Código, incumbindo-lhe: (...) IV – *determinar todas as medidas indutivas, coercitivas, mandamentais ou sub-rogatórias necessárias para assegurar o cumprimento de ordem judicial, inclusive nas ações que tenham por objeto prestação pecuniária*" (destacamos).

4 A Ministra NANCY ANDRIGHI, examinando ainda a antiga arguição de relevância, vigente sob a égide da Constituição de 1967, e de acordo com a redação estabelecida pela Emenda Constitucional nº 1, de 1969, ponderou, à época, que ao Supremo Tribunal Federal "*importa a questão federal em tese* e não a relevância do interesse individual que está sob apreciação do julgador. Por isso, ao *julgá-la* o STF *emite um julgamento em tese – isto é – em abstrato analisa se a questão interessa à Federação*" (*Arguição de relevância*, Brasília, Superior Tribunal de Justiça, 2000, página 3, disponível [*on-line*] in: http://bdjur.stj.gov.br/dspace/handle/2001/633, destacamos).

5 Utilizando-se, nesse ponto, as lições do Professor EROS ROBERTO GRAU, ao explicar que não se interpretam *normas*, mas sim *textos normativos*. As *normas* resultam do processo de interpretação desses textos normativos. Explica: "*Texto e norma* não se identificam: o *texto* é o *sinal linguístico*; a *norma* é o que se revela, *designa*" (*Por que Tenho Medo dos Juízes [a interpretação/aplicação do direito e os princípios]*, 10ª edição, São Paulo, Malheiros – Jus Podivum, 2021, pp. 39/40, destaques no original). E arremata: "A interpretação, destarte, é meio de expressão dos *conteúdos normativos* das *disposições*, meio através do qual buscamos as *normas* contidas nas *disposições*. Do quê diremos ser – a *interpretação* – atividade *que se presta a transformar disposições (textos, enunciados) em normas*. As *normas*, portanto, resultam da interpretação. E o ordenamento, no seu valor histórico-concreto, é *um conjunto de interpretações*, isto é, *conjunto de normas*. O conjunto das *disposições (textos, enunciados)* é apenas *ordenamento em potência*, um *conjunto de possibilidades de interpretação*, um *conjunto de normas potenciais*. O significado (isto é, a *norma*) é o resultado da tarefa interpretativa. Vale dizer: *o significado da norma é produzido pelo intérprete*" (citado, p. 40).

Em suma, portanto, buscará aquela Corte de Vértice[6] estabelecer, de maneira *abstrata*[7], e com pretensos efeitos *vinculantes*[8], a tormentosa questão das medidas *atípicas* em sede de *execução*, tão discutida desde a entrada em vigor do Código de Processo Civil, de 2015.

Contudo, entende-se que uma pergunta *anterior*, e ainda mais importante sobre o tema, precisa ser enfrentada e respondida: *será mesmo viável, em um único julgado, definir a aplicação e o alcance de um dispositivo legal que pode abranger um sem-número de casos concretos distintos, cada um deles envolvendo situações fáticas diversas*?

---

6 Definição cunhada por DANIEL MITIDIERO (*Cortes Superiores e Cortes Supremas - do controle à interpretação, da jurisprudência ao precedente*, 2ª ed., São Paulo, Revista dos Tribunais - R.T., 2014, p. 12). CÂNDIDO RANGEL DINAMARCO, a seu turno, define os Tribunais de *Superposição*: "São órgãos de superposição os tribunais que, nos *limites das competências constitucionalmente fixadas, têm o poder de rever decisões dos órgãos mais elevados de cada uma das Justiças*" (*Instituições de Direito Processual Civil*, Volume I, 2ª ed., São Paulo, Malheiros, 2002, p. 452, destacamos).

7 Antigo voto do Ministro GILMAR MENDES consignou: "Esse novo modelo legal, traduz, sem dúvida, um avanço na concepção vetusta que caracteriza o recurso extraordinário entre nós. Esse instrumento deixa de ter caráter marcadamente subjetivo ou de defesa de interesse das partes, para assumir, de forma decisiva, a função de defesa da ordem constitucional objetiva" (Medida Cautelar em Recurso Extraordinário nº 376.852/S.C., originária de Santa Catarina, julgada em 27 de maio de 2003, Plenário do Supremo Tribunal Federal, publicada em 13 de junho de 2003).

8 Como, a priori, referem os artigos 927, inciso III, 932, inciso IV, alínea "*b*", e inciso V, alínea "*b*", 1.030, inciso I, alínea "*a*", 1.035, § 7º, 1.040, incisos I, II e III, e 1.041 do Código de Processo Civil. Contudo, parte da doutrina diverge desse entendimento, por não visualizar, em suma, a possibilidade de que legislação ordinária estabelecesse efeitos vinculantes a pronunciamentos judiciais, o que somente poderia ocorrer por meio de emenda constitucional. Por todos, NELSON NERY JUNIOR: "esses preceitos vinculam juízes e tribunais, vinculação essa de inconstitucionalidade flagrante. O objetivo almejado pelo CPC 927 necessita ser autorizado pela CF. Como não houve modificação na CF para propiciar ao Judiciário legislar, como não se obedeceu ao devido processo, não se pode afirmar a legitimidade desse instituto previsto no texto comentado" (*Código de Processo Civil Comentado*, 16ª ed., São Paulo, RT, 2016, p. 1963). Sobre essa específica questão, examinando cada uma das diferentes posições quanto aos efeitos vinculantes ou não dos precedentes judiciais, no Brasil, após a promulgação do Código de Processo Civil de 2015, confrontar: ROGÉRIO MOLLICA - OCIMAR BARROS DE OLIVEIRA, *O novo CPC, os precedentes vinculantes e a discussão sobre a (in)constitucionalidade de sua previsão infraconstitucional*, in *Revista de Direito Brasileira*, v. 21, nº 8, 2018.

Ou, em outras palavras: dada a *amplitude das questões jurídicas* e principalmente das questões de *fato* relativas ao tema das medidas executivas atípicas, *é possível formar um precedente judicial a partir desse julgamento*?

Afinal, como explicita o professor José Rogério Cruz e Tucci, que dedicou especial atenção ao tema, "os órgãos judicantes, no exercício regular de pacificar os cidadãos, descortinam-se como celeiro inesgotável de atos decisórios. Assim, o núcleo de cada um destes pronunciamentos constitui, em princípio, um *precedente judicial*. O alcance somente pode ser depreendido aos poucos, depois de decisões posteriores. O *precedente* então nasce como uma regra de um caso e, em seguida, terá ou não o destino de tornar-se a regra de uma série de casos análogos"[9].

E por isso conclui: "Bem é de ver que, pressupondo sobre o aspecto temporal, uma decisão já proferida, todo *precedente judicial* é composto por duas partes distintas: *a)* as circunstâncias de fato que embasam a controvérsia; e *b)* a tese ou o princípio jurídico assentado na motivação (*ratio decidendi*) do provimento decisório"[10].

II. Breve exame dos casos concretos afetados a julgamento *repetitivo*

Inicialmente, é preciso delimitar as hipóteses *fáticas* de cada um dos recursos especiais repetitivos que serão julgados pelo Superior Tribunal de Justiça, com base no regime de *afetação*[11].

O objetivo, entretanto, não é examinar o árduo tema das *medidas atípicas* em sede de *execução*. O que se pretende discutir, como visto,

9 *Precedente Judicial como Fonte do Direito*, São Paulo, RT, 2004, p. 12. Nessa rica obra, traça importante escorço histórico em relação à eficácia do precedente judicial no Direito brasileiro, desde o Regulamento nº 737, de 1850 (pp. 233-246). Sobre o mesmo relevante tema, vide do mesmo autor: *Direito Processual Civil – entre comparação e harmonização*, São Paulo, Jus Podivum, 2021.

10 *Precedente Judicial como Fonte do Direito*, cit., p. 12, destacamos.

11 Determina o artigo 1.037 do Código de Processo Civil: "Selecionados os recursos, o relator, no tribunal superior, constatando a presença do pressuposto do caput do art. 1.036, proferirá decisão de afetação, na qual: I – identificará com precisão a questão a ser submetida a julgamento; II – determinará a suspensão do processamento de todos os processos pendentes, individuais ou coletivos, que versem sobre a questão e tramitem no território nacional; III – poderá requisitar aos presidentes ou aos vice-presidentes dos tribunais de justiça ou dos tribunais regionais federais a remessa de um recurso representativo da controvérsia".

é uma questão prévia, que se entende ainda mais relevante: *é possível abstrair os fatos para a fixação de um precedente* para essa situação? A resposta parece ser *negativa*. Por isso, uma breve análise dos casos concretos torna-se fundamental.

No âmbito do Recurso Especial *Repetitivo* nº 1.95.539/S.P discute-se, especificamente, a possibilidade de *suspensão* de *carteira nacional de habilitação* e de *passaporte* do devedor, medidas que haviam sido indeferidas na Corte Paulista.

Destaque-se, para reforçar a preocupação ora exposta, que o acórdão recorrido, ao reformar decisão de primeiro grau, havia autorizado o *bloqueio dos cartões de crédito* do executado, ressalvando a seguinte circunstância, de ordem *fática*: "tal bloqueio é possível, desde que o cartão não esteja vinculado especificamente à compra de produtos alimentícios"[12].

Igual discussão é tratada no Recurso Especial *Repetitivo* nº 1.955.574/SP, também sob a Relatoria do Ministro MARCO BUZZI. Contudo, o Tribunal de Justiça do Estado de São Paulo manteve o indeferimento, por completo, daquelas mesmas três medidas *coercitivas*, ao indeferir também o cancelamento de cartões de crédito do devedor[13].

Sempre com o foco no que aqui pretende se examinar, que não diz respeito, como ressalvado, ao mérito recursal, o voto condutor desse segundo acórdão deixou vincado[14]: "Trata-se a toda evidência de *dispo-*

12 Agravo de Instrumento nº 2272477-42.2019.8.26.0000, Relatora Desembargadora DENISE ANDRÉA MARTINS RETAMERO, 24ª Câmara de Direito Privado, julgado em 15 de setembro de 2020, por *maioria de votos*, publicado em 8 de fevereiro de 2021. O voto condutor pontuou: "No presente caso, não há nem menção de que o cartão de crédito é utilizado para aquisição de alimentos necessários à sobrevivência dos Executados". Divergindo desse entendimento e acolhendo a pretensão do banco exequente, em maior extensão, o voto do Terceiro Desembargador PLÍNIO NOVAES DE ANDRADE JÚNIOR pontuou: "Ressalte-se, entretanto, que a administradora dos cartões de crédito está impossibilitada de controlar a finalidade para a qual ele [cartão de crédito] será usado pelo devedor. Assim, não é possível saber se o referido cartão foi empregado para compra de alimentos".

13 Agravo de Instrumento nº 2041664-45.2021.8.26.0000, Relator Desembargador ALBERTO GOSSON, 22ª Câmara de Direito Privado, julgado em 16 de março de 2021, publicado em 23 de março de 2021, votação *unânime*.

14 Tendo sido apresentada importante digressão, inclusive de ordem histórica, no sentido de que o devedor responde com o seu patrimônio – e não pessoalmente – pelo inadimplemento de obrigação. Daí porque entendeu ser impossível a apreensão de carteira de motorista, de passaporte, ou o bloqueio de cartão de crédito,

sitivo legal de amplo espectro que se socorre de *conceitos jurídicos indeterminados*, tais como 'medidas *indutivas*', '*coercitivas*', '*mandamentais* ou *sub-rogatórias*' necessárias para assegurar o cumprimento de ordem judicial, permitindo sua aplicação 'inclusive nas ações que tenham por objeto prestação pecuniária, fazendo crer que, também nas demandas cujo objeto é de ordem patrimonial, as medidas assecuratórias então elencadas são admissíveis. Transfere, assim, razoável *poder discricionário* ao juiz no dispor das práticas assecuratórias, tendo por objetivo a efetivação do direito merecedor de tutela" (destacamos).

Verifica-se que nenhuma dessas circunstâncias *fáticas*, e bastante *específicas, delineadas em cada um dos casos concretos*, constou no julgamento inicial, prolatado pela Segunda Seção do Superior de Justiça[15], no qual acolhida a proposta de *afetação* desses recursos especiais, tornando-os, assim, de caráter *repetitivo*.

O relatório do voto do Ministro Marco Buzzi apenas transcreve a ementa de um dos acórdãos do Tribunal de Justiça de São Paulo, na qual se fez referência *genericamente* às medidas atípicas em sede de execução (suspensão de carteira de motorista e passaporte, além de bloqueio de cartão de crédito).

A priori, tais fatos passaram ao largo da delimitação do tema nº 1.137. Enfatizou-se, até mesmo, que não incidiriam "os óbices sumulares nº 5 e 7/STJ, porquanto a *averiguação da tese supramencionada afigura-se eminentemente de direito*" (destacamos).

De certo a questão posta a exame, e que cumprirá ao Superior Tribunal de Justiça examinar e decidir, a teor do quanto viabiliza o artigo 105, inciso III, alínea "*a*", da Constituição do Brasil, mas agora com *amplos efeitos*, diz com caracterização, ou não, de negativa de vigência ao artigo 139, inciso IV, do Código de Processo Civil.

No entanto, é certo que a interpretação de qualquer dispositivo – seja ele constitucional, ou de ordem legal – não pode, em absoluto, prescindir dos fatos. Esse o contraponto que se pretende enfatizar.

"*invadindo delicada esfera de direito fundamental*, retrocedendo-se mesmo alguns passos na conquista jurisprudência que resultou na vedação à pena de prisão civil por dívida" (destacamos).

15 A questão, vale referir, foi transferida para a Corte Especial, em julgamento de Questão de Ordem realizado em 2 de maio de 2023.

III. Os julgamentos de caráter *objetivo* no direito processual civil brasileiro

Sem dúvida, a sistemática dos julgamentos de caráter *objetivo* revelou-se de fundamental importância, no Brasil.

Com a promulgação da Emenda Constitucional nº 45, de 2004, instituiu-se o requisito da *repercussão geral das questões constitucionais* discutidas em sede de recurso extraordinário (*cfr.* artigo 102, § 3º da Constituição do Brasil), pelo Supremo Tribunal Federal. Viabilizou-se, então, a possibilidade de fixação de *teses jurídicas, a partir do julgamento de um determinado caso concreto*, mas *com efeitos diretos também para um sem-número de outros processos*, que com ele guardem *similitude*[16].

Em seguida, ainda na vigência do Código de Processo Civil de 1973, a Lei Federal nº 11.672, de 2008, acrescentou o artigo 543-C, tratando dos recursos especiais *repetitivos* que envolvem "*multiplicidade de recursos* com *fundamento em idêntica questão de direito*" (destacamos). Tratou-se, à época, de uma medida por assim dizer *paliativa*[17], na medida em que o legislador constitucional havia, até então, restringido o

16 Examinamos o tema em Dissertação de Mestrado sob a orientação do Professor José Rogério Cruz e Tucci: Guilherme José Braz de Oliveira, *Repercussão Geral das Questões constitucionais – e suas consequências para o julgamento do Recurso Extraordinário*, São Paulo, Universidade de São Paulo – U.S.P., 2009. Destaque-se, por importante, que a mesma Emenda Constitucional nº 45, de 2004, criou também a súmula vinculante, de acordo com o artigo 103-A: "O Supremo Tribunal Federal poderá, de ofício ou por provocação, mediante decisão de dois terços dos seus membros, após reiteradas decisões sobre matéria constitucional, aprovar súmula que, a partir de sua publicação na imprensa oficial, terá efeito vinculante em relação aos demais órgãos do Poder Judiciário e à administração pública direta e indireta, nas esferas federal, estadual e municipal, bem como proceder à sua revisão ou cancelamento, na forma estabelecida em lei. § 1º A súmula terá por objetivo a validade, a interpretação e a eficácia de normas determinadas, acerca das quais haja controvérsia atual entre órgãos judiciários ou entre esses e a administração pública que acarrete grave insegurança jurídica e relevante multiplicação de processos sobre questão idêntica". Nessa seara, entretanto, não se julga (também) o caso concreto. O enunciado sumular tem caráter puramente *abstrato* e *geral*, embora o enunciado decorra, sempre, do julgamento *reiterado* de casos concretos nos quais discutida a questão de direito constitucional controvertida.

17 Guilherme José Braz de Oliveira, *Repercussão Geral das Questões constitucionais – e suas consequências para o julgamento do Recurso Extraordinário*, cit., pp. 325-337.

requisito de admissibilidade da repercussão geral apenas para os julgamentos do Supremo Tribunal Federal.

A preocupação maior, em relação aos julgamentos que envolviam questão de direito *infraconstitucional*, estava centrada na *quantidade* de recursos submetidos a julgamento também perante o Superior Tribunal de Justiça[18]. Por isso, essa mesma sistemática foi mantida no Código de Processo Civil de 2015, em seus artigos 1.036 a 1.041.

Após quase vinte anos da promulgação da Emenda Constitucional nº 45, de 2004, apenas no ano de 2022 foi promulgada a Emenda Constitucional nº 125, instituindo o requisito da *relevância* para a *admissibilidade* dos recursos especiais. Dispõe o artigo 105, § 2º da Constituição do Brasil: "No recurso especial, *o recorrente deve demonstrar a relevância das questões de direito federal infraconstitucional discutidas no caso*, nos termos da lei, *a fim de que a admissão do recurso seja examinada pelo Tribunal*, o qual somente pode dele não conhecer com base nesse motivo pela manifestação de 2/3 (dois terços) dos membros do órgão competente para o julgamento"(destacamos[19]).

18 Conforme notícia divulgado pelo Tribunal, ainda em novembro de 2007 atingiu-se a impressionante marca de 1.000.000 de recursos especiais recebidos para julgamento, a partir da promulgação da Constituição do Brasil de 1988 (http://www.stj.gov.br/portal_stj/publicacao/engine.wsp?tmp.area=398&tmp.texto=85). Isso sem contar que, naquele mesmo período, foram julgados cerca de 2.400.000 recursos, dos quais 30% correspondem a recursos especiais. Em agosto de 2022, atingiu-se a notável – e porque não dizer assustadora – marca de 2.000.0000 de recursos especiais (https://www.stj.jus.br/sites/portalp/paginas/comunicacao/noticias/07082022-stj-ultrapassa-2-milhoes-de-recursos-especiais-em-meio-a-esforco-para-resgatar-sua-missao-constitucional.aspx). Isso tudo mesmo com os seguidos esforços empreendidos pelo legislador no sentido de *"descongestionar"* a Corte Cidadã, e também com uma sistemática que, dia a dia, torna cada vez mais rígida e difícil a admissibilidade recursal, criando-se diversos subterfúgios de ordem processual. Ou seja, se o "primeiro milhão" de recursos especiais demorou quase vinte anos para ser atingido (entre o ano de 1988, quando criado o Superior Tribunal de Justiça – *cfr.* artigo 105 da Constituição do Brasil, e o ano de 2007), o "segundo milhão" foi alcançado em menos de quinze anos (entre os anos de 2007 e 2022).

19 Mesmo passado um ano da promulgação da Emenda Constitucional nº 125, de 14 de julho de 2022, a relevância do recurso especial ainda não foi regulamentada, em âmbito infraconstitucional, motivo pelo qual o Superior Tribunal de Justiça ainda não pode exigir que o recorrente demonstre a presença de mais esse requisito de admissibilidade recursal. Nesse sentido, o Plenário aprovou o Enunciado Administrativo nº 8, em 19 de outubro de 2002: "A indicação, no recurso especial, dos fun-

Todavia, ao contrário do regime da repercussão geral, de caráter bastante rígido, o legislador *constitucional* deixou algumas *válvulas de escape* importantes, no sentido de facilitar a admissibilidade dos recursos especiais. Ressalvou, nesse sentido, o § 3º do artigo 105 da Constituição do Brasil: "*Haverá a relevância* de que trata o § 2º deste artigo nos seguintes casos: I – ações *penais*; II – ações de *improbidade administrativa*; III – ações cujo *valor da causa ultrapasse 500 (quinhentos) salários mínimos*; IV – ações que possam gerar *inelegibilidade*; V – hipóteses em que o *acórdão recorrido contrariar jurisprudência dominante do Superior Tribunal de Justiça*"; VI – *outras hipóteses previstas em lei*" (destacamos[20]).

IV. A importância dos *fatos* na criação dos precedentes

Desde que implementada essa sistemática de julgamento, que a um só tempo procura *qualificar* os precedentes de nossos Tribunais Superiores, ao mesmo tempo em que busca enfrentar o enorme *volume* de recursos que, diuturnamente, aportam em nossas Cortes de Vértice, o Superior Tribunal de Justiça já selecionou nada menos do que 1.204

damentos de relevância da questão de direito federal infraconstitucional somente será exigida em recursos interpostos contra acórdãos publicados após a data de entrada em vigor da lei regulamentadora prevista no artigo 105, parágrafo 2º, da Constituição Federal".

20 Em relação à repercussão geral, anteriormente a Lei nº 11.418, de 2006, ao incluir o artigo 543-A no Código de Processo Civil de 1973, havia ressalvado a *presunção* de existência de repercussão geral apenas para os casos em que "o recurso impugnar decisão contrária à súmula ou jurisprudência dominante do Tribunal". Idêntica exceção está atualmente prevista no artigo 1.035, § 3º do Código de Processo Civil: "§ 3º. *Haverá repercussão geral* sempre que o recurso impugnar acórdão que: I – *contrarie súmula ou jurisprudência dominante* do Supremo Tribunal Federal". Além disso, o inciso III desse mesmo dispositivo legal também prevê a existência automática de repercussão geral para os casos em que se "tenha reconhecido a inconstitucionalidade de tratado ou de lei federal, nos termos do art. 97 da Constituição Federal". O inciso II, revogado pela Lei nº 13.256, de 2016, também presumia repercussão geral de acórdão que "tenha sido proferido em sede de casos repetitivos", isto é, prolatados em incidente de resolução de demandas repetitivas, em recursos especiais e extraordinários repetitivos (*cfr.* artigo 928, incisos I e II, do Código de Processo Civil).

temas *repetitivos*. Apenas 92 recursos especiais repetitivos ainda aguardam julgamento[21].

Essa segunda característica é, como pontua a doutrina, a grande peculiaridade do sistema de formação de *precedentes judiciais* no Direito brasileiro: conter a avalanche de processos que tramita no Poder Judiciário brasileiro[22].

Não por outro motivo, inclusive, que procedimento semelhante foi estabelecido, ainda no âmbito dos Tribunais de segundo grau, a partir do Código de Processo Civil de 2015. Trata-se do incidente de resolução de demandas repetitivas (v., em especial, os artigos 976, incisos I e II, 982, inciso I, e 985, incisos I e II[23]).

Existe, é claro, a intenção de *qualificar* esses precedentes, os quais decorrem, sempre, da profusão *multitudinária* de processos no âmbito dos julgamentos denominados *repetitivos*[24].

E aí reside a preocupação com relação à imprescindível *delimitação* dos *fatos* que envolvem cada uma das questões *jurídicas* que constituem o objeto precípuo dos recursos afetados a julgamento por meio de sistemática *repetitiva*, a fim de viabilizar a *correta* aplicação desses paradigmas, para os casos *futuros*.

---

21 O volume, no Supremo Tribunal Federal, também é semelhante. Nada menos do que 1.247 temas foram previamente selecionados para julgamento, em função do reconhecimento prévio da existência de repercussão geral da questão constitucional. Todavia, o "estoque" de temas afetados que ainda não foram julgados é notadamente maior em nossa Corte Constitucional.

22 Sobre o tema, Lenio Luiz Streck, *Precisamos falar sobre os precedentes à brasileira*, disponível [on-line] in: https://www.conjur.com.br/2022-out-15/observatorio-constitucional-precisamos-falar-precedentes-brasileira#:~:text=Desde%20h%C3%A1%20muito%20venho%20falando,o%20rigor%20acerca%20dos%20-conceitos, 2022.

23 Sobre o tema, também sob a orientação do Professor José Rogério Cruz e Tucci: Guilherme José Braz de Oliveira, *Nova Técnica de Julgamento de Casos Repetitivos à luz do Novo Código de Processo Civil – o Incidente de Resolução de Demandas Repetitivas*, Tese (Doutorado), USP, 2015.

24 Em contraponto, o incidente de assunção de competência, delimitado no artigo 947 do Código de Processo Civil tem objetivo distinto. É admissível "quando o julgamento do recurso, de remessa necessária ou de processo de competência originária envolver relevante questão de direito, com grande repercussão social, *sem* repetição em múltiplos processos" (destacamos).

Por isso, a enorme amplitude do tema nº 1.137, relativo às denominadas *medidas executivas atípicas*, deve ser objeto de cuidadosa avaliação. Ao fim e ao cabo, o que pretende o Superior Tribunal de Justiça é definir o alcance e a extensão da norma resultante da interpretação do artigo 139, inciso IV, do Código de Processo Civil.

É esse, justamente, o problema. Referido dispositivo legal, como pontuado, abarca inúmeras situações, todas elas diversas. Ou seja, o contexto fático para aplicação do artigo 139, inciso IV, do Código de Processo Civil pode variar em cada um dos casos concretos.

Afigura-se impossível que um único precedente possa contemplar todas essas situações, de modo a produzir efeitos para uma série de outros casos, já em curso no Judiciário brasileiro, e que tenham sido, ou não, suspensos, ou mesmo para aqueles processos que venham a ser propostos, no futuro, em que se pleiteia a aplicação das tais medidas executivas atípicas.

Em primeiro lugar, como a própria denominação refere, essas medidas, enquanto *atípicas*, abrangem uma gama de variados pedidos que podem ser realizados pelos exequentes, em cada caso concreto. A criatividade em âmbito judicial, convenha-se, é infinita. Podem abranger diversos outros pleitos além daqueles que fundamentam os recursos especiais repetitivos em exame, via tema nº 1.137 (lembrando: apreensão de carteira de habilitação e de passaporte, além do bloqueio de cartões de crédito).

Já se noticiou, por exemplo, a possibilidade de penhora de créditos decorrentes de compromisso de venda e compra, cuja propriedade imóvel ainda não tenha sido transferida ao executado. Da mesma forma, já se pretendeu a constrição de milhagens decorrentes do uso de cartões de crédito. E, ainda mais recentemente, discutiu-se a possibilidade de se oficiar aplicativos, para que confirmem a contratação de prestação de serviços a devedores, bem assim para que forneçam o endereço de cadastro, não apenas para localização do executado, como também para que informem o respectivo meio utilizado para a realização dos pagamentos mensais.

Em segundo lugar, as situações de cada um dos devedores podem ser as mais diferentes. Há casos em que, pura e simplesmente, restaria caracterizada a má-fé do executado, que verdadeiramente oculta seus bens, a fim de que o patrimônio não seja atingido por qualquer medida executiva. Em outros, porém, a execução pode efetivamente barrar na efetiva inexistência de bens do devedor que respondam pelo cumprimento da obrigação.

Aliás, nesse ponto, nota-se uma preocupação, de um dos acórdãos recorridos, que originou o Recurso Especial *Repetitivo* nº 1.955.539/SP. O Tribunal de Justiça do Estado de São Paulo ressalvou a circunstância de que o bloqueio ou a suspensão de cartões de crédito do devedor não poderia afetar, por exemplo, a aquisição de alimentos. O voto condutor que deferiu a medida atípica ressalvou, de maneira expressa: "somente para que sejam bloqueados eventuais cartões de crédito em nome dos executados que não sejam vinculados especificamente à compra de alimentos"[25].

Em voto divergente, que acolhia a medida sem qualquer tipo de restrição, o Terceiro Desembargador ponderou: "Ressalte-se, entretanto, que a administradora dos cartões de crédito está impossibilitada de controlar a finalidade para a qual será usada pelo devedor. Assim, não é possível saber se o referido cartão foi empregado para a compra de alimentos"[26].

E, em terceiro lugar, cumpriria discutir se as medidas atípicas poderiam ser utilizadas em todo e qualquer procedimento executivo, ou se ficariam limitados a algumas *espécies* de execução. Por exemplo: seria possível aplicar medidas atípicas em sede de execução de alimentos, considerando a possibilidade específica que existe, naquela sede, de prisão do devedor (sem dúvida alguma, a forma mais drástica para constranger o executado ao pagamento, em se tratando de débito alimentar – *cfr.* artigo 528 do Código de Processo Civil)? Da mesma forma, poderia o credor, em uma execução hipotecária pleitear, via medidas atípicas, uma verdadeira devassa patrimonial do devedor que espontaneamente outorgou uma garantia imóvel (*cfr.* artigo 1.473, inciso I, do Código Civil)? Ademais, tendo em vista que a afetação desses recursos especiais repetitivos foi remetida à Corte Especial do Superior Tribunal de Justiça, a aplicação das medidas executivas atípicas também terá lugar em execuções fiscais?

Como se pode notar, as hipóteses *fáticas* que podem embasar a aplicação das medidas executivas atípicas são as mais variadas. Por isso, é impossível que um único precedente abranja todas essas diversas situações.

A não ser que esse acórdão paradigmático especificasse, desde logo, uma série de exceções à sua aplicação, sempre de acordo com nuances fáticas de cada caso concreto, o que torna, reconheça-se, bastante restrita a eficácia desse precedente judicial. Afinal, ainda que fixada uma tese

25 Agravo de Instrumento nº 2272477-42.2019.8.26.0000.

26 Agravo de Instrumento nº 2272477-42.2019.8.26.0000.

jurídica, haverá uma enorme limitação de seu uso, haja vista as reservas que teriam que ser apontadas, em função da particularidade de cada caso concreto.

E essa preocupação, a priori, não consta da decisão de afetação do tema nº 1.137. Nela não constou qualquer tipo de ressalva, ainda que mínima, quanto ao suporte *fático* que deve ser necessariamente considerado para balizar cada uma dessas decisões, como sublinhado de início.

Os relatórios dos votos mencionaram tratar-se de execuções de títulos extrajudiciais. Ressaltaram que as medidas atípicas solicitadas pelos credores diziam respeito, especificamente, à apreensão/suspensão de passaporte e de carteira de habilitação, bem como o bloqueio/suspensão de cartões de crédito. Nada mais.

A delimitação da controvérsia é bastante *genérica*, como advertido: "Definir se, com esteio no art. 139, IV, do CPC/15, é possível, ou não, ao magistrado, observando a devida fundamentação, o contraditório e a proporcionalidade da medida, adotar, de modo subsidiário, meios executivos atípicos".

Ora, é certo que referido dispositivo legal autoriza que medidas não especificamente delimitadas no Código de Processo Civil sejam deferidas pelo juiz. Logo, não seria necessário que o Superior Tribunal de Justiça realize um julgamento, de natureza *repetitiva* e com o objetivo de formar um precedente, apenas para repetir o que já dispõe a legislação processual. Até porque, como não cansam de repetir nossas Cortes, o Poder Judiciário não é órgão *consultivo*.

Por isso, entende-se que não convém que situações tão *díspares*, como aquelas que envolvem as *medidas atípicas, em sede de execução*, sejam julgadas pela sistemática *repetitiva*, dada a impossibilidade de se formar um *precedente judicial verdadeiro*. Nesses casos mostra-se *impossível abstrair o contexto fático*, por se tratar de situações absolutamente *peculiares* em cada um dos processos que tenha o potencial de gerar a formação de um *leading case*.

Como pontuado, o paradigma deveria comportaria tamanhas exceções, em vista das nuances de cada caso concreto, que ele perderia, então, sua função paradigmática, no sentido de orientar ou mesmo vincular os demais Tribunais. Essa a importante ponderação que precisa ser sopesada.

Há situações que, ao fim e ao cabo, não podem ser "*parametrizadas*" mediante julgamento *único*, ainda que a atitude de se decidir, com *ganhos de escala*, seja louvável (ou até mesmo necessária, num país como o

Brasil, em que os números da *litigiosidade* são, por vezes, inacreditáveis, especialmente nos ditos casos de "*massa*").

Para as (inúmeras) hipóteses de que ora se trata, torna-se mais prudente deixar ao prudente arbítrio do juiz, em cada caso concreto, o deferimento da medida *atípica* que se revelar mais adequada, possível, necessária e mesmo eficaz, sempre de acordo com o contexto *fático* delineado em cada execução. Até porque é o magistrado de primeiro grau quem está intimamente ligado ao processo e conhece melhor suas nuances.

Ademais, lembre-se que, em se tratando de processos de execução, as decisões proferidas nesse âmbito podem estar sujeitas a agravo de instrumento (*cfr.* artigo 1.015, Parágrafo único do Código de Processo Civil). Logo, em caso de deferimento ou de denegação da medida, a parte interessada ainda poderá rediscutir o entendimento, perante o Tribunal *local*, que tem, aí sim, amplo poder para revisar a questão, de modo a decidir, como é de rigor especialmente nesses casos, a questão jurídica controvertida *dentro do contexto fático que se apresenta no caso concreto*.

Ao assim proceder, também, como mostra-se fundamental nessas situações, deverá ser realizada a necessária ponderação na aplicação de diversos princípios que norteiam a execução (interesse do credor *versus* menor onerosidade ao devedor, de modo a tornar a execução realmente efetiva). De outro lado, ainda, a utilização de meios não precisamente delimitados na legislação processual não pode servir como um método para, por assim dizer, chantagear o devedor.

Embora o foco dos julgamentos de processos de cunho *repetitivo* tenha por norte a definição, em *abstrato*, da *questão jurídica controvertida*, e não poderia mesmo ser diferente, *há sempre uma necessária e inafastável correlação e abrangência quanto às questões de fato que envolvem o caso concreto*.

Logo, *não pode haver descolamento entre a tese jurídica fixada e os fatos a ela subjacentes*. Não é possível, como se advertiu, julgar sem fatos. A *objetivação* das decisões de cunho *paradigmático* não pode conduzir a uma total abstração do suporte fático e mesmo probatório delineado nas instâncias ordinárias.

A bem da verdade, nem mesmo a aplicação do enunciado da súmula 7 do Superior Tribunal de Justiça impede que aquela Corte de Vértice examine as circunstâncias fáticas. Por cento não deve haver revisão dos fatos naquela sede *excepcional*. No entanto, para a correta interpretação do preceito de ordem legal tido por violado, e que fundamenta a interposição do recurso especial, na forma do artigo 105, inciso III, alínea "*a*", da

Constituição do Brasil, deve, necessariamente, ser considerado o contexto fático (e também probatório) tal como fixado no Tribunal de origem, para que se possa então decidir pela correta ou incorreta aplicação do preceito legal.

Como destacamos ao examinar questão semelhante, no âmbito do incidente de resolução de recursos repetitivos, logo após a publicação do Código de Processo Civil de 2015, em tese orientada pelo PROFESSOR JOSÉ ROGÉRIO CRUZ E TUCCI, existe "uma preocupação muito grande, verdadeiro fetichismo, com a resolução apenas da questão de direito, para se fixar, como visto, a tese jurídica a ser aplicada no âmbito dos casos repetitivos (*cfr.* artigo 926 do Novo Código de Processo Civil). Contudo, não existe uma abstração total, completa e absoluta das questões de fato. Não é possível isolá-las, pura e simplesmente, da questão jurídica. *Há, necessariamente, um contexto a ser considerado, juntamente com o preceito de ordem legal.* É nesse sentido que deve ser interpretado e aplicado o precedente"[27].

Nesse mesmo sentido, a valiosa lição de CASTANHEIRA NEVES, em sua clássica obra sobre o tema. Tal como pondera o autor não existe nem o "puro direito", nem o "puro fato". Ambos estão intimamente *ligados*, até porque "o facto não tem existência senão a partir do momento em que se torna matéria de aplicação do direito, e o direito não tem interesse senão no momento em que se trata de aplicar o facto; pelo que, quando o jurista pensa o facto, pensa-o como matéria do direito, quando pensa o direito, pensa-o como forma destinada ao facto"[28].

---

27 Cit., p. 258, destaques no original.

28 *Questão-de-Fato – Questão de Direito – ou o Problema Metodológico da Juridicidade – ensaio de uma reposição crítica*, Coimbra, Almedina, 1967, pp. 55-56. Em igual sentido, TERESA ARRUDA ALVIM WAMBIER: "É praticamente impossível haver matéria unicamente de direito, sendo que toda postulação em juízo é sustentada por fatos. O que se pode afirmar é que determinada questão é *predominantemente de fato* ou *predominantemente de direito*" (*Distinção entre questão de fato e questão de direito para fins de cabimento de recurso especial*, in *Ajuris* 74/277, destacamos). Ou ainda, JOSÉ DE ALBUQUERQUE ROCHA, em obra de referência na qual examinou o incidente de uniformização da jurisprudência sob a égide do Código de Processo Civil de 1973: "O órgão unificador da jurisprudência na indaga dos fatos reais nem da sua prova. Ele os aceita tal qual foram comprovados e afirmados pelas decisões conflitantes. E os fatos comprovados e afirmados pelas decisões judiciais deixam de ser fatos puros para se transformar em 'fatos jurídicos', isto é, e, fatos estabelecidos juridicamente como suposto ou consequência da decisão, de modo que, qualquer questão a respeito de sua qualificação jurídica, ou dos efeitos que

V. À guisa de conclusão

Há, em suma, uma correlação direta e necessária entre as questões de fato e as questões de direito, mesmo no âmbito dos julgamentos *repetitivos*. Não é possível, em absoluto, isolá-las, sob pena de criar seríssimos problemas no momento - sempre *futuro* - de aplicação do precedente judicial[29].

Logo, se os *fatos* do caso concreto em que se pleiteia a aplicação do precedente judicial não guardarem *estreita similitude* com aqueles que permeiam o acórdão paradigma, que resolveu a questão *jurídica*, poder-se-á tranquilamente afastar, total ou parcialmente, a aplicação do precedente, sem que se cometa qualquer tipo de ilegalidade. O *distinguishing* nesses casos *é não apenas necessário, como antes, obrigatório*.

Não é possível, segundo se entende, fixar teses jurídicas puramente em abstrato, via julgamentos repetitivos. O contexto fático do litígio é também de fundamental importância para a própria interpretação do precedente judicial e para sua correta e posterior aplicação aos demais processos[30].

Afinal, lembrando mais uma vez a brilhante síntese do Professor José Rogério Cruz e Tucci, "todo *precedente judicial* é composto por

produzem etc., é uma 'questão de direito', e não mais uma 'questão de fato'" (*O Procedimento de Uniformização de Jurisprudência*, São Paulo, RT, pp. 132-133).

29 Nesse sentido, o *revogado* § 2º ao artigo 1.026 do Código de Processo Civil dispunha: "§ 2º Quando o recurso estiver fundado em dissídio jurisprudencial, é vedado ao tribunal inadmiti-lo com base em fundamento genérico de que as circunstâncias fáticas são diferentes, sem demonstrar a existência da distinção".

30 Justamente por isso, destaca Antonio do Passo Cabral, na sistemática do *mustervenfahren* do direito alemão, no qual, declaradamente, o legislador nacional se abeberou para a criação do incidente de resolução de demandas repetitivas: "o objeto da cognição judicial neste procedimento pode versar tanto sobre questões de fato como de direito, o que denota a possibilidade de resolução parcial dos fundamentos da pretensão, com a cisão da atividade cognitiva em dois momentos: um coletivo e outro individual. Esse detalhe é de extrema importância pois evita uma potencial quebra da necessária correlação entre fato e direito no juízo cognitivo. Vale dizer, se na atividade de cognição judicial, fato e direito estão indissociavelmente imbricados, a abstração excessiva das questões jurídicas referentes às pretensões individuais poderia apontar para um artificialismo da decisão, o que não ocorre aqui, com a vantagem de evitar as críticas aos processos-teste" (*O novo procedimento-modelo (Musterverfahren) alemão: uma alternativa às ações coletivas*, in *Revista de Processo* - RePro 147/132, p. 128).

duas partes distintas: *a)* as circunstâncias de fato que embasam a controvérsia; e *b)* a tese ou o princípio jurídico assentado na motivação (*ratio decidendi*) do provimento decisório"[31].

VI. Referências bibliográficas

ANDRIGHI, Nancy, *Arguição de relevância*, disponível [*on-line*]: http://bdjur.stj.gov.br/dspace/handle/2001/633, 2000.

CABRAL, *Antonio do Passo, O novo procedimento-modelo (musterverfahren) alemão: uma alternativa às ações coletivas, RePro* v. 147.

CASTANHEIRA NEVES, A., *Questão-de-Fato – Questão de Direito – ou o Problema Metodológico da Juridicidade – ensaio de uma reposição crítica*, Coimbra, Almedina, 1967.

DINAMARCO, Cândido Rangel, *Instituições de Direito Processual Civil*, vol. I, 2ª ed., São Paulo, Malheiros, 2002.

GRAU, Eros Roberto, *Por que Tenho Medo dos Juízes (a interpretação/aplicação do direito e os princípios)*, 10ª ed., São Paulo, Malheiros – Jus Podivum, 2021.

MITIDIERO, Daniel, *Cortes Superiores e Cortes Supremas – do controle à interpretação, da jurisprudência ao precedente*, 2ª ed., São Paulo, RT, 2014.

MOLLICA, Rogério, e OLIVEIRA, Ocimar Barros de, *O novo CPC, os precedentes vinculantes e a discussão sobre a (in)constitucionalidade de sua previsão infraconstitucional*, in *Revista de Direito Brasileira* v. 21.

NERY JUNIOR, Nelson, *Código de Processo Civil Comentado*, 16ª ed., São Paulo, RT, 2016.

OLIVEIRA, Guilherme José Braz de, *Repercussão Geral das Questões constitucionais – e suas consequências para o julgamento do Recurso Extraordinário*, São Paulo, Dissertação (Metrado), USP, 2009.

_____, *Nova Técnica de Julgamento de Casos Repetitivos à luz do Novo Código de Processo Civil – o Incidente de Resolução de Demandas Repetitivas*, Tese (Doutorado), USP, 2015.

OLIVEIRA, Ocimar Barros de, e MOLLICA, Rogério, *O novo CPC, os precedentes vinculantes e a discussão sobre a (in)constitucionalidade de sua previsão infraconstitucional*, in *Revista de Direito Brasileira* v. 21.

31 *Precedente Judicial como Fonte do Direito*, cit., p. 12, destaques no original.

STRECK, Lenio Luiz, *Precisamos falar sobre os precedentes à brasileira*, disponível [*on-line*]: https://www.conjur.com.br/2022-out-15/observatorio-constitucional-precisamos-falar-precedentes-brasileira#:~:text=Desde%20h%C3%A1%20muito%20venho%20falando,o%20rigor%20acerca%20dos%20conceitos.

TUCCI, José Rogério Cruz e Tucci, *Precedente Judicial como Fonte do Direito*, São Paulo, RT, 2004.

____, *Direito Processual Civil – entre comparação e harmonização*, São Paulo, Jus Podivum, 2021.

WAMBIER, Teresa Arruda Alvim, *Distinção entre questão de fato e questão de direito para fins de cabimento de recurso especial*, in *Ajuris* vol. 74.

LITIGÂNCIA RESPONSÁVEL E CUSTOS DO PROCESSO: LIBERDADE, RESPONSABILIDADE E RISCOS

Gustavo Azevedo[1]

SUMÁRIO: 1. Introdução. **2.** A liberdade para o exercício dos direitos. **2.1.** A liberdade para exercício dos direitos. **2.2.** A responsabilidade pelo exercício dos direitos. **2.2.1.** A relevância do discurso da responsabilidade. **2.2.2.** Responsabilidade bifronte: pelo custo social. **2.2.3.** Responsabilidade bifronte: pela invasão da esfera jurídica alheia. **2.3.** O risco decorrente do exercício do direito. **3.** A litigância responsável: o risco assumido pelas partes. **3.1.** A liberdade para exercício do direito de ação e de defesa. **3.2.** A responsabilidade pelos custos do processo. **3.2.1.** O discurso da responsabilidade processual. **3.2.2.** Responsabilidade bifronte: pelos custos sociais do processo. **3.2.3.** Responsabilidade bifronte: pela invasão da esfera jurídica das partes. **3.3.** O risco assumido pelas partes. **3.4.** Litigância responsável. **3.4.1.** Ausência de confusão com a litigância de má-fé. **3.4.2.** A contribuição da Análise Econômica do Direito Processual Civil. **3.4.3.** A litigância irresponsável é equacionada com a distribuição dos custos do processo. **3.4.4.** Normas do sistema processual que confirmam a proposta. **3.4.4.1.** O risco e as regras processuais. **3.4.4.2.** O risco e os honorários sucumbenciais. **4.** Conclusões: a litigância responsável como critério interpretativo e critério de edição de regras sobre custos de processo. **5.** Referências.

1. Introdução

Todo processo possui custos. Um processo judicial envolve uma série de custos financeiros para o Estado e para os sujeitos envolvidos.[2] Uma demanda judicial sempre – e ninguém tem dúvida quanto a isso – provocará custos financeiros, daí por que lateja como um tema relevante para o processo. A cada demanda ajuizada surge a questão da responsabilidade por seus custos, que precisa ser investigado; e, exatamente por

---

1 Doutorando pela Faculdade de Direito da Universidade de São Paulo, sob orientação do Prof. Tit. José Rogério Cruz e Tucci. Mestre pela Faculdade de Direito do Recife, Universidade Federal de Pernambuco. Professor de Direito Processual Civil. Membro da Associação Norte e Nordeste de Professores de Processo (ANNEP) e do Instituto Brasileiro de Direito Processual (IBDP). Advogado.

2 Nas palavras de Gualandi, em tradução livre: *"O custo excessivo da Justiça surge desde os tempos antigos, como um contraste com a atuação da lei que o custo serviu para alcançar"* (GUALANDI, Angelo. *Spese e danni nel processo civile.* Milão: Giuffrè, 1962, p. 1).

se espraiar por todo o sistema processual, mostra-se como relevante, além de despertar certo fascínio.[3]

O termo "custos" do processo aqui será adotado em duas acepções. A primeira delas é como custos da Justiça, ou seja, os custos gerais de organização e de aparelhamento do Poder Judiciário, que representam gastos necessários e inevitáveis, uma vez que a Justiça é um serviço público.[4] Sob essa perspectiva, o regramento é conferido pela Constituição, ao tratar do orçamento público e do repasse de verbas para o Poder Judiciário (CF, arts. 99 e 168).[5]

A segunda acepção é como custos específicos de um processo de natureza cível, cujo regramento geral está disposto nos arts. 82 a 95 do CPC. Custo é gênero, cujas espécies são as *despesas* (custas e taxas judiciárias, honorários periciais, diárias de testemunhas, indenização por viagens etc.) e os *honorários advocatícios*.[6]

Considerando essa dupla perspectiva, o problema dos custos do processo deve ser examinado a partir do prisma social, na medida em que oneram os cofres públicos, bem como no prisma individual, pois os litigantes num processo judicial arcam pessoalmente com custos financeiros que, via de regra, não teriam incorrido, caso a solução não passasse pelo Poder Judiciário.[7]

3 Nas palavras de Neil Andrews: *"O tema 'custas' é extenso, sutil, técnico, fundamental e, de fato, fascinante"* (ANDREWS, Neil. *O moderno processo civil*: formas judiciais e alternativas de resolução de conflitos na Inglaterra. Trad. Teresa Arruda Alvim. São Paulo: RT, 2009, p. 210).

4 THEODORO JR., Humberto. Pensando os custos da Justiça. *Os custos da Justiça*. João Álvaro Dias (coord). Coimbra: Almedina, 2003, p. 515.

5 Promover a justiça tem um alto custo financeiro. A administração da Justiça, como de qualquer outro serviço público, possui um custo (LA ROCCA, Manlio. *Profili di un sistema de responsabilità processuale*. Napoli: Morano, 1964, p. 47. FORTE, Francesco; BONDONIO, Pier Vincenzo. *Costi e benefici della giustizia italiana*. Bari: Laterza, 1970, pp. 5-19). Na verdade, a atividade da Justiça pode ser observada sob a ótica de serviços públicos, que atendem necessidades públicas essenciais. Desse ponto de vista, a relação entre jurisdicionado e Poder Judiciário se enquadra na lógica utente de serviço público (CONTI, José Maurício. *A autonomia financeira do Poder Judiciário*. São Paulo: MP, 2006, p. 127).

6 LOPES, Bruno Vasconcelos Carrilho. *Comentários ao Código de Processo Civil*. 2ª ed. São Paulo: Saraiva, 2018, p. 93; ABREU, Frederico do Valle. O custo financeiro do processo. *Revista dos Tribunais*. São Paulo: RT, 2003, v. 818, p. 65.

7 ASSIS, Araken de. *Processo Civil brasileiro*. São Paulo: RT, 2015, v. 2, t. 1, pp. 332-333; BENEDUZI, Renato. *Comentários ao Código de Processo Civil*. São Paulo: RT, 2016, v. 2, p. 112.

Daí muito se falar em evitar litígios frívolos, infundados, aventureiros ou *irresponsáveis*[8], que aumentariam os custos da Justiça Civil e, também, provocariam prejuízos financeiros para as partes.

A proposta do presente artigo é examinar a ideia da liberdade para exercício dos direitos civis, que estão atrelados à responsabilidade pelas suas consequências, seja em relação ao custo social, seja em relação aos terceiros eventualmente afetados.

Em seguida, transporta-se a ideia da responsabilidade no exercício dos direitos para o ambiente processual. Serão, assim, examinados os direitos de ação e de defesa, especialmente quanto à sua liberdade de exercê-los, que provocam responsabilidade para quem exerce, assumindo o risco de arcar com os custos financeiros provocados pelo processo.

Com essas contribuições, pretende-se demonstrar que: a) *o risco é o atual fundamento da responsabilidade pelos custos do processo*; e, b) *a litigância responsável é aquela em que se atribuem as consequências proporcionais aos riscos provocados ou assumidos.*

2. A liberdade para o exercício dos direitos

2.1. A liberdade para exercício dos direitos

Levantar a questão da *liberdade* aparenta uma tarefa irrealizável[9], pois foge apenas do campo estritamente jurídico, envolvendo aportes filosóficos, políticos, éticos e morais, construídos ao longo de séculos. Desse modo, a presente pesquisa adota uma noção pragmática de liberdade, capaz de contribuir para solução de problemas dos custos do processo, lembrando sempre seu assento constitucional, no art. 5º, II:

---

8 DINAMARCO, Cândido Rangel. *Instituições de Direito Processual Civil.* 7ª ed. São Paulo: Malheiros, 2017, v. 2, p. 742; ASSIS, Araken de. *Processo Civil brasileiro.* São Paulo: RT, 2015, v. 2, t. 1, p. 333; PATRÍCIO, Miguel Carlos Teixeira. *Análise económica da litigância.* Coimbra: Almedina, 2005, pp. 63-84; WOLKART, Erik Navarro. *Análise econômica do Processo Civil.* São Paulo: RT, 2019, p. 323; ABREU, Rafael Sirangelo Belmonte de. *O processo civil entre o jurídico e o econômico o caráter institucional e estratégico do fenômeno processual.* Tese de Doutorado. Porto Alegre: UFRGS, 2018, p. 314; Cavallone utilizou a locução *"liti futili"* (CAVALLONE, Bruno. Costi delle disfunzioni della giustizia civile chi li sopporta. *Rivista di Diritto Processuale.* Padova, CEDAM, 1996, v. 51, pp. 266-267); Pajardi utilizou a locução *"processo retto"* (PAJARDI, Piero. *La responsabilità per le spese e i danni del processo.* Milão: Giuffrè, 1959, p. 65).

9 ARENDT, Hannah. *Between past and future.* New York: Viking, 1961, p. 143.

"ninguém será obrigado a fazer ou deixar de fazer alguma coisa senão em virtude de lei".

Atualmente, a liberdade é elemento essencial da política[10] e, junto com a igualdade, é alicerce para a construção da democracia. O anseio por liberdade está na base da sociedade democrática.[11] Contudo, para se chegar a essa ideia de liberdade democrática, a liberdade *natural* transformou-se em liberdade *social* (ou política).[12]

Um ser socialmente livre é, na verdade, um ser submisso a uma ordem normativa. Goza, portanto, de uma liberdade dentro de uma ordem social. O livre exercício de condutas, comissivas ou omissivas, se submete a uma ordem normativa, formada com a participação dos cidadãos da sociedade.[13]

A liberdade do homem – nesse contexto social – coloca-o não apenas como titular de direitos, mas também de deveres e responsabilidades. O homem é livre para agir ou deixar de agir, mas deve ser responsabilizado por seus atos e omissões. O homem é livre, num sentido racional, pelo fato de que é responsável por suas condutas.[14]

No contexto social, a liberdade resulta do conjunto de normas que definem direitos e deveres (incluindo a responsabilização pelo seu exercício), que pode ser examinada no seguinte esquema: uma pessoa (aspecto subjetivo) está ou não livre de uma restrição (aspecto objetivo) para fazer ou não fazer determinada conduta (aspecto finalístico).[15]

Exatamente por ser um contexto social, não basta conferir ao indivíduo a liberdade para agir ou deixar de agir, mas também garantir que

---

10 Hannah Arendt explica detidamente a associação entre liberdade e política correlacionada à ascensão do estado burguês: ARENDT, Hannah. *Between past and future*. New York: Viking, 1961, pp. 143-171.

11 KELSEN, Hans. *A democracia*. Trad. Vera Barkow. São Paulo: Martins Fontes, 2000, p. 167.

12 KELSEN, Hans. *A democracia*. Trad. Vera Barkow. São Paulo: Martins Fontes, 2000, p. 168.

13 KELSEN, Hans. *A democracia*. Trad. Vera Barkow. São Paulo: Martins Fontes, 2000, p. 168.

14 KELSEN, Hans. *A democracia*. Trad. Vera Barkow. São Paulo: Martins Fontes, 2000, pp. 169-170. Sobre a relação entre poderes e responsabilidades: CUNHA, Leonardo Carneiro da. *Jurisdição e Competência*. 2ª ed. São Paulo: RT, 2013, pp. 40-45.

15 RAWLS, John. *A Theory of Justice*. Cambridge: Harvard, 1999, p. 177.

o Estado e outras pessoas não criem obstáculos ou dificuldades para o exercício da conduta pelo indivíduo.[16]

Segue-se que a restrição da liberdade apenas se justifica para proteger o próprio valor liberdade, que é alicerce da sociedade democrática.[17] Na verdade, o fato de viver em sociedade exige que cada pessoa adote uma certa de linha de conduta em relação aos demais, cujo limite é exatamente não lesar terceiros. Os atos do sujeito podem se revelar como lesivos a terceiros; desse modo, o sujeito, que foi livre para agir ou não agir, deverá responder pela consequência de seus atos perante eles.[18]

Na medida em que são conferidos direitos aos homens, estes são livres para exercê-los. O homem é livre para exercer o direito de expressão, de voto, de livre iniciativa negocial, de exercício da profissão, de reunião etc. Porém, todos esses direitos – os quais o homem pode ou não exercer – trazem responsabilidades, principalmente se atingem esferas de terceiros. Os direitos não vêm sozinhos. Os direitos vêm com responsabilidades pelo seu exercício, já que decorrem da liberdade racional do homem, que assume os riscos de suas consequências perante terceiros.

"Direito" não é um *termo* isolado. É, na verdade, uma locução: *"direitos e responsabilidades"*.

2.2. A responsabilidade pelo exercício dos direitos

2.2.1. A relevância do discurso da responsabilidade

Vive-se o discurso dos direitos. São direitos de várias gerações. Direitos constitucionais, civis, consumeristas, ambientais, processuais, penais, individuais, coletivos etc. É um discurso da *Era dos Direitos*.[19] É um discurso do *Levando os Direitos a Sério*.[20] Contudo, todo esse discur-

16 RAWLS, John. *A Theory of Justice*. Cambridge: Harvard, 1999, pp. 177-178; JEMOLO, Arturo Carlo. *I problemi pratici della libertà*. Milano, Giuffrè, 1961, p. 51.

17 Em tradução livre: *"Uma limitação da liberdade apenas é justificável quando necessária para a própria liberdade, para prevenir uma invasão que seria ainda pior"* (RAWLS, John. *A Theory of Justice*. Cambridge: Harvard, 1999, p. 188).

18 MILL, John Stuart. *On liberty*. Auckland: Floating Press, 2006, pp. 127-128; LEWIS, Clarence I. The meaning of liberty. *Revue Internationale of Philosophie*, v. 2, n. 6, 1948, pp. 14-18.

19 BOBBIO, Norberto. *L'età dei diritti*. Torino: Einaudi, 2014.

20 DWORKIN, Ronald. *Taking rights seriously*. London: Bloomsbury, 2013.

so é incompleto. A mensagem do discurso é incompleta.[21] O discurso deve ser da *Era dos Direitos e das Responsabilidades*. O discurso deve ser do *Levando os Direitos e as Responsabilidades a Sério*.

Toda a construção da liberdade democrática e, mais precisamente, da liberdade para exercer a série de direitos conferida pelo atual Estado Democrático cai por terra quando desacompanhada do discurso da responsabilidade, sob pena de licenciosidade da sociedade.[22]

Deve-se pensar de forma mais responsável acerca da própria responsabilidade, que, como visto, é um corolário da liberdade humana, exercida com racionalidade e autodeterminação. *O comportamento responsável consiste na conduta que reduz os danos e os riscos de danos que a pessoa causa aos demais, no exercício do direito.*[23] *Por outro lado, o comportamento irresponsável é o que ignora os danos e os riscos de danos que pode causar aos demais, no exercício do direito.*

Se os direitos são mal compreendidos podem tornar-se fórmulas de irresponsabilidade. As pessoas que detêm o direito de praticar certo ato talvez não percebam que a conduta pode causar prejuízo ou risco de prejuízo ou, ainda, invadir indevidamente a esfera de terceiros. Os direitos, sem a compreensão da responsabilidade, desencadeiam condutas – social e individualmente – irresponsáveis, ou seja, condutas potencialmente danosas.[24]

---

21 Falando sobre a experiência norte-americana, Fleming e McClain afirmam que prioridade foi falar da liberdade como estar livre de restrições governamentais. Direitos seriam formulados sem menção explícita de seus limites, de sua relação com responsabilidade e com outros direitos (FLEMING, James E.; MCCLAIN, Linda C. *Ordered liberty*: rights, responsibilities, and virtues. Cambridge: Harvard, 2013, p. 22).

22 Em tradução livre: *"O silêncio do discurso dos direitos acerca das responsabilidades passa a mensagem de que a existência de um direito implica a inexistência de uma responsabilidade ou, até mesmo, de aprovação social da conduta que o direito protege"* (FLEMING, James E.; MCCLAIN, Linda C. *Ordered liberty*: rights, responsibilities, and virtues. Cambridge: Harvard, 2013, p. 45). Em tradução livre: *"A cultura dos direitos é simultaneamente de responsabilização e, portanto, de responsabilidades"* (SUNSTEIN, Cass R.; HOLMES, Stephen. *The Cost of Wrights*: why liberty depends on taxes. Ed. eletrônica. New York: Norton & Company, 1999, chapter 10). Isso significa, segundo os autores, que direito e responsabilidade estão em simbiose. Não se deve pensar em reduzir ou extirpar direitos por sua utilização irresponsável. Pelo contrário, deve se exigir o uso responsável, que é um corolário do próprio direito.

23 SUNSTEIN, Cass R.; HOLMES, Stephen. *The Cost of Wrights*: why liberty depends on taxes. Ed. eletrônica. New York: Norton & Company, 1999, chapter 9.

24 SUNSTEIN, Cass R.; HOLMES, Stephen. *The Cost of Wrights*: why liberty depends on taxes. Ed. eletrônica. New York: Norton & Company, 1999, chapter 9.

A solução, quando um direito é exercido sem responsabilidade, não é extinguir o direito, mas imputar a consequência ao agente irresponsável.[25] Direito e responsabilidade não podem estar separados; estão em simbiose. Assim, a todo momento que for lembrado um direito, deve ser lembrada a responsabilidade pelo seu exercício, sem distinções econômicas ou sociais. Exercido irresponsavelmente o direito, as consequências devem ser imputadas a quem o exerceu.

A responsabilidade pelo exercício do direito é bifronte. Há uma responsabilidade pelo custo social decorrente da conduta. Há, ainda, uma responsabilidade especialmente perante o terceiro, cuja esfera jurídica é afetada pela conduta irresponsável.[26]

2.2.2. Responsabilidade bifronte: pelo custo social

O direito possui um custo social. Os direitos conferidos aos cidadãos, sejam constitucionais ou não, demandam gastos públicos. Isso é o custo social dos direitos, que corresponde a quanto o Estado dispende com a efetivação ou garantia dos direitos. Não apenas os direitos ditos positivos (que demandam uma agenda social do Estado, a exemplo de saúde e educação) possuem alto custo social, mas também os direitos ditos negativos (que, em tese, apenas requerem a não intervenção do Estado e de terceiros). Isso porque a liberdade negativa exige todo um aparelhamento estatal para que possa ser gozada pelos cidadãos, a exemplo da segurança pública que garante a não intervenção na propriedade privada.[27]

---

25 Interessante observação de Sunstein e Holmes, em tradução livre: *"Direitos e responsabilidades habitualmente se reconfiguram à medida em que o tempo passa. Indivíduos hoje agem responsavelmente em áreas que, outrora, foram irresponsáveis, e vice-versa"* (SUNSTEIN, Cass R.; HOLMES, Stephen. *The Cost of Wrights*: why liberty depends on taxes. Ed. eletrônica. New York: Norton & Company, 1999, chapter 9).

26 Tratando da crítica da *isenção* dos agentes pelo exercício dos direitos, Fleming e McClain expõem que é essencial investigar a responsabilidade dos agentes pelos custos sociais e danos causados a terceiros, em virtude do exercício dos direitos (FLEMING, James E.; MCCLAIN, Linda C. *Ordered liberty*: rights, responsibilities, and virtues. Cambridge: Harvard, 2013, p. 30).

27 SUNSTEIN, Cass R.; HOLMES, Stephen. *The Cost of Wrights*: why liberty depends on taxes. Ed. eletrônica. New York: Norton & Company, 1999, chapter 2.

Desse modo, a conduta do agente deve ser examinada a luz do custo social.[28] É uma questão de *accountability* perante a sociedade, isto é, de transparência e responsabilização social. A ausência de conduta responsável e, ainda, a ausência de responsabilização do agente que irresponsável aumentam o custo social dos direitos, de forma danosa para toda a sociedade.[29]

Num pequeno exemplo, imagine o cidadão que tem direito a transporte público e de qualidade (CF, art. 6º). Ao utilizar o transporte público, sua conduta deve ser responsável, ou seja, zelosa com o patrimônio do aparato do transporte público, utilizando-o sem causar danos ou riscos de danos. Do contrário, utilizar-se do serviço de transporte, sem zelo com o patrimônio, termina por subir o seu custo social, que recai sobre toda a sociedade.

2.2.3. Responsabilidade bifronte: pela invasão da esfera jurídica alheia

Além da responsabilidade pelo custo social, o agente também deve ser responsabilizado especialmente perante o terceiro, cuja esfera jurídica é invadida.

É possível que o exercício de um direito, num contexto social, não atinja a esfera jurídica de outro. Seria o exercício do seu direito para si, sem alcançar a esfera alheia, ficando circunscrito na esfera do agente. *"Mas o mundo jurídico não é assim. Nunca foi. Os exercícios dos direitos topam uns nos outros. Cruzam-se. Molestam-se. Têm crises de lutas e de hostilidades. Exercendo o meu direito, posso lesar a outro, ainda se não saio do meu direito".*[30]

A conduta do agente – no livre exercício do seu direito – deve considerar, buscar antever, e tentar evitar ou mitigar a invasão na esfera ju-

28 Na lição de Sunstein e Holmes, em tradução livre: *"o custo dos direitos permite adentrar o debate de direitos e responsabilidade por uma porta lateral (...) observar o custo dos direitos facilita entende a relação de suporte mútuo entre direitos e deveres"* (SUNSTEIN, Cass R.; HOLMES, Stephen. *The Cost of Wrights*: why liberty depends on taxes. Ed. eletrônica. New York: Norton & Company, 1999, chapter 9).

29 FLEMING, James E.; MCCLAIN, Linda C. *Ordered liberty*: rights, responsibilities, and virtues. Cambridge: Harvard, 2013, p. 30.

30 PONTES DE MIRANDA, Francisco Cavalcanti. *Comentários ao Código de Processo Civil*. 2ª ed. Rio de Janeiro: Forense, 1979, v. 1, p. 480.

rídica alheia, sabendo que poderá ser responsabilizado por eventuais danos. Essa é a conduta responsável perante terceiros, que se dispõe exatamente a não lhes causar danos ou riscos de danos.

Em exemplo ilustrativo, o direito de propriedade (CF, art. 170, II) garante ao proprietário o direito de construir em seu imóvel (Código Civil, art. 1.299). O direito de construção é exercido livremente pelo proprietário, mas com responsabilidade, que deve pensar em eventuais danos, no curso da obra e ao fim dela, que poderá causar a terceiros. Desse modo, se no imóvel vizinho, ao lado direito, funciona um restaurante, é uma conduta responsável construir o depósito de lixo ao lado esquerdo, para não prejudicar o funcionamento do restaurante.

2.3. O risco decorrente do exercício do direito

Se ao indivíduo é conferida a liberdade, se ao indivíduo é conferido um direito, se o indivíduo é livre para exercer seu direito, se o indivíduo, ao exercê-lo, torna-se responsável pelas consequências de suas condutas, a conclusão é que o indivíduo assume os riscos das consequências de seus atos.

Os riscos estão umbilicalmente ligados à escolha - livre - do agente ao adotar a conduta. O agir livre expõe o sujeito às consequências da sua conduta. Há uma conexão entre a conduta e a responsabilidade, de modo que se chega a outra conclusão: a responsabilização é proporcional ao risco assumido.

Se há uma ligação, consequencialista, entre a conduta e a responsabilização, o agente não pode ser responsabilizado por riscos que não assumiu. O agente responde pelos riscos que assume - nem a mais, nem a menos. Cada indivíduo responde pelas consequências de suas condutas, na exata medida de sua exposição aos riscos e às contingências.[31]

31 Este artigo não se esquece da segurança jurídica, em suas perspectivas estáticas e dinâmicas. Estática como *cognoscibilidade*, que permite ao sujeito compreender o conteúdo normativo dos textos legais. Dinâmica como *calculabilidade* como a capacidade do sujeito antever as possibilidades interpretativas do texto normativo (ÁVILA, Humberto. *Segurança Jurídica*: entre permanência, mudança e realização no Direito Tributário. 2ª ed. São Paulo: Malheiros, 2012, pp. 128-132). Essas características adensam a segurança jurídica, permitindo o sujeito melhor avaliar as possíveis consequências de suas condutas, o que justifica imputar-lhe reponsabilidade.

Além disso, a dimensão, o grau e a qualidade do risco não devem ser mensurados isoladamente, mas numa perspectiva relacional. O risco da conduta, num contexto social, é assumido perante a sociedade e terceiros. O ato do agente conduz a um risco de dano à sociedade e a terceiros. A visão do risco, portanto, deve ser relacional entre agente, sociedade e terceiros.

A conduta expõe a sociedade e os terceiros a um risco de prejuízo, de modo que as possíveis consequências devem ser de dimensão, grau e qualidade proporcionais ao risco provocado. O risco é faca de dois gumes, que pode de um lado ferir o agente ou, doutro lado, ferir a sociedade ou terceiros. Daí por que a dimensão, grau e qualidade do risco que se assume é proporcional ao risco que se provoca.

Por exemplo, o risco de reparação ambiental de uma embarcação comercial, que exerce o transporte de combustível fluvial, nunca poderá ser idêntico ao risco de uma pequena embarcação particular que, eventualmente, transporta combustível para consumo próprio. Há nitidamente uma diferença de dimensão e de grau.

3. A litigância responsável: o risco assumido pelas partes

3.1. A liberdade para exercício do direito de ação e de defesa

Tudo que foi dito no item 2 se aplica, plenamente, aos direitos de ação e de defesa. O cidadão é *socialmente* livre para exercer os direitos de ação e defesa. Não se trata de liberdade *natural*, senão seria o caso de autotutela, permitindo justiça por mãos particulares. É uma liberdade *social*, conferida ao indivíduo para socorrer-se do Poder Judiciário quando se sentir lesado. O cidadão serve-se do Poder Judiciário exercendo o direito de ação ou de defesa.

Ninguém é obrigado a procurar o Poder Judiciário. Ninguém é obrigado a ingressar com uma ação judicial, a contratar advogado, a recolher custas, a apresentar defesa, a reconvir, a recorrer... Cada um é livre para agir ou reagir. Cada um é livre para acionar ou se defender. Não existe obrigatoriedade. Há, na verdade, consequências quando se resolve – de forma consciente – agir ou deixar de agir e, igualmente, quando se reage ou deixa de se reagir.[32]

32 É possível considerar o autor como aquele que *age* (quebrando a inércia e postulando a instauração do processo), enquanto o réu como aquele que *reage* (passando a integrar a relação processual em virtude da convocação do Estado) (SICA,

Isso é expressão da liberdade no processo, que garante disponibilidade das partes quanto à ação e à defesa.[33]

Se o titular de um direito potestativo deixa de agir, é possível que sofra como consequência a decadência. Se o devedor, diante da recusa do credor em receber a prestação, não ajuíza uma ação de consignação em pagamento, é possível que sofra os efeitos danosos da mora. Se o credor, diante da inadimplência do devedor, não ajuíza a ação de cobrança, talvez nunca obtenha a satisfação da obrigação. *Se o indivíduo propõe uma demanda, é possível que seja condenado ao pagamento de honorários advocatícios e ao reembolso de despesas processuais.*

Por outro lado, se o réu é citado e deixa de contestar a demanda, sofre as consequências da revelia, aumentando as chances da procedência da demanda contra si e, igualmente, as de ser *condenado ao pagamento de honorários sucumbenciais e despesas processuais.*

Para a construção do trabalho, uma diferença importante entre ação e defesa é o momento da iniciativa. O autor tem a opção de escolher o momento de demandar (de exercer o ônus de demandar), surgindo para o réu o ônus de se defender[34], quando convocado para o processo, dentro de um prazo previsto em lei. Mas isso não é suficiente para afastar a premissa de que o réu continua livre para se defender, porém pelo período previsto em lei (o réu pode ou não contestar no prazo usual de quinze dias, no exercício de sua liberdade de defesa).

Heitor Vitor Mendonça. *O direito de defesa no processo civil brasileiro.* São Paulo: Atlas, 2011, pp. 52-56).

---

33 Explicando o princípio dispositivo, que se funda sobre o princípio da liberdade: DE LUCCA, Rodrigo Ramina. *Disponibilidade processual*: a liberdade das partes no processo civil. São Paulo: RT, 2019, pp. 37-43. *"Se a instauração do processo depende de uma manifestação de vontade do demandante, sendo-lhe perfeitamente lícito permanecer inerte e aceitar as coisas como elas estão, ainda que lhe sejam desfavoráveis, o réu possui, de igual modo, a possibilidade de permanecer inerte e não participar do processo, deixando-o desenvolver-se sem a sua presença* (DE LUCCA, Rodrigo Ramina. *Disponibilidade processual*: a liberdade das partes no processo civil. São Paulo: RT, 2019, pp. 338-339).

34 Por todos, considerando a demanda como ônus do autor e a contestação como o ônus do réu, ou seja, como imperativos do próprio interesse, que não são deveres, havendo liberdade de demandar e de contestar: DINAMARCO, Cândido Rangel. *Instituições de Direito Processual Civil.* 7ª ed. São Paulo: Malheiros, 2017, v. 2, pp. 194-196.

Em suma, o indivíduo é *livre* para demandar perante o Poder Judiciário (mediante o exercício do direito de ação) e, também, igualmente *livre* para se defender em uma demanda (mediante o exercício do direito de defesa), assumindo as consequências de sua conduta.[35]

3.2. A responsabilidade pelos custos do processo

3.2.1. O discurso da responsabilidade processual

O *slogan "procure seus direitos"*, cuja mensagem remete o cidadão descontente com alguma situação ao Poder Judiciário, é incompleta. A mensagem completa é *"procure seus direitos com responsabilidade"*.

O processo é ambiente para condutas conscientes e responsáveis. O processo não é ambiente para condutas impetuosas ou irrefletidas. A opção de agir ou reagir num processo, de acionar ou se defender, deve ser fruto de avaliação responsável dos sujeitos, ponderando, avaliando e refletindo sobre as consequências.

Como explicado no item 2, todo direito está atrelado às responsabilidades pelo seu exercício. O direito de ação e o de defesa – quando dissociados das responsabilidades – consistem numa fórmula perigosa para terceiros e para a própria sociedade. O autor e o réu devem ponderar como seus atos podem atingir terceiros e, igualmente, as possíveis consequências para si, ou seja, devem exercer o direito de ação e de defesa de forma responsável.

A população – incluindo todas as classes sociais e econômicas – deve ser cientificada não apenas do direito de socorrer-se do Poder Judiciário, do direito à assessoria jurídica (gratuita ou paga), do direito a demandar gratuitamente (quando isento por lei), do direito a uma tutela efetiva e em tempo razoável... mas também das responsabilidades pelo exercício de todos esses direitos.

Não apenas a população, mas também outros atores do processo, a exemplo da Defensoria Pública, do Ministério Público e das Procuradorias Públicas, devem estar plenamente cientes das respon-

35 A análise observa o processo polarizado, entre autor e réu, mas nada impede que as mesmas considerações sejam aplicadas pensando o processo multipolarizado, com diversos sujeitos, em litisconsórcio ou não, participando do processo. Ao invés de falar em liberdade para exercer o direito de ação ou de defesa, é possível falar em liberdade para participar do processo, assumindo os riscos daí advindos.

sabilidades decorrentes do exercício de ação e de defesa. Na verdade, se fosse para repensar as responsabilidades previstas lei, a tais órgãos deveria ser imputada responsabilidade maximizada, por conta da relevante função pública que desempenham, sendo impensável - no atual estágio do Estado Democrático de Direito - que adotem condutas processuais impetuosas ou irrefletidas.[36]

A possibilidade do mau exercício do direito de defesa e de ação não leva à sua extinção, mas à criação de meios que imponham o seu uso responsável, a exemplo das normas que dispõem sobre a alocação dos custos financeiros do processo. Abolir tais direitos seria uma cura pior que a doença.[37]

No fim das contas, os direitos de ação e de defesa conferem grandes poderes aos seus titulares, de modo que sobre eles recaiam grandes responsabilidades, principalmente pelo custo social do processo e perante terceiros, cuja esfera jurídica é atingida.[38]

3.2.2. Responsabilidade bifronte: pelos custos sociais do processo

O aparato do Poder Judiciário não é barato, sendo custeado pelo orçamento público. Há custos de realização do concurso público e de posse dos servidores e magistrados, de salários, de manutenção, de locação, de construção de edifícios, de almoxarifado, de tecnologia, de atualização

36 A título de exemplo, seria irresponsável postular numa ação de improbidade administrativa sanção mais grave do que a imputável à conduta do agente público; seria irresponsável numa ação civil pública pedir indenização por dano moral coletivo inexistente; seria irresponsável ajuizar execução fiscal de crédito prescrito ou já pago.

37 Em tradução livre: *"Mas para evitar o uso inadequado do poder de ajuizar uma ação por danos, sistemas liberais não abolem o poder (uma cura pior que a doença), mas, ao invés, criam poderes contrários, estabelecendo regras que causem perdas financeiras àqueles que ajuizarem ações frívolas"* (SUNSTEIN, Cass R.; HOLMES, Stephen. *The Cost of Wrights*: why liberty depends on taxes. Ed. eletrônica. New York: Norton & Company, 1999, chapter 10).

38 Em tradução livre: *"Tendo em visa que o nosso sistema cria e mantém instrumentos tão perigoso, que podem eventualmente ser explorados para vantagens privadas, ele também deve realizar um esforço para garantir que sejam utilizados responsavelmente"* (SUNSTEIN, Cass R.; HOLMES, Stephen. *The Cost of Wrights*: why liberty depends on taxes. Ed. eletrônica. New York: Norton & Company, 1999, chapter 10).

dos servidores e magistrados, de bibliotecas, de centrais de conciliação etc. É uma máquina grande, pesada e custosa.[39]

Esse é o custo social do Poder Judiciário.[40] Cada processo ajuizado reflete nesse custo social, que é pago com o orçamento público, cuja origem provém do recolhimento de tributos. Há, também, um custo de oportunidade, pois não é apenas uma questão de majorar a despesa geral do Poder Judiciário, mas de justiça distributiva, de onde alocar os recursos públicos que são escassos; quando se aumenta o orçamento do Poder Judiciário, há redução de algum outro serviço público.[41]

Desse modo, a conduta perante o Poder Judiciário deve ser responsável, com uma reflexão prévia sobre os possíveis impactos no aumento

39 A Constituição assegura ao Poder Judiciário autonomia financeira, evitando (ou mitigando) uma eventual influência econômica do Poder Executivo, capaz de afetar o resultado dos julgamentos (CF, art. 99, § 1º). A autonomia compreende a elaboração de proposta orçamentária própria e execução com dotações também próprias, sem interferência de terceiros (MARTINS JR., Wallace Paiva. Receitas públicas e o sistema de Justiça. *Poder Judiciário*: orçamento, gestão e políticas públicas José Maurício Conti (org). São Paulo: Almedina, 2017, v. 1, p. 29). Inclusive os valores, constantes do orçamento e destinados ao Poder Judiciário, devem ser repassados inadiavelmente até o dia 20 de cada mês (CF, art. 168). Assim, as despesas do Poder Judiciário, por serem públicas, são custeadas pelo orçamento público, regendo-se pelos princípios e regras de Direito Financeiro, inclusive as de fiscalização e de gestão dos gastos públicos. Além do custeio das despesas mediante orçamento público, o Poder Judiciário também se financia mediante a cobrança de custas e emolumentos (CF, art. 98, § 2º), que são taxas remuneratórias dos serviços de natureza judicial (serviços relacionados aos processos judiciais) e extrajudicial (serviços prestados por notários e registradores). Custas detêm natureza tributária; são espécies de taxas, pois remuneram um serviço público específico e divisível - a prestação jurisdicional - fornecido pelo Poder Judiciário, cuja base de cálculo é geralmente o valor atribuído à causa. Sua quantia deve ser sempre proporcional ao custo da atividade exercida pelo Estado, dentro de um limite pré-estabelecido por norma, sob pena de inviabilizar o acesso à justiça (STF, Pleno, ADI 1.772-MC, rel. Min. Carlos Velloso, DJ 8.9.2000).

40 Tratando dos custos sociais do litígio, sob a perspectiva da análise econômica do Direito: SHAVELL, Steven. *Foundations of economic analysis of law*. Cambridge: Harvard, 2004, chapters 17-19, pp. 389-470; COOTER, Robert D.; RUBINFELD, Daniel L. Economic Analysis of Legal Disputes and Their Resolution. *Journal of Economic Literature*, v. 27, n. 3, set.-1989, pp. 1.067-1.097.

41 VASCONCELOS, Natália Pires de. Direitos sociais e orçamento público: o custo de direitos como um problema empírico. *Podes Judiciário*: políticas públicas. José Maurício Conti (org). São Paulo: Almedina, 2018, v. 2, p. 44.

do custo social. O comportamento livre dos sujeitos processuais deve ser observado à luz do custo social do processo.[42]

3.2.3. Responsabilidade bifronte: pela invasão da esfera jurídica das partes

A relação jurídica processual, *via de regra*, pressupõe mais de uma parte, em situações antagônicas. O exercício do direito de ação veicula uma pretensão do autor contra o réu, ao passo que o exercício do direito de defesa veicula uma pretensão do réu contra o autor.[43]

O exercício desses direitos invade a esfera jurídica alheia. As partes processuais, ao agirem livre e conscientemente, exercem influência recíproca na esfera jurídica um do outro, daí por que não são responsáveis apenas pelo custo social, mas também por eventuais danos ou riscos de danos provocados entre si.

Não é difícil pensar em processos nos quais o autor não invade esfera jurídica alheia. É o caso, por exemplo, do indeferimento da petição inicial (CPC, art. 330) ou da improcedência liminar do pedido (CPC, art. 332), quando o réu não é sequer citado. Nesses casos, a parte autora não invadiu a esfera jurídica alheia.

Porém, a regra é que as condutas processuais das partes - que são atos lícitos - se afetem, com risco de dano recíproco. Desse modo, os sujeitos processuais devem tentar mitigar a invasão na esfera jurídica alheia, criando os riscos processuais na exata medida necessária à realização do direito que se postula.

3.3. O risco assumido pelas partes

Se aos sujeitos são conferidos os direitos de ação e de defesa, se os sujeitos são livres para exercerem tais direitos, se os sujeitos, ao exer-

42 Num momento diferente, sob outros paradigmas, mas com conclusões semelhantes, em tradução livre: *"O interesse público na função da Justiça, portanto, prevalece sobre o individual: a obrigação de não molestar terceiro com o processo se traduz em definitivo dever de não impedir o bom funcionamento da Justiça"* (LA ROCCA, Manlio. *Profili di un sistema de responsabilità processuale*. Napoli: Morano, 1964, pp. 49-50).

43 SICA, Heitor Vitor Mendonça. *O direito de defesa no processo civil brasileiro*. São Paulo: Atlas, 2011, pp. 250-252.

cê-los, tornam-se responsáveis pelas consequências processuais de suas condutas, a conclusão é que os sujeitos assumem os *riscos* da ação judicial.[44]

E o principal risco, estabelecido pelo sistema processual, são os custos do processo, incluindo despesas e honorários advocatícios. São riscos financeiros.

Aquele que litiga, fá-lo por conta e risco próprio.[45] O acesso ao Poder Judiciário provoca responsabilidades, pelo custo social e perante as outras partes do processo, de modo que o risco pertence a quem litiga: *sua conduta, seus riscos; minha conduta, meus riscos; a conduta dele, os riscos dele.*[46] Não há como se envolver numa ação judicial sem pensar em responsabilidade e riscos. E não só isso. Os riscos estão previamente estabelecidos pela legislação processual, o que permite às partes mensurá-los e refletir sobre as consequências da conduta. Não são riscos aleatórios ou que possam surpreender, o que garante segurança jurídica. E nem se diga que há assimetria de informação quanto ao risco, pois o ingresso no Poder Judiciário depende de assessoria de advogado, munido de conhecimentos técnicos.[47]

---

44 *"Com frequência, propiciar a instauração de processo, ou a expedição de medida processual com efeitos danosos para outrem é alternativa de risco assumida por quem, no interesse próprio ou de terceiros, a provoca ou adota de ofício"* (SUNDFELD, Carlos Ari; VORONOFF, Alice. Art. 27 da LINDB. Quem paga pelos riscos do processo? *Revista de Direito Administrativo*. Rio de Janeiro, edição especial, nov.-2018, p. 175).

45 Eis a assertiva colocação de Satta: *"O recurso à justiça (...) é uma das manifestações de liberdade civil (se bem que se possa, razoavelmente, observar que além da indiscutível liberdade de ingresso em juízo, diversa é a liberdade discutidíssima, aliás, de pretender contra a parte, em última análise, invadir o âmbito jurídico alheio. Daí se ter predileção em arquitetar a obrigação do reembolso às custas respeito ao objetivo conceito de risco e perigo. Em outros termos: Quem litiga, o faz sob seu risco e perigo; se perder a causa, deve indenizar o adversário nas custas cujo direito não deve resultar depreciado em virtude da instância processual"* (SATTA, Salvatore. *Direito Processual Civil.* 7ª ed. Trad. Luiz Autuori. Rio de Janeiro: Borsoi, 1973, p. 151).

46 Ao tratar da teoria do risco e a condenação em custas processuais, explica Ranea, em tradução livre: *"O autor, ao demandar, o réu, ao opor resistência, adota, certa iniciativa, uma vez que cada um deles poderia evitar a demanda submetendo-se as pretensões de seu adversário. O litigante, ao assumir tal iniciativa, não comete imprudência alguma, mas apenas exerce um direito legítimo: obterá as vantagens que derivam de duas atitudes, se o pleito lhe é favorável; mas a lei entende equitativo impor-lhe, como contrapeso, em certa medida, os riscos"* (RANEA, Roberto G. Loutayf. *Condena en costas em el proceso civil.* Buenos Aires: Astrea, 1998, p. 10).

47 O sistema é tão coerente, nesse ponto, que nas hipóteses em que se dispensa a participação do advogado, como no caso das ações perante juizados, não há adiantamento de custas, tampouco condenação em despesas ou honorários sucumbenciais.

Considerando que há uma relação consequencialista entre a conduta que desencadeia a ação judicial e o seu resultado, a responsabilidade das partes deve ser proporcional aos riscos que assumiram. Não pode qualquer sujeito processual ser responsabilizado – nem a mais, nem a menos – por riscos que não assumiu.

A dimensão e o grau de responsabilidade devem ser diretamente proporcionais aos riscos assumidos. Aumentar a responsabilidade, de forma desproporcional aos riscos, viola a liberdade de conduta, restringe indevidamente os direitos de ação e de defesa e, mais ainda, fere a segurança jurídica. Reduzir a responsabilidade, de forma desproporcional aos riscos, incentiva a conduta irresponsável e licenciosa das partes.[48]

Vale dizer que os riscos do autor são os mesmos riscos do réu. Não se examina isoladamente os riscos do autor, do réu ou dos sujeitos processuais em geral. O exame é sob a perspectiva relacional. Num esquema simplificado da relação processual, os riscos do autor devem ser os mesmos riscos do réu.

O autor não assume um risco menor que o do réu, e vice-versa, isso porque *"é um mero acaso que o autor seja autor"*.[49] O autor de uma execução de título extrajudicial poderia ser o réu numa ação declaratória de inexistência de débito. O réu de uma ação reivindicatória poderia ser o autor de uma ação de usucapião. O autor, ainda, poderia nunca ter sido autor ou mesmo réu, deixando que o tempo consumisse as situações jurídicas. *"Chegar primeiro ao Poder Judiciário não deve ser fonte de privilégio"*[50], sob pena de desequilibrar o contraditório e a igualdade entre as partes.[51]

---

48 Carnelutti afirma, em tradução livre: *"A responsabilidade da parte no caso de sucumbência, fundada sobre o princípio do agir a próprio risco, não é contrário ao direito de ação. Essa é, e deve ser, uma responsabilidade limitada ao custo puro do processo, para que não constitua um obstáculo pesado ao exercício de ação"* (CARNELUTTI, Francesco. *Diritto e Processo*. Milano: Morano, 1958, p. 123).

49 SICA, Heitor Vitor Mendonça. *O direito de defesa no processo civil brasileiro*. São Paulo: Atlas, 2011, p. 254.

50 BONDIOLI, Luis Guilherme Aidar. *Reconvenção no processo civil*. São Paulo: Saraiva, 2009, p. 5.

51 O gigantismo do estudo sobre ação, que inegavelmente foi importante para o desenvolvimento da ciência processual, pode ter levado ao que Dinamarco chamou de *"processo civil do autor"* (DINAMARCO, Candido Rangel. *Instituições de Direito Processual Civil*. 7ª ed. São Paulo: Malheiros, 2017, v. 2, p. 346), em que os institutos processuais seriam interpretados sob a ótica do autor, como se o processo devesse levar à sua vitória em detrimento do réu. Como apontou Sica, as teorias

Quando o autor ajuíza uma ação de cobrança de R$ 1 milhão, ele assume o risco de obter uma vantagem de R$ 1 milhão e, igualmente, de pagar as despesas e honorários calculados sobre R$ 1 milhão. Contudo, o autor também submete o patrimônio do réu ao risco de R$ 1 milhão, bem como a pagar despesas e honorários calculados sobre R$ 1 milhão. O risco, como se vê, é o mesmo de parte a parte.

Se a ação de cobrança for de R$ 10 milhões, o risco – obviamente – é muito superior, de modo que a condenação nos custos processuais não pode ser a mesma de uma ação de cobrança de R$ 1 milhão. Se a ação for de R$ 100 milhões, a condenação nos custos não poderá ser igual à da ação de R$ 1 milhão, tampouco à de R$ 10 milhões, e assim por diante.

Desse modo, numa ação judicial, se o autor é condenado nas despesas e honorários, o conteúdo econômico da condenação deve ser idêntico à do réu, caso fosse este o sucumbente, tudo de forma proporcional aos riscos assumidos pelas partes.

Como afirma SATTA, *"quem litiga, o faz sob seu risco e perigo; se perder a causa, deve indenizar o adversário nas custas cujo direito não deve resultar depreciado em virtude da instância processual"*.[52] CARNELUTTI afirma que, em relação à distribuição dos custos do processo, se aplica *"o princípio do agir a próprio risco"*.[53]

acerca do direito de defesa – formuladas pelos mesmos teóricos do direito de ação – *"aceitam que o réu pode receber tutela jurisdicional por meio do exercício do direito de defesa"*, havendo uma imisção dos conceitos de ação e de defesa. No caso, ao exercer seu direito de defesa, o réu passaria a ter direito a uma tutela jurisdicional. (SICA, Heitor Vitor Mendonça. *O direito de defesa no processo civil brasileiro*. São Paulo: Atlas, 2011, p. 19). Ora, ação e defesa são faces da mesma moeda. O exercício da ação e da defesa conferem ao autor e ao réu o mesmo direito à tutela jurisdicional. Em sentido semelhante: PONTES DE MIRANDA, Francisco Cavalcanti. *Comentários ao Código de Processo Civil*. 2ª ed. Rio de Janeiro: Forense, 1979, t. 1, p. 172. São direitos equiparáveis. O devido processo legal, a ampla defesa e o contraditório (CF, art. 5º, LIV e LV) conferem ao autor e ao réu paridade de armas, impondo um tratamento igualitário em relação as suas faculdades, ônus, poderes e deveres processuais. Como afirma Dinamarco, a aproximação entre ação e defesa colocam o autor e o réu em pé de igualdade, retirando-lhes as diferenças no decorrer do processo (DINAMARCO, Candido Rangel. *Instituições de Direito Processual Civil*. 7ª ed. São Paulo: Malheiros, 2017, v. 2, p. 345).

52 SATTA, Salvatore. *Direito Processual Civil*. 7ª ed. Trad. Luiz Autuori. Rio de Janeiro: Borsoi, 1973, p. 159.

53 *"Resulta dessas reflexões que o custo do processo deve ficar a cargo daqueles em relação aos quais a demanda foi rejeitada, ou seja, do sucumbente. Aplica-se, assim, o*

Como explica Betti, *"se para fazer possível o acolhimento de demandas fundadas, é necessário permitir a propositura de demandas também infundadas"*[54]. Porém, afirmar que é lícito e livre que as partes ajuízem suas demandas – fundadas ou infundadas (o que só é descoberto ao fim do processo) – não significa isentá-las de responsabilidade. *"As partes respondem pelos próprios erros de valoração e de previsão, caso não alcancem o resultado esperado, seja suportando a consequência da não adoção, ou da adoção inoportuna, das medidas legais"*[55]. No fim das contas, a distribuição dos custos do processo se funda sobre o *"princípio de que, aquele que age pelo próprio interesse ou permanece inerte contra o próprio ônus (...), o faz (ou seja, litiga) a próprio risco; e se erra, paga"*[56]. É uma questão de autorresponsabilidade.

Redenti é assertivo ao lembrar que, antes de agir em juízo, é essencial realizar alguns questionamentos para si próprio: *"Quais resultados úteis e efetivos poderei (previsivelmente) conseguir? Isso, num prato da balança. E quais os riscos corro e a quais ônus me exponho? Isso, para o outro prato"*[57]. Primeiramente, seria preciso calcular a possibilidade de obter a declaração judicial favorável e, sendo positivo, se é possível efetivar da declaração. Num segundo momento, é preciso avaliar os riscos de erro judicial, erro das partes, das condutas processuais e dos custos processuais, inclusive de ressarci-los à parte adversa.[58] *"Tudo que se faz, de resto, no campo da iniciativa individual pode haver sempre suas vantagens e seus riscos; Somente seria insensato se envolver num litígio, como num negócio, sem haver ponderado os pros e os contras"*[59].

---

princípio do agir a próprio risco exprexxo na antiga fórmula: ubi commoda ibi incommoda" (CARNELUTTI, Francesco. *Diritto e Processo.* Milano: Morano, 1958, p. 122).

54 BETTI, Emilio. *Diritto processuale civile italiano.* Nápoles: Edizioni Scientifiche Italiane, 2018, p. 550.

55 BETTI, Emilio. *Diritto processuale civile italiano.* Nápoles: Edizioni Scientifiche Italiane, 2018, p. 551.

56 BETTI, Emilio. *Diritto processuale civile italiano.* Nápoles: Edizioni Scientifiche Italiane, 2018, p. 550.

57 REDENTI, Enrico. *Profili pratici del Diritto Processuale Civile.* 2ª ed. Milano: Giuffrè, 1939, p. 233.

58 REDENTI, Enrico. *Profili pratici del Diritto Processuale Civile.* 2ª ed. Milano: Giuffrè, 1939, pp. 233-234.

59 REDENTI, Enrico. *Profili pratici del Diritto Processuale Civile.* 2ª ed. Milano: Giuffrè, 1939, p. 235.

Carnelutti afirma que é plenamente possível, por analogia, explicar a responsabilidade pelos custos do processo, invocando as regras de atividade perigosa constantes do Código Civil, que geram risco. *"A ação em juízo é perigosa por sua natureza: o perigo decorre da necessidade, em que se encontra o adversário, de reagir contra a demanda infundada, suportando as despesas necessárias"*[60].

Em outras palavras, a participação num processo judicial é conduta que invade a esfera jurídica alheia. As partes processuais, ao agir livre e conscientemente, exercem influência recíproca na esfera jurídica um do outro, provocando riscos entre si. Esses riscos correspondem a perigos que – em função da relação jurídica processual – o autor provoca ao réu, o réu provoca ao autor, os terceiros provocam ao autor e ao réu...

Nesse ponto, a doutrina civilista realmente contribui para explicar o fenômeno, cuja responsabilidade objetiva, por atos lícitos, repousa no conceito de risco.[61] Há atividades perigosas, que gera risco, e cada dia mais é difícil atribuir ou comprovar culpa ou dolo, caso dessa atividade resulte algum prejuízo. Nesses casos, a responsabilidade é decorrente do risco da atividade.[62-63]

Ademais, a ação judicial permite que uma parte interfira na esfera jurídica da outra. Tolera-se essa invasão, pois, do contrário, não seria possível a tutela jurisdicional. Assim, *"tolerada a intromissão no direito*

60 *"Resulta dessas reflexões que o custo do processo deve ficar a cargo daqueles em relação aos quais a demanda foi rejeitada, ou seja, do sucumbente. Aplica-se, assim, o princípio do agir a próprio risco expresso na antiga fórmula: ubi commoda ibi incommoda"* (CARNELUTTI, Francesco. *Diritto e Processo*. Milano: Morano, 1958, p. 122).

61 *"A tendência dos últimos tratadistas é toda orientada no sentido de ampliar o domínio da responsabilidade fundada no risco e na prática de fatos lícitos que, aproveitando a determinadas pessoas, causem prejuízo a outrem"* (VARELA, João de Matos Antunes. *Das obrigações em geral*. 10ª ed. Coimbra: Almedina, 2000, v. 1, p. 523).

62 COSTA, Mario Júlio de Almeida Costa. *Direito das Obrigações*.12ª ed. Coimbra: Almedina, 2018, pp. 528-529; BAPTISTA, Silvio Neves. *Teoria Geral do Dano*. São Paulo: Atlas, 2003, pp. 24-25 e 55-57; LIMA, Alvino. *Culpa e risco*. 2ª ed. São Paulo: RT, 1998, pp. 115-117.

63 Entendendo que a responsabilidade pelos custos do processo é de natureza objetiva: ARMELIN, Donaldo. Responsabilidade objetiva no Código de Processo Civil. *Processo Civil*: estudo em comemoração aos 20 anos de vigência do Código de Processo Civil. Jose Rogério Cruz e Tucci (coord). São Paulo: Saraiva, 1995, pp. 87-94.

alheio por justificação num interesse superior, é équo que o interessado sofra as consequências"[64].

Em suma, a condenação nos custos processuais é uma expressão do risco processual. Rigorosamente, a condenação nos custos é uma decorrência e uma repartição do risco que se assume e do risco que se gera para a parte adversa.[65]

3.4. Litigância responsável

3.4.1. Ausência de confusão com a litigância de má-fé

Desde logo, é possível afirmar que a responsabilidade pelo litígio não se confunde com a litigância de má-fé, cujas hipóteses estão descritas no art. 80 do CPC.

Na verdade, é possível diferenciar a *responsabilidade pela litigância*, a *litigância de má-fé*, o *abuso do processo* e a *simulação processual*. São situações jurídicas distintas que provocam consequências jurídicas também distintas.

A responsabilidade pelo exercício do direito de ação e de defesa não é uma questão de ato ilícito. Ao exercer o direito de ação ou de defesa não se pratica ato ilícito, de modo que a condenação em despesas processuais não consiste em sanção por ato ilícito. Há o dever de reembolsar a parte adversa e de arcar com os honorários advocatícios, cujo fundamento é o risco assumido, mas não há sanção pela prática de ato ilícito.[66]

---

64 VON TUHR, Andreas. *Tratado de las obligaciones*. Trad. W. Roces. Granada: Comares, 2007, p. 235.

65 JOSSERAND, Louis. *De L'esprit des droits et de leur relativitè*. 2ª ed. Paris: Dalloz, 1939, p. 62.

66 É o que afirma Lupano, em tradução livre: *"A simples atribuição de responsabilidade e de razão ao término do processo – que também é o fundamento da condenação nos custos – não é por si suficiente para tornar ilícitas as condutas praticadas até aquele momento pelas partes. Definir como ilícitas a defesa unicamente à luz da decisão da causa no mérito significaria confundir o plano substancial, ou seja, a existência ou inexistência, do direito alegado e de sua violação, com o plano processual, ou seja, a legitimidade da escolha de contraditar, de exercitar o direito de ação ou de resistir à ação de terceiro"* (LUPANO, Matteo. *Responsabilità per le spese e condotta delle parti*. Torino: Giappichelli, 2013, p. 11). No mesmo sentido: JOSSERAND, Louis. *De L'esprit des droits et de leur relativitè*. 2ª ed. Paris: Dalloz, 1939, pp. 61-62.

O litigante de má-fé, por outro lado, incorre em conduta ilícita, que estão descritas no art. 80 do CPC, cuja sanção consiste em multa que variará entre 1% a 10% do valor atribuído à causa, bem como em ressarcir os danos causados (CPC, art. 81).[67] A litigância de má-fé é um ilícito processual, a exemplo de alterar a verdade dos fatos, de provocar incidente infundado e de proceder de modo temerário.[68]

Tanto existe a diferença que é possível, simultaneamente, a parte sagrar-se vencedora no processo, livrando-se da condenação em custas e honorários, e ser condenada por litigância de má-fé. Basta que tenha, no curso da ação, incorrido em algumas das condutas do art. 80 do CPC. Ganhar o processo não apaga os atos ilícitos praticados no curso do processo.

É também diferente o abuso do processo, que consiste em praticar atos processuais com desvio de finalidade, ou seja, utilizar das situações jurídicas processuais – ônus, poderes, direitos – em desconformidade com o fim disposto pelas normas que permitem a conduta.[69-70]

Por fim, há a simulação processual (CPC, art. 142)[71] quando as partes se utilizam do processo, criando uma aparência de licitude, para obter fins ilícitos,[72] cuja sentença inclusive é impugnável por ação rescisória (CPC, art. 966, III). Todo o conjunto de atos do processo são ilícitos.

67 Definindo o instituto da litigância de má-fé como sistema *sancionatório* específico do Processo Civil: CORDEIRO, António Menezes. *Litigância de má-fé, abuso do direito de ação e culpa "in agendo"*. 3ª ed. Coimbra: Almedina, 2016, pp. 70-74.

68 Sobre o tema: MACÊDO, Lucas Buril de. *Litigância de má-fé*. Salvador: Juspodivm, 2023.

69 CORDEIRO, António Menezes. *Litigância de má-fé, abuso do direito de ação e culpa "in agendo"*. 3ª ed. Coimbra: Almedina, 2016, pp. 127-129.

70 Em sentido contrário, Helena Najjar Abdo afirma que as hipóteses legais de litigância de má-fé se confundem com atos de abuso do processo (ABDO, Helena Najjar. *O abuso do processo*. São Paulo: RT, 2007, pp. 108-109). Já Menezes Cordeiro afirma que o abuso do processo transcende, em muito, as estreitas margens da litigância de má-fé (CORDEIRO, António Menezes. *Litigância de má-fé, abuso do direito de ação e culpa "in agendo"*. 3ª ed. Coimbra: Almedina, 2016, pp. 126-147).

71 "Art. 142. Convencendo-se, pelas circunstâncias, de que autor e réu se serviram do processo para praticar ato simulado ou conseguir fim vedado por lei, o juiz proferirá decisão que impeça os objetivos das partes, aplicando, de ofício, as penalidades da litigância de má-fé."

72 DIAS, Ronaldo Brêtas C. *Fraude no Processo Civil*. Belo Horizonte: Del Rey, 1998, pp. 65-74.

São, enfim, institutos diferentes, deixando claro que, como será visto, a responsabilidade pela litigância não é hipótese de ilicitude, contrária ao direito, diferentemente da litigância de má-fé, do abuso processual e da simulação processual (que são contrários ao direito).

3.4.2. A contribuição da Análise Econômica do Direito Processual Civil

O estudo do processo, à luz da análise econômica, contribui nitidamente para entender: (a) o agir racional dos atores processuais; (b) partindo de estatísticas e testes empíricos das teorias; e, (c) a medida do custo social envolvido no processo.[73] Essas noções são valiosas para compreensão do fenômeno processual.

Contudo, ainda assim, a Análise Econômica do Direito Processual Civil é uma disciplina zetética (contrapondo-se às disciplinas dogmáticas) e, portanto, não se destina a orientar a aplicação de normas para solucionar um caso concreto. Na verdade, a Análise Econômica (zetética) contribui com aportes teóricos para o Processo Civil (dogmática), de modo que este – reorganizando as normas e conceitos processuais com a inclusão desses aportes teóricos – resolva os casos concretos.[74]

---

73 SHAVELL, Steven. *Foundations of economic analysis of law*. Cambridge: Harvard, 2004, p. 4.

74 Ao lado das disciplinas dogmáticas, estão as disciplinas zetéticas. A dogmática acentua o raciocínio na busca de *respostas*, ao passo que a zetética enfoca o aspecto da *pergunta*. As disciplinas zetéticas são aquelas cuja investigação científica parte de constatações da realidade. A diferença entre zetética e dogmática é de método e de finalidade. De método porque as investigações são procedidas de forma diferente. Enquanto na dogmática são elaborados conceitos – tidos por válidos e certos – que não serão alterados ou descartados, como forma de solucionar casos jurídicos. Por outro lado, na zetética, as premissas são modificáveis e descartáveis, pois é importante elaborar conceitos condizentes com a realidade do fenômeno jurídico. Quanto à diferença de finalidade (sob a perspectiva desta pesquisa, é a principal diferença), a dogmática é orientada para solucionar casos jurídicos, ao passo que a zetética busca compreender o fenômeno jurídico. O fim da dogmática é resolver litígios, ao passo que a zetética apenas elabora enunciados sobre a realidade afetada pelo Direito. A zetética não tem o compromisso de solucionar em definitivo casos jurídicos, pois este é o compromisso da dogmática. Contudo, *zetética* e *dogmática* se complementam de forma fundamental para compreensão do Direito. Como explica Tercio Sampaio Ferraz Jr.: *"entre elas, não há uma separação radical: ao contrário, elas de entremeiam, referem-se mutuamente, às vezes se opõem, outras vezes colocam-se paralelamente, estabelecendo um corpo de possibilidades bastante diversificado"* (FERRAZ JR., Tercio Sampaio. *Função social da dogmática jurídica.*

Numa concepção da Análise Econômica do Direito, o litigante irresponsável é aquele que ajuíza ações com baixas chances de êxito: *"trata-se de um movimento que aproveita o alto subsídio estatal (conferido para todas as demandas) para buscar um suposto direito material que, de tão remoto, nem de longe justifica gastos públicos ou privados (da defesa)."*[75]

Em suma, para a Análise Econômica do Processo Civil, o litigante irresponsável é aquele que, apesar de baixas chances de êxito, ainda apresenta sua demanda perante o Poder Judiciário. Esse conceito deve ser *dogmatizado*, ou seja, enfrentado a luz das normas processuais, a fim de servir para solucionar casos concretos.

2ª ed. São Paulo: Atlas, 2015, p. 89). A zetética atua com a dogmática e sobre ela, não há uma atuação contra ela. A zetética – por aproximar-se da realidade e distanciar-se da abstração normativa – é um pensamento apto a tornar flexível a dogmática. A zetética é capaz de *desdogmatizar* parcial e temporariamente a própria dogmática, para aproximá-la da realidade e resolver questões jurídicas problemáticas. Quando o método dogmático não é suficiente para solucionar casos jurídicos, deve se abrir ao pensamento zetético de questionamento, recepcionando suas percepções e introduzindo-as nos conceitos sistemáticos para, ao final, aplicá-los já modificados ao caso jurídico problemático. A dogmática recorre à *zetética* e recepciona suas percepções axiológicas da realidade social (neste momento, ocorre uma *desdogmatização* temporária) Ao recepcioná-las, na verdade, as adapta ao seu próprio método, ou seja, *dogmatiza* o pensamento que recepcionou da *zetética* e os insere dentro da *dogmática jurídica* para, ao fim, resolver o caso jurídico problemático. A *dogmática* se abre cognitivamente à *zetética*, quando seus conceitos não suficientes para prestar solução a algum caso jurídico, até porque dificilmente um estudo é puramente *zetético* ou estritamente *dogmático* (WARAT, Luis Alberto. *Introdução geral ao Direito:* a epistemologia jurídica da modernidade. Porto Alegre: SAFE, 1997, v. 2, p. 27).

75 WOLKART, Erik Navarro. *Análise econômica do Processo Civil.* São Paulo: RT, 2019, p. 323. No mesmo sentido: *"A litigância frívola pode ser definida como a litigância com baixa probabilidade de êxito provocada pelo queixoso"* (PATRÍCIO, Miguel Carlos Teixeira. *Análise económica da litigância.* Coimbra: Almedina, 2005, p. 63). Igualmente: *"As demandas frívolas são aquelas cuja motivação está ligada a fundamentos jurídicos de baixa probabilidade de aceitação como fator autorizador do resultado que se pretende extrair do processo judicial"* (DIAS, Jean Carlos; PEREIRA, Bernardo Augusto da Costa. *Análise econômica do processo civil brasileiro.* 2ª ed. Salvador: Juspodivm, 2021, p. 69).

3.4.3. A litigância irresponsável é equacionada com a distribuição dos custos do processo

Enfrentando o conceito dado pela Análise Econômica do Direito, de forma coerente com as normas acerca de custos do processo e, ainda, balizando-se pelo princípio da liberdade de exercer a ação ou a defesa, a litigância irresponsável é equacionada exatamente com a distribuição final dos custos do processo. Aquele que provocou riscos para as outras partes processuais e, também, aumentou o custo social do Poder Judiciário deve arcar, caso tenha dado causa à demanda, com os custos do processo.

O autor, que – ciente das baixas chances de êxito – postula uma condenação do réu, criando risco de este ser condenado no pedido principal e, ainda, nos honorários advocatícios e reembolso das despesas, e ao fim não obtém a procedência da ação, é um litigante irresponsável.

O réu, que – ciente das baixas chances de êxito – apresenta defesa, criando o risco de o autor não obter a procedência do pedido e, ainda, ser condenado em honorários advocatícios, perdendo o valor das custas já pagas, e não tem sua defesa acolhida, é o litigante irresponsável.

A forma de enfrentar o litígio irresponsável se alicerça, portanto, sobre os riscos que a parte assumiu para si e provocou para os demais. Isso nada mais é, como explicado nos itens anteriores, que uma expressão da liberdade para o exercício dos direitos, que traz juntos as responsabilidades.

Na verdade, da forma que o sistema processual foi construído, apenas se descobre quem foi o litigante irresponsável ao término do processo. Não é possível descobrir, *a priori*, quem é o litigante irresponsável, que se revela apenas quando do resultado final do processo. É exatamente o final da demanda que indica quem foi o litigante irresponsável, que provocou os riscos com muita chance, baixa chance ou nenhuma chance de êxito.

Não se descobre antes do término do processo porque, por óbvio, não é possível dizer – sem antes da decisão definitiva – se avaliaram com responsabilidades as chances de êxito, refletindo corretamente sobre os seus riscos, os riscos das outras partes e sobre os custos do processo. O acerto da avaliação dos riscos é aferível no resultado do processo, daí por que é, nesse momento, que são distribuídos em definitivo os custos financeiros.

Ademais, objetivamente é irrelevante se o litigante achava que tinha altas ou baixas chances de êxito (ou até nenhuma chance), pois o risco que criou para si e para os demais é exatamente o mesmo, independentemente do grau que fora avaliado antes da conduta. Em outras palavras, o sistema processual trata igualmente quem sabia estar errado, quem sabia estar muito errado, quem sabia estar pouco errado e quem não sabia ou não tentou saber das chances da demanda, até porque a interpretação dos textos normativos é ambígua e vaga gerando incertezas quanto à norma incidente no caso concreto.

Assim, a despeito das possibilidades interpretativas do texto legal, a parte assume o risco de litigar, podendo vir a arcar com os custos do processo.

Aqui cabe lembrar a crítica muito bem formulada por Ovídio Baptista, para quem o sistema de responsabilidade pelos custos financeiros do processo foi construído por uma questão de *"conveniência econômica"*, sob o paradigma racionalista. Ele explica que as regras da sucumbência e da causalidade repousaram sobre a ideia de que o autor teria plenas condições de saber o que direito não o amparava e, ainda assim, ajuizou indevidamente a demanda. A construção da regra da causalidade considerava que todos os direitos eram evidentes e conhecidos de antemão, negando qualquer direito aparente ou dúvidas dos sujeitos envolvidos.[76] A crítica procede e é bem assertiva. Diante do paradigma atual, não é possível garantir certeza quanto aos direitos e às possibilidades interpretativas (embora admita-se o adensamento da segurança jurídica, principalmente pelo método dogmático). Daí por que o presente artigo busca deslocar o fundamento *remoto* da responsabilidade pelos custos do processo para a noção de risco, que sempre existirá, a despeito da avaliação do autor acerca do próprio direito.[77]

No fim das contas, a ideia da responsabilidade no processo decorre do *risco*. Assume-se o risco e, ao fim, suportam-se as consequências. Quanto menores as chances de êxito da demanda, maior o risco. Quanto maiores as chances de êxito, menor o risco. A irresponsabilidade – de se propor a demanda com baixa chance de êxito – resulta na obrigação de arcar com os custos do processo, o que apenas é descoberto ao fim da demanda. Aposta-se alto, aposta-se baixo, o risco é maior, o risco é

76 SILVA, Ovídio A. Baptista da. *Processo e Ideologia*. 2ª ed. Rio de Janeiro: Forense, 2006, pp. 201-214.

77 No mesmo sentido de Ovídio Baptista, Louis Joserrand, em tradução livre: *"isso seria exigir dela* [da parte] um dom de presciência, uma faculdade de dupla visão que ultrapassa os limites das forças intelectuais humanas" (JOSSERAND, Louis. *De L'esprit des droits et de leur relativitè.* 2ª ed. Paris: Dalloz, 1939, p. 61).

menor, mas ao fim os custos financeiros serão distribuídos e repartidos, recaindo sobre aquele que deu causa à demanda, ou seja, aquele que apostou e perdeu.[78] Essa é a forma que o sistema processual apresenta para lidar e equacionar a responsabilidade pelo envolvimento na demanda judicial.

Vale dizer que investigar e disseminar a ideia do litígio responsável, na concepção deste artigo, não tem por objetivo reduzir a quantidade demandas perante o Poder Judiciário. Pode até ser uma consequência lateral, porém a redução de demandas não é o objetivo de uma reflexão acerca da responsabilidade pelo processo. Para reduzir a quantidade de demandas, o sistema apresenta outras soluções, a exemplo das ações coletivas e dos recursos repetitivos. Tanto é verdade que, imaginando uma Justiça com baixíssimo nível de litigiosidade, sem comprometimento orçamentário, ainda assim será exigida a responsabilidade no exercício da ação e da defesa. A responsabilidade não é decorrente do excesso litigiosidade, mas um corolário do próprio direito de acessar o Poder Judiciário.

3.4.4. Normas do sistema processual que confirmam a proposta

3.4.4.1. O risco e as regras processuais

Um exame dogmático dos conceitos construídos ao longo desse artigo, ou seja, partindo dos textos normativos, permite concluir que são úteis para explicar o fenômeno processual e contribuir para solucionar casos concretos.

Sintetizando tudo que foi dito: a responsabilidade pelos custos do processo pode ser distribuída de acordo com os riscos assumidos pelas partes.

O sistema processual exige que a parte antecipe as despesas dos atos que realizar ou requerer (CPC, art. 82).[79] A lógica é que o Estado e os

78 Essa função de desenfrear a litigância com baixa chance de êxito poderia ser até enxergada no Direito Romano (quando ainda não se enxergava o direito de ação autônomo e abstrato). Segundo José Rogério Cruz e Tucci e Luiz Carlos de Azevedo, *"cada litigante, em regra, arcava com as respectivas despesas processuais, não havendo reembolso pelo sucumbente. A condenação abrangendo também as despesas nasce da exigência de refrear o espírito litigioso dos civis"* (TUCCI, José Rogério Cruz e; AZEVEDO, Luis Carlos de. *Lições de história do Processo Civil Romano*. 2ª ed. São Paulo: RT, 2013, p.104).

79 É uma regra comum do direito italiano: CORRADI, Marco. *Le spese nel processo civile*. 2ª ed. Milano: Giuffrè, 1991, pp. 3-4; GUALANDI, Angelo. *Spese e danni nel processo civile*. Milão: Giuffrè, 1962, p. 13.

auxiliares da justiça não trabalham sem a remuneração já paga previamente.[80] A lógica também é de que o interesse das partes, em praticar o ato ou vê-lo realizado, é um móvel para que paguem as despesas previamente.[81] É um ônus da parte, cabendo-lhe realizar o pagamento no imperativo de seu próprio interesse para obter uma vantagem processual.[82-83]

Quando a norma exige o pagamento antecipado, joga – inicialmente – sobre quem postula o risco de perder os valores pagos. Assim, a princí-

---

80 LOPES, Bruno Vasconcelos Carrilho. *Comentários ao Código de Processo Civil.* 2ª ed. São Paulo: Saraiva, 2018, p. 93.

81 Essa construção, fundada no *interesse* na prática do ato, já era anunciada por Chiovenda em 1900, primeira edição na seminal obra *"La condanna nelle spese giudiziali"*, embora ainda sem referir-se à figura do ônus processual, que estava sob construção (CHIOVENDA, Giuseppe. *La condanna nelle spese giudiziali.* 2ª ed. Roma: Foro Italiano, 1935, pp. 180-181). A regra do art. 82 do CPC-2015 é tradicional no sistema processual brasileiro. O CPC-1939 já incorporava, em parte, a ideia, cujo art. 57 exigia o adiantamento das despesas periciais. O CPC-1973 possui regra praticamente idêntica ao atual CPC, disposta no seu art. 19 (sobre o tema: SILVA, Ovídio A. Baptista da. *Comentários ao Código de Processo Civil.* 2ª ed. São Paulo: RT, 2005, v. 1, p. 119; BARBI, Celso Agrícola. *Comentários ao Código de Processo Civil.* 13ª ed. Rio de Janeiro: Forense, 2008, v. 1, pp. 131-133).

82 Eis a lição de Lupano, em tradução livre: *"Com isso emerge uma característica importante da antecipação pela ótica que decidimos desenvolver a presente pesquisa: essa tem uma força dissuasiva e, forçando uma valoração prognóstica sobre o êxito do litígio, seletiva, ou seja, tanto mais desencoraja o autor quando mais este teme ser responsabilizado"* (LUPANO, Matteo. *Responsabilità per le spese e condotta delle parti.* Torino: Giappichelli, 2013, p. 6). No mesmo sentido: CARNELUTTI, Francesco. *Diritto e Processo.* Milano: Morano, 1958, p. 123; ASSIS, Araken de. *Processo Civil brasileiro.* São Paulo: RT, 2015, v. 2, t. 1, p. 333.

83 A antecipação das despesas enquadra-se no conceito tradicional de ônus como imperativo do próprio interesse (CARNELUTTI, Francesco. *Sistema de derecho Procesal civil.* Trad. Niceto Alcalá-Zamora y Castillo e Santiago Sentís Melendo. Buenos Aires: UTEHA, 1944, v. 1, p. 65; BETTI, Emilio. *Diritto processuale civile italiano.* Nápoles: Edizioni Scientifiche Italiane, 2018, p. 57; LENT, Friedrich. Obblighi e oneri nel processo civile. *Rivista di Diritto Processuale.* Padova: CEDAM, 1954, v. 9, p. 156; GOLDSCHMIDT, James. *Derecho Procesal Civil.* Trad. Leonardo Prieto Castro. Barcelona: Labor, 1936, p. 203), ou seja, se a parte revela interesse deve pagar as despesas, sob pena de o ato não ser realizado ou de seu indeferimento. Eis as palavras de Lupano, em tradução livre: *"A disciplina das despesas processuais é inspirada, antes de tudo, no princípio do interesse na tutela postulada ou no ato realizado, que estão sujeitas ao ônus de antecipação"* (LUPANO, Matteo. *Responsabilità per le spese e condotta delle parti.* Torino: Giappichelli, 2013, p. 21). Sobre ônus e deveres processuais: AZEVEDO, Gustavo. Ônus e deveres processuais. *Revista Acadêmica da Faculdade de Direito do Recife,* v. 92, n. 2, dez. 2020, pp. 232-250.

pio, é risco do autor a antecipação das custas iniciais (CPC, art. 290), do recorrente a antecipação das custas recursais (CPC, art. 1.007), daquele que requereu a perícia a antecipação dos honorários periciais (CPC, art. 95).

No caso da perícia requerida por ambas as partes ou determinada *ex officio* pelo juiz, o sistema processual é inteligente, uma vez que distribui os riscos iniciais igualmente sobre as partes, que deverão ratear os honorários periciais (CPC, art. 95). Se o interesse expresso é de ambas (quando ambas postulam a perícia) ou quando não é possível atribuir a qualquer delas o interesse expresso (quando o juiz determina *ex officio*), a legislação rateia entre elas o risco da antecipação.

Esses são os riscos iniciais e ainda provisórios, quando as partes devem desembolsar o pagamento das despesas, mediante antecipação. Mas o sistema prevê a possibilidade de reembolso, quando ao término da demanda descobre-se quem lhe deu causa e distribui-se as despesas em definitivo (CPC, art. 82, § 2º). O sistema cria um equilíbrio com o binômio: *antecipação* (por quem pede) + *reembolso* (por quem deu causa).[84]

Eis o que dispõe o art. 82, § 2º, do CPC: *"A sentença condenará o vencido a pagar ao vencedor as despesas que antecipou"*. Numa leitura rápida, a conclusão poderia ser a de que a responsabilidade pelos custos finais do processo decorreria do exame unicamente da *sucumbência*, ou seja, de quem perdeu e quem ganhou o processo. Mas isso não é verdade. Aprimorando a teoria da sucumbência, chegou-se à teoria da causalidade, amplamente aceita pela doutrina e jurisprudência.[85] Pela regra da

84 SATTA, Salvatore. *Direito Processual Civil.* 7ª ed. Trad. Luiz Autuori. Rio de Janeiro: Borsoi, 1973, p. 150.

85 Foi Chiovenda quem organizou o sistema de reponsabilidade pelos custos processuais, chegando à teoria da sucumbência. Ele identificou três sistemas: (i) aquele em que cada litigante arca com seus custos; (ii) aquele em que o vencido paga todos os custos, quando identificada a má-fé; e, (iii) aquele em que, em certas circunstâncias, os custos ficarão a cargo do vencido (CHIOVENDA, Giuseppe. *La condanna nelle spese giudiziali.* 2ª ed. Roma: Foro Italiano, 1935, p. 156). Contudo, é possível atribuir a Carnelutti um passo à frente, aprimorando a teoria da sucumbência, para chegar à teoria da causalidade (CARNELUTTI, Francesco. *Instituciones del Proceso Civil.* Buenos Aires: El Foro, 1997, v. 1, p. 362; CARNELUTTI, Francesco. Causalità e soccombenza in tema di condanna alle spese. *Rivista di Diritto Processuale.* Padova: CEDAM, 1956, v. 11, pp. 241-244). Para um exame da teoria da sucumbência até chegar a da causalidade, passando por Chiovenda e Carnelutti, dentre outros autores, consultar: LOPES, Bruno Vasconcelos Carrilho. *Comentários ao Código de Processo Civil.* 2ª ed. São Paulo: Saraiva, 2018, pp. 107-125; REIMUNDIN, Ricardo. *La condena en costas em el Proceso Civil.* 2ª ed. Buenos Aires: Victor

causalidade, será responsável pelos custos do processo, reembolsando à parte adversa pelas despesas adiantadas, aquele que deu causa ao processo, isto é, aquele cuja ação ou omissão tornou necessário o ajuizamento do processo ou, ainda, ajuizou sem necessidade o processo.[86]

Desse modo, aquele que postula, corre o risco de perder os valores das despesas que antecipou, caso ao término reste verificado que foi o causador da demanda; porém, para equacionar, também o réu corre o risco de reembolsar as despesas já pagas pelo autor, se foi o réu quem deu causa à demanda.

No caso de sucumbência recíproca, ou seja, cada parte foi em parte vencida e vencedora, há um indicativo de que ambas deram causa à demanda, de modo que as despesas são distribuídas proporcionalmente (CPC, art. 86), o que significa uma alocação proporcional dos riscos que foram assumidos.

No caso de renúncia, desistência ou reconhecimento da procedência do pedido, a responsabilidade final pelas despesas caberá a quem renunciou, desistiu ou reconheceu (CPC, art. 90). A responsabilidade, nesse caso, foi assumida por uma das partes, absorvendo voluntariamente os riscos.

Até as regras do valor da causa se pautam pelo risco processual.[87] O valor da causa deve corresponder ao benefício econômico da demanda (CPC, art. 291). Muito embora seja o autor quem atribua o valor à cau-

P. de Zavalia: 1966, pp. 23-50; RANEA, Roberto G. Loutayf. *Condena en costas em el proceso civil.* Buenos Aires: Astrea, 1998, pp. 3-10; GUALANDI, Angelo. *Spese e danni nel processo civile.* Milão: Giuffrè, 1962, pp. 245-278.

86 O exame da sucumbência é apenas um indício de quem deu causa ao processo. Da mesma forma, a resistência do réu à pretensão do autor, ao apresentar sua defesa, é outro indício de quem deu causa ao processo. O raciocínio recai em identificar o nexo causal entre a conduta das partes – antes e durante o processo – e o resultado final, de modo a apontar quem deu causa à demanda: que será a parte responsabilizada pelas custas.

87 Normalmente, quando se examina a alocação de custos do processo, não se tem como relevante lembrar das regras acerca do valor da causa. Tal tema é relevante, uma vez que: (i) serve de base de cálculo para as custas processuais e recursais; (ii) pode servir de base de cálculo dos honorários sucumbenciais; e, (iii) revela o conteúdo econômico da demanda, demonstrando o risco assumido pelas partes (CUNHA, Leonardo Carneiro da. *Comentários ao Código de Processo Civil.* São Paulo, RT, 2016, v. 3, pp. 307-308; YOSHIKAWA, Eduardo Henrique de Oliveira. *Valor da causa.* São Paulo: Dialética, 2008, pp. 11-12).

sa, ao réu é permitido impugná-lo (CPC, art. 293). Normalmente, apenas se imagina o réu impugnando o valor da causa, postulando sua majoração, como forma de impor ao autor que recolha custas complementares (CPC, art. 293); contudo, é plenamente admissível que o réu impugne o valor da causa para minorá-lo, pois este deve revelar exatamente o conteúdo econômico da demanda e o risco assumido pelo réu ao apresentar sua defesa.

Ora, se o autor atribui um valor à causa muito acima do conteúdo econômico da demanda, ele submete o réu a um risco maior do que deveria. Se o réu perder, ele poderá pagar honorários sobre uma base de cálculo em desacordo com o benefício econômico dos autos; da mesma forma, ele deverá ressarcir custas que não deveriam sequer ter sido pagas. Desse modo, o valor da causa é uma das balizas do risco financeiro das partes, o que permite ao réu sempre impugná-lo para que reflita o real conteúdo econômico da demanda, seja para majorá-lo ou reduzi-lo.

3.4.4.2. O risco e os honorários sucumbenciais

É no regramento dos honorários advocatícios que desponta de forma mais latente o risco processual. Atualmente, no sistema brasileiro, é verba que pertence ao advogado – de natureza alimentar – cuja fixação também é regida pela regra da causalidade. Desse modo, a parte que deu causa ao processo deverá ser condenada a pagar os honorários advocatícios em favor do advogado da parte adversa.[88-89]

88 Os honorários advocatícios consistem num dos temas do processo civil que desperta controvérsias, cujo regramento, nos últimos cem anos, sofreu mudança significativas. Nem sempre os honorários foram regidos pela regra da causalidade. Numa fase inicial, a condenação em honorários exigia dolo ou culpa do vencido (CPC-1939, art. 64, redação originária). Num segundo momento, é que a condenação ultrapassou o exame subjetivo da conduta do vencido, bastando o exame objetivo da causalidade (CPC-1939, art. 64, redação da Lei nº 4.632/1965) (PONTES DE MIRANDA, Francisco Cavalcanti. *Comentários ao Código de Processo Civil.* 2ª ed. Rio de Janeiro: Forense, 1979, v. 1, p. 529; ARZUA, Guido. *Honorários de advogado na sistemática processual.* São Paulo: RT, 1957, pp. 77-84; CAHALI, Yussef Said. *Honorários advocatícios.* 4ª ed. São Paulo: RT, 2011, pp. 41-42). A causalidade se manteve em nosso sistema, tanto no art. 20 do CPC-1973, quanto no art. 85 do atual CPC.

89 Duas questões são relevantes. Primeiramente, é que a verba honorária pertence ao advogado. Porém, nem sempre foi assim. Apenas com a Lei nº 8.604/1994 (Estatuto da Advocacia e da OAB), foi que os honorários passaram a ser titularizados pelos

Embora não exija pagamento antecipado, com a sua fixação sobrevindo apenas ao término do processo, os honorários advocatícios conseguem contemplar de forma adequada o risco do processo assumido pelas partes, isso porque há uma relação de proporcionalidade – direta – entre o conteúdo econômico da demanda e a fixação dos honorários advocatícios.

Já a rubrica das despesas nem sempre é proporcional aos riscos envolvidos na demanda. As custas processuais geralmente são cobradas com base no valor atribuído à causa, porém encontram um teto, de modo que o conteúdo econômico da demanda poderá aumentar sem reflexo nas custas processuais e, portanto, sem aumentar os riscos das partes. As outras despesas (a exemplo dos honorários periciais) não guardam pertinência com o conteúdo econômico da demanda, mas com o serviço prestado.

Apenas os honorários advocatícios que são, via de regra, proporcionais ao conteúdo econômico da demanda e, exatamente por isso, constituem o melhor mecanismo para atribuir – com mais eficiência – os riscos financeiros processuais.

Como já observado pelo Superior Tribunal de Justiça: *"a verba honorária não é simples remuneração do causídico; deve ser também considerada uma questão de política judiciária a fim de demonstrar à parte sucumbente que a litigância impensada e, às vezes, irresponsável gera um custo"*.[90]

Como dito, a fixação dos honorários também é regida pela regra da causalidade (conforme interpretação tranquila do art. 85, *caput*, do CPC), que serve para descobrir quem assumiu os riscos da ação, dando causa à demanda: *paga quem assume os riscos, dando causa à demanda.*

advogados, nos termos do seu art. 22. No regramento anterior (Lei nº 4.215/1963, art. 96), os honorários eram destinados à parte adversa, com o intuito de reembolsá-la dos gastos de contratar um advogado (LÔBO, Paulo. *Comentários ao Estatuto da Advocacia e da OAB.* 4ª ed. São Paulo: Saraiva, 2007, p. 148). Na lição de Bruno Vasconcelos Carrilho Lopes, ao conferir ao advogado, e não à parte, a titularidade dos honorários, *"é inegável que a solução do direito positivo brasileiro afasta-se dos fundamentos que inspiraram a criação do instituto. A condenação em honorários da parte que deu causa ao processo foi concebida para recompor o patrimônio de seu adversário em razão do dinheiro gasto com a contratação de advogado, de modo que a necessidade do processo não viesse a provocar uma diminuição do direito defendido em juízo"* (LOPES, Bruno Vasconcelos Carrilho. *Honorários advocatícios no processo civil.* São Paulo: Saraiva, 2008, p. 121).

90 STJ, 3ª Turma, REsp 1.260.772/MG, rel. Min. João Otávio de Noronha, *DJe* 16.3.2015. No mesmo sentido: STJ, 3ª Seção, EDcl na AR 3.570/RS, rel. Min. Sebastião Reis Júnior, *DJe* 17.6.2014.

Minuciosamente, o art. 85, §§ 1º a 19, do CPC estabelece as regras gerais acerca dos honorários. O seu § 1º reforça o risco das partes, pois deixa claro que caberão os honorários no processo de conhecimento e de execução, na reconvenção e, igualmente, na fase recursal. Os honorários podem ser majorados na fase recursal, gerando risco para o recorrente (CPC, art. 85, § 11).

Os honorários serão fixados entre 10% a 20% calculados, de forma sucessiva, sobre o valor da condenação, o valor do proveito econômico ou o valor da causa (CPC, art. 85, § 2º). Em causas envolvendo a Fazenda Pública, embora uma tabela progressiva com percentuais regressivos, mantém-se a proporcionalidade com o valor da condenação, do proveito econômico ou da causa (CPC, art. 85, § 3º).[91-92]

Esse regramento foi assertivo, ao dimensionar a responsabilidade das partes pelos riscos que assumiu e provocou para a parte adversa. Há uma relação direta e proporcional entre os patamares e critérios de fixação de honorários com os riscos pelo processo.

A sistemática é tão coerente que, nas hipóteses em que o proveito econômico inestimável ou irrisório, os honorários advocatícios poderão, excepcionalmente, ser fixados por equidade (CPC, art. 85, § 8º). Nesses casos, é difícil para as partes e, também, para a própria legislação mensurar o risco econômico envolvido na demanda, abrindo-se uma exceção para o arbitramento dos honorários por equidade.

Assim, a interpretação conferida ao § 8º do art. 85 do CPC[93], no sentido de admitir-se a fixação de honorários por equidade, quando o conteúdo econômico da demanda for muito alto, viola – frontalmente – o princípio da liberdade, o livre exercício dos direitos de ação e de defesa, as responsabilidades deles decorrentes e os riscos assumidos pelas partes.

Tal intepretação isenta as partes da real (e bem dimensionada) responsabilidade pelo exercício dos direitos de ação e de defesa. É abrir uma porta para litígios irresponsáveis. E veja que é uma porta muito larga. Os litígios de maiores valores se tornam os de menores riscos, pois os honorários passam a ser fixados por equidade, ao invés de impor parâme-

91 STJ, 2ª Seção, REsp 1.746.072/PR, rel. Min. Raul Araujo, *DJe* 29.3.2019.

92 MELLO, Rogério Licastro Torres de. *Honorários advocatícios*: sucumbenciais e por arbitramento. São Paulo: RT, 2019, p. 92-97

93 Art. 85. (...) § 8º Nas causas em que for inestimável ou irrisório o proveito econômico ou, ainda, quando o valor da causa for muito baixo, o juiz fixará o valor dos honorários por apreciação equitativa, observando o disposto nos incisos do § 2º.

tros proporcionais ao benefício econômico. A interpretação desconhece o conceito de responsabilidade. A interpretação não concebe que direitos trazem responsabilidades, permitindo condutas licenciosas das partes. O autor postula cifra multimilionária, colocando o patrimônio do réu sob grave risco financeiro e, ao fim, num julgamento de improcedência, é condenado em quantia irrisória quando comparada ao risco das partes. Nesse cenário, qual o incentivo para a conduta responsável, se o próprio Poder Judiciário descerra o caminho para a licenciosidade? Nenhum.[94]

O Superior Tribunal de Justiça, no julgamento do Tema 1.076 dos seus recursos repetitivos, rechaçou a tese que permitiria fixar os honorários por equidade quando o valor envolvido fosse muito alto, cujo voto condutor registro que *"a fixação de honorários por equidade nessas situações – muitas vezes aquilatando-os de forma irrisória – apenas contribui para que demandas frívolas e sem possibilidade de êxito continuem a ser propostas diante do baixo custo em caso de derrota"*.[95]

A tese contrária, que permitiria a fixação dos honorários por equidade, é míope, pois enxerga apenas o desembolso financeiro da parte vencida e o recebimento da quantia pelo advogado ou pela sociedade da qual faz parte. A tese, vencida lá no Tema 1.076/STJ, não enxerga a autorresponsabilidade das partes pelas demandas em que se envolvem. A tese apenas foca no direito de acessar à Justiça, porém é totalmente incapaz de enxergar a responsabilidade pelo uso desse direito, esvaziando o próprio texto constitucional. A tese enxerga o direito, mas não enxerga a responsabilidade, rompendo a simbiose que há entre eles. A tese é complacente com a irresponsabilidade e incapaz de lidar com o risco pelas condutas que cada um adota.

Até mesmo o benefício da justiça gratuita é compreensível pelo risco. Balizando-se no princípio do acesso à justiça, afasta-se o ônus do beneficiário de antecipar as despesas, pois o alto valor das despesas pode configurar um obstáculo para exercer o direito de ação e de defesa (CPC,

94 Em 1930, Torres e Castillo já criticavam a postura do Poder Judiciário espanhol, em tradução livre: *"A realidade da vida jurídica espanhola em relação à condenação em custas pode assim resumir-se: o arbítrio como princípio e a condescendência como consequência"* (TORRES, Niceto Alcalá-Zamora y; CASTILLO, Niceto Alcalá-Zamora y. *La condena en costas*. Madrid: Madrid, 1930, p. 11).

95 Tema 1.076, STJ, rel. Min. Og Fernandes, Corte Especial, j. 16.3.2022, DJe 31.5.2023.

art. 98).[96] Há claramente uma minoração do risco inicial das parte que gozam do benefício, mas o risco não é afastado por completo, pois, se ao fim, for apurado que ele deu causa à demanda, deverá ser condenado no reembolso de despesas e nos honorários advocatícios, cuja exigibilidade ficará suspensa pelo prazo máximo de 5 (cinco) anos, até que supere a condição de hipossuficiência financeira que justificou o deferimento do benefício (CPC, art. 98, §§ 2º e 3º). Há, enfim, minoração dos riscos iniciais, mas persistem os riscos definitivos.[97]

Por fim, cabe pontuar rapidamente o art. 27 da Lei de Introdução às Normas do Direito Brasileiro, que dispõem: *"A decisão do processo, nas esferas administrativa, controladora ou judicial, poderá impor compensação por benefícios indevidos ou prejuízos anormais ou injustos resultantes do processo ou da conduta dos envolvidos".*

O dispositivo pode ser interpretado a luz do risco que as partes assumem no *processo judicial,* (embora o dispositivo também trate da esfera administrativa e controladora). *"É a ideia de que processos estatais de todas as esferas envolvem atividade de risco para os direitos dos envolvidos e não devem servir como instrumento anômalo para obtenção de vantagens indevidas, nem para imposição de prejuízos anormais ou injustos."*[98]

---

96 Sobre o tema: DIDIER JR., Fredie; OLIVEIRA, Rafael Alexandria de. *Benefício da Justiça Gratuita*. 6ª ed. Salvador: Juspodivm, 2016.

97 Em relação ao benefício da justiça gratuita, desponta a crítica de que incentiva a litigiosidade irresponsável, uma vez que – diminuindo significativamente a responsabilidade pelos custos do processo, principalmente o ônus de adiantamento das despesas – não haverá qualquer desestímulo econômico para obstar a demanda infundada, onerando os cofres públicos que custeiam o Poder Judiciário (WOLKART, Erik Navarro. *Análise econômica do Processo Civil.* São Paulo: RT, 2019, pp. 445-464). Na Itália, a título de exemplo, são duas condições para obtenção da gratuidade, que é postulada perante comissões especiais dos tribunais: (i) o estado de pobreza; e, (ii) probabilidade de resultado favorável da causa (CIPRIANI, Franco. *La Defensa del Pobre en el Proceso Civil*: la experiencia italiana. Lima: Palestra, 2002, pp. 33-34). Essa segunda condição, em certa medida, mitiga os litígios irresponsáveis, pois exige a probabilidade de um resultado favorável. Não é um tema de fácil solução, que precisa de um ponto de equilíbrio entre o custo social do processo e o acesso gratuito à justiça. Não se pode aumentar demasiadamente o custo social do Poder Judiciário; por outro lado, os custos do processo não podem ser um obstáculo ao acesso à justiça (ASSIS, Araken de. *Processo Civil brasileiro.* São Paulo: RT, 2015, v. 2, t. 1, p. 334).

98 SUNDFELD, Carlos Ari; VORONOFF, Alice. Art. 27 da LINDB. Quem paga pelos riscos do processo? *Revista de Direito Administrativo.* Rio de Janeiro, edição especial, nov.-2018, p. 180.

O objeto da reparação, seriam *"benefícios indevidos"* e *"prejuízos anormais ou injustos"*. Embora o dispositivo mereça uma reflexão mais profunda, um ponto destaca-se: não pode haver *bis in idem*, ou seja, tais prejuízos não podem já ter sido contemplados por eventual condenação em litigância de má-fé (CPC, art. 80), no ressarcimento de despesas na forma do art. 82 do CPC, na condenação em honorários sucumbenciais (CPC, art. 85), tampouco da responsabilidade pelos danos decorrentes da efetivação da tutela provisória (CPC, art. 302).

O art. 27 da LINDB é mais uma fonte de responsabilização por condutas processuais, que não pode provocar uma dupla condenação da parte pelo mesmo custo ou prejuízo. A sua aplicação deve ser complementar, suprindo lacunas no tema.[99]

Assim, na ação civil pública, cujos arts. 17 e 18 condicionaram a condenação nas despesas processuais e honorários à presença de má-fé, poderá ser invocado o art. 27 da LINDB, sob o argumento da responsabilidade decorrente dos riscos assumidos pelas partes.[100]

Esses são alguns dispositivos centrais do sistema processual, quanto ao tema de custos do processo, que permitiram testar os conceitos organizados no núcleo deste artigo, de modo a manter-se dentro da dogmática processual.

4. Conclusões: a litigância responsável como critério interpretativo e critério de edição de regras sobre custos de processo

Os litigantes são – direta e proporcionalmente – responsáveis pelos riscos que assumem e provocam no processo; essa ideia funda-se na ideia de liberdade dos direitos de ação e de defesa, que devem sempre ser exercidos com responsabilidade perante a sociedade e, também, perante terceiros que sejam afetados.

---

99 NOBRE JUNIOR, Edilson Pereira. *As normas de direito público na Lei de Introdução ao Direito Brasileiro*: paradigmas para interpretação e aplicação do Direito Administrativo. São Paulo: Contracorrente, 2019, p. 173; SUNDFELD, Carlos Ari; VORONOFF, Alice. Art. 27 da LINDB. Quem paga pelos riscos do processo? *Revista de Direito Administrativo*. Rio de Janeiro, edição especial, nov.-2018, pp. 183-184.

100 NOBRE JUNIOR, Edilson Pereira. *As normas de direito público na Lei de Introdução ao Direito Brasileiro*: paradigmas para interpretação e aplicação do Direito Administrativo. São Paulo: Contracorrente, 2019, p. 172; SUNDFELD, Carlos Ari; VORONOFF, Alice. Art. 27 da LINDB. Quem paga pelos riscos do processo? *Revista de Direito Administrativo*. Rio de Janeiro, edição especial, nov.-2018, pp. 184-185.

Acredita-se que os conceitos ora apresentados podem ser utilizados como critérios para: (a) interpretar os textos normativos que dispõem sobre custos e responsabilidade processuais balizando os aplicadores da lei; e, (b) editar regras sobre custos e responsabilidades processuais, guiando o centro produtor de diplomas normativos.

Os conceitos apresentados pautaram-se no princípio da liberdade. E, exatamente por ser princípio, desempenha as *funções interpretativa e bloqueadora*, uma vez que *"servem para interpretar normas construídas a partir de textos normativos expressos, restringindo ou ampliando seus sentidos"*, bem como *"afastam elementos expressamente previstos que sejam incompatíveis com o estado ideal de coisas a ser promovido"*.[101]

Desse modo, os textos legais podem ser interpretados à luz da responsabilidade e dos riscos das partes, afastando-se interpretações que esvaziem ou reduzam, injustificadamente, a responsabilidade pelos riscos das condutas processuais. É um critério de *lege lata*.

Por outro lado, os conceitos também são critérios de *lege ferenda*, ou seja, orientam os centros produtores de diplomas normativos, para que busquem contemplar e incentivar, ao disporem sobre custos processuais, as condutas responsáveis, atribuindo obrigações proporcionais às partes pelos riscos que assumem e provocam.

5. Referências

ABDO, Helena Najjar. *O abuso do processo*. São Paulo: RT, 2007.

ABREU, Frederico do Valle. O custo financeiro do processo. *Revista dos Tribunais*. São Paulo: RT, 2003, v. 818, pp. 65-72.

ABREU, Rafael Sirangelo Belmonte de. *O processo civil entre o jurídico e o econômico o caráter institucional e estratégico do fenômeno processual*. Tese de Doutorado. Porto Alegre: UFRGS, 2018.

ANDREWS, Neil. *O moderno processo civil*: formas judiciais e alternativas de resolução de conflitos na Inglaterra. Trad. Teresa Arruda Alvim. São Paulo: RT, 2009.

ARENDT, Hannah. *Between past and future*. New York: Viking, 1961.

101 ÁVILA, Humberto. *Teoria dos princípios*: da definição à aplicação dos princípios jurídicos. 13ª ed. São Paulo: Malheiros, 2012, pp.105-106.

ARMELIN, Donaldo. Responsabilidade objetiva no Código de Processo Civil. *Processo Civil*: estudo em comemoração aos 20 anos de vigência do Código de Processo Civil. Jose Rogério Cruz e Tucci (coord). São Paulo: Saraiva, 1995, pp. 77-123.

ARZUA, Guido. *Honorários de advogado na sistemática processual*. São Paulo: RT, 1957.

ASSIS, Araken de. *Processo Civil brasileiro*. São Paulo: RT, 2015, v. 2, t. 1.

ÁVILA, Humberto. *Segurança Jurídica*: entre permanência, mudança e realização no Direito Tributário. 2ª ed. São Paulo: Malheiros, 2012.

ÁVILA, Humberto. *Teoria dos princípios*: da definição à aplicação dos princípios jurídicos. 13ª ed. São Paulo: Malheiros, 2012.

AZEVEDO, Gustavo. Ônus e deveres processuais. *Revista Acadêmica da Faculdade de Direito do Recife*, v. 92, n. 2, dez. 2020, pp. 232-250.

BAPTISTA, Silvio Neves. *Teoria Geral do Dano*. São Paulo: Atlas, 2003.

BARBI, Celso Agrícola. *Comentários ao Código de Processo Civil*. 13ª ed. Rio de Janeiro: Forense, 2008, v. 1.

BENEDUZI, Renato. *Comentários ao Código de Processo Civil*. São Paulo: RT, 2016, v. 2.

BETTI, Emilio. *Diritto processuale civile italiano*. Nápoles: Edizioni Scientifiche Italiane, 2018.

BOBBIO, Norberto. *L'età dei diritti*. Torino: Einaudi, 2014.

BONDIOLI, Luis Guilherme Aidar. *Reconvenção no processo civil*. São Paulo: Saraiva, 2009.

CAHALI, Yussef Said. *Honorários advocatícios*. 4ª ed. São Paulo: RT, 2011.

CARNELUTTI, Francesco. Causalità e soccombenza in tema di condanna alle spese. *Rivista di Diritto Processuale*. Padova: CEDAM, 1956, v. 11, pp. 241-244.

CARNELUTTI, Francesco. *Diritto e Processo*. Milano: Morano, 1958.

CARNELUTTI, Francesco. *Instituciones del Proceso Civil*. Buenos Aires: El Foro, 1997, v. 1.

CARNELUTTI, Francesco. *Sistema de derecho Procesal civil*. Trad. Niceto Alcalá-Zamora y Castillo e Santiago Sentís Melendo. Buenos Aires: UTEHA, 1944, v. 1.

CAVALLONE, Bruno. Costi delle disfunzioni della giustizia civile chi li sopporta. *Rivista di Diritto Processuale*. Padova, CEDAM, 1996, v. 51.

CHIOVENDA, Giuseppe. *La condanna nelle spese giudiziali*. 2ª ed. Roma: Foro Italiano, 1935.

CIPRIANI, Franco. *La Defensa del Pobre en el Proceso Civil*: la experiencia italiana. Lima: Palestra, 2002.

CONTI, José Maurício. *A autonomia financeira do Poder Judiciário*. São Paulo: MP, 2006.

COOTER, Robert D.; RUBINFELD, Daniel L. Economic Analysis of Legal Disputes and Their Resolution. *Journal of Economic Literature*, v. 27, n. 3, set.-1989, pp. 1.067-1.097.

CORDEIRO, António Menezes. *Litigância de má-fé, abuso do direito de ação e culpa "in agendo"*. 3ª ed. Coimbra: Almedina, 2016.

CORRADI, Marco. *Le spese nel processo civile*. 2ª ed. Milano: Giuffrè, 1991.

COSTA, Mario Júlio de Almeida Costa. *Direito das Obrigações*.12ª ed. Coimbra: Almedina, 2018.

CUNHA, Leonardo Carneiro da. *Comentários ao Código de Processo Civil*. São Paulo, RT, 2016, v. 3.

CUNHA, Leonardo Carneiro da. *Jurisdição e Competência*. 2ª ed. São Paulo: RT, 2013.

DE LUCCA, Rodrigo Ramina. *Disponibilidade processual*: a liberdade das partes no processo civil. São Paulo: RT, 2019.

DIAS, Jean Carlos; PEREIRA, Bernardo Augusto da Costa. *Análise econômica do processo civil brasileiro*. 2ª ed. Salvador: Juspodivm, 2021.

DIAS, Ronaldo Brêtas C. *Fraude no Processo Civil*. Belo Horizonte: Del Rey, 1998.

DIDIER JR., Fredie; OLIVEIRA, Rafael Alexandria de. *Benefício da Justiça Gratuita*. 6ª ed. Salvador: Juspodivm, 2016.

DINAMARCO, Cândido Rangel. *Instituições de Direito Processual Civil*. 7ª ed. São Paulo: Malheiros, 2017, v. 2.

DWORKIN, Ronald. *Taking rights seriously*. London: Bloomsbury, 2013.

FERRAZ JR., Tercio Sampaio. *Função social da dogmática jurídica*. 2ª ed. São Paulo: Atlas, 2015.

FLEMING, James E.; MCCLAIN, Linda C. *Ordered liberty*: rights, responsibilities, and virtues. Cambridge: Harvard, 2013.

FORTE, Francesco; BONDONIO, Pier Vincenzo. *Costi e benefici della giustizia italiana*. Bari: Laterza, 1970.

GOLDSCHMIDT, James. *Derecho Procesal Civil.* Trad. Leonardo Prieto Castro. Barcelona: Labor, 1936.

GUALANDI, Angelo. *Spese e danni nel processo civile.* Milão: Giuffrè, 1962.

JEMOLO, Arturo Carlo. *I problemi pratici della libertà.* Milano, Giuffrè, 1961.

JOSSERAND, Louis. *De L'esprit des droits et de leur relativitè.* 2ª ed. Paris: Dalloz, 1939.

KELSEN, Hans. *A democracia.* Trad. Vera Barkow. São Paulo: Martins Fontes, 2000.

LA ROCCA, Manlio. *Profili di un sistema de responsabilità processuale.* Napoli: Morano, 1964.

LENT, Friedrich. Obblighi e oneri nel processo civile. *Rivista di Diritto Processuale.* Padova: CEDAM, 1954, v. 9, pp. 150-158.

LEWIS, Clarence I. The meaning of liberty. *Revue Internationale of Philosophie,* v. 2, n. 6, 1948.

LIMA, Alvino. *Culpa e risco.* 2ª ed. São Paulo: RT, 1998.

LÔBO, Paulo. *Comentários ao Estatuto da Advocacia e da OAB.* 4ª ed. São Paulo: Saraiva, 2007.

LOPES, Bruno Vasconcelos Carrilho. *Comentários ao Código de Processo Civil.* 2ª ed. São Paulo: Saraiva, 2018.

LOPES, Bruno Vasconcelos Carrilho. *Honorários advocatícios no processo civil.* São Paulo: Saraiva, 2008.

LUPANO, Matteo. *Responsabilità per le spese e condotta delle parti.* Torino: Giappichelli, 2013.

MACÊDO, Lucas Buril de. *Litigância de má-fé.* Salvador: Juspodivm, 2023

MARTINS JR., Wallace Paiva. Receitas públicas e o sistema de Justiça. *Poder Judiciário*: orçamento, gestão e políticas públicas José Maurício Conti (org). São Paulo: Almedina, 2017, v. 1, pp. 29-47.

MELLO, Rogério Licastro Torres de. *Honorários advocatícios*: sucumbenciais e por arbitramento. São Paulo: RT, 2019.

MILL, John Stuart. *On liberty.* Auckland: Floating Press, 2006.

NOBRE JUNIOR, Edilson Pereira. *As normas de direito público na Lei de Introdução ao Direito Brasileiro*: paradigmas para interpretação e aplicação do Direito Administrativo. São Paulo: Contracorrente, 2019.

PAJARDI, Piero. *La responsabilità per le spese e i danni del processo.* Milão: Giuffrè, 1959.

PATRÍCIO, Miguel Carlos Teixeira. *Análise económica da litigância*. Coimbra: Almedina, 2005.

PONTES DE MIRANDA, Francisco Cavalcanti. *Comentários ao Código de Processo Civil*. 2ª ed. Rio de Janeiro: Forense, 1979, v. 1.

RANEA, Roberto G. Loutayf. *Condena en costas em el proceso civil*. Buenos Aires: Astrea, 1998.

RAWLS, John. *A Theory of Justice*. Cambridge: Harvard, 1999.

REDENTI, Enrico. *Profili pratici del Diritto Processuale Civile*. 2ª ed. Milano: Giuffrè, 1939.

REIMUNDIN, Ricardo. *La condena en costas em el Proceso Civil*. 2ª ed. Buenos Aires: Victor P. de Zavalia: 1966.

SATTA, Salvatore. *Direito Processual Civil*. 7ª ed. Trad. Luiz Autuori. Rio de Janeiro: Borsoi, 1973.

SHAVELL, Steven. *Foundations of economic analysis of law*. Cambridge: Harvard, 2004.

SICA, Heitor Vitor Mendonça. *O direito de defesa no processo civil brasileiro*. São Paulo: Atlas, 2011.

SILVA, Ovídio A. Baptista da. *Comentários ao Código de Processo Civil*. 2ª ed. São Paulo: RT, 2005, v. 1.

SILVA, Ovídio A. Baptista da. *Processo e Ideologia*. 2ª ed. Rio de Janeiro: Forense, 2006.

SUNDFELD, Carlos Ari; VORONOFF, Alice. Art. 27 da LINDB. Quem paga pelos riscos do processo? *Revista de Direito Administrativo*. Rio de Janeiro, edição especial, nov.-2018, pp. 171-201.

SUNSTEIN, Cass R.; HOLMES, Stephen. *The Cost of Wrights*: why liberty depends on taxes. Ed. eletrônica. New York: Norton & Company, 1999.

THEODORO JUNIOR, Humberto. Pensando os custos da Justiça. *Os custos da Justiça*. João Álvaro Dias (coord). Coimbra: Almedina, 2003, pp. 515-518.

TORRES, Niceto Alcalá-Zamora y; CASTILLO, Niceto Alcalá-Zamora y. *La condena en costas*. Madrid: Madrid, 1930

TUCCI, José Rogério Cruz e; AZEVEDO, Luis Carlos de. *Lições de história do Processo Civil Romano*. 2ª ed. São Paulo: RT, 2013.

VARELA, João de Matos Antunes. *Das obrigações em geral*. 10ª ed. Coimbra: Almedina, 2000, v. 1.

VASCONCELOS, Natália Pires de. Direitos sociais e orçamento público: o custo de direitos como um problema empírico. *Podes Judiciário*: políticas públicas. José Maurício Conti (org). São Paulo: Almedina, 2018, v. 2, pp. 37-64.

VON TUHR, Andreas. *Tratado de las obligaciones*. Trad. W. Roces. Granada: Comares, 2007.

WARAT, Luis Alberto. *Introdução geral ao Direito:* a epistemologia jurídica da modernidade. Porto Alegre: SAFE, 1997, v. 2.

WOLKART, Erik Navarro. *Análise econômica do Processo Civil.* São Paulo: RT, 2019.

YOSHIKAWA, Eduardo Henrique de Oliveira. *Valor da causa*. São Paulo: Dialética, 2008.

O PROCESSO CIVIL EM PORTUGAL NO LIMIAR DO SÉCULO XIX

Handel Martins Dias[1]

1. Introdução

Escrever em uma obra em homenagem ao Professor José Rogério Cruz e Tucci constitui uma tarefa de grande responsabilidade, não só pela grandiosidade do homenageado e pela deferência em participar desta esplêndida iniciativa dos professores Heitor Vitor Mendonça Sica, Oreste Nestor de Souza Laspro, Paulo Henrique dos Santos Lucon e Ricardo de Barros Leonel, mas também pelo carinho nutrido por este escritor em relação ao homenageado. Tive a honra em 2006 de contar com a participação deste grande professor uspiano como examinador na banca de defesa da minha dissertação na Universidade Federal do Rio Grande do Sul, ao lado dos ilustríssimos professores Carlos Alberto Alvaro de Oliveira, meu orientador no curso de Mestrado em Direito, Ovídio A. Baptista da Silva e Darci Guimarães Ribeiro. E foi senão em virtude do convite e do estímulo do Professor José Rogério Cruz e Tucci a partir dessa oportunidade que, tempos depois, realizei sob a sua orientação o Doutorado em Direito na Universidade de São Paulo. O título da tese desenvolvida – *Condicionamento histórico do processo civil brasi-*

---

1 Doutor em Direito Processual pela Universidade de São Paulo. Mestre em Direito Processual pela Universidade Federal do Rio Grande do Sul. Especialista em Direito Processual Civil pela Universidade Federal do Rio Grande do Sul. Professor de Direito Processual Civil nos cursos de Graduação, Especialização e Mestrado em Direito da Faculdade de Direito da Fundação Escola Superior do Ministério Público. Professor de Teoría General del Proceso no curso de Maestría en Derecho Civil Empresarial da Escuela de Posgrado da Universidad Privada Antenor Orrego. Professor do Curso de Posgrado en Derecho Constitucional Judicial da Universidad de Buenos Aires. Pesquisador líder do Grupo de Pesquisa Processo e Constituição da Faculdade de Direito da Fundação Escola Superior do Ministério Público. Membro do Instituto Brasileiro de Direito Processual, Associação Brasileira de Justiça Constitucional, Instituto Iberoamericano de Derecho Procesal, Colegio de Doctores en Ciencias Jurídicas de Iberoamérica, Colegio de Abogados Procesalistas Latinoamericanos e Associação Mundial de Justiça Constitucional. Diretor no Brasil do Colegio de Abogados Procesalistas Latinoamericanos, Secretário-Geral do Colegio de Doctores en Ciencias Jurídicas de Iberoamérica e Vice-Presidente da Associação Mundial de Justiça Constitucional para a América do Sul. Advogado. E-mail: handel.dias@fmp.com.br.

leiro: o legado do direito lusitano – dá bem uma mostra do impacto de suas lições sobre este escritor, também distinguido pelo homenageado na indicação ao Instituto Brasileiro de Direito Processual para fins de integração no seu quadro associativo como membro efetivo.

Destacar a relevância do homenageado enquanto acadêmico ou mesmo o alcance de sua produção é, na percepção deste escritor, absolutamente desnecessário, pois se trata de um dos maiores processualistas brasileiros de todos os tempos. Nessas escassas linhas introdutórias tão somente se ressalta o grande ser humano que é o Professor José Rogério Cruz e Tucci, qualidade conhecida apenas por aqueles que têm ou tiveram o privilégio de conviver com ele. Se estivesse circunscrito a quatro adjetivos para defini-lo, sublinharia o quão é alegre, carinhoso, generoso e afável. Jamais esquecerei, durante o doutoramento, das contínuas acolhidas fraternas nas Arcadas; das gentis recepções em seu escritório, onde sempre franqueava o acesso à sua extraordinária biblioteca e a salas para estudos; e dos preciosos bate-papos que tive em oportunidade de convívio, como quando me brindava com uma carona de seu escritório até o Largo de São Francisco ou num *happy hour* no saudoso Restaurante Itamarati depois das memoráveis classes no entardecer das sextas-feiras. Ainda que a distância e a rotina impeçam de privar o convívio de outrora, em absoluto se arrefeceu a minha admiração e o meu apreço pelo homenageado, que, a cada reencontro, oferta-me um sorriso largo e um abraço afetuoso. É provável que o homenageado não tenha consciência do quanto o considero e o admiro, assim como da importância que tem para mim e, seguramente, para uma infinidade de outros discípulos.

Ao longo de sua brilhante carreira acadêmica, o Professor José Rogério Cruz e Tucci dedicou-se, com notável maestria, a uma multiplicidade de assuntos, produzindo obras que se tornaram clássicos da literatura processual. Dada a natureza do trabalho a que se dirige este escrito, parece oportuno trazer um estudo histórico, seja por ser a história do processo civil um dos temas em que a relevância do homenageado é mais fortemente sentida, seja pela conexão que há entre o escritor e o homenageado nessa temática. Sucedendo seu Professor Moacyr Lobo da Costa, o homenageado regeu desde 1988, com o Professor Luiz Carlos de Azevedo, a cadeira de *História do processo romano, canônico e lusitano* no Programa de Pós-Graduação em Direito da Faculdade de Direito da Universidade de São Paulo, segmentada em quatro módulos ministrados em semestres consecutivos: *I. História do processo romano, II. História do processo canônico, III. História do processo lusitano (monumentos legislativos e instituições processuais)* e *IV. História do processo lusitano (recur-*

sos e execução)[2]. Com o falecimento do Professor Luiz Carlos de Azevedo, o homenageado ministrou sozinho a última edição completa da cadeira nos anos de 2011 e 2012[3], justamente quando ela completou 40 anos. Único a realizar essa última edição completa do curso, este escritor procurou no doutorado, sob a orientação do Professor José Rogério Cruz e Tucci, dar continuidade às lições da disciplina, pesquisando o legado do processo romano, canônico e lusitano no processo civil brasileiro[4].

Nesse cenário, para prestar a homenagem optou-se trazer a esta coletânea investigação desenvolvida durante o doutoramento com o propósito de definir o estado da arte do processo civil português à época da proclamação da Independência do Brasil, coincidente com o início do período de influência liberal e individualista no direito lusitano[5]. Enclausurado na tradição, as mais importantes obras legislativas processuais civis que se sucederam no País foram influenciadas por aquele direito processual português vigorante durante a colonização, marcado por disposições do direito comum da Idade Média, formado fundamentalmente pelo direito romano e direito canônico: fontes materiais e subsidiárias das Ordenações do Reino. É importante lembrar que Portugal ingressou no período de influência liberal e individualista, iniciado com a Revolução de 1820, sob a égide das Ordenações Filipinas e ainda tendo como principal fonte de direito a vontade do monarca. Dessarte, o processo civil consolidado em Portugal no início do século XIX, antes da Revolução de 1820, restou senão consubstanciado nas leis extravagantes, nos assentos e, máxime, nas Ordenações Filipinas. Com esse recorte, o presente estudo é estruturado em oito tópicos basilares: i) órgãos judiciários e auxiliares da justiça; ii) sujeitos processuais; iii) atos proces-

2 O Prof. Moacyr Lobo da Costa concebeu o formato dessa disciplina e a ministrou de 1972 a 1983, quando foi atingido pela aposentadoria compulsória por limite de idade. O curso da disciplina foi restabelecido em 1988 pelo Prof. José Rogério Cruz e Tucci, que se credenciou para ministrá-lo em conjunto com o Prof. Luiz Carlos de Azevedo. Sobre a origem dessa cadeira, veja-se COSTA, 2001, p. 11-17.

3 Auxiliado pelo Professor José Rubens de Moraes, o homenageado ministrou *História do processo romano* em 2011/1; *História do processo canônico*, em 2011/2; *História do processo lusitano (monumentos legislativos e instituições processuais)*, em 2012/1; e, finalmente, *História do processo lusitano (recursos e execução)*, em 2012/2.

4 DIAS, 2015.

5 O primeiro marco dessa nova periodização do direito português foi a Constituição Política da Monarquia Portuguesa, aprovada em 23 de setembro de 1822, poucos dias depois da Independência do Brasil.

suais; iv) início, suspensão e extinção da instância; v) procedimentos; vi) meios de impugnação das sentenças; vii) execução; e viii) literatura processual.

2. Órgãos judiciários e auxiliares da justiça

no início do século XIX, a estrutura judiciária portuguesa contemplava vários tribunais. A maioria tinha competência para apreciar matérias específicas, tais como o Erário Régio; a Mesa da Consciência e Ordens; o Conselho Ultramarino; a Real Junta do Comércio, Agricultura, Fábricas e Navegação destes Reinos e seus Domínios; o Conselho de Guerra; o Conselho-Geral do Santo Ofício; e a Junta da Administração do Tabaco. Para as causas em geral, constituíam tribunais superiores as Relações e as Casas da Suplicação, última instância em matéria jurídica, além do Desembargo do Paço, ápice da estrutura judiciária e última instância em matéria de graça. Porém, antes de ser definitivamente extinto em 1833 ante o Regime Liberal, o Desembargo do Paço teve a sua importância esvaziada com a transferência da corte para o Brasil em 1808, a exemplo dos demais tribunais sediados em Portugal. Esse quadro se agravou com o Alvará de 10 de Setembro de 1811, que ordenou a constituição de juntas nas capitais de todos os domínios ultramarinos, "para resolver aquelles negocios que antes se expediam pelo recurso á Mesa do Desembargo do Paço" (BRASIL, 1890, I, p. 105). No Brasil, com a vinda da família real no início do século XIX, foram instalados o Tribunal da Mesa do Desembargo do Paço e da Consciência e Ordens; a Casa de Suplicação do Brasil; o Erário Régio; o Conselho da Fazenda; o Tribunal da Junta do Comércio, Agricultura, Fábricas e Navegação; e o Conselho Supremo Militar. Quanto às Relações, além daquela instituída em Porto por Filipe I, havia uma em Goa, na Índia, e mais três no Brasil, situadas na Bahia, Maranhão e Pernambuco.

Abaixo dos tribunais, em um segundo nível, estavam as magistraturas exercidas em territórios mais alargados, correspondentes a distritos, que eram designados de comarcas. Com competência originária e recursal nas causas cíveis e criminais em geral, estavam os corregedores e, de forma mais restrita, os provedores, que exerciam principalmente jurisdição especial sobre pessoas – individuais e coletivas – desprovidas da capacidade de administrar os seus próprios bens, em causas sobre testamentos, albergarias, capelas e confrarias. Na Metrópole, havia os Corregedores do Crime e do Cível da cidade de Lisboa (OF, L. 1º, tít. 49) e os Provedores das Capelas e Resíduos da cidade de Lisboa (OF, L. 1º, tít.

50), enquanto no resto do Reino atuavam os Corregedores das Comarcas (OF, L. 1º, tít. 58) e os Provedores das Comarcas (OF, L. 1º, tít. 62). Com a vinda da família real para o Brasil, foi instituído, no Rio de Janeiro, pelo Alvará de 13 de Maio de 1808, o cargo de Corregedor do Crime e do Cível da Corte. Na primeira instância, exercendo, a exemplo dos magistrados da segunda instância, inúmeras outras funções para além de prestar jurisdição, atuavam os juízes ordinários, os juízes de fora, os almotacés e os vereadores. Os juízes ordinários e os juízes de fora dividiam a competência para processar e julgar as causas em geral, sendo que, nos maiores e mais importantes concelhos, haviam jurisdições especializadas, mormente em razão da matéria. Para serem identificados, os juízes deviam portar varas quando circulassem; os ordinários, varas vermelhas; os de fora, varas brancas (OF, L. 1º, tít. 65, § 1º). Os juízes ordinários eram eleitos pelos moradores locais, para mandatos anuais (OF, L. 1º, tít. 67), enquanto os juízes de fora, necessariamente letrados, eram escolhidos pelo rei e ostentavam judicatura de três anos (OF, L. 1º, tít. 65)[6]. Com jurisdição mensal, os almotacés julgavam basicamente as transgressões de polícia econômica de pequeno valor, além de exercerem outras atribuições[7]. O processo de sua competência era oral e sumário, cabendo recursos de suas decisões para o juiz local, que estava obrigado a julgar em conjunto com os vereadores se o valor da causa superasse seiscentos réis (OF, L. 1º, tít. 68, § 2º). Os vereadores prestavam jurisdição a par do juiz local, em única instância, nas causas de injúrias verbais e de pequenos furtos, além dos recursos interpostos das decisões da almotaçaria na hipótese retrorreferida (OF, L. 1º, tít. 66, § 5º). Havia, ainda, magistrados especiais para processar e julgar determinadas causas em razão da matéria ou em virtude das partes envolvidas na lide, tais como o Juiz dos Feitos da Misericórdia e Hospital de Todos os Santos da Cidade de Lisboa

6 A rigor, deveria haver dois juízes em cada conselho: um de fora e um ordinário ou dois ordinários. Sem embargos, ainda nos séculos XVII e XVIII, as justiças eram honorárias na maioria esmagadora dos concelhos. Segundo os dados utilizados, confirmados por pesquisas nos livros de chancelaria do Arquivo Nacional Torre do Tombo, nos meados do século XVII, havia apenas sessenta e cinco juízes de fora nos mais de oitocentos e cinquenta concelhos então existentes em Portugal. Sobre as diferenças dos dois juízes no exercício de suas respectivas jurisdições, vejam-se, por todos, CAMARINHAS, 2010, p. 55 et seq.; e LOBÃO, 1868, p. 35-38. Sobre as justiças locais, inclusive sobre a de segunda instância, veja-se HESPANHA, 1994, p. 160 et seq.

7 Em 18 de maio de 1792, por meio de assento, a competência e as funções dos almotacés, assim como a ordem do juízo perante a almotaçaria auferiu novos contornos. Veja-se o inteiro teor desse assento em PORTUGAL, 1828, v. 3, p. 67-71.

(OF, L. 1º, tít. 16); o Juiz dos Feitos da Misericórdia da Corte do Rio de Janeiro (Alvará de 8 de Julho de 1811); o Juiz da Índia, Mina e Guiné (OF, L. 1º, tít. 51); o Ouvidor da Alfândega da cidade de Lisboa (OF, L. 1º, tít. 52), o Conservador da Universidade de Coimbra (OF, L. 3º, tít. 12, § 1º), entre outros[8]. Escolhidos por compromisso pelas partes para julgar determinados conflitos, os árbitros eram considerados juízes, embora não pudessem determinar atos executivos para efetivar a sua sentença (OF, L. 3º, tít. 16)[9].

Para ajudar os magistrados no exercício de suas atividades havia vários oficiais auxiliares, cujos cargos só poderiam ser criados pelo rei. Entre outros, eram órgãos oficiais auxiliares da Justiça os meirinhos ou oficiais de justiça (OF, L. 1º, títs. 17, 21 e 22), os pregoeiros (OF, L. 1º, títs. 32 e 87), os porteiros (OF, L. 1º, títs. 30, 31 e 87), os solicitadores (OF, L. 1º, títs. 26, 45, 55 e 64), os escrivães (OF, L. 1º, títs. 19, 20, 23, 24, 29, 44, 46, 47, 54, 63, 71, 72 e 89), os tabeliães (OF, L. 1º, títs. 78, 79 e 80), os inquiridores (OF, L. 1º, tít. 86) os contadores (OF, L. 1º, títs. 62 e 91), os arbitradores ou avaliadores (OF, L. 3º, tít. 17), os distribuidores (OF, L. 1º, títs. 27 e 85) e os assessores, que eram escolhidos por juízes leigos para lhes auxiliar no exercício de suas atribuições, sendo requisitos para o função a graduação em uma das faculdades jurídicas e a boa fama. Ainda como órgãos da Justiça havia os advogados e os procuradores (OF, L. 1º, tít. 48). Ambos deveriam ter ao menos oito anos de estudo em direito canônico e/ou em direito civil na Universidade de Coimbra. Conforme a lição de Joaquim José Caetano Pereira e Sousa (1819, t. I), o advogado era o jurisconsulto que aconselhava e auxiliava as partes litigantes em juízo, admitido para esse fim por autoridade pública, enquanto o procurador era o que, com procuração legítima, solicitava a causa em juízo em nome de um litigante[10].

8 Vejam-se FREIRII, 1859, l. I, p. 24-25; e SOUSA, 1819, t. II, p. 31-38.

9 Segundo a jurisprudência da Casa da Suplicação de Lisboa, não era possível o julgamento por árbitros nas causas em que envolvia a Fazenda Pública. Veja-se o aresto citado em ALMEIDA, 1869, p. 344.

10 Sobre os misteres dos advogados e dos procuradores, vejam-se LOBÃO, 1827, t. 1, p. 30-45; e CASTRO, MDCCLXVII, t. I, p. 16-18, t. II, 38-41.

3. Sujeitos processuais

No preâmbulo do título 20 das Ordenações Filipinas foi mantida a lição de Búlgaro quanto aos sujeitos do processo: "trez pessoas são por direito necessarias em qualquer Juizo, Juiz que julgue, autor que demande, e reo que se defenda" (PORTUGAL, 1870, p. 586). Os três eram classificados pela doutrina da época como as pessoas principais que constituíam o juízo, sendo considerados como secundários todos os demais participantes da marcha processual. O juiz era tido como a autoridade pública incumbida de administrar a justiça. Eram requisitos para o ingresso na carreira da magistratura a nacionalidade portuguesa; a idade mínima de vinte e cinco anos; a graduação superior; e o exercício anterior de atividade forense[11]. Responsável pela direção do processo, o juiz deveria determinar a realização dos atos necessários para a boa ordem do juízo, de tal modo que, ao final, estivesse suficientemente informado sobre a verdade dos fatos e em condições de proferir uma sentença justa (OF, L. 3º, tít. 20, pr.). Ainda que presente alguma irregularidade, incumbia ao juiz, para abreviar a demanda e evitar a procrastinação, julgar a causa se o feito estivesse devidamente instruído e tivesse formado a convicção sobre a verdade (OF, L. 3º, tít. 63). Sem poderes instrutórios nas causas cíveis, o juiz deveria julgar nos limites do pedido consoante o alegado e o provado pelas partes. Apenas ao rei era dado julgar conforme a sua consciência, sem se cingir às alegações e às provas coligidas pelas partes (OF, L. 3º, tít. 66, pr.). O magistrado podia ser afastado do processo caso fosse considerado suspeito (OF, L. 3º, tít. 21) e estava impedido de jurisdicionar nos feitos em que fosse parte, assim como algum parente seu ou servidor a ele subordinado (OF, L. 3º, tít. 24).

Segundo Joaquim José Caetano Pereira e Sousa (1819, t. I), o autor era a pessoa que pedia em juízo que lhe fosse dada ou se fizesse alguma coisa, ou que se julgasse algum direito[12]. Podiam propor ação em juízo todos os que não estavam expressamente proibidos[13], sendo que nin-

---

11 Esses requisitos não se aplicaram aos juízes ordinários porque exerciam judicância honorária e efêmera. Sobre os requisitos para o ingresso na carreira da magistratura, *vejam-se FREIRII*, 1859, *l. I, p. 27; e* SOUSA, 1819, t. I, p. 6-7.

12 A própria pessoa deveria pleitear o seu direito em juízo, embora se admitisse, em situações especiais, a substituição processual. Veja-se, a propósito, o precedente da Casa da Suplicação citado em ALMEIDA, 1869, p. 341.

13 Eram proibidos de serem réus nos processos: "I. o furiozo , II. o mentecapto III. o prodigo , depois de declarado tal IV. o menor sem assistencia de tutor , ou curador

guém podia ser obrigado a fazê-lo. Era defeso ao autor demandar prematuramente (OF, L. 3º, tít. 35) ou mais do que lhe era devido (OF, L. 3º, títs. 34 e 36), embora lhe fosse lícito desistir da ação, independentemente de consentimento da parte contrária, até a litiscontestação. Já o réu era a pessoa contra quem se dirigia a ação. Podia ser réu todo aquele que administrava livremente os seus bens, garantindo-se-lhe, em face do amplo direito de defesa, posição processual mais favorável do que a do autor. Posto que sem adotar a expressão "litisconsórcio", a pluralidade de partes era admitida, tanto no polo ativo como no polo passivo da relação jurídica processual. Essa possibilidade resta evidente pelo teor do título 47 do Livro Terceiro das Ordenações, impondo, nas causas que versassem sobre bens imóveis, a citação do cônjuge da parte que comparecesse em juízo sem a procuração ou a outorga do consorte[14]. As partes deviam ser representadas por procurador, cujos instrumentos podiam ser gerais ou especiais, permitindo a realização de determinados atos. Incumbia ao juiz verificar se eram bastantes as procurações. Se a apresentada pelo autor não fosse suficiente, o processo era extinto e ele condenado a pagar as custas processuais; se não fosse suficiente a trazida pelo réu, este era considerado revel (OF, L. 3º, tít. 20, § 10)[15]. Havia notável preocupação quanto à paridade de armas, porquanto se buscava tolher a perda da causa pela desigualdade de procuradores. Se uma das partes comparecesse em juízo com dois procuradores avantajados, deveria escolher um deles, garantindo-se à parte contrária o direito de constituir aquele restante (OF, L. 3º, tít. 20, § 10).

O sistema processual admitia inúmeras hipóteses de intervenção de terceiros. Uma dessas possibilidades dava-se por meio da assistência (OF, L. 3º, tít. 20, § 32), quando terceiro ingressava no feito para assistir a uma das partes, tomando "o feito nos termos, em que stiver, sem ser ouvido ácerca do que já fòr processado" (PORTUGAL, 1870, p. 594). Também podia o terceiro ingressar no processo, contra o autor e o réu, com a oposição, "dizendo que a cousa demandada lhe pertence, e não a

V. o prezo VI. o escravo VII. o mudo e surdo VIII. o filho familias IX. o religiozo X. a mulher casada XI. o Magistrado temporal" (SOUSA, 1819, t. I, p. 32-33).

14 A possibilidade de litisconsórcio também pode ser constatada no exame das decisões XXXVIII, LXXII, CLXXII, CLXXIII e CXC da Casa da Suplicação, citadas em ALMEIDA, 1869, p. 340, 350, 376, 377 e 381.

15 Porém, caso o feito fosse processado sem procuração suficiente, admitia-se a regularização da representação processual e a ratificação dos atos processuais praticados. Veja-se, a propósito, GOMES, MDCCLI, p. 9 e 46.

cada huma das ditas partes" (PORTUGAL, 1870, p. 594). A oposição poderia ser formulada a qualquer tempo, processando-se nos mesmos autos da demanda original se fosse deduzida antes da instrução. E caso o feito já estivesse concluído, a oposição processava-se em autos apartados apenas contra a parte vencedora (OF, L. 3º, tít. 20, § 31)[16]. O terceiro podia ainda interpor recurso de apelação contra a sentença que lhe fosse prejudicial (OF, L. 3º, tít. 81, § 32)[17] e embargar a execução para resguardar o bem que lhe pertencesse (OF, L. 3º, tít. 86, § 17). Havia, ainda, intervenção por iniciativa do réu: a autoria, caracterizada pela nomeação de terceiro levada a efeito pelo réu quando era indevidamente demandado, na esfera cível, por furto ou por alguma coisa, móvel ou imóvel, pertencente à outra pessoa (OF, L. 3º, títs. 44 e 45). Era dado ao réu nomear por autor aquele que licitamente havia lhe transferido o bem tido por furtado ou, no segundo caso, o real titular do bem reclamado. A autoria também tinha lugar para o exercício da garantia da evicção, a despeito do fundamento da pretensão da demandante. Se o réu não nomeasse aquele que tinha lhe transferido o bem reivindicado antes das publicações das inquirições, este não seria obrigado a indenizá-lo pelos prejuízos se a sentença fosse favorável à parte autora (OF, L. 3º, tít. 45, §§ 2º e 3º)[18].

4. Atos processuais

Os atos processuais deviam ser praticados de acordo com as formas disciplinadas em lei. Porém, a inobservância do formalismo processual não implicava, necessariamente, decretação de nulidade pelo magistrado. Diante da compreensão de que a jurisdição deveria realizar justiça da forma mais célere possível, procurava-se promover o aproveitamento dos atos processuais, decretando-se a nulidade só quando o vício comprometesse o julgamento segundo a "verdade sabida". Conforme o preâmbulo do título 63 do Livro 3º das Ordenações Filipinas

16 Conforme a jurisprudência da Casa da Suplicação de Lisboa, quando o terceiro vinha com artigos de oposição depois de feitas as inquirições na matéria principal, não obstava a marcha do feito, pois, neste caso, a oposição ocorria em autos apartados. Veja-se em ALMEIDA, 1869, p. 343.

17 "Postoque a sentença não aproveita, nem empece mais que ás pessoas, entre que he dada, poderá porém della appellar, não sómente cada hum dos litigantes, que se della sentir aggravado, mas ainda qualquer outro a que o feito possa tocar, e lhe da sentença possa vir algum prejuizo" (PORTUGAL, 1870, p. 691-692).

18 Sobre a possibilidade de o réu que não chamou a autoria ajuizar a ação de evicção, veja-se a primeira dissertação em LOBÃO, 1828, p. 7-25.

(PORTUGAL, 1870, p. 661-662), "para que se abbreviem as demandas com guarda do direito e justiça das partes, mandamos que os Julgadores julguem, e determinem os feitos segundo a verdade, que pelos processos for prova e sabida", ainda que "o processo seja mal ordenado, ou errado, ou falte nelle alguma solemnidade, que para boa ordem e substancia do Juizo se requeira". Neste sentido, mesmo frente a um defeito substancial, não deveria ser decretada a nulidade "se a verdade fòr sabida pelo processo, e o Julgador julgou o que lhe pareceo justiça, por as provas no processo feitas sobre a verdade e substancia da cousa". Caso fosse necessário, os vícios podiam ser supridos a qualquer tempo, inclusive em grau recursal, quando o magistrado de primeira instância devia ser condenado pelas custas de retardamento (OF, L. 3º, tít. 63, §§ 1º e 2º).

De ordinário, os atos processuais eram realizados na sede do juízo. Contudo era comum a concretização de atos processuais em outros locais, sobretudo por meio de cartas. A principal delas era a precatória ou deprecada, pela qual um magistrado, dito deprecante, solicitava a outro, chamado deprecado, a concretização de determinado ato processual[19]. Os atos processuais deveriam ser diurnos, estatuindo as Ordenações Filipinas (PORTUGAL, 1870, p. 563), no título 1º, § 16, do Livro 3º, que "toda a citação deve ser feita de dia, em quanto o Sol dura. E sendo feita antes que o Sol sáia, ou depois que se pozer, não valerá cousa alguma". Os atos processuais também não eram praticados nos feriados, salvo para evitar o perecimento do direito, e durantes as férias dos tribunais (OF, L. 3º, tít. 1º, § 17, e 18). As citações podiam ser feitas de quatro modos: pela parte ou por pessoa em seu nome, perante, ao menos, uma testemunha e com a autorização do juiz (OF, L. 3º, tít. 1º, pr.); pelo porteiro ou outro oficial (OF, L. 3º, tít. 1º, §§ 1º a 4º); por carta precatória (OF, L. 3º, títs. 1º, §§ 2º, 5º, e 11); e por edital (OF, L. 3º, tít. 1º, § 8º)[20]. Entre outras restrições, era defeso citar, salvo para evitar a perda do direito do autor, quem estivesse assistindo culto na Igreja (OF, L. 3º, tít. 9º, § 7º); os noivos, no dia da boda e nos nove subsequentes (OF, L. 3º, tít. 9º, § 8º); quem tives-

19 Vejam-se os assentos CLXXXVII, CCVII, CCXCVIII em ALMEIDA, 1869, p. 179, 186-187 e 229.

20 Em síntese, a citação por edital tinha aplicação quando era incerta a pessoa a ser citada; era incerto o lugar em que residia; era perigoso ou de difícil acesso o lugar em que o citando residia; ou eram muitos os que deveriam ser citados. E se decorresse o prazo, geralmente não inferior a trinta dias, sem que o citando comparecesse em juízo, o magistrado deveria dar-lhe um curador. Veja-se CASTRO, MDCCLXVII, t. II, p. 89-90.

se o cônjuge ou outro parente falecido, no dia do passamento e nos nove dias seguintes (OF, L. 3º, tít. 9º, § 9º); e quem estivesse enfermo (OF, L. 3º, tít. 9º, § 10). Os prazos processuais eram contados excluindo o dia do começo, sendo que a fluência não podia encetar, nem findar, em feriado (OF, L. 3º, tít. 13)[21].

Havia, nas Ordenações Filipinas, inúmeras previsões de responsabilidade por dano processual, mormente para evitar dilações indevidas da causa e a improbidade processual, como, por exemplo, por interposição de recurso sem fundamento jurídico ou de má-fé[22]. As responsabilizações por dano processual não se dirigiam apenas às partes e aos seus representantes, mas também aos magistrados e oficiais que atuavam nos feitos. Sem embargo, as partes deviam pagar as custas oriundas dos atos processuais que praticavam, sem prejuízo da imposição ao vencido, ao final do processo, do ônus de pagá-las. Entretanto, já se contemplavam hipóteses moderando essa regra em relação aos hipossuficientes, com o escopo de ampliar o acesso à Justiça. No agravo ordinário, se o agravante jurasse que era pobre, sem bens, móveis ou imóveis, e condições de arcar com as despesas do recurso, considerava-se que as tinha pago se rezasse a oração do Pai Nosso pela alma de Dom Diniz e retirasse uma certidão no lapso temporal em que deveria pagar aquelas custas (OF, L. 3º, tít. 84, § 10). Outra hipótese em que se considerava a hipossuficiência da parte litigante era na exigência de caução para arguir a suspeição. Caso fosse notoriamente pobre ou provasse essa condição por meio de testemunhas, a parte podia ser isentada de depositar a caução para suscitar a suspeição (OF, L. 3º, tít. 22, § 2º)[23].

5. Início, suspensão e extinção da instância

Considerava-se instância o espaço de tempo em que se desenvolvia uma causa judicial, a qual tinha a citação do réu como termo inicial e a decisão final como termo final (o julgamento da apelação e o pro-

21 Sobre as citações veja-se FREIRII, 1859, l. IV, *p. 102-112;* SOUSA, 1819, t. I. p. 52-66; e LOBÃO, 1827, t. 1, p. 58-111.

22 Conforme precedente da Casa da Suplicação de Lisboa, "as partes que sem fundamento jurídico aggravão das sentenças devem ser condenados nas custas, e no mais que parecer aos Juízes, havendo malícia" (ALMEIDA, 1869, p. 369).

23 Veja-se o aresto LX da Casa da Suplicação em ALMEIDA, op. cit., p. 347.

cessamento execução da sentença em consideradas novas instâncias)[24]. Porém, antes de ajuizar a ação, deveria o autor, por meio de aconselhamentos, verificar se realmente possuía o direito que pretendia demandar e as provas necessárias para a sua demonstração, assim como buscar um procurador para aprontar previamente tudo o que fosse necessário para o patrocínio da causa (OF, L. 3º, tít. 20, § 2º). Salvo a incidência de alguma regra especial de competência ou a existência de juiz prevento por ter conhecido antes de questão relacionada à causa, a demanda devia ser proposta no foro de domicílio do réu (OF, L. 3º, tít. 11, pr.), ao qual, ato contínuo, deveria ser citado na forma da lei, sanando-se eventuais defeitos caso comparecesse espontaneamente em juízo[25]. Eram "effeitos da citaçaõ I. obrigar o citado ao comparecimento II. fazer a coiza litigioza III. interromper a prescripçaõ IV. induzir a litispendencia, e V. o direito de prevençaõ" (SOUSA, 1819, t. I, p. 65-66)[26]. Em virtude da forte valorização do contraditório e do direito de defesa, entendia-se que o processo só começava com a citação do réu, e não propriamente com a apresentação da demanda pelo autor. Consignava o praxista Antonio Vanguerve Cabral (MDCCXXX, p. 5) que, "tanto para o principio do Juizo ordinario, como do ſummario, ſempre he neceſſario que primeiro preceda Citaçaõ". A falta de citação implicava a anulação do processo e da própria sentença. Manuel Mendes de Castro (MDCCLXVII, t. I, p. 36) anotava que "ad Judicium inchoandum omnino neceſſaria eſt citatio , ſine qua proceſſus, & ſententia eſt nulla". No mesmo sentido, esposava Alexandre Caetano Gomes (MDCCLI, p. 1) que tanto o processo como a sentença seriam nulos se não houvesse a citação do réu, na medida em que "o Principio , e fundamento de toda a ordem judicial he a citaçaõ , deforte que ſem ella ſe naõ póde tomar conhecimento de cauſa alguma".

Uma vez iniciada a instância, deveria o juiz procurar conciliar as partes (OF, L. 3º, tít. 20, § 1º), advertindo "que antes que façam despezas, e se sigam entre elles os odios e dissensões, se devem concordar, e não gastar suas fazendas por seguirem suas vontades, porque o vencimento da causa sempre he duvidoso" (PORTUGAL, 1870, p. 587). Não havendo

24 Vejam-se em SOUSA, op. cit., p. 63; e LOBÃO, 1827, t. I, p. 118.

25 Sobre a competência, veja-se FREIRII, 1859, l. IV, p. 92-100.

26 Tornada litigiosa a coisa objeto da disputa entre as partes, não podia o réu transferi-la. Em conformidade com a jurisprudência da Casa da Suplicação, "a venda de bens depois de começada huma acção, não tendo o devedor outros meios de solver sua obrigação, reputa-se simulada e dolosa" (ALMEIDA, 1869, p. 384).

conciliação, poderia o juiz, de ofício ou a requerimento de uma das partes, interrogar os litigantes, assim para a ordem do processo como para a decisão imediata da causa[27]. Não sendo possível o julgamento sumário, agendava-se a audiência para que o autor oferecesse o libelo (OF, L. 3º, tít. 20, § 4º), na qual devia expor a descrição do fato, o fundamento da ação e a devida pretensão (FREIRII, 1859)[28]. A apresentação do libelo tinha o efeito de induzir em mora o réu e fixar os elementos objetivos do processo. Porém, essa estabilização era frágil, pois o autor poderia aditar indefinidas vezes o libelo até a litiscontestação, assinando-se novo prazo para o réu responder a adição (OF, L. 3º, tít. 20, §§ 7º e 8º)[29]. O demandante ainda podia alterar o libelo, bastando que ser realizasse nova citação (SOUSA, 1819, t. I)[30]. Em determinadas situações, o processo poderia ter o seu curso suspenso, *v.g.*, por doença do procurador de uma das partes (OF, L. 3º, tít. 20, § 13); por dilação para a juntada de contratos existentes fora de Portugal a fim de que uma parte formasse seus artigos (OF, L. 3º, tít. 20, § 26)[31]; por dilação para produção de prova em

---

27 Em face do disposto no tít. 32 e no tít. 48, § 2º, do Livro Terceiro das Ordenações Filipinas, que eram objeto de interpretação extensiva, admitia-se que as interrogações fossem feitas a qualquer tempo em toda e qualquer causa de procedimento sumário, quer fosse para ordenar o processo, quer fosse para decidir a causa. Veja-se FREIRII, 1859, l. IV, p. 124-125.

28 Ao oferecer o libelo, o autor devia acostar os documentos indispensáveis à propositura da demanda (OF, L. 3º, tít. 20, § 22). Contudo, em assento da Casa da Suplicação, proferido em 23 de novembro de 1769, definiu-se que podia o autor juntar posteriormente esses documentos, até o momento em que o juiz, arguida essa omissão pelo réu, o absolvesse da instância.

29 "O que ſe amplia, quando o A. faz alguma addiçaõ ao libello , deve ſer citado o R. para reſponder á meſma addiçaõ. Ord. lib. 3. tit. 20. § 8. in fin." (GOMES, MDCCLI, p. 2). Entendia-se que a réplica integrava o libelo, razão por que se admitia que o autor, ao replicar, podia emendar o libelo, desde que não mudasse a ação (GAMMA, MDCXCIX; CASTRO, MDCCLXVII, t. II; SOUSA, 1819, t. I).

30 Esse é um dos vários exemplos a demonstrar que as Ordenações Filipinas, assim como as precedentes, previam um sistema flexível. Liebman (1951) atribuiu, injustamente, como legado lusitano para o Brasil, o sistema rígido de preclusões: afirmação há anos reverberada pela doutrina nacional. O equívoco foi consignado por Heitor Vitor Mendonça Sica (2006, p. 19-51), esclarecendo que, na verdade, o sistema rígido de preclusões nunca foi traço do direito lusitano medieval. Foi incorporado ao direito brasileiro apenas no Código de Processo Civil de 1939 e, depois, reforçado no Código de 1973.

31 Segundo a Casa da Suplicação, "assignando-se tempo para vinda de papeis de fóra do Paiz, necessarios para a prova de huma causa, esta não prosegue, até expirar

outro juízo (OF, L. 3º, tít. 54)[32]; por exceção de suspeição oposta contra o juiz da causa (OF, L. 3º, tít. 21); e pelo advento das férias, consistentes em dois meses ao ano (OF, L. 3º, tít. 18).

A instância encerrava-se, em princípio, com a sentença definitiva proferida pelo juiz da causa, a qual podia ser de condenação ou de absolvição do réu. Malgrado o conteúdo do pedido no libelo, quando acolhida a demanda o comando da sentença era sempre o de condenação, que, passado em julgado, tornava-se imutável. Já a sentença de absolvição podia ser de dois tipos. Havia a sentença de absolvição da instância e a sentença de absolvição de toda a causa. A exemplo da condenatória, a sentença de absolvição de toda a causa era uma decisão de mérito, porém favorável ao réu. Caracterizava-se por impedir o autor de intentar novamente a mesma demanda contra o réu ante o trânsito em julgado. Essa vedação não existia quando a sentença era de absolvição de instância, desde que o autor pagasse as custas a que tinha sido condenado no feito anterior (OF, L. 3º, tít. 14, § 3º)[33]. A sentença de absolvição de

o prazo assignado" (ALMEIDA, 1869, p. 357). Entretanto, embora o § 25 do título 20 do Livro 3º permitisse o sobrestamento da causa quanto era deferido, ao réu, a dilação para a obtenção de documentos fora do Reino para, com eles, formar artigos de contrariedade, a Casa da Suplicação proferiu decisão no sentido de que as dilações só deveriam ser permitidas para provar artigos, não para contrariá-los. Veja-se em ALMEIDA, op. cit., p. 378.

32 Dilação consistia, nas palavras de Pascoal José de Melo Freire (FREIRII, 1859), em um certo espaço de tempo destinado à realização de algum ato processual. A dilação poderia ser legal, judicial e convencional, conforme fosse estabelecida pela lei, pelo juiz ou por convenção das partes, respectivamente. A dilação também poderia ser citatória, deliberatória ou probatória. A primeira dizia respeito ao termo fixado para que o réu comparecesse a juízo; a segunda, para que deliberasse se resistiria ou não à pretensão do autor. A probatória, enfim, era a concernente ao deferimento de tempo às partes para que produzissem determinadas provas.

33 Na hipótese do preâmbulo do título 14 do Livro 3º das Ordenações Filipinas, quando, por três vezes o réu era absolvido da instância por ausência do autor na audiência, era defeso ao autor, pela mesma causa, requerer de novo a citação do réu. E caso o autor se ausentasse depois que o libelo fosse recebido pelo juiz, poderia o réu dar seguimento ao processo, à revelia do autor, a fim de buscar uma sentença de absolvição de toda a demanda. Caso o réu não demonstrasse que merecia ser absolvido da demanda, nem fosse possível condená-lo por ausência de elementos, deveria ele ser apenas absolvido da instância (OF, L. 3º, tít. 14, §§ 1º e 2º).

instância era a que extinguia o processo, sem resolver o mérito[34]. Dava-se, por exemplo, quando o autor não dava fiança para garantir o pagamento das custas do processo (OF, L. 3º, tít. 20, § 6º), apresentava libelo notoriamente inepto (OF, L. 3º, tít. 20, § 16), deixava de comparecer na audiência ou de apresentar o libelo no termo (OF, L. 3º, tít. 20, § 18). A instância também findava se o feito ficasse parado por seis meses ou, estando conclusos os autos, por um ano com o escrivão (OF, L. 1º, tít. 83, § 28)[35]; pela morte de alguma das partes (OF, L. 1º, títs. 27, § 2º, e 84, pr.); e pela cessão do direito litigioso. Mas a instância era reiniciada, a partir do estado em que se encontrava, com todas as suas qualidades, respectivamente por meio da citação pessoal das partes originárias, dos herdeiros, e do cessionário, permitida a constituição de novos procuradores[36].

6. Procedimentos

No início do século XIX, havia três espécies de procedimentos no processo civil lusitano: o ordinário, o sumário e os especiais. O procedimento sumário era cabível nas causas cujo valor excedesse a mil réis e, qualquer que fosse o valor, nas causas de força nova, roubo, guarda, depósito, soldadas, colhimento de frutos e despejo (OF, L. 3º, títs. 30, §§ 1º e 2º, e 18, § 4º), dentre outras, tais como a de alimentos e de liberdade, definidas pela jurisprudência e pela doutrina[37]. Também se aplicava o procedimento sumário quando era demandada quantia inferior a dois mil réis, ou coisa que o valha, quando a causa era proposta perante corregedores, provedores, ouvidores dos mestrados e juízes de fora (OF, L. 3º, tít. 30, § 3º). Inspirado no processo canônico, o procedimento sumário era simples e célere, sendo informado pela oralidade e concentração de atos. Sem necessidade de libelo articulado, o autor podia expor oralmente a sua pretensão, a qual era reduzida a termo por tabelião ou por escrivão. O réu era citado e ouvido juntamente com o autor em au-

34 Para a diferenciação entre as sentenças definitivas, sentenças interlocutórias simples e as sentenças interlocutórias com força de definitivas, veja-se LEITAM, MDCLXXXXVII, p. 3 et seq.

35 Veja-se CABRAL, MDCCXXX, p. 397-400.

36 Vejam-se SYLVA, MDCCXLI, p, 206-209, MDCCXXXIII, p. 203; MORAES, MDCCXLII, t. III, p. 142; VALASCI, MDCCXXX, p. 62-63, e SOUSA, 1819, t. I, p. 70-74.

37 Sobre as causas que deveriam ter o rito sumário, por força do direito romano, direito canônico, direito português ou pela definição da praxe em geral, veja-se LOBÃO, 1816, p. 7 et seq.

diência perante o juiz. Se não houvesse necessidade de instrução, o feito era sentenciado de imediato, com a expedição de alvará para se realizar execução caso fosse acolhida a demanda. Não havia contestação solene, dilação ordinária, alegações finais e efeito suspensivo na apelação. E, nas causas sobre bens móveis até a quantia de mil réis perante juízes ordinários de lugares com mais de duzentos vizinhos, bem como nas causas sobre bens móveis até a quantia de seiscentos réis ou de bens imóveis até o valor de quatrocentos réis perante juízes ordinários em lugares com duzentos vizinhos ou menos, não cabia apelação, nem agravo contra as decisões proferidas no processo (OF, L. 1º, tít. 65, § 7º).

Com amparo nas Ordenações, na legislação extravagante e mesmo no direito comum, utilizavam-se, nos foros lusitanos, inúmeros procedimentos específicos, incidentais ou autônomos, para determinadas causas, muitos deles marcados pela sumariedade do rito[38]. São exemplos desses procedimentos a ação de exibição[39], a oitiva antecipada de testemunhas (OF, L. 3º, tít. 55, §§ 7º e 8º); a ação de alimentos[40], o protesto, as ações pignoratícias, a ação de posse em nome do ventre (OF, L. 3º, tít. 18, § 7º), a ação de depósito e de consignação judicial (OF, L. 4º, tít. 6º), a ação de precário (OF, L. 4º, tít. 54), a ação de contas (OF, L. 1º, tít. 62, § 29), a ação de prescrição aquisitiva (OF, L. 2º, tít. 27 e 28; L 4º, tít. 79), a ação de nunciação de obra nova (OF, L. 3º, tít. 78, §§ 3º e 4º), a ação de demarcação, a ação de inventário, a ação de partilha, a petição de

38 Sobre esses procedimentos especiais com rito sumário, veja-se LOBÃO, 1816, p. 289 et seq.

39 Sem previsão expressa na legislação lusitana, os pedidos exibitórios embasavam-se no direito romano (Digesto, tít. *ad exhibendum*). Como explica José Homem Corrêa Telles (1824), havia duas espécies de ação de exibição, a *ad exhibendum* e a *de edendo*. A primeira era utilizada quando a pessoa tinha interesse em ver mostrada uma coisa que reputava ser sua, mas que estava em poder de outrem. Segundo Pascoal José de Melo Freire (1859) esta ação *ad exhibendum* era pouco utilizada no início do século XIX em razão da possibilidade da cumulação de pedidos no mesmo processo, máxime quando a pretensão era de reivindicação.

40 Os alimentos provisionais também eram postulados com amparo no direito comum. Esclarecia Joaquim José Caetano Pereira e Sousa (1820, t. IV, p. 8) que podiam "pedir-se logo na mesma Acção os Alimentos provisionaes , e expensas litis , os quaes são taxados por arbitramento do Juiz ainda antes da contestação. Molin. de Primongen. L. 2. c. 16. n. 38. Gratian. For. c. 236. Tem isto lugar quando logo consta do bom direito do Autor , e das faculdades do Réo. Castilh. L. 3 controv. c. 27. n. 67. Deste arbitramento se extrahe sentença por parte do Autor ; e se continúa depois vista ao Réo para contestar a Causa".

herança, os embargos de terceiro (OF, L. 3º, tít. 86, § 17), a habilitação de herdeiros (OF, L. 3º, títs. 27, § 2º, 82, pr.), a reformação de autos perdidos (OF, L. 1º, títs. 1º, § 31, 24, §§ 24 e 26; L. 3º, tít. 6º, § 6º), a arbitragem (OF, L. 3º, tít. 16), a ação de assinação de dez dias (OF, L. 3º, tít. 25), a ação de separação, a abertura de testamentos (OF, L. 3º, tít. 18, § 9º), o codicilo (OF, L. 4º, tít. 86, pr.), a herança jacente (OF, L. 1º, tít. 90, § 1º; Lei de 4 de Dezembro de 1775 e Alvará de 28 de Janeiro de 1778), os bens dos ausentes (OF, L. 1º, tít. 90, pr.), a ação de interdição (OF, L. 4º, tí. 103, § 6º), a tutela de menores (OF, L. 1º, tít. 88), a apresentação do falido, a restituição *in integrum* (OF, L. 3º, títs. 9º, §§ 10 e 12, 20, §§ 19 e 44, 41 e 86, § 6º), as ações fiscais (OF, L. 2º, títs. 52 e 53, § 1º), a ação de cobrança de aluguel (OF, L. 4º, tít. 23, § 3º) e a ação do juramento d'alma (OF, L. 1º, tít. 49, § 1º; L. 3º, tít. 59, §§ 5º e 6º)[41].

Empregavam-se, à época, diversas classificações para as ações, sobretudo a partir do direito romano. Segundo o seu objeto, as ações eram classificadas em prejudiciais, reais e pessoais. As ações prejudiciais eram aquelas em que se defendia ou se reivindicava o estado de liberdade, de cidadão ou de família, como questão prejudicial ao conhecimento de outra causa. José Homem Corrêa Telles (1824) citava, como exemplo, a negativa de paternidade pelo pai quando era demandado em ação de alimentos. Porém, em sentido largo, eram tidas por prejudiciais todas as ações que deveriam ser decididas por primeiro quando havia concurso de causas, sob pena de serem inúteis as decisões destas. As ações reais eram aquelas fundadas no direito real, enquanto as ações pessoais eram as que nasciam "da obrigação de dar , fazer , ou não fazer alguma cousa ; ou esta obrigação resulte de contracto , quasi-contracto , delicto , ou quasi-delicto ; ou de preceito da Lei , ou ainda da equidade , nos casos , em que esta obriga perfeitamente" (TELLES, 1824, p. 6). Outra classificação importante, entre reipersecutória, penais e mistas, era a que considerava os fins das ações. As reipersecutórias eram aquelas em que o autor visava à coisa integrante de seu patrimônio; as penais, a imposição de uma pena ao réu, por força de lei ou de contrato. Já as mistas eram as ações em que o autor pretendia tanto a coisa como a cominação da pena. Vale consignar, ainda, que se chamavam de populares as ações que

41 Sobre esses procedimentos, vejam-se TELLES, 1824; SOUSA, 1820, t. IV; ROCHA, *1886, t. II, p. 161-164, p. 375-382 e 383-390; TEIXEIRA, 1848, t. II, esp. p. 395 et seq.;* FREIRII, 1859, l. IV; LOBÃO, 1816; CASTRO, MDCCLXVII, t. I, p. 121-145, t. II, p. 161-199 e ; e *GOMES, MDCCLI, p. 67 et seq.*

podiam ser intentadas por qualquer pessoa do povo a fim de defender a coisa pública[42].

Formal, solene e predominantemente escrito, o procedimento ordinário era o residual nas causas cíveis. Desenvolvia-se em fases compostas por uma série de atos, classificados pela doutrina da época em preparativos, médios e posteriores[43]. Iniciava com a citação, ordenada pelo juiz a requerimento do autor. Citado, o réu deveria comparecer em juízo, assim como aquele que postulou a sua citação, sob pena de revelia (OF, L. 3º, tít. 20, § 3º)[44]. Nesse primeiro colóquio, o juiz procurava, de início, conciliar as partes (OF, L. 3º, tít. 20, § 1º). Se não obtivesse a conciliação, era-lhe facultado, de ofício ou a requerimento, interrogar as partes, assim para a ordem do processo como para a decisão imediata da causa. Caso não fosse possível o julgamento sumário, agendava-se nova audiência para que o autor oferecesse o libelo e, quando se referisse a frutos, a rendimentos ou a interesses, o lesse para que o juiz verificasse se o pedido era certo[45]. Certo o pedido, *ab initio* ou após a emenda oportunizada, ou caso não se tratasse de pedido de frutos, de rendimentos ou de interesse, o juiz recebia o libelo e aprazava audiência própria para a defesa do réu (OF, L. 3º, tít. 20, §§ 3º e 4º)[46]. Nessa audiência, o

42 Sobre as classificações das ações pela doutrina da época, veja-se FREIRII, 1859, l. IV, p. 61-81.

43 Embora consideradas novas instâncias, as fases recursal e executiva eram reputadas integrantes do procedimento ordinário. Conforme a doutrina de Joaquim José Caetano Pereira e Sousa (1819, t. I), os atos preparativos eram a citação, o libelo, a exceção, a reconvenção, a contrariedade, a réplica, a tréplica, a oposição, a autoria e as cauções; os atos médios, a litiscontestação, a dilação, as provas, a publicação, as alegações e a conclusão; e os atos posteriores, a sentença, os embargos, a apelação, o agravo, a revista e a execução.

44 Não comparecendo no dia aprazado, tampouco nos três dias seguintes que se lhe concedia por costume, o réu era condenado por contumácia própria. Admitia-se que ingressasse no processo posteriormente, porém recebendo o processo no estado em que se encontrasse (OF, L. 3º, tít. 15, § 1º). Também se admitia que interpusesse apelação, caso o fizesse tempestivamente, antes do trânsito em julgado da sentença (FREIRII, 1859).

45 Ainda no início do século XIX, a principal referência literária quanto à forma do libelo e dos demais atos praticados pelas partes e pelo juiz no desenvolvimento do processo (contrariedade, réplica, tréplica, despachos, sentenças, recursos etc.) era a obra de Gregorio Martins Caminha, com as adições de João Martins da Costa. Veja-se em CAMINHA, 1824.

46 Quando inepto, cabia ao juiz rejeitá-lo *ex officio* (GAMMA, MDCXCIX; REYNOSO, MDCCXXXIV). O libelo era considerado inepto quando da narração

demandado devia opor em preliminar eventuais exceções, dilatórias e peremptórias (OF, L. 3º, 20, § 9º, 24, 49 e 50)[47]. E antes de contestar, era lícito ao réu apresentar reconvenção, a qual era julgada em conjunto com a demanda original (OF, L. 3º, tít. 33)[48]. Na contrariedade, o réu deveria refutar de forma articulada os artigos do libelo, negando os fatos ou a obrigação (OF, L. 3º, tít. 51)[49], além de requerer que o autor desse fiança para garantir o pagamento das custas (OF, L. 3º, tít. 20, § 6º)[50]. À continuação, em audiências sucessivas, oportunizava-se ao autor e ao réu oferecerem, respectivamente, a réplica e a tréplica (OF, L. 3º, tít. 20, § 4º, *in fine*)[51].

---

dos fatos não se deduzia a ação ou se concluía a condenação, assim como quando não continha causa de pedir legítima (SOUSA, 1819, t. I). Sobre os requisitos e os casos de ineptidão do libelo, veja-se, ainda, LOBÃO, 1827, t. I, p. 123-136.

---

47 Todas as exceções dilatórias, tais como litispendência, a incompetência e a suspeição do juiz, deveriam ser alegadas de uma só vez nesta oportunidade, sob pena de preclusão. Depois de contestada a lide, só se admitia exceção dilatória se a parte sustentasse que dela não era conhecedor ou fosse superveniente (OF, L. 3º, títs. 20, § 9º e 49, §§ 2º e 3º). As exceções peremptórias, tai como a existência de sentença sobre a mesma lide, a transação, o pagamento e a prescrição, deveriam ser alegadas neste ensejo por meio de embargos. Após essa audiência, o réu só poderia opor exceção peremptória se jurasse que só teve conhecimento posterior ou fosse ela capaz de anular todo o processo. Nestas hipóteses, a exceção peremptória poderia ser alegada a qualquer tempo pelo réu, inclusive após a prolação da sentença (OF, L. 3º, títs. 20, § 15 e 50, pr.).

48 Também se admitia a propositura da reconvenção logo depois que o réu contestava o libelo, mas sempre antes que autor fizesse a sua prova. Se fosse oferecida após, não constituiria reconvenção, mas ação autônoma (OF, L. 3º, tít. 33, § 1º). Não era cabível a reconvenção quando o autor vinha a juízo na defesa de direito alheio e, conforme a jurisprudência da Casa da Suplicação, dever-se-ia somar os valores da ação e da reconvenção para se definir o cabimento do agravo contra as sentenças interlocutórias proferidas.

49 De acordo com a jurisprudência da Casa da Suplicação, a lide se reputava contestada depois que a causa era contrariada pelo réu. Veja-se em ALMEIDA, 1869, p. 359.

50 Havia inúmeras outras possibilidades de caução, que se dividia em juratória, pignoratícia, fideijussória e promissória. Vejam-se SOUSA, 1819, t. I, p. 125-135; e LOBÃO, 1827, t. I, p. 322-332.

51 Chamava-se réplica a petição do autor que elidia a contestação ou a exceção do réu; tréplica ou duplicação, a petição oposta pelo réu impugnando a réplica. Referia Pascoal José de Melo Freire que "adlegandae autem replicationes intra terminum a lege praescriptum, id est, unam audientiam, Ord. lib. 3, tit. 20, § 5º, vers.

Findos os atos preparativos, era o momento da litiscontestação, consistente na definição dos termos da demanda pelo juiz a partir do cotejo entre a exposição da intenção do autor com a contradição do réu, levando-se em conta não apenas o libelo e a contrariedade, mas, também, a réplica e a tréplica. A litiscontestação tinha entre os seus principais efeitos o de induzir em má-fé o possuidor da coisa demandada e o de produzir um quase-contrato entre os litigantes, pelo qual se obrigavam a observar o que fosse decidido na sentença[52]. Feita a litiscontestação, era o momento da dilação probatória, na qual o juiz, levando em conta a distância do lugar em que seriam realizadas, assinava prazo para que as partes produzissem as provas[53]. Eram objeto de prova apenas os fatos certos controvertidos ou duvidosos, excluindo-se, por consequência, a atividade probatória em relação a fatos notórios, incertos e indefinidos. Por força do princípio *iura novit curia*, à exceção do direito especial e do direito municipal, assim como dos costumes não escritos, o direito, mesmo o *ius commune*, não era objeto de prova, pois o juiz tinha obrigação de conhecê-lo (FREIRII, 1859). Salvo a hipótese de incidência de presunção de veracidade, a qual necessitava prova em contrário para ser elidida, o ônus da prova tocava à parte que alegasse o fundamento. Assim, em regra incumbia ao autor provar as alegações que embasavam o libelo e a réplica; ao réu, as aduzidas na exceção ou na tréplica. Em síntese, além das presunções, admitiam-se como meios de prova nos processos cíveis

E mandará ; quo elapso, articulis rejectis, in causa progrediendum, Ord. cit. §§ 19, et 21" (1859, l. IV, p. 119). Embora tivesse positivado nas Ordenações Filipinas (L. 3º, tít. 43, pr.), a exemplo das precedentes, o juramento de calúnia, chamado de universal ou geral, havia perdido a sua importância. A essa época, era pouco utilizado, apenas quando uma das partes expressamente o requeria. Sobre o juramento de calúnia e seu uso no final do Antigo Regime, veja-se LOBÃO, 1828, p. 182-195.

52 Motivo de nulidade de todo o processo em caso de omissão (REYNOSO, MDCCXXXIV), a litiscontestação tinha ainda o efeito de fazer litigiosa a coisa nos casos ações pessoais e particulares *in rem scriptatæ* (OF, L. 4º, tít. 10, § 2º). Vejam-se SOUSA, 1819, t. I, p. 133-135; e LOBÃO, 1827, t. I, p. 342.

53 Conforme a jurisprudência da Casa da Suplicação, não podia o autor acrescentar os artigos da réplica depois de começada a dilação. Veja-se em ALMEIDA, 1869, p. 346.

a confissão[54], os instrumentos[55], as testemunhas[56], os juramentos[57], o arbitramento[58] e a vistoria[59].

Concluída a dilação probatória, eram abertas e publicadas as inquirições testemunhais. Além de dar publicidade aos termos do processo, a publicação tinha o efeito de impedir a produção de mais provas[60]. Depois da publicação se seguiam as alegações finais das partes, em um prazo assinado pelo juiz, precedendo a autora à ré (OF, L. 3º, tít. 20, § 42)[61].

---

54 A confissão era considerada o principal meio de prova e era compreendido como afirmação, pelo réu, daquilo que o autor alegava no libelo. Podia ser expressa ou verdadeira, quando era feita expressa e deliberadamente pela parte, ou ficta, quando era induzida pela lei. Também podia ser classificada como judicial e extrajudicial, conforme fosse feita em juízo ou fora dele. Enquanto a confissão extrajudicial e a ficta constituíam provas semiplenas, a confissão judicial verdadeira, realizada perante o juiz competente e por pessoa que tinha a livre administração de suas coisas, implicava prova plena. A confissão não podia ser dividida, aceita ou repudiada em parte pelo autor (OF, L. 4º, tít. 52).

55 Constituíam instrumentos toda e qualquer escritura feita para comprovar a fé dos fatos. Podiam ser classificados em original, caso fosse o primeiro escrito, ou traslado, se fosse cópia do primeiro escrito. Também podiam ser classificados em públicos ou particulares, considerando os autores dos documentos e as fés emanadas. Os instrumentos públicos tinham fé pública, como os lavrados pelo tabelião, pelo escrivão judicial ou pelo notário, fazendo prova plena se fossem autênticos e devidamente ordenados. Os documentos particulares provavam apenas contra os que os escreviam, a despeito de qualidade do escritor. Havia a possibilidade de se arguir a falsidade do instrumento ou de se requerer a sua exibição (OF, L. 3º, títs. 59 e 60).

56 As testemunhas eram ouvidas, secreta e separadadamente, pelo inquiridor do juízo, admitida a contradita se fosse considerada defeituosa. Na hipótese de receio de se perder testemunho por doença ou ausência da testemunha no tempo da instrução, era possível sua oitiva antes da propositura da ação (prova *ad perpepetuam rei memoriam*). As testemunhas também poderiam ser ouvidas fora do Reino.

57 O juramento era considerado uma espécie de prova, na medida em que fazia fé ao juiz. Sobre os juramentos, vejam-se FREIRII, 1859, l. IV, *p. 147-153; e* LOBÃO, 1828, p. 196 et seq.

58 O arbitramento consistita em uma estimativa feita pelor um perito nomeado pelas partes ou pelo juiz.

59 A vistoria se caracterizava por uma inspeção ocular do magistrado. Preponderava no foro a compreensão de que a vistoria era uma prova superlativa, superior a todas as demais provas. A respeito da vistoria, veja-se o seu estudo publicado em LOBÃO, 1828, p. 439-460.

60 Veja-se REYNOSO, MDCCXXXIV, p. 257-258.

61 Sobre as razões finais, veja-se GOMES, MDCCLI, p. 42-46.

Apresentadas as alegações finais, era realizada a conclusão para que o juiz analisasse todo o processo e julgasse, através de uma decisão escrita e fundamentada[62], segundo o alegado e o provado pelas partes (OF, L. 1º, tít. 1º, § 13; L. 3º, tít. 20, § 30, e tít. 66, pr. e § 7º)[63]. A sentença precisava julgar nos termos do libelo, condenando o réu ou o absolvendo no todo ou em parte, nada além do que havia sido pedido, e impondo ao vencido o dever de pagar as custas (OF, L. 3º, títs. 66, § 1º, e 67)[64]. A sentença deveria ser clara e, salvo se pudesse ser certificada nos autos do processo ou liquidada na execução, certa quanto à quantidade ou à coisa litigiosa (OF, L. 3º, tít. 66, § 2º). Era também defeso ao magistrado proferir sentença condicional e realizar retratação, salvo em sede de embargos ou para sanar eventuais dúvidas ou obscuridades em seu pronunciamento (OF, L. 3º, tít. 66, §§ 4º e 6º)[65]. Entre outros efeitos emanados, a sentença definitiva tinha o condão produzir hipoteca legal nos bens do condenado (OF, L. 3º, tít. 84, §§ 14). Seguindo a tradição romana, transcorrendo *in albis* o prazo recursal, a sentença fazia coisa julgada apenas entre os litigantes, não prejudicando nem beneficiando terceiros (OF, L. 3º, tít. 81)[66].

---

62 Além de apontar os fundamentos de sua decisão, no que se apartava do direito comum, o magistrado devia publicar a sentença por meio da leitura do seu teor diante as partes (L. 1º, tít. 5º, § 15; L. 3º, tít. 19, § 1º). Porém, por costume, ao invés de ser lida e publicada, a sentença era repassada ao escrivão judicial, ao qual incumbia de dar conhecimento da decisão às partes. Veja-se o n.º *2 da decisão LVII de António da Gama em GAMMA,* MDCXCIX, p. 104.

63 Ao sentenciar, o juiz deveria considerar os valores probantes dos meios de prova. As provas plenas, tais como os instrumentos públicos e os depoimentos de duas testemunhas acima de toda a dúvida, faziam fé plena. Já as provas semiplenas, tais como a confissão extrajudicial, a escritura particular e o depoimento isolado de uma testemunha fidedigna, faziam alguma fé ao juiz, razão por que deveria se valer de outros meios para que as considerasse verdadeiras. E caso o juiz não firmasse convicção, não lhe era permitido deixar de julgar (non liquet). Em conformidade com acórdão de 1590 da Casa de Suplicação, "nenhum Juiz póde dar-se por inhibido de dar sentença em causa sujeita á sua jurisdicção, senão por virtude de Lei" (ALMEIDA, 1869, p. 361).

64 "O Juiz terá ſempre cuidado , nas ſenstenças , que der , de condenar nas cuſtas a parte vencida , naquella porçaõ , em que vencida he , na fórma da Ord. lib. 3. tit. 67. § 2." (GOMES, MDCCLI, p. 52).

65 Em 1º de março de 1783, a Casa da Suplicação assentou que as sentenças definitivas não podem ser revogadas pelos juízes que as proferiram depois de sua publicação, bem assim as despachar por conferência em Relação.

66 Era possível que a sentença não transitasse em julgada mesmo diante da não interposição de apelação pelas partes ou por terceiros. Isso porque, em determinadas

7. Meios de impugnação das sentenças

Da sentença definitiva, da sentença interlocutória com força de definitiva, isto é, da que extinguia o processo sem julgar o seu mérito, e da sentença interlocutória que pudesse causar dano irreparável[67], podia a parte vencida e terceiro prejudicado interpor apelação no prazo de dez dias (OF, L. 3º, títs. 65, § 5º, 69, 70 e 81)[68]. Caso o apelante não observasse os seus devidos termos, julgava-se deserto o recurso, garantindo-se-lhe que provasse justo impedimento para afastar a deserção (OF, L. 3º, tít. 70). Ressalvadas as hipóteses previstas em lei, a apelação era recebida nos efeitos devolutivo e suspensivo (OF, L. 3º, títs. 70, 73 e 78, § 2º)[69]. Mesmo quando a apelação era desprovida de efeito suspensivo, eram expedidos para a instância superior os autos originais, permanecendo, na inferior, o trasladado, a despeito do disposto no tít. 70, § 2º, do Livro Terceiro das Ordenações[70]. O recurso de apelação devolvia o conhecimento de toda causa, não apenas da matéria impugnada, e era permitida

causas, a lei ordenava ao juiz a interposição da chamada apelação *ex officio*, a fim de forçar a revisão da sentença pela instância superior (*v.g.*, OF, L. 2º, tít. 1º, § 28; L. 5º, tít. 50, § 5º, tít. 122, pr. e § 4º; Alvará de 9 de Agosto de 1759; Alvará de 4 de Maio de 1805; Edital do Conselho da Fazenda de 06 de Setembro de 1805; e Portaria do Inspector do Real Erario de 25 de Fevereiro de 1807).

67 Sobre o dano irreparável causado por sentença interlocutória, veja-se LEITAM, MDCLXXXXVII, p. 16 et seq.

68 Quando eram muitos os litisconsortes e a causa era comum, bastava que um apelasse para que todos aproveitassem a decisão favorável, salvo: se as causas da condenação eram diversas e as defesas diversas; se diversos os objetos da decisão; ou se o litisconsorte que não apelou aprovou a sentença, pois, neste caso, em relação a ele, a sentença passou em julgado (SOUSA, 1819, t. II).

69 Joaquim José Caetano Pereira e Sousa (1819, t. II, p. 41) ressaltava que do não recebimento da apelação pelo juiz inferior, ou do recebimento em um ou em ambos os efeitos cabia o agravo de petição ou de instrumento, "porque ao Juizo Superior he que compete decidir sobre a competencia, ou legitimidade da Appellaçaõ". Em algumas hipóteses admitia-se que a apelação não tivesse o efeito suspensivo, como, por exemplo, nos casos de sentença que acolhia pedido de alimentos e de despejo. Sobre os efeitos da apelação, veja-se PINTO, MDCCCXIII, p. 40-44. Especificamente sobre os efeitos da apelação em ações de despejo de casas, veja-se a jurisprudência da Casa da Suplicação em ALMEIDA, 1869, p. 362-363, 305 e 379.

70 Esse entendimento foi firmado pela Casa da Suplicação, mediante assento em 22 de maio de 1783, forte na Lei de 18 de Agosto de 1747. Especificamente sobre a apelação contra as decisões interlocutórias, aplicavam-se as disposições previstas no § 5º, e seguintes, do título 69 do Livro Terceiro das Ordenações Filipinas.

a *reformatio in pejus*[71]. Todavia, garantia-se ao apelante a possibilidade de renunciar ao seu recurso antes do julgamento, desde que pagasse as custas de todo o processo (OF, L. 3º, tít. 72). E já havia a compreensão de que passavam em julgado os capítulos da sentença que não haviam sido objeto da apelação, os quais poderiam ser executados mesmo na pendência de julgamento do recurso[72].

Não obstante o cabimento da apelação, as sentenças definitivas, assim como as interlocutórias, podiam ser atacadas por embargos, dentro de dez dias, para se alegar determinadas matérias não suscitadas anteriormente. As partes podiam opor uma única vez embargos contra sentença (OF, L. 3º, tít. 88), visando (i) ao fim do processo, (ii) à desconstituição ou à modificação da sentença ou, ainda, (iii) para aclará-la em virtude da existência de dúvidas ou de palavras intrincadas (OF, L. 3º, tít. 65, §§ 2º a 6º, tít. 66, § 6º, tít. 84, §§ 5º e 8º; L. 1º, tít., 30, §§ 1º a 3º)[73]. Os embargos possuíam efeito suspensivo e o seu conhecimento competia ao próprio órgão judicial prolator da decisão embargada (OF, L. 1º, tít. 1º, §§ 10 e 24; L. 3º, títs. 65, §§ 2º e 6º, e 66, § 6º)[74] Na verdade,

71 Nos tribunais, o magistrado que proferisse o voto vencedor ficava competente para a decisão de todos os demais incidentes da causa (OF, L. 1º, tít. 5, § 9º; Assento de 2 de agosto de 1639 da Casa da Suplicação). Depois que já tivesse passado por três instâncias, a sentença era considerada firme, não sendo mais passível de recurso (OF, L. 3º, tít. 95, § 8º).

72 "Quando a Sentença tem capitulos diversos naquelle em que se naõ appellou passa em Julgado. Pegas 2. *Forens.* c. 13. n. 1. Daqui vem que ainda que se appelle para a Superior Instancia sobre alguns desses Artigos não se suspende a Execuçaõ da Sentença quanto aos outros. L. *ex hoc judicio.* D. *famil herciscund.* L. 16 § *dicere* D. *de Arbitris.* Salgad. *de Reg. Protect.* p. 3. c. 11 n. 56. Bolaños *Curia Philippica* tom. 1. p. 5. n. 21" (SOUSA, 1819, t. II, p. 56).

73 Segundo a lição de Joaquim José Caetano Pereira e Sousa (1819, t. II) os embargos podiam ser ofensivos ou modificativos. Os ofensivos eram aqueles que impugnavam diretamente o ponto principal da sentença, *v.g.*, alegando alguma exceção peremptória por meio de embargos. Já os modificativos caracterizavam-se por não combater frontalmente o ponto principal da decisão, cingindo-se a procurar a sua modificação, por exemplo, por meio da alegação de retenção de benfeitorias e da compensação. Os ditos embargos de nulidade também eram considerados modificativos, na medida em que não se voltavam ao merecimento da causa.

74 De acordo com o assento de 7 de fevereiro de 1658 da Casa da Suplicação, "embargos não recebidos em quaesquer feitos de fóra, ou da Cidade, que vem por appellação á Mesa dos Aggravos, devem ser julgados provados, ou não provados pelos mesmos Juízes, que os recebêrão, qualquer que seja o lugar, em que se achem na Relação" *(ALMEIDA, 1869, p. 170). Esse entendimento foi ratificado pela Casa da Suplicação em assento proferido em 16 de junho de 1812. Veja-se* em ALMEIDA, 1869, p. 299-300.

naquela época os embargos não serviam apenas de recurso no processo lusitano. Sem uma adequada sistematização, os embargos eram utilizados, com diversos propósitos, nas mais diferentes etapas do processo. No ínterim da fase cognitiva, os embargos podiam ser opostos como meio incidental de defesa, *v.g.*, para opor exceção peremptória (OF, L. 3º, títs. 20, § 15, e 50, § 1º) e impugnar algum vício quanto à produção da prova testemunhal após as inquirições (OF, L. 3º, tít. 62). Durante a execução, a defesa também era realizada por meio de embargos, fosse pelo executado (OF, L. 3º, tít. 86, §§ 1º a 6º, 15, e tít. 87), fosse por terceiro (OF, L. 3º, tít. 86, § 17). E, no procedimento especial da ação decendiária, os embargos equivaliam à contestação, realizando o réu, por eles, a sua defesa (OF, L. 3º, tít. 25)[75].

Das sentenças interlocutórias simples, *sem força de definitiva*, proferidas no curso do processo, era cabível o agravo no prazo de dez dias. Tendo em vista as formas de interposição, este recurso poderia ser de petição, de instrumento ou no auto do processo. D*itos fora do processo, os primeiros eram cabíveis contra as sentenças interlocutórias em geral, nas hipóteses previstas em lei ou que, ao longo dos anos, passaram a ser admitidas na prática forense*[76]. *A forma de interposição era definida pelo critério geográfico. Deveria ser manejado por petição quando o órgão competente para conhecer do agravo situava-se no lugar, no termo ou até cinco léguas do juízo prolator da sentença interlocutória. De outra banda, se o órgão superior competente situava-se fora do lugar, do termo ou além de cinco léguas, era cabível o agravo de instrumento* (OF, L. 1º, títs. 6º, §§ 6º, 7º e 16, 8º, § 9º, 9º, pr, e 58, § 25; L 3º, títs. 21, § 8º, 64 e 69). *O agravo no auto do processo era admitido, independentemente do lugar do juízo recorrido, contra as sentenças interlocutórias simples atinentes à ordem do processo em geral*[77], *mesmo*

75 Vários assentos, da Casa da Suplicação e da Casa do Porto, tratavam de temas recursais, assim como da organização e dos procedimentos dos tribunais nos seus julgamentos. Vejam-se, por exemplo, os assentos em ALMEIDA, 1869, p. 113 et seq.

76 Mateus Homem Leitão (MDCLXXXXVII) defendia que o agravo de instrumento e o agravo de petição deveriam ser admitidos apenas nos casos expressamente estabelecidos na lei. Em sua fundamental obra sobre o agravo, escrita originalmente em meados do século XVII, Leitão procurou arrolar todas as hipóteses em que as Ordenações determinavam o cabimento do agravo, por petição ou por instrumento, bem como os juízes que tinham competência para o seu conhecimento. Veja-se LEITAM, MDCLXXXXVII, p. 121 et seq.

77 *Como resumiu Mateus Homem Leitão (*MDCLXXXXVII*), o agravo no auto do processo era cabível contra interlocutórias sobre exceções, questões ou quaisquer alegações pertencentes à ordem do processo que prejudicassem ou influenciassem na condena-*

quando as Ordenações proibiam a interposição de apelação e de agravo[78]. *Este agravo caracterizava-se por ficar retido, mediante termo lavrado nos autos, para preliminar conhecimento do órgão superior competente quando os autos subiam para a apreciação de apelação ou de qualquer incidente* (OF, L. 3º, títs. 20, §§ 46 e 47, 70, § 8º)[79]. *Havia, ainda, outra modalidade de agravo, o agravo ordinário, cabível contra sentenças definitivas e sentenças interlocutórias com força de definitivas de magistrados de maior graduação, proferidas em determinadas alçadas nas causas cíveis*[80]. *O agravo ordinário também deveria ser interposto no prazo de dez dias e o seu processamento era praticamente idêntico ao da apelação, do qual fazia as vezes nas suas hipóteses de cabimento* (OF, L. 1º, tít. 6; L. 3º, tít. 84; e Lei de 26 de Junho de 1696)[81].

Em causas de maior alçada, as sentenças definitivas ainda poderiam, excepcionalmente, após o trânsito em julgado, ser impugnadas pela revista. Desprovido de efeito suspensivo e da possibilidade de se produzirem novas provas, este recurso extraordinário dirigia-se ao monarca, que revisava a sentença de per si ou delegava esse mister ao Tribunal do Desembargo do Paço. Havia duas espécies de revista: a de graça especial, prevista nas Ordenações (OF, L. 3º, tít. 95) *e a de graça especialíssima, instituída pela* Carta de Lei de 3 de Novembro de 1768[82]. *Sujeita a forma-*

ção ou na absolvição do réu, bem como quando a lei expressamente determinava que o agravo tinha lugar apenas no processo.

---

78 *Considerava-se que as proibições previstas nas Ordenações aplicavam-se somente às outras espécies de agravo. Não se admitia o agravo no auto de processo apenas nos casos de não observância das Ordenações do Reino* (OF, L. 1º, tít. 5º, § 6º; L. 3º, tít. 20, § 46); de gravame irreparável ensejado pela interposição de recurso de apelação ou agravo ordinário contra a decisão definitiva; e naqueles que a lei determinava expressamente o cabimento de outro recurso.

79 *Vejam-se* LEITAM, MDCLXXXXVII, p. 59 et seq.; e PINTO, MDCCCXIII, p. 73 et seq.

80 Por exemplo, o Corregedor do Cível da Corte, dos Corregedores do Cível da cidade de Lisboa (OF, L. 1º, tít. 49), do Juiz da Índia, Mina e Guiné (OF, L. 1º, tít. 51) e do Conservador da Universidade de Coimbra (OF, L. 3º, tít. 12, § 1º).

81 Pelo Decreto n.º *24, de 16 de maio de 1832, o agravo ordinário foi extinto, permanecendo cabível, no sistema recursal lusitano, a rigor, apenas o recurso de apelação contra as sentenças definitivas.*

82 A revista sofreu significativa mudança durante o Regime Pombalino. Por meio da Carta de Lei de 3 de Novembro de 1768, de lavra de Dom José, foi implicitamente abolida a revista de justiça; vetou-se a produção de prova documental na revista (VI); e oficializou-se a revista de graça especialíssima (IV). Na prática, o rei já se

lidades e a requisitos previstos em lei, a revista de graça especial era impetrada no Desembargo do Paço e devia fundar-se na existência de nulidade manifesta no processo ou em injustiça notória da sentença. De acordo com a Carta de Lei de 3 de Novembro de 1768, somente as hipóteses de nulidade estabelecidas nos preâmbulos dos títulos 75 e 95 do Livro Terceiro das Ordenações Filipinas ou de sentenças *contrárias, de forma expressa, ao direito pátrio* ensejariam a revista de graça especial[83]. *A parte deveria impetrar essa revista no prazo de dois meses, contados da publicação da sentença, e efetuar depósito prévio de uma quantia, a qual lhe era restituída caso fosse acolhido o recurso* (OF, L. 3º, tít. 95, §§ 2º e 3º). *Sem formalismo ou cabimento previsto em lei, a revista de graça especialíssima era postulada diretamente ao rei, que revisava, ou não, a sentença a seu bel-prazer. Os únicos delineamentos eram a sua admissão em causas criminais e, nas cíveis, a necessidade de que já tivesse transcorrido o prazo para a revista de graça especial* (Carta de Lei de 3 de Novembro de 1768, IV).

Nos referidos casos de nulidade manifesta da sentença – por ausência de citação do réu; por ofender a coisa julgada; por ter sido proferida por magistrado subornado; por se fundar em prova falsa; por falta de votos de juízes delegados; por ter sido prolatada por juiz incompetente; por ser contrária ao direito expresso – *que permitiam a revista de graça especial,* a decisão era considerada "nenhuma"[84]. Por conta disso, não fazia coisa julgada e poderia ser requerida a sua revogação a qualquer tempo (OF, L. 3º, tít. 75, pr.). Assim, depois de decorrido *in albis* o prazo para os recursos ordinários, a parte interessada podia deduzir essa nulidade por meio da revista, de embargos à execução (OF, L. 3º, tít. 87, § 1º) ou por ação própria, conhecida por *querela nullitatis insanabilis.* A querela de nulidade deveria ser ajuizada, no prazo de trinta anos, perante o mes-

---

reservava o direito de conceder revista fora do prazo tendo em vista as razões deduzidas pelas partes.

---

83 Como autêntica expressão iluminista de nacionalismo jurídico, a Carta de Lei de 3 de Novembro de 1768 determinou que a aferição da existência, ou não, de injustiça notória de uma sentença, por violação da ordem jurídica, far-se-ia somente a partir do direito pátrio, preterindo a possibilidade de que se o fizesse em face do direito romano. Por outro lado, ao remeter aos títulos das Ordenações quanto às hipóteses de nulidade manifestas, a Lei procurou restringir o cabimento da revista.

84 Vejam as hipóteses de "sentença nenhuma" arroladas no início do século XIX por Pascoal José de Melo Freire em FREIRII, 1859, l. IV, *p. 163.*

mo juiz que prolatou a sentença nula *ipso iure*[85]. Também por influência do direito romano, admitia-se, de forma excepcional, em hipóteses previstas em lei (OF, L. 3º, tít. 41, § 7º), a revogação da sentença em face do benefício da restituição, por meio de embargos à execução (OF, L. 3º, tít. 86, § 6º, tít. 87, §§ 1º a 3º) ou por meio de ação específica, processada de forma sumária. Basicamente, eram admitidas a *restitutio in integrum* e a restituição da cláusula geral. A primeira era concedida em favor de menores de vinte e cinco anos quando a sentença era tida por injusta (OF, L. 3º, tít. 41) e a segunda *aos maiores ausentes por necessidade, e não por sua vontade, como* eram os casos das sentenças proferidas à revelia de citados enfermos ou presos (OF, L. 3º, tít. 9, §§ 10 e 12)[86].

8. Execução

Passada em julgado a sentença, podia a parte vencedora, assim como os seus herdeiros ou o seu sucessor singular, requerer a sua execução[87], observando os termos da condenação[88]. Na pendência de julgamento da apelação, só era possível a execução nos casos em que o recurso não tinha efeito suspensivo (OF, L. 3º, títs. 25, pr. e §§ 1º e 2º, 73, § 1º), assim como era considerado deserto ou atacava somente alguns artigos da decisão, na medida em que já se compreendia que passavam em julgado os artigos sentenciais que não haviam sido impugnados no recurso[89]. Para ser executada, a sentença precisava ser líquida. Se fosse ilíquida, era mister a realização, de forma precedente, de sua liquidação, a qual poderia se concretizar de duas formas: por artigos ou por arbitramento (OF, L. 3º, tít. 86, § 2º)[90]. Mediante a extração dos autos efetivada

85 Veja-se o n.º *2 da decisão CCCXL em GAMMA,* MDCXCIX, p. 452; e FREIRII, 1859, l. IV, *p. 195.*

86 Sobre a origem romana da restituição da cláusula geral, veja-se COSTA, 1995, p. 32-37.

87 Sobre a execução da Fazenda Real, veja-se LOBÃO, 1817, p. 5 et seq.

88 Estava assentado na Casa da Suplicação que era defeso ao vencedor, neste momento, ampliar a sua pretensão. Veja-se ALMEIDA, 1869, p. 337. Sobre os requisitos para que a parte vencedora propusesse a execução, veja-se, por todos, MORAES, MDCCXLII, t. III, p. 96-100.

89 Veja-se em MORAES, MDCCXLII, t. III, p. 99.

90 Conforme assento de 24 de março de 1753 da Casa do Porto, julgada a liquidação, a execução instaurava-se nos mesmos autos em que a sentença havia sido liquidada, expedindo-se mandado de penhora. E caso a sentença tivesse parte líquida e parte

pelo escrivão, o instrumento em que se processava a execução devia ser instruído com a sentença, devidamente assinada pelo juiz, e outras peças fundamentais do processo, tais como aquelas que formalizavam a demanda do autor, a defesa do réu e as em que se fundava a sentença (OF, L. 1º, títs. 1º, § 13, 23, § 2º, e 24, § 8º; L. 3º, títs. 30, § 1º, 66, § 10). A execução não era considerada uma nova fase processual, mas um novo processo com uma nova instância, que, de ordinário, processava-se perante o mesmo juiz que havia proferido sentença no feito anterior (OF, L. 2º, títs. 7º, e 63, § 4º; L. 3º, títs. 27, § 2º, 82, pr, e 86). Mas caso o executado não tivesse bens naquela comarca, devia ser processada perante o juiz do território onde se localizassem os seus bens, mediante a expedição de carta precatória executória[91].

Requerida a execução, era o réu citado para o cumprimento de sentença (OF, L. 2º, tít. 53, § 2º; L. 3º, títs. 76, § 2º, e 86)[92], dispondo do prazo de dez dias para entregar a coisa se se tratasse de ação real ou de ação pessoal reipersecutória (OF, L. 3º, tít. 86, § 15). Nas ações pessoais em geral, o condenado era citado para, em vinte e quatro horas, pagar ou nomear bens à penhora. Não atendida a ordem, o juiz determinava, por mandado, a constrição dos bens do condenado ou de seu fiador[93], tantos quantos bastassem para a segurança da execução, observando a propor-

ilíquida, aquela poderia ser executada desde logo, enquanto tramitava a liquidação da parte ilíquida (OF, L. 4º, tít. 78, § 4º). Sobre a liquidação de sentença, vejam-se MORAES, MDCCXLII, t. II. p. 1 et seq.; CASTRO, MDCCLXVII, t. I, p. 83-84, t. II, p. 131-132; e LOBÃO, 1865, p. 61 et seq.

91 "O juiz que proferiu a sentença exequenda, não appellada (ou appellada mas julgada deserta no juizo superior a apellação d'elle interposta) sendo o condemnado domiciliario no seu territorio e tendo ahi bens exequiveis, é o proprio executor da sua sentença: esta é a primeira e geral regra" (LOBÃO, 1865, p. 21).

92 Amparado nos textos das Ordenações Filipinas, em outros autores e decisionistas, concluía Manuel de Almeida e Sousa de Lobão (1865, p. 79) que, constituindo a execução um novo processo, era mister que houvesse nova citação, *in verbis*: "a execução é um juizo novo, e para o seu ingresso e progresso é necessaria nova citação do executado, Mor., de Excecut., L. 6, C. 1, n. 22, Silv., ad Ordin., L. 3, T. 86, in pr., a n. 54, ex Ordin., L. 3, T. 86, in pr., et § 15, Liv. 2, T. 53, § 1, et L. 3, T. 76, § 2, França, ad Mend., P. 1, L. 3, C. 21, a n. 13 et 21".

93 Conforme a jurisprudência da Casa da Suplicação, o fiador executado por dívida alheia podia nomear bens do devedor para serem penhorados, oferecendo-se para executá-los às suas custas, máxime quando eram especialmente hipotecados. Veja-se o aresto citado em ALMEIDA, 1869, p. 402-404.

cionalidade com o valor da dívida (OF, L. 3º, tít. 96, §§ 8º e 10). O credor que primeiro obtivesse a penhora auferia preferência em relação a outros eventuais credores do devedor (OF, L. 3º, tít. 91). E caso houvesse alienação fraudulenta de bens, podia o exequente requerer a sua penhora, mesmo que estivessem em poder de terceiro, independentemente de ação revocatória[94]. A constrição podia ser realizada em qualquer lugar em que se encontrassem os bens, não sem guardar a ordem legal: por primeiro, os bens móveis; na falta destes, os bens de raiz; e, residualmente, os direitos e as ações (OF, L. 3º, tít. 86, §§ 7º a 9º; Lei de 20 de Junho de 1774, §§ 22 e 27)[95]. Alguns bens eram considerados absolutamente impenhoráveis, *v.g.*, os soldos dos soldados; os ordenados dos juízes; os emolumentos dos oficiais de justiça; as imagens sagradas; os bens destinados a alimentos; os materiais necessários para obras; e os bens de uso dos fidalgos, cavaleiros, desembargadores e suas mulheres. Outros bens – tais como as vestimentas de uso do executado, as propriedades dos engenhos, as lavouras de açúcar, os bois e os instrumentos do campo – eram considerados relativamente impenhoráveis, pois podiam ser objeto de constrição na falta de outros bens ou em certas circunstâncias[96].

Os bens penhorados deviam ser, efetiva e corporalmente, apreendidos e entregues à Justiça, ou a quem o juiz determinasse, compreendendo-se, nas constrições de bens de raiz, as suas pertenças (OF, L. 2º, tít. 52, § 7º; L. 3º, tít. 86, § 1º)[97]. Se a penhora fosse feita em dinheiro, era entregue logo ao credor após o decurso do prazo de dez dias para que credores incertos manifestassem eventual direito (OF, L. 1º, tít. 52, § 12; L. 4º, tít. 6º, § 1º). Não sendo a penhora em pecúnia, os bens eram postos em depósito judicial e procedia-se à sua avaliação, por peritos ou por

94 Nesse exato sentido, a jurisprudência da Casa da Suplicação, como se depreende do precedente mencionado em ALMEIDA, 1869, p. 389-390.

95 A não observância da gradação legal não anulava a execução, a não ser que a penhora imprópria fosse fruto de má-fé do oficial de justiça. Vejam-se os n.ºs *5 e 6 da decisão CXCIX em GAMMA, MDCXCIX. p. 251.*

96 Sobre os bens que podiam ou não ser penhorados para segurar o juízo da execução, veja-se, por todos, LOBÃO, 1865, p. 95-142.

97 "Naõ ſendo achados bens móveis , nem de raiz , em que ſe faça penhora , requererá o executante ao Eſcrivão que lhe paſſe certidão de como indo fazer penhora , naõ achou bens móveis , nem de raiz , em que a fazer : e com eſta certidaõ fará petiçaõ ao Juiz , pedindo-lhe mandado de captura contra o executado , e o Juiz lho mandará paſſar. Faciunt , quæ Ord. lib. 3. tit. 31. § 3. Phæb. p. 2.areſt.84. Thom.Vaz alleg. 67.n.60" (GOMES, MDCCLI, p. 100).

pessoa da arte ou ofício a que respeitavam os bens penhorados (Alvará de 21 de Maio de 1751, cap. 5º, § 3º; Lei de 20 de Junho de 1774, § 10). Concluída a avaliação, afixavam-se editais nas praças públicas e em outros eventuais lugares de concentração do povo, consignando a qualidade, as confrontações e o preço da avaliação dos bens penhorados (Lei de 20 de Junho de 1774, §§ 4º e 5º). Ato contínuo, os porteiros realizavam os pregões, pelos quais se proclamavam às pessoas do povo que aqueles bens seriam objeto de hasta pública (OF, L. 1º, tít. 62, § 45; L. 2º, tít. 53, § 2º; L. 3º, tít. 86, §§ 25 e 26). Exceto nos domingos e dias santos, num espaço de vinte dias sucessivos para os bens móveis e nove dias para os bens móveis, realizavam-se ao menos um pregão por dia, ínterim em que os bens deviam ficar expostos (OF, L. 2º, títs. 53, § 2º, 62, § 45; L. 3º, tít. 86, §§ 25, 26 e 29; Alvará de 21 de Maio de 1751, cap. 3º, § 4º). Findos os pregões, procedia-se, em lugar público, à sua arrematação em prol do lançador que havia oferecido o maior preço, desde que superasse o valor da avaliação (OF, L. 3º, tít. 86, §§ 17 e 27; Lei de 20 de Junho de 1774, §§ 7 e 16; Alvará de 25 de Agosto de 1774)[98].

Se transcorressem os dias dos pregões sem que houvesse lançador, o réu era citado para remir ou dar lançador (OF, L. 2º, tít. 53, § 7º; L. 4º, tít. 13, § 7º; Lei de 20 de Junho de 1774, § 18). Se o devedor não remisse e tampouco obtivesse lançador que desse lanço superior ao valor da avaliação ou, ao menos, pelo qual, por lei, seria adjudicado, efetivava-se a adjudicação, com a transferência, ao credor, dos bens do devedor em pagamento da dívida (Lei de 20 de Junho de 1774, §§ 20 a 23; Alvará de 22 de Fevereiro de 1779). Era reputada lícita a adjudicação de rendimentos de diversas propriedades do devedor de forma concomitante, pois o credor não estava obrigado a receber pequenas parcelas de pagamento quando podia ser embolsado mais brevemente (Lei de 20 de Junho de 1774, § 25)[99]. Permitia-se ao executado remir logo após adjudicação, as-

98 Pelo Alvará de 22 de Fevereiro de 1779, passou-se a admitir a arrematação em valor inferior ao da avaliação, fosse bem móvel ou imóvel, desde que excedesse a importância pela qual, à luz dos §§ 21, 22 e 23 da Lei de 24 de Junho de 1774, devia o bem ser adjudicado ao exequente. Vejam-se LOBÃO, 1865, p. 272-273; e FREIRII, 1859, l. IV, *p. 170-171.*

99 Em 23 de março de 1786, a Casa da Suplicação assentou que, "na adjudicação de rendimentos, sendo os de hum anno bastantes para satisfação para satisfação da divida executada, não são necessarias avaliações, pregões, e mais solemnidades, que devem preceder a adjudicação dos outros bens na falta de lançado" (ALMEIDA, 1869, p. 284).

sim como depois da arrematação, enquanto a carta de adjudicação ou de arrematação não transitava pela Chancelaria, desde que pagasse todas as despesas. Mas se o produto da arrematação ou adjudicação não fosse suficiente para o pagamento do débito, efetuava-se nova penhora em outros bens, até que se satisfizesse o crédito. Por outro lado, se o valor dos bens penhorados excedesse o dobro da dívida, não tinha lugar a adjudicação, tampouco a arrematação. Eram os rendimentos desses bens que deveriam ser transferidos ao credor, pelo tempo necessário, para o pagamento da dívida (Lei de 20 de Junho de 1774, §§ 24 e 25).

O executado podia defender-se da execução por meio de embargos, oponíveis dentro do prazo de seis dias a contar da penhora (OF, L. 3º, títs. 86, § 1º, 87, pr.). Os embargos do executado podiam ser de nulidade (OF, L. 3º, títs. 87, §§ 1º e 2º, 75, pr.), modificativos da sentença (OF, L. 3º, títs. 65, § 2º, 84, § 8º, e 87, §§ 1º e 2º), de restituição (OF, L. 3º, títs. 41, pr. e § 4º, 86, § 6º, e 87, § 2º), ou, ainda, para impugnar propriamente a execução ou o seu modo (OF, L. 3º, tít. 87, §§ 1º e 2º). Processados em autos apartados e num rito sumário, os embargos eram conhecidos pelo juiz executor, o qual tinha a faculdade de remetê-los ao que proferiu a sentença executada, quando a execução não se processava neste juízo (OF, L. 3º, tít. 87, pr. e § 12)[100]. Recebidos os embargos, não se entregava a coisa pedida ou o preço da arrematação ao exequente sem fiança idônea[101]. E, ao final, se fossem acolhidos os embargos, as coisas retornavam ao *status quo ante* (OF, L. 3º, tít. 86, §§ 4º e 5º). O terceiro que tivesse interesse nos bens penhorados, mas que não havia sido citado no processo ou condenado na sentença executada, também podia opor embargos, ditos embargos de terceiro (OF, L. 3º, tít. 86, § 17)[102]. Quando se tratava

100 Contudo, de acordo com a jurisprudência da Casa da Suplicação, embargos de nulidade por defeito de citação deviam correr nos próprios autos e impediam a execução. Veja-se em ALMEIDA, 1869, p. 379.

101 Outras providências de natureza cautelar eram possíveis naquela época, sobretudo em favor do autor, merecendo realce os institutos do arresto e do sequestro (OF, L. 3º, títs. 31, pr, § 3º, 73, § 2º, 86, § 15 ; L. 4º, títs. 6, § 3º, 54, § 1º, 95, §§ 1º e 2º, 96, §§ 12 e 13). Sobre estas medidas, vejam-se MORAES, MDCCXXIX, t. I, p. 87-97; SOUSA, 1820, t. IV, p. 100-104; REYNOSO, MDCCXXXIV, p. 236-240; e LOBÃO, 1816, p. 73-109.

102 Na execução de bens de raiz, deveria ser citado não só o condenado, mas também a sua mulher (GAMMA, MDCXCIX; FREIRII, 1859). Caso não fosse citada, ela poderia opor os embargos de terceiro assim que tivesse ciência. De acordo com a jurisprudência da Casa da Suplicação, "em causas de bens de raiz a mulher que não foi citada pode em qualquer tempo oppôr os embargos que tiver" (ALMEIDA, 1869, p. 376).

de direito real ou pessoal reipersecutório, os embargos de terceiro se processavam em autos apartados e não dispunham de efeito suspensivo. Porém, para receber a coisa objeto da execução, o exequente devia dar fiança ao seu valor, se fosse bem móvel; e aos seus frutos, se fosse bem de raiz (OF, L. 3º, títs. 20, § 31, 86, § 17; L. 4º, tít. 54). Nos casos de direito pessoal em geral, incumbia ao terceiro provar sumariamente, no prazo de três dias, as suas alegações para obter a suspensão da execução. Os embargos processavam-se nos próprios autos da execução e obedeciam ao rito ordinário (OF, L. 3º, títs. 86, § 17, 87, §§ 2º, 8º e 11)[103].

Excluída a hipótese de falência do devedor, quando concorriam vários credores sem que houvesse bens suficientes para o pagamento integral de todos, os bens penhorados eram arrematados e os seus preços depositados, instaurando-se o chamado concurso de preferência, pelo qual se perquiria e se conferia primazia a quem detivesse o melhor direito (OF, L. 4º, tít. 6, §§ 2º e 3º). O concurso de preferência processava-se no juízo em que havia se dado a primeira penhora, tendo legitimidade para dele participar todos os credores comuns do devedor, ou dos seus bens ou do produto destes, que se apresentassem com sentença e penhora (OF, L. 3º, tít. 91, pr. e § 1º). De início, os credores eram citados para deduzir os seus artigos de preferência (OF, L. 4º, tít. 6, pr. e § 1º). Recebido os artigos pelo juiz, oportunizava-se que contestassem, reciprocamente, os artigos uns dos outros. Depois, processava-se o feito pelo rito ordinário até a sentença, na qual se decidia a ordem de preferência dos credores. Havia, em síntese, três classes de credores: os privilegiados, os hipotecários e os quirografários. Os primeiros na ordem de graduação estavam os privilegiados, tais como o fisco, o credor de alimentos, o credor de benfeitorias, o credor de alugueres de casas, o credor de honorários, o credor de ordenados e o credor de soldos. Entre os privilegiados, a preferência se dava pela prioridade do privilégio (OF, L. 3º, tít. 91, § 1º; Lei de 22 de Dezembro de 1761, tít. 3º, § 13; Lei de 20 de Junho de 1774, § 31; Lei de 12 de Maio de 1658, § 10)[104]. A segunda classe era a dos credores hipotecários, dentre os quais tinham preferência os possuidores das hipotecas mais antigas, fossem elas gerais ou especiais (Lei de 20 de

103 Sobre os embargos, vejam-se CABRAL, MDCCXXX, p. 41/305 et seq.; REYNOSO, MDCCXXXIV, p. 72-76; GAMMA, MDCXCIX, p. 452; MORAES, MDCCXLII, t. III, p. 173 et seq.; CASTRO, MDCCLXVII, t. I, p. 89 et seq., t. II, p. 137 et seq.; SOUSA, 1819, t. III, p. 84-98; LOBÃO, 1865, p. 162 et seq.

104 Veja-se a ordem completa de preferência entre os credores privilegiados em SOUSA, 1819, t. III, p. 109-132.

Junho de 1774, § 31; Lei de 22 de Dezembro de 1761, tít. 3º, § 13). E, finalmente, a terceira era a dos credores quirografários, cuja preferência, entre eles, era definida pela prioridade da contratação de suas dívidas (Lei de 20 de Junho de 1774, § 42).

9. Literatura processual

Do início do século XIX até a Revolução Liberal de 1820 eram várias as obras lusitanas que tratavam do processo civil e tinham uso no dia-a-dia forense do Reino. Muitas delas haviam sido publicadas, originalmente, no século XVI, porém permaneciam em voga, sendo objeto de múltiplas e de sucessivas reedições. Dessas obras destacam-se o *Tratado da forma dos libellos, das allegações judiciaes, do proceſſo do juizo secular, e eccleſiaſtico, e dos contratos, com ſuas gloſſas* (1549), de Gregório Martins Caminha; as *Decisiones Svpremi Senatvs Regni Lvsitaniæ* (1578), de António da Gama; e as *Consvltationvm ac rervm ivdicatarvm in Regno Luſitaniæ* (1588), de Álvaro Vaz. Das obras publicadas na centúria seguinte, merecem realce o *Practicarvm Observationvm* (1602-1604), de Jorge de Cabedo; as *Decisiones Senatvs Regni Lvsitaniæ* (1616-1625), de Belchior Febo; a *Practica lvsitana, advocatis, ivdicibvs, vtroqve foro qvotidie verſantibus, admodum vtilis et neceſſaria* (1619), de Manuel Mendes de Castro; as *Remissiones Doctorvm de officiis pvblicis, ivrisdictione, et ordine ivdiciario* (1620), de Manuel Barbosa; as *Decisiones svpremi, eminentissimiqve Senatvs Portvgalliæ* (1621), de Gabriel Pereira de Castro; as *Observationes practicæ, in qvibvs mvlta qvae per controvertiam in forensibvs judicijs adducuntur, felici ſtylo pertraƺtantur* (1625), de Miguel de Reinoso; o *De jure lusitano tomus primus in tres utiles tractatus divisus* (1645), de Matheus Homem Leitão; as *Decisiones Svpremi Senatvs Justitiæ lusitaniæ, & ſupremi Conſilij Fiſci* (1660), de António de Sousa de Macedo; as *Resolutiones forenses practicabiles* (1668) e os *Commentaria ad Ordinationes Regni Portugalliæ* (1669-1703), ambas de Manuel Álvares Pegas[105].

Já entre o século XVIII e o primeiro quartel do século XIX, dentre tantas novas obras publicadas abrangendo o processo civil, sobres-

105 Sobre essas, e outras obras jurídicas publicadas em Portugal, vejam-se FREIRII, 1845, passim; SCHOLZ, 1976, passim; ALMEIDA, 1870, p. xlvii-l; MACHADO, MDCCXL-MDCCLIX, passim; ANSELMO, 1926, passim; AROUCA, CAMPOS, 2001-2011; e ARAGÃO, MDCCLXXXI.

saíam-se nos fóruns lusos o *Tractatus de executionibus instrvmentorvm et sententiarvm* (1706), de Silvestre Gomes de Morais; a *Pratica judicial, muyto util, e necessaria para os que principiaõ os officios de julgar, & advogar, & para todos os que folicitaõ caufas nos auditorios de hum, & outro foro* (1712), de Antonio Vanguerve Cabral; os *Commentaria ad ordinationes Regni Portugalliæ* (1731-1740), de Manuel Gonçalves da Silva; as *Decisiones et quaestiones forenses ab amplissimo integerrimoque Portuensi Senatu decisæ, partim exaratae, partim collectæ* (1738), de Diogo Guerreiro Camacho de Aboim; o *Manual pratico, judicial, civel, e criminal, em que se descrevem recopiladamente os modos de proceffar em hum , e outro juizo* (1748), de Alexandre Caetano Gomes; as *Additiones aureaeque illustrationes ad quinque libros primae partis Praticæ Lusitanæ Emmanuelis Mendes de Castro* (1752), de Feliciano da Cunha França; as *Institutiones juris civilis lusitani* (1789-1794), de Pascoal José de Melo Freire; as *Primeiras linhas sobre o processo civil* (1810-1814), de Joaquim José Caetano Pereira e Sousa; o *Manual de appellações e aggravos* (1813), de Antonio Joaquim de Gouvêa Pinto; as *Primeiras linhas sobre o processo orphanologico* (1814), de José Pereira de Carvalho; a *Doutrina das acções accommodada ao foro de Portugal* (1819), de José Homem Corrêa Telles; e as inúmeras e variadas obras de Manuel de Almeida e Sousa – conhecido pelo epônimo de Lobão –, tais como o *Tractado encyclopedico, compendiario, pratico, systematico dos interdictos, e remedios possessorios geraes, e especiaes* (1814), o *Tractado pratico compendiario de todas as acções summarias* (1816), as *Segundas linhas sobre o processo civil ou antes addicções as primeiras do bacharel Joaquim José Caetano Pereira e Sousa* (1816-1817), o *Tractado encyclopedico, pratico, critico sobre as execuções* (1817), e a *Collecção de dissertações juridico-praticas, em supplemento às notas ao livro terceiro das Instituições do doutor Pascoal José de Mello Freire* (1824).

Como ressaltava António Manuel Hespanha (1982), ao contrário do que havia acontecido com a produção literária seiscentista em Portugal, quando era vasta e importante a literatura jurídica sobre o direito romano, a partir do século XVI passaram a serem dominantes grandes obras sobre o direito nacional ou sobre o direito nacionalizado, quer comentando-o, quer expondo as suas soluções para casos concretos, quer anotando o modo como se praticava no foro. Dessarte, entre os séculos XVI e XVIII, as obras jurídicas portuguesas eram, fundamentalmente, de três tipos: as de comentários às Ordenações do Reino; as de casuística e as dedicadas à pratica forense. Dentre as primeiras, em que se faziam pormenorizadas exegeses dos textos das Ordenações

Filipinas, as mais importantes foram os *Commentaria ad Ordinationes Regni Portugalliæ*, de Manuel Álvares Pegas, e os *Commentaria ad ordinationes Regni Portugalliæ*, de Manuel Gonçalves da Silva. Advogado da Casa da Suplicação, Manuel Álvares Pegas (1635-1696) é o autor da mais importante obra de comentários às Ordenações Filipinas, composta por quinze volumes[106]. Manuel Gonçalves da Silva foi o sucessor de Pegas em sua empresa. Porém, faleceu em 1748, sem completar a sua obra. Os *Commentaria ad ordinationes Regni Portugalliæ* findaram em quatro volumes, abarcando até o título 35 do Livro Quarto das Ordenações. Poucos anos depois, Amaro Luiz de Lima procurou concluir a obra de Manuel Gonçalves da Silva (*Commentaria ad Ordinationes Regni Portugalliæ, in quibus dilucidè singulæ leges explanantur, secundum juris, ac praxis in utroque fôro laico, et ecclesiastico theoricam, continuando sclicet ex lib. IV tit. 36 ad perficiendum opus Commentariorum ad Emmanuele Gonçalves da Silva, editorirum usque ad tit. 35 lib. IV*). Entretanto, provavelmente pelo seu passamento, não logrou êxito. Publicou um único volume, em 1761, abrangendo, nos seus comentários, somente do título 36 ao título 79, § 3º, do Livro Quarto das Ordenações.

Nas obras de casuística, ou de *decisiones*, os juristas, geralmente com carreira nos tribunais superiores, apontavam soluções para casos concretos, reais ou imaginários, a partir da aplicação prática do direito. As principais obras decisionistas, ou casuístas, como preferia Guilherme Braga da Cruz (1955), foram as *Decisiones Svpremi Senatvs Regni Lvsitaniæ*, de António da Gama, as *Consvltationvm ac rervm ivdicatarvm in Regno Lufitaniæ*, de Álvaro Vaz, e o *Practicarvm Observationvm*, de Jorge de Cabedo. Num segundo plano, mas também importantes, foram as *Decisiones Senatvs Regni Lvsitaniæ*, de Belchior Febo, as *Decisiones svpremi, eminentissimiqve Senatvs Portvgalliæ*, de Gabriel Pereira de Castro, e as *Decisiones Svpremi Senatvs Justitiæ lusitaniæ, & fupremi Confilij Fifci*, de António de Sousa de Macedo. A coletânea do desembargador da Casa da Suplicação António da Gama foi a primeira coleção de jurisprudência publicada em Portugal, tendo sido motivada por mandado de Dom Sebastião I, que havia lhe ordenado a reunião da jurisprudência produzida por aquela corte. As *Decisiones Svpremi Senatvs Regni Lusitaniæ* tornaram-se referência e foram assaz utilizadas pelos juristas

106 Os três últimos volumes foram publicados postumamente, após a morte do autor em 1696. Os tomos décimo terceiro e décimo quarto foram publicados pelo seu filho Luiz Pêgas e Beja, em 1703. O último tomo foi publicado apenas em 1759, por Henrique da Silva e Araujo.

lusitanos. Releva anotar que, embora esse gênero de obra permanecesse amplamente usado, não houve, até o princípio do século XIX, a publicação de novas compilações de jurisprudência, mas, sim, reedições daquelas estampadas entre o final do século XVI e o século XVII[107].

Por fim, o terceiro gênero da literatura jurídica lusa era aquele que tinha por mote a prática forense, abordando questões que, comumente, sobrevinham nos fóruns de acordo com a ordem do procedimento. O principal praxista português foi o advogado Manuel Mendes de Castro, que publicou, em 1619, a primeira e a mais importante obra do gênero, a *Practica lvsitana, advocatis, ivdicibvs, vtroqve foro qvotidie verſantibus, admodum vtilis et neceſſaria*. Outros praxistas importantes foram Gregório Martins Caminha (*Tratado da forma dos libellos, das allegações judiciaes, do proceſſo do juizo secular, e eccleſiaſtico, e dos contratos, com ſuas gloſſas*), que teve a sua obra reeditada sucessivas vezes com adições de João Martins da Costa; Miguel de Reinoso (*Observationes practicæ, in qvibvs mvlta qvae per controvertiam in forensibvs judicijs adducuntur, felici ſtylo pertra&tantur*); Silvestre Gomes de Morais (*Tractatus de executionibus instrvmentorvm et sententiarvm*); Antonio Vanguerve Cabral (*Pratica judicial, muyto util, e necessaria para os que principiaõ os officios de julgar, & advogar, & para todos os que ſolicitaõ cauſas nos auditorios de hum, & outro foro*); Alexandre Caetano Gomes (*Manual pratico, judicial, civel, e criminal, em que se descrevem recopiladamente os modos de proceſſar em hum, e outro juizo*); e Feliciano da Cunha França (*Additiones aureaeque illustrationes ad quinque libros primæ partis Praticæ Lusitanæ Emmanuelis Mendes de Castro*).

A força dos valores iluministas sobre a cultura jurídica portuguesa refletiu rapidamente na literatura, inaugurando uma nova época no final do século XVIII. O marco dessa ruptura foi a publicação, em 1788, da *Historiæ juris civilis lusitani*, de Pascoal José de Melo Freire, o último grande jurista lusitano a publicar em latim[108]. Este célebre professor da Universidade de Coimbra, considerado o fundador da história do direito português e o principal implementador das reformas iluministas

107 Sobre os decisionistas, veja-se CABRAL, 2008, p. 177-330.

108 Dentre outras obras escritas logo depois tendo em vista a história do direito português, merecem realce as *Prelecções de direito pátrio público e particular* (1793-1794), de Francisco Coelho de Sousa e Sampaio, e as *Prelecções sobre a historia do direito patrio: feitas pelo Doutor Ricardo Raymundo Nogueira ao curso do quinto anno juridico da Universidade de Coimbra no ano de 1795 a 1795*, de Ricardo Raimundo Nogueira, porém publicadas postumamente.

nos estudos jurídicos naquela Universidade, não se cingiu à historiografia-jurídica. Ele publicou, a seguir, as *Institutiones juris civilis lusitani* (1789-1793) – cujo quarto e último tomo, *De obligationibus et actionibus*, tratava de processo civil – e as *Institutiones juris criminalis lusitani* (1794). Aprovados de forma oficial, esses três compêndios tornaram-se, até meados do século seguinte, o alicerce do ensino jurídico conimbricense, influenciando, de forma notável, a literatura jurídica e a vida forense lusitana[109]. E já no alvorecer do século XIX, foram publicadas obras fundamentais no âmbito do processo civil por Antonio Joaquim de Gouvêa Pinto (*Manual de appellações e aggravos*), José Pereira de Carvalho (*Primeiras linhas sobre o processo orphanologico*), José Homem Corrêa Telles (*Doutrina das acções accommodada ao foro de Portugal*) e, sobretudo, Manuel de Almeida e Sousa (1745-1817) e Joaquim José Caetano Pereira e Sousa (1756-1819). Manuel de Almeida e Sousa, que assinava acrescendo, ao final, o designativo Lobão, em referência à freguesia em que se radicou e exercera a advocacia, produziu vasta obra, grande parte dela dedicada ao processo civil. Mais modesta em extensão, seja em número de escritos ou de temas tratados, porém superior em qualidade, foi a obra de Joaquim José Caetano Pereira e Sousa. As *Primeiras linhas sobre o processo civil*, publicadas originalmente entre 1810 e 1814, tornaram-se referência e foram utilizadas por muitas décadas em Portugal e no Brasil.

10. Conclusão

O sistema processual lusitano consolidado no início do século XIX não chegou a sofrer influência marcante do liberalismo e individualismo, alastrados em terras portuguesas a partir da Revolução do Porto. Em suma, assentava-se no *ordo solemnis judiciorum* do direito comum, formado, fundamentalmente, por uma simbiose do direito processual romano justinianeu com o direito processual canônico, recepcionados por Portugal entre os séculos XIII e XV. Difundido por toda a Europa, primeiramente pela Escola dos Glosadores e, depois, pela Escola dos Comentadores, o direito romano justinianeu ingressou em Portugal mormente a partir do reinado de Dom Afonso III, por meio da tradução de obras e leis castelhanas. Ao mesmo tempo, penetrava o direito canônico pela força da Igreja Católica, que, na Idade Média, possuía a mais

109 Cf. COSTA, 2002, p. 377-382.

poderosa ordem jurídica europeia, além da mais coesa e extensa organização social, com várias escolas promovendo o ensino do *ius canonicum*. E à medida que o monarca português se fortaleceu, assumindo o papel de criador do direito, legislando de forma abundante à semelhança do *princeps*, esse sistema processual constituído de normas universais do *utrumque ius* passou a integrar a legislação régia e a ser aplicado subsidiariamente. No meado do século XV, quando se mostrou imprescindível determinar-se as fontes de direito vigorantes e sistematizá-las, o processo romano-canônico restou consagrado nas primeiras Ordenações do Reino. Esta pioneira coletânea de leis da era moderna foi concluída em 1446 e aprovada, provavelmente, em 1447, um ano antes de Dom Afonso V assumir o trono ao atingir a maioridade.

As Ordenações Afonsinas vigoraram até o início do século XVI. Entre 1512 e 1513, durante o reinado de Dom Manuel, foram publicadas novas Ordenações devido à extensa atividade legislativa ulterior, revisando-se e atualizando-se as primeiras. No final daquele século, procedeu-se à outra revisão e atualização. No entanto, as novas Ordenações entraram em vigor somente em 1603, já no reinado de Filipe II, quando ele assinou a lei que as promulgou. Mesmo com a Revolução de 1640, que deu cabo ao subjugo castelhano, as Ordenações elaboradas durante a União Ibérica permaneceram em vigor, tendo sido ratificadas por Dom João IV. Assim, as últimas Ordenações se constituíram no mais duradouro monumento legislativo de Portugal, pois vigoram até o século XIX, quando passaram a ser gradualmente ab-rogadas pela promulgação de sucessivos códigos. Base da ordem jurídica de Portugal por séculos, as três Ordenações – respectivamente designadas, pela historiografia moderna, de Afonsinas, Manuelinas e Filipinas, em referência os nomes dos reis nos tempos em que foram promulgadas – mantiveram, em síntese, aquele sistema processual oriundo do direito comum. No curso das centúrias, esse sistema foi objeto de aprimoramentos e alterações, como as realizadas no ínterim de influência iluminista. Porém, na essência, mantiveram-se seus órgãos, técnicas e institutos jurídicos.

Durante os mais de três séculos de colonização, aplicaram-se, no território brasileiro, as mesmas fontes de direito vigorantes na Metrópole, ressalvadas aquelas produzidas especificamente para o Brasil ou, de forma geral, para as colônias ultramarinas. Mas como foram parcas as disposições de cunho processual nessas fontes de direito específicas, o sistema processual vigente no Brasil Colônia foi, em suma, aquele previsto no Livro Terceiro das Ordenações – primeiro as Manuelinas e, após, as Filipinas –, complementado pela legislação extravagante editada a par da compilação oficial. E por força de carta de lei promulgada por Dom Pedro I em 20 de outubro de 1823, mantendo a vigência da legislação vigorante até 25 de abril de 1821, aquele direito processual lusitano continuou sendo aplicado no País mesmo depois da proclamação da Independência. Conquanto devesse permanecer assim apenas "emquanto se não organizar um novo Codigo, ou não forem especialmente alteradas" (BRASIL, 1887, v. I, p. 8), não se elaborou código de processo civil, tampouco se promoveram alterações significativas no sistema durante todo o período imperial. Para além disso, em razão de um condicionamento histórico, esse direito e a doutrina processual produzidos em Portugal até o início do século XIX influenciaram de forma extraordinária os mais importantes monumentos legislativos processuais que se sucederam no Brasil e seus operadores jurídicos. Mas isso é outra história.

Referências

ALMEIDA, Candido Mendes. **Auxiliar jurídico**: servindo de appendice á decima quarta edição do Codigo Philippino ou Ordenações do Reino de Portugal, recopiladas por mandado de El-Rey D. Philippe I. Rio de Janeiro: Typographia do Instituto Philomathico, 1869.

ALMEIDA, Candido Mendes. Bibliographia: legislação e obras juridicas citadas nesta obra. In: PORTUGAL. **Codigo Philippino ou Ordenações e Leis do Reino de Portugal**: recopiladas por mandado d'el-rey D. Philippe I. 14.ed. Rio de Janeiro: Instituto Philomathico, 1870. p. xlvii-l.

ANSELMO, Antonio Joaquim. **Bibliografia das obras impressas em Portugal no século xvi**. Lisboa: Biblioteca Nacional, 1926.

ARAGÃO, António Barnabé de Elescano Barreto e. **Demetrio moderno, ou o bibliografo juridico portuguez**, o qual em huma breve dissertaçaõ hiſtorica, e critica propóem , e dá huma clara , e diſtincta ideia de todas as preciozas reliquias , e authenticos monumentos antigos , e modernos da legislação portugueza... Lisboa: Officina de Lino da Silva Godinho, MDCCLXXXI.

AROUCA, João Frederico de Gusmão Corrêa; CAMPOS, Fernanda Maria Guedes de. **Bibliografia das obras impressas em Portugal no século xvii**. Lisboa: Biblioteca Nacional, 2001-2011. 4v.

BASDEVANT-GAUDEMET, Brigitte; GAUDEMET, Jean. **Introduction historique au droit**: xiiie-xxe siècles. Paris: L.G.D.J., 2000.

BRASIL. Alvará de 10 de Setembro de 1811. Manda estabelecer nas capitaes dos governos e capitanias dos dominios ultramarinos juntas, para resolver aquelles negocios que antes se expediam pelo recurso á Mesa do Desembargo do Paço. **Collecção das leis do Brazil de 1811**. Reimpressa pelo 1º escripturario do Thesouro Nacional, Joaquim Isidoro Simões. Rio de Janeiro: Imprensa Nacional, 1890. v. I, p. 105.

BRASIL. Carta de lei de 20 de Outubro de 1823. Declara em vigor a legislação pela qual se regia o Brazil até 25 de Abril de 1821 e bem assim as leis promulgadas pelo Senhor D. Pedro, como Regente e Imperador daquella data em diante, e os decretos das Cortes Portuguezas que são especificados. *Collecção das leis do Brazil de 1823*. Reimpressa pelo 1º escripturario do Thesouro Nacional, Joaquim Isidoro Simões. Rio de Janeiro: Imprensa Nacional, 1887. v. I. p. 7-8.

CABRAL, Antonio Vanguerve. **Pratica judicial**, muyto util, e necessaria para os que principiaõ os officios de julgar, & advogar, & para todos os que ſolicitaõ cauſas nos auditorios de hum, & outro foro, tirada de varios authores praticos, & dos eſtylos mais praticados nos auditorios: com a nova reformaçam da justiça, novamente impressa, correcta, emendada e accreſcentado hum novo indice geral alphabetico de toda a obra, athequi naõ impreſſo. Coimbra: Officina de Antonio Simoens Ferreyra, MDCCXXX.

CABRAL, Gustavo César Machado. **Os decisionistas portugueses entre o direito comum e o direito pátrio**. 2008. 354p. Tese (Doutorado em Direito), Faculdade de Direito, Universidade de São Paulo, São Paulo, 2008.

CAETANO, Marcello. **O Conselho Ultramarino**: esboço da sua história. Rio de Janeiro: Sá Cavalcante, 1969.

CAMARINHAS, Nuno. **Juízes e administração da justiça no antigo regime**: Portugal e o império colonial, séculos xvii e xviii. Lousã: Fundação Calouste Gulbenkian e Fundação para a Ciência e a Tecnologia, 2010.

CAMINHA, Gregorio Martins. **Tractado da fórma dos libellos, das allegações judiciaes , do processo do juizo secular e ecclesiastico, e dos contractos, com suas glossas. Reformado com addições e annotações de João Martins da Costa, advogado na Corte e Casa da Supplicação.** Coimbra: Real Imprensa da Universidade, 1824.

CARNEIRO, Manuel Borges. **Additamento geral das leis, resoluções, avisos, &c. desde 1603 até o presente** : que não entrárão no Indice Chronologico , nem no Extracto de Leis , e seu Appendice, pelo author destes Manuel Borges Carneiro, Secretario da Junta do Codigo Criminal Militar. Lisboa: Impressão Regia, 1817.

CARNEIRO, Manuel Borges. **Extracto das leis, avisos, provisões, assentos, e editaes**, e de algumas notaveis proclamações, acordãos e tratados publicados nas cortes de Lisboa, e Rio de Janeiro desde a época da partida d'el--rei nosso senhor para o Brazil em 1807 até julho de 1816 : para servir de subsidio a jurisprudencia, e a historia portuguezas. Lisboa: Impressão Regia, 1816a.

CARNEIRO, Manuel Borges. **Mappa chronologico das leis, e mais disposições de direito portuguez**, publicadas desde 1603 até 1817, por Manoel Borges Carneiro, Secretario da Junta do Codigo Criminal Militar. Lisboa: Impressão Regia, 1816b.

CARNEIRO, Manuel Borges. **Resumo chronologico das leis mais uteis no foro e uso da vida civil** , publicadas até o presente anno de 1818 , composto e dedicado ao ill.mo e ex.mo senhor Ricardo Raimundo Nogueira, do conselho de s. magestade , reitor do Real Collegio de Nobres , hum dos governadores do Reino. Lisboa: Impressão Regia. 1818-1820. 3t.

CARNEIRO, Manuel Borges. **Segundo additamento geral das leis, resoluções, avisos, &c. desde 1603 até 1817** : que pela maior parte não tem sido impressas, nem entrárão no Additamento I, no Extracto, e seu Appendice, nem o Indice chronologico, pelo author daquelles Manoel Borges Carneiro. Lisboa: Impressão Regia, 1818.

CASTRO, Emmanuele Mendes de [CASTRO, Manuel Mendes de]. **Practica lustiana** ab Emmanuele Mendes de Castro in Conimbricenſi Academia limnicaſto legum profeſſore acuratiſſimè elaborata, et omnibus utroque foro verſantibus utiliſſ*ima* , & neceſſaria : tomus I. , et II. in quindi libros dividus , ducentis et quadraginta senatus decisionibus, centum contracautellis , non paucis animadverſionibus ad publicum Juſtitiæ bonum concernentibus , aliiſque utiliſſimis Ordinationum declarationibus apprimè locupletatus . cum commentariis ad titulum de annonis civilibus , & ad L. Cum oportet , C. De Bonís quæ liberis. et additionibus ad areſta , quæ calci operis inſerviunt , antiquitus exaratis , à Francisco Xaverio dos Sanctos da Fonseca , hac poſtrema editione ſedulo correξta , emendata , & auξta. Lisbonæ: Typographiâ Josephi da Costa Coimbra, MDCCLXVII.

COSTA, Mário Júlio de Almeida. **História do direito português**. 3.ed. Coimbra: Almedina, 2002.

COSTA, Moacyr Lobo da. Apresentação. *In*: TUCCI, José Rogério Cruz; AZEVEDO, Luiz Carlos de. **Lições de história do processo civil romano**. São Paulo: Revista dos Tribunais, 2001. p. 11-17.

COSTA, Moacyr Lobo da. **A revogação da sentença**: gênese e genealogia. São Paulo: EDUSP, Ícone, 1995.

CRUZ, Guilherme Braga da. **História do direito português**. Coimbra: [s.n.], 1955.

DIAS, Handel Martins. **Condicionamento histórico do processo civil brasileiro**: o legado do direito lusitano. 2014. 389 f. Tese (Doutorado) - Faculdade de Direito, Universidade de São Paulo, São Paulo, 2015.

FREIRII, Paschalis Josephi Mellii [FREIRE, Pascoal José de Melo]. **Institutiones juris civilis lusitani**: cum publici tum privati. Editio quinta in usum Auditorii Conimbricensis, juxta primam ann. 1815, et secundam ann. 1827. Conimbricae: Typis Academicis, 1859.

GAMMA, Antonii de [GAMA, António da]. **Decisionum Svpremi Senatvs Lvsitaniæ**, centuriæ iv, omnibus iuris pontificij & cæſarei profeſſoribus , iudicibus, & advocatis perutilies & neceſſariæ, ad caſus cum canonicos, tum civiles ; feudales quoque, & criminales plenè cognoſcendos... Antverpiæ: Viduam et Filium Joannis Baptistæ Verdusse, MDCXCIX

GOMES, Alexandre Caetano. **Manual pratico judicial**, civel e criminal, em que se descrevem recompiladamente os modos de proceſſar em hum , e outro juizo : acçoens ſummarias , ordinarias, execuçoens , agravos , e appellaçoens , a que accreſcem aççoens de embargos a' primeira , arremataçoens de real por real , acçoens in faꝫtum , e huma obſervaçaõ ſobre as reviſtas das ſentenças finaes : obra muito util , e neceſſaria para juizes no foro ecclefiaftico , e secular. Lisboa: Officina de Domingos Gonsalves, MDCCLI.

HESPANHA, António Manuel. **As vésperas do Leviathan**: instituições e poder político em Portugal (século XVII). Coimbra: Almedina, 1994.

HOMEM, António Pedro Barbas. **O movimento de codificação do direito em Portugal no século xix**: aspectos gerais. Lisboa: AAFDL, 2007.

LEITAM, Mathæo Homem [LEITÃO, Mateus Homem]. **De ivre lvsitano** in tres utilis tractatus divisus. 1. de gravaminibus. 2. de securitatibus. 3. de inquiſitionibus. opus universis jurium professoribus utili, & in foro verſantibus maximè neceſſarium. Conimbricæ: Officina Antonij Simoens Univerſitatis Typographi, MDCLXXXXVII.

LIEBMAN, Enrico Tullio. Istituti del diritto comune nel proceso civile brasiliano. *In*: **Studio in onore di Enrico Rcdcnti nel xl anno del suo insegnamento**. Milano: Giuffrè, 1951. v. I, p. 579-607.

LIMA, Amaro Luiz de. **Commentaria ad Ordinationes Regni Portugalliæ**, in quibus dilucidè singulæ leges explanantur, secundum juris, ac praxis in utroque fôro laico, et ecclesiastico theoricam, continuando sclicet ex lib. iv tit. 36 ad perficiendum opus Commentariorum ad Emmanuele Gonçalves da Silva, editorirum usque ad tit. 35 lib. iv. Lisboa: Francisci Ludivici Ameno, 1761.

LOBÃO, Manuel de Almeida e Sousa de. **Collecção de dissertações e tratados varios em supplemento ás Segundas linhas sobre o processo civil e ás notas a elles relativas**. Lisboa: Impressão Regia, 1828.

LOBÃO, Manuel de Almeida e Sousa de. **Notas de uso pratico e criticas, addições, illustrações e remissões á imitação das de Muller a Struvio sobre todos os títulos e paragraphos do livro primeiro das Instituições**

do direito civil lusitano, do doutor Paschoal José de Mello Freire. Lisboa Imprensa Nacional, 1868.

LOBÃO, Manuel de Almeida e Sousa de. **Segundas linhas sobre o processo civil** ou antes addicções as primeiras do bacharel Joaquim José Caetano Pereira e Sousa. Lisboa: Impressão Regia, 1827. 2t.

LOBÃO, Manuel de Almeida e Sousa de. **Tratado encyclopedico pratico e critico sobre as execuções que procedem por sentenças** e de todos os incidentes n'ellas desde o seu ingresso até á ultima e pacifica posse dos arrematantes e adjudicatarios dos bens executados, e até á ultima decisão do concurso dos credores, e sua preferencia sobre os dinheiros, productos dos mesmos bens, etc. Lisboa: Imprensa Nacional, 1865.

LOBÃO, Manuel de Almeida e Sousa de. **Tractado pratico compendiario de todas as acções summarias**, sua indole, e natureza em geral , e em especial das summarias, summarissimas, preparatorias, provisionaes, incidentes, preceitos comminatorios, etc., e requisitos respectivos , e excepções dos réos em cada huma das ditas acções , e preceitos; e prática destes contra erros vulgares ; com hum appendice de dissertações. Lisboa: Impressão Régia, 1816.

LOBÃO, Manuel de Almeida e Sousa de. **Tractado practico do processo executivo summario** : por privilegio da Real Fazenda : por graça que communique este privilegio , e ad instar: por direito commum, e estylo forense. Lisboa: Impressão Impressão Regia, 1817.

MACHADO, Diogo Barbosa. **Bibliotheca Lusitana hiſtorica, critica, e cronologica**, na qual se comprehende a noticia dos authores portuguezes, e das obras, que compuſerão deſde o tempo da promulgaçaõ da ley da graça até o tempo prezente: offerecida à Augusta Magestade de D. Joaõ V, nosso senhor. Lisboa Occidental: Antonio Isidoro da Fonseca, MDCCXL-MDCCLIX.

MORAES, Silvestro Gomes de [MORAIS, Silveste Gomes de]. **Tractatus de executionibus instrumentorum et sententiarum**...Conimbricæ: Ludovicum Secco Ferreyra: MDCCXXIX-MDCCXLII. 3t.

PINTO, Antonio Joaquim de Gouvêa. **Manual de appellações , e aggravos** , ou deducção systematica dos principios mais solidos , e necessarios , relativos á sua materia , fundamentada nas leis deste Reino , para uso , e utilidade da magistratura , e advocacia. Lisboa: Of. de Simão Thaddeo Ferreira, MDCCCXIII.

PORTUGAL. **Codigo Philippino ou Ordenações e Leis do Reino de Portugal**: recopiladas por mandado d'el-rey D. Philippe I. 14.ed., por Candido Mendes de Almeida. Rio de Janeiro: Instituto Philomathico, 1870.

PORTUGAL. **Collecçaõ chronologica dos assentos das casas da supplicacaõ e do civel**. 3.ed. Coimbra: Real Imprensa da Universidade, 1842.

PORTUGAL. **Collecão chronológica da legislação portugueza**, compilada e annotada por José Justino de Andrade e Silva. Lisboa: Imprensa de J. J. A. Silva, 1854-1859. 10v.

PORTUGAL. **Collecção da legislação portugueza** desde a ultima compilação das ordenações , offerecida a elrei nosso senhor pelo desembargador António Delgado da Silva. Lisboa: Maigrense, 1825-1830. 6v.

PORTUGAL. **Supplemento á collecção da legislação portugueza do desembargador António Delgado da Silva**. Lisboa: Luiz Correa da Cunha, 1842-1847. 3v.

REYNOSO, Michaele de [REINOSO, Miguel de]. **Observationes practicæ**, in quibus multa, quæ per controversiam in forenfibus judiciis adducuntur , felici ftylo pertraξtantur, opus non solum judicibus, caufarum patronis , fed omnibus in foro tam ecclefiaftico , quam fæculari ver fantibus apprimè , & maximè neceffarium : in hac ultima editione, novissimis, nec antea in lucem editis , additionibus auξtum , & illuftratum , ac decifionibus nonnulis roboratum. Conimbricæ: Typ. Benedictum Secco Ferreyra, MDCCXXXIV.

RIBEIRO, João Pedro. **Indice chronologico remissivo da legislação portugueza posterior à publicação do Código Filippino com um appendice**, dado a luz por ordem da Academia R. das Sciencias de Lisboa, pelo seu socio João Pedro Ribeiro. Segunda impressão. Lisboa: Academia Real das Sciencias de Lisboa, 1805-1820. 6v.

ROCHA, Man*uel António Coelho da.* **Instituições de direito civil portuguez**. *6.ed. Coimbra: Imprensa da Universidade, 1886. 2t.*

SCHOLZ, Johannes-Michael. **Legislação e jurisprudência em Portugal nos sécs. xvi a xviii**: fontes e literatura. Braga: Cruz, 1976.

SICA, Heitor Vitor Mendonça. **Preclusão processual civil**. São Paulo: Atlas, 2006.

SILVA, Nuno José Espinosa Gomes da. **História do direito português**. Lisboa: Fundação Calouste Gulbenkian, 1985. v. 1: Fontes do Direito.

SOUSA, Joaquim José Caetano Pereira e. **Primeiras linhas sobre o processo civil**. 4.ed. [Lisboa]: [Imprensa Nacional]: 1819-1820. 4t.

SYLVA, Emmanuelis Gonçalves da [SILVA, Manuel Gonçalves da]. **Commentaria ad Ordinationes Regni Portugalliæ** , in quibus dilucidè fingulæ leges explanantur , ac enucleantur fecundum juris , ac praxis in utroque foro laico , & ecclefiaftico theoricam. Tomus primus. Ulyssipone: Typis Regalibus Sylvianis, MDCCXLI.

SYLVA, Emmanuelis Gonçalves da[SILVA, Manuel Gonçalves da]. **Commentaria ad Ordinationes Regni Portugalliæ** : in quibus dilucidé fingulæ leges explanantur, ac enucleantur fecundùm juris, ac praxis in utroque foro laico,

& ecclefiaftico theoricam continuando fcilicet ex lib. 3 tit. 68 ad perficiendum opus commentariorum ab Emmanele Alvares Pegas. Tomus tertius. Ulyssipone Occidental: Antonii Pedrozo Galram, MDCCXXXIII.

TEIXEIRA, Antonio Ribeiro Liz. **Curso de direito civil portuguez, ou commentario ás instituições do Sr. Paschoal José de Mello Freire sobre o mesmo direito**. *2.ed. Coimbra: Imprensa da Universidade, 1848. 2v.*

TELLES, José Homem Corrêa. **Doutrina das acções accomodada ao foro de Portugal**. 2.ed. Coimbra: Impressão Regia, 1824.

THOMAZ, Manoel Fernandes. **Repertorio geral, ou indice alphabetico das leis extravagantes do Reino de Portugal**, publicadas depois das Ordenações, comprehendendo tambem algumas anteriores, que se achão em observância. Coimbra: Real Imprensa da Universidade, 1815-1819. 2t.

TUCCI, José Rogério Cruz. **Jurisdição e poder**: contribuição para a história dos recursos cíveis. São Paulo: Saraiva, 1987.

TUCCI, José Rogério Cruz; AZEVEDO, Luiz Carlos de. **Lições de história do processo civil lusitano**. São Paulo: Revista dos Tribunais, 2009.

TUCCI, José Rogério Cruz; AZEVEDO, Luiz Carlos de. **Lições de história do processo civil romano**. São Paulo: Revista dos Tribunais, 2001a.

TUCCI, José Rogério Cruz; AZEVEDO, Luiz Carlos de. **Lições de processo civil canônico**: história e direito vigente. São Paulo: Revista dos Tribunais, 2001b.

VALASCI, Alvari [VAZ, Álvaro]. **Decisionum consultationum, ac rerum judicatarum in Regno Lufitaniæ**. tomi duo. Quibus accessit ejusdem práxis partitionum et collationum inter hæredes, juri cum regio in eodem regno, tum communi accommodata. Et in hac editione acceffit vita ejufdem a§toris illustrissimo domino domno Francisco Almeyda. Conimbricæ: Ludovicum Seco Ferreyra, MDCCXXX.

AÇÃO MONITÓRIA NÃO EMBARGADA E LIMITES DA COGNIÇÃO JUDICIAL NA EXECUÇÃO DO MANDADO MONITÓRIO CONVERTIDO EM TÍTULO JUDICIAL: REFLEXÕES COMPARATÍSTICAS COM BASE EM RECENTE DECISÃO DA CORTE DE CASSAÇÃO ITALIANA[1]

Heitor Vitor Mendonça Sica[2]

1. Introdução

Em sua conhecida monografia *Ação monitória*[3], o ora homenageado, Professor José Rogério Cruz e Tucci, enfrenta a questão dos "limites da preclusão e da cognição nos futuros embargos à execução". Referido trabalho veio a lume antes da reforma operada pela Lei n. 11.232/2005 e, portanto, a defesa do devedor à execução de título judicial ainda era feita pela via dos embargos (e não impugnação, como passou a ser previsto no CPC/1973 reformado e continuou a sê-lo no CPC/2015). Mas a problemática enfrentada na passagem acima referida continua atual e girava em torno da seguinte indagação: *que matérias o executado pode alegar em sua defesa contra a execução fundada em título judicial formado em ação monitória*?

A questão é assim enfrentada pelo ora homenageado:

> "rejeitados os *'embargos ao mandado'* por sentença de mérito, transitada em julgado, nenhum questionamento mais poderá ser feito no âmbito dos futuros embargos à execução acerca daquilo que foi efetivamente decidido.
>
> De tal sorte, os embargos à execução que eventualmente forem opostos, após a intimação da penhora ou do depósito da coisa, somente poderão encontrar alicerce no rol do art. 741 do Código de Processo Civil [de 1973[4]], limitando, portanto, o

---

1 Agradeço a Roberta Hatherly Tondim pela ajuda com a pesquisa.

2 Professor Associado de Direito Processual Civil da Faculdade de Direito da Universidade de São Paulo. Advogado.

3 Consultamos a 3ª edição, de 2001, p.100-104.

4 Equivalente ao art. 525 do CPC/2015, embora denomine o meio típico de defesa do executado no cumprimento de sentença como "impugnação".

campo cognitivo do julgador, uma vez que esse aludido dispositivo legal impõe restrições à liberdade de iniciativa do embargante quanto à demarcação da *causa petendi.*

No entanto, a falta de oferecimento dos *'embargos ao mandado'* produzirá uma preclusão de menor calibre, visto que a formação do título se deu de modo unilateral, isto é, sem efetivação do contraditório acerca dos fatos deduzidos na *ação monitória*.

Refutando expressamente essa tese, Vicente Greco Filho[5] afirma que a preclusão seria integral, à luz do disposto no art. 474 do Código de Processo Civil [de 1973[6]], 'ainda que não tenha havido sentença propriamente dita'.

Ora, considerando-se a natureza de AÇÃO – ação incidental – dos *'embargos ao mandado'*, impossível a incidência do postulado inserto na citada norma legal, no sentido de que a coisa julgada cobre o deduzido e aquilo que também poderia ter sido alegado, Despiciendo dizer que essa regra se aplica apenas quando o silêncio for do demandado, no que concerne à sua defesa! Assim, a situação alvitrada por Vicente Greco Filho certamente se equipara àquela na qual ocorre a revelia do demandado nos processos plenários.

A estrutura procedimental da *ação monitória*, pelo contrário, não faculta qualquer atuação defensiva do réu, inclusive após o prazo que dispõe para oferecer embargos.

Escapa, pois, da eficácia preclusiva decorrente do transcurso *in* albis para a oposição dos *'embargos ao mandado',* a teor do art. 267, § 3.º, do Código der Processo Civil [de 1973[7]], a matéria relativa aos pressupostos processuais e às condições de admissibilidade da ação, por extravasarem os limites do poder de disposição das partes (...).

E, nesse caso, entendemos que, a despeito de a execução ser lastreada em título judicial, não prevalecem os argumentos teóricos que justificam a limitação imposta pelo art. 741, uma

5 A obra referida pelo autor é a seguinte: *Comentários ao procedimento sumário, ao agravo e à ação monitória*, p.55.

6 Equivalente ao art. 508 do CPC/2015.

7 Equivalente ao art. 485, §3º, do CPC/2015.

> vez que o título não adveio de um processo judicial no qual se viabilizou o mais amplo contraditório entre as partes.
>
> Daí porque a execução fundada nesse título não tem por pressuposto a 'certeza inequívoca do direito do credor.
>
> Não se pode, assim, negar ao devedor, após a constituição do título executivo, o direito de paralisar a execução infundada ou injusta que lhe é promovida pelo credor...
>
> Os embargos, portanto, quando tenha ficado inerte o demandado no processo de *ação monitória*, serão de cognição plenária, segundo o disposto no art. 745 do Código de Processo Civil [de 1973[8]], podendo o embargado suscitar 'além das matérias previstas no art. 741, qualquer outra que lhe seria lícito deduzir como defesa no processo de conhecimento" (...).
>
> Na verdade, a circunstância da falta de oposição aos *'embargos ao mandado'* não pode significar renúncia ao direito material a ser invocado em posterior via judicial autônoma"[9].

A discussão permanece de alta indagação, a merecer uma revisitação considerando-se não apenas as alterações da legislação brasileira (por força do advento do CPC de 2015), mas igualmente as opiniões da doutrina pátria e as decisões dos tribunais enunciadas nas mais de duas décadas desde a publicação da obra do qual se extraiu o trecho acima transcrito.

Ademais, abre-se ensejo para interessante diálogo comparatístico entre o sistema brasileiro e o sistema italiano, sobretudo à luz de recente decisão das *Sezioni Unite Civile* da *Corte di Cassazione* italiana, n. 9.479 de 6 de abril de 2023, em que se discutia justamente a possibilidade de conhecimento, em sede executiva, de nulidade de cláusulas abusivas insertas em contrato que embasou o *procedimento d'ingiunzione*.

2. Perfil geral da ação monitória no direito brasileiro

Espelhando-se na experiência de ordenamentos processuais europeus e com alguma inspiração em elementos extraídos da tradição

8 Equivalente ao art. 917 do CPC/2015.

9 Idem, p.100-103, destaques do original.

luso-brasileira, a "ação monitória" constitui um processo sumário[10] cujo objetivo primordial é abreviar a formação de título executivo judicial no tocante a obrigações para pagamento de quantia, entrega de coisa móvel certa (fungível ou não) e obrigações de fazer ou não fazer.

A principal característica é a da cognição sumária com inversão de contraditório (ou, para alguns autores, a cognição exauriente *secundum eventum defensionis*[11]). Isso significa que o juiz exerce de início cognição sumária para o fim de expedir o mandado monitório[12] (do qual adiante se tratará) e, caso o réu se mantenha inerte, essa cognição bastará para que se deflagrem atividades executivas[13]. Apenas se o réu se defender na forma e prazo previstos em lei é que se instaurará a cognição exauriente.

A ação monitória apresenta destacada relevância em ordenamentos (tais como Itália e França, por exemplo) em que a revelia não implica *ficta confessio* (e, portanto, não se dispensa a instrução probatória mesmo que o réu não tenha contestado) e nos quais o rol de títulos executivos extrajudiciais é escasso (tais como Itália e Espanha, por exemplo). Abreviar o procedimento destinado a autorizar o início de medidas executivas se apresenta, naqueles sistemas, crucial.

10 Há intensa polêmica sobre a natureza da ação monitória. Alguns sustentam a natureza de processo de conhecimento (Marinoni-Arenhart-Mitidiero, *Novo curso de processo civil*, v. 3, p.237); outros, de um processo híbrido, verdadeiro *tertium genus* entre processo de conhecimento ou execução (Talamini, *Tutela monitória*, p.195).

11 Vide Didier Jr., Cunha, Braga e Oliveira (*Curso de direito processual civil*, v. 5, p. 372)

12 Nesse sentido, Dinamarco (*A reforma do Código de Processo Civil*, p. 229), Cruz e Tucci (*Ação monitória*, p. 44), Marcato (*O processo monitório brasileiro*, p. 63), Rogério Aguiar Munhoz Soares (*Tutela jurisdicional diferenciada*, p. 194-195) e Ricardo de Barros Leonel (*Tutela jurisdicional diferenciada*, p. 133).

13 A cognição sumária é empregada como mecanismo de construção de mecanismos de tutela diferenciada, com os objetivos de (a) evitar o custo do processo fundado em cognição plena; (b) evitar abuso do direito de defesa; e (c) assegurar maior celeridade da tutela jurisdicional. Na doutrina estrangeira, confira-se: Proto Pisani (Appunti sulla tutela somaria, *I processi speciali*, p. 312-317); Sergio Menchini (Nuove forme di tutela e nouvi modi di risoluzione delle controversie: verso il superamento della necessità dell'accertamento con autorità di giudicato, *Rivista di Diritto Processuale*, v. 61, n. 3, 2006, p. 869-902) e Antonio Carratta (Funzione e struttura nella tutela giurisdizionale somaria, *I Colóquio Brasil-Itália de direito processual civil*. Zufelato, Camilo; Bonato, Giovanni; Sica, Heitor Vitor Mendonça; Cintra, Lia Carolin a Batista (coord.), p. 317-318). Na doutrina nacional, Kazuo Watanabe (*Cognição no processo civil*, p. 148-152); Dinamarco (*Instituições de direito processual civil*, v. 3, p. 767 ss.) e Marinoni (*Antecipação da tutela*, p. 31).

Contudo, é cediço que o ordenamento processual brasileiro permite que haja o julgamento antecipado da lide em caso de revelia (art. 355, II), bem como é pródigo em criar títulos executivos extrajudiciais (art. 784). Essas duas circunstâncias tornam a ação monitória menos relevante em nosso sistema[14], reduzindo a apenas duas suas vantagens em relação ao procedimento comum:

Quando o réu não opõe embargos, dá-se a conversão automática do mandado monitório em título judicial, em vez de se prolatar uma sentença que julgue procedente o pedido e seja desafiável por apelação (dotada de efeito suspensivo automático, via de regra).

Por força de interpretação do art. 702, §4º, a apelação que julga improcedentes os embargos opostos pelo réu é desprovida de efeito suspensivo[15].

Exige-se que o titular do crédito disponha de prova escrita acerca da obrigação, a qual não constitui título executivo extrajudicial[16]. Aqui se inclui a prova documental, provas que, embora originalmente não documentais, tenham sido documentadas, ainda que por meio de procedimento de produção antecipada de prova (art. 700, §1º) e, por fim, a prova emprestada (art. 372[17]).

A prova escrita deve revelar probabilidade quanto à existência do direito[18]. Essa afirmação é corroborada pelo art. 700, §5º (que permite ao juiz, caso não se convença da probabilidade de existência da obrigação, determinar a emenda da petição inicial para converter o procedi-

14 Assim também notou Cassio Scarpinella Bueno (*Cursos sistematizado de direito processual civil*, v. 2, t. 2, p.159).

15 Conforme será examinado ao ensejo dos comentários a esse particular dispositivo.

16 Por aplicação do art. 785 do CPC de 2015, pode o autor munido de título executivo extrajudicial valer-se da ação monitória, sem que se cogite de falta de interesse processual. Anteriormente à introdução desse dispositivo no ordenamento, o autor deveria demonstrar situação de dúvida acerca da suficiência do documento apresentado na petição inicial para caracterizar ou não título executivo extrajudicial, segundo Talamini (*Tutela monitória*, p. 89). Havia julgados do STJ, contudo, permitindo livre escolha do autor entre execução de título extrajudicial e ação monitória (REsp 981.440/SP, 4ª Turma, Rel. Ministro Luis Felipe Salomão, DJe 02/05/2012 e AgRg no REsp 1508197/SP, 3ª Turma, Rel. Ministro Marco Aurélio Bellizze, DJe 26/10/2015).

17 Assim já entendia Talamini (*Tutela monitória*, p. 85) sob a égide do CPC de 1973.

18 Conforme já alertava Cruz e Tucci (Prova escrita na ação monitória, *Revista Forense*, v. 96. n. 349. jan.-mar. 2000, p. 104-105).

mento em comum), e pelo art. 701, *caput* (que condiciona a expedição do mandado monitório à demonstração da evidência do direito do autor[19]).

Outro aspecto a considerar concerne aos requisitos da obrigação espelhada na prova escrita. Resta saber se, a despeito de não caracterizar título executivo extrajudicial, a prova escrita deve retratar obrigação certa, líquida e exigível.

Não há dúvida de que a obrigação objeto da ação monitória deve ser exigível, ou seja, não estar sujeita a termo ou condição. Do contrário, faltará interesse processual. Deve-se observar, por analogia, os arts. 798, I, 'c' e 'd', que permitem que o autor prove o implemento do termo ou condição, bem como o adimplemento da prestação a que se obrigou, para que possa exigir a contraprestação do réu[20].

Ao exame liminar da petição inicial da ação monitória se observam as mesmas regras aplicáveis à petição inicial em geral (arts. 320, 321 e 330 a 332[21]). Além disso, o juiz deverá fazer um exame sumário da prova escrita exibida, para verificar se dela emerge probabilidade da existência do direito do autor. Ou seja, há efetiva incursão cognitiva (ainda que sumária) sobre o *meritum litis*[22].

---

19 Segundo Marcela Melo Perez, "[o] direito será 'evidente' quando o autor, a partir da narrativa dos fatos e da prova escrita anexada na inicial, lograr êxito em convencer o magistrado da probabilidade de existência da obrigação e de seu direito material, merecendo, portanto, sua pretensão ser objeto de tutela monitória" (*Comentários ao Novo Código de Processo Civil*, Antonio do Passo Cabral e Ronaldo Cramer (coord.), p.1013).

20 O STJ tem julgado que restringe o cabimento de ação monitória fundada em contrato bilateral não rescindido: "impróprio o uso de ação monitória para a restituição de prestações pagas na aquisição de imóvel, se, para tanto, há, necessariamente, de ser investigada e declarada a rescisão do contrato de promessa de compra e venda por alegada inadimplência da construtora na entrega da obra, o que refoge ao âmbito previsto no art. 1.102-A, do CPC" (REsp 274.269/DF, 4ª Turma, Rel. Ministro Aldir Passarinho Junior, DJ 16/04/2007, p. 201).

21 A ação monitória também pode ser objeto de improcedência liminar, conforme destacado por Luiz Henrique Volpe Camargo (*Comentários ao Código de Processo Civil*, Lênio Streck; Dierle Nunes e Leonardo Carneiro da Cunha (org.), p.932).

22 Caso o juiz não se convença suficientemente dessa probabilidade, poderá intimar o autor a emendar a peça inicial. Uma leitura apressada do art. 700, §5º, poderia conduzir ao entendimento de que se o autor não conseguiu convencer o juiz com a prova escrita apresentada com a petição inicial, restar-lhe-ia apenas emendá-la para o fim de convertê-la ao procedimento comum. Entretanto, parece de todo recomendável que se dê ao autor a possibilidade de robustecer a prova escrita

3. Expedição do mandado monitório e as quatro opções postas à escolha do réu

Conforme acima destacado, o juiz exerce cognição sumária sobre a relação jurídica de direito material versada na petição inicial da ação monitória, com base na prova escrita exibida pelo autor, e, em se convencendo da probabilidade de existência do direito afirmado, determina a expedição de "mandado de pagamento, de entrega de coisa ou para execução de obrigação de fazer ou de não fazer", o qual a doutrina convencionou chamar de "mandado monitório"[23].

Todavia, a análise detida desse ato processual revela que, em realidade, o juiz nada ordena ao réu[24], de modo que não há como enxergar "eficácia" nesse ato[25]. Limita-se a citá-lo, dando-lhe o prazo de quinze dias para exercer a escolha dentre as seguintes opções:

a) Satisfazer o direito reclamado pelo autor com acréscimo de honorários advocatícios de 5%[26], o que acarretará a extinção do processo (com fundamento no art. 487, II, 'a'). O art. 701, §1º, incentiva o réu a adotar essa postura, ao isentá-lo de custas processuais, mas apenas se houver satisfação integral[27]. Ou seja, apesar de ter dado

exibida no ato introdutório do processo, para o fim de formar o convencimento do juiz acerca do cabimento da ação monitória, antes que se realize a conversão. Esse é o entendimento acolhido no enunciado n. 188 do Fórum Permanente de Processualistas Civis: "Com a emenda da inicial, o juiz pode entender idônea a prova e admitir o seguimento da ação monitória."

23 *V.g.*, Marcato (*O processo monitório brasileiro*, p. 81). Usa-se também a expressão "mandado injuntivo".

24 Como sustentado por diversos estudiosos, dentre os quais Dinamarco (*Instituições de direito processual civil*, v. 3, p.786).

25 Tanto é verdade, que essa decisão inicial não é agravável, pois ela, por si só, não causa prejuízo ao réu (conforme preconizam Nelson Nery Jr. e Rosa Maria de Andrade Nery, *Comentários ao Código de Processo Civil*, p. 1525).

26 Conforme notado por Antonio Carvalho (A tutela monitória no CPC/2015, *Procedimentos especiais, tutela provisória e direito transitório*, Lucas Buril de Macêdo; Ravi Peixoto, Alexandre Freire (coord.), p. 537), o dispositivo suscita problema no tocante à ação monitória contra a Fazenda Pública, já que fixa percentual imutável (5%) em detrimento dos "degraus" estabelecidos no art. 85, §3º. Entende-se que deva prevalecer a norma especial (art. 701, *caput*), em detrimento da geral (art. 85, §3º).

27 Esse entendimento já era acolhido em doutrina à luz do CPC de 1973, que continha sanção premial similar (vide Marcato, *O processo monitório brasileiro*, p. 83).

causa à instauração do processo e ter se curvado à pretensão do autor, o réu fica isento de parte do custo financeiro daí decorrente, afastando-se a ação monitória do regime geral emergente dos arts. 85 e 90);

b) Satisfazer a obrigação pecuniária parceladamente, na forma do art. 916, isto é, comprovando o depósito de 30% (trinta por cento) do valor total, acrescido de honorários advocatícios e custas judiciais[28], e pagando o saldo em até 6 (seis) parcelas mensais, acrescidas de correção monetária e de juros de 1% (um por cento) ao mês.

c) Apresentar "embargos", opondo-se à pretensão do autor. Conforme dispõe o *caput* do art. 702, o réu não precisa "garantir o juízo" ou pagar custas[29], para que a "eficácia" do mandado inicial seja "suspensa" (art. 702, §4º[30]).

d) Omitir-se, hipótese em que, segundo o art. 701, §2º, o "mandado monitório" será convertido em título executivo judicial "de pleno direito" e "independentemente de qualquer formalidade", prosseguindo-se sua execução nos termos dos arts. 513 e ss.[31]. Quando muito, o juiz pode simplesmente proferir simples despacho, reconhecendo a conversão automática[32].

28 Ou seja, a isenção prevista no art. 701, §1º, não se aplicará nessa hipótese. (Marcela Melo Perez, *Comentários ao Novo Código de Processo Civil*, Antonio do Passo Cabral e Ronaldo Cramer (coord.), p. 1014).

29 Luiz Henrique Volpe Camargo (*Comentários ao Código de Processo Civil*, Lênio Streck; Dierle Nunes e Leonardo Carneiro da Cunha (org.), p.937).

30 A crítica a ser feita com relação à redação do dispositivo está, conforme acima destacado, na constatação de que o mandado monitório, em si, não ostenta eficácia alguma, pois não dá ensejo a nenhuma medida de invasão coercitiva à esfera jurídica do réu.

31 Nessa situação, deverá o juiz aumentar o valor dos honorários para, no mínimo, 10%, (art. 85, §2º) já que o percentual de 5% considerava a satisfação integral e espontânea da obrigação, conforme bem ponderado por Luiz Henrique Volpe Camargo (*Comentários ao Código de Processo Civil*, Lênio Streck; Dierle Nunes e Leonardo Carneiro da Cunha (org.), p.935).

32 O art. 701, §2º, torna insubsistente o entendimento acolhido pelo STJ no sentido de que a decisão que converte o mandado monitório em título executivo extrajudicial teria natureza de sentença (REsp 1.120.051/PA, 3ª Turma, Rel. Ministro Massami Uyeda, DJe 14/09/2010). A própria Corte já havia abandonado essa concepção em julgado posterior (REsp 1432982/ES, 3ª Turma, Rel. Ministro Marco Aurélio Bellizze, DJe 26/11/2015).

Embora não inserido no rol do art. 515, deve-se considerar como título judicial o mandado monitório em face do qual não se opuseram embargos (art. 701, § 2.º)[33].

No caso de haver embargos, o juiz desenvolverá cognição exauriente e, ao final, ele os julgará por sentença apelável (art. 702, §9º). Sendo eles providos, a ação monitória restará improcedente. Sendo eles acolhidos, restará procedente a ação monitória, produzindo-se título executivo judicial catalogado no art. 515, I. Impende pontuar que o §8º do art. 702 refere-se à constituição de "pleno direito" do título executivo judicial no caso de improcedência dos embargos, mas esse fenômeno simplesmente não se confunde com o ocorrido por força da perda do prazo para embargos (art. 701, §2º). A oposição dos embargos implica conversão do procedimento em comum, do qual se espera uma sentença de procedência ou improcedência do pedido formulado pelo autor.

4. Estabilidade processual gerada pela conversão automática de mandado monitório não embargado em título judicial – panorama no sistema pátrio

Há tempos, desafia a argúcia dos estudiosos e dos tribunais se haveria ou não imutabilidade ou estabilidade sobre a decisão que converte o mandado monitório em título executivo judicial e, consequentemente, qual seria a margem para conhecimento em sede executiva de matérias que poderiam ter sido alegadas e apreciadas nos embargos ao mandado monitório.

Ao tempo do CPC/1973, havia profundo dissenso a respeito.

---

33 Entendendo se tratar de um título executivo judicial não contemplado pelos arts. 584 e 475-N do CPC de 1973 (equivalentes ao art. 515 do CPC de 2015), confira-se Dinamarco (A execução na reforma do Código de Processo Civil. *Revista da Esmape*. v. 2. n. 3. jan.-mar. 1997, p. 101). De modo diverso entendeu Luiz Eduardo Ribeiro Mourão (Do título executivo formado em decorrência do ajuizamento de ação monitória, *Execução civil e cumprimento da sentença 3*, Gilberto Gomes Bruschi; Sergio Shimura (coord.). p. 440), para quem, ante a falta de embargos ao mandado, deveria o juiz proferir uma sentença condenatória, para que houvesse um título executivo que respeitasse os princípios da *tipicidade* e da *taxatividade*. Reputo o entendimento equivocado, já que há uma exigência de que os títulos judiciais estejam previstos em lei, mas não necessariamente concentrados num único dispositivo. Ademais, o CPC de 2015 dispõe expressamente que, à falta de embargos, o título se forma "de pleno direito" (art. 701, § 2.º).

De um lado, vários autores propunham que a inércia do réu em opor embargos ao mandado monitório geraria uma eficácia preclusiva bastante intensa, de tal modo que a amplitude da defesa contra a execução seria a mesma que na hipótese de ser ela fundada em sentença condenatória coberta pela coisa julgada material, sem que se pudesse cogitar de arguir matérias que poderiam ter sido alegadas antes da formação do título executivo[34]. Essa tese foi majoritariamente sufragada no STJ[35]. Variavam, contudo, as explicações para essa barreira preclusiva: se coisa julgada propriamente dita[36] ou se outro fenômeno de natureza diversa[37].

De outro lado, havia autores que, por negar a formação de coisa julgada na conversão do mandado monitório não embargado em título executivo judicial, propunham que o réu-executado poderia veicular

34 Dinamarco (*A reforma do Código de Processo Civil*, p.248), Carreira Alvim (*Código de Processo Civil reformado*, p.388), Fornaciari Jr. (*A reforma processual civil*, p.213), Theodoro Jr. (A ação monitória e a reforma do Código de Processo Civil, *Reforma do Código de Processo Civil*, p.447-448), Talamini (*Tutela monitória*, p. 108-109 e 175-176), Marinoni e Arenhart (*Procedimentos especiais*, p.169), Scarpinella Bueno (*Curso sistematizado de direito processual civil*, v.2, t.2, p.169), Câmara (*Lições de direito processual civil*, p.574), Costa Machado (*Código de Processo Civil interpretado*, p.1483) e Gerson Fischmann (*Comentários ao Código de Processo Civil*, v.14, p.446), Paulo Cezar Pinheiro Carneiro (*Comentários ao Código de Processo Civil*, v.9, t.2, p.303).

35 STJ, REsp 1191331/RS, 3ª Turma, Rel. Ministro Paulo de Tarso Sanseverino, DJe 24/09/2013; AgRg no AREsp 48.621/RS, 3ª Turma, Rel. Ministro João Otávio de Noronha, DJe 23/10/2015; REsp n. 1.432.982/ES, relator Ministro Marco Aurélio Bellizze, Terceira Turma, julgado em 17/11/2015, DJe de 26/11/2015; AgRg no REsp n. 1.451.233/PR, 3ª Turma, Rel. Ministro Moura Ribeiro, DJe de 4/10/2016; AgInt no REsp n. 1.362.774/CE, 4ª Turma, Rel. Ministro Raul Araújo, DJe de 22/5/2019.

36 Paulo Cezar Pinheiro Carneiro (*Comentários ao Código de Processo Civil*, v. 9, t. 2, p. 288-290), Câmara (*Lições de direito processual civil*, p.570), Carreira Alvim (*Código de Processo Civil reformado*, p.388), Nery Jr. (*Atualidades sobre o processo civil*, p.233), Theodoro Jr. (A ação monitória e a reforma do Código de Processo Civil, *Reforma do Código de Processo Civil*, p.447), Gerson Fischmann (*Comentários ao Código de Processo Civil*, v.14, p.446), Paulo Cezar Pinheiro Carneiro (*Comentários ao Código de Processo Civil*, v.9, t.2, p.290).

37 Medina, Araújo e Gajardoni (*Procedimentos cautelares e especiais*, p.334-335), Scarpinella Bueno (*Curso sistematizado de direito processual civil*, v.2, t.2, p.168). Indiretamente afirmando que se trata de preclusão, Dinamarco (*A reforma do Código de Processo Civil*, p.248), segundo o qual a coisa julgada material apenas se verifica "em caso de sentença que rejeita os embargos de mérito".

qualquer matéria (como se se tratasse de embargos à execução de título extrajudicial)[38].

Em posição intermediária, alguns estudiosos propugnavam que seria possível que o juízo, já em sede de execução, conhecesse de matérias de "ordem pública"[39]. A tese foi sufragada em sede jurisprudencial, mas apenas nos casos de embargos monitórios intempestivos (mas que, por veicular matérias cognoscíveis *ex officio*, foram conhecidos[40]) ou no julgamento de recurso contra a decisão que declarou o mandado monitório convertido em título executivo[41] (e não como matéria de defesa à execução).

À luz do CPC/2015, a questão ganha contornos diferentes.

Com efeito, o seu §3º do art. 701, sem paralelo no CPC/1973, passou a prever que "[é] cabível ação rescisória da decisão prevista no caput quando ocorrer a hipótese do § 2º". O caput dispõe que "[s]endo evidente o direito do autor, o juiz deferirá a expedição de mandado de pagamento, de entrega de coisa ou para execução de obrigação de fazer ou de não fazer, concedendo ao réu prazo de 15 (quinze) dias para o cumprimento e o pagamento de honorários advocatícios de cinco por cento do valor atribuído à causa." Já o §2º, por sua vez, preceitua que "constituir-se-á de pleno direito o título executivo judicial, independentemente de qualquer formalidade, se não realizado o pagamento e não apresentados os embargos previstos no art. 702, observando-se, no que couber, o Título II do Livro I da Parte Especial".

---

38 Além da já referida opinião de Tucci (*Ação monitória*, p.101-103), destacam-se Nery Jr. (*Atualidades sobre o processo civil*, p.233), Medina, Araújo e Gajardoni (*Procedimentos cautelares e especiais*, p.334-335) e Antonio Raphael Silva Salvador (*Do procedimento monitório*, p. 53).

39 Marcato (*O processo monitório brasileiro*, p.115).

40 TJSP; Apelação Cível 0012134-17.2010.8.26.0032; Relator (a): Rebello Pinho; Órgão Julgador: 20ª Câmara de Direito Privado; Foro de Araçatuba - 4ª. Vara Cível; Data do Julgamento: 25/08/2014; Data de Registro: 28/08/2014; TJSP; Apelação Cível 0002542-94.2010.8.26.0404; Relator (a): Márcia Cardoso; Órgão Julgador: 12ª Câmara de Direito Privado; Foro de Orlândia - 2ª. Vara Judicial; Data do Julgamento: 26/08/2014; Data de Registro: 26/08/2014.

41 TJSP; Apelação Cível 0001421-28.2013.8.26.0274; Relator (a): Castro Figliolia; Órgão Julgador: 12ª Câmara de Direito Privado; Foro de Itápolis - 1ª Vara; Data do Julgamento: 07/07/2016; Data de Registro: 07/07/2016; Apelação Cível 1005560-68.2014.8.26.0533; Relator (a): Renato Rangel Desinano; Órgão Julgador: 22ª Câmara Extraordinária de Direito Privado; Foro de Santa Bárbara d'Oeste - 1ª Vara Cível; Data do Julgamento: 31/01/2017; Data de Registro: 31/01/2017.

Esse dispositivo altera substancialmente o panorama da questão aqui enfrentada.

Afinal, ao impor ao réu que não opôs os embargos ao mandado monitório o ônus de manejar ação rescisória contra a decisão liminar que determinou sua expedição, o CPC/2015 passa a revestir o título executivo judicial formado nesse caso de uma estabilidade senão igual, ao menos muito similar à da sentença de mérito coberta pela coisa julgada material.

Não por acaso, expressiva maioria da doutrina brasileira se reuniu em torno do consenso de que é vedado, em sede de impugnação à execução fundada em mandado monitório convertido automaticamente, alegar matérias que poderiam ter sido suscitadas em embargos ao mandado monitório[42]. As vozes discordantes são francamente minoritárias[43].

A natureza de tal barreira preclusiva permanece controvertida, havendo que reconheça coisa julgada[44] e quem a defina como estabilidade de espécie diversa[45].

Conforme destacamos em outra oportunidade[46], de fato parece difícil aceitar, à luz do CPC/2015, a subsistência de margem para que, em

42 Marinoni, Arenhart e Mitidiero (*Curso de processo civil*, v.3, p.245), Theodoro Jr. (*Curso de direito processual civil*, v.2, p.436), Wambier e Talamini (*Curso avançado de processo civil*, v.4, p.205), Pagani de Souza (Comentário ao art. 701, p.335), Machado Guimarães (*Comentários ao Código de Processo Civil*, v.13, p.233), Vasconcelos (*Breves comentários ao novo Código de Processo Civil*, p.1800), Gajardoni, Dellore, Roque e Oliveira Jr. (*Comentários ao Código de Processo Civil*, p.979), Pinho (*Manual de direito processual civil contemporâneo*, p.993), Marcato (Comentário ao art. 701, p.1229).

43 Em sentido contrário, entendendo ser possível mover uma ação autônoma para veicular matérias que deixaram de ser arguidas nos embargos ao mandado monitório, Neves (*Manual de direito processual civil*, p.1027-1029). Entendendo que podem ser veiculadas quaisquer matérias, Nery Jr. e Rosa Nery (*Comentários ao Código de Processo Civil*, p.1530).

44 Nery Jr. e Rosa Nery (*Comentários ao Código de Processo Civil*, p.1526), Vasconcelos (*Breves comentários ao novo Código de Processo Civil*, p.1800), Theodoro Jr. (*Curso de direito processual civil*, v.2, p.436) e Humberto Dalla Bernardina de Pinho (*Manual de Processo Civil contemporâneo*, p.993). Gajardoni, Dellore, Roque e Oliveira Jr. (*Comentários ao Código de Processo Civil*, p.979) fazem a ressalva de que, ainda que reconhecida a coisa julgada material, tratar-se-ia de coisa julgada com um regime "peculiar", por esta, de um lado, ser desprovida de efeito positivo e, de outro, não englobar questões prejudiciais, em decorrência da revelia e ausência de contraditório.

45 Wambier e Talamini (*Curso avançado de processo civil*, v.4, p.205).

46 Em nossos *Comentários ao Código de Processo Civil*, v.10, p.146-147.

sede executiva, o juiz conheça de matérias que poderiam ter sido alegadas em embargos ao mandado monitório. Trata-se de cumprimento de sentença, contra o qual cabe impugnação, cujo rol de matérias alegáveis está previsto de forma taxativa nos arts. 525 e 535 do CPC.

Nem por isso, contudo, pode-se falar em coisa julgada material.

Nem a decisão que determina a expedição do mandado monitório nem a decisão que o reconhece convertido ante a omissão do réu em embargar podem ser consideradas decisões de mérito, tal como previstas no art. 487. E, de fato, é inviável que se reconheça nelas aptidão para gerar coisa julgada material, formada exclusivamente sobre as decisões de mérito (art. 502). Nesse passo, não há como enxergar presente a coisa julgada material fora desse caso textualmente previsto no ordenamento. Conforme já tivemos ensejo de assentar em outra oportunidade:[47]

> "Não se pode conceber a coisa julgada material como um fenômeno existente na natureza e interpretado pelo legislador no momento em que positiva sua existência no ordenamento processual. A coisa julgada é aquilo que a lei diz que é. E nem poderia ser diferente, por observância ao princípio do devido processo legal."

Ainda que assim não fosse, as duas decisões referidas acima são proferidas com base em cognição sumária, o que as impediria de produzir coisa julgada material[48], à falta de norma autorizadora específica para tanto[49].

---

47 *Preclusão processual civil*, p. 203. No mesmo sentido, Talamini (*Coisa julgada e sua revisão*, p. 47-56) enfatiza que a coisa julgada é uma opção do legislador, exercida com certa liberdade, sujeita apenas a algumas balizas constitucionais.

48 Vide na doutrina estrangeira, Victor Fairen Guillen (Juicio ordinário, plenários rápidos, sumario, sumarissimo, *Temas del ordenamiento procesal*, t. 2, p.827) e Proto Pisani (Giusto processo e valore della cognizione plena, *Rivista di Diritto Civile*, v. 48, n. 2, 2002, p. 265-280). Na doutrina pátria, Talamini (*Coisa julgada e sua revisão*, p. 53) e Greco (Cognição sumária e coisa julgada, *Revista Eletrônica de Direito Processual*, v. 10, p. 275-301, 2012. Disponível em: https://www.e-publicacoes.uerj.br/index.php/redp/article/view/20351. Acesso em 11.08.2023.).

49 Há casos de formação de coisa julgada em razão do exercício de cognição sumária, como nos casos de decisões homologatórias de autocomposição bilateral ou unilateral (art. 487, III, 'a' a 'c') e de procedência do pedido mediante julgamento antecipado por força de revelia (arts. 355, II c.c. 487, I), embora quanto a essa última

Essa constatação não se altera pelo fato de o art. 701, §3º, do CPC/2015 prever que a ação rescisória é o único modo de desconstituir a formação do título executivo judicial.

Por um lado, entendemos que o fato de ser cabível a ação rescisória não transforma as decisões acima mencionadas em decisões de mérito. Afinal, seria descabido definir a essência do fenômeno por elemento externo a ele. Ademais, o art. 966, §2º, prevê a ação rescisória contra decisões que não podem ser denominadas "de mérito" (art. 487). Parece-nos que o art. 701, §3º, encerra mais uma hipótese de ação rescisória contra decisão que não é de mérito.

Todavia, o mecanismo de desconstituição do título executivo judicial formado em ação monitória não embargada não discrepa substancialmente da hipótese de decisão civil que reconhece exigibilidade de obrigação (art. 515, I) – o "título executivo judicial por excelência" –, em que pese a cognição do juiz a respeito ser sumária, e malgrado as dúvidas acerca da estabilidade da decisão que reputa convertido de pleno direito o mandado monitório em título executivo judicial.

Nesse passo, não se pode ignorar que o legislador conferiu à situação um grau de estabilidade que se assemelha muito ao da coisa julgada. Não há propriamente uma denominação para tal fenômeno, mas podemos lançar mão do conceito de preclusão *pro judicato*, na acepção originalmente cunhada por Enrico Redenti[50]. A diferença entre os fenômenos (coisa julgada e preclusão *pro judicato*) repousa na seguinte circunstância: embora ambos tenham função negativa (que impede que o mesmo litígio seja novamente judicializado), apenas a coisa julgada tem função positiva (isto é, a decisão há de ser observada em processos futuros entre as mesmas partes[51]).

Apesar dessa decisiva alteração legislativa do CPC/2015 em relação ao diploma anterior, e do entendimento da maioria da doutrina, ainda se

hipótese se detecte dissenso doutrinário: de um lado, opinando pela existência de mera cognição sumária, Bedaque (Estabilização das tutelas de urgência, *Estudos em homenagem a Ada Pellegrini Grinover*, Flávio Luiz Yarshell e Maurício Zanoide de Moraes (coord.), p. 669); de outro, entendendo haver cognição exauriente, Talamini (*Coisa julgada e sua revisão*, p. 55-56).

50 *Diritto processuale civile*, v. 3, p. 71 e 307 ss.

51 Conforme ensina, por todos, Barbosa Moreira (*Questões prejudiciais e coisa julgada*, p. 64 ss.).

encontram acórdãos permitindo ao juiz conhecer de matérias de "ordem pública" após o transcurso *in albis* do prazo para embargos monitórios[52]. Esse entendimento, contudo, se apresenta minoritário, sendo mais largamente prestigiado o entendimento de que a perda do prazo para embargos monitórios cria barreira preclusiva insuscetível de ser contornada[53]

52 TJSP; Apelação Cível 1018632-95.2016.8.26.0196; Relator (a): Melo Colombi; Órgão Julgador: 14ª Câmara de Direito Privado; Foro de Franca - 3ª Vara Cível; Data do Julgamento: 04/05/2017; Data de Registro: 04/05/2017; Apelação Cível 0006078-42.2010.8.26.0266; Relator (a): Tasso Duarte de Melo; Órgão Julgador: 12ª Câmara de Direito Privado; Foro de Itanhaém - 3ª. Vara Judicial; Data do Julgamento: 12/09/2017; Data de Registro: 12/09/2017; Apelação Cível 1002222-02.2017.8.26.0624; Relator (a): Rebello Pinho; Órgão Julgador: 20ª Câmara de Direito Privado; Foro de Tatuí - 1ª Vara Cível; Data do Julgamento: 03/09/2018; Data de Registro: 05/09/2018; Agravo de Instrumento 2021034-36.2019.8.26.0000; Relator (a): João Pazine Neto; Órgão Julgador: 37ª Câmara de Direito Privado; Foro Regional I - Santana - 5ª Vara Cível; Data do Julgamento: 02/04/2019; Data de Registro: 02/04/2019. Apelação Cível 1003184-36.2018.8.26.0318; Relator (a): Castro Figliolia; Órgão Julgador: 12ª Câmara de Direito Privado; Foro de Leme - 1ª Vara Cível; Data do Julgamento: 08/11/2019; Data de Registro: 08/11/2019; Apelação Cível 1002147-23.2018.8.26.0431; Relator (a): L. G. Costa Wagner; Órgão Julgador: 34ª Câmara de Direito Privado; Foro de Pederneiras - 2ª Vara; Data do Julgamento: 28/02/2023; Data de Registro: 28/02/2023; Apelação Cível 1021557-65.2020.8.26.0506; Relator (a): João Baptista Galhardo Júnior; Órgão Julgador: 30ª Câmara de Direito Privado; Foro de Ribeirão Preto - 7ª Vara Cível; Data do Julgamento: 20/04/2023; Data de Registro: 20/04/2023; Apelação Cível 0001484-70.2020.8.26.0286; Relator (a): Ernani Desco Filho; Órgão Julgador: 18ª Câmara de Direito Privado; Foro de Itu - 2ª Vara Cível; Data do Julgamento: 07/06/2023; Data de Registro: 07/06/2023.;

53 STJ, REsp n. 1.038.133/PR, relator Ministro Raul Araújo, Quarta Turma, julgado em 14/3/2017, DJe de 27/3/2017; AgInt no REsp n. 1.837.740/BA, relator Ministro Marco Aurélio Bellizze, Terceira Turma, julgado em 23/3/2020, DJe de 30/3/2020; REsp n. 1.840.466/SP, relator Ministro Marco Aurélio Bellizze, Terceira Turma, julgado em 16/6/2020, DJe de 22/6/2020; TJSP; Agravo de Instrumento 2042239-24.2019.8.26.0000; Relator (a): Eduardo Siqueira; Órgão Julgador: 38ª Câmara de Direito Privado; Foro de Mogi Mirim - 2ª. Vara Judicial; Data do Julgamento: 15/07/2020; Data de Registro: 16/07/2020; Agravo de Instrumento 2107267-31.2022.8.26.0000; Relator (a): Sandra Galhardo Esteves; Órgão Julgador: 12ª Câmara de Direito Privado; Foro Central Cível - 40ª Vara Cível; Data do Julgamento: 21/07/2022; Data de Registro: 21/07/2022; Agravo de Instrumento 2121994-92.2022.8.26.0000; Relator (a): Rebello Pinho; Órgão Julgador: 20ª Câmara de Direito Privado; Foro de Bauru - 6ª. Vara Cível; Data do Julgamento: 27/07/2022; Data de Registro: 27/07/2022; Agravo de Instrumento 2118105-96.2023.8.26.0000; Relator (a): Jacob Valente; Órgão Julgador: 12ª Câmara de Direito Privado; Foro de São Carlos - 4ª. Vara Cível; Data do Julgamento:

(à exceção da falta ou nulidade de citação, passível de ser arguida como defesa no cumprimento de sentença[54]).

5. Perfil geral do *procedimento ingiuntivo* no ordenamento italiano

Na Itália, desde o Decreto Real n. 1.036/1922, que introduziu o procedimento monitório naquele país, deparamo-nos com previsão legislativa que – a despeito de uma situação de exceção à qual aludiremos mais à frente – oferece modelo típico do procedimento monitório documental.[55] Atualmente, o chamado *procedimento d'ingiunzione* está previsto no Livro IV ("Dos procedimentos especiais"), Título I ("Dos procedimentos sumários"), Capítulo I ("Do procedimento de injunção") do Código de Processo Civil de 1940, em seus arts. 633 a 656.

Para que se admita o procedimento monitório na Itália, é preciso que o credor, buscando cobrar do devedor uma dívida líquida em dinheiro, uma quantidade determinada de coisas fungíveis ou a entrega de uma coisa móvel determinada (art. 633.1), apresente prova escrita de seu direito (art. 633.1), mesmo que não satisfaça os requisitos do Código Civil (art. 634) e ainda que o direito dependa de contraprestação ou de condição se a prova escrita é suficiente para fazer presumir que houve adimplemento da contraprestação ou implemento da condição (art. 633.2).

O procedimento monitório se divide em duas fases, a primeira caracterizada pela "absoluta ausência do contraditório,"[56] e a segunda, em

21/06/2023; Data de Registro: 21/06/2023; Agravo de Instrumento 2091145-06.2023.8.26.0000; Relator (a): Ramon Mateo Júnior; Órgão Julgador: 15ª Câmara de Direito Privado; Foro de Ribeirão Preto - 3ª Vara Cível; Data do Julgamento: 22/06/2023; Data de Registro: 22/06/2023.

54 TJSP; Agravo de Instrumento 2101271-18.2023.8.26.0000; Relator (a): Décio Rodrigues; Órgão Julgador: 21ª Câmara de Direito Privado; Foro de Bragança Paulista - 4ª Vara Cível; Data do Julgamento: 18/05/2023; Data de Registro: 18/05/2023.

55 Há autores que entendem tratar-se de uma fusão dos modelos puro e documental (*e.g.* Marcato, *O processo monitório brasileiro*, p. 45.), mas nos filiamos aqui ao entendimento de que se trata de procedimento documental, com a previsão de regime específico para alguns créditos favorecidos, para os quais há um procedimento mais simples (conforme Balena, *Istituzioni di diritto processuale civile*, v. 3, p. 208-209). Há, assim, um regime padrão da monitória e um regime de exceção, e não exatamente uma fusão.

56 Balena (*Istituzioni di diritto processuale civil*, p. 205).

que se exerce o contraditório, podendo tomar diferentes rumos a depender da atuação do réu. Principia-se o procedimento com a demanda, em forma de petição inicial (*ricorso*) do autor (art. 638.1), com a especificidade de dever trazer indicação das provas já produzidas (art. 638.1) e, no caso de se tratar de obrigação de entrega de coisas fungíveis, a soma em dinheiro que está disposto a aceitar no lugar da prestação *in natura* (art. 639). Essa petição é apreciada pelo juiz, que pode ser rejeitada ou acolhida.

No primeiro caso, o juiz, entendendo a petição insuficientemente justificada, abre a possibilidade de que o autor complete a prova (art. 640.1), e o seu posterior indeferimento, que pode se dar por razões processuais ou de mérito,[57] não obsta a repropositura, seja pelo procedimento monitório, seja pelo procedimento ordinário (art. 640.3).

No segundo caso, por meio de despacho motivado (*decreto d'ingiunzione*), o juiz ordena (*ingiunge*, de onde o nome do procedimento, *procedimento d'ingiunzione*) a outra parte a cumprir a prestação em 40 dias (que podem ser reduzidos a 10 ou ampliados a 60, dependendo de justos motivos, art. 641.2), prazo em que pode também apresentar oposição (art. 641.1), passível de alegação de qualquer matéria de defesa, bem como demanda reconvencional[58].

A notificação do decreto deve ser realizada no prazo de 60 dias (art.644), sob pena de caducidade do decreto (art. 644). O réu, nessa hipótese, deve de qualquer forma apresentar oposição[59] a qual, contudo, versará sobre a ineficácia do decreto, levando à extinção do processo que, contudo, pode ser reproposto[60].

A oposição fora do prazo (*opposizione tardiva*) apenas é admitida em casos excepcionais, isto é, se o réu provar a irregularidade da notificação do *decreto ingiuntivo* ou por caso fortuito ou por força maior (art.650.1), e teria aptidão de suspender as medidas executivas[61] (art. 650.2). Contudo, passados dez dias do primeiro ato de execução, a oposição tardia já não é mais admissível (art. 650.3).

---

57 Idem, p. 210.

58 Comoglio, Ferriu e Taruffo (*Lezioni sul processo civile*, p. 482).

59 Nesse sentido, Luiso (*Diritto processuale civile*, v.4, p.172). Mandrioli e Carrata sustentam que apenas por ação autônoma o réu poderia arguir a ineficácia do decreto (*Diritto processuale civile*, p.25-26).

60 Luiso (*Diritto processuale civile*, v.4, p.172).

61 Para isso, é preciso que haja razões graves a justificar a paralisação dos atos executivos (Sassani, *Lineamenti del processo civile italiano*, p.769).

Se o réu não se opõe, pode se iniciar a execução forçada, mas para isso é preciso uma decisão que declare que o título se formou[62] (arts. 641.1 e 647).

Nesse período, no entanto, se o crédito for fundado em um rol de documentos dotados de maior certeza (como os recebidos de um notário, art. 642.1), ou se houver perigo de grave dano com a demora (art. 642.2), a ordem é de cumprimento imediato, podendo-se iniciar desde logo a execução provisória.

Caso haja oposição do réu, abre-se a segunda fase do procedimento, que, marcada pelo contraditório, passa a se desenvolver segundo as normas do procedimento ordinário (art. 645.2). O juízo de oposição tem uma natureza compósita, ao mesmo tempo de impugnação e de demanda ordinária.[63]

Caso a oposição não esteja fundada em prova escrita ou de pronta solução, o juiz pode conceder a execução provisória caso ela já não tenha sido concedida anteriormente (art. 648.1), devendo fazê-lo em todo caso se a parte que requer a execução provisória oferece caução suficiente (art. 648.2).

Na sequência, como no procedimento ordinário que se passa a seguir, é possível que haja conciliação (art. 652.1), a que se segue uma *ordinanza* motivada do juiz, homologando a transação das partes (art. 652.1), ou que a oposição seja rejeitada ou acolhida, total ou parcialmente (art. 653), sempre com a prolação de sentença. Forma-se, assim, o título executivo, por ordenança ou sentença (art. 654.1), que pode ser impugnado apenas em casos taxativos (art. 656).

Como já indicado acima, algumas categorias de crédito são processadas, na primeira fase do procedimento monitório, de forma mais simples, sem necessidade de prova escrita. Trata-se dos casos de cobrança de honorários por prestações judiciais ou extrajudiciais (art. 633.1) ou de honorários de classes profissionais regulados por órgão de classe com tarifas legalmente aprovadas (art. 633.1). Essa previsão surgiu no ordenamento italiano em um segundo momento, em 1936,[64] não se podendo, como já se disse, entender que, por isso, haveria uma ambiguidade ou hibridismo no modelo do procedimento monitório

62 Mandrioli e Carrata (*Diritto processuale civile*, p.54).

63 Balena (*Istituzioni di diritto processuale civile*, p. 216).

64 Verde-Capponi (*Profili del processo civile*. v. 3, p. 263).

italiano. O que há é um procedimento normal, de caráter documental, ao lado de um procedimento excepcional, de caráter puro, e não *um* procedimento híbrido.

6. Panorama da doutrina italiana sobre a estabilidade do título executivo judicial formado pela falta de *opposizione al decreto ingiuntivo*

De forma semelhante à prevista no art. 701, 3º, do CPC brasileiro, o art. 656 do CPC italiano dispõe que, uma vez formado o título executivo por ausência de oposição, resta-lhe exclusivamente o manejo da *revocazione* (art. 395), instrumento equivalente à ação rescisória brasileira, e que se destina à impugnação de decisões de mérito quanto às quais já não mais caiba recurso. Contudo, nem todas as hipóteses de revocazione são admitidas, mas apenas aquelas referidas nos números 1, 2, 5 e 6 do art. 395, isto é, dolo de uma parte em dano da outra, se a prova com base na qual foi proferido o provimento atacado foi declarada falsa depois ou, embora antes, a parte não o soubesse, se a decisão é contrária a anterior coisa julgada e se o provimento atacado foi fruto de dolo do juiz, reconhecido por sentença transitada em julgado[65].

A doutrina italiana diverge sobre a natureza do fenômeno de estabilização.

Pode-se dizer majoritária a corrente de autores que reconhecem possível a formação de coisa julgada[66]. Uma corrente minoritária nega peremptoriamente a existência de coisa julgada material ou de qualquer outro fenômeno de estabilidade e imutabilidade[67]. Por fim, uma corrente que se pode dizer intermediária, embora negue a coisa julgada material, afirma existente fenômeno preclusivo de menor intensidade

65 Monteleone critica a exclusão do n.3 do art. 395, isto é, descoberta de prova nova (*Manuale di diritto processuale civile*. v.2, p.329-330).

66 Giovanni Pugliese (Giudicato civile (diritto vigente), *Enciclopedia del diritto*, v. 18, n.15, p. 785-893); Menchini (*Il giudicato civile*, p.354-364), Verde-Capponi (*Profili del processo civile*. v. 3, p. 283), Ricci (*Diritto processuale civile*, v. 3, p. 195 e 208), Luiso (*Diritto processuale civile*, v.4, p.175), Monteleone (*Manuale di diritto processuale civile*. v.2, p.329-330.

67 Giovanni Tomei (Cosa giudicata o preclusione nei processi sommari ed esecutivi. *Rivista Trimestrale di Diritto e Procedura Civile*, v. 48, n. 3, 1994, p. 858-861).

denominada "preclusão *pro judicato*"[68] ou, ao menos, uma estabilidade de "efeitos"[69]. Proto Pisani sustenta que se trataria de um fenômeno de imutabilidade *qualitativamente* idêntico à coisa julgada material, mas *quantitativamente* mais restrito, pois está limitado à verificação da relação obrigacional deduzida na inicial[70].

O principal argumento contrário à existência de *vera e própria* coisa julgada é o fato de não haver *accertamento* (*rectius*, declaração) do direito, no sentido do art. 2909 do *Codice Civile*[71].

Em resumo, resta evidente que matérias que poderiam ter sido veiculadas em sede de oposição ao decreto injuntivo, não poderão ser suscitadas em sede de oposição à execução[72], à exceção da arguição de falta ou nulidade da notificação do decreto[73]. Afinal, também no direito peninsular, a defesa do executado relativamente ao plano substancial em face uma execução fundada em título judicial está limitada às matérias não cobertas pela preclusão que sobre ele recaiam, isto é, matérias supervenientes[74].

7. Recente decisão da Corte de Cassação abrandando a preclusão emergente da omissão do réu em manejar *opposizione al decreto ingiuntivo*

As *Sezioni Unite* da *Corte di Cassazione* publicou, em 06.04.2023, a sentença n. 9.479/ 2023, que examinou a situação de *procedimento in-*

68 Gian Antonio Micheli (*Corso di diritto processuale civile*, v. 2, p. 304 ss.).

69 Italo Andolina (Crisi del giudicato e nuovi strumenti alternativi di tutela giurisdizionale. La (nuova) tutela provvisoria di merito e le garanzie costituzionali del giusto processo, *Revista de Processo*. v. 32. n. 150, ago. 2007, p. 70-71). De certa forma, essa é a posição de Comoglio, Ferriu e Taruffo, segiundo os quais a eficácia executiva do mandado não impugnado ou não validamente impugnado não impede ao devedor, em processos eventuais sucessivos, de *contestar para qualquer outro efeito que não o pedido abrangido pela injunção e, por conseguinte, da injunção de pagamento e com referência à relação substancial entre as partes*; nem impede qualquer outra contestação a respeito da relação dependente ou conexa com aquela deduzida em juízo ((*Lezioni sul processo civile*, p. 488).

70 *Lezioni di diritto processuale civile*, p.559.

71 *"Art. 2909. L'accertamento contenuto nella sentenza passata in giudicato [324 c.p.c.] fa stato a ogni effetto tra le parti, i loro eredi o aventi causa".*

72 Mandrioli e Carratta Mandrioli e Carrata (*Diritto processuale civile*, p.40-41).

73 Trata-se de construção jurisprudencial, pela Corte de Cassação, conforme averbam Mandrioli e Carratta Mandrioli e Carrata (*Diritto processuale civile*, p.40-41).

74 Verde-Capponi (*Profili del processo civile*. v. 3, p. 263).

giuntivo sem *opposizione*, que resultou na instauração de execução. Após expropriação do imóvel e antes de distribuição do valor levantado, o devedor pediu ao juízo da execução que reconhecesse a insubsistência do crédito, por nulidade do título executivo, pois o *decreto d'ingunzione* foi emitido por juízo incompetente. O devedor alegou que o foro foi eleito em contrato entre banco e consumidor, por meio de cláusula e eleição de foro reputada nula com base no direito comunitário europeu (Diretiva n. 93/2013[75]).

Os fundamentos principais da *sentenza* são a necessidade de respeitar o direito comunitário em matéria de proteção do consumidor, do qual decorreria a possibilidade de análise da nulidade de cláusulas abusivas em sede executiva.

A *Corte* entendeu não haver preclusão pelo fato de o juiz, ao ensejo da expedição do mandado monitório, não ter feito a análise – positiva ou negativa – acerca da abusividade da cláusula em contrato consumerista e o réu ter se omitido em apresentar defesa a respeito.

A sentença é o produto dos esforços do que o direito comunitário europeu vem empreendendo nos últimos anos, por meio de diretivas e decisões da Corte de Justiça da União Europeia (CJUE), para aumentar a proteção dos consumidores, colocando ênfase no fato de que as regras processuais de direito interno do Estados-membros devem se adequar para garantir a máxima proteção ao consumidor, considerando a função servil do processo em relação à implementação dos direitos, "sendo o meio, não o fim".[76]

Debruçando-se mais a fundo para encontrar o fundamento jurídico que embasa a flexibilização da norma, encontramos a Diretiva n. 93/2013 da União Europeia, que considera, como curial, o consumidor como a parte mais fraca na relação contratual e, em decorrência dessa vulnerabilidade, cria para os Estados-membros o dever de combater as cláusulas abusivas.[77]

---

75 A rigor, se poderia dizer que o art. 33.2, 't' e 'u', do *Codice del Consumo* (Decreto Legislativo n.206/2005) traria previsão similar, no sentido de se presumir abusiva uma cláusula de eleição de foro contra o consumidor.

76 Mercurio (Brevi riflessioni a margine della sentenza delle Sezioni unite della Corte di cassazioneBrevi riflessioni a margine della sentenza delle Sezioni unite della Corte di Cassazione, p. 5).

77 Riccio-Riccio (E l'Europa ha messo in discussione il giudicato: : commento alla sentenza delle Sezioni Unite del 6 aprile 2023, n.9479, p. 16).

Essa Diretiva positivou no âmbito da União Europeia proteção do consumidor por meio do controle pelo juiz, sendo que, se essa proteção não foi providenciada –pela falta de reconhecimento oficial do desequilíbrio na fase de conhecimento, ou falta de fundamentação sobre o controle –, a decisão não pode resultar em uma decisão estável e intangível.[78]

Em momento posterior ao decreto, a CJUE se manifestou no sentido de reconhecer que (i) os juízes nacionais são obrigados a verificar de ofício a abusividade das cláusulas contratuais, mesmo que isso não seja contestado pelo consumidor (Caso Pannon, sentença de 4 de junho de 2009) e (ii) a proteção do consumidor é alçada ao *status* de norma de ordem pública, de maneira que a autoridade da coisa julgada, apesar de instituto importante dentro do ordenamento europeu, não poderia limitar desproporcional ou excessivamente os recursos, ou impedir o controle de ofício sobre a natureza abusiva das cláusulas contratuais (Caso Banco di Desio, acórdão de 17 de maio de 2022).

A sentença proferida pela *Corte* italiana nada mais é do que a transposição, para o âmbito do ordenamento jurídico interno, do sistema de proteção ao consumidor previsto no direito comunitário europeu e da interpretação que lhe foi dada pela CJUE. A despeito do primeiro gozar de autonomia em relação ao último, o legislador e o juiz nacional devem levar em consideração a supremacia do direito europeu, de modo que as regras do processo civil de cada Estado-membro devem ser estruturadas de forma a garantir, pelo menos para os direitos decorrentes do sistema europeu, uma proteção efetiva e adequada[79].

Dentre os possíveis mecanismos possíveis para harmonização dos dois ordenamentos, a *Corte* considerou que, quando o juiz da fase cognitiva for omisso em seu dever de fundamentação e de informação, deixando de analisar eventual abusividade das cláusulas de contrato consumerista e de informar ao consumidor a possibilidade de ele suscitá-la na oposição ao decreto injuntivo, o remédio previsto no direito interno que pode ser utilizado para proteger o consumidor na fase executiva é a oposição tardia (*opposizione tardiva*).

78 Mercurio (Brevi riflessioni a margine della sentenza delle Sezioni unite della Corte di cassazioneBrevi riflessioni a margine della sentenza delle Sezioni unite della Corte di Cassazione, p. 4).

79 Riccio-Riccio (E l'Europa ha messo in discussione il giudicato: : commento alla sentenza delle Sezioni Unite del 6 aprile 2023, n.9479, p. 14).

Cabe ao juiz da execução, ao verificar a ausência de prévio exame, comunicar ao devedor a possibilidade de utilização da oposição nesta etapa para suscitar eventuais nulidades das cláusulas. Contudo, o juiz de execução jamais poderia decretar *ex officio* a nulidade de cláusulas contratuais, mas apenas oportunizar ao devedor o manejo de uma *opposizione al decreto ingiuntivo* tardiamente. Se o devedor o fizer, o juiz suspende a execução[80]; se o devedor se omitir, a execução deve ser retomada. Preserva-se a ideia fundamental do direito italiano de que o juiz não exerce cognição *ex officio* na execução forçada[81].

Esse meio de impugnação já era previsto no art. 650 do CPC italiano, porém, era restrito a poucas hipóteses[82]. A partir da interpretação da Corte, o seu cabimento foi alargado para englobar também a hipótese de ausência de fundamentação do decreto injuntivo quanto ao exame da validade das cláusulas, o que presumidamente teria impedido o consumidor de apresentar a oposição perante o juiz da cognição.

Porém, o prazo para sua apresentação não é aquele previsto no dispositivo sobre a oposição tardia (até dez dias do primeiro ato de execução). Ao invés disso, a Corte optou por "pegar emprestado" o prazo da oposição ao decreto injuntivo, previsto no art. 641 (quarenta dias da notificação). O termo inicial, aqui, será contado a partir da notificação do juiz da execução, que deverá informar o consumidor acerca da possibilidade de apresentar oposição para questionar a validade das cláusulas do contrato de consumo. Até o transcurso desse prazo, ou sobrevindo oposição e pendente o seu julgamento, a execução será suspensa[83].

Verifica-se que, partindo de uma "intervenção nomofilática"[84], a *Corte* flexibilizou as regras do processo civil de modo aproximar o direi-

80 Segundo Capponi (*Il G.E. e la Cass., SS.UU., 6 aprile 2023, n. 9479*, p.2), a suspensão seria uma medida passível de ser decretada pelo juiz; segundo Costantino (*Clausole vessatorie e stabilità dei rapporti giuridici. Commento a Cass. Sez. Un. 6 aprile 2023, n. 9479*, p.9) seria uma medida inerente.

81 Conforme demonstramos em nosso *Cognição do juiz na execução civil*, p.158-160 e 168-184).

82 Vide item 5, *supra*.

83 Mercurio (Brevi riflessioni a margine della sentenza delle Sezioni unite della Corte di cassazioneBrevi riflessioni a margine della sentenza delle Sezioni unite della Corte di Cassazione, p. 6-7).

84 Mercurio (Brevi riflessioni a margine della sentenza delle Sezioni unite della Corte di cassazioneBrevi riflessioni a margine della sentenza delle Sezioni unite della Corte di Cassazione, p. 8).

to interno e o comunitário, criando para tanto uma forma "híbrida" de *opposizione* ao decreto injuntivo e de *opposizione tardiva*.

Trata-se de uma solução que combina os dois dispositivos legais já existentes no CPC italiano, para criar uma terceira espécie de oposição - quem sabe poder-se-ia falar em "*opposizione tardiva del consumatore*"? - que se adequa ao sistema de proteção ao consumidor europeu.

Porém, importante pontuar que a flexibilização da preclusão - ou, melhor dizendo, a utilização desse novo meio de impugnação, verdadeira "regra específica" - está limitada aos casos análogos àquele analisado na sentença.

Isto é, para derrogação do sistema de oposições e preclusões previsto como regra geral no CPC italiano, é necessária a presença dos seguintes elementos, cumulativamente: (i) o contrato sobre o qual se alicerça o pedido deve estar sujeito às normas de direito do consumidor; (ii) o juiz da fase monitória deve ter proferido o decreto injuntivo sem indicar, na fundamentação, que realizou o exame de ofício das cláusulas contratuais e qual foi a sua conclusão, e sem informar o consumidor que, na ausência de oposição, ele perderá a possibilidade de alegar a possível abusividade da cláusula, e a execução forçada será realizada[85]; (iii) o devedor-consumidor não pode ter apresentado oposição ao decreto, do que decorre a consequente formação do título executivo sem o prévio contraditório.

Não se tratando de contrato firmado entre um consumidor e um fornecedor ("*professionista*"), ou tendo o juiz da fase de cognição indicado no decreto injuntivo que realizou o exame da validade das cláusulas e este não revelou qualquer abusividade, informando ao consumidor a possibilidade de questioná-las em sede de oposição, o juiz da execução perde a prerrogativa de realizar o controle *ex officio* e o devedor fica limitado às hipóteses de impugnação tradicionais, já mencionadas acima[86].

8. À guisa de conclusão

O claro objetivo do procedimento monitório (tanto no Brasil, quanto na Itália) é a abreviação do tempo necessário à obtenção de um título executivo judicial.

85 Mercurio (Brevi riflessioni a margine della sentenza delle Sezioni unite della Corte di cassazioneBrevi riflessioni a margine della sentenza delle Sezioni unite della Corte di Cassazione, p. 5-6).

86 Vide item 5, *supra*.

Para alcançar esse objetivo, o sistema põe o réu em uma situação de franca fragilidade: se perdido o prazo para defesa (embargos no Brasil, *opposizione* na Itália), há a conversão automática do mandado monitório em título judicial, em cuja execução as defesas são limitadas, tanto aqui quanto lá.

Contudo, o direito italiano - no qual o direito brasileiro se inspirou indisfarçavelmente ao estruturar o procedimento monitório - deu um passo decisivo para abrandar o rigor a preclusão derivada da omissão do réu em se opor ao *decreto d'inguinzione.*

Contudo, o sistema italiano - fiel à ideia de que o juiz não exercita cognição *ex officio* na execução forçada - nada decide em sede executiva, mas se limita a oportunizar a reabertura da possibilidade de defesa ao mandado injuntivo.

Não é preciso ir muito longe para verificar que, também em terras pátrias, existe o dever de exame de ofício pelo juiz das cláusulas abusivas - decorrente, aqui, do próprio diploma processual, e não de tratados supranacionais.

Se o caso julgado pela Corte italiana estivesse sujeito à legislação brasileira, poderíamos concluir de igual maneira pela possibilidade de o magistrado realizar o exame da validade da cláusula de eleição de foro presente no contrato, antes mesmo da citação. Afinal, é assim que prescreve o art. 63, §3º, do CPC.

Porém, ao contrário do ordenamento jurídico italiano, o legislador brasileiro previu expressamente que o silencio do réu quanto à abusividade da cláusula de eleição de foro na contestação - meio de defesa que, na ação monitória, corresponde aos embargos ao mandado monitório - acarreta preclusão (art. 63, §4º, CPC), independente da eventual omissão do juiz.

Inexiste, portanto, uma flexibilização das regras de preclusão que decorre da postura do magistrado que deixou de efetuar o exame da validade das cláusulas. Seja porque o dispositivo menciona que a cláusula *pode* ser reputada ineficaz pelo juiz - indicando mera faculdade, em detrimento de um poder-dever -, ao contrário do direito europeu e italiano, que atribui a esse exame a força de uma obrigação funcional, seja porque, no direito brasileiro, ainda não foi dado ao direito material relativo à proteção do consumidor o condão de flexibilizar as regras de direito processual quando da falta de defesa/impugnação do consumidor em procedimentos sumários.

As regras de formação da coisa julgada e o sistema de preclusão previsto no CPC aplicam-se a todos os processos monitórios, independente da natureza – eventualmente consumerista – do contrato que embasa o pedido monitório.

Ou seja, ainda que subsistam dúvidas e divergência jurisprudência quanto à possibilidade de suscitar posteriormente matérias de ordem pública – notadamente, as relativas às condições da ação e pressupostos processuais –, cuja alegação posterior continua sendo admita por alguns julgados[87] e defendida por uma minoria da doutrina[88], a questão específica sobre a *validade da cláusula de eleição de foro* foi objeto de disposição legal expressa, de forma que inviável argumentação em sentido contrário à ocorrência de preclusão.

Portanto, mostra-se aparentemente inviável transportar o mesmo entendimento ao sistema brasileiro, cuja regra que estipula a eficácia preclusiva não abre margem à solução acolhida pela *Corte de Cassazione.*

9. Referências bibliográficas

ANDOLINA, Italo Augusto. Crisi del giudicato e nuovi strumenti alternativi di tutela giurisdizionale. La (nuova) tutela provvisoria di merito e le garanzie costituzionali del giusto processo, *Revista de Processo.* v. 32. n. 150, ago. 2007.

BALENA, Giampiero. *Istituzioni di diritto processuale civile,* 4ª ed., Bari: Cacucci, 2015, v.3.

BARBOSA MOREIRA, José Carlos. *Questões prejudiciais e coisa julgada.* Tese (Livre-docência em Direito Judiciário Civil) – Faculdade de Direito da Universidade Federal do Rio de Janeiro, Rio de Janeiro, 1967.

BEDAQUE, José Roberto dos Santos. Estabilização das tutelas de urgência. In. Yarshell, Flávio Luiz e Moraes, Maurício Zanoide de (coord.), *Estudos em homenagem a Ada Pellegrini Grinover,* São Paulo: DPJ, 2005, p. 660-683.

CÂMARA, Alexandre Freitas. *Lições de direito processual civil,* 24 ed., São Paulo: Atlas, 2013, v.1.

CAMARGO, Luiz Henrique Volpe. Comentários aos arts. 700 a 702. In: Streck, Lênio; Nunes, Dierle; Cunha, Leonardo Carneiro da. (Org.). *Comentários ao Código de Processo Civil.* São Paulo: Saraiva, 2016, p.929-941.

87 Vide item 4, *supra*, nota de rodapé 51, na qual são enumerados diversos julgados em que foi permitido ao juiz conhecer de matérias de "ordem pública" após o transcurso *in albis* do prazo para embargos monitórios.

88 Vide item 5, *supra*, nota de rodapé 52.

CARNEIRO, Paulo Cezar Pinheiro. *Comentários ao Código de processo Civil*, Rio de Janeiro, Forense, 2005, v.9, t.2.

CARRATTA, Antonio. Funzione e struttura nella tutela giurisdizionale somaria. In. Zufelato, Camilo; Bonato, Giovanni; Sica, Heitor Vitor Mendonça; Cintra, Lia Carolina Batista. *I Colóquio Brasil-Itália de direito processual civil*. Salvador: Juspodium, 2016, p. 217-348.

ALVIM, J.E. Carreira. *Código de processo civil reformado*, 3 ed., Belo Horizonte: Del Rey, 1996.

CAPPONI, Bruno. *Il G.E. e la Cass., SS.UU.*, 6 aprile 2023, n. 9479.

CARVALHO, Antonio. Tutela monitória no CPC/2015. *Procedimentos especiais, tutela provisória e direito transitório* (Coleção Novo CPC Doutrina Selecionada), v.4, Macêdo, Lucas Buril de; Peixoto, Ravi; Freire, Alecandre (coord.), Salvador: Juspodium, 2015, p.525-570.

COMOGLIO, Luigi Paolo; Ferri, Corrado; Tartuffo, Michele. *Lezioni sul processo civile*. 2. ed. Bolonha: il Mulino, 1998.

COSTA MACHADO, Antônio Cláudio da. *Código de Processo Civil interpretado*: artigo por artigo, parágrafo por parágrafo. 14ª ed. rev. e atual., São Paulo: Manole, 2015.

COSTANTINO, Giorgio. *Clausole vessatorie e stabilità dei rapporti giuridici*. Commento a Cass. Sez. Un. 6 aprile 2023, n. 9479.

CRUZ E TUCCI, José Rogério. *Ação monitória:* lei 9.079, de 14.07.1995. 3ª ed., São Paulo: RT, 2001.

____. Prova escrita na ação monitória. *Revista forense*, Rio de Janeiro. v. 96. n. 349. p. 101-108. jan./mar.2000.

DIDIER JR., Fredie; Cunha, Leonardo José Carneiro; Braga, Paula Sarno; Oliveira, Rafael. *Curso de direito processual civil*, 4 ed., Salvador: Juspodium, 2012, V. 5.

DINAMARCO, Cândido Rangel. A execução na reforma do Código de Processo Civil. *Revista da Esmape*. Recife. v. 2. n. 3. p. 96-110. jan./mar. 1997.

____. *A reforma do Código de Processo Civil*, 5 ed. rev., atual. e ampl., São Paulo: Malheiros, 2001.

____. *Instituições de direito processual civil*. 8 ed., rev. e atual., São Paulo: Malheiros, 2016. v. 3.

FAIREN GUILLEN, Victor. Juicio ordinário, plenários rápidos, sumario, sumaríssimo. *Temas del ordenamiento procesal*, Madrid: Editorial Technos, 1969, t. 2, p. 825-837.

FAZZALARI, Elio. Cosa giudicata e convalida di sfratto, *Rivista Trimestrale di Diritto e Procdedura Civile*, 1956.

FISCHMANN, Gerson. *Comentários ao Código de Processo Civil.* São Paulo: RT, 2000, v. 14.

FORNACIARI JR., Clito. *A reforma processual civil.* São Paulo: Saraiva, 1996.

GAJARDONI, Fernando da Fonseca; Dellore, Luiz; Roque, Andre Vasconcelos; Oliveira Jr., Zulmar Duarte de. *Comentários ao Código de Processo Civil.* 4. ed. Rio de Janeiro: Forense, 2021.

GARBAGNATI, Edoardo. Preclusione 'pro iudicato' e titolo ingiuntivo, *Studi in onore di Enrico Redenti*, Milano: Giuffrè, 1951, v. 1, p.469-483.

GRECO, Leonardo. Cognição sumária e coisa julgada. *Revista Eletrônica de Direito Processual*, v. 10, p. 275-301, 2012, https://www.e-publicacoes.uerj.br/index.php/redp/article/view/20351, consulta em 11.08.2023.

GRECO FILHO, Vicente. *Comentários ao procedimento sumário, ao agravo e à ação monitória.* São Paulo: Saraiva, 1996.

GUASP, Jaime; Aragoneses, Pedro. *Derecho procesal civil.* 7 ed. rev. e atual. Cizur Menor: Arazandi Thamson Civitas, 2005. t. 2.

GUIMARÃES, Luís Machado. *Comentários ao Código de Processo Civil.* Rio de Janeiro: Forense, 1942. v. 13.

LEONEL, Ricardo de Barros. *Tutela jurisdicional diferenciada.* São Paulo: RT, 2010.

LUISO, Francesco P. *Diritto Processuale Civile.* 8. ed. Milão: Giuffrè Editore, 2015. vol. IV – I Processi Speciali.

MANDRIOLI, Crisanto; Carrata; Antonio. Diritto processuale civile. 24. ed. Turim: G. Giappichelli Editore.

MARCATO, Antônio Carlos. *O processo monitório brasileiro.* São Paulo: Malheiros, 1998.

____. Comentários aos arts. 701 e 702. In: *Código de processo civil interpretado.* Antônio Carlos Marcato (coord.). 1. ed. São Paulo: Atlas, 2022.

MARINONI, Luiz Guilherme. *Antecipação da tutela*, 7 ed. rev. e ampl., São Paulo: Malheiros, 2002.

____; Arenhart, Sérgio Cruz. *Procedimentos especiais* (Curso de processo civil, v.5). São Paulo: RT, 2009.

____; ____; e Mitidiero, Daniel. *Novo Curso de Processo Civil.* São Paulo: RT, 2015, v. 3 (Tutela dos direitos mediante procedimentos diferenciados).

MEDINA, José Miguel Garcia; Araújo, Fábio Caldas de; Gajardoni, Fernando da Fonseca. *Procedimentos cautelares e especiais.* São Paulo: RT, 2009.

MENCHINI, Sergio. Nuove forme di tutela e nouvi modi di risoluzione delle controversie: verso il superamento della necessità dell'accertamento con autorità di giudicato. *Rivista di Diritto Processuale*. Padova. v. 61. n. 3. p. 869-902, 2006.

____. *Il giudicato civile*. 2 ed., Torino, Utet, 2002.

MERCURIO, Elmelinda. Brevi riflessioni a margine della sentenza delle Sezioni unite della Corte di cassazione n. 9479.2023 del 6 aprile 2023. Disponível em: <https://www.dirittogiustiziaecostituzione.it/brevi-riflessioni-a-margine-della-sentenza-delle-sezioni -unite-della-corte-di-cassazione-n-9479 -2023-del-6-aprile-2023-di-elmelinda-mercurio/>. Acesso em 15/08/2023.

MICHELI, Gian Antonio. *Corso di diritto processuale civile*, v. 2, Milano: Giuffrè, 1959.

MOURÃO, Luiz Eduardo Ribeiro. Do título executivo formado em decorrência do ajuizamento de ação monitória. In. Bruschi, Gilberto Gomes; Shimura, Sergio (coord.). *Execução civil e cumprimento da sentença 3*, São Paulo: Método, 2008, p. 433-444.

MONTELEONE, Girolamo. *Manuale di Diritto processuale civile*. v. II. Padova: CEDAM, 2012.

NERY JR., Nelson. *Atualidades sobre o processo civil*. 2 ed. São Paulo: Revista dos Tribunais, 1996.

____; Nery, Rosa Maria de Andrade. *Comentários ao Código de Processo Civil*, 1 ed., 2ª tiragem, São Paulo: RT, 2015.

NEVES, Daniel Amorim Assumpção. *Manual de direito processual civil*. 8 ed., Salvador: Juspodivm, 2016.

____. *Preclusões para o juiz*: preclusão *pro iudicato* e preclusão judicial no processo civil. São Paulo: Método, 2004.

PEREZ, Marcela Melo. Comentários aos arts. 687 a 692 e 700 a 702. In: Cabral, Antonio do Passo; Cramer, Ronaldo. (Org.). 2 ed., rev., atual. e ampl., *Comentários ao novo Código de Processo Civil*. Rio de Janeiro, Forense, 2016, p.1001-1005 e 1011 a 1017.

PINHO, Humberto Dalla Bernardina de. *Manual de direito processual civil contemporâneo*. São Paulo: Saraiva Educação, 2019.

PROTO PISANI, Andrea. Appunti sulla tutela somaria (note *de iure conditio* e *de iure condendo*). *I processi speciali*: studi offerti a Virgilio Andrioli dai suoui allievi. Napoli: Jovene, 1979, p. 309-360.

____. Giusto processo e valore della cognizione plena. *Rivista di Diritto Civile*. Padova. v. 48. n. 2. p. 265-80, 2002.

PUGLIESE, Giovanni. Giudicato civile (diritto vigente). *Enciclopedia del diritto*. Milano: Giuffrè, 1969. v. 18, n. 15, p. 785-893.

REDENTI, Enrico. *Diritto processuale civile*. Milano: Giuffrè, 1954. v. 3.

RICCI, Gian Franco *Diritto processuale civile.* 4ª ed., Turim: Giappichelli, 2013, v.3.

RICCIO, Biagio; Riccio, Clara Letizia. E l'Europa ha messo in discussione il giudicato: commento alla sentenza delle Sezioni Unite del 6 aprile 2023, n.9479. In: "Le Monografie de Le Controversie Bancarie" del Centro Anomalie Bancarie n. 37.

SALVADOR, Antonio Raphael Silva. *Do procedimento monitório*. São Paulo: Juarez de Oliveira, 2003.

SASSANI, Bruno. *Lineamenti del processo civile italiano.* 6. ed. Milão: Giuffrè Editore, 2017.

SCARPINELLA BUENO, Cassio. *Curso sistematizado de direito processual civil,* 7 ed. rev. e atual, São Paulo: Saraiva, 2014, v. 2, t. 2.

SICA, Heitor Vitor Mendonça. Comentários aos arts. 701 e 702. In: *Comentários ao Código de Processo Civil.* v.10. Marinoni, Luiz Guilherme (dir.). Arenhart, Sério Cruz; Mitidiero, Daniel (coord.). 3 ed. São Paulo: Thomson Reuters Brasil, 2021.

____. *Preclusão processual civil,* 2 ed. rev e atual., São Paulo: Atlas, 2008.

____. *Cognição do juiz na execução civil.* São Paulo: RT, 2017.

SOARES, Rogério Aguiar Munhoz. *Tutela jurisdicional diferenciada*: Tutelas de urgência e medidas liminares em geral. São Paulo: Malheiros, 2000.

SOUZA, André Pagani de. Comentários aos arts. 701 e 702. In: Comentários ao código de processo civil. v.3. Cassio Scarpinella Bueno (coord.). São Paulo: Saraiva, 2017.

TALAMINI, Eduardo. *Coisa julgada e sua revisão,* São Paulo: RT, 2005.

____. *Tutela monitória:* a ação monitória - Lei 9.079/95. 2ª ed.. São Paulo: RT, 2001.

THEODORO JR., Humberto. *Curso de direito processual civil,* 59 ed., rev atual. ampl., Rio de Janeiro: Forense, 2018, v.2.

____. A ação monitória e a reforma do Código de Processo Civil, *Reforma do Código de Processo Civil.* Teixeira, Sálvio de Figueiredo (coord.). São Paulo: Saraiva, 1996.

TOMEI, Giovanni. Cosa giudicata o preclusione nei processi sommari ed esecutivi. *Rivista Trimestrale di Diritto e Procedura Civile.* Milano. v. 48. n. 3. p. 827-861. 1994.

VASCONCELOS, Ronaldo. Comentários aos arts. 700 a 702. In: Wambier, Teresa Arruda Alvim; Didier Jr., Fredie; Talamini, Eduardo; Dantas, Bruno. (Org.). *Breves comentários ao novo Código de Processo Civil.* 2 ed., rev. e atual., São Paulo: RT, 2016.

VERDE, Giovanni; Capponi, Bruno. *Profili del processo civile,* ristampa, Napoli, Jovene, 2006, v.3.

WAMBIER, Teresa Arruda Alvim; Talamini, Eduardo. *Curso avançado de processo civil,* Curso Avançado de Processo Civil. 16. ed. São Paulo: Editora Revista dos Tribunais, 2016. v. 4.

WATANABE, Kazuo. *Cognição no processo civil,* 4 ed., São Paulo: Saraiva, 2012.

AS RAÍZES HISTÓRICAS DA FUNÇÃO INTEGRATIVA DOS RECURSOS EXTRAORDINÁRIOS NA LONGÍNQUA *SOPRICAÇÃO* LUSITANA

Ícaro José Moura Sili

1. Introdução

Importante elemento de expressão do poder estatizado é aquele atinente à administração da justiça oficial, pública, como manifestação da jurisdição, da empregabilidade das normas vigentes conforme a vontade interpretativa dos órgãos constituídos.

Para tanto, todavia, é de se rememorar que a evolução da distribuição e exercício da administração da justiça perpassa por fases em que os litígios deixam de ser resolvidos mediante transação entre as partes, ou, quando inviabilizado o acordo, através da chamada "vingança privada".

Muito embora essa rústica fase, conhecida como auto-tutela, ainda persista regularizada nos sistemas modernos, acrescida de outras formas de composição (*v.g.* arbitragem), inegável a evolução que determinou a monopolização da administração e distribuição da justiça pelo ente estatal, como instrumento de legitimação do poder que emana dos atos e fatos constituintes do sistema jurídico posto.

Fato é que até alcançarmos o atual grau de complexidade social e jurídica, com o Poder Judiciário monopolizando a função jurisdicional oficial, deve-se ter em mente que tal função trata-se, no fundo, de manifestação do poder estatal, o qual por sua vez encontra raiz e influência desde as fontes romanas e, com mais destaque ainda, na evolução do sistema lusitano.

2. Os influxos do direito anglo-saxão e do direito lusitano sobre os recursos especial e extraordinário

Considerando o objetivo do presente trabalho de se traçar paralelo entre o atual Recurso Especial brasileiro e suas origens no direito lusitano, mais especificamente na *sopricação*, conforme será melhor delineado em tempo, todavia deve-se destacar valiosa a contribuição anglo-saxônica, até mesmo para a sedimentação das funções do referido remédio.

Nesse ínterim, a notável TERESA ARRUDA ALVIM WAMBIER enfoca exatamente essa contribuição de origem inglesa através do *"writ of error"*, que foi desenvolvido como lei costumeira, cuja finalidade era corrigir erros emanados de uma corte inferior. Também pelo costume, este recurso passou às colônias no continente americano.[1]

Com a criação da Federação norte-americana (1767), o *"writ of error"* passou a ter por escopo manter a unidade do Direito federal e a supremacia da Constituição Federal dos Estados Unidos, tendo sido traduzido em lei em 1789, no art. 25 do *"Judiciary Act"*. Tal função foi bem traduzida por WAMBIER que aproveitou para traçar o liame com nosso Recurso Especial, vejamos:

> *"No federalismo americano há, portanto, uma dualidade de ordens jurídicas: a dos Estados e a Central, existindo equilíbrio entre elas. A competência legislativa dos Estados Federados é residual, sendo a do Governo central fixada especificamente.*
>
> *O inexorável dos conflitos entre os dois planos normativos gerou a regra da supremacia das leis emanadas do Governo central, estando todos os Estados a estas submetidos. É função da Suprema Corte Americana controlar o respeito a estas competências, por meio do* writ of error, *criado em 1789, resultando, deste controle, o equilíbrio do regime federativo.*
>
> *Portanto, o* writ of error *'paira acima da controvérsia entre as partes', assim como nossos recursos extraordinário e especial."*[2]

1 WAMBIER, Teresa Arruda Alvim. RECURSO ESPECIAL, RECURSO EXTRAORDINÁRIO E AÇÃO RESCISÓRIA. 2ª ed. São Paulo: RT, 2008. p. 243

2 WAMBIER, Teresa Arruda Alvim. RECURSO ESPECIAL, RECURSO EXTRAORDINÁRIO E AÇÃO RESCISÓRIA. 2ª ed. São Paulo: RT, 2008. p. 243

Desse excerto observa-se que a função emprestada ao *writ of error*, e que por certo alcançou o Recurso Especial, era de cunho muito mais político que jurídico propriamente dito, notadamente em se tratando do início da fase de implementação do Federalismo. De modo que visava sobretudo legitimar a norma federal frente as normas hierarquicamente inferiores, mais até do que simplesmente revalorar um juízo de justiça *in concreto*.

Por essas características tão específicas, e até mesmo novas ao sistema jurídico de outrora, esses meios de impugnação passaram a ser rotulados como recursos de índole extraordinária. Nesse ponto, inclusive, é o ensinamento de RODOLFO CAMARGO MANCUSO, para quem:

> *"alguns recursos têm uma forma menos rígida; são dirigidos a Tribunais locais ou regionais; não apresentam exigências específicas quanto à sua admissibilidade; comportam discussão da matéria de fato e de direito; e a mera sucumbência (=fato objetivo da derrota) basta para deflagrar o 'interesse' na sua interposição. A esses podemos chamar 'comuns', 'normais' ou 'ordinários', conforme a terminologia que se prefira. Naturalmente, os 'outros recursos' que, ao contrário desses, apresentam umra rigidez formal de procedibilidade; são restritos às 'questiones iuris'; dirigem-se aos Tribunais da cúpula judiciária; não são vocacionados à mera 'injustiça' da decisão (...), esses ficam bem sob a rubrica de 'especiais', 'excepcionais' ou 'extraordinários'."*[3]

E o Recurso Especial, bem como o Extraordinário, ao contrário, v.g, do recurso de apelação cível, são classificados como recursos extraordinários *lato sensu* ou excepcionais, em razão das peculiaridades próprias que os distinguem das demais espécies recursais, mormente em se considerando sua específica funcionalidade e alguns destaques: *(i)* não admitir o reexame da matéria fática (Súmula 7/STJ), sendo específico ás *questiones iuris*, e daí propugnar pela estrita aplicação e defesa da norma à espécie; *(ii)* ser dirigido a um tribunal de cúpula (Superior Tribunal de Justiça); *(iii)* ter por finalidade principal garantir a correta aplicação da lei federal, e não a proteção explícita do direito subjetivo, vez que, con-

3 MANCUSO, Rodolfo de Camargo. *RECURSO EXTRAORDINÁRIO E RECURSO ESPECIAL*. 10ª ed. São Paulo: RT, 2007. (Recursos no Processo Civil; 3)

forme assinalou o ANTÔNIO DE PÁDUA RIBEIRO, *"a sua função precípua é dar prevalência à tutela de um interesse geral do Estado sobre os interesses dos litigantes"*[4]; *(iv)* ter o juízo de admissibilidade bipartido, ou seja, exercido pelos tribunais de justiça dos Estados ou pelos tribunais regionais e pelo Superior Tribunal de Justiça; *(v)* ter o âmbito de devolutividade restrito às matérias discriminadas no art. 105, III, da Constituição Federal, constituindo recurso de fundamentação vinculada; *(vi)* ter os fundamentos para sua admissibilidade previstos na Constituição Federal e não no Código de Processo Civil; *(vii)* exigir para sua admissibilidade, além da sucumbência, a existência de uma questão federal.

Em que pese a função técnico-dogmática atinente à propugnada expressão de que o Recurso Especial tem por escopo garantir a integridade do direito infraconstitucional, uniformizando sua aplicação, deve-se consignar entretanto que o objeto ora proposto é outro, qual seja a origem da função política emprestada à manifestação dos detentores do poder frente instrumentos de irresignação utilizados por aqueles que se viam prejudicados pelas primeiras decisões jurisdicionais.

Como será analisado a seguir, o presente trabalho busca origens do nosso Recurso Especial e Extraordinário ainda mais remotas ao *writ of error* anglo-saxão, encontrando nos primeiros tempos da monarquia lusitana relevantíssimos padrões que futuramente vieram a ser incorporados a cultura jurídica que se formaria na colônia portuguesa em terras americanas.

Padrões esses que também reverberam o caráter político, como instrumento de consolidação do poder central, exercido pelo rei, do que um mero reajuste da distribuição da justiça ao litígio posto à apreciação.

Rememorando a premissa fixada de que a evolução social e jurídica motivou que a administração e distribuição da justiça fosse encargo assumido pelo Estado-juiz, tais circunstâncias não foram menos vivenciadas pela história portuguesa, que, consequentemente, influenciaram de forma decisiva a sistematização jurídica brasileira.

Fato é que com a evolução e organização da sociedade portuguesa após as guerras de reconquista (séculos XI e XII) e com a notória influência exercida pelo reino de Leão e Castela em toda a península ibérica mediante a forte herança do direito visigótico por parte de suseranos da

4 RIBEIRO, Antônio de Pádua. *FUNÇÃO DO RECURSO ESPECIAL.* Revista Forense vol 309. Rio de Janeiro: Forense.

região que buscavam a manutenção do poder que exerciam em suas terras e posteriormente a influência também do direito canônico cujas fontes romanas passaram a dominar as esferas acadêmica e negocial que se formavam, a ordem jurídica passa a se centralizar na figura do monarca (detentor do monopólico legislativo).[5]

Nesse ínterim, o então rei de Leão e Castela, Afonso X, determinou a elaboração de instrumentos legislativos para harmonizar as regras de aplicação local até então dispersas em vários *fueros*. A finalidade, portanto, era unificar o direito do reino, e foi concluído em 1263, sendo conhecido como *Siete Partidas*, passando todavia a ter força de lei preeminente ao direito local apenas em 1348.[6]

Dessa forma, flagrantemente influenciado pela posição geográfica para com o reino de Leão e Castela, o processo de evolução português também determina o fortalecimento do poder real, notadamente com D. Dinis quando então se prestigiou o direito comum de fonte canônico-romana face ao direito consuetudinário.[7]

Em resumo, afirmam CRUZ E TUCCI e AZEVEDO:

> *"Nessa época mais remota, existia, de um lado, o direito posto, formado pelas leis gerais, que era mais erudito e de aplicação restrita; de outro, o direito costumeiro, popular, fortalecido entre os escombros do estado visigótico, porque era o único capaz de andar de boca a boca, era o único que atendia às exigências espontâneas das classes menos favorecidas da população.*
>
> *(...)*
>
> *Por força,desta divisão em categorias estanques [de classes sociais], também o procedimento das causas veio diversificar-se, conforme a qualidade das pessoas que nelas se envolviam: havia, pois, o processo das placita, conduzido perante a Cúria Régia e, em contrapartida, o processo que se desenrolava junto aos tribunais municipais."*[8]

5 AZEVEDO, Luiz Carlos de. Introdução à história do direito. 2ª ed. São Paulo: RT, 2007. p. 130/132 e 139.

6 *Op.cit.* nota n.5 p.133.

7 AZEVEDO, Luiz Carlos de., e COSTA, Moacir Lobo da. *Estudos de história do processo: recursos.* Osasco: FIEO, 1996.p.147.

8 TUCCI, José Rogério Cruz, e AZEVEDO, Luiz Carlos de. *Lições de história do processo civil lusitano.* São Paulo: Revista dos Tribunais, 2009. p. 211/212.

Naquela época de domínio do direito costumeiro, a vida jurídica girava em torno de conselhos locais, onde privilegiados se reuniam para atender aos interesses da comunidade, dentre eles a solução de impasses por parte dos senhorios.[9]

Por sua vez, o rei presidia a chamada Cúria Régia, onde, juntamente com assessores, debatia as causas que envolviam a nobreza, podendo ser provocado excepcionalmente através das chamadas *querimas* e *querimonias*[10] contra a atuação dos juízes locais (*"juízes da terra"*), mesmo porque as sentenças proferidas por estes eram tidas por irrecorríveis.

Ademais, com a transposição do poder legislativo também para as mãos do rei, regras procedimentais e organizacionais, além de limitações de prerrogativas e privilégios aos nobres passaram a colaborar com a centralização do poder.[11]

No âmbito das Ordenações Afonsinas, já se regulavam as competências dos tribunais (dentre eles a Casa de Justiça da Corte que deambulava pelo reino, e que era formada por regedor, governador, corregedores, ouvidores, além da Casa do Cível fixada em Lisboa para julgamento de recursos de juízes localizados à mais de 5 léguas de distância da corte, e que era formada pelos ditos *sobrejuízes*), órgãos de cúpula e magistrados. Regulamentações que se mantinham também nas Ordenações Manuelinas (com a Casa do Cível e a Casa da Suplicação), e nas Filipinas

9 Op. cit. nota. 8. p. 44.

10 Op. cit. nota 5, p. 134/135.

11 Eis como bem descrevem CRUZ E TUCCI e AZEVEDO: *"Mais tarde, quando as leis gerais passam a ser editadas pelos monarcas, elas irão distinguir estes aspectos, determinando quem devia ser citado perante a Cúria Régia e quem, por outro lado, desfrutava da prerrogativa de chamar o adversário para responder ao processo perante aquele órgão.(...) Aduz-se que os monarcas portugueses da primeira dinastia, para firmar o poder soberano no território reguengo, valeram-se das inquirições e confirmações régias, da nomeação dos juízes de fora-parte, isto é, estranhos ao concelho da terra, e das concordatas com o clero. Com estas providências, limitaram-se as honras e imunidades das classes privilegiadas, ficando centralizadas, tanto quanto possível, a administração do reino e a distribuição da justiça nas mãos do monarca. (...) Nesses primeiros textos legais, dentre outras intervenções, estabeleceu D. Afonso II juízes em todo o reino; proibiu a vindita aos ofendidos, uma vez dada fiança pelo ofensor; determinou que a execução e penhora se fizessem pelo porteiro e tão-só sobre devedor e fiador; cominou pena para quem tornasse a demandar depois de já alcançada sentença definitiva (Livro das Leis e Posturas, 9, 11, 12 e 15)" (Lições de história do processo civil* lusitano. São Paulo: Revista dos Tribunais, 2009. p. 212/213).

(com a Casa da Relação do Porto e novo regulamento para a Casa da Suplicação).[12]

Eis aí, portanto, o germe lusitano do processo como instrumento de se levar ao detentor do poder aqueles litígios a serem resolvidos; ou seja, tem-se aí o notório elemento de potencialização da função política mediante manifestação do poder sob a via do processo jurisdicional de então.

Vê-se assim que aquela idéia primária de que cabia às partes a solução do conflito sem intervenções externas passa a ceder espaço à atuação cada vez mais autoritária exercida por terceira pessoa, quem sejam os detentores do poder.[13]

2.1. Recursos como forma de controle e de imposição do poder: obediência à vontade suprema do rei.

Importante passagem da obra de JOSÉ ROGÉRIO CRUZ E TUCCI e LUIZ CARLOS DE AZEVEDO dá conta suficiente acerca da real finalidade de se oportunizar a revisão de decisões dos "juízes da terra", pois: *"a origem dos recursos, propriamente ditos, pressupõe a existência de uma organização judiciária hierarquizada. A possibilidade de revisão da sentença surge, assim, não como um direito da parte vencida, mas, na verdade, como exigência de afirmação do poder do soberano"*[14].

É nítido, portanto, o aspecto político da nova ordem que passara a ser implementada e consolidada na corte portuguesa.

Ocorre, todavia, que a implementação efetiva dessa nova sistemática sofreu resistência pela nobreza apegada à tradição dos costumes até então vigente. Assim, se por um lado, no século XIII, a monarquia busca-

12 op.cit. nota 8 p. 213/220.

13 Nesse sentido, CRUZ E TUCCI e AZEVEDO: *"O desenho 'duelístico' da primitiva noção de processo é, aos poucos substituído por uma concepção autoritária, ou seja, à visualização do processo como instrumento de lita entre potenciais litigantes, haveria de substituir-se a ideia do processo como instrumento de investigação da verdade e de distribuição da justiça. A partir do momento em que passa a ser reprimida a justiça pelas próprias mãos é que o processo vem reconhecido como técnica idônea para obter a satisfação de direito por atuação de autoridade."* (*Lições de história do processo civil* lusitano. São Paulo: Revista dos Tribunais, 2009. p.199).

14 TUCCI, José Rogério Cruz e, e AZEVEDO, Luiz Carlos de. *Lições de história do processo lusitano.* São Paulo: Revista dos Tribunais, 2009. p.200.

va a centralização do poder, por outro lado os suseranos se esforçavam em manter seus privilégios[15].

Para dar efetividade à centralização, a monarquia valeu-se então de monopolizar o exercício da jurisdição, e assim controlar a administração e distribuição da justiça no reino. Para tanto, o rei nomeava juízes para finalmente submeter *"os seus súditos ao império de uma só e única lei"*, como expresso por WALDEMAR FERREIRA[16], e autorizava as ditas *querimas e querimonias* para controle das decisões dos juízes locais.

Vale notar, todavia, que tais procedimentos não se confundiam com o recurso da *appelatio* romana, embora a existência de flagrante influência das fontes comuns introduzidas pelo direito canônico como salientado alhures.[17]

De fato, a apelação no direito lusitano ocorreu apenas em 1254 por lei de D. Afonso III que permitia a interposição do recurso perante um "*sobrejuiz*" contra sentenças dos juízes locais, sendo que, mais tarde, em 1302, já sob o reinado de D. Dinis, foi determinada a regra da inapelabilidade das decisões dos juízes delegados pelo monarca, autorizando-se tão somente exceção mediante pagamento aos cofres públicos para se apresentar *"sopricação"* ao rei. Regra essa que foi flexibilizada em 1316, admitindo-se novamente a apelação contra as sentenças dos juízes, para novamente, agora já no reinado de D. Afonso IV, estipular nova vedação à recorribilidade das sentenças interlocutórias (não definitivas)[18].

Finalmente as Ordenações Afonsinas introduzem definitivamente a *sopricação* como recurso contra as sentenças definitivas ou interlocutórias com força de definitivas proferidas pelos *sobrejuízes* em grau de apelação. Já das decisões interlocutórias simples, em não havendo retratação após manifestação da parte, o interessado poderia solicitar a extração de *estormento* para levar o caso ao conhecimento do rei (eis aí a origem do recurso de agravo). E das decisões baseadas em falsas provas ainda se admitia outros remédios: a *revista de justiça,* ou a *revista de graça especial* - esta a critério exclusivo do rei.[19]

---

15 op.cit. nota 8 p. 201.

16 FERREIRA apud TUCCI e AZEVEDO. *Lições de história do processo civil lusitano,* 2009. p. 202.

17 AZEVEDO, Luiz Carlos de. *Origem e introdução da apelação no direito lusitano.* São Paulo: FIEO, 1976p. 76 e 104.

18 Op.cit. nota 17, p. 109.

19 Op.cit nota 8, p. 204/205.

Com as Ordenações Manuelinas e com as Filipinas continuava sendo admitida a apelação das sentenças definitivas ou com força de definitiva dadas por juízes locais e *o agravo ordinário (sopricação)* quando proferidas *pelos sobrejuízes.* Se introduz ainda, formalmente, a figura dos *agravos de petição, de instrumento e nos autos* para atacar as interlocutórias simples (inclusive quando tomadas por sobrejuízes).[20]

Vê-se, portanto, sempre a ingerência do rei com relação às regras aplicáveis aos processos, notadamente quanto a última manifestação do *iter* procedimental, possuindo assim amplo controle jurisdicional, e, consequentemente, determinando de perto a aplicação do seu direito ao seu reino. Ou, ao menos, tentando fazê-lo em contrapartida às inquietações das mais elevadas castas sociais (nobreza e clero, em destaque) na busca de manterem seus privilégios.

2.2. A delegabilidade das funções jurisdicionais, e a (ir)recorribilidade das decisões. Mecanismos para manifestação do poder pelo rei.

Fato é que, diante da evolução social e jurídica do reino português, uma das primeiras consequencias é justamente a elevação de litígios submetidos ao crivo do soberano, num primeiro momento, para posteriormente haver inclusive a delegação dessa função aos *sobrejuízes*, os quais passavam a gozar da atribuição de apreciarem as irresignações suscitadas em face das sentenças dos *juízes da terra,* juízos locais.[21]

Para esse desiderato primário, o mecanismo empregado foi a recepção do instituto da apelação através de lei de D. Afonso III, em 1254 e em 1261, a qual era remetida à corte em até 30 dias juntamente com a decisão recorrida que era extraída pelo tabelião ou escrivão. Vale notar inclusive que, na hipótese de obstáculo por parte dos juízes locais em disponibilizarem as razões decisórias, eram previstas sanções[22], o que mais uma vez denota o tendência centralizadora por parte do rei, notadamente utilizando dos instrumentos recursais para sedimentar sua vontade final travestida do monopólio da jurisdição.

20 Op.cit. Nota 8, p. 206/209.

21 Op.cit. Nota 8, p. 228.

22 Ibid nota 17.

Esse poder emanado do rei encontra eco e reverberação em lei de 1282, sob o reinado de D. Dinis, mediante determinação de que a apelação fosse dirigida diretamente ao soberano.[23]

Nesse momento das Ordenações Afonsinas, a apelação era cabível em face de sentenças definitivas e interlocutórias com força de definitivas. Além de atacar também atos extrajudiciais, e deveria haver condenação mínima de 10.500 libras. Porém, deve-se destacar a ocorrência de retrocesso diante de excepcional autorização para que os *senhores* locais pudessem exercer o poder de julgar recursos dentro de seus territórios.[24]

Outra importante manifestação de D. Dinis ocorreu em 1302, quando *"reconhecendo o grande e reputado saber jurídico dos sobrejuízes e ouvidores, introduz a inapelabilidade das sentenças por eles proferidas, mas estabelece, mediante o recolhimento de 500 soldos aos cofres públicos, a possibilidade de a parte interpor sopricação ao rei"*.[25]

Aqui, é de se notar um claro interesse político por parte do soberano, que: se por um lado afagava seus *sobrejuízes* mediante a delegação de poder para apreciarem apelações e mediante a vedação de novas apelações dessas decisões já decididas em grau de recurso e assim possibilitava um controle político junto à nobreza; por outro lado, então, instituía *a sopricação* buscando manter íntegro e concentrado em suas mãos a última palavra nem tanto para a solução de litígios, mas, sobretudo, para evidenciar que é dele, do rei, que emana o poder de definir e aplicar as leis em seu reino. Um nítido recado de que continuava monopolizando a distribuição da justiça, portanto.

Nesse desiderato, a *sopricação* atacava as decisões definitivas ou interlocutórias emitidas pelos *sobrejuízes*, sendo dirigida ao rei, e fundamentava-se não necessariamente na justiça da decisão do *sobrejuiz* como se tentando fazer valer um determinado direito, mas sim na busca junto à autoridade superior (o soberano) da manifestação de sua própria vontade pessoal frente a específico litígio.[26]

Eis aí, na *sopricação*, inclusive, o germe dogmático para o que hoje se chamam recursos de índole extraordinária de fundamentação vinculada, mais especificamente o Recurso Especial e Recurso Extraordinário

23 Op. cit. nota 17, p. 107.

24 Op. cit. nota 17, p. 112.

25 Op. cit. nota 8, p. 237/238.

26 Ibid nota 25.

brasileiros, dado que a pretensão recursal nessas espécies é sobremaneira a defesa do direito in abstrato do que remodelar a justiça da decisão recorrida.

Todavia, diante de um magistral aumento de demandas que não se desenvolviam com a celeridade almejada, D. Afonso IV determinou então a irrecorribilidade contra as decisões interlocutórias[27], ressalvando assim os recursos tão-somente para impugnar sentenças definitivas.

As Afonsinas chegaram a estabelecer dupla competência para as *sopricações,* que podiam ser dirigidas ao rei ou à Casa de Justiça da Corte desde que a lesão fosse superior a 1.500 réis ou superior a 100.000 libras e mediante recolhimento de 25 libras, ou ainda à Casa do Cível em caso da lesão chegar a 100.000 libras.[28]

Pois bem, em seguida, através das Ordenações Manuelinas, aquelas apelações poderiam ser apreciadas então pelos tribunais do reino: a Casa do Cível, e a Casa da Suplicação, dependendo da natureza da causa e da distância para o juiz que proferiu a decisão recorrida[29].

Quanto à *sopricação,* nas Manuelinas, passa a ser denominado como *agravo ordinário,* sendo utilizada em face de decisões definitivas ou com força de definitivas por parte dos sobrejuízes, mantendo a inteligência quanto ao processamento previsto nas Afonsinas com pequenas alterações quanto a alçada. O mesmo ocorrendo nas Filipinas.[30]

Especificamente quanto a estas (Ordenações Filipinas), de ver está que tiveram importante papel para o que veio a se tornar hoje os recursos extraordinários, no Brasil, justamente por ter servido de veículo daquele intróito (*sopricação* ou *agravo ordinário*) que mais objetivava a última manifestação por parte de quem detinha o poder a fim de assegurar, por derradeiro, a unidade normativa.

---

27 *Ibidem.*

28 Op.cit. nota 8 p. 239/240.

29 *"Se a sentença fosse proferida em lugar próximo ao tribunal competente (3.55.pr.), o juiz assinava termo às partes e mandava o escrivão remeter os próprios autos aos sobrejuízes ou ouvidores. Se, pelo contrário, o tribunal estivesse distante, o apelante tinha o prazo de 30 dias, ou ainda um lapso menor, para providenciar o traslado do recurso (3.53.5 e 6)." (TUCCI e AZEVEDO. Lições de história do processo civil lusitano,* 2009. pág. 233)

30 *Ibid* nota 28.

3. Consolidação dos recursos extraordinários como manifestação do poder estatal para manutenção da higidez normativa

Por certo, é notória a reprodução do que se observara quanto a função da *sopricação* portuguesa também na colônia brasileira, por certo, alcançando assim toda a evolução do arcabouço recursal desenvolvido com os diplomas adjetivos que vigeram no Brasil – repercussão esta que desagua no arcabouço inaugurado pela Constituição Federal de 1988 e sedimentado no Código de Processo Civil.

Nesse ínterim, rememora-se que desde a promulgação da Constituição Federal de 1988, estabeleceu-se o destrinchamento da antiga atuação do Supremo Tribunal Federal em virtude da criação do Superior Tribunal de Justiça. Pois, até aquele marco, o Supremo Tribunal Federal reunia a função de ser o último intérprete dos preceitos normativos constitucionais, bem como de normas infraconstitucionais. Após a Constituição Federal de 1988, então, houve verdadeiro desdobramento daquela competência originária, quando as questões infraconstitucionais de direito federal passaram a abarcar a estrita atuação do recém-criado Superior Tribunal de Justiça, mantendo-se sob a competência do Supremo Tribunal Federal tão-somente a interpretação de normas de índole constitucional.

Para tanto o ordenamento prevê instrumentos típicos para a atuação nessas duas vertentes, respectivamente o Recurso Especial e o Recurso Extraordinário, espécies dos chamados "recursos de estrito direito". Recursos que se distinguem daqueles classificados como "ordinários", pois visam atender muito mais a um escopo de viés público que puramente particular.

Os recursos ordinários, notadamente, atendem muito mais à irresignação material da parte prejudicada por provimento jurisdicional anterior, prestando-se a busca uma reanálise de fatos e argumentos para que haja a redistribuição da sucumbência. Trata-se de uma visão mais individual.

Por sua vez, os recursos de estrito direito possuem propósito de garantir unidade e proteção do preceito normativo que incide no caso concreto. Trata-se de uma atuação mais objetiva, em prol da defesa da lei em sentido estrito, e não necessariamente de uma ou outra parte.

Nesse sentido, Calamandrei identifica uma dupla função do instrumento recursal dirigido às cortes superiores: uma de defesa do direito objetivo (*"nomofilachia"*), e outra de unificação da interpretação desse direito objetivo[31], que importa na *"unificação da jurisprudência"*.

Compartilhando desse entendimento, Vescovi reconhece a existência de um verdadeiro caráter político dessas espécies recursais:

> La primera finalidad, no hay duda, es la correcta aplicación de la ley em los fallos judiciales; com ello se busca el imperio de la seguridad jurídica y la igualdad de los ciudadanos ante la ley y la defensa de la supremacia del órgano legislativo. Esta función perfila el carácter político Del recurso y su natureza constitucional, como surge de las fuentes romanas (ius constitutiones) y en algunos Estados modernos.[32]

Já De La Rúa, por sua vez, lançou luzes sobre aquela outra função unificadora:

> *El recurso de casación, com su particular característica de limitar el reexamen a lãs solas cuestiones de derecho, brinda la possibilidad de favorecer, mediante uma regulación precisa que tende a la centralización, la unificación del derecho y de la interpretación jurisprudencial.*[33]

De qualquer modo, não se pode dizer que os recursos excepcionais possuam fins exclusivamente públicos, pois também possuem certo viés privado. Nesses termos, ressalto as considerações feitas por Marcos André Franco Montoro:

> Apesar de ficar patente um certo confronto entre os fins públicos e o fim privado – já que os primeiros têm como consequência limitar o acesso aos órgãos de cume e o segundo valorizar a ampliação do acesso às Corte Superiores – o sistema processual foi estruturado de maneira a tentar obter uma

31 CALAMANDREI, Piero. "La cassazione civile". vol. II, in "Opere Giuridiche". Napoles: Morano, 1979. p. 33/ss e 57/SS.

32 VESCOVI, Enrique. "Los recursos judiciales y demás medios impugnativos en Iberoamerica". Buenos Aires: Depalma, 1988. p. 238.

33 LA RÚA, Fernando de. *"El recurso de casación em el derecho positivo argentino".* Buenos Aires: Victor P. de Zavalia – Editor, 1968. p. 40.

> cooperação entre as duas funções. Por isso, é possível afirmar que os fins públicos e privados dos recursos excepcionais complementam-se, inclusive pelo fato de que se trata da participação do privado na atuação de um objetivo público. A distribuição da justiça é efetuada de modo muito mais eficiente quando existe órgão de cume que – através do impulso privado – possa tanto realizar a proteção do ordenamento jurídico quanto proporcionar a unificação da jurisprudência.
> Desse modo, alcançam-se duas conclusões, que se complementam como duas faces da mesma moeda: a) o interesse público, de buscar a correta interpretação da lei e a uniformização da jurisprudência, somente é alcançando quando o interesse privado leva à apresentação do recurso excepcional; e b) o interesse privado somente é relevante, para possibilitar a interposição do recurso excepcional, quando tem relação com o interesse público".[34]

Em atenção a essa dicotomia entre os interesses públicos e privados, é prudente tecer alguns comentários a respeito das diferentes teses doutrinárias que defendem a preponderância do *ius litigatoris* ou do *ius constitutionis* na fixação das funções dos Tribunais Superiores.

A função privada, conexa ao *ius litigatoris* e também chamada por alguns de função *dikelógica*[35], é aquela voltada ao direito subjetivo da parte de buscar a justiça da decisão, resguardando-se a adequada aplicação do direito. Para aqueles que defendem ser essa a função principal dos Tribunais superiores, argumentam que representaria a garantia de acesso à justiça, na medida em que permitiria a correção de injustiças praticadas pelas instâncias inferiores.

Elucidando melhor essa visão doutrinária, transcrevo trechos do raciocínio de Guilherme Recena Costa:

> Levando a concepção adiante, os autores defendem que os Tribunais de cúpula devem levar em consideração não ape-

34 MONTORO, Marcos André Franco. *Requisitos de admissibilidade do Recurso Especial.* São Paulo: Faculdade de Direito da Universidade de São Paulo, 2005. P. 53.

35 DANTAS, Bruno. *Repercussão Geral: perspectivas histórica, dogmática e de direito comparado: questões processuais.* 2. tir. São Paulo: Editora Revista dos Tribunais: 2008. P. 66 e ss.

> nas os "grandes temas", mas as questões "menores" ligadas especificamente ao interesse dos recorrentes. Pouco importa, assim, a transcendência ou repercussão geral da questão jurídica neles debatida. A ideia de um filtro ou de outro mecanismo de seleção é fortemente repelida. Argumenta-se que, se as Cortes Supremas não se ocupam de toda a gama de conflitos, não podem cumprir a função nomofilática, já que sua jurisprudência será escassa e de pouco valor, abrindo espaço para dissidências entre as decisões de segundo grau.
> Essa concepção, pois, pode ser assim resumida: para ter um real impacto sobre a sociedade, o Tribunal superior deve julgar o número máximo de casos possíveis, controlando, uma a uma, as insatisfações que possa surgir na aplicação do Direito no país pelos tribunais inferiores. Não sendo assim, permite-se incerteza jurídica e distancia-se o Tribunal dos cidadãos. O ideal de uniformidade não é alcançado por meio de poucos precedentes, mas por meio de um controle retrospectivo abrangente, compreensivo e absoluto sobre as instâncias inferiores.[36]

Já a função pública, encontra-se ligada ao *ius constitutionis,* possui o escopo de concretizar a unidade do Direito, pela nomofilaquia e pela uniformização da interpretação das leis, através da lógica dos precedentes.

No tocante a teoria que defende o papel de *ius constitutionis* das Cortes Superiores, afirma Guilherme Recena Costa que a lógica é a inversa da *ius litigatoris,*

> [...] os precedentes contribuem para a previsibilidade, a segurança jurídica, a uniformização da jurisprudência e a própria credibilidade do Poder Judiciário, podendo-se falar numa *nomofilaquia por meio dos precedentes* (ou seja, numa coordenação entre as funções de controle de legitimidade da decisão recorrida e uniformização da jurisprudência) como espoco ideais dos Tribunais Superiores. Nessa medida, o respeito à lei não é garantido apenas em relação ao caso objeto de jul-

36 COSTA, Guilherme Recena. *Superior Tribunal de Justiça e recurso especial: análise da função e reconstrução dogmática.* São Paulo: Faculdade de Direito da Universidade de São Paulo, 2011. P. 108.

> gamento, mas antes de tudo pelo respeito (*rectius,* pela vinculação) dos demais juízes à interpretação dada pelo Tribunal Superior e pelas decisões tomadas pelos particulares com base no precedente. Os órgãos situados na cúpula do Poder Judiciário não existem apenas para solucionar conflitos jurisdicionalizados, mas também para orientar a sociedade como um todo, sinalizando o modo como as relações intersubjetivas devem ocorrer.
>
> [...]
>
> Mais do que isso, em verdade, o destaque conferido ao *ius litigatoris* pela tese subjetiva conduz à impossibilidade prática de garantir-se a uniformidade. Já se disse, com razão, que a "hipertrofia das leis" conduz à "*distrofia* ou mesmo [à] *atrofia* de muitas delas". O mesmo pode ser dito dos precedentes. Um número excessivo de julgados, além de diminuir a sua autoridade, acaba por afetar a cognoscibilidade do ordenamento, pressuposto dos princípios da igualdade e da segurança jurídica (v., supra §4º). A apreciação de inúmeras e repetitivas questões de menor relevo – prática que ou conduz à reiteração desnecessária ou gera dissidências internar – impede um Tribunal Superior de desempenhar sua função institucional.[37]

Diante dessas funções de destaque, deve prevalecer nas mais elevadas cortes em hierarquia o resguardo da função pública, para não vulgarizar o escopo a que se destinam. Em outras palavras, os tribunais superiores não podem ter sua atividade considerada equivalente àquelas dos tribunais ordinários, de segunda instância, ou seja, não devem atuar como terceira instância na análise de todas as questões que envolvem o mérito da ação. Nesse sentido, destaca Mancuso que,

> [...] o recurso extraordinário e mesmo o especial são remédios excepcionais, isto porque se destinam não propriamente à recomposição da procurada justiça (objetivo a ser perseguido na instância recursal ordinária, onde a devolutividade é ampla, envolvendo fato e direito), mas antes à preservação da 'in-

37 P. 111-112.

teireza positiva' da Constituição Federal ou do direito federal comum, respectivamente.[38]

Por outro lado, impende destacar que todos os atores do processo judicial têm o dever de proteção da lei, do direito objetivo, ou seja, trata-se de uma tarefa coletiva, da qual as Cortes Superiores participam, sempre observando o exercício interpretativo já realizado nas instâncias inferiores.

No que concerne à importante tarefa de unificação da jurisprudência, também conhecido como exteriorização de um caráter paradigmático, é de responsabilidade das Cortes superiores, na medida em que *"somente um órgão situado no cume da organização judiciária pode decidir casos provenientes de toda a nação, e influenciar as instâncias inferiores com o peso moral de suas decisões, ou mesmo com a eventual obrigatoriedade de se seguir o precedente estabelecido pela Corte"*[39].

E é como forma de valorizar, não só a função daqueles órgãos superiores, mas também as atividades que já foram desenvolvidas pelas cortes inferiores, que se sobrelevam inúmeros filtros e obstáculos para que os provimentos jurisdicionais advindos dos julgamentos de recursos de estrito direito sejam efetivamente racionalizados.

Assim, a fim de se dar efetividade à função dos Tribunais Superiores e ao Supremo Tribunal Federal, e, por sua vez, valorizar as decisões proferidas pelos tribunais locais, vemos como imprescindíveis institutos que busquem objetivar a análise do mérito dos recursos de índole excepcional.

Não defendemos, aqui, por óbvio, a criação de obstáculos pelo simples entrave ao acesso aos tribunais superiores. Defendemos, sim, filtros e critérios objetivos para preservação da ordem jurídica posta, da qual denota-se o necessário respeito às funções constitucionais das altas cortes.

Os tribunais superiores, quando no exercício de sua competência recursal excepcional, funcionam como órgãos de superposição, isto é, julgam recursos interpostos em causas que já tenham exaurido todos os graus das Justiças comuns e especiais. O último julgamento proferido pelas cortes excepcionais visa sobrepor àquele dos tribunais locais, no tocante, pura e exclusivamente, à defesa da norma objetivamente pos-

38 MANCUSO, Rodolfo de Camargo. *Recurso extraordinário e recurso especial.* 10ª ed. São Paulo: Revista dos Tribunais, 2007. p. 35

39 MONTORO, Marcos André Franco. *Requisitos de admissibilidade do Recurso Especial.* São Paulo: Faculdade de Direito da Universidade de São Paulo, 2005. P. 48.

ta. Nesse momento, não há mais espaço, nem tempo, para ponderações acerca da justiça, ou injustiça, da decisão. A proteção é ao ordenamento vigente, às normas.

Eis aí, portanto, o viés publicístico dos recursos de estrito direito e das cortes excepcionais. Escopo esse que ganha maior repercussão diante do elevadíssimo influxo de recursos ao Superior Tribunal de Justiça e ao Supremo Tribunal Federal, que abarrotam seus escaninhos e inviabilizam a realização adequada daqueles propósitos uniformizadores e de nomofilaquia.

4. Conclusão

À guisa de conclusão, observa-se que, muito embora os recursos extraordinários tenham notória influência no Federalismo norte-americano, através do influxo proveniente do *writ of error* justamente para defesa das normas de caráter federal frente àquelas de hierarquia inferior fruto de algum dos entes federados, a origem mais remota do recurso encontra raiz na evolução social e jurídica lusitana.

Isso porque dentre as funções dos recursos de índole extraordinária destaca-se justamente aquela que notabiliza tratar da emanação do poder estatal sob a pecha da jurisdição, haja visto que, tanto cá, quanto lá, cabia ao detentor do poder a última palavra quanto à interpretação do direito, independentemente de se preocupar com uma eventual reanálise dos direitos subjetivos invocados ou com a redistribuição da justiça ao caso concreto.

O que se têm, sempre, em ambas hipóteses (desde *a sopricação* até os recursos extraordinários *lato sensu*), é o alçamento da *quaestio juris* à quem detém o poder jurisdicional para este, enfim, resguardar exatamente sua própria autoridade como órgão máximo da administração da justiça, estabelecendo sempre sua vontade circunstancial instrumentalizada pela proteção ao *direito in abstrato.*

Por certo, àquela época, a influência política dos interesses dos soberanos portugueses era evidente frente a uma função de veras integrativa de proteção ao ordenamento jurídico propriamente dito. Circunstâncias tais que reproduziam ainda a insipiência das instituições daqueles tempos.

Com a evolução da cultura jurídica lá e cá culmina-se hoje com a valência superlativa da proteção ao ordenamento jurídico em si, em detrimento de um menor interesse político como ocorria em outros tempos – pelo menos é o que se espera na ordem democrática e republicana.

4. Bibliografia

AZEVEDO, Luiz Carlos de. Introdução à história do direito. 2ª ed. São Paulo: RT, 2007.

___. *Origem e introdução da apelação no direito lusitano. São Paulo: FIEO, 1976*

___., *e COSTA, Moacir Lobo da. Estudos de história do processo: recursos. Osasco: FIEO, 1996*

BARBOSA MOREIRA, José Carlos. Comentários ao código de processo civil.Vol. 5. 17ª ed. São Paulo: Forense, 2013.

BENETI, Sidnei. Unidade de jurisdição e filtros de temas nacionais nos tribunais superiores. In: ZUFELATO Camilo & YARSHELL, Flávio Luiz (org.). 40 anos da teoria geral do processo no Brasil: passado, presente e futuro. São Paulo: Malheiros, 2013.

CALAMANDREI, Piero. "La cassazione civile". vol. II, in "Opere Giuridiche". Napoles: Morano, 1979.

CAPPELLETTI, Mauro; GARTH, Bryant.Acesso à justiça.Porto Alegre: Sergio Antonio Fabris, 1988. 168 p.

CÔRTES, Osmar Mendes Paixão. A objetivação no processo civil. In: WAMBIER, Luis Rodrigues; WAMBIER, Tereza Arruda Alvim (organiz.). Doutrinas Essenciais de Processo Civil. vol. 7. São Paulo: Revista dos Tribunais, 2014.

COSTA, Guilherme Recena. *Superior Tribunal de Justiça e recurso especial: análise da função e reconstrução dogmática.* São Paulo: Faculdade de Direito da Universidade de São Paulo, 2011

DANTAS, Bruno. *Repercussão Geral: perspectivas histórica, dogmática e de direito comparado: questões processuais.* 2. tir. São Paulo: Editora Revista dos Tribunais: 2008.

DINAMARCO, Cândido Rangel. Instituições de direito processual civil. Vol. III. São Paulo: Malheiros, 2001.

JORGE, Flávio Cheim. Teoria geral dos recursos cíveis. 7ª ed. São Paulo: Revista dos Tribunais, 2015.

LA RÚA, Fernando de. *"El recurso de casación em el derecho positivo argentino".* Buenos Aires: Victor P. de Zavalia - Editor, 1968

LEONEL, Ricardo de Barros. Anotações sobre o sistema recursalno Novo Código de Processo Civil. In: GRINOVER, Ada Pellegrini et al. O novo código de processo civil: questões controvertidas. São Paulo: Atlas, 2015.

MANCUSO, Rodolfo de Camargo. Recurso extraordinário e recurso especial. 12ª ed. São Paulo: Revista dos Tribunais, 2013.

___. A resolução dos conflitos e a função judicial no contemporâneo Estado de Direito. 2. ed. rev., atual. e ampl. São Paulo: Revista dos Tribunais, 2014.

MARINONI, Luiz Guilherme. O STJ enquanto corte de precedentes: recompreensão do sistema processual da corte suprema. 2ª ed. São Paulo: RT, 2014.

MONTORO, Marcos André Franco. *Requisitos de admissibilidade do Recurso Especial.* São Paulo: Faculdade de Direito da Universidade de São Paulo, 2005

RIBEIRO, Antônio de Pádua. *FUNÇÃO DO RECURSO ESPECIAL.* Revista Forense vol 309. Rio de Janeiro: Forense.

BRASIL JÚNIOR, Samuel Meira. Justiça, direito e processo: a argumentação e o direito processual de resultados justos. São Paulo: Atlas, 2007.

BUENO, Cassio Scarpinella. Novo Código de Processo Civil anotado. Saraiva, São Paulo: 2015.

TUCCI, José Rogério Cruz, e AZEVEDO, Luiz Carlos de. *Lições de história do processo civil lusitano.* São Paulo: Revista dos Tribunais, 2009

VESCOVI, Enrique. "Los recursos judiciales y demás medios impugnativos en Iberoamerica". Buenos Aires: Depalma, 1988.

WAMBIER, Teresa Arruda Alvim. RECURSO ESPECIAL, RECURSO EXTRAORDINÁRIO E AÇÃO RESCISÓRIA. 2ª ed. São Paulo: RT, 2008.

AÇÃO DE PRODUÇÃO ANTECIPADA DE PROVAS: EXERCÍCIO DO CONTRADITÓRIO COMO FORMA DE COIBIR PRÁTICAS ABUSIVAS DO INSTITUTO

Isabel de Araujo Cortez Cruz[1]

1. Introdução

este estudo tem como objetivo reflexões sobre a ação de produção antecipada de provas, notadamente o efetivo exercício do contraditório e ampla defesa como forma de coibir eventuais abusos na utilização da ação, decorrentes de possíveis lacunas na legislação.

O Código de Processo Civil de 2015 trouxe novo paradigma à produção da prova, inovando em relação ao diploma processual anterior ao desvinculá-la do requisito de urgência e do conflito judicializado, centralizando o debate probatório às partes – e não mais precipuamente ao juiz.

O legislador trouxe à produção antecipada de provas outros objetivos além da comprovação dos fatos suscitados pelas partes, possibilitando àqueles que têm interesse no esclarecimento de determinados fatos, a fim de evitar ou reunir subsídios para ajuizamento de ação, ou, ainda, realizar composição e solucionar conflitos, que façam uso de instrumento específico, sem estar atrelados ao ajuizamento de demanda futura.

Nesse sentido, o artigo 381, do Código de Processo Civil de 2015, elenca três hipóteses de admissibilidade da produção antecipada de provas: (i) quando haja fundado receio de que venha a torna-se impossível ou muito difícil a verificação de certos fatos na pendência da ação, (ii) quando a prova a ser produzida seja suscetível de viabilizar a auto-

1 Mestre em Direito Processual Civil pela FDUSP. Advogada.

composição ou outro meio adequado de solução de conflitos, e, ainda (iii) quando o prévio conhecimento dos fatos possa justificar o evitar o ajuizamento de ação.

O novo diploma trouxe direito autônomo à prova, destinada às partes, que poderão avaliar as chances em eventual processo, mensurar custos, verificar possibilidade de acordo, a fim de decidir se seguirão, efetivamente, com ação[2]. Ao autorizar o uso de instrumento específico, que tem como objeto exclusivo a produção da prova, o legislador alçou-a a papel de destaque, deixando em segundo plano a relação jurídica de material conflituosa, que poderia ensejar disputa judicial de longos anos.

O instrumento parece ter sido, assim, resposta à já conhecida crise de efetividade do processo[3], derivada de longos anos de tramitação pelo Poder Judiciário até sua conclusão, possibilitando às partes que reúnam subsídios – seja por meio de prova documental, pericial ou, ainda, testemunhal –, aptos à avaliação da necessidade, ou não, de iniciarem disputa judicial.

Apesar da importância que a ação de produção antecipada de provas sem os requisitos de urgência exerceu no sistema processual brasileiro, o instituto não é isento de dúvidas. O conteúdo normativo amplo, aliado à previsão de que, no procedimento, não se admitirá defesa ou

2 Conforme Eduardo Talamini: "(...) Mas, modernamente, a disciplina legal, o estudo e a aplicação concreta das ações probatórias são enriquecidos pela constatação – essa sim, bem mais recente – da existência de um direito autônomo à prova.2 Supera-se a noção de que as provas têm por destinatário único o juiz, não dizendo respeito às partes. Reconhece-se que as partes têm, em relação às provas, não apenas uma faculdade estritamente instrumental e interna ao processo, atinente ao exercício da ação e da defesa. Mais do que isso, as partes têm direito à produção ou à aferição da veracidade da prova, antes e independentemente do processo, por uma série de razões: avaliar suas chances efetivas numa futura e eventual disputa litigiosa, estimar os custos de tal disputa, verificar as possibilidades e termos de um possível acordo com o adversário – e assim por diante (...)". (TALAMINI, Eduardo, in PRODUÇÃO ANTECIPADA DE PROVA NO CÓDIGO DE PROCESSO CIVIL DE 2015, Anticipated production of evidence in Civil Procedure Law of 2015 Revista de Processo | vol. 260/2016 | p. 75 - 101 | Out / 2016 DTR\2016\23994).

3 Conforme Rogério Licastro Torres de Mello: "(...) Há décadas os debates jurídico-processuais são guiados pela cantada e decantada crise de efetividade experimentada pelo Poder Judiciário. Pode-se afirmar, sem receios, que a atribuição de maior rendimento à atividade jurisdicional tem sido força motriz de majoritaríssima parte das alterações promovidas na legislação processual civil brasileira ao longo dos últimos 20 anos" (In O Projeto de Novo CPC e a Ação Probatória Não Cautelar. Revista de Processo, Vol. 233/2014, p. 85, jul./2014).

recurso, salvo contra decisão que indeferir totalmente a produção de prova, permitiu desvios no uso da medida.

Em alguns casos, sob a aparente necessidade de direito autônomo de prova, justifica-se a necessidade de obter dados e informações que não guardam pertinência à elucidação dos fatos narrados pelo Requerente, ou, ainda, não há situação a ser esclarecida. Isso em manifesto prejuízo da intimidade, privacidade, honra da parte adversa ou terceiro, dentre outros.

Diante da lacuna legislativa, os Tribunais Pátrios têm sido recorrentemente acionados, e, nos últimos anos, indicaram posicionamentos distintos sobre o limite de cognição do magistrado nas ações de produção antecipada de prova, mas parecem caminhar – corretamente – à interpretação das normas processuais conforme a Constituição, possibilitando o efetivo exercício do contraditório e ampla defesa no procedimento, bem como confirmando a participação ativa do juiz na condução da prova.

Assim, o que se pretende é investigar quais são os limites da produção antecipada de provas, sua utilização indevida por meio da análise de situações concretas e proposição de mecanismos para evitar-se a prática de tais abusos.

2. A ação de produção antecipada de provas no Código de Processo Civil de 2015 e a ampliação da autonomia das partes

No Código Civil de 1973, a produção antecipada de provas estava atrelada ao caráter cautelar e tinha escopo reduzido, voltado às hipóteses de interrogatório da parte, inquirição de testemunha e exame pericial[4]. Ademais, havia o requisito do *periculun in mora,* dependendo,

4 Art. 846. A produção antecipada da prova pode consistir em interrogatório da parte, inquirição de testemunhas e exame pericial. Art. 847. Far-se-á o interrogatório da parte ou a inquirição das testemunhas antes da propositura da ação, ou na pendência desta, mas antes da audiência de instrução: I - se tiver de ausentar-se; II - se, por motivo de idade ou de moléstia grave, houver justo receio de que ao tempo da prova já não exista, ou esteja impossibilitada de depor. Art. 848. O requerente justificará sumariamente a necessidade da antecipação e mencionará com precisão os fatos sobre que há de recair a prova. Parágrafo único. Tratando-se de inquirição de testemunhas, serão intimados os interessados a comparecer à audiência em que prestará o depoimento. Art. 849. Havendo fundado receio de que venha a tornar-se impossível ou muito difícil a verificação de certos fatos na pendência da ação, é admissível o exame pericial. (Lei 5.443, de 11 de janeiro de 1973. Institui o Código de Processo Civil. Diário Oficial da União, Brasília, 17 jan. 1973)

impreterivelmente, da demonstração do risco de não ser possível realizá-la posteriormente.

A ideia, portanto, estava condicionada à premissa de que a prova serviria a um processo principal, e era produzida para um magistrado, julgador da pretensão material deduzida naqueles autos (artigo 132 do Código de Processo Civil de 1973)[5].

Já o Código de Processo Civil de 2015, nos artigos 381 a 383, acrescentou à possibilidade do fundado receio de perecimento da prova as hipóteses de requerê-la sem a necessidade de urgência, para melhor apuração dos fatos. A exclusão da necessidade de demonstração do perigo para antecipação da prova consagrou o chamado direito autônomo à prova, a ser realizada antes da fase instrutoria do processo. Assim, a prova passa a ser o objeto central da medida – e não mais um meio para se chegar a algum resultado no processo.[6]

Supera-se, assim, a premissa de que as provas têm por destinatário o juiz da causa, e não seriam endereçadas às partes. Como bem aduzido por Eduardo Talamini, *"reconhece-se que as partes têm, em relação às provas, não apenas uma faculdade estritamente instrumental e interna ao processo, atinente ao exercício da ação e da defesa. Mais do que isso, as partes têm direito à produção ou à aferição da veracidade da prova, antes e independentemente do processo"*[7]

---

5 "Art. 132. O juiz, titular ou substituto, que concluir a audiência julgará a lide, salvo se estiver convocado, licenciado, afastado por qualquer motivo, promovido ou aposentado, casos em que passará os autos ao seu sucessor"

6 Sobre o tema, Talamini aduz que *"a produção probatória, como elemento adequado para a reconstrução dos fatos pretéritos (passo imprescindível para se definir quais normas incidiram no caso), é uma importante etapa no exercício da função jurisdicional, mas é um meio, e não fim. Isso está bastante ligado à ideia de que a atividade jurisdicional não se destina à mera eliminação de dúvidas hipotéticas, de questões acadêmicas ou de simples fatos. No entanto, em determinadas oportunidades, a prova assume o papel principal. Sua relevância para o processo, somada à necessidade de que uma definição a respeito dela vincule as partes e, em alguma medida, se torne definitiva e imutável, justificam que, uma vez observados determinados pressupostos, a prova se torne o próprio objeto de um processo jurisdicional"* (TALAMINI, Eduardo, in PRODUÇÃO ANTECIPADA DE PROVA NO CÓDIGO DE PROCESSO CIVIL DE 2015, Anticipated production of evidence in Civil Procedure Law of 2015 Revista de Processo | vol. 260/2016 | p. 75 - 101 | Out / 2016 DTR\2016\23994

7 TALAMINI, Eduardo, in PRODUÇÃO ANTECIPADA DE PROVA NO CÓDIGO DE PROCESSO CIVIL DE 2015, Anticipated production of evidence in Civil Procedure Law of 2015 Revista de Processo | vol. 260/2016 | p. 75 - 101 | Out / 2016 DTR\2016\23994

Para Flávio Luiz Yarshell, *"o que há é um direito simplesmente à produção (obtenção e pré-constituição) de determinada prova, entendido como a prerrogativa de invocar do Estado um ato que se esgote aí"*[8], e encontra respaldo no direito de ação, estabelecido no artigo 5º, XXXV, da Constituição Federal. Tem objetivo distinto do direito de provar, pois o direito autônomo à prova tem como intuito principal auxiliar a parte a propor ou não uma demanda, ou mesmo viabilizar a celebração de um acordo. Em suma, propicia às partes que se certifiquem sobre a ocorrência ou não de um fato, de forma a verificar seus direitos.[9]

Nas palavras de Cândido Rangel Dinamarco, privilegia-se *"um direito subjetivo material ao conhecimento da prova"*,[10] reforçando-se o novo paradigma de que as partes são as verdadeiras destinatárias das provas, que podem avaliar e decidir o que fazer com seu resultado[11].

As partes assumem papel de destaque e protagonismo, aliado ao viés cooperativo na produção da prova, consoante destacado no artigo 378, do Código de Processo Civil.

Tanto é assim que o juiz, na produção antecipada de prova, não deve fazer qualquer valoração da prova produzida, nos termos do art. 382, §2º, do Código de Processo Civil[12]. Pela leitura da norma, não cabe ao

---

8 YARSHELL, Flávio Luiz. Antecipação da prova sem o requisito da urgência e o direito autônomo à prova. São Paulo: Malheiros Editores, 2009, p. 233-234.

9 NAKAMURA, Bruna Lais Sousa Tourinho, Efetividade da ação de produção antecipada de provas, Dissertação de Mestrado apresentada à Universidade de São Paulo – Faculdade de Direito, Professor Orientador José Carlos Baptista Puoli 2020, p.51

10 DINAMARCO, Cândido Rangel. Instituições de direito processual civil: volume III. 7. ed. São Paulo: Malheiros Editores, 2017, p. 113

11 Para William Santos Ferreira, *"o destino das provas são os autos, mas os destinatários são todo que possam, dentro dos limites legais, utilizarem-se do acervo probatório. Atualmente o juiz não pode ser considerado o único destinatário. O sistema probatório é extremamente amplo, repleto de funções do estado de direito, não podendo ficar circunscrito ao convencimento judicial, que é um elemento importante, mas a este não se restringe"*(FERREIRA, William Santos. Capítulo XII: das provas. In: ARRUDA ALVIM WAMBIER, Teresa (coord.). Breves comentários ao novo código de processo civil. 3. ed. São Paulo: Revista dos Tribunais, p. 1.113-1.148, 2016. p. 1.114.

12 Art. 382. Na petição, o requerente apresentará as razões que justificam a necessidade de antecipação da prova e mencionará com precisão os fatos sobre os quais a prova há de recair. § 1º O juiz determinará, de ofício ou a requerimento da parte, a citação de interessados na produção da prova ou no fato a ser provado, salvo se inexistente caráter contencioso. § 2º O juiz não se pronunciará sobre a ocorrência ou a inocorrência do fato, nem sobre as respectivas consequências jurídicas. § 3º

magistrado o reconhecimento de que fatos foram provados, tampouco reconhecimento da existência, ou não, de determinada relação jurídica, e a atividade jurisdicional se limita à viabilização da prova requerida[13].

Sob esse prisma, o Código de Processo Civil de 2015 trouxe diversas regras procedimentais voltadas ao estímulo da solução consensual de conflitos e alargamento da autonomia privada na relação processual. Mantendo as inovações apontadas na década de 1990 com vistas a garantir maior efetividade ao processo, como a antecipação de tutela no procedimento comum, tutela inibitória e ampliação de meios de execução, o novo diploma ampliou o protagonismo das partes. [14]

Nesse sentido, o legislador disponibilizou o uso de outras ferramentas destinadas a efetivar maior dinâmica das partes em determinadas questões do processo. Pode-se citar, como exemplo, os chamados "*negócios processuais*", e a autorização às partes para que, em comum acordo, estipulem prazos e procedimentos, como previsto nos artigos

---

Os interessados poderão requerer a produção de qualquer prova no mesmo procedimento, desde que relacionada ao mesmo fato, salvo se a sua produção conjunta acarretar excessiva demora§ 4º Neste procedimento, não se admitirá defesa ou recurso, salvo contra decisão que indeferir totalmente a produção da prova pleiteada pelo requerente originário.

---

13 DIDIER JR., Fredie. Produção antecipada de prova. In: Coleção grandes temas do novo CPC: direito probatório. DIDIER JR. Fredie (coord. geral). 3. ed. Salvador: Jus-Podivm, 2018. p. 722

14 Segundo Rodrigo de Abreu, "*o legislador houve por bem ampliar o protagonismo das partes na relação processual, buscando maior equilíbrio entre as duas forças que moldam o conteúdo do princípio do devido processo legal ao longo dos tempos: o publicismo e o privatismo, ideologicamente transpostos para o direito processual*". (ABREU, Rodrigo, O interesse processual na produção antecipada de prova fundada nos incisos II e III do artigo 381 do Código de Processo Civil, Dissertação submetida ao Programa de Pós-Graduação stricto sensu, Programa de Mestrado em Direito, área de concentração em Direito, Estado e Sociedade, da Universidade Federal de Santa Catarina, para a obtenção do título de Mestre em Direito. Orientador: Prof. Pedro Miranda de Oliveira, 2021). Nesse sentido, o Autor cita Leonardo Greco: "*na concepção publicista, o processo civil se converte em algo parecido à jurisdição voluntária, na qual o juiz assume não uma função jurisdicional, mas a tutela paternalista dos particulares, aos quais considera quase como menores ou incapacitados, desenvolvendo o decisionismo pós-moderno, que põe a justiça a serviço do mais fraco, provocando liminares sem contraditório, invertendo as regras do ônus da prova através das cargas dinâmicas e se imiscuindo na política*". (GRECO, Leonardo. Publicismo e privatismo no processo civil. Revista de Processo, vol. 164, p. 29-56, 2008, p. 30).

190 e 191, do Código de Processo Civil[15], e também pela preservação da garantia do contraditório dinâmico e não surpresa, consoante previsto pelos artigos 9º e 10º, do mesmo diploma[16].

Assim, parece indene de dúvidas que o processo civil brasileiro, com as alterações trazidas pelo Código Civil de 2015, ampliou o espaço privado, atribuindo maior participação aos sujeitos processuais para tornar o processo mais *efetivo*, e também, *colaborativo.*

Mas é justamente na questão probatória que a consagração da autonomia das partes e princípio da cooperação, previsto no art. 6º do Código de Processo Civil de 2015, ganha maior relevância. Ao mesmo tempo que o modelo cooperativo na produção de provas ratifica a ideia de que as provas não possuem como único destinatário o julgador, a dinâmica deve estar fundamentada e, até mesmo, limitada, ao modelo constitucional do processo.

Como será observado ao logo desse trabalho, o equilíbrio entre os poderes do juiz e a autonomia das partes revelou-se fundamental para que sejam preservadas as garantias constitucionais do processo.

Como bem ponderado por Eduardo Cambi, *"o direito à prova pode ser considerado um dos temas fundamentais do processo civil moderno, estando inserido entre os pontos sensíveis da efetividade do processo"*, e

15 Art. 190. Versando o processo sobre direitos que admitam autocomposição, é lícito às partes plenamente capazes estipular mudanças no procedimento para ajustá-lo às especificidades da causa e convencionar sobre os seus ônus, poderes, faculdades e deveres processuais, antes ou durante o processo. Parágrafo único. De ofício ou a requerimento, o juiz controlará a validade das convenções previstas neste artigo, recusando-lhes aplicação somente nos casos de nulidade ou de inserção abusiva em contrato de adesão ou em que alguma parte se encontre em manifesta situação de vulnerabilidade. Art. 191. De comum acordo, o juiz e as partes podem fixar calendário para a prática dos atos processuais, quando for o caso. § 1º O calendário vincula as partes e o juiz, e os prazos nele previstos somente serão modificados em casos excepcionais, devidamente justificados.§ 2º Dispensa-se a intimação das partes para a prática de ato processual ou a realização de audiência cujas datas tiverem sido designadas no calendário.

16 Art. 9º Não se proferirá decisão contra uma das partes sem que ela seja previamente ouvida. Parágrafo único. O disposto no caput não se aplica: I - à tutela provisória de urgência; II - às hipóteses de tutela da evidência previstas no art. 311, incisos II e III ; III - à decisão prevista no art. 701 . Art. 10. O juiz não pode decidir, em grau algum de jurisdição, com base em fundamento a respeito do qual não se tenha dado às partes oportunidade de se manifestar, ainda que se trate de matéria sobre a qual deva decidir de ofício.

a expressão efetividade procura, em verdade, sintetizar aspirações contemporâneas na concretização de mecanismos processual que, "*além de cumprir com a tarefa de aplicar o direito material aos casos concretos (escopo jurídico), também consiga realizar outros fins (sociais e políticos), tão ou mais relevantes para a legitimação do exercício do poder jurisdicional. (...)*[17].

Segundo o Autor, essa mudança de perspectiva pretende "*concentrar suas atenções* nos *usuários, ou melhor,* nos *consumidores da justiça*". Traz, ainda, importante reflexão a respeito da mudança de paradigma, notadamente quanto ao direito à prova:

> [...] A renovação da ciência processual requer reflexões axiológicas permanentes que recaiam sobre a seleção dos problemas a serem estudados, sobre a escolha dos métodos de sua abordagem e sobre a capacidade de individualização dos valores envolvidos na interpretação e aplicação das regras dos princípios jurídicos. A construção de uma dogmática jurídica passa ela remodelação dos conceitos, para que possam refletir a mudança dos valores que justificam e dão sentido às criações teóricas. A preocupação em se construir o direito à prova se encaixa nessa perspectiva, (...) e a formulação do direito à prova, como sendo um direito público subjetivo, demanda a busca de fundamentos normativos que podem ser investigados a partir da interpretação das garantias constitucionais processuais.[18]

Nesse mesmo sentido, Leonardo Greco aduz que o equilíbrio entre a autonomia das partes e os dos poderes do juiz reside em três fatores distintos: "(a) disponibilidade do próprio direito material posto em juízo; (b) ao respeito ao equilíbrio entre as partes e à paridade de armas, para que uma delas, em razão de atos de disposição seus ou de seu adversário, não se beneficie de sua particular posição de vantagem em relação à outra quanto ao direito de acesso aos meios de ação e de defesa;

17 CAMBI, Eduardo, O direito à prova no Processo Civil, Revista da Faculdade de Direito da UFPR, v.34, 2000.

18 CAMBI, Eduardo, O direito à prova no Processo Civil, Revista da Faculdade de Direito da UFPR, v.34, 2000.

e (c) à preservação da observância dos princípios e garantias fundamentais do processo no Estado Democrático de Direito"[19]

Necessário assim, no tocante à produção antecipada de provas, observar quais as ferramentas disponibilizadas às partes para efetivação do direito de provar de maneira autônoma, mas, ainda, segundo o modelo cooperativo descrito acima, em que são respeitadas as garantias constitucionais do processo.

3. O procedimento da ação de produção antecipada de provas

Conforme mencionado, o artigo 381, do Código de Processo Civil permite a produção autônoma da prova (i) por razões urgentes, para ser utilizada em ação futura de qualquer natureza, (ii) para auxiliar na solução extrajudicial de um conflito, ou, ainda, (iii) para avaliar as possibilidades de ajuizar ação, existindo fungibilidade entre tais fundamentos.

As duas últimas hipóteses, previstas nos incisos II e III do artigo 381, são bastante amplas, e têm o condão de justificar a autorização da medida com fundamento na urgência, em caráter liminar.

Ademais, as hipóteses previstas pelo artigo 382, do Código de Processo Civil, não são taxativas, tratando-se de rol exemplificativo[20]. Todo meio de prova poderá ser produzido por meio da ação autônoma. Assim, poderá ser realizado, por meio da produção antecipada, inspeção judicial, depoimento pessoal, prova testemunhal, prova pericial, e, ainda, exibição de documento.

Quanto à legitimidade ativa, deverá ser demonstrada por todo aquele que justifique a utilidade da produção da prova em contraposição a eventual pretensão ou defesa, o que será melhor abordado em

19 GRECO, Leonardo. Publicismo e privatismo no processo civil. Revista de Processo, vol. 164, p. 29-56, 2008, p. 45

20 Para Eduardo Talamini, "justifica-se a produção antecipada da prova sempre que seu requerente demonstrar possuir interesse jurídico para tanto, ainda que em hipóteses não arroladas no art. 381. Os mesmos fundamentos que justificavam a extensão do emprego da produção antecipada a situações não urgentes, no Código de 1973, justificam agora sua utilização em hipóteses que não se enquadram no rol legalmente estipulado: reconhecimento do direito autônomo à prova; garantia da universalidade da tutela jurisdicional; economia processual – e assim por diante". TALAMINI, ob.cit.

capítulo específico. Deve ser incluído no polo passivo o sujeito contra o qual a prova a ser realizada possa ser utilizada.

Importante observar que a prova produzida sem a participação da parte contrária não possui valor probatório algum, e não poderá ser utilizado em processo futuro. Tanto é assim que o legislador determinou, por meio do artigo 382, § 1º, do Código de Processo Civil, que o juiz tem o dever de determinar, de ofício ou requerimento da parte, a citação de interessados na produção da prova ou no fato a ser provado, salvo se inexistir caráter contencioso. Como bem ponderado por Talamini:

> Mesmo quando o escopo da produção antecipada não for o de assegurar ou pré-constituir a prova, mas sim o de incentivar a autocomposição ou permitir a avaliação de chances de eventual demanda, é relevante a participação do adversário: sua presença no procedimento probatório antecipado qualifica a prova, ampliando as chances de que ela cumpra essas funções. A antecipação da prova há de fazer-se no mesmo ambiente que se faria se não fosse antecipada, ou seja, sob o crivo do contraditório. Se, por um lado, se reconhece o direito autônomo à prova (essa é a base das novas hipóteses expressas de antecipação), cabe reconhecê-lo em sua plenitude, i.e., em sua dimensão bilateral, intersubjetiva.[21]

A prova produzida, se utilizada eventualmente em ação futura, servirá como prova emprestada, nos termos do artigo 372, do Código de Processo Civil[22]. Para tanto, é imprescindível que tenha sido realizada perante o Poder Judiciário em atividade jurisdicional e, ainda, que a parte contra quem será usada a prova tenha participado na elaboração, em obediência ao contraditório.

O juiz não deve valorar a prova produzida, o que caberá ao magistrado designado em eventual processo em que a prova seja utilizada. Não se admite, assim, nenhum juízo de valor sobre os fatos ou a relação jurídica de direito material, que fundamentará eventual ação subsequente.[23]

21 TALAMINI, ob.cit.

22 Art. 372. O juiz poderá admitir a utilização de prova produzida em outro processo, atribuindo-lhe o valor que considerar adequado, observado o contraditório.

23 Art. 382, § 2º O juiz não se pronunciará sobre a ocorrência ou a inocorrência do fato, nem sobre as respectivas consequências jurídicas.

Entretanto, os limites impostos à cognição do juiz na ação de produção antecipada de provas não foram tão claros pelo legislador. Pelas regras gerais de produção probatória, o juiz deve averiguar a importância da prova requerida, bem assim a necessidade de sua complementação ou não, de acordo aquilo que se pretende provar, o que é sempre derivado do direito material posto em juízo.

Entretanto, a literalidade das regras previstas pelos artigos 382 e 383, do Código de Processo Civil, impede que o juiz faça qualquer juízo de valor sobre os fatos e relação jurídica de direito material potencialmente conflituosa; e, se assim for, a atuação do juiz quanto a aspectos de condução da prova – como necessidade de complementá-la ou repeti-la, de acordo com os fatos que precisam ser esclarecidos -, fica efetivamente restrita.

Sobre o tema, Eduardo Talamini reconhece que:

> "[...] pode haver dificuldades na precisa definição daquilo que concerne à admissibilidade (ou regularidade) e o que se refere à avaliação da prova. Tome-se por exemplo o art. 447, § 4.º: o juiz apenas admitirá a ouvida da testemunha menor, impedida ou suspeita, se "necessário". Tal necessidade é definida pela possível relevância da prova para uma mais clara reconstrução dos fatos. Ou seja, para admitir tal prova, o juiz precisa avaliar o resto do material probatório já existente. Isso é inviável na produção antecipada".[24]

Para referido Autor, em casos como esse, o juiz da antecipação deve privilegiar a ampla admissibilidade da prova – cabendo ao magistrado designado no processo em que se venha a pretender usá-la desconsiderá-la, se for o caso.

---

24 TALAMINI, ob.cit. No mesmo sentido, o Autor identifica *"Exemplo similar tem-se no art. 464, § 1.º, II – para o qual valem esses mesmos parâmetros. Outra regra limítrofe entre admissibilidade (e [ou] regularidade) e valoração da prova é a do art. 480 (repetição da perícia "quando a matéria não estiver suficientemente esclarecida"). Em princípio, não cabe ao juiz da produção antecipada um juízo sobre a suficiência da prova, mas pode ser tal a incompletude e deficiência da perícia que o juiz da antecipação desde logo a constata. Então, tem o dever de mandar completá-la ou repeti-la, sob pena de não propiciar a devida tutela ao direito da parte à prova".*

3.1. O exercício do contraditório e ampla defesa

Quanto à participação no procedimento, parece evidente que o Requerido tem o direito de acompanhar a prova e atuar ativamente, em respeito ao princípio do contraditório.

Não obstante a redação genérica, a interpretação da norma, quanto a esse ponto específico, não parece trazer grandes dúvidas, seja porque há menção expressa ao dever de citação do Requerido e interessados, que devem, portanto, acompanhar a produção da prova, ou porque o legislador autorizou a realização de pedido contraposto, possibilitando-se aos interessados que formulem pedido de provas no mesmo procedimento.[25]

Partindo-se da premissa de que as partes poderão participar ativamente da realização da prova, será autorizado que, na prova pericial, formulem quesitos, indiquem assistentes técnicos, impugnem quesitos do autor, peçam esclarecimentos ao perito, dentre outros. Na colheita de prova oral por meio de depoimento de testemunhas, poderão suscitar incapacidade, impedimento ou suspeição da testemunha, acompanhar o depoimento, formular perguntas e reperguntas, bem como impugnar perguntas do adversário. E essa mesma dialética deverá ser seguida nos demais meios de prova.

As dúvidas ganham relevância no tocante à possibilidade de apresentação de contestação e, ainda, recurso.

O artigo 382, § 4º, estabelece que *"não se admitirá defesa"*. Ao que tudo indica, o legislador partiu do pressuposto de que, dada a natureza de jurisdição voluntária da medida, não seria conveniente ou necessária a apresentação de contestação. Entretanto, a resistência à produção à prova pode acontecer por diversas questões subjacentes, e devem ser enfrentadas pelo juiz, sob clara violação às garantias do contraditório e ampla defesa.

É preciso, portanto, que referido dispositivo legal não seja interpretado literalmente, de modo que o juiz ostente poderes para, mesmo de ofício, controlar (i) defeitos processuais, (ii) a ausência dos pressupostos da antecipação probatória e (iii) a admissibilidade e validade da prova. Logo, como bem apontado por Talamini, *"o requerido tem o direito*

25 Art. 382. §3º Os interessados poderão requerer a produção de qualquer prova no mesmo procedimento, desde que relacionada ao mesmo fato, salvo se a sua produção conjunta acarretar excessiva demora.

de provocar decisão do juiz a respeito desses temas. A suposta proibição de defesa deve ser compreendida apenas como: (a) ausência de uma via específica para formulação de contestação e (b) não cabimento de discussão sobre o mérito da pretensão (ou defesa) para a qual a prova pode servir no futuro".[26]

Assim, muito embora a produção antecipada de provas não admita, *prima facie*, a apresentação de defesa, tal circunstância não configura impeditivo à apresentação, pela parte demandada, de considerações vinculadas à asseguração da prova, conforme ensinam Marinoni, Arenhart e Mitidiero:

> "Direito de defesa. Sempre que exista caráter contencioso, os demandados devem ser citados pessoalmente podendo impugnar a colheita da prova no prazo de quinze dias. Não há propriamente direito de apresentar contestação neste procedimento (art. 382, §4º, CPC), mas simples citação para que os interessados possam acompanhar a colheita da prova, arguindo eventuais questões referentes a essa asseguração. A matéria de defesa, portanto, é restrita às questões atinentes à simples segurança da prova ou ao procedimento da colheita da prova."[27]

Assim, entre as questões que o juiz dever decidir de ofício, está a incompetência absoluta, e a parte poderá provocar decisão a respeito do tema, nos termos dos arts. 64, § 1.º, e 337, § 5.º, do Código de Processo Civil. Da mesma forma, poderá ser arguida impedimento ou suspeição do magistrado, ilegitimidade para a causa, ou, ainda, ausência de interesse par a produção antecipada da prova.

Destaca-se, ainda, a recorribilidade limitada da medida. O legislador proibiu o recurso contra qualquer decisão proferida no bojo da ação de produção antecipada de provas, com exceção da decisão que indefere integralmente a antecipação probatória (art. 382, § 4.º). Referido dispositivo processual não apenas limita o mérito do recurso, restringindo-o ao completo indeferimento da prova, como também o sujeito que autorizado a recorrer – apenas o Requerido que teve a prova indeferida.

26 Talamini, ob.cit.

27 MARINONI, Luiz Guilherme; ARENHART, Sérgio Cruz; MITIDIERO, Daniel. *Código de processo Civil Comentado.* 4ª ed. São Paulo: Revista dos Tribunais, p. 522.

Parece-nos, aqui, que referido dispositivo não pode ser interpretado de maneira literal. Se assim fosse, importantes questões trazidas pelo Requerido tanto em matéria de defesa, relativas à resistência da produção da prova em razão da ausência dos requisitos autorizadores da medida, sequer poderiam ser levadas ao conhecimento dos Tribunais, o que viola o princípio do duplo grau de jurisdição.

A não admissão de defesa ou recurso na produção antecipada de provas foi, talvez, o maior equívoco do legislador. O princípio do contraditório está diretamente relacionado à defesa na ação de produção antecipada de provas. Como mencionado, o mérito de referida ação é a própria prova, e não a relação de direito material. Em verdade, relaciona-se ao direito autônomo à prova, e deve ser produzida à luz dos direitos constitucionais.

Sob o tema, Flávio Luiz Yarshell faz importante observação, no sentido de que *"a lei parece ter partido da falsa premissa de que o deferimento da prova jamais poderia acarretar prejuízo para o demandado; o que é clamoroso equívoco"*[28]. Parece evidente que o deferimento de prova que viole algum direito do Réu ensejará, de forma legítima, o direito em recorrer.[29]

Infelizmente, os Tribunais Pátrios decidem o tema de forma antagônica, e há diversos precedentes que aplicam literalmente a redação do artigo 382, §4º, do Código de Processo Civil, tanto em agravo de instrumento como apelação, de modo a inadmiti-los.

4. Uso indevido da ação de produção antecipada de provas

É inegável que o procedimento de produção antecipada de provas representa importante instrumento que pode evitar conflitos ou viabilizar soluções consensuais, alinhado ao propósito da efetividade e sistema multiportas estabelecido na legislação, além da aplicação concreta do princípio da cooperação e autonomia privada.

---

28 YARSHELL, Flávio Luiz. Da Produção Antecipada da Prova. Breves comentários ao Novo Código de Processo Civil. Coordenadores: Teresa Arruda Alvim Wambier, Fredie Didier Jr., Eduardo Talamini e Bruno Dantas. São Paulo: Editora Revista dos Tribunais, 2015, p. 1.042.

29 Produção Antecipada de Prova Desvinculada da Urgência na Arbitragem: Réquiem? YARSHELL, Flávio Luiz; PEREIRA, Guilherme Setoguti (Coordenadores). in Processo Societário IV. São Paulo: Quartier Latin, 2021, p. 455-472

Ocorre que, como todo instituto jurídico, a produção antecipada de provas não está isenta de problemas de ordem prática, como a ampliação indevida de seu escopo ou desvio de finalidade.

A redação genérica dos artigos que disciplinam o procedimento, permitindo ampla gama de produção de meios de provas, com causa de pedir aberta e, com imposição de restrição ao direito de apresentação de defesa e atuação limitada do juiz, podem propiciar práticas abusivas.

Assim, da leitura conjunta dos artigos 381 e 382, do Código de Processo Civil, percebe-se que a parte deverá indicar, no mínimo, (i) a fundamentação do pedido em uma das situações descritas nos incisos I a III do artigo 381, e (ii) e a indicação precisa dos fatos sobre os quais a prova deverá recair.

Entretanto, não obstante a regra do artigo 382, do Código de Processo Civil, seja clara quanto à necessidade de exposição detalhada dos fatos a respeito dos quais recairá a prova, parece não ter delimitado, de maneira satisfatória, o interesse processual a ser esclarecido pelo Requerente no momento da formulação do pedido, trazendo disposição vaga.

E a lacuna legislativa se acentua notadamente nas hipóteses em que a prova é requerida sob o fundamento do direito autônomo à prova, mas o faz com objetivos escusos, que possam, de algum modo, prejudicar a honra, a imagem, intimidade ou privacidade do Requerido ou de terceiros, ou, ainda, objetivar a apresentação de informações comerciais ou industriais resguardadas pela propriedade intelectual. Em termos práticos, inúmeras situações podem surgir em que a justificativa da produção antecipada de provas, em razão da disposição genérica dos artigos 381 e 382, do Código de Processo Civil, camufla intenção probatória distinta daquelas autorizadas pela lei.

A preocupação da doutrina sobre o tema não é nova, e, como bem deduziu André Bruni Vieira Alves, não é difícil imaginar os grandes problemas decorrentes da admissão de "*toda sorte de ações probatórias autônomas, pela só alegação de que haveria um suposto direito, e daí um, também suposto, direito de produzir uma prova em que a necessidade e utilidade só à parte competiria avaliar*"[30]. Também como bem ponderado por Rodrigo de Abreu, "*A preocupação doutrinária surge da constatação*

30 ALVES, André Bruni Vieira. Da admissibilidade na produção antecipada de provas sem o requisito da urgência (ações probatórias autônomas) no novo CPC. In: Coleção grandes temas do novo CPC. Direito probatório. DIDIER JR. Fredie (coord. geral). 3. ed. Salvador: JusPodivm, 2018, p. 569-570

de que nem sempre é observada a necessidade de o requerente da produção antecipada (ou proativa) da prova apresentar uma "petição circunstanciada", mencionando "com precisão os fatos sobre os quais a prova há de recair"[31]

Sob esse prisma, pode haver circunstâncias em que o Autor da ação de produção antecipada de provas alega suposta ocorrência de fatos e sustenta que um melhor conhecimento sobre eles justificaria o direito autônomo à prova, mas, na realidade, pretende constituir prova que induza a ocorrência desses fatos, para justificar em juízo pretensão de direito material. [32]

Assim, a ação de produção antecipada de provas, quando não fundamentada na hipótese de urgência, não pode servir como pretexto à práticas abusivas, e compete (i) ao magistrado averiguar a legalidade da prova e o preenchimento dos requisitos autorizadores da medida, e (ii) também deve ser propiciado ao Réu o pleno exercício do contraditório e ampla defesa, a fim de que possa expor os motivos pelos quais a finalidade da lei não está sendo atendida.[33]

Destaca-se que tal situação não é nova no sistema do *common law* que admitem a *disclosure* ou *discovery*[34], denominada *fishing expeditions* ou *document hunting, "em que há a intenção camuflada de, mediante a ameaça ou efetiva propositura de demanda infundada, ter a possibilidade de acesso à informações sigilosas e impertinentes ao deslinde do feito, em poder da contraparte'* [35].

31 ABREU, Rodrigo, ob,cit, p.143.

32 ABRU, Rodrigo, ob,cit, p.143.

33 Elias Marques de Medeiros Neto, Francisco Laux, Giovani Ravagnani, Felipe Roberto Rodrigues, Ricardo Aprigliano e William Santos Ferreira, A Defesa na Produção Antecipada de Provas – Uma leitura constitucional do artigo 382, § 4º, do novo CPC, 11.03.2017, http://www.migalhas.com.br/dePeso/16,MI245536,41046A+Defesa+na+Producao+Antecipada+de+Provas+Uma+leitura+constitucional,

34 Como bem sintetizado por Eduardo Cambi, "*no direito norte-americano, não se tem um "caso" até que se comprove para a corte que o conflito trazido merece atenção do sistema judiciário e que as provas serão suficientes para determinar um veredicto*", e o Autor destaca que a federal rule 26 "*atribui, de plano, um dever de absoluta boa-fé aos demandantes*", de modo que "*ao revelarem os fatos previamente, as partes não tenham a chance de surpreender o adversário ou o juízo no momento do julgamento, o que privilegia a devida paridade de armas*".

35 LAUX, Francisco de Mesquita. Relações entre o princípio da eficiência e as normas sobre prova. Revista de Processo, vol. 292, p. 19-51, 2019

Assim, a *fishing expedition* tem como objetivo descobrir informações, coletando dados amplos, não pertinentes à causa, utilizando-se, para tanto, de meios legais, como busca e apreensão, quebra do sigilo bancário e fiscal, escutas telefônicas e requerimento de testemunhas sem objetivo declarado.[36]

No Brasil, ainda que haja diferenças sensíveis entre os procedimentos de produção antecipada de provas e a *disclosure* e *discovery*, fato é que a prática forense revela situações similares, e que devem ser combatidos. E o Poder Judiciário está sendo acionado para dirimir algumas destas questões, embora em aparente estágio inicial, haja vista a notável discrepância e diferença dos posicionamentos adotados pelos Tribunais Pátrios.

4.1. Identificação de problemas a partir de análise de casos concretos.

No Brasil, é bastante comum que ações de produção antecipada de provas sejam ajuizadas com o objetivo de investigar e, ainda, descobrir, quem praticou atos ilícitos na internet. O procedimento para investigação é bifásico: inicialmente, a parte que se diz vítima do ato ilícito aciona os provedores de aplicação responsáveis pelo ambiente que em que foi cometido o alegado crime, para que informem os registros de acesso utilizados para pratica do ato que se pretende investigar.

De posse do número de IP utilizado para se conectar à internet para prática do ilícito, bem como do horário e data apontados pelo provedor de aplicação, o Autor deverá ingressar com nova ação em face do provedor de conexão responsável por aqueles IPs, a fim de que apresentem os dados cadastrais do usuário que se conectou e identificar o autor do ilícito.

Com o intuito de proteger a privacidade e intimidade dos usuários da Internet, o Marco Civil estabelece como um dos requisitos essenciais para admissibilidade do pedido de quebra de sigilo a *"justificativa motivada da* ***utilidade dos registros solicitados*** *para fins de investigação ou instrução probatória"* (artigo 22, inciso II).

36 ARAUJO, Rômulo de Aguiar, Fishing Expedition e a Produção Antecipada de Prova no Código de Processo Civil, in Produção Antecipada da Prova, Questões Relevantes e Aspectos Polêmicos, organização Bruno Augusto Sampaio Fuga, Daniel Colnago Rodrigues Thiago Caversan Antunes – Londrina, PR: Toth, 2021, p. 294.

A pretensão veiculada deve, necessariamente, ser obtida mediante ordem judicial que autorize a quebra de sigilo pretendida, haja vista o caráter sigiloso e confidencial dos dados dos usuários, e cuja privacidade é inviolável, nos termos dos artigos 5º, incisos X e XII, da Constituição da República, e artigo 3º, incisos II e III, e 7º, ambos do Marco Civil da Internet.[37]

Entretanto, não raras vezes, pode acontecer da petição inicial da ação de produção antecipada de provas não indicar todos os parâmetros de pesquisa necessários à realização da correta quebra de sigilo pelo provedor de conexão – o que poderá levar à identificação equivocada de outro usuário que não guarda relação alguma com o ilícito investigado, e, portanto, pertinência subjetiva com a lide. Pode ainda, ser acionado provedor de conexão à internet que não é responsável pelo IP indicado, em caso de patente ilegitimidade passiva.

Nessas hipóteses, é absolutamente imprescindível que o Requerido possa resistir à pretensão probatória deduzida pelo Autor, esclarecendo os motivos pelos quais (i) a realização de quebra de sigilo pretendida, sem os corretos parâmetros de pesquisa, poderá levar a exposição indevida de terceiros, que não guardam relação alguma com os fatos expostos pela causa de pedir, e, ainda (ii) ser impossível a apresentação dos

---

37 O artigo 5º, inciso X, da Constituição Federal estabelece que *"**são invioláveis a intimidade, a vida privada**, a honra e a imagem das pessoas, assegurado o direito a indenização pelo dano material ou moral decorrente de sua violação"* (grifamos). Da mesma forma, a breve leitura do inciso XII do mesmo artigo evidencia que o sigilo de dados também possui proteção constitucional: *"XII* - é inviolável o sigilo *da correspondência e das comunicações telegráficas, **de dados** e das comunicações telefônicas, **salvo**, no último caso, **por ordem judicial**, nas hipóteses e na forma que a lei estabelecer para fins de investigação criminal ou instrução processual penal"* (grifos nossos). Em sentido análogo, a Lei Federal nº 12.965/2014, que instituiu **o Marco Civil da Internet, tem como princípios básicos a preservação da privacidade dos usuários da rede e a proteção de seus dados pessoais**: *"Art. 3º - A disciplina do uso da internet no Brasil tem os seguintes princípios: II - proteção da privacidade; III - proteção dos dados pessoais, na forma da lei" "Art. 7º - O acesso à internet é essencial ao exercício da cidadania, e ao usuário são assegurados os seguintes direitos: I - inviolabilidade da intimidade e da vida privada, sua proteção e indenização pelo dano material ou moral decorrente de sua violação".* Afinal, como já assentou o E. Supremo Tribunal *Federal:* "(...) Em face do art. 5º, X, da CF, que protege o direito à intimidade, à vida privada, à honra e à imagem das pessoas, **a quebra do sigilo não poderia implicar devassa indiscriminada**, devendo circunscrever-se aos nomes arrolados pelo Ministério Público como objeto de investigação no inquérito e estar devidamente justificada." (grifos nossos) (STF, Inq. Nº 2245 AGR/MG – Rel. Min. Joaquim Barbosa, Rel. p/ acórdão Min. Carmen Lúcia, j. 29.11.2006 – Informativo STF nº 450, Seção I, p. 1)

dados requeridos, uma vez que outro provedor de conexão é responsável pela guarda dos mesmo.

São questões absolutamente relevantes, pois correspondem à possível violação da intimidade, garantidos constitucionalmente, e que estão muito em voga após a entrada em vigor da Lei Geral de Proteção de Dados, e que merecem apreciação do magistrado – mesmo que a interpretação literal do artigo 382, do Código de Processo Civil, leve à equivocada conclusão de que não se admite defesa. Não parece, assim, ser possível limitar a cognição do magistrado sobre esses pontos específicos.

Em caso concreto sobre o tema, o juiz 2ª Vara Cível de Londrina-Paraná admitiu defesa e efetivamente dirimiu a questão – apreciando, ainda que de maneira tímida, os fatos que deram ensejo à propositura da ação -, consignando não ter cabimento a produção de prova requerida em sentença, cujos fundamentos são transcritos a seguir:

> Diante do fato de que a exibição das imagens pleiteadas servirá, de acordo com a parte autora, como medida de averiguação quanto à possibilidade/necessidade de propositura de demanda principal em face de terceiro e/ou do réu, a Produção Antecipada de Provas se revela adequada (art. 381, inc. III, CPC). Quanto ao mérito, a demanda comporta pronto julgamento, tendo em vista que a matéria nela versada é eminentemente de direito (art. 382, §2°, CPC) O direito do autor à obtenção dos dados cadastrais do número utilizado para cometimento de estelionato em seu nome é inequívoco. Todavia, a produção da prova, em si mesma, resta inviabilizada, pois conforme explicitado pela ré, jamais houve o cadastramento do chip do número (43) 9147-5725 em nome de alguém, sendo que a o terceiro, possível estelionatário apenas adquiriu o chip, sem, entretanto habilitá-lo, podendo utilizá-lo em redes wi-fi sem a necessidade de vinculação com os dados móveis da operadora ré. Da mesma forma com relação às informações do IP utilizado para acesso ao WhatsApp, já que tais dados não são de domínio da empresa ré, mas sim da detentora do aplicativo. Significa dizer que, a despeito do direito à produção da prova, ele não foi efetivado por absoluta impossibilidade de exibição por parte da ré, de modo que a demanda é improcedente. [...][38]

38 Produção antecipada de provas 0049497-85.2021.8.16.0014, em trâmite perante a 2ª Vara Cível de Londrina – PR, juiz Dr. Fernando Moreira Simões Júnior, 09.06.22.

Em hipótese similar, observa-se limite imposto pelo magistrado em ação de produção de provas que buscava obtenção de gravação telefônica de usuário para averiguação de potencial crime, sendo reconhecida a ilicitude da prova requerida:

> "PRODUÇÃO ANTECIPADA DE PROVA. Gravação telefônica efetuada pela prestadora do serviço. Pedido impossível. Subsistência. Só se admite gravação telefônica com autorização judicial prévia. Sentença mantida. Recurso desprovido (...). Bem ressaltou a sentença a impossibilidade jurídica do pedido, pois, ao contrário do alegado, não existe gravação de todos os telefonemas dados diariamente no país, justamente porque a Constituição Federal estabelece o sigilo das comunicações. Apenas em caso de suspeita de crime, a Polícia pode pedir ao Promotor de Justiça que peça ao Juiz de Direito autorização para gravar os telefonemas de alguém. Aí, munida dessa autorização prévia do Judiciário, a polícia pode gravar os telefonemas ("grampo"). Nada disso ocorreu no caso concreto, razão pela qual o pedido inicial era mesmo impossível, tendo sido bem indeferido pela sentença, que merece ser mantida. (Apelação cível nº 1003369-50.2016.8.26.0575, 6ª Câmara de Direito Privado do E. Tribunal de Justiça de São Paulo, Des. Rel. Percival Nogueira, j. 12.06.2017)" (grifos nossos).

Ainda sobre a questão de sigilo, é possível notar o ajuizamento de produção antecipada de provas sem o caráter de urgência com intuito de obter a quebra de sigilo bancário e fiscal da parte adversa – e, não raras vezes, também em caráter liminar.

Com efeito, dada a natureza sumária da ação em questão e da restrição imposta a cognição do juiz, consoante expressamente previsto no artigo 382, § 2º, do Código de Processo Civil, há quem sustente que tal circunstância, por si só, já seria suficiente a demonstrar a impossibilidade de utilização da ação de produção antecipada de provas para afastamento dos sigilos bancário e fiscal, assegurados pelo artigo 5º, incisos X e XII, da Constituição da República. Tal cenário já foi debatido pelo E. Tribunal de Justiça de São Paulo, que, em algumas ocasiões, indeferiu a postulação dessa prova no âmbito do procedimento autônomo, nos seguintes termos [39-40]

> **Agravo de instrumento – Produção antecipada de provas** – Decisão recorrida que deferiu parcialmente a tutela de urgência para requisitar informações (i) sobre a formalização de contratos com Manacá Produções Culturais Ltda. relativos a direitos de T. do A., (ii) ao Banco Itaú; e (iii) sobre valores recebidos de T. do A. L. e E. Ltda. – Inconformismo da autora – Procedimento de cunho meramente homologatório que não contempla discussão sobre a ocorrência do fato que ensejou a produção da prova e tampouco sobre suas consequ-

39 Agravo de Instrumento 2128142-61.2018.8.26.0000; Relator (a): Rômolo Russo; 7ª Câmara de Direito Privado; Julgamento: 09/05/2019; Registro: 09/05/2019.

40 No mesmo sentido, recentes julgados do TJSP: **PRODUÇÃO ANTECIPADA DE PROVAS Indeferimento da petição ini**cial - Insurgência do autor- Pretensão de exibição de documentos relativos a pessoa que não integra a relação processual, para apuração de fraude – Descabimento - Informações resguardadas por sigilo bancário - Hipótese em que o autor já dispõe de dados necessários à eventual propositura de ação indenizatória - **Ausência de interesse processual** RECURSO NÃO PROVIDO. (...) Assim, com fundamento no art. 381, II e III, do Código de Processo Civil, o autor pleiteia que o réu seja compelido a apresentar dados e documentos relativos à titular da conta corrente para a qual a quantia foi transferida. A r. sentença de indeferimento da inicial deve ser confirmada pelos seus próprios e bem deduzidos fundamentos, os quais ficam inteiramente adotados como razão de decidir. (...) "Com efeito, na hipótese, impõe-se o reconhecimento da falta de interesse de agir do autor por inadequação da via processual eleita. Nos termos do art. 381 do Código de Processo Civil, a produção antecipada da prova será admitida nos casos em que: I - haja fundado receio de que venha a tornar-se impossível ou muito difícil a verificação de certos fatos na pendência da ação; II - a prova a ser produzida seja suscetível de viabilizar a autocomposição ou outro meio adequado de solução de conflito; III o prévio conhecimento dos fatos possa justificar ou evitar o ajuizamento de ação. Analisando a inicial verifica-se que não há fundado receio de que a prova postulada se perca, eis que se tratam de informações e documentos que se encontram na posse da instituição ré e que poderiam ser obtidos, se o caso, a qualquer momento. Outrossim, não se pode dizer que a prova postulada possa viabilizar a autocomposição ou ainda evitar ou justificar o ajuizamento de outras demandas. Isso porque, no caso em questão, busca-se quebra de sigilo bancário de terceira pessoa estranha a esta lide, extrapolando quaisquer discussões que possam se desenvolver na esfera cível e beirando verdadeira pretensão investigativa, afeita à esfera criminal (TJSP, Apelação Cível nº 1027298-30.2022.8.26.0405, 29 de junho de 2023).

> ências jurídicas (CPC, art. 382, § 2º) – **Embora não se ignore que a demonstração da sujeição do caso a uma das hipóteses de produção antecipada de prova é o que basta para a propositura da ação, a quebra de sigilo pretendida, neste momento processual, importaria em evidente violação a direitos e garantias constitucionais de terceiros alheios à relação jurídica – Medida extrema que não se justifica** – Pedidos de busca e apreensão e de intimação da Procuradoria Geral do Município de São Paulo que não se revelam **adequados** e **necessários**, sobretudo porque atingem a esfera jurídica de terceiros estranhos à relação societária discutida – Novas providências que, a partir da demonstração da existência de indícios de desvio de verbas para uso pessoal da sócia retirante ou em benefício de terceiros, podem ser adotadas – Decisão recorrida mantida – Recurso desprovido. (...). O procedimento da produção antecipada de provas, disciplinado nos artigos 381 a 383 do Código de Processo Civil, pode assumir feição contenciosa ou não, sendo que nesta última hipótese é de natureza de jurisdição voluntária, conforme melhor doutrina. **A produção antecipada de provas justifica se muitas vezes pelo desconhecimento dos específicos caracteres de fato da relação jurídica, de modo que o conhecimento de tais elementos é o próprio escopo da atividade jurisdicional.** (...) **Embora não se ignore que a demonstração da sujeição do caso a uma das hipóteses de produção antecipada contenciosa de prova é o que basta para a propositura da ação já que, tratando-se de procedimento de cunho meramente homologatório, não há discussão sobre a ocorrência do fato que ensejou a produção da prova e tampouco sobre suas consequências jurídicas (CPC, art. 382, § 2º) , não há como perder de vista que a quebra de sigilo pretendida, neste momento processual, importa em evidente violação a direitos e garantias constitucionais de terceiros alheios à relação jurídica, o que parece justificar o indeferimento da medida extrema aqui pretendida**. (TJSP, Agravo de Instrumento nº 2082723-42.2023.8.26.0000, 2ª Câmara Reservada de Direito Empresarial, 27 de junho de 2023)

Percebe-se, pelos precedentes citados, que o E. Tribunal de Justiça de São Paulo não somente admitiu os recursos interpostos pelos Réus em produção antecipada de provas, como também amplificaram os limites de cognição do juiz impostos pela lei, possibilitando que averiguem, de maneira extensiva, a (i) legitimidade de parte para sofrer os efeitos da quebra de sigilo bancário e fiscal, (ii) a pertinência, adequação e finalidade da prova pretendida e, ainda (iii) se a prova estaria em consonância às diretrizes impostas pelas garantias constitucionais do processo.

A participação ativa dos juízes e Tribunais, por meio de conhecimento de defesa e recursos nesses casos específicos, que envolvem quebra de sigilo de dados confidenciais e informações comerciais de empresas, denotam que a participação ativa do Poder Judiciário na condução da prova foi fundamental para preservação do contraditório e ampla defesa, e, ainda, não serem cometidos abusos e desvio da finalidade da produção autônoma da prova.

A análise detida de referidos precedentes indicou que, além do controle sobre a atividade probatória, a análise da pertinência, adequação e utilidade da prova prescindiu de avaliação, ainda que mínima, do direito material potencialmente litigioso.

Essa constatação tem amplo reflexo no controle de práticas abusivas no âmbito da produção antecipada da prova, impondo ao juiz que atue no sentido de conduzir o processo a atingir seu objetivo de forma eficiente. Nesse sentido, no âmbito da produção antecipada da prova, o juiz deverá atuar exercendo todos os poderes previstos pelo artigo 189, do Código de Processo Civil, a fim de coibir os abusos que possam vir a ser praticados pelas partes.

Entretanto, esses exemplos extraídos do E. Tribunal de Justiça de São Paulo não são replicados pelos demais Tribunais Pátrios e mesmo na própria Corte Paulista, que já se posicionaram no sentido de que não cabe defesa ou recurso em ação de produção antecipada de provas, e, por esse motivo, não conheceram dos recursos interpostos que, em tese, poderiam ter trazido importantes discussões sobre a validade da prova. A prática, portanto, ainda revela realidades distintas, em que não há segurança jurídica sobre o tema[41].

41 Nesse sentido: "Agravo de instrumento. Produção antecipada de provas. Insurgência contra decisão que acolheu o pedido de produção antecipada de provas. Ante a natureza da ação há expressa proibição de interposição de defesa ou de recurso neste tipo de ação, salvo em face de decisão que indefira completamente a produção de prova pleiteada. Inteligência do artigo 382, §4º do CPC. Ausência de interesse recursal por inconsistência do objeto do recurso, vez que interposto pos-

Não é raro, assim, que os Tribunais Pátrios apliquem de forma literal a regra prevista §4º, do art. 382, do Código de Processo Civil, e, ainda, recorram à vedação à valoração da prova como fundamento à impossibilidade de análise da necessidade, ou não, de complementação da prova produzida no processo.

Percebe-se, assim, a complexidade do assunto, tratado de diferentes maneiras pelas Cortes do país, e a importância de que, analisando-se o caso concreto, possa vir a ser suscitado tema que envolva à validade, adequação e pertinência da prova, por indicarem e inexistência de requisitos imprescindíveis ao seu processamento[42]

5. Proposição de meios para evitar a prática do uso indevido do instituto

Mesmo que a legislador tenha pensado o instituto da produção antecipada de provas como procedimento simplificado em que, poten-

teriormente à produção de prova deferida. Recurso não conhecido" (BRASIL. Tribunal de Justiça de São Paulo. Agravo de Instrumento 2143731-59.2019.8.26.0000. Relator: Maurício Campos da Silva Velho. Órgão Julgador: 4ª Câmara de Direito Privado. Foro Regional II - Santo Amaro - 12ª Vara Cível. Data do Julgamento: 05/11/2019. Data de Registro: 05/11/2019). "Produção antecipada de provas. Inadmissibilidade do recurso. Ação de produção antecipada de provas, cuja prova pericial fora homologada em sentença. Recurso dos autores, buscando a reforma do julgado, insistindo na tese de que o laudo pericial está incompleto, por não ter realizado a vistoria do muro de divisória imóvel das partes, de forma que se deve determinar a complementação do laudo realizado, condição necessária para que os autores possam exercer seu direito de ação. Rito especial que, por determinação legal, não admite a interposição de recurso. Inteligência do artigo 382, §4º, do Código de Processo Civil. Recurso não conhecido" (BRASIL. Tribunal de Justiça de São Paulo. Apelação Cível 1007157-67.2017.8.26.0048. Relator: José Augusto Genofre Martins. Órgão Julgador: 31ª Câmara de Direito Privado. Foro de Atibaia - 2ª Vara Cível. Data do Julgamento: 22/11/2019. Data de Registro: 22/11/2019). "RECURSO DE AGRAVO INTERNO - DECISÃO MONOCRÁTICA QUE NÃO CONHECEU DO AGRAVO DE INSTRUMENTO - AÇÃO CAUTELAR DE produção antecipada de provas - REALIZAÇÃO DE PERÍCIA - DEFERIMENTO PELO JUÍZO - DECISÃO NÃO AGRAVÁVEL - RECURSO DESPROVIDO. Escorreita a decisão monocrática que não conhece de agravo que impugna a produção antecipada da prova, uma vez que nos art. 382, §4º, do CPC, ao procedimento é incabível a interposição de recurso." (TJMT, N.U 1007041-57.2019.8.11.0000, CÂMARAS ISOLADAS CÍVEIS DE DIREITO PRIVADO, ANTONIA SIQUEIRA GONCALVES, Terceira Câmara de Direito Privado, Julgado em 11/12/2019, Publicado no DJE 18/12/2019).

42 TJSP, AI nº 2156956-25.2014.8.26.0000, Rel. Des. João Carlos Saletti, j. 17/03/15 – destaques apostos.

cialmente, não existiria litígio complexo, fato é que, pela análise das situações expostas pelos precedentes acima, o direito à prova não pode ser desconectado ou desvinculado, por completo, da pretensão potencialmente perseguida em eventual ação futura.

Isso porque o reconhecimento de direito autônomo à prova não isenta as partes de justificar a pertinência da prova antecipada e a situação de direito material a ser eventualmente deduzida em demanda posterior, voltada, precipuamente, à declaração de um direito. Portanto, a demonstração da finalidade da prova deve representar verdadeiro ônus, sobre o qual o Autor não pode se desincumbir, nos termos do artigo 382, do Código de Processo Civil.

Assim, sob essa ótica, se o Réu tem condições de demonstrar que a prova requerida não tem pertinência alguma com a relação de direto material que fundamentaria demanda principal, tampouco é apta a provar ou esclarecer os fatos cuja averiguação é pretendida pelo Autor, devem ser disponibilizados mecanismos aptos a demonstrar a justificada resistência na realização da prova, sob pena de que seja autorizada a apresentação de documentos e informações que, possivelmente, não seria permitida em ação ordinária.

Até mesmo porque devem ser aplicadas as regras que regulam a instrução probatória ao procedimento autônomo, as quais indicam expressamente que o juiz deve indeferir provas *inúteis* ou *meramente protelatórias*, nos termos do artigo 370, do Código de Processo Civil. Isso sem contar a impossibilidade de utilização de prova ilícita, repelida pela Constituição Federal.

Essa constatação tem amplo reflexo no controle de práticas abusivas no âmbito da produção antecipada da prova, impondo, além do ônus da parte em demonstrar os requisitos à prova, que o juiz atue no sentido de conduzir o processo a atingir seu objetivo de forma eficiente, atuando com os poderes previstos pelo artigo 139, do Código de Processo Civil, para coibir os abusos que possam vir a ser praticados.

O maior controle pelo poder judiciário traz um ônus relevante ao Autor imbuído de boa-fé: narrar com precisão os fatos que pretende investigar, sob pena de indeferimento das provas requeridas. Essa análise de pertinência e adequação, que pode e deve ser provocada por meio de defesa e contraditório pela parte Requerida -, possibilitará que sejam indeferidas provas inúteis e desnecessárias, que violem garantias constitucionais, que atrasem o processo e, ainda, sejam extremamente custosas.[43]

---

43 Conforme ARSUFFI, Arthur Ferrari, in O Abuso de produção antecipada da prova: direitos fundamentais, sigilo, boa-fé objetiva e custos, Produção Antecipada da Prova:

Como bem ponderado por Flávio Luiz Yarshell, *"(...) ou o interessado demonstra ser admissível e viável - jurídica e praticamente - a prova, e a antecipação lhe deve ser deferida, ou o interessado simplesmente não ostenta o direito à prova. (...) De qualquer forma, o caráter concreto do direito à prova não afasta a exigência das três condições reconhecidas também pela perspectiva concretista da ação: a legitimidade das partes, o interesse de agir (segundo os indicadores "necessidade" e "adequação") e uma "vontade da lei" (do direito objetivo) a autorizar - ou a não impedir - a produção da prova pretendida"*.[44]

E, para demonstração do interesse de agir, necessário que o Autor demonstre os desdobramentos dos aspectos da condição da ação, voltados à (i) adequação, (ii) necessidade e (iii) utilidade da prova requerida de forma autônoma.

Quanto ao primeiro ponto, necessário que a pretensão não se contraponha à nenhuma norma jurídica ou preceito constitucional, além da idoneidade e licitude da prova requerida. Nas palavras de Rodrigo de Abreu, *"se o requerente tem efetivo direito à prova e elege meio probatório idôneo para satisfazê-lo, há interesse processual na antecipação da produção (ou obtenção) dessa prova, em caráter autônomo"*[45]

Com relação à necessidade, necessário que a autorização do direito autônomo à prova, a ser produzida em juízo, prescinda da demonstração de não ter sido possível produzir ou obter a prova extrajudicialmente, sob pena de faltar ao Requerente interesse processual para ajuizamento da ação.

Nesse sentido, deve ser demonstrada resistência injustiçada do Requerido em exibir o documento requerido, ou, ainda, necessidade específica de obtenção de ordem judicial para obtenção dos dados requeridos - como é o caso das ações de produção antecipada de provas que versam sobre a quebra de sigilo de dados.

Por fim, quanto ao interesse na característica de utilidade, é necessário que o Autor da medida justifique, ao menos, potencial litigiosidade, decorrente do fato que se busca investigar. A prova a ser produzida de

questões relevantes e aspectos polêmicos/organização Bruno Sampaio Fuga, Daniel Colnago Rodrigues, Thiago Caversan Antunes - Londrina, PR: Thoth, 2021.

44 YARSHELL, Flávio Luiz. Antecipação da prova sem o requisito da urgência e direito autônomo à prova. São Paulo: Malheiros, 2009, p. 323.

45 Abreu, Rodrigo, ob cit.p.177.

maneira autônoma deve ser útil ao esclarecimento do fato que caracterizar litígio, a ser resolvido por meio de composição, ou ajuizamento de demanda futura, voltado ao reconhecimento do direito da parte.

Entretanto, todos esses aspectos – propositivos e derivados da análise dos precedentes indicados no tópico acima, que revelam o controle judicial sobre determinados aspectos da prova, ou, ainda, ausência de pronunciamento do Poder Judiciário sobre importantes aspectos invocados pelos Réus, somente poderão ser aperfeiçoados caso a parte possa efetivamente exercer o contraditório e ampla defesa, incluindo aqui que o Poder Judiciário esteja autorizado a incursionar e apreciar aspectos relativos ao mérito da causa, limitado, como se viu, à própria prova a ser produzida.

6. A recente interpretação do Superior Tribunal de Justiça sobre o artigo 382, §4º, do Código de Processo Civil. Recurso especial nº 2037088 - SP (2022/0278828-0).

Em importantíssimo precedente sobre o tema, que certamente servirá como paradigma, o Superior Tribunal de Justiça, alicerçando-se no processo civil constitucional, conferiu a interpretação adequada ao artigo 382, §4º, do Código de Processo Civil, autorizando a análise de questões afetas à prova a ser produzida, a fim de garantir o pleno exercício do contraditório e ampla defesa.

Apesar de não ostentar caráter vinculante, o precedente é importante elemento a apaziguar a situação de insegurança jurídica advinda dos diferentes posicionamentos dos Tribunais Estaduais, que ora permitem a apresentação de defesa e recurso no procedimento de produção antecipada de provas, autorizando a incursão detida da causa de pedir e interesse na prova pretendida, ora interpretem de maneira literal os artigos 382 e seguintes, do Código de Processo Civil.

Para melhor elucidação do tema, segue ementa do acórdão proferido no julgamento do recurso especial 2037088 - SP (2022/0278828-0), de Relatoria do Ministro Marco Aurélio Bellizze, em julgamento datado de 07 de março de 2013:

> RECURSO ESPECIAL. AÇÃO DE PRODUÇÃO ANTECIPADA DE PROVAS, COM FUNDAMENTO NOS INCISOS II E III DO ART. 381 DO CPC. DEFERIMENTO LIMINAR DO PEDIDO, SEM OITIVA DA PARTE ADVERSA. INTERPOSIÇÃO DE AGRAVO

> DE INSTRUMENTO, NÃO CONHECIDO PELO TRIBUNAL DE ORIGEM, A PRETEXTO DE APLICAÇÃO DO § 4º DO ART. 382 DO CPC. CONTRADITÓRIO. VULNERAÇÃO. RECONHECIMENTO. RECURSO ESPECIAL PROVIDO. (...) 3. **Eventual restrição legal a respeito do exercício do direito de defesa da parte não pode, de modo algum, conduzir à intepretação que elimine, por completo, o contraditório**. A vedação legal quanto ao exercício do direito de defesa somente pode ser interpretada como a proibição de veiculação de determinadas matérias que se afigurem impertinentes ao procedimento nela regulado. Logo, as questões inerentes ao objeto específico da ação em exame e do correlato procedimento estabelecido em lei poderão ser aventadas pela parte em sua defesa, devendo-se permitir, em detida observância do contraditório, sua manifestação, necessariamente, antes da prolação da correspondente decisão. (...). 6. **É de se reconhecer, portanto, que a disposição legal contida no art. 382, § 4º, do Código de Processo Civil não comporta interpretação meramente literal, como se no referido procedimento não houvesse espaço algum para o exercício do contraditório, sob pena de se incorrer em grave ofensa ao correlato princípio processual, à ampla defesa, à isonomia e ao devido processo legal**. 7. Recurso especial provido.[46]

O caso de origem cuidou de ação de produção antecipada de provas ajuizada por Auge Investiments Ltd. em face de Ernst & Young Auditores Independentes S.S., a fim de que a parte requerida exibisse diversos documentos indicados na inicial, sendo deferida de plano a medida postulada em primeiro grau. Irresignada, a Ernst & Young Auditores Independentes S.S. interpôs agravo de instrumento, do qual o Tribunal de Justiça de São Paulo não conheceu com fundamento, justamente, na interpretação literal art. 382, § 4º, do CPC.

Em seu apelo especial, fundado nas alíneas *a* e *c* do permissivo constitucional, a Ernst & Young Auditores Independentes S.S. apontou violação dos arts. 382, § 4º, 489, § 1°, III, IV e VI, 927, 1.022, II e parágrafo único, I, 1.015, I e VI, do CPC, além de dissídio jurisprudencial.

46 (STJ, REsp n. 2.037.088/SP, relator Ministro Marco Aurélio Bellizze, Terceira Turma, julgado em 7/3/2023, DJe de 13/3/2023 – grifamos)

Como bem delineado pelo Ministro Relator, Dr. Marco Aurélio Belizze, a controvérsia decorreu da questão se, no procedimento de produção antecipada de prova, a pretexto da literalidade do § 4º do art. 382 do Código de Processo Civil, não haveria, em absoluto, espaço para o exercício do contraditório, tal como compreenderam as instâncias ordinárias, a ponto de o Juízo *a quo*, liminarmente determinar-lhe, de imediato, a exibição dos documentos requeridos, advertindo-a sobre o não cabimento de nenhuma defesa.

Como bem concluído pelo Ministro Relator, "*Não se pode olvidar, por outro lado, de que as ações probatórias autônomas não consubstanciam um procedimento simplificado e meramente administrativo presidido pelo Poder Judiciário, em jurisdição voluntária, como se poderia cogitar. Em verdade, guardam, em si, efetivos conflitos de interesses em torno da própria prova, cujo direito à produção constitui a própria causa de pedir deduzida e, naturalmente, passível de ser resistida pela parte adversa, na medida em que sua efetivação importa, indiscutivelmente, na restrição de direitos*".

Ainda como ponderado pelo Ministro Relator, "*Afinal, se a pretendida produção da prova pode acarretar restrição a direito da parte demandada – o que, seguramente, há de ser sopesado pelo Juízo, a partir da existência de um liame entre a prova cuja produção se requereu e a situação de direito material subjacente existente entre as partes, que a legitima, em conjunto com todas as condições da ação e pressupostos processuais –, dúvidas não podem subsistir em relação à possibilidade do exercício do direito de defesa*".

Sob tais premissas, foi dado provimento ao recurso especial, para tonar sem efeito a decisão de primeira instância que determinou a citação da parte demandada para apresentar a documentação no prazo de 30 (trinta) dias, concedendo à Requerida a oportunidade de apresentar a defesa que reputar conveniente, pertinente com o objeto do procedimento em exame, nos termos da presente fundamentação, observando-se, a partir de então, o devido processo legal.

Pela análise das razões de decidir, percebe-se que o acórdão – que trouxe novo e entendimento para Corte[47] -, refletiu sobre dois importan-

47 Nota-se precedente anterior do Superior Tribunal de Justiça, anterior ao considerado paradigma, em posição diametralmente oposta: CIVIL E PROCESSUAL CIVIL. AGRAVO INTERNO NOS EMBARGOS DE DECLARAÇÃO NO AGRAVO EM RECURSO ESPECIAL. DECISÃO DA PRESIDÊNCIA DO STJ. RECONSIDERAÇÃO. AÇÃO DE PRODUÇÃO ANTECIPADA DE PROVAS. PEDIDO DEFERIDO. APELAÇÃO. NÃO

tes pontos discutidos neste artigo: (i) o cabimento de defesa e recurso em ação de produção antecipada de provas, não limitado à taxatividade descrita nos artigos 382 e 383, do Código de Processo Civil, e (ii) possibilidade de cognição e averiguação, pelo magistrado, do liame entre a entre o pedido autônomo à prova e a situação de direito material que deu fundamento a pretensão, prova cuja produção se requereu e a situação de direito material subjacente.

Referido precedente é importante paradigma sobre o tema, pois instrumentaliza os mecanismos destinados ao efetivo contraditório e ampla defesa nas ações de produção antecipada de provas, e deve nortear a orientação dos Tribunais Pátrios, a fim de garantir segurança jurídica aos jurisdicionados[48].

7. Conclusão

Não obstante a produção antecipada de prova inserida pelo Código de Processo Civil de 2015, sem o requisito da urgência, seja relevan-

---

CABIMENTO. CONSONÂNCIA DO ACÓRDÃO RECORRIDO COM A JURISPRUDÊNCIA DESTA CORTE. SÚMULA 83/STJ. AGRAVO INTERNO PROVIDO. AGRAVO CONHECIDO PARA NEGAR PROVIMENTO AO RECURSO ESPECIAL. 1. A jurisprudência desta Corte é no sentido de que, a teor do art. 382, § 4º, do CPC/2015, nos procedimentos de produção antecipada de prova, somente é cabível a interposição de recurso quando a decisão proferida denegar o pleito formulado. Precedentes. 2. O entendimento adotado no acórdão recorrido coincide com a jurisprudência assente desta Corte Superior, circunstância que atrai a incidência da Súmula 83/STJ. 3. Agravo interno provido para reconsiderar a decisão ora agravada e, em novo julgamento, conhecer do agravo para negar provimento ao recurso especial (STJ, AgInt nos EDcl no AGRAVO EM RECURSO ESPECIAL Nº 2176372 - SP (2022/0230221- 5), Rel. Ministro Raul Araujo, 13.02.2023)

48 Nesse sentido, foi possível encontrar decisão monocrática da Ministra A MARIA ISABEL GALLOTTI, proferida no TutPrv no RECURSO ESPECIAL Nº 2043440 - RJ (2022/0390021-2), datado de 10.05.2023, em que consignou orientação proferida pelo precedente proferido pelo Ministro Marco Aurélio Belizze, consignando que Quanto ao ponto, em um exame preliminar, verifico que o acórdão recorrido está em dissonância com a jurisprudência da Terceira Turma do STJ, que, apreciando a mesma controvérsia, firmou o recente entendimento de que "a disposição legal contida no art. 382, § 4º, do Código de Processo Civil não comporta interpretação meramente literal, como se no referido procedimento não houvesse espaço algum para o exercício do contraditório, sob pena de se incorrer em grave ofensa ao correlato princípio processual (e até de inconstitucionalidade – art. 5º, XXXVI, LIV e LV)" .

te novidade do sistema processual brasileiro, tendo alcançado grande destaque na prática forense, a instrumento colocado à disposição dos jurisdicionados não é imune a desvios de finalidade e práticas que, em verdade, depõem contra o próprio instituto, pois podem acarretar graves violações à imagem, honra, intimidade e privacidade das pessoas, em detrimento, também, do exercício das garantias constitucionais do processo.

A lacuna legislativa dos artigos 382 e 383, do Código de Processo Civil – que conferiu redação ampla e não delimitou, de maneira objetiva, a causa de pedir -, bem como restrição ao direito de defesa, acabou propiciando situações de incongruências, tratadas no artigo. O direito à prova não é absoluto, e poderá, excepcionalmente, ser limitado em caso de confronto com direitos resguardados pela Constituição.

Para tanto, propõe-se que seja (i) concedido maior controle, pelo magistrado, acerca do interesse de agir como requisito à autorização antecipada da prova, o que, invariavelmente, (ii) acarreta ônus ao Requerente em melhor descrever a condição da ação. Entretanto, as ações acima somente poderão ser aperfeiçoadas pelo efetivo exercício do contraditório e ampla defesa, de forma propiciar que eventuais vícios no requerimento da prova e na sua produção possam ser deduzidos em juízo e apreciadas pelo Poder Judiciário – como recentemente decidiu o Superior Tribunal de Justiça, em importante julgado sobre o tema.

Bibliografia

ABREU, Rodrigo, In: **O interesse processual na produção antecipada de prova fundada nos incisos II e III do artigo 381 do Código de Processo Civil**, Dissertação submetida ao Programa de Pós-Graduação stricto sensu, Programa de Mestrado em Direito, área de concentração em Direito, Estado e Sociedade, da Universidade Federal de Santa Catarina, para a obtenção do título de Mestre em Direito. Orientador: Prof. Pedro Miranda de Oliveira, 2021.

ALVES, André Bruni Vieira. **Da admissibilidade na produção antecipada de provas sem o requisito da urgência (ações probatórias autônomas) no novo CPC**. In: Coleção grandes temas do novo CPC. Direito probatório. DIDIER JR. Fredie (coord. geral). 3. ed. Salvador: JusPodivm, 2018.

ARAUJO, Rômulo de Aguiar, **Fishing Expedition e a Produção Antecipada de Prova no Código de Processo Civil**, in Produção Antecipada da Prova, Questões Relevantes e Aspectos Polêmicos, organização Bruno Augusto

Sampaio Fuga, Daniel Colnago Rodrigues Thiago Caversan Antunes – Londrina, PR: Toth, 2021.

ARSUFFI, Arthur Ferrari, in O Abuso de produção antecipada da prova: direitos fundamentais, sigilo, boa-fé objetiva e custos, Produção Antecipada da Prova: questões relevantes e aspectos polêmicos/organização Bruno Sampaio Fuga, Daniel Colnago Rodrigues, Thiago Caversan Antunes – Londrina, PR: Thoth, 2021.

CAMBI, Eduardo, In: **O direito à prova no Processo Civil**, Revista da Faculdade de Direito da UFPR, v.34, 2000.

CAMBI, Eduardo. PITTA, Rafael Gomiero Pitta. **Discovery no processo civil norte-americano e a efetividade da justiça brasileira**. Revista de Processo. Vol. 245, jul., 2015.

De lucca, Newton; Simão filho, Adalberto; Lima, Cíntia Rosa Pereira (coords). **Direito e Internet III – Tomo II: Marco Civil da Internet** (Lei n. 12.965/2014). São Paulo: Quartier Latin, 2015.

DIDIER JR., Fredie. **Produção antecipada de prova**. In: Coleção grandes temas do novo CPC: direito probatório. DIDIER JR. Fredie (coord. geral). 3. ed. Salvador: JusPodivm, 2018.

DINAMARCO, Cândido Rangel**. Instituições de direito processual civil**: volume III. 7. ed. São Paulo: Malheiros Editores, 2017.

FERREIRA, William Santos. Capítulo XII: das provas. In: ARRUDA ALVIM WAMBIER, Teresa (coord.). **Breves comentários ao novo código de processo civil**. 3. ed. São Paulo: Revista dos Tribunais.

GRECO, Leonardo. In: Publicismo e privatismo no processo civil. **Revista de Processo**, vol. 164, p. 29-56, 2008.

LAUX, Francisco de Mesquita. **Relações entre o princípio da eficiência e as normas sobre prova. Revista de Processo**, vol. 292, p. 19-51, 2019.

MARINONI, Luiz Guilherme; ARENHART, Sérgio Cruz; MITIDIERO, Daniel. *Código de processo Civil Comentado.* 4ª ed. São Paulo: **Revista dos Tribunais**

MELLO, Rogério Licastro Torres de, In: O Projeto de Novo CPC e a Ação Probatória Não Cautelar. Revista de Processo, Vol. 233/2014, p. 85, jul./2014.

NAKAMURA, Bruna Lais Sousa Tourinho, **Efetividade da ação de produção antecipada de provas**, Dissertação de Mestrado apresentada à Universidade de São Paulo – Faculdade de Direito, Professor Orientador José Carlos Baptista Puoli 2020

NETO, Elias Marques de Medeiros, Francisco Laux, Giovani Ravagnani, Fel ipe Roberto Rodrigues, Ricardo Aprigliano e William Santos Ferreira, A Defesa na Produção Antecipada de Provas – Uma leitura constitucional do artigo 382, § 4º, do novo CPC, 11.03.2017, http://www.migalhas.com.br/dePeso/16,MI245536,41046A+Defesa+na+Producao+Antecipada+de+Provas+Uma+leitura+constitucional.

SANTOS, Juliano Locatelli, a Produção Antecipada de Provas e a diminuição da Litigância, Artigo publicado na Revista Cognitio Juris, ano VIII, nº 19, p. 93-122, jan-2018.

SILVA, Vivian Ghizoni da, MELO, Philipe Benoni e ROSA, Alexandre Morais da, Fishing Expedition e encontro fortuito na busca e apreensão: um dilema oculto no processo penal, 1 Edição, Florianópolis - SC:Emais, 2019.

TALAMINI, Eduardo, In: PRODUÇÃO ANTECIPADA DE PROVA NO CÓDIGO DE PROCESSO CIVIL DE 2015, Anticipated production of evidence in Civil Procedure Law of 2015 Revista de Processo | vol. 260/2016 | p. 75 - 101 | Out / 2016 DTR\2016\23994.

YARSHELL, Flávio Luiz. In: Da Produção Antecipada da Prova. Breves comentários ao Novo Código de Processo Civil. Coordenadores: Teresa Arruda Alvim Wambier, Fredie Didier Jr., Eduardo Talamini e Bruno Dantas. São Paulo: Editora Revista dos Tribunais, 2015.

Produção Antecipada de Prova Desvinculada da Urgência na Arbitragem: Réquiem? YARSHELL, Flávio Luiz; PEREIRA, Guilherme Setoguti (Coordenadores).Produção Antecipada de Prova Desvinculada da Urgência na Arbitragem: Réquiem Processo Societário IV. São Paulo: Quartier Latin, 2021.

YARSHELL, Flávio Luiz. **Antecipação da prova sem o requisito da urgência e direito autônomo à prova**. São Paulo: Malheiros, 2009

PLURALIDADE DE LEGITIMADOS À IMPUGNAÇÃO DE UM ÚNICO ATO

João Marcos Neto de Carvalho[1]

SUMÁRIO: 1. Introdução. **2.** Coisa julgada e a situação de plurilegitimados à impugnação de um mesmo ato. **2.1.** Extensão da coisa julgada aos colegitimados ausentes do processo. 2.2. Situação de substituição processual. **2.3.** Limitação da coisa julgada às partes. **2.4.** Propostas de solução *de lege ferenda* e perspectivas sob a ótica do CPC/2015. **3.** Conclusão. Referências Bibliográficas.

1. Introdução

Pensemos em uma situação jurídica envolvendo partes diversas, reunidas em pé de igualdade, e que poderiam elaborar deliberações conjuntas, constituídas em atos. Se algum dos envolvidos desejar anular a deliberação do grupo, terá ele um direito potestativo relacionado a uma tutela constitutiva, consubstanciada na anulação (ou modificação) daquele ato.

Devido à característica da relação de direito material, aquele ato é uno e não pode existir para uma pessoa e não existir para outra. Assim, se um deles ingressar em juízo pleiteando a anulação daquele ato, ele deverá ser anulado (ou mantido) para todos os envolvidos sejam eles partes do processo ou não. O ato não pode existir e não existir ao mesmo tempo.

Nesse caso, iniciado o processo por um dos colegitimados e estando ausente do processo algum dos demais agentes, esse legitimado ausente poderia, posteriormente, ingressar em juízo com seu próprio processo, formulando exatamente o mesmo pedido sobre o qual já houve decisão anterior transitada em julgado? Em outras palavras, a coisa julgada formada em processo alheio, mas que envolve um direito concorrente (como é o caso do exemplo dado), referente à impugnação de um mesmo ato, afetará o sujeito ausente do processo, que, por isso mesmo, foi terceiro em relação à primeira demanda?

É esse o problema a que nos propusemos estudar nesse trabalho: a situação em que há uma multiplicidade de sujeitos legitimados à impugnação de um mesmo ato. Não é um problema novo dentro da

---

1 Mestre em Direito Processual Civil (USP). Advogado,

doutrina processual. Ao contrário, trata-se de um tema clássico, do qual já se ocuparam diversos processualistas consagrados, como se verá ao longo do texto.

É um tema que envolve aspectos materiais – como as relações plurissubjetivas e incindíveis, por exemplo – e processuais – sobretudo a relação dos terceiros com o processo e o litisconsórcio (mais especificamente o litisconsórcio facultativo unitário), além dos limites subjetivos da coisa julgada.

Embora tenha sido profundamente debatido, o problema ainda se encontra sem uma solução dentro da doutrina. O que procuraremos fazer ao longo do texto é uma conjugação entre os aspectos clássicos das questões envolvidas com o tema, com análise dos pensamentos consagrados, e a doutrina mais recente, pontuando com os aspectos na legislação processual em vigência.

2. Coisa julgada e a situação de plurilegitimados à impugnação de um mesmo ato

São diversas as dificuldades de conjugar processualmente as situações de plurissubjetividade (ou plurilateralidade[2]) das relações jurídicas de direito material[3] ligadas a atos incindíveis.[4] A regra emanada da sentença deve necessariamente ser a mesma para todos os envolvidos,

2 "Enquanto nos contratos bilaterais as partes são sempre duas e só duas, mesmo que cada uma delas possa ser plúrima, nos contratos plurilaterais, duas é o número mínimo de partes; a diferença específica entre essas estruturas negociais e os contratos bilaterias é que, enquanto nestes o número de partes é fixo, determinado e inalterável, naqueles, por serem de estrutura aberta, existe a possibilidade de acolherem número indeterminado delas, partes". SZTAJN, Rachel. Associações e sociedades: à luz da noção de contrato plurilateral. In: Revista de Direito Privado. V. 21, 2005, pp. 223-234.

3 "As questões maiores do processo são solucionadas com dados inerentes à relação da vida e ao direito substancial que a regula. Daí por que, embora fenômenos distintos, há entre processo e direito material evidente nexo unindo o meio ao fim.", BEDAQUE, José Roberto dos Santos. *Direito e processo: influência do direito material sobre o processo.* 6ª ed. São Paulo: Malheiros, 2011, pp. 17-18.

4 Nas palavras de Menchini, dando luz à estrutura dessas situações jurídicas: "*rapporto uno ed unico com molteplicità di soggetti*". MENCHINI, Sergio. Regiudicata civile. In: *Digesto dele Discipline Privatistiche*: sezione civile. Torino: Utet, 1997, nº 12, p. 456.

uma vez que o resultado a que se visa não pode deixar de ser produzido a um só tempo e de modo igual para todos os titulares do mesmo direito.[5]

Apesar de as características da situação material imporem que a solução dada seja homogênea a todos os envolvidos, devendo a decisão ser uniforme para todos eles, a legitimação dos cotitulares do direito é concorrente, e não conjunta, de modo que não há vedação para que ajam individualmente.[6] A doutrina já elencou diversos exemplos dessa situação.[7]

Mas a questão que subsiste diz respeito à extensão da coisa julgada. A doutrina tem se debruçado sobre essa questão há muito tempo e ainda sem uma solução final.[8]

A coisa julgada individual, em decorrência da escolha política do legislador (e em respeito ao princípio do contraditório), opera-se entre as

---

5 BARBOSA MOREIRA, José Carlos. *Litisconsórcio unitário*. Rio de Janeiro: Forense, 1972, pp. 143-144. No mesmo sentido, ressaltando o caráter incindível da situação de direito material: ALLORIO, Enrico. *La cosa giudicata rispetto ai terzi*. Milano: Giuffrè, 1992, pp. 118-120.

6 PEREIRA, Guilherme Setoguti Julio. *Impugnação de deliberações de assembleia das S/A*. São Paulo: Quartier Latin, 2013, p. 279.

7 Alguns exemplos fornecidos por Barbosa Moreira: ação de nulidade de patente de invenção; ação pauliana intentável por qualquer dos credores quirografários lesados, ação de nulidade de casamento, ação de dissolução de sociedade, ação de anulação de deliberação assemblear, dentre outros exemplos. BARBOSA MOREIRA, José Carlos. Coisa julgada: extensão subjetiva. Litispendência. Ação de nulidade de patente. In: *Direito processual civil (ensaios e pareceres)*. Rio de Janeiro: Borsoi, 1971, pp. 274-275. Eduardo Talamini traz outros exemplos interessantes: "(i) pluralidade de legitimados para invalidar um mesmo e unitário negócio jurídico (ex. a legitimidade individual de cada um dos descendentes e do cônjuge para a ação do art. 496 do C. Civ.)'(ii) a legitimidade concorrente dos vários administrados atingidos por um ato administrativo indivisível, para invalidá-lo; (iii) a legitimidade individual de cada um dos litisconsortes unitários que sofreram a sucumbência, para propor a ação rescisória". TALAMINI, Eduardo. *Coisa julgada e sua revisão*, São Paulo: Saraiva, 2005, p. 98. Outros exemplos ainda podem ser: a legitimidade de cada concorrente em concurso público de pleitear a anulação de uma questão, ou ainda a legitimidade de cada empresa licitante para pleitear a anulação do edital.

8 Nas palavras de Fredie Didier Jr., a "extensão da coisa julgada àquele que poderia ter sido litisconsorte unitário, mas não o foi, é uma das grandes polêmicas do processo civil, até hoje sem uma solução imune a sérios questionamentos". DIDIER JR., Fredie. *Curso de direito processual civil*: introdução do direito processual civil, parte geral e processo de conhecimento. 17ª ed. Salvador: Juspodivm. V. 1, 2015, p. 464.

partes. Partindo do conceito processual de parte[9], o terceiro[10] *não pode ser atingido pela coisa julgada. E mais, aplicando-se a* famosa teoria de Liebman - que fez a distinção entre eficácia natural da sentença e autoridade da coisa julgada - o terceiro, em regra, é atingido pelos efeitos da sentença, mas não pela coisa julgada.[11]

Aí está a grande dificuldade de solução para o tema: como conjugar uma decisão una a todos os interessados (mesmo aqueles que não figuraram como parte no processo) e ainda vinculá-los à coisa julgada ali formada. Os sujeitos ligados a essa situação poderiam se reunir e propor conjuntamente (caso tenham os mesmos interesses) uma demanda que teria por objeto a anulação ou declaração de nulidade do tal ato. Formar-se-ia, assim, um litisconsórcio, que seria unitário[12].

---

9 "O conceito de parte não pode ser aferido nos domínios da relação jurídica de direito material". CRUZ E TUCCI, José Rogério. *Limites subjetivos da eficácia da sentença e da coisa julgada civil.* São Paulo: Revista dos Tribunais, 2006, p. 33. Nesta mesma linha, Pontes de Miranda afirma serem as partes os polos ativo e passivo da relação jurídica processual *em ângulo*, estando no vértice desta relação o sujeito "desinteressado", o juiz. PONTES DE MIRANDA, Francisco Cavalcanti. *Comentários ao Código de Processo Civil.* São Paulo: Forense. 1974. t. 1. P. 237.

10 Segundo Araken de Assis, "não há outra maneira segura e eficiente de definir terceiro no processo senão a buscar conceito por exclusão". ASSIS, Araken de. *Processo civil brasileiro, volume II: parte geral: institutos fundamentais: Tomo 1.* São Paulo: Revista dos Tribunais, 2015, p. 578.

11 "A sentença, como ato autoritativo ditado por um órgão do Estado, reivindica naturalmente, perante todos, seu ofício de formular qual seja o comando concreto da lei ou, mais genericamente, a vontade do Estado, para um caso determinado. As partes, como sujeitos da relação a que se refere a decisão, são certamente as primeiras que sofrem a sua eficácia, mas não há motivo que exima os terceiros de sofrê-la igualmente." LIEBMAN, Enrico Tulio. *Eficácia e autoridade da sentença e outros escritos sobre a coisa julgada.* 4ª ed. Rio de Janeiro: Forense, 2006, p. 123. A respeito do alcance da coisa julgada dentro da lógica de Liebman, Eduardo Talamini afirma: "os efeitos da sentença não se limitam às partes, mas o terceiro, na medida em que tais efeitos repercutam na sua esfera jurídica de movo a conferir-lhe interesse e legitimidade para agir, não fica impedido de buscar outro pronunciamento jurisdicional, em sentido diverso daquele emitido no processo de que não participou, sem que lhe possa opor a coisa julgada." TALAMINI, Eduardo. *Coisa julgada e sua revisão.* São Paulo: Revista dos Tribunais, 2005, p. 97.

12 "Para verificar se deve ser forçosamente uniforme o tratamento dos litisconsortes na sentença definitiva, tem-se pois de atentar na estrutura da situação jurídica substancial e no efeito que sobre ela se visa a produzir por meio do processo. Se as diversas posições individuais dos colitigantes se inserem homogeneamente - ao menos sob certos aspectos - na situação global, e se o efeito visado se destina a

Se todos os sujeitos interessados figurassem como partes no processo, fossem quais fossem seus interesses (cointeressados ou contrainteressados), todos estariam perfeitamente abrangidos pela coisa julgada, fosse ela favorável ou desfavorável a cada um deles. Mas, como o eventual litisconsórcio tem por característica a facultatividade[13] (direito potestativo concorrente[14]), não há como obrigar todos os colegitimados a estarem presentes no processo, o que dificulta a extensão da coisa julgada àqueles que se mantiverem como terceiros.[15]

Além disso, a legitimidade para impugnação do ato pode pertencer a muitos sujeitos, o que denota que o litisconsórcio pode ser um instituto insuficiente para resolver esse tipo de situação[16], ainda mais quando os interesses dos legitimados podem ser antagônicos.

---

operar sobre algum ponto em que a inserção é homogênea, a decisão de mérito só pode ter o mesmo teor para todos eles, e unitário é o litisconsórcio. Daí se pode tirar o critério utilizável para reconhecer-se, processualmente, a ocorrência da unitariedade. O eixo de referência é sempre o resultado prático a que tende o processo, à vista do pedido e da *causa petendi*. Se esse resultado for tal que haja de incidir sobre ponto de inserção homogênea dos vários coautores ou corréus na situação jurídica substancial, o litisconsórcio será ativa ou passivamente unitário." BARBOSA MOREIRA, José Carlos. *Litisconsórcio unitário*. Rio de Janeiro: Forense, 1972, pp. 145-146. Segundo Antonio Carlos de Araújo Cintra, "embora o interêsse litigioso tenha dois ou mais titulares, em comunhão, a lei supre a legitimação parcial de qualquer ou de todos êles, para que, isoladamente, seja legitimado para propôr ou responder à ação." CINTRA, Antonio Carlos de Araújo. *Do litisconsórcio*. Tese de doutoramento apresentada à Faculdade de Direito da Universidade de São Paulo, São Paulo, 1968, p. 9.

---

13 Tratando especificamente das impugnações de atos assembleares, Eduardo Talamini afirma que "em princípio, cada um deles está autorizado a ir a juízo isoladamente. A despeito da unitariedade da situação jurídico-material que serve de base à pretensão (afinal, há uma mesma e única deliberação, produtora de efeitos em face de todos os legitimados), não há exigência de litisconsírcio unitário." TALAMINI, Eduardo. Legitimidade, interesse, possibilidade jurídica e coisa julgada nas ações de impugnação de deliberações societárias. In: YARSHELL, Flávio Luiz; PEREIRA, Guilherme Setoguti (coord.). *Processo societário*. São Paulo: Quartier Latin, 2012, p. 104.

14 Sobre o assunto, ver com detalhes PACÍFICO, Luiz Eduardo Boaventura. *Ações concorrentes*. São Paulo: Quartier Latin, 2016, p. 177.

15 "Terceiros são todas as pessoas que não sejam parte no processo ou, mais precisamente, em dado processo concretamente considerado". DINAMARCO, Cândido Rangel. *Litisconsórcio*. 8ª ed. rev. e atual. São Paulo: Malheiros. 2009. p. 30.

16 É o entendimento de Heitor Sica: "O inconveniente desponta manifesto nos casos em que houver um número elevado de colegitimados como sói ocorrer, por exem-

O problema envolve, em suma, direitos potestativos de diversas pessoas em relação a uma situação jurídica incindível, ensejando a necessidade de solução única para todos os legitimados, seja no sentido de anular (ou declarar nulo) o ato, seja no sentido de declará-lo válido.[17]

Tratando dos limites subjetivos da eficácia da sentença e da coisa julgada administrativa, Renato Alessi afirma expressamente que se admite excepcionalmente a extensão *erga omnes* se essa extensão for justificada por uma razão de indivisibilidade.[18] Assim, tendo em mente a natureza constitutiva da decisão de anulação, segundo a qual o ato anulado é objetivamente removido do mundo jurídico e, portanto, necessariamente *erga omnes*: (i) se o terceiro for contrainteressado (por exemplo, o vencedor do concurso público do qual se almeja a anulação), o cancelamento da provisão obviamente afeta sua esfera jurídica: (ii) se, por outro lado, o terceiro for cointeressado, a decisão também o afetará, mas naturalmente em um sentido vantajoso; (iii) se uma parte interessada que não esteja diretamente atingida pelo ato impugnado permane-

plo, em ações de anulação de deliberação assemblear. Integrar ao processo todos os acionistas poderia dificultar ou até mesmo inviabilizar o acesso à justiça daquele(s) que se dispôs(dispuseram) a mover demanda." SICA, Heitor Vitor Mendonça. Três velhos problemas do processo litisconsorcial à luz do CPC/ 2015. São Paulo: Revista de Processo, vol. 256, 2016, pp. 65 - 86, item 2.

17 Segundo Sergio Menchini, trata-se de situação relacionada ao *princípio da coordenação*: "la disciplina sostanziale di tali situazioni giuridiche è informata al *principio del coordinamento*, ossia le vicende che le interessano hanno necessariamente effetti inscindibili: qualsvoglia iniziativa volta ad estinguere e lo modifica o per tutti o per nessuno; la posizione sostanziale comuno o esiste (ed ha un certo contenuto) o non esiste (e non ha un certo contenuto), nello stesso modo, nei confronti di tutti i contitolari". MENCHINI, Sergio. Regiudicata civile. In: *Digesto dele Discipline Privatistiche*: sezione civile. Torino: Utet, 1997, nº 12, p. 456. Allorio também menciona o *principio del coordinamento* para tratar do assunto: ALLORIO, Enrico. *La cosa giudicata rispetto ai terzi*. Milano: Giuffrè, 1992, pp. 117-130.

18 ALESSI. Renato. Osservazioni intorno ai limiti soggettivi di efficacia del giudicato amministrativo. In: Rivista Trimestrale de Diritto Pubblico. Milano: Giuffrè, 1954, pp. 52-53. O doutrinador italiano justifica sua posição: "che anche qui non ci si preoccupi di dare una rigorosa base scientifica alla tesi, viene provato dal fatto che talora la indivisibilità viene riferita all'atto impugnato (atto indivisibile sarebbe quello che non può idealmente scindersi in tanti provvedimenti quanti sono gli interessati) mentre talaltra volta essa viene riferita al vizio denunciato (vizio indivisibile sarebbe quello che sussiste nei confronti di tutti gli interessati e non già esclusivamente nei confronti di alcuni tra essi)" Idem.

cer afastada da relação processual, a decisão tampouco conterá vícios e também deverá ter efeito (ainda que indireto) sobre a esfera jurídica do terceiro, dada sua natureza constitutiva.[19]

Por essa lógica apresentada por Alessi, verifica-se que a eficácia da sentença, mesmo em casos de plurilegitimados, alcançará todos, mesmo aqueles legitimados que se mantiveram afastados do processo.

Mas e a coisa julgada? Os demais legitimados também serão atingidos por ela, ou poderão autonomamente pleitear pronunciamento judicial em sentido diverso daquele já existente? A autoridade da coisa julgada (a imutabilidade da sentença de mérito), em um processo movido apenas por um dos colegitimados, alcançará os terceiros que, mesmo legítimos para figurar como partes no processo, não ingressaram na lide?

Basicamente as opiniões se dividem em duas posições principais: aqueles que entendem possível a extensão da coisa julgada aos colegitimados que não figuraram no processo e aqueles que não aceitam essa extensão. Dentro de cada uma dessas "categorias", há diferentes propostas para compatibilizá-las com o ordenamento processual e, sobretudo, com a ordem constitucional.[20]

Antes de tratar das propostas mais recorrentes dentro da doutrina, cabe fazer menção a uma corrente que entende haver, no caso, litisconsórcio necessário, e não facultativo.[21] Trata-se de posição minoritária

19 ALESSI. Renato. Osservazioni intorno ai limiti soggettivi di efficacia del giudicato amministrativo. In: Rivista Trimestrale de Diritto Pubblico. Milano: Giuffrè, 1954, pp. 52-53.

20 Dinamarco, menciona que o conceito de parte é construído a partir da aplicação da garantia constitucional do contraditório, distinguindo-se "pessoas que podem e pessoas que não podem ser atingidas pelos efeitos do processo". DINAMARCO, Cândido Rangel. *Litisconsórcio.* 8ª ed. rev. e atual. São Paulo: Malheiros. 2009. pp. 22 e 23. Já José Rogério Cruz e Tucci afirma que "nenhuma restrição de direitos pode ser admitida em que se propicie à pessoa interessada a produção de *ampla defesa (nemo inauditus damnari potest)*, e, consequentemente, esta só poderá efetivar-se em sua *plenitude* com o estabelecimento da *participação ativa e contraditória* dos sujeitos parciais em todos os atos e termos do processo". CRUZ E TUCCI, José Rogério. *Limites subjetivos da eficácia da sentença e da coisa julgada civil.* São Paulo: Revista dos Tribunais, 2006, p.107.

21 Cf. ALVIM, Thereza. *O direito processual de estar em juízo.* São Paulo: Revista dos Tribunais, 1996, pp.157-162 e 182-183; ARAGÃO, Egas Moniz de. *Sentença e Coisa Julgada.* Rio de Janeiro: Aide. 1992. pp. 303-305); BARBI, Celso Agrícola. *Comentários ao Código de Processo* Civil. 2ª ed. Rio de Janeiro: Forense, 1981, v. 1, pp. 260-261, 264-265; MARINONI, Luiz Guilherme; MITIDIERO, Daniel. *Código de Processo*

e que, do que se pode perceber, em grande parte aplica esse entendimento devido ao equívoco encontrado na redação do art. 47 do CPC/73, que definia o litisconsórcio necessário por meio de uma característica do litisconsórcio unitário ao determinar que o litisconsórcio necessário ocorre nas situações em que "o juiz tiver de decidir a lide de modo uniforme para todas as partes".[22] Induzidos ao erro pela infeliz redação do art. 47, tais autores enxergam como única possibilidade o litisconsórcio necessário unitário, o que, mesmo à luz do CPC/73, poderia ser sanado por meio da redação do art. 46, I, que afirmava que duas ou mais pessoas *podem* litigar conjuntamente quando "entre elas houver comunhão de direitos ou de obrigações relativamente à lide". Hoje, o CPC/2015, em seu art. 114, solucionou essa confusão legal, posicionando corretamente o litisconsórcio necessário[23], determinando que "o litisconsórcio será necessário por disposição de lei ou quando, pela natureza da relação ju-

Civil comentado artigo por artigo. 3ª ed. rev., atual. e ampl. São Paulo: Ed. RT, 2011, p. 138; SILVA, Ovídio Baptista da. *Comentários ao Código de Processo Civil*. São Paulo: Revista dos Tribunais, 2000, v. 1, p.195.

22 É o que deixa claro o seguinte trecho de Thereza Alvim: "A solução mais correta, ao que tudo indica, para eliminar as dificuldades que se podem originar de tais situações, é ser estabelecido que todo o litisconsórcio unitário deve ser também necessário. E foi assim que dispôs nossa lei processual civil, no art. 47, em questão. Não ficaram, no texto, confundidos os dois institutos, ele foi límpido. Haverá litisconsórcio necessário somente em duas hipóteses. A primeira se dá em a lei prevendo expressamente a necessariedade. A segunda, se houver uma lide só, a ser decidida pelo Poder Judicário e esta é detectada pela natureza da lide (reconhecível pela causa de pedir, constituída esta pela relação jurídica subjacente à afirmação de direito do autor, tal como retratada na peça inicial), quando o juiz, evidentemente, terá que decidi-la maneira uniforme, não para todas as partes, como diz o art. 47 da lei processual civil, mas para todos aqueles que se encontram no polo da relação jurídica processual, no papel de parte". ALVIM, Thereza. *O direito processual de estar em juízo*. São Paulo: Revista dos Tribunais, 1996, pp.158-159.

23 Segundo Barbosa Moreira, "o conceito de litisconsórcio unitário não coincide com o de litisconsórcio necessário nem na compreensão, nem na extensão (.) Para tornar coextensivos os conceitos de litisconsórcio unitário e de litisconsórcio necessário, seria preciso: (a) que todo litisconsórcio unitário fosse necessário; isto é, que não houvesse litisconsórcio unitário facultativo; e vice-versa; (b) que todo litisconsórcio necessário fosse unitário, quer dizer: que não existisse litisconsórcio necessário comum. (.) Na realidade, nem uma nem outra proposição é verdadeira" (BARBOSA MOREIRA, José Carlos. *Litisconsórcio unitário*. Rio de Janeiro: Forense, 1972. pp. 132-134).

rídica controvertida, a eficácia da sentença depender da citação de todos que devam ser litisconsortes".

Em razão da inerente dificuldade causada ao exercício da ação e ao acesso à justiça (art. 5º, XXXV, da Constituição Federal) provocada pelo litisconsórcio necessário, esse é reservado a casos excepcionais.[24] Portanto, diante das inúmeras situações de direito material, calcadas na garantia do acesso à justiça, que autorizam um legitimado a agir isolada e autonomamente, não é possível conceber que todo e qualquer litisconsórcio unitário seria também necessário.[25]

É evidente que essas situações seriam mais simples se o litisconsórcio unitário fosse sempre necessário[26]. Mas não é. Feita a ressalva em relação a esse entendimento, passemos à análise das demais propostas doutrinárias a respeito do tema.

2.1. Extensão da coisa julgada aos colegitimados ausentes do processo

É certo que a primeira alternativa (extensão da coisa julgada aos colegitimados) tem condição de resolver o problema relativo à existên-

24 TALAMINI, Eduardo. *Coisa julgada e sua revisão*. São Paulo: Revista dos Tribunais, 2005, p. 104. Completa o professor paranaense: "o litisconsórcio ativo apenas é necessário quando expressamente imposto, mediante regra explícita ou como inequívoco resultado da conjugação de outras regras".

25 SICA, Heitor Vitor Mendonça. Três velhos problemas do processo litisconsorcial à luz do CPC/ 2015. São Paulo: Revista de Processo, vol. 256, 2016, pp. 65 - 86, item 2. E prossegue: "O inconveniente desponta manifesto nos casos em que houver um número elevado de colegitimados como sói ocorrer, por exemplo, em ações de anulação de deliberação assemblear. Integrar ao processo todos os acionistas poderia dificultar ou até mesmo inviabilizar o acesso à justiça daquele(s) que se dispôs(dispuseram) a mover demanda. Tratando-se de uma companhia de capital aberto, o problema ainda poderia ser resolvido no âmbito da tutela coletiva ou, mesmo no âmbito de um processo individual, por meio de uma citação editalícia de todos os acionistas, que não poderiam ser identificados (art. 256, I, do CPC de 2015). Mas numa companhia fechada essas soluções não se aplicariam, o que poderia conspirar contra o direito fundamental de acesso à justiça de maneira irremediável, a depender do caso". Idem.

26 Medina afirma categoricamente que "o litisconsórcio unitário, como regra, é também necessário. Trata-se, além de imperativo lógico, de decorrência do princípio do contraditório: se a decisão ferirá, de algum modo, situação ou relação jurídica de que alguém faça parte, só por exceção justificável a essa pessoa se deixará de informar a existência do processo". MEDINA, José Miguel Garcia. *Curso de direito processual civil moderno*. 4ª ed. São Paulo: Revista dos Tribunais, 2018, p. 221.

cia de julgados em sentidos opostos. Mas não basta resolver o problema se, de outro lado, não forem respeitadas as garantias constitucionais.

A regra tradicional determina que a coisa julgada não atinja terceiros[27] (*res inter alios iudicatae alii non praeiudicant*), mas sempre se observou que há terceiros que, embora cientes do processo existente entre outras pessoas, não são afetados pela sentença; por seu turno, em determinadas situações, há aqueles terceiros que são afetados por ela (sentença) e até pela coisa julgada.[28]

Assim, admite-se, ainda hoje, que a interdependência e a complexidade das relações podem fazer com que se mitigue o *princípio da relatividade da coisa julgada*.[29] Fiados na possibilidade de que a coisa julgada afete a esfera jurídica de terceiros, existem os defensores de que, quando se trata de sentença constitutiva, a coisa julgada seja estendida *ultra partes*.[30]

---

27 "Em princípio, a imutabilidade da decisão de mérito não mais sujeita a recurso vincula somente as partes que figuraram no processo e às quais aquela decisão se dirige. O fundamento dessa regra reside nas garantias constitucionais do contraditório, da ampla defesa e do devido processo legal (art. 5º, XXXV, LIV e LV), que seriam violadas se uma pessoa ficasse impedida de discutir determinada questão em juízo, sem ter antes usufruído das prerrogativas processuais inerentes à condição de parte". FONSECA, João Francisco Naves da. *Comentários ao Código de Processo Civil - volume IX (arts. 485/508)*. São Paulo: Saraiva, 2017. p. 157.

28 Nas palavras de José Rogério Cruz e Tucci: "não se afasta a possibilidade da repercussão menos ou mais intensa da eficácia da sentença ou mesmo da coisa julgada a um terceiro". CRUZ E TUCCI, José Rogério. *Limites subjetivos da eficácia da sentença e da coisa julgada civil*. São Paulo: Revista dos Tribunais, 2006, p. 208. No mesmo sentido, Giovanni Pugliese, que, fazendo uma análise histórica (romana, medieval e moderna) dessa possibilidade de que o terceiro seja atingido pela coisa julgada, observa que, apesar de a regra geral sempre ter sido de que a coisa julgada se opera entre as partes "esso non valeva sempre, mas che occorreva distinguere, giacchè vi erano bensi terzi, che, sebbene consapevoli del processo svolgentesi contro altri, non venivano pregiudicati dalla relativa sentenza, ma ve ne erano pure che, a causa della loro consapevolezza, erano invece pregiudicati." PUGLIESE, Giovanni. Giudicato civile. In: *Enciclopedia del Diritto*, Milano: Giuffrè, 1969, p. 751.

29 CRUZ E TUCCI, José Rogério. *Limites subjetivos da eficácia da sentença e da coisa julgada civil*. São Paulo: Revista dos Tribunais, 2006, pp. 40-41. Segundo o processualista, baseando-se também em doutrina francesa, "torna-se inexorável a projeção, ainda que por via indireta ou reflexa, dos efeitos da decisão e, às vezes, em caráter excepcional, da própria expansão da autoridade da coisa julgada a terceiros". Idem.

30 ALLORIO, Enrico. *La cosa giudicata rispetto ai terzi*. Milano: Giuffrè, 1992, pp. 266 e ss.; CHIOVENDA, Giuseppe. Sul litisconsorzio necessário. In: *Saggi di diritto processuale civile volume secondo*. Milano: Giuffrè, 1993, pp. 444, 449; PUGLIESE, Giovanni. Giudicato civile. In: *Enciclopedia del Diritto*, Milano: Giuffrè, 1969, p. 884;

Apesar da dificuldade de conjugar esse posicionamento com as garantias constitucionais do contraditório e da inafastabilidade da jurisdição, boa parte da doutrina brasileira e estrangeira entende que, nos casos de colegitimados a impugnação de um mesmo ato, a coisa julgada deve ser estendida àqueles legitimados que não estiveram presentes no processo.[31] Para justificar esse ponto vista, utiliza-se, normalmente, o fato de ser indesejável a existência de decisões conflitantes sobre o mesmo ato (o ato é válido ou não é?).[32]

Tratando das deliberações assembleares, Allorio afirma que, para a realização do interesse individual do acionista, a deliberação ilegal deve ser removida com efeito para todos[33], afirmando ainda que o risco apontado por aqueles que entendem diversamente (possível conluio entre as partes ensejando coisa julgada *inter partes*), poderia ser mitigado – caso

BARBOSA MOREIRA, José Carlos. *Litisconsórcio unitário*. Rio de Janeiro: Forense, 1973, p. 142; GRINOVER, Ada Pellegrini. Coisa julgada *erga omnes, secundum eventum litis* e *secundum probationem*. In: *Revista de Processo*, vol. 126, ago. 2005, p. 9; PEREIRA, Guilherme Setoguti Julio. *Impugnação de deliberações de assembleia das S/A*. São Paulo: Quartier Latin, 2013, p. 304.

31 ALLORIO, Enrico. *La cosa giudicata rispetto ai terzi*. Milano: Giuffrè, 1992, pp. 276-278; CARNELUTTI, Francesco. *Lezioni di diritto processuale civile*. Pádua: Cedam, 1986, v. 4, p. 434; CARPI, Federico. *L'efficacia "ultra partes" della sentenza civile*. Milano: Giuffrè, 1974, p. 156; CHIOVENDA, Giuseppe. *Principii di diritto processuale civile*, 3a ed. Napoli: Jovene, 1923, pp. 924-926, *Instituições de direito processual civil*. São Paulo: Saraiva, 1942, vol. 1, p. 578; MONTELEONE, Girolamo A. *I limiti soggettivi del giudicato civile*. Padova: Cedam, 1978, pp. 141-143; MOTTO, Alessandro. Note in tema di limiti oggettivi e soggettivi di efficacia della sentenza nei giudizi di impugnazione di delibere di s.p.a. In: *Il giusto processo civile*, 2012, fasc. 3, pp. 577-582; BARBOSA MOREIRA, José Carlos. *Litisconsórcio unitário*. Rio de Janeiro: Forense, 1973, p. 27, Coisa julgada: extensão subjetiva. Litispendência. Ação de nulidade de patente. In: *Direito processual civil (ensaios e pareceres)*. Rio de Janeiro: Borsoi, 1971, p. 283; PEREIRA, Guilherme Setoguti Julio. *Impugnação de deliberações de assembleia das S/A*. São Paulo: Quartier Latin, 2013, p. 304.

32 Segundo Chiovenda, "ao juiz não seria possível operar a anulação do ato em relação a um, quando fora já levado a negá-la em relação a outros". CHIOVENDA, Giuseppe. *Instituições de direito processual civil*. São Paulo: Saraiva, 1942, vol. 1, p. 578. Segundo Ada Pellegrini Grinover, a situação em tela "torna impossível a formulação de regras jurídicas concretas diversas em relação àqueles que, se participassem do juízo, obteriam sentenças uniformes". GRINOVER, Ada Pellegrini. Coisa julgada *erga omnes, secundum eventum litis* e *secundum probationem*. RePro, São Paulo: Revista dos Tribunais, 2005, vol. 126, p. 13.

33 ALLORIO, Enrico. *La cosa giudicata rispetto ai terzi*. Milano: Giuffrè, 1992, p. 274.

não houvesse intervenção direta no processo pelos colegitimados – por meio da *opposizione di terzo revocatoria*.[34]

Redenti fala em "litisconsorzio collettivo" e "posizione *virtuale* delle parte" para aceitar a extensão da coisa julgada aos colegitimados que não participaram do processo, uma vez que a decisão é única e se opera com efeitos reflexos em relação a todos os interessados de fato.[35]

Para Carpi, o art. 2.377 do CPC italiano assume um significado paradigmático e visa fornecer uma base positivada para o fenômeno mais geral da extensão *ultra partes* da coisa julgada a todos os membros de uma sociedade afetados pela deliberação impugnada.[36] E ainda completa sugerindo que um prazo prescricional menor para a impugnação de deliberações daria mais estabilidade aos atos sujeitos a impugnação.[37]

34 ALLORIO, Enrico. *La cosa giudicata rispetto ai terzi*. Milano: Giuffrè, 1992, p. 278.

35 REDENTI, Enrico. *Il giudizio civile con pluralità di parti*. Milano: Giuffrè, 1911. Ristampa di 1960, pp. 59 e 65-67.

36 CARPI, Federico. *L'efficacia "ultra partes" della sentenza civile*. Milano: Giuffrè, 1974, p. 156. Na doutrina brasileira, comparando a nossa legislação com a italiana: ARRUDA ALVIM, José Manoel. A posição dos sócios e associados em relação a ações movidas contra as sociedades e associações de que façam parte. In: In: YARSHELL, Flávio Luiz; PEREIRA, Guilherme Setoguti (coord.). *Processo societário*. São Paulo: Quartier Latin, 2012, pp. 70-76; PEREIRA, Guilherme Setoguti Julio. PEREIRA, Guilherme Setoguti Julio. *Impugnação de deliberações de assembleia das S/A*. São Paulo: Quartier Latin, 2013, pp. 284-285.

37 CARPI, Federico. *L'efficacia "ultra partes" della sentenza civile*. Milano: Giuffrè, 1974, p. 156. A sugestão de diminuição dos prazos prescricionais também foi feita, entre nós, por José Rogério Cruz e Tucci, sem acolher a tese de extensão da coisa julgada a terceiros. CRUZ E TUCCI, José Rogério. *Limites subjetivos da eficácia da sentença e da coisa julgada civil*. São Paulo: Revista dos Tribunais, 2006, p. 257. Referido doutrinador, contudo, alerta para o fato de que "mesmo assim, esta 'proteção adicional aos interessados' não obsta a que um sócio possa ajuizar uma ação pretendendo a declaração da validade da deliberação anulada por sentença judicial. É que para esse legitimado, que não está adstrito à coisa julgada da precedente demanda, o prazo inicia-se a partir do trânsito em julgado da decisão naquela proferida". Idem. Heitor Sica, dentre outras sugestões (que serão detalhadas mais à frente), também sugere a diminuição dos prazos prescricionais, aduzindo que isso "poderia amenizar (ou eventualmente até eliminar) o risco de seguidas demandas movidas por diferentes colegitimados". SICA, Heitor Vitor Mendonça. Três velhos problemas do processo litisconsorcial à luz do CPC/ 2015. São Paulo: Revista de Processo, vol. 256, 2016, pp. 65 – 86, item 2. Para um estudo mais aprofundado acerca dos prazos prescricionais para anulação ou declaração de nulidade dos atos jurídicos (e mais especificamente os atos assembleares) e, além disso, acerca da preocupação em relação à estabilidade das deliberações, ver FRANÇA, Erasmo

Já Barbosa Moreira se fia no direito alemão para afirmar ser possível que pessoas que não tomaram parte no processo sejam atingidas pela coisa julgada e dá o exemplo, dentre outros, dos acionistas que não participaram de processo que visava a anulação ou declaração de nulidade de deliberação de assembleia geral de sociedade por ações.[38] No entanto, José Rogério Cruz e Tucci lembra que essa opção é possível na

Valladão Azevedo e Novaes. *Invalidade das deliberações de assembleia das S/A*. 2ª ed. São Paulo, Malheiros, 2017, pp. 78-89 e pp. 144-149.

38 BARBOSA MOREIRA, José Carlos. *Litisconsórcio unitário*. Rio de Janeiro: Forense, 1972, pp. 26-27. Justifica o processualista carioca: "A essa conclusão se chega por meio de interessante raciocínio. A coisa julgada que se constitua para qualquer dos possíveis litisconsortes vale igualmente para os outros, e esse resultado deve ocorrer tanto na hipótese de processos distintos e sucessivos, quanto na de um único processo em que vários deles, ou todos, atuem em conjunto. Ora, se se admitisse quebra da uniformidade na solução do litígio, de tal sorte que para um, ou para alguns, a decisão viesse a apresentar determinado teor, e para os mais teor contrário, haveria a consequência absurda de sobrevirem, para cada qual, *duas coisas julgadas contraditórias*. Realmente: se se acolheu o pedido em relação a A e se se rejeitou em relação a B, como *ex hypothesi* este fica vinculado pela *auctoritas rei iudicatae* do pronunciamento emitido em face daquele, e vice-versa, segue-se que para um e outro existirão a coisa julgada da decisão de procedência e, ao mesmo tempo, a coisa julgada da decisão de improcedência." Idem, p. 27. Em face desse fundamento, Ovídio Baptista contra-argumenta no sentido de que "a afirmação de que B, que teve a demanda rejeitada 'fica vinculado pela *autoritas rei iudicatae* do pronunciamento emitido em face daquele', que, no exemplo, seria A, é, precisamente, o ponto a provar-se; e, agora, no raciocínio do escritor, é dado como conclusão provada". SILVA, Ovídio A. Baptista. *Sentença e coisa julgada (ensaios e pareceres)*. 4ª ed. Rio de Janeiro: Forense, 2003, p. 93. Ainda na mesma obra, mas em outro momento, Barbosa Moreira retoma o assunto para dizer que "quando as posições jurídicas individuais se inserem de maneira homogênea na situação global, em relação a determinado efeito que sobre ela se pretenda operar, essa homogeneidade necessariamente subsiste em relação ao efeito contrário. Daí ser indiferente o resultado do processo: quer seja o pedido julgado procedente, quer improcedente, a regra jurídica concreta formulada na sentença terá de aplicar-se de modo uniforme a todos os interessados. Se, por exemplo, A e B, co-legitimados à impugnação do mesmo ato jurídico, propõem juntos a ação anulatória, tanto faz dizer que não se pode invalidar o ato senão para ambos, como dizer que só para ambos pode ele ser declarado válido – e portanto subsistente. São como duas faces de uma única moeda. Assim, a impossibilidade de prever-se *que resposta* dará ao pedido o juiz em nada influi para descaracterizar o litisconsórcio entre A e B como unitário, nem por conseguinte para subtraí-lo ao regime especial. A eventual resposta negativa, não menos que a afirmativa, há de produzir efeitos idênticos em face de A e B." Idem, pp. 148-149.

Alemanha, em assuntos relacionados ao direito societário, porque lá existe a previsão legal de cientificação dos interessados que quiserem ingressar no processo.[39]

Ada Pellegrini Grinover mudou de entendimento ao longo do tempo. Em um primeiro momento, a processualista encampava as ideias de Liebman para solução do problema (que serão detalhadas mais abaixo), para, posteriormente, negar esse posicionamento e mudar sua postura em relação ao problema, aderindo ao entendimento exposto por Barbosa Moreira.[40] Contudo, a professora não escapou das críticas de parte da doutrina ao realizar essa mudança.[41]

---

39 "Cumpre esclarecer que, para não vulnerar a garantia do denominado *rechtliches Gehör*, somente se viabiliza a referida opção legislativa do direito alemão, que prevê a extensão da coisa julgada a todos os interessados, porque o § 247 daquele mesmo diploma legal impõe a notificação da ação a todos os sujeitos que possam sofrer prejuízo. Idêntico procedimento é adotado no direito espanhol, porque, consoante o art. 117 da nova lei de sociedades anônimas c.c. art. 222, 3, 3ª al., da LEC, a coisa julgada vincula todos os interessados, desde que a estes se tenha dado a devida ciência do ajuizamento da ação." CRUZ E TUCCI, José Rogério. *Limites subjetivos da eficácia da sentença e da coisa julgada civil.* São Paulo: Revista dos Tribunais, 2006, p. 258.

40 "Revendo minha posição anterior, radicada numa postura intransigente de total indiferença à coisa julgada por todo e qualquer terceiro, acompanho hoje a posição sempre lúcida de Barbosa Moreira, que demonstra que a extensão a terceiros, virtuais litisconsortes unitários, da coisa julgada que verse sobre bem de natureza indivisível torna impossível a formulação de regras jurídicas concretas diversas em relação àqueles que, se participassem do juízo, obteriam sentenças uniformes (ressalvada, naturalmente, a hipótese de ações diversas intentadas com base em outra *causa petendi*)." GRINOVER, Ada Pellegrini. Coisa julgada *erga omnes, secundum eventum litis* e *secundum probationem.* In: *Revista de Processo*, vol. 126, ago. 2005, p. 9. Ada Grinover ainda propõe duas técnicas para legitimar a extensão da coisa julgada: (i) diante de diversas ações individuais sobre o mesmo direito individual homogêneo, notificar os legitimados à propositura de ações coletivas e (ii) converter a ação individual em ação coletiva. GRINOVER, Ada Pellegrini. A coisa julgada no litisconsórcio facultativo unitário: o exemplo de ações coletivas e individuais no campo da saúde. *O direito de estar em juízo e a coisa julgada: estudos em homenagem a Thereza Alvim.* São Paulo: Revista dos Tribunais, 2014, p. 613. Vale lembrar que, conforme visto acima (capítulo 3.3), essa proposta da processualista de conversão da ação individual em coletiva constava do projeto inicial do CPC/2015, mas acabou suprimida durante o processo legislativo.

41 Como, por exemplo, o comentário de José Rogério Cruz e Tucci: "Tenho convicção de que a precedente orientação seguida por Ada Pellegrini (.) estava mais sintonizada com as garantias constitucionais do processo". CRUZ E TUCCI, José Rogério. *Limites subjetivos da eficácia da sentença e da coisa julgada civil.* São Paulo: Revista dos Tribunais, 2006, p. 256.

Mais recentemente, Guilherme Setoguti Julio Pereira também aderiu ao entendimento de que a coisa julgada se opera *erga omnes*,[42] argumentando que "embora a unitariedade do direito talvez não seja suficiente para, por si só, justificar a coisa julgada *erga omnes*, note-se que ela, quando menos, sinaliza nesse sentido, com o principal intuito de evitar conflitos de julgados".[43]

Também examinando o caso de impugnação de deliberação assemblear, Monteleone diverge do entendimento de extensão *erga omnes* da coisa julgada, mas a consequência de seu pensamento acaba sendo a mesma (a vinculação dos demais legitimados à coisa julgada). Para isso, faz a distinção de que a sociedade possui personalidade jurídica e é ela que obrigatoriamente deve figurar no polo passivo do processo para que o contraditório seja respeitado. Os órgãos que compõem a sociedade – especialmente assembleia e administradores – estão vinculados à coisa julgada por questões organizacionais e institucionais. Sendo a sociedade a legítima representante de seus próprios órgãos, estão eles também adstritos à coisa julgada formada em processo do qual ela foi parte. Não há, desta maneira, no entender de Monteleone, um desvio dos limites subjetivos da coisa julgada, mas ainda assim os demais legitimados estão impedidos de veicular nova pretensão no mesmo sentido daquela já decidida em juízo.[44]

Como se nota, os principais fundamentos para aqueles que entendem haver coisa julgada *erga omnes* (ou pelo menos de seu efeito preclusivo) dizem respeito, ao menos em relação à impugnação de deliberação assemblear, à impossibilidade de existência de julgados antagônicos, à

42 PEREIRA, Guilherme Setoguti Julio. *Impugnação de deliberações de assembleia das S/A*. São Paulo: Quartier Latin, 2013, p. 304.

43 PEREIRA, Guilherme Setoguti Julio. *Impugnação de deliberações de assembleia das S/A*. São Paulo: Quartier Latin, 2013, p. 306. Ao final, ainda aponta suas principais razões para acolher tal tese: "as peculiaridades do direito material (unitariedade do ato jurídico, identidade de situações jurídicas e o vínculo que une sócios e sociedade) e o rechaço do sistema à eternização de conflitos e à contradição entre julgados. São estes elementos que, acreditamos, permitem interpretar o art. 472 do CPC [art. 506 do CPC/2015] de forma que a coisa julgada, nesta hipótese, seja *erga omnes*". Idem, p. 310.

44 MONTELEONE, Girolamo A. *I limiti soggettivi del giudicato civile*. Padova: Cedam, 1978, pp. 141-143.

tentativa de encerrar o conflito definitivamente e também à proteção da própria empresa.[45]

Contudo, esse posicionamento, apesar de apresentar uma solução ao problema existente, deixa de dar atenção a garantias constitucionais, especialmente o contraditório e o acesso à justiça.[46] Além disso, não há lei que autorize a extensão da coisa julgada para prejudicar terceiros, mesmo que em situação de unitariedade devido à incindibilidade da situação de direito material. Ao contrário, o art. 506 do CPC/2015 determina expressamente que "a sentença faz coisa julgada às partes entre as quais é dada, não prejudicando terceiros".[47]

---

45 Arruda Alvim, comentando a legislação portuguesa (art. 61, 1, do Código das Sociedades Comerciais, que prevê a extensão da sentença – não da coisa julgada – a todos os sócios, e o art. 61, 2, que poupa os direitos adquiridos de boa-fé por terceiros), afirma que essa proteção a terceiros não é apenas uma proteção dos direitos desses terceiros, mas também, e mais ainda, uma proteção à própria sociedade, já que se garante mais estabilidade aos negócios sociais. ARRUDA ALVIM, José Manoel. A posição dos sócios e associados em relação a ações movidas contra as sociedades e associações de que façam parte. In: YARSHELL, Flávio Luiz; PEREIRA, Guilherme Setoguti (coord.). *Processo societário*. São Paulo: Quartier Latin, 2012, p. 70. Além do fundamento jurídico do *coordinamento necessário*, Allorio aponta razões práticas para a extensão *ultra partes* da coisa julgada: "Si può, in generale, che il diritto ravvisa, in simili casi, la esigenza *pratica* che il rapporto deciso mediante giudicato avendo ricevuto un determinato regolamento giuridico, il rapporto del terzo riceva un regolamento giuridico correlativo. Ravvisa quest'esigenza, e l'attua, statuendo l'influenza, sul rapporto del terzo, del giudicato che ha accertato il rapporto fra le parti. In altri termini, il diritto ha riconosciuto che, tra quei due rapporti, esisteva un nesso non di subordinazione, ma di *coordinamento necessario*. Quel nesso consiste in ciò, ch'è praticamente poco augurabile che, avendo il rapporto tra le parti ricevuto, por sentenza, una configurazione determinata, sul rapporto del terzo si giudichi e si decida a capriccio: e si richiede, invece, che la decisione del secondo rapporto avvenga in funzione della decisione del primo". ALLORIO, Enrico. *La cosa giudicata rispetto ai terzi*. Milano: Giuffrè, 1992, p. 120.

46 Segundo Cândido Rangel Dinamarco, "todas as pessoas a serem atingidas pelo exercício da jurisdição precisam ao menos ter a oportunidade de participar do processo em que uma medida jurisdicional vai ser preparada e produzida". DINAMARCO, Cândido Rangel. *Litisconsórcio*, 8ª ed., São Paulo: Malheiros, 2009, p. 33.

47 No mesmo sentido, SICA, Heitor Vitor Mendonça. Três velhos problemas do processo litisconsorcial à luz do CPC/ 2015. São Paulo: Revista de Processo, vol. 256, 2016, pp. 65-86, item 2.

2.2. Situação de substituição processual

Existe outra parte da doutrina que, também objetivando a extensão da coisa julgada aos colegitimados ausentes, enxerga na situação a figura da substituição processual.[48] O colegitimado que foi a juízo seria, então, substituto processual dos demais colegitimados que permaneceram inertes.[49]

A consequência final de se adotar essa posição é a mesma em relação à posição anterior: extensão da coisa julgada aos colegitimados que não litigaram. Nesse ponto, essa corrente conseguiria não incorrer na inconstitucionalidade encontrada na posição anterior, já que, no sentir dessa parte da doutrina, a coisa julgada atinge não só o substituto, como também o substituído. Contudo, não é pacífico na doutrina que o substituído que não teve ciência do processo seja afetado pela coisa julgada.[50] Há fortes argumentos no sentido de afastar a coisa julgada para o substituído, ligados, inclusive, ao princípio do contraditório.

48 CARNELUTTI, Francesco. *Lezioni di diritto processuale civile.* Pádua: Cedam, 1986, v. 4, p. 434; ARMELIN, Donaldo. *Legitimidade para agir.* São Paulo: Revista dos Tribunais, 1979, pp. 119-120; DIDIER JR., Fredie. *Curso de direito processual civil.* 14ª ed. Salvador: Juspodivm, 2012, v. 1, p. 338.

49 Segundo José Rogério Cruz e Tucci, a substituição processual pode ser conceituada como "o exercício, autorizado por lei, de atividades processuais em nome próprio, em prol de uma situação subjetiva alheia". CRUZ E TUCCI, José Rogério. *Limites subjetivos da eficácia da sentença e da coisa julgada civil.* São Paulo: Revista dos Tribunais, 2006, p. 226. Para Dinamarco, "substituto processual é a *pessoa que recebe da lei legitimidade para atuar em juízo no interesse alheio, como parte principal,* não figurando na relação jurídico-material controvertida". DINAMARCO, Cândido Rangel. *Instituições de Direito Processual Civil.* Vol. II. 4ª ed. São Paulo: Malheiros. 2004, pp. 310-311. Prossegue o doutrinador, fazendo importante distinção entre substituição e representação processual: "Atuar como parte é fazê-lo *em nome próprio,* ou seja, não como representante. O representante não é parte no processo, mas o substituto processual o é (.). A locução *substituição processual,* muito usual em doutrina, não indica a *sucessão de partes* nem traz em si qualquer ideia de um movimento consistente em *pessoa que sai e pessoa que entra* na relação processual (.): substituto processual é o *legitimado extraordinário*". Idem.

50 "Sujeitar o titular da relação jurídica à coisa julgada oriunda de processo ao qual não lhe foi dado comparecer e, nele, defender *seu* interesse, importa em barrar-lhe o acesso ao Poder Judiciário, o que nem a lei nem ninguém poderá fazer." MONIZ DE ARAGÃO, Egas. *Sentença e coisa julgada*: exegese do Código de Processo Civil (arts. 444 a 475). Rio de Janeiro: Aide, 1992, p. 302. Também sobre a questão envolvendo a coisa julgada e a substituição processual: TALAMINI, Eduardo. *Coisa julgada e sua Revisão,* São Paulo: Revista dos Tribunais, 2005, pp. 114-115; CIN-

Além disso, a substituição processual apenas é permitida quando existe regra expressa, o que não há para o caso. Não é possível considerar o colegitimado litigante como substituto dos demais colegitimados, justamente porque não há, na lei, dispositivo que o outorgue legitimidade extraordinária para a atuar na defesa dos direitos desses.[51]

Como se sabe, por meio da substituição processual, o substituto age na defesa de direito alheio em nome próprio (conforme disposição do art. 18 do CPC/2015). No caso em tela, porém, o colegitimado que age em juízo faz valer sua própria posição jurídica substancial, que pertence também aos demais legitimados.[52] Não se trata propriamente de defesa de direito alheio, mas de defesa de direito indivisível comum a todos os legitimados.[53]

TRA, Lia Carolina Batista. *Intervenção de terceiro por ordem do juiz: a intervenção* iussu iudicis *no processo civil*. São Paulo: Revista dos Tribunais, 2017, p. 213; BUENO, Cassio Scarpinella. Partes e terceiros no processo civil brasileiro. São Paulo: Saraiva, 2ª ed. 2006, pp. 50-51; FONSECA, João Francisco Naves da. *Comentários ao Código de Processo Civil - volume IX (arts. 485/508)*. São Paulo: Saraiva, 2017. p. 157.

---

51 BUENO, Cassio Scarpinella. *Partes e terceiros no processo civil brasileiro*. 2ª ed. rev., atual. e ampl. São Paulo: Saraiva, 2006. p. 127. Cf., TALAMINI, Eduardo. *Coisa julgada e sua revisão*, São Paulo: Saraiva, 2005, p. 99

52 CARPI, Federico. *L'efficacia "ultra partes" della sentenza civile*. Milano: Giuffrè, 1974, p. 155. No mesmo sentido, ALLORIO, Enrico. *La cosa giudicata rispetto ai terzi*. Milano: Giuffrè, 1992, p. 120; CRUZ E TUCCI, José Rogério. *Limites subjetivos da eficácia da sentença e da coisa julgada civil*. São Paulo: Revista dos Tribunais, 2006, p. 249; PEREIRA, Guilherme Setoguti Julio. *Impugnação de deliberações de assembleia das S/A*. São Paulo: Quartier Latin, 2013, p. 306; SCARPINELLA, Cassio Scarpinella. Partes e terceiros no processo civil brasileiro. São Paulo: Saraiva, 2ª ed. 2006, p. 127.

53 SICA, Heitor Vitor Mendonça. Três velhos problemas do processo litisconsorcial à luz do CPC/ 2015. São Paulo: Revista de Processo, vol. 256, 2016, pp. 65 – 86, item 2. Referido processualista ainda afirma que "as hipóteses de substituição processual normalmente se justificam pela hipossuficiência do substituído ou por sua omissão, como legitimado ordinário, em tutelar posição jurídica da qual é dependente o substituto. A colegitimidade para defesa de direito indivisível não caracteriza nenhuma dessas situações. (.) Por fim, há que se reconhecer novamente aqui que os colegitimados não estarão, sempre, alinhados e concordes em torno de qual situação pretendem defender em juízo, de tal modo que seria no mínimo estranho propor que um substituto processual atue para obter tutela jurisdicional contrária ao interesse do substituído. Nesse caso, não se trataria de defender direito alheio em nome próprio, mas sim de apenas atacar direito alheio e para isso não se dispensaria o respeito ao contraditório. Como se observou acima, essa situação se

2.3. Limitação da coisa julgada às partes

Em oposição aos que entendem que a coisa julgada se opera *ultra partes*, há a parte da doutrina cujo pensamento é de que a coisa julgada fica restrita às partes do processo.[54] Dentre esses, há diversas proposições diferentes para tentar solucionar a questão.

Liebman, cujos pensamentos sobre coisa julgada são amplamente aceitos e difundidos no Brasil (efeito natural da sentença que não se confunde com a autoridade da coisa julgada), posiciona-se radicalmente contrário à extensão da coisa julgada e parte da distinção entre eficácia da sentença e coisa julgada para tentar solucionar o problema.[55] Para o professor italiano, qualquer que seja o resultado do processo, a eficácia da sentença será sentida por todos (partes e terceiros). No entanto, a coisa julgada ficaria restrita às partes.

Enfrentando a questão sob o enfoque da impugnação a decisão assemblear, Liebman demonstra o entendimento de que é o interesse de agir que fulmina a possibilidade de diversas ações para impugnação do mesmo ato. Na hipótese de improcedência do pedido do autor, os terceiros manteriam todas as condições para propor suas próprias demandas com o mesmo pedido de anulação da deliberação. Por outro lado, em caso de procedência do pedido de anulação, os direitos concorrentes dos demais legitimados seriam absorvidos pela falta de interesse de agir. No pensar do processualista italiano, uma vez reconhecida a nulidade do ato não haveria razão para os outros legitimados realizarem o mesmo pedido em juízo.[56]

---

reconhece facilmente se tratando de relações jurídicas plurilaterais - como nos já referidos litígios entre quotistas ou acionistas de uma sociedade empresária ou entre os candidatos a um concurso público - nas quais é inviável identificar de antemão quais dos demais sujeitos são cointeressados ou contrainteressados em relação ao sujeito que veio a juízo. E como acima se destacou, é plenamente possível a existência de antagonismo entre ocupantes do mesmo polo da relação jurídica de direito material bilateral." Idem.

54 Ovídio Baptista é categórico ao afirmar que defende a "irrestrita e absoluta limitação da coisa julgada somente às partes". SILVA, Ovídio A. Baptista. *Sentença e coisa julgada (ensaios e pareceres)*. 4ª ed. Rio de Janeiro: Forense, 2003, p. 93.

55 Ver: LIEBMAN, Enrico Tullio. *Eficácia e autoridade da sentença e outros escritos sobre a coisa julgada*. 4ª ed. Rio de Janeiro: Forense, 2006, pp. 96-100; 209-220; 221-239.

56 LIEBMAN, Enrico Tullio. Ações concorrentes. *Eficácia e autoridade da sentença e outros escritos sobre a coisa julgada*. 4ª ed. Rio de Janeiro: Forense, 2006, pp. 218-219.

Assim, de acordo com o pensamento de Liebman, o problema se resolveria com a utilização dos conceitos de eficácia da sentença e de coisa julgada. A eficácia da sentença atingiria todos os legitimados, inclusive terceiros em relação ao processo, enquanto a coisa julgada ficaria restrita às partes. Desse modo, em caso de improcedência da demanda, os demais legitimados ainda teriam a possibilidade de realizar seus próprios pedidos de anulação do ato. Caso a ação fosse julgada procedente, os legitimados ausentes não poderiam mais ingressar em juízo com esse pedido, mas não por causa de eventual extensão da coisa julgada, e sim em decorrência da falta de interesse de agir, uma vez que o ato já teria sido anulado, não havendo mais razão para que os demais beneficiados pela eficácia da sentença pleiteassem aquilo que o juiz já havia concedido.

Essa teoria de Liebman (diferença entre eficácia da sentença e coisa julgada) se aplica a praticamente todas as situações em que haja uma discussão acerca dos limites subjetivos da coisa julgada. No entanto, essa teoria não resolve *todos* os problemas, como é o caso dos plurilegitimados com direitos potestativos concorrentes.

A primeira razão disso é que Liebman incorre em um erro de premissa, que é não levar em consideração que os legitimados ausentes podem ter interesse antagônico em relação ao legitimado que foi a juízo; podem ser cointeressados ou contrainteressados.[57]

O segundo ponto fraco da sugestão de Liebman diz respeito à incompatibilidade de julgados, caso os legitimados ausentes tenham efetivamente interesses contrários ao do legitimado litigante. A isso, Liebman responde que "aqui não é tanto dos limites subjetivos do julgado que se trata, mas dos limites do próprio objeto e da decisão: objeto que é só a ação do sócio que propôs a demanda", e arremata afirmando que "a ação

57 Essa foi a principal crítica de Barbosa Moreira a esta solução sugerida por Liebman, no que foi seguido por boa parte da doutrina brasileira. Afirma o professor carioca: "A explicação segundo a qual essa inadmissibilidade decorreria da simples *falta de interesse* revela-se, a um exame atento, insuficiente: ela só serve para as hipóteses em que os outros co-legitimados visem ao *mesmo* resultado já obtido pelo primeiro deles. Mas bem pode acontecer que a algum interesse precisamente *contrário*, ou seja, a declaração judicial da *validade* do ato". BARBOSA MOREIRA, José Carlos. Coisa julgada: extensão subjetiva. Litispendência. Ação de nulidade de patente. In: *Direito processual civil (ensaios e pareceres)*. Rio de Janeiro: Borsoi, 1971, p. 282. Acompanhando-o nessas críticas: TALAMINI, Eduardo. *Coisa julgada e sua revisão*. São Paulo: Revista dos Tribunais, 2005, pp. 100-101; PEREIRA, Guilherme Setoguti Julio. *Impugnação de deliberações de assembleia das S/A*. São Paulo: Quartier Latin, 2013, p. 276.

ora acolhida é uma outra, embora concorrente".[58] Porém, se se trata de ações diferentes, não há que se falar em ações concorrentes, ainda que haja pluralidade de legitimados.[59]

Ada Pellegrini Grinover, que, como mencionado acima, comungava das ideias de Liebman para resolver o problema e mudou sua posição posteriormente, critica especificamente as ideias do professor italiano, fazendo uso das ações coletivas para afirmar que "a aversão de Liebman à coisa julgada *secundum eventum litis* não pode igualmente prevalecer, nos dias de hoje".[60]

Verifica-se, assim, que, apesar de extremamente interessante e útil, a teoria de Liebman não é suficiente para resolver o problema apresentado, uma vez que permite que, em situações de litisconsórcio facultativo unitário, terceiros impugnem os efeitos da sentença transitada em julgado, ocasionando conflito de julgados. Apesar disso, a tentativa de Liebman de resolver o problema ainda encontra adeptos em consagrada doutrina brasileira.[61]

---

58 LIEBMAN, Enrico Tullio. Ações concorrentes. *Eficácia e autoridade da sentença e outros escritos sobre a coisa julgada*. 4ª ed. Rio de Janeiro: Forense, 2006, p. 219.

59 ROSSONI, Igor Bimkowski. Coisa julgada e pretensões concorrentes na doutrina de Enrico Tullio Liebman: o problema da impugnação de decisão assemblear no direito brasileiro. In: YARSHELL, Flávio Luiz; PEREIRA, Guilherme Setoguti Julio (coord.). *Processo societário - Volume II*. São Paulo: Quartier Latin, 2015, p. 351.

60 GRINOVER, Ada Pellegrini. Notas relativas ao direito brasileiro. In: LIEBMAN, Enrico Tulio. *Eficácia e autoridade da sentença e outros escritos sobre a coisa julgada*. 4ª ed. Rio de Janeiro: Forense, 2006, p. 235.

61 Eis o que diz Dinamarco, tratando de ação de anulação de deliberação de assembleia societária: "Em casos assim, sem que se possa falar em autoridade da coisa julgada projetada além das partes e *secundum eventum litis*, o que acontece é a perda de interesse de agir pelos legitimados não demandantes, uma vez que já produzido o resultado a que sua eventual futura demanda poderia conduzir. Já anulada a deliberação por sentença, que outra anulação poderiam desejar? Sendo julgada improcedente a demanda, não ficam os demais legitimados atingidos nem pela coisa julgada nem por essa situação de carência de ação apontada, sendo-lhes lícita a propositura de demanda para o mesmo fim não obtido." DINAMARCO, Cândido Rangel. *Litisconsórcio*. 8ª ed., São Paulo: Malheiros, 2009, p. 255. No mesmo sentido: CARNEIRO, Athos Gusmão. *Intervenção de Terceiros*. 15ª ed. São Paulo: Saraiva, 2003, pp. 188-190. Heitor Sica, mesmo afirmando que a proposição de Liebman não resolve todos os problemas existentes na situação em estudo, afirma ter acertado o professor italiano "ao reconhecer que parte dos problemas se resolveria com base na distinção entre eficácia da sentença e imutabilidade da coisa julgada. Quando qualquer dos colegitimados litigar sozinho e sagrar-se vencedor, a eficácia

Menchini, partindo da ideia do *principio del coordinamento* (ver nota 16 acima), e também demonstrando desconforto com a extensão da coisa julgada para prejudicar o legitimado ausente, apresenta proposta que, na prática, chega ao mesmo fim da proposta de Liebman, mas se baseando na extensão *secundum eventum litis* da coisa julgada. Sugere que a sentença favorável "produce *effetti nei confronti di tutti i partecipanti*"; já a sentença desfavorável terá "*efficacia limitata* a colui che sia stato parte del procedimento".[62]

Há, ainda, aqueles que, embora não concordem com as ideias de Liebman nesse ponto, acreditam ser impossível a extensão da coisa julgada aos legitimados ausentes. É o caso, por exemplo, de Eduardo Talamini, que entende, na linha do que antes era defendido por Ada Pellegrini Grinover,[63] que "no conflito entre duas ou mais sentenças que deem diferente tratamento ao ato único e indivisível, prevalece o pronunciamento mais recente".[64] E propõe, *de lege ferenda*, a citação de todos os colegitimados para que optem, caso queiram, por um dos polos da demanda, submetendo-os, assim, à coisa julgada.[65]

---

da sentença poderá reverter benefício aos demais colegitimados cointeressados que não integraram o processo e que não precisarão socorrer-se do Poder Judiciário para obter os mesmos efeitos práticos decorrentes da decisão quanto à relação jurídica incindível (ante a evidente falta de interesse processual).26 Tal fenômeno decorre da eficácia natural da sentença, e não da imutabilidade da coisa julgada. Soluciona-se, assim, a questão dos colegitimados cointeressados, restando pendente a solução quanto aos colegitimados contrainteressados." SICA, Heitor Vitor Mendonça. Três velhos problemas do processo litisconsorcial à luz do CPC/ 2015. São Paulo: Revista de Processo, vol. 256, 2016, pp. 65 – 86, item 2.

---

62 MENCHINI, Sergio. Regiudicata civile. In: *Digesto dele Discipline Privatistiche*: sezione civile. Torino: Utet, 1997, nº 12, pp. 456-457. Ressalte-se que esse posicionamento incorre no mesmo equívoco que Liebman, ao ignorar a possibilidade de haver, dentre os colegitimados, contrainteressados em relação ao pedido formulado em juízo. Nesse sentido é também a crítica de Eduardo Talamini aos que entendem haver coisa julgada *secundum eventum litis*, além de mencionar a ausência de amparo legal para o entendimento: TALAMINI, Eduardo. *Coisa julgada e sua revisão.* São Paulo: Revista dos Tribunais, 2005, pp. 99-100.

63 Notas a *Eficácia e autoridade da sentença.* 3ª ed. Rio de Janeiro: Forense, 1984, p. 241.

64 TALAMINI, Eduardo. *Coisa julgada e sua revisão.* São Paulo: Revista dos Tribunais, 2005, p. 103. Diz ainda que "certamente, essa não é a solução perfeita, mas a 'menos pior' na ordem jurídica posta". Idem.

65 TALAMINI, Eduardo. *Coisa julgada e sua revisão.* São Paulo: Revista dos Tribunais, 2005, p. 103. Essa solução também é apontada por José Rogério Cruz e Tucci, que

Não há dúvida de que essa posição protege com mais efetividade as garantias constitucionais, especialmente o contraditório e o acesso à justiça. Mas, também por isso, o problema acaba não sendo resolvido, uma vez que os legitimados que não estiveram presentes no processo e tiverem sido atingidos pelos efeitos naturais da sentença poderão ingressar cada um com sua própria demanda, formulando o mesmo pedido já rejeitado anteriormente.

2.4. *Propostas de solução de lege ferenda e perspectivas sob a ótica do CPC/2015*

A citação de todos os legitimados para, se quiserem, atuar no processo é uma proposta à qual falta uma sanção legislativa. Ainda assim, a doutrina tem feito essa sugestão *de lege ferenda*, assim como outras que abordaremos nesse tópico, tentando também compatibilizá-las com as disposições do CPC/2015.

Essa é uma proposta interessante, que certamente resolveria boa parte dos problemas existentes nas situações de plurilegitimados à impugnação de um único ato. Talamini, ao fazer a proposta mencionada no tópico anterior, mostra-se ciente de que essa não seria uma solução final e cabal para o caso, mencionando "as objeções tradicionalmente apresentadas à citação para figurar como autor". Mas afirma que tais objeções seriam "menos graves do que os inconvenientes gerados pela eventual sucessão de decisões contraditórias sobre o mesmo objeto".[66]

---

faz um paralelo com a *class action* norte-americana e com o art. 94 do CDC, para sugerir a instituição de medida equivalente à proposta por Talamini. CRUZ E TUCCI, José Rogério. *Limites subjetivos da eficácia da sentença e da coisa julgada civil*. São Paulo: Revista dos Tribunais, 2006, pp. 258-259. Também sugerindo a citação como solução: ARAGÃO, Egas Moniz de. *Sentença e Coisa Julgada*. Rio de Janeiro: Aide. 1992. pp. 303-305. Como veremos no próximo capítulo, o CPC/2015 abre uma porta para essa solução ante a modificação do conceito de citação (art. 238).

---

66 TALAMINI, Eduardo. *Coisa julgada e sua revisão*. São Paulo: Revista dos Tribunais, 2005, p. 103. Finaliza o processualista paranaense: "Havendo regra expressa nesses termos, aqueles co-legitimados que tiverem sido citados e optarem por não participar efetivamente do processo ficarão atingidos pela coisa julgada (mas repise-se: isso dependeria de regra expressa, e a coisa julgada estaria atingindo esses co-legitimados precisamente porque se lhes teria dado ciência do processo e oportunidade de dele participar)". Idem, pp. 103-104. Outros doutrinadores que sugerem a citação dos demais legitimados como solução para o problema: ALVIM,

O posicionamento de José Rogério Cruz e Tucci, fazendo um paralelo com as *class actions* norte-americanas e com o art. 94 do CDC, também seria uma boa maneira de resolver o problema.[67] Os demais sócios poderiam ser citados para participar do processo como quisessem, inclusive como autores. Haveria, então, a formação do litisconsórcio unitário, a partir de critérios semelhantes ao dos sistemas de *opt-in* (inclusão) e *opt-out* (exclusão), em que seria assegurada aos legitimados a possibilidade de ingressar em qualquer dos polos da demanda (e até mesmo a possibilidade de não ingressar na demanda).

Esta tese deve ganhar ainda mais adeptos com o CPC/2015, que menciona (art. 238) que a citação "é o ato pelo qual são convocados o réu, o executado ou o interessado para *integrar a relação processual*". O CPC/73 mencionava "se defender".

Da maneira como o conceito de citação está posto no CPC/2015, esta solução faz mais sentido do que antes, quando o conceito de citação era mais restrito, não havendo brecha para o entendimento de que o citando poderia escolher para que lado entrar na relação processual. Diante do novo regramento da matéria pelo CPC/15, abre-se essa possibilidade, que antes era meramente *de lege ferenda*.

A respeito da novidade em relação à citação, Arruda Alvim menciona que a palavra citação, no contexto da nova legislação, significa inte-

Thereza. *O direito processual de estar em juízo*. São Paulo: Revista dos Tribunais, 1996, p.183 (com menção à possibilidade de citação por edital); ARAGÃO, Egas Moniz de. *Sentença e Coisa Julgada*. Rio de Janeiro: Aide. 1992. pp. 303-305 (entende haver litisconsórcio necessário e aventa a possibilidade de citação por edital); BUENO, Cassio Scarpinella. *Partes e terceiros no processo civil brasileiro*. 2ª ed. rev., atual. e ampl. São Paulo: Saraiva, 2006. p. 127; CRUZ E TUCCI, José Rogério. *Limites subjetivos da eficácia da sentença e da coisa julgada civil*. São Paulo: Revista dos Tribunais, 2006, pp. 258-259; PEREIRA, Guilherme Setoguti Julio. *Impugnação de deliberações de assembleia das S/A*. São Paulo: Quartier Latin, 2013, pp. 316-318; RODRIGUES, Marcelo Abelha. *Elementos de direito processual civil*. 3ª ed. São Paulo: Revista dos Tribunais, 2003, v. 1, p. 354; ROSSONI, Igor Bimkowski. Coisa julgada e pretensões concorrentes na doutrina de Enrico Tullio Liebman: o problema da impugnação de decisão assemblear no direito brasileiro. In: YARSHELL, Flávio Luiz; PEREIRA, Guilherme Setoguti Julio (coord.). *Processo societário – Volume II*. São Paulo: Quartier Latin, 2015, pp. 354-355 (sugere citação por edital nos casos de muitos ou indeterminados legitimados).

67 CRUZ E TUCCI, José Rogério. *Limites subjetivos da eficácia da sentença e da coisa julgada civil*. São Paulo: Revista dos Tribunais, 2006, p. 258.

gração da relação jurídica processual em qualquer dos polos, desde que haja interesse jurídico para tanto.[68]

Parece-nos, então, que essa se mostra uma solução ao menos viável dentro do novo contexto processual. Se se pensar em citação editalícia para os casos em que haja legitimados incertos, como alguns sugerem (ver nota 65), abre-se a possibilidade de mais casos serem resolvidos dessa maneira, sobretudo ante a redação do art. 256, I, do CPC/2015, o qual prevê que a citação pode ser feita por edital "quando desconhecido ou incerto o citando".

Fazendo a leitura dos dois artigos em conjunto (238 e 256, I), verifica-se que a proposta de citação dos colegitimados (por edital quando necessário) se mostra plenamente realizável à luz do novo ordenamento processual.

Além disso, para os casos de impugnação de deliberação assemblear das sociedades por ações, os artigos 124 e 289 da LSA dão as diretrizes para publicação de editais de convocação. Poderia ser utilizada essa mesma forma para informar os acionistas a respeito de processo impugnativo de deliberação.[69]

Lembre-se, ainda, da possibilidade, *de lege ferenda*, de que a ordem de intimação dos colegitimados ausentes possa partir do próprio juiz (intervenção de terceiro *iussu iudicis*[70]). Por meio desse instituto, ainda

---

68 ARRUDA ALVIM, José Manoel. *Novo Contencioso Cível no CPC/2015*. São Paulo: RT, 2016. p. 86. Ainda segundo o mesmo professor, não tratando especificamente do problema por nós enfrentado, mas do litisconsórcio necessário: "Mesmo a parcela da doutrina que defende que, por não se poder obrigar ninguém a ir a juízo, não existiria litisconsórcio necessário ativo, concorda que é imprescindível convocar o interessado para integrar o processo, por respeito ao contraditório. A solução que parece mais adequada é a de permitir que uma só pessoa demande, autorizando a convocação de quem deveria ser litisconsorte ativo necessário para integrar a relação jurídica. Uma vez chamado, pode escolher (a) integrar o polo ativo como poderia ter feito de início; (b) eventualmente integrar o polo passivo, se sua atuação se limitar a defender interesse contrário ao do autor, ou ainda (c) permanecer inerte, caso em que não ocupará nenhum dos polos processuais, mas será atingido pela coisa julgada da mesma forma, tendo sido respeitada a garantia constitucional do contraditório, já que foi devidamente oportunizada a sua participação".

69 PEREIRA, Guilherme Setoguti Julio. *Impugnação de deliberações de assembleia das S/A*. São Paulo: Quartier Latin, 2013, p. 316. Referido professor ainda menciona que "é também possível que os acionistas exijam que a companhia os informe da propositura de demanda anulatória de deliberação, inclusive, se for o caso, mediante inserção de norma nesse sentido no estatuto social". Idem, p. 317.

70 Sobre a intervenção *iussu iudicis*, ver: COSTA, Moacyr Lobo da. *A intervenção* iussu iudicis *no processo civil brasileiro*. São Paulo: Saraiva, 1961; CINTRA, Lia Carolina

que o legitimado autor não solicitasse a integração dos demais legitimados ao processo, a ordem poderia partir do juiz.

É importante relembrar que a atribuição do juiz de convocar ao processo os demais litisconsortes necessários não se encaixa nas hipóteses de intervenção de terceiro por ordem do juiz. Trata-se, ali, de correção dos polos da demanda, não podendo ser equiparada à intervenção *iussu iudicis*, que poderia muito bem ser utilizada em casos de litisconsórcio facultativo unitário[71], pois possibilitaria que se desse ciência aos demais legitimados, evitando-se futuras discussões a respeito do alcance da coisa julgada.

A partir da citação do colegitimado ausente, a lógica seria a mesma da proposição acima. O legitimado, ciente do processo em curso, poderia escolher em qual polo ingressar, ou mesmo permanecer inerte, mas sujeito à coisa julgada.

Por meio da intervenção por ordem do juiz, como aventado acima, poderia ser buscada realmente uma maior efetividade do processo, com resultados ainda mais benéficos em casos de plurilegitimados, com maior capacidade de solução de problemas dentro do processo, promovendo a integração dos interessados e proporcionando o efetivo contraditório, ensejando a extensão da coisa julgada também àqueles que foram intimados por ordem do juiz.

Seria um grande avanço se nosso ordenamento previsse esse instituto, uma vez que, por dar maior efetividade ao processo, proporcionaria economia processual, evitando prolongamento ou repetição de discussões em juízo, vinculando todos os titulares do direito à coisa julgada, devido ao contraditório instalado.[72]

Se o que se pretende do processo é maior efetividade e instrumentalidade, a citação dos colegitimados (até mesmo por ordem do juiz) é um caminho que pode ser trilhado para alcançar esses objetivos. A figura da intervenção *iussu iudicis* se mostra plenamente compatível com o

---

Batista. *Intervenção de terceiro por ordem do juiz: a intervenção* iussu iudicis *no processo civil*. São Paulo: Revista dos Tribunais, 2017.

---

71 Sobre o litisconsórcio facultativo unitário, ver: EID, Elie Pierre. *Litisconsórcio unitário: fundamentos, estrutura e regime*. São Paulo: Revista dos Tribunais, 2016.

72 Nesse sentido: SICA, Heitor Vitor Mendonça. Notas críticas ao sistema de pluralidade de partes no processo civil brasileiro. *Revista de Processo*, São Paulo, vol. 200, 2011, pp.13-70, item 7.

litisconsórcio facultativo unitário, podendo trazer grandes avanços, tanto para os sujeitos do processo quanto para o terceiro.[73]

Mas é claro que a citação dos demais legitimados (seja por vontade das partes, seja por ordem do juiz) não é uma solução perfeita para o caso (nenhuma é).

Nos casos em que há uma grande quantidade de legitimados (até mesmo indeterminados, ou dispersos), a iniciativa de chamar todos ao processo pode inviabilizar a demanda, devido a uma ampliação subjetiva excessiva. É bem verdade que a economia processual e a celeridade processual não podem ser ignoradas, mas, ainda que o processo se torne mais complexo e com um andamento mais lento, serão evitados diversos desgastes futuros, como a possibilidade de reiteradas demandas a respeito do mesmo objeto e ainda discussões a respeito do alcance da coisa julgada, respeitando-se, ademais, as garantias constitucionais do contraditório e acesso à justiça.[74]

Outra opção já aventada acima (ver nota 36), mas que vale nova menção, é o encurtamento dos prazos prescricionais, especificamente para os casos de impugnação de deliberações assembleares (mas poderia se cogitar, por exemplo, de curtíssimos prazos prescricionais para impugnação de edital de concorrência, ou para anulação de questão em concurso público, podendo haver uma regra geral para esse tipo de situação). Com a necessária ressalva feita por José Rogério Cruz e Tucci, essa possibilidade traria mais estabilidade a todo o sistema.

Essa opção claramente não resolve o problema sozinha. Deve ser integrada a outras soluções, como a citação dos legitimados aventada acima. Assim, com prazos prescricionais (ou decadenciais) mais curtos e com a possibilidade de citação dos colegitimados, ainda que o problema não estivesse totalmente resolvido (sobretudo nos casos em que há uma dispersão dos legitimados), haveria mais estabilidade e segurança.

Há, ainda, aqueles que sugerem a coletivização das demandas. Sérgio Arenhart, em obra específica sobre os direitos individuais homo-

73 CINTRA, Lia Carolina Batista. *Intervenção de terceiro por ordem do juiz: a intervenção* iussu iudicis *no processo civil*. São Paulo: Revista dos Tribunais, 2017, pp. 251-252.

74 Ressalte-se que é inaplicável ao caso o § 1º do art. 113, uma vez que se trata de relação de direito material incindível, tornando inviável limitar o litisconsórcio. Heitor Sica comentou esse fato: SICA, Heitor Vitor Mendonça. Três velhos problemas do processo litisconsorcial à luz do CPC/ 2015. São Paulo: Revista de Processo, vol. 256, 2016, pp. 65 - 86. Item 2.

gêneos, propõe um modelo de tutela coletiva dos casos de pluralidade de legitimados à impugnação de um único ato que possa fazer com que diminuam efetivamente as demandas individuais calcadas nessas situações de direito material.[75] Nesse trabalho, tomando como exemplo, mais uma vez, a impugnação de deliberação assemblear, o processualista demonstra que a cumulação de demandas desse tipo por meio do litisconsórcio facultativo unitário é contraproducente e insuficiente.[76]

Todavia, para que seja possível a proposta sugerida pelo processualista, segundo ele próprio, deveria haver a remodelação de alguns aspectos do microssistema da tutela coletiva, como a legitimidade ativa, já que, sendo, na maioria das vezes, os acionistas os grandes interessados na validade (ou invalidade) da deliberação, deve lhes ser facultada a possibilidade de manejar a medida. Nesse sentido, diante da inviabilidade material de se citarem todos os sujeitos, um acionista, ou um grupo de acionistas, poderia assumir a responsabilidade de representar o direito de todos no processo. O polo passivo seria integrado pela sociedade, que poderia atuar como representante dos interesses de todos os acionistas favoráveis à manutenção da deliberação tomada (contrainteressados), sendo-lhes facultado ingressar no processo como assistentes da pessoa jurídica.[77]

Outra proposta relacionada a tutelas coletivas foi redigida por Heitor Sica e Marcelo Bonicio[78], com base no conceito de

75 ARENHART, Sérgio Cruz. *A tutela coletiva de interesses individuais: para além da proteção dos interesses individuais homogêneos.* 2ª ed. São Paulo: Revista dos Tribunais, 2014, pp. 204-207.

76 Segundo o autor, o Judiciário hoje apresenta "uma carga de trabalho impossível e [...], por meio do emprego das técnicas tradicionais de proteção, o problema só tende a agravar-se". ARENHART, Sérgio Cruz. *A tutela coletiva de interesses individuais: para além da proteção dos interesses individuais homogêneos.* 2ª ed. São Paulo: Revista dos Tribunais, 2014, p. 150. Em outra passagem, afirma o processualista que se uma questão já foi decidida e superada pelo Estado, "não se justifica a ressurreição da mesma discussão em outro feito". Idem, p. 49

77 ARENHART, Sérgio Cruz. *A tutela coletiva de interesses individuais: para além da proteção dos interesses individuais homogêneos.* São Paulo: Revista dos Tribunais, 2013, p. 206.

78 BONICIO, Marcelo José Magalhães; SICA, Heitor Vitor Mendonça. Ensaio sobre os aspectos materiais e processuais do litisconsórcio unitário. In: MENDES, Aluisio Gonçalves de Castro; WAMBIER, Teressa Arruda Alvim (coord.). *O processo em perspectiva: jornadas brasileiras de direito processual: homenagem a José Carlos Barbosa Moreira.* São Paulo: Revista dos Tribunais, 2013, pp. 277-304.

direitos "pseudoindividuais"[79] (nomenclatura forjada por Kazuo Watanabe[80]).

Sica e Bonicio criam uma classificação em que existem dois grupos dentro das situações de pluralidade de pessoas legitimadas para impugnar o mesmo ato incindível.

No primeiro, os colegitimados são *identificáveis* e é razoável pensar que eles teriam condições de ter ciência da demanda para poder intervir, como é o caso da impugnação de decisão tomada em assembleia, situação em que, segundo os autores, seria presumível que todos os sócios estivessem em condições de tomar conhecimento da demanda proposta pudessem intervir.[81] Nesses casos, os professores defendem a aplicação da coisa julgada *erga omnes*, independentemente do resultado, uma vez que elas teriam condições de ter conhecimento do processo, já que sabiam desde o início que poderiam ser atingidos pelos efeitos de uma decisão tomada em assembleia, assim como de sua anulação.[82]

---

79 Para Heitor Sica e Marcelo Bonicio, as demandas 'pseudoindividuais' o são "porque os efeitos de duas decisões atingem intensamente a esfera jurídica de pessoas que não estão no processo em virtude da *unitariedade*". BONICIO, Marcelo José Magalhães; SICA, Heitor Vitor Mendonça. Ensaio sobre os aspectos materiais e processuais do litisconsórcio unitário. In: MENDES, Aluisio Gonçalves de Castro; WAMBIER, Teressa Arruda Alvim (coord.). *O processo em perspectiva: jornadas brasileiras de direito processual: homenagem a José Carlos Barbosa Moreira*. São Paulo: Revista dos Tribunais, 2013, p. 282.

80 WATANABE, Kazuo. Relação entre demanda coletiva e demandas individuais. In: GRINOVER, Ada Pellegrini; MENDES, Aluisio G. de C.; WATANABE, Kazuo (coord.). *Direito processual coletivo e o anteprojeto de Código Brasileiro de Processos Coletivos*. São Paulo: Revista dos Tribunais, 2007, p. 156.

81 BONICIO, Marcelo José Magalhães; SICA, Heitor Vitor Mendonça. Ensaio sobre os aspectos materiais e processuais do litisconsórcio unitário. In: MENDES, Aluisio Gonçalves de Castro; WAMBIER, Teressa Arruda Alvim (coord.). *O processo em perspectiva: jornadas brasileiras de direito processual: homenagem a José Carlos Barbosa Moreira*. São Paulo: Revista dos Tribunais, 2013, p. 297. Prosseguem, ainda tratando do sócio de empresa cuja decisão assemblear está sujeita a impugnação judicial: "Daí por que parece aceitável que as restrições da coisa julgada possam atingi-los, inclusive quando a decisão não os beneficiar, posto que, ao assumirem a condição de sócios de uma determinada empresa, já sabiam que poderiam ser atingidos pelos efeitos de uma decisão tomada em assembleia". Idem, p. 298.

82 BONICIO, Marcelo José Magalhães; SICA, Heitor Vitor Mendonça. Ensaio sobre os aspectos materiais e processuais do litisconsórcio unitário. In: MENDES, Aluisio Gonçalves de Castro; WAMBIER, Teressa Arruda Alvim (coord.). *O processo em perspectiva: jornadas brasileiras de direito processual: homenagem a José Carlos Barbosa Moreira*. São Paulo: Revista dos Tribunais, 2013, pp. 297-298.

No segundo grupo, estariam as hipóteses em que há uma *dispersão* dos legitimados à impugnação de um único ato, como no exemplo dado por eles de pedido de disponibilização de remédio pela rede pública de saúde. Nestes casos, a coisa julgada seria estendida *secundum eventum litis*.[83]

A proposta é de extrema relevância e bastante interessante. Assim como a ideia de Sérgio Arenhart tratada acima, se levada a cabo, poderia ser de grande utilidade para os tipos de casos tratados.

Nossa única ressalva – que vale para todas as posições doutrinárias que entendem caber a extensão *erga omnes* da coisa julgada – diz respeito ao primeiro grupo (colegitimados *identificáveis*), para o qual a coisa julgada operaria *erga omnes*, independentemente do resultado, pois os sócios presumidamente teriam ciência do processo (ou ao menos deveriam ter, devido às suas situações jurídicas). Segundo Nicolò Trocker, pressupor que o terceiro tenha ciência do processo é inadmissível sob a perspectiva constitucional.[84] Dessa forma, a nosso ver, não cabe ao sistema como um todo deixar a cargo do próprio terceiro essa "descoberta" do processo pendente para que ele, terceiro, pudesse tomar as providências que entendesse cabíveis. A nosso ver, a proposta seria ainda mais efetiva se previsse, nos termos trazidos acima, a obrigação da empresa de avisar seus acionistas sobre a existência do processo. No mais, trata-se de proposta extremamente interessante, uma solução inteligente, que aplica a coisa julgada *secundum eventum litis* aos casos em que se mostra realmente necessário (apesar de que, nesse caso, o réu ainda se manteria em posição de vulnerabilidade).

Por fim, há a posição exposta por Heitor Sica em outro trabalho já mencionado acima.[85] Nesse texto está exposta uma ideia com a qual concordamos integralmente: "Em realidade, trata-se de problema extremamente complexo, não se podendo conceber uma solução única, perfeita e acabada para todos os casos".[86] Com base nessa constatação, o autor faz

83 BONICIO, Marcelo José Magalhães; SICA, Heitor Vitor Mendonça. Ensaio sobre os aspectos materiais e processuais do litisconsórcio unitário. In: MENDES, Aluisio Gonçalves de Castro; WAMBIER, Teressa Arruda Alvim (coord.). *O processo em perspectiva: jornadas brasileiras de direito processual: homenagem a José Carlos Barbosa Moreira*. São Paulo: Revista dos Tribunais, 2013, p. 299.

84 TROCKER, Nicolò. *Processo civile e costituzione*: problemi di diritto tedesco ed italiano. Milano: Giuffrè, 1974, pp. 425-435.

85 SICA, Heitor Vitor Mendonça. Três velhos problemas do processo litisconsorcial à luz do CPC/ 2015. São Paulo: Revista de Processo, vol. 256, 2016, pp. 65 – 86.

86 SICA, Heitor Vitor Mendonça. Três velhos problemas do processo litisconsorcial à luz do CPC/ 2015. São Paulo: Revista de Processo, vol. 256, 2016, pp. 65 – 86, item 2.

uma série de sugestões para as mais diversas situações. Cada uma delas tem o condão de resolver uma situação específica.[87]

87 Resumiremos as propostas do processualista, já adiantando que concordamos com todas elas (a maioria delas já tratadas ao longo do texto): (*a*) quando qualquer dos colegitimados litigar sozinho e sagrar-se vencedor, a eficácia da sentença poderá reverter benefício aos demais colegitimados cointeressados que não integraram o processo, devido à falta de interesse, em decorrência da eficácia natural da sentença, e não da imutabilidade da coisa julgada; (*b*) aplicando-se a regra insculpida no art. 506 do CPC/15 (regra essa que, como vimos ao longo do texto, já era considerada válida por boa parte da doutrina), quando há apenas um litigante e, no polo contrário da relação material e processual, uma pluralidade de colegitimados cointeressados: se o litigante individual sai vencido em um processo contra apenas um colegitimado e a decisão transita em julgado, via de regra uma nova demanda movida contra outro legitimado ficará impedida pela coisa julgada. Isso, contudo, não impede que um colegitimado pretenda, em ulterior demanda, a mesma tutela jurisdicional que foi negada a outro colegitimado em face do mesmo sujeito; (*c*) em situações com pluralidade indeterminável de sujeitos - como, por exemplo, a anulação de deliberação assemblear de uma companhia de capital aberto - os conflitos hão de ser melhor tratados no âmbito da tutela coletiva. Contudo, considerando-se que a propositura de ação coletiva não impede ações individuais (art. 104 do CDC), é de rigor resolver os problemas atinentes ao litisconsórcio facultativo unitário no âmbito da tutela individual. Para tanto, mostra-se cabível a citação por edital de todos os colegitimados impossíveis de serem identificados, por força do art. 256, I, do CPC/2015; (*d*) *de lege ferenda*, quando o demandante não pretender inserir os demais colegitimados, uma solução adequada seria permitir que o juiz a determine (intervenção *iussu iudicis*); (*e*) a oportunidade do cabimento da integração de todos os copartícipes da relação jurídica de direito material nos casos de litisconsórcio unitário facultativo poderia ser particularmente relevante e adequada se cumpridas duas condições: a) se o número de colegitimados for exíguo; e b) se for particularmente difícil identificar se os colegitimados são cointeressados ou contrainteressados; (*f*)*de lege ferenda*, poderia se cogitar da citação editalícia mesmo que seja possível identificar todos os sujeitos da relação jurídica material plurilateral se os atos de comunicação realizados no âmbito do direito material seguem essa forma (como no caso da maioria das sociedades por ações ou dos concursos e licitações públicas); (*g*) *de lege ferenda*, poder-se-ia utilizar os negócios jurídicos processuais (art. 190 do CPC/2015), sendo que os instrumentos contratuais e/ou os contratos e estatutos sociais poderiam prever a desnecessidade de integração ao processo de todos os partícipes da relação jurídica de direito material desde que adequadamente representados por apenas um ou alguns dos colegitimados (legitimação extraordinária consensual); (*h*) nos casos em que não houver a integração do litisconsorte facultativo unitário, a coisa julgada desfavorável não lhe atingirá. O encurtamento dos prazos de prescrição e decadência poderia amenizar (ou eventualmente até eliminar) o risco de seguidas demandas movidas por diferentes colegitimados.

Assim, verifica-se que há diversas propostas *de lege ferenda* para tentar solucionar esse complicado problema. A nosso ver, o CPC/2015 trouxe uma grande novidade que pode ajudar na busca de uma solução (ao menos parcial, conforme o caso). Trata-se do art. 238, que modificou o conceito da citação, não havendo mais menção a "se defender" (como constava do art. 213 do CPC/73). Agora se diz "integrar a relação processual", o que, como vimos, abre a oportunidade para que se citem os colegitimados para que escolham qual polo pretendem integrar (ou, se for o caso, nenhum deles). Por consequência, o art. 256 agora menciona "citando", bastante diferente do "réu" que constava no antigo art. 231.

Outra possibilidade que se abre ante as disposições do CPC/2015 é a realização de negócios jurídicos processuais (art. 190). Nesse ponto, as opções são variadas, mas limitadas a determinadas situações específicas (como a impugnação de decisão assemblear, por exemplo), com possível previsão de legitimação extraordinária (substituição processual), ou ainda de necessidade comunicação aos legitimados a respeito da existência de um processo com pedido de impugnação do ato.[88]

Por seu turno, o art. 506, apesar de realmente trazer uma nova redação, não apresenta novidade substancial, uma vez que a doutrina já entendia exatamente da forma como consta hoje no artigo[89], com a diferença de que agora tal disposição encontra-se positivada, tratando-se, assim, de mero aperfeiçoamento técnico da lei.

Todavia, mesmo com as novidades legislativas, o problema permanece sem uma resposta definitiva, razão pela qual concordamos (e não poderia ser diferente) com Heitor Sica quando menciona que não é possível conceber uma solução só para todos os casos. E veja que ironia: o

88 Conforme sugestão de Heitor Sica (nota 86). No mesmo sentido, Flávio Luiz Yarshell: "Mas, há outros campos propícios e factíveis para as convenções processuais. Um deles é o dos atos de comunicação processual. Mais ainda: pense como tais negócios, quando concebidos em matéria societária, poderiam resolver certos problemas insolúveis, envolvendo litisconsórcio facultativo unitário, legitimação extraordinária e intervenção de terceiros." YARSHELL, Flávio Luiz. *Carta de um advogado do contencioso para um colega do consultivo.* Disponível em http://www.cartaforense.com.br/conteudo/colunas/carta-de-um-advogado-do-contencioso-para-um-colega-do-consultivo/17551.

89 "Conclui-se, assim, que enquanto a eficácia da sentença pode trazer prejuízo ao terceiro a imutabilidade da decisão vincula-o tão-somente quando lhe propiciar benefício." CRUZ E TUCCI, José Rogério. *Limites subjetivos da eficácia da sentença e da coisa julgada civil.* São Paulo: Revista dos Tribunais, 2006, p. 209.

ponto fulcral do problema enfrentado é a necessidade de uma solução única para todos os envolvidos; e na tentativa de solucionar *esse* problema, não se vislumbra uma solução única para todas as situações.

3. Conclusão

Boa parte da doutrina hoje aceita e aplica o conceito processual de parte, segundo o qual parte é aquele sujeito que efetivamente consta na relação processual, independentemente da situação de direito material. Ou seja, a chamada parte em sentido substancial, se não estiver presente no *processo*, é considerada um terceiro, ainda que detenha algum interesse material naquela relação processual. Sendo esse sujeito um terceiro, o juiz não poderá tomar decisões a respeito de sua esfera jurídica.

Por se tratar de um problema envolvendo pluralidade de legitimados (virtualmente pluralidade de partes), a partir do conceito processual de parte, é possível verificar que os critérios de classificação extraídos de nosso ordenamento, bem como as hipóteses de cabimento de intervenção de terceiros e as próprias modalidades de intervenção não são suficientes para abarcar todas as situações possíveis e não resolvem todos os problemas relacionados a interesses jurídicos de terceiros no processo alheio.

Ainda no tocante à pluralidade de sujeitos da relação substancial (possíveis litisconsortes), as diferenças existentes entre os critérios de classificação de litisconsórcio nos levam à conclusão de que a situação em estudo se classifica como litisconsórcio facultativo unitário, uma vez que, apesar de não ser obrigatória a presença no processo de todos os sujeitos da relação substancial, a decisão de mérito tomada pelo juiz deverá ser igual a todos os legitimados. Chega-se a essa conclusão devido à situação jurídica de direito material, que, além de ser plurilateral, é incindível, ante a própria natureza do ato impugnável. Ou seja, o ato, por ser uno, deve existir ou deixar de existir para todos os envolvidos na relação de direito material, o que leva à dificuldade em relação ao tratamento dos sujeitos (partes e terceiros) perante o processo.

Além disso, a respeito da coisa julgada e sua extensão subjetiva, partindo da teoria de Liebman, é possível verificar as diferenças entre eficácia da sentença e imutabilidade da coisa julgada, levando a concluir que a regra geral é de que os efeitos naturais da sentença podem ser sentidos por todos (partes e terceiros, mesmo os terceiros indiferentes à discussão do processo), mas somente as partes ficam acobertadas pela coisa julgada e, por isso, impossibilitadas de rediscutir o que foi decidido no processo. A essa conclusão se chega também sob o fundamento das garantias constitucionais, uma vez que, devido aos princípios do devido processo legal, contraditório, ampla defesa e inafastabilidade da jurisdição, aqueles que não puderam influenciar a tomada de decisão do juiz não poderiam estar sujeitos à imutabilidade de sua decisão.

Ainda, quando falamos de substituição processual, a partir das balizas dos limites subjetivos da coisa julgada, é necessário afirmar que, ao contrário do que a parte majoritária da doutrina entende, não pode a coisa julgada atingir, necessariamente e em todos os casos, o substituído que não teve a chance de ingressar na relação processual.

A questão central do problema aqui brevemente tratado é justamente conjugar a impossibilidade de extensão da coisa julgada aos terceiros, a desobrigação da presença de todos os legitimados no processo (que podem ser cointeressados ou contrainteressados em relação ao pedido formulado no processo) e ainda a necessidade de decisão única para todos os envolvidos na relação material incindível.

Nesse contexto todo, nosso sistema processual, regido pelas garantias constitucionais, não apresenta uma solução única para os casos que contenham as características estudadas.

Mesmo assim, há diversas posições doutrinárias que procuram estender a imutabilidade da coisa julgada aos colegitimados ausentes do processo, algumas delas fazendo uso da figura do substituto processual, que, a nosso ver, não se coadunam com a lógica constitucional característica do nosso sistema. No caso da substituição processual, seria possível sua aplicação apenas em caso de negócio jurídico processual (art. 190 do CPC/2015) anterior em que os sujeitos concordem com a substituição e se mostrem cientes de que fornecem a legitimidade extraordinária a outra pessoa, ficando abarcados pela imutabilidade da coisa julgada.

Dentro dos limites constitucionais, entendemos que os demais sujeitos legitimados devam ser cientificados da existência do processo que envolve interesses e direitos seus, podendo, a partir daí, com base na disposição contida no art. 238 do CPC/2015, escolher em qual polo da demanda será inserido (ou nenhum dos polos, mas ficando sujeito à coisa julgada). Sem estarem cientes da existência do processo, a nosso ver, é impossível que se oponha a coisa julgada a esses legitimados.

Essa citação dos legitimados ausentes pode ser feita via edital (art. 256 do CPC/2015) e poderia também (*de lege ferenda*) ser ordenada pelo próprio juiz, a chamada intervenção de terceiros *iussu iudicis*, que merece mais atenção da doutrina e do legislador.

É bem verdade, no entanto, que nem mesmo todas essas medidas, utilizadas de forma conjugada, são suficientes para solução de todos os casos envolvendo a pluralidade de legitimados à impugnação de um único ato. Por isso, para determinados casos se mostra bastante plausível a coletivização dos processos individuais, nos termos mencionados ao longo do texto.

Assim, à guisa de conclusão, sempre com foco no aspecto constitucional da questão, e diante da impossibilidade de se estender a coisa julgada para prejudicar aquele que não teve oportunidade de convencimento do juiz, entendemos, conforme já exposto, que as seguintes sugestões da doutrina são possíveis de serem praticadas e certamente trarão mais segurança a todo o sistema, tanto no tocante às garantias constitucionais dos sujeitos envolvidos quanto na busca de eliminar (ou ao menos mitigar) o problema da eternização dos conflitos:

(a) em situações com pluralidade indeterminável de sujeitos poderá ocorrer a citação por edital de todos os colegitimados impossíveis de serem identificados, por força do art. 256, I, do CPC/2015, que poderão escolher em qual dos polos ingressarão (art. 238 do CPC/2015), ou se se manterão ausentes mas sujeitos à coisa julgada;

(b) *de lege ferenda*, quando o demandante não tomar as providências para inserir os demais colegitimados, uma solução adequada seria permitir que o juiz a determine, conforme a necessidade de cada caso (intervenção *iussu iudicis*);

(c) *de lege ferenda*, poderia ser utilizada também a citação editalícia nas situações em que os atos de comunicação realizados no âmbito do direito material seguem essa forma (como em grande parte das sociedades por ações ou dos concursos e licitações públicas, o que já poderia constar expressamente no estatuto social e no edital de convocação do concurso público e da licitação, ou em outros atos que possam vincular todos os sujeitos);

(d) há ainda o instituto dos negócios jurídicos processuais (art. 190 do CPC/2015), que pode trazer grande avanço na solução do problema proposto, com previsão em contratos sociais ou estatutos sociais acerca da possibilidade de que haja a legitimação extraordinária, viabilizando vinculação do substituído à coisa julgada sem risco de violação do contraditório, desde que adequadamente representados;

(e) o encurtamento dos prazos prescricionais e decadenciais também pode ajudar na busca de uma solução para o problema.

Essas medidas, que vêm sendo sugeridas pela doutrina ao longo dos anos, visam mitigar os problemas relacionados à falta de segurança jurídica e à eternização dos litígios, conjugando-se essa necessidade com as garantias constitucionais.

Todavia, é necessário ter sempre presente que, dentro desse universo das garantias constitucionais, não é possível vincular à coisa julgada aquele sujeito que não teve oportunidade de estar presente no processo.

Referências Bibliográficas

ALESSI. Renato. Osservazioni intorno ai limiti soggettivi di efficacia del giudicato amministrativo. In: *Rivista Trimestrale de Diritto Pubblico*. Milano: Giuffrè, 1954.

ALLORIO, Enrico. *La cosa giudicata rispetto ai terzi*. Milano: Giuffrè, 1992.

ALVIM, Thereza. *O direito processual de estar em juízo*. São Paulo: Revista dos Tribunais, 1996.

ARAÚJO CINTRA, Antônio Carlos. *Do litisconsórcio*. Tese de doutorado apresentada à FADUSP. São Paulo, 1968.

ARMELIN, Donaldo. *Legitimidade para agir no direito processual civil brasileiro*. São Paulo: Revista dos Tribunais, 1979.

ARENHART, Sérgio Cruz. *A tutela coletiva de interesses individuais: para além da proteção dos interesses individuais homogêneos*. 2ª ed. São Paulo: Revista dos Tribunais, 2014.

ARRUDA ALVIM, José Manoel. *Novo Contencioso no CPC/2015*. São Paulo: Revista dos Tribunais, 2016.

ARRUDA ALVIM, José Manoel. A posição dos sócios e associados em relação a ações movidas contra as sociedades e associações de que façam parte. In: In: YARSHELL, Flávio Luiz; PEREIRA, Guilherme Setoguti (coord.). *Processo societário*. São Paulo: Quartier Latin, 2012.

ASSIS, Araken de. *Processo civil brasileiro*. São Paulo: Revista dos Tribunais, 2015. v. 2: parte geral: institutos fundamentais: Tomo 1.

BARBI, Celso Agrícola. *Comentários ao Código de Processo Civil*. 2ª ed. Rio de Janeiro: Forense, 1981. v. 1.

BARBOSA MOREIRA, José Carlos. Coisa julgada: extensão subjetiva. Litispendência. Ação de nulidade de patente. In: *Direito processual civil*. Rio de Janeiro: Borsoi, 1971.

BARBOSA MOREIRA, José Carlos. *Litisconsórcio unitário*. Rio de Janeiro: Forense, 1973.

BEDAQUE, José Roberto dos Santos. *Direito e processo – influência do direito material sobre o processo*. 2 ed. São Paulo: Malheiros, 1995.

BONICIO, Marcelo José Magalhães; SICA, Heitor Vitor Mendonça. Ensaio sobre os aspectos materiais e processuais do litisconsórcio unitário. In: MENDES, Aluisio Gonçalves de Castro; WAMBIER, Teresa Arruda Alvim (coord.). *O processo em perspectiva: jornadas brasileiras de direito processual: homenagem a José Carlos Barbosa Moreira*. São Paulo: Revista dos Tribunais, 2013.

BUENO, Cassio Scarpinella. *Partes e terceiros no processo civil brasileiro*. 2ª ed. rev., atual. e ampl. São Paulo: Saraiva, 2006.

CARNEIRO, Athos Gusmão. *Intervenção de Terceiros*. 15ª ed. rev. e atual. São Paulo: Saraiva, 2003.

CARNELUTTI, Francesco. *Lezioni di diritto processuale civile*. Pádua: Cedam, 1986. v. 4.

CARPI, Federico. *L'efficacia "ultra partes" della sentenza civile*. Milano: Giuffrè, 1974.

CHIOVENDA, Giuseppe. *Instituições de direito processual civil*. São Paulo: Saraiva, 1942. v. 1.

CHIOVENDA, Giuseppe. Principii di diritto processuale civile. Napoles: Jovene, 1965 (Reimp. da 3ª ed. de 1923).

CHIOVENDA, Giuseppe. Sul litisconsorzio necessário. In: *Saggi di diritto processuale civile*. Milano: Giuffrè, 1993. v. 2.

CINTRA, Antonio Carlos de Araújo. *Do litisconsórcio*. Tese de doutoramento apresentada à Faculdade de Direito da Universidade de São Paulo, São Paulo, 1968.

CINTRA, Lia Carolina Batista. *Intervenção de terceiro por ordem do juiz: a intervenção iussu iudicis no processo civil*. São Paulo: Revista dos Tribunais, 2017.

COSTA, Moacyr Lobo da. *A intervenção* iussu iudicis *no processo civil brasileiro*. São Paulo: Saraiva, 1961.

CRUZ E TUCCI, José Rogério. *Limites subjetivos da eficácia da sentença e da coisa julgada civil*. São Paulo: Revista dos Tribunais, 2006.

DIDIER JR., Fredie. *Curso de direito processual civil*. 14ª ed. Salvador: Juspodivm, 2012, v. 1.

DIDIER JR., Fredie. *Curso de direito processual civil*, 17ª ed., Salvador: JusPodivm, 2015, v. 1.

DINAMARCO, Cândido Rangel. *Instituições de Direito Processual Civil*. 4ª ed. São Paulo: Malheiros, 2004. v. 2.

DINAMARCO, Cândido Rangel. *Litisconsórcio*. 8ª ed. rev. e atual. São Paulo: Malheiros, 2009.

EID, Elie Pierre. *Litisconsórcio unitário: fundamentos, estrutura e regime*. São Paulo: Revista dos Tribunais, 2016.

FONSECA, João Francisco Naves da. *Comentários ao Código de Processo Civil - volume IX (arts. 485/508)*. São Paulo: Saraiva, 2017. v. 9.

FRANÇA, Erasmo Valladão Azevedo e Novaes. *Invalidade das deliberações de assembleia das S/A*. 2ª ed. São Paulo, Malheiros, 2017.

GRINOVER, Ada Pellegrini. A coisa julgada no litisconsórcio facultativo unitário: o exemplo de ações coletivas e individuais no campo da saúde. *O direito de estar em juízo e a coisa julgada: estudos em homenagem a Thereza Alvim*. São Paulo: Revista dos Tribunais, 2014.

GRINOVER, Ada Pellegrini. Coisa julgada erga omnes, secundum eventum litis e secundum probationem. *RePro*. São Paulo: Revista dos Tribunais, 2005. v. 126.

LIEBMAN, Enrico Tullio. *Ações concorrentes. Eficácia e autoridade da sentença e outros escritos sobre a coisa julgada*. 4ª ed. Rio de Janeiro: Forense, 2006.

LIEBMAN, Enrico Tullio. *Eficácia e autoridade da sentença e outros escritos sobre a coisa julgada*. 4ª ed. Rio de Janeiro: Forense, 2006.

MARINONI, Luiz Guilherme; MITIDIERO, Daniel. *Código de Processo Civil comentado artigo por artigo*. 3ª ed. rev., atual. e ampl. São Paulo: Revista dos Tribunais, 2011.

MEDINA, José Miguel Garcia. *Curso de direito processual civil moderno*. 4ª ed. São Paulo: Revista dos Tribunais, 2018, p. 221.

MENCHINI, Sergio. Regiudicata civile. In: *Digesto dele Discipline Privatistiche: sezione civile*. Torino: Utet, 1997, nº 12.

MONIZ DE ARAGÃO, Egas. *Sentença e coisa julgada: exegese do Código de Processo Civil (arts. 444 a 475)*. Rio de Janeiro: Aide, 1992.

MONIZ DE ARAGÃO, Egas. *Sentença e Coisa Julgada*. Rio de Janeiro: Aide. 1992.

MONTELEONE, Girolamo A. *I limiti soggettivi del giudicato civile*. Padova: Cedam, 1978.

MOTTO, Alessandro. Note in tema di limiti oggettivi e soggettivi di efficacia della sentenza nei giudizi di impugnazione di delibere di s.p.a. In: *Il giusto processo civile*, 2012. fasc. 3.

PACÍFICO, Luiz Eduardo Boaventura. Ações concorrentes. São Paulo: Quartier Latin, 2016.

PEREIRA, Guilherme Setoguti Julio. *Impugnação de deliberações de assembleia das S/A*. São Paulo: Quartier Latin, 2013.

PONTES DE MIRANDA, Francisco Cavalcanti. *Comentários ao Código de Processo Civil*. São Paulo: Forense, 1974.

PUGLIESE, Giovanni. Giudicato civile. In: *Enciclopedia del Diritto*. Milano: Giuffrè, 1969.

REDENTI, Enrico. *Il giudizio civile con pluralità di parti*. Milano: Giuffrè, 1911. Ristampa di 1960.

RODRIGUES, Marcelo Abelha. *Elementos de direito processual civil*. 3ª ed. São Paulo: Revista dos Tribunais, 2003. v. 1.

ROSSONI, Igor Bimkowski. Coisa julgada e pretensões concorrentes na doutrina de Enrico Tullio Liebman: o problema da impugnação de decisão assemblear no direito brasileiro. In: YARSHELL, Flávio Luiz; PEREIRA, Guilherme Setoguti Julio (coord.). *Processo societário – Volume II*. São Paulo: Quartier Latin, 2015.

SICA, Heitor Vitor Mendonça. Notas críticas ao sistema de pluralidade de partes no processo civil brasileiro. *Revista de Processo*. São Paulo, 2011. v. 200.

SICA, Heitor Vitor Mendonça. Três velhos problemas do processo litisconsorcial à luz do CPC/ 2015. São Paulo: *Revista de Processo*, 2016. v. 256.

SILVA, Ovídio A. Baptista. *Sentença e coisa julgada (ensaios e pareceres)*. 4ª ed. Rio de Janeiro: Forense, 2003.

SZTAJN, Rachel. Associações e sociedades: à luz da noção de contrato plurilateral. In: *Revista de Direito Privado*. 2005. v. 21.

TALAMINI, Eduardo. *Coisa julgada e sua revisão*. São Paulo: RT, 2005.

TALAMINI, Eduardo. Legitimidade, interesse, possibilidade jurídica e coisa julgada nas ações de impugnação de deliberações societárias. In: YARSHELL, Flávio Luiz; PEREIRA, Guilherme Setoguti (coord.). *Processo societário*. São Paulo: Quartier Latin, 2012.

TROCKER, Nicolò. *Processo civile e costituzione: problemi di diritto tedesco ed italiano*. Milano: Giuffrè, 1974.

WATANABE, Kazuo. Relação entre demanda coletiva e demandas individuais. *Revista de processo*. São Paulo: Revista dos Tribunais, 2006. nº 139.

YARSHELL, Flávio Luiz. *Carta de um advogado do contencioso para um colega do consultivo*. Disponível em http://www.cartaforense.com.br/conteudo/colunas/carta-de-um-advogado-do-contencioso-para-um-colega-do-consultivo/17551.

MODULAÇÃO DA EFICÁCIA DA DECISÃO NO CONTROLE DE CONSTITUCIONALIDADE E NA ALTERAÇÃO DE JURISPRUDÊNCIA

Liliana de Almeida Ferreira da Silva Marçal[1]

Ao meu eterno Professor José Rogério Cruz e Tucci que com o interesse do verdadeiro estudioso, a paciência do verdadeiro Mestre e o espírito inovador do verdadeiro criador do Direito, sempre me orientou no exame de questões intrigantes do Direito do Processo Civil.

I. Breves considerações sobre o controle de constitucionalidade

Dentre as competências constitucionais do Supremo Tribunal Federal está o processamento e julgamento da Ação Direta de Inconstitucionalidade de lei ou ato normativo federal ou estadual e da Ação Declaratória de Constitucionalidade de lei ou ato normativo federal, nos termos do que dispõe o inciso I, do art. 102, da Constituição Federal. Esse controle jurisdicional *a posteriori*, que ocorre após a edição do texto normativo, tem gerado, em muitos casos, conflitos com o Poder Legislativo e o Poder Executivo, competentes para promover o controle preventivo da constitucionalidade.

Esse controle preventivo, reconhecido pelo ordenamento jurídico brasileiro, integra o próprio *iter* de elaboração do texto normativo. Conforme bem esclarece José Rogério Cruz e Tucci, "dentre as atribuições da Comissão de Constituição e Justiça, pela qual, em ambas as casas do Congresso Nacional, passa o texto legal projetado, está aquela de examinar a sua adequação aos postulados ditados pela Carta Magna. O veto, igualmente, constitui inegável mecanismo de controle preventivo da constitucionalidade."[2]

Em alguns países, em especial na Europa Ocidental, essa fiscalização preventiva é exercida pelos Tribunais Constitucionais. A Constituição portuguesa de 1976, adotando sistemática semelhante ao do ordena-

---

1 Mestre em Direito Processual Civil pela Faculdade de Direito da Universidade de São Paulo. Advogada.

2 Aspectos processuais da denominada ação declaratória de constitucionalidade, *in Ação Declaratória de Constitucionalidade* (obra coletiva) São Paulo, Saraiva, 1994, p. 141

mento constitucional francês de 1958, prevê o controle abstrato preventivo de certos atos pelo Tribunal Constitucional, mediante requerimento do Presidente da República ou dos Ministros da República. A decisão daquele Tribunal vincula as autoridades requerentes da fiscalização que "devem vetar os diplomas que preventivamente foram considerados inconstitucionais – **veto por inconstitucionalidade** – e devolvê-los (reenvio) ao órgão que os tiver aprovado (Assembleia da República, Governo, Assembleias Regionais), nos termos do art. 279/1."[3] O referido veto pode ser superado com a expurgação da norma, por meio de alterações que a harmonizem com as regras constitucionais, ou pela confirmação, por maioria qualificada de dois terços dos deputados presentes na Assembleia da República. Se não houver a confirmação, é vedado à Assembleia aprovar mais uma vez o texto normativo sem antes expurgá-lo.

O controle preventivo da constitucionalidade de normas exercido pelo Tribunal Constitucional está respaldado na sua competência de defesa e cumprimento da Constituição para garantir o "Estado Constitucional de Direito". Tema polêmico na doutrina envolve a definição da natureza dessa função do Tribunal Constitucional: a maioria dos autores defende a natureza jurisdicional, que não se confunde com a função exercida pelo Poder Judiciário; outros sustentam que se trata de função legislativa negativa ou positiva e, por fim, alguns afirmam que se trata de função política. Com efeito, o Tribunal Constitucional exerce as três funções apontadas no exercício de sua competência, caracterizando-se como um Poder autônomo e distinto da clássica tripartição dos poderes (Executivo, Legislativo e Judiciário).

Considerando sua natureza de Poder autônomo, as decisões proferidas pelo Tribunal Constitucional são objeto de execução nos seguintes moldes apresentados por J.J. Gomes Canotilho: "no caso de fiscalização preventiva, a execução de sentença do Tribunal Constitucional implicaria, em rigor, o expurgo da norma considerada inconstitucional com a consequente inadmissibilidade da superação do veto. No caso de fiscalização por omissão, a execução postularia a emissão obrigatória, por parte do legislador, das medidas legislativas necessárias (....) Na hipótese de fiscalização abstracta sucessiva, a execução das decisões do TC reconduz-se, no que respeita ao legislador, à proibição de repetição de norma declarada inconstitucional".[4]Por fim, no processo de fiscalização

3 Direito constitucional e teoria da constituição, p. 1029.

4 Op. Cit., p. 1050

concreta, a execução enseja a reforma pelos tribunais de decisões que contrariem a determinação traçada.

No Brasil, conforme já dito, o controle preventivo de normas e atos normativos é executado pelas Comissões de Constituição e Justiça da Câmara Federal e do Senado, e, também, pelo veto do Presidente da República. Nos demais entes da federação, o controle é exercido pelas Comissões de Constituição e Justiça das Assembleias Estaduais e Câmaras de Vereadores, bem como pelo veto de Governadores e Prefeitos. Promulgado o texto normativo, o Poder Judiciário pode ser provocado a se manifestar sobre a sua constitucionalidade.

A estrutura constitucional brasileira prevê dois controles da constitucionalidade de leis e atos normativos distintos: o político, exercido pelo Legislativo e Executivo (veto), e o judicial, exercido de forme exclusiva pelo Poder Judiciário.

Destaca José Rogério Cruz e Tucci que desde a Constituição de 1934, incluindo o atual texto constitucional (artigos 102, I, *a* e 125, § 2º), foi adotado o modelo misto de controle judicial, que pode ser concentrado ou difuso, incidental ou principal, diferenciados pelo critério subjetivo ou orgânico e pelo critério formal.[5] Adotando-se o critério subjetivo, tem-se o (i) controle difuso que autoriza a todos os órgãos jurisdicionais exercer a fiscalização da constitucionalidade dos textos normativos, por meio do Incidente de Arguição de Inconstitucionalidade disciplinado nos arts. 948 a 950 do CPC e o (ii) controle concentrado que é exercido por um único órgão judicial, previsto nos arts.102, I, *a* e 103 da C.F. e nas Constituições Estaduais, objeto de Ação Direta de Inconstitucionalidade ou Ação Declaratória de Constitucionalidade. Decorrem desses sistemas, sob o aspecto formal, o (i) controle incidental no qual a constitucionalidade do texto normativo é apreciada *incidenter tantum,* e o (ii) controle principal em que a constitucionalidade é o objeto do litígio.

O controle concentrado e principal, na esfera federal, " é realizado mediante um instrumento que, certamente, ostenta natureza de ação, de competência originária do Supremo Tribunal Federal assegurando-se aos mais variados estratos sociais, por meio de seus representantes, o acesso àquele, e em cujo processo garante-se a bilateralidade da audiência, o tratamento paritário dos sujeitos parciais, a publicidade

5 *Constituição de 1988 e processo. Regramentos e garantas constitucionais do processo*, pp. 102 e segs.

dos atos processuais e a motivação dos atos decisórios, ou seja, o devido processo legal".[6]

O procedimento da Ação Direta de Inconstitucionalidade -ADIN e Ação Declaratória de Constitucionalidade- ADC está regulamentado na Lei Federal nº 9.868/1999, com destaque para a eficácia vinculante dos precedentes de controle de constitucionalidade de lei ou ato normativo, proferidos pelo Supremo Tribunal Federal, que o legislador impôs ao prever a (i) irrecorribilidade do acórdão; (ii) vedação de ação rescisória e (iii) concessão à declaração de inconstitucionalidade ou constitucionalidade efeito *erga omnes* e vinculante em relação ao Poder Judiciário e à Administração Pública, em todas as esferas. Assim, o acórdão que julga o pedido formulado na ADIN ou ADC produz coisa julgada formal e material, vinculando todas as autoridades aplicadoras do texto normativo que não mais poderão executá-lo, sob pena de violar a *res iudicata.* [7]

Essa regulamentação da eficácia vinculante abriu "a passos largos, o caminho de adoção, no Brasil, do precedente judicial com força vinculante em situações nas quais se encontram em jogo importantes *quaestiones iuris*, de inequívoco peso político jurídico".[8]

II. A constitucionalidade do dispositivo legal que autoriza a modulação temporal da declaração de inconstitucionalidade

O procedimento e julgamento da Ação Direta de Inconstitucionalidade, instrumento do controle concentrado, conforme já dito, está disciplinado na Lei Federal nº 9.868/1999, que se encontra em vigor há mais de 20 anos. Dentre os seus dispositivos, um dos mais inovadores é o artigo 27 que autoriza o Supremo Tribunal Federal, por maioria de dois terços de seus membros, restringir ou postergar os efeitos da declaração de inconstitucionalidade de lei ou ato normativo, conferindo de forma excepcional eficácia *ex nunc* ou *ad futurum*, por razões de segurança jurídica ou excepcional interesse social.

Por ironia jurídica, o referido artigo foi objeto de duas Ações Direta de Inconstitucionalidade. A primeira proposta pela Confederação

6 Cruz e Tucci, José Rogério, Aspectos processuais da denominada ação declaratória de constitucionalidade, p. 146.

7 Cruz e Tucci, José Rogério. Limites subjetivos da eficácia da sentença e da coisa julgada civil, p. 232

8 Cruz e Tucci, José Rogério. Precedente judicial como fonte do direito., p. 271

Nacional das Profissões Liberais – CNPL e a segunda pelo Conselho Federal da Ordem dos Advogados do Brasil, entidades legitimadas nos termos do art. 103 da C.F. e art. 2º da Lei Federal nº 9.868/1999, respectivamente ADIN 2154 e ADIN 2258, que foram apensadas para julgamento conjunto.

As referidas entidades alegaram que a modulação temporal da decisão que declara a inconstitucionalidade (i) afrontaria o princípio constitucional da legalidade, na medida em que ninguém está obrigado a fazer ou deixar de fazer alguma coisa senão em virtude de lei, que se pressupõe ser constitucional (CF, art. 5º); (ii) violaria a igualdade formal pois a postergação dos efeitos da decisão de declaração de inconstitucionalidade poderia beneficiar alguns em detrimento de outros (CF, art. 5º) e (iii) desrespeitaria o princípio do Estado Democrático de Direito (CF, art. 1º).

Sustentaram, ainda, que a modulação temporal envolveria valoração dos Julgadores em cada caso concreto, que por sua vez, estaria sujeita à política judicial vigente naquele momento, gerando insegurança jurídica.

O Ministro Sepúlveda Pertence, então relator das referidas ADINs, concluiu pela inconstitucionalidade do art. 27, citando decisões do STF que reconheciam o caráter retroativo das declarações de inconstitucionalidade, baseadas na da teoria da nulidade *ab origine,* adotada também pela Suprema Corte norte-americana.

Na mesma linha, o Ministro Celso de Mello apontou que postergar os efeitos da decisão que reconhece a desarmonia da norma com a Constituição Federal, "acaba por incentivar, nas casas legislativas, atuação à margem da Carta da República, para que subsistam, com a passagem do tempo, situações constituídas- que, sob o ângulo do aperfeiçoamento, assim não se mostram – as quais, posteriormente, serão endossadas, muito embora no campo indireto, pela presente modulação." [9]

Contrariando os votos precedentes, a Ministra Carmem Lúcia abriu a divergência ao enfatizar que a teoria da nulidade *ab origine,* ao longo do tempo, foi flexibilizada tanto pelos tribunais constitucionais dos Estados Unidos e da Europa, que reconhecem os efeitos produzidos por normas declaradas inconstitucionais, em determinadas situações, quanto pelo próprio Supremo Tribunal Federal que, antes mesmo do adven-

9 ADIN 2154/DF – Acórdão publicado DJE 20/06/2023

to do art. 27, da Lei Federal nº 9868/1999 , já declarava a validade de atos produzidos na vigência de norma declarada inconstitucional, por entender que se tratava de função jurisdicional daquela Corte prevista na própria Constituição Federal.

Nesse sentido, citou as decisões proferidas nos Recursos Extraordinários nº 105.789, DJ 09.05.1986 e 78.533, DJ 26.02.1982, em datas anteriores a 1999, concluindo que "julgados nos quais alguns dos efeitos produzidos pela norma declarada inconstitucional foram preservados é suficiente para demonstrar que, ao proceder à modulação de efeitos da declaração de inconstitucionalidade, este Supremo Tribunal não está aplicando o art. 27 da lei n. 9.868/1999 em detrimento do postulado da nulidade da lei inconstitucional ou da supremacia da Constituição, mas sim procedendo à ponderação entre preceitos constitucionais, já que a lacuna resultante da declaração de nulidade pode "dar ensejo ao surgimento de uma situação ainda mais afastada da vontade constitucional"(MENDES, Gilmar Ferreira. Jurisdição constitucional: o controle abstrato de normas no Brasil e na Alemanha. 6 ed. São Paulo: Saraiva, 2014, p. 375)"[10]

Ao acompanhar o voto da Ministra Carmem Lúcia, o Ministro Edson Fachin destacou que o artigo 27 não afronta, mas concretiza os princípios da legalidade e da igualdade ao autorizar a possibilidade de modulação dos efeitos da decisão de controle abstrato da constitucionalidade. Anotou, ainda, que determinar o desfazimento de tudo que foi produzido na vigência de norma declarada inconstitucional sem o juízo de ponderação entre os princípios da segurança jurídica e da confiança no sistema jurídico, bem como dos prejuízos decorrentes da lacuna normativa, pode gerar consequência mais danosa à sociedade por retroagir a situações pretéritas.

Na mesma linha, os Ministros Cézar Peluso, Ricardo Lewandowski e Alexandre de Moraes reforçaram que a modulação dos efeitos da decisão está condicionada a razões de segurança jurídica e de excepcional interesse social. Concedeu-se, assim, ao STF a competência para determinar se a declaração de inconstitucionalidade de certa norma terá efeito *ex tunc*, ex *nunc* ou *ad futurum,* desde que devidamente justificado e com aprovação da maioria de dois terços dos seus membros, afastando a teoria até então vigente de que a lei ou ato normativo inconstitucional nunca produz efeito.

10 ADIN 2154/DF – Acórdão publicado DJE 20/06/2023

Por fim, o Ministro Gilmar Mendes acrescentou que "quando a Lei 9.868/99 enumera técnicas decisórias como a declaração de nulidade sem redução de texto, a interpretação conforme à Constituição, a nulidade com eficácia a partir da decisão (ex nunc) ou de outro momento a ser definido na decisão do Tribunal Constitucional (caso do art. 27, ora impugnado), a utilização de tais modalidades decisórias, pelo Supremo Tribunal, "não decorre da disposição legislativa contida no art. 27, mas da própria aplicação sistemática do texto constitucional." (Gilmar Ferreira MENDES; Ives Gandra da Silva MARTINS. Controle Concentrado de Constitucionalidade - Comentários à Lei n. 9.868, de 10-11- 1999. 2ª ed. São Paulo: Saraiva, 2005, p. 497). Igualmente imerso nessa senda, averbei, em meu voto na ADIN 1.987/DF (de minha relatoria, Pleno, DJe 76, de 29.4.2010), que "fica evidente que a norma contida no art. 27 da Lei n. 9.868/99 tem caráter fundamentalmente interpretativo, desde que se entenda que os conceitos jurídicos indeterminados utilizados - segurança jurídica e excepcional interesse social - revestem-se de base constitucional" (fls. 46-47 do meu voto)." [11]

Nesse cenário, o Plenário do Supremo Tribunal Federal, no julgamento das ADINs 2154 e 2258, concluído em abril de 2023, reconheceu por maioria de votos, a constitucionalidade do art. 27 da Lei Federal nº 9868/1999 que autoriza a modulação temporal dos efeitos da decisão de controle de constitucionalidade, julgando improcedentes os pedidos formulados nas referidas ADINs.

III. Aspectos da inconstitucionalidade e a aplicação da modulação temporal

A decisão que retira a validade ou eficácia de uma norma, proferida no âmbito da ADIN, exige segurança, certeza do direito e solução definitiva de controvérsia. Por essa razão, o artigo 26 da Lei Federal nº 9.868/99 estabeleceu que a decisão que declara a inconstitucionalidade de lei ou ato normativo é irrecorrível e não pode ser objeto de ação rescisória, consagrando a sua imutabilidade de tal modo a inviabilizar a rediscussão da matéria no mesmo ou em outro processo. Em outros termos, a decisão que declara a inconstitucionalidade de lei ou ato normativo faz coisa julgada formal e material, com efeito *erga omnes*.

11 ADI 2154/DF - Acórdão publicado DJE 20/06/2023

Justificando o teor daquele dispositivo legal, Teori Zavascki assinalou que "uma vez extirpada a norma do muno jurídico mediante sentença com eficácia vinculante e *erga omnes*, é recomendável, em nome da segurança das relações de direito, que se confira a essa sentença o grau máximo de estabilidade." [12] Acrescente-se, ainda, o argumento que uma lei não pode, de tempo em tempo, ser declarada ora inconstitucional e ora constitucional, gerando insegurança jurídica aos jurisdicionados.

Por essa razão, na hipótese de eliminação ou alteração superveniente do preceito constitucional que fundamentou a declaração de inconstitucionalidade de lei ou ato normativo, é imprescindível a promulgação de novo texto legal, pois não vigora no nosso sistema jurídico o instituto da repristinação.

Outra consequência da imutabilidade da sentença, que impede a reapreciação da constitucionalidade da mesma lei ou do mesmo ato normativo, é a abrangência do controle exercido pelo Supremo Tribunal Federal. No julgamento da ADIn deve ser considerado todo o ordenamento constitucional, não se limitando os Julgadores aos fundamentos jurídicos apresentados na petição inicial. A decisão proferida pode apontar violação de preceito constitucional não questionado, tendo em vista que a ADIN tem causa de pedir aberta.

Tema interessante envolve a "inconstitucionalidade superveniente" de lei ou ato normativo. Se a norma é incompatível com a nova Carta Constitucional não se trata de "inconstitucionalidade superveniente" a ser declarada pelo STF, mas de revogação. O Ministro Paulo Brossard, em seu voto na ADIN nº2-1 - DF[13], expôs com clareza que "sobrevindo uma Constituição, a legislação existente (a) ou com ela é compatível e continuará em vigor ou (b) com ela é incompatível e por ela será revogada. No primeiro caso, a legislação continua em vigor, sem exigir cláusula expressa. No segundo caso, em havendo incompatibilidade entre a legislação preexistente e a Constituição superveniente, quer dizer, quando a Constituição sucede à lei, não se pode falar em inconstitucionalidade desta, mas em sua revogação."

Não há, portanto, fundamento lógico-jurídico para o ajuizamento de Ação Direta de Inconstitucionalidade de lei ou ato normativo por força de incompatibilidade decorrente das novas regras de Constituição

12 Eficácia das sentenças na jurisdição constitucional, p.103.

13 ADIN nº2-1 - DF

sobrevinda. O Supremo Tribunal Federal acolheu a tese da revogação automática de normas infraconstitucionais anteriores que não estejam em harmonia com a nova ordem constitucional. Verifica-se, assim, que a incompatibilidade com o novo texto constitucional acarreta a não recepção por revogação, que pode ser expressa ou não.

Em situação diversa, a recepção de lei ou ato normativo anterior pela nova ordem constitucional, considerando-o harmonizado com os princípios da vigente Constituição, pode ser objeto de Ação Declaratória de Constitucionalidade, nos termos do inciso III, do art. 14, da Lei Federal nº 9.868/99, especialmente na hipótese do texto legal recepcionado ser materialmente compatível com a nova Constituição, mas não atender formalmente aos requisitos para sua edição. Nesse caso, aplica-se a regra *tempus regit actum*, ou seja, se foram observados os requisitos formais previstos na Constituição em vigor à época do seu processo de elaboração, a norma pode ser revalidada pelo novo sistema constitucional.

A norma recepcionada pode ser objeto, também, de Ação Direta de Inconstitucionalidade por força da mudança no estado de fato ou no estado de direito que ensejou violação superveniente do texto constitucional. Nesse caso, pressupõe-se fato superveniente que altere substancialmente a realidade social em que opera (mudança de estado de fato) ou modifique as regras constitucionais (p.ex. emenda constitucional que torne a norma incompatível). Daí, "o direito positivo brasileiro, atento a essas circunstâncias, prever que o Supremo Tribunal Federal realize, mesmo no âmbito do controle abstrato de constitucionalidade das normas, diligências destinadas a obter esclarecimentos de matéria ou circunstância de fato (lei 9.868, de 10.11.1999, art. 8º, §1º)." [14]

Outra situação interessante que permeia a relação de direito intertemporal entre a nova ordem constitucional e as normas jurídicas infraconstitucionais preexistentes trata de lei ou ato normativo anteriormente declarado constitucional pelo Poder Judiciário e recepcionado pela nova ordem constitucional, mas, na sequência, no âmbito de Ação Direta de Inconstitucionalidade, em razão de evento superveniente, é reconhecida a sua incompatibilidade com o texto constitucional. Nesse caso específico, não haveria violação da coisa julgada ou da vedação de ação rescisória, pois as sentenças "contraditórias" têm eficácia temporal distintas. A decisão que declarou a constitucionalidade baseou-se na ordem constitucional anterior, em vigor à época, e a recepção da lei ou do ato nor-

14 Zavascki, Teori Albino, in op. cit., p. 114

mativo fundamentou-se na nova ordem constitucional. Posteriormente, por meio de nova decisão, proferida na vigência da nova Constituição, houve a revogação superveniente da ei ou ato normativo recepcionado, por mudança no estado de fato ou de direito, com efeito vinculante a partir da declaração da inconstitucionalidade. "Tratando-se de ação fundada em fato novo, posterior à sentença confirmatória da constitucionalidade, não haverá ofensa à coisa julgada. Por igual razão, não se tratará de ação rescisória. Representará, simplesmente, o exercício normal do mecanismo de controle de constitucionalidade, reconhecido também no direito comparado."[15]

Por outro lado, se a lei ou o ato normativo foi anteriormente declarado inconstitucional, mas a causa de nulidade foi afastada diante da nova ordem constitucional, não poderá haver o fenômeno da recepção, visto que é requisito para sua aplicação tratar-se de norma válida na sistemática constitucional anterior. Assim, o fenômeno da recepção somente permite que leis e atos normativos válidos na antiga Carta sejam recebidos pela nova, desde que compatíveis com seu regramento.

Aspecto relevante a ser analisado diz respeito à distinção doutrinária entre efeitos executivo e normativo da decisão declaratória de inconstitucionalidade. Esclarece Teresa Arruda Alvin[16] que o efeito normativo é a invalidade da lei ou do ato normativo por ser incompatível com a Constituição Federal, o que implica a exclusão do ordenamento jurídico. Já o efeito executivo é a consequência concreta da decisão, impactando a vida das pessoas. Esse efeito executivo é o passível de modulação temporal por meio de decisão judicial, para postergar a outro momento os efeitos práticos, em razão de outros valores constitucionais, como segurança jurídica e interesse social.

Por esse motivo, a decisão que declara a inconstitucionalidade de lei ou ato normativo pode ter os seguintes efeitos temporais:

(i) efeito *ex tunc*: declara a inconstitucionalidade com efeito retroativo, atingindo situações pretéritas pendentes (regra geral);

(ii) efeito *ex nunc*: declara a inconstitucionalidade sem efeito retroativo, ou seja, a partir do trânsito em julgado da decisão, atingindo as situações formalizadas a partir daquela data;

15 Zavascki, Teori Albino, op. cit., p. 118.

16 Arruda Alvim, Teresa. Modulação na alteração da jurisprudência firme ou de precedentes vinculantes, pp. 37/38

(iii) efeito *ad futurum*: declara a inconstitucionalidade, mas os efeitos práticos ficam suspensos pelo tempo determinado na decisão, autorizando que a lei ou o ato normativo declarado inconstitucional permaneça em vigor até certa data;

(iv) declaração de inconstitucionalidade sem a pronúncia da nulidade: suspende a aplicação da lei e dos processos em curso, até que o legislador, dentro de prazo razoável, apresente manifestação a respeito da situação inconstitucional.

As hipóteses previstas nos itens (i) e (ii) exigem a modulação temporal da eficácia da decisão pelos Julgadores.

Humberto Ávila[17], analisando esta temática, afirma que a modulação da eficácia temporal das decisões de inconstitucionalidade visa moderar os efeitos da anulação, por meio de "contraordem" emitida pelo STF de manter os efeitos produzidos por atos contrários ao Direito.

A análise e definição da eficácia temporal pode ser objeto de requerimento das partes ou determinação *ex officio,* mas sempre proferida pelo próprio Tribunal que declarou a inconstitucionalidade. Segundo magistério de Fabiano Carvalho, havendo ou não requerimento das partes, é necessário o contraditório, "vale dizer: antes de tomada a decisão de modular os efeitos da decisão, torna-se necessário ouvir os interessados e levar em consideração todos os argumentos que possam justificar ou não a aplicação da referida técnica".[18]

A clareza dos efeitos da decisão deve ser desde logo deliberada, sob pena de paralisar os julgamentos nas instâncias inferiores e até mesmo no Tribunal de origem. Não se trata de julgamento em duas etapas, tanto a decisão de mérito, quanto a definição da modulação devem ocorrer de preferência no mesmo momento. Em caso de omissão, as partes por meio dos embargos de declaração, devem requerer manifestação expressa do Tribunal sobre o efeito temporal da decisão de modo a evitar dúvidas se a declaração de inconstitucionalidade é aplicável ou não às situações pretéritas pendentes.[19]

17 Teoria da segurança jurídica, pp.534/535.

18 Comentários ao código de processo civil, tomo XIX, p 64.

19 Nos Embargos de Declaração na ADI 2797, o STF conheceu e acolheu os embargos para que a declaração de inconstitucionalidade da Lei nº 10.628, de 24 de dezembro de 202, que acrescentou os §§ 1º e 2º ao artigo 84 do Código de Processo Penal, tivesse eficácia a partir de 15 de setembro de 2005, modulando seus efeitos.

Ao modular os efeitos, o Tribunal deve realizar o equilibrado juízo de ponderação de dois princípios constitucionais que conflitam: legalidade x segurança jurídica e interesse social.

Importante notar que o Supremo Tribunal Federal tem aplicado a regra do at. 27, da Lei Federal nº 9.868/99, de forma analógica e extensiva, às decisões proferidas no âmbito de controle difuso de constitucionalidade, por reconhecer que em determinadas situações a declaração de inconstitucionalidade com efeito retroativo e imediato pode causar consequências danosas aos jurisdicionados de boa-fé.

Por mais paradoxal que possa parecer, é possível a modulação dos efeitos temporais da decisão que declara a constitucionalidade de lei ou ato normativo, a denominada "modulação invertida". Nesse caso, a declaração tem efeitos prospectivos e, assim, apesar de a lei ou ato normativo estar em perfeita conformidade com a Constituição, concede-se prazo razoável para que os jurisdicionados passem a cumpri-la, por implicar mudança expressiva de conduta, que exige tempo para as devidas adaptações. A "modulação invertida", assim como a modulação da decisão que declara a inconstitucionalidade, precisa estar justificada dado o caráter excepcional de sua aplicação.

IV. Modulação temporal na alteração de jurisprudência

O instituto da modulação temporal previsto no art. 27, da Lei Federal nº 9.868/99, específico para as decisões proferidas no âmbito da ADIN, inspirou o Código de Processo Civil em vigor a estabelecer a possibilidade de tornar irretroativos os efeitos da alteração de jurisprudência, desde que presentes o interesse social e a segurança jurídica. (art. 927, § 3º, do CPC)

O estudo da modulação dos efeitos da alteração de orientação sedimentada de Tribunais exige a análise conjunta dos artigos 926 e 927, §3º do CPC.

A disposição contida no artigo 926 do CPC determina que os Tribunais devem unificar a sua jurisprudência, mantendo-a firme e coerente, de forma a preservar os princípios constitucionais da segurança jurídica e da isonomia, respectivamente previstos no inciso XXXVI e *caput* do art. 5º da C.F., evitando decisões divergentes proferidas pelo mesmo Tribunal ou decisões contrárias ao entendimento cristalizado dos Tribunais Superiores. Em outros termos, esse dispositivo impõe aos Tribunais o dever de aplicar os mesmos preceitos para casos idênticos, afastando a discricionariedade, sem, contudo, impor a imutabilidade da jurisprudência.

Aliás, nesse particular, Nelson Nery Junior e Rosa Maria de Andrade Nery destacam que "o sentido de estabilidade pretendido pela lei é o de que a jurisprudência uniforme não deverá ser alterada sem propósito – ou, ao menos, se espera que seja este, pois não se pode pensar em entendimentos que não sejam passíveis de alteração, tendo em vista as transformações sociais e econômicas inerentes à sociedade moderna *(...)*[20] E, prosseguem na análise do art. 926, criticando os mecanismos utilizados pelo CPC para impor as decisões dos tribunais superiores aos demais tribunais e juízos de primeiro grau dada a sua flagrante inconstitucionalidade, por que tribunais não criam teses, salvo o Supremo Tribunal Federal ao editar súmula vinculante com fundamento no art. 103-A da C.F. Portanto, os institutos de Recurso Extraordinário Repetitivo, Recurso Especial Repetitivo, Incidente de Resolução de Demandas Repetitivas (IRDR)[21] e Incidente de Assunção de Competência (IAC)[22] seriam relevantes para a uniformização de jurisprudência interna dos próprios tribunais que os julgam, mas "não se prestam para vincular e impor suas decisões aos juízos hierarquicamente inferiores, tampouco para resolver questões em série ou fixar teses jurídicas, pois essas atribuições objetivas, como mister dos órgãos do Poder Judiciário, não estão autorizados pela CF."[23]

A despeito de eventuais críticas aos limites dos institutos de uniformização de jurisprudência previstos no CPC, é medida salutar e essencial que os tribunais fiquem vinculados à sua própria jurisprudência que há de ser estável, íntegra e coerente, para fortalecer a segurança jurídica e preservar a isonomia. Do contrário, permaneceria o cenário de decisões

20 Código de processo civil comentado, p. 22.

21 O Incidente de Resolução de Demandas Repetitivas está regulamentado nos arts. 976 e segs do CPC e tem por objetivo aplicar a mesma tese jurídica a todos os processos individuais ou coletivos que tratam da mesma questão de direito e tramitam na circunscrição da jurisdição do tribunal que julgou o incidente.

22 O Incidente de Assunção de Competência, previsto no art. 947 do CPC, visa o deslocamento de competência funcional do órgão fracionário para órgão colegiado de maior composição em julgamento de recursos, de remessa necessária ou de processo de competência originária, que envolvam questão de direito com repercussão social, sem repetição em múltiplos processos.

23 Código de processo civil comentado, p. 24.

contraditórias dos Tribunais a respeito do mesmo tema jurídico, quebrando a unidade necessária para a pacificação social.

Pode-se afirmar, assim, que a uniformização é um dever institucional dos Tribunais. Porém, pode ocorrer, e não raro acontece, alteração de entendimento dos Tribunais. Nesse cenário de alteração da jurisprudência dominante do Supremo Tribunal Federal e dos tribunais superiores ou daquela oriunda de julgamento de casos repetitivos, os Julgadores podem modular os efeitos do novo entendimento, postergando sua aplicação para além do trânsito em julgado ou restringindo sua aplicação para não atingir situações pretéritas pendentes, mas anteriores ao marco temporal fixado pelo próprio Tribunal, presentes o interesse social e a segurança jurídica, que buscam, em última análise, manter a unidade social, nos termos do que dispõe o art. 927, §3º do CPC.

A ideia de interesse social está vinculada ao bem-estar da coletividade e à estabilidade das relações sociais. Por sua vez, a segurança jurídica está atrelada à definição de condutas alinhadas e conformes ao ordenamento jurídico, que geram confiança no jurisdicionado de boa-fé para adotá-las. Tanto o interesse social como a segurança jurídica são requisitos do Estado de Direito e da proteção da dignidade humana. (art. 5º, da C.F.)

A jurisprudência deve adaptar-se às demandas e alterações sociais e o efeito prático dessa mudança de entendimento deve envolver, desde que presentes o interesse social e a segurança jurídica, a fixação de regime de transição para tornar obrigatória essa nova jurisprudência, objetivando conciliar estabilidade e evolução.[24]

O equilíbrio entre estabilidade e inovação deve ser mantido, cabendo aos Tribunais proceder às alterações com cautela e mediante robusta fundamentação, evitando modificações decorrentes de simples entendimentos pessoais de juízes que passam a compor os órgãos colegiados e, assim, desestabilizar a jurisprudência.

O efeito vinculante da jurisprudência dos Tribunais nas decisões dos órgãos jurisdicionais inferiores exige que a mudança de entendi-

---

24 Arruda Alvim, Teresa. Op. cit. p. 55: *É relevante que se frise, novamente, que a alteração da jurisprudência, em casos assim, nos ambientes decisionais frouxos, pode ser extremamente benéfica. Deve ser não simples alteração do direito, mas evolução do direito. É o direito se transmudando, para atender, de forma mais veemente, ao princípio da dignidade humana.*

mento seja devidamente motivada, com exame de eventual modulação dos seus efeitos.

Isso porque, como já se disse, a despeito do CPC ter consagrado a regra da jurisprudência estável, íntegra e coerente, não passou desapercebido ao legislador que os fatos da vida são dinâmicos, impulsionando ajustes no entendimento pretoriano que, por sua vez, têm efeito direto nos atos do jurisdicionado. Esse efeito deve ser sopesado pelo Poder Judiciário que tem a obrigação de atuar com boa-fé e sem arbitrariedade, preservando a confiança do jurisdicionado no sistema jurídico, ao analisar a aplicação do instituto da modulação da eficácia temporal dessa alteração de entendimento. Verifica-se, assim, que determinada tese sedimentada pelo Tribunal pode ser modificada, passando por novo processo de "normatização pretoriana" para atender às necessidades da realidade social vigente e realizar justiça, o que inclui a eventual modulação dos seus efeitos.[25]

A alteração ou superação de jurisprudência pode decorrer da edição de novo ato normativo ou de novo pronunciamento jurisdicional. Nesse último caso, a doutrina admite a alteração explícita (express *overrruling*) que torna inequívoca a mudança de jurisprudência e a implícita *(implied overrruling)* que não deixa claro que o entendimento anterior foi superado, mas a nova decisão daquele Tribunal sobre o mesmo tema é incompatível com a precedente *ratio decidendi,* o que se equipara à ab-rogação indireta de uma lei.

Nesse cenário de alteração de jurisprudência, se a revogação operar com efeito *ex tunc* (*retrospective overruling*), o precedente vinculante revogado não pode ser fundamento para julgamento de casos pendentes.

Diante da regra geral do efeito *ex tunc* , o CPC, sensível aos efeitos danosos de mudança com efeito imediato, definiu regra expressa a respeito da possibilidade de modulação temporal dos efeitos da alteração de jurisprudência, instituto antes previsto apenas para as decisões proferidas na Ação Direta de Inconstitucionalidade - art. 27, da Lei Federal nº 9.868/99, na Arguição de Descumprimento de Preceito Fundamental se houver declaração de inconstitucionalidade de lei ou ato normativo – art. 11, da Lei Federal nº 9.882/99 e nos procedimentos de edição de enunciado de súmula vinculante pelo STF – art. 4º, da Lei Federal nº 11.417/06. Os dois primeiros textos normativos autorizam o Supremo

25 Cruz e Tucci, José Rogério. Direito processual civil entre comparação e harmonização, p. 271

Tribunal Federal, ao exercer o controle concentrado de constitucionalidade, fixar a eficácia de seu comando (*ex tunc*, *ex nunc* ou *ad futurum*), mesmo tratando-se de decisão declaratória de inconstitucionalidade que, por regra, tem eficácia retroativa.

À mingua de previsão legal específica, o Supremo Tribunal Federal já estendia a aplicação da modulação temporal nos casos de alteração de entendimento da Corte, em respeito aos postulados da segurança jurídica e proteção da confiança.

Desse modo, o legislador normatizou no § 3º, do art. 927, do CPC o entendimento consolidado dos Tribunais de proteger as pessoas que agiram norteadas pela jurisprudência dominante ou pelos julgamentos repetitivos e poderiam ser prejudicadas pela modificação do entendimento até então vigente. Enfim, a lei processual exige jurisprudência dominante a justificar a confiança do jurisdicionado na credibilidade do entendimento vigente à época dos fatos.

Além da exigência de entendimento jurisprudencial qualificado, o legislador impôs, ainda, como requisitos da modulação o interesse social e a segurança jurídica. Isso porque, em regra, não se aplica a regra da irretroatividade da lei ao direito jurisprudencial e, portanto, o efeito declaratório da decisão judicial que muda o entendimento sedimentado do Tribunal produz efeito *ex tunc*, alcançando situações pretéritas pendentes.

A autorização legal para modular os efeitos declaratórios da mudança de jurisprudência, concedendo-lhe eficácia *ex nunc* ou *ad futurum* ,está em harmonia com o princípio constitucional da segurança jurídica e do interesse social, por força da (1) boa-fé objetiva do jurisdicionado que praticou atos baseados em interpretação consolidada dos Tribunais e (2) irretroatividade do direito, mais abrangente do que a irretroatividade da lei, posto que se o direito pudesse retroagir, estariam sendo desrespeitados a segurança jurídica, o ato jurídico perfeito e a coisa julgada. [26]

A modulação deve levar em consideração que a conduta do jurisdicionado foi pautada na orientação vigente do Tribunal à época, ou seja, "o instituto deve ser abordado a partir de uma ótica voltada para o presente, que diz respeito à necessidade de se saber qual é a *pauta da conduta* (= o que é o direito) a que deve conformar minha ação e ao *futuro*: alterada a pauta de conduta, minha ação deve ser avaliada, lá na frente,

26 Nery Junior , Nelson e Nery, Rosa Maria de Andrade. Código de processo civil comentado, Livro III, Título I, Capítulo I, pp. 22/23.

não a partir da nova pauta, *mas* daquela que havia antes, a que me submeti, de boa-fé, porque confiei."[27]

Ora, a alteração de entendimento dos Tribunais decorre do reconhecimento da ilegalidade da orientação antiga e da legalidade da nova interpretação, que deveria ser aplicada de imediato, inclusive às situações passadas constituídas ao arrepio da lei. Porém, os jurisdicionados que praticaram atos jurídicos com fundamento na orientação jurisprudencial até então vigente, agiram de boa-fé e não podem ser prejudicados. Daí, a modulação ser medida excepcional que deve estar bem justificada, em especial no que se refere ao equacionamento da colisão entre os princípios constitucionais de legalidade x segurança jurídica e interesse social.

V. Modulação temporal e trânsito em julgado

Tema interessante que merece exame é a possibilidade de a modulação ocorrer após o trânsito em julgado da decisão proferida pelo Tribunal que declarou a inconstitucionalidade de lei ou ato normativo.

A respeito desta temática, o Supremo Tribunal Federal nos Embargos de Declaração na ADIN 2797 deliberou que se não houver pronunciamento daquela Corte Constitucional a respeito da modulação temporal, presume-se que a declaração de inconstitucionalidade tenha efeitos *ex tunc* (regra geral) e o trânsito em julgado da decisão é óbice a posterior requerimento de modulação.

Não se pode desprezar que em muitas situações é impossível ao Supremo Tribunal Federal e demais Tribunais vislumbrarem a repercussão da decisão com eficácia imediata e retroativa aplicável às situações pretéritas pendentes, formalizadas com fundamento na lei invalidada. Assim, parte da doutrina defende ser possível rediscutir, em caráter excepcional, os efeitos da decisão, diante de circunstâncias não cogitadas no momento do julgamento, em processos incidentais, cabendo à parte prejudicada requerer a revisão da eficácia, com fundamento na segurança jurídica e no interesse social. Tal entendimento pode afetar os resultados mais almejados pela modulação temporal: confiança jurídica e igualdade de tratamento. Se cada jurisdicionado for questionar em processo incidental o efeito da decisão de controle de constitucionalidade,

27 Arruda Alvim, Teresa. Op. cit., p. 36.

com base em sua situação específica, pode gerar decisões divergentes decorrentes de análises subjetivas dos Julgadores.

Por outro lado, se houver ausência de manifestação do Supremo Tribunal Federal e demais Tribunais a respeito da eficácia relativizada da decisão e, após o trânsito em julgado, o jurisdicionado requerer ao Tribunal o pronunciamento, de forma extraordinária, considerando, para tanto, a repercussão que estaria comprometendo o interesse social e a segurança jurídica, seria justificável o pronunciamento, embora haja precedente específico a respeito da inviabilidade de rediscutir o efeito da declaração de inconstitucionalidade.

O CPC não previu norma preclusiva na hipótese de alteração de jurisprudência e, assim, permitiu que a modulação da alteração de entendimento pudesse ocorrer após o trânsito em julgado. Elucidativo é o acórdão do Superior Tribunal de Justiça, no âmbito do julgamento do Recurso Especial nº 1.721.716-PR, que enfrentou a questão de mudança de jurisprudência e sua aplicação aos litígios surgidos na vigência do entendimento anterior e já submetidos ao Poder Judiciário. Invocando a teoria da superação prospectiva (*prospective overruling*), a Ministra Nancy Andrighi reconheceu que no caso específico da contratação de seguro de vida, em que a mudança de entendimento passou a considerar o suicídio como causa excludente do pagamento do benefício securitário, a modulação dos efeitos deveria ser aplicada, porque a tese reformada havia gerado legítima expectativa no jurisdicionado, afastando, assim, a aplicação retroativa do novo entendimento jurisprudencial daquela Corte.[28]

---

28 *Dessa forma, é possível verificar que, nos mesmos autos, foram invocados precedentes do STJ tanto a favor quanto contrários ao pleito da recorrente. Na hipótese, assim, é inegável a ocorrência de traumática alteração de entendimento desta Corte Superior, o que não pode ocasionar prejuízos para a recorrente, cuja demanda já havia sido julgada procedente em 1º grau de jurisdição de acordo com a jurisprudência anterior do STJ.*
(...)
Assim, como meio de proteção da segurança jurídica e do interesse social contido na situação em discussão, impõe-se reconhecer que, para a hipótese em julgamento, a aplicação do entendimento anterior do STJ, que está refletido na Súmula 105/STF.
De fato, essa é a medida que se impõe, pois, mesmo se houve alteração legislativa, que alterasse todo o arcabouço regulatório dos seguros de vida, mesmo em situação de suicídio, a hipótese da recorrente não seria afetada pela irretroatividade das leis, com mais razão não se poderia aplicar retroativamente – nos autos que já contava com sentença favorável – o novo entendimento jurisprudencial. (REsp 1.721.716-PR)

Esse precedente do STJ bem demonstra a importância da norma contida no § 3º, art. 927, do CPC e a necessidade dos Tribunais, ao alterarem o entendimento jurisprudencial, definirem, desde logo, se haverá regime de transição ou não na aplicação do novo posicionamento, evitando decisões contraditórias dos tribunais inferiores e dos Juízos de 1ª instância.

VI. Considerações conclusivas

A aplicação indistinta da doutrina da nulidade absoluta de leis e atos normativos inconstitucionais, com efeito imediato e retroativo, gera injustiças e impede a adoção de soluções equânimes para os jurisdicionados. O Supremo Tribunal Federal, mesmo antes de qualquer regulamentação expressa, à semelhança das Cortes Constitucionais europeias, relativizou a teoria da nulidade *ab origine* e modulou a eficácia temporal das decisões declaratórias de inconstitucionalidade, sem com isso afrontar os princípios da supremacia da Constituição e da legalidade. Fundamentou-se sempre no juízo da proporcionalidade, decorrente da ponderação entre os princípios constitucionais da legalidade, segurança jurídica e interesse social.

Dessa forma, o art. 27, da Lei Federal nº 9.868/99 veio institucionalizar a prática já adotada pelo Supremo Tribunal Federal, disciplinando a flexibilização dos efeitos temporais da decisão de declaração de inconstitucionalidade, com o objetivo de resguardar situações pretéritas ainda pendentes. Conquanto, o referido dispositivo seja restrito ao juízo abstrato de declaração de inconstitucionalidade, o Supremo Tribunal Federal tem aplicado essa técnica no controle difuso de constitucionalidade e nos casos de interpretação do texto constitucional.

Esse mesmo embasamento que permite ao STF restringir a eficácia de suas decisões, justifica que os Tribunais inferiores, no controle da legalidade de seu entendimento, modulem os impactos de suas decisões, com vistas a resguardar o interesse social e a segurança jurídica.

Essa técnica processual de ajustamento da eficácia decisória está prevista de forma expressa no atual CPC para as hipóteses de alteração de jurisprudência dominante do STF, dos tribunais superiores ou daquela oriunda de julgamento de casos repetitivos, desde que presentes os requisitos do interesse social e da segurança jurídica (art. 927, §3º), representando grande avanço legislativo ao estendê-la à jurisdição infraconstitucional. Isso porque, se por um lado, a jurisprudência deve manter-se estável e coerente, de outro, não pode ficar estagnada, devendo ser atualizada à nova realidade social, como expressão do Estado de Direito.

O legislador ao autorizar a modulação da eficácia das decisões proferidas nas Ações Direta de Inconstitucionalidade - art. 27, da Lei Federal nº 9.868/99, nas Arguições de Descumprimento de Preceito Fundamental se houver declaração de inconstitucionalidade de lei ou ato normativo – art. 11, da Lei Federal nº 9.882/99; nos procedimentos de edição de enunciado de súmula vinculante pelo STF – art. 4º, da Lei Federal nº 11.417/06 e na alteração de jurisprudência – art. 927, §3º do CPC teve o intuito, em todos esses casos, de afastar o efeito surpresa decorrente de norma declarada inconstitucional ou alteração de jurisprudência, resguardando a confiança dos jurisdicionados no Poder Judiciário.

É de curial importância destacar que o instituto da modulação não implica violação à Constituição ou às leis, apenas flexibiliza os efeitos da decisão com vistas a evitar situações indesejadas de insegurança jurídica e injustiça.

Bibliografia

Arruda Alvim, Teresa. *Modulação na alteração da jurisprudência firme ou de precedentes vinculantes*, 2ª ed., São Paulo: Thomson Reuters/ RT, 2021.

Ávila, Humberto. *Teoria da segurança jurídica*, 6ª ed., São Paulo: Ed Jus PODVN e Malheiros Editores, 2021.

Canotilho, J.J. Gomes. *Direito constitucional e teoria da constituição*, 7ªed, Coimbra: Ed Almedina, 2003.

Carvalho, Fabiano. *Comentários ao código de processo civil*, vol. XIX, São Paulo: Ed. Saraiva jur, 2022.

Cruz e Tucci, José Rogério, *Aspectos processuais da denominada ação declaratória de constitucionalidade, in Ação Declaratória de Constitucionalidade* (obra coletiva) São Paulo: Ed. Saraiva, 1994.

Cruz e Tucci, José Rogério. *Comentários ao código de processo civil*, 2ª ed., São Paulo: Ed. Saraiva jur, 2017.

Cruz e Tucci, José Rogério. *Constituição de 1988 e processo. Regramentos e garantas constitucionais do processo*, São Paulo: Ed. Saraiva, 1989.

Cruz e Tucci, José Rogério. *Direito processual civil entre comparação e harmonização*, Salvador: Ed. JusPodivn, 2021.

Cruz e Tucci, José Rogério. *Limites subjetivos da eficácia da sentença e da coisa julgada civil,* 2ª ed., São Paulo:Ed Marcial Pons,2021.

Cruz e Tucci, José Rogério. *Lineamentos da nova reforma do CPC,* 2ª ed. São Paulo: Ed. RT, 2002.

Cruz e Tucci, José Rogério. *Precedente judicial como fonte do direito,* São Paulo: Ed. RT, 2004.

Dinamarco, Cândido Rangel. *Instituições de direito processual civil,* vol. I, São Paulo: Malheiros Editores, 2001.

Mendes, Gilmar Ferreira. *Jurisdição constitucional,* 4ª ed., São Paulo: Saraiva, 2004.

Moraes, Alexandre. *Direito constitucional,* 26ªed., São Paulo: Ed. Atlas, 2010.

Nery Junior, Nelson e Nery, Rosa Maria de Andrade. *Código de processo civil comentado,* São Paulo: ed. RT, 2023.

Silva, José Afonso. *Curso de direito constitucional positivo,* 6ª ed., São Paulo: Ed. RT, 1990.

Zavascky, Teori Albino. *Eficácia das sentenças na jurisdição constitucional,* 4ª ed., São Paulo: Ed. RT, 2001.

APONTAMENTOS SOBRE A CONTINÊNCIA NO PROCESSO CIVIL

Lionel Zaclis[1]

I. Introdução

Observou Francisco Manoel Xavier de Albuquerque, escrevendo há mais de sessenta anos, que a "*equivalência ou a diversidade dos conceitos de conexão e de continência tem sido, assim na doutrina como nas legislações, um dos mais intrincados aspectos sob que se projeta o estudo relativo à "aspérrima matéria"*[2].

Com efeito, a continência, sob vários ângulos, aproxima-se de outros institutos processuais, como a litispendência, a conexão em geral, a prejudicialidade e a acessoriedade, em particular. Embora a problemática da diferenciação entre os conceitos deite raízes no próprio direito romano, não se preocupou a doutrina, durante muito tempo, em estabelecer-lhes a distinção. E, ainda quando se verificavam tentativas nesse sentido, a partir da edição do Código de Processo Civil italiano de 1865, elas, em verdade, não conseguiram isolar as figuras, com rigor científico. Nem mesmo a circunstância de haver o Código de Processo Civil italiano de 1940 disciplinado os institutos de maneira distinta fez com que se conciliassem as diversas tendências doutrinárias. Chegou-se, diante de tal incerteza, a observar que teria sido melhor não houvesse o legislador utilizado o conceito de continência.

No direito brasileiro prevaleceu a indistinção conceitual, quer na lei, quer na doutrina, até a reforma processual civil de 1973. Daí por diante, a maior parte dos processualistas que trataram do assunto passou a admitir a diversidade entre as figuras de conexão e de continência, acompanhando, de resto, o pensamento do legislador, preferindo arrostar a recomendação segundo a qual *omnis definitio in iure civili periculosa est*

---

1 Mestre e Doutor em Direito pela USP. Visiting Scholar, Harvard University Law School. Advogado

2 Cf. *Aspectos da conexão*. Tese de concurso à cátedra de Direito Judiciário Penal da Faculdade de Direito do Amazonas, Manaus, 1956, pág. 59. Vigia, à época, na esfera processual civil, o Decreto-lei n° 1.608, de 18 de setembro de 1939, que não tratava da matéria. Francisco Manoel Xavier de Albuquerque foi Ministro do STF entre 1972 e 1983.

(Dig. L, 17, 202). No entanto, tal distinção, para muitos desses processualistas, é meramente conceitual, sustentando que mencionadas figuras não produzem efeitos processuais diversos, seja no que tange à competência, seja no que concerne ao processo propriamente dito.

Resolvemos, à vista desse quadro, estudar a matéria de modo mais aprofundado, o que deu origem à dissertação defendida em 1978 na Faculdade de Direito da Universidade de São Paulo, para a obtenção do título de Mestre em Direito Processual, perante banca constituída pelos saudosos Professores Celso Neves e José Ignácio Botelho de Mesquita e, ainda, pelo respeitado Professor de Direito Civil, Fabio Maria de Mattia, não sem antes haver trocado ideias a respeito da matéria com os saudosos Professores Moacyr Lobo da Costa e Alfredo Buzaid.[3]

Muito embora de grande importância, poucas são, no direito brasileiro, as obras destinadas especificamente à análise do relacionamento entre as ações, e, ainda assim, as que existem concentram-se no estudo da conexão, tratando da continência propriamente dita a *vol d'oiseau,* influenciadas certamente pela tendência doutrinária da indistinção conceitual. Foi-nos, portanto, de grande valia o recurso ao direito comparado, especificamente ao italiano. Encontram-se ali importantes trabalhos relativos a institutos próprios e que examinam o tema paralelamente. Encontram-se, além disso, nas obras gerais de processo civil, apreciações a respeito da matéria, havendo, também, artigos que tratam do argumento. Repita-se, porém, que, não obstante, distinguirem expressamente as figuras, os mais destacados processualistas peninsulares não demonstram segurança quanto à exata conceituação da continência.

Após a análise normativa atualizada (artigo 56 do atual Código Processo Civil, correspondente ao 104 do CPC anterior), procuramos tratar dos efeitos produzidos pelo reconhecimento da continência relativamente à competência e ao processo propriamente dito, acreditando, dessa maneira, que estes despretensiosos apontamentos possam trazer alguma luz sobre este tema que continua "asperrimo" até hoje.

3 O presente artigo é um extrato atualizado da aludida dissertação, ainda inédita, e da qual se encontram exemplares (162 páginas) na Biblioteca Geral e no Departamento de Direito Processual da Faculdade de Direito da Universidade de São Paulo (USP).

II. A continência nas fontes históricas

O exame das fontes históricas não demonstra houvesse distinção entre os conceitos de conexão e continência. Por isso, a maioria dos autores sempre sustentou a equivalência dos termos; e mesmo aqueles que a negavam não ofereciam, contudo, critérios válidos de diferenciação, pois exibiam como exemplos de continência casos que, essencialmente, em nada diferiam das hipóteses de conexão.

O texto que deu origem ao uso jurídico do termo continência encontra-se na L. 2 *Cod. Theod. De iud.* transposto para o *Cód. Iust. Lib. III, Tit. I, de iudiciis, 1. 10: Imp. Constantinus A. ad Severum praefectum urbis. Nulli prorsus audientia praebeatur, qui causae continentiam dividit et ex beneficii praerogativa it quod in uno eodem que iudicio poterat terminari, apud diversos iudices voluerit ventilare: poena proposita, si quis contra hanc supplicaverit sanctionem, atque alium super possessione, alium super principali quaestione iudicem postulaverit, ut, rei, quae petatur, integra aestimatione subducta, quintam portionem reipublicae eius civitatis inferat, in cuius finibus, re de qua agitur, constituta est".* Essa a disposição constante do texto teodosiano. No código justinianeu, a norma é idêntica até a frase voluerit ventilare; substitui-se, em seguida, pelo período: *poena ex officio iudices imminente ei, qui contra hanc supplicaverit sanctionem, atque alium super possessione, alium super principale quaestione iudicem postulaverit.*

Refere-se Castellari a que, no entender dos antigos intérpretes, o texto de Constantino constrói o princípio *quod causae continentes non debent coram diversis iudicibus dividi.* O texto imagina que, entre as mesmas partes se contenda sobre a posse e a propriedade de uma coisa, e proíbe que as duas controvérsias sejam submetidas a juízos diversos, invocando como razão a circunstância de que a *continentia causae*, na qual se encontram, resiste a que se possa separar daquela maneira. Ora, sustentam, tal razão é de índole geral; pode-se, portanto, inferir daí o princípio acima expresso, isto é, o de que as causas que são entre si conexas, porque continentes, não podem ser exercidas perante juizes diferentes, ou seja, dizendo-o de forma positiva, devem ser tratadas *apud eundem iudicem.*

De acordo com os modernos, prossegue Castellari, bem diverso é o princípio estabelecido pela 1. 10, C. III, 1. Ele nada tem a ver com causas conexas ou continentes, mas diz respeito, simplesmente, a uma causa única. E significa, apenas, que os pontos incidentais de uma lide pendente não podem ser separados perante juizes diversos. A lide pendente deve terminar, inteira, onde começou.

Essa interpretação funda-se nos seguintes argumentos: 1º) o significado próprio da expressão *causae continentia*: *continentia quer dizer id quod continetur*, também de acordo com a linguagem das fontes, e não conexão; portanto, causae continentiam non dividere significa "*não cindir o conteúdo da mesma lide*"; referida expressão não tem o significado de proibir a separação de causas conexas entre si. Esse entendimento é confirmado pela utilização do verbo *dividere*, que significa "separar um todo em partes"; e pelas palavras ampliativas seguintes: *id quod uno eodem que iudicio poterat terminari*, que aludem, manifestamente, à matéria que se exaure em uma só e única lide. De qualquer modo, haveria que ter sido empregada a expressão *causarum continentia* para se referir à ligação de causas entre si; 2º) o teor intrínseco da 1. 10, do qual emerge ser ele dirigida às hipóteses de uma controvérsia incidente em uma causa principal, ou seja, de controvérsia possessória ocorrida na lide sobre a propriedade.

Critica CASTELLARI a interpretação dada ao texto pelos autores modernos, mostrando, com razão, que o possessório e o petitório não podem ser considerados aspectos de uma "causa única". São, com efeito, causas diversas, mas entre si relacionadas por conexão. O possessório não é mero incidente do petitório.

O exame que fizemos a respeito dessa problemática permite, assim o cremos, fixar os seguintes pontos: 1º) não obstante empregue o texto a expressão *causae continentia* (no singular), a expressa referência feita ao relacionamento entre petitório e possessório autoriza a conclusão a que chegaram os intérpretes antigos, no sentido de que a 1. 10 ensejou a construção do princípio *quod causae continentes* (no plural) *non debent coram diversis iudicibus dividi*. A utilização do termo *continentia* no referido texto é que foi equivocada, uma vez que nem o petitório contém o possessório, nem vice-versa, havendo entre eles simples conexão. Justifica-se, portanto, a partir desse erro inicial, a interpretação dos antigos, que passaram a utilizar a expressão *causae continentes* como sinônima de causas conexas; mas, para chegar a esse resultado, tiveram que obviar a contradição interna do texto, passando para o plural (*causae continentes*) a expressão que nele está no singular (*causae continentia*) e, com isso, alterando-lhe o sentido. 2º) se pudesse ser feita abstração, no texto, da referência ao petitório e ao possessório, a interpretação dos modernos seria acertada. Mais do que isso, poderia ser o texto considerado a fonte da figura da continência propriamente dita, isto é, do fenômeno consistente em causa única reproduzida em processos diversos, num dos quais o objeto apresenta maior amplitude.

No entanto, sem fazer tal abstração, a interpretação dos modernos é insubsistente, uma vez que, para alcançá-la, se viram forçados a partir de premissa incorreta, qual a de considerar causa única o possessório e o petitório. Contudo, sem embargo de o conceito de causa única dos intérpretes modernos ser diverso do que adotamos (pois, erroneamente, consideram causa única aquilo que, na realidade, são causas diversas), o importante a notar é a intuição que tiveram, no sentido de que a continência deveria existir quando em um processo se apresentasse parte de uma causa maior objeto de processo diverso.

A contradição existente no texto de Constantino, consistente no emprego da expressão *causae continentia* (que pressupõe causa única) para se referir a causas diversas (possessório e petitório) é que deu origem à confusão posterior entre os conceitos de conexão e de continência. À luz, portanto, da utilização, nas fontes, do termo continência para indicar fenômeno típico de conexão, é que se explica a ulterior indistinção na doutrina.

A doutrina do direito comum, esclarece CASTELLARI, tem por objeto a regra *quod continentia causae non debet dividi coram diversis iudicibus*, a qual foi construída sobre a 1. 10, C. III, 1, combinada com os textos do Tit. II do Livro XI das Pandectas e outros concordantes. Tal doutrina estudava o problema sob três aspectos: 1º) *causae continentia inter eosdem*; 2º) *causae continentia inter plures*; 3º) *regras comuns a ambas as hipóteses*.

No que tange ao primeiro tópico, duas eram as hipóteses: a) *ratione generalis actionis*, ou seja, *ubi est identitas personarum et actionis, sed non rei*; b) *rationi subiecti*, ou seja, *ubi est identitas personarum et rei petitae, sed non actionis;* no que se refere ao segundo tópico, também dois eram os casos: a) *quando adest identitas actionis et rei (sed diversas personarum)*; b) quando *adest identitas actionis tantum (sed diversitas rei et personarum)*.

Quanto ao terceiro ponto, ou seja, aquele relativo às regras comuns aos dois tipos de "continência", informa CASTELLARI que tal fenômeno levava não só à identidade do juiz, senão também à do juízo (da decisão). Contudo, essas duas identidades não se ligavam entre si tão intensamente, que sempre devessem coexistir. Antes, se a índole material das pretensões repugnava fossem discutidas no mesmo processo, a "continência" gerava somente a identidade do juiz. Exemplo evidente era o da causa possessória, a qual se trataava *coram eodem iudice*, desde que *ordine servato*.

Duas eram as garantias que assegurava exata observância do instituto da "continência". Consistia a primeira numa pena *ad arbitrium iudicis,* com a qual, aplicando o texto da 1.10, C, III, 1, castigava-se o que transgredisse a proibição de cindir entre tribunais diversos a "continência das causas": *contrafacientes puniuntur arbitrio iudicis – quae poena haec sit, iudicis arbitrio puniendum esse causae continentiam dividentem.* Consubstanciava-se a segunda numa exceção, por meio da qual quem fosse chamado *coram diversis iudicibus,* por "lides continentes", obtinha a remessa destas ao juiz competente para o conhecimento de todas: *adverte in quantum constitui differentiam inter mutationem iudicii, pro qua competit exceptio pendentiae litis, et divisionem iudicii ex qua oritur exceptio connexa, quam quis vult coram alio iudice intentare, tunc opponitur quod causae continentia dividi non debet.*

Verifica-se, facilmente, que o fenômeno denominado pela doutrina do direito comum de "continência de causa" ou de "continência de causas" não passava de hipóteses de conexão, ou seja, de causas diversas, interligadas por determinados vínculos. De igual modo entendia a doutrina canônica. Tudo leva a crer, de outro lado, que PESCATORE se baseou justamente nessa doutrina para formular sua teoria a respeito da conexão, e que, difundida por MATTIROLO, se impôs à aceitação quase universal.

Pode-se dizer, em síntese, que, ao se falar em continência, nas fontes e no direito comum, está-se a tratar de hipóteses de conexão, tanto assim que, para referir-se ao fenômeno consistente no inter-relacionamento de causas diversas, empregava-se, quase que exclusivamente, o termo continência.

De acordo com XAVIER DE ALBUQUERQUE, secundado por TOMAS PARÁ FILHO, "*...a ANTONIO CASTELLARI se pode atribuir o mérito de haver, por primeiro, sublinhando o problema da diferenciação dos conceitos de conexão e de continência, procurando apresentar critérios discretivos que obviassem o prosseguimento da confusão reinante*".

Contudo, *data venia,* não nos parece seja assim. Com efeito – e é o próprio CASTELLARI quem o diz – pretensa distinção entre as figuras da conexão e da continência houvera sido tentada por RICCI e por MARIANI. E, além disso, emprestou CASTELLARI apoio à doutrina que considerava equivalentes as expressões: "*Però*", observa ele, "*sembra dar ragione alla prima opinione* (a que sustentava a equipolência), *non solo il fato Che, nelle opere del* PESCATORE, *le quali furono la base della nostra legge ad subiectam materiam, e nella Relazione del* PISANELLI, *lê due voci s'incontrano usate, l'uma indifferentemente per l'altra, mas eziandio il riflesso Che anche il diritto precedente lê adoperava promiscuamente. Ivi si cominciò, col parlare di causae, causaram continentia, per finire alle causae continentes vel connexae"*

Quer-nos parecer, assim, que não se depara em toda a extenssísima nota de CASTELLARI, com critérios discretivos que houvesse procurado apresentar. Pelo contrário, logo na página inicial, diz ele, *verbis:*

> Per quanto nell'uso nostro si adoperi uma terminologia diversa, e si disputi se lê locuzioni connessione e continenza di causa siano equivalenti o no, noi crediamo que, senza venir meno allá esattezza, e per comporre il dissídio, il miglior partito sai quello que adottare la nomenclatura espressa nel texto (Della Competenza per Connessione). Imperocchè, se lê indicate locuzione sono sinonime, si evita com cio l'inutile pleonasmo; e, se, non lo sono, tra lê due, per denotare genericamente l'argomento, si predilige quella, la quale há uma compensione maggiore. E per fermo, secondo il significato naturale delle parole, connessione è ogni relazione intrínseca tra due o più cose, mentre continenza di causa è relazione specifica consistente nell'essere la causa dell'uma contenuta nell'altra. Ora, l'argomento, qui assunto a trattare, rettamente inteso, riguarda la competenza Che si determina dalla relazione in genere Che lê litti hanno trà loro. Nè si sembra necessário aggiungere il complemento delle cause, ognoracchè il soggetto competenza è sufficiente a denotare Che sono cause gli enti del cui rapporto ora si tratta"

Dessarte, não formulou CASTELLARI critérios discretivos (a menos que se entenda por isso o haver dito que, de acordo com o significado natural das palavras, conexão é toda relação intrínseca entre duas ou mais coisas, enquanto continência de causa é relação específica, consistente em ser a causa de uma contida na outra; o que, evidentemente, não significa estabelecer critérios discretivos entre duas figuras processuais). O que, na realidade, fez CASTELLARI foi adotar, única e tão somente, o conceito de conexão, porque, ou seria sinônimo de continência, e, portanto, o uso cumulativo constituiria pleonasmo, ou, não havendo sinonímia, conexão seria conceito de compreensão maior do que o de continência, pelo que inútil o emprego do conceito de compreensão menor. Em suma, os dois conceitos, para Castellari, não correspondiam a realidades processuais distintas na essência.

Deve-se atentar-se, porém, para o fato importante de que Castellari, ao sustentar a desnecessidade de distinção entre as figuras de conexão e de continência, sempre teve em vista uma pluralidade de causas (*relazione Che lê litti hanno tra loro*), ou seja, causas diversas inter-relacionadas, e não uma unidade de causa. Por conseguinte, não seria sequer técnico o emprego da expressão continência para referir-se a uma relação entre causas diversas.

No entanto – e é o próprio Castellari quem o informa, como já dissemos acima – haviam surgido na doutrina algumas tentativas de distinção entre os conceitos. Assim é que Ricci explicava haver continência de causa nas hipóteses em que o demandado, por via de exceção, fazia valer contra o autor ação que poderia constituir objeto de processo em separado, o que se verificaria nos casos do artigo 100 do Código de Processo Civil de 1865, isto é, nas ações de garantia, na compensação e nas reconvenções.

De outro lado, haveria conexão nas hipóteses de causas interligadas por relação tão íntima que, para evitar maiores despesas e o perigo de julgados conflitantes, se tornasse útil reuni-las em um só juízo, a fim de que fossem decididas simultaneamente.

Haveria continência, para Gargiulo, quando duas causas apresentassem um conteúdo de pedidos derivados de um mesmo título, ou seja, da mesma *causa petendi*, de tal modo que não pudessem subsistir e serem decididas separadamente, sem perigo de sentenças contraditórias. Em outras palavras, quando elas se compusessem de elementos em parte idênticos. Nesse caso, a identidade do conteúdo das duas ações geraria a continência de causa. Em síntese, importaria a continência na identidade parcial das causas em razão do objeto ou do título de que se originam, de tal maneira que pudesse ocorrer conflito entre decisões autônomas. Conexão, ao invés, consistiria no liame entre duas causas, seja pelo objeto, seja pelo título, muito embora pudessem subsistir e serem decididas em separado, porque se comporiam de elementos parcialmente comuns. Em outras palavras, a conexão importaria no vínculo entre duas causas, determinado pela comunhão parcial do objeto ou do título de que se originam, em virtude do que a decisão de uma poderia influir na da outra.

Observa GALLUPPI que os argumentos utilizados por aqueles processualistas são incertos e confusos. Com efeito, indaga qual o significado de identidade parcial das causas, em confronto com comunhão parcial? Dizer-se que duas causas têm título ou objeto idêntico não será o mesmo que se afirmar comum o objeto ou o título? E se identidade parcial das causas equivale a comunhão parcial, a que se reduz, em substância, a distinção entre conexão e continência?

Assevera, mais adiante, que a confusão e a incerteza reinantes na doutrina são claros indícios de que a distinção não corresponde à verdade das coisas. De fato, indaga, quais as razões por que se faz tal distinção? Se se considerar a essência de cada uma das pretensas hipóteses, verificar-se-á que nenhuma diversidade pode ser estabelecida relativamente a elas, exceção feita à maior ou menor identidade do vínculo entre as causas conexas. Há, com efeito, causas que são conexas entre si, pela comunhão de dois de seus elementos constitutivos, e há outras em que o vínculo deriva da comunhão de um só desses elementos; todavia, essa diversa intimidade dos vínculos não determina nenhuma diversidade de efeitos.

Indubitável é que as tentativas de distinção empreendidas por RICCI e GARGIULO não apresentam, ainda, exata compreensão dos respectivos fenômenos. A confusão permanece, tanto assim que RICCI formula como hipóteses de continência casos típicos de conexão (garantia, compensação, reconvenção), já GARGIULO aproxima-se mais da realidade, ao escrever que a contingência exigiria identidade parcial das causas, em razão do objeto ou do título de que se originam, de tal arte que fosse possível conflito entre decisões autônomas, enquanto que a conexão consistiria num liame entre as causas, em virtude de comunhão parcial do objeto ou do título de que se originam, motivo porque, não obstante possível a decisão em separado, o julgamento de uma poderia influir no da outra.

Sem embargo do passo adiante dado por GARGIULO, não há negar que perdura a confusão conceitual, já que inexiste em sua doutrina algo que possa ser considerado critério descritivo válido. Contudo, já se vislumbra um avanço na concepção desse processualista, quando adianta que na contingência a decisão teria que ser única para as causas ligadas entre si, enquanto que na conexão o julgamento de uma das causas influiria no da outra. Embora não houvesse extraído conseqüências dessa constatação, deixou à mostra que continência é fenômeno relativo a uma só e única lide, enquanto que a conexão pressupõe a pluralidade delas.

Prosseguiu MORTARA na tarefa distintiva, observando que ela não deveria parecer acadêmica e sugerida somente pelo desejo de dar à linguagem do jurista maior precisão abstrata, porquanto, nos casos de verdadeira continência de lide, seria característica importante a inaplicabilidade do critério da prevenção para regular a competência. Refere-se MORTARA, no que tange à diferença de valor entre as expressões conexão e continência, que os antigos falavam de *causae continentes* e de *continentia causae*, aludindo à hipótese em que *diversae res vel causa continentur omnes sub uma actione generali*, o que pareceria corresponder à figura do cúmulo. Diz, mais, que, de outro lado, o vocábulo *continentia* foi utilizado em sentido diverso: *quando sunt duo iudicia quorum unum habet se ut genus, alterum ut species*". Conclui, em seguida, que a expressão *causae continentes* não teria tradução literal. Preleciona, finalmente, que, sob o prisma racional e filológico, há uma diversidade positiva entre as expressões conexão e continência, porque a primeira exprime uma idéia mais ampla do que a de continência. Assim, se em todo caso de continência existe uma forma de conexão, a recíproca não será igualmente verdadeira. Para que ocorra continência, de acordo com MORTARA, torna-se necessário que a primeira lide, o *genus*, forneça à segunda a *species*, o fundamento material e a ocasião processual. Supõe, ainda, identidade do elemento subjetivo e de um fator objetivo; mudados os sujeitos, não se poderá ter senão ações essencialmente autônomas, ainda que pela identidade de qualquer elemento objetivo apresentem relação de conexão.

No entanto, como informa XAVIER DE ALBUQUERQUE, o direito brasileiro contém por igual alguns ensaios de diferenciação dos conceitos de conexão e de continência. No regime anterior ao da unificação processual, poucos códigos estaduais traçaram a distinção, e assim mesmo a diversidade dos critérios adotados não permite concluir pela eleição de uma diretriz doutrinária que configure a tradição pátria. No âmbito civil, o código do Rio Grande do Sul estabelecia a existência da continência sempre que não fosse possível cindir-se a prova, sem o perigo de decisões contraditórias.

O Código de Processo Civil do Distrito Federal, seguindo a direção italiana, considerava haver conexão quando, embora diversas as pessoas, ocorresse identidade do título ou do objeto, e, em geral, quando as ações fossem de tal modo ligadas, que o julgamento de uma importasse o da outra; continência existiria nos casos de intervenção de terceiros (assistência, oposição ou chamamento à autoria), de compensação, reconvenção e de ação, independentemente de reconvenção, mas dependente de título apresentado em juízo pelo autor, ou de título que já tivesse sido presente em outra causa, como meio de exceção ou modificativo de direito.

Nos trabalhos da Comissão do Projeto de Código de Processo Civil e Comercial da República, a parte relativa ao assunto coube ao relator LEVI CARNEIRO, que a incluiu num título geral sobre o foro competente (Livro II, Tit. II), disciplinando-a son inspiração do Código de Processo Civil do Distrito Federal. No entanto, essa orientação não prevaleceu em lei. O Código de Processo Civil de 1939 absteve-se de distinguir as figuras, no que foi seguido pela doutrina.

Entre nós, parece que a prioridade, no que tange ao reconhecimento da distinção entre as figuras, cabe a XAVIER DE ALBUQUERQUE, o qual, numa das conclusões da tese referida na nota n° 1, afirmou, expressamente, que *"conexão e continência são conceitos distintos e inconfundíveis no atual estágio científico do direito processual*. Baseou-se tal afirmação no ensinamento da doutrina italiana contemporânea.

Pouco antes do advento do Código de Processo Civil de 1973, ARRUDA ALVIM diferençava a conexão da continência, sustentando, porém, que essa última figura não se restringia ao fenômeno relativo à diferença quantitativa no tocante ao objeto, já que o mesmo poderia ocorrer em relação à *causa petendi*, assertiva que se punha em desacordo, portanto, com o que já constava do artigo 119 do respectivo anteprojeto, e que, com mínimas alterações, se tornaria a letra do artigo 104 do mencionado Código de Processo Civil.

III . A continência no direito brasileiro atual

Dispõe o art. 56 do Código de Processo Civil:

> *Art. 56. Dá-se a continência entre 2 (duas) ou mais ações quando houver identidade quanto às partes e à causa de pedir, mas o pedido de uma, por ser mais amplo, abrange o das demais.*

Entendemos que a definição legal se afeiçoa à melhor doutrina, por não limitar a continência a uma relação quantitativa no tocante ao objeto. Não se permitiu, evidentemente, diferença "quantitativa" de *causae petendi*, já que nessa hipótese haveria conexão, em virtude da presença de causas diversas e não de causa única. Não haveria, por conseguinte, substancial distinção entre as duas figuras processuais. Na continência, já se viu, a pluralidade é apenas aparente.

O estudo da norma do artigo 56 do Código de Processo Civil coincide com o do problema relativo à identificação das ações, o que exige a análise propriamente dita dos conceitos de "parte", de "causa de pedir" e de "objeto". Limitar-nos-emos neste trabalho, contudo, ao conceito deste último.

O objeto da ação *(petitum)* é o que se pede ao juiz; ele é individuado, seja com relação ao tipo de providência reclamada (por exemplo, condenação ou sequestro), seja com relação ao bem jurídico ao qual a providencia processual se refere (por exemplo, determinado imóvel, ou a soma de x). Portanto, as ações dirigidas à condenação que afete aludido imóvel ou ao sequestro dele têm diverso *petitum*, e, por isso, se está aí em face de ações diversas.

Qual, portanto, o significado da expressão "*objeto mais amplo*", empregada no artigo 56 do Código de Processo Civil? Entendemos que a maior amplitude do objeto, na hipótese de continência, não se limita ao aspecto mediato, mas se relaciona, também, com o seu aspecto imediato, isto é, tanto pode apresentar diferença de amplitude o bem jurídico, como a providencia jurisdicional a ele referida. Assim, por exemplo, se Caio pede a Tício 300 numa ação, e em outra, sob o mesmo fundamento e contra o mesmo devedor, pede 200, o objeto da primeira, não há negar, é mais amplo do que o da segunda em termos quantitativos. Por outro lado, se Caio pede a declaração de inexistência de um determinado crédito em face de Tício, e este a condenação de Caio ao pagamento desse mesmo crédito, o objeto da ação promovida por Tício é mais amplo do que a ajuizada por Caio, pelo fato de a condenatória conter, em si, o elemento declaratório.

Essa maior amplitude significa, exatamente, que o objeto "maior" contém o "menor", de tal modo que a ação de objeto mais amplo suprime, sob todos os aspectos a incerteza e a insatisfação que a de objeto menos amplo colimava superar. Portanto, a diversidade de amplitude do objeto, prevista no artigo 56, não se restringe ao aspecto material, ou seja, às dimensões do bem jurídico discutido no processo, mas apresenta, também, conotação processual o que permite estender o conceito de continência às hipóteses de diferença de amplitude dos efeitos processuais das sentenças prolatáveis em diversos processos, relativos a uma causa idêntica sob o prisma do direito material.

A partir da reforma processual civil de 1973, a maior parte dos processualistas brasileiros que trataram do assunto passou a admitir a distinção entre os conceitos de conexão e de continência, acompanhando, de resto, o pensamento do legislador. No entanto, para muitos deles, tal distinção é meramente conceitual, vez que, no plano da eficácia, quer sobre a competência, quer sobre o processo propriamente dito, sustentam não produzirem efeitos diversos as referidas figuras processuais.

Na posição daqueles que admitem distinção conceitual entre as figuras da conexão e da continência, mas que lhes não reconhecem produção de efeitos diversos encontram-se TORNAGHI e BARBI. O primeiro elogia o Código por ter empregado as expressões em sentidos diversos, sem, contudo, explicar os motivos por que entende desse modo. O segundo, após afirmar a diferença conceitual, diz, todavia, que *"o artigo 104 é inútil, porque toda vez que houver continência entre duas causas, elas são conexas; basta o fato de terem a mesma causa de pedir, para se enquadrarem na conceituação do artigo 104"*, concluindo que *"só se justificaria a definição legal de continência se o legislador pretendesse extrair alguma consequência da diferença que existe entre ela e a conexão. Como não há tratamento diversificado para os casos de continência, e eles têm as mesmas consequências da conexão, fica o artigo 104 como simples formulação de conceito, sem aplicações especiais no sistema do Código'.*

No entanto, data vênia, parece-nos inaceitável a opinião do insigne processualista, uma vez que é princípio de hermenêutica não se presumirem palavras inúteis na lei. Como ensina CARLOS MAXIMILIANO:

> *"Dá-se valor a todos os vocábulos e, principalmente, a todas as frases para achar o verdadeiro sentido de um texto; porque este deve ser entendido de modo que tenham efeito todas as suas previsões, nenhuma parte resulta inoperante ao supérflua nula ou sem significância alguma".*

Entendemos, porém, que à distinção conceitual corresponde diversidade de efeitos, não no plano da competência, mas no do processo propriamente dito.

ARRUDA ALVIM, por sua vez, nenhuma objeção faz à distinção empreendida pelo legislador, reconhecendo implicitamente, aquela realidade. Altera, demais disso posição anterior, quando entendia ser também hipótese de continência aquela em que houvesse diferença quantitativa de *causae petendi,* já que, a partir da edição do CPC de 1973, aceitando a definição legal, passa a exigir identidade das partes e da causa de pedir para que fique caraterizada referida figura processual.

A distinção também é sustentada por PONTES MIRANDA, ao afirmar a diversa produção de efeitos no que tange à competência, fato processual este que julgamos não ocorrer no direito brasileiro.

ELIÉZER ROSA, que defendia a diversidade entre a conexão e a continência, modificou o entendimento após ter sido dado a lume o Anteprojeto BUZAID, no qual, paradoxalmente, se baseou para sustentar a equivalência das figuras.

IV. Aplicação prática do instituto da continência

Expusemos acima nosso entendimento no sentido de que a configuração da continência não se restringe ao aspecto material, ou seja, às dimensões do bem jurídico discutido no processo, mas apresenta, também, conotação processual, isto é, o conceito de continência estende-se ás hipóteses de diferença de amplitude dos efeitos das sentenças prolatáveis em diversos processos relativos a causa idêntica sob o prisma do direito material.

Quer-nos parecer, além disso, ser esse exatamente o campo em que a correta aplicação do instituto se apresenta mais fértil, conforme tentaremos demonstrar adiante, porquanto tem a virtude de evitar a incoerência consistente na invocação de duas figuras distintas (litispendência e conexão) para a disciplina de fenômeno essencialmente idêntico, dependendo a respectiva escolha de mera variação cronológica.

Quanto à disciplina processual da continência, trata o Código de estabelecê-la em um único artigo, mais precisamente o 57, nele dispondo:

> *Art. 57. Quando houver continência e a ação continente tiver sido proposta anteriormente, no processo relativo à ação contida será proferida sentença sem resolução de mérito, caso contrário, as ações serão necessariamente reunidas.*

Para bem situar a problemática que estamos abordando e bem compreender a respectiva solução, acreditamos útil iniciar o exame do tema pela classificação das ações sistematizada por CELSO NEVES, o qual, partindo do conceito de sentenças objetivamente complexas, estudadas por CHIOVENDA e por CALAMANDREI, conclui ser o processo de conhecimento estrita e eminentemente declaratório. Tudo quanto excede á declaração já pertence ao plano da execução, que pode ocorrer, ou imediatamente, ou *ex intervallo*, em ação executória ulterior. Isso, obviamente, há de ter reflexo no campo da classificação das ações, partindo-se, então, de duas categorias fundamentais: *a)* ações objetivamente simples; *b)* ações objetivamente complexas. As ações de conhecimento objetivamente simples, são, sempre, apenas declaratórias.

Quanto às ações objetivamente complexas, cabe dizer terem elas escopo mais amplo, por visarem – para além da tutela jurídica declaratória, peculiar ao processo de conhecimento – também às conseqüências da declaração, suscetíveis de serem realizadas pelo juiz na própria sentença. Nesse sentido, objetivamente complexas são as ações tendentes a modificar relações jurídicas preexistentes, sempre que essa modificação possa realizar-se desde logo, após a declaração que reconheça a existência do fato constitutivo da pretensão a que se modifique e, consequencialmente, permita a modificação pedida, já no plano de uma atividade que extrapola do juízo, para situar-se no terreno da vontade. Tal atividade não é, portanto, jurisdicional, mas jurisssatisfativa, porque visa à realização prática das consequências da declaração jurisdicional, esta pressuposta daquela. As ações objetivamente complexas podem ser: ou constitutivas porque o elemento jurissatisfativo é de constituição ou desconstituição de ato ou negócio jurídico; ou condenatórias – porque consequência da declaração, impõem a sanção e, normalmente, constituem o título executivo. Assim se resume o esquema da chamada classificação binária das ações.

O problema que interessa á continência, na sua conotação processual, é, indubitavelmente, o do relacionamento existente entre a ação objetivamente simples e a objetivamente complexa, que digam respeito a causa idêntica, sob o ângulo do direito material. Como observa FRANCHI, o ponto nevrálgivo da qualificação das relações entre causas ocorre no confronto entre declaratória e condenatória.

Preocupado com oproblema, procurou SEABRA FAGUNDES solucioná-lo mediante a aplicação do instituto da litispendência, e, assim, na hipótese de precedente propositura de ação declaratória negativa por parte do devedor, concluiu que, à vista do silêncio do Código (de

1973), o único remédio à disposição do credor seria o pedido reconvencional, em que postularia a condenação.

A fórmula, porém, não satisfaz. Como bem notou BARBI, a declaratória negativa pode ter sido proposta antes do vencimento da obrigação e, nesse caso, o réu não poderia exigir o cumprimento da obrigação ainda não vencida. E se, na pendência da declaratória, se vencesse a oobrigação, o réu-credor já teria perdido o prazo para o pedido reconvencional, e deveria aguardar o trânsito em julgado da sentença, para, então, ingressar com a ação necessária à exigência de seu crédito.

Por considerar que toda senteça condenatória tem de ser, ao mesmo tempo, declaratória, entendia LOPES DA COSTA, inicialmente, que o pedido de declaração é idêntico ao de condenação, concluindo que a propositura de uma das ações sobre o mesmo objeto (pedido mediato) e com a mesma causa de pedir impede a propositura da outra, cabível, portanto, a objeção de litispendência. Criticado por BARBI, reconsiderou, no entanto, seu entendimento, passando a observar que o critério para a solução do probllema é o da inutilidade ou superfluidade da segunda ação. "*Propõe-se ação declaratória, positivo ou negativa, de determinada relação jurídica. Será obstáculo a posterior ação condenatória?*", indaga o ilustre processualista, para responder negativamente: "*O pedido mediato*", diz ele, "o lucro que o autor pode retirar da primeira sentença é a certeza de seu direito; na segunda, a restituição da coisa (ação reivindicatória, por exemplo) ou certa quantia (ação de cobrança). A primeira sentença não torna supérflua a segunda. Todavia, na hipótese de inversão cronológica, ou seja, precedente a condenatória, a declaratóriqa esbarrará no obstáculo da litispendência, sem embargo da diversidade de pedidos.

Sustenta BARBI que "A propositura da ação declaratória negativa da existência do débito não induz litispendência para a ação em que se pede o pagamento desse débito", sob o fundamento de que "não há identidade entre as duas causas, porque, apesar de terem iguais as partes, a causa de pedir e o objeto mediato, têm, todavia, diferente o objeto imediato: na ação declaratória, esse objeto é uma sentença declaratória, enquanto na ação condenatória esse objeto é uma sentença diferente, de natureza condenatória. Como as duas ações só são iguais parcialmente, não haverá litispendência, mas, sim, conexão. Nesse caso, as duas devem prosseguir e ser julgadas juntamente.

Entendemos, no entanto, que, admitida a identidade das partes e da causa de pedir, configurar-se-á, no caso, a continência, uma vez que, a rigor, não são "diferentes" os objetos imediatos das duas ações. Em verdade, o da condenatória é mais amplo do que o da declaratória.

Refere ARRUDA ALVIM que a hipótese mais comum na vida forense e, portanto, a mais séria, é a do confronto da ação condenatória do credor com a declaratória negativa do devedor, que tenham o mesmo objeto litigioso, esclarecendo que a doutrina e a jurisprudência soam pacíficas no sentido de que, se a condenatória for ajuizada em primeiro lugar, não é admissível a declaratória negativa subseqüente. Lembra, porém, que o problema surge quando a hipótese seja inversa, isto é, declaratória negativa seguida da condenatória. Informa, além disso, que a opinião dominante na Alemanha é a de que, nesses casos, a condenatória é admissível e suplanta, mesmo, a declaratória negativa. Observa, outrossim, que parte da doutrina alemã, para justificar esse ponto-de-vista, entende que na primeira hipótese (condenatória do credor e declaratória negativa do devedor) há identidade de objeto litigioso, o que não ocorreria no caso inverso. Segundo ele, BETTERMANN repele tal opinião, observando que a cronologia ou a ordem de ajuizamento das ações nada tem a ver com o objeto litigioso, afirmação á qual Alvim empresta apoio.

Todavia, enquanto BETTERMANN se mantém coerente com sua colocação teórica, sustentando que, por não haver modificação do objeto litigioso, em virtude da alteração na ordem cronológica relativa à propositura das ações, a declaratória negativa produz litispendência. ARRUDA ALVIM, ao criticar a conclusão do processualista germânico, soluciona o problema de maneira que, não obstante eficaz sob o prisma prático e bem próxima da que julgamos correta, desatende, contu do, á coerência que se deve manter com as premissas teóricas.

Com efeito, afirmar que não ocorre alteração do objeto litigioso, em virtude de mudança na ordem de ajuizamento das ações, significa dizer que se está em presença de causa única. Sendo assim, como invocar-se ora a litispendência, ora a conexão, como faz ARRUDA ALVIM? Se o objeto litigioso não se altera, não se deveria alterar o instituto processsual aplicável à disciplina do fenômeno, em razão de simples critério cronológico.

V . Continência e processo

Dispunha o artigo 105 do Código de Processo Civil de 1973 que:

> *"Havendo conexão ou continência, o juiz, de ofício ou a requerimento de qualquer das partes, pode ordenar a reunião*

> *de ações propostas em separado, a fim de que sejam decididas simultaneamente".*

O conteúdo da regra jurídica desse artigo insere-se na esfera do que que se denomina *direção material do processo*. Ao discorrer sobre esse dispositivo, BARBI considerou imprópria a redação, por utilizar, relativamente ao juiz, o verbo *poder*, *"parecendo, assim, que é faculdade sua atender ou negar o pedido".*

No que tange á conexão, entendemos que a redação do artigo não era totalmente criticável, uma vez que, na realidade, sem embargo da existência daquele fenômeno, ao juiz não é imposto reunir os processos, quando não vislumbre vantagem em fazê-lo (ex: quando seja mais conveniente a suspensão de um deles). Informa TORNAGHI, aliás, que *"...a lei não obriga o juiz a reunir as ações. Deixa à sua prudência a decisão sobre a vantagem de fazê-lo ou de não o fazer".*

No entanto, se era admissível a redação do citado artigo 105, no que concerne à conexão, o mesmo não poderia ser dito no que se referia à continência. Com efeito, pressupõe essa figura, em verdade, causa única, sendo a multiplicidade mera aparência. Daí obrigatória a reunião dos processos.

Por conseguinte, proposta a "causa contida" quando ainda pendente o processo no qual se desenvolve a "continente", ou ajuizada esta quando ainda pende o processo no qual se desenvolve aquela, pode a continência ser alegada pelas partes e deve ser declarada pelo juiz, com o efeito de unificar os processos. A objeção das partes não é condição de declaração da continência, que deve ser feita de ofício pelo juiz.

Após afirmar a diferença entre conexão e continência, sustentando que a última é espécie da primeira, concluia BARBI ser inútil o artigo 104 do Código de Processo Civil, *"porque toda vez que houver continência entre duas causas, elas são conexas; basta o fato de terem a mesma causa de pedir, para se enquadrarem na conceituação do artigo 103".*

Segundo ele, *"só se justificaria a definição legal de continência se o legislador pretendesse extrair alguma consequência da distinção que existe entre ela e a conexão. Como não há tratamento diversificado para os casos de continência, e eles têm as mesmas conseqüências da conexão, fica o artigo 104 como simples formulação de conceito, sem aplicações especiais no sistema do Código".*

Discordamos, data vênia, da genérica afirmação do ilustre processualista, pois que não corresponde á realidade. Claro é que, sob o aspecto da competência, conexão e continência produzem os mesmos efeitos. Todavia, no campo do processo propriamente dito, diversos são os efeitos, porquanto na continência, a multiplicidade é aparente: a lide, na verdade, é única, motivo por que, ocorrendo o fenômeno da continência, surge o traço da superfluidade de um dos processos. Na conexão, ao contrário, têm-se duas ou mais lides, cabendo ao juiz o julgamento de todas porque nenhum é supérflua.

Assim, não obstante a reunião dos autos ocorra nas duas hipóteses, na continência ela provoca a unificação dos processos e só a "causa maior" segue avante, uma vez que a declaração da continência importa, *ipso facto*, na declaração de absorção da "causa menor" pela "causa maior". Por conseguinte, entendemos que o CPC atual, ao dispor no artigo 57 que "*Quando houver continência e a ação continente tiver sido proposta anteriormente, no processo relativo à ação contida será proferida sentença sem resolução de mérito, caso contrário, as ações serão necessariamente reunidas*", embora sem atender rigorosamente à técnica processual, constitui um avanço na compreensão da matéria.

Compreendeu o legislador, que na conexão se dá apenas a reunião dos autos, não, porém, a unificação dos processos, pois cada um deles tem por objeto lide diversa, e, por conseguinte, todos prosseguem até atingir-se a sentença final que, embora formalmente única, é substancialmente múltipla. Assim sendo, quer-nos parecer que se mostra útil a caracterização da continência como figura autônoma pois, se de um lado é próxima da litispendência, mas com ela não se confunde, de outro não se ajusta ao conceito de conexão. Tentaremos demonstrar em seguida algumas das importantes consequências da distinção.

Em obra posterior ao advento do Código de Processo Civil de 1973, afirma ARRUDA ALVIM que:

> *"Se a causa continente (a maior) for ajuizada ou proposta antes do que o menor, não há que se falar em junção. Isto pela seguinte circunstância: em sendo proposta a causa contida (a menor), sucessivamente á causa continente (a maior), segue-se que toda a causa menor já está pendente na anterior. Se assim é, o tratamento jurídico a ser emprestado á hipótese não será o de junção, mas sim o de se arguir objeção de litispendência. O tratamento, desta forma, a ser dado a esta hipótese é o da duplicidade de processos, porquanto existe*

> *identidade integral de parte do primeiro processo, do qual uma parte corresponde integralmente ao segundo processo. Já na hipótese cronológica diversa, ou seja, quando a causa contida (a menor) seja proposta antes da causa maior (a continente), leva à implicação de que sejam juntas no juízo prevento, à semelhança do que se verifica com a conexão".*

Com todo o respeito devido ao grande mestre, considerei inaceitáveis as observações acima transcritas, pelos seguintes motivos: primeiro, porque contêm uma distinção que a lei não fazia, prevendo tratamentos diferentes para o mesmo fenômeno processual, com base em mera diversidade cronológica. Em segundo lugar, por haver empregado no texto termo técnico impróprio. Com efeito, a continência manifesta-se relativamente à causa e não ao processo. No texto, porém, "causa" e "processo" figuram como sinônimos, o que, evidentemente, não pode ser aceito.

A expressão "litispendência parcial" é admissível quando referida ao processo em que há cumulação de causas e uma delas é reprodução de causa proposta em processo autônomo. Falar-se, contudo, em litispendência parcial relativamente à causa, ou seja, na hipótese de continência *in minuendo*, é inadmissível, cabendo ressalter que tal colocação havia sido anteriormente criticada pelo próprio professor.

Vê-se, claramente, que a distinção feita por ele equivale a negar á continência caracterização como figura autônoma e independente, pois, com efeito, se uma hipótese cronológica leva á litispendência e a hipótese inversa á conexão, o que, em verdade, representaria a figura da continência?

Na realidade, porém, a continência *in minuendo* não produz os mesmos efeitos da litispendência, ou seja, a extinção do segundo processo. Sempre o reconhecimento da continência operará a reunião dos autos e a unificação dos processos, seja qual for a ordem no que tange ao ajuizamento das ações. Se for *in minuendo*, declarar-se á a continência no segundo processo, prosseguindo o primeiro, cuja causa absorve a parte do objeto que fora manifestada naquele; se for *in crescendo*, será a continência declarada no primeiro processo, prosseguindo o segundo, pelas mesmas razoes.

Torna-se importante examinar, a esta altura, parecer do grande e saudoso processualista Barbosa Moreira, no sentido de que *"...é perfeitamente legítima no sistema do Código, a propositura de segunda ação com objeto menos amplo que o de outra em curso entre partes idênticas e com idêntico fundamento"*, opinião essa manifestada a propósito de caso concreto, que se pode sintetizar da seguinte maneira: determinada sociedade anônima, ao elevar o capital, teria prejudicado acionista que antes disso, detinha 1/3 do total das ações, pelo que resolveu este último promover ação anulatória da assembléia respectiva, tendo feito anteceder sua propositura com requerimento de medida cautelar, liminarmente concedida, *"para garantir a sua participação nos negócios sociais, sobretudo nas assembléias que forem ou venham a ser convocadas pelas sociedade, com a mesma proporção que possuía em relação ao seu capital, antes da ilegal elevação que se fez e contra o que se insurge".*

Todavia, nos autos da ação anulatória que se lhe seguiu, revogou o juiz o despacho concessivo da liminar. Diante disso, convocou-se nova assembléia da sociedade, motivo por que o acionista que se julgava prejudicado pretendeu propor nova ação cautelar, já agora incidente, com a finalidade específica de obter medida assecuratória, pelo menos, do direito que teria, como titular de mais de um quinto do capital social – feita abstração, é claro, do aumento acoimado de inválido – de "eleger, separadamente, um dos membros do Conselho Fiscal e o respectivo suplente" (Decreto-lei nº 2.627, art. 125)".

Surgiu, á vista dos fatos apontados, dúvida relativa ao cabimento dessa nova ação cautelar, em virtude de encontrar-se aguardando decisão final o processo cautelar anterior, de objeto mais amplo.

Vislumbrou Barbosa Moreira entre os dois processos cautelares uma relação de continência, entendendo, não obstante, que isso não representava óbice ao prosseguimento da segunda ação, cujo objeto se continha no da primeira. Com efeito, após referir-se ao fato de que a doutrina corrente à época a considerava uma litispendência parcial, observou que semelhante maneira de situar o instituto *"precisa ser temperada, porém com o clássico grão de sal, para que não se chegue, na solução de problemas concretos, a conclusões que não se harmonizariam com o sistema do nosso direito positivo".*

Sem entrar na discussão a respeito do cabimento de ambas as medidas cautelares no caso concreto por ele referido, concordamos com a tese firmada por Barbosa Moreira, no sentido de entender possível a propositura de segunda ação cautelar, com objeto menos amplo do que a primeira, assim como também com ele quando diz que no sistema do Código de Processo Civil de 1973, é impossível qualquer confusão entre as figuras da litispendência e da continência, quer do ponto-de-vista conceitual, quer ao ângulo dos efeitos, mostrando que, da conjugação das normas inscritas nos §§ 1º e 3º do artigo 301, resulta que a preliminar de litispendência é cabível quando se reproduz ação anteriormente intentada e ainda em curso, pressuposta a identidade total dos três clássicos elementos de individualização – partes, pedido e *causa petendi* –, enquanto que, nos termos do artigo 104, se dá a continência sempre que há identidade quanto ás partes e à causa de pedir, mas o objeto de uma, por ser mais amplo, abrange o das outras.

Mas, enquanto o reconhecimento da litispendência dá lugar á extinção do processo, deixou claroo que *"muito diferente é o que sucede no caso de simples continência. Aqui, as conseqüências apenas consistem na possibilidade de modificar-se a competência em razão do valor ou do território (art. 102 do CPC) e no poder que surge para o juiz de, oficiosamente ou a requerimento de qualquer das partes, "ordenar a reunião de ações propostas em separado, a fim de que sejam decididas simultaneamente"* (art. 105 do CPC)". Prossegue ele afirmando que:

> *"A lei não vê pois, como anômala, como irregular, a pendência simultânea de duas causas, das quais uma contenha a outra. Tanto não enxerga nisso anomalia ou irregularidade, que não tranca nem o curso desta, nem o daquela: ambas hão de prosseguir, com a única ressalva – e as razões são óbvias – de que terão de ser julgadas pelo mesmo órgão, na mesma ocasião. De tudo se conclui que é perfeitamente legítima, no sistema do Código a propositura de segunda ação com objeto menos amplo que o de outra em curso, entre partes idênticas e com idêntico fundamento"* .

Pensamos, no entanto, que a afirmação genérica, no sentido de que as "*duas causas*" "*...hão de prosseguir com a única ressalva – e as razões são óbvias – de que terão de ser julgadas pelo mesmo órgão, na mesma ocasião*", também deva ser, data vênia, temperada com o mesmo clássico grão de sal, uma vez que, na realidade, o que prossegue é a 'causa maior', pois a menor nela se encontra absorvida. Não se pode admitir que a "pendência simultânea" das duas causas possibilite a ambas, autonomamente, prosseguir produzindo efeitos até que sejam julgadas pelo mesmo órgão, na mesma ocasião.

Não é isso, substancialmente, o que ocorre, mesmo porque a pluralidade é apenas aparente. A causa, em verdade, é única, pelo que, havendo continência, a menor deve sempre considerar-se absorvida pela maior, única, por conseqüência, a prosseguir.

Mas, se é assim, como explicar-se o fato de que, no caso concreto acima referido, a segunda cautelar, ao contrário do que ocorreria na hipótese de continência no campo do processo de conhecimento, pudesse produzir efeitos autônomos? Quer-nos parecer resida a explicação na peculiaridade do processo cautelar. Um dos elementos mais importantes (para não dizer o fundamental) na construção desse processo é o tempo. Como magistralmente disserta CARNELUTTI:

> *"Il fatto in ultima analisi, è tempo, ossia um passare; qualcosa che compare e scompare; in uma parola il fatto non sta fermo; perció è una materia ribelle all' opera, che il giudice deve compiere su di essa e insieme uno strumento, il quale, mentre lo adopera, rischia di sfuggirgli dalle mani. Il giudice, come Faust, dovrebbe arrestare l' istante".* E, mais adiante, *"Il valore, che il tempo ha nel processo, é imenso e in gran parte, sconosciuto. Non sarebbe azzardato paragonare il tempo a um nemico, contro il quale il giudice lotta senza posa. Del resto, anche sotto questo aspetto, il tempo é vita".*

Após referir-se á passagem acima transcrita da obra de CARNELUTTI, diz BOTELHO DE MESQUITA que:

> *"No processo é realmente o tempo o grande inimigo de quem tem razão e, ao mesmo tempo, o formidável aliado de quem não a possui. Não sendo possível eliminar do processo a idéia de tempo, impõe-se a idéia de armar as partes contra esse seu inimigo, cuidando, assim de assegurá-las contra a ação nociva do tempo".*

Partindo do pressuposto de que o tempo exerce influência fundamental na principiologia do processo cautelar, mesmo porque deste é a própria *ratio essendi*, explica-se porque não deva tal processo aferrar-se a um rigorismo técnico, justificável no campo do processo de conhecimento. Aliás, em outra obra, o próprio Professor BARBOSA MOREIRA, discorrendo sobre o processo cautelar, com a clareza que lhe era costumeira, brindou-nos com as seguintes noções:

> *"A necessidade do processo cautelar, que lhe justifica a existência, resulta da possibilidade de ocorrerem situações em que a ordem jurídica se vê posta em perigo iminente, de tal sorte*

> *que o emprego das outras formas de atividades jurisdicional provavelmente não se revelaria eficaz, seja para impedir a consumação da ofensa, seja mesmo para repará-la de modo satisfatório. Isso explica o caráter urgente de que se revestem as providências cautelares, e simultaneamente o fato de que, para legitimar-lhes a adoção, não é possível investigar previamente, de maneira completa, a real concorrência dos pressupostos que autorizariam o órgão judicial a dispensar ao interessado a tutela satisfativa: ele tem de contentar-se com uma averiguação superficial e provisória, e deve conceder a medida pleiteada desde que os resultados dessa pesquisa lhe permitam formular um juízo de probabilidade acerca da existência do direito alegado, a par da convicção de que, na falta do pronto socorro ele sofreria lesão irremediável ou de difícil reparação"* .

Mais adiante, ao tratar das características gerais do processo cautelar, diz o seguinte:

> *"O que ficou dito basta para que se perceba a feição necessariamente ágil e expedita do processo cautelar. Tratando-se de conjugar riscos sérios e iminentes, é intuitivo que o aparelho judiciário precisa funcionar aqui com especial celeridade, sob pena de frustrarem-se os esforços para evitar a lesão. A lei procura, assim, desembaraçar o procedimento de quaisquer formalidades supérfluas, capazes de retardar a efetivação da providência cabível; chega mesmo ao ponto de permitir que ela seja determinada, sob certas condições, sem prévia audiência da parte, quando imprescindível para assegurar-lhe a eficiência (arts.797, 804, 889, parágrafo único)".*

Dessarte, se a segunda medida cautelar intentada pelo acionista que se julgava prejudicado não pudesse produzir efeito autônomo, isto é, não pudesse ser concedida liminarmente, seria completamente inócua. Parece-nos, no entanto, que se limitaria a isso o efeito autônomo dessa "causa menor", efeito necessário à própria finalidade do processo cautelar. Já, porém, no que se refere ao processo de conhecimento, inexiste a possibilidade de a "causa contida" produzir efeitos autônomos.

Observa CALAMANDREI que no direito italiano, o reconhecimento da continência, assim como o da litispendência, pode ser feito em qualquer estado e grau da causa, já que a pluralidade é mera aparência. Na realidade, a causa é uma só motivo por que a continência reabsorve em si a contida, sem que possa impedi-lo o fato de que a primeira penda em grau diverso do que a segunda (se a causa continência já está em grau de recurso, atrai a causa contida, ainda que penda em primeiro grau). No mesmo sentido, a opinião de ANDRIOLI, DE ROSSI, E DE LOTTI.

Essa conclusão é coerente com a premissa de que partem aqueles processualistas, segundo a qual a continência é uma litispendência parcial. Limitam-se a mencionar a hipótese de continência *in minuendo*, ou seja, pender a continente em segundo grau e a contida em primeiro. Silenciam, contudo, no que se refere á hipótese cronológica inversa.

Já FRANCHI é expresso no sentido de que se a causa maior pende em primeiro grau, não pode ser transferida ao juiz que deve conhecer da menor em grau recursal, porque, sendo pacífica a impossibilidade de cúmulo entre processos a serem decididas em graus diversos, o segudo processo não está ainda decidido. A posição do processualista italiano é coerente com o seu conceito de continência, pelo qual possível a "diversidade quantitativa de *causa petendi*". Todavia, conforme já expressado, é inaceitável referido conceito. A "diversidade quantitativa de *causa petendi*" reduz-se, em última análise a uma diversidade qualitativa, evidenciando, conseqüentemente causas diversas e não causa única.

A partir do momento em que FRANCHI admite possível na continência tal diversidade, lógico é que não poderia solucionar de maneira diferente o problema relativo á pendência das causas em graus diversos de jurisdição. Diante disso, entende ele que, há hipótese de encontrar-se a causa menor em segundo grau, o processo da maior, que se encontra em primeiro, deverá ser suspenso

Ousamos, no entanto, sustentar que, reconhecida a continência, seja qual for a ordem cronológica de propositura das ações, deve haver reabsorção da causa menor pela maior, não constituindo obstáculo a isso a pendência delas em diversos graus de jurisdição. Assim sendo, se a continente estiver em segundo grau, atrairá a menor que se encontre em primeiro. De igual modo, se a menor estiver em segundo grau, atrairá a maior que esteja em primeiro. Baseia-se nosso entendimento no fato de que, reconhecida a continência, se está em presença de causa única, e, por isso, se já houver sido proferida sentença na menor, a maior deve considerar-se também decidida, impondo-se a unificação dos processos em segundo grau, sem que isso constitua violação do princípio do duplo grau. Conceituamos a continência, com efeito, como fenômeno de simples diversidade quantitativa de objeto quer no que se refere às dimensões da relação jurídica de direito material, quer no que diz respeito aos efeitos da sentença. Entendemos, conseqüentemente, não haver mudança da causa na hipótese em que, mantida a identidade das pessoas e da *causa petendi*, haja simples ampliação quantitativa do objeto, seja sob o prisma do direito material, seja sob o ângulo processual. Maior amplitude, no artigo 104, não significa mudança ou modificação.

Assenta-se a conclusão a que chegamos em duas premissas básicas, correspondente às respostas que demos às seguintes indagações: que significa, exatamente, o principio do duplo grau de jurisdição? Que se deve entender por mudança de pedido?

No que concerne ao primeiro aspecto, admitindo-se que tal princípio seja garantia constitucional, apesar da inexistência de regra expressa a respeito, mas sem entrar na discussão relativa à sua natureza e fundamento, importa verificar o que ele significa e se o transgride a remessa da causa continente ao segundo grau, onde se encontra a causa contida.

Concebido o recurso de apelação como remédio geral contra a sentença considerada injusta, pode-se afirmar que ele faz atuar o princípio do duplo grau de jurisdição, por força do qual toda controvérsia deve poder passar (salvo os casos excepcionais taxativamente previstos) através de dois graus de exame de fato e de direito. A regra, todavia, não exige que toda e qualquer questão seja examinada e decidida duas vezes. Ensina LIEBMAN que:

> *"Un princípio universalmente accolto vuole Che tutte lê controversie possono, dopo il primo giudizio passare all' esame di um altro organo (di solito superiore) per essere giudicate uma seconda volta in uma nuova fase processuale Che é il prosseguimento dello stesso processo. Questo secondo giudizio é il giudizio d' appello: I' impugnazione piú ampia, anche la più freqüente, quella a cui, più Che ad ogni altra, é affidadta la funzione própria delle impugnazioni, di rapresentare um mezzo di controllo delle sentenze e uma granzia di migliore giustizia;*

O princípio ora examinado proíbe, portanto, que o órgão superior se pronuncie sobre o *meritum causae*, sem que antes o tenha feito o inferior, ou seja, a causa a ser examinada em segundo grau deve ter passado pelo crivo do primeiro grau. Por outro lado, não pode haver mudanças da causa no trânsito entre os dois graus, para que se respeite esse princípio.

Cabe-nos, agora, examinar o exato significado do fenômeno consistente na mudança de causa. Como diz ZANZUCCHI, o problema relativo ao conceito de "pedido novo" sempre atormentou a doutrina desde o direito comum, dando nascimento a várias teorias, entre as quais se destacam as de PESCATORE, PISANELLI e MORTARA.

O problema do *novum* em apelação resume-se a um aspecto particular do problema mais geral do direito processual, aquele denominado de "identificação das ações", a que já nos referimos acima, isto é, o de verificar se duas ações (causas), confrontadas entre si, são idênticas ou diversas, com base nos três elementos tradicionais, *personae, causae petendi* e *petitum*. Por exigir a continência identidade das pessoas e da causa de pedir, limitar-se nosso exame, conseguintemente, ao significado de mudança da causa, no que se refere ao aspecto do objeto, propriamente dito.

Já mencionamos que objeto da ação *(petitum)* é o que se pede ao juiz; é individuado, seja com relação ao tipo de providência pedida (objeto imediato; *e.g.*, condenação ou sequestro), seja com relação ao bem jurídico ao qual a providência se refira (objeto mediato), *e. g.*, o imóvel x ou a quantia y). existe pedidos novo, precluso em apelação, seja em caso de mudança do objeto imediato seja em caso de mudança do mediato. Exemplifica-o ZANZUCCHI do seguinte modo: "depois de haver pedido em primeira instância, com base em meu direito, uma simples medida cautelar, por exemplo, um seqüestro, eu peça em recurso uma sentença condenatória; ou, em primeiro grau, a execução especifica, e em segundo, a condenação ao pagamento dos danos" (mudança do objeto imediato). Para a hipótese de mudança do objeto mediato, lembra o exemplo tradicional, que os antigos repetiam na trilha de AZÃO: *"primo petebam bovem, nunc peto equum vel asinum"*.

Observa ainda ZANZUCCHI que o caso praticamente mais freqüente e mais interessante é aquele no qual os dois pedidos se encontrem em relação de mais a menos e vice-versa. Considerando-se que não se pode formular, em apelação pedido que não tenha passado pelo primeiro grau, e tendo em linha de conta que o recurso para o mais não percorreu o primeiro grau de jurisdição, ele será inadmissível relativamente ao plus; enquanto que pela razão oposta, o pedido que se referir apenas a uma parte do *petitum* de primeiro grau *(um minum)* deverá ser plenamente admissível em apelação.

Assim, no que tange ao objeto imediato, se em primeiro grau é pedida uma sentença condenatória com base num determinado direito, pode-se limitar a pedir, em recurso, a declaração daquele direito. No tocante ao objeto mediato, o pedido, em primeiro grau, é o pagamento de uma quantia, a atribuição total do crédito cedido, a devolução de toda a herança, a reivindicação da totalidade do imóvel, pode-se pedir, em apelação, o pagamento de parte daquela quantia, a atribuição de partes do crédito, a devolução de uma quota hereditária, a reivindicação de metade do imóvel.

Adverte, no entanto, o mestre peninsular que nem sempre a relação de mais a menos se apresenta assim evidente. Às vezes, o pedido em apelação parece novo por adição de objeto e, todavia, deve dizer-se admissível, porque especifica simplesmente o pedido formulado *in genere* no primeiro grau. Pedido, por exemplo, em primeira instância, o cancelamento de uma hipoteca, pode-se especificar, em apelação, que no dano se entende compreendida a restituição do preço etc. Convém verificar, nesses casos, prossegue ZANZUCCHI, se se trata verdadeiramente de uma simples especificação do objeto indicado em primeira instância de modo genérico, ou, ao contrário, da adição de um objeto diverso.

Com efeito, é evidente ser "causa nova" não só aquela que tenha um novo objeto em lugar do antigo, de primeiro grau, mas também aquela outra que, muito embora tendendo também ao antigo, tende conjuntamente a um objeto ulterior. Tem-se, assim, um *novum capitulum*, como exemplifica BALDO, *"si in prima causa agebat de bove, in causa appellationis agit vel cumulat de asino";* ou se alguém, após haver pedido, em primeiro grau, apenas sua quota na herança, peça também, em apelação, a quota de seu co-herdeiro, na qualidade de cessionário deste último.

Vê-se, portanto, que nos casos que interessam ao presente artigo, ou seja, naqueles em que os objetos se encontrem em relação de mais a menos, não se considera haver mudança de causa, quando o pedido formulado em segundo grau simplesmente especifica o pedido genérico feito em primeira instância.

Pensamos, no entanto, que se possa ir um pouco além, a fim de considerar inocorrente a mudança quando mantidas as partes e a *causa petendi*, o *novum* se refira, apenas e tão somente, à mera variação quantitativa do objeto mediato ou imediato. Observa CORRADO FERRI que

> *"...é possibile individuare fattispecie nelle quali la determinazione della "novità" della domanda appare oggettivamente incerta potendosi legittimamente accogliere soluzioni opposte muovendo da diverse premesse, in certa misura ugualmente accettabili. Ad exempio, mentre la riduzione del petitum o, più specificamente, della somma richiesta, non costituisce mutamento della domanda, si puó ritenere che il suo aumento integri sempre uma domanda nuova? Viene accolta generalmente, in giurisprudenza, l'opinione secondo cui la semplice richiesta di pagamento di uma somma di denaro maggiore di quella domandata in primo grado integrerebbe uma domanda "nuova", anche se sai fondata semplicemente su di uma diversa valutazione dei medesimi elementi che integrano la fattispecie costitutiva del diritto sostanziale fatto valere in giudizio. Peraltro, si potrebbe osservare che il rapporto giuridico dedotto in causa rimane identico nel primo e nel secondo grado, se il novum riguarda semplicemente uma variazione quantitativa della somma richiesta, mentre i fatti allegati dalle parti sono rimasti del tutto immutati; puó quindi apparire dubbio che si tratti di vera e propria domanda "nuova", ai sensi dell'art. 345".*

Com efeito, segundo cremos, ampliar o pedido de 100 para 400, desde que mantidos intactos os demais elementos da causa, de tal modo que a sentença não possa ser diversa nos dois processos, nada tem em comum com a ideia de mudança do objeto mediato, que os antigos, na trilha de AZÃO exemplificavam por meio da frase já citada *"primo petebam bovem, nunc peto equum vel asinum"*. De igual modo, não há mudança da causa (e, portanto, não se atenta contra o princípio do duplo grau) na simples adição de eficácia condenatória à sentença declaratória. O que deve ser permitido, para que se respeite tal princípio, é que ambos os graus se manifestem sobre o mérito. Se o juiz de primeiro grau julgou em determinado sentido por 100, como a causa é única (e, por conseguinte, única deve ser a sentença), idêntica deveria ser a decisão no simples caso de ampliação do objeto. O juiz de primeiro grau já decidiu a causa. A ampliação do julgado, feita em segundo grau, não constitui "julgamento" sobre causa diversa.

Alerte-se, no entanto, para a circunstância de que sempre o ajuizamento da causa deve ocorrer em primeiro grau, pelo que será inadmissível propô-la diretamente perante o juízo recursal, quer se trate da "continente" ou da "contida". Isso, pelo motivo de que a questão consistente em saber se existe ou não continência aparece pela primeira vez e, portanto, o juiz de primeiro grau deve decidi-la. Se tal não ocorresse, aí, sim, estar-se-ia a violar o princípio do duplo grau, porque faltaria a decisão a respeito da unicidade da causa. Se o juiz reconhecer a unicidade, declarará a continência e remeterá o processo ao segundo grau. Em caso contrário, por entendê-la inexistente, ainda que pela só ocorrência de fato superveniente à sentença, proferida no processo que se encontra em segundo grau, outra alternativa não lhe restará, senão reconhecer a conexão, ordenando, assim a suspensão do processo até o julgamento do recurso.

Entendemos, por conseguinte, que na hipótese de encontrar-se a "causa menor" em segundo grau, deverá o juiz do recurso estender a decisão ao resíduo. Deverá, portanto, ampliar aos 400, pedidos na "continente" a decisão sobre os 100 prolatada na "contida". De igual modo, deverá estender a decisão da declaratória ("contida") à condenatória ("continente").

Demonstração clara de que, no plano dos princípios, acertada é a solução para as hipóteses acima referidas encontra-se na circunstância de que o § 268 do ordenamento processual germânico (ZPO) não considera haver mudança da causa quando, sem alterar a *causa petendi (klagegrund),* haja restrição ou ampliação do pedido.

Tendo em linha de conta havermos afirmado existir relação de continência entre os embargos do devedor e a ação autônoma por este movida (anulatória do título ou declaratória negativa de existência da relação jurídica), qual deverá ser a solução para o caso de encontrar-se esta última em segundo grau, no momento da propositura da ação de execução, e, portanto, do oferecimento dos embargos do devedor? Cremos, coerentemente com as conclusões a que chegamos, que uma vez reconhecida a continência, deverão os embargos ser remetidos ao segundo grau, a fim de que lhe seja estendida a decisão.

Pensamos que a solução por nós alvitrada respeita o princípio do devido processo legal, não fere o do contraditório e não cria surpresa para nenhuma das partes. De outro lado, informa-se pelo princípio da economia processual, e, além disso, evita a possibilidade de ocorrerem situações absurdas. Imagine-se, por exemplo, que a "causa continente" se encontre em segundo grau quando proposta a "contida". Esta não pode ser extinta, porque, como se viu, inexiste litispendência no caso. Não poderá, de outro modo, prosseguir normalmente, à vista do perigo de julgamento conflitantes, além do inútil dispêndio de energia processual. Poder-se-ia suspender o processo, com base no artigo 313, V, "a", do Código de Processo Civil? Acreditamos que não, pois a sentença a ser proferida na "causa menor" não "depende" do julgamento da "causa maior": a decisão desta é a própria decisão daquela. Portanto, se se pudesse pensar em suspensão, ela somente ocorreria com a finalidade de possibilitar, futuramente, a prolação de idêntica sentença, absurdo a ferir, abertamente, o princípio de economia processual. Além disso, não se poderia considerar aceitável o remédio, uma vez que o dispositivo legal antes referido restringe a suspensão ao período de um ano. E se o julgamento em segundo grau demorasse tempo maior? Poder-se ia prosseguir, com a possibilidade de julgamentos conflitantes?

Suponha-se, de outro lado, a hipótese inversa, ou seja, a de encontrar-se a "causa menor" em segundo grau quando proposta a "maior". De que maneira se iria proceder nessa eventualidade? Poder-se-ia suspender o processo da "maior", para prosseguir-se posteriormente, com a prolação de sentença no mesmo sentido? Tal solução esbarraria nos mesmos óbices acima mencionados. Caberia, ao contrário, suspender o processo da "menor", que se encontra em segundo grau, até que a "maior", recebendo sentença de mérito, para lá fosse remetida? Essa alternativa, além de enfrentar iguais obstáculos, produziria, ainda, o seguinte absurdo: competente para o julgamento da "maior" é o mesmo juiz que decidiu a "menor". Havendo continência, este não poderia, como é óbvio, julgá-las de maneira distinta, pois, do contrário, de duas, uma: ou a causa não era única e, portanto, a continência era só aparente; ou, sendo única a causa, nula seria a sentença porque proferida em aberta violação ao disposto no artigo 494 do Código de Processo Civil. Por conseguinte, se julgasse de modo idêntico, haveria violação do principio de economia processual; se decidisse de modo diverso, atentaria contra o principio da invariabilidade da sentença pelo juiz que a proferiu.

Por fim, entendemos útil a análise do aspecto relativo á condenação em honorários advocatícios, na hipótese de continência. Em substanciosa obra versando o tema relativo a honorários advocatícios, **Yussef Said Cahaly** não distingue as figuras da conexão e da continência. Considera, com efeito, duas ou mais causas conexas ou "continentes" nos casos de comunidade de qualquer dos elementos *(personae, res, causa petendi)*, acessoriedade, garantia, reconvenção e prejudicialidade. Após observar que "no caso de ação e reconvenção, é velha e firme a jurisprudência quanto a induzir á compensação decorrente da reciprocidade da sucumbência, afirma:

> *"E se assim se tem entendido no caso de ação e reconvenção, maior razão haverá para que sejam aplicadas as regras da sucumbência recíproca nos casos de pluralidade de ações, reunidas pela conexidade ou pela continência (arts. 103 e 104 do CPC), ajuizadas por uma só das partes, ou por ambas, reciprocamente. Cada ação, isoladamente considerada, ensejará ao respectivo vencedor os honorários da sucumbência, compensáveis se este for vencido na outra".*

A conclusão do autor é coerente com a indistinção entre os dois fenômenos processuais. Muito embora concordemos com ela, no que tange à conexão, entendemos que o mesmo não poderia ocorrer no que se refere à continência, em que a pluralidade é apenas aparente. Na hipótese de continência, não será possível ocorrer sucumbência recíproca, no sentido utilizado pelo autor, uma vez que a causa é única. A sentença que decide a "causa maior" contém a decisão da "menor", que, a rigor, não existe de *per si*, porquanto é absorvida por aquela. Evidente é, no entanto, que na fixação do valor dos honorários deverá ser levado em consideração o trabalho executado pelo advogado no processo da causa menor, até haver ocorrido sua unificação ao da causa maior (art. 85, § 2°, inc. IV do CPC). Saliente-se, no entanto que, aos ser afirmada a impossibilidade de ocorrer sucumbência recíproca, no caso de continência, se estava a considerar o conceito de reciprocidade, tal como utilizado por CAHALY na passagem acima referida.

Conclusões

1ª) A definição da continência é útil para distinguir uma categoria de casos que, por serem similares aos de litispendência, mas a eles não idênticos, e por serem diversos dos de conexão, com os quais, por outro lado, apresentam afinidade, não podem ser regulados nem pelas normas relativas á conexão, nem por aquelas correspondentes á litispendência, devendo, ao contrário, ser disciplinados por regras particulares, que levam em conta as exigências resultantes de um tipo específico de relação que se passa entre "várias causas".

2ª) A definição formulada pelo artigo 56 do Código de Processo Civil afeiçoa-se á melhor doutrina, por limitar a continência a uma relação quantitativa no que concerne ao objeto. Andou bem o legislador ao não permitir "diferença quantitativa" referentemente á causa de pedir, o que, em última análise, se traduziria em diferença qualitativa, correspondendo a causas diversas, circunstância que levaria a confundir a conexão com a continência, pois nesta última a pluralidade é apenas aparente.

3ª) Além da diferença quantitativa no que se refere ao objeto, são característica da figura da continência a unidade substancial da causa, a pluralidade dos processos, a incindibilidade do processo da "causa continente" e a superfluidade do processo da "causa contida".

4ª) A diversidade de amplitude do objeto, na figura da continência, não se restringe ao aspecto material, ou seja, às dimensões do bem jurídico discutido no processo, mas apresenta, também, conotação processual, o que permite estender o conceito da figura em apreço às hipóteses de diferença de quantidade dos efeitos das sentenças prolatáveis em diversos processos, relativos a causa idêntica sob o prisma do direito material.

5ª) Não há mudança de causa, propriamente dita, na hipótese em que, mantida a identidade das pessoas e da *causa petendi,* haja simples redução ou ampliação do objeto *(petitum),* quer sob o ponto de vista material, quer sob o ângulo processual.

6ª) Não obstante a reunião dos autos ocorre nas hipóteses de conexão e de continência, opera-se nesta última a unificação dos processos e só a "causa maior" segue avante, uma vez que o reconhecimento da continência importa, *ipso facto,* na reabsorção da "causa menor" pela "maior". Na conexão dá-se apenas a reunião dos autos, não, porém, a unificação dos processos, porquanto cada um deles tem por objeto causa diversa e, dessarte, todos hão de prosseguir, até sentença final que, embora formalmente única, é substanciamente múltipla.

7ª) Reconhecida a continência, deverá ocorrer a unificação dos processos, seja qual for a ordem no que tange ao ajuizamento das ações. Se for *in minuendo,* a declaração deverá ser feita no segundo processo, prosseguindo o primeiro; *se in crescendo*, deverá ter lugar no primeiro processo, prosseguindo o segundo pelas mesmas razões.

8ª) Não constitui obstáculo á unificação processual a pendência dos processos em diversos graus de jurisdição. Portanto, se a "causa continente" estiver em segundo grau, atrairá a "contida" que se encontrar em primeiro. De igual modo, se a "causa contida" se encontrar em grau de recurso, atrairá a continente" que estiver em primeiro grau.

9ª) A continência não é um fenômeno freqüente. Raras são as tentativas de submeter o demandado, contemporaneamente, a dois ou mais juizes diversos, tendo em vista a mesma causa. A fim de que a continência possa ocorrer, é necessário que se trate de um direito que, por sua natureza e por seu objeto, se possa exercer parcialmente. Se o efeito jurídico só pode ser conseguido de modo total, falta a possibilidade da continência.

Bibliografia

Bermudes, Sérgio. "*Prevenção da competência nas ações conexas*" in *Revista brasileira de direito processual.* Uberaba: v. 9. págs. 83/92.

Betti, Emilio. verbete *"causa"* in *Nuovissimo Digesto Italiano.* Vol. III, pág. 32.

Cahaly, Yussef Said. *Honorários advocatícios.* São Paulo: Editora Revista dos Tribunais, 1978.

Calamandrei, Piero. *Istituzioni di diritto processuale civile.* (Opere Giuridiche, v. IV). Napoli: Morano, 1970.

________ "*Il concetto di lite nel pensiero di Francesco Carnelutti*", in *Rivista di Diritto Processuale Civile,* 1928, n. 2, parte II.

Carnelutti, Francesco. *Lezioni di diritto processuale civile* Padova: La Litotipo, 1923, v. III.

____ *Sistema di diritto processuale civile. Padova:* Cedam 1936.

____ *Diritto e processo.* Napoli: Morano, 1958.

Castellari, Antonio. "*Della competenza per connessione*" (appendice del traduttore ai §§ 750-752) in *Commentario alle pandette de Glúck.* Milano: Societá Ed. Librari, 1903, Libro XI, Tit, II, págs. 169/524.

CHIOVENDA, Giuseppe. *Instituições de direito processual civil.* Trad. da 2ª ed. Ital. por J. GUIMARÃES MENEGALE, anotada por E.T. LIEBMAN. SÃO PAULO: Saraiva, 1943.

CONIGLIO, Antonio. *La continenza Del processo nella dottrina e nel progetto di riforma.* Padova: Cedam, 1929.

COSTA, Moacyr Lobo da. *A intervenção iussu iudicis no processo civil brasileiro.* São Paulo: Saraiva, 1961.

DINAMARCO, Cândido Rangel. *Direito processual civil.* São Paulo: Bushatsky, 1975.

FABRICIO, Adroaldo Furtado. *A ação declaratória incidental.* Rio de Janeiro: Forense, 1976.

FERRAZ, Manuel Carlos de Figueredo. *Notas sobre a competência por conexão.* São Paulo: Saraiva, 1937.

FERRI, Corrado. *Strutura Del processo e modificazione della do manda.* Padova: Cedam 1975.

FRANCHI, Giuseppe. *La Litispendenza.* Padova: Cedam, 1963.

________. *"Riunione di procedimenti"* in *Nuovissimo Digesto Italiano*, v. XVI, págs. 220/223.

FREIRII, Paschalis Josephi Melii. *Institutiones juris civilis lusitani cum publici tum privati.* Conimbricae, 1853.

GALLUPPI, Enrico. *Della competenza per connessione o continenza di causa.* Roma: Societá Ed. Laziale, 1896.

____ *Commentario Del codice di procedura civile.* Diretto da Enrico Allorto. Torino: UTET, 1973, v. 1, t. I.

GARBAGNATI, Edoardo. verbete "Continenza di cause" in *Nuovissimo Digesto Italiano*, v. IV, págs. 403/406.

GIONFRIDA, Giulio. "Appunti sulla connessione e continenza di cause in *Rivista Trimestrale de Diritto e Procedura Civile"*, 1960, págs. 130 e segs.

GRINOVER, Ada Pellegrini. *Ação declaratória incidental.* São Paulo: Editora Revista dos Tribunais, 1972.

____*Os princípios constitucionais e o código de processo civil* São Paulo: Bushatsky, 1975.

LIEBMAN, Enrico Tullio. *Embargos do executado.* 2ª, ed. Trad. da 2ª ed. Ital. por J. GUIMARÃES MENEGALE.São Paulo: Saraiva 1968.

____ *Manuale di diritto processuale civile.* Milano: Giuffrè 1968, v. I

____ *Manuale di diritto processuale civile*. Milano: Giuffrè, 1976, v. III

____ *Processo de execução*. 3ª ed. São Paulo: Saraiva, 1968.

Lotti, Gian Carlo Zonghi. verbete *"Continenza di cause"* in *Enciclopédia Forense*. Milano: v. II, págs. 557/561.

Mattirolo, Luigi. *Tratato di diritto giudiziario civile italiano*. 5ª ed. Torino: 1902, v. 1.

Mellini, Camillo. verbete *"Riunione di cause"* in *Enciclopédia Giuridica Italiana*, v. XIV, págs. 677/687.

Menghi, Ângelo. verbete *"Continenza"* in *Nuovo Dizionario di Terminologia Giurdica*. Milano: Cortina, 1967.

Mesquita, José Ignácio Botelho de. "A *causa petendi* nas ações *reivindicatórias*" in *Revista de Direito Processual Civil.*,1967, v. 6, págs. 183/198.

________. *Da ação civil*. São Paulo: Editora Revista dos Tribunais, 1975.

Micheli, Gian Antonio. *Curso de derecho processual civil*. Trad. de Santiago Sentis Melendo. EJEA, 1970, v. I.

Miranda, Francisco Cavalcanti Pontes de. *Comentários ao código de processo civil*. Rio de Janeiro: Forense, 1974, tomos II e IV.

Moreira, José Carlos Barbosa. *"O valor da causa e sua fixação"* in *Direito Processual Civil (Ensaios e Pareceres)*, Rio de Janeiro: Borsoi, 1971, págs. 263/273.

_____*"Questões prejudiciais e questões preliminares"* "in" *Direito Processual Civil (Ensaios e Pareceres)*, Rio de Janeiro: Borsoi, 1971, págs. 73/93.

_______ *"Poder cautelar genérico do juiz, Continência e litispendência"* in *Temas de Direito Processual*. São Paulo: Saraiva, 1977, págs. 141/150.

_______ *Questões prejudiciais e coisa julgada*. Rio de Janeiro: Forense, 1967.

Mortara, Ludovico. *Commentario del códice e delle leggi di procedura civile*. 4ª ed., Milano: Casa Ed. Francesco Vallardi, v. II.

Neves, Celso. *Coisa julgada civil*. São Paulo: Editora Revista dos Tribunais, 1971.

________ .*"Classificação das ações"* in *Revista Brasileira de Direito Processual*, Uberaba: v. 7, págs. 31/41.

Oliveira, Antonio Cláudio Mariz de. *Embargos do devedor*. São Paulo: Bushatsky, 1977.

Oliveira Junior, Waldemar Mariz de. *Curso de direito processual civil: teoria geral do processo civil*. São Paulo: Editora Revista dos Tribunais, 1968, v. 1.

Page, Henri de. *Lés actions compléxes étude sur la compétence sens et portée de la régle "continentia causae dividi non debet"*. Bruxelles: Ètablissements Èmile Bruylant, 1930.

PARÁ FILHO, TOMÁS. *Estudo sobre a conexão de causas no processo civil. São Paulo, 1964.*

PESCATORE, Matteo. *Sposizione compendiosa della procedura civile e criminale.* Torino: UTET, v. I

REDENTI, Enrico. *Diritto processual civile.* 2ª ed., Milano: Giuffré, 1957, v. 2

____ *Profili pratici Del diritto processuale civile.* 2ª ed. Milano: Giuffré, 1939.

RICCI, Francesco. *Commento al códice di procedura civile italiano.* 4ª ed., Firenze: Fratelli Cmmeli, 1883.

____ *Commento al codice di procedura civile italiano.* 7ª ed., Firenze: Fratelli Cammelli, 1895.

____ *Commento al codice di procedura civile italiano.* 8ª ed., Firenze: Fratelli Cammelli, 1905.

ROGNONI, Virginio. *"Litispendenza o continenza di cause?"*, in *Rivista di Diretto Processual Civile*, 1952, v. VIII, parte II, págs. 236 e segs.

ROSA, Eliézer. verbete *"Continência"*, in *Dicionário de Processo Civil.* 1ª. ed., 1957.

_______verbete *"Continência"* in *Dicionário de Processo Civil.* 2ª ed., 1973.

SANTOS, Moacyr Amaral. *Primeiras linhas de direito processual civil.* 2ª ed., São Paulo: Saraiva, 1967, 1º vol.

_______*Da reconvenção no direito brasileiro.* 4ª ed., São Paulo: Max Limonad, 1973.

_______*Comentários ao código de processo civil.* 1ª ed., Rio de Janeiro: Forense, 1976, v. IV

TORNAGHI, Hélio. *Comentários ao códice de processo civil*, São Paulo: Editora Revista dos Tribunais, 1974, v. I.

ZANZUCCHI, Marco Tullio. *Diritto processuale civile.* 6ª ed. Milano: Giuffrê, 1964, v. I.

LIMITES OBJETIVOS DO PROCESSO E FATO SUPERVENIENTE

Lucas Buril de Macêdo[1]

1. Algumas palavras ao homenageado

O Professor José Rogério Cruz e Tucci é uma referência no estudo do Direito Processual Civil, seja em sua abordagem dogmática, seja em sua abordagem histórica, tendo larga contribuição, também, para uma adequada visão deontológica da advocacia.

Já tive oportunidade de falar sobre sua contribuição para a ciência processual, sobre o vanguardismo de suas ideias, sobre as rigorosas e oportunas pesquisas históricas, bem como sobre a profícua ênfase que dá à comparação.[2]

Isso se deu por ocasião de homenagem ao Professor pela Escola da Advocacia da Ordem dos Advogados de Pernambuco, em 2013. Àquele tempo, ainda conhecia o Professor José Rogério quase que exclusivamente por sua produção – e, como não poderia ser doutra forma, tinha por ele grande admiração, por seu trabalho sério e profundo, pelas inúmeras contribuições à ciência processual, mas esse era um sentimento compartilhado por qualquer um que se ocupasse minimamente de analisar a sua obra.

Meu único contato com o Professor Tucci tinha sido para os necessários arranjos para minha banca de mestrado e, em seguida, na própria arguição, na Faculdade de Direito do Recife, e em evento subsequente.

Naquela ocasião, tive a imensa honra de ser convidado por ele para me submeter ao processo seletivo da Faculdade de Direito do Largo do São Francisco para fazer o curso de doutorado sob a sua orientação.

---

1 Professor de Direito Processual na Faculdade de Direito do Recife (UFPE). Doutor em Direito Processual pela USP. Mestre em Direito pela UFPE. Membro da Associação Norte e Nordeste de Professores de Processo (ANNEP), do Instituto Brasileiro de Direito Processual (IBDP) e do Instituto dos Advogados de Pernambuco (IAP). Advogado e consultor jurídico. E-mail: lucasburilmb@gmail.com.

2 MACÊDO, Lucas Buril de. Saudação ao Professor Titular José Rogério Cruz e Tucci - Do escrever sobre história do direito ao escrever-se na história do direito. *Revista de Processo*, v. 259, p. 573-577, 2016.

Quando ingressei no curso, o Professor Tucci exercia mandato de Diretor da Faculdade. Por isso, não tive oportunidade de ser seu aluno em nenhuma disciplina – o que ainda me dói.

Nem por isso, porém, deixei de ser seu aluno.

Insistentemente, procurava-o toda semana em São Paulo. E tive oportunidade de conviver com o Professor José Rogério intensamente.

A cada semana, tive ricas aulas na sala da diretoria, no café *Fazenda*, do outro lado do Largo, ou acompanhadas de um bom almoço no *Itamaraty* ou outro restaurante, no clube do qual o Professor é sócio e assíduo frequentador e, também, em generosos jantares na casa do Professor, com a sempre agradabilíssima companhia de Dra. Cibele Marçal Tucci e de seus filhos.

Aprendi sobre processo, sobre carreira acadêmica, sobre amizade, sobre advocacia e mais um tanto sobre a vida. O Professor José Rogério lida com questões das mais complexas na ciência e na advocacia no seu dia-a-dia, fazendo-o sempre com simplicidade, bom humor e ética, respeitando a todos com quem lida. Aprendo sempre que estamos juntos, em meio a discussões de casos, risadas, problemas processuais e histórias.

Hoje, quando temos o prazer de nos reunirmos, normalmente em meio às nossas famílias, já contamos várias histórias que tivemos o privilégio de viver juntos. Entre nossos encontros, tento reproduzir um tanto das lições do Mestre – de processo e outros temas – para os meus alunos, na esperança de que sigam o caminho virtuoso.

Enfim, no passado homenageei a obra e hoje quero homenagear também o homem. Professor, muitíssimo obrigado por tanto, por liderar pelo exemplo e por fazer tanto bem aos que estão próximos a você. Reafirmo sua imortalidade: tanto pela obra, que se impõe, quanto por ter cativado seus amigos e discípulos, que sempre se ocuparão de carregar e espalhar um pedaço seu.

2. Sobre a questão enfrentada neste texto

O processo não para a dinâmica da vida.

Nos anos – às vezes muitos – em que um certo litígio é conhecido, decidido e tem sua solução implementada judicialmente, as pessoas continuam se relacionando, os eventos vão se sucedendo, as empresas continuam seus negócios e daí por diante. A vida continua, pouco se importando com a pendência de certa solução judicial.

É possível, ainda, que um fato anterior torne-se conhecido e seja aportado ao processo, alterando sua esquematização inicial.[3]

É nesse contexto que a perspectiva do processo, estática e voltada para isolar e tratar juridicamente um determinado evento, pode se deparar com a dinâmica da vida, com outro fato juridicamente relevante, que impacte de maneira decisiva a compreensão daquele evento que se pretendia isolar e resolver.[4] Então, a solução a ser empregada no processo não poderia desconsiderar o novo fato, sob pena de já nascer antiquada.[5]

Esse problema parece ganhar menores proporções se o fato superveniente é mote para a improcedência da tutela jurídica perseguida. Ao se tratar de fato modificativo ou extintivo do direito (como uma moratória ou o pagamento), ou, ainda, de fato impeditivo de conhecimento superveniente, deve-se prontamente levá-lo em consideração, sob pena de vê-lo absolutamente excluído de apreciação judicial.[6] Mas e se tratar de fato superveniente a *autorizar* a tutela jurídica antes pleiteada ou a *mudar* os seus contornos?

---

3 Ao se tratar de "fato superveniente", portanto, considera-se não apenas o fato que se deu após a propositura da demanda, mas também o fato que, mesmo tendo ocorrido antes da propositura da demanda, apenas se tornou conhecido posteriormente. No mesmo sentido, explicando de maneira mais detalhada o âmbito semântico de fato superveniente no direito brasileiro: DEGENSZAJN, Daniel Raichelis. *Alteração dos fatos no curso no processo e os limites da modificação da* causa petendi. Dissertação de Mestrado. Departamento de Direito Processual defendida na Faculdade de Direito da Universidade de São Paulo, 2010, p. 84-96.

4 "Todavia, não se pode esquecer que o desenrolar do respectivo procedimento, em suas várias fases, é marcado pela dinâmica, e, por isso, durante o seu curso natural, a realidade fática, inicialmente submetida pelos litigantes à cognição judicial, pode sofrer, de modo *involuntário*, profunda alteração, chegando até mesmo a influenciar o resultado da controvérsia" (CRUZ e TUCCI, José Rogério. *Comentários ao Código de Processo Civil.* 3ª ed. São Paulo: RT, 2021, p. 145).

5 Vale lembrar que, ao comentar o dispositivo correspondente ao art. 493 do CPC/2015 no Código de 1973, tendo-o como revolucionário, destacou Galeno Lacerda que "o processo deixa de ater-se a um momento estático no tempo, para aperfeiçoar-se, ao contrário ao dinamismo e à fluência da vida, a fim de, com olhos voltados à economia das partes e à necessidade de se eliminar o litígio com presteza, aproveitar o já instaurado para fazedr a justiça ulterior ao momento inicial" (LACERDA, Galeno. "O Código e o formalismo processual". *Revista de Processo.* São Paulo: RT, 1983, vol. 28, p. 12-13).

6 DEGENSZAJN, Daniel Raichelis. *Alteração dos fatos no curso no processo e os limites da modificação da* causa petendi, cit., p. 112-115.

A pergunta a ser respondida com o presente trabalho é a seguinte: como os fatos ocorridos após a propositura da demanda influenciam na tomada de decisão? Em especial, havendo *novo fato constitutivo do direito*, é possível sua consideração? Ou, ainda, é *devida* a sua consideração? Ou mesmo *admissível*?

Como se percebe, o enfrentamento do problema exige uma delimitação acurada dos limites objetivos do processo e a compreensão da regra da congruência. Depois de enfrentados esses temas fundamentais, passar-se-á a tratar do regime jurídico do fato superveniente e seu impacto em demandas em processamento.

3. Objeto do processo

A noção de objeto do processo remete àquilo que justifica a sua própria existência - embora não se confunda com seus objetivos ou escopos[7] -; é precisamente a razão de ser de um específico processo instaurado,[8] erigida à categoria processual mediante abstração, identificando os elementos conceituais capazes de refletir, em cada processo, o seu mote e objeto de seu processamento e de decisão e tutela.[9] É um dos problemas centrais do processo, e serve de fundamento para importantes fenômenos processuais.[10] É, enfim, aquilo sobre o que o juiz deve

7 Os escopos do processo foram sistematizados em DINAMARCO, Cândido Rangel. *A instrumentalidade do processo*. 15ª ed. São Paulo: Malheiros, 2013, p. 177-187. Destacando a diferença: SANCHES, Sydney. Objeto do processo e objeto litigioso do processo. *Revista de Processo*. São Paulo: RT, 1979, n. 13, p. 34.

8 GUIMARÃES RIBEIRO, Darci. Objeto do processo e objeto do debate: dicotomia essencial para uma adequada compreensão do novo CPC. Darci Guimarães Ribeiro; Marco Félix Jobim (org.). *Desvendando o novo CPC*. 2ª ed. Porto Alegre: Livraria do Advogado, 2016, p. 20.

9 BERZOSA FRANCOS, María Victoria. *Demanda, 'causa petendi' y objeto del proceso*. Córdoba: El Almendro, 1984, p. 17.

10 SCHWAB, Karl Heinz. *El objeto litigioso en el proceso civil*. Traducción del alemán por Tomas A. Banzhaf. Buenos Aires: Ejea, 1968, p. 6. Assim também: CERINO-CANOVA, Augusto. La domanda giudiziale ed il suo contenuto. *Commentario del Codice di Procedura Civile*. Enrico Allorio (dir.). Torino: UTET, 1980, v. 2, t. I, p. 107-108.

decidir, o *thema decidendum*;[11] *ob-jectum;* é aquilo que jaz à frente, é o alvo do provimento que virá.[12]

Mais analiticamente, no entanto, é possível distinguir o objeto da demanda, o objeto do processo, o objeto da decisão e os limites objetivos da coisa julgada, embora haja natural correlação entre eles. É de se reconhecer, porém, que, tendencialmente, o objeto do processo torna-se objeto da decisão. Fala-se em tendência porque em algumas situações, tanto de origem fisiológica como patológica, é possível que haja uma alteração da linearidade sequencial entre os referidos objetos.[13]

A noção de objeto do processo não raras vezes é identificada com a noção de mérito e de *pretensão processual*. Seria a *res in iudicium deducta*, ou o direito material deduzido em juízo, que é compreendido pelo processo em um estado de asserção.[14]

É uma percepção teórica relevante e capaz de garantir objetividade: através da noção de objeto do processo é possível estabelecer relações de identidade, similitude e diferença entre demandas, o que significa que serve de arsenal teórico para compreender e aplicar institutos processuais ligados às relações entre demandas, como a conexão, a litispendência e a coisa julgada. Além disso, é comum na doutrina o tracejo de um estreito encadeamento lógico entre objeto do processo, objeto da sentença e limites objetivos da coisa julgada.[15]

---

11 MENCHINI, Sergio. *I limiti oggettivi del giudicato civile*. Milano: Giuffrè, 1987, p. 9-10.

12 DINAMARCO, Cândido Rangel. *Intervenção de terceiros*. 5ª ed. São Paulo: Malheiros, 2009, p. 23. Noutra oportunidade, o mestre paulista foi ainda mais claro: "A palavra *objeto* resulta do encontro da preposição latina *ob* com o verbo *jacio*, dando o verbo composto *objicio*. Ora, *ob* significa *diante, de fronte*, à vista; e *jacio* quer dizer *lançar, atirar, arremessar*. Daí o significado de *objicio*, que é *propor* (*pro + pôr*), ou seja, *pôr diante de*. E *objeto*, que é a forma vernácula do substantivo latino formado a partir desse verbo (*objetcus*), serve para designar *algo que se põe diante* de uma pessoa, ou como alvo de alguma atividade sua" (DINAMARCO, Cândido Rangel. O conceito de mérito em processo civil. *Fundamentos do processo civil moderno*. 4ª ed. São Paulo: Malheiros, 2001, tomo I, p. 238).

13 LUISO, Francesco Paolo. *Diritto processuale civile*. 9ª ed. Milano: Giuffrè, 2017, p. 157.

14 É essa a posição clássica, adotada, por exemplo, por: CERINO-CANOVA, Augusto. La domanda giudiziale ed il suo contenuto, cit., p. 119. Também: MENCHINI, Sergio. *I limiti oggettivi del giudicato civile*, cit., p. 45-46. Da mesma forma: PROTO PISANI, Andrea. Appunti sul giudicato civile e sui suoi limiti oggettivi. *Rivista di diritto processuale*. Padova: CEDAM, 1990, v. XLV (II Serie), p. 386-387.

15 LOPES, Bruno Vasconcelos Carrilho. *Limites objetivos e eficácia preclusiva da coisa julgada*. São Paulo: Saraiva, 2012, p. 13. No ponto, é de se reconhecer a relação

Objeto do processo designa todos os pontos e as questões ligadas ao mérito: nesta acepção, é possível afirmar que tudo atinente ao direito material deduzido em juízo *(res in iudicium deducta)* é objeto do processo.[16] Pode-se dizer que o fato jurídico e a relação jurídica alegados, sobre os quais versará a tutela jurisdicional, são o que compõe o objeto do processo. Assim, ingressam nesse conceito não apenas o pedido, mas também a causa de pedir e as exceções do réu. Essas alegações, sendo controvertidas – tornando-se questões em senso técnico, portanto –, guiarão os atos processuais e serão resolvidas na decisão judicial, o que pode ser feito na fundamentação, ou, caso sejam propriamente decididas, no dispositivo. Neste último sentido, costuma-se empregar a expressão "*objeto da cognição*".[17]

Embora haja outros entendimentos sobre o que objeto do processo designa – note-se, no entanto, que "essa é uma questão meramente terminológica, que em si mesma não afeta a essência do pensamento"[18] –, pode-se dizer que é delineado pelo pedido e pela causa de pedir, além das exceções do réu, e o que busca designar pode ser chamado, também e simplesmente, de *mérito*.

Leva-se em consideração que, "*causa petendi* e *petitum*, intimamente ligados, qual verso e reverso da mesma medalha, ou alicerces e paredes do mesmo edifício, são por excelência os elementos identificadores do objeto do processo, pois o *petitum* é condição de existência da *causa*

lógica do objeto do processo com a solução do problema, pois, "se a coisa julgada visa a imunizar os resultados produzidos em um determinado processo, é o objeto do processo quem delimita quais poderão, a princípio, ser esses resultados", cf. SIQUEIRA, Thiago. *Limites objetivos da coisa julgada: objeto do processo e questões prejudiciais*. Salvador: Juspodivm, 2021, p. 35.

16 Em célebre lição (DINAMARCO, Cândido Rangel. O conceito de mérito em processo civil. *Fundamentos do processo civil moderno*. 4ª ed. São Paulo: Malheiros, 2001, tomo I, p. 232-276), distinguem-se os pontos e as questões, que são os pontos marcados pela controvérsia (p. 240-241); as questões, que podem ser de mérito ou processuais, são justamente advindas das alegações controvertidas da causa de pedir e da defesa, que são necessariamente resolvidas pelo juiz na motivação da decisão.

17 WATANABE, Kazuo. *Da cognição no processo civil*. São Paulo: RT, 1987, p. 41.

18 DINAMARCO, Cândido Rangel. O conceito de mérito em processo civil, cit., p. 266.

petendi e esta, por sua vez, não se limita a qualificá-lo ou restringi-lo, mas o individua plenamente".[19]

Aliás, retomando a concepção de que o objeto do processo define o alvo do provimento que virá, a própria decisão não pode levar em conta *causa petendi* não deduzida em juízo, o que só sobreleva a conveniência de incluir também a causa de pedir na noção de objeto do processo. Isso significa que reduzir esse conceito ao pedido não explica a maior parte dos esforços das partes e do juiz durante o desenvolvimento do contraditório e do processo.[20] Finalmente, o direito positivo brasileiro, ao acenar para a causa de pedir como elemento objetivo relevante em várias oportunidades, impulsiona sua inclusão no objeto do processo, abarcando juntamente o pedido e a causa de pedir.[21]

Aliás, nesse ensejo, vale recordar que HABSCHEID, remetendo ao então esquentado debate na doutrina alemã acerca do objeto do processo, questiona se, acaso um sujeito demandar em juízo determinada soma em dinheiro, sob o fundamento de que havia celebrado uma compra e venda, poderia, posteriormente ao julgamento pela improcedência de seu pedido, propor novas demandas, desta vez suscitando a ocorrência de enriquecimento ilícito ou, ainda, uma terceira demanda, em que invoque responsabilidade civil. Às suas perguntas hipotéticas, responde o processualista alemão que, para a teoria processualista, não haveria dúvidas, a resposta seria claríssima: as demandas posteriores seriam inadmissíveis, porque relativas ao mesmo objeto.[22]

Ora, se naquele tempo e contexto a questão era clara no sentido apontado, parece que a resposta, hoje, seria clara no sentido exatamente contrário: trata-se de *causae petendi* diversas que, por isso (art. 337, §§ 1º e 2º, do CPC/2015), não tornam inadmissível a propositura das novas demandas. A legislação brasileira elege o conceito de *ação* como peça-chave para a identificação do óbice da coisa julgada e, ao apontar seus elementos, destaca as mesmas partes, causa de pedir e pedido; os ele-

19 BOTELHO DE MESQUISTA, José Ignacio. A *causa petendi* nas ações reivindicatórias. *Teses, estudos e pareceres de processo civil.* São Paulo: RT, 2005, v. 1, p. 140.

20 Nesse sentido: FAZZALARI, Elio. *Note in tema di diritto e processo*, cit., p. 138-139.

21 Trazendo boas razões para a opção pelo conceito abrangente: DOMIT, Otávio Augusto Dal Molin. Iura novit curia *e causa de pedir.* São Paulo: RT, 2016, p. 232-234.

22 HABSCHEID. Walter J. L'oggetto del processo nel diritto processuale civile tedesco. *Rivista di diritto processuale.* Padova: CEDAM, 1980, v. XXXV, n. II, p. 455.

mentos objetivos relevantes para delinear a coisa julgada são, portanto, o pedido e a causa de pedir.[23]

Não se pode tirar os olhos do direito positivo para definir o objeto do processo.[24] No contexto normativo brasileiro atual, que deve ser o parâmetro, essa noção de objeto do processo é preferível.[25]

Por sua vez, chama-se de *objeto litigioso* do processo a parcela que será decidida, isto é, que foi objeto de pedido e, por isso, será solucionada como questão principal. Já o *objeto do conhecimento* do juiz é categoria que engloba todos os pontos e todas as questões postas à sua solução, o que abrange as matérias de cunho processual, as versadas na causa de pedir e além dela – como os argumentos jurídicos e de fato em geral –, bem como as questões principais. Este último conceito acaba por transbordar o objeto do processo, alcançando elementos que são estranhos a ele, conforme o conceito aqui adotado. Neste ponto, o importante é destacar que o objeto de decisão é o que foi pedido, o que revelará eficácia para além do processo, enquanto são meramente resolvidas as questões incidentais, distinção sobremaneira importante para evitar confusões.[26]

Cumpre, portanto, olhar de modo mais detalhado a causa de pedir no processo civil brasileiro.

---

23 Como se destaca, há uma opção política de centrar-se o direito positivo na ideia de *objeto* ou de *ação* para descrever a *res in iudicium deducta*: BUZAID, Alfredo. Da lide: estudo sobre o objeto litigioso (1980). *Estudos e pareceres de direito processual civil*. São Paulo: RT, 2002, p. 111-112.

24 CHIZZINI, Augusto. *La domanda giudiziale e il suo contenuto*. Milano: Giuffrè, 2018, p. 5.

25 Destacando que o objeto do processo deve ser definido em conformidade com o sistema processual vigente: HABSCHEID. Walter J. L'oggetto del processo nel diritto processuale civile tedesco, cit., p. 458. Vale ressaltar também que o processualista alemão conclui que a *causa petendi* é elemento pertinente ao objeto do processo (p. 461-462).

26 Cf. FAZZALARI, Elio Il cammino della sentenza e della 'cosa giudicata'. *Rivista di diritto processuale*. Padova: CEDAM, 1988, v. XLIII, n. II, p. 593-595. No direito brasileiro, há a situação peculiar da coisa julgada sobre questão prejudicial (art. 503, § 1º, do CPC), que reclamaria uma análise mais detida. Sobre o tema: SIQUEIRA, Thiago. *Limites objetivos da coisa julgada: objeto do processo e questões prejudiciais*, cit., *passim*.

4. Causa de pedir

A *causa petendi* é o elemento justificador da demanda: é composta pela parcela do arrazoado da parte que é juridicamente relevante para revelar o porquê daquele pleito. Todavia, especificar precisamente quais os elementos das razões das partes que ingressam na causa de pedir – isto é, que são juridicamente relevantes para caracterizar a demanda – é um sério problema, que já recebeu várias respostas ao longo da história, por diferentes linhas de pensamento. Certamente a causa de pedir é o mais difícil elemento de se definir para o objeto do processo.[27]

De todo modo, a causa de pedir é elemento de forte contato com o direito material – inclusive, já se defendeu que seu conteúdo assume puramente a relação jurídica de direito material, ideia já superada. Realmente, a causa de pedir é composta pela *afirmação* da relação jurídica material e dos fatos jurídicos que a geraram. O demandante, ao pedir a tutela jurisdicional, deve justificar o provimento requerido com base no ordenamento jurídico, deduzindo os fatos jurídicos e a decorrente relação jurídica que autoriza a sua prolação. Causa de pedir, portanto, é a base jurídica para o pedido, o título que o legitima; é o que, caso efetivamente constatado, autoriza o exercício do poder jurisdicional, nos moldes como pleiteado.

Pode-se afirmar que a definição do que constitui a *causa petendi* passa por duas grandes teorias: aquela que defende a sua caracterização pelos fatos jurídicos deduzidos na demanda, chamada de *substanciação*;[28] e a que defende que é suficiente a definição da situação jurídica deduzida, nomeada de *individualização*.[29]

27 "Hoje é tarefa praticamente impossível emitir um conceito unívoco e abrangente de *causa de pedir*" (TUCCI, José Rogério Cruz e. *A* causa petendi *no processo civil*. 3ª ed. São Paulo: RT, 2009, p. 26). Para uma análise das várias ideias sobre o tema, conferir o mesmo autor e mesma obra, p. 78-91 e p. 95-109.

28 Defendida, dentre outros, por: HABSCHEID. Walter J. L'oggetto del processo nel diritto processuale civile tedesco, cit., p. 461. LOPES, Bruno Vasconcelos Carrilho. *Limites objetivos e eficácia preclusiva da coisa julgada*. São Paulo: Saraiva, 2012, p. 82-84. JOLOWICS, J. A. *On civil procedure*. Cambridge: Cambridge Univeristy Press, 2000, p. 189. DEVIS ECHANDÍA, Hernando. *Teoría general del proceso*, cit., p. 393-395.

29 RICCI, Gian Franco. 'Individuazione' o 'sostanziazione' nella riforma del processo civile. *Rivista trimestrale di diritto e procedura civile*. Milano: Giuffrè, 1995, v. XLIX, n. 4, p. 1236. MENCHINI, Sergio. *I limiti oggettivi del giudicato civile*. Milano: Giuffrè, 1987, p. 12-13.

Neste ponto, são necessárias duas anotações: a uma, não há, em abstrato, uma teoria da causa de pedir *correta*, uma vez que cada ordenamento jurídico possui autonomia para indicar quais os elementos que são relevantes para identificar uma demanda e, ademais, para estipular os pontos de identidade e relação entre elas; a duas, e consequentemente, a ideia de que a demanda é identificada pelo fato jurídico, em contraposição àquela que defende a identificação pela situação jurídica, é contraposição existente apenas entre modelos teóricos. Esta última afirmação significa que, dentro de um determinado sistema normativo, é possível a adoção de um ou de outro modelo, porém, a partir do momento em que uma opção normativa é feita, o debate, no âmbito jurídico, volta-se para a identificação dessa opção a partir dos dados fornecidos pelo específico sistema jurídico sob análise.

Seja como for, parece que as ideias de substanciação e de individualização não são capazes de descrever todas as possibilidades: há doutrina que destaca a hipótese de colocar a causa de pedir no meio de ambas as teorias, representando-a tanto pelo fato jurídico quanto pela relação jurídica, ou seja, os dois aspectos são, segundo esta noção, relevantes para a *causa petendi*.[30] Com efeito, esta noção, tida como "uma fusão das teorias da substanciação e da individualização",[31] é a mais sensata e mais adequada à mecânica do direito em geral.[32]

O funcionamento do direito dá-se através da incidência: acontecido um fato da vida previsto anteriormente em norma jurídica, gera-se

30 "Mi pare, peraltro, che le contrapposte soluzioni siano poco o punto distante e che, anzi, si possano giustapporre come due facce della stessa realtà: propugnare, infatti, l'allegazione dei fatti costitutivi o quella del rapporto giuridico significa porsi, rispettivamente, dal punto di vista della fattispecie (sostanziale) e da quello degli effetti che ne promanano, cioè da due punti di vista perfettamente compatibili, anzi corrispondenti. Con la sola avvertenza, del resto pacificamente ritenuta, che il *nomen iuris* che l'attore sia per assegnare alla situazione giuridica sostanziale addotta non è vincolante per il giudice" (FAZZALARI, Elio. *Note in tema di diritto e processo*. Milano: Giuffrè, 1957, p. 118-119).

31 TUCCI, José Rogério Cruz e. *A* causa petendi *no processo civil*, cit., p. 117.

32 A ideia tem origem em HEINITZ, Ernesto. *I limiti oggettivi della cosa giudicata*. Padova: Cedam, 1937. Recebeu acolhida, no Brasil, pela seguinte parcela da doutrina: BOTELHO DE MESQUITA, José Ignácio. A *causa petendi* na ação reivindicatória, cit., p. 142-146. CARVALHO, Milton Paulo de. *Do pedido no processo civil*. Porto Alegre: Safe/FIEO, 1992, p. 85. CRUZ E TUCCI, José Rogério. *A* causa petendi *no processo civil*, cit., p. 125-128. ASSIS, Araken. *Cumulação de ações*, cit., p. 154.

um fato jurídico;[33] este, por sua vez, revelará uma eficácia, que se consubstancia em uma situação jurídica – categoria que engloba a relação jurídica.[34] Caracterizar uma demanda tão-somente pela dedução de uma situação jurídica, sem o respectivo fato jurídico que lhe originou, é pecar por sua indeterminação, assim como o é, também, caracterizá-la exclusivamente pelo fato jurídico, relegando a correspondente situação jurídica: são duas faces da mesma moeda.[35]

Na verdade, é pouco provável uma cisão efetiva entre o fato jurídico e a relação jurídica, como pretendem as clássicas ideias de individualização e substanciação, uma vez que um e outro estão imbrincados na dinâmica do ordenamento jurídico, complementando-se mutuamente, de forma que um não tem muito sentido sem o outro.[36]

Dito isto, ao voltar os olhos para a legislação brasileira, parece inegável que a *causa petendi* é composta pelos fatos jurídicos deduzidos e, também, pela situação jurídica alegada. Desse modo, consoante afirma José Rogério Cruz e Tucci, não é correto falar em teoria da substanciação ou em teoria da individualização como prevalecente no ordenamento brasileiro, mas, na verdade, vê-se uma combinação de ambas, em

33 Note-se, portanto, que nem todos os fatos alegados ingressam como causa de pedir, mas apenas os *fatos jurídicos*. Na clássica lição: "La *causa petendi* (e *debendi*) è una 'causa' giuridicamente rilevante: non è un fatto naturale puro e semplice, ma un fatto o un complesso di fatti, atto a porre in moto una norma di legge: un fatto o un complesso di fatti nella sua idoneità a produrre effetti giuridici" (CHIOVENDA, Giuseppe. Identificazione dele azioni. Sulla regola "ne eat iudex ultra petita partium (1903). *Saggi di diritto processuale civile*. Milano: Giuffrè, 1993, v. 1, p. 162-163).

34 Conferir: PONTES DE MIRANDA, Francisco Cavalcanti. *Tratado de direito privado*. 4ª ed. São Paulo: RT, 1983, tomo V. MELLO, Marcos Bernardes de. *Teoria do fato jurídico: plano da eficácia, 1ª parte*. São Paulo: Saraiva, 2011.

35 SIQUEIRA, Thiago. *Limites objetivos da coisa julgada: objeto do processo e questões prejudiciais*. Salvador: Juspodivm, 2021, p. 53-54.

36 "Se è vero che l'attore allega dei fatti, ma non già qualsiasi 'episodio della vita' bensì dei fatti che, rientrando nello schema di una norma, generano determinate conseguenze giuridiche, non pare dubbio che egli deduce i fatti costitutivi della situazione giuridica (sostanziale) preesistente e, innanzitutto, la fattispecie concreta da cui sia derivata la posizione di preeminenza rispetto al bene: il che val dire il diritto soggettivo (sostanziale)" (FAZZALARI, Elio. *Note in tema di diritto e processo*, cit., p. 122).

que a causa de pedir é delineada pelos fatos essenciais precisados pela situação jurídica específica que deles se deduz.[37]

Portanto, pode-se afirmar, em síntese, que a causa de pedir é, precisamente, a *alegação do fato jurídico e da relação jurídica dele decorrente*, pelo que a parte do arrazoado do demandante que transborde tais limites não integra a *causa petendi*.

Outra questão importante é a que se refere à relação jurídica alegada e a aplicação das máximas *jura novit curia* ou *narra mihi factum, dabo tibi ius*, que concedem o poder ao órgão judicante de enquadrar de modo juridicamente adequado o contexto fático deduzido pelo autor.[38] Tal poder não pode se dar de modo que desnature a *causa petendi*, isto é: o enquadramento jurídico da demanda está restrito apenas aos aspectos não centrais, que não cheguem a desfigurar a essência do que foi demandado.[39]

Desse modo, é viável tratar um fato que foi chamado de "erro" como "dolo" ou aplicar uma norma jurídica distinta daquela suscitada pelo autor, porém que chegue ao mesmo efeito ou à mesma consequência. Todavia, é proibido ao órgão julgador, visto que colide com o princípio dispositivo, que uma vez requerida uma indenização com base em quebra de contrato, ele a julgue procedente com fundamento na responsabilidade civil, ou, ainda, afirmado fato jurídico que tem por efeito a nulidade do negócio jurídico, seja reconhecido direito à resilição unilateral com base nesse mesmo fato.

Vale destacar que, tanto nos exemplos como em tantas outras hipóteses, se fosse permitido ao órgão julgador trespassar os referidos limites da causa de pedir, as consequências seriam desastrosas para o direito de participação e o *due process of law*.

---

37 CRUZ E TUCCI, José Rogério. *A* causa petendi *no processo civil*, cit., p. 125-128.

38 Sobre o tema: DOMIT, Otávio Augusto Dal Molin. Iura novit curia *e causa de pedir*. São Paulo: RT, 2016, p. 220-224.

39 "Se dunque l'attore argomenta da norme di legge inesistenti o mal apprese, il giudice applicherà tuttavia le norme del caso, l'oggetto della domanda non sia modificato. Se l'attore ad un fatto giuridico regolato da norme speciali, vuole applicate le norme generali, il giudice non rigetterà la domanda, ma nei limiti dell'oggetto della domanda applicherà la norma speciale. Cosí è se si tratti della diversa definizione giuridica di uno stesso fatto, quando le conseguenze non mutano" (CHIOVENDA, Giuseppe. Identificazione dele azioni. Sulla regola "ne eat iudex ultra petita partium (1903). *Saggi di diritto processuale civile*. Milano: Giuffrè, 1993, v. 1, p. 167).

Embora o posicionamento possa, à primeira vista, parecer formalista, trata-se de uma disposição que resguarda elevados valores protegidos pelo sistema jurídico: alterada a demanda pelo órgão judicante, diante da intensa conexão entre fato e direito, mudar-se-iam os próprios fatos probandos (p. ex., provar descumprimento contratual não equivale a provar os requisitos da responsabilidade civil). Exatamente por isso, haveria prejuízo à argumentação jurídica, uma vez que ela poderia cambiar de acordo com o enquadramento específico. Inclusive, o leque de defesas arguíveis também seria alterado – pense-se, por exemplo, nos diferentes prazos prescricionais.[40]

Vale lembrar que os fatos deduzidos em juízo não são fatos simples, mas fatos juridicamente relevantes, e a imputação de relevância jurídica a um conjunto de fatos tem direta ligação com a norma eleita: mudando-se a norma é bem provável que se altere também o suporte fático para sua aplicação.[41]

A rigor, *permitir uma atuação judicial nesse sentido, é atribuir ao órgão judicante poder para exercer ação pelo autor, ou, como paralelo, apresentar defesa pelo réu, e de, assim, tolher a participação adequada do autor e do réu no processo, em seguida submetendo-os aos efeitos da decisão e à coisa julgada, inclusive com a supressão de toda argumentação que seria possível para chegar a outro resultado, por decorrência de seu efeito preclusivo.*[42]

---

40 LIEBMAN, Enrico Tullio. *Appunti sulle impugnazioni.* Milano: La Goliardica, 1959, p. 22.

41 DOMIT, Otávio Augusto Dal Molin. Iura novit curia *e causa de pedir*, cit., p. 222.

42 "Por conseguinte, ao falar-se no princípio da demanda, deve-se ter presente a noção de que essa norma atribui às partes não apenas a exclusividade na indicação dos fatos da causa – o que é apenas parte do problema, afinal o processo serve à tutela de direitos, e não de fatos –, mas, de modo mais próprio, reconhece-lhes a soberania na indicação da situação jurídica material cuja proteção é requerida no processo – esse sim o cerne do princípio da demanda. Não é lícito, dessa forma, ao órgão judicial, no exercício de poderes supostamente atribuídos pela máxima *iura novit curia* e sob pretexto de aplicar o direito à espécie, engendrar modificação da qualificação jurídica dos fatos que interfira na determinação da situação jurídica material deduzida em juízo, sob pena de comprometer a incolumidade do princípio da demanda – isto é, de derrogar o poder de livre disposição da parte sobre o pedido de tutela jurisdicional de seus direitos" (Idem, p. 289). Assim também: CERINO-CANOVA, Augusto. La domanda giudiziale ed il suo contenuto, cit., p. 132, ver também p. 141). CRUZ E TUCCI, José Rogério. *A* causa petendi *no processo civil*, cit., p. 207-212. PONTES DE MIRANDA, Francisco Cavalcanti. *Comentários ao Código de Processo Civil, I,* cit., p. 14.

A *causa petendi* compõe o objeto do processo, não sendo lícito ao Estado-juiz decidir fora de seus limites. Assim, não se deve nem tomar em conta fatos jurídicos não alegados, nem tampouco situações jurídicas alheias à deduzida em juízo. Fazê-lo é transpor a demanda, violando a regra da congruência.

5. Regra da congruência

A regra da congruência tem fundamental relação com o princípio dispositivo.

O princípio dispositivo é a manifestação da liberdade no processo. É essa norma estruturante que funcionaliza a tutela da liberdade dos sujeitos perante o Estado-juiz e que lhes permite dispor de situações jurídicas processuais sem interferência ou proibição estatal. Vários de seus comandos estão consagrados em antigas máximas.[43]

Esse princípio revela preocupação maior de assegurar imparcialidade e, com isso, garantir segurança aos jurisdicionados. Através do respeito à vontade das partes, consegue-se delimitar com precisão o que vai ser objeto de julgamento – enquanto a postura inquisitória pode trazer surpresas às partes. O princípio dispositivo, em seu conteúdo normativo, impulsiona para o respeito à autodeterminação das partes nas situações jurídicas processuais em que figurem.[44]

Além disso, as bases do princípio dispositivo estão na própria função do processo: a tutela dos direitos. Como o direito é situação jurídica de vantagem, precisa ser exercido. Há, portanto, uma ligação entre a

---

43 "Várias máximas foram construídas pelos glosadores do Direito Comum, até hoje amplamente conhecidas e reproduzidas, para representar manifestações do princípio dispositivo. Dentre elas podem ser citadas: (a) *nemo judex sine actore* ("não há juiz sem autor"); (b) *da mihi factum, dabo tibi jus* ("dá-me os fatos que eu te dou o direito"); (c) *judex judicet secundum allegata et probata partium* ("o juiz julga segundo o que foi alegado e provado pelas partes"); (d) *ne eat judex ultra petita partium* ("não vá juiz além do que foi pedido pelas partes"); (e) *ne procedat judex ex officio* ("não proceda juiz de ofício"); (f) *quod non est in actis non est in mundo* ("o que não está nos autos não está no mundo") etc. Todas elas representam limitações ao exercício jurisdicional em respeito a uma esfera de liberdade das partes no processo" (RAMINA DE LUCCA, Rodrigo. *Disponibilidade processual: a liberdade das partes no processo.* São Paulo: Thomson Reuters Brasil, 2019, p. 27-28).

44 RAMINA DE LUCCA, Rodrigo. *Disponibilidade processual: a liberdade das partes no processo*, cit., p. 37-38 e 39-46.

mecânica do exercício dos direitos e o princípio dispositivo.[45] Da mesma forma, a litigância não ocorre se o réu não quiser: ele pode confessar os fatos e mesmo reconhecer o direito deduzido em juízo pelo autor, ainda que aqueles não tenham existido ou que este seja infundado.[46]

Apesar de o interesse público (e o coletivo) também ser relevante no processo, para a prestação de um adequado e justo serviço de distribuição de justiça, bem como para o desenvolvimento do direito, o interesse das partes na tutela de suas próprias situações jurídicas - inclusive as processuais - é um móvel essencial. Não há processo justo sem dose considerável de liberdade.

É evidente que, se o próprio objeto do processo tem algum grau de disposição pelo seu titular ou sujeito legitimado, nada mais natural que isso se reflita no processo, instrumental que é.[47] O contrário, uma recomendação exageradamente publicista e capaz de esmagar a relevância da vontade no processo parece que figurou como uma sequela da prévia necessidade de afirmação científica do processo, certamente já impertinente, que se alçou com o autoritarismo estatal. Deve-se perceber que as normas processuais operam estabelecendo esquemas para a prestação de tutela, os quais acabam ensejando escolhas pelas partes, isto é, espaços de disposição.[48]

Como lembra LIEBMAN, um desenho dispositivo do processo civil também leva em conta e busca assegurar a imparcialidade do juiz, sobretudo ao consagrar o antigo aforismo popular de que "ninguém é juiz

45 BEDAQUE, José Roberto dos Santos. *Poderes instrutórios do juiz*. 5ª ed. São Paulo: RT, 2011, p. 99.

46 JOLOWICZ, John Anthony. *On civil procedure*. Cambridge: Cambridge University Press, 2000, p. 22.

47 Como já se afirmou, "è la necessaria conseguenza processuale di una concezione *privatistica* del diritto sostanziale: infatti, fintantoché le situazione giuridiche soggettive tutelate nel processo saranno private-disponibili, anche il diritto di iniziare il processo, di determinarne l'oggetto, ecc., dovrà essere rilasciato all'autonomia, ossia, alla disponibilità, dell'individuo" (CAPPELLETTI, Mauro. Libertà individuale e giustizia sociale. *Giustizia e società*. Milano: Edizione di Comunità, 1972, p. 37). Também: BARBOSA MOREIRA, José Carlos. O problema da "divisão do trabalho" entre juiz e partes: aspectos terminológicos. *Temas de direito processual (Quarta Série)*. São Paulo: Saraiva, 1989, p. 36.

48 A ideia é de Jolowicz, consoante o qual, "rules of procedure operate mainly by the creation of choices for the parties, and the court's power of decision or order - which itself involves choice - is, in a liberal procedure, exercised only on the application of a party" (JOLOWICZ, John Anthony. *On civil procedure*, cit., p. 78).

em causa própria", isto é, o julgador deve ser estranho à causa *("estraneità")*.[49] Por isso mesmo – e aí se ressalta a importância da dispositividade – se requer que sejam as partes, e não o juiz, quem define o *thema decidendum*, como medida de assegurar a imparcialidade do julgador ao cumprir sua função e, assim, o adequado funcionamento da jurisdição.[50]

Assim, para que se garanta segurança jurídica, no sentido de se ter alguma previsibilidade, é essencial o respeito à manifestação da vontade das partes. Em um sistema plasmado pelo respeito às manifestações da vontade dos sujeitos, sabe-se com precisão o limite do exercício do poder estatal.

Isso é notável na regra da adstrição à demanda, que garante a decisão apenas sobre aquilo que foi pedido e sobre tudo o que foi pedido. Cria-se um sistema em que há maior responsabilização das partes quanto ao exercício do poder (autorresponsabilidade), inserindo o processo em um cariz democrático e demarcando com segurança o que será objeto de decisão.

A regra da inércia da jurisdição está prevista no art. 2º do CPC, que exige a demanda para que seja desenvolvida a atividade jurisdicional, sendo complementada pela regra da adstrição à demanda, prevista nos arts. 141 e 492. Conjugadas as regras, tem-se que a atividade jurisdicional carece da iniciativa do interessado para ser desenvolvida e, em seu conteúdo, isto é, na prestação de tutela jurisdicional, é essencial que se respeite a demanda deduzida em juízo pela parte: a decisão não pode versar sobre outra matéria senão aquela trazida pelas partes, nem pode deixar de decidir sobre o que foi pedido.[51]

O princípio dispositivo se substancia no reconhecimento da liberdade do sujeito para agir e, assim, colocar em movimento a função jurisdicional, que deve adimplir o seu dever de prestar jurisdição e tutela, pronunciando-se sobre a situação jurídica deduzida e mais sobre nenhuma outra.[52]

---

49 LIEBMAN, Enrico Tullio. Fondamento del principio dispositivo. *Problemi del processo civile*. Napoli: Morano, 1962, p. 11-12.

50 LIEBMAN, Enrico Tullio. Fondamento del principio dispositivo, cit., p. 14.

51 Ver: CHIOVENDA, Giuseppe. Identificazione dele azioni. Sulla regola "ne eat iudex ultra petita partium (1903). *Saggi di diritto processuale civile*. Milano: Giuffrè, 1993, v. 1, p. 172-177.

52 BARLETTA, Antonio. Extra e ultra *petizione – Studi sui limiti del dovere decisorio del giudice civile*. Milano: Giuffrè, 2012, p. 90-91.

A norma proíbe decisão que transgrida, extrapole ou ignore a demanda, qual seja, a soma do pedido e da causa de pedir. Assim, por exemplo, não pode o juiz condenar o réu em danos morais, por entender evidente a sua ocorrência no caso, quando o autor se limitou a pedir a condenação em danos materiais emergentes. Do mesmo modo, não pode o juiz determinar o despejo por dano ao imóvel, mesmo que entenda que ele tenha sido demonstrado cabalmente nos autos, quando o autor se limitou a fundamentar o seu pedido sobre o desvio de uso do imóvel locado. A *causa petendi* e o *petitum* devem ser respeitados pelo julgador.

Afigura-se relevante a previsão entabulada no art. 141 do CPC, ao determinar que o "juiz decidirá o mérito nos limites propostos pelas partes, sendo-lhe vedado conhecer de questões não suscitadas a cujo respeito a lei exige iniciativa da parte". Assim, por exemplo, o magistrado não pode decidir pela improcedência com base no descumprimento contratual do autor se o réu não deduzir a *exceptio non adimplenti contractus*, ou julgar extinto o crédito por compensação se não houve atuação do réu nesse sentido. São marcas da dispositividade, a circunscrever a atuação judicial no exercício de direitos (processuais e substanciais) das partes.

6. Fato superveniente, sua admissibilidade no processo e seus efeitos

A consideração dos fatos jurídicos como elemento da demanda, somada à possibilidade de alteração desses fatos e, mais intrigante ainda, da superveniência deles – que é prevista pelo art. 493 do CPC –, poderia tornar especialmente flutuante a relação entre demandas. Afinal, se é possível o aporte de novos fatos constitutivos, a estabilização do processo passa a ser dependente da possibilidade de alegar novos fatos juridicamente relevantes. Ponto de particular relevo é se determinar se um certo fato deve ingressar em um processo pendente ou ser deduzido em uma nova demanda.[53]

O art. 493 do CPC preconiza que: "Se, depois da propositura da ação, algum fato constitutivo, modificativo ou extintivo do direito influir no julgamento do mérito, caberá ao juiz tomá-lo em consideração, de ofício ou a requerimento da parte, no momento de proferir a decisão".

São duas as diretivas.

53 RICCI, Gian Franco. 'Individuazione' o 'sostanziazione' nella riforma del processo civile, cit., p. 1233-1235.

A primeira é de que o sistema processual prioriza um acertamento fático que seja o mais possivelmente fiel aos eventos que efetivamente se sucederam, pelo que torna possível que alegações fáticas sejam trazidas em momentos processuais que não são típicos para isso.[54] Permite-se, por se ter acesso a uma prova ou mesmo pela ciência posterior de um fato que já existia, trazer um ponto fático, que, naturalmente, poderá ser controvertido.

A segunda é a de que a decisão deve refletir o estado atual de coisas, notadamente nos casos em que houve, após a demanda, algum evento relevante que possa influenciar na relação jurídica deduzida em juízo.[55] Isso significa que é possível o surgimento de fatos em momento posterior ao da estabilização da demanda, e esses fatos podem ser alegados e devem ser levados em conta na decisão judicial, o que possivelmente originará questões fáticas durante o trâmite do processo.[56] Isso porque ordenamento processual não pretende que a decisão nasça desatualizada.[57]

Com efeito, não só os fatos supervenientes – isto é, que surgiram após o momento comum para sua alegação em juízo – podem ser objeto de alegação posterior: os fatos velhos que passam a ser conhecidos posteriormente à oportunidade processual de sua alegação também podem ser suscitados no processo.[58] Realmente, considera-se fato novo também os anteriores à demanda mas que só foram conhecidos posteriormente.[59]

---

54 DE CRISTOFARO, Marco. Nuove prove in appello, poteri istruttori officiosi e principii del giusto processo (Nota a Cass. 13 dicembre 2000, n. 15716). *Corriere Giuridico*, 2002, p. 119.

55 CUNHA, Leonardo Carneiro da. "Comentários ao art. 493". In: ARRUDA ALVIM, Teresa; DIDIER JR., Fredie; TALAMINI; Eduardo; DANTAS, Bruno. *Comentários ao Código de Processo Civil.* São Paulo: RT, 2015, p. 1243.

56 Em outras palavras: "a prestação jurisdicional – sentença de mérito – há de compor a lide como ela se apresente no momento da entrega" (PIMENTEL, Wellington Moreira. *Comentários ao Código de Processo Civil.* São Paulo: RT, 1975, vol. III, p. 520).

57 CUNHA, Leonardo Carneiro da. *A atendibilidade dos fatos supervenientes no processo civil.* Coimbra: Almedina, 2012.

58 CRUZ e TUCCI, José Rogério. *Comentários ao Código de Processo Civil.* 3ª ed. São Paulo: RT, 2021, p. 146-147. Também: FERREIRA FILHO, Manoel Caetano. *Comentários ao Código de Processo Civil.* São Paulo: RT, 2001, v. 7, p. 146.

59 CUNHA, Leonardo Carneiro da. "Comentários ao art. 493". In: ARRUDA ALVIM, Teresa; DIDIER JR., Fredie; TALAMINI; Eduardo; DANTAS, Bruno. *Comentários ao Código de Processo Civil.* São Paulo: RT, 2015, p. 1244.

A régua que mede a admissibilidade da alegação de novos fatos não é a existência do fato ou o momento de seu surgimento, por si só, mas a *viabilidade* de a parte ter deduzido o fato na oportunidade adequada e, sobretudo, a boa-fé processual em deduzi-lo posteriormente. O que não se admite, absolutamente, é o manejo malicioso de fatos como estratégia processual, de modo a criar tumultos na tramitação do processo.[60]

Deduz-se dessa configuração que, tendo havido atuação proba e diligente da parte, ela poderá suscitar novos fatos, seja porque eles apenas surgiram posteriormente ao momento processual adequado a sua dedução, seja porque, ainda que velhos, eles apenas foram conhecidos após referido momento.[61]

Seria possível, portanto, *conhecer* da alegação fática, *desde que se revele relevante para a solução do conflito.*

Apesar da liberdade aparentemente encartada na norma, ela precisa ser vista com cautela e analisada como parte integrante do sistema processual.[62] Afinal, o Código de Processo Civil estipula o momento adequado para as alegações fáticas: a fase postulatória, na petição inicial, contestação ou réplica. Essa restrição é decorrência lógica da concatenação das fases do processo: as partes devem exercer seus direitos processuais em tempo, ou ocorre a preclusão.[63]

Ademais, seria temerário permitir a livre disposição pela parte sobre o melhor momento para trazer alegação de fatos, de modo unilateral e independentemente das circunstâncias. Agir assim seria desconsiderar a eventualidade e o sistema de preclusões, bem como conceder amplo espaço para a deslealdade processual, pois permitiria às partes ocultarem argumentos e propósitos para surpreenderem seus adversários.

Não custa lembrar a solução adotada no Código, que em seu art. 329 dispõe ser possível aditar ou alterar o pedido ou a causa de pedir

60 Sobre o tema: MACÊDO, Lucas Buril de. "Boa-fé no processo civil – parte 1". *Revista de Processo.* São Paulo: RT, 2022, vol. 330, p. 75-102. MACÊDO, Lucas Buril de. "Boa-fé no processo civil – parte 2". *Revista de Processo.* São Paulo: RT, 2022, vol. 331, 27-52.

61 "Parece-nos que um elemento fundamental para a caracterização da força maior é que a parte não tenha agido desidiosamente, na busca da demonstração de todos os fatos no processo" (JORGE, Flávio Cheim. *Teoria geral dos recursos cíveis*, cit., p. 383).

62 CINTRA, Antonio Carlos de Araujo. *Comentários ao Código de Processo Civil.* 2ª ed. Rio de Janeiro: Forense, 2003, vol. IV, p. 299.

63 SAITTA, Fabio. *I* nova *nell'appello amministrativo.* Milano: Giuffrè, 2010, p. 65-72.

até a citação, livre de aprovação pelo réu, e, após a citação e até o saneamento, desde que haja consentimento do réu.

Destaca-se, nesse sentido, que a alegação de fato novo submete-se à sistemática processual, portanto, a proibição de alteração da demanda deve ser aplicada, como é evidente. Desse modo, *o fato novo não pode configurar um fato constitutivo de direito diverso – por isso, suficiente para diferenciar demanda que tenha pedido idêntico –, sendo possível, unicamente, a dedução de fatos simples ou secundários*, desde que se demonstre que isso não foi feito no momento oportuno por motivos de força maior. O réu, por sua vez, pode alegar novas defesas – inclusive novos fatos impeditivos, modificativos ou extintivos –, uma vez provado que não o fez antes também por força maior.[64]

Quanto ao réu, como já se disse, a referência dos fatos extintivos ou modificativos dá-se, naturalmente, em relação aos fatos já deduzidos no processo, pois produzem eficácia sobre a relação jurídica alegadamente dele decorrente.[65]

Quanto ao autor, porém, não é possível flexibilizar a integração de novo fato constitutivo ao processo – que se distinga do previamente alegado –, sob pena de burlar o devido processo legal. Essa seria uma forma de confundir, limitar e até esvaziar a participação do réu, fragilizando garantias processuais imperativas à tutela jurisdicional. Os fatos que são admissíveis são os que complementam o fato constitutivo anteriormente alegado.[66]

A diretriz da admissibilidade do fato novo é a sua *colaboração para a resolução da questão principal objeto do processo. Portanto, se o efeito do fato novo é servir de base para uma nova questão principal, isto é, ele não serve para corroborar o pedido deduzido pela parte, mas poderia servir de base para um novo pedido, ainda que similar, ele não é admissível.*[67]

---

64 CINTRA, Antonio Carlos de Araújo. *Sobre os limites objetivos da apelação civil*. São Paulo, 1986, p. 96-97.

65 Um exemplo é a prescrição intercorrente, como lembra CAMARGO, Luiz Henrique Volpe. "Comentários ao art. 493". In: BUENO, Cassio Scarpinella (coord.). *Comentários ao Código de Processo Civil*. São Paulo: Saraiva, 2017, vol. 2, p. 448.

66 CUNHA, Leonardo Carneiro da. "Comentários ao art. 493". In: ARRUDA ALVIM, Teresa; DIDIER JR., Fredie; TALAMINI; Eduardo; DANTAS, Bruno. *Comentários ao Código de Processo Civil*. São Paulo: RT, 2015, p. 1246. O exemplo dado pelo processualista pernambucano é o de implementação de tempo para usucapião.

67 Semelhantemente: "Aduza-se que a *causa superveniens* apenas será considerada na hipótese de guardar íntima relação com o 'fato inicialmente apontado como representativo do fundamento jurídico do pedido que é a causa de pedir, seja cons-

Esse entendimento, inclusive, encontra segura guarida na jurisprudência do Superior Tribunal de Justiça, que assim se manifestou: o *"fato superveniente a ser considerado pelo julgador deve guardar pertinência com a causa de pedir e pedido constantes na petição inicial, não servindo de fundamento para alterar os limites da demanda fixados após a estabilização da relação jurídico-processual"*.[68]

No ponto, vale destacar a visão retrospectiva proposta por Francesco Paolo Luiso ao tratar do mesmo tema no direito italiano: para estabelecer se uma alegação integra uma nova demanda, e assim não pode ser deduzida, ou se reforça a demanda já proposta, e, portanto, não é obstada pela proibição de inovação, deve ser feita uma pergunta: se a decisão de primeiro grau transitar em julgado, o *quid novi*, que se deve decidir acerca da admissibilidade, seria proponível num processo sucessivo ou estaria abarcado pela eficácia preclusiva da coisa julgada?[69]

A partir daí, se a coisa julgada da sentença tornar preclusa a alegação fática, tem-se apenas um reforço da demanda proposta, que deve ser admitido; enquanto que, se se entender que a coisa julgada da decisão impugnada não tornar preclusa a alegação, estar-se-á diante de um fato gerador de nova demanda, pelo que é inadmissível que seja suscitado no transcorrer do processo.[70]

O raciocínio é importante e dá destaque a outra característica que merece ser sublinhada: o juízo não pode conhecer de demandas novas por mera alegação, que são inadmissíveis. Absolutamente, não se pode

tituindo-a, seja modificando-a, seja extinguindo-a. Pois, se não participar de nenhuma dessas formas será demanda diversa', incidindo, *in casu*, a proibição legal já referida" (CRUZ e TUCCI, José Rogério. *Comentários ao Código de Processo Civil.* 3ª ed. São Paulo: RT, 2021, p. 150).

68 STJ – Resp n. 1.772.063/SP, Rel. Min. Mauro Campbell Marques, Primeira Seção, Julgado em 23/10/2019, DJe de 02/12/2019.

69 LUISO, Francesco Paolo. *Diritto processuale civile.* 9ª ed. Milano: Giuffrè, 2017, v. II, p. 391.

70 LUISO, Francesco Paolo. *Diritto processuale civile, II,* cit., p. 391-392. Sobre o tema: FERRI, Corrado. *Struttura del processo e modificazione della domanda.* Padova: CEDAM, 1975, p. 147-206.

trazer novo pedido ou alterá-lo, e o mesmo quanto à causa de pedir, embora seja possível discutir os limites da demanda *in concreto*.[71-72]

Assim, por exemplo, a alegação, pelo autor, de um termo ou condição que venha a se implementar no transcurso do processo é admissível e deve ser considerada pelo juiz ao julgar a demanda. Todavia, ainda a título de exemplo, em ação indenizatória a ocorrência de outro fato danoso, ainda que possua características similares ao que serviu de causa de pedir ou justifique pedido homogêneo, não pode ser conhecido ou muito menos ter eventual pretensão dele decorrente julgada.

Enfim, os argumentos fáticos admissíveis são aqueles que servem para reforçar ou tornar mais precisa a demanda, mas que deixam intocados os seus elementos identificadores.[73]

Conclusão

Por todo o exposto, percebe-se que os limites objetivos da demanda são tracejados no seu exercício e estabilizam-se nos marcos do art. 329 do CPC, tornando inadmissível a dedução de novos fatos constitutivos após a estabilização, pois configuram exercício de nova demanda, devendo haver interpretação sistemática e restritiva do art. 493 do CPC.

71 "Non è pertanto a far questione di mutabilità o meno della *causa petendi*. La *causa petendi* deve dirsi immutabile. Solo si può far questione intorno al concetto di *causa petendi*, agli elementi che la compongono, alla sua entità maggiore o minore" (ZANZUCCHI, Marco Tullio. *Nuove domande, nuove eccezioni e nuove prove in appello*, cit., p. 330).

72 Em sentido contrário, basicamente entendendo que a regra do art. 493 entabula uma exceção à regra da estabilização da demanda: PONTES DE MIRANDA, Francisco Cavalcanti. *Comentários ao Código de Processo Civil.* 3ª ed. Rio de Janeiro: Forense, 1997, tomo V, p. 81. DEGENSZAJN, Daniel Raichelis. *Alteração dos fatos no curso no processo e os limites da modificação da* causa petendi, cit., p. 161. PINTO JR., Amaury Rodrigues. "A estabilização da demanda e o direito superveniente". *Revista de Processo.* São Paulo: RT, 2014, vol. 227, p. 87-103. DIDIER JR., Fredie; OLIVEIRA, Rafael Alexandria de; BRAGA, Paula Sarno. "Comentários ao art. 493". In: CABRAL, Antonio do Passo; CRAMER, Ronaldo. *Comentários ao Código de Processo Civil.* 2ª ed. Rio de Janeiro: Forense, 2016, p. 735-736. FONSECA, João Francisco Naves da. *Comentários ao Código de Processo Civil.* São Paulo: Saraiva, 2017, p. 74-75.

73 CHIZZINI, Augusto. *La domanda giudiziale e il suo contenuto.* Milano: Giuffrè, 2018, p. 230-231.

Referências

ASSIS, Araken. *Cumulação de ações.* 4ª ed. São Paulo: RT, 2002.

BARBOSA MOREIRA, José Carlos. O problema da "divisão do trabalho" entre juiz e partes: aspectos terminológicos. *Temas de direito processual (Quarta Série).* São Paulo: Saraiva, 1989.

BARLETTA, Antonio. Extra e ultra *petizione – Studi sui limiti del dovere decisorio del giudice civile.* Milano: Giuffrè, 2012.

BEDAQUE, José Roberto dos Santos. *Poderes instrutórios do juiz.* 5ª ed. São Paulo: RT, 2011.

BERZOSA FRANCOS, María Victoria. *Demanda, 'causa petendi' y objeto del proceso.* Córdoba: El Almendro, 1984.

BOTELHO DE MESQUISTA, José Ignacio. A *causa petendi* nas ações reivindicatórias. *Teses, estudos e pareceres de processo civil.* São Paulo: RT, 2005, v. 1.

BUZAID, Alfredo. Da lide: estudo sobre o objeto litigioso (1980). *Estudos e pareceres de direito processual civil.* São Paulo: RT, 2002.

CAMARGO, Luiz Henrique Volpe. "Comentários ao art. 493". In: BUENO, Cassio Scarpinella (coord.). *Comentários ao Código de Processo Civil.* São Paulo: Saraiva, 2017, vol. 2.

CAPPELLETTI, Mauro. Libertà individuale e giustizia sociale. *Giustizia e società.* Milano: Edizione di Comunità, 1972.

CARVALHO, Milton Paulo de. *Do pedido no processo civil.* Porto Alegre: Safe/FIEO, 1992.

CERINO-CANOVA, Augusto. La domanda giudiziale ed il suo contenuto. *Commentario del Codice di Procedura Civile.* Enrico Allorio (dir.). Torino: UTET, 1980, v. 2, t. I.

CHIOVENDA, Giuseppe. Identificazione dele azioni. Sulla regola "ne eat iudex ultra petita partium (1903). *Saggi di diritto processuale civile.* Milano: Giuffrè, 1993, v. 1.

CHIZZINI, Augusto. *La domanda giudiziale e il suo contenuto.* Milano: Giuffrè, 2018.

CINTRA, Antonio Carlos de Araújo. *Sobre os limites objetivos da apelação civil.* São Paulo, 1986.

CINTRA, Antonio Carlos de Araujo. *Comentários ao Código de Processo Civil.* 2ª ed. Rio de Janeiro: Forense, 2003, vol. IV.

CRUZ E TUCCI, José Rogério. *A causa petendi no processo civil.* 3ª ed. São Paulo: RT, 2009.

CRUZ e TUCCI, José Rogério. *Comentários ao Código de Processo Civil.* 3ª ed. São Paulo: RT, 2021.

CUNHA, Leonardo Carneiro da. A atendibilidade dos fatos supervenientes no processo civil. Coimbra: Almedina, 2012.

DE CRISTOFARO, Marco. Nuove prove in appello, poteri istruttori officiosi e principii del giusto processo (Nota a Cass. 13 dicembre 2000, n. 15716). *Corriere Giuridico*, 2002.

DEGENSZAJN, Daniel Raichelis. *Alteração dos fatos no curso no processo e os limites da modificação da causa petendi.* Dissertação de Mestrado. Departamento de Direito Processual defendida na Faculdade de Direito da Universidade de São Paulo, 2010.

DEVIS ECHANDÍA, Hernando. *Teoría general del proceso.* 2ª ed; Buenos Aires: Editorial Universidad, 1997.

DIDIER JR., Fredie; OLIVEIRA, Rafael Alexandria de; BRAGA, Paula Sarno. "Comentários ao art. 493". In: CABRAL, Antonio do Passo; CRAMER, Ronaldo. *Comentários ao Código de Processo Civil.* 2ª ed. Rio de Janeiro: Forense, 2016.

DINAMARCO, Cândido Rangel. *A instrumentalidade do processo.* 15ª ed. São Paulo: Malheiros, 2013.

DINAMARCO, Cândido Rangel. *Intervenção de terceiros.* 5ª ed. São Paulo: Malheiros, 2009.

DINAMARCO, Cândido Rangel. O conceito de mérito em processo civil. *Fundamentos do processo civil moderno.* 4ª ed. São Paulo: Malheiros, 2001, tomo I.

DOMIT, Otávio Augusto Dal Molin. Iura novit curia *e causa de pedir.* São Paulo: RT, 2016.

FAZZALARI, Elio Il cammino della sentenza e della 'cosa giudicata'. *Rivista di diritto processuale.* Padova: CEDAM, 1988, v. XLIII, n. II.

FAZZALARI, Elio. *Note in tema di diritto e processo.* Milano: Giuffrè, 1957.

FERREIRA FILHO, Manoel Caetano. *Comentários ao Código de Processo Civil.* São Paulo: RT, 2001, v. 7.

FERRI, Corrado. *Struttura del processo e modificazione della domanda.* Padova: CEDAM, 1975.

FONSECA, João Francisco Naves da. *Comentários ao Código de Processo Civil.* São Paulo: Saraiva, 2017.

GUIMARÃES RIBEIRO, Darci. Objeto do processo e objeto do debate: dicotomia essencial para uma adequada compreensão do novo CPC. Darci Guimarães

Ribeiro; Marco Félix Jobim (org.). *Desvendando o novo CPC*. 2ª ed. Porto Alegre: Livraria do Advogado, 2016.

HABSCHEID. Walter J. L'oggetto del processo nel diritto processuale civile tedesco. *Rivista di diritto processuale*. Padova: CEDAM, 1980, v. XXXV, n. II.

HEINITZ, Ernesto. *I limiti oggettivi della cosa giudicata*. Padova: Cedam, 1937.

JOLOWICZ, John A.. *On civil procedure*. Cambridge: Cambridge University Press, 2000.

JORGE, Flávio Cheim. *Teoria geral dos recursos cíveis*. 7ª ed. São Paulo: RT, 2015.

LACERDA, Galeno. "O Código e o formalismo processual". Revista de Processo. São Paulo: RT, 1983, vol. 28.

LIEBMAN, Enrico Tullio. *Appunti sulle impugnazioni*. Milano: La Goliardica, 1959.

LIEBMAN, Enrico Tullio. Fondamento del principio dispositivo. *Problemi del processo civile*. Napoli: Morano, 1962.

LOPES, Bruno Vasconcelos Carrilho. *Limites objetivos e eficácia preclusiva da coisa julgada*. São Paulo: Saraiva, 2012.

LUISO, Francesco Paolo. *Diritto processuale civile*. 9ª ed. Milano: Giuffrè, 2017, v. II.

MACÊDO, Lucas Buril de. "Boa-fé no processo civil – parte 1". *Revista de Processo*. São Paulo: RT, 2022, vol. 330.

MACÊDO, Lucas Buril de. "Boa-fé no processo civil – parte 2". *Revista de Processo*. São Paulo: RT, 2022, vol. 331.

MACÊDO, Lucas Buril de. Saudação ao Professor Titular José Rogério Cruz e Tucci - Do escrever sobre história do direito ao escrever-se na história do direito. *Revista de Processo*, v. 259, p. 573-577, 2016.

MELLO, Marcos Bernardes de. *Teoria do fato jurídico: plano da eficácia, 1ª parte*. São Paulo: Saraiva, 2011.

MENCHINI, Sergio. *I limiti oggettivi del giudicato civile*. Milano: Giuffrè, 1987.

PIMENTEL, Wellington Moreira. *Comentários ao Código de Processo Civil*. São Paulo: RT, 1975, vol. III.

PINTO JR., Amaury Rodrigues. "A estabilização da demanda e o direito superveniente". Revista de Processo. São Paulo: RT, 2014, vol. 227.

PONTES DE MIRANDA, Francisco Cavalcanti. *Tratado de direito privado*. 4ª ed. São Paulo: RT, 1983, tomo V.

PONTES DE MIRANDA, Francisco Cavalcanti. *Comentários ao Código de Processo Civil*. 3ª ed. Rio de Janeiro: Forense, 1997, tomo V.

PROTO PISANI, Andrea. Appunti sul giudicato civile e sui suoi limiti oggettivi. *Rivista di diritto processuale*. Padova: CEDAM, 1990, v. XLV (II Serie).

RAMINA DE LUCCA, Rodrigo. *Disponibilidade processual: a liberdade das partes no processo*. São Paulo: Thomson Reuters Brasil, 2019.

RICCI, Gian Franco. 'Individuazione' o 'sostanziazione' nella riforma del processo civile. *Rivista trimestrale di diritto e procedura civile*. Milano: Giuffrè, 1995, v. XLIX, n. 4.

SAITTA, Fabio. *I* nova *nell'appello amministrativo*. Milano: Giuffrè, 2010.

SANCHES, Sydney. Objeto do processo e objeto litigioso do processo. *Revista de Processo*. São Paulo: RT, 1979, n. 13.

SCHWAB, Karl Heinz. *El objeto litigioso en el proceso civil*. Traducción del alemán por Tomas A. Banzhaf. Buenos Aires: Ejea, 1968.

SIQUEIRA, Thiago. *Limites objetivos da coisa julgada: objeto do processo e questões prejudiciais*. Salvador: Juspodivm, 2021.

WATANABE, Kazuo. *Da cognição no processo civil*. São Paulo: RT, 1987.

ZANZUCCHI, Marco Tullio. *Nuove domande, nuove eccezioni e nuove prove in appello*. Milano: Società Editrice Libraria, 1916.

RESPONSABILIDADE CIVIL AQUILIANA E CONTRATUAL: REFLEXÕES SOBRE A INDIVIDUAÇÃO DE DEMANDAS

Luiz Eduardo Boaventura Pacífico[1]

1. Introdução

O rico campo relativo à responsabilidade civil, por sua repercussão prática manifesta, tem sido objeto de muitos estudos no âmbito do Direito Civil. Parece desnecessário citar autores e obras sobre tema tão instigante e importante para a solução de conflitos que ocorrem diuturnamente.

Como se sabe, o princípio segundo o qual o dano injusto deve ser reparado remonta a origem muito remota e a satisfação do credor poderia até mesmo alcançar a liberdade do devedor. Essa situação veio a ser alterada pela *lex poetelia papilia* (326 a. C.), que "proibiu as cadeias e os grilhões, a morte ou a venda do devedor como escravo, passando a admitir, em substituição, à execução pessoal, recaísse ela, quando solvente o devedor, sobre seu patrimônio".[2]

Por outro lado, a *lex aquilia*, embora se referisse a casos específicos, estabeleceu um princípio de generalização de que o ato ilícito enseja a responsabilidade patrimonial do causador do dano, passando a servir como bússola para o caminho da reparação do dano.

A revolução industrial e suas vicissitudes provocaram a necessidade de novos parâmetros que pudessem potencializar a efetiva satisfação do lesado. A necessidade de provar a culpa do ofensor, tarefa muitas vezes árdua, abriu caminho para que a lei, a doutrina e a jurisprudência passassem a trabalhar com a presunção de culpa e, na sequência, com o desenvolvimento da responsabilidade objetiva.

No âmbito da responsabilidade civil, também é muito conhecida a classificação que separa a responsabilidade extracontratual (ou aquiliana) da responsabilidade civil contratual (ou negocial). Se o dano ocorre sem que as partes estejam vinculadas a um negócio precedente, a responsabilidade é extracontratual. Se houver vínculo jurídico anterior, então a responsabilidade é contratual.

---

1 Mestre e Doutor em Direito Processual Civil pela USP. Advogado.

2 CRUZ E TUCCI, José Rogério; AZEVEDO, Luiz Carlos de. Lições de história do processo civil romano. São Paulo: Ed. Revista dos Tribunais, 1996.

Essas rápidas e despretensiosas considerações iniciais sobre a responsabilidade civil visam apenas recordar a existência de uma profusão de estudos sobre os mais diferentes aspectos de direito material ligados ao tema.

Todavia, há temas relacionados à responsabilidade civil que certamente propiciam reflexões e aplicações no âmbito do *direito processual*. Uma delas – talvez a mais explorada pela doutrina – diz respeito à distribuição do ônus da prova: sob a égide da responsabilidade extracontratual, prevalece a necessidade de que o autor se desincumba de provar a culpa do réu; já no âmbito da reponsabilidade contratual, a culpa deixa de integrar a *fattispecie* constitutiva.

No presente estudo, procuro explorar questões relacionadas à individuação da demanda no universo da responsabilidade civil.

A escolha do assunto evidentemente se relaciona com o homenageado, de quem tive a honra e o privilégio de ter sido orientando. Da absolutamente incomum obra do Prof. José Rogério Cruz e Tucci (incomum pela notável profundidade e diversidade dos temas), resgato um de meus livros preferidos: A *causa petendi* no processo civil.

Ao enfrentar esse tema tão instigante, as inúmeras reflexões realizadas em torno da identificação das demandas e do objeto do processo (um dos eixos centrais do processo) constituem um rico manancial para a pesquisa.

Em minha tese de doutorado (*Ações concorrentes*), pude me inspirar em várias dessas reflexões.

Por isso, achei oportuno reavivar certas ideias lançadas por Cruz e Tucci, que de alguma forma permitiram algum desenvolvimento no concurso de ações.

Valho-me de um dos clássicos exemplos de concurso objetivo (pluralidade de ações dirigidas à satisfação de um mesmo interesse, com mesmas partes e igual pedido, mas com diversas causas de pedir) para revelar o diálogo entre as inspiradoras reflexões do homenageado e alguns impactos que elas produziram no trato das ações concorrentes

2. Responsabilidade civil contratual e extracontratual

O caso mais repetido de concurso objetivo de ações talvez seja o da responsabilidade civil: um mesmo acontecimento fático pode configurar, pelo menos em tese, tanto infração contratual quanto extracontratual. O acidente ferroviário ou automobilístico, do qual decorram danos pessoais ao passageiro, é o exemplo paradigmático.

Os irmãos Mazeau e André Tunc, após enfatizar que "*pocas cuestiones son tan discutidas y tan oscuras*", salientam que não se trata de cumulação de ações, mas de opção, pois tanto os partidários da tese de que há apenas uma incidência normativa, quanto os da outra (dupla incidência), não admitem uma dupla indenização, mas apenas a possibilidade de que uma única indenização seja concedida, quer com base em um ou em diversos fundamentos.[3]

Em sua prestigiada obra, os civilistas mencionam a possibilidade de que, mesmo entre sujeitos vinculados contratualmente, haja danos que desbordem do pacto. Nesse caso, as regras de responsabilidade civil aquiliana socorreriam o prejudicado? Consideram diferentes hipóteses, cada uma conduzindo a um resultado diferente. Pode suceder que as partes não tenham previsto contratualmente a responsabilidade por um determinado acontecimento, mas que também não tenham pretendido excluir essa mesma responsabilidade, que já se encontra prevista em lei. Embora os contratos de trabalho normalmente não prevejam a responsabilidade do patrão pelas lesões porventura ocasionadas ao trabalhador no desempenho da atividade laborativa, este é responsável até mesmo por imperativo constitucional (art. 7º, XXVIII, da CF).[4] Pode suceder, de forma diversa, que os sujeitos tenham estipulado expressamente a exclusão de responsabilidade de danos extracontratuais. Neste caso e com apoio em Josserand, concluem que aceitar a aplicação das normas da responsabilidade extracontratual importaria "*la negación misma de la fuerza obligatoria de las convenciones*". Portanto, na primeira hipótese, é possível a responsabilização com base no regime extracontratual, o mesmo não ocorrendo na segunda.[5]

---

3 MAZEAUD, Henry; MAZEAUD, Léon; TUNC, André. *Tratado teórico y prático de la responsabilidad civil delictual y contratual*. Tradução da 5. ed. por Luis Alcalá-Zamora y Castillo. Buenos Aires: Ejea, [s.d.]. t. 1, v. 1, n. 174, p. 251-252. Jaime W. Titelbaum fala em *acumulação causal*, deixando clara a ideia de que se cuida de concurso objetivo e não de cumulação propriamente dita (TEITELBAUM, Jaime W. El proceso acumulativo civil. Montevideo: Ediciones jurídicas Amalio M. Fernandez, [s.d.], p. 106 ss.).

4 Recentemente, o STF consagrou a possibilidade de que a responsabilidade pode ser até mesmo objetiva (Tema 932 - RE 828.040, rel. Min. Gilmar Mendes, DJ 26/06/2020).

5 MAZEAUD, Henry; MAZEAUD, Léon; TUNC, André. *Tratado teórico y prático de la responsabilidad civil delictual y contratual*, cit., t. 1, v. 1, n. 177, p. 258. Em outro pas-

Situação mais complexa verifica-se quando uma parte efetivamente infringe o contrato e o evento lesivo também pode se subsumir, pelo menos em tese, na regra geral de responsabilidade aquiliana. É o aludido caso do acidente causador de lesões ao passageiro. Em primeiro lugar, parece evidente que a possibilidade de uma única incidência normativa (responsabilidade contratual *excluindo* a extracontratual) ou múltipla (possibilidade de invocação de um e/ou outro regime) pressupõe que sejam diversos os resultados alcançáveis. Se as consequências fossem iguais, *tollitur quaestio*. Porém, a possibilidade de serem diversas as consequências não é nada desprezível, alcançando fatores de ordem processual e material.

3. Diferenças marcantes entre os regimes contratual e extracontratual

Assim, no âmbito material, destaca-se a regra, que vem sofrendo cada vez mais exceções, conforme a qual a responsabilidade aquiliana pressupõe, além de dano e nexo causal, *ato culposo* (arts. 186 e 927 do CC), cuja noção para a responsabilização contratual é diversa (art. 392 do CC).[6] No regime contratual, contam-se os *juros de mora* desde a cita-

so, advertem: "La distinción hecha por los contratantes o por el legislador, según su intención, no tendría ya ningún sentido si la víctima pudiera proceder sobre el terreno delictual. Concederle esa acción sería violar la voluntad de las partes y del propio legislador, ensanchar, contra su voluntad, el círculo del contrato" (p. 259). Essa regra, todavia, sem dúvida comporta exceções, notadamente no campo extrapatrimonial. Recorde-se o palpitante tema dos danos morais decorrentes de acidente aéreo ou de falha na prestação de serviços da mesma natureza. Aqui, mesmo que o contrato e a própria Convenção de Varsóvia limitem o patamar indenizatório, a jurisprudência não vacila em arbitrar o valor dos danos morais, com base em imperativo constitucional (art. 5º, V e X, da CF). Vale a pena conferir as considerações de Marco Fábio Morsello, *Responsabilidade civil no transporte aéreo*. São Paulo: Atlas, 2006, p. 191 ss. Na jurisprudência, entre tantos precedentes, v. RE 172.720-9/RJ, rel. Min. Marco Aurélio, DJ 06.02.1996; STJ, 3ª T., Resp. 1.842.066/RS, rel. Min. Moura Ribeiro, DJe de 15/6/2020; AgInt. no Aresp. 1.957.910/RS, rel. Min. Marco Aurélio Bellizze, DJe 21/2/2022.

6 Sergio Cavalieri Filho assevera que "os juristas franceses (...) em busca de uma situação jurídica mais favorável para as vítimas, que não aquela de terem que provar a culpa, engendraram a responsabilidade contratual, na qual, diferentemente da responsabilidade extracontratual, já existe entre as partes um vínculo jurídico preestabelecido, e o dever jurídico violado está perfeitamente configurado nessa relação jurídica." Daí porque "na culpa contratual há a violação de um dever posi-

ção inicial (art. 405 do CC); na responsabilidade aquiliana, desde o evento danoso (súmula 54 do STJ). Se a ofensa resultante do ato ilícito tiver mais de um autor, há *solidariedade* entre eles (art. 942 do CC), não se passando o mesmo no regime contratual, a não ser que haja pacto expresso (art. 265 do CC).[7] O cabimento de indenização de *danos morais* é bem mais restrito e exige circunstâncias muito especiais no regime contratual.[8] A *capacidade do agente* causador do dano também diverge: a convenção exige agentes capazes ao tempo de sua realização, enquanto "o incapaz responde pelos prejuízos que causar, se as pessoas por ele responsáveis não tiverem obrigação de fazê-lo ou não dispuserem de meios suficientes" (art. 928 do CC). No regime contratual, presente o exercício da autonomia privada, as partes podem antecipar as possíveis consequências do descumprimento do dever e estabelecer limites para a indenização, o que não sucede no âmbito da responsabilidade aquiliana.

As implicações *processuais* também são bastante relevantes: se a responsabilidade for aquiliana, *competente* é o foro "do lugar do ato ou fato" (art. 53, IV, "a", CPC), não se aplicando essa regra especial, segundo a jurisprudência do STJ, "aos pedidos de indenização por inadimplemento ou mau adimplemento contratual" (STJ-RT 670/190). O prazo da *prescrição* da pretensão de reparação civil, se a responsabilidade for extracontratual, é de três anos (art. 206, § 3º, V, do CC), enquanto o das pretensões fundadas em relações contratuais, em geral, é de dez anos,[9]

tivo de adimplir, que constitui o próprio objeto da avença, ao passo que na culpa aquiliana viola-se um dever negativo, isto é, a obrigação de não prejudicar, de não causar dano a ninguém" (CAVALIERI FILHO, Sergio. *Programa de responsabilidade civil.* 3. ed. São Paulo: Malheiros Ed., 2002. p. 222, 225-226).

7 No mesmo senso, v. DIAS, José de Aguiar. *Da responsabilidade civil.* 11. ed. rev. atual. de acordo com o Código Civil de 2002, e aumen. por Rui Berford Dias. Rio de Janeiro: Renovar, 2006. p. 222.

8 "O inadimplemento contratual implica a obrigação de indenizar os danos patrimoniais: não, danos morais, cujo reconhecimento implica mais do que os deveres de um negócio frustrado" (STJ, 3ª T., Resp. 201.414/PA, rel. Min. Ari Pargendler, DJ 5/2/2001). Ainda da 3ª T., v. Resp. 196.040/MG, rel. Min. Menezes Direito, DJ 27/3/2000; Resp. 1.642.314/SE, rel. Min. Nancy Andrighi, DJe 22/3/2017; No mesmo senso e da 4ª T., v. Resp. 338.162/MG, rel. Min. Sálvio de Figueiredo Teixeira, DJ 18/2/2002; Resp. 876.527/RJ, rel. Min. João Otávio de Noronha, DJ 28/4/2008; AgInt. no Resp. 1.575.773/RN, rel. Min. Marco Buzzi, DJe de 4/6/2021.

9 Após muita controvérsia na doutrina e na jurisprudência, a Corte Especial do STJ definiu que o prazo trienal (art. 206, § 3º, V) se limita à responsabilidade extra-

podendo sofrer variações (*v.g.*, um ano a do segurado contra o segurador, consoante o art. 206, § 1º, do CC). A regulação do ônus da prova também é diversa: cuidando-se de responsabilidade extracontratual, o ato ilícito é fato constitutivo da pretensão indenizatória; já no âmbito da responsabilidade contratual, a inexistência de inadimplemento onera o réu.[10]

Disto resulta que a moldura abstrata do direito subjetivo extracontratual não se confunde com a do contratual, parecendo-nos inaceitável seja a diferença considerada apenas sob o ponto de vista quantitativo.[11]

Sem prejuízo das diferenças entre os dois regimes, persiste a pergunta: é possível a invocação da regra geral de responsabilidade aquiliana se estiver configurada uma infração contratual?

Na trilha dos irmãos Mazeaud e André Tunc, tem sido prestigiada a orientação que nega essa possibilidade, notadamente porque considera equivocada a premissa segundo a qual as normas de responsabilidade aquiliana seriam de caráter geral e de ordem pública e, por isso, não poderiam ser afastadas por convenção privada. Pondera-se ter sido o próprio legislador quem regulou de forma diversa os âmbitos das responsabilidades contratual e aquiliana – e o argumento é perfeitamente compatível com o Direito brasileiro. Portanto, haveria desrespeito à lei

contratual, enquanto para a contratual incide a regra geral (Corte Especial, Eresp 1.281.594, rel. Min. Felix Fischer, DJ 23/05/2019).

10 A propósito deste último ponto, v. PACÍFICO, Luiz Eduardo Boaventura. O ônus da prova. 2a. ed. São Paulo: Ed. Revista dos Tribunais, 2012., p. 138. Apontando as diferenças decorrentes da incidência de um ou outro regime, v. ainda HEINITZ, Ernesto. I limiti oggettivi della cosa giudicata. Padova: CEDAM, 1937, p. 186; Responsabilità contrattuale e responsabilità aquiliana. *Foro Italiano*, v. 1, p. 1563 ss., 1936; PISANI, Andrea Proto. Lezioni di diritto processuale civile. 5. ed. Napoli: Jovene, 2006.p. 75; entre nós, v. GONÇALVES, Carlos Roberto. *Responsabilidade civil*. 7. ed. São Paulo: Saraiva, 2002, p. 25-29.

11 Nesse sentido, v. CANOVA, Cerino. La domanda giudiziale e il suo contenuto. In: ALLORIO, Enrico (Coord.). Commentario del Codice di Procedura Civile. Torino: UTET, 1980. v. 2. t. 1., p. 202-203: "Inadempimento contrattuale ed illecito aquiliano divergono essenzialmente per la misura del risarcimento che essi possono determinare e, se concorrono, producono diritti differenziati per la quantità." De todo modo, o autorizado jurista prefere não estabelecer um critério geral sobre se há ou não multiplicidade de incidências normativas (a contratual e a extracontratual), mas tende a um tratamento unitário, acentuando que o direito ressarcitório é único e que deve prevalecer a regulação mais proveitosa ao autor, porque o direito de maior abragência absorve o de menor (p. 204-205).

ao se burlar essa regulamentação, autorizando a aplicação de normas de responsabilização extracontratual a uma infração contratual.[12] Sem embargo, em expressiva passagem, concluem: "*En esas hipótesis de culpa o de garantia contractuales, la víctima no puede situarse sobre el terreno delictual, salvo en aquellos casos excepcionales en que el mismo hecho que constituya una culpa contractual integre al propio tiempo una culpa delictual distinta del contrato y exterior del mismo.*"[13]

4. Unicidade do direito subjetivo ressarcitório

Mais um argumento – talvez definitivo – reforça a necessidade de aplicação de apenas um dos regimes a um dado caso concreto. Conforme demonstrou abalizada doutrina, duas normas não podem ser iguais tanto em seus pressupostos como em seus efeitos. Se tal ocorresse, a norma seria uma só. Nessa esteira, Sergio Menchini traçou importantes critérios para regular a relação entre normas que possuem pressupostos de fato parcialmente coincidentes, aqui inteiramente aplicáveis.[14] Como adverte Proto Pisani, se em matéria tão complexa os parâmetros não podem ser considerados definitivos, os traçados por aquele autor, acrescidos da contribuição de Cerino Canova, oferecem uma boa base apta a desencadear uma ampla discussão doutrinária e jurisprudencial sobre o tema.[15]

De acordo com essa classificação, o concurso entre responsabilidade contratual e extracontratual resolve-se através do critério da *especia-*

12 MAZEAUD, Henry; MAZEAUD, Léon; TUNC, André. *Tratado teórico y prático de la responsabilidad civil delictual y contratual*, cit., t. 1, v. 1, n. 192, p. 281. O Código Civil brasileiro, com efeito, regula a responsabilidade civil contratual no título IV, reservando o título IX para a extracontratual, ambos do livro I da parte especial ("Do direito das obrigações"). Diversamente, a legislação portuguesa regula unitariamente as duas espécies de responsabilidade, no art. 2.393 do CC daquele país. A esse respeito, v. os comentários de Rui Stoco, *Tratado de responsabilidade civil*. 6. ed. São Paulo: Ed. Revista dos Tribunais, 2004. p. 137.

13 MAZEAUD, Henry; MAZEAUD, Léon; TUNC, André. *Tratado teórico y prático de la responsabilidad civil delictual y contratual*, cit., t. 1, v. 1, n. 207, p. 292. Considerações análogas são feitas por DIAS, José de Aguiar. Da responsabilidade civil. 11. ed. rev. atual. de acordo com o Código Civil de 2002, e aumen. por Rui Berford Dias. Rio de Janeiro: Renovar, 2006., p. 221.

14 São basicamente quatro os critérios: exclusão, especialidade, absorção e coincidência cronológica. V. MENCHINI, Sergio. I limiti oggettivi del giudicato civile. Milano: Giuffrè, 1987, p. 248 ss.

15 PISANI, Andrea Proto. *Lezioni di diritto processuale civile*, cit., p. 75.

lidade. A hipótese normativa da relação contratual prevê um elemento que a norma da responsabilidade aquiliana não possui: o vínculo contratual existente entre as partes. De modo que, existente o contrato, em regra atrai-se o regime contratual e repele-se o regime extracontratual.[16]-[17]

5. Um único direito não importa necessariamente uma única ação

Assentada essa premissa de direito material (configuração de um *ou* outro direito), a pergunta que se impõe é a seguinte: se o direito é um só, a ação cabível também é necessariamente única?

E aqui vamos nos afastar de autores que até aqui nos conduziram à conclusão sobre a unicidade do direito. Cerino Canova salienta a relevância de definir se o direito subjetivo é único ou plural, porque daí decorreria a unicidade ou a pluralidade de ações cabíveis. E, desenvol-

16 Aplicando o princípio da especialidade, além de Sergio Menchini, v. ainda CONSOLO, Claudio. Domanda giudiziale. In: DIGESTO delle discipline privatistiche: sezione civile. Quarta versão. Torino: UTET, 1994. v. 7, p. 44-110., p. 76; HEINITZ, Ernesto. Responsabilità contrattuale e responsabilità aquiliana, cit., p. 1567-1568; e um expressivo leque de autores citado por CANOVA, Cerino. La domanda giudiziale e il suo contenuto, cit., p. 196, nt. 92.

17 No seguinte julgado do STJ, a unicidade é admitida implicitamente, ao se entrever a possibilidade de existência cumulativa da responsabilidade contratual e extracontratual apenas entre diversos sujeitos: "Responsabilidade contratual e extracontratual - Cumulação de ações. Admissível, em princípio, que um mesmo dano derive de inadimplemento de um contrato e de ilícito extracontratual por que responsável um terceiro. Isso ocorrendo, viável a cumulação de demandas em um mesmo processo, formando-se litisconsórcio passivo." Do voto, emerge que "perfeitamente possível sofra alguém um dano que derive, simultaneamente, da inexecução de um contrato e de ilícito extracontratual por que responsável um terceiro. Figure-se a hipótese de um contrato de transporte, a que se considera ínsita a cláusula de incolumidade. Ocorrendo acidente, imputável ao comportamento culposo de um terceiro, o transportador é, não obstante, responsável pela indenização. A propósito a Súmula 187 do Supremo Tribunal Federal. Isso não exclui, entretanto, a responsabilidade do terceiro, não se podendo negar à vítima o direito de pleitear dele, diretamente, a indenização. E se assim é, não haverá razão que justifique se tenha como defeso se reúnam as demandas em um mesmo processo. Claro está que sendo um só o prejuízo uma será a indenização. Ambos por ela responderão, cabendo ao transportador, se o caso, o direito de regresso (STJ, 3ª T., Resp. 38.922-4/SP, rel. Min. Eduardo Ribeiro, RSTJ 55/271).

vendo o seu discurso, conclui serem únicos, quer o direito subjetivo, quer a ação cabível para tutelá-lo.[18]

Todavia, não nos parece que só por ser único o direito subjetivo, a ação cabível para a sua defesa siga a mesma sorte, sendo necessariamente única.

Em virtude da natureza abstrata da ação, é possível que seja ajuizada uma demanda baseada exclusivamente na infração contratual e outra fundada na responsabilidade aquiliana. Figure-se o velho exemplo do acidente: é factível que o autor, não contando ainda com elementos de prova sobre a culpa do motorista do veículo da empresa ré (as testemunhas ainda não foram localizadas, entre outros fatores), ajuíze uma demanda exclusivamente sob o enfoque contratual, na qual a prova da culpa é despicienda. Considere-se, ainda, que o pedido seja julgado improcedente porque não se demonstrou a efetiva existência de um contrato de transporte. Nesta ação, veja-se que a própria descrição dos fatos, atendo-se à ótica contratual, não desce aos detalhes da condução imprudente do motorista. Pergunta-se: o autor não pode promover uma segunda ação, desta feita com fundamento na responsabilidade aquiliana? Para o direito brasileiro, a resposta só pode ser positiva, sendo, aliás, perfeitamente possível que nesta o autor se sagre vitorioso.

Ou seja, mesmo havendo no plano material apenas um direito subjetivo (*v.g.*, o de natureza extracontratual), há efetiva possibilidade de processamento de mais de uma ação, pois o objeto do processo é integrado por direito *meramente afirmado* e não necessariamente existente. Somente a sentença poderá dizer se ele de fato era fundado ou não. O

18 "(...) a demanda de condenação ao ressarcimento funda-se em um evento – o comportamento danoso – idôneo a integrar potencialmente diferentes *fattispecie*, como são as do inadimplemento e do fato ilícito, mas todas dirigidas ao mesmo único direito. De conseguinte, a unidade da situação substancial (...) não se esvai no processo somente porque nele o direito é apenas afirmado e podem variar os elementos da *fattispecie*" (La domanda giudiziale e il suo contenuto, cit., p. 206, nossa a tradução livre). Claudio Consolo caminha na mesma exata direção: "In relazione ad un determinato fatto generatore, unico è il diritto di credito che può esistere nel medesimo istante tra le stesse parti; e *in quanto unico è il diritto sostantivo, la domanda con cui si chiede il risarcimento dei danni in riferimento a quell'accadimento storico è una* a prescindere dalla possibilità di una diferente sussunzione del fatto nello schema dell'ilicito aquiliano o dell'inadempimento contratuale" (Domanda giudiziale, cit., p. 76). No mesmo sentido, MENCHINI, Sergio. *I limiti oggettivi*, cit., p. 263-264.

que não pode haver é a concessão de uma dupla indenização. A satisfação é que deve ser necessariamente única!

Recorrendo a um exemplo de acidente ocorrido durante o transporte de carga, Cruz e Tucci recorda a doutrina de Jaques Miguet para dizer que o *fundamento global* (responsabilidade civil) comporta *diversidade de causas* (responsabilidade contratual e responsabilidade aquiliana), sendo que o exercício de uma das ações não impede o da outra.

> *"Entendemos, pois, que se o demandante, pretendendo indenização por perdas e danos ocorridos durante a condução da carga, é derrotado em ação escudada no contrato de transporte, poderá, sem dúvida, pleitear, em seguida, a mesma indenização com arrimo na culpa decorrente de ato ilícito dada a manifesta imperícia do motorista do caminhão que transportava a mercadoria. A mesma afirmação vale para as ações fundadas em direito real, quando o autor dispuser de dois títulos que lhe assegurem o domínio de determinado imóvel: de duas uma, ou ajuíza a reivindicatória apontando ambos os fatos constitutivos de seu direito, ou, então, sucumbindo na primeira demanda em que deduzido como título de aquisição uma escritura de compra, propõe outra escudada em fundamento diverso, como, por exemplo, a usucapião...".* [19]

Realmente, embora o Direito subjetivo ostente relevância para a demarcação do objeto litigioso, o Direito brasileiro, fortemente inclinado à substanciação, não se harmoniza com a orientação segundo a qual exclusivamente ele – o Direito subjetivo – seria suficiente para individuar a demanda, considerando-se todas as suas possíveis causas abrangidas na coisa julgada, independentemente de terem sido expressamente deduzidas.[20]

19 CRUZ E TUCCI, José Rogério. A causa petendi na ação de usucapião extraordinária. In: _____ (Coord.). Processo civil: estudo em comemoração aos 20 anos de vigência do Código de Processo Civil. São Paulo: Ed. Revista dos Tribunais, 1995., p. 166-167. Como informado pelos irmãos Mazeaud e André Tunc, de há muito a jurisprudência francesa proclama que a coisa julgada de uma sentença de improcedência, proferida em uma ação fundada na relação contratual, não obsta o ajuizamento de uma ação baseada na responsabilidade aquiliana (*Tratado teórico y prático de la responsabilidad civil delictual y contratual*, cit., t. 1, v. 1, p. 253, nt. 6).

20 Como se sabe, é a posição de expressiva doutrina italiana contemporânea: Cerino Canova, Sergio Menquini e Claudio Consolo.

O Direito subjetivo possui a sua importância, mas a individuação da demanda se dá através dele em conjugação com os fatos afirmados. Aliás, a invocação de um determinado Direito subjetivo determina os fatos essenciais sobre os quais recai o ônus da afirmação do autor. O que tem importância, portanto, é o *perfil fático-jurídico* deduzido pelo autor.

6. Pluralidade de ações e concurso de normas

As considerações acima expostas não se acomodam às ideias de Chiovenda a respeito do *concurso de normas*, sobre o que não seria possível omitir-nos.

Versando sobre o aparente concurso entre "ação aquiliana" e as "contratuais", o grande jurista reconhece a diversidade da natureza das responsabilidades (com culpa, na aquiliana; sem culpa, na contratual), mas enfatiza que a ação é uma só, a qual persegue o ressarcimento dos danos e tem por causa o fato danoso: "(...) este pode qualificar-se pelo vínculo contratual, mas a responsabilidade é uma só, a derivante do fato qualificado, e não se pode pleitear com dois processos sucessivos, só porque num se afirma a qualificação e no outro, não." O concurso unicamente de normas pressupõe, todavia, que sobre o *mesmo fato* possam incidir diferentes normas.[21]

Todavia, como não passou despercebido a Cerino Canova, e os exemplos acima confirmam, as normas que estatuem as responsabilidades aquiliana e contratual *não possuem identidade total de pressupostos fáticos* – e tampouco de efeitos, ousamos acrescentar.[22]

21 CHIOVENDA, Giuseppe. Instituições de direito processual civil. Tradução para o vernáculo, por J. Guimarães Menegale, da 2. ed. italiana. 3. ed. São Paulo: Saraiva, 1969. 3 v., v. 1., p. 367.

22 Afirma, com efeito, Cerino Canova: "la previsione legislativa del danno aquiliano e quella dell'inadempimento contrattuale hanno in comune solo una parte delle relative fattispecie, ossia il comportamento dannoso. Sicché il passaggio dall'una all'altra non è semplice variazione di norma giuridica, né può essere giustificato dall'unità temporale e spaziale della vicenda" (La domanda giudiziale e il suo contenuto, cit., p. 206). Em senso parelho, v. TEITELBAUM, Jaime W. *El proceso acumulativo civil*, cit., p. 106. Advirta-se, porém, que Cerino Canova alivia a crítica, ao enfatizar o caráter pragmático que norteou a obra de Chiovenda (p. 21). *A latere*, registre-se a observação de Ernesto Heinitz, para quem a noção do concurso de normas só poderia basear-se na premissa de que a *causa petendi* é o fato constitutivo, sobre o qual se deve pesquisar a norma aplicável. Porém, essa noção conflita com os postulados da individualização, defendidos pelo grande jurista (*I limiti oggettivi della cosa giudicata*, cit., p. 150, nt. 1).

7. Natureza da responsabilidade (objetiva e subjetiva)

Mais um exemplo no campo da responsabilidade civil presta-se a iluminar outro aspecto relacionado à individuação das demandas e ao objeto do processo: a exigência da fundamentação jurídica da demanda pode ser maior ou menor, conforme haja ou não uma pluralidade de direitos conducentes ao mesmo efeito. Havendo mais de um direito, a especificação do fundamento jurídico (causa de pedir próxima) desempenha um papel mais relevante para a individuação do que se o efeito estiver escorado em apenas um único Direito subjetivo.

O exemplo tem na base um direito indenizatório de natureza *contratual* (logo, não se questiona se o direito é contratual ou extracontratual), girando a questão em torno da natureza da responsabilidade: objetiva ou subjetiva.

Vamos supor que, em decorrência de uma cirurgia malsucedida, a paciente mova uma ação contra o nosocômio e o médico (em litisconsórcio passivo) fundada exclusivamente na responsabilidade objetiva (art. 14 do CDC). Como esta não pressupõe ato culposo, a autora nem alegou culpa do médico, mesmo porque ainda não contava com elementos seguros sobre isso. Suponhamos, em acréscimo, que o pedido tenha sido improcedente porque as provas demonstraram: a) a contratação do médico diretamente pela autora, sem qualquer interferência do hospital; e b) total ausência de relação de trabalho ou de preposição entre os aventados réus. Destarte, a responsabilização objetiva de qualquer um dos réus realmente não tinha cabimento.[23]

Pergunta-se: a vítima da cirurgia, cujo útero foi extirpado erroneamente, não pode ingressar com uma outra ação exclusivamente contra o médico, baseada no mesmo direito subjetivo contratual, porém, desta feita increpando culpa ao cirurgião, narrando detalhadamente os fatos que a levam a crer no desrespeito das regras da arte médica? Parece que sim.

Neste caso, embora não se exija uma maior especificação do fundamento jurídico, dada a clara configuração de um contrato entre as partes, veja-se que a substanciação fática da segunda demanda é maior do que na primeira, pois assim o exige a natureza da responsabilidade.

---

23 Veja-se interessante julgado do STJ, em que, reconhecida a responsabilidade objetiva do nosocômio, também se proclamou a responsabilidade objetiva do médico, em razão da solidariedade (3ª T., Resp. 138.059/MG, voto-vista da Min. Nancy Andrighi, DJ 11/6/2001).

Mas vamos agora supor que a autora, mesmo transcrevendo apenas o art. 14 do CDC, já descrevera na inicial os atos que, a seu ver, configurariam a culpa do médico. Neste caso, certamente mais usual na prática, não haveria óbice algum para o julgamento da demanda com base na responsabilidade subjetiva. Afinal, a indicação do artigo de lei, embora possa ser um importante meio de interpretação da pretensão deduzida, não a define (*iura novit curia*).[24]

Mudando o exemplo, figure-se agora um acidente de trânsito envolvendo um carro da administração conduzido por agente público. Aqui naturalmente não se põe a questão da natureza do direito controvertido, evidentemente extracontratual. Sem embargo, o autor, proprietário do carro abalroado, promove uma ação baseada na responsabilidade subjetiva, mas o juiz julga procedente o pedido com base na responsabilidade objetiva, *ex vi* do art. 37, § 6º, da CF.[25] Tal se mostra perfeitamente lícito porque: a) não havendo concurso de direitos, o autor não restringiu a demanda sob um específico e determinado direito subjetivo; e b) os fatos essenciais, geradores da responsabilidade estatal, são apenas o nexo causal e os danos, que também constituem, acrescidos da culpa, fatos essenciais para a responsabilidade subjetiva. Em outras palavras, os fatos constitutivos para a ação fundada na culpa já englobam necessariamente os fatos constitutivos da ação lastreada na responsabilidade objetiva. Destarte, o julgamento com base nesse módulo de alegação e de prova *menor* não desborda do objeto litigioso.

Contudo, em ambos os casos não se questionava sobre o direito aplicável, mas apenas sobre o regime da responsabilidade (objetiva ou subjetiva). Discussões como essas são cada vez mais frequentes no foro, inclusive graças à possibilidade de inversão do ônus da prova nas lides regradas pelo CDC (art. 6º, VIII).

Também no vigente Código Civil, no regime da responsabilidade extracontratual, a responsabilidade pode ser objetiva, "nos casos especificados em lei, ou quando a atividade normalmente desenvolvida pelo

---

24 Em hipóteses assim, Jaime W. Teitelbaum considera implícita a cumulação das ações fundadas em ambas as causas de pedir (*El proceso acumulativo civil*, cit., p. 109-110).

25 Confira-se a análise jurisprudencial realizada por CRUZ E TUCCI, José Rogério. Responsabilidade objetiva e qualificação jurídica da demanda. In: CRUZ E TUCCI, José Rogério. Processo civil, realidade e justiça: 20 anos de vigência do CPC. São Paulo: Saraiva, 1994. p. 1 ss.

autor do dano implicar, por sua natureza, risco para os direitos de outrem" (art. 927 do CC). É muito fértil o campo para discussão sobre a natureza da responsabilidade, independentemente de questionar-se a natureza do próprio direito.

Nessas hipóteses, em que não há possibilidade - nem mesmo potencial - de concurso de direitos, a importância do fundamento jurídico para a individuação da demanda é menor, despontando com toda a clareza a relevância dos fatos. E é de todo aconselhável que o autor seja minucioso na descrição fática e muito diligente na produção da prova para que, numa única demanda, potencialize a sua chance de êxito, independentemente da natureza da responsabilidade (objetiva ou subjetiva).

Mas o que importa reprisar é que, nos casos por último alvitrados, não estando em discussão o direito que fundamenta a demanda, o *substrato fático* é que acaba delimitando as possibilidades de enquadramento jurídico pelo juiz. Já nos casos em que diversos direitos conduzem ao mesmo efeito (mesmo que seja meramente potencial o concurso de direitos), além dos fatos, emerge uma maior relevância do fundamento jurídico para a individuação da demanda.

Referências bibliográficas

CANOVA, Cerino. La domanda giudiziale e il suo contenuto. In: ALLORIO, Enrico (Coord.). Commentario del Codice di Procedura Civile. Torino: UTET, 1980. v. 2. t. 1.

CAVALIERI FILHO, Sergio. Programa de responsabilidade civil. 3. ed. São Paulo: Malheiros Ed., 2002.

CHIOVENDA, Giuseppe. Instituições de direito processual civil. Tradução para o vernáculo, por J. Guimarães Menegale, da 2. ed. italiana. 3. ed. São Paulo: Saraiva, 1969. 3 v., v. 1.

CONSOLO, Claudio. Domanda giudiziale. In: DIGESTO delle discipline privatistiche: sezione civile. Quarta versão. Torino: UTET, 1994. v. 7, p. 44-110.

CRUZ E TUCCI, José Rogério. A *causa petendi* no processo civil. 3ª. ed. São Paulo: Ed. Revista dos Tribunais, 2009.

CRUZ E TUCCI, José Rogério. A causa petendi na ação de usucapião extraordinária. In: _____ (Coord.). Processo civil: estudo em comemoração aos 20 anos de vigência do Código de Processo Civil. São Paulo: Ed. Revista dos Tribunais, 1995.

CRUZ E TUCCI, José Rogério. Responsabilidade objetiva e qualificação jurídica da demanda. In: CRUZ E TUCCI, José Rogério. Processo civil, realidade e justiça: 20 anos de vigência do CPC. São Paulo: Saraiva, 1994.

CRUZ E TUCCI, José Rogério; AZEVEDO, Luiz Carlos de. Lições de história do processo civil romano. São Paulo: Ed. Revista dos Tribunais, 1996.

DIAS, José de Aguiar. Da responsabilidade civil. 11. ed. rev. atual. de acordo com o Código Civil de 2002, e aumen. por Rui Berford Dias. Rio de Janeiro: Renovar, 2006.

GONÇALVES, Carlos Roberto. Responsabilidade civil. 7. ed. São Paulo: Saraiva, 2002.

HEINITZ, Ernesto. I limiti oggettivi della cosa giudicata. Padova: CEDAM, 1937.

HEINITZ, Ernesto. Responsabilità contrattuale e responsabilità aquiliana. Foro Italiano, v. 1, 1936.

MAZEAUD, Henry; MAZEAUD, Léon; TUNC, André. Tratado teórico y prático de la responsabilidad civil delictual y contratual. Tradução da 5. ed. por Luis Alcalá-Zamora y Castillo. Buenos Aires: Ejea, [s.d.]. t. 1, v. 1.

MENCHINI, Sergio. I limiti oggettivi del giudicato civile. Milano: Giuffrè, 1987.

MORSELLO, Marco Fábio. Responsabilidade civil no transporte aéreo. São Paulo: Atlas, 2006.

PACÍFICO, Luiz Eduardo Boaventura. O ônus da prova. 2a. ed. São Paulo: Ed. Revista dos Tribunais, 2012.

PACÍFICO, Luiz Eduardo Boaventura. Ações concorrentes. São Paulo: Quartier Latin, 2011.

PISANI, Andrea Proto. Lezioni di diritto processuale civile. 5. ed. Napoli: Jovene, 2006.

PISANI, Andrea Proto. Lezioni di diritto processuale civile. Modena: CEDAM, 1986. 4 v., v. 4. Reedição da publicação de 1926.

STOCO, Rui. Tratado de responsabilidade civil. 6. ed. São Paulo: Ed. Revista dos Tribunais, 2004.

TEITELBAUM, Jaime W. El proceso acumulativo civil. Montevideo: Ediciones jurídicas Amalio M. Fernandez, [s.d.].

FINANCIAMENTO DE LITÍGIOS E INTERVENÇÃO DE TERCEIROS EM ARBITRAGEM

Marcel Carvalho Engholm Cardoso[1]

Introdução

Não nos conhecíamos quando o Professor José Rogério Cruz e Tucci aceitou minha aplicação para uma vaga no mestrado da Universidade de São Paulo. Ser egresso de universidade diversa nos privou da oportunidade de convivermos até ali, mas o Professor, como sempre generoso, fez a grande aposta de orientar um desconhecido. Sua orientação abriu meus olhos e, consequentemente, portas. Nesse artigo, busco homenagear a carreira e os estudos do meu querido professor e amigo José Rogério ao contribuir para uma de suas causas mais caras - o desenvolvimento do direito processual brasileiro. Leitores atentos irão notar a forte influência das ideias do Professor José Rogério na minha exposição sobre direito romano e no estudo a respeito da parte sob a ótica do processo civil.

Esse artigo busca entender se o financiador pode intervir na arbitragem financiada. É verdade que o financiador, na maior parte das vezes, não terá interesse em participar da demanda. Mas seria possível a parte contrária forçar a sua intervenção através de uma das formas de intervenção coata prevista no direito brasileiro? Ou caso queira, poderia o financiador intervir voluntariamente na demanda financiada? Se sim, a que título?

A primeira parte desse artigo fará uam breve exposição sobre a história do financiamento por terceiros, desde a Idade Antiga até o século XXI. Em seguida, serão discutidos os conceitos de "parte" e "terceiros", bem como as figuras de intervenção de terceiros aceitas no Direito Brasileiro. A terceira parte buscará analisar as bases teóricas para se admitir ou não a intervenção de terceiros em arbitragens no Direito Brasileiro. Por fim, serão propostas soluções para a intevernção de terceiros em arbitragem e a aplicação dessas conclusões ao financiador.[2]

---

1 Advogado de Chaffetz Lindsey LLP, Nova York. Graduado em Direito pela Pontifícia Universidade Católica de São Paulo, Mestre em Direito pela Universidade de São Paulo, LL.M. pela New York University. Advogado no Brasil e em Nova York.

2 Esse artigo em homenagem ao Professor José Rogèrio Cruz e Tucci é baseado no

1. Origens históricas

O debate sobre a participação de terceiros desinteressados no processo remonta já à Grécia e Roma,[3] aparecendo de forma mais proeminente na Inglaterra feudal sob as figuras de "*maintenance*" e "*champerty*."[4] A prática das *contingency fees* – i.e., atrelar a remuneração do advogado à soma recebida pelo litigante – era vista como forma de *maintenance* e, portanto, também foi banida nos países de origem no direito inglês, impedindo que um terceiro que não fosse parte arcasse com os custos do processo. Tal proibição foi revogada pela *American Bar Association* em 1908, o que permitiu um tímido mas crescente desenvolvimento de uma cultura aberta à ideia de conceder suporte financeiro ao litigante, o que mais tarde permitiria o surgimento do financiamento por terceiros em seus contornos atuais.

A. Idade Antiga: Direitos Grego e Romano

Parte da doutrina, quando busca fazer uma regressão histórica sobre o surgimento do financiamento por terceiros (*third party funding*), menciona Roma e Grécia antigas.[5] Invariavelmente, as citações levam ao texto de Max Radin[6] sobre as práticas de *champerty* e *maintenance* (me-

---

mesmo estudo orientado pelo professor e publicado como Marcel Carvalho Engholm Cardoso, *Arbitragem e Financiamento por Terceiros*, Almedina, São Paulo, 2020.

---

3 Aren Goldsmith e Lorenzo Melchionda. *Third party funding in international arbitration: everything you ever wanted to know (but were afraid to ask): part I.* In: International Business Law Journal/ Revue de Droit des Affaires Internationales, vol. 1 - 2012. London: Thomson Reuters, 2012. p. 55.

4 Bernardo Cremades Jr. *Third Party Litigation Funding: Investing in Arbitration.* In: Transnational Dispute Management Journal, vol. 8, issue 4. Voorburg: MARIS, 2011. p. 4.

5 goldsmith; melchionda *Third party funding in international arbitration: everything you ever wanted to know (but were afraid to ask): part I,* p. 55 (afirmando que "*The origins of TPF have been tied back to certain practices in ancient Rome and Greece (...)*"); Lisa Bench Nieuweldç Victoria Shannon. *Third-party Funding in International Arbitration,* Alphen aan den Rijn: Kluwer Law International, 2013. p. 14 ("*The doctrines of maintenance and champerty originated in the ancient Greek and Roman legal systems...*)

6 Max Radin. *Maintenance by Champerty.* In: California Law Review, vol. 24. Berkeley. 1935, pp. 48-78

lhor descritas abaixo). Possível fonte de confusões, o estudo, de 1935, não tratava de financiamento por terceiros, mas visava apenas definir as origens históricas da proibição de participação de terceiros sem interesse legítimo em processos alheios. Com efeito, nada há na doutrina para indicar que havia, já na Grécia e Roma, figura semelhante ao financiamento de litígios por terceiros que conhecemos hoje. Se pertinência há na regressão a esses períodos - usualmente trazida pela doutrina especializada - esta consiste na demonstração de que os argumentos de ordem "ética" contra o financiamento (notadamente, a ideia de que o auxílio ou participação de terceiro em processo alheio, com relação ao qual originalmente não teria interesse, desvirtuaria o processo) já se fazem presentes desde aquela época, motivando a criação de políticas contra tais práticas. Essa mentalidade, como se verá abaixo, teve como efeito barrar o desenvolvimento e uso do financiamento por terceiros, que somente viria a se disseminar no início do século XXI.

Em seu multicitado estudo, RADIN expõe que, na Grécia antiga, era comum que o litigante aparecesse ao tribunal acompanhado de amigos e parentes, o que revelava dignidade e poder, tendo tal prática evoluído para, no século VI a.C, permitir-se que tais terceiros interviessem para assistir os litigantes.[7] Com o tempo, permitiu-se, para hipóteses excepcionais, que esses terceiros interviessem em nome do litigante, quando este não pudesse comparecer fisicamente (por razões de segurança), quando não pudesse antagonizar de modo eficaz uma parte adversa com maior poder político, ou ainda quando o litigante não tivesse a capacidade de estar em juízo, caso, por exemplo, de estrangeiros que não pertenciam à polis.[8]

Com as reformas de Solon à pólis ateniense (594 a.C), deu-se legitimidade a qualquer cidadão para processar criminalmente outro indivíduo, sendo tal prática considerada como um serviço público prestado pelo cidadão.[9] Não demorou a surgirem «acusadores» (*prosecutors*)

Max RADIN foi Professor de Direito na Universidade da Califórnia, Berkeley, no início do século XX, e professor visitante nas Universidades de Yale, Pacific e Columbia, tendo seu trabalho acadêmico grande foco no Direito Romano e nas origens do Civil Law.

---

7 RADIN. *Maintenance by Champerty*, pp. 48-49 ("*It was as disgraceful to appear unescorted to one's trial as it would have been to go so to one's grave.*")

8 *Id.*.

9 À exceção de crimes de homicídio, cuja legitimidade era limitada aos parentes da vítima. A defesa do interesse público feita por esses indivíduos era recompensada

profissionais, que usavam essa prerrogativa buscando aumentar suas próprias fortunas ou mesmo prejudicar oponentes políticos. Tais profissionais foram denominados de "sicofantes" e a sua prática *sykophanteia*.[10] Regulações foram criadas para desencorajar demandas frívolas e leis estabelecidas para punir sicofantes, cujo *modus operandi* muitas vezes levava à desistência do processo antes do julgamento, após ter recebido propina do acusado.[11] Contudo, tais normas foram pouco efetivas no desestímulo à sicofancia, já que o magistrado não possuía um dever de punir o autor desistente e as demandas eram ajuizadas voluntariamente (inexistindo um promotor público com tal obrigação) por acusadores – em sua maioria – profissionais, não havendo interesse dos demais sicofantes em buscar o cumprimento de uma lei que lhes era prejudicial.[12]

A prática também foi herdada na Roma antiga, sob a figura da *calumnia*, ação[13] vexatória trazida por um terceiro em nome de outra pes-

---

com uma parte do valor recolhido aos cofres da cidade-Estado em caso de procedência da demanda, chegando a 50% em demandas relacionadas ao comércio, taxas alfandegárias e mineração e 75% em casos nos quais se demonstrava que familiares do réu condenado estavam ocultando patrimônio confiscado (ROBERT J. BONNER. *Lawyers and Litigants in Ancient Athens: The Genesis of the Legal Profession*. Nova Iorque: Benjamin Bloom, 1969, p. 59-61).

10 RADIN. *Maintenance by Champerty*. p. 49.
Bonner, buscando na literatura jurídica a melhor definição, cita Kennedy, jurista inglês responsável pela tradução de Demóstenes, que deu ao termo a seguinte definição: "*The term suggests a happy compound of common barrator, informer, pettifogger, busybody, rogue, liar and slenderer. It included calumny, conspiracy, false accusation, malicious prosecution, threats of legal proceedings to extort money, and generally, all abuse of legal processes for fraudulent purposes.*" (BONNER, *Lawyers and Litigants in Ancient Athens*. p. 64).

11 BONNER, *Lawyers and Litigants in Ancient Athens*. p. 66 (afirmando que "*Success in any suit made him a more formidable antagonist in the eyes of his victims and enabled him to blackmail them more easily. For it is plain that the hush money exacted from accused persons constituted the mainstay of the large number of sycophants that infested Athens*").

12 *Id.* p. 69.

13 Conforme exposto por Cruz e Tucci, o processo romano era baseado em um sistema de ações, mais do que de direitos subjetivos propriamente, de modo que não se dizia "tenho um direito" mas sim "tenho uma ação", considerando-se titular da *actio* o cidadão que lograsse êxito em demonstrar a existência de uma situação de direito material (v. JOSÉ ROGÉRIO CRUZ E TUCCI. *A causa petendi no processo civil*. 3ª ed. São Paulo: RT, 2009. p. 33).

soa com a qual não possui relação ou uma ação trazida em nome próprio que o autor tinha consciência de ser infundada.[14] A definição da prática aparece no Código Teodosiano (*De Calomniatoribus*)[15] e tanto se assemelha à figura do sicofante que os termos foram constantemente trocados pelos glosadores medievais.[16]

O Direito Romano não admitia que houvesse lucro sobre litígio, vedando expressamente a aquisição da *res litigiosa* por terceiros.[17] A "ação" podia ser vendida, contudo, se a coisa ainda não houvesse se tornado litigiosa, de modo que se tornou comum a venda para terceiros politicamente influentes, cuja chance de sucesso era maior e que adquiriam a coisa litigiosa por valor menor do que a quantia que poderia futuramente receber.[18]

A desvirtuação dessa espécie de "legitimidade extraordinária" para fins políticos e financeiros é o traço que liga Grécia e Roma antigas às práticas de *maintenance* da Inglaterra feudal, vinte séculos mais tarde, cuja proibição foi o maior obstáculo ao desenvolvimento do financiamento por terceiros.

---

14 Jason Lyon. *Revolution in Progress: Third-Party Funding of American Litigation.* In: UCLA Law Review, vol. 58. Los Angeles, 2010. p. 580.

15 Livro IX, Título 39 (tradução de Clyde Pharr: *The Theodosian Code and Novels, and the Sirmordian Constitutions.* New Jersey: The Lawbook Exchange, 2001. p. 255)

16 Radin. *Maintenance by Champerty.* p. 53, nota 18.

17 Carlos Alberto Alvaro de Oliveira. *Alienação da coisa litigiosa.* 2ª ed. Rio de Janeiro: Forense, 1986. pp. 7-10 (explicando que a doutrina tradicional, baseando-se em um édito de Augusto e no Digesto, admitia haver uma proibição taxativa da alienação do direito litigioso. O autor ressalta, contudo, a exposição de Franca de Marini Avonzo, que em obra monográfica opôs certos temperamentos a tal entendimento, notadamente: (*a*) era permitida a transferência do bem a um ente eclesiástico (*dedicatio in sacrum*), doação destinada à divindade; (*b*) era admitida a venda do objeto de ação de reivindicação por aquele que se diz proprietário, assumindo o adquirente seu lugar no litígio, exceção existente para tutelar o direito do possuidor, evitando-se que este fosse réu em uma segunda demanda idêntica; (*c*) admitia-se a alienação feita pelo autor, visto que o mecanismo da *litis contestatio* – "pelo qual o réu se obrigava com o autor a respeitar os julgados no limite da fórmula" (*ver* José Rogério Cruz e Tuccoç Luiz Carlos de Azevedo. *Lições de história do processo civil romano.* p. 81) – era eficiente somente em relação ao demandado, este sim impossibilidade de alienar a coisa litigiosa, o que não traria qualquer efeito para a lide; (*d*) finalmente, apenas com Justiniano é que se proibiu de forma absoluta qualquer transferência da *res litigiosa,* a qual, além de ser nula, levava à aplicação de uma indenização ao fisco ou à contraparte).

18 Radin. *Champerty by Maintenance.* p. 55.

B. Idade Média ao Século XX: Direito Anglo-Saxão

A evolução do direito inglês viu a criação de um sistema complexo,[19] de difícil acesso ao cidadão comum, o que propiciou o desenvolvimento de figuras de especialistas em direito: *attorneys* e *narrators* (com seus assistentes, denominados *barristers*), os quais não eram considerados

19 Durante a Alta Idade Média, o sistema judiciário inglês era dividido em cortes locais, fruto do sistema feudal vigente naquela época. Desenvolveram-se, contudo, na transição da Alta para a Baixa Idade Média (a partir do século XII), quatro cortes centrais, cuja jurisdição se estendia por todo o reino: *King's Bench, Common Pleas, Exchequer* e *Chancery.* Esta última era denominada *equity court,* enquanto as três primeiras eram conhecidas como *common law courts* em razão tanto da extensão de sua jurisdição quanto por aplicarem normas originadas nos próprios tribunais, diferenciando-se, assim, da lei criada pelo Parlamento e do direito canônico. As cortes de *common law* e *equity* diferenciavam-se, sobretudo, pelo procedimento e princípios norteadores.
King's Bench, Common Pleas e *Exchequer* adotavam o mesmo sistema, chamado de *writ procedure.* Por meio dele, o pleiteante narrava a violência que havia sido cometida contra si e uma ordem era dada pelo tribunal, descrevendo a conduta violenta ou danosa, e determinando ao réu que tomasse certas medidas para corrigir o mal que havia cometido, de modo a restabelecer a paz social. Com o tempo, diferentes *writs* se desenvolveram, determinando "formas de ação" diferentes, de acordo com a violência praticada. (curiosamente, esse modelo de *writs* do direito inglês parece se assemelhar ao sistema da *actio* romana, no qual a cada direito correspondia uma ação específica. Sobre a *actio* romana, *ver* José Rogério Cruz e Tucci. *A* causa petendi *no processo civil*, p. 32-49. Esses diversos procedimentos de *writ* acabaram evoluindo e constituíram uma grande base de direitos e remédios que lhe equivaliam.
Apesar de largo, o corpo de *writs* desenvolvido pelos três tribunais não cobria toda a gama de danos que podiam ser causados aos cidadãos. Havia casos em que não existiam remédios para os direitos violados, ou os que existiam eram ineficazes por conta da demora. Nesses casos, era comum que uma parte buscasse a intervenção do rei, apelando para seu poder geral de fazer justiça. Era comum que o rei pedisse ao seu chanceler que examinasse o caso e, dadas as circunstâncias, buscasse um resultado justo (*equity*). Com o tempo, esse envolvimento – em tese, extraordinário – do chanceler tornou-se rotineiro e uma verdadeira corte foi constituída, denominada *Chancery,* em razão de ser presidida pelo *chancellor.*
Diferentemente do que ocorria no *King's Bench, Common Pleas* e *Exchequer*, os julgamentos na corte de *Chancery* não usavam júri e o chanceler possuía autoridade discricionária de ir além do direito existente, fosse ele criado pelo parlamento ou pelos tribunais, para fazer cumprir o que entendia como "justo", razão pela qual tal corte era classificada como *equity court.* Os pleiteantes peticionavam uma "bill of equity", devendo demonstrar que não havia remédio existente para seu caso (Geoffrey Hazard Jr e Michele Taruffo. *American Civil Procedure*: An Introduction. New Haven: Yale University Press, 1993. p. 6-15).

calumniators por terem uma permissão real e por serem conselheiros dos juízes, *longa manus* do monarca.[20] A prática comum, portanto, tornou-se a utilização desses especialistas, os quais eram devidamente remunerados por seus serviços.

O uso desses *experts* tornou mais custoso o processo, porém, se naquela época não era obrigatório utilizá-los (admitindo-se que qualquer cidadão "advogasse em causa própria"), a contratação dos especialistas era garantia quase certa de sucesso no litígio. Com isso, tornou-se comum uma forma de "patrocínio" de causa por grandes senhores feudais, que, buscando aumentar seu próprio feudo, auxiliavam indivíduos em demandas envolvendo a propriedade de determinada terra em feudo vizinho.[21] Ele pagaria um *expert* e as demais custas do processo, caso fosse sucumbente, e, em contrapartida, ficaria com uma parte da terra, se fosse vitorioso. Para o cidadão comum, esse acordo significava maiores chances de vitória e, na verdade, um incentivo ao ajuizamento da ação, dado que não arcaria com eventuais custos caso perdesse. Para o senhor feudal, era uma forma de expandir seu domínio com aquisição de terras a baixos custos,[22] ao mesmo tempo em que enfraquecia o poder dos demais senhores feudais.[23] A esse contrato deu-se o nome de *Champart* (junção de *champ* – campo – e *partie* – parte ou parcela) – e, posteriormente, *champerty*.[24] Jáo patrocínio

---

20 RADIN. *Maintenance by Champerty*, p. 59-60.

21 ANDREW HANANEL e DAVID STAUBITZ. *The Ethics of Law Loans in the Post-Racman Era*. In: Georgetown Journal of Legal Ethics, v. 17, p. 797, 2003. Esta causa não estaria mais sob a jurisdição de cortes locais, mas sim da *King's Bench* ou da *Common Pleas*. Sobre o desenvolvimento e competência das cortes inglesas, *ver* HAZARD JR. E TARUFFO. *American Civil Procedure*, p. 6-15; MICHAEL ZANDER. *Cases and Materials on the English Legal System*. Cambridge: Cambridge University Press, 2007. p. 3-39; e MARTIN PARTINGTON. *Introduction to the English Legal System*. Oxford: Oxford University Press, 2013. em especial, p. 187-199 e 218-227; KATE MALLESON e RICHARD MOULES. *The Legal System*. 4. ed. New York: Oxford University Press, 2010. p. 21-25.

22 DAVID S. ABRAMS e DANIEL CHEN. *A Market for Justice: A First Empirical Look at Third Party Litigation Funding*. In: Journal of Business Law, Philadelphia: UPenn, p. 8, 2012.

23 LYON. *Revolution in Progress: Third-Party Funding of American Litigation*, p. 581.

24 Provavelmente uma figura de linguagem, uma vez que a denominação era adotada na França Medieval para uma espécie de arrendamento rural, no qual o proprietário da terra recebia parte da colheita, se houvesse, assumindo o risco de a safra ser improdutiva. Como nessa figura se arrendava a terra por parte dos frutos, passou-se a empregar o termo para se referir ao patrocínio de demandas por uma parcela dos recebíveis. RADIN, Max. Maintenance by Champerty, p. 61.

das causas dos vassalos pelos senhores feudais sem justificativa recebeu o nome de *maintenance*[25] (derivado de *maintain*, i.e., "manter", no sentido de proteger o direito à terra),[26] e passou a ser combatido pela coroa com o processo de centralização do poder da monarquia inglesa.[27]

Brevemente, *maintenance* é a prestação de assistência financeira a um litigante em um caso no qual o financiador não tenha interesse direto; enquanto *champerty*, uma espécie do gênero *maintenance*, é prestar tal assistência com expectativa de um retorno financeiro.[28] A proibição a essas práticas se difundiu pelos demais países de tradição de *common law* e serviu como barreira para o uso de financiamento por terceiros até a primeira metade do século XX.[29] Apesar de iniciativas legislativas e judiciais para descriminalizar a prática ou reconehcer *champerty* e *maintenance* como figuras obsoletas, os motivos que levaram a sua criaçao mostraram-se resistentes ao tempo, seguindo influenciando contratos que violassem a ordem pública (*public policy*).[30] Assim foi que contratos de financiamento seguiram sendo invalidados em diversas jurisdições ao longo do século XX, em especial em casos onde, segundo a corte, o financiador exercia controle excessivo sobre o litígio.

---

25 *Maintenance* foi assim definida pela comissão responsável pela edição da lei que aboliu tal proibição na Inglaterra: "the procurement, by direct and indirect financial assistance, of another person to institute, cary or defend civil proceedings without lawful justification. Também as cortes inglesas preveem uma definição para *champerty*: "a particularly obnoxious form of [maintenance]. It exists where the maintainer seeks to make a profit out of another man's action – by taking the proceeds of it, or part of them, for himself" (Law Comission, *Proposals for the Reform of the Law Relating to Maintenance and Champerty*, 1966, § 9.)

26 Radin. *Maintenance by Champerty*. p. 63.

27 Exemplos notáveis são o *Star Chamber Act* de 1487 e o *Statute of Liveries* de 1504.

28 *Black's Law Dictionary*. 9. ed. Eagan: West Group, 2009. p. 973 e p. 262, respectivamente)(tradução livre). *Ver também, e.g., Rancman vs. Interim Settlement Funding Corp* (789 N.E.2d 217, 219-20 (Oh. 2003).

29 A proibição ética-administrativa já havia sido abolida nos Estados Unidos pela *American Bar Association* em 1908 e, enquanto ofensa criminal, foi abolida na Inglaterra pelo *Criminal Law Act* de 1967.

30 Não se assumirá aqui a difícil tarefa de definir "ordem pública". Para um debate a respeito de sua conceituação, ver Ricardo Aprigliano. *Ordem pública e processo: o tratamento das questões de ordem pública no direito processual civil*. São Paulo: Atlas, 2011. em especial pp. 5-13; *e* Pierre Mayer e Audley Sheppard. *Final ILA Report on Public Policy as a Bar to Enforcement of International Arbitral Awards*. In: Arbitration International, v. 19, issue 2, p. 251-252, 2003.

C. Século XXI: do *common law* aos demais sistemas

Apesar de o financiamento por terceiros já vir sendo usado, com contornos diversos e em diferentes países, ao longo so século XX,[31] o gatilho para sua grande disseminação em anos recentes pode ser traçada a duas iniciativas - a decisão da Supreme Corte da Austrália (*High Court of Australia*) no caso *Fostif* em 2006[32] e a reforma do sistema judiciário inglês no início dos anos 2000.

Fostif envolveu uma demanda coletiva para reembolso de taxas que haviam sido entendidas como ilegais pela Supreme Corte da Austrália. Uma empresa chamada Firmstones Pty Ltd. enviou cartas a potenciais autores pedindo poderes para atuar em seu nome. Firmstones arcaria com todos os custos da demanda e receberia uma parcela do valor reembolsado a cada autor em caso de sucesso. Mais de 2.100 varejistas aceitaram a proposta e Firmstones ajuizou a demanda. O juiz de primeira instância que os acordos de financiamento propostos nesse sistema de de demandas coletivas *opt-in* eram contrários à ordem pública e representavam um abuso processual.[33] Em apelação, o tribunal determinou o prosseguimento das demandas, entendendo, entre outros, que o controle exercido por Firmstones não era excessivo e que o direito australiano em relação a *champerty* havia se alterado, mostreando-se favorável ao financiamento quando este for um instrumento de acesso à justiça, desde que não haja abuso de controle no processo.[34] Sete dos demandados apresentaram recurso à Suprema Corte, que entendeu que o financiamento proposto por Firmstones não contrariava a ordem publica ou configurava abuso processual.[35] Essa decisão solidificou a ideia

31 Cento Veljanovski. *Third-party litigation funding in Europe.* In: Journal of Law, Economics and Policy, v. 8. n. 3, 2012. p. 405 ("*While not entirely new, the emergence of TPFL has recently been put in the spotlight with the entry of dedicated firm investing in commercial litigation in the U.K., Europe, and further afield.*")

32 *Campbells Cash and Carry Pty Ltd. v. Fostif Pty Ltd.* [2006] 229 C.L.R. 386. Importante notar que a Austrália já permitia o uso de financiamento de litígios em casos de falência desde os anos 1980 e 1990, mas apenas com o caso *Fostif* a prática se difundiu para demandas comerciais em geral. *Ver* VELJANOVSKI. *Third-party litigation funding.* p. 418.

33 *Campbells Cash and Carry Pty Ltd. v. Fostif Pty Ltd.* [2006] 229 C.L.R. 386. para. 34.

34 *Campbells Cash and Carry Pty Ltd. v. Fostif Pty Ltd.* [2006] 229 C.L.R. 386. para. 65 ("*The law now looks favorably on funding arrangements that offer access to justice so long as any tendency to abuse of process is controlled*").

35 *Id.*, para. 91. A decisão, contudo, entendeu que o tribunal de segundo grau havia errado ao determinar o prosseguimento do processo com base em outras questões processuais relativas a regulação de demandas coletivas no direito australiano.

de que não há ilegalidade ou abuso no uso de financiamento por terceiros, e abriu caminho para sua utilização em procedimentos de qualquer natureza.[36]

Já na Inglaterra, os altos custos de se litigar no país levou o judiciário britânico a propor iniciativas para aumentar o acesso à justiça na virada do século. Dentre essas iniciativas, o Conselho de Justiça Civil (*Civil Justice Council - CJC*) elaborou um estudo para a regulação da atividade de financiamento por terceiros.[37] Buscando evitar a edição de uma regulação estrita, fundos ingleses com interesse no tema se reuniram na Associação de Financiadores de Litígios (*Association of Litigation Funders – ALF*) e se juntaram ao grupo de trabalhos do CJC para propor um Código de Conduta que impunham limites à prática de forma a impedir abusos, sem contudo impor regras descoladas da realidade comercial desse tipo de prática. [38]

Nos Estados Unidos, a prática dividia opiniões entre aqueles que a viam como um instrumento de acesso á justiça e outros que temiam uma comoditização da justiça e um aumento do número de demandas frívola.[39] Apesar disso, a prática viu grande disseminação, não apenas em demandas coletivas – com modelos similares ao exposto no caso *Fostif* – como também em arbitragens.

Em relação à arbitragem, a comunidade internacional começou a se preocupar mais intensamente na última década, em especial no que diz respeito a potenciais conflitos de interesse entre financiadores e ár-

---

36 Desde que exista um "interesse legítimo" do financiador - interesses comerciais estão no rol de interesses legítimos permitidos pelas cortes australianas. *Ver Vangale Pty Ltd. v. Kumagai Gumi Co. Ltd.* [2002] QSC 137.

37 Civil Justice Council, *Improved Access to Justice, Funding Options and Proportionate Costs – The Future Funding of Litigation, Alternative Funding Structures*, disponivel em < https://www.judiciary.uk > CJC > papers>. *Ver também Review of Civil Litigation Costs: Final Report*, disponivel em < https://www.judiciary.gov.uk/wp-content/uploads/JCO/Documents/Reports/jackson-final-report-140110.pdf> e *Reforming Civil Litigation Funding and Costs in England and Wales – Implementation of Lord Justice Jackson's Recommendations*, disponivel em <https://www.gov.uk/government/uploads/system/uploads/attachment_data/file/228974/8041.pdf>

38 Chritopher Hodges; Stefan Vogenauer; Magdalena Tulibacka. *The costs and funding of civil litigation: a Comparative Perspective.* Oxford: Hart, 2010.

39 *Ver*, a título de exemplo, o estudo da Câmara de Comércio dos Estados Unidos (*U.S. Chamber of Commerce*) – John Beisener; Jessica Miller; Gary Rubin. *Selling Lawsuits, Buying Trouble: Third-Party Litigation Funding in the United States.* Washington: US Chamber Institute for Legal Reform, 2009..

bitros. O *International Bar Association*, na revisão realizada em 2014 sobre suas "Diretrizes relativas a Conflitos de Interesses em Arbitragem Internacional", equiparou o terceiro financiador à parte para fins de imparcialidade e independência.[40] Na mesma linha, a Corte Internacional de Arbitragem da Câmara de Comércio Internacional ("CCI") publicou, em 10 de maio de 2016, uma "Nota às Partes e aos Tribunais Arbitrais sobre a Condução da Arbitragem conforme o Regulamento de Arbitragem da CCI", cujo parágrafo 24 prevê a obrigação de o árbitro levar em consideração, quando da declaração de imparcialidade e independência, qualquer parte que tenha interesse econômico direto no litígio.[41] Mas para que o tribunal possa revelar conflitos é necessário que tenham conhecimento da participação do financiador. Assim, regras e regulamentos de câmaras passaram a requerer ou recomendar a revelação do financiamento, a exemplo da Resolução Administrativa n. 18/2016 do Centro de Arbitragem e Mediação da Câmara de Comércio Brasil-Canadá ("CCBC").

Assim, o financiamento por terceiros difundiu-se no Brasil como em outros países e tornou-se hoje mais uma ferramente à disposição das partes. Apesar desses desenvolvimentos, pouca clareza há a respeito da posição que o financiador adquire no processo financiado. As páginas seguintes serão dedicadas a essa questão sob a perspectiva do direito processual brasileiro, mantando a temática desta obra em homenagem ao Professor Tucci.

2. Definições conceituais

A. Conceito de parte: parte substancial e parte processual

O conceito de "parte" no direito brasileiro é objeto de grandes debates. A confusão parece ser majoritariamente decorrente da utilização

40 Nota explanatória ao item 6(b): " *(...) Third-party funders and insurers in relation to the dispute may have a direct economic interest in the award, and as such may be considered to be the equivalent of the party. For these purposes, the terms 'third-party funder' and 'insurer' refer to any person or entity that is contributing funds, or other material support to the prosecution or defence of the case and that has a direct economic interest in, or a duty to indemnify a party for, the award to be rendered in the arbitration.*"

41 Parágrafo 24: "(...) Também deverão ser levadas em conta, considerando as circunstâncias específicas de cada caso, as relações entre árbitros e as relações com pessoa jurídica que tenha interesse econômico direto no litígio ou uma obrigação de ressarcir uma parte após a sentença arbitral."

do termo *parte* para se referir a contextos diversos: parte no *sentido substancial* e parte no *sentido processual*. O conceito mais útil – e seguramente o mais útil para o debate sobre intervenção de terceiros em arbitragem – vale-se dessa distinção. Assim, considera-se *parte substancial* (ou parte em sentido material) o titular do direito material discutido, i.e., o "sujeito da lide" [42], enquanto a *parte processual* (ou formal) seria o participante do processo, o "sujeito da ação"[43]. As partes *substancial e processual* geralmente, mas não sempre, serão coincidentes[44], e cabe à lei determinar as situações em que a relação de um sujeito com o direito material permite sua participação no processo – a chamada "situação legitimante"[45].

Note-se, contudo, que a maior parte da doutrina processual brasileira busca uma definição "pura" de "parte", isto é, unicamente processual, ignorando a relação de direito material.[46] Essa parcela da doutrina processual brasileira, com inspiração na doutrina italiana, define parte como aquela que demanda uma atuação da lei ou contra quem esta atuação é demandada[47] ou, alternativamente, como os "sujeitos do contradi-

42 José Frederico Marques, *Manual de direito processual civil.* 5.ª edição, Saraiva, São Paulo, 1977. p. 174. *Ver também* Francesco Carnelutti, *Diritto e processo,* Morano, Nápole, 1958. p. 92; Nicola Picardi, *Manuale del processo civile,* 2.ª edição, Giuffrè, Milão, 2010. p. 139. Referência e feita neste artigo a textos italianos em razão da significativa influência exercida pela doutrina italiana no processo civil brasileiro, em particular no Código de Processo Civil ("CPC") Brasileiro de 1973 e seu sucessor, o código atualmente vigente.

43 *Id.*

44 Por exemplo, o substituto processual, definido no art. 18 do CPC Brasileiro, defende em nome próprio direito alheio, i.e., é parte processual ainda que não seja titular do direito material.

45 *Ver* José Carlos Barbosa Moreira, "Apontamentos para um estudo sistemático da legitimação extraordinária", *Direito processual civil: ensaios e pareceres,* Forense, Rio de Janeiro, 1971. pp. 58-59. *Ver também* Cândido Rangel Dinamarco, *Intervenção de terceiros,* 4.ª edição, Malheiros, São Paulo, 2006, pp. 23-24.

46 José Rogério Cruz e Tucci, *Limites subjetivos da eficácia da sentença e da coisa julgada civil,* RT, São Paulo, 2006, pp. 33-34 ("a identificação de parte em senso substancial, como sujeito da lide, é de todo espúria ao sistema de direito processual civil. A denominada parte em sentido substancial, quando não guarda coincidência com a parte que atua no processo, é apenas um terceiro".)

47 Giuseppe Chiovenda, *Instituições de direito processual civil.* Tradução de J. Guimarães Menegale e notas de Enrico Tullio Liebman, Saraiva, São Paulo: Saraiva, 1965. v. 2, p. 234. No Brasil, defendendo ser esse o entendimento dominante, *ver* Cassio Scarpinella Bueno. *Amicus curiae no processo civil brasileiro: um terceiro enigmático,* 3.ª edição, Saraiva, São Paulo, 2012. pp. 344-345.

tório" instituído perante o juiz, titular de faculdades, ônus, poderes e deveres.[48] Mas uma conceituação "pura" é problemática na medida em que considera partes todos os sujeitos que intervierem, ainda que não façam pedido ou tenham pedidos feitos contra si. Da mesma forma, e ainda mais relevante, uma conceituação pura consideraria partes sujeitos que participem do processo, mas não se sujeitem à coisa julgada. É o caso, por exemplo, do assistente simples, do Ministério Público atuando como fiscal da lei (*custos legis*)[49] e do *amicus curiae*.[50] Brevemente, essa conceituação ignora que o processo é, por natureza, um instrumento para a realização de um direito material.[51]

Parece útil unir essas ideias, usando a ténica processual para auxiliar o debate mas não se perdendo na busca de uma ideia pura de parte. Assim, podemos fazer a distinção entre a *parte processual* e *parte substancial,* sendo a primeira o sujeito do contraditório que formula pretensão ou tem, contra si, pretensão formulada; enquanto a última seria a titular de direito no plano material. Haverá casos em que esses sujeitos (*parte processual* e *parte substancial*) não coincidirão, podendo existir, em tais casos, se a lei assim previr, uma situação legitimante que autorize a intervenção do titular do direito material no processo entre outros.

48 Essa conceituaçao ("liebmaniana") surge como uma resposta de Enrico Tullio Liebman ao conceito "chiovendiano" e foi adotada por parte da doutrina brasileira. *Vcr* Enrico Tullio Liebman, *Manuale di diritto processuale civile,* 6. ed., Giuffrè, Milão, 2002. p. 86; Cândido Rangel Dinamarco, *Litisconsórcio.* 8.ª edição, Malheiros, São Paulo, 2009. pp. 22-25.

49 Nesse sentido, Renato Resende Beneduzi. *Comentários ao Código de Processo Civil: artigos 70 ao 187,* RT, São Paulo, 2016, p. 391. Também Guilherme Recena Costa, *Partes e terceiros na arbitragem.* 2015. Tese (Doutorado) - Universidade de São Paulo, São Paulo, pp. 54-64.

50 *Ver* Renato Beneduzi, *Comentários ao Código de Processo Civil,* p. 272 (entendendo que o *amicus curiae* integra o processo mas não se torna parte, visto que não demanda contra ele nem é demandado, tampouco se vincula à coisa julgada material, não tendo a lei excepcionado, para o *amicus curiae,* a regra de que "a sentença faz coisa julgada às partes entre as quais é dada, não prejudicando terceiros").

51 Cândido Rangel Dinamarco. *A instrumentalidade do processo.* 12ª ed, Malheiros, São Paulo, 2005. pp. 22-26.

B. Conceito de terceiro na arbitragem: terceiros imperfeitos e absolutos

"Terceiro" é um conceito negativo: é terceiro aquele que não é parte.[52] Com base na distinção entre parte substancial e processual, podemos classificar terceiros[53] como aqueles que detêm determinado interesse jurídico, abarcado por uma situação legitimante que o autorize a ingressar, de modo coato ou voluntário, na demanda de outros.

A distinção de *parte substancial* e *parte processual* adquire contornos ainda mais relevantes ao se tratar de arbitragem, dada sua dupla natureza contratual e jurisdicional,[54] com base na qual se pode distinguir *partes na convenção arbitral* e *partes no processo arbitral*. É possível que um sujeito seja parte da convenção de arbitragem, mas não do processo arbitral (o que a doutrina convencionou denominar de *terceiro imperfeito*) ou que não seja parte nem da convenção nem da arbitragem (*terceiro absoluto*).[55]

52 Marcela Kohlback de Faria, *Participação de Terceiros na Arbitragem,* Quartier Latin, São Paulo, 2019, p. 47.

53 Trata-se aqui de terceiros *juridicamente interessados,* i.e., aqueles que podem ou devem intervir mas ainda não o fizeram. Cassio Scarpinella Bueno, *Partes e terceiros no processo civil brasileiro,* Saraiva, São Paulo, 2006. p. 4 ("os terceiros que interessam ao processo civil são aqueles que, em alguma medida, podem (ou devem) agir em juízo, mas que, por qualquer motivo, ainda não 'integram o contraditório' [...] O que me interessa mais de perto para distinguir os 'terceiros' das 'partes', pois, é o momento imediatamente anterior à sua intervenção [...] é importante verificar *nesse instante* quem é parte e quem é terceiro, porque é *nesse instante* que releva verificar quem *pode* ou quem *deve* intervir na qualidade de *terceiro juridicamente* interessado").

54 O debate sobre a natureza jurídica da arbitragem no direito brasileiro é antigo, mas possui hoje um viés eminentemente acadêmico e pouco prático. *Ver* Carlos Alberto Carmona, *Arbitragem e processo: um comentário à Lei n.º 9.307/96,* 3.ª edição, Atlas, São Paulo, 2009, p. 27. O artigo 31 da Lei de Arbitragem Brasileira ("LAB") atribui à sentença arbitral a mesma força de um título executivo judicial, o que torna a arbitragem um "equivalente jurisdicional" ainda que com base contratual. Flávio Luiz Yarshell, *Tutela jurisdicional,* 2.ª edição, DPJ, São Paulo, 2006. p. 137.

55 Na doutrina brasileira, apesar de não se adotar a terminologia "terceiros absolutos" e "terceiros imperfeitos", Carlos Alberto Carmona, *Arbitragem e processo,* p. 304-310; Marcela Kohlback de Faria, *Participação de Terceiros na Arbitragem,* pp. 50-52; Leonardo de Faria Beraldo, *Curso de arbitragem: nos termos da Lei n.º 9.307/96,* Atlas, São Paulo, 2014, pp. 351-358. Na doutrina estrangeira: Alexis Mourre, "L'intervention des tiers à l'arbitrage", *Les Cahiers de l'Arbitrage,* n. 100, 2002, p. 104 (direito francês); Giuseppe Ruffini, "L'intervento nel giudizio arbitrale", *Rivista dell'Arbitrato,* n. 4, 1995, pp. 647-667 (direito italiano).

Imagine-se um contrato com uma pluralidade de partes em que algumas partes iniciem uma arbitragem sem a participação de todos os contratantes. Os demais contratantes são partes na convenção de arbitragem, mas não na arbitragem. São, portanto, terceiros imperfeitos. Por outro lado, imagine uma disputa envolvendo dono da obra e empreiteiro em que o serviço discutido foi prestado por um subcontrato que não é parte do contrato. Nesse caso, será o subcontratado terceiro absoluto.[56]

A distinção é relevante em especial em razão do consentimento ínsito à arbitragem. A arbitragem possui origem na autonomia da vontade, desenvolvendo-se apenas se todas as partes consentirem em resolver a disputa por esse método.[57] O terceiro imperfeito já terá consentido com a jurisdição arbitral no momento em que assinou a convenção de arbitragem[58] e, da mesma forma, as partes da arbitragem também teriam consentido em submeter a disputa com o terceiro imperfeito ao com ele assinarem a convenção de arbitragem. O problema é distinto em se tratando de terceiro absoluto, caso em que nem o terceiro nem as partes consentiram em submeter a controvérsia à jurisdição dos árbitros. Os impactos dessa distinção serão melhor analisados abaixo.

C. Figuras de intervenção no Direito Brasileiro

O Direito Brasileiro prevê duas figuras de intervenção voluntária: assistência e oposição. É também voluntária a intervenção do *amicus curiae*, apesar de possuir contornos específicos que distinguem esse tipo de intervenção dos demais. Quanto à intervenção coata, reconhece o Direito Brasileiro três figuras: a denunciação da lide, chamamento ao processo e a nomeação à autoria.

---

56 Seria possível argumentar, nesse caso, que a cláusula compromissória se estende ao subcontratado. O tema de extensão ou transmissão da cláusula compromissória merece estudo próprio e não será objeto deste artigo. Sobre o tema no Direito Brasileiro, *ver* LEONARDO OHLROGGE, *Multi-Party and Multi-Contract Arbitration in Brazil,* Quartier Latin, São Paulo, 2020, pp. 81-188.

57 *Vide* Lei de Arbitragem Brasileira, art. 3

58 O que é diferente, evidentemente, de haver consentido com a constituição daquele tribunal específico. Não trataremos aqui do tema da constituição do tribunal arbitral em arbitragens multipartes. Sobre o tema, *ver, e.g.,* LISA-MARIE ROSS & KATHRIN ASSCHENFELDT, "Recent Developments of Third Party Joinder in International Arbitration", *Journal of International Arbitration*, Kluwer Law International,Volume 39, Issue 5, 2022, pp. 696-697.

Intervenção voluntária: assistência simples e litisconsorcial. A assistência simples permite a um sujeito que tenha direito subordinado à relação jurídica discutida no processo participar da demanda para auxiliar uma das partes. O assistente simples não defende direito próprio, mas apenas colabora para a defesa de direito alheio, buscando, de forma indireta, a proteção de sua posição jurídica subordinada[59] (arts. 119 e 121). Já a assistente litisconsorcial permite a intervenção de terceiro que esteja direta e imediatamente vinculado ao conflito de interesses discutido no processo[60] (art. 124) e que poderia, portanto, ter sido parte.

Intervenção voluntária: oposição. A oposição permite a um terceiro intervir no processo buscando para si o bem ou direito a respeito de que controvertem autor e réu.[61] Em verdade, trata-se de nova demanda em que opoente é autor e as partes da ação original serão litisconsortes passivos, que o legislador permitiu processar em um único processo por economia processual e para evitar decisões conflitantes. O CPC de 2015 retirou essa hipótese do título de "Intervenção de Terceiros" e a moveu para "Procedimentos Especiais" (arts. 682 a 685), mantendo, contudo, a mesma sistemática.

Amicus curiae. O *amicus curiae* é um terceiro que se torna *sujeito* do processo, mas não *parte*, visto que não deduz qualquer pretensão, nem tem qualquer pretensão deduzida contra si (art. 138). O *amicus curiae* pode intervir voluntariamente ou a convite do magistrado[62] para fornecer ao juízo subsídios que possam ser úteis ao julgamento da causa ou recurso.[63] Não se exige, contudo, que o *amicus curiae* atue de modo imparcial, não impedindo que intervenha na demanda na esperança de contribuir para a vitória de uma das partes.[64] O CPC de 2015 concede certo grau de discricionariedade ao magistrado para deferir ou não a intervenção, considerando a "relevância da matéria", "especificidade do tema" e "repercussão social da controvérsia".

59 Dinamarco, *Litisconsórcio*, p. 55.

60 Carneiro, *Intervenção de terceiros*, p. 196.

61 Dinamarco, *Intervenção de terceiros*, pp. 37-38.

62 A intervenção a convite do magistrado não faz com que a participação do *amicus curiae* deixe de ser voluntária, uma vez que o juiz solicita que o terceiro participe mas não o obriga.

63 Renato Resende Beneduzi, *Comentários ao Código de Processo Civil: artigos 70 ao 187*, RT, São Paulo, 2016, p. 270.

64 *Id.*, p. 271.

Intervenção coata: denunciação da lide. A denunciação da lide antecipa futura ação de regresso, processando-a juntamente com o processo original e vinculando o denunciado à decisão proferida entre o denunciante e a parte oposta. O CPC/15 (art. 125) prevê a denunciação da lide em caso de evicção e – mais relevante para arbitragens – em caso de garantia legal ou contratual. Em qualquer das duas hipóteses, a denunciação é facultativa.

Intervenção coata: chamamento ao processo. O chamamento ao processo cria litisconsórcio passivo (em verdade, litisconsórcio sucessivo ulterior[65]), inserindo no polo passivo sujeito que detém semelhante relação jurídica com o autor. Essa intervenção está prevista nos arts. 130 e seguintes do CPC/15 e, em qualquer hipótese, é facultativa.

Intervenção coata: nomeação à autoria. A nomeação à autoria é técnica de correção do polo passivo, autorizada pelo sistema processual por razões de economia processual. O CPC de 2015 retirou a figura do título de "Intervenção de Terceiros", mas ela permaneceu prevista sob essencialmente o mesmo regramento (arts. 338 e 339). Assim, essa intervenção permite ao réu não apenas arguir não ser a parte legítima, mas desde já trazer a parte que entende ser a correta para o processo.

3. Regramento de intervenção de terceiros em arbitragens brasileiras

A. Lei Brasileira

Nem a Lei de Arbitragem Brasileira nem o atual Código de Processo Civil ("CPC Brasileiro") tratam especificamente sobre o tema,[66] tampouco teve o judiciário ocasião de enfrentá-lo especificamente. Quanto à doutrina, o tema divide opiniões, sendo possível identificar três vertentes. A primeira entende que a intervenção de terceiros em arbitragem somente seria possível com o consentimento de todos os envolvidos,[67] inclusive os árbitros.[68] Os defensores desse entendimento apontam que

---

65 CARNEIRO, *Intervenção de terceiros*, p. 165.

66 Ao contrário do que se vê em outros países. Discutindo o direito italiano e francês nesse ponto, *ver* ENGHOLM CARDOSO, *Arbitragem e Financiamento por Terceiros*. pp. 112-118.

67 CARNEIRO, *Intervenção de terceiros*. 18ª ed., Saraiva, São Paulo, 2009, pp. 78-79.

68 GILBERTO GIUSTI e RICARDO DALMASO MARQUES, "As partes na arbitragem internacional: direito brasileiro, Unidroit e CISG – Extensão dos efeitos da cláusula compromissória", *Arbitragem internacional*: *Unidroit, CISG e direito brasileiro*, Quartier Latin, São Paulo, 2010, pp. 249-250.

forçar um terceiro a intervir em um processo arbitral violaria ou o acesso à justiça garantido pelo art. 5.º, XXXV, da Constituição Federal,[69] ou a autonomia privada.[70] A segunda vertente defende que a intervenção seria possível desde que seja voluntária, isto é, seria necessário apenas o consentimento do interveniente e não das partes nem dos árbitros.[71] Já a terceira vertente entende que seria possível a intervenção de terceiros imperfeitos – aqueles que são parte da convenção de arbitragem mas não do processo arbitral – visto que o consentimento à sua participação já teria sido dada no momento de assinatura da cláusula de arbitragem.[72] Nesse caso, contudo, seria necessária a anuência dos árbitros, visto que estariam frente a uma disputa potencialmente diversa daquela que inicialmente aceitaram quando de sua indicação.[73]

B. Regulamentos de Arbitragem

O adjudicador está sujeito às regras procedimentais estabelecidas pelas partes, sejam elas elaboradas especificamente para a disputa sejam elas advindas de um regulamento eleito pelas partes. Apesar do crescimento do número de intervenções em arbitragens brasileiras,[74] a maior parte dos regulamentos mais usados no Brasil não trata do tema. Comumente, as câmaras preveem tão somente regras sobre a constitui-

69 J. E. Carreira Alvim, "Intervenção de terceiros na arbitragem", *Reflexões sobre arbitragem*. LTr, São Paulo, 2002, p. 269.

70 Humberto Theodoro Júnior, "Arbitragem e terceiros – litisconsórcio fora do pacto arbitral – outras intervenções", *Reflexões sobre arbitragem*. LTr, São Paulo, 2002, p. 259.

71 Cândido Rangel Dinamarco, *A arbitragem na teoria geral do processo*. Malheiros, São Paulo, 2012. p. 124 (defendendo que, comparada ao processo comum, a intervenção no processo arbitral oferece apenas um requisito adicional: a manifestação de vontade do interveniente); Pedro Batista Martins, "Arbitragem e intervenção voluntária de terceiros: uma proposta", *Revista de Arbitragem e Mediação*, v. 33, RT, São Paulo, 2012, p. 251 (defendendo que a autonomia privada deve ser relativizada quando a sentença arbitral possa afetar direito de terceiro).

72 Carmona, *Arbitragem e processo*, pp. 304-310.

73 *Id.*

74 Entre 2017 e 2021 o número de casos reportados cresceu de 10 arbitragens para 39 arbitragens. *Ver* Selma Ferreira Lemes, *Arbitragem em números: Período de 2017 (jan/dez) a 2018 (jan/dez)*, 2019, p. 5; Selma Ferreira Lemes, *Arbitragem em números: Pesquisa 2020/2021*, 2022, p. 18.

ção do tribunal em arbitragens multipartes,[75] mas não estabelecem regras para a intervenção (coata ou voluntária) de terceiros no processo.

Exceções notáveis são o regulamento da Câmara de Comércio Internacional (CCI), da *London Court of International Arbitration* (LCIA) e da Câmara de Arbitragem do Mercado (CAM-Bovespa).

O regulamento da CCI prevê um instrumento específico para integração de parte adicional, denominado "Requerimento de Integração."[76] O pedido deve ser apresentado à Secretaria da CCI antes da confirmação ou nomeação de qualquer dos árbitros. Após esse momento, a intervenção só será possível caso haja acordo de todas as partes ou por decisão do tribunal arbitral,[77] levando em consideração sua competência *prima facie* sobre o terceiro, o momento de submissão do Requirement de Integração, possíveis conflitos de interesse e o impacto dessa intervenção na arbitragem.[78] Como o regulamento dá às *partes* o direito de apresentar um Requerimento de Integração, pode-se concluir que a regra da CCI não prevê, ao menos expressamente, a possibilidade de intervenção voluntária, isto é, aquela em que o próprio *terceiro* busca ser incluído (e.g., assistência e oposição). Já a intervenção coata (denunciação da lide,

75 Regulamento de Arbitragem do CAM-CCBC de 2022, art. 12.1; Regulamento de Arbitragem da Câmara de Condiliação, Mediação e Arbitragem da CIESP-FIESP, art. 3.1; Regulamento de Arbitragem da CAMARB de 2019, arts. 4.7 e 4.8; Regulamento de Arbitragem da Câmara FGV de 2016, art. 16.2; Regulamento de Arbitragem da Amcham de 2018, art. 6.6.

76 Regulamento de Arbitragem da CCI de 2021, Art. 7º

77 Art. 7(1) ("A parte que desejar integrar uma parte adicional à arbitragem deverá apresentar à Secretaria requerimento de arbitragem contra a parte adicional ('Requerimento de Integração'). [...] Salvo acordo em contrário de todas as partes, incluindo a parte adicional, ou conforme disposto no artigo 7(5), nenhuma parte adicional poderá ser integrada após a confirmação ou nomeação de qualquer árbitro, a menos que todas as partes, inclusive a parte adicional, estejam de acordo. A Secretaria poderá fixar prazo para a submissão do Requerimento de Integração.")

78 Art. 7(5) (" Qualquer Requerimento de Integração formulado após a confirmação ou nomeação de árbitro será decidido pelo tribunal arbitral, quando este for constituído, e ficará sujeito à aceitação da constituição do tribunal arbitral e da Ata de Missão pela parte adicional, quando aplicável. Ao decidir sobre um Requerimento de Integração, o tribunal arbitral levará em conta todas as circunstâncias pertinentes, as quais poderão incluir a competência prima facie do tribunal arbitral sobre a parte adicional, o momento da submissão do Requerimento de Integração, possíveis conflitos de interesses, e o impacto que a integração terá na arbitragem. Qualquer decisão de integrar uma parte adicional será sem prejuízo da decisão do tribunal arbitral sobre a sua competência em relação à parte em questão.")

chamamento ao processo ou nomeação à autoria) é possível mas muito provavelmente apenas em face de terceiro imperfeito, vinculado à convenção de arbitragem, uma vez que o tribunal não teria jurisdição sobre terceiro absoluto. A intervenção de terceiro absoluto seria possível apenas se todas as partes, inclusive e especialmente o terceiro, aceitarem a intervenção. Em situação peculiar está o *amicus curiae,* cuja intervenção será analisada no item 4.B abaixo.

O regulamento da LCIA, por sua vez, prevê a possibilidade de ingresso após a constituição do tribunal, mas sempre sujeito ao consentimento do terceiro.[79] A distinção entre terceiro imperfeito ou absoluto é, portanto, irrelevante, pois em qualquer dos casos será necessário o consentimento expresso para que possa haver a integração. Além disso, e assim como no regulamento da CCI, não há previsão de intervenção voluntária.

Finalmente, o regulamento da CAM-Bovespa possui um dos mais desenvolvidos regramentos sobre o tema de intervenção de terceiros. Como a CCI, a CAM-Bovespa prevê um instrumento específico denominado "Requestimento de Intervenção de Terceiro." [80] Contudo, diferentemente da CCI, o regulamento da CAM-Bovespa prevê expressamente a possibilidade de um "terceiro legitimado" apresentar tal requerimento. A diferença não surpreende. As regras da Câmara de Arbitragem do

---

79 Tradução livre: Art. 22.1. "O Tribunal Arbitral terá o poder, com base no requerimento de qualquer parte ou (salvo alínea (x) abaixo) por sua popria iniciativa, mas em qualquer caso após dar às partes uma oportunidade razoável para apresentar uma posição, e com base nos termos (de custos ou outros) que o Tribunal decidir: [...] (x) permitir a adição de um ou mais terceiros como parte desde que tal terceiro e a parte que submeter u pedido consitam expressamente e por escrito com essa intervenção após o início da arbitragem ou (se antes) na convenção de arbitragem; e em seguida emitir uma única sentença, ou sentenças separadas, cobrindo todas as partes implicadas na arbitragem[.]"

80 Art. 6.1. "Antes da nomeação de qualquer árbitro, as partes poderão chamar um terceiro ao procedimento arbitral, podendo fazê-lo o próprio terceiro legitimado, em qualquer caso, por meio de Requerimento de Intervenção de Terceiro ('Requerimento de Intervenção de Terceiro').

[...]

6.1.4 O Presidente da Câmara de Arbitragem decidirá acerca do Requerimento de Intervenção de Terceiro. Se deferido, o terceiro ingressará no procedimento arbitral no estado em que ele se encontre, devendo assinar compromisso de cumprir as disposições deste Regulamento e de se submeter à sentença arbitral. Se houver oposição de qualquer das partes e mesmo assim o Presidente da Câmara de Arbitragem decidir a favor da intervenção de terceiro, o Tribunal Arbitral deverá reapreciar a matéria, prolatando decisão final sobre a intervenção de terceiro."

Mercado foram pensadas para a resolução de conflitos societários,[81] que em grande número das vezes envolvem múltiplas partes ligadas por uma relação de direito material. Seria injusto prever um sistema em que uma dessas partes seja afetado pela decisão arbitral e não pudesse participar das arbitragem simplesmente por não ter sido indicado como requerido. Assim, processando-se a arbitragem sob as regras da CAM-Bovespa, serão possíveis intervenções tanto coatas quanto voluntárias, sujeitas à decisão do tribunal arbitral.

4. Soluções Propostas

A. Intervenção de Terceiros em Arbitragens sob o Direito Brasileito

Considerando que a lei brasileira e a maior parte dos regulamentos de arbitragem não preveem regras para intervenção de terceiros em arbitragens, deve a doutrina buscar resposta em outras bases.

Primeiramente, deve se questionar se seria desejável permitir que terceiros interviessem, coata ou voluntariamente, em processos arbitrais. A resposta deve ser positiva. Como a sentença proferida por árbitros equivale à sentença proferida por um juiz togado,[82] o terceiro que possui seu direito afetado por uma decisão arbitral se encontra na mesma situação que um terceiro afetado por uma decisão proferida em um processo judicial. O legislador previu a intervenção de terceiros como instrumento para proteger o direito de sujeitos que, não tendo participado em um processo, venham a sofrer os efeitos reflexos da sentença nele proferida,[83] e não há motivos para limitar tal intervenção apenas a processos judiciais. As situações legitimantes que levaram o legislador a criar as intervenções no CPC Brasileiro existem na arbitragem tal qual existem no judiciário. Assim, parece razoável, em uma primeira análise, admitir-se que terceiros possam intervir em processos arbitrais.

81 *Ver, por exemplo*, art. 1.1 do Regulamento: "Este Regulamento estabelece as normas de arbitragem aplicáveis à solução de conflitos envolvendo Participantes dos mercados regulados pela BM&FBOVESPA S.A. – Bolsa de Valores, Mercadorias e Futuros ('BM&FBOVESPA') decorrentes de relações societárias ou contratuais disciplinadas pela Lei das S.A., pelos estatutos sociais das companhias ou pelas normas aplicáveis ao funcionamento do mercado de capitais em geral."

82 Lei de Arbitragem Brasileira, art. 31.

83 DINAMARCO, *Intervenção de terceiros*, pp. 13-16.

Em segundo lugar, podem duas partes eleger a arbitragem para resolver sua disputa em prejuízo do direito de terceiro? Em casos envolvendo pluralidade de partes, é possível que um grupo detentor de direitos substantivos seja maior do que aquele submetido à arbitragem e, dada a autonomia da vontade, poderiam algumas partes, ao menos em tese, celebrar convenções de arbitragem com escopo subjetivo menor do que a rede de direitos substantivos existente. Deveria isso ser possível? Este autor entende que a resposta deve ser negativa. O objetivo de qualquer mecanismo de solução de controvérsias é dar efetividade aos direitos e deveres das partes em determinada relação jurídica.[84] O processo é, por natureza, instrumental ao direito material,[85] e a autonomia da vontade em seu âmbito processual deve ser limitada, não se permitindo que o pacto entre dois sujeitos prejudique direitos de terceiros ligados à relação jurídica material subjacente.[86]

Em terceiro lugar, é necessário considerar se a sentença arbitral terá eficácia sem a participação do terceiro. A lei brasileira prevê hipóteses em que a presença de determinados sujeitos é indispensável para que a sentença produza efeitos. É o caso do litisconsórcio necessário (art. 114, CPC Brasileiro). Nesse caso, a doutrina é unânime no sentido de que a ausência do litisconsorte levará à extinção da arbitragem sem julgamento do mérito, cabendo às partes a via judicial, sem que possam elas levantar exceção de compromisso arbitral.[87] Haverá divergências, nesse ponto, tão somente quanto à possibilidade de o litisconsorte necessário poder recusar intervir no processo caso seja terceiro imperfeito.

Com base nessas premissas, propomos que a intervenção de terceiros deve ser aceita, considerando (i) a vinculação do terceiro à

---

84 Stavros Brekoulakis. *The Relevance of the Interests of Third Parties in Arbitration.* In: Building the Civilization of Arbitration. Wildy, Simmonds and Hill, Londres, 2010, p. 297.

85 Dinamarco, *A instrumentalidade do processo*, p. 22-26.

86 *Ver* Stavros Brekoulakis, *Third Parties in International Commercial Arbtiration.* Oxford University Press, Nova York, 2010, pp. 201-212; *ver também* Pedro Batista Martins, "Arbitragem e intervenção voluntária de terceiros: uma proposta", *Revista de Arbitragem e Mediação*, v. 33, 2012, p. 251

87 Carmona, *Arbitragem e processo*, p. 304; J. E. Carreira Alvim, *Intervenção de terceiros na arbitragem*, p. 271; Dinamarco, *A arbitragem na teoria geral do processo*, pp. 128-129; Giusti e Dalmaso, *As partes na arbitragem internacional*, p. 250; Theodoro Júnior, *Arbitragem e terceiros – litisconsórcio fora do pacto arbitral – outras intervenções*, pp. 252-253.

convenção de arbitragem (i.e., se é terceiro imperfeito ou absoluto),[88] (ii) a sua vulnerabilidade aos efeitos da sentença e (iii) se a presença do terceiro é necessária para a eficácia da sentença arbitral. Isso porque o processo é instrumental ao direito material,[89] não se podendo admitir que a autonomia da vontade tida em seu âmbito processual (i.e., a escolha de com quem litigar) se sobreponha à relação jurídica material, ferindo o direito de sujeitos titulares do direito material discutido no processo arbitral.[90]

Assim, deve ser admitida a intervenção em ao menos quatro hipóteses. *Um,* a intervenção voluntária de terceiro imperfeito quando esta não aumentar os limites da lide (assistência simples ou litisconsorcial), uma vez que o terceiro estará sujeito aos efeitos da decisão proferida na arbitragem. *Dois,* a intervenção coata de terceiro imperfeito, caso seja ele titular do direito material discutido na arbitragem (chamamento ao processo ou nomeação à autoria).[91] *Três,* a intervenção de terceiro que seja litisconsorte necessário, seja ele terceiro imperfeito ou absoluto, porque sua ausência tirará a utilidade da sentença proferida na arbitragem.

Por fim, é possível se admitir também a intervenção do *amicus curiae,* em especial em arbitragens de classe e com a Administração Pública. Essa intervenção é peculiar já que não depende de nenhuma das bases expostas acima. O *amicus curiae* não altera o objeto do processo pois não aduz pretensão nem tem pretensão aduzida contra si, não se submete à coisa julgada nem tampouco é necessário para a eficácia da sentença. Sua intervenção se dá exclusivamente por razões de conveniência, para auxiliar o tribunal em sua decisão. Nesse caso, poderá o tribunal valer-se das mesmas bases previstas no Código de Processo Civil, i.e., relevância da matéria, especificidade do tema e repercussão social da controvérsia. Em razão desses requisitos, e em especial a "repercussão social", entendemos que essa intervenção se mostra mais apropriada para arbitragens coletivas e com a Administração Pública.

88 *Ver* Leonardo Ohlrogge, *Multi-Party and Multi-Contract Arbitration in Brazil,* pp. 195-197.

89 Dinamarco, *A instrumentalidade do processo,* pp. 22-26.

90 Brekoulakis, *Third Parties in International Commercial Arbtiration,* p. 297.

91 Destaca-se lição de Dinamarco em relação à intervenção coata: sendo o terceiro parte na convenção (i.e., terceiro imperfeito), óbice não haverá para seu ingresso. Sendo terceiro absoluto, sua inserção só será possível com a anuência do interveniente, que poderá, nesse caso, livremente recusar o "convite" (Cândido Rangel Dinamarco, *A arbitragem na teoria geral do processo,* p. 125).

B. Intervenção do Financiador em Arbitragens sob o Direito Brasileiro

Feita a exposição acima, deve-se analisar se o financiador pode adotar a posição de parte ou, em caso negativo, se detém alguma das situações legitimantes capazes de incluí-lo na demanda, seja a título coato, seja a título voluntário.

Já se disse que financiadores de litígios não se enquadram, de modo preciso, em nenhuma das categorias comuns.[92] A posição do financiador no processo dependerá da figura de direito material utilizada. Na ausência de regulamento específico, o financiamento por terceiros pode ser realizado de maneiras diversas. O estudo das formas de direito material que o financiamento pode adotar extrapola o tema desse artigo, contudo, podemos afirmar que as figuras jurídicas mais indicadas de direito brasileiro para sua realização são a cessão de crédito, constituição de uma sociedade ou mesmo através de um contrato atípico.[93] Essas figuras possuem em comum o fato de que através delas o financiador pode adquirir direito ao crédito mas não a obrigação jurídica subjacente, de modo que não se tornará titular do direito material discutido no processo. Neste caso, o financiador não será *parte substancial*, mas apenas detentor do direito ao recebimento de determinado valor sujeito à uma condição suspensiva (no caso da cessão de crédito); ou sócio do financiado, auferindo lucro caso este seja percebido (no caso da constituição de uma sociedade).

Em se tratando de arbitragem, será necessário o passo adicional de verificar se o financiador, através do financiamento, torna-se parte na convenção de arbitragem (terceiro imperfeito), de modo a possibilitar incluí-lo na lide. A resposta, como regra geral, deve ser negativa. Com efeito, o direito de recebimento ao crédito não é suficiente, por si só, para vincular o financiador ao negócio jurídico que não negociou e de

92 *Ver* VICTORIA SHANNON.. *Harmonizing Third-Party Litigation Funding Regulation*. In: Cardozo Law Review, v. 36, 2015, p. 898 ("*Funders do not fit neatly into any of the typical roles outlined in litigation or arbitration rules. Funders are intentionally not parties or co-parties (in order to avoid liability), not legal counsel ..., not witnesses ..., not amicus curiae (since they do not make submissions, although they certainly support the position of the funded party in the case).... A funder is also not a third-party beneficiary of the parties' original contract, because the funder cannot enforce the funded party's claim on its own, unless the funder purchases the claim outright and becomes a party through assignment.*")

93 Para uma exposição mais detalhada sobre o direito material, *ver* ENGHOLM, *Arbitragem e Financiamento por Terceiros*, pp. 129-149.

cuja execução não participou.[94] Contudo, deverá ser analisado se alguma das doutrinas de transmissão e e extensão da convenção de arbitragem são aplicáveis, o que somente poderá ser feito no caso concreto. Ausente circunstâncias que permitam tal extensão ou transmissão, não se poderá considerar possível a intervenção, coata ou voluntária, do financiador no processo.[95]

Conforme exposto acima, o direito brasileiro deve admitir quatro possíveis formas de intervenção de terceiros em arbitragem: (1) a intervenção voluntária de terceiro imperfeito que não aumente os limites da lide (assistência simples ou litisconsorcial); (2) a intervenção coata de terceiro imperfeito titular do direito material discutido na arbitragem (chamamento ao processo ou nomeação à autoria); (3) a intervenção de terceiro que seja litisconsorte necessário, seja ele terceiro imperfeito ou absoluto; e (4) intervenção como *amicus curiae*. Vejamos como cada uma dessas figuras se aplica ao financiador.

Intervenção voluntária de terceiro imperfeito que não aumenta os limites da lide (assistência simples ou litisconsorcial). Pode o financiador intervir como assistente simples, mas não como assistente litisconsorcial. A assistência simples, prevista nos arts. 119 e 121 do CPC/15, é cabível quando o interveniente, detentor de uma relação jurídica subordinada àquela discutida no processo, ingressa na demanda para auxiliar uma das partes sem, contudo, defender direito próprio.[96] Com base nas premissas acima, o financiador poderia intervir como assistente simples, visto que seu direito de crédito é subordinado à relação jurídica entre financiado e parte adversa. Novamente, contudo, a prática demonstra que o financiador, na larga maioria das vezes, tem interesse em não participar da demanda de qualquer forma.

---

94 No mesmo sentido, PHILIPPE PINSOLLE. *Le financement de l'arbitrage par les tiers*. In: Revue de l'Arbitrage. Paris: Comité Français de l'Arbitrage, v. 2011, issue 2, 2011. p. 400 («*Même en appliquant le critère souple de la jurisprudence française, il nous semble douteux qu'un tiers qui intervient au moment où le contentieux naît pour financer ce contentieux, quel que soit son degré d'implication dans le contentieux lui-même et le degré de contrôle que le contrat de financement lui octroiera, puisse être considéré comme devenant partie à la convention d'arbitrage.*»)

95 Salvo, evidentemente, acordo das partes e aceitação pelos árbitros. Contudo, se as partes estiverem de acordo, o problema jamais se coloca, somente sendo relevante tratá-lo quando houver divergência entre os envolvidos em relação a este ponto.

96 DINAMARCO. *Litisconsórcio*. p. 55.

A assistência litisconsorcial, previsa no art. 124 do CPC/15, é modo de intervenção cabível quando o terceiro está direta e imediatamente vinculado ao objeto do litígio e poderia, portanto, ter sido parte.[97] O assistente litisconsorcial, na verdade, nada mais é do que um litisconsorte ulterior. Adotando-se uma das figuras descritas de direito material recomendadas acima, o financiador não se torna título da relação jurídica material com a parte adversa e, portanto, não possui legitimidade para integrar a lide por esta figura.

Intervenção coata de terceiro imperfeito titular do direito material (chamamento ao processo ou nomeação à autoria). O financiador não poderá ser chamado a intervir por nenhuma dessas formas. O chamamento ao processo, previsto no art. 130 do CPC/15, permite a criação de litisconsórcio sucessivo ulterior, inserindo no polo passivo sujeito que detém semelhante relação jurídica com o autor. Como visto, adotada uma das formas recomendadas, o financiador não adquire, nem meso parcialmente, o direito material subjacente. Desta forma, não há semelhanã de relação jurídica suficiente a embasar o chamamento ao processo.

Tampouco poderá o financiador ser coagido a intervir através da nomeação à autoria. Essa figura, prevista nos arts. 338 e 339 do CPC/15, permite a correção do polo passivo da demanda. Primeiramente, será inusual que um terceiro financie o demandado, a menos que este possua um pedido contraposto de valor econômico. De qualquer, no raro caso em que isso ocorrer, não será cabível a nomeação à autoria pelo mesmo motivo exposto acima, i.e., o financiador não é titular do direito material discutido na arbitragem.

Intervenção de terceiro litisconsorte necessário. Não poderá o financiador intervir através dessa figura. Como o próprio nome indica, essa intervenção ocorre quando o terceiro é litisconsorte necessário. Utilizada uma das figuras de direito material descritas acima, o financiador não terá a titularidade do direito material e não poderá, portanto, ser considerado litisconsorte necessário.

Intervenção como amicus curiae. O *amicus curiae* é um terceiro que se torna sujeito do processo, mas não parte – visto que não deduz qualquer pretensão, nem contra ele é deduzida qualquer pretensão processual –, podendo intervir voluntariamente ou a convite do magistrado para fornecer ao juízo subsídios que possam ser úteis ao

97 CARNEIRO. *Intervenção de terceiros.* p. 196.

julgamento da causa ou recurso.[98] Não se exige, contudo, que o *amicus curiae* atue de modo imparcial, não impedindo que intervenha na demanda na esperança de contribuir para a vitória de uma das partes.[99] Apesar de o magistrado poder, de ofício, provocar o terceiro a ingressar na demanda, a intervenção não perde seu caráter de voluntária, visto que a própria lei determina que o magistrado, neste caso, irá "solicitar" a participação do terceiro.[100] Assim, ainda que determinado pelo magistrado, o terceiro não terá qualquer obrigação de intervir caso assim não queira.

A legislação processual civil concedeu certo grau de discricionariedade ao magistrado para deferir ou não a intervenção, tendo o art. 138 utilizado conceitos indeterminados de "relevância da matéria", "especificidade do tema" e "repercussão social da controvérsia" como fundamento a embasar tal intervenção. Apesar disso, não parece haver qualquer obstáculo jurídico para que para que seja admitida a intervenção do financiador como *amicus curiae,* visto que pode intervir nesta condição qualquer "pessoa natural ou jurídica, órgão ou entidade especializada", desde que as circunstâncias do caso justifiquem sua admissão. Apesar de ser possível, na prática, considerando-se a voluntariedade desta intervenção e os interesses comumente presentes, a intervenção deverá ser bastante rara.

Conclusão

O financiamento por terceiros venceu barreiras históricas e tornou-se uama das ferramentas mais discutidas e utilizadas atualmente, em especial em arbitragens. A disseminação de seu uso levanta questões que ainda não foram inteiramente respondidas pelo direito brasileiro. Este artigo, em homenagem ao querido Professor José Rogério, buscou dar respostas a algumas dessas questões.

98 BENEDUZI. *Comentários ao Código de Processo Civil.* p. 270.

99 *Idem.* p. 271.

100 Neste mesmo sentido expôs Cassio Scarpinella Bueno, ainda sob a vigência do CPC/73, afirmando que "Negamos, contudo, que a intervenção 'provocada' seja sinônimo de intervenção compulsória, obrigatória. Isto porque o que é compulsório ou obrigatório é a intimação para que o amicus curiae se manifeste, e não sua intervenção propriamente dita." (BUENO. *Amicus Curiae no Processo Civil Brasileiro.* p. 477).

Para isso, fez-se a distinção entre parte *substancial* (titular do direito material) e parte *processual* (sujeito da ação) para, em seguida, diferenciar o terceiro – i.e., aquele que não é parte – *imperfeito* (parte da convenção de arbitragem mas não parte da arbitragem) ou terceiro *absoluto* (não parte da convenção de arbitragem nem da arbitragem).

Com esse desenvolvimento, vimos quais as possíveis formas de internveção de terceiros em arbitragens processadas sob o direito brasileiro, concluindo pela possibilidade de quatro possíveis intervenções: (1) a intervenção voluntária de terceiro imperfeito que não aumente os limites da lide (assistência simples ou litisconsorcial); (2) a intervenção coata de terceiro imperfeito titular do direito material discutido na arbitragem (chamamento ao processo ou nomeação à autoria); (3) a intervenção de terceiro que seja litisconsorte necessário, seja ele terceiro imperfeito ou absoluto; e (4) a intervenção como *amicus curiae*. Vejamos como cada uma dessas figuras se aplica ao financiador. Dentre essas, vimos que somente será possível a intervenção do financiador de forma voluntária e sob duas únicas figuras – como assistente simples ou *amicus curiae*.

JOSÉ ROGÉRIO: "MESTRE, COLEGA E AMIGO"

Marcelo Avancini Neto[1]

Recebi o convite para escrever um texto em homenagem ao Prof. José Rogério Cruz e Tucci com um sentimento misto de honra e apreensão. Honra ao ser lembrado pelo querido e ilustre mestre em momento de tão importante distinção mas, ao mesmo tempo, apreensão por não me achar à altura da missão.

Desde a faculdade, fui apaixonado pelo processo civil. Por 36 anos, 23 como sócio, integrei a área contenciosa do escritório Pinheiro Neto. Em 2019, deixei o escritório e também a profissão. Cansei-me das brigas judiciais intermináveis, da forma que se sobrepôs ao mérito e, de certa forma, do mundo corporativo. Afastei-me do processo civil pouco tempo depois de sua reforma em 2015, à qual não tive muito tempo para afeiçoar-me. Daí minha apreensão ao ser convidado para, em meio a tantos ilustres profissionais da área, escrever algo sobre processo civil que estivesse dentro das expectativas que a homenagem ao querido mestre certamente criara.

Mas não é sobre processo civil que escrevo e disso me tranquilizou o próprio homenageado, que me liberou para escrever fora dos limites impostos pelo roteiro original. Num momento em que, não raras vezes, penso em retrospectiva sobre o que fiz e alcancei na profissão que escolhi, escrevo sobre e para alguém que esteve presente ao longo da minha carreira de forma sempre generosa e multifacetada. Portanto, escrevo sobretudo para agradecer-lhe.

Lembro-me de, ainda nos primeiros anos da faculdade, ter comprado e levado para casa o livro de Direito Processual Civil escrito pelo Prof. Rogério Lauria Tucci. Quando viu o livro, meu pai, também bacharel, apressou-se em dizer: "É de Mogi-Mirim!" Minha família, ou boa parte dela, é de Itapira, cidade vizinha à "terra dos Tucci" e dela rival na "disputa", entre outras, de qual possui mais ilustres cidadãos. Coisas do interior. Quem sabe, na infância, o pequeno José Rogério e o ainda menor Marcelo já não tenham se encontrado na Sorveteria do Genário ou, como eu conhecia, "do Botelho", nos servindo da inesquecível cassata com sorvete de nata, chocolate e ameixa.

1 Advogado

Já no Pinheiro Neto, onde comecei a trabalhar como estagiário em 1983, José Rogério foi-me apresentado por meu querido amigo, padrinho e afilhado Sérgio Pinheiro Marçal. Contemporâneo na época de estágio e de sociedade, Sérgio é primo em primeiro grau de Cibele Marçal, esposa de José Rogério e igualmente brilhante advogada. E foi assim, valendo-me desse precioso contato, que, no começo dos anos 90, procurei José Rogério, já prestigiado professor da São Francisco, para saber da possibilidade de cursar o mestrado em Processo Civil.

Obviamente começando por Mogi-Mirim e Itapira, nossa conversa abriu para mim a perspectiva do curso, não sem antes José Rogério ressalvar que minha admissão obviamente dependeria de provas e entrevistas. Admitido no curso, guardo a boa lembrança das excelentes aulas dadas por José Rogério e pelo saudoso Prof. Luiz Carlos de Azevedo, sob a perspectiva histórica dos ordenamentos formadores do que viria a se tornar o processo civil brasileiro. O sistema romano das "legis actiones" e da "extraordinario cognitio", o direito canônico, as ordenações portuguesas...

Completei os créditos mas, infelizmente, não fui além no mestrado. Dos poucos desafios que desisti na vida, lamento imensamente não ter ido até o fim do curso com a apresentação da dissertação. A vida profissional estava me demandando muito naquele momento. Havia assumido, no escritório, a condução de um caso extremamente complexo e conflituoso, envolvendo a cisão de um grande e tradicional grupo econômico paulista, com novos litígios brotando todos os dias.

O acúmulo de tarefas profissionais e a condição de candidato à sociedade no escritório fizeram-me desistir da frente acadêmica, não sem antes muito ponderar prós e contras. Minha dissertação sobre "perda superveniente das condições da ação", naquela época tema ainda pouco explorado, ficou engavetada, esperando por um momento que não chegou a tempo de evitar a caducidade dos créditos. Embora tenha sido uma decepção não apenas para mim como, principalmente, para José Rogério, aquela minha decisão não comprometeu nossa amizade, nem tampouco nosso relacionamento profissional que estava apenas começando.

Ainda na década de 90, um gesto de amizade e consideração de que nunca esquecerei. Já sócio do escritório, assumi, por uma arrendadora irlandesa, uma ação de reintegração de posse de aeronaves. A ação, proposta contra uma então relevante e tradicional companhia de aviação nacional, tinha por objeto a reintegração na posse de - salvo lapso de memória - três aeronaves por falta de pagamento do "leasing". Obtida a liminar, fui às dependências da companhia, em Congonhas, retomar a posse das aeronaves que, pousadas poucas horas antes, encontravam-se estacionadas no pátio. Durante a diligência, acompanhada por oficial de justiça, os funcionários manifestaram resistência à ordem judicial, que acabou sendo cumprida após pedido de reforço policial. Soube, algum tempo depois por José Rogério, que o diretor jurídico da empresa de aviação havia procurado seu escritório para a condução de um caso criminal contra mim pela forma como havia se dado a diligência. Sua amizade comigo foi fundamento invocado por José Rogério para declinar do caso e demover aquele possível cliente de dar seguimento à, certamente descabida, medida.

Na presidência da Associação dos Advogados de São Paulo - AASP, José Rogério também me honrou com vários convites, todos aceitos, para participar de reuniões na qualidade de conselheiro-substituto. Com isso, proporcionou-me inestimável oportunidade de conviver com expoentes da profissão, bem como de me inteirar de problemas afetos ao dia a dia dos advogados em nosso Estado. Lembro-me, e recomendo a leitura, de um texto produzido pelo José Rogério e intitulado "Misérias do Poder Judiciário", lido numa daquelas sessões, que à época me chamou a atenção pela coragem e assertividade da mensagem. Ao reler o texto e não para minha surpresa, vejo que muito do que está ali escrito há mais de 25 anos ainda guarda atualidade.

José Rogério ainda foi generoso em emprestar sua reputação no trato do processo civil em diversos pareceres dados ao escritório e a meus casos, em particular. Nas reuniões para tratar dos casos, verdadeiras aulas a nos guiar para a definição da melhor estratégia processual. Dentre as centenas de trabalhos jurídicos de que José Rogério foi autor, entre artigos, livros, textos, teses que abrilhantaram tão prolífica carreira, fui um dos vários que contaram com suas luzes.

Fora do processo, nossos caminhos também se cruzaram quando José Rogério exerceu, com igual competência, as funções de gestor da nossa querida faculdade. Engajado desde o início no projeto de reforma das salas da Faculdade de Direito sob patrocínio de ex-alunos, José Rogério, na qualidade de diretor da São Francisco, recebeu-me, sempre com muita deferência, para tratar da reforma da sala em homenagem ao saudoso Prof. Gofredo da Silva Telles, patrocinada por meu escritório e concluída sob a gestão do Prof. Floriano de Azevedo Marques Neto. Naquele momento, assim como ele, eu também vinha desempenhando no escritório diversas rotinas administrativas. Nossa linguagem, portanto, continuava em boa sintonia.

Para além do papel de orientador no curso de mestrado, reconheço no amigo José Rogério um dos principais incentivadores da minha carreira. A ele, neste momento em que a "aposentadoria" me leva a revisitar o passado e a fazer o balanço da minha carreira, quero agradecer por todas as formas de apoio que recebi. Muito obrigado por tudo e, nesse momento de justa homenagem, celebre merecidamente sua exitosa e exemplar vida profissional!

REFLEXÕES A RESPEITO DA ARBITRAGEM COLETIVA

Márcio Bellocchi[1]

SUMÁRIO: 1. Sobre este Trabalho. **2.** Processo Individual *vs.* Processo Coletivo; Processo Coletivo *vs.* Arbitragem: Em pinceladas largas. **3.** Sobre as Ações Coletivas. **3.1.** AC Legitimação *Ad Causam* e a Legitimação *Ad Processum*, nas Ações Coletivas. **3.2.** A Coisa Julgada nas Ações Coletivas. **3.3.** As Ações Coletivas e a Necessária Publicidade Acentuada. **3.4.** A Obrigatória Previsão em Lei. **4.** Arbitragem - Consensualismo como Elemento Essencial. **5.** Arbitragem Coletiva: Incompatibilidade? **5.1.** Sobre a Participação do Ministério Público, na Arbitragem. **5.2.** Arbitragem Coletiva e Confidencialidade: Incompatibilidade? **5.3.** Seria Possível o Efeito *Erga Omnes* da Sentença Arbitral? **6.** Conclusão. **7.** Referências Bibliográficas.

1. Sobre este Trabalho

Foi com imensa satisfação que recebi o convite para colaborar com esta obra coletiva, elaborada por aqueles que são, ou foram, orientandos do Professor José Rogério Cruz e Tucci.

Digo satisfação não só por participar da obra, mas, também, por ter tido a honra de ser seu orientando.

Professor Tucci é figura ímpar no trato e na inteligência. Consegue expor suas ideias claramente e, de forma elegante e sóbria, convencer a unanimidade da plateia....

Minha experiência acadêmica com o Professor Tucci se deu já em período de minha maturidade profissional, o que me fez pensar, de início, que não teria tanto a absorver. Ledo engano.... A experiência foi incrível!

E, tive a honra de, com nossa convivência no doutorado, aprender que muitas das posições jurídicas que sustentei – e sustento -, durante minha vida profissional e, agora, acadêmica, encontram respaldo nos pensamentos do Professor e, hoje, grande AMIGO: TUCCI. Além de sorte... uma grande satisfação!

Neste texto, apresento alguns apontamentos sobre a arbitragem coletiva. Trabalho este tema, na presente obra, pois sei o quanto o Professor

---

1 Doutor em Direito pela USP. Mestre em Direito pela PUC-SP. Especialista em Direito Societário pela FGV. Advogado. Professor.

Tucci costuma laborar no processo civil e na arbitragem, utilizando conceitos e técnicas de ambas as modalidades de jurisdição.

Não há como se falar no tema: Arbitragem Coletiva, sem que sejam esmiuçados determinados tópicos do processo civil, mormente do processo civil coletivo; das ações coletivas e seu procedimento mais do que especial.

Arbitragem e processo civil têm de andar de mãos dadas! Como se verá durante o desenvolvimento deste trabalho, isso não significa defender a aplicação do CPC à arbitragem. Contudo, não há como se conceber essas duas formas de jurisdição de forma estanque.

O grande arbitralista da atualidade, a meu ver, é aquele que enxerga a arbitragem, sem se esquecer do processo. E, nesse tópico, o Professor Tucci, além de brilhante, é *expert*.

Passemos ao texto!!!

Antes, contudo, devemos dizer que, embora a arbitragem coletiva deva, em nossa opinião, ser vista com bons olhos, como sendo mais um caminho posto à disposição da sociedade para se resolverem conflitos que abrangem grupos significativos de pessoas, promovendo a concretização da isonomia, parece-nos - contrariamente, desta vez, à opinião do homenageado[2] -, que nosso ordenamento jurídico, no atual momento, tal como hoje existe, ainda não autoriza que a tutela coletiva seja prestada pela jurisdição contratada, por uma série de relevantes razões de que adiante trataremos.

2. Processo Individual *vs.* Processo Coletivo; Processo Coletivo *vs.* Arbitragem: Em pinceladas largas

As ações coletivas, podemos afirmar com conforto, são um instituto que leva à significativa quebra de paradigmas.

As regras estruturais do processo coletivo se distanciam, e muito, do processo civil tradicional. E, isso pode ser constatado, de forma bastante nítida, quando estamos diante da legitimidade e da coisa julgada, fenômenos que são, praticamente, totalmente redesenhados, no contexto do processo coletivo.

2 *Considerações para a plena admissibilidade da tutela arbitral coletiva, in* https://www.conjur.com.br/2021-abr-27/paradoxo-corte-consideracoes-plena-admissibilidade-tutela-arbitral-coletiva. Acesso em 25 jun. 2023.

No processo civil, aquele que tem legitimidade *ad causam*, tem, também, legitimidade processual para levar, a juízo, determinado conflito, que verse sobre determinado direito.

Assim, o que contratou – e porque contratou - tem legitimidade *ad causam* e, por isso, tem aptidão para em juízo discutir qualquer questão relacionada ao contrato. Da legitimidade para a causa decorre legitimidade para o processo.

No processo civil individual, nem a vontade de um pode dar legitimidade a outro, com vistas a ajuizar ação em seu nome.

Há exceções, sim. Contudo, as exceções são, somente, aquelas previstas expressamente em lei, pois que a legitimidade é fenômeno com contornos constitucionais de extrema relevância.

Exemplo é o caso do litisconsórcio facultativo unitário. Isso, pois aquele que não integra o processo (já que se trata de litisconsórcio facultativo), será atingido pelos efeitos da sentença e, também, pela coisa julgada, já que os que litigam e, portanto, são partes, têm legitimidade *ad processum* extraordinária, i.e., agem em nome próprio e *em nome*, também, dos litisconsortes que não estão no processo.

Diz-se legitimidade extraordinária, exatamente porque é excepcional: alguém que não tenha legitimidade para a causa, estar no processo.

No processo coletivo, isso é diferente: mesmo sem que exista consentimento, determinados entes, indicados por lei, podem estar em juízo, e a decisão proferida no processo instaurado terá aptidão, por força de lei expressa, de alcançar um determinado grupo de pessoas, mesmo em hipóteses em que não se saiba, exatamente, quais são essas pessoas atingidas, e mesmo que tais pessoas não tenham participado, fisicamente, do processo.

A despeito das discussões existentes, acerca da abrangência da coisa julgada das sentenças proferidas nas ações coletivas, é evidente que esta alcança o grupo de pessoas a que o direito discutido diz respeito; não, porém, o autor da ação coletiva, já que este tem, somente, legitimação para o processo, por força de disposição expressa de lei. Por isso é que o autor, nessa hipótese, não é atingido, seja em sua esfera jurídica, seja fática, pelos efeitos da sentença, tampouco pela coisa julgada. Natural, haja vista que o direito sobre o que se discute na ação coletiva não diz respeito ao ente autor.

Especificamente no que toca à arbitragem, esta se nos afigura como um instituto voltado a resolver conflitos eminentemente individuais.

Com efeito, as características da arbitragem ligam-se, muito mais, à resolução de controvérsias relativas a direitos individuais.

A nosso ver, inúmeras são as características da arbitragem que levam à sua incompatibilidade com o processo coletivo: uma delas é a consensualidade. A arbitragem só existe se as partes em conflito renunciarem, expressamente, ao processo estatal, em prol da jurisdição contratada. Nesse aspecto, desde já, surge a indagação: como se preencher o requisito da consensualidade, quando se estiver diante de demanda apresentada por um ente coletivo???

Outro aspecto que também leva à dificuldade de se vislumbrar a compatibilidade do instituto da arbitragem com o procedimento coletivo é o relacionado à necessidade de que os árbitros cumpram o dever de revelação. Em uma arbitragem coletiva, em relação a quem haveria esse dever de revelação? Ao requerente, apenas? Ou a todos os atingidos pela decisão? É de notória sabença que muitos dos titulares de direitos individuais homogêneos só se apresentam e se identificam, nos autos, após a prolação da sentença, com o intuito de liquidá-la.

Além disso, nas ações coletivas que tenham por objeto direitos individuais homogêneos, é necessária a publicação de edital para que os interessados (os que serão atingidos pela decisão), possam, se quiserem, intervir no processo, como litisconsortes. Tal exigência parece acarretar dois pontos controversos: primeiro, se se entender que toda disciplina legal das ações coletivas se aplica à arbitragem coletiva, é imperiosa a incidência do art. 94 do CDC. Segundo: a arbitragem poderia se tornar inviável, por força do número de pessoas que comparecesse, na qualidade de litisconsorte, com o intuito de participar do processo.

E quanto à necessária intervenção do Ministério Público, em todos os processos coletivos, no propósito de zelar pelo interesse público? A arbitragem é espécie de jurisdição idealizada com o propósito de resolver conflitos, entre partes capazes, que tenham por objeto direitos disponíveis, de forma que não faz sentido exigir-se a presença dessa instituição, em procedimento de jurisdição privada.

Outro ponto a se registrar, é a existência de diversos recursos, na jurisdição pública (estatal), o que tem por objetivo conferir maior segurança à decisão final. O princípio do duplo grau de jurisdição leva à pressuposição de mais "justiça" o que, por sua vez, conferiria maior segurança jurídica, a qual se revela ainda mais marcante, quando se trata de conflitos que tenham por objeto direitos coletivos. A sentença arbitral, entretanto, é irrecorrível.

Aponte-se, ainda, que a arbitragem é foro bastante propício à celebração de acordos, naturalmente, pelos signatários da convenção arbitral. Contudo, sabe-se que a realização de pactos envolvendo direitos individuais homogêneos é tema permeado por questões profundas, consistentes em obstáculos a serem superados, o que nos parece ser mais um ponto a gerar potencial incompatibilidade entre a arbitragem e o processo coletivo.

Dessas rápidas digressões, não temos como escapar de uma primeira conclusão, no sentido de que as regras de processo coletivo se aplicam, exclusivamente, ao processo judicial.

Por outro lado, não há dispositivo legal, no sentido de que a arbitragem possa ser coletiva...

De mais a mais, os legitimados para o ajuizamento de uma ação coletiva perante o Judiciário não têm essa mesma legitimidade, no caso da arbitragem.

Para que alguém possa ser atingido por uma sentença arbitral, em cujo procedimento seja discutido o seu direito, sem a sua presença, isto é, sem que seja parte, há a necessidade de, a nosso ver, dois tipos de anuência: (i) com a perspectiva de que a disputa seja resolvida por arbitragem: tanto do que é representado quanto do representante, quanto (ii) com o ato de ser representado.

Ora, se o representante não estipulou a convenção arbitral, o requerido não está obrigado a participar de uma arbitragem com ele. Não terá havido consenso, nesse sentido.

De outra banda, frisemos, desde já - e isso será objeto de desenvolvimento mais à frente: a cláusula celebrada entre as partes poderá gerar uma arbitragem onde há a representação dos ausentes pelo litigante. Nessa situação, no entanto, será indispensável a concordância dos ausentes, bem como a vinculação do representante – que é o ente que vai instaurar a arbitragem - à convenção arbitral.

Ainda neste tópico inicial, gostaríamos de apontar outro elemento inerente às ações coletivas que, nos parece, seja dificultador para que, no estado da arte, aceitemos a legalidade da arbitragem coletiva

Isso, porque a ampla *publicidade* é característica inerente às ações coletivas, já que, nelas, podem ser proferidas decisões que atinjam quem não é, fisicamente, parte, i.e, quem não está presente no processo. Na arbitragem, por sua vez, muito embora a *confidencialidade* não seja obrigatória, por lei, ela é característica àquela inerente e elemento relevante na tomada de decisão, pelas partes, pelo uso dessa espécie de jurisdição.

3. Sobre as Ações Coletivas

O processo civil tradicional não prevê solução efetiva para os casos que envolvam um número muito elevado de partes. Para além disso, atualmente, em vista da sociedade extremamente industrializada e globalizada, não são poucas as hipóteses de ações que envolvem uma gama alta de pessoas e, também, que repitam o objeto em litígio. São casos como, por exemplo, de conflitos derivados das relações de consumo ou oriundos de situações geradas por desastres ambientais, cuja responsabilidade, direta ou indireta, seja do homem.

Em face disso, a doutrina de alguns países, como o Brasil, inspirada nas *class actions* americanas, concebeu uma classificação diferenciada para esses direitos, que atingem grupos de pessoas, que são, por vezes: (i) determinadas; em outras situações (ii) determináveis; e, ainda em outras, (iii) indetermináveis.

Temos, por exemplo: (i) um grupo determinado de pessoas, em hipóteses envolvendo os direitos de clientes de um mesmo banco[3]; (ii) um grupo de pessoas determináveis, no caso de profissionais que exerçam uma mesma atividade[4]; e (iii) um grupo indeterminável de pessoas, em uma circunstância envolvendo pessoas atingidas por um acidente ambiental[5].

Identifica-se o surgimento do processo coletivo, no Brasil, na Lei da Ação Popular (LAP)[6]. José Carlos Barbosa Moreira sustentava – já em 1982 - ser, a Ação Popular, um instrumento de defesa dos interesses difusos[7].

Os mecanismos de defesa dos direitos metaindividuais torna-se bastante fortalecido com a edição da Lei da Ação Civil Pública (LACP)[8]. A Constituição Federal de 1988 chancela, de vez, esse sistema, ao estipular a possibilidade de as associações representarem seus associados, em

3 Neste cenário, estamos falando dos direitos individuais homogêneos.

4 Trata-se, aqui, dos direitos coletivos, em sentido estrito.

5 São os ditos direitos difusos.

6 Lei nº 4.617/65.

7 BARBOSA MOREIRA, José Carlos. A Ação Popular do direito brasileiro como instrumento de tutela jurisdicional dos chamados interesses difusos. *Revista de Processo*, São Paulo, v. 7, nº 28, pp. 7-19, out./dez. 1982.

8 Lei nº 7.347/85.

juízo, quando forem expressamente autorizadas a tanto[9]. Nesse sentido, também, o mandado de segurança coletivo[10] e a previsão do dever do Estado de promover a defesa do consumidor[11].

As Ações Coletivas têm regramento procedimental específico, com a aplicação subsidiária do Código de Processo Civil, quando não houver conflito entre este e a lei especial aplicável à matéria. O processo que veicula a ação coletiva, assim, em tese, se afasta das regras do processo individual.

Especificamente no caso da LACP, pode-se notar a peculiaridade do respectivo procedimento, no art. 5º, que, com base no art. 18 do CPC, prevê hipótese de legitimação extraordinária de entidades, como o Ministério Público e Associações[12], para a defesa, em juízo, de direitos de terceiros. O art. 16 da mesma lei, por sua vez, prevê a produção de efeito *erga omnes* pela sentença proferida no bojo da Ação Civil Pública.

No que se refere ao Código de Defesa do Consumidor, este possui título específico para regrar as ações que visam à proteção, em juízo, de direitos metaindividuais (art. 81) e, para tanto, também estabelece a legitimação extraordinária de determinadas entidades: é o que se depreende do art. 82.

A coisa julgada também tem tratamento específico: tanto o art. 103, CDC, como o art. 16, LACP, estipulam a forma como se dará o efeito *erga omnes* da sentença.

Importante apontar que a lei prevê o sistema de *opt out* para aquele que não quiser ser atingido pelo resultado da ação coletiva. E, isso ocorre mediante o ajuizamento de sua própria ação (a ação individual), como estabelece o art. 81 c/c art. 104, do CDC.

Por outro lado, a lei estabelece a possibilidade de o particular aderir, na qualidade de litisconsorte, à ação coletiva ajuizada, como se vê no art. 94 do CDC. E, esse é um dos fundamentos com base nos quais a publicidade é estabelecida de forma acentuada em lei, para que o terceiro tenha a possibilidade de exercer a opção que preferir.

Ademais, nas ações coletivas, a presença do Ministério Público é mandatória: quando não for autor, deverá intervir como *custos legis*.

9 art. 5º, inciso XXI.

10 art. 5º, LXX.

11 art. 5º, inciso XXXII, com a consequente posterior edição do Código de defesa do Consumidor (Lei nº 8.078/90).

12 Desde que preencham os requisitos do inciso V, letras *a* e *b*, da LACP.

Como se vê, então, atualmente, a lei é farta no que se refere a regras processuais diferenciadas, voltadas a facilitar a proteção de direitos coletivos *lato sensu*, em juízo, i.e., especificamente perante o Judiciário.

3.1. A Legitimação *Ad Causam* e a Legitimação *Ad Processum*, nas Ações Coletivas

Como já pincelamos, rapidamente, em item anterior deste trabalho, via de regra, possui legitimidade para ajuizar ação individual, ou seja, tem legitimidade *ad processum*, quem se afirma titular da relação de direito material sobre que se discute (aquele que tem a legitimidade *ad causam*).

A regra geral, então, é a de que o titular do direito material é a parte legítima para levar a respectiva discussão a juízo: as figuras do legitimado *ad causam* e do legitimado *ad processum*, normalmente, se confundem, muito embora se trate de fenômenos diferentes.

Entretanto, há hipóteses excepcionais em que, por força de lei, se outorga a legitimidade àquele que não seja (e que não afirme ser) o titular da relação de direito material. Neste caso, estamos diante da chamada legitimação extraordinária[13]: quando o legitimado - "por lei" - pode agir, em seu próprio nome, porém em defesa de direito de outrem[14].

Já afirmamos, neste ensaio, que a regra geral, no processo individual, é a de que aquele que tem a *legitimatio ad causam* tenha, exatamente por isso, a *legitimatio ad processum*.

13 Em oposição à legitimação ordinária.

14 Nessa toada, a lição de Thereza Alvim, ao esclarecer que existe a possibilidade de a parte processual não coincidir com a parte material que é assim identificada, por ser titular do direito material: *Nessa exata medida, unicamente aquele que pode agir em juízo, por preencher os pressupostos da capacidade para estar em juízo e legitimação processual, é que pode vir a perfazer as condições da ação, é quem pode ser parte. Esta parte pode ser qualificada de 'formal', para que não seja confundida com aquele que é titular do direito material. Por outro lado, se for dito que ela é 'parte integral', será objetivando esclarecer que é capaz de estar em juízo e que sua legitimidade é ordinária. Como se viu, composta será a parte se sua capacidade para estar em juízo tiver que ser integrada em menor ou maior grau, ou, ainda, quando só puder agir através de representante, enquanto complexa será a parte quando o atuar é o do legitimado extraordinário.* (*O direito processual de estar em juízo*. São Paulo: Ed. RT, 1996, pp. 110-111).

A representação já se afasta dessa regra, consubstanciando-se numa hipótese de exceção, pois, através dela, é possível que alguém (o representante) esteja em juízo, expressamente autorizado pelo representado, para defender direitos deste, em hipóteses previstas por lei.

A substituição processual, por sua vez, se distancia ainda mais da regra geral do processo civil individual, já que só se pode falar nesse fenômeno, nos casos em que o legislador expressamente assim o permita, sendo dispensada a anuência do substituído.[15].

Quando se fala em legitimação extraordinária, quer-se referir à substituição processual[16]. E, por se tratar de legitimação extraordiná-

15 Segundo Antônio Carlos de Araújo Cintra "*Não se confunde, pois, a substituição processual com a representação, uma vez que nesta o representante age em nome do representado*". (Estudo sobre a substituição processual no direito brasileiro. *Doutrinas Essenciais de Processo Civil*, São Paulo: Ed. RT, 2011, v. 3, pp. 455-476).

16 "A substituição processual consubstancia-se como espécie do gênero legitimação extraordinária, e é fenômeno pelo qual **alguém, autorizado por lei, atua em juízo como parte, em nome próprio e no seu interesse, na defesa de pretensão alheia**. (...)
Na substituição processual (CPC/1973 6.º, CPC/2015 18), **o substituto processual é parte porque a lei expressamente o autoriza a ir a juízo**, em nome próprio, defender direito alheio, mas o titular do direito material discutido em juízo é do substituído processual. A coisa julgada atinge diretamente o substituído, porque dele é o direito material disputado em juízo". (NERY, Ana Luiza. *Arbitragem coletiva* [livro eletrônico]. São Paulo: Ed. RT, 2016 - g.n.); "**O art. 18 do CPC/2015 trata da legitimação extraordinária** sob o ponto de vista da tutela jurisdicional individual: o legitimado extraordinário **somente poderá atuar se autorizado expressamente pela norma jurídica**, já que demandará judicialmente independentemente da vontade do titular do direito material". (MEDINA, José Miguel Garcia. *Curso de Direito Processual Civil moderno* [livro eletrônico]. 7ª ed. São Paulo, Thomson Reuters Brasil, 2022). Nós também já sustentamos expressamente essa posição: "1. Substituição processual e princípio da legalidade. **O legislador aqui "*disse mais do que queria*"**: não basta a autorização do **ordenamento jurídico**, que é mais do que a lei: abrange lei, doutrina, jurisprudência. 1.1. **Aqui incide o princípio da estrita legalidade. Só *a lei pode criar hipóteses de substituição processual*.** 1.2. A nosso ver, a segurança que a situação exige afasta definitivamente parâmetros diferentes da previsão legal expressa.
2. Legitimidade *ad causam* e legitimidade processual. Ninguém pode agir no processo – exercer capacidade processual – sem ter legitimação para a causa e legitimação processual – só excepcionalmente, **quando a lei o permitir, expressamente. Não se admite legitimidade negocialmente estabelecida**. 2.1. Na substituição processual há uma dissociação entre o titular do direito subjetivo daquele que o exerce processualmente. A lei permite, por exemplo, que aquele que vendeu bem litigioso permaneça no processo, sem ter legitimidade *ad causam* – o

ria – excepcional –, as hipóteses em que isso pode ocorrer são, apenas, aquelas previstas, expressamente, em lei (art. 18 CPC).

Um parêntesis, aqui: muito embora o legislador tenha substituído a palavra "**lei**" pela expressão "**ordenamento jurídico**", a doutrina é maciça no sentido de afirmar que o dispositivo não deve ser interpretado de forma diferente[17].

---

bem sobre o qual se discute ou pertence ao autor ou ao adquirente (este tem legitimidade *ad causam*) mas não a ele, réu (que tem legitimidade *ad processum*, pelo terceiro). Trata-se de situação absolutamente excepcional, no processo civil individual, que só pode ocorrer porque há permissão legal expressa". (ARRUDA ALVIM, Teresa [et al.]. *Primeiros comentários ao Código de Processo Civil.* 3ª ed. São Paulo: Thomson Reuters Brasil, 2020, pp. 97-98 - g.n.); "A legitimidade extraordinária, por atribuir deveres a terceiros, continua a depender de expressa autorização do *ordenamento jurídico,* na expressão acolhida pelo Código. A noção de ordenamento jurídico, nesse particular, perpassa pelo art. 22, I, da CF/1988, que atribui à lei a disciplina da matéria processual, de modo que ou bem a fonte da substituição processual será a própria Constituição ou bem será a lei, admitindo-se, excepcionalmente, a sua atribuição por meio de atos cuja validade decorra diretamente da lei, a exemplo dos regimentos internos dos tribunais.
Assim, não parece haver espaço ou mesmo utilidade, à primeira vista, para o acolhimento de uma legitimidade extraordinária negocial, por meio da qual o titular do direito material transferiria a legitimidade para postulá-lo em juízo a um terceiro, valendo-se, para tanto, de instrumentos contratuais (...)". (ARRUDA ALVIM WAMBIER, Teresa [et al.]. *Breves comentários ao novo código de processo civil.* 3ª ed. São Paulo: Ed. RT, 2016, p. 121). Na mesma linha caminha a jurisprudência: "PROCESSUAL CIVIL. AÇÃO DE DESAPROPRIAÇÃO. INDENIZAÇÃO. CRÉDITO HIPOTECÁRIO. GARANTIA REAL. MÚLTIPLAS CONSTRIÇÕES SOBRE O BEM. PENHORAS NO ROSTO DOS AUTOS. EXERCÍCIO DO DIREITO DE PREFERÊNCIA. CRÉDITOS TRIBUTÁRIO E TRABALHISTAS. INTIMAÇÃO DA FAZENDA PÚBLICA E DEMAIS CREDORES. AUSÊNCIA. DEVIDO PROCESSO LEGAL. OFENSA. (...)
2. **O ordenamento jurídico veda a reivindicação de direito alheio em nome próprio, salvo nas hipóteses expressamente previstas em lei – legitimidade extraordinária ou substituição processual, *ex vi* do art. 6º do CPC/1973, correspondente ao art. 18 do NCPC**. (...)
Realmente, o ordenamento jurídico veda a reivindicação de direito alheio em nome próprio, salvo nas hipóteses expressamente previstas em lei – legitimidade extraordinária ou substituição processual, ex vi do art. 6º do CPC/1973, correspondente ao art. 18 do NCPC". (STJ, REsp 1.401.473/RS, 1ª T., Rel. Min. Gurgel de Faria, j. 19.11.2019, DJe de 3.12.2019).

---

17 "No *caput* do dispositivo, tão somente **se substitui a expressão *lei* por *ordenamento jurídico***, incorporando ao CPC a ideia já absolutamente sedimentada que a lei em sentido estrito é apenas uma das fontes do direito, sendo que a tarefa hermenêutica consiste na interpretação de todo o sistema ou ordenamento jurídico.

Nesse sentido, a lição de Nelson Nery Jr. e Rosa Maria de Andrade Nery[18]:

> "**O direito brasileiro só permite a substituição processual legal, não a voluntária, sendo inválida cláusula contratual que a estipular fora os casos expressos na lei** ou decorrentes do sistema (JTARS 68/189, 32/348). Isso porque substituição processual é espécie de legitimação para a causa (legitimação extraordinária) e, portanto, se caracteriza como condição da ação (*legitimatio ad causam*), **questão de ordem pública, a respeito da qual não se admite convenção das partes. O fato de o termo "lei", que constava do CPC/1973 6.º como parâmetro autorizador da substituição processual haver sido alteado para "ordenamento jurídico" pela lei vigente** (CPC 18) **não modifica o raciocínio aqui expendido: matéria de ordem pública está fora do âmbito negocial o CPC** 190. Com efeito, **o CPC 190, que regula o negócio jurídico processual atípico, não se aplica para permitir a substituição processual voluntária, pois há *a limitação da ordem pública* para que as partes possam, em situações que admitam autocomposição, convencionar sobre matéria processual**".

No sistema do processo civil individual, nem mesmo a vontade de um indivíduo pode tornar outro parte legítima para intentar uma ação

Cumpre salientar, no entanto, que tal alteração não deve ser interpretada de forma a autorizar a substituição processual por mero ato voluntário das partes, sem nenhum embasamento legal, de forma que pouco se altera em relação à sistemática anterior, para a qual 'a vontade das partes, portanto, não é suficiente para criar substituição processual que não tenha sido expressamente prevista em lei'. A diferença, aqui, está na possibilidade de se cogitar de substituição processual sem previsão *expressa* e inequívoca na legislação, podendo decorrer de interpretação sistemática do ordenamento jurídico". AMARAL, Guilherme Rizzo. *Alterações no novo CPC: o que mudou?* [livro eletrônico]: comentários por artigos e precedentes jurisprudenciais. 3ª ed. São Paulo: Thomson Reuters Brasil, 2018 - g.n.

18 NERY JR., Nelson; NERY, Rosa Maria de Andrade. *Código de Processo Civil comentado*. 19ª ed. São Paulo: Thomson Reuters Brasil, 2020, pp. 153-154 - g.n.

em seu nome, i.e., não há representação (a não ser de menores e de pessoas jurídicas[19].

A legitimação extraordinária, como regra, nas ações coletivas, visa a facilitar a defesa dos interesses de um grupo – determinado ou não - que, muito frequentemente, são menos favorecidos em relação à parte contrária.

No contexto das ações coletivas no Brasil, aquele que move a ação não tem legitimidade *ad causam*. Tem, entretanto, legitimidade *ad processum*, em virtude de previsão expressa, em lei. A legitimação, que é extraordinária no processo civil individual, no coletivo é ordinária, ou seja, é a regra.

Assim, o MP, por exemplo, exerce sua função processual de ajuizar ações coletivas, porque o direito posto lhe atribui, expressamente, essa função[20]. O fenômeno, aqui, é o da substituição processual *ex lege*, ou, como preferem alguns, legitimidade "autônoma".[21]

A legitimação extraordinária, no caso das ações coletivas, é uma espécie de facilitadora instrumental para a efetiva proteção dos direitos envolvidos. Garante-se, assim, um contraditório e uma ampla defesa mais efetivos, já que não haverá centenas ou, até, milhares de litigantes em um único processo. E, todos terão seu direito tutelado pelo legitimado extraordinário.

Há uma presunção de que, com a legitimação extraordinária exercida pelo ente coletivo, haverá melhores condições de ação em prol do direito tutelado. É como se a legitimação extraordinária acarretasse um equilíbrio entre as partes, no litígio.

19 "*não parece haver espaço ou mesmo utilidade, à primeira vista, para o acolhimento de uma legitimidade extraordinária negocial, por meio da qual o titular do direito material transferiria a legitimidade para postulá-lo em juízo a um terceiro, valendo-se, para tanto, de instrumentos contratuais*". SCHENK, Leonardo Faria. *In:* ARRUDA ALVIM WAMBIER, Teresa; DIDIER JR, Fredie; TALAMINI, Eduardo; DANTAS, Bruno (coords). *Breves Comentários ao novo Código de Processo Civil.* 3ª ed. São Paulo: Ed. RT, 2016.

20 A Constituição Federal, a LACP, o CDC.

21 "*O substituto processual defende direito de titular determinado. Como os titulares dos direitos difusos são indetermináveis e os dos direitos coletivos indeterminados (CDC 81 par. ún. I e II), sua defesa em juízo é realizada por meio da* legitimação autônoma para a condução do processo, *estando superada a dicotomia clássica legitimação ordinária e extraordinária*". (NERY JR., Nelson; NERY, Rosa Maria de Andrade. *Código de Processo Civil Comentado.* 17ª ed. São Paulo: Ed. RT, 2018, p. 321).

No entanto, já que a legitimação extraordinária visa a garantir direitos de outrem, ela deve, necessariamente, ser criada por lei, de forma que seus parâmetros estejam legalmente delineados. Com isso, é possível se garantir que direitos fundamentais constitucionais não sejam aviltados.

O mesmo se diga quanto à coisa julgada que, no caso das ações coletivas, tem espectro de abrangência diferenciado e pode ocorrer *secundum eventum litis* e *secundum eventum probationis*.

3.2. A Coisa Julgada nas Ações Coletivas

A legitimidade, de que falamos antes, tem íntima relação com a abrangência subjetiva da coisa julgada, tema de qual trataremos, agora.

A coisa julgada, nunca é demais lembrar, é a característica de imutabilidade que a decisão passa a ter, a partir do momento em que contra ela não se pode mais recorrer (art. 502 CPC). A coisa julgada, assim, atinge a decisão[22] em si mesma, visando a gerar estabilidade jurídica.

Os destinatários imediatos da sentença são as partes. É perante estas que a sentença, fruto da atividade jurisdicional, se torna imperativa; i.e., tem eficácia direta. Até porque é, em tese, sobre a relação jurídica das partes, que a sentença dispõe, diretamente.

Via de regra, a extensão subjetiva da abrangência da coisa julgada limita-se às partes em litígio, no processo civil individual, pois é a estas que a sentença afeta, imediatamente.

Terceiros juridicamente interessados, no entanto, também podem ser alcançados pela autoridade da coisa julgada. Somente quando por ela beneficiados, como dispõe o art. 506, CPC.

Porém, em relação ao titular do direito subjetivo discutido em juízo, mas que, em virtude de lei, pode deixar de participar da relação processual, não haverá limites para a extensão dos efeitos da coisa julgada, tanto em seu benefício como em seu prejuízo, pois ele é quem é o efetivo titular do bem da vida objeto do processo. Inclui-se, nessa hipótese, o litisconsorte facultativo unitário.

22 Rectius, o decisum. Há circunstâncias em que, satisfeitos alguns pressupostos, a coisa julgada, segundo os preceitos do CPC/2015, pode atingir, também, as decisões sobre as questões prejudiciais.

Nesse sentido, a lição de Proto Pisani, para quem *partes são: (a) os sujeitos dos atos processuais; b) os sujeitos dos efeitos do processo; e c) os sujeitos dos efeitos da sentença*[23].

Nas *ações coletivas*, a *coisa julgada*, assim como a legitimidade, tem *tratamento diferenciado*, o que só é possível em virtude de lei expressa.

Também a coisa julgada visa a gerar segurança jurídica, pois pessoas não envolvidas no processo não devem, no geral, ser atingidas pela decisão nele proferida, menos ainda pela imutabilidade dessa decisão.

Contudo, nas ações coletivas, como já apontamos neste ensaio, é um terceiro - o ente coletivo -, quem estará em juízo, em busca da proteção de um grupo de pessoas. Natural, então, que institutos como a coisa julgada e a legitimidade não sejam tratados, nesses procedimentos, do mesmo modo que o são, nos processos individuais.

Portanto, no processo coletivo, deve haver, em relação à coisa julgada, garantias legalmente previstas, de forma a que direitos fundamentais dos titulares da relação jurídica litigiosa não sejam violados. E tais garantias, repitamos, devem derivar da lei, pois as partes não podem dispor relativamente aos limites da coisa julgada.

Nas ações coletivas - nas quais os entes coletivos substituem os particulares, já que têm essa legitimidade por força de lei - a coisa julgada poderá atingir a quem não participou, fisicamente, do processo, ou seja, aqueles (os particulares) a quem cabe a titularidade do objeto discutido em juízo.

As demandas coletivas, como já observamos, são, no Brasil, *opt out*, ou seja, atingem "todos", salvo os que assim não o queiram. E, o ajuizamento de uma ação individual é a forma pela qual a parte manifesta sua opção, no sentido de não se sujeitar ao resultado da ação movida pelo ente coletivo.

Os efeitos da coisa julgada, nas ações coletivas, necessariamente alcançarão um grupo de pessoas que, normalmente, não está no processo, embora em algumas circunstâncias excepcionais possa estar, mas não na posição de autores. Os autores das ações coletivas são só aqueles indicados em lei.

No Brasil, o processo coletivo é disciplinado por um sistema composto, eminentemente, pela LACP e pelo CDC. Há discussões terminoló-

---

23 *apud* CRUZ E TUCCI, José Rogério. *Limites Subjetivos da Eficácia da Sentença e da Coisa Julgada Civil*. São Paulo: Ed. RT, 2007, p. 32.

gicas acerca da identidade entre as expressões ações coletivas e ações civis públicas. A nosso ver, ações civis públicas são ações coletivas, nas quais o autor é o Ministério Público. Ações coletivas, nesse contexto, são gênero de que a ACP é espécie.

A interpretação dos diplomas legais, que mencionamos acima, leva-nos à conclusão de que a coisa julgada pode ocorrer, no processo coletivo, segundo o evento da prova, isto é, não fará coisa julgada a decisão, se houver improcedência do pedido, decorrente da insuficiência de provas.

Outra característica, ainda, da coisa julgada coletiva é que ela pode ocorrer segundo o evento da lide ou apenas se for útil para o grupo atingido: isto significa que, em determinadas circunstâncias, a coisa julgada não ocorre quando o pedido for julgado improcedente.[24]

Percebe-se, dessa forma, que a coisa julgada, nas ações coletivas, tem perfil bastante especial, pois pode ocorrer *secundum eventum probationis* ou *secundum eventum litis* (*in utilibus*)[25]. Tais características estão, expressamente, previstas em lei.

E não poderia ser de outra forma, pois só a lei expressa poderia criar uma coisa julgada que se afasta consideravelmente da coisa julgada do processo civil clássico (que, aliás, também é prevista em lei), concebido a partir da perspectiva de conflitos individuais.[26]

Essa diferenciação nos contornos da coisa julgada, ou seja, suas formas diferenciadas e a possibilidade que se dá ao interessado de exercer o *opt out*, nas demandas coletivas, visam a preservar as garantias processuais dos jurisdicionados, de forma que a ação coletiva não lhes seja um problema, mas, ao contrário, a melhor solução.

---

24 Art. 103, inciso III, parágrafos 1º, 2º e 3º, CDC.

25 Art. 103, incisos I e II, CDC.

26 Conforme Antonio Gidi: "*Exatamente porque os membros ausentes não podem ser ouvidos nas ações coletivas e, em geral, não são sequer notificados, o legislador brasileiro considerou aceitável que eles sejam beneficiados pela ação coletiva, mas não prejudicados. Foi uma decisão política acertada diante da realidade brasileira. Enquanto não há motivo para excluir o membro ausente dos benefícios de uma ação coletiva bem sucedida, prejudica-lo com uma ação coletiva improcedente da qual não participou pode significar a violação do devido processo legal*". (*A Class Action como instrumento de tutelas coletiva de direitos. As ações coletivas em uma perspectiva comparada*. São Paulo: Ed. RT, 2007, p. 285).

3.3. As Ações Coletivas e a Necessária Publicidade Acentuada

A publicidade é um princípio processual de raiz constitucional, inerente a todo ato do Judiciário, com especial relevância no tocante às decisões dele advindas (art. 93, IX da CF c/c art. 37, *caput*).

A publicidade dos atos judiciais visa a promover a prestação de contas à sociedade dos atos praticados em prol dos jurisdicionados. A transparência da atividade jurisdicional acaba por representar, também, garantia para o próprio Judiciário.

É princípio intimamente ligado ao Estado Democrático de Direito e é garantia de que o devido processo legal será respeitado, pois os jurisdicionados podem, mediante a publicidade, monitorar a legalidade dos atos do Judiciário.

O princípio da publicidade é reafirmado no art. 11, CPC, cuja leitura deve ser conjugada com a do art. 189, CPC, do qual constam as respectivas exceções.

A regra é de que todos os atos do Judiciário devem ser objeto de publicidade ampla e imediata[27]. Ampla, pois deve abarcar a todos e imediata, pois as informações devem estar, desde logo e sempre, disponíveis e ao alcance da sociedade.

Isso se aplica tanto aos processos individuais como aos coletivos. Nos coletivos, considerando a natureza e a abrangência do direito discutido, assim como a possibilidade de os efeitos da coisa julgada ultrapassarem os limites do processo e serem *erga omnes* ou *ultra partes*, a necessidade da publicidade torna-se ainda mais premente. A divulgação ampla é ínsita à própria índole das ações coletivas, como se pode constatar da leitura do art. 94 do CDC: "*Proposta a ação, será publicado edital no órgão oficial, a fim de que os interessados possam intervir no processo como litisconsortes, sem prejuízo de ampla divulgação pelos meios de comunicação social por parte dos órgãos de defesa do consumidor.*"

A publicidade tem por objetivo o controle do respeito às garantias outorgadas aos litigantes. Especificamente no caso do processo coletivo, a publicidade propicia o controle de que garantias, como devido processo legal, contraditório e ampla defesa, estejam sendo preservadas, em processo no qual o titular da relação de direito material discutida não se encontra fisicamente, mas se faz presente, através da atuação do ente coletivo.

27 MARQUES, José Frederico. *Instituições de Direito Processual Civil*. Campinas: Millenium, 2000. V. 2.

Nesse aspecto, é interessante apontar a existência de um banco de dados, do qual constam todas as informações relevantes relacionadas às ações coletivas ajuizadas, conforme estabelece a Resolução conjunta nº 2/2011 do CNJ.

Assim, considerando que as ações coletivas são, no geral, do interesse de toda a sociedade ou de uma parte significativa dela, por dizer respeito (sempre) a um grupo de jurisdicionados, não há como, ao respectivo processo, não se dar ampla publicidade.

A publicidade é princípio norteador e de extrema relevância para o fomento, desenvolvimento e efetividade do sistema de resolução de conflitos coletivos.

3.4. A Obrigatória Previsão em Lei

A forma legítima de se introduzirem ações coletivas no sistema jurídico de um país de *civil law* - como é o Brasil - é o direito positivado, tendo em vista as peculiaridades processuais inerentes às ações coletivas, como, *v.g.*, a legitimação extraordinária e a abrangência diferenciada dos efeitos da coisa julgada.

Já vimos, neste trabalho, que esse sistema processual diferenciado de resolução de conflitos coletivos pode, se não bem concebido, comprometer a realização das garantias processuais do jurisdicionado.

A lei é o único instrumento de criação de ações coletivas e a forma segura para se garantir a preservação das garantias mencionadas. Assim como é a lei - editada necessariamente pela União - que cria regras de processo. Trata-se de regras de direito público, que muito frequentemente são imperativas, apesar das inovações do CPC/2015, que criou o instituto dos negócios jurídicos processuais e deu, ao juiz, em alguma medida, poderes de gestão.

No *common law*, por sua vez, concebe-se a existência de ações coletivas, independentemente de sua previsão legal[28], tendo em vista

28 Veja-se o exemplo da África do Sul: Theo Broodryk explains that, in South Africa, the development of the procedural framework for class actions has depended exclusively on the courts. Maybe the fear of the harm that class action could cause to the economic sector has been preventing legislators from taking the initiative of regulating this procedural tool. Only legislation would bring predictability, control and efficiency to class actions. (Class Actions in South Africa: A Need for Certainty. *In*: FITZPATRICK, Brian; THOMAS, Randall (coords.). *The Cambridge Handbook of*

que se trata de um ambiente em que o direito nasce, primordialmente, das decisões judiciais. É um regime em que o poder normativo do Judiciário é abrangente e indiscutível. O mesmo se diga quanto ao processo civil individual.[29]

Mas este não é o caso do Brasil.

Imprescindível a intervenção do legislador para ou criar regras ou harmonizar as que hoje existem para o processo coletivo, para o contexto da arbitragem coletiva. Como compatibilizar, por exemplo, a legitimação extraordinária e os efeitos *erga omnes* da coisa julgada com o procedimento arbitral? Não há dispositivo de lei que outorgue a qualquer entidade a possibilidade de atuar, em uma arbitragem, no interesse exclusivo de outrem. De onde, então, tirar essa legitimidade?

Se não se autoriza, no processo civil, a pactuação da legitimação extraordinária, pelas partes, já que se trata de matéria de ordem pública, *a fortiori*, este fenômeno não pode ocorrer em procedimento arbitral, onde a jurisdição é contratada exclusivamente entre as partes litigantes e onde a coisa julgada só ocorre em relação a pelas e para as partes.

Tivesse o legislador o intuito de inserir a figura da arbitragem coletiva no ordenamento jurídico brasileiro, tê-lo-ia feito, quando alterou, de forma bastante significativa, a Lei da Arbitragem (Lei nº 9.307/96), mediante a edição da Lei nº 13.129/2015. Nenhuma palavra, entretanto, se disse a esse respeito.

Com efeito, da leitura da atual redação da Lei nº 9.307/96, dessume-se a ausência de intenção da lei – pelo menos por ora - no sentido de abranger arbitragem coletiva. Na LACP, assim como na Lei nº 7.913/89 e na Lei nº 6.404/76, também não há, uma só menção que seja, à possibilidade de que direitos coletivos sejam discutidos, em sede de arbitragem, por uma associação em substituição a seus associados.

Class Actions: An International Survey. Cambridge Law Handbooks, 2021, pp. 481-502). – **Tradução livre**: "Theo Broodryk explica que, na África do Sul, o desenvolvimento da estrutura processual para as ações coletivas tem dependido exclusivamente dos tribunais. Talvez o medo do prejuízo que a ação coletiva possa causar ao setor econômico tenha impedido os legisladores de tomarem a iniciativa de regulamentar essa ferramenta processual. Somente a legislação traria previsibilidade, controle e eficiência às ações coletivas."

29 O CPC inglês data de 1997. Antes, não havia lei. ANDREWS, Neil. *O moderno processo civil: formas judiciais e alternativas de resolução de conflitos na Inglaterra*. 2ª ed. São Paulo: Ed. RT, 2012, *passim*.

Nunca é demais frisar que as ações coletivas derivam, sempre, da lei, de forma que não conseguimos vislumbrar como se possa instaurar uma arbitragem a respeito de direito coletivo *lato sensu*, com base na vontade unilateral de um ente legitimado para ações coletivas perante o Judiciário. Não há amparo legal para tanto....

O Brasil, não é demais insistir, é um país de *civil law*. A regra geral é de que da lei derivam as pautas de conduta dos jurisdicionados, sobretudo quando se trata de direitos coletivos... Em países de *common law*, por seu turno, é sabido que o direito nasce das decisões judiciais, da jurisprudência, também como já mencionamos.

Dessa forma, tornar-se-ia frágil, a nosso ver, argumento no sentido de que a arbitragem coletiva, por ser uma realidade em países de *common law*, apesar da inexistência de lei, também deveria sê-lo, no Brasil.

No Brasil, em nosso entendimento, para que a arbitragem coletiva possa ser vista como algo harmônico com nosso ordenamento, é necessário que haja lei específica que institua que essa forma de resolução de conflitos também pode ser usada para resolver conflitos coletivos.

Mais, deve haver lei que estabeleça de que forma se dará a legitimação extraordinária dos entes coletivos e quais serão estes entes; de que forma se dará a extensão da coisa julgada àqueles que não participaram da arbitragem, mas que foram substituídos pelo ente coletivo; se o sistema seria ou *opt in* ou *opt out* etc. Ou que diga que se pode aplicar o sistema de ações coletiva da LACP e do CDC, se bem que, acreditamos, isso seria impossível sem muitas adaptações!

A lei deverá dispor, também, sobre a necessidade de intervenção do Ministério Público, sobre a acentuada publicidade que se deverá dar ao procedimento. Ela deverá resolver, outrossim, o problema do dever de revelação. Como garantir um Tribunal imparcial, em face do imenso grupo de pessoas que sofrerá os efeitos da sentença?

São diversos os temas que o legislador deverá disciplinar, antes que a arbitragem coletiva possa ser um efetivo remédio em prol do direito coletivo, pois enquanto isso não ocorrer, caso se admita a instauração de uma arbitragem coletiva, as garantias daqueles que não tiverem participado do processo poderão sofrer sérios riscos, exatamente por falta de prévia regulamentação legal.

E, como já adiantamos, não nos parece que a solução seria a aplicação, pura e simples, dos procedimentos previstos na legislação específica relativa às ações coletivas, na arbitragem, pois aquela legislação regula procedimentos próprios para litígios ajuizados perante os órgãos do Poder Judiciário.

O regramento constante da LACP e do CDC versa sobre medidas ajuizadas perante o Judiciário, inclusive estabelecendo o raio de abrangência da decisão, em relação ao foro onde foi proferida a decisão, de que forma e em qual foro deve se dar a liquidação e a execução dos julgados pelos *substituídos* etc.

Entendemos não haver como, simplesmente, se adotar o regramento atualmente existente ou imaginar-se que os árbitros poderiam adequar o que, atualmente, se prevê para os processos de ações coletivas perante o Judiciário, para os procedimentos arbitrais, tendo em vista os riscos que isto poderia representar.

Nesse aspecto, assim como a regra é que à arbitragem não se aplica o Código de Processo Civil, também não é aplicável o arcabouço normativo referente ao microssistema processual de tutela de direitos coletivos.

E essa impossibilidade de aplicação das regras de processo coletivo, pura e simplesmente, à arbitragem é facilmente perceptível: basta pensar-se, por exemplo, que, uma vez proposta a ação, deveria ser publicado edital no órgão oficial, para que os interessados pudessem intervir no processo como litisconsortes (art. 94, CDC).

4. Arbitragem – Consensualismo como Elemento Essencial

São diversas as teorias sobre a natureza jurídica da arbitragem. A mista é a que nos parece a mais correta: a arbitragem tem natureza contratual, no seu nascedouro e jurisdicional, no seu desenvolvimento.

A arbitragem é um negócio jurídico[30] encoberto com um manto que lhe dá a característica de negócio jurídico processual, já que que estabelece o propósito das partes resolverem um conflito mediante a instauração da jurisdição que contrataram, portanto, uma jurisdição privada.

Na convenção arbitral, as partes expressam seu objetivo comum de levar a controvérsia, existente ou potencial, à apreciação da jurisdição

30 *"É praticamente unânime a doutrina que considera a convenção de arbitragem um negócio jurídico. Segundo José Lebre de Freitas, trata-se de um negócio jurídico processual. O negócio jurídico é assim caracterizado pela sua finalidade de resolver um litígio, podendo dar lugar a uma exceção de preterição de tribunal arbitral, pois retira competência ao tribunal judicial".* BARROCAS, Manuel Pereira. *Manual de arbitragem*. Coimbra: Almedina, 2010, p. 40.

privada. A arbitragem nasce, portanto, obrigatoriamente, da vontade das partes, da consensualidade[31].

---

31 Nesse sentido: BORN, Gary. *International Commercial Arbitration*. 2ª ed., Kluwer Law International, 2014, p. 83. *"A further objective, and advantage, of international commercial arbitration is the maximization of party autonomy and procedural flexibility. As discussed below, leading international arbitration conventions and national arbitration laws accord parties broad autonomy to agree upon the substantive laws and procedures applicable to 'their' arbitrations. This emphasis on the importance of party autonomy parallels applications of the doctrine throughout the field of contemporary private international law, and commercial law more generally, but has particular significance in the field of international commercial arbitration".* **Tradução livre**: "*Outro objetivo e vantagem da arbitragem comercial internacional é a maximização da autonomia das partes e da flexibilização processual. Conforme discutido abaixo, as principais convenções de arbitragem internacional e as leis de arbitragem nacionais dão às partes ampla autonomia para acordar a respeito das leis e procedimentos substantivos aplicáveis às "suas" arbitragens. A ênfase na importância da autonomia das partes equivale às aplicações da teoria em todo o campo do direito internacional privado contemporâneo e do direito comercial em geral, mas tem um significado especial no campo da arbitragem comercial internacional*". **Ainda**: BORN, Gary. Keynote Address: Arbitration and the Freedom to Associate. *Georgia Journal of International and Comparative Law*, v. 38, nº 1, pp. 7-24, 2009. Disponível em: <https://ssrn.com/abstract=1978798>. Acesso em: 13 jul. 2023. *"At its most basic level, arbitration is an expression of party autonomy. When parties agree to arbitrate their disputes, they select a particular mechanism for dispute resolution-a contractual and consensual mechanism that grants very broad freedom to the parties to define the manner of dispute resolution and to minimize the role of third parties (including the state) in that dispute resolution process. This aspect of arbitration-the parties' dominant role in defining their own dispute resolution process-is essential to understanding why parties arbitrate and why nations have adopted proarbitration international instruments and legislation which encourages the use of arbitration to resolve disputes. The means by which parties resolve disputes is a fundamentally important aspect of their underlying contractual (or other) relationship; it is no less important than the parties' decision to enter into a contractual relationship or the manner in which parties structure and conduct that relationship. The parties' relationship-whether pursuant to a contract or other kind of relationship-is designed to endure through good times and bad times. It needs to endure, not just in the warm afterglow of signing the contract and of closing the deal, but also after problems and disputes inevitably arise. If those disputes cannot be resolved in a way that is consistent with the parties' underlying relationship, then that relationship will itself be compromised".* **Tradução livre**: "*Basicamente, a arbitragem é uma expressão da autonomia das partes. Quando as partes concordam em arbitrar suas disputas, elas selecionam um mecanismo específico para a resolução de disputas - um mecanismo contratual e consensual que concede ampla liberdade às partes para definir a forma de resolução de disputas e minimizar o papel de terceiros (incluindo o Estado) nesse processo de resolução de disputas. Esse aspecto da*

A *arbitragem* difere do *processo*, fundamentalmente, porque, na primeira, as partes decidem levar seu conflito à apreciação de uma autoridade - o Tribunal Arbitral -, livremente escolhida por elas mesmas e contratada, especificamente, para esse mister.

Não existe arbitragem se não houver o elemento primordial e essencial: a consensualidade[32]. Em nosso ordenamento, não existe o instituto da arbitragem compulsória, aquela que, segundo previsão legal, deve ser obrigatoriamente o método de resolução de certos conflitos.

Sendo marcante, na arbitragem, a influência da vontade e a correlata liberdade das partes, é natural que se exijam, nos procedimentos, menos formalidades. Trata-se de uma espécie de "desformalização" do processo, aliás, tendência contemporânea, também, na jurisdição estatal.

Contudo, não se pode, com isso, significar que, na arbitragem, tudo seja possível, muito menos que uma parte possa vir a ser obrigada a participar de um processo arbitral sem que tenha, expressamente, ou, ao menos de forma inequívoca, aderido à convenção arbitral. A constituição da arbitragem não se dá de maneira informal. A própria Lei da Arbitragem (LArb – Lei nº 9.307/96) prevê que a cláusula compromissória deve ser estipulada por escrito (art. 4º, § 1º).

arbitragem - o papel dominante das partes na definição de seu próprio processo de resolução de disputas - é essencial para entender por que as partes arbitram e por que as nações adotaram instrumentos internacionais pró-arbitragem e legislação que incentiva o uso da arbitragem para resolver disputas. Os meios pelos quais as partes resolvem disputas são um aspecto fundamentalmente importante de seu relacionamento contratual (ou outro) subjacente; não é menos importante do que a decisão das partes de entrar em um relacionamento contratual ou a maneira pela qual as partes estruturam e conduzem esse relacionamento. O relacionamento entre as partes - seja de acordo com um contrato ou outro tipo de relacionamento - foi projetado para durar nos bons e maus momentos. Ele precisa perdurar, não apenas no calor da assinatura do contrato e do fechamento do negócio, mas também após o surgimento inevitável de problemas e disputas. Se essas disputas não puderem ser resolvidas de forma consistente com o relacionamento subjacente das partes, esse relacionamento estará comprometido."

32 Sobre a autonomia da vontade/consensualidade, Carmona aduz que "*Ponto fundamental da arbitragem é a liberdade dos contratantes ao estabelecer o modo pelo qual o litígio será resolvido. Tal liberdade diz respeito ao procedimento a ser adotado pelos árbitros e ao direito material a ser aplicado na solução do litígio*". CARMONA, Carlos Alberto. *Arbitragem e processo: um comentário à Lei nº 9.307/96.* 3ª ed. São Paulo: Atlas, 2009, p. 64.

Da mesma forma que a consensualidade leva à independência e à autonomia da arbitragem, ela também gera a necessidade de que se tenha segurança absoluta de que as partes tenham efetivamente optado pela jurisdição privada, com vistas a solucionar seu conflito, existente ou potencial, sob pena de se estar diante de hipótese de ausência de jurisdição e, consequentemente de inexistência jurídica.

Já que a autonomia da vontade é um dos pilares da arbitragem – a nosso ver, o mais importante -, torna-se impossível conceber-se sua contratação se não existir, ao menos, a prova inequívoca da aderência de ambas às partes à convenção arbitral.

A parte, via de regra, só estará obrigada a submeter seu conflito à jurisdição arbitral se tiver contratado, inequivocamente, a convenção de arbitragem[33]. É só assim que se pode renunciar à jurisdição estatal e dar preferência à jurisdição privada (arbitral).

Pode-se dizer que o princípio da autonomia privada[34], especificamente em relação à convenção de arbitragem, tem dimensões negativa e positiva. A primeira se relaciona ao ato de renúncia, pelas partes, à jurisdição estatal como a apta a solucionar o conflito. A segunda (positiva) está relacionada com a opção das partes pela contratação da jurisdição privada.

Renunciar à jurisdição do Estado, desde que mediante a prática do respectivo ato inequivocamente manifestado, não implica violação ao princípio do livre acesso ao Judiciário art. 5º, inciso XXXV CF.

Garantir-se o livre acesso ao Judiciário é impedir que se exclua do jurisdicionado o direito que tem de ver a sua pretensão decidida. Isso, contudo, não afasta do particular a possibilidade de escolha entre uma ou outra jurisdição, para a solução do litígio envolvendo partes capazes

---

33 A convenção de arbitragem é um gênero de negócio jurídico celebrado *inter partes*, com o intuito de levar litígio, futuro ou atual, à arbitragem. A cláusula compromissória e o compromisso arbitral são espécies desse gênero (art. 3º, Lei nº 9.307/96). Em qualquer de suas modalidades, a convenção arbitral deve ser celebrada por escrito, como estabelecem o art. 4º, § 1º e o art. 9º, § 1º e 2º, da Lei nº 9.307/96.

34 *"O primeiro e principal princípio contratual clássico é o da autonomia privada. Pontes de Miranda, a respeito do que designa de autorregramento da vontade, ensina que o que caracteriza esse princípio "é poder-se, com ele, compor o suporte fático dos atos jurídicos com o elemento nuclear da vontade". Enzo Roppo, em obra clássica, esclarece que "autonomia significa, etimologicamente, poder de modelar por si – e não por imposição externa – as regras da sua própria conduta".* FICHTNER, José Antonio; MANNHEIMER, Sérgio Nelson; MONTEIRO, André Luis. *Teoria Geral da Arbitragem*. Rio de Janeiro: Forense, 2018, p. 121.

e direito patrimonial e disponível. A opção pela arbitragem, contudo, tem de ser manifestada inequivocamente. O princípio da autonomia da vontade assim o exige.

Já houve muita discussão a respeito da constitucionalidade da arbitragem. A questão, entretanto, foi resolvida pelo Supremo Tribunal Federal, conforme decisão proferida em procedimento de homologação de sentença estrangeira[35].

Da ementa do mencionado julgado,[36] constata-se que um dos fundamentos da constitucionalidade do instituto é, exatamente, a necessidade de respeito à manifestação expressa da vontade da parte (inerente à autonomia privada) pela contratação da arbitragem.

O princípio da autonomia privada, intimamente ligado ao da liberdade de contratar, possibilita a estipulação de negócios jurídicos, em conformidade com os interesses individuais dos particulares[37]. É uma espécie de autorregulamentação que propicia uma melhor forma de contratação, conforme a intenção e os interesses das partes envolvidas.

---

35 SE nº 5.206-7.

36 "*3. Lei de Arbitragem (L. 9.307/96): constitucionalidade, em tese, do juízo arbitral; discussão incidental da constitucionalidade de vários dos tópicos da nova lei, especialmente acerca da compatibilidade, ou não, entre a execução judicial específica para a solução de futuros conflitos da cláusula compromissória e a garantia constitucional da universalidade da jurisdição do Poder Judiciário (CF, art. 5º, XXXV).* ***Constitucionalidade declarada pelo plenário, considerando o Tribunal, por maioria de votos, que a manifestação de vontade da parte na cláusula compromissória, quando da celebração do contrato, e a permissão legal dada ao juiz para que substitua a vontade da parte recalcitrante em firmar o compromisso não ofendem o artigo 5º, XXXV, da CF.*** *Votos vencidos, em parte - incluído o do relator - que entendiam inconstitucionais a cláusula compromissória - dada a indeterminação de seu objeto - e a possibilidade de a outra parte, havendo resistência quanto à instituição da arbitragem, recorrer ao Poder Judiciário para compelir a parte recalcitrante a firmar o compromisso, e, conseqüentemente, declaravam a inconstitucionalidade de dispositivos da Lei 9.307/96 (art. 6º, parág. único; 7º e seus parágrafos e, no art. 41, das novas redações atribuídas ao art. 267, VII e art. 301, inciso IX do C. Pr. Civil; e art. 42), por violação da garantia da universalidade da jurisdição do Poder Judiciário. Constitucionalidade - aí por decisão unânime, dos dispositivos da Lei de Arbitragem que prescrevem a irrecorribilidade (art. 18) e os efeitos de decisão judiciária da sentença arbitral (art. 31)*". STF, SE-AgR: 5206 EP, Tribunal Pleno, Rel. Sepúlveda Pertence, Data de Julgamento: 12/12/2001, Data de Publicação: DJ 30/04/2004. g.n.

37 Desde que respeitados valores mínimos como, por exemplo, os bons costumes e a ordem pública. No caso da arbitragem, isso está expresso no art. 2º, § 1ºda LArb.

Conforme Carmona:

> *"Segundo a Lei de Arbitragem, as partes têm liberdade de escolher o direito - material e processual - aplicável à solução da controvérsia, podendo optar pela decisão por equidade ou ainda fazer decidir o litígio com base nos princípios gerais de direito, nos usos e costumes e nas regras internacionais do comércio.*
>
> *Prestigiou-se em grau máximo e de modo expresso o princípio da autonomia da vontade, de forma a evitar dúvidas na aplicação da Lei. Sabe-se que o Brasil o princípio da autonomia da vontade encontra alguma dificuldade em sua aplicação, afirmando Irineu Strenger que o princípio foi abandonado pela Lei de Introdução ao Código Civil, porque "dava margem a muita controvérsia, muita discussão". Em sede de arbitragem, porém, muitos problemas são resolvidos com a expressa escolha da lei aplicável pelas próprias partes, de tal sorte que o árbitro não terá que recorrer às regras de conflitos de leis para estabelecer a norma que regerá o caso concret. Faz-se mister frisar que as "regras de direito", a que se refere o art. 2º, § 1º, são tanto de direito material quanto processual: quanto às regras de direito processual, nada impede que as partes criem normas específicas para solucionar o litígio, reportem-se às regras de um órgão arbitral institucional ou até mesmo adotem regras procedimentais de um código de processo civil estrangeiro.*
>
> *(...)*
>
> *Ponto fundamental da arbitragem é a liberdade dos contratantes ao estabelecer o modo pelo qual o litígio será resolvido. Tal liberdade diz respeito ao procedimento a ser adotado pelos árbitros e ao direito material a ser aplicado na solução do litígio".*[38]

A liberdade, no entanto, não é absoluta e sofre limitações, pois que a atuação das partes deve, sempre, observar os bons costumes e a ordem pública, conforme estabelecido no art. 2.035, parágrafo único do CC[39] e

---

38 *Arbitragem e processo: um comentário à Lei nº 9.307/96.* 3ª ed. São Paulo: Atlas, 2009, pp. 15;64.

39 Art. 2.035. (...) parágrafo único. *Nenhuma convenção prevalecerá se contrariar preceitos de ordem pública, tais como os estabelecidos por este Código para assegurar a função social da propriedade e dos contratos.*

no art. 2º, par. 1º da Lei nº 9.307/96[40] (LArb). Deve, ademais, se dar com respeito à boa-fé objetiva[41].

A consensualidade é condição específica da ação que tramita perante Tribunal Arbitral e a inequivocidade da intenção de acordar deve ser vista de modo especial quando se tratar de convenção arbitral, na medida em que, nesse caso, se abre mão de um direito constitucionalmente assegurado, decorrente do princípio da inafastabilidade do controle jurisdicional.

As partes só estão vinculadas à arbitragem se assim o quiserem, pois só há: "*obrigatoriedade de se utilizar a via arbitral, se uma das partes assim preferir, sempre que houver cláusula compromissória previamente firmada para a solução de conflitos emanados daquela relação jurídica (art. 7º da Lei nº 9.307/1996); (...)*".[42]

A arbitragem, portanto, não se configura juridicamente e nem sobrevive sem a consensualidade.

5. Arbitragem Coletiva: Incompatibilidade?

A intenção do legislador, ao prever a regra de que a manifestação de vontade de contratar a arbitragem, declinando da jurisdição estatal, deva se revelar, por escrito, significa, como já dissemos antes, que tal manifestação deve ser inequívoca, i.e., não deve haver dúvidas de que as partes efetivamente renunciaram ao direito de submeter, à apreciação do Judiciário, seu conflito, com preferência à jurisdição arbitral.

Tem-se, assim, uma regra não absoluta, pois a própria conduta da parte, no processo arbitral, pode significar que ela aceitou participar

---

40 Art. 2º (...) par. 1º. *Poderão as partes escolher, livremente, as regras de direito que serão aplicadas na arbitragem, desde que não haja violação aos bons costumes e à ordem pública.*

41 *Diante de todos estes aspectos da autonomia privada incidentes na arbitragem, pode-se dizer, numa perspectiva clássica, que, sendo a convenção de arbitragem válida, então nada poderia irromper a vontade estabelecida pelas partes, porquanto esta autonomia seria absoluta. Mais adiante, destaca-se que esta perspectiva sofre atualmente alguma mitigação na seara contratual, igualmente aplicável à arbitragem, por conta da boa-fé objetiva.* FICHTNER, José Antonio; MANNHEIMER, Sérgio Nelson; MONTEIRO, André Luis. *Teoria Geral da Arbitragem*. Rio de Janeiro: Forense, 2018, p. 125.

42 ARRUDA ALVIM NETTO, José Manoel de. *Manual de Direito Processual Civil*. 19ª ed. São Paulo: Thomson Reuters Brasil, 2020, p. 236. g.n.

dessa forma de resolução de conflito, como se tivesse manifestado sua intenção, anteriormente, por escrito. Porém, a vontade deve ter sido, de alguma forma, manifestada e de forma inequívoca. A arbitragem não nasce de uma vontade unilateral.

A possibilidade de se resolver um conflito perante um Tribunal Arbitral, então, se dá por força da manifestação da vontade.

Percebe-se, só por isso, que a arbitragem é instituto concebido para resolver conflitos individuais, já que a consensualidade e a pessoalidade não se estendem a representado ou a substituídos.

As partes, no processo arbitral, então, serão apenas aquelas signatárias da convenção arbitral (art. 10, I da LArb) e em relação a quem se instaurou certo conflito.

A legitimidade para a ação (legitimidade *ad processum*), na arbitragem, é fenômeno idêntico ao da legitimação no processo que corre perante o juízo estatal. Está relacionada à titularidade do direito que se pretende discutir. É a expressão da posição de um sujeito em relação ao objeto processual assim como ao outro sujeito da relação jurídica[43]. A legitimidade é definida em função de elementos que são fornecidos pelo direito material[44].

Como sustenta Teresa Arruda Alvim[45]:

> "Trata-se de uma qualidade que resulta da *relação* entre o *sujeito* e um *objeto*: essa qualidade é 'aferida em função de ato

43 PROVINCIALI, Renzo. Delle Impugnazioni in Generale. *In*: CARNELUTTI, F. (Dir.). *Trattato del Processo Civile*. Nápoles: Morano, 1962.

44 *"É moeda corrente entre os discípulos de Liebman que, como em relação às demais condições da ação, também esta envolve uma questão de direito processual, mas cuja resposta tem de ser buscada no direito material. Com efeito, a verificação do requisito, ainda uma vez, tem de ser feita a partir da suposição de ter razão o autor: se tal for o caso, será o autor o titular do 'interesse subordinante' e o réu o do 'interesse subordinado'? E, a toda evidência, em se tratando daquela 'pertinência subjetiva' em que consiste a legitimação ordinária (e só dela cogitamos por ora), a resposta só pode vir do exame do vínculo jurídico-material afirmado. Nada que se situe no plano estritamente processual pode dar resposta à questão, porque a relação de 'pertinência' à qual se alude outra coisa não é senão a identidade, de um lado, entre o autor e o 'credor' (latíssimo sensu) e, de outra banda, entre o réu e o 'devedor' (em sentido igualmente largo)".* (FABRICIO, Adroaldo Furtado. Extinção do Processo e Mérito da Causa. *Revista de Processo*, São Paulo, v. 15, nº 58, pp. 7-32, abr./jun. 1990).

45 ARRUDA ALVIM, Teresa. *Nulidades do processo e da sentença*. 11ª ed. São Paulo: Thomson Reuters Brasil, 2021, pp. 62-63.

> jurídico realizado ou a ser praticado', ou, mais especificamente, da relação entre o sujeito e a relação jurídica.
>
> A noção de legitimidade é, pois, *relacional*, e *supõe* a de capacidade.
>
> É, ainda, importante acrescentar a observação de que a legitimidade é um liame que se estabelece entre um sujeito, um objeto e um outro sujeito. De fato, a relação jurídica abrange, pelo menos, dois sujeitos e um objeto. Logo, se se diz que a legitimidade é um liame que envolve um sujeito e uma relação jurídica, nesta relação haverá sempre o outro sujeito".

Se, por um lado, ao longo do processo arbitral, as formalidades tendem a ser menos rígidas, por outro, no que tange aos pressupostos para a sua instauração, a rigidez é marcante. Para que uma pessoa possa ser parte, no processo arbitral, ela deve ter, de forma inequívoca, manifestado essa sua opção.

Na arbitragem, a aferição da legitimidade passa por uma preliminar: ainda que seja a parte titular do direito discutido, ela deve, ainda, ter manifestado a sua intenção de se utilizar da Arbitragem.

Nesta dimensão, a legitimação para a arbitragem se afere nos mesmos moldes em que para o processo estatal - a legitimidade é do titular do direito sobre o qual se discute.

Se alguém é provocado a ocupar o polo passivo de um processo arbitral, sem que tenha expressado, de maneira inequívoca, sua intenção nesse sentido, nenhum tribunal arbitral terá jurisdição sobre esse alguém. Da mesma forma, se alguém provocar a instauração de uma arbitragem sem ter previamente celebrado convenção arbitral, inexistirá jurisdição arbitral.

Nesses casos, a pessoa não estará submetida à sentença proferida contra si, que é, irremediavelmente, viciada, vício esse que, a nosso ver, se relaciona com a inexistência jurídica.

Além disso, considerando-se que a arbitragem é jurisdição, a decisão proferida pelo árbitro transita em julgado[46]. Com isso, garante-se

46 Essa conclusão pode ser extraída da lição de Eduardo Talamini, *in Coisa Julgada e Sua Revisão*. São Paulo: Ed. RT, 2005. Nesse sentido, ainda: "*a sentença arbitral produz coisa julgada, de molde que seus efeitos revestem-se da característica da imutabilidade, inerente à atividade jurisdicional, que é definitiva por natureza*". ARRUDA ALVIM NETTO, José Manoel de. Coisa Julgada: Extensão e Limites Objetivos. *Soluções Práticas de Direito*. São Paulo: Ed. RT, 2011. v. 4, p. 198.

a segurança jurídica[47]; até porque a sentença arbitral não é passível de recurso (art. 18, Lei nº 9.306/1996) e produz os mesmos efeitos da sentença proferida pelos órgãos do Judiciário (art. 31).

Essa é mais uma diferença, que afasta o processo que tramita perante o judiciário, do processo arbitral. Neste último caso, a parte conta com uma única decisão. Já no plano do Judiciário existe a possibilidade de a decisão ser revista por outras instâncias e isso tem sido considerado como um caminho aberto para a obtenção de uma decisão mais segura. De fato, entende-se que as chances de se obter uma prestação jurisdicional de melhor qualidade aumentam, quando a parte tem a oportunidade de submeter uma primeira decisão à revisão de outro órgão do Poder Judiciário.

Se isto é, e sempre foi considerado ser, relevante no que diz respeito às ações individuais, evidentemente, *a fortiori*, deve ser considerado não só relevante, mas: imprescindível, quando se trata de ações coletivas.

Tem-se aqui, portanto, mais uma característica da arbitragem que parece torná-la incompatível com as lides coletivas.

Assim como na jurisdição forense, também na arbitragem se espera que, uma vez resolvido o conflito, atinja-se a segurança jurídica, concretizada na estabilidade das relações jurídicas entre as partes.

A abrangência da coisa julgada, no âmbito da arbitragem, é restrita, exclusivamente, às partes litigantes, assim como a eficácia direta da sentença. Não se há falar na ampliação subjetiva da abrangência da coisa julgada, nem nos efeitos da sentença atingindo de forma direta terceiros. Salvo os efeitos indiretos, já que estes são inexoráveis.

A arbitragem é espécie de jurisdição que, para existir, deve ser contratada pelas partes e, especificamente, para resolver determinado litígio, de forma que ela não tem um "quê" de social. É um método de composição de conflitos, mas com um fim específico. É uma atividade jurisdicional transitória e temporária, cujo resultado atingirá, exclusivamente, as partes envolvidas no litígio, sendo que somente estas poderão ser atingidas pela coisa julgada.

47 *"É do supremo interesse da ordem social que que se garanta, pela eficaz aplicação do princípio da autoridade da coisa julgada, a certeza da estabilidade das relações da vida jurídica, como condição essencial à marcha evolutiva dos estados e das nações".* GUSMÃO, Manoel Aureliano de. *Coisa julgada: no cível, no crime e no direito internacional.* 2ª ed. São Paulo: Livraria Acadêmica, Saraiva & C. - Editores, 1922, p. 8.

A arbitragem, da forma como, atualmente, se encontra concebida e regulada, é um método indicado para resolver conflitos individuais, como já observamos.

Nessa medida, a coisa julgada arbitral não pode extrapolar os limites subjetivos consistentes nas próprias partes e atingir terceiros, mesmo que em seu benefício. Terceiros não podem ser alcançados por atos decorrentes de uma jurisdição que lhes é estranha, que, juridicamente, para eles não existe.

Quando se tratar de procedimentos nos quais se discutem direitos coletivos, que pertencem a grupos de indivíduos, há fenômenos específicos do direito processual, com tratamentos diferenciados, sempre por força de previsão expressa em lei.

Em nosso entendimento, exatamente porque a legitimidade extraordinária só pode advir de disposição legal expressa, é que se se pretendesse resolver, por meio da arbitragem, um conflito envolvendo direitos individuais homogêneos, isso parece que só seria possível por meio da formação de um litisconsórcio, que, com alto grau de probabilidade, seria do gênero multitudinário.

A legitimidade extraordinária que se outorga a determinados entes, possibilitando-lhes pleitear a proteção, em ações que correm perante os órgãos do Judiciário, em seu nome, de direitos de outrem, de forma que a coisa julgada formada no bojo desse processo atinja terceiros que não participaram do processo (efeito *erga omnes* da coisa julgada), não existe na arbitragem. Queremos com isso significar que inexiste, em nosso ordenamento jurídico, lei nesse sentido.

Juntando todos esses pontos, a nós parece que a arbitragem coletiva, com base em nosso arcabouço jurídico atual, ainda não seja uma realidade sustentada por nosso ordenamento jurídico. As características mais relevantes do processo coletivo, elencadas na lei, com aplicação específica na jurisdição estatal, são incompatíveis com o instituto da arbitragem.

5.1. Sobre a Participação do Ministério Público, na Arbitragem

O Ministério Público tem por função, conforme previsão constitucional, a defesa da ordem jurídica, do regime democrático e dos interesses sociais e individuais indisponíveis (art. 127, *caput*).

O art. 1º, da LC nº 40/1981, ao ratificar suas funções, estabelece que o Ministério Público é uma instituição permanente e essencial à função jurisdicional do Estado, sendo responsável, perante o Judiciário, pela defesa da ordem jurídica e dos interesses indisponíveis da sociedade.

A arbitragem, como já comentamos, é uma espécie de jurisdição que não se confunde com a atividade jurisdicional desenvolvida pelos órgãos do Poder Judiciário. É jurisdição privada, contratada por partes capazes e que, conforme o art. 1º, da Lei nº 9.307/1996, tem por objeto litígios que envolvam direitos patrimoniais disponíveis.

A participação do Ministério Público, via de regra, se dá em litígios que tenham por objeto temas de interesse social. A instituição não se presta à defesa de direitos puramente privados e disponíveis. Sua intervenção ocorre em casos de relevância social em que, normalmente, são discutidos direitos indisponíveis.

Portanto, a participação do Ministério Público em um procedimento arbitral levaria à conclusão de que esse procedimento trata de matéria inarbitrável, ou seja, direito indisponível.

A presença do Ministério Público se dá apenas em litígios que tramitam perante os órgãos do Poder Judiciário, em situações em que essa instituição funciona como parte - nas hipóteses previstas em lei - ou *custos legis*. O Ministério Público pode, em ambos os contextos, dar prosseguimento ao processo, mesmo em circunstâncias em que os indivíduos (interessados diretos) envolvidos assim não o queiram.

Imaginar-se a presença do Ministério Público em procedimento arbitral, afigura-se-nos despropositado, uma vez que o direito que se discute, em arbitragem, é, exclusivamente, patrimonial e disponível.

Se o ordenamento jurídico brasileiro previsse a figura da arbitragem coletiva, seria exigível a participação do Ministério Público, já que este deve estar presente em todos os processos coletivos, como alguém que zela pelo interesse público. Mas isto é mera conjectura, pelo menos por ora, já que a simples necessidade de intervenção do Ministério Público revela a incompatibilidade do que será objeto de discussão na arbitragem, com aquela jurisdição.

Mesmo quando pretende obter do Judiciário a proteção dos direitos individuais homogêneos, o Ministério Público atua em prol de temas que não são privados, mas, ao contrário, extrapolam o âmbito da individualidade pura e, efetivamente, apresentam *relevância social*, conforme entendimento jurisprudencial que tem prevalecido[48].

48 STF, AI 737.104 AgR/PE, Rel. Min. Luiz Fux, DJ 17/11/2011; STF, AgRg 472.489-8, 2ª T., Rel. José Celso de Mello Filho, DJ 29/04/2008; STF, 163.231, Rel. Min. Maurício Corrêa, DJ 26/02/1997.

De outra banda, quando o Ministério Público atua em proveito de direitos coletivos, no sentido lato, é necessário que à demanda seja dada a mais ampla publicidade, em vista da natureza do direito discutido, assim como para que seu resultado tenha o maior alcance possível, característica típica dos procedimentos previstos na LACP e no CDC. Isso, contudo, como veremos a seguir, também se nos mostra incompatível com a arbitragem, dada sua costumeira confidencialidade.

5.2. *Arbitragem Coletiva e Confidencialidade: Incompatibilidade?*

A confidencialidade é característica que tem por finalidade a proteção de certas informações constantes de um documento ou, no caso, de um determinado processo. As partes costumam contratar a confidencialidade - ou esta decorre de lei -, para que se evitem prejuízos que a publicidade de certas informações poderia acarretar aos envolvidos em uma relação jurídica.

A confidencialidade, conforme lição de Philippe Fouchard, Emmanuel Gaillard e Berthold[49] é um dos motivos pelos quais as partes tendem a contratar a arbitragem como forma de resolução de conflitos.

Na hipótese de arbitragens comerciais, a confidencialidade visa, também, a evitar que informações relacionadas com o litígio possam afetar, por exemplo, os resultados da empresa, a queda do valor das ações no mercado mobiliário etc.

Conforme magistério de Luiz Olavo Baptista[50]: "*Em geral, nas arbitragens internacionais a confidencialidade é vista como uma qualidade, pois serve para proteger os litigantes e seus problemas de curiosidade de competidores. Também serve para proteger segredos comerciais ou industriais valiosos para as partes. Por essa razão, somente os participantes, seus advogados, os árbitros e, em parte, os peritos, tal como pessoas que exercem funções de secretaria, têm acesso ao procedimento*".

A confidencialidade da arbitragem deve ter sido objeto de avença entre as partes ou, como dissemos antes, derivar de lei. Sabe-se, entretanto, que a confidencialidade, muito embora não obrigatória nas arbitragens, é um componente típico dessa forma de resolução de disputas[51].

49 *Traité de l'Arbitrage Commercial International*. Paris: Litec. 1996.

50 *Arbitragem Comercial e Internacional*. São Paulo: Lex Magister, 2011.

51 A Comissão das Nações Unidas para o Direito do Comércio Internacional (*United Nations Comnmission on International Trade Law - UNCITRAL*), em suas *Notes on*

Muito embora a LArb não preveja expressamente a confidencialidade nas arbitragens, é até cultural[52] que esses procedimentos tenham essa característica, tanto que diversos regulamentos institucionais estabelecem a regra da confidencialidade dos processos que tramitem perante aquelas instituições.

A confidencialidade, esta característica que, culturalmente, vem sendo invariavelmente atrelada aos processos arbitrais, perde-se, por completo, quando se supõe a existência de uma arbitragem "coletiva", procedimento que demandaria ampla e efetiva publicidade, como vimos, por versar sobre direitos coletivos.

Por mais esse motivo, a arbitragem coletiva parece-nos não condizer com o ordenamento jurídico vigente.

Claro que há hipóteses em que a arbitragem deve ser pública, como no caso dos procedimentos que envolvam a Administração Pública, e, para essas hipóteses, a lei foi clara no sentido de estabelecer a publicidade como princípio a ser respeitado.

Isso não ocorre na arbitragem coletiva, pois não há lei alguma que autorize a instauração de tal procedimento, muito menos, naturalmente, que estabeleça o critério da publicidade.

5.3. Seria Possível o Efeito *Erga Omnes* da Sentença Arbitral?

Nas ações coletivas, já vimos, o fenômeno da coisa julgada tem tratamento diferenciado, e isso só é possível por força de lei expressa, já que é um terceiro - o ente coletivo, quem estará em juízo, com o propósito de buscar a proteção de um grupo de pessoas.

Organizing Arbitral Proceedings, de 1996, reconhece, na primeira parte do item 31, que *"it is widely viewed that confidentiality is one of the advantageous and helpful features of arbitration."* A *International Law Association*, por sua vez, em recente relatório sobre o tema, deixa claro que *"confidentiality is an important feature of international commercial arbitration"*. FICHTNER, José Antonio; MANNHEIMER, Sérgio Nelson; MONTEIRO, André Luis. *Teoria Geral da Arbitragem*. Rio de Janeiro: Forense, 2019, p. 601.

52 *"A confidencialidade é vantagem internacionalmente reconhecida do processo arbitral."* FICHTNER, José Antonio; MANNHEIMER, Sérgio Nelson; MONTEIRO, André Luis. *Teoria Geral da Arbitragem*. Rio de Janeiro: Forense, 2019, p. 601.

Na legitimação extraordinária – que gera substituição –, a lei atribui legitimidade a quem não fica materialmente sujeito à imutabilidade da sentença. Nem à própria eficácia da sentença.

Estas feições diferenciadas da coisa julgada, nas ações coletivas, derivam da substituição processual[53], também procedente, necessariamente, de lei.

Assim, nas ações genuinamente coletivas, em virtude da legitimidade *ex lege* conferida aos entes coletivos, a coisa julgada poderá atingir quem não participou, fisicamente, do processo, i.e., aqueles a quem cabe a titularidade do objeto discutido em juízo.

Em tese, os efeitos da sentença serão *erga omnes*, inclusive para aqueles que sequer demonstraram qualquer intenção em ajuizar ação para a defesa de seus interesses, exceto se tiverem exercido a opção: *opt out*.

A coisa julgada, nas ações coletivas, tem carcaterísticas bastante especiais, pois, ainda, pode ocorrer *secundum eventum probationis* ou *secundum eventum litis* (*in utilibus*). Todas essas características relacionadas à coisa julgada e seus efeitos, já que excepcionalíssimas, também devem advir de lei.

Também na arbitragem, por se tratar de jurisdição, há o fenômeno da imutabilidade (a formação da coisa julgada material) como uma das qualidades que se agrega à decisão de mérito. Isso porque, assim como na jurisdição do Estado, também na arbitragem se espera que, uma vez resolvido o conflito, se atinja segurança jurídica das decisões e, consequentemente, a estabilidade das relações sobre as quais houve a decisão.

A abrangência da coisa julgada, no âmbito da jurisdição arbitral, é restrita, exclusivamente, às partes litigantes, pois foram essas quem, mediante consenso expressado, de forma inequívoca, decidiram por renunciar à jurisdição estatal, dando preferência à arbitral.

O desenho da coisa julgada prevista no CPC tem nítida inspiração constitucional. É, por isso, que respeita, nitidamente, o contraditório (= ampla defesa), pois aquele que será atingido pela eficácia da decisão e pela sua imutabilidade terá de ter sido ouvido no processo.

---

53 *"A principal consequência prática da defesa de direitos alheios por terceiros em nome próprio é a de que a sentença proferida em processo ajuizado pelo substituto processual produzirá efeitos sobre o patrimônio jurídico de substituídos, titulares do direito material discutido em juízo".* (REsp nº 1.800.726-MG).

Assim, e por isso, ainda que à arbitragem não se aplique o CPC (em si mesmo), a coisa julgada que ocorre na arbitragem é a do CPC, em função das raízes constitucionais que esse fenômeno de imutabilidade ostenta.

A coisa julgada que se forma no bojo da jurisdição estatal pode, até, atingir terceiros, sempre para beneficiá-los (art. 503, CPC). No caso das ações coletivas, por seu turno, a abrangência da coisa julgada é ainda mais diferenciada, por força das peculiaridades desse microssistema, decorrentes da letra da lei.

Isso faz sentido, pois a coisa julgada da decisão proferida pelo juiz estatal emana da jurisdição desenvolvida pelo Estado soberano que exerce seu poder perante toda a sociedade.

Na arbitragem, a jurisdição é contratada pelas partes, especificamente, para resolver determinado litígio atual ou futuro. Por isso, não se caracteriza, em sentido algum, por uma dimensão social. Reveste-se de atividade jurisdicional transitória, temporária, cujo resultado atinge, só e exclusivamente, as partes envolvidas no litígio, i.e., as partes que decidiram entregar sua controvérsia à apreciação dos árbitros, de forma que somente essas partes poderão ser atingidas pela coisa julgada.

Nessa medida, não se concebe como a coisa julgada, na arbitragem, possa atingir terceiros, pois a jurisdição arbitral lhes é estranha, mais que isso: inexistente.

A parte que quiser se submeter à arbitragem assina a respectiva convenção e pede a instauração ou tem contra si instaurado o procedimento arbitral. É o que resulta do, já bastante falado, princípio fundamental da arbitragem: o da consensualidade.

Nesse sentido, tratando, especificamente, das arbitragens coletivas no âmbito societário, Peter Sester[54] sustenta que: "*Na minha visão, o legislador deveria regulamentar o efeito erga omnes da sentença arbitral na Lei no 6.404/1976, porque, no fundo, trata-se de um problema de direito material e não processual*".

54 A necessidade de regulamentar o efeito erga omnes de certas sentenças arbitrais no âmbito das companhias. *In:* CUEVA, Ricardo Villas Bôas; GUIMARÃES, Márcio Souza (coords.). *Arbitragem Coletiva Societária.* São Paulo: Quartier Latin, 2023, pp. 88-89.

Também por esse caminho, o pensamento de Ana Frazão[55]: "*Essa é a razão pela qual, ao meu ver, precisamos pensar nesse assunto com muita serenidade e consistência, porque não podemos extrair da Lei de Arbitragem e mesmo do 136-A da Lei das S/A a vinculação apriorística do acionista a uma sentença proferida em procedimento arbitral do qual ele não participou. Uma coisa é dizer que todos os acionistas estão vinculados à arbitragem como forma de solução de conflito; outra coisa é estar vinculado a uma determinada sentença arbitral, inclusive para o fim de se impedir eventual arbitragem individual em torno do mesmo assunto.*"

Diante disso, afigura-se-nos impossível a formação de coisa julgada em relação a pessoas que não estiveram presentes na arbitragem, como decorrência da natureza desse instituto e como resultado direto e inafastável da ausência de lei nesse sentido.

6. Conclusão

A nosso ver, a arbitragem coletiva, saem sombra de dúvidas, pode ser um meio útil para resolver conflitos multitudinários, concretizando, por meio de técnicas diferenciadas, a noção de isonomia. Entretanto, entendemos, e esta é nossa principal conclusão, que essas técnicas hão de estar previstas necessariamente em lei, que faça referência expressa à possibilidade de serem usadas na arbitragem.

Parece-nos que não é possível, *de lege lata*, a aplicação automática do sistema previsto na LACP e no CDC, ao processo que corre perante um Tribunal arbitral.

Vemos, também, a necessidade de muitas adaptações, como, por exemplo, uma disciplina especial sobre a consensualidade (já que os atingidos não estarão presentes no processo); características como a publicidade própria das ações coletivas devem ser objeto de regulamentação, quando se tratar de arbitragem coletiva; enfim, imprescindível, a nosso ver, a intervenção do legislador.

De lege ferenda, deve ser vista com bons olhos a arbitragem coletiva!

55 Reflexões sobre o efeito erga omnes em arbitragens coletivas. *In:* CUEVA, Ricardo Villas Bôas; GUIMARÃES, Márcio Souza (coords.). *Arbitragem Coletiva Societária.* São Paulo: Quartier Latin, 2023, p. 105.

7. Referências Bibliográficas

ALVIM, Thereza. *O direito processual de estar em juízo*. São Paulo: Ed. RT, 1996.

AMARAL, Guilherme Rizzo. *Alterações no novo CPC: o que mudou?* [livro eletrônico]: comentários por artigos e precedentes jurisprudenciais. 3ª ed. São Paulo: Thomson Reuters Brasil, 2018.

ANDREWS, Neil. *O moderno processo civil: formas judiciais e alternativas de resolução de conflitos na Inglaterra*. 2ª ed. São Paulo: Ed. RT, 2012.

ARRUDA ALVIM NETTO, José Manoel de. Coisa Julgada: Extensão e Limites Objetivos. *Soluções Práticas de Direito*. São Paulo: Ed. RT, 2011. v. 4.

ARRUDA ALVIM NETTO, José Manoel de. *Manual de Direito Processual Civil*. 19ª ed. São Paulo: Thomson Reuters Brasil, 2020.

ARRUDA ALVIM WAMBIER, Teresa [et al.]. *Breves comentários ao novo código de processo civil*. 3ª ed. São Paulo: Ed. RT, 2016.

ARRUDA ALVIM, Teresa [et al.]. *Primeiros comentários ao Código de Processo Civil*. 3ª ed. São Paulo: Thomson Reuters Brasil, 2020.

ARRUDA ALVIM, Teresa. *Nulidades do processo e da sentença*. 11ª ed. São Paulo: Thomson Reuters Brasil, 2021.

BAPTISTA, Luiz Olavo. *Arbitragem Comercial e Internacional*. São Paulo: Lex Magister, 2011.

BARBOSA MOREIRA, José Carlos. A Ação Popular do direito brasileiro como instrumento de tutela jurisdicional dos chamados interesses difusos. *Revista de Processo*, São Paulo, v. 7, nº 28, pp. 7-19, out./dez. 1982.

BARROCAS, Manuel Pereira. *Manual de arbitragem*. Coimbra: Almedina, 2010.

BORN, Gary. *International Commercial Arbitration*. 2ª ed. Kluwer Law International, 2014.

BORN, Gary. Keynote Address: Arbitration and the Freedom to Associate. *Georgia Journal of International and Comparative Law*, v. 38, nº 1, pp. 7-24, 2009. Disponível em: <https://ssrn.com/abstract=1978798>. Acesso em: 13 jul. 2023.

BROODRYK, Theo. Class Actions in South Africa: A Need for Certainty. *In*: FITZPATRICK, Brian; THOMAS, Randall (coords.). *The Cambridge Handbook of Class Actions: An International Survey*. Cambridge Law Handbooks, 2021, pp. 481-502.

CARMONA, Carlos Alberto. *Arbitragem e processo: um comentário à Lei nº 9.307/96*. 3ª ed. São Paulo: Atlas, 2009.

CINTRA, Antônio Carlos de Araújo. Estudo sobre a substituição processual no direito brasileiro. *Doutrinas Essenciais de Processo Civil*, São Paulo: Ed. RT, 2011, v. 3, pp. 455-476.

CRUZ E TUCCI, José Rogério. *Considerações para a plena admissibilidade da tutela arbitral coletiva, in* https://www.conjur.com.br/2021-abr-27/paradoxo-corte-consideracoes-plena-admissibilidade-tutela-arbitral-coletiva.

CRUZ E TUCCI, José Rogério. *Limites Subjetivos da Eficácia da Sentença e da Coisa Julgada Civil*. São Paulo: Ed. RT, 2007.

FABRICIO, Adroaldo Furtado. Extinção do Processo e Mérito da Causa. *Revista de Processo*, São Paulo, v. 15, nº 58, pp. 7-32, abr./jun. 1990.

FICHTNER, José Antonio; MANNHEIMER, Sérgio Nelson; MONTEIRO, André Luis. *Teoria Geral da Arbitragem*. Rio de Janeiro: Forense, 2018.

FICHTNER, José Antonio; MANNHEIMER, Sérgio Nelson; MONTEIRO, André Luis. *Teoria Geral da Arbitragem*. Rio de Janeiro: Forense, 2019.

FOUCHARD, Philippe ; BERTHOLD, Emmanuel Gaillard e. *Traité de l'Arbitrage Commercial International*. Paris: Litec, 1996.

FRAZÃO, Ana. Reflexões sobre o efeito erga omnes em arbitragens coletivas. *In:* CUEVA, Ricardo Villas Bôas; GUIMARÃES, Márcio Souza (coords.). *Arbitragem Coletiva Societária*. São Paulo: Quartier Latin, 2023.

GIDI, Antonio. *A Class Action como instrumento de tutelas coletiva de direitos. As ações coletivas em uma perspectiva comparada*. São Paulo: Ed. RT, 2007.

GUSMÃO, Manoel Aureliano de. *Coisa julgada: no cível, no crime e no direito internacional*. 2ª ed. São Paulo: Livraria Acadêmica, Saraiva & C. - Editores, 1922.

MARQUES, José Frederico. *Instituições de Direito Processual Civil*. Campinas: Millenium, 2000. V. 2.

MEDINA, José Miguel Garcia. *Curso de Direito Processual Civil moderno* [livro eletrônico]. 7ª ed. São Paulo, Thomson Reuters Brasil, 2022.

NERY JR., Nelson; NERY, Rosa Maria de Andrade. *Código de Processo Civil comentado*. 19ª ed. São Paulo: Thomson Reuters Brasil, 2020.

NERY JR., Nelson; NERY, Rosa Maria de Andrade. *Código de Processo Civil Comentado*. 17ª ed. São Paulo: Ed. RT, 2018.

NERY, Ana Luiza. *Arbitragem coletiva* [livro eletrônico]. São Paulo: Ed. RT, 2016

PROVINCIALI, Renzo. Delle Impugnazioni in Generale. *In*: CARNELUTTI, F. (Dir.). *Trattato del Processo Civile*. Nápoles: Morano, 1962.

SCHENK, Leonardo Faria. *In:* ARRUDA ALVIM WAMBIER, Teresa; DIDIER JR, Fredie; TALAMINI, Eduardo; DANTAS, Bruno (coords). *Breves Comentários ao novo Código de Processo Civil.* 3ª ed. São Paulo: Ed. RT, 2016.

SESTER, Peter. A necessidade de regulamentar o efeito erga omnes de certas sentenças arbitrais no âmbito das companhias. *In:* CUEVA, Ricardo Villas Bôas; GUIMARÃES, Márcio Souza (coords.). *Arbitragem Coletiva Societária.* São Paulo: Quartier Latin, 2023.

TALAMINI, Eduardo. *Coisa Julgada e Sua Revisão.* São Paulo: Ed. RT, 2005.

A TRAGÉDIA DOS COMUNS E OS JUIZADOS ESPECIAIS

Maria Rita Rebello Pinho Dias[1]

Poder participar de uma obra coletiva homenageando o meu orientador do doutorado, Professor José Rogério Cruz e Tucci, é uma grande honra e uma enorme responsabilidade. Antes de tudo, contudo, é uma oportunidade para o agradecer por ter sido o meu professor de processo civil desde os meus primeiros anos de graduação nas Arcadas e, posteriormente, orientador em doutorado. Os seus ensinamentos acadêmicos foram fundamentais para minha formação em direito e indispensáveis para meu exercício profissional, como magistrada.

Impossível, portanto, agradecer ao Professor José Rogério Cruz e Tucci por todo o seu conhecimento acadêmico, reflexão crítica e observações práticas sobre o direito que compartilhou comigo e meus colegas de faculdade ao longo de tantos anos. As suas aulas nas Arcadas, de manhã, são lembranças queridas em minha memória.

Em minha tese de doutorado, além de todas as contribuições e reflexões que me transmitiu, o Professor José Rogério Cruz e Tucci me concedeu a grande gentileza de me permitir escolher um tema que tivesse mais interesse, embora um tanto quanto afastado da dogmática mais tradicional do processo civil. Assim como ele, um tema de direito processual que sempre achei instigante foi a compreensão das garantias constitucionais do processo e, talvez por conta de minha atuação profissional, também dos mecanismos para viabilizar a sua concretização.

Uma das constatações do trabalho de doutorado foi a de que a utilização de dados empíricos e a reflexão sobre a prática processual à luz de *insights* advindos da teoria econômica, bem como a percepção de que existem fatores exógenos que impactam no processo, permitem melhor compreensão dos desafios enfrentados pelas normas processuais para consecução de seus objetivos legais. A partir de tais reflexões, é possível extrair informações e dados que podem orientar melhores práticas de gestão do processo ou mesmo de aprimoramentos legislativos, com o intuito de atingir maior efetividade e tempestividade do processo e, assim, atender ao pressuposto constitucional do devido processo legal.

---

1 Doutora em Processo Civil pela USP

Afinal, a existência de regras processuais – direito ao processo - sem preocupação quanto à sua efetividade – direito no processo -, não atende ao princípio do devido processo legal[2].

Pretendo, neste artigo, efetuar brevê análise das normas processuais referentes aos Juizados Especiais contidas na Lei nº 9.099/95. Considerando os limites deste artigo, a análise efetuada será circunscrita à regra do artigo 54 da Lei nº 9.099/95, a qual assegura que o acesso ao Juizado Especial independe, em primeiro grau de jurisdição, do pagamento de custas, taxas ou despesas, os quais apenas serão devidos se houver interposição de recurso, ressalvada, por óbvio, a hipótese da assistência judiciária gratuita.

Pretende-se, a partir da análise de dados empíricos e de *insights* da teoria econômica, verificar se a isenção assegurada no art. 54 da Lei nº 9.099 para a litigância em primeiro grau contribui para o atendimento dos objetivos legais previstos na criação desse rito específico.

Rememora-se que o procedimento do juizado especial foi concebido com o intuito de disponibilizar ao cidadão procedimento que trouxesse maior agilidade, mais informalidade, simplicidade, economia processual, oralidade e celeridade, buscando, sempre que possível, à conciliação ou transação, conforme disposto no artigo 2º da Lei nº 9.099/95, e, desse modo, proporcionar maior acesso à justiça[3]. Nesse contexto, a concessão

---

2 "Não basta, pois, que se assegure o acesso aos tribunais, e, consequentemente, o *direito ao processo*. Delineia-se inafastável, também, a absoluta *regularidade* deste (*direito no processo*), com a verificação efetiva de todas as garantias resguardadas ao consumidor da justiça, *em um breve prazo de tempo*, isto é, dentro de um *tempo justo*, para a consecução do escopo que lhe é reservado. Em síntese, a garantia constitucional do *devido processo legal* deve ser uma realidade durante as múltiplas etapas do processo judicial, de sorte que ninguém seja privado de seus direitos , a não ser que no procedimento em que este se materializa se constatem todas as formalidades e exigências em lei previstas. Desdobram-se estas nas *garantias:* a) de *acesso à justiça;* b) do *juiz natural* ou *preconstituído*; c) de *tratamento paritário dos sujeitos parciais do processo;* d) da *plenitude de defesa, com todos os meios e recursos a ela inerentes;* e) da *publicidade dos atos processuais e* da *motivação das decisões jurisdicionais;* e f) da *tutela jurisdicional dentro de um lapso temporal razoável."* (TUCCI, José Rogério Cruz e, Coordenador. Garantias Constitucionais do Processo Civil. Editora Revista dos Tribunais. São Paulo. 1999. fls. 259/260).

3 "Os Juizados Especiais encaixaram-se nessa tendência. Visam apresentar ao jurisdicionados um caminho de solução das controvérsias mais rápido, informal e desburocraticazado, capaz a de atender às necessidades do cidadão e do direito postulado. (...) Privilegiando a conciliação e arbitragem, certamente os Juizados Especiais em função de sua *gratuidade, de sua rapidez e de sua informalidade* aproximam-se muito mais da realidade de inúmeros litígios existentes no seio social,

da isenção do custeio teria por objetivo contribuir para a implementação dos princípios que orientam o referido procedimento, adotando, por premissa teórica, que a redução dos custos incorridos pelas partes para litigar poderia facilitar o acesso à justiça[4]. É justamente essa premissa que se pretende refletir neste artigo.

Para refletir sobre as questões elencadas acima, este artigo efetuará, em um primeiro momento, análise dos dados empíricos existentes sobre a estrutura dos juizados especiais, e, posteriormente, apontará *insights* advindos da teoria econômica que poderão contribuir para o exercício proposto, para, ao final, também com base no perfil dos litígios submetidos a esse procedimento, verificar se há indicativos fáticos sobre o atingimento dos efeitos pretendidos pelo legislador com a isenção estipulada no artigo 54 da Lei nº 9.099/95.

1. Dados Empíricos – Justiça em Números - Estrutura

A análise de dados empíricos proporciona o conhecimento da situação concreta da estrutura judiciária disponibilizada para implementação do rito dos juizados especiais, permitindo, também, comparação com aquela existente para a justiça comum. Analisar a estrutura disponível e, também, a distribuição da carga de trabalho entre os magistrados atuantes em cada uma delas permite verificar se eventual ineficiência comparativa constatada em um ou outro procedimento decorre de variável externa - como por exemplo a estrutura disponibilizada - ou, se excluída este aspecto, de fator que possa ser atribuído à estruturação do litígio pelas normas processuais positivadas em lei. Permite, ainda, verificar os recursos que foram disponibilizados para o atendimento de determinada política pública específica.

permitindo que estes venham a ser regulado por órgão estatal, legitimando a jurisdição pública e o controle da atuação do Direito pelo Estado." (MARINONI, Luiz Guilherme, e ARENHART, Sérgio Cruz. Procedimento de Conhecimento. 6ª edição, revista, atualizada e ampliada, Revista dos Tribunais. São Paulo. 2007. fl. 690).

4 *"O princípio da economia processual tem no processo especialíssimo dos Juizados Cíveis uma outra conotação, relacionada com a gratuidade do acesso ao primeiro grau de jurisdição, em que fica isento o demandante do pagamento de custas, e com facultatividade de assistência das partes por advogado, que dizem, à evidência, com o barateamento de custos aos litigantes fundamentado na economia de despesas, que, com a de tempo e a de atos (a economia no processo, enfim), constitui uma das maiores preocupações e conquistas do Direito Processual Civil moderno.".*(REINALDO FILHO, Demócrito Ramos. Juizados especiais cíveis: comentários à Lei n. 09.099/95, de26.09.1995. 2º ed. São Paulo: Saraiva, 1999., p. 36).

Utilizar-se-á, como fonte de dados empíricos, informações extraídas do Relatório Justiça em Números elaborado anualmente pelo Conselho Nacional de Justiça – CNJ. Necessário consignar que o limite da acuidade das informações utilizadas encontra-se justamente nos dados que foram fornecidos ao CNJ para elaboração do relatório.

Extrai-se do Relatório Justiça em Números de 2022 do CNJ que os juizados especiais, estaduais ou federais, representam parcela considerável tanto da Justiça Estadual (12,6%) quanto da Estadual (fl. 19,7%), em termos de unidades judiciais. Nesse sentido, observa-se do infográfico extraído do referido relatório[5]:

Figura 9 - Diagrama do número de unidades judiciárias de primeiro grau, por ramo de justiça

Por outro lado, verifica-se, no tocante à distribuição de casos novos em 1º grau de jurisdição, que totalizavam 16.358.617, cerca de 23% eram afetos aos Juizados Especiais, ao passo que, do total de sentenças proferidas na mesma instância, 14.912.839, quase 28% delas (4.141.933) se referiram aos Juizados Especiais. Nesse sentido, verifica-se do infográfico extraído do Relatório CNJ 2022[6]:

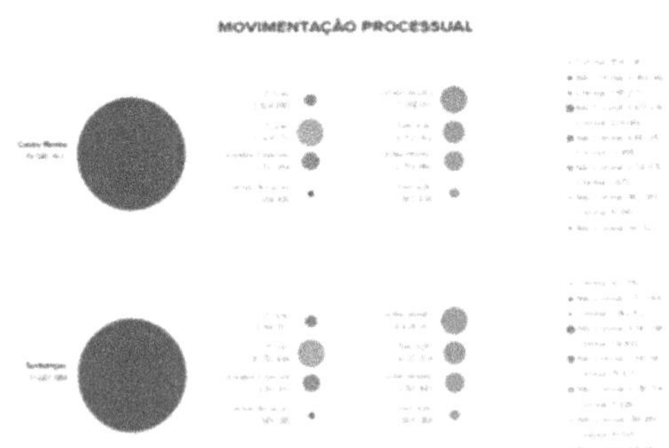

5 Relatório consultado no link: https://www.cnj.jus.br/wp-content/uploads/2022/09/justica-em-numeros-2022-1.pdf, em julho de 2023, fl. 41.

6 Relatório consultado no link: https://www.cnj.jus.br/wp-content/uploads/2022/09/justica-em-numeros-2022-1.pdf, em julho de 2023, fl. 58.

Ainda para fins comparativos entre a Justiça Comum e os Juizados Especiais, é possível extrair do Relatório Justiça em Números do CNJ de 2022[7], o seguinte quadro comparativo:

	2º GRAU	1º GRAU	TURMAS RECURSAIS	JUIZADOS ESPECIAIS	TOTAL
FORÇA DE TRABALHO					
Magistrados(as)	1.748	9.337	1.406	3.174	12.367
Servidores(as) do Judiciário	18.238	111.619	974	20.353	142.420
MOVIMENTAÇÃO PROCESSUAL					
Estoque	2.684.038	52.422.930	628.724	5.200.853	60.936.545
Casos novos	2.624.080	12.600.713	12.600.713	3.757.904	19.581.103
Julgados	2.190.057	10.750.906	585.088	4.161.933	17.687.984
Baixados	2.878.547	11.747.080	3.757.904	3.862.908	19.041.040
INDICADORES DE PRODUTIVIDADE					
IAD	109,7%	93,2%	92,3%	102,8%	97,2%
Taxa de Congestionamento	48,3%	81,7%	53,2%	57,4%	76,2%
Conhecimento	não se aplica	73,5%	não se aplica	56,8%	70,2%
Execução	não se aplica	87,7%	não se aplica	58,9%	85,9%
INDICADORES POR MAGISTRADO(A)					
Casos novos	1.501	1.236	428	1.013	1.468
Carga de tabalho	3.622	7.482	1.059	3.063	7.067
Processos julgados	1.253	1.232	418	1.334	1.513
Processos baixados	1.647	1.347	395	1.238	1.628

Ao se analisar os dados relativos ao 1º grau, constata-se do quadro acima que há aparente semelhança na distribuição de volume de trabalho entre magistrados da Justiça Comum e Juizados Especiais, especialmente quando se consideram os casos novos. O mesmo, todavia, não é observado quando se consideram os processos em estoque, maior na Justiça Comum.

Necessário reconhecer que, diante dos limites estritos do presente artigo, não se adentrará na complexidade das causas analisadas pela Justiça Comum e dos Juizados Especiais. Contudo, trata-se certamente de variável que precisaria ser melhor verificada para se afirmar sobre a distribuição de caga de trabalho entre magistrados.

Além disso, ainda se considerando os dados referentes ao 1º grau extraídos do quadro supra, constata-se que quando se verifica o IAD[8]

7 Relatório consultado no link: https://www.cnj.jus.br/wp-content/uploads/2022/09/justica-em-numeros-2022-1.pdf, em julho de 2023, fl.59

8 O IAD – Índice de Atendimento à Demanda representa o valor obtido pela divisão do total de casos baixados pelos casos novos apurados em um ano. Os casos baixados são aqueles em que (i) houve remessa a outros órgãos judiciais competentes, vinculados a outros tribunais, ou (ii) foram remetidos à instância superior/inferior, ou (iii) foram arquivados definitivamente ou, por fim, (iv) em que houve deci-

médio – índice que mede a capacidade de enfrentamento dos casos novos em um ano –, o índice dos Juizados Especiais é um pouco maior do que aquela da Justiça Comum – 102,8% e 93,2% respectivamente. Sendo superior a 100%, o IAD indica que o tribunal conseguiu julgar processos em número equivalente aos casos novos recebidos no ano, não gerando acervo. Por outro lado, ao se considerar o índice da Taxa de Congestionamento[9], que mede o estoque, ou seja, os processos que não foram baixados em um ano, observa-se que o índice do Juizado Especial é comparativamente menor (57,4%) ao da Justiça Comum (81,7%). Neste caso, quanto mais próximo de 100% maior o estoque do tribunal.

Analisando os dados apontados acima, é possível concluir que muito embora as unidades dos juizados especiais recebem volume de processos proporcionalmente maior à percentagem que representam em número de unidades judiciais brasileiras (23% x 12,6% e 19,7%, respectivamente), há aparente distribuição equitativa de carga de trabalho quanto a casos novos entre os magistrados atuantes tanto nos Juizados Especiais como na Justiça Comum. Chega-se a tal conclusão verificando-se que os magistrados atuantes nos Juizados Especiais, 3.174, correspondem a cerca de 25,4% dos magistrados que atuam no 1º grau (12.511), percentual este proporcional ao montante de casos novos recebidos.

Destaca-se, novamente, que para melhor confirmação dessas constatações seria necessário comparar a complexidade das questões analisadas pela Justiça Comum e pelos Juizados Especiais.

Logo, em primeira análise, ainda que se tenha apurado desproporção entre a estrutura de unidades judiciais disponíveis aos Juizados Especiais, em face da Justiça Comum, há disponibilização de magistrados em número proporcional aos casos novos recebidos por este procedimento. Essa disparidade observada pode gerar questionamentos sobre a ser a estrutura de unidades dos juizados insuficiente ou se há excesso no seu uso.

---

são que transitou em julgado com início da liquidação/cumprimento de sentença. Casos pendentes de baixa são todos os outros processos que não se encontram nessa situação. Quando for maior do que 100%, representa que os casos baixados excedem aos casos novos recebidos, sendo, portanto, desejável.

9 A Taxa de Congestionamento representa valor obtido pela divisão do total de casos pendentes de baixa em um ano e os casos em que tramitaram, correspondente, assim, aos processos não baixados.

Outra interessante observação que se extrai dos dados empíricos apontados acima foi o de que, no 2º grau da Justiça Comum, enquanto os processos julgados correspondem a cerca de 20,4% dos processos julgados no 1º grau, nos Juizados Especiais essa proporção é de 14%. Considerando que na distribuição de recurso em segundo grau nos Juizados Especiais há cobrança de custas, é possível verificar que muito embora seja possível constatar menor recorribilidade das decisões proferidas nos Juizados Especiais em 2º grau de jurisdição em comparação do a Justiça Comum, não é possível concluir que a cobrança de custas constitua óbice ao exercício de pretensão recursal. Seria necessário aprofundamento da análise dos questionamentos com base em dados empíricos, verificando a natureza das decisões proferidas pelos Juizados Especiais – se mais homologatórias de acordo, por exemplo -, para tentar compreender a menor recorribilidade. Contudo, essa análise extrapola o objetivo pretendido por este artigo.

Além de informações sobre capacidade estrutural do Poder Judiciário, os dados empíricos permitem compreensão, também, de sua atuação qualitativa. Nesse sentido, extrai-se infográfico do Relatório Justiça em Números de 2022 do CNJ, fl. 55, informações que permitem comparar os tempos de tramitação dos processos na Justiça Comum com os dos Juizados Especiais:

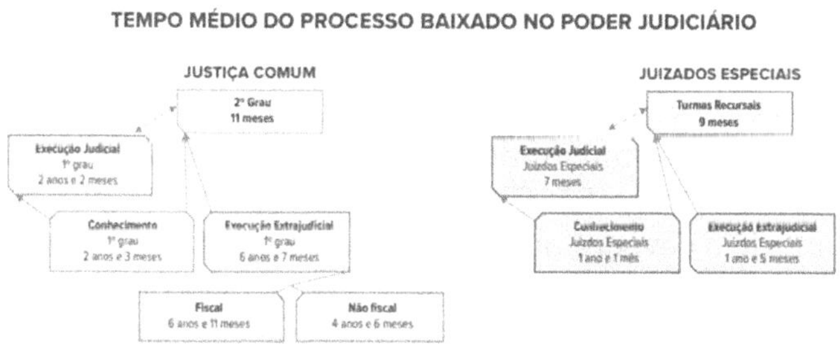

Analisando as informações estatísticas acima, observa-se que o tempo médio do processo baixado nos processos nos Juizados Especiais é menor do que aquele observado na Justiça Comum, sobretudo quando se considera o tempo da execução.

Contudo, quando se analisa o tempo para se proferir sentenças em 1º grau, constata-se que a diferença entre a Justiça Comum e o Juizado Especial não é tão expressiva como o que acontece com o tempo de sentença para execuções em 1º grau. Nesse sentido, infográfico extraído de fl. 55 do mesmo relatório:

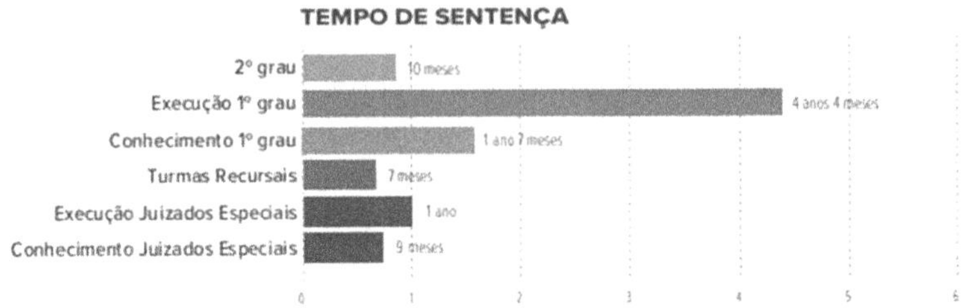

Muito embora o tempo de prolação de sentença na Justiça Comum e nos Juizados Especiais em 1º e 2º graus seja, respectivamente, 1 ano e 7 meses x 9 meses e 10 meses x 7 meses, não se nota ganho de celeridade tão substancial nos Juizados Especiais como se comparado com o tempo de prolação de sentença/decisão terminativa em procedimento de execução: 4 anos e 4 meses na Justiça Comum (52 meses) e 1 ano no Juizado Especial (12 meses).

A despeito de a questão identificada acima não ser objeto da discussão ora proposta, impossível ignorá-la e não tentar buscar, nas normas procedimentais dos Juizados Especiais justificativa para redução expressiva do tempo do processo. Esse achado é ainda mais interessante quando analisado em conjunto com a constatação de que os Juizados Especiais possuem estoque de processo expressivamente menor do que o observado para a Justiça Comum.

Surge, como hipótese, para explicar a disparidade dos tempos encontrados nos processos executivos da Justiça Comum e dos Juizados Especiais e dos quantitativos de processos em estoque, o impacto da regra constante no artigo 53, §4º da Lei nº 9.099/95, a qual dispõe que, não encontrado o devedor ou bens penhoráveis, a execução será imediatamente extinta. Essa regra, que é aplicada exclusivamente aos juizados especiais, pode explicar a tramitação mais eficiente das execuções nesta instância, resultando, assim como os menores acervos.

O aprofundamento da questão apontada no parágrafo acima contribui, inclusive, para melhor compreensão da política pública existente na recuperação de crédito, a qual opta por comprometer a estrutura do Poder Judiciário com esse objetivo, condicionando a extinção de processos executivos na Justiça Comum mesmo em casos de não localização de ativos somente após a ocorrência da prescrição intercorrente. Trata-se, contudo, de análise que demanda artigo próprio.

Conforme visto, acima, a análise de dados empíricos contribui para melhor compreensão da estrutura judiciária disponibilizada para enfrentamento das demandas distribuídas em Juizados Especiais Cíveis, permitindo verificar se são adequadas e compatíveis com o volume de feitos recebidos.

Os dados analisados indicam a existência de estrutura judiciária nos Juizados Especiais compatível com a da Justiça Comum que, muito embora receba proporcionalmente mais processos do que o número de unidades judiciais existentes em relação às demais, possui magistrados alocados em número satisfatório.

A indagação quanto aos motivos dessa desproporção demandaria aprofundamento de estudos incompatível com o escopo restrito deste trabalho. Contudo, considerando os fins propostos, a constatação da existência de estrutura judiciária compatível e satisfatória para enfrentamento do montante de demandas recebidas, indica versão de recursos específicos para a consecução do objetivo pretendido pelo legislador, proporcionais àqueles observados na Justiça Comum. Trata-se de evidência que fomenta reflexões quanto à utilização racional da estrutura judiciária existente, sobretudo porque o respectivo custeio, nos Juizados Especiais Cíveis, em 1º grau de jurisdição, não é arcado por seus usuários em razão da isenção concedida pelo artigo 54 da Lei nº 9.099/95. Sob esse último aspecto, entende-se que *insights* advindos da teoria econômica podem contribuir para compreender a racionalidade econômica dos usuários do sistema de justiça, e, em especial, dos Juizados Especiais.

II. Insights da Teoria Econômica

A teoria econômica contribui para melhor compreensão das normas de direito processual, na medida em que evidencia que elas podem importar em alocação de custos e incentivos entre as partes para a solução ou continuidade do litígio, impactando, inclusive, no comportamento por elas adotados no processo e na tomada da própria decisão em si de litigar.

Um interessante conceito que se extrai da teoria econômica é aquele que permite o enquadramento da "justiça" como um *bem comum*[10].

10 "A ausência de direitos claros de propriedade resulta no problema dos comuns. Na Inglaterra, comuns eram as áreas sem proprietários onde qualquer fazendeiro podia levar os animais para pastarem. Nenhum fazendeiro achava que, economizando o pasto, se beneficiaria futuramente, pois outros viriam depois trazendo seus animais para pastarem. Como resultado, os fazendeiros devastaram e destruíram

Enquanto os bens privados são aqueles excludentes e concorrentes no consumo, ou seja, somente seu titular pode os utilizar e, quando o faz, há alguma perda de utilidade; os bens públicos são bens não excludentes e não concorrentes, de modo que todos podem o utilizar sem que haja perda de valor. [11] Por outro lado, os bens comuns, por serem bens não excludentes e concorrentes, são aqueles que todos podem ter acesso e que o seu consumo importa em sua perda de utilidade, de forma que sua utilização no tempo conduziria ao risco de esgotamento.

A tendência de esgotamento do bem comum no tempo decorreria da racionalidade econômica de cada indivíduo que o impulsiona a continuar utilizando o referido bem, a despeito de se crescente esgotamento,

os comuns. Por outro lado, um proprietário teria um incentivo para manter a terra e evitar a destruição. Assim como antigamente se abusava dos comuns, atualmente há pesca predatória nos oceanos e devastação das florestas públicas, pois sem direitos de propriedade ninguém tem incentivo para cuidar do futuro valor desses recursos sem dono" (WESSELS, Walter. *Economia*. São Paulo: Saraiva, 1999. p. 421-422).

11 "Bens privados caracterizam-se por serem *excludentes* e *concorrentes no consumo* (ou rivais). O primeiro atributo significa que o produtor, ao fixar um preço para o produto, pode facilmente impedir que aqueles que não pagam esse preço usufruam do bem. Já a concorrência no consumo implica que, ao desfrutar do produto, sua quantidade diminui. [...] vale citar ainda os *bens públicos*. Esses bens caracterizam-se por serem não excludentes e não concorrentes. É dizer: não se pode impedir determinada pessoa de usufruí-lo (o que dificulta sua exploração privada e com fins de lucro), mas, por outro lado, sua utilização não implica diminuição de quantidade. [...] Pensando analogicamente na Justiça como mercado e na prestação da atividade jurisdicional como bem em torno do qual gravitam as interações mercadológicas, acreditamos estarem nitidamente presentes as características que a qualificam como *bem comum*. A *impossibilidade de exclusão* decalca-se diretamente da Constituição Federal, seja em razão do *princípio da inafastabilidade da jurisdição* (art. 5.º, XXXV), *do direito de petição* (art. 5.º, XXXIV, 'a'), do *direito ao contraditório* e à *ampla defesa* (art. 5.º, LV) ou do *direito à assistência jurídica integral e gratuita aos que comprovarem insuficiência de recursos* (art. 5.º, LXXIV). A *concorrência no consumo* decorre da limitação financeira inerente ao Estado, que tem de prover parte dos recursos humanos e administrativos do Poder Judiciário. Quanto mais a Justiça é acessada, mais esses recursos são consumidos. Na impossibilidade de ampliação infinita da estrutura jurisdicional, a cada novo processo instaurado, diminuísse a capacidade da Justiça de processar um novo feito ou de lidar agilmente com os já existentes" (WOLKART, Erik Navarro. *Análise econômica do processo civil*: como a economia, o direito e a psicologia podem vencer a tragédia da justiça cit., p. 82-84).

na medida em que o custo de sua utilização é compartilhado com todos os demais [12],

Há quem sustente que seria possível enquadrar a justiça no conceito de bem comum tendo em vista o princípio constitucional da inafastabilidade do acesso à jurisdição, em decorrência do qual ela poderia ser utilizada por todos, e, por outro lado, o fato de que os recursos que lhe são disponibilizados são finitos. Logo, paradoxalmente, quanto maior o acesso a esse bem comum, há crescente redução de utilidade pelo esgotamento da capacidade dos recursos finitos disponíveis. Em outras palavras, por consequência teórica, quanto mais se atendesse a uma demanda mais se perderia a capacidade de atender ao próximo pedido se

12 "A tragédia dos comuns se desenvolve desta forma. Imagine um pasto aberto a todos. É de se esperar que cada vaqueiro vai tentar manter o gado do maior número possível no terreno comum. Tal mecanismo pode funcionar de modo razoavelmente satisfatório durante séculos, devendo-se às guerras tribais, à caça furtiva, e à doença manter o número de homens e animais bem abaixo da capacidade de absorção do solo. Por último, no entanto, vem o dia do julgamento, ou seja, o dia em que o objetivo a longo prazo desejado de estabilidade social se torne uma realidade. Neste ponto, a lógica inerente do que é comum impiedosamente gera tragédia. Como um ser racional, cada vaqueiro procura maximizar o seu ganho. Explícita ou implicitamente, mais ou menos conscientemente, ele pergunta: "Qual é o utilidade para mim de acrescentar mais um animal para o meu rebanho?" Esta utilidade tem um componente negativo e um positivo. 1) O componente positivo é uma função do incremento de um animal. Desde que o pastor recebe todos os lucros provenientes da venda do animal adicional, a utilidade positiva é quase um. 2) A componente negativa é uma função do sobrepastoreio adicional criado por mais um animal. Como, no entanto, os efeitos do excesso de pastagem são compartilhados por todos os pastores, a utilidade negativa para tomada de decisão (decision-making) de qualquer pastor particular é apenas uma fração de -1. Somando-se os componentes parciais de sua utilidade, o vaqueiro racional conclui que o único caminho sensato para ele seguir é o de adicionar outro animal a seu rebanho. E outro, e outro .... Mas esta é a conclusão alcançada por todos e cada pastor racional partilha de um bem comum. Aí é se encontra a tragédia. Cada homem está preso em um sistema que o compele a aumentar seu rebanho sem limites - num mundo que é limitado. Ruína é o destino para o qual todos os homens correm, cada um perseguindo seu próprio interesse em uma sociedade que acredita na liberdade dos bens comuns. Liberdade num terreno baldio (common) traz ruína para todos." (HARDIN, Garrett. A tragédia dos Comuns, publicado na revista Science, vol. 162, No . 3859 (13 de dezembro de 1968), pp. 1243-1248, a versão utilizada foi extraída do https://edisciplinas.usp.br/pluginfile.php/7607463/mod_resource/content/1/A_TRAGEDIA_DOS_COMUNS_por_Garrett_Hardin.pdf, em julho de 2023).

nenhuma medida for adotada para assegurar o seu uso em quantidade que não gere prejuízo à sociedade.[13]

O *insight* advindo da teoria econômica é bastante interessante pois aponta que, por suas características intrínsecas, se não houver a previsão de regras que organizem e disciplinem adequadamente o acesso à justiça, de forma a assegurar exploração em níveis desejáveis do ponto de vista social, a tendência é que haja o seu uso excessivo e, por conseguinte, esgotamento e ineficiência.

No sistema brasileiro, a despeito do princípio da inafastabilidade da jurisdição, a regra é que o respectivo custeio seja arcado pelo usuário. Esse é o entendimento que decorre da regra prevista no art. 5º, LXXIV, da Constituição Federal, que *"o Estado prestará assistência jurídica integral e gratuita aos que comprovarem insuficiência de recursos".*

Além de se tratar de regra que atende à preceito de justiça, na medida em que limita o acesso gratuito apenas a pessoas carentes, mostra-se solução que fomenta racionalidade ao uso de bem comum, conforme se infere da aplicação de *insights* da teoria econômica. Isso porque, ao responsabilizar o usuário pelo custeio, conscientiza-o dos custos inerentes à fruição da estrutura que lhe foi disponibilizada, na medida em que imputa a ele, e não aos demais, o compartilhamento do custo do sistema.

A conscientização sobre os custos inerentes à manutenção do sistema de justiça além de fomentar sua utilização de forma mais racional, evitando lides temerárias, também fomenta o uso de meios alternativos de solução de conflitos. Isso porque, consciente dos custos inerentes ao sistema de justiça e ciente da responsabilidade pelo compartilhamento de seu custeio, a decisão racional pelo uso deste em detrimento de meios alternativos, eventualmente menos custosos, será tomada em razão da utilidade que se espera obter com o primeiro. Evidentemente que a ignorância quanto a tais custos, prejudica a análise da racionalidade quanto à forma de solução do conflito mais adequada e também estimula lides temerárias, diante da ausência de qualquer consequência para a utilização inadequada ou abusiva do sistema de justiça.

A doutrina reconhece que cobrança de custas processuais exerce três funções distintas. A primeira, no sentido de indicar opção do Estado por não custear o exercício da jurisdição de forma indistinta a todos os

13 WOLKART, Erik Navarro. *Análise econômica do processo civil*: como a economia, o direito e a psicologia podem vencer a tragédia da justiça cit., p. 85.

usuários; a segunda, de impor ao usuário interessado a necessidade de adiantamento dos custos, evitando, com isso, lides irresponsáveis e aventureiras; e, por fim, a terceira, de atender a preceito ético-econômico, de responsabilizar aquele que causou dano a terceiro[14].

Necessário frisar, novamente, que a discussão quanto ao custeio do sistema de justiça não se confunde com a concessão do benefício da justiça gratuita. Enquanto a primeira destina-se a assegurar a utilização do sistema de justiça em níveis racionais e desejáveis, sob uma perspectiva social, a segunda destina-se a assegurar a indivíduo específico direito constitucional de acesso à justiça. Os enfoques não se confundem e não são coincidentes.

III. Reflexão sobre o art. 54 da Lei nº 9.099/95 – perfil do litígio

A gratuidade concedida à fase de conhecimento no 1º grau de jurisdição dos juizados especiais, assegurada no artigo 54 da Lei nº 9.099/95, consiste em verdadeira isenção de pagamento, que perderá seu efeito se houver interposição de recurso. Não é concedida, portanto, em atenção à eventual incapacidade de a parte arcar com os custos inerentes ao processo sem prejuízo de sua sobrevivência, mas, ao contrário, conforme identificado em doutrina, como forma de tornar menos custoso o acesso à justiça para demandas de menor complexidade ou valor.

14 "A primeira delas, é premissa das demais, consiste na opção do Estado por *não custear o exercício da jurisdição e da defesa das partes*. Em virtude dessa opção, ele cobra custas ou taxas judiciárias aos consumidores desse serviço público (taxas) e deixa que cada um contrate o próprio defensor, ajustando o pagamento de honorário – salvo no caso de assistência judiciária. [...] A segunda linha fundamental consiste na exigência de adiantamento de despesas, como ônus a serem cumpridos pelo interessado na realização de atos ou em sua eficácia. Essa exigência completa a intenção de evitar a litigiosidade irresponsável, pondo os possíveis demandantes a pensar sobre a viabilidade de suas pretensões, sem se arriscar em aventuras a sua própria custa. [...] A terceira ordem de raciocínio apoia-se em uma premissa ética e econômica de grande valia e legitimidade, que é a de que a *necessidade de servir-se do processo para obter razão não deve reverter em dano a quem tem razão* (Chiovenda). A parte que tem razão e precisou adiantar as despesas da causa e contratar defensor habilitado (até porque a defesa técnica constitui explícita exigência legal: CP 36), suportaria esse desfalque patrimonial se não recebesse o reembolso do que houvesse despendido" (DINAMARCO, Cândido Rangel. *Instituições de direito processual civil*. 2. ed. rev. e atual. São Paulo: Malheiros, 2002. v. II, p. 638-639).

Interessante entender, para a análise proposta, o perfil dos litígios submetidos aos Juizados Especiais. Muito embora não recente, depreende-se de pesquisa conduzida pelo CNJ em 2015 sobre o perfil de acesso à justiça nos Juizados Especiais Cíveis[15]informações muito interessantes para tal finalidade. Nesse sentido, destaca-se que infográfico que foi extraído de mencionada pesquisa, em sua fl. 29:

Gráfico 2: Configuração processual (partes), por juizado especial

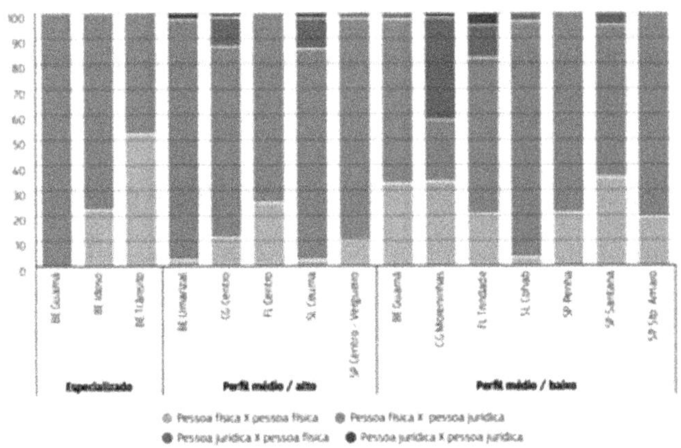

Com relação às pessoas jurídicas, a pesquisa concluiu que elas ocupam dois papéis principais nos Juizados, na medida em que ou ajuízam ações em face de pessoas físicas, com o intuito de cobrança, ou são rés em litígios de massa, especialmente de consumo [16], envolvendo bancos, companhias de seguro, empresas do setor de telefonia e de plano de saú-

15 Pesquisa consultada no site https://www.cnj.jus.br/wp-content/uploads/2011/02/b5b551129703bb15b4c14bb35f359227.pdf, em junho de 2023.

16 Pesquisa sobre perfil de acesso à justiça nos Juizados Especiais Cíveis realizada pelo CNJ em 2015, já citada, fl. 53.

de, concessionárias de serviços públicos.[17] [18] Nesse sentido os infográficos abaixo relacionados, localizados às fls. 35, 60 e 66 da pesquisa mencionada:

Gráfico 6: Ramo de atividade do réu pessoa jurídica, em demandas de consumo, por juizado

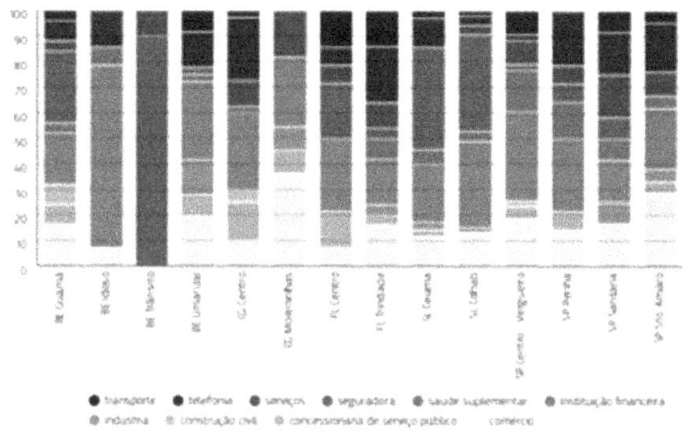

Gráfico 31: Tipos de conflitos de consumo, por juizado

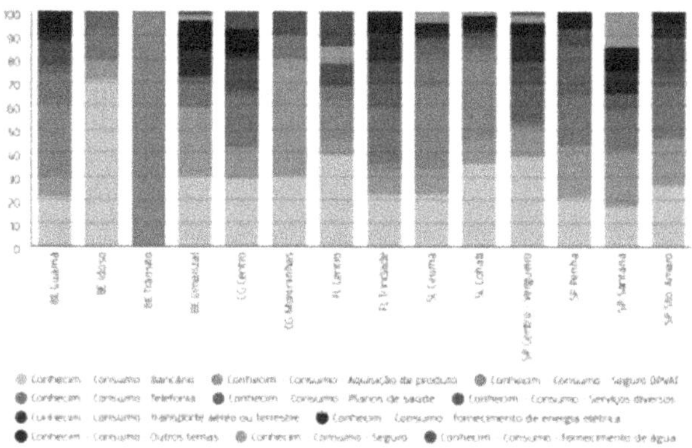

17 "As pessoas jurídicas ocupam dois papéis principais nos juizados: rés em litígios de consumo de massa (confirmando uma das hipóteses da investigação) e, mais recentemente e em grau crescente, de autores de ações de cobrança e execuções contra pessoas físicas. Como esperado, os réus corporativos mais assíduos são os bancos, as companhias de seguro, empresas de comércio, empresas do setor de telefonia e concessionárias de serviços públicos. Pessoas jurídicas autores são empresas do comércio ou prestadores de serviço de pequeno porte que movem ações de cobranças ou execuções contra pessoas físicas fundadas em notas promissórias – demandas, vale anotar, também registrada nos conflitos entre pessoas físicas." (Pesquisa sobre perfil de acesso à justiça nos Juizados Especiais Cíveis realizada pelo CNJ em 2015, já citada, fl. 83)

18 Pesquisa sobre perfil de acesso à justiça nos Juizados Especiais Cíveis realizada pelo CNJ em 2015, já citada.

Gráfico 34: Tipo de processo e natureza da demanda em ações propostas por pessoa física contra pessoa jurídica, por juizado

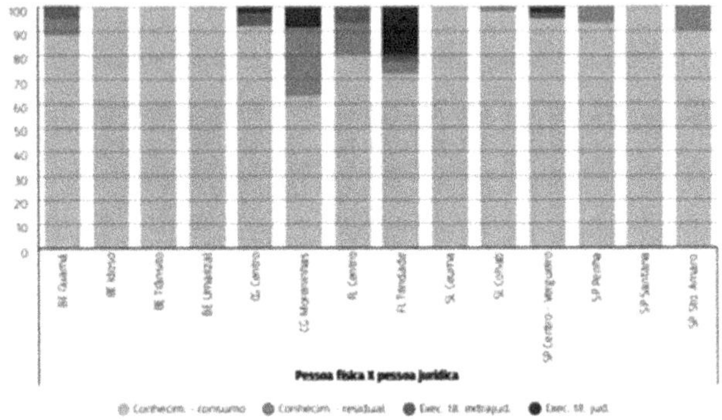

A pesquisa detectou, ainda, dado que aponta tendência crescente de utilização dos Juizados Especiais Cíveis por pessoas jurídicas, para fins de cobrança[19].

Interessante verificar que, a despeito da isenção concedida no 1º grau, para procedimentos que tramitam em Juizados Especiais, a pesquisa identificou a realização de pedidos de concessão da justiça gratuita, conforme se verifica de gráfico abaixo:[20]

19 "(...) Neste juizado, que atende a bairros de periferia e renda média baixa, 42,22% dos processos analisados fogem ao padrão "pessoa física contra pessoa jurídica" e trazem em seu polo ativo pessoas jurídicas. Este dado é notável e pode sugerir presença marcante, por hipótese, de demandas de cobrança formuladas por pessoas jurídicas contra pessoas físicas. Embora o acesso de pessoas jurídicas aos juizados especiais tenha hoje amparolegal - o que, vale dizer, não era possível no texto original da lei - o seu uso como mecanismo de cobrança dirigido por empresas contra os cidadãos parece fugir aos ideais inicialmente traçados para os juizados. (...) Com exceção do juizado CG Moreninhas portanto, há demandas de pessoa jurídica contra pessoa física em juizados localizados em bairros com perfil de renda média baixa e alta, no centro e na periferia. Podemos supor, portanto, que se trata d'e um fenômeno relativamente generalizado - ou, ao menos, que não segue um padrão socioeconômico. A questão que surge é se este fenômeno é crescente e, mais que isso, se é desejável, do ponto de vista da promoção do acesso à justiça, que os JECs se ocupem de demandas de pessoas jurídicas contra pessoas físicas - o que remete a discussão para uma esfera de política legislativa." (Pesquisa sobre perfil de acesso à justiça nos Juizados Especiais Cíveis realizada pelo CNJ em 2015, já citada).

20 Pesquisa consultada no site https://www.cnj.jus.br/wp-content/uploads/2011/02/b5b551129703bb15b4c14bb35f359227.pdf, em junho de 2023, fl. 50.

Gráfico 24: Pedidos de assistência judiciária gratuita pelo autor pessoa física, por configuração processual e juizado

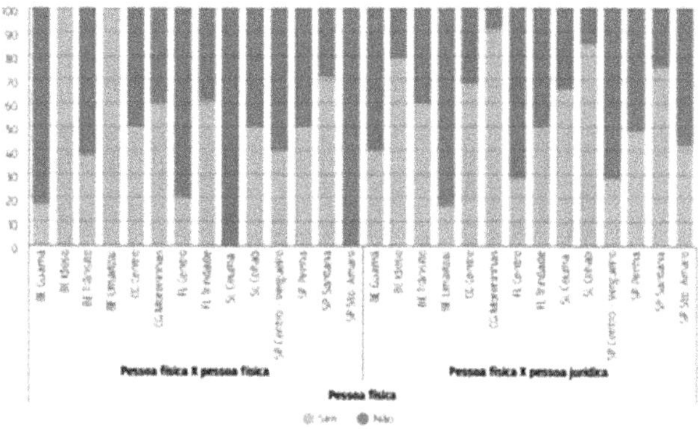

A pesquisa aponta, ainda, como conclusão, como ameaça ao sistema de acesso à justiça proporcionado pelos Juizados Especiais Cíveis que:

> As ameaças que atualmente se colocam ao acesso à justiça pelos JECs, segundo sugerem os dados a pesquisa (e com o risco de qualquer reducionismo), parecem ser i) a presença massiva de causas artificialmente geradas pelos grandes litigantes, ii) o seu recente uso como instrumento de cobrança dirigido aos próprios cidadãos e iii) ainda, a não assimilação por partes e representantes do perfil de atuação informal em juízo imaginada para uso nos juizados especiais.[21]

Os dados da pesquisa analisadas permitem traçar claramente o perfil dos litígios submetidos aos Juizados Especiais Cíveis, os quais, em sua maioria, envolvem conflitos entre pessoas físicas e pessoas jurídicas, em relações de consumo. Detectaram, também, crescente utilização desse rito por pessoas jurídicas autoras, com finalidade de cobrança.

Diante do perfil empírico dos litígios submetidos aos Juizados Especiais Cíveis, questiona-se se a ausência de cobrança de custas em primeiro grau de jurisdição no referido procedimento consiste em fator que contribui para a tendência de crescimento da utilização desse rito para ajuizamento de ações de pessoas jurídicas em face de pessoas físicas.

21 Pesquisa consultada no site https://www.cnj.jus.br/wp-content/uploads/2011/02/b5b551129703bb15b4c14bb35f359227.pdf, em junho de 2023, fl. 88.

A seguir, verifica-se o perfil das pessoas jurídicas autoras em processos dos Juizados Especiais Cíveis[22]:

Gráfico 7: Ramo de atividade do autor pessoa jurídica, por juizado

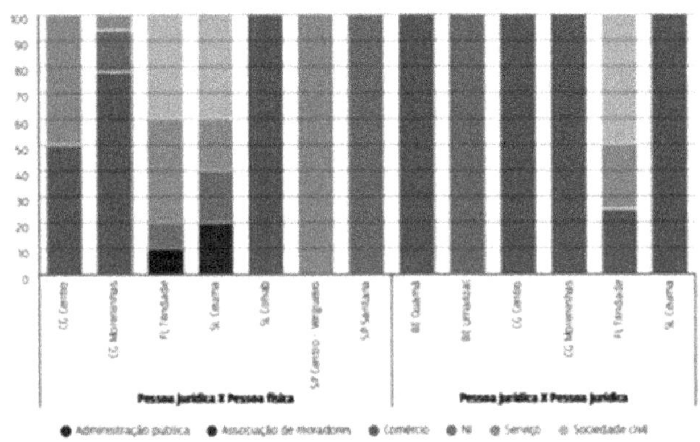

Vale ressaltar que, pelos *insights* proporcionados pela teoria econômica, compreende-se a racionalidade econômica da pessoa jurídica de cada vez mais utilizar o procedimento do Juizado Especial Cível, sobretudo pelo fato de poder compartilhar com os demais usuários do sistema de justiça e com a sociedade, em última análise, os custos pela sua utilização.

Mais do que apenas desvirtuar os propósitos iniciais da lei, conforme apontado na pesquisa, o aumento da utilização do rito dos Juizados Especiais Cíveis por pessoas jurídicas para cobrança de obrigações poderia importar em maior comprometimento da estrutura judiciária disponível, seja utilizando estrutura de unidades judiciais existentes, seja impondo a alocação de magistrados para o atendimento dessa demanda específica, em detrimento da estrutura disponibilizada para a Justiça Comum.

Questiona-se se o objetivo da lei dos Juizados Especiais, de ampliar o acesso à justiça aos cidadãos, tinha como propósito, também, o compartilhamento com a sociedade do custeio de ações privadas que podiam tramitar, regularmente, perante a Justiça Comum.

22 Pesquisa consultada no site https://www.cnj.jus.br/wp-content/uploads/2011/02/b5b551129703bb15b4c14bb35f359227.pdf, em junho de 2023, fl. 37.

Necessário frisar, mais uma vez, que a reflexão proposta no parágrafo acima não importa em prejuízo à gratuidade da justiça que, conforme já mencionado, se refere à questão diversa. O propósito de assegurar a justiça gratuita à população que necessita dessa proteção constitucional é assegurada no próprio âmbito dos Juizados Especiais, na medida em que pedidos para concessão desse benefício têm inclusive sido feitos.

Por fim, interessante verificar a composição das decisões proferidas nos Juizados Especiais Cíveis, em que se pode constatar menor nível de acordo em litígios envolvendo pessoas físicas e pessoas jurídicas como rés[23]:

Gráfico 41: Resultados dos processos, por tipo de configuração processual e juizado

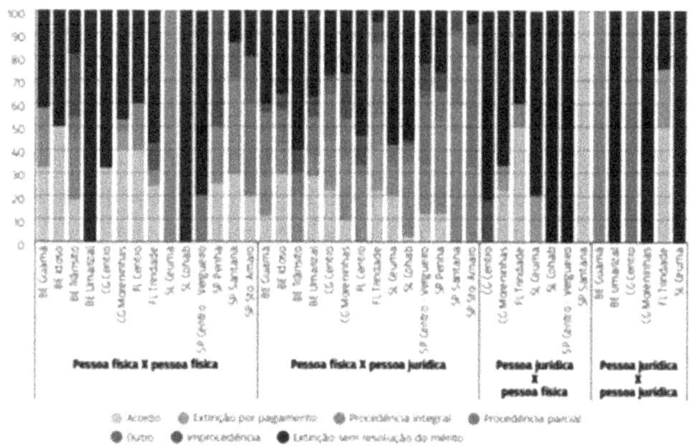

Os dados extraídos da pesquisa analisada permitem verificar que o percentual de acordos nos Juizados Especiais Cíveis em ações em que o autor é pessoa física e o réu pessoa jurídica é substancialmente menor do que nas ações envolvendo apenas pessoas físicas, por exemplo. Logo, diante de tal evidência, questiona-se se a isenção de custas concedida em 1º grau de jurisdição é medida que efetivamente tem o potencial de estimular a celebração de acordos no âmbito do 1º grau do Juizado Especial.

Considerando os *insights* advindos da teoria econômica, que apontam para racionalidade econômica das partes litigantes, surge também a reflexão quanto aos impactos da inexistência de custo para litigar em

23 Pesquisa consultada no site https://www.cnj.jus.br/wp-content/uploads/2011/02/b5b551129703bb15b4c14bb35f359227.pdf, em junho de 2023, fl.

1º grau, ou seja, até que ponto esta ausência desestimula a utilização de meios alternativos de conflitos não estatais e extrajudiciais ou, ainda, estimula a parte a aguardar a prolação de decisão judicial antes de cogitar a celebração de acordo.

A cobrança de custas, ao trazer racionalidade econômica para as partes litigantes, poderia ser utilizada como aspecto indutor de acordos, consignando-se, por exemplo, que o pagamento das custas iniciais somente se daria após prolação de sentença pela parte sucumbente, sinalizando, ainda, para a possibilidade de redução percentual em seu montante em caso de acordo.

Conclusão

A análise de dados empíricos, tanto aqueles relativos à estrutura dos Juizados Especiais Cíveis quanto aos do perfil das demandas a eles submetidos, assim como os *insights* advindos da teoria econômica, permitem interessantes reflexões quanto à efetividade da norma de isenção de custas no 1º grau de jurisdição nesse procedimento.

Os dados analisados evidenciaram que pedidos de concessão do benefício da justiça gratuita são formulados em sede dos Juizados Especiais Cíveis, proporcionando, assim, acesso a pessoas necessitadas. Por outro lado, apontaram para aumento de ações ajuizadas por pessoas jurídicas autoras, além de menor percentual de acordo em ações de consumo intentadas entre pessoa física e pessoa jurídica.

É preciso identificar, portanto, qual o objetivo do legislador com rito específico para os Juizados Especiais Cíveis e para quem se destina e quais efeitos pretende atender, para que se possa ponderar quanto à razoabilidade da concessão de isenção do 1º grau de jurisdição. Isso porque, a isenção, tal como atualmente concedida no art. 54 a Lei nº 9.099/95, parece desviar demandas que poderiam ser conduzidas na Justiça Comum, com dois efeitos prejudiciais: o primeiro, sobrecarregar a estrutura judiciária disponibilizada aos Juizados Especiais Cíveis, tanto de pessoal como de ofício, e, o segundo, onerar a sociedade com o custeio de ações que poderiam tramitar na Justiça Comum.

Bibliografia

CONSELHO NACIONAL DE JUSTIÇA – Perfil sobre Acesso à Justiça nos Juizados Especiais Cíveis, Pesquisa consultada no site https://www.cnj.jus.br/wp-content/uploads/2011/02/b5b551129703bb15b4c14bb35f359227.pdf , em junho de 2023.

__________ - RELATÓRIO JUSTIÇA EM NUMEROS 2022, obtido por acesso ao link: https://www.cnj.jus.br/wp-content/uploads/2022/09/justica-em-numeros-2022-1.pdf, em julho de 2023.

DINAMARCO, Cândido Rangel. *Instituições de direito processual civil.* 2. ed. rev. e atual. São Paulo: Malheiros, 2002. v. II.

HARDIN, Garrett. *A tragédia dos Comuns*, publicado na revista Science, vol. 162, No . 3859 (13 de dezembro de 1968), pp. 1243-1248, a versão utilizada foi extraída do https://edisciplinas.usp.br/pluginfile.php/7607463/mod_resource/content/1/A_TRAGEDIA_DOS_COMUNS_por_Garrett_Hardin.pdf, em julho de 2023.DIN

MARINONI, Luiz Guilherme, e ARENHART, Sérgio Cruz. *Procedimento de Conhecimento.* 6ª edição, revista, atualizada e ampliada, Revista dos Tribunais. São Paulo. 2007.

REINALDO FILHO, Demócrito Ramos. *Juizados especiais cíveis: comentários à Lei n. 09.099/95, de26.09.1995.* 2ª ed. São Paulo: Saraiva, 1999.

TUCCI, José Rogério Cruz e, Coordenador. *Garantias Constitucionais do Processo Civil.* Editora Revista dos Tribunais. São Paulo. 1999.

WESSELS, Walter. *Economia.* São Paulo: Saraiva, 1999.

WOLKART, Erik Navarro. *Análise econômica do processo civil*: como a economia, o direito e a psicologia podem vencer a tragédia da justiça.

"TEMPO E PROCESSO": AS ATUAIS CAUSAS DA LENTIDÃO JUDICIAL E OS MECANISMOS DE ACELERAÇÃO DO CÓDIGO DE PROCESSO CIVIL

Newton Coca Bastos Marzagão[1]

1. O tema e o homenageado

A extensão da obra do Professor José Rogério Cruz e Tucci torna concomitantemente prazerosa e árdua a incumbência que nos foi dada de escolher um tema para prestar-lhe esta merecidíssima homenagem. Além de ter escrito, com maestria, sobre praticamente todos os institutos processuais, ao longo de sua festejada carreira o Professor Tucci se dedicou a assuntos pouco explorados pelos processualistas em geral, tendo, por exemplo, publicado estudos sobre deontologia jurídica, sobre história do processo[2] e inclusive nos brindado com biografias de figuras-chave do processo civil moderno[3]. A profundidade, seriedade e cientificidade das pesquisas realizadas a cada nova publicação fizeram com que o homenageado se tornasse referência não só no ramo processual, mas no Direito amplamente considerado. O estudioso que procura as raízes históricas de um dado instituto ou necessita compreender como ele se comporta no Direito comparado, certamente consultará os escritos de José Rogério Cruz e Tucci.

Partindo da premissa que a melhor forma de se homenagear um Mestre é dar continuidade às ideias um dia esboçadas, tentaremos, nos

---

1 Doutor e Mestre pela Universidade de São Paulo – títulos obtidos sob orientação do Professor José Rogério Cruz e Tucci. Advogado. Membro do IBDP, do CEAPRO e da AASP. E-mail nmarzagao@demarest.com.br.

2 Famosos são os livros de história do processo civil romano (RT, 2001), de processo civil canônico (RT, 2001) e do processo civil lusitano (RT, 2009), todos eles escritos em co-autoria com o Professor Luiz Carlos de Azevedo.

3 Referimo-nos, aqui, aos *patres* do processo, notadamente à vida e obra de Piero Calamandrei (Migalhas, 2012), Francesco Carnelutti (Migalhas, 2017), Giuseppe Chiovenda (Migalhas, 2018) e Enrico Redenti (Migalhas, 2019).

subsequentes capítulos, revisitar a obra "Tempo e Processo", publicada em 1997 pela RT, analisando-a sob a perspectiva atual.

Agradecendo, pois, o convite feito pelos organizadores da presente obra coletiva Professores Heitor Sica, Oreste Laspro, Paulo Lucon e Ricardo Leonel –, passamos ao enfrentamento do tema.

2. Introdução: linhas gerais[4] da obra "Tempo e Processo"

O fato de o homenageado ter escrito uma obra que, um quarto de século atrás, tratava da problemática do tempo no processo – e, ainda, propunha algumas soluções para a (já existente) morosidade judicial – mostra o quão vanguardista se apresentava o estudo objeto de nossas considerações. Como bem sabemos, a questão da tempestividade da prestação da tutela jurisdicional é, atualmente, assunto dos mais debatidos dentro da ciência processual. A arte de identificar temas sensíveis em seus primórdios acabaria, como hoje sabemos, se tornando uma das principais características do Professor José Rogério Cruz e Tucci.

No estudo em comento, após tecer considerações ontológicas sobre o tempo (capítulo 1) e situar a influência e correlação do aludido fenômeno nos institutos processuais (capítulo 2), o autor finaliza o 3º capítulo propondo que a leitura mais adequada do primado constitucional do devido processo legal deveria abarcar a garantia da obtenção "da tutela jurisdicional dentro de um lapso temporal razoável"[5]. O fato de ter sugerido uma interpretação que só viria a ser taxativamente albergada pelo ordenamento em 2004[6], demonstra, vez mais, a perspicácia do estudioso.

No capítulo subsequente, o homenageado discorre sobre os fatores que, em seu entender, circundariam o fenômeno da "intempestividade da tutela jurisdicional"[7], quais sejam: (a) fatores institucionais (desinteresse político de tornar o Judiciário mais ágil), (b) fatores de ordem

4 As anotações feitas neste capítulo refletem a compreensão (que pode ser inexata ou incompleta) que o autor deste ensaio teve sobre os escritos do homenageado e, por ser um resumo, obviamente não compreende a inteireza dos argumentos do Professor José Rogério Cruz e Tucci.

5 CRUZ E TUCCI, José Rogério. **Tempo e processo: uma análise empírica das repercussões do tempo na fenomenologia processual civil e penal**. São Paulo: Revista dos Tribunais, 1997, p. 88.

6 Referimo-nos, aqui, à Emenda Constitucional 45 de 30 de dezembro de 2004.

7 CRUZ E TUCCI, José Rogério. **Op. Cit.**, p. 99.

técnica e subjetiva (b.1 desprestígio à oralidade; b.2 irrestrita recorribilidade de interlocutórias; b.3 ineficiência sistêmica decorrente da preferência pela tutela condenatória, que pressupõe uma dualidade procedimental conhecimento/execução e b.4 falta de preparo e interesse de alguns juízes) e (c) fatores derivados da insuficiência material (precárias instalações do Judiciário e inadequação das condições de trabalho dos órgãos judicantes).

Na derradeira parte do estudo, o processualista aponta três frentes aptas a "erradicar ou, pelo menos, minimizar os efeitos deletérios produzidos pela intempestividade da tutela jurisdicional"[8]: (i) repressão às condutas abusivas do litigante temerário; (ii) a adoção de mecanismos de aceleração do processo (emprego mais generalizado da antecipação de tutela[9], utilização do procedimento monitório recém-introduzido[10] e predileção às ações coletivas); (iii) o controle externo da lentidão judiciária (à época, defendia o homenageado que o Brasil formalizasse o reconhecimento da Corte Interamericana de Direitos Humanos).

Passados 26 anos da obra, pedimos vênia ao autor para, com todo acato, agregar novos fatores que, atualmente, contribuem para a demora judicial (tema do capítulo 4 do livro aqui revisitado e do item 3 deste trabalho), tecendo alguns comentários nesse tocante e destacar os novos mecanismos postos à disposição do juiz pelo novo Código de Processo Civil para que ele possa debelar (ou diminuir) a lentidão judicial (retomando, portanto, o assunto tratado no capítulo 5 da obra – item 4 deste ensaio).

3. Atuais causas da lentidão judicial

Parece-nos digo de nota que, passados exatos 26 anos da obra aqui referenciada, as causas de lentidão lá apontadas estejam todas ainda presentes. Em outras palavras:

(a) ainda vige o desinteresse político em tornar o Judiciário mais ágil – o Estado continua a ser o ente com maior número de litígios em trâmite e a morosidade judicial ajuda a manter a rolagem da

8 CRUZ E TUCCI, José Rogério. Op. Cit., p. 123.

9 Lembrando, apenas a título de contextualização, que o instituto da antecipação de tutela (no formato mais alargado) só havia sido incorporado ao sistema processual em 1994 (por intermédio da Lei nº 8.952/1994).

10 Processo monitório esse que, à época, era novidade: havia sido introduzido pela Lei nº 9.079/1995.

dívida pública. Além disso, os Poderes Executivo e Legislativo, receosos da crescente incursão que vem sendo feita pelo Judiciário em matérias que lhe seriam originalmente afetas[11], acabam por dolosamente contribuir (quando e como podem) com a letargia judicial, como forma de preservarem o protagonismo que eles vêm recentemente perdendo;

(b.1) ainda se desprestigia, a não mais poder, o princípio da oralidade e da identidade física do juiz – a designação de audiência para saneamento conjunto do feito[12], por exemplo, é tão rara quanto o agendamento da audiência do art. 334 do Código de Processo Civil[13]; a conversão dos debates orais ao final da audiência de instrução em memoriais escritos virou (infelizmente) regra há tempos, da mesma forma a sentença é invariavelmente lançada em gabinete, dias ou meses (quando não anos) após o encerramento da instrução, e não prolatada em audiência;

(b.2) as interlocutórias, embora não sejam mais irrestritamente recorríveis, ainda são passíveis de impugnação em grande número de hipóteses – além dos onze incisos do artigo 1.015 do diploma processual, ainda temos a genérica cláusula de cabimento advinda da tese da "taxatividade mitigada" (Tema Repetitivo 988 do Superior Tribunal de Justiça), o que faz, na prática, com que a parte invariavelmente tente ascender ao tribunal (e esse recurso, independentemente da sorte que tiver, acaba por contribuir com o assoberbamento judicial, pois é mais um incidente a ser processado e apreciado pelo membros do segundo grau de jurisdição);

---

11 Como veremos adiante, a incapacidade do Executivo de efetivar parte substancial das políticas públicas e de implementar e fiscalizar as atividades regulamentadas acaba fazendo com que assuntos dessa natureza desaguem no Judiciário. O mesmo acontece com o Legislativo, que não consegue, já há muito, acompanhar as necessidades da população, estando sempre alguns passos atrás.

12 Referimo-nos à audiência do §3º do artigo 357 do Código de Processo Civil.

13 Ao receber uma petição inicial para despacho, virou praxe os juízes deixarem de designar o encontro inicial previsto no citado dispositivo legal sob a escusa de que "as partes podem se conciliar a qualquer tempo, logo a designação do encontro é prescindível", "a unidade jurisdicional em questão não possui estrutura para a mediação e conciliação", "o comportamento das partes na fase pré-processual indica ser muito pouco provável a conciliação" ou, simplesmente, "a pauta encontra-se tomada de audiências, não sendo possível a designação de data sob pena de se inviabilizar a atividade judicante".

(b.3) embora a preferência pela tutela condenatória tenha sido acertadamente eliminada[14] e a dualidade procedimental conhecimento/execução tenha sido extirpada[15], o procedimento ordinário ainda é a regra – e a "ordinarização" generalizada do processo era o cerne da crítica feita por José Rogério Cruz e Tucci em sua obra[16];

(b.4) falta de preparo e interesse de alguns juízes infelizmente ainda continua – embora esse grupo seja evidentemente minoritário, ele acaba prejudicando o funcionamento da justiça como um todo, dada a baixa relação juiz/habitantes (apenas 8,5 juízes para cada grupo de 100 mil habitantes[17]) e o estoque de processos (conforme abordaremos adiante);

---

14 "A percepção de que a via indenizatória nem sempre repararia de forma integral os danos experimentados e a conscientização de que o uso de meio coercitivo indireto para o desempenho de obrigação anteriormente assumida não caracterizaria ofensa à liberdade individual (entre tantos outros fatores) fizeram com que esse distorcido quadro [da primazia da tutela condenatória] começasse a ser contestado. Atendendo à reivindicação da doutrina, o legislador empreendeu uma série de reformas no Código de Processo Civil, quebrando o paradigma: a tutela específica passou a ocupar o lugar de primazia que vinha sendo indevidamente ocupado pelo sucedâneo indenizatório".

(...)

"Para não deixar dúvidas sobre o intento reformador contido nas alterações legislativas apontadas, a predileção pela via da tutela específica acabou sendo expressamente declarada no § 1º do art. 461 do Código de Processo, que determina ser possível a conversão da obrigação em perdas e danos apenas quando 'o autor o requerer' ou quando se tornar 'impossível a tutela específica'" (MARZAGÃO, Newton Coca Bastos. **A multa (astreintes) na tutela específica – atualizado com o novo CPC 2015**. São Paulo: Quartier Latin, 2015, pp. 221 e 26, respectivamente – observações entre colchetes não consta do original e foi inserido para dar sentido ao excerto).

15 Desde a entrada em vigor da Lei nº 11.232, de 22 de dezembro de 2005, que aboliu "a ação autônoma de execução de sentença" (THEODORO JÚNIOR, Humberto. **As novas reformas do Código de Processo Civil**. Rio de Janeiro: Forense, 2007, p. 106).

16 "Conclui-se que o procedimento ordinário do processo civil, como técnica universal de solução de litígios, deve ser substituído, na medida do possível, por outras estruturas procedimentais, mais condizentes com a espécie de direito material a ser tutelado" (CRUZ E TUCCI, José Rogério. **Tempo e processo: uma análise empírica das repercussões do tempo na fenomenologia processual civil e penal**. São Paulo: Revista dos Tribunais, 1997, p. 120).

17 **Justiça em números 2022 (ano-base de 2021)**. Disponível em https://www.cnj.jus.br/wp-content/uploads/2022/09/justica-em-numeros-2022-1.pdf – acessado em 17/07/2023, às 18:49h, p. 95.

(c) pouco se evoluiu em termos de melhoria da infraestrutura judicial, a despeito de o Judiciário brasileiro custar, aos pagadores de impostos, mais de R$ 100 bilhões ao ano[18] – exceção honrosa, nesta seara, deve ser feita à digitalização processual verificada nos últimos anos. A referida iniciativa por certo contribuiu para uma justiça mais eficiente (como ainda veremos no capítulo 4 deste artigo), potencializando a publicidade, o acesso à justiça e contribuindo para um ambiente ecologicamente mais balanceado ao eliminar toneladas de papel.

Um fator que se somou aos anteriormente enumerados pelo autor homenageado, para exacerbar ainda mais a lentidão judicial, foi o aumento assombroso do número de demandas ajuizadas. Em estudo que compara a realidade do Judiciário brasileiro com o norte-americano, Wagner Feloniuk[19] indica que, de 1990 (data próxima à publicação da obra objeto de nossas considerações) até 2018 (data próxima ao presente ensaio), a população brasileira cresceu 44,02%, enquanto os processos no Judiciário, no mesmo período, aumentaram 704,89%! Um outro dado que revela, com bastante nitidez, o aumento exponencial de

---

18 Mais precisamente, R$ 103,9 bilhões (fonte: **Justiça em números 2022 (ano-base de 2021)**. Disponível em https://www.cnj.jus.br/wp-content/uploads/2022/09/justica-em-numeros-2022-1.pdf – acessado em 17/07/2023, às 18:49h, p. 80). Só para se ter uma ideia da grandiosidade do órgão, no mesmo ano o Ministério da Educação empregou R$ 21,2 bilhões na educação básica (https://portaldatransparencia.gov.br/funcoes/12-educacao?ano=2021 – acessado em 17/07/2023, às 19:02h). Ou seja, o Judiciário brasileiro consumiu quase o quíntuplo do valor que foi de fato investido pelo Governo Federal em educação básica durante o ano de 2021. Ao compararmos o nosso Judiciário com os órgãos julgadores de outros países, ainda assim constatamos que nosso custo é grandioso: enquanto o Brasil gasta cerca de 1,46% (um vírgula quarenta e seis por cento) do seu PIB ("Produto Interno Bruto") com seu Judiciário, Portugal investe 0,31% (zero vírgula trinta e um por cento); a Rússia, por sua vez, destina 0,24% (zero vírgula vinte e quatro por cento); a Itália e a Argentina contribuem com 0,18% (zero vírgula dezoito por cento) e os Estados Unidos e o Reino Unido vertem, cada qual, 0,12% (zero vírgula doze por cento) do seu PIB para o órgão judicante (fonte: Conselho Nacional de Justiça. **Estudo comparado sobre recursos, litigiosidade e produtividade: a prestação jurisdicional no contexto internacional**. Brasília, 2011, p. 17).

19 FELONIUK, Wagner. Brasil e Estados Unidos da América: comparação quantitativa de Sistemas Judiciais (2018). **Revista latino-americana de relações internacionais - Campos neutrais**. Rio Grande do Sul: jan-abr/2021, v. 3, nº 1, p. 164.

ações judiciais nas últimas três décadas diz respeito ao número de novas ações ajuizadas por ano: em 1988 (ano da promulgação da Constituição Federal) havia sido registrado o ingresso de 350 mil novas ações, já em 2021, por exemplo, haviam aportado ao Judiciário 27,7 milhões de novos feitos[20], ou seja, um número 79 vezes maior do que o verificado em 1988!

De acordo com o mais recente levantamento do Conselho Nacional de Justiça, o "Justiça em números", o Poder Judiciário brasileiro contava, no final de 2021, com mais de 77,3 milhões de processos em trâmite[21], dispondo de apenas 18.035 juízes para dar conta de todo esse acervo[22]. Realizando simples operações matemáticas, sem qualquer pretensão científica e com o único intuito de dar uma primeira noção do assoberbamento do órgão que estamos a examinar, cada juiz brasileiro seria, em média, responsável por um "estoque" de 4.286 processos[23].

E quais seriam as causas desse aumento sem precedente no número de demandas? Ora, se nos propomos a abordar na sequência (item 4 deste ensaio) as possíveis soluções para lidar com o problema da lentidão judicial, temos, em primeiro lugar, de tentar identificar os possíveis motivos do congestionamento, não?

Parece-nos, em primeiro lugar, que o aumento do número de processos judiciais possa ser atribuído à crescente conscientização de direitos por parte dos cidadãos, movimento esse que se iniciou com a redemocratização do final da década de oitenta e ganhou importante impulso com a promulgação do Código de Defesa do Consumidor.

Recentemente, contribuiu para esse processo de conscientização a evolução tecnológica, que deixou o conhecimento a um *click* de distância[24].

---

20 Fonte: **Justiça em números 2022 (ano-base de 2021)**. Disponível em https://www.cnj.jus.br/wp-content/uploads/2022/09/sumario-executivo-jn-v3-2022-2022-09-15.pdf (acessado em 17/07/2023, às 18:42h, p. 5).

21 Fonte: **Justiça em números 2022 (ano-base de 2021)**. Disponível em https://www.cnj.jus.br/wp-content/uploads/2022/09/sumario-executivo-jn-v3-2022-2022-09-15.pdf (acessado em 17/07/2023, às 18:42h, p. 5).

22 Fonte: **Justiça em números 2022 (ano-base de 2021)**. Disponível em https://www.cnj.jus.br/wp-content/uploads/2022/09/justica-em-numeros-2022-1.pdf (acessado em 17/07/2023, às 18:49h, p. 94).

23 Resultado da divisão do número de processos (77,3 milhões) pelo número de juízes (18.035).

24 Não ignoramos que o conhecimento encontrado na internet possa ser qualitativamente duvidoso. Entretanto, a rede mundial de computadores serve inegavelmente como início de pesquisa e a informação nela encontrada, seja ela mais ou menos

A popularização da internet expandiu, de forma considerável, o contingente de pessoas com acesso à informação e fez com que os cidadãos outrora alijados (total ou parcialmente) do debate político e social passassem a acessar temas dessa natureza, espraiando seus horizontes. A esse movimento voluntário de busca por informações jurídicas, somou-se a dinâmica cada vez mais presente de consumo involuntário desse tipo material: não é nada raro abrir uma página de notícias na internet e se deparar com uma reportagem sobre algum importante processo que esteja sendo julgado, mesmo que não seja esse tipo de matéria que o leitor esteja procurando. Esse paulatino processo de conscientização, fruto de uma evolução social e tecnológica, faz com que o jurisdicionado tendesse a se socorrer mais do Judiciário ao se deparar com uma situação de vilipêndio de seu direito, contribuindo, portanto, como causa remota para o aumento da demanda judicial.

Esse movimento de conscientização acabou alcançando novo patamar, em nossa percepção, com a massificação das relações decorrentes da evolução social e econômica verificada nas últimas décadas, principalmente após a implementação do Plano Real. Como se pode inferir, ambientes economicamente mais favoráveis[25] geram mais negócios e mais negócios tendem a levar ao aumento do número de conflitos quando essa atmosfera teoricamente propícia não é estruturada e planejada adequadamente, que é exatamente o que ocorre com a realidade brasileira. Como bem sabemos, os planos econômicos traçados por um governo são sempre revistos pelo que lhe sucede e as metas perseguidas por uma legislatura são abandonadas pela subsequente. Impera, no Brasil, a "arte do improviso": o empresário está sempre se preparando para a mudança de rumos, está sempre apostando no incerto, pois não tem a mínima garantia que o contexto econômico-político existente na data da efetivação de um dado investimento se perpetuará até o momento projetado para a colheita dos respectivos frutos. Se levarmos em conta que esse sistema volátil está ancorado em um mercado de consumo em massa baseado quase que exclusivamente

acurada, acaba fornecendo aos usuários um conhecimento que outrora seria apenas encontrado em bibliotecas (que, por regra, é acessível apenas às camadas mais abastadas da sociedade).

25 E o ambiente econômico experimentado em razão da implantação do Plano Real era (e é) um ambiente muito mais propício que o existente anteriormente.

na tomada (descontrolada e irresponsável) de crédito[26], passamos a entender por que a evolução social e econômica contribuiu para o aumento do número de processos judiciais.

Mas não é só a conscientização dos direitos, impulsionada pelo avanço tecnológico, e a massificação das relações decorrentes do avenço social e econômico que contribuíram para o abarrotamento do Judiciário. A disfuncionalidade do Executivo e a inoperância do Legislativo também colaboraram decisivamente para a situação de desalento do órgão judicante.

Como já tivemos a oportunidade de destacar em outra oportunidade[27], a incapacidade do Executivo de efetivar parte substancial das políticas públicas e de implementar e fiscalizar as atividades regulamentadas[28] acaba fazendo com que assuntos dessa natureza desaguem no Judiciário, aumentando, anomalamente, o fluxo judicial. Exemplo mais do que atual dessa inércia do Executivo no tocante a políticas públicas pôde ser verificado na forma com a qual o governo federal enfrentou (ou melhor, deixou de enfrentar) a crise sanitária gerada pela pandemia de Covid-19. A total ausência de uma política pública voltada ao combate dos nefastos efeitos do surto fez com que diversos atores (estados, municípios, partidos políticos, Ministério Público, cidadãos) recorressem ao Judiciário, levando ao magistrado matéria essencialmente afeta ao Executivo: quais serviços seriam caracterizados como essenciais? O que deveria fechar e o que deveria permanecer aberto em razão das restrições de circulação impostas pela pandemia? Como deveria ser executado o plano nacional de imunização? De que forma deveriam ser alocados os leitos e como devem ser distribuídos e gerenciados os insumos hospitalares? Todas essas questões foram levadas ao Judiciário, a despeito de serem matérias afetas ao Executivo.

Esse não é o único exemplo, embora seja o mais recente. Infelizmente, é usual encontrar no Judiciário demandas, individuais ou

26 Tanto isso é verdade que temos uma lei específica para tratar do fenômeno no superendividamento (Lei nº 14.181/2021).

27 MARZAGÃO, Newton Coca Bastos. **Princípio da eficiência e o papel do juiz no processo civil brasileiro**. Tese (Doutoramento em Direito) – Faculdade de Direito da Universidade de São Paulo, São Paulo, 2022.

28 Tais como saúde, educação, transporte, telecomunicações, serviços bancários etc. Vale ressaltar que as atividades reguladas são, geralmente, as essenciais ao adequado exercício da cidadania.

coletivas, reclamando da insuficiência das vagas em creches[29], processos questionando a falta, absoluta ou parcial, de saneamento básico, ações contestando a precariedade dos serviços de transporte público, apontando a carência de medicamentos nos postos de saúde etc.

Mas não é só na seara das políticas públicas que o Executivo é disfuncional. Referido órgão também peca na fiscalização e acompanhamento das atividades reguladas, que são igualmente essenciais para a sociedade. O Judiciário é repetidamente acionado por ações cujo pano de fundo diz respeito ao não cumprimento, por parte dos grandes conglomerados e concessionárias, de direitos básicos e incontestes atrelados à telefonia, à aviação, ao fornecimento de energia elétrica, à saúde suplementar, às atividades bancárias etc. Tais assuntos não chegariam ao Judiciário se os órgãos responsáveis pelo controle e fiscalização (todos eles subordinados ao Executivo) cumprissem a contento o seu papel. A falta de organização e a fiscalização insuficiente (e às vezes leniente) em áreas cujas relações são massificadas por natureza faz com que o Judiciário tenha de substituir o Executivo.

Situação assemelhada, no tocante a omissão na realização de suas funções, verifica-se no Poder Legislativo. Por inúmeras razões injustificáveis[30], e um par de motivos justificáveis[31], os legisladores não conseguem, já há muito, acompanhar as necessidades da população, estando sempre alguns passos atrás. O Judiciário, chamado a colmatar as lacunas decorrentes da inércia legislativa, novamente não tem como dizer "não" ao jurisdicionado: o Estado-juiz decide o caso concreto e, em certa medida, avança sobre a seara inicialmente reservada aos congressistas. A ausência de definição, por parte das casas legislativas, no tocante a temas sensíveis como as reformas tributária e administrativa,

29 A ilustrar que o problema de disfuncionalidade não é apenas do Executivo Federal.

30 Podemos citar algumas, embora existam muitas outras, a saber: a endêmica e aparentemente infindável corrupção, a ausência de uma verdadeira agenda política por parte dos legisladores (que cada vez mais se elegem com base em discursos monotemáticos, sem que haja uma base conceitual ou programática subjacente), a submissão dos congressistas à vontade do detentor do Poder Executivo, a total falta de vontade política etc.

31 O processo legislativo é naturalmente demorado, dado que, em regra, a aprovação de um novo texto legal é condicionada ao debate público. A natural demora da dialética legislativa é justificável e compreensível, mas cada vez mais contrasta com a realidade de um mundo dinâmico, que necessita de processos regulamentadores mais expeditos por produzir novidades num ritmo frenético.

entre outros tantos, gera inúmeros questionamentos em juízo pela simples inatividade dos parlamentares. Vez mais, o Judiciário é chamado a preencher os espaços, ficando sobrecarregado[32].

Aos três aspectos acima indicados[33], somam-se mais dois: (i) o acesso facilitado ao Judiciário, que se deu primeiramente com a inclusão, no sistema judicial, dos cidadãos que não possuíam condições financeiras para litigar[34], e se completou com a instituição dos Juizados Especiais e (ii) a valorização da tutela coletiva. Sobre a tutela coletiva, importante destacar não ser a nossa intenção (longe disso) dar a entender, com a afirmação aqui feita, que o sistema de tutela coletiva em si teria sido um dos fatores causadores do congestionamento judicial. Muito pelo contrário: a técnica da tutela coletiva, ao aglutinar em um único processo a pretensão de uma infinidade de outras demandas individuais, por certo concorreu (e concorre) para o desafogamento do Judiciário. Quando,

---

32 "O poder judicial é, na actualidade, chamado a intervir cada vez com mais frequência. A influência crescente da Justiça na vida colectiva é um dos maiores factos político das últimas décadas do século XX. Assistiu-se à explosão do contencioso obrigando o crescimento, a multiplicação, a diversificação e a especialização de jurisdições. Os Juízes são chamados a intervir num cada vez maior número de sectores da vida da sociedade, desde a vida política nacional e internacional, à económica; à moral e à social. Hoje, tudo é susceptível de ser objecto da Justiça. Tudo é sindicável pelo direito.
(...) a incapacidade dos poderes legislativo e executivo, no Estado liberal post moderno, de dar respostas às necessidades sociais fez deslocar o centro da gravidade política. As grandes questões da sociedade contemporânea como, por exemplo, as ligadas à bio-ética, ao ambiente, às inovações científicas e tecnológicas, à informática...procuram soluções através da jurisdição" (AFONSO, Orlando Viegas Martins. **O poder judicial - independências in dependência**. Coimbra: Almedina, 2004, pp. 184, 185 e 186).

33 Quais sejam, (a) conscientização dos direitos, impulsionada pelo avanço tecnológico, (b) massificação das relações decorrentes do avenço social e econômico e (c) disfuncionalidade do Executivo e inoperância do Legislativo.

34 Embora a lei que discipline a justiça gratuita seja de 1950, só mais recentemente, com a institucionalização e aperfeiçoamento das Defensorias Públicas, é que o jurisdicionado sem condições financeiras passou a ter de fato acesso ao Judiciário. Em São Paulo, por exemplo, a Defensoria só veio a ser criada em 2006, após crescente pressão feita por diversos setores da sociedade civil. Logo, não é errado falar que no Brasil é mais recente o fenômeno do (real) acesso do cidadão sem recursos ao Judiciário (não ignoramos, por óbvio, que a questão já estivesse sendo discutida há muitos anos em doutrina, tendo sido, por exemplo, objeto de valorosos apontamentos por parte de Mauro Cappelletti e Bryant Garth na conhecidíssima obra **Acesso à justiça** - Trad. de Ellen Gracie Northfleet. Porto Alegre: Fabris, 1988).

pois, dizemos que a valorização da tutela coletiva contribuiu para o assoberbamento do órgão julgador, queremos, no fundo, transmitir a ideia de que a nova disciplina legal, ao dar proteção adequada a uma situação jurídica (direitos coletivos *lato sensu*) até então secundada, acabou dando vazão a uma demanda reprimida que, no final das contas, contribui para o aumento do quantitativo de processos.

Em suma, e encaminhando-nos para o encerramento deste tópico, (a) a conscientização dos direitos, impulsionada pelo avanço tecnológico, (b) a massificação das relações decorrentes do avenço social e econômico, (c) a disfuncionalidade do Executivo e inoperância do Legislativo, aliados (d) ao facilitado acesso ao Judiciário e (e) à valorização das tutelas coletivas fizeram com que em um país populoso como o nosso e cuja cultura de litígio é bastante arraigada[35], o Judiciário fosse engolfado por uma profusão de processos nas últimas décadas. E essa enxurrada de casos aportando ao Judiciário fez, como consequência lógica, com que se alongasse o tempo de trâmite dos processos.

Podemos, pois, concluir que essa quantidade invencível de processos é, hoje, ao lado dos fatores elencados por José Rogério Cruz e Tucci no livro aqui analisado, uma das causas preponderantes da lentidão judicial.

4. Novos mecanismos de aceleração judicial

O Código de Processo Civil de 2015 trouxe uma série de técnicas que, se bem empregadas pelo magistrado e adequadamente observadas pelas partes, podem diminuir o tempo de tramitação processual, trazendo um pouco mais de concretude à promessa constitucional da razoável duração do processo.

O primeiro mecanismo que gostaríamos de destacar é o previsto no artigo 927 do Código de Processo Civil. O legislador agrupou, em um dispositivo legal, uma série de pronunciamentos jurisdicionais que pas-

35 "Infelizmente, o fator cultural possui forte impacto negativo na crise de efetividade do processo no Brasil. Não raro, o Brasil apresenta forte tendência de judicializar quase todo conflito e também de aguardar a prolação de decisão judicial a respeito. Embora, de fato, tenha havido, no Brasil, ao longo dos séculos, tentativas para se promover métodos alternativos de solução de conflitos, a mentalidade não parece ter mudado" (ONODERA, Marcus Vinicius Kiyoshi. **Gerenciamento do processo e o acesso à justiça**. Belo Horizonte: Del Rey, 2017, p. 10).

saram a ostentar[36], em comum, a característica de serem vinculantes. O fato de os provimentos ali listados vincularem, de forma obrigatória, os demais órgãos do Poder Judiciário, contribui, sem margem para dúvidas, para o encurtamento do tempo de trâmite processual uma vez que a subsunção da decisão paradigma ao caso concreto torna desnecessária a continuidade da marcha procedimental.

Desses provimentos, os indicados na parte final do inciso III (quais sejam, o incidente de resolução de demandas repetitivas[37] e os recursos extraordinário e especial repetitivos) tratam de técnicas especificamente criadas para tratamento de casos "repetitivos e massificados"[38]. O julgamento por amostragem, seja a do artigo 1.036, seja a do artigo 976, milita em favor da redução do "tempo do processo", na medida em que reduz a complexidade[39] do trabalho dos juízes de primeiro e se-

36 Ou já ostentavam, como é o caso dos pronunciamentos elencados nos incisos I (as decisões do Supremo Tribunal Federal em controle concentrado de constitucionalidade) e II (os enunciados de súmula vinculante).

37 Conhecido por IRDR.

38 A aplicação dos pronunciamentos listados nos demais incisos do artigo 927 podem até resultar na diminuição do "estoque de casos", mas fato é que eles não foram alçados à categoria de vinculantes para servir de mecanismo de enfrentamento do fenômeno da litigiosidade repetitiva.

39 Duas importantes ressalvas devem ser feitas a essa a afirmação.
A primeira diz respeito ao fato de que a existência de um entendimento jurídico prefixado por uma instância superior não faz do magistrado um autômato, eximindo-o da incumbência de realizar uma atividade interpretativa. O juiz obviamente terá de interpretar a tese fixada à luz do caso concreto para verificar se há uma perfeita subsunção das questões de fato e de direito entre o feito paradigmático e o processo que está em suas mãos. Esse ato de comparação, embora seja evidentemente mais simplificado, não deve ser encarado como algo banal, desimportante e, assim, ser realizado de forma automática, sob pena de serem cometidas injustiças.
A segunda ressalva é a de que, em nosso entendimento, a aplicação obrigatória do provimento vinculante não viola a independência do juiz. Muito se discutiu, quando da promulgação do atual Código de Processo Civil, se a observância obrigatória dos provimentos vinculantes não afetaria o livre convencimento dos magistrados e, por conseguinte, tisnaria o postulado da independência. Compreendemos ser negativa a resposta: a independência não é, e nunca foi, irrestrita – se fosse, o juiz poderia ignorar as normas jurídicas e decidir de acordo com sua convicção pessoal, o não se pode cogitar ser possível dentro da atual concepção que temos de um Estado Democrático de Direito. Para além disso, seria ilógico e antieconômico pensar que, numa estrutura hierarquizada como a do Poder Judiciário, na qual as decisões dos tribunais substituem o entendimento dos juízes ou dos tribunais inferiores, a independência pudesse ser exercitada sem qualquer espécie de limitação.

gundo graus e elimina etapas do processo. O ganho de eficiência que um magistrado obtém quando, por expressa autorização legal, aplica o entendimento sedimentado pelas cortes superiores (no caso da técnica do artigo 1.036) ou do tribunal (hipótese do mecanismo do artigo 976) ao caso concreto parece ser inconteste. Como adequadamente afirma Koehler: "em um sistema abarrotado de demandas repetitivas e de conflitos de massa, o ganho operacional em virtude da aplicação do sistema de precedentes é inegável"[40], principalmente enquanto não temos um sistema verdadeiramente consolidado e unificado de tutela coletiva (que poderia ser, em nosso sentir, um método mais adequado para lidar com a litigância de massa ou, no mínimo, tão eficiente quanto a técnica de julgamento por amostragem).

O Conselho Nacional de Justiça nos dá uma noção de quanto o microssistema de solução de casos repetitivos (aquele composto pelo IRDR e os recursos extraordinário e especial repetitivos) pode contribuir para a diminuição do tempo de tramitação de um feito. Segundo o referido órgão, os casos paradigmáticos afetados sob o regime dos recursos repetitivos no Superior Tribunal de Justiça e no Supremo Tribunal Federal e sob a égide do IRDR que tiveram as respectivas teses já fixadas, deram azo ao subsequente julgamento, pelas cortes inferiores (via aplicação do enunciado), de 2.086.344 (dois milhões, oitenta e seis mil e trezentos e quarenta e quatro) processos[41]. Mais: os casos paradigmáticos afetados que ainda se encontram em análise pelas cortes darão, no mínimo, ensejo ao julgamento de mais 1.193.340 (um milhão, cento e noventa e três mil e trezentos e quarenta) ações que estão hoje sobrestadas no aguardo da fixação das respectivas teses. Temos, pois, um número de mais de três milhões de casos que foram ou serão afetados pelo mecanismo do julgamento por amostragem, o que é digno de nota.

40 KOEHLER, Frederico Augusto Leopoldino. O sistema de precedentes vinculantes e o incremento da eficiência na prestação jurisdicional: aplicar a *ratio decidendi* sem rediscuti-la. In: LUCON, Paulo Henrique dos Santos; APRIGLIANO, Ricardo de Carvalho; DA SILVA, João Paulo Hecker da; VASCONCELOS, Ronaldo; ORTHMANN, André (Org). **Processo em jornadas – VI Jornadas brasileiras de direito processual – XXI Jornadas ibero-americanas de direito processual**. Salvador: JusPodivm, 2016, p. 327.

41 https://paineis.cnj.jus.br/QvAJAXZfc/opendoc.htm?document=qvw_l%2FPainelCNJ.qvw&host=QVS%40neodimio03&anonymous=true&sheet=shDRGraficos (acessado em 31/07/2023, às 14:49h).

Como tivemos a oportunidade de demonstrar em anterior oportunidade[42], esses números todos só indicam a consequência mais imediata e palpável da utilização da técnica do julgamento em bloco: que é a baixa dos processos sobrestados via aplicação da tese ao caso concreto. Os números não contemplam duas importantíssimas variáveis: (i) quantas demandas deixaram de ser ajuizadas tendo em vista a fixação dos tais provimentos vinculantes e (ii) quantos processos eventualmente aforados depois da definição da tese foram liminarmente rechaçados pelo Judiciário ou foram objeto de julgamento antecipado de mérito. A dimensão de quantos casos deixaram de chegar ao Judiciário por conta da fixação de uma tese vinculante ou de quantos dos novos processos tiveram seu *iter* abreviado não é capturada pelos levantamentos disponibilizados pelo Conselho Nacional de Justiça, mas o quantitativo certamente não é nem um pouco desprezível e com certeza ajuda a "engordar" os expressivos números acima citados.

Um segundo instrumento que pode ajudar a debelar a lentidão judicial encontra-se positivado no artigo 191 do diploma processual: a calendarização. Inspirado na bem-sucedido exemplo da arbitragem[43], o magistrado pode tornar o processo mais célere estipulando datas fixas para a prática de atos processuais[44], evitando, assim, a maior parte das chamadas "etapas mortas do processo".

A estipulação de um calendário com datas preestabelecidas em sede judicial, mais ou menos na forma do que sucede na arbitragem, pode contribuir para a diminuição do tempo de tramitação do feito, na

42 Referimo-nos, aqui, às considerações tecidas em MARZAGÃO, Newton Coca Bastos. **Princípio da eficiência e o papel do juiz no processo civil brasileiro**. Tese (Doutoramento em Direito) – Faculdade de Direito da Universidade de São Paulo, São Paulo, 2022, p. 141.

43 Sabe-se que é comum, nos procedimentos arbitrais, as partes fixarem um *schedule* logo no início do procedimento (geralmente, na assinatura do termo de arbitragem) prevendo datas certas para a prática dos atos ao longo do processo, i.e: quando serão apresentadas as alegações iniciais, em que dia elas serão respondidas, quando será submetida a réplica, quando será realizada a audiência inicial para apresentação do caso etc. Efetivada a audiência inicial e especificadas pelas partes as provas a serem produzidas, segue-se, em regra, a estipulação de um novo calendário, com novos termos fixos: data para a apresentação de quesitos (em caso de realização de perícia) e para sua impugnação, dia para início do exame pericial, data para entrega do laudo, data para comentários e impugnações ao trabalho do perito, cronograma para audiência de oitiva de testemunhas e dos peritos etc.

44 Essa pode ser uma das formas de calendarização.

medida em que, com isso, suprimem-se, em primeiro lugar, as intimações via Diário de Justiça Eletrônico (DJe) e as sempre demoradas intimações via carta, mandado etc. Obviamente que, em tempos de DJe, a demora na publicação em si diminuiu consideravelmente se comparado com o antigo sistema do Diário Oficial impresso, mas os atos que precedem e sucedem a tal publicação (baixa dos autos da conclusão, recebimento em cartório, preparação da decisão para remessa ao DJe, fila para envio dos dados ao DJe, certificação da publicação etc.) tomam um tempo desnecessário, mesmo que tudo isso seja atualmente feito eletronicamente[45]. Suprimem-se, em segundo lugar, a prática de atos de impulso por parte do juiz ou do escrivão, i.e: remessa dos autos ao gabinete para despacho de "diga em réplica", volta dos autos para o cartório publicação do tal comando; ida dos autos para a sala do magistrado para o "digam as partes sobre especificação de provas", volta dos autos para cientificar as partes do aludido despacho; envio dos autos para o julgador intimar as partes da proposta de honorários do perito, retorno dos autos para publicação da decisão; envio de comunicado ao perito avisando-o do início da perícia etc.

Uma calendarização levada a cabo por oportunidade do saneamento (um dos momentos indicados para tal desiderato[46]), por exemplo, onde se estipulem prazos certos e definidos para apresentação de quesitos e nomeação de assistentes técnicos pelas partes, se definam datas para a manifestação dos litigantes sobre a proposta de honorários periciais a ser apresentada, se estabeleça prazo para "retirada dos autos" por parte do perito a ser nomeado e data para a respectiva entrega do laudo, se assente dia para apresentação de manifestações ao aludido trabalho pericial e designe, desde logo, data e hora para eventual audiência para inquirição de testemunhas, obviamente fará com que o processo seja muito mais tempo-orientado[47]. No direito inglês, por exemplo, a fixação

45 Segundo Daniel Neves, em alguns casos as etapas mortas do processo chegam a consumir até 95% (noventa e cinco por cento) do tempo de tramitação total de um feito (NEVES, Daniel Amorim Assumpção. **Manual de direito processual civil**. 9ª ed., Salvador: JusPodivm, 2017, p. 406).

46 O juiz pode também usar a audiência inicial do artigo 334 para propor o calendário, por exemplo.

47 Expressão utilizada por Carlos Alberto de Salles in Calendário processual: perspectivas para um processo tempo-orientado. In: BEDAQUE, José Roberto dos Santos; YARSHELL, Flávio Luiz; SICA, Heitor Vitor Mendonça (Org). **Estudos de direito processual civil em homenagem ao professor José Rogério Cruz e Tucci**. Salvador: JusPodivm, 2018, p. 118.

de um calendário é realidade há muito tempo, o mesmo ocorrendo no direito norte-americano (*Rule* 16, b, do *Federal Rules of Civil Procedure* é minuciosa nesse tocante).

Uma terceira ferramenta trazida pelo diploma processual de 2015 é a flexibilização procedimental. Como o próprio Professor aqui homenageado vaticinava décadas atrás, "o tradicional modelo do procedimento ordinário é completamente inadequado para assegurar uma tutela jurisdicional efetiva"[48]. Deve-se, pois, ser festejada a inovação que permite o amoldamento do tipo procedimental às peculiaridades do caso concreto.

Nesse contexto, os artigos 497 e 536 do diploma processual, por exemplo, autorizam o magistrado a adotar as providências (quaisquer providências) e medidas (quaisquer medidas) que julgar adequadas para que o resultado prático da demanda ou do incidente de cumprimento de sentença equivalha à obrigação específica inadimplida; o artigo 723, parágrafo único, situado na seara da jurisdição voluntária, expressamente diz que o juiz "não é obrigado a observar critério de legalidade estrita, podendo adotar em cada caso a solução que considerar mais conveniente"; o procedimento atinente à alienação por iniciativa própria (artigo 880, § 1º) é propositadamente aberto e há também margem totalmente dilargada quanto às medidas a serem adotadas para cumprimento do comando judicial (artigo 139, IV) e quanto à ordem de produção probatória (parte final do artigo 139, VI).

É fato que não há, no diploma processual, uma regra geral admitindo toda e qualquer flexibilização[49], a exemplo do modelo português e do sistema inglês, mas entendemos ser possível que uma leitura sistemática do Código, fundada no princípio da eficiência, da instrumentalidade

48 CRUZ E TUCCI, José Rogério. **Tempo e processo: uma análise empírica das repercussões do tempo na fenomenologia processual civil e penal**. São Paulo: Revista dos Tribunais, 1997, p. 120. No mesmo sentido, Antonio Cabral: "a ordinarização de um procedimento único, inflexível, que seria apto e eficaz para a solução de todos os problemas, foi um projeto da escola da exegese que vingou na era das grandes codificações do séc. XIX. Mas há muito tempo que aquele sonho de um procedimento unívoco ruiu" (CABRAL, Antonio do Passo. **Convenções processuais: teoria geral dos negócios jurídicos processuais**. 3ª ed., Salvador: JusPodivm, 2020, p. 241).

49 Verdade seja dita, a intenção da Comissão elaboradora do Anteprojeto era a de implementar um sistema de flexibilização legal genérica sem qualquer espécie de mitigação, mas essa intenção acabou sendo baldada durante o curso do trâmite legislativo.

das formas e levando em conta os poderes de direção do magistrado, nos permita concluir que o juiz está, sim, autorizado a realizar uma flexibilização mais generalizada, desde que garanta "aos contendores o devido processo constitucional e previsibilidade de suas ações"[50]. Estamos, como se pode inferir, a propor que o magistrado possa realizar a flexibilização procedimental judicial – ou seja, à mingua de regra autorizativa geral no CPC – em razão dos valores que foram sobrelevados na nova codificação: eficiência, efetividade, colaboração, proporcionalidade e razoabilidade.

Entendemos, contudo, que a flexibilização só pode se dar excepcionalmente, (i) após consultadas as partes, (ii) quando o juiz identificar que o procedimento-padrão não se apresenta como o mais adequado para o tratamento do litígio em curso e a alternativa vislumbrada for mais útil, efetiva, eficaz e eficiente para a relação processual, (iii) devendo se dar o amoldamento por intermédio de decisão devidamente fundamentada, na qual o magistrado (iv) deverá listar, de forma minudente, o ato (ou conjunto de atos) a ser flexibilizado, com indicação da finalidade a ser alcançada com o tal ajuste e (v) declinar as razões pelas quais o procedimento-padrão não seria apto a atingir o desiderato almejado, tudo isso só podendo ser realizado se (vi) a flexibilização não trouxer desequilíbrio às partes.

Na prática, estamos a advogar que o juiz possa, por exemplo, conceder um prazo mais elástico de contestação para o réu citado em uma demanda cuja inicial venha acompanhada de laudo adrede preparado pelo autor ou em ações civis públicas que sejam precedidas de inquéritos volumosos; que ele possa realizar as intimações das partes via email/whatsapp ou possa fixar calendário processual unilateralmente[51], propiciando mais agilidade ao feito; que ao magistrado seja permitido alterar a ordem das fases processuais ou mesclá-las quando o tipo de litígio indicar ser essa a medida mais adequada (essa adaptabilidade, em específico, é caríssima às demandas em que a discussão central diga respeito a políticas públicas); que o julgador possa delegar atos jurisdi-

50 GAJARDONI, Fernando da Fonseca. **Flexibilidade procedimental: um novo enfoque para o estudo do procedimento em matéria processual**. São Paulo: Atlas, 2008, p. 201.

51 Desde que não reduza os prazos das partes para apresentação de defesa, de interposição de recursos e não imponha manifestações em prazo inferior ao mínimo legal (que no atual CPC é de cinco dias).

cionais para além das expressas (e tímidas) hipóteses estabelecidas no Código[52]; que possa admitir a participação de outros sujeitos para além das partes, principalmente em demandas de natureza coletiva etc.

A Escola Nacional de Formação e Aperfeiçoamento de Magistrados (Enfam) valida o entendimento aqui defendido (da possibilidade de termos, em nosso sistema, a flexibilização judicial) com o enunciado 35. Eis o conteúdo do entendimento sumulado: "além das situações em que a flexibilização do procedimento é autorizada pelo art. 139, VI, do CPC/2015, pode o juiz, de ofício, preservada a previsibilidade do rito, adaptá-lo às especificidades da causa, observadas as garantias fundamentais do processo".

Uma quarta e última ferramenta[53] colocada à disposição do juiz, pelo diploma de 2015, diz respeito à prática eletrônica (e virtual) dos atos processuais. Além de dedicar uma sessão inteira ao assunto (artigos 193 a 199), o Código traz uma série de dispositivos validando a prática de atos pela via eletrônica e recomendando – quando não obrigando – que essa espécie seja a preferencialmente adotada, em detrimento da prática de atos pelo meio convencional (físico/papel).

Os benefícios advindos da tramitação eletrônica dos processos são evidentes. Reduzem-se, em primeiro lugar, as famosas "etapas mortas do processo": as publicações no DJe são muito mais expeditas que as veiculadas pelo antigo Diário Oficial[54]; as juntadas ocorrem muito mais rapidamente[55] (só quem militou na época do processo exclusivamente

52 Nesse sentido, interessante obra de CABRAL, Antonio do Passo. **Juiz natural e eficiência processual: flexibilização, delegação e coordenação de competências no processo civil**. São Paulo: Thomson Reuters, 2021

53 Teríamos outras tantas ferramentas a serem exploradas, mas as limitações espaciais impostas à uma obra coletiva exige a realização de um recorte, ainda mais no presente caso, em que a figura homenageada possui uma longa lista de autores dispostos a contribuir com suas respectivas resenhas para a devida homenagem.

54 Isso quanto a intimação é feita via DJe. Se feita pela Plataforma de Comunicações Judiciais, a intimação é encaminhada diretamente para o email do advogado, sem necessidade de DJe. O patrono recebe uma mensagem em sua caixa de entrada com o andamento do qual deve ser intimado e passa, a partir da consulta ao teor do ato expedido, a ver seu prazo fluir. E se o email de intimação não for "aberto" em até dez dias, o prazo começa a fluir automaticamente.

55 Há, inclusive, dispositivo no CPC indicando que "nos processos em autos eletrônicos, a juntada de petições ou de manifestações em geral ocorrerá de forma automática, independentemente de ato de serventuário da justiça" (§ 2º do artigo 228).

físico sabe o quanto demorava, por exemplo, para ser juntado uma contestação com vários documentos ou laudo pericial extenso); o processo de citação é mais expedito[56]; as vistas dos autos fora de cartório deixaram de existir; a remessa dos autos para processamento de apelações e demais recursos não demoram mais uma eternidade[57]; os peticionamentos podem ser realizados após o horário de fechamento dos Fóruns etc.

Além da sensível redução das "etapas mortas", a prática de atos pela via eletrônica traz uma efetividade sem igual: a penhora, por exemplo, hoje é feita preferencialmente de forma *on line*, tenha ela como objeto ativo financeiro (via Bacen), imóvel (via CRI) ou, por exemplo, veículo (via Detran). O ato subsequente ao de constrição, qual seja, a alienação, também pode (na verdade, deve) ser realizada de forma totalmente eletrônica, o mesmo ocorrendo com a comunicação entre juízos (via carta precatória ou de ordem) caso a excussão esteja se dando em diferentes Comarcas ou por determinação dos órgãos superiores.

Para além de tudo isso, a tramitação eletrônica facilita a prática de atos outrora dispendiosos e complexos. Referimo-nos, aqui, como se pode inferir, à possibilidade de realizarem-se audiências, despachos e julgamentos de maneira remota. A (natural e compreensível) resistência de advogados e juízes de se realizarem tais atos de forma não presencial esvaiu-se ante as restrições de contato humano impostas pela pandemia deflagrada pela Covid-19.

Não é necessário qualquer tipo de esforço argumentativo de nossa parte para demonstrar o quanto a realização dos atos processuais de forma eletrônica e remota contribui para o encurtamento do tempo de tramitação de um processo, pois isso é intuitivo.

56 Valendo destacar que, em razão da modificação introduzida no artigo 246 pela Lei nº 14.195/2021, a citação passou a ser preferencialmente realizada de forma eletrônica. Ou seja, os réus que se furtavam à citação (pelo menos os réus com CNPJ, pois são esses os obrigados a manter cadastro nos sistemas de processo em autos eletrônicos) estão com os dias contados.

57 Quem militou na capital paulista sabia o tempo que demora para que o processo que tramitava no Fórum Central "atravessasse a rua" para aportar ao Tribunal de Justiça caso houvesse uma apelação a ser processada. O percurso, de pouquíssimos metros, demorava meses para ser completado...

5. Considerações finais

Esperamos ter conseguido, com esse despretensioso artigo, render as nossas sinceras homenagens ao Professor José Rogério Cruz e Tucci ao demonstrar que a obra escrita há quase três décadas endereça, com profundidade, tema dos mais debatidos pela ciência processual atual.

Almejamos, ainda, que as considerações feitas neste breve ensaio possam ajudar os operadores do direito a refletir sobre as causas da demora judicial e a lançar mão dos eficientes mecanismos trazidos pelo Código de Processo Civil destinados à uma melhor gestão do tempo dentro da relação processual.

Só conseguiremos debelar os nefastos efeitos que o tempo produz no processo se utilizarmos as ferramentas processuais colocadas à nossa disposição de forma corajosa e vanguardista. Ficarmos presos a vetustos conceitos e a formas rígidas de atuação em juízo contribuirá apenas para a eternização dos litígios que não param de chegar aos escaninhos judiciais.

Referências bibliográficas

AFONSO, Orlando Viegas Martins. **O poder judicial – independências in dependência**. Coimbra: Almedina, 2004.

ALVES DA SILVA, Paulo Eduardo. **Acesso à justiça, litigiosidade e modelo processual civil brasileiro**. Tese (Livre-docência – Departamento de Direito Privado e Processo Civil) – Faculdade de Direito de Ribeirão Preto, Universidade de São Paulo, 2018.

ALVIM, Teresa Arruda; DANTAS, Bruno. **Recurso especial, recurso extraordinário e a nova função dos tribunais superiores – precedentes no direito brasileiro**. 6ª ed., São Paulo: Thomson Reuters, 2019.

BEDAQUE, José Roberto dos Santos. **Direito e processo**. 5ª ed., São Paulo: Malheiros, 2009.

________. **Efetividade do processo e técnica processual**. 2ª ed., São Paulo: Malheiros, 2007.

CABRAL, Antonio do Passo. **Convenções processuais: teoria geral dos negócios jurídicos processuais**. 3ª ed., Salvador: JusPodivm, 2020.

________. **Juiz natural e eficiência processual: flexibilização, delegação e coordenação de competências no processo civil**. São Paulo: Thomson Reuters, 2021.

CAPPELLETTI, Mauro; GARTH, Bryant. **Acesso à justiça**. Trad. de Ellen Gracie Northfleet. Porto Alegre: Fabris, 1988.

CINTRA, Antonio Carlos de Araújo; GRINOVER, Ada Pellegrini; DINAMARCO, Cândido Rangel. **Teoria gral do processo**. 26ª ed., São Paulo: Malheiros, 2010.

CRUZ E TUCCI, José Rogério. **Tempo e processo: uma análise empírica das repercussões do tempo na fenomenologia processual civil e penal**. São Paulo: Revista dos Tribunais, 1997.

FELONIUK, Wagner. Brasil e Estados Unidos da América: comparação quantitativa de Sistemas Judiciais (2018). **Revista latino-americana de relações internacionais – Campos neutrais**. Rio Grande do Sul: jan-abr/2021, v. 3, nº 1.

________. 17 mil magistrados, 1 milhão de advogados, 27 milhões de processos novos: números e perspectivas do sistema judiciário brasileiro. **Revista de política judiciária, gestão e administração da justiça**. v. 3, 2017, pp. 56-74.

GABBAY, Daniela Monteiro; CUNHA, Luciana Gross. **Litigiosidade, morosidade e litigância repetitiva no Judiciário: uma análise empírica**. São Paulo: Saraiva, 2012.

GAJARDONI, Fernando da Fonseca. **Flexibilidade procedimental: um novo enfoque para o estudo do procedimento em matéria processual**. São Paulo: Atlas, 2008.

GICO JUNIOR, Ivo T. **Análise econômica do processo civil**. São Paulo: Foco, 2020.

GRINOVER, Ada Pellegrini. **Ensaio sobre a processualidade: fundamentos para uma nova teoria geral do processo**. Brasília: Gazeta Jurídica, 2016.

HOFFMAN, Paulo. **Razoável duração do processo**. São Paulo: Quartier Latin, 2006.

KOEHLER, Frederico Augusto Leopoldino. O sistema de precedentes vinculantes e o incremento da eficiência na prestação jurisdicional: aplicar a *ratio decidendi* sem rediscuti-la. In: LUCON, Paulo Henrique dos Santos; APRIGLIANO, Ricardo de Carvalho; DA SILVA, João Paulo Hecker da; VASCONCELOS, Ronaldo; ORTHMANN, André (Org). **Processo em jornadas – VI Jornadas brasileiras de direito processual – XXI Jornadas ibero-americanas de direito processual**. Salvador: JusPodivm, 2016.

MARINONI, Luiz Guilherme. **Precedentes obrigatórios**. 2ª ed., São Paulo: Revista dos Tribunais, 2011.

MARZAGÃO, Newton Coca Bastos. **A multa (astreintes) na tutela específica – atualizado com o novo CPC 2015**. São Paulo: Quartier Latin, 2015.

________. **Princípio da eficiência e o papel do juiz no processo civil brasileiro**. Tese (Doutoramento em Direito) – Faculdade de Direito da Universidade de São Paulo, São Paulo, 2022.

NEVES, Daniel Amorim Assumpção. **Manual de direito processual civil**. 9ª ed., Salvador: JusPodivm, 2017.

ONODERA, Marcus Vinicius Kiyoshi. **Gerenciamento do processo e o acesso à justiça**. Belo Horizonte: Del Rey, 2017.

SALLES, Carlos Alberto de. Calendário processual: perspectivas para um processo tempo-orientado. In: BEDAQUE, José Roberto dos Santos; YARSHELL, Flávio Luiz; SICA, Heitor Vitor Mendonça (Org). **Estudos de direito processual civil em homenagem ao professor José Rogério Cruz e Tucci**. Salvador: JusPodivm, 2018.

SICA, Heitor Vitor Mendonça. Brevíssimas reflexões sobre a evolução do tratamento da litigiosidade repetitiva no ordenamento brasileiro, do CPC de 1973 ao CPC de 2015. **Revista de Processo**, v. 41, jul/2016, pp. 269-281.

________. Congestionamento viário e congestionamento judiciário. Reflexões sobre a garantia de acesso individual ao Poder Judiciário. **Revista de Processo**, v. 236, out/2014, pp. 13-26.

THEODORO JÚNIOR, Humberto. **As novas reformas do Código de Processo Civil**. Rio de Janeiro: Forense, 2007.

Sites Consultados

Conselho Nacional de Justiça:

Justiça em números 2022 (ano-base de 2021). Disponível em https://www.cnj.jus.br/wp-content/uploads/2022/09/justica-em-numeros-2022-1.pdf – acessado em 17/07/2023, às 18:49h.

Justiça em números 2022 (ano-base de 2021). Disponível em https://www.cnj.jus.br/wp-content/uploads/2022/09/sumario-executivo-jn-v3-2022-2022-09-15.pdf (acessado em 17/07/2023, às 18:42h.

Estudo comparado sobre recursos, litigiosidade e produtividade: a prestação jurisdicional no contexto internacional. Brasília, 2011.

https://paineis.cnj.jus.br/QvAJAXZfc/opendoc.htm?document=qvw_l%2FPainelCNJ.qvw&host=QVS%40neodimio03&anonymous=true&sheet=shDRGraficos (acessado em 31/07/2023, às 14:49h).

Portal da transparência:

https://portaldatransparencia.gov.br/funcoes/12-educacao?ano=2021 (acessado em 17/07/2023, às 19:02h).

NOTAS SOBRE ASPECTOS PROCESSUAIS DO INCIDENTE DE DESCONSIDERAÇÃO DA PERSONALIDADE JURÍDICA

Oreste Nestor de Souza Laspro[1]

SUMÁRIO: 1. Introdução; **2.** Instauração do incidente de desconsideração da personalidade jurídica; **3.** Legitimidade para instaurar o incidente; **4.** Interesse de agir – ausência de bens (insolvência) do devedor como circunstância autorizadora da desconsideração da personalidade jurídica; **5.** Extensão do efeito suspensivo decorrente da instauração do incidente de desconsideração da personalidade jurídica; **6.** Natureza da decisão que julga o incidente e coisa julgada; **7.** Conclusão; **8.** Referências bibliográficas.

1. Introdução

Vige no direito brasileiro o princípio da autonomia patrimonial da pessoa jurídica, significando que a pessoa jurídica formalmente constituída (art. 45, do CC/02) contrai obrigações, é titular de direitos e detém patrimônio próprio que não se confunde, nos termos do art. 49, do CC/02, "com os seus sócios, associados, instituidores ou administradores".

O legislador brasileiro, ciente da imprescindibilidade da existência da pessoa jurídica para sociedade moderna, incluiu o art. 49-A, parágrafo único, no CC/02 (incluído pela Lei n.º 13.874/2019), onde deixa claro que "*a autonomia patrimonial das pessoas jurídicas é um instrumento lícito de alocação e segregação de riscos, estabelecido pela lei com a finalidade de estimular empreendimentos, para a geração de empregos, tributo, renda e inovação em benefício de todos*".

A despeito dos reconhecidos fins atribuídos à pessoa jurídica, e da consequente e necessária segregação de direitos, obrigações e responsabilidades em relação aos indivíduos que com ela se relacionam, os tribunais passaram a constatar diversos casos, já de longa data, em que a autonomia patrimonial da pessoa jurídica poderia ser utilizada para que seus sócios cometessem fraudes contra seus credores pessoais ou credores da pessoa jurídica, frustrando, portanto, o adimplemento de suas obrigações perante terceiros.

---

1 Doutor, Mestre e Graduado em Direito pela Universidade de São Paulo (USP). Professor Doutor de Direito Processual Civil na Faculdade de Direito da Universidade de São Paulo. Administrador Judicial. Advogado.

A esse respeito *"já em 1912, numa das primeiras exposições da doutrina nos Estados Unidos, (...)* [que] *quando o conceito de pessoa jurídica (corporate entity) se emprega para defraudar os credores, para subtrair-se a uma obrigação existente, para desviar a aplicação de uma lei, para constituir ou conservar um monopólio ou para proteger velhacos ou delinquentes, os tribunais poderão prescindir da personalidade jurídica e considerar que a sociedade é um conjunto de homens que participam ativamente de tais atos e farão justiça entre as pessoas reais"*[2].

O conflito instaurado, portanto, entre a autonomia patrimonial da pessoa jurídica e de seus sócios, e a sua concorrente utilização por diversas pessoas para impedir a satisfação de crédito perante seus credores, exigiu, por parte da doutrina e da jurisprudência, a construção de entendimento que não aniquilasse, por um lado, a figura da personalidade jurídica, mas, de outro, permitisse o avanço sobre o patrimônio de sócios e administradores da pessoa jurídica que atuaram de forma abusiva na condução da pessoa jurídica.

A solução para esse impasse teve sua origem na *common law* americana, resultando na conhecida e bastante difundida doutrina da *"disregard of legal entity"*, que restou recepcionada pelo ordenamento jurídico nacional. A teoria da "desconsideração da personalidade jurídica" – assim mais comumente referida no Brasil – propugna pela *"superação temporária da autonomia patrimonial da pessoa jurídica com o objetivo de, mediante a constrição do patrimônio de seus sócios ou administradores, alcançar o adimplemento de dívidas assumidas pela sociedade*"[3].

Na prática isso significa que os efeitos da desconsideração da personalidade jurídica consistem, na verdade, na limitação temporária da personificação do sujeito de direito – não a sua ampla e irrestrita desconsideração ou invalidação – conferindo-se autorização para que o Poder Judiciário atue para atingir determinadas relações jurídicas da pessoa jurídica realizadas de forma abusiva por intermédio de seus sócios, responsabilizando-os por obrigações inadimplidas, no mais das vezes, por fraude.

---

2 DINAMARCO, Cândido Rangel. Desconsideração da personalidade jurídica, fraude e **ônus** da prova. In: Fundamentos do Processo Civil Moderno. Vol. II. 5.ª edição. São Paulo: Malheiros, 2002, p. 1181-1183.

3 STJ, AgRg no AREsp 621.926/RJ, 3.ª Turma, j. 12.05.2015, rel. Min. Marco Aurélio Bellize, DJe 20.05.2015.

No direito pátrio, nos termos da redação atualizada do art. 50, do CC/02[4], o abuso da personalidade jurídica, que autoriza a desconsideração da personalidade jurídica, configura-se por duas hipóteses independentes: (i) desvio de finalidade ou (ii) confusão patrimonial[5].

4 "Art. 50. Em caso de abuso da personalidade jurídica, caracterizado pelo desvio de finalidade ou pela confusão patrimonial, pode o juiz, a requerimento da parte, ou do Ministério Público quando lhe couber intervir no processo, desconsiderá-la para que os efeitos de certas e determinadas relações de obrigações sejam estendidos aos bens particulares de administradores ou de sócios da pessoa jurídica beneficiados direta ou indiretamente pelo abuso. (Redação dada pela Lei nº 13.874, de 2019)
§ 1º Para os fins do disposto neste artigo, desvio de finalidade é a utilização da pessoa jurídica com o propósito de lesar credores e para a prática de atos ilícitos de qualquer natureza. (Incluído pela Lei nº 13.874, de 2019)
§ 2º Entende-se por confusão patrimonial a ausência de separação de fato entre os patrimônios, caracterizada por: (Incluído pela Lei nº 13.874, de 2019)
I - cumprimento repetitivo pela sociedade de obrigações do sócio ou do administrador ou vice-versa; (Incluído pela Lei nº 13.874, de 2019)
II - transferência de ativos ou de passivos sem efetivas contraprestações, exceto os de valor proporcionalmente insignificante; e (Incluído pela Lei nº 13.874, de 2019)
III - outros atos de descumprimento da autonomia patrimonial. (Incluído pela Lei nº 13.874, de 2019)
§ 3º O disposto no caput e nos §§ 1º e 2º deste artigo também se aplica à extensão das obrigações de sócios ou de administradores à pessoa jurídica. (Incluído pela Lei nº 13.874, de 2019)
§ 4º A mera existência de grupo econômico sem a presença dos requisitos de que trata o caput deste artigo não autoriza a desconsideração da personalidade da pessoa jurídica. (Incluído pela Lei nº 13.874, de 2019)
§ 5º Não constitui desvio de finalidade a mera expansão ou a alteração da finalidade original da atividade econômica específica da pessoa jurídica. (Incluído pela Lei nº 13.874, de 2019)".

5 "Interpretando o disposto no art. 50 do Código Civil de 2002, o Superior Tribunal de Justiça concluiu que, nas relações jurídicas de natureza civil-empresarial, o legislador pátrio adotou a teoria maior da desconsideração da personalidade jurídica, segundo a qual é exigida a demonstração da ocorrência de algum dos elementos objetivos caracterizadores de abuso da personalidade jurídica, tais como o desvio de finalidade (caracterizado pelo ato intencional dos sócios em fraudar terceiros com o uso abusivo da personalidade jurídica) ou a confusão patrimonial (caracterizada pela inexistência, no campo dos fatos, de separação patrimonial entre o patrimônio da pessoa jurídica e bens particulares dos sócios ou, ainda, dos haveres de diversas pessoas jurídicas)". (STJ, AgInt no AREsp 1565590/SP, 3.ª Turma, j. 23.03.2020, Rel. Min. Marco Aurélio Belizze, DJe 30.03.2020).

A primeira delas está definida pelo art. 50, parágrafo primeiro, que conceitua *desvio de finalidade* como a utilização da pessoa jurídica com o propósito de lesar credores e para a prática de atos ilícitos de qualquer natureza.

Já a confusão patrimonial está melhor qualificada pelos três incisos do art. 50, parágrafo segundo, que dispõe que se entende por *confusão patrimonial* o (i) cumprimento repetitivo pela sociedade de obrigações do sócio ou do administrador ou vice-versa; e pela (ii) transferência de ativos ou de passivos sem efetivas contraprestações, exceto os de valor proporcionalmente insignificante; (iii) outros atos de descumprimento da autonomia patrimonial.

Referidos dispositivos de lei têm o inegável mérito de traçar limites mais claros a respeito das características do que seja o abuso da personalidade jurídica enunciado no art. 50[6], que, na redação original do Código Civil de 2002, gerava elásticas interpretações do que seria "desvio de finalidade" e "confusão patrimonial".

Por outro lado, apesar de o legislador corretamente elencar objetivamente circunstâncias reveladoras de comportamento abusivo da pessoa jurídica, aludidas hipóteses não perfazem rol taxativo, como se depreende dos conceitos indeterminados[7] constantes da redação do art.

---

6 "Em uma quarta fase, em larga medida a partir dos excessos que o direito legislado e a jurisprudência encaminharam a respeito da desconsideração da personalidade jurídica, verifica-se um esforço para *limitar* as hipóteses de desconsideração, mediante instrumentos de hermenêutica integrativa. Observa-se aqui a retomada da ideia de *abuso de direito* como pressuposto à aplicação da desconsideração da pessoa jurídica, retornando-se a ideia de descompasso *funcional*". (LEONARDO, Rodrigo Xavier; RODRIGUES JÚNIOR, Otávio Luiz. A desconsideração da pessoa jurídica – Alteração do Art. 40 do Código Civil: art.7°. Op.cit, versão eletrônica).

7 "Assim, inobstante o texto da cláusula geral habitualmente ser composto por termos indeterminados, a coincidência entre os fenômenos indicados por essas duas expressões – conceitos indeterminados e cláusulas gerais – não é perfeita, pois a cláusula geral exige que o intérprete-aplicador concorra de um modo diverso para complementar o enunciado normativo. Enquanto nos conceitos indeterminados o juiz se limita a reportar ao fato concreto o elemento (semanticamente vago) indicado na *fattispecie* (devendo, pois, individuar os confins da hipótese abstratamente posta, cujos efeitos já foram predeterminados legislativamente), na cláusula geral a operação intelectiva do juiz é mais complexa. Este deverá, além de averiguar a possibilidade de subsunção de uma série de casos-limite na *fattispecie,* averiguar a exata individuação das mutáveis regras sociais às quais o envia a metanorma jurídica. Deverá, por fim, de-

50, parágrafo primeiro, onde se lê "*prática de atos ilícitos de qualquer natureza*", e parágrafo segundo, inciso III, "*outros atos de descumprimento da autonomia patrimonial*".

O emprego de conceitos indeterminados, na esteira do que fizera o legislador da versão originária do Código Civil de 2002, evidencia a existência de espaço para atuação do Poder Judiciário para, a partir de uma variedade de casos, renovar, ampliar, e construir constantemente as hipóteses configuradoras do abuso da personalidade jurídica para efeito de aplicação do constante no *caput* do art. 50, do CC/02[8].

Além disso, é importante destacar que a legislação traz outras hipóteses de desconsideração ou ineficácia da autonomia patrimonial da pessoa jurídica em determinadas modalidades de relação jurídica. Dentre elas podemos destacar o artigo 28 do Código de Defesa do Consumidor[9],

---

terminar também quais são os efeitos incidentes ao caso concreto, ou, se estes já vierem indicados, qual a graduação que lhes será conferida no caso concreto à vista das possíveis soluções existentes no sistema". (MARTINS-COSTA, Judith. A boa-fé no direito privado: critérios para a sua aplicação. 2ª Edição. São Paulo: Saraiva Educação, 2018, p. 159).

8 "A modalidade de fraude é múltipla, sendo impossível enumeração apriorística. Dependerá do exame do caso concreto. Poderá ocorrer fraude à lei, simplesmente, fraude a um contrato ou fraude contra credores(...)". (VENOSA, Silvo de Salvo. Direito Civil: parte geral/ Silvio de salvo Venosa - 5. Ed. - São Paul: Atlas, 2005 (Coleção direito civil; v.1), p. 315).

9 Art. 28. O juiz poderá desconsiderar a personalidade jurídica da sociedade quando, em detrimento do consumidor, houver abuso de direito, excesso de poder, infração da lei, fato ou ato ilícito ou violação dos estatutos ou contrato social. A desconsideração também será efetivada quando houver falência, estado de insolvência, encerramento ou inatividade da pessoa jurídica provocados por má administração. § 1° (Vetado). § 2° As sociedades integrantes dos grupos societários e as sociedades controladas, são subsidiariamente responsáveis pelas obrigações decorrentes deste código. § 3° As sociedades consorciadas são solidariamente responsáveis pelas obrigações decorrentes deste código. § 4° As sociedades coligadas só responderão por culpa. § 5° Também poderá ser desconsiderada a pessoa jurídica sempre que sua personalidade for, de alguma forma, obstáculo ao ressarcimento de prejuízos causados aos consumidores.

o artigo 34 da Lei Antitruste[10] e o artigo 4º da Lei de Crimes Ambientais[11].

Essa múltipla regulamentação faz com que o intérprete tenha que buscar a adequação da norma ao caso concreto, sem olvidar do quanto disposto no artigo 5º da LINDB[12]. Evidente que podem surgir hipóteses de aparente conflito de normas. A título exemplificativo, basta imaginarmos a desconsideração da personalidade jurídica no âmbito do processo falimentar.

Com efeito, segundo dispositivo expresso da lei especial[13], esta pode ocorrer tão somente nas hipóteses descritas no artigo 50 do Código Civil. Ora, como no processo falimentar temos uma execução coletiva, o ideal é que eventual desconsideração beneficie todos os credores, respeitando-se dessa forma, a *par conditio*. Evidente que pela legislação em vigor isso não ocorre, na medida em que como a desconsideração na área ambiental é mais ampla, podendo-se deparar com hipóteses em que é possível a desconsideração no processo com objeto ambiental e não no processo falimentar, o que gera um aparente conflito de normas que, embora possível, não é o ideal.

---

10 Art. 34. A personalidade jurídica do responsável por infração da ordem econômica poderá ser desconsiderada quando houver da parte deste abuso de direito, excesso de poder, infração da lei, fato ou ato ilícito ou violação dos estatutos ou contrato social. Parágrafo único. A desconsideração também será efetivada quando houver falência, estado de insolvência, encerramento ou inatividade da pessoa jurídica provocados por má administração.

11 Art. 4º Poderá ser desconsiderada a pessoa jurídica sempre que sua personalidade for obstáculo ao ressarcimento de prejuízos causados à qualidade do meio ambiente.

12 Art. 5º Na aplicação da lei, o juiz atenderá aos fins sociais a que ela se dirige e às exigências do bem comum.

13 Art. 82-A. É vedada a extensão da falência ou de seus efeitos, no todo ou em parte, aos sócios de responsabilidade limitada, aos controladores e aos administradores da sociedade falida, admitida, contudo, a desconsideração da personalidade jurídica. (Incluído pela Lei nº 14.112, de 2020)
Parágrafo único. A desconsideração da personalidade jurídica da sociedade falida, para fins de responsabilização de terceiros, grupo, sócio ou administrador por obrigação desta, somente pode ser decretada pelo juízo falimentar com a observância do art. 50 da Lei nº 10.406, de 10 de janeiro de 2002 (Código Civil) e dos arts. 133, 134, 135, 136 e 137 da Lei nº 13.105, de 16 de março de 2015 (Código de Processo Civil), não aplicada a suspensão de que trata o § 3º do art. 134 da Lei nº 13.105, de 16 de março de 2015 (Código de Processo Civil). (Incluído pela Lei nº 14.112, de 2020)

Mais grave, no entanto, era o aspecto processual da desconsideração da personalidade jurídica diante da ausência de regulamentação do procedimento a ser adotado, o que, de certa forma, foi superado pelo Código de Processo Civil de 2015, que tratou do tema nos artigos 133 a 137[14]. De certa forma, como se verá, pois em muitos aspectos a lei restou omissa ou sua redação não foi tão clara, exigindo novamente a intervenção do intérprete para decidir sua real dimensão e alcance.

2. Instauração do incidente de desconsideração da personalidade jurídica

De modo a cessar divergência doutrinária e jurisprudencial, oriunda da ausência de normatização, o artigo 134, parágrafo segundo do Código de Processo Civil[15], determinou expressamente que, salvo as hipóteses em que o pedido de desconsideração é formulado em conjunto com a própria petição inicial[16] da demanda, com a formação de verdadeiro litisconsórcio necessário entre devedora e os sujeitos a serem atingidos em caso de desconsideração, o pedido deve ser formulado em incidente próprio, que seguirá as regras do procedimento comum.

Com isso, a legislação deixa claro dois pontos que nos parecem fundamentais e que já deviam ser respeitados, independentemente da existência de norma expressa.

O primeiro é que a desconsideração da personalidade jurídica não pode ser reconhecida sem que haja a garantia do contraditório[17], isto é,

14 Xavier, José Tadeu Neves, A evolução da Teoria da Desconsideração da Personalidade Jurídica: Aspectos Materiais e Processuais, in R. EMERJ, v. 19, n. 75, p.56-85, jul-set 2016.

15 Art. 134. O incidente de desconsideração é cabível em todas as fases do processo de conhecimento, no cumprimento de sentença e na execução fundada em título executivo extrajudicial. (...) § 2º Dispensa-se a instauração do incidente se a desconsideração da personalidade jurídica for requerida na petição inicial, hipótese em que será citado o sócio ou a pessoa jurídica.

16 Evidente que, embora o CPC não exclua expressamente, a desconsideração não pode ser pleiteada na inicial quando se tratar de processo de execução, vez que não pode haver cumulação de pedidos quando os procedimentos forem incompatíveis entre si.

17 A respeito do contraditório como elemento fundamental do sistema processual "corresponde a um postulado considerado 'eterno' e, mais do que qualquer outro, 'encarna no seio das mais diferentes culturas jurídicas, dois mil anos de história

um terceiro não pode ser reconhecido como devedor de uma obrigação sem que a ele seja dada a oportunidade de se manifestar previamente[18]. Esse aspecto é reforçado ainda mais pela expressa vedação de decisões surpresas e pela ampliação da abrangência da garantia do contraditório a ele vinculando o próprio magistrado, mesmo em questões que envolvam matéria de ordem pública[19].

O segundo é que, em se tratando de verdadeiro processo de conhecimento, ao autor e aos réus deve ser dada a oportunidade de uma cognição exauriente, com a possibilidade de utilização de todos os meios de prova, desde que necessários e aptos à formação da convicção do magistrado (não se altera, pois, a regra geral de que o destinatário da prova é o juízo e a ele cabe deliberar a respeito do cabimento ou da prova). Mais do que isso, deve ser garantido que a prova seja produzida no decorrer

---

processual'. Realmente, nenhum restrição a direito pode ser admitida sem que se propicie à pessoa interessada a produção de ampla defesa (*nemo inauditus damnari potest*), e, consequentemente, esta só poderá efetivar-se em sua plenitude com o estabelecimento da participação ativa e contraditória dos sujeitos parciais em todos os atos e termos do processo."(Tucci, José Rogério Cruz e, Garantias constitucionais do processo em relação aos terceiros, Revista do Advogado, ano XXVIII, , n. 99, setembro de 2008, p. 64)

---

18 No que se refere ao princípio do contraditório, é de assinalar-se que o objetivo precípuo da Comissão de Juristas que elaborou o respectivo Anteprojeto do CPC veio revelado na própria exposição de motivos, ao ser enfatizado, com todas as letras, que: "A necessidade de que fique evidente *a harmonia da lei ordinária em relação à Constituição Federal da República* fez com que se incluíssem no Código, expressamente, princípios constitucionais, na sua versão processual. Por outro lado, muitas regras foram concebidas, dando concreção a princípios constitucionais, como, por exemplo, *as que preveem um procedimento, com contraditório e produção de provas, prévio à decisão que desconsidera da pessoa jurídica, em sua versão tradicional, ou às 'avessas'. Está expressamente formulada a regra no sentido de que o fato de o juiz estar diante de matéria de ordem pública não dispensa a obediência ao princípio do contraditório* [...]". TUCCI, José Rogério Cruz e. Supremacia da garantia do contraditório no Novo Código de Processo Civil. Conjur, 2015. Disponível em: https://www.conjur.com.br/2015-abr-28/paradoxo-corte-supremacia-garantia-contraditorio-cpc, Acesso em 10/08/2023.

19 Em nosso entender essa vinculação é mais extensa, pois deve o magistrado dirigir o processo e expor de modo claro para as partes quais os pontos que entende relevantes para o deslinde da causa e quais ainda dependem de produção de prova.

do incidente, não se admitindo como regra sua pré-constituição sem a presença dos requeridos[20].

Nesse sentido, entendemos que não pode ser acolhida a posição de parte da doutrina (nascida principalmente no ambiente do processo trabalhista) de que a formação do incidente vai em sentido contrário a celeridade do processo[21].

Embora o direito à duração razoável do processo tenha base constitucional, a sua efetivação não pode gerar como reflexo a aniquilação de outros princípios constitucionais do processo; devem eles coexistir de forma harmônica para que haja um equilíbrio do processo, que nada mais é do que a base do devido processo legal[22].

---

20 Um dos problemas enfrentados nesse ponto é o da individualização das condutas dos réus em que parte da jurisprudência exige o detalhamento concreto da conduta dos agentes, criando em desfavor do requerente verdadeira prova diabólica. Em nosso entender essa individualização deve muitas vezes ser superada pela prova de que o requerido foi direta ou indiretamente beneficiado pela fraude, aplica-se quando muito a teoria dinâmica da prova, cabendo ao requerido o ônus de prova a ausência de sua responsabilidade.

21 Não é preciso salientar que, no âmbito de um modelo de processo democrático, marcado pela existência de garantias constitucionais que asseguram o *due process of law*, o mínimo que se deve esperar é a previsão do direito de ser ouvido. Este, como é notório, o princípio consagrado no artigo 5º, inciso LIV, da nossa Constituição Federal, textual: "Ninguém será privado da liberdade ou de seus bens sem o devido processo legal". TUCCI, José Rogério Cruz e. Desconsideração da personalidade jurídica no novo Código de Processo Civil, Conjur, 2016. Disponível em: https://www.conjur.com.br/2016-ago-23/paradoxo-corte-desconsideracao-personalidade-juridica-cpc. Acesso em 02/08/2023.

22 "À luz da atual legislação brasileira não basta, pois, que se assegure o acesso aos tribunais, e conseqüentemente, o *direito ao processo*. Delineia-se inafastável, também, a absoluta *regularidade deste (direito no processo)*, com a verificação efetiva de todas as garantias resguardadas ao consumidor da justiça (*due process of law*), em um breve prazo de tempo, isto é, dentro de um tempo justo, para a consecução do escopo que lhe é reservado;" TUCCI, José Rogério Cruz e. Tempo e processo: uma análise empírica das repercussões do tempo na fenomenologia processual (civil e penal) – São Paulo: Editora Revista dos Tribunais, 1997, p. 145.
"Em síntese, a *garantia* constitucional do *devido processo legal* deve ser uma realidade em todas as etapas do processo judicial, de sorte que ninguém seja privado de seus direitos, a não ser que no procedimento em que se materializa se constatem todas as formalidades e exigências em lei previstas. (...) Conclui-se, portanto, que, também em nosso país, o direito ao processo sem dilações indevidas, como corolário do devido processo legal, vem assegurando ao membro da comunhão social por norma de aplicação imediata." TUCCI, Rogério Lauria; TUCCI, José Rogério Cruz e (Coord.). Devido processo legal e tutela jurisdicional. São Paulo: Editora Revista dos Tribunais, 1993, p. 107.

Além disso, não há qualquer prejuízo ao credor no que se refere à preservação do seu direito, na medida em que, embora o Código de Processo Civil no capítulo que regula a desconsideração da personalidade jurídica não trate do tema, o Código deve ser interpretado de forma sistemática, o que significa dizer que todos os demais institutos previstos e regulados pelo código que forem compatíveis com o incidente de desconsideração podem e devem ser aplicados em nome da efetividade do processo. Com isso, é absolutamente possível que, não obstante se trate, como afirmado acima, de verdadeiro processo de conhecimento, são possíveis as medidas cautelares de bloqueio de bens, tais como, arresto e sequestro, preparatórias ou incidentais a desconsideração da personalidade jurídica que, por óbvio, devem observar os requisitos próprios de tais medidas.

3. Legitimidade para instaurar o incidente

No tocante a legitimidade passiva, dúvida não há de que deve ser instaurado em face de quem se almeja obter a responsabilidade patrimonial pela inadimplência do devedor originário.

Em relação à legitimidade ativa, o Código de Processo Civil estabelece que poderá ser instaurado pela parte ou pelo Ministério Público, ressalvando, no entanto, que em relação a este último somente quando lhe couber intervir no processo[23].

No que se refere **à** parte, parece-nos claro, que, na infinita maioria das hipóteses, a desconsideração judicial será pleiteada pelo credor.

A questão que surge é se o incidente pode ser instaurado pelo próprio devedor original, isto é, aquele que pretende trazer terceiros para

23 "Qualquer credor poderá requerer a desconsideração, destacando-se a legitimidade do Ministério Público nas hipóteses de relevância social do interesse tutelado, seja atuando como parte ou como *custos societatis*. (...) É manifesta a atribuição ministerial em questões societárias, ambientais, econômicas – enfim, de relevância social – justificadoras da incidência da desconsideração da personalidade. Nesses casos, o bem jurídico tutelado não é essencialmente econômico, mas sim a adequada atuação dos centros de imputação em consonância com normas, valores e princípios da ordem jurídica. (MILAGRES, MARCELO DE OLIVEIRA. Incidente de desconsideração da personalidade jurídica e o Ministério Público. In: Robson Renault Godinho; Susana Henriques da Costa. (Org.). Repercussões do novo CPC: Ministério Público. 2ed.Salvador: JusPodivm, 2017, v. 1, p. 273-277.)

responder solidariamente pela dívida em razão, por exemplo, de uma fraude perpetrada por eles.

A princípio a resposta é no sentido positivo. Com efeito, o devedor original tem legítimo interesse em ver incluído terceiro, de modo que a obrigação seja quitada compulsória ou espontaneamente por este. O óbice, no entanto, que pode ser eventualmente arguido está no princípio da disponibilidade segundo o qual o autor não é obrigado a demandar contra quem não quer. Nesse sentido, se o autor não quer ver incluído terceiro na demanda, não poderia ser obrigado pela instauração do incidente.

Esse argumento, com todo o respeito, não afeta nosso entendimento, pois a situação assemelha-se àquela do chamamento ao processo[24], em que a responsabilidade de terceiro decorre da lei ou do contrato e pode ser incluído compulsoriamente na demanda, ainda que o autor (credor) não o queira.

No tocante à legitimidade do Ministério Público, evidente que o dispositivo se refere a este na condição de fiscal da lei, vez que como parte já estaria englobado pela primeira hipótese. Todavia, a regra deve ser interpretada do ponto de vista teleológico; assim, deve ser verificada a razão de intervenção do MP no caso, podendo, em nosso entender, pleitear a desconsideração em benefício daquele em que se funda sua intervenção e não em seu prejuízo ou em hipóteses que não guardam nenhuma relação com sua intervenção.

4. Interesse de agir – ausência de bens (insolvência) do devedor como circunstância autorizadora da desconsideração da personalidade jurídica

Já há bastante tempo é conhecido o correto posicionamento adotado pelo C. Superior Tribunal de Justiça de que a mera inexistência de bens penhoráveis da pessoa jurídica não caracteriza abuso da persona-

24 O chamamento ao processo tem por finalidade fazer que terceiros (outros devedores solidários) venham a litigar junto como chamante. A principal distinção entre a denunciação e o chamamento é que neste não há a necessidade de se provar que o terceiro também é responsável pelo débito (diferentemente da denunciação, em que há verdadeira ação de regresso). Gajardoni, F. da F., Dellore, L., Roque, A. V., & Oliveira Jr., Z. D. de. Comentários ao Código de Processo Civil. 4ed. – Rio de Janeiro: Forense. 2021. p.196

lidade para efeito da sua desconsideração[25]. Aludido entendimento revela a adoção de interpretação bastante acautelada sobre as hipóteses previstas no art. 50, do CC/02, sob a justificativa de excepcionalidade da medida de desconsideração da personalidade jurídica ante à máxima da autonomia e distinção de patrimônios entre as pessoas física e jurídica.

O mesmo C. Superior Tribunal de Justiça não só reconhece que a ausência de bens não se amolda a qualquer das hipóteses de abuso de personalidade previstas no art. 50, do CC/02, como entende que "***pode a desconsideração da personalidade jurídica ser decretada ainda que não configurada a insolvência***, desde que verificados o desvio de finalidade ou a confusão patrimonial, caracterizadores do abuso de personalidade"[26].

Nesse quadro, verifica-se que a circunstância de a pessoa jurídica deter bens em seu patrimônio tem sido interpretada, em regra, como circunstância indiferente pelos Tribunais para efeito de decretação da desconsideração da personalidade jurídica.

Ao que se constata, embora não se possa fundamentar o pedido de desconsideração da personalidade jurídica pela simples e exclusiva razão de ausência de localização de bens da pessoa jurídica, a ausência de localização de bens, a depender das circunstâncias que esteja inserida a pessoa jurídica, aliada a outros fatos, tem sido circunstância observada

25 "A jurisprudência do STJ firmou o entendimento no sentido de que a existência de indícios de encerramento irregular da sociedade aliada à falta de bens capazes de satisfazer o crédito exequendo não constituem motivos suficientes para a desconsideração da personalidade jurídica, eis que se trata de medida excepcional e está subordinada à efetiva comprovação do abuso da personalidade jurídica, caracterizado pelo desvio de finalidade ou pela confusão patrimonial". (STJ, AgInt no REsp 1859165 / AM, 4.ªT., j. 29.06.2020, rel. Min. Maria Isabel Gallotti, DJe 03.08.2020). **No mesmo sentido**: "A desconsideração da personalidade jurídica é medida de caráter excepcional que somente pode ser decretada após a análise, no caso concreto, da existência de vícios que configurem abuso de direito, caracterizado por desvio de finalidade ou confusão patrimonial, requisitos que não se presumem em casos de dissolução irregular ou de insolvência. Precedentes". (STJ, AgInt no REsp 1812292 / RO, 4.ªT., j. 18.05.2020, rel. Min. Luis Felipe Salomão, DJe 21.05.2020).

26 "Assim, considero procedente o argumento recursal no sentido de que o processamento do incidente de desconsideração não poderia ter sido obstado, liminarmente, ao fundamento de não ter sido demonstrada pelo requerente a insuficiência de bens do executado". (STJ, REsp 1729554 / SP, 4.ªT., j. 08.05.2018, rel. Min. Luis Felipe Salomão, DJe 06.06.2018).

pelo Tribunal de Justiça de São Paulo como indício do cometimento do abuso da personalidade jurídica[27].

Como bem assinalado, a autonomia patrimonial da pessoa jurídica é um instrumento de alocação de riscos, por isso se entendendo que seu patrimônio está sujeito aos efeitos do seu sucesso como de seu insucesso, representados pela possibilidade de frustração do fim a que se propõe a sociedade, com a sua consequente responsabilização e liquidação de seus bens para pagamento de seus credores, resultando em estado de insolvência.

Trata-se, portanto, de situação corriqueira e perfeitamente compreensível à luz de uma economia de mercado altamente complexa, competitiva e dinâmica que se vê no mundo globalizado e que, naturalmente, não pode resultar na punição do empreendedor, sob pena de desestimular essa atividade.

Por outro lado, é sabido que muitas práticas de abuso da personalidade jurídica, dada a complexidade das operações financeiras e societá-

27 "AGRAVO DE INSTRUMENTO – INCIDENTE DE DESCONSIDERAÇÃO DA PERSONALIDADE JURÍDICA – ENCERRAMENTO IRREGULAR DE EMPRESA – I- Decisão agravada que deferiu a desconsideração da personalidade jurídica da empresa executada, incluindo no polo passivo da execução os sócios ora agravantes – II- Nos termos do art. 50 do CC, os efeitos de determinadas obrigações podem ser estendidos aos bens particulares dos sócios da pessoa jurídica em caso de abuso da personalidade jurídica, caracterizado pelo desvio de finalidade ou pela confusão patrimonial – Alegação da exequente de ocorrência de abuso de personalidade jurídica, vez que ocorrido o encerramento irregular da empresa executada, inexistindo outros bens para arrostar a dívida – A cessação de atividades da empresa executada, sem que haja notícia de que tenha havido encerramento formal da atividade, dá margem para que se conclua pelo desvirtuamento do instituto da personalidade jurídica – A ausência de demonstração da regularidade do cerramento das portas da empresa devedora, bem como a verificação de que os sócios ora agravantes são exatamente aqueles que estavam presentes no gerenciamento da empresa na época do cometimento do ato ilícito gerador da dívida exequenda (protesto indevido), corroboram a tese no sentido do encerramento irregular das atividades da empresa executada, de forma fraudulenta – Comprovada a extinção da pessoa jurídica, sem que tenha deixado bens suficientes para responder por suas dívidas – Deferida a desconsideração da personalidade jurídica da empresa executada – Decisão agravada suficientemente motivada – Decisão mantida pelos próprios fundamentos – Art. 252 do Regimento Interno do TJSP - Agravo improvido". (TJSP; Agravo de Instrumento 2138019-54.2020.8.26.0000; Relator (a): Salles Vieira; Órgão Julgador: 24ª Câmara de Direito Privado; Foro Central Cível - 41ª Vara Cível; Data do Julgamento: 31/03/2021; Data de Registro: 31/03/2021)

rias, são de difícil ou impossível comprovação, deixando poucos indícios para que se promova a desconsideração da personalidade jurídica.

Não se pode ignorar que muitas das vezes a insolvência e suas circunstâncias poderão revelar clara manobra de abuso da personalidade jurídica, consubstanciando-se em conluio material que não pode ser desconsiderado pelo magistrado para efeito de responsabilização dos autores de fraudes contra os credores da pessoa jurídica.

5. Extensão do efeito suspensivo decorrente da instauração do incidente de desconsideração da personalidade jurídica

Nos termos do art. 134, parágrafo 3°, do CPC/15, a instauração do incidente de desconsideração da personalidade jurídica tem o condão de automaticamente suspender o prosseguimento do processo, dando-se continuidade na realização de atos processuais unicamente no bojo do incidente onde se apurará a existência ou não do abuso da personalidade jurídica e, em caso positivo, incluir-se-á terceiro no polo passivo do processo matriz[28], que só a partir daí terá prosseguimento.

Tem-se assistido contemporaneamente, com bastante frequência, a discussão sobre qual seria a exata extensão do efeito suspensivo a que faz referência o art. 134, §3°, do CPC/15. Aventa-se se estaria suspensa a realização de atos expropriatórios a serem praticados contra os já reconhecidos legítimos devedores constantes do título (extra)judicial, ou se contra eles também estariam obstados atos até que seja proferida sentença no incidente de desconsideração da personalidade jurídica.

A origem de referida controvérsia parece decorrer da singeleza da redação do art. 134, §3°, do CPC/15, que dispõe que "*a instauração do incidente suspenderá o processo, salvo na hipótese do §2°*". À primeira vista, o comando constante em referido dispositivo parece conduzir à interpretação de que estará suspenso o prosseguimento do processo

28 "Suspende-se o processo em decorrência da instauração do incidente, segundo o parágrafo terceiro. Na verdade, o incidente passa a ser o que está ocorrendo no processo, ou seja, os atos 'normais' do processo não se praticam, até que seja proferida decisão sobre se haverá, ou não, mais um réu, como decorrência da despersonalização da pessoa jurídica". (WAMBIER, Teresa Arruda Alvim; CONCEIÇAO, Maria Lúcia Lins; SILVA RIBEIRO, Leonardo Ferres da; TORRES DE MELLO, Rogerio Licastro. Primeiros Comentários ao Novo Código de Processo Civil: artigo por artigo. 2.ª ed. São Paulo: Revista dos Tribunais, 2016, p. 287).

principal até que haja resolução do incidente de desconsideração da personalidade jurídica.

E é justamente essa interpretação do art. 134, §3°, do CPC/15, que devedores tem sustentado ser a correta, pugnando pela suspensão de qualquer ato expropriatório de seus bens para efeito de pagamento do crédito perseguido quando da constatação da instauração do incidente de desconsideração da personalidade jurídica.

Evidente que não é esse o sentido da norma, com todo o respeito.

O legislador, com efeito, poderia ter sido mais claro e menos econômico na redação do art. 134, §3°, detalhando que a (i) suspensão se refere a atos voltados à expropriação de bens dos indicados para figurar no polo passivo do incidente de desconsideração da personalidade jurídica, ou (ii) para que se evite prejuízo ao regular andamento do processo matriz com a superveniente inclusão de terceiros no polo passivo, mas permitindo-se, em contrapartida, quando oportuno, a prática de atos que recaem sobre os reconhecidos devedores legítimos já constantes do polo passivo da ação matriz ou (iii) permitir que, em caso de procedência do incidente, o terceiro possa atuar na defesa dos seus interesses no processo principal.

Essa conclusão parece a mais acertada a respeito do comando pretendido pelo art. 134, §3°, do CPC/15, porquanto suspender o processo matriz somente pode ter como finalidade conferir proteção ao integrante do polo passivo do incidente de desconsideração que têm direito ao contraditório e ampla defesa, e que somente poderá ser reconhecido como verdadeiro integrante do polo passivo da ação matriz após exercer defesa concernente à imputação do cometimento de atos abusivos da personalidade jurídica.

De outro lado, se há certeza quanto à legitimidade do devedor para responder pelas quantias constantes do título executivo judicial ou extrajudicial que fundamenta o processo matriz, não há razão que justifique que se deva suspender a prática de atos voltados à satisfação do credor enquanto se processa o incidente de desconsideração da personalidade jurídica[29], quando esses atos de direcionam ao devedor original.

29 "Embora o parágrafo terceiro disponha, em termos gerais, que 'a instauração do incidente suspenderá o processo', é mais correto interpretar este dispositivo restritivamente, no sentido de que não se realizarão atos executivos contra o terceiro até que o incidente venha a ser julgado. Não seria razoável, por exemplo, suspender com a instauração deste incidente a prática de atos executivos contra os execu-

Conferir interpretação diversa ao art. 134, §3°, do CPC/15, pelas razões acima expostas, seria conceder indevido benefício ao devedor, em detrimento do princípio de que a execução se realiza no interesse do exequente (art. 797, do CPC/15)[30]. É clara a inexistência de qualquer nexo de prejudicialidade externa a justificar a suspensão. Pelo contrário, se os atos de execução prosseguirem face do devedor original e a obrigação restar satisfeita, estaremos diante de uma hipótese de perda do interesse de agir superveniente e que será reconhecida em benefício do terceiro, requerido no incidente de desconsideração.

6. Natureza da decisão que julga o incidente e coisa julgada

O Código de Processo Civil expressamente dispõe em seu artigo 136[31] que a decisão que julga o incidente de desconsideração de personalidade jurídica é interlocutória e não uma sentença.

A nosso ver, a intenção da lei nesse ponto foi deixar expresso que, não obstante a decisão ponha termo ao incidente, não se trata de sentença e, portanto, o recurso cabível é o agravo de instrumento.

Com isso, queremos afirmar que a opção legislativa não teve como norte debater a natureza da decisão, isto é, com ou sem julgamento de mérito.

---

tados originários". (BENEDUZI, Renato. Comentários ao Código de Processo Civil. Vol. II. Arts. 70 ao 187. Coordenação: Sérgio Cruz Arenhart e Daniel Mitidieiro. São Paulo: Revista dos Tribunais, 2016, p. 262).

30 TJ-SP, Agravo de Instrumento n.° 2278587-57.2019.8.26.0000, 13ª Câmara de Direito Privado, j. 28.02.2020, rel. Des. Francisco Giaquinto, DJe 28.02.2020; TJSP, AI 2208826-36.2019.8.26.0000, 20ª Câmara de Direito Privado, j. 17.02.2020, Rel. Des. Rebello Pinho, DJe 18.02.2020; TJSP, AI 2240708-50.2018.8.26.0000, 22ª Câmara de Direito Privado, j. 28.03.2020, rel. Des. Alberto Gosson, DJe 30.03.2019; TJ-SP, AI 2152440-83.2019.8.26.0000, 30ª Câmara de Direito Privado, j. 18.09.2019, Rel. Des. Maria Lúcia Pizzotti; TJ-SP, AI 2193843-66.2018.8.26.0000, 5ª Câmara de Direito Privado, j. 11.12.2018, rel. Des. Fernanda Gomes Camacho; TJ-SP, AI 2119123-31.2018.8.26.0000, 29ª Câmara de Direito Privado, j. 18.09.2018, Rel. Des. Carlos Dias Motta; TJ-SP, AI 2128406-10.2020.8.26.0000, 1ª Câmara Reservada de Direito Empresarial, j. 15.07.2020, rel. Des. Pereira Calças, DJe 15.07.2020.

31 Art. 136. Concluída a instrução, se necessária, o incidente será resolvido por decisão interlocutória. Parágrafo único. Se a decisão for proferida pelo relator, cabe agravo interno.

Assim, a decisão que julga procedente ou improcedente o incidente é de mérito e, nos exatos termos da lei, fará coisa julgada material.

A partir dessa afirmação, dois problemas se colocam.

O primeiro, é que devem ser respeitados os limites subjetivos da coisa julgada no que se refere a extensão da desconsideração a terceiros que não foram réus no incidente.

Explico.

Instaurado o incidente em relação a um terceiro, é julgado procedente. Ocorre que, na busca de patrimônio para satisfação do crédito, descobre-se, posteriormente, que, com base nos mesmos fatos e fundamentos, outros sujeitos devem ser atingidos pela desconsideração. Ora, ainda que sejam os mesmos fatos e fundamentos jurídicos, esses continuam sendo terceiros em relação à decisão do incidente já julgado e como tal não podem ser atingidos pela decisão de desconsideração, não podendo, salvo melhor juízo, falar-se nesta hipótese de uma espécie de sucessão.

O segundo problema refere-se as decisões judiciais já prolatadas no processo principal.

Conforme já afirmamos, o incidente pode ser instaurado a qualquer momento, seja na fase de conhecimento ou de cumprimento de sentença, seja no processo de execução.

De modo a contextualizarmos, imaginemos que encerrada a fase cognitiva, o réu foi reconhecido como devedor e condenado a pagar uma determinada importância. No decorrer do cumprimento de sentença, é instaurado o incidente em face de terceiro e julgado procedente. A pergunta é: esse terceiro pode pretender discutir a própria existência da obrigação do réu original ou a questão está cristalizada em razão da coisa julgada?

A esse respeito, parte da doutrina afirma que caberia ao terceiro ao se defender no incidente de desconsideração da personalidade jurídica alegar toda a matéria de fato e de direito e, portanto, inclusive a própria obrigação original, numa aplicação portanto da regra da concentração da defesa ou da eventualidade; se não o fizer, o caso seria de preclusão.

Esse raciocínio não parece correto. Com efeito, é claro que a defesa no incidente se submente a concentração da defesa. Todavia, limitado ao seu objeto que, no caso, é a existência ou não de fundamentos para a desconsideração e o pedido formulado pelo requerente; não faz parte do objeto a existência ou não da obrigação, tema esse discutido no processo principal. Assim, não há que falar em preclusão sob esse fundamento ou na necessidade do terceiro requerido ter o ônus de se defender acerca do objeto do processo matriz quando o objeto do incidente é a presença ou não dos requisitos para a desconsideração[32].

Em nosso entender, parece que a solução do problema está na fundamentação da desconsideração da personalidade jurídica.

Com efeito, existem hipóteses em que a desconsideração está lastreada em verdadeira sucessão da posição jurídica, ou seja, o chamado terceiro na verdade é o próprio devedor original parcial ou totalmente travestido em outra pessoa. Nesse caso, o terceiro deve assume o processo no estado em que se encontra.

Em outras, o terceiro não tem essa roupagem e, portanto, embora responda pela dívida em razão da desconsideração, não se trata de um mero espelho da desconsiderada, mas sim, terceiro que, por força de lei, responde a partir da ocorrência de determinado evento previsto em lei (como exemplos, as hipóteses do artigo 28 do Código de Defesa do Consumidor, do artigo 34 da Lei Antitruste e do artigo 4º da Lei de Crimes Ambientais). Nesses casos, nos parece que, julgada procedente a desconsideração, deve ser aberto prazo para que o terceiro possa contestar as obrigações impostas ao devedor original.

7. Conclusões

Como definido pelo próprio legislador, a autonomia patrimonial da pessoa jurídica com relação aos seus membros é "*um instrumento lícito de alocação e segregação de riscos, estabelecido pela lei com a finalidade de estimular empreendimentos, para a geração de empregos, tributo, renda e inovação em benefício de todos*" e, como qualquer instituto, deve ser utilizado em estrita observância de sua função social e da boa-fé objetiva, prevendo a legislação ordinária e extravagante consequências para situações de abuso ou desvirtuamento.

Apesar do incessante aprimoramento das leis e seus mecanismos para coibir abusos e fraudes, a crescente complexidade das relações jurídicas impõe ao legislador e ao intérprete do Direito constantes desa-

32 A respeito dos limites da coisa julgada, Carnelutti, Francesco, Sistema de Direito Processual Civil, vol I, trad Hiltomar Martins Oliveira, Classic Book, São Paulo, 1ª edição, 2000, p. 426 e ss

fios para, de um lado, evitar o descrédito do instituto com a busca de soluções céleres e, de outro, observar o devido processo legal para a recomposição das esferas patrimoniais dos envolvidos.

Embora existam lacunas a serem exploradas, seja na análise quanto à legitimidade ativa ou passiva, seja na aferição dos requisitos legais para a superação da autonomia patrimonial, ou na definição dos limites da coisa julgada, o manejo do incidente de desconsideração da personalidade jurídica não prescinde das regras e princípios processuais, com respeito ao contraditório, à ampla defesa e, também, à duração razoável do processo.

Além disso, devem ser consideradas as circunstâncias do caso concreto na interpretação da norma, de modo a prestigiar a consecução dos objetivos da lei. Se a autonomia patrimonial é considerando instrumento de alocação de riscos em benefício de um determinado fim social, por óbvio, não pode ser utilizado para o cometimento de ilícitos, frustrar o adimplemento de obrigações ou omitir bens com quaisquer objetivos. Nesse contexto, o incidente de desconsideração da personalidade jurídica, quando corretamente utilizado e observadas as regras e princípios aplicáveis, pode ser considerado meio de reforço da autonomia patrimonial, na medida em que visa corrigir falhas na utilização do instituto.

8. Referências bibliográficas

BENEDUZI, Renato. Comentários ao Código de Processo Civil. Vol. II. Arts. 70 ao 187. Coordenação: Sérgio Cruz Arenhart e Daniel Mitidieiro. São Paulo: Revista dos Tribunais, 2016.

CARNELUTTI, Francesco, Sistema de Direito Processual Civil, vol I, trad Hiltomar Martins Oliveira, Classic Book, São Paulo, 1ª edição, 2000.

DINAMARCO, Cândido Rangel. Desconsideração da personalidade jurídica, fraude e ônus da prova. In: Fundamentos do Processo Civil Moderno. Vol. II. 5.ª edição. São Paulo: Malheiros, 2002.

GANACIN, João Antônio Cánovas Bottazzo. Incidente de Desconsideração da Personalidade Jurídica – Dissertação de Mestrado. Orientador: Professor Titular Cândido Rangel Dinamarco. Universidade de São paulo Faculdade de Direito – São Paulo, 2018.

GAJARDONI, F. da F., Dellore, L., Roque, A. V., & Oliveira Jr., Z. D. de. Comentários ao Código de Processo Civil. 4ed. – Rio de Janeiro: Forense. 2021.

LEONARDO, Rodrigo Xavier; RODRIGUES JÚNIOR, Otávio Luiz. A desconsideração da pessoa jurídica – Alteração do Art. 40 do Código Civil: art.7°. In: Comentários à Lei da Liberdade Econômica – Lei 13.874/2019. Coordenação: Otávio Luiz Rodrigues Júnior et all. São Paulo: Revista dos Tribunais, 2019, versão eletrônica.

MARTINS-COSTA, Judith. A boa-fé no direito privado: critérios para a sua aplicação. 2ª Edição. São Paulo: Saraiva Educação, 2018.

MILAGRES, MARCELO DE OLIVEIRA. Incidente de desconsideração da personalidade jurídica e o Ministério Público. In: Robson Renault Godinho; Susana Henriques da Costa. (Org.). Repercussões do novo CPC: Ministério Público. 2ed.Salvador: JusPodivm, 2017, v. 1.

TUCCI, José Rogério Cruz e, Tempo e processo: uma análise empírica das repercussões do tempo na fenomenologia processual (civil e penal) – São Paulo: Editora Revista dos Tribunais, 1997.

TUCCI, José Rogério Cruz e. Desconsideração da personalidade jurídica no novo Código de Processo Civil, Conjur, 2016. Disponível em: https://www.conjur.com.br/2016-ago-23/paradoxo-corte-desconsideracao-personalidade-juridica-cpc. Acesso em 02/08/2023

TUCCI, Rogério Lauria; TUCCI, José Rogério Cruz e (Coord.). Devido processo legal e tutela jurisdicional. São Paulo: Editora Revista dos Tribunais, 1993.

TUCCI, José Rogério Cruz e Garantias constitucionais do processo em relação aos terceiros, Revista do Advogado, ano XXVIII, , n. 99, setembro de 2008, p. 62-79)

VENOSA, Silvo de Salvo. Direito Civil: parte geral/ Silvio de salvo Venosa – 5. Ed. – São Paul: Atlas, 2005 (Coleção direito civil; v.1).

WAMBIER, Teresa Arruda Alvim; CONCEIÇAO, Maria Lúcia Lins; SILVA RIBEIRO, Leonardo Ferres da; TORRES DE MELLO, Rogerio Licastro. Primeiros Comentários ao Novo Código de Processo Civil: artigo por artigo. 2.ªed. São Paulo: Revista dos Tribunais, 2016.

Xavier, José Tadeu Neves, A evolução da Teoria da Desconsideração da Personalidade Jurídica: Aspectos Materiais e Processuais, in R. EMERJ, v. 19, n. 75, p.56-85, jul-set 2016.

GRAU DE VINCULAÇÃO DOS PRECEDENTES QUALIFICADOS NO CÓDIGO DE PROCESSO CIVIL

Paulo Henrique dos Santos Lucon[1]

1. Introdução

Dentre os muitos temas a que o Professor José Rogério Cruz e Tucci se dedicou em sua profícua – e ainda crescente – produção acadêmica, um deles vem ganhando relevância decisiva no cenário jurídico brasileiro, tanto legislativo quanto jurisprudencial: os denominados precedentes vinculantes.

O histórico da matéria no ordenamento jurídico brasileiro demonstra, por si só, a evolução da importância do tema no Brasil. O recente fortalecimento da figura dos precedentes no país, por força da sanção do Código de Processo Civil de 2015, é resultado de árduo trabalho prévio da jurisprudência, do próprio Poder Legislativo, da atuação institucional dos tribunais e da doutrina no assentamento de conceitos, aplicações e limites – nos quais se destaca, em particular, a obra *Precedente judicial como fonte do direito*, de lavra do Professor José Rogério Cruz e Tucci, editada em 2004.

---

1 Professor Associado de Direito Processual Civil nos Cursos de Graduação e Pós-Graduação da Faculdade de Direito da USP. Mestre, Doutor e Livre Docente pela mesma instituição. Vice-Presidente do Conselho do Instituto Brasileiro de Direito Processual – IBDP, instituição da qual foi Presidente. Conselheiro do Instituto dos Advogados de São Paulo – IASP, instituição da qual foi Vice-Presidente. Membro do Instituto Ibero-Americano de Direito Processual Civil, instituição da qual foi Vice-Presidente. Membro da International Association of Procedural Law. Integrou a Comissão Especial do Código de Processo Civil da Câmara dos Deputados. Especializou-se em Direito Processual Civil na Faculdade de Direito da Universidade Estatal de Milão. Foi Juiz do Tribunal Regional Eleitoral de São Paulo na Classe Jurista por quatro mandatos consecutivos (substituto e efetivo). Foi Conselheiro e Presidente da Comissão de Ética da Presidência da República. Advogado inscrito em São Paulo e Brasília.

No intuito de homenagear o Professor José Rogério Cruz e Tucci, o presente ensaio reaviva o tema com um enfoque na avaliação das nuances relacionadas aos precedentes judiciais, em particular sua vinculatividade legal. Para tanto, este ensaio aborda **(i)** o papel dos precedentes no sistema legal, **(ii)** sua relação com o princípio da segurança jurídica e **(iii)** os graus de vinculação dos precedentes judiciais do Código de Processo Civil de 2015.

2. Precedentes e seu papel no sistema legal.

O precedente consiste em uma decisão judicial aplicada na resolução de casos futuros que guardem similitude fática com o caso que origina o precedente,[2] constituindo fonte do direito[3] e equiparando-se a outras fontes formais.[4] Uma decisão somente se torna verdadeiramente

2 CARVALHO, Fabiano. Comentários ao artigo 926 do CPC. In: GOUVÊA, José Roberto; BONDIOLI, Luiz Guilherme; FONSECA, João Francisco (coord.), **Comentários ao Código de Processo Civil**: volume XIX (artigos 926 a 993), São Paulo: Saraiva, 2022, p. 25-26.

3 CARVALHO, Fabiano. Comentários ao artigo 926 do CPC. In: GOUVÊA, José Roberto; BONDIOLI, Luiz Guilherme; FONSECA, João Francisco (coord.), **Comentários ao Código de Processo Civil**: volume XIX (artigos 926 a 993), São Paulo: Saraiva, 2022, p. 26. Conforme Eduardo de Albuquerque Parente, em obra anterior ao Código de Processo Civil de 2015: "A realidade de decisões judiciais potencializadas (vinculantes) autoriza dizer que já existe (decisões do controle direto de constitucionalidade/súmula vinculante) uma nova fonte do direito. Decisões dotadas de tal *carga* são espontaneamente sucedâneas da produção legislativa, pois justamente vêm com generalidade e impessoalidade, dirigindo-se a casos futuros. Ingressam na realidade jurídica de forma concreta (consequência de um ou vários julgamentos), mas se estabilizam abstratamente" (PARENTE, Eduardo de Albuquerque. **Jurisprudência**: da divergência à uniformização. São Paulo: Atlas, 2006, p. 10).

4 CARVALHO, Fabiano. Comentários ao artigo 926 do CPC. In: GOUVÊA, José Roberto; BONDIOLI, Luiz Guilherme; FONSECA, João Francisco (coord.), **Comentários ao Código de Processo Civil**: volume XIX (artigos 926 a 993), São Paulo: Saraiva, 2022, p. 26-27. É importante ressaltar, aqui, que a noção de jurisprudência como fonte do direito é diferente da construída no *common law*: no direito inglês, por exemplo, a própria expressão *common law* é "frequentemente utilizada para designar o conjunto de decisões judiciais vinculantes", que baseiam largamente alguns campos do direito inglês, como o campo contratual (ANDREWS, Neil. **O moderno processo civil**: formas judiciais e alternativas de resolução de conflitos na Inglaterra [tradução de Teresa Arruda Alvim]. 2. ed. São Paulo: Revista dos Tribunais, 2012, p. 96-98).

um precedente quando citado em futura decisão ou ulteriores decisões judiciais. Antes disso, há apenas um julgado que não tem o valor de precedente. A utilização dos precedentes judiciais, a partir dessa acepção, busca favorecer a racionalidade na aplicação do direito, garantindo um tratamento uniforme às causas similares e fortalecendo a função nomofilática de preservação da unidade e interpretação do direito pelos tribunais superiores.[5] Mais do que isso, a sua utilização permite a concretização do princípio da isonomia, consagrado no texto constitucional (CF, art. 5º, *caput*). Na linha de demonstrar a unicidade na interpretação

---

5 ZANETI JR., Hermes. **O valor vinculante dos precedentes**: teoria dos precedentes normativos formalmente vinculantes. 2. ed. Salvador: JusPodivm, 2016, p. 291. Sobre o papel de preservação da *unidade do direito*, e não da *uniformidade da jurisprudência*, veja-se a observação de Luiz Guilherme Marinoni: "[a] transformação da função da Corte outorga novo significado à ideia de 'uniformidade'. O problema não mais está em declarar o sentido exato da lei para propiciar a 'uniformidade das decisões' dos tribunais ordinários; busca-se agora, mediante a voz da Suprema Corte, o 'sentido e a unidade do *direito*' para a orientação da sociedade e para a promoção da igualdade. Não mais importa controlar as decisões, porém definir o direito que deve orientá-las. [...] Daí porque a 'uniformidade', no novo contexto de Corte Suprema, não visa a tutelar a lei, mas objetiva garantir a igualdade perante o direito revelado nos precedentes. Aliás, não é por outro motivo que aí é preferível falar em *unidades do direito* (*fim* da Corte de Interpretação) do que em uniformidade da jurisprudência (meio que a antiga Corte empregava para o controle) (MARINONI, Luiz Guilherme. **O STJ enquanto corte de precedentes**. São Paulo: Revista dos Tribunais, 2013, p. 117). E ainda: "A racionalidade das decisões é garantida na medida da possibilidade de universalização para todos os casos análogos a partir das mesmas razões de decidir. [...] A teoria dos precedentes procura conferir racionalidade ao sistema, garantindo a aplicação da constituição e das leis, mesmo quando interpretações ativistas dos juízes procurem negar vigência e validade aos direitos nela previstos. Por isso, afirmamos antes, no capítulo 3.2, a prevalência *prima facie* das regras sobre princípios em um modelo combinado de regras e princípios, para demonstrar que os juízes estão vinculados à lei e à constituição, e que os precedentes julgados no passado pelos tribunais configuram regras para serem aplicadas no futuro" (v. ZANETI JR., Hermes. **O valor vinculante dos precedentes**: teoria dos precedentes normativos formalmente vinculantes. 2. ed. Salvador: JusPodivm, 2016, p. 291 e 302). Cabe aqui a observação Teresa Arruda Alvim, no sentido de que "[...] a *função nomofilática* não pode ser compreendida independentemente da função *uniformizadora*. Isso significa que a *regra positiva*, a *norma escrita*, não pode ser dissociada de sua interpretação. Se assim é, essa interpretação – em que, como vimos, há sempre um quê de criatividade, ainda que em graus diferentes – deve ser *uniformizada*, como imperativo que deriva da necessidade de respeito ao princípio da igualdade" (ALVIM, Teresa Arruda. Papel criativo da jurisprudência, precedentes e formas de vinculação. **Revista de Processo**, São Paulo, v. 333, p. 373-405, nov. 2022).

do direito, em diversos países, como forma de fortalecimento da uniformidade das decisões do tribunal, os votos vencidos sequer são disponibilizados ao público.[6] Em que pese tal entendimento, a divulgação dos votos vencidos constitui um importante aspecto para a evolução do direito, que não tem caráter estático.

A figura do precedente advém da doutrina do *stare decisis*, que emprega força coercitiva ao precedente e caracteriza o papel da decisão anterior na criação de direito, impondo aos juízes o dever funcional de aplicar julgados anteriores a situações análogas.[7] A doutrina do *stare decisis* está ligada à ideia de respeito dos próprios tribunais aos precedentes, de modo que "quando um tribunal estabelece uma regra de direito aplicável a certos conjuntos de fatos considerados relevantes do ponto de vista jurídico, tal regra deverá ser seguida e aplicada em todos os casos futuros em que se identifiquem fatos ou circunstâncias similares".[8]

Para a doutrina, o precedente não é qualquer decisão judicial, mas uma decisão judicial qualificada – aquela que gera efeitos jurídico-normativos para casos futuros.[9]

O núcleo do precedente é a *ratio decidendi*, que consiste na norma extraída da fundamentação do precedente judicial e que será aplicada a casos futuros cujos fatos se enquadrem no quadro normativo prescrito

6 MENDES, Aluísio Gonçalves de Castro. Breves anotações sobre o sistema brasileiro de precedentes. In: MENDES, Gilmar Ferreira; PINHEIRO, Victor Marcel (coord.), **Súmulas, teses e precedentes**: estudos em homenagem a Roberto Rosas, Rio de Janeiro: GZ, 2023, p. 6.

7 CRUZ E TUCCI, José Rogério. **Precedente judicial como fonte do direito**. São Paulo: Revista dos Tribunais, 2004, p. 12-13.

8 ZANETI JR., Hermes. **O valor vinculante dos precedentes**: teoria dos precedentes normativos formalmente vinculantes. 2. ed. Salvador: JusPodivm, 2016, p. 310-311.

9 "[D]uas razões podem ser indicadas para que nem toda decisão judicial seja um precedente: a) não será precedente a decisão que aplicar lei não objeto de controvérsia, ou seja, a decisão que *apenas* refletir a interpretação dada a uma norma legal vinculativa pela própria força da lei não gera um precedente, pois a regra legal é uma razão determinativa, e não depende da força do precedente para ser vinculativa; b) a decisão pode citar uma decisão anterior, sem fazer qualquer especificação nova ao caso, e, portanto, a vinculação decorre do precedente anterior, do caso-precedente, e não da decisão presente no caso-atual" (ZANETI JR., Hermes. **O valor vinculante dos precedentes**: teoria dos precedentes normativos formalmente vinculantes. 2. ed. Salvador: JusPodivm, 2016, p. 309).

na *ratio decidendi*.[10] A *ratio decidendi* está relacionada com o motivo determinante da decisão - aquele que constitui premissa imprescindível, sem a qual não se chegaria à decisão[11] - e equivale à *rule*, criada para casos futuros e que, em geral, é definida justamente na decisão futura, constituindo, para o direito brasileiro, a "essência da estrutura jurídica do pensamento utilizada para apoiar as conclusões da decisão ou a decisão propriamente dita".[12] A *ratio decidendi* possui um grau de generalização em relação ao precedente que a originou e força vinculante panprocessual, servindo de norma para qualquer processo futuro que aborde a mesma questão jurídica.[13]

Com essas observações, verifica-se que todos os precedentes contêm, portanto, dois elementos: as circunstâncias de fato que compõem a controvérsia e a *ratio decidendi*, isto é, a tese jurídica originada da motivação da decisão.[14]

Essencialmente, a teoria dos precedentes direciona-se às Cortes Supremas,[15] principais destinatárias por atuarem como cortes de vértice

10 CARVALHO, Fabiano. Comentários ao artigo 926 do CPC. In: GOUVÊA, José Roberto; BONDIOLI, Luiz Guilherme; FONSECA, João Francisco (coord.), **Comentários ao Código de Processo Civil**: volume XIX (artigos 926 a 993), São Paulo: Saraiva, 2022, p. 27.

11 MARINONI, Luiz Guilherme. **Precedentes obrigatórios**. São Paulo: Revista dos Tribunais, 2010, p. 292.

12 ALVIM, Teresa Arruda. Papel criativo da jurisprudência, precedentes e formas de vinculação. **Revista de Processo**, São Paulo, v. 333, p. 373-405, nov. 2022.

13 CARVALHO, Fabiano. Comentários ao artigo 926 do CPC. In: GOUVÊA, José Roberto; BONDIOLI, Luiz Guilherme; FONSECA, João Francisco (coord.), **Comentários ao Código de Processo Civil**: volume XIX (artigos 926 a 993), São Paulo: Saraiva, 2022, p. 28.

14 CRUZ E TUCCI, José Rogério. **Precedente judicial como fonte do direito**. São Paulo: Revista dos Tribunais, 2004, p. 12. Nesse sentido: "[p]ara o uso da teoria do *stare decisis*, a identidade, ou a falta dela, entre um caso precedente e um atual, é de extrema importância porque a semelhança permite ao julgador fazer uso do precedente; por isso, a regra jurídica deve ser lida sob a ótica dos fatos da causa" (CARNEIRO JÚNIOR, Amilcar Araújo. **A contribuição dos precedentes judiciais para a efetividade dos direitos fundamentais**. Brasília: Gazeta Jurídica, 2012, p. 157).

15 O Supremo Tribunal Federal e o Superior Tribunal de Justiça "são [cortes] aqui entendidas como Cortes Supremas, tendo em vista que sua função é a de orientar a aplicação do direito em todo o país mediante uma interpretação da ordem jurídica que atribui a um texto legal um sentido a ser seguido por todos os magistrados" (FARIA, Luiz Alberto Gurgel de; FARIA, Isabela Medeiros Gurgel de. A implementação do sistema de precedentes no Brasil e a efetivação do princípio da segurança

com função nomofilática para uniformização da interpretação e aplicação do direito,[16] além de sua atuação para manter sua própria interpre-

jurídica. In: MENDES, Gilmar Ferreira; PINHEIRO, Victor Marcel (coord.), **Súmulas, teses e precedentes**: estudos em homenagem a Roberto Rosas, Rio de Janeiro: GZ, 2023, p. 367).

16 José Rogério Cruz e Tucci acentua a função nomofilática dos Tribunais Superiores, em referência a julgado emblemático do Superior Tribunal de Justiça: "Em nosso país, na órbita da tutela jurisdicional, avulta, a respeito dessa relevante temática, a importância do Superior Tribunal de Justiça, como corte federal, cuja vocação precípua é a de uniformizar a interpretação e aplicação do direito nacional infraconstitucional. E tal inequívoca função nomofilácica foi reiterada, em tom de exortação, pelo Ministro Humberto Gomes de Barros, em conhecido voto proferido no Agravo Regimental no Recurso Especial n° 228.432-RS, julgado pela Corte Especial: '[...] O Superior Tribunal de Justiça foi concebido para um escopo especial: orientar a aplicação da lei federal e unificar-lhe a interpretação, em todo o Brasil. Se assim ocorre, é necessário que sua jurisprudência seja observada, para se manter firme e coerente. Assim sempre ocorreu em relação ao Supremo Tribunal Federal, de quem o Superior Tribunal de Justiça é sucessor, essse mister. [...]' " (CRUZ E TUCCI, José Rogério. Regime do precedente judicial no atual sistema processual brasileiro. In: MENDES, Gilmar Ferreira; PINHEIRO, Victor Marcel (coord.), **Súmulas, teses e precedentes**: estudos em homenagem a Roberto Rosas, Rio de Janeiro: GZ, 2023, p. 353). Sobre o conceito de nomofilastia, é importante acentuar a observação de Teresa Arruda Alvim quanto à extensão deste termo, que vem sendo utilizado em sentido mais restrito do que sua origem, que era mais perfilada à noção de proteção do próprio direito objetivo: "Da expressão *nomoflaquia* [...], tratou Calamandrei nos anos 20 do século passado, e ela passou a ser utilizada até pelo legislador italiano. Vem sendo usada pela doutrina de língua italiana, espanhola e portuguesa para significar uma das funções dos Tribunais Superiores, no sentido de que lhes cabe zelar pelo 'direito objetivo', pelas 'normas jurídicas'. [...] Entretanto, quando se fala em função nomofilática, pensa-se imediatamente, hoje em dia, num primeiro problema. É claro que, atualmente, já não se consegue conceber que haja um apego à norma jurídica, sem que esteja subentendida a ideia de que, antes, essa mesma norma deva ter sido *interpretada*. Portanto, é evidente que se deve questionar qual seria exatamente o objeto da tutela nomofilática, já que não se concebe mais que seja a lei, independente de interpretação: de rigor, não se concebe mais texto algum independentemente de sua compreensão. Na verdade, um texto nada mais é do que um aglomerado de palavras numa tela ou numa folha de papel. Embora ainda se fale em tutela ou função nomofilática, é evidente que essa tutela não se refere ao zelo incondicional da lei, concebida em sua literalidade. Por isso é que, hoje em dia, muitos mencionam a expressão *nomophilaquia* dialética ou tendencial, que significa exatamente que *algo deve ser preservado por meio da atividade dos Tribunais Superiores*, mas esse algo é a *ordem jurídica* considerada em sua inteireza, que deve ser mantida una e coesa. Está-se, aqui, diante de uma noção muito menos precisa do que a anterior, porém muito mais rente à

tação, afastando julgados inferiores que destoem da interpretação dada pela corte de vértice e cabendo apenas à referida corte a superação de seu próprio entendimento.[17]

3. Precedentes e segurança jurídica

O tema dos precedentes é umbilicalmente conectado com a segurança jurídica, que se preocupa com a "criação no âmbito jurisdicional um estado de estabilidade das situações jurídicas e de previsibilidade de comportamento do Estado-juiz".[18]

O princípio da segurança jurídica repercute direta e indiretamente em outras normas jurídicas: por efeito direto, a segurança jurídica integra elementos que não estariam previstos em subprincípios ou regras, de modo que a aplicação de uma regra que gere incerteza ou imprevisibilidade deve ser adaptada às exigências do princípio da segurança jurídica; e por efeito indireto, o princípio da segurança jurídica possui função interpretativa, de modo que a construção da norma a partir do texto legal poderá ter seu sentido ampliado ou restringido de acordo com o mandamento que melhor se compatibiliza com a segurança jurídica.[19]

realidade. Dizer que os Tribunais Superiores exercem a função nomofilática pura é quase uma ficção jurídica" (ALVIM, Teresa Arruda. Papel criativo da jurisprudência, precedentes e formas de vinculação. **Revista de Processo**, São Paulo, v. 333, p. 373-405, nov. 2022).

17 ZANETI JR., Hermes. **O valor vinculante dos precedentes**: teoria dos precedentes normativos formalmente vinculantes. 2. ed. Salvador: JusPodivm, 2016, p. 290-291.

18 LUCON, Paulo Henrique dos Santos. Segurança jurídica no Novo CPC. In: LUCON, Paulo Henrique dos Santos; OLIVEIRA, Pedro Miranda de (coord.), **Panorama atual do Novo CPC**, Florianópolis: Empório do Direito, 2016, p. 328.

19 LUCON, Paulo Henrique dos Santos. Segurança jurídica no Novo CPC. In: LUCON, Paulo Henrique dos Santos; OLIVEIRA, Pedro Miranda de (coord.), **Panorama atual do Novo CPC**, Florianópolis: Empório do Direito, 2016, p. 328-329. No que se refere a esta função interpretativa do princípio da segurança jurídica, Humberto Ávila afirma: "dentre os seus vários sentidos possíveis, deve o intérprete escolher aquele que seja mais fortemente suportado pelo sobreprincípio da segurança jurídica, [...] [que,] na sua relação vertical com as normas que o concretizam, serve de critério interpretativo a fim de lhes atribuir significado compatível com os ideais de cognoscibilidade, de confiabilidade e de calculabilidade do direito" (ÁVILA, Humberto. **Segurança jurídica**: entre permanência, mudança e realização no direito tributário. 2. ed. São Paulo: Malheiros, 2012, p. 641-642).

Para se evitar a generalidade na utilização do conceito, a segurança jurídica apresenta dois elementos fundamentais: de um lado, a previsibilidade, consistente no conhecimento das consequências das ações do cidadão, o que pressupõe a univocidade quanto à qualificação das situações jurídicas; de outro, a estabilidade da ordem jurídica, que deve conter um mínimo de continuidade, seja legislativa, seja jurisprudencial.[20]

Conforme destaca José Rogério Cruz e Tucci, a unificação de entendimentos por força dos precedentes é de grande importância sob esse aspecto porque "pela ótica da segurança jurídica, qualquer divergência de entendimento dentro de um mesmo tribunal passa a ter interesse público",[21] havendo, inclusive, um custo social e econômico sempre que um novo precedente substitui a orientação anteriormente adotada pelos tribunais.[22]

Nessa linha de confiabilidade e calculabilidade, a estabilidade e a previsibilidade do direito jurisprudencial, na sua acepção de entendimento majoritário em uma determinada corte,[23] exigem a correta in-

---

20 MARINONI, Luiz Guilherme. **Precedentes obrigatórios**. São Paulo: Revista dos Tribunais, 2010, p. 123-124.

21 CRUZ E TUCCI, José Rogério. **Precedente judicial como fonte do direito**. São Paulo: Revista dos Tribunais, 2004, p. 264.

22 "Na verdade, a incerteza que nasce do advento de um novo precedente em substituição à orientação consolidada, acarreta um custo social e econômico elevadíssimo, mesmo nos sistemas que não conhecem força vinculante da jurisprudência, uma vez que a situação de incerteza gerada pela mudança somente poderá ser eliminada depois de um período relativamente considerável para que seja consolidada a *nova regula* (CRUZ E TUCCI, José Rogério. **Precedente judicial como fonte do direito**. São Paulo: Revista dos Tribunais, 2004, p. 311).

23 CARNEIRO JÚNIOR, Amilcar Araújo. **A contribuição dos precedentes judiciais para a efetividade dos direitos fundamentais**. Brasília: Gazeta Jurídica, 2012, p. 145. Para as diversas acepções da palavra "jurisprudência", ver: MANCUSO, Rodolfo de Camargo. **Divergência jurisprudencial e súmula vinculante**. 3. ed. São Paulo: Revista dos Tribunais, 2007, p. 34-35. Em síntese conclusiva, Luiz Alberto Gurgel de Faria e Isabela Medeiros Gurgel de Faria assim expressam a relação entre segurança jurídica e o sistema de precedentes brasileiros: "Tornou-se necessário, assim, para que casos que compartilhassem os mesmos fatos relevantes fossem julgados do mesmo modo e para garantir o princípio da segurança jurídica, estabelecer uma estratégia que garantisse a cognoscibilidade, confiabilidade e calculabilidade. Nesse sentido, mostrou-se fundamental no Brasil a adoção [de] sistema de precedentes, o que foi possível em razão da globalização e da evolução dos sistemas jurídicos, embora tradicionalmente a observância ao que foi previamente decidido seja entendida como uma característica do *common law*. Assim, no

terpretação e aplicação das normas criadas pela jurisprudência.[24] Cabe aos magistrados demonstrar a aplicação ou não dos precedentes no caso concreto, cotejando as particularidades do caso e a *ratio decidendi* estabelecida no caso paradigma, justificando a existência ou não de similitude fática (*distinguishing*) ou mesmo a superação (*overruling*) do entendimento.[25] O *overruling* consiste na técnica de "superação de um entendimento anterior sobre o mesmo objeto agora em julgamento", fortalecendo o *stare decisis* por se tratar de técnica regulada do próprio

---

Brasil, país que historicamente valoriza o texto legal, foi uma lei, o CPC/2015, que instituiu o sistema de precedentes e determinou que o respeito às decisões se relaciona intrinsecamente com o Supremo Tribunal Federal e o Superior Tribunal de Justiça" (FARIA, Luiz Alberto Gurgel de; FARIA, Isabela Medeiros Gurgel de. A implementação do sistema de precedentes no Brasil e a efetivação do princípio da segurança jurídica. In: MENDES, Gilmar Ferreira; PINHEIRO, Victor Marcel (coord.), **Súmulas, teses e precedentes**: estudos em homenagem a Roberto Rosas, Rio de Janeiro: GZ, 2023, p. 367).

---

24 Nesse sentido: "[a] previsibilidade, a igualdade e outras consequências, no entanto, derivam da unidade do direito, ou seja, da instituição de um precedente dotado de autoridade. O precedente revela algo que é autônomo diante da lei, que dela não é mera consequência lógica. Fundamentos que explicam o sentido outorgado ao texto da lei, a declaração da sua validade ou invalidade, ou ainda a admissão da validade de determinada interpretação em detrimento de outra, certamente constituem algo que se insere numa ordem jurídica de maior amplitude, integrada pelas leis e pelos precedentes judiciais. A unidade do direito é o resultado de um sistema de precedentes obrigatórios e reflete a coerência da ordem jurídica, viabilizando a previsibilidade e o tratamento uniforme de casos similares. O precedente, portanto, é um valor em si, pois é algo indispensável para que se tenha unidade do direito e uma ordem jurídica coerente, requisitos para a racionalidade do direito" (MARINONI, Luiz Guilherme. **A ética dos precedentes**: justificativa do novo CPC. São Paulo: Revista dos Tribunais, 2014, p. 103). Ainda: "[c]omo não há dúvida que o significado do direito depende do Judiciário, é evidentemente impossível admitir uma pluralidade de sentidos a um texto legal ou uma variedade de formas para concretizar um mesmo texto de caráter aberto. Se o direito é 'produzido' pelo Judiciário, é inadmissível e ilógico supor que cada juiz ou tribunal possa produzir o seu próprio direito, sem qualquer compromisso com a coerência da ordem jurídica. Essa é frutificada nas decisões do Judiciário, de modo que uma multiplicidade de decisões para casos ou questões similares não tem como não causar desordem" (MARINONI, Luiz Guilherme. **O STJ enquanto corte de precedentes**. São Paulo: Revista dos Tribunais, 2013, p. 167).

25 LUCON, Paulo Henrique dos Santos. Segurança jurídica no Novo CPC. In: LUCON, Paulo Henrique dos Santos; OLIVEIRA, Pedro Miranda de (coord.), **Panorama atual do Novo CPC**, Florianópolis: Empório do Direito, 2016, p. 341.

sistema para permitir a evolução dos entendimentos,[26] enquanto o *distinguishing* é técnica de identificação de diferenças relevantes que impeçam a aplicação da *ratio decidendi* do precedente originário ao caso futuro.[27]

Essa circunstância foi contemplada no Código de Processo Civil de 2015, cujo artigo 926 procura orientar a administração da justiça no sentido de promover a segurança jurídica, a previsibilidade e a igualdade do jurisdicionado,[28] impondo aos tribunais o dever de uniformização de jurisprudência, mantendo-a estável (isto é, que se modifica apenas quando reconhecidas incongruências sociais e inconsistências sistêmicas), íntegra (isto é, observadora do ordenamento jurídico como um todo) e coerente (dever de o magistrado observar o teor das suas próprias decisões).[29] Assim, passemos a analisamos o tratamento do tema na nova lei processual.

4. Precedente judicial e graus de vinculação do Código de Processo Civil

Sob o prisma doutrinário, há uma variada tipologia sobre a classificação de precedentes judiciais de acordo com seus distintos graus de vinculação. Analisando essa tipologia, a denominada "jurisprudência

26 Nesse sentido: "Não se quer afirmar que o *overruling* é prática sempre deletéria. Cuida-se de importante mecanismo para eliminar regras jurídicas ineficientes e substituí-las por normas mais consentâneas com a evolução dos tempos. É, portanto, característica essencial de um sistema jurídico funcional, malgrado excepcional" (FUX, Luiz. Os precedentes judiciais e realização da eficiência no CPC de 2015. In: MENDES, Gilmar Ferreira; PINHEIRO, Victor Marcel (coord.), **Súmulas, teses e precedentes**: estudos em homenagem a Roberto Rosas, Rio de Janeiro: GZ, 2023, p. 387).

27 PEIXOTO, Ravi. **Superação do precedente e segurança jurídica**. Salvador: JusPodivm, 2015, p. 213-215.

28 Nesse sentido: "Ademais, a jurisprudência consolidada garante a igualdade dos cidadãos perante a distribuição da justiça, porque situações análogas devem ser julgadas do mesmo modo, sobretudo no Brasil, em que há grande número de tribunais. O tratamento desigual é forte indício de injustiça em pelo menos um dos casos" (CRUZ E TUCCI, José Rogério. Regime do precedente judicial no atual sistema processual brasileiro. In: MENDES, Gilmar Ferreira; PINHEIRO, Victor Marcel (coord.), **Súmulas, teses e precedentes**: estudos em homenagem a Roberto Rosas, Rio de Janeiro: GZ, 2023, p. 352).

29 LUCON, Paulo Henrique dos Santos. Segurança jurídica no Novo CPC. In: LUCON, Paulo Henrique dos Santos; OLIVEIRA, Pedro Miranda de (coord.), **Panorama atual do Novo CPC**, Florianópolis: Empório do Direito, 2016, p. 341.

persuasiva" não deve ser tratada na categoria de precedentes (no sentido empregado no presente texto)[30] e propõe que os precedentes normativos sejam divididos conforme as categorias abaixo:

i. vinculantes: representam uma "presunção a favor do precedente", com caráter normativo, permitindo a impugnação de decisões contrárias ao precedente diante dos tribunais superiores (aplicação do caso-precedente sem sentido vertical, isto é, do órgão hierarquicamente inferior para o órgão hierarquicamente superior), mas admitindo, horizontalmente (isto é, dentro do próprio órgão), sua distinção, afastamento ou superação "em face do caso-atual nas razões de decidir" sem a exigência de quórum qualificado para tanto. Trata-se da única categoria que admite superação (*overruling*) pelos órgãos hierarquicamente inferiores;[31]

ii. formalmente vinculantes: trazem consigo uma vinculatividade *de iure*, isto é, há uma obrigatoriedade legal de que a corte siga seus próprios precedentes (vinculação horizontal) e que as cortes inferiores sigam os precedentes das superiores (vinculação vertical). É possível a distinção, afastamento ou superação do precedente; a diferença desta categoria com a descrita acima é a "obrigatoriedade formal de levar os casos precedentes em consideração";[32] e

iii. formalmente vinculantes fortes: estes também trazem consigo uma vinculatividade *de iure*, mas admitem a impugnação por via

30 Nesse sentido, ZANETI JR., Hermes. **O valor vinculante dos precedentes**: teoria dos precedentes normativos formalmente vinculantes. 2. ed. Salvador: JusPodivm, 2016, p. 323-325. Esse aspecto também foi observado por José Rogério Cruz e Tucci, que assim aborda os precedentes persuasivos: "[r]ealmente, entendemos também que os precedentes judiciais constituem valioso subsídio que auxilia a hermenêutica de casos concretos, embora careçam de força vinculante. É importante relevar, a tal propósito, a constante possibilidade de revisão da jurisprudência sedimentada não apenas por iniciativa dos órgãos jurisdicionais, mas, igualmente, por provocação das partes interessadas. Ademais, cabe aos magistrados outorgar aos precedentes dos tribunais superiores revestidos da marca de definitividade o valor e a influência aptos a orientar os órgãos inferiores e não desrespeitar, sem justificação plausível, a função nomofilácica àqueles atribuída pela Constituição Federal" (CRUZ E TUCCI, José Rogério. **Precedente judicial como fonte do direito**. São Paulo: Revista dos Tribunais, 2004, p. 277).

31 ZANETI JR., Hermes. **O valor vinculante dos precedentes**: teoria dos precedentes normativos formalmente vinculantes. 2. ed. Salvador: JusPodivm, 2016, p. 325-326.

32 ZANETI JR., Hermes. **O valor vinculante dos precedentes**: teoria dos precedentes normativos formalmente vinculantes. 2. ed. Salvador: JusPodivm, 2016, p. 325-326.

recursal e por via autônoma *per saltum*, além de exigir quórum qualificado para a superação do referido precedente pelo próprio tribunal que o editou.[33]

Do ponto de visa legal, o Código de Processo Civil de 2015 consolida a relevância dos precedentes após uma longa evolução normativa legislativa, considerando as sucessivas alterações no Código de Processo Civil de 1973 e na Constituição Federal, passando pela promulgação da Lei n° 8.038/90.[34] No cenário atual, a falta de observância do precedente acarreta consequências processuais,[35] na medida em que a lei processual não dá margem para que o julgador deixe de aplicar a regra – salvo,

33 ZANETI JR., Hermes. **O valor vinculante dos precedentes**: teoria dos precedentes normativos formalmente vinculantes. 2. ed. Salvador: JusPodivm, 2016, p. 326.

34 Para esse histórico, ver: LUCON, Paulo Henrique dos Santos; RODRIGUES, Rafael Ribeiro. Recursos extraordinário e especial repetitivos: antecedentes e novidades no CPC/2015. In: LUCON, Paulo Henrique dos Santos; OLIVEIRA, Pedro Miranda de (coord.), **Panorama atual do Novo CPC**: volume 2, Florianópolis: Empório do Direito, 2017, p. 400-402.

35 "A palavra 'observarão' significa que o órgão julgador, durante o desempenho da atividade jurisdicional, deverá atentamente levar em consideração o precedente ou a súmula que possa de alguma forma corresponder ao caso em exame. Não observar o padrão decisório poderá trazer graves consequências processuais (*v.g.*, nulidade da decisão por não estar fundamentada)" (CARVALHO, Fabiano. Comentários ao artigo 926 do CPC. In: GOUVÊA, José Roberto; BONDIOLI, Luiz Guilherme; FONSECA, João Francisco (coord.), **Comentários ao Código de Processo Civil**: volume XIX (artigos 926 a 993), São Paulo: Saraiva, 2022, p. 47). Ainda, para uma análise do termo "observação", a crítica feita por André Ramos Tavares: "O que significa a fórmula 'observarão' em termos de regime e efeitos jurídicos? A falta de didática aqui leva ao obscurantismo da generalização legislativa. Se 'observarão' significa uma perspectiva de meramente propor a *análise* obrigatória, sem, porém, obrigar efetivamente, quer dizer, sem vincular (tomada a palavra em termos rigorosos, como aplicada no processo constitucional), ou seja, caso para atender ao dispositivo baste verificar e referir antes de decidir, pouco esse dispositivo agrega. Se se pretendeu ir além, vinculando efetivamente, haverá inconstitucionalidade dos incisos III a IV e parte do inc. I (na ação concentrada mas interventiva), já que não constam da Constituição do Brasil. Se o dispositivo apenas promove o efeito impeditivo da admissibilidade de recursos (art. 932, IV e suas três alíneas com múltiplas hipóteses de impedimento recursal), não compareceu a didática legislativa esperada na atual quadra, pois permanece a dúvida sobre o alcance deste dispositivo e de seu imperativo 'observarão' " (TAVARES, André Ramos. **Comentários ao artigo 927 do CPC**. In: MARCATO, Antonio Carlos (coord.), Código de Processo Civil interpretado, São Paulo: Atlas, 2022, p. 1485).

evidentemente, se o julgador realizar o cotejo fático e justificar que o precedente obrigatório não se aplica ao caso concreto, cotejo este que deve ser realizado também para a demonstração de aplicação do precedente obrigatório ao caso,[36] sempre com a observância do artigo 10 do Código de Processo Civil para evitar a aplicação de um dado precedente sem debate prévio entre as partes.[37] Assim, "um magistrado não tem o direito de não respeitar a orientação de um tribunal superior, sob o argumento, por exemplo, de que é livre para formar seu convencimento, porque isso acarreta uma série de prejuízos para o sistema: além de violar a igualdade, a não observância dos precedentes resulta em violação à economia processual, já que a parte prejudicada terá o ônus de se valer, então, das vias adequadas para fazer valer a norma jurisprudencial desrespeitada. [...] Observar o teor de um precedente judicial é tão necessário para a justiça de uma decisão quanto à aplicação adequada de uma norma legal".[38]

Atualmente, paralelamente à regulação prevista na lei processual, vigora a súmula vinculante do Supremo Tribunal Federal, que foi incluída na Constituição Federal (artigo 103-A) pela Emenda Constitucional n° 45/2004 e objetiva[39] fixar uma tese *in abstrato* sobre normas e com

---

36 "Algo muito comum, no campo da fundamentação das decisões judiciais, é a invocação pura e simples do precedente ou da súmula. Porém, tal menção lacônica ao padrão decisório não satisfaz a exigência do disposto no *caput* do art. 927. Recorde-se que o Código reputa não motivada qualquer decisão judicial, seja ela interlocutória, sentença ou acórdão, que se limitar a invocar precedente ou enunciado de súmula, sem identificar seus fundamentos determinantes nem demonstrar que o caso sob julgamento se ajusta àqueles fundamentos ou deixar de seguir enunciado de súmula, jurisprudência ou precedente invocado pela parte, sem demonstrar a existência de distinção no caso em julgamento ou a superação do entendimento (art. 489, §1°, V e VI)" (CARVALHO, Fabiano. Comentários ao artigo 926 do CPC. In: GOUVÊA, José Roberto; BONDIOLI, Luiz Guilherme; FONSECA, João Francisco (coord.), **Comentários ao Código de Processo Civil**: volume XIX (artigos 926 a 993), São Paulo: Saraiva, 2022, p. 47).

37 LUCON, Paulo Henrique dos Santos. Segurança jurídica no Novo CPC. In: LUCON, Paulo Henrique dos Santos; OLIVEIRA, Pedro Miranda de (coord.), **Panorama atual do Novo CPC**, Florianópolis: Empório do Direito, 2016, p. 343.

38 LUCON, Paulo Henrique dos Santos. Segurança jurídica no Novo CPC. In: LUCON, Paulo Henrique dos Santos; OLIVEIRA, Pedro Miranda de (coord.), **Panorama atual do Novo CPC**, Florianópolis: Empório do Direito, 2016, p. 342.

39 Sobre a redação do artigo 103-A da Constituição Federal, veja-se a observação de Amilcar Araújo Carneiro Júnior: "[o] dispositivo constitucional já havia regulado de modo minudente o objeto da súmula, não podendo ser anda acrescentado ou

observância obrigatória pelo Poder Judiciário e pela Administração Pública.[40] Trata-se do principal marco normativo anterior ao atual Código de Processo Civil que ainda está em vigor no que tange à atuação normativa em abstrato dos tribunais brasileiros – no caso, da própria Corte Constitucional –, embora, como observa a doutrina, não tenha se tratado de um "salto histórico", haja vista os diversos instrumentos que já vinham sendo adotados na legislação brasileira antes da promulgação da referida emenda.[41]

No que tange aos graus de vinculatividade, apesar da indicação doutrinária sobre a vinculação dos precedentes indicados no artigo 927 do Código de Processo Civil, há o entendimento de que os precedentes constantes do referido dispositivo devem ser distinguidos inclusive quanto à possibilidade de gerar efeito vinculante. Nesse sentido, José Rogério Cruz e Tucci observa: "[...] salta aos olhos o lamentável equívoco constante desse dispositivo, que impõe aos magistrados, de forma cogente – 'os tribunais observarão' –, submissão aos mencionados pronunciamentos, como se todos aqueles arrolados tivessem a mesma força vinculante vertical. É evidente que os acórdãos proferidos nos incidentes de assunção de competência e de resolução de demandas repetitivas, nos julgamentos de recursos extraordinário e especial repetitivos, as súmulas do Supremo Tribunal Federal em matéria infraconstitucional, e, ainda, a orientação do plenário ou do órgão especial dos tribunais aos quais estiverem subordinados os julgamentos, à luz do regime constitucional vigente, *não* ostentam força vinculante. Daí, em princí-

retirado. Apesar de, no dispositivo constitucional, ter se referido ao termo objetivo, cuida-se de uma impropriedade, pois o mais correto é dizer que tem como objeto a validade, a interpretação e a eficácia de normas determinadas, acerca das quais exista controvérsia atual, entre órgãos judiciários ou entre esses e a Administração Pública, que acarrete grave insegurança jurídica e relevante multiplicação de processos sobre questões idênticas" (CARNEIRO JÚNIOR, Amilcar Araújo. **A contribuição dos precedentes judiciais para a efetividade dos direitos fundamentais**. Brasília: Gazeta Jurídica, 2012, p. 256).

40 CARVALHO, Fabiano. Comentários ao artigo 926 do CPC. In: GOUVÊA, José Roberto; BONDIOLI, Luiz Guilherme; FONSECA, João Francisco (coord.), **Comentários ao Código de Processo Civil**: volume XIX (artigos 926 a 993), São Paulo: Saraiva, 2022, p. 40.

41 ALVIM, Teresa Arruda. Estabilidade e adaptabilidade como objetivos do direito: *civil law* e *common law*. **Revista de Processo**, São Paulo, v. 172, p. 121-174, jun. 2009.

pio, a inconstitucionalidade *prima facie* da regra examinada, visto que a Constituição Federal, no art. 103-A, reserva efeito vinculante apenas e tão somente às súmulas fixadas pelo Supremo, mediante devido processo com quórum de dois terços, e, ainda, aos julgados originados de controle direto de constitucionalidade".[42]

Passa-se, assim, a analisar a regra do artigo 927 do Código de Processo Civil, que enumera os precedentes com carga vinculativa e de observância obrigatória pelos juízes e tribunais.[43]

O inciso I do artigo 927 estabelece a obrigatoriedade de aplicação das "decisões do Supremo Tribunal Federal em controle concentrado de constitucionalidade", proferidas no âmbito das ações diretas de constitucionalidade e de inconstitucionalidade e das arguições de descumprimento de preceito fundamental. Trata-se de hipótese que, mesmo para a doutrina que rejeita a vinculatividade de todo o rol do artigo 927, possui indubitável vinculação a casos futuros no ordenamento jurídico brasileiro.

A doutrina observa que a redação do artigo 927, inciso I do Código de Processo Civil é distinta daquela trazida pelo §2º do artigo 102 da Constituição Federal,[44] que estabelece a eficácia vinculante de determinadas decisões definitivas de mérito. Segundo Fabiano Carvalho, essa diferença justamente porque o artigo 102, §2º da Constituição Federal trata da eficácia erga omnes da coisa julgada formada em tais decisões, enquanto o artigo 927, inciso I do Código de Processo Civil direciona a vinculatividade à *ratio decidendi* que se extrai da fundamentação e que

42 CRUZ E TUCCI, José Rogério. Comentários ao artigo 927 do CPC. In: BUENO, Cassio Scarpinella (coord.), **Comentários ao Código de Processo Civil**: volume 4 (artigos 926 a 1.072), São Paulo: Saraiva, 2017, p. 30.

43 "Nota-se que a vinculação aos precedentes arrolados no art. 927, portanto, de caráter incontestavelmente normativo, junta-se, verdadeiramente, ao rol dos filtros processuais recursais, de modo que a força do comando 'devem' traduz no estabelecimento vertical da uniformidade racional realizadora do *decisum* [...]". V. GAIO JÚNIOR, Antônio Pereira. Código de Processo Civil brasileiro e os meios de controle jurisdicional para o respeito aos efeitos vinculantes das decisões judiciais (precedentes normativos). **Revista de Processo**, São Paulo, v. 292, p. 323-356, jun. 2019.

44 Art. 102. [...] § 2º As decisões definitivas de mérito, proferidas pelo Supremo Tribunal Federal, nas ações diretas de inconstitucionalidade e nas ações declaratórias de constitucionalidade produzirão eficácia contra todos e efeito vinculante, relativamente aos demais órgãos do Poder Judiciário e à administração pública direta e indireta, nas esferas federal, estadual e municipal.

constitui o âmago do precedente, em linha com o já explicado acima no que diz respeito à função da *ratio decidendi* nos precedentes (em especial, nos de observância obrigatória).[45]

O inciso II do artigo 927 do Código de Processo Civil estabelece a obrigatoriedade de aplicação dos "enunciados de súmula vinculante" elaborada pelo Supremo Tribunal Federal. Essa previsão pode ser combinada com a do inciso IV do artigo 927, que estabelece a observação obrigatória dos "enunciados das súmulas do Supremo Tribunal Federal em matéria constitucional e do Superior Tribunal de Justiça em matéria infraconstitucional".

O inciso III do artigo 927 do Código de Processo Civil estabelece a obrigatoriedade de aplicação dos "acórdãos em incidente de assunção de competência ou de resolução de demandas repetitivas e em julgamento de recursos extraordinário e especial repetitivos". No caso do incidente de resolução de demandas repetitivas, o tribunal, ao julgá-lo, deverá fixar uma tese de direito que deverá ser observada em todos os processos pendentes ou futuros que discutam a mesma questão de direito[46] – devendo-se adotar esta mesma lógica para o incidente de assunção de competência e para os recursos extraordinário e especial repetitivos. Na verdade, "[h]á na decisão dos casos repetitivos um duplo discurso: o discurso do caso e o discurso dos precedentes" e a atribuição de obrigatoriedade de observância à decisão proferida em caso repetitivo exige os requisitos quanto aos fundamentos determinantes (*ratio decidendi*) e o respeito às exceções de aplicação desses precedentes, caracterizadas pela distinção (*distinguishing*) e superação (*overruling*).[47]

---

45 CARVALHO, Fabiano. Comentários ao artigo 926 do CPC. In: GOUVÊA, José Roberto; BONDIOLI, Luiz Guilherme; FONSECA, João Francisco (coord.), **Comentários ao Código de Processo Civil**: volume XIX (artigos 926 a 993), São Paulo: Saraiva, 2022, p. 50.

46 THEODORO JÚNIOR, Humberto. Incidente de resolução de demandas repetitivas: natureza e função. In: MENDES, Aluísio Gonçalves de Castro; DINAMARCO, Cândido Rangel; PINHO, Humberto Dalla Bernardina de; FUX, Luiz (coord.), **Estudos de direito processual em homenagem a Paulo Cezar Pinheiro Carneiro**, Rio de Janeiro: LMJ Mundo Jurídico, 2019, p. 514.

47 ZANETI JR., Hermes. Os casos repetitivos no Brasil: notas sobre a agregação de litígios, o processo coletivo e os precedentes vinculantes no CPC/2015. **Revista Iberoamericana de Derecho Procesal**, São Paulo, v. 7, p. 225-246, jan./jun. 2018. Para questões sobre a vinculatividade das decisões nessa hipótese, ver: THEODORO JÚNIOR, Humberto. Jurisprudência e precedentes vinculantes no novo Código de Processo Civil – demandas repetitivas. **Revista de Processo**, São Paulo, v. 255, p. 359-372, mai. 2016.

Por fim, o inciso V do artigo 927 do Código de Processo Civil estabelece a obrigatoriedade de aplicação da "orientação do plenário ou do órgão especial aos quais estiverem vinculados".[48] Este caso insere-se na crítica já mencionada de José Rogério Cruz e Tucci de que seria inconstitucional exigir dos juízes a observância de tais decisões.[49]

Portanto, a consolidação promovida pelo Código de Processo Civil de 2015 reforça a evolução da relevância dos precedentes no Brasil, embora ainda persistam dúvidas quanto à sua efetiva vinculatividade e identifique-se que diferentes *subfontes* (dentro da categoria de *fonte* precedente judicial) originem diversos graus de força vinculante.

5. Conclusão

Em síntese, o presente ensaio apresenta as seguintes conclusões:

o precedente judicial objetiva a racionalização da aplicação do direito, a partir da doutrina do *stare decisis*. O núcleo do precedente é a *ratio decidendi*, relacionada com o motivo determinante da decisão e possui um grau de generalização em relação ao precedente que a originou;

os precedentes são um dos instrumentos jurídicos para a realização do princípio da segurança jurídica, preocupando-se com a previsibilidade das decisões judiciais e a estabilidade da ordem jurídica, promovendo confiabilidade e calculabilidade ao sistema e a igualdade; e

os precedentes judiciais admitem diversas tipologias de classificação a partir dos seus distintos graus de vinculação. Na lei brasileira, ao lado da súmula vinculante do Supremo Tribunal Federal, o Código de Processo Civil de 2015 buscou consolidar longa evolução legislativa no tema e passou a organizar os precedentes obrigatórios, conforme artigos 926 e 927 do diploma legal, ainda que eles contemplem, em si, distintos graus de vinculação.

---

48 Anote-se que "a palavra 'orientação' ostenta o sentido de pronunciamento colegiado, i.e., 'acórdão'" (CARVALHO, Fabiano. Comentários ao artigo 926 do CPC. In: GOUVÊA, José Roberto; BONDIOLI, Luiz Guilherme; FONSECA, João Francisco (coord.), **Comentários ao Código de Processo Civil**: volume XIX (artigos 926 a 993), São Paulo: Saraiva, 2022, p. 51).

49 CRUZ E TUCCI, José Rogério. Comentários ao artigo 927 do CPC. In: BUENO, Cassio Scarpinella (coord.), **Comentários ao Código de Processo Civil**: volume 4 (artigos 926 a 1.072), São Paulo: Saraiva, 2017, p. 30.

6. Bibliografia

ALVIM, Teresa Arruda. Estabilidade e adaptabilidade como objetivos do direito: *civil law* e *common law*. **Revista de Processo**, São Paulo, v. 172, p. 121-174, jun. 2009.

________. Papel criativo da jurisprudência, precedentes e formas de vinculação. **Revista de Processo**, São Paulo, v. 333, p. 373-405, nov. 2022.

ANDREWS, Neil. **O moderno processo civil**: formas judiciais e alternativas de resolução de conflitos na Inglaterra [tradução de Teresa Arruda Alvim]. 2. ed. São Paulo: Revista dos Tribunais, 2012.

ÁVILA, Humberto. **Segurança jurídica**: entre permanência, mudança e realização no direito tributário. 2. ed. São Paulo: Malheiros, 2012.

CARNEIRO JÚNIOR, Amilcar Araújo. **A contribuição dos precedentes judiciais para a efetividade dos direitos fundamentais**. Brasília: Gazeta Jurídica, 2012.

CARVALHO, Fabiano. Comentários ao artigo 926 do CPC. In: GOUVÊA, José Roberto; BONDIOLI, Luiz Guilherme; FONSECA, João Francisco (coord.), **Comentários ao Código de Processo Civil**: volume XIX (artigos 926 a 993), São Paulo: Saraiva, 2022.

CRUZ E TUCCI, José Rogério. Comentários ao artigo 927 do CPC. In: BUENO, Cassio Scarpinella (coord.), **Comentários ao Código de Processo Civil**: volume 4 (artigos 926 a 1.072), São Paulo: Saraiva, 2017.

________. **Precedente judicial como fonte do direito**. São Paulo: Revista dos Tribunais, 2004.

________. Regime do precedente judicial no atual sistema processual brasileiro. In: MENDES, Gilmar Ferreira; PINHEIRO, Victor Marcel (coord.), **Súmulas, teses e precedentes**: estudos em homenagem a Roberto Rosas, Rio de Janeiro: GZ, 2023.

FARIA, Luiz Alberto Gurgel de; FARIA, Isabela Medeiros Gurgel de. A implementação do sistema de precedentes no Brasil e a efetivação do princípio da segurança jurídica. In: MENDES, Gilmar Ferreira; PINHEIRO, Victor Marcel (coord.), **Súmulas, teses e precedentes**: estudos em homenagem a Roberto Rosas, Rio de Janeiro: GZ, 2023.

FUX, Luiz. Os precedentes judiciais e realização da eficiência no CPC de 2015. In: MENDES, Gilmar Ferreira; PINHEIRO, Victor Marcel (coord.), **Súmulas, teses e precedentes**: estudos em homenagem a Roberto Rosas, Rio de Janeiro: GZ, 2023.

GAIO JÚNIOR, Antônio Pereira. Código de Processo Civil brasileiro e os meios de controle jurisdicional para o respeito aos efeitos vinculantes das decisões judiciais (precedentes normativos). **Revista de Processo**, São Paulo, v. 292, p. 323-356, jun. 2019.

LUCON, Paulo Henrique dos Santos. Segurança jurídica no Novo CPC. In: LUCON, Paulo Henrique dos Santos; OLIVEIRA, Pedro Miranda de (coord.), **Panorama atual do Novo CPC**, Florianópolis: Empório do Direito, 2016.

LUCON, Paulo Henrique dos Santos; RODRIGUES, Rafael Ribeiro. Recursos extraordinário e especial repetitivos: antecedentes e novidades no CPC/2015. In: LUCON, Paulo Henrique dos Santos; OLIVEIRA, Pedro Miranda de (coord.), **Panorama atual do Novo CPC**: volume 2, Florianópolis: Empório do Direito, 2017.

MANCUSO, Rodolfo de Camargo. **Divergência jurisprudencial e súmula vinculante**. 3. ed. São Paulo: Revista dos Tribunais, 2007.

MARINONI, Luiz Guilherme. **A ética dos precedentes**: justificativa do novo CPC. São Paulo: Revista dos Tribunais, 2014.

________. **O STJ enquanto corte de precedentes**. São Paulo: Revista dos Tribunais, 2013.

________. **Precedentes obrigatórios**. São Paulo: Revista dos Tribunais, 2010.

MENDES, Aluísio Gonçalves de Castro. Breves anotações sobre o sistema brasileiro de precedentes. In: MENDES, Gilmar Ferreira; PINHEIRO, Victor Marcel (coord.), **Súmulas, teses e precedentes**: estudos em homenagem a Roberto Rosas, Rio de Janeiro: GZ, 2023.

PARENTE, Eduardo de Albuquerque. **Jurisprudência**: da divergência à uniformização. São Paulo: Atlas, 2006.

PEIXOTO, Ravi. **Superação do precedente e segurança jurídica**. Salvador: JusPodivm, 2015.

TAVARES, André Ramos. Comentários ao artigo 927 do CPC. In: MARCATO, Antonio Carlos (coord.), **Código de Processo Civil interpretado**, São Paulo: Atlas, 2022.

THEODORO JÚNIOR, Humberto. Incidente de resolução de demandas repetitivas: natureza e função. In: MENDES, Aluísio Gonçalves de Castro; DINAMARCO, Cândido Rangel; PINHO, Humberto Dalla Bernardina de; FUX, Luiz (coord.), **Estudos de direito processual em homenagem a Paulo Cezar Pinheiro Carneiro**, Rio de Janeiro: LMJ Mundo Jurídico, 2019.

________. Jurisprudência e precedentes vinculantes no novo Código de Processo Civil – demandas repetitivas. **Revista de Processo**, São Paulo, v. 255, p. 359-372, mai. 2016.

ZANETI JR., Hermes. **O valor vinculante dos precedentes**: teoria dos precedentes normativos formalmente vinculantes. 2. ed. Salvador: JusPodivm, 2016.

_______. Os casos repetitivos no Brasil: notas sobre a agregação de litígios, o processo coletivo e os precedentes vinculantes no CPC/2015. **Revista Iberoamericana de Derecho Procesal**, São Paulo, v. 7, p. 225-246, jan./jun. 2018.

A NATUREZA MORAL DO DANO PRESUMIDO DECORRENTE DO ABUSO DE PROCESSO

DESCOLAMENTOS DA RAZOÁVEL DURAÇÃO DO PROCESSO E REFLEXÕES SOBRE A APLICAÇÃO DE MULTA E DE INDENIZAÇÃO NAS HIPÓTESES DE LITIGÂNCIA DE MÁ-FÉ

Plínio Salles Guazzone[1]

SUMÁRIO: I. Introdução. **II.** Generalidades conceituais. **II.1.** Princípios que permeiam o tema. O interesse das partes *versus* a efetividade e a duração razoável do processo. **II.2.** Breves considerações acerca da teoria do abuso do processo. **III.** Espécies de sanções e a disciplina do CPC. **IV.** O entendimento do stj sobre a aplicação da indenização por litigância de má-fé e a desnecessidade de comprovação do prejuízo. **V.** O dano moral decorrente do abuso processual: a natureza do dano presumido. **VI.** Conclusões. **VII.** Bibliografia.

I. Introdução

A conduta das partes no curso de um processo judicial, para além de determinar os resultados e o deslinde do mérito de um caso específico, pode, inquestionavelmente, gerar efeitos que extrapolam o direito incialmente discutido numa demanda. São os casos em que a própria conduta processual do litigante, por sua natureza ou objetivos inerentes, é apta gerar por si só efeitos jurídicos que transcendem à lide propriamente dita, causando danos à parte adversa e à própria administração da justiça.

Nesse contexto, a responsabilização das partes pelos danos processuais é tema de grande relevância e que tem despertado acalorados debates na doutrina e nos tribunais.

Por óbvio, ao submeterem seus interesses e pretensões ao Estado-Juiz, as Partes sujeitam-se a uma série de deveres e regras que disciplinam a legalidade de suas condutas processuais. De outro lado, não se pode esquecer que as partes litigam em defesa de seus interesses próprios, é dizer, que buscam, por meio da escolha de determinadas es-

1 Mestre em direito processual civil (USP)

tratégias processuais, encontrar situações que lhes favoreçam e que corroborem com seus aludidos direitos.

Num cenário em que os deveres de lealdade, boa fé e de veracidade convivem com a disputa de interesses antagônicos dos litigantes, traçar os limites da legalidade da conduta processual, de forma a rotular o exercício do direito de ação, ou do direito de defesa, como legal ou ilegal, configura na grande maioria das vezes uma tarefa árdua do julgador.

Esta difícil tarefa, aliás, ganha contornos ainda mais relevantes no contexto brasileiro, em que a extravagância dos números da litigiosidade assusta e que, por isso mesmo, o princípio da duração razoável do processo assume papel absolutamente relevante (em contraposição à difundida morosidade do Poder Judiciário) para a sistemática processual.

Com efeito, na esteira da positivação dos deveres processuais das partes, a própria lei processual buscou sistematizar condutas vedadas no curso de um processo, de forma a garantir o desenrolar da marcha processual e, ao mesmo tempo, prezar pela eficiência da justiça.

Nesse escopo, vale relembrar que o artigo 80 do Código de Processo Civil ("CPC") tipifica as hipóteses que caracterizam a litigância de má-fé. Não obstante, o artigo 81 do mesmo diploma estabelece diferentes sanções ao litigante de má-fé, a saber: multa (superior a um por cento e inferior a dez por cento do valor corrigido da causa); indenização à parte contrária; e o pagamento das despesas e de honorários advocatícios.

Referidas sanções, no entanto, possuem diferentes objetivos (é dizer, buscam tutelar diferentes bens jurídicos), razão pela qual torna-se necessária a sistematização das hipóteses de incidência de cada uma, de forma a se estabelecer uma interpretação cientificamente coerente do artigo 81 do CPC.

Não obstante, no que diz respeito ao dever de indenizar, a prática forense tem revelado que a condenação do litigante de má-fé, por vezes, não é feita com o necessário rigor técnico, de forma com que, em muitos casos, ao não se explicitar o dano que se pretende indenizar, acaba-se por se aproximar as espécies de sanção (multa e indenização), sem se atentar para o direito supostamente violado pela conduta processual tida como ilegal.

À mingua de estatísticas, em nível teórico, esta *volatilidade* quanto à concessão de indenização (decorrente da ausência de especificação da natureza do dano), num primeiro momento, parece dar margem para o desenvolvimento de uma teoria do dano moral processual, de forma a possibilitar o reconhecimento de dano moral a partir de uma conduta processual de má-fé, ou mesmo do abuso de processo.[2]

Tal ideia, ademais, encontra-se umbilicalmente associada à garantia e à efetivação da razoável duração do processo, enquanto princípio constitucional extraível da garantia-síntese do devido processo legal. É sobretudo esta interface e os reflexos que as condutas processuais das partes geram, numa demanda específica, quanto à aproximação e/ou ao afastamento de tal garantia de duração razoável, que possibilita o desenvolvimento e a identificação de uma espécie de dano processual específico, que deve ser, tanto quanto possível, coibido e reprimido.

Nesta linha, portanto, o presente artigo tem por objeto arguir e propor a existência de dano moral processual, a partir da exegese do já mencionado artigo 81 do CPC e, sobretudo, do entendimento atual do Superior Tribunal de Justiça ("STJ") sobre o aludido dispositivo.

II. Generalidades conceituais

II.1. Princípios que permeiam o tema. O Interesse das partes *versus* a efetividade e a duração razoável do processo

A análise da legalidade da conduta processual, em nível principiológico, vincula-se intrinsecamente à ideia de que, no curso do processo, as partes litigam em defesa de seus interesses próprios, dispondo das técnicas e estratégias que julgam adequadas para a defesa de seus direitos. Ao mesmo tempo, submetem-se a uma série de deveres que norteiam o exercício da jurisdição.

De um lado, e a respaldar amplamente a conduta dos litigantes em defesa de seus interesses, encontramos os princípios da ampla defesa e do contraditório, ou mesmo o direito de ação e de defesa. Neste campo,

2 Vale desde logo deixar destacado, por coerência metodológica, que a litigância de má-fé possui hipóteses mais restritas que o abuso do processo. As hipóteses de litigância de má-fé são aquelas previstas e tipificadas em lei. Já o abuso do processo é uma construção teórica, com origem associada intimamente à teoria (geral) do abuso do direito, que visa identificar, a partir de uma sistematização geral e da definição de elementos comuns, condutas processuais juridicamente reprováveis e aptas causar danos. Simplificando grosseiramente, todas as hipóteses de litigância de má-fé são condutas processuais abusivas, mas o contrário não é verdade. A teoria do abuso permite-nos identificar condutas reprováveis ainda que não enumeradas no texto legal.

obviamente, a parte que litiga não mede esforços para fazer valer aquilo que entende por seu direito.

De outro, valores como a eficácia das decisões judiciais e a própria administração e a dignidade da justiça, atreladas à concepção do processo como instrumento para a consecução de uma função essencial do estado, limitam o exercício irrestrito dos direitos acima mencionados. Prevalecem, nesta face da moeda, os deveres impostos às partes pela lei processual (artigo 77 do CPC), como a boa-fé, a lealdade, a veracidade e mesmo a cooperação[3], de forma a garantir, em nível constitucional, a razoável duração do processo, e, ao fim e ao cabo, o devido processo legal e o próprio acesso à justiça.

Como bem sintetiza BARBOSA MOREIRA[4], "visto ao ângulo dos litigantes e de seus interesses, o processo é sem dúvida um prélio, e como tal não pode excluir o recurso à habilidade na escolha e na realização das táticas julgadas mais eficazes para a obtenção de resultado vantajoso; a isso, contudo, sobrepairam as exigências éticas e sociais inerentes à significação do processo".

Especificamente neste ponto, sobreleva a **relação entre o tempo e o processo**, tema de preocupação ímpar na obra do professor JOSÉ ROGÉRIO CRUZ E TUCCI. Como ensina o Mestre, a tempestividade do pronunciamento judicial atrela-se à própria efetividade da tutela jurisdicional, devendo-se buscar, tanto quanto possível, uma aproximação entre a outorga da prestação jurisdicional (com a satisfação jurídica das partes) em um tempo compatível com a natureza do objeto litigioso.[5] Aí,

3 A discussão é, acima de tudo, absolutamente atual, na medida em que conforme afirma relevante parte da doutrina, o Código de Processo Civil ora em vigor (2015) buscou consagrar o modelo colaborativo de processo, em detrimento das conhecidas formas inquisitorial e adversarial. Este redimensionamento do papel dos sujeitos processuais, aí incluído também o Estado-Juiz, traz uma relevante orientação para interpretação sistemática processual, que, se não inteiramente nova, despertou acalorados debates sobretudo referentes à extensão e à definição do dever de cooperação. Embora fuja do escopo do presente artigo, vale o registro que a questão dos limites dos deveres das partes sob a ótica do processo colaborativo, e os possíveis impactos deste para a interpretação ampliativa dos deveres e a consequente forma de valoração da má-fé, é tema delicado e que demanda maiores esforços.

4 BARBOSA MOREIRA, José Carlos. *A responsabilidade das partes por dano processual no direito brasileiro*. Temas de Direito Processual Civil p.16, São Paulo, Saraiva, 1977.

5 CRUZ E TUCCI, José Rogério. *Garantia do processo sem dilações indevidas: responsabilidade do Estado pela intempestividade da prestação jurisdicional.*. Revista da Faculdade de Direito. Universidade de São Paulo, São Paulo, v. 97, pp. 324-325.

também fundamentalmente, ancoram-se a credibilidade e a dignidade da justiça, tão caras ao estado de direito.[6]

A justiça realizada a destempo, neste quadro de ideias, é obviamente menos oportuna do que aquela feita em prazo adequado. E neste interregno entre o que se entende por tempo justo e, de outra banda, a ofensa à duração razoável do processo (conquanto não se possa deixar de registar ser, também tal hiato, impassível de qualquer universalização[7]), exsurgem situações jurídicas que devem não apenas ser coibidas, mas, mormente, corretamente identificadas e doutrinariamente compreendidas, para que se imprima maior racionalidade ao sistema processual.

De tais lições extrai-se, portanto, que quanto mais a conduta de um litigante apartar-se ou resultar prejuízo à garantia da duração razoável do processo, tanto mais elementos existirão para qualificá-la como ímproba. É esta, pois, a duração razoável do processo, relevante pedra de toque para se aferir a legalidade da conduta processual das partes, sobretudo na seara do abuso do processo, na qual, como se verá, embora de aparente licitude, a conduta processual procure ocultar outros fins.

Com efeito, no jogo de interesses que caracteriza toda e qualquer demanda judicial, tal como já dito, equilibrar os deveres éticos das partes com os direitos fundamentais dos litigantes, em especial com a ampla defesa, e, ainda, os primados constitucionais voltados a resguardar também a dignidade da justiça, é matéria complexa.

---

6 CRUZ E TUCCI, José Rogério. *Tempo e processo: uma análise empírica das repercussões do tempo na fenomenologia processual: civil e penal.* São Paulo: Ed. Revista dos Tribunais, 1997. 168p .

7 Ainda que associada à complexidade do objeto litigioso, que remete a um certo grau de objetividade enquanto forma de classificação, não é este o elemento único para a definição do "tempo justo" do processo. Fenômenos culturais, diferenças de "performance" na distribuição da justiça, e as próprias características de determinado sistema jurídico pátrio podem contribuir para distintas concepções de duração razoável do processo. Por certo, no próprio cenário brasileiro, as particularidades das cortes estaduais (acervo, número de magistrados, entre outros) justifica tal distinção. É dizer, nem tudo o que é razoável em um local, no que toca à outorga da prestação jurisdicional e satisfação da execução o é em outro. Sobre o tema, e com a didática que lhe é peculiar, o Professor José Rogério Cruz e Tucci contribuiu com relevante análise comparativa, na busca pela "determinação dogmática da dicção *prazo razoável*" (itálico no original – v. CRUZ E TUCCI. José Rogério. *Garantia do processo sem dilações indevidas: responsabilidade do Estado pela intempestividade da prestação jurisdicional.*. Revista da Faculdade de Direito. Universidade de São Paulo, São Paulo, v. 97, pp., pp. 325-327).

Neste contexto, superada a ideia do processo como instrumento meramente técnico, e concebendo-o como instrumento ético, voltado a pacificar com justiça, os códigos processuais vem adotando normas que visam inibir e sancionar o abuso do processo[8]. A preocupação, sobretudo, se dá com a própria efetividade processual, de forma a se evitar que a conduta de um dos litigantes obstaculize ou embarace a entrega da prestação jurisdicional.

De fato, a preocupação hodierna parece ser a de dar maior amplitude à incidência dos deveres processuais, valorizando a aplicação e a verificação da boa-fé processual, quando confrontada com as hipóteses que poderiam configurar a má-fé, ou o abuso de faculdade processual.

Esta tendência, inclusive, há muito vem sendo apontada na doutrina, que observa que a resistência à aplicação e à positivação das normas que buscam estabelecer limites para a atuação processual dos litigantes, bem como sanções para aqueles que as extrapolam, vem declinando e tende mesmo a desaparecer, porquanto consolida-se o caráter publicístico do processo.[9]

Na prática, grande parte dos trabalhos mais recentes que se debruça sobre o tema o faz com um viés protetivo à eficácia processual, tendo se consolidado, doutrinária e jurisprudencialmente, uma certa tendência à valorização da ética e da moralidade das partes, de forma a anteder, ainda que de maneira genérica e por vezes vaga, a economia e a duração razoável do processo.[10] [11]

---

8 GRINOVER, Ada Pellegrini. Ética, abuso do processo e resistência às ordens judiciais: o contempto of court. Revista de Processo nº 102, São Paulo: RT, 2001.

9 BARBOSA MOREIRA, José Carlos. *A responsabilidade das partes por dano processual no direito brasileiro.* Temas de Direito Processual Civil . p.16, São Paulo, Saraiva, 1977.

10 TARUFFO, Michele. *Abuso del Processo.* Revista de Processo Comparado, vol. 5, ano 3, São Paulo: Ed. RT, jan.-jul. 2017, pp. 141-156.

11 *A priori*, esta tendência parece ter alguns motivos fundantes, dos quais, sem prejuízo da eventual existência de outros, dois parecem ser mais relevantes. A uma, da perspectiva de organização judiciária, a numerosidade do acervo e o tempo médio de tramitação das demandas parecem influenciar os Julgadores e os operadores do direito a coibir de forma cada vez mais veemente o comportamento contrário à boa-fé processual, ainda que, do lado crítico, isso ocorra sem o necessário rigor técnico. É, em si, uma reação interna, e, sob esta perspectiva, também um mecanismo de defesa do Poder Judiciário. E a duas, no cenário brasileiro, enveredando para o campo sociológico, a questão da efetividade das decisões judiciais vem sendo o cerne de grande parte da recente discussão jurídica do cenário nacional,

Por óbvio, esta orientação recente não está imune a críticas. Em doutrina, autorizadas vozes vêm alertando para os riscos de se sobrepor tais valores em detrimento da amplitude do direito de defesa. A exemplo, TARUFFO, diante da dificuldade de identificação das hipóteses de abuso de processo e ante o perigo da discricionariedade atribuída aos Julgadores para avaliar sua ocorrência, critica abertamente a existência de uma "onda moralizante" que interfere na liberdade tática e estratégica das partes no curso do processo.[12]-[13]

inclusive de forma a mitigar direitos e garantias fundamentais (*v.g.*, a existência de medidas executivas atípicas, de natureza coercitiva, que impactam o direito de ir e vir).. O combate à tão difundida morosidade da justiça, conceito agora já calcificado no ideário popular, permanece sendo um dos grandes desafios a ser enfrentado.

12 TARUFFO, Op. Cit., pp. 141-144.

13 É curioso destacar que a mesma recente reforma que positivou tal tendência há muito identificada de moralização da conduta dos litigantes, acentuando o caráter púbico do processo, buscou ainda por diferentes meios favorecer a duração razoável do processo, essencialmente mediante a aglutinação de feitos, cisão de cognição e formação de precedentes qualificados. Tal fato, reflexamente, por vezes acabou por diminuir a extensão e o conteúdo de outras garantias individuais igualmente relevantes, tais como a amplitude do contraditório (compreendido em sua dimensão substancial de poder de influência) e o próprio desvirtuamento da finalidade da celeridade processual.
JOSÉ ROGÉRIO CRUZ E TUCCI, em crítica ao processo civil tido por *autoritário*, faz importante ressalva de que, respeitada a concepção liberal de processo civil, a celeridade processual deve servir às partes e não propriamente ao Estado. Comemora, neste sentido, o veto ao Art. 333 do CPC, que previa a possibilidade, deveras inusitada, de conversão de ações individuais em coletivas (cfr. CRUZ E TUCCI, José Rogério. Contra o processo autoritário. Revista de Processo, v. 40, pp. 47-65, 2015).
De fato, a busca pela duração razoável do processo e pela celeridade (entendida ou não como princípio, se confrontada com a concentração de atos e a eficácia processual), não pode ser tomada como via de mão única. Crítica semelhante se pode fazer, nos casos de formação de precedentes qualificados, à (im)possibilidade de participação dos jurisdicionados (enquanto elemento legitimador do ato jurisdicional) e à própria maneira de formação e aplicação de tais precedentes (escolha aleatória de casos paradigma, incidentes de assunção de competência, dificuldades de verificação do fenômeno do *distinguishing*, entre outros). Realmente, no cenário nacional e ante a litigância repetitiva, as Cortes Superiores têm servido essencialmente como remédio à litigância repetitiva, por vezes ceifando (prematuramente) eventuais divergências, por outras, com as ressalvas alhures feitas quanto aos direitos individuais, procurando antecipar e planificar a solução de determinada matéria, com vistas ao melhor dimensionamento de acervo.

Assim, o sopesamento principiológico é absolutamente necessário para a identificação das hipóteses abusivas e para a definição legal daquilo que se considera como litigância de má-fé ou abuso de processo. Faz-se necessário, pois, não apenas para a definição das hipóteses legais, mas também para a interpretação da conduta dos litigantes, sempre que o órgão julgador for decidir sobre a legalidade ou ilegalidade de determinado ato.

De toda forma, em que pese a discussão seja a base teórica para a aplicação e a sistematização das sanções ao abuso do processo, para os fins que interessam o presente artigo, vale destacar que sempre que se tratar do tema, o juízo valorativo da conduta do litigante, necessariamente, passará pela discussão entre os limites do direito de ação e de defesa e do contraditório, quando confrontados com a ética , com a efetividade processual e, por consequência, quando tomados seus reflexos no que toca ao tempo razoável do processo.

A despeito de se se pretender reprimir a chicana e a má-fé, estes sim objetivos inquestionáveis de todos os operadores do direito, o sopesamento dos referidos valores é fundamental para as hipóteses mais sensíveis, e influencia principalmente a análise da eventual existência de dano processual.

II.2. Breves considerações acerca da teoria do abuso do processo

Tendo em vista a dificuldade de se encontrar parâmetros objetivos para a caracterização de uma conduta processual como lícita ou ilícita, e diante da necessidade de estabelecer critérios objetivos para tanto, a sistematização de uma teoria do abuso do processo é fundamental para a correta identificação das condutas vedadas por lei (ou daquelas o sistema pretende coibir).

Com efeito, e para além dos casos já estabelecidos em lei (hipóteses *típicas* de litigância de má-fé), entender o que configura o abuso do processo é também essencial para que, em hipóteses complexas, se possa avaliar a conduta dos litigantes a partir de aspectos objetivos, atribuindo maior certeza à decisão e mitigando os riscos de discricionariedade do julgador apontados por TARUFFO.[14]

14 TARUFFO, Michele. *Abuso del Processo*. Revista de Processo Comparado, vol. 5, ano 3, São Paulo: Ed. RT, jan.-jul. 2017, pp. 141-156.

A título metodológico, o objetivo deste breve tópico, portanto, e sem prejuízo de eventuais críticas a sistematização que ora se apresenta, é apenas e tão somente demonstrar aquilo que se entende por elementos essenciais à caracterização do ato processual abusivo. Esta tarefa é de suma importância para entender, em primeiro lugar, o que caracteriza o abuso e então, num segundo momento, identificar e analisar as consequências das sanções aplicadas ao litigante que o cometeu.

Para tanto, adota-se aqui a construção teórica formulada por HELENA NAJJAR ABDO[15], que se ocupou de maneira detida sobre o tema, tendo escrito festejado trabalho sobre a matéria.

Em linhas gerais, pode-se afirmar que o abuso do processo é a utilização de uma situação ou posição jurídica de titularidade do sujeito processual (consistentes em faculdades, ônus, poderes e deveres), exercida com aparente legalidade, e que, contudo, é dotada de finalidade diversa daquela a qual exterioriza.[16]

Trata-se de exercício de direito subjetivo pois o litigante possui o direito de praticar determinado ato processual (propor a demanda, interpor o recurso, apresentar defesa, etc...), donde emerge, também, a aparência da legalidade. Não obstante, em que pese exista, tratando-se de direito relativo (é dizer, de direito que deve ser perseguido com os fins previstos pelo ordenamento), ele se sujeita também às "regras do jogo", e não pode ser exercido em prejuízo frontal aos outros valores e regras processuais.

15 ABDO, Helena Najjar. *O abuso do processo*. Coleção Estudos do Direito de Processo Enrico Tullio Liebman (orient. Arruda Alvim), v. 60, São Paulo, Revista dos Tribunais, 2007.

16 Gize-se que uma das grandes controvérsias doutrinárias acerca da configuração do abuso, diz com a (im)prescindibilidade da observação do elemento subjetivo (dolo ou culpa) enquanto elemento essencial para a sua caracterização. Sobre o tema, desenvolveram-se três grandes teorias, as quais podemos enunciar como subjetivistas ou psicológicas, objetivistas ou finalísticas; e mistas ou ecléticas. Adota-se, aqui e como já dito, o entendimento de ABDO, no sentido de que é prescindível a demonstração do elemento subjetivo (daí porque sua não inclusão nos requisitos supramencionados) para a configuração do abuso (embora se reconheça que, em muitos casos, o dolo ou a culpa estejam presentes no ato abusivo), uma vez que o ordenamento brasileiro optou pelo critério objetivo no âmbito geral do abuso de *direito*. Sobre o tema, e com mais vagar, ver ABDO, Helena Najjar. *O abuso do processo*. Coleção Estudos do Direito de Processo Enrico Tullio Liebman (orient. Arruda Alvim), v. 60, São Paulo, Revista dos Tribunais, 2007, pp. 115-122.

Por isso, ao verificar-se a incompatibilidade entre os fins previstos pelo sistema jurídico para o exercício de determinado direito, e os fins efetivamente pretendidos pelo agente com seu exercício, está-se diante do abuso.

Em outras palavras, há abuso de processo quando o litigante pratica o ato processual não com a finalidade de efetivar um direito que entenda como seu, mas com propósito *dissimulado*, com o intuito de retardar o processo ou de causar dano à parte contrária. Assim, tem-se que o elemento essencial para a caracterização do abuso é o **desvio de finalidade do ato.**[17]

Como exemplos, podemos mencionar a interposição de recurso com intuito meramente protelatório,[18] ou, fora das hipóteses típicas do Código de Processo Civil, o exercício do direito de ação com a finalidade precípua de prejudicar a parte adversa.[19]

Inobstante, pressuposto do reconhecimento abuso processual é a ocorrência de dano para a parte adversa. Conforme a precisa lição de HELENA NAJJAR ABDO "o exercício inofensivo do direito, ainda que de forma dolosa e com desvio de finalidade, não configura abuso. Sem a produção de consequências negativas, (que podem consistir no agravamento do dano marginal, na provocação de danos de natureza moral ou

17 A identificação do abuso, contudo, se dá caso a caso, e a partir da verificação concreta da hipótese. Por isso mesmo, e em que pese existam outros elementos que possam auxiliar na identificação da abusividade da conduta processual (tais como a falta de seriedade do ato, ausência de fundamentos e de base objetiva da conduta, lesividade à administração da justiça, entre outros), o elemento fundamental é o desvio de finalidade. É a partir dele que se identificará o abuso, sem prejuízo da identificação de outros elementos que configurem a reprovação ética e jurídica da conduta processual.

18 Adotando também neste particular o entendimento de HELENA ABDO, vale ressaltar que todas as hipóteses de configuração de litigância de má fé previstas na Lei processual constituem casos de abuso do processo, na medida em que reúnem em si todos seus elementos característicos. ABDO, Helena Najjar. *O abuso do processo*. Coleção Estudos do Direito de Processo Enrico Tullio Liebman (orient. Arruda Alvim), v. 60, São Paulo, Revista dos Tribunais, 2007, p. 255.

19 Nestas hipóteses, vale mencionar, há destaque para a chamada *Sham Litigation*, que constitui o exercício abusivo do direito de ação com efeito anticoncorrencial, ou seja, com o propósito de causar danos ao concorrente. Sobre o tema, ver a dissertação de Mestrado de Tiago Vinhas. VINHAS, Tiago Cação. *Sham Litigation: Abuso do Direito de Ação*. 2014. Dissertação (Mestrado) – Faculdade de Direito, Universidade de São Paulo.

material etc.), toda a teoria do abuso do processo não teria razão de ser, nem qualquer utilidade prática".[20]

Logo, e sintetizando de forma absolutamente concisa a teoria, tem-se que o abuso de processo se caracteriza a partir da observação do dano à parte adversa[21], (i) pelo exercício de um direito subjetivo (faculdade processual), no qual, (ii) em que pese exista a aparência de legalidade, (iii) a posição ou situação jurídica é exercida pelo agente com uma finalidade distinta do fim previsto, no sistema processual, para a prática daquele ato.

III. Espécies de sanções e a disciplina do CPC

Tão relevante quanto a definição dos elementos estruturais que caracterizam o abuso do processo, de forma a se estudar quais seriam as condutas processuais vedadas pela Lei, é o estudo das sanções atribuídas pelo sistema àquele litigante que violar as "regras do jogo", ou mesmo ofender a administração da justiça.

Nesse escopo, incialmente há de se destacar que o CPC traz diversas hipóteses para a aplicação das referidas sanções, estabelecendo diferentes critérios de quantificação e distintos propósitos para cada espécie. De todo modo, parece ser consenso na doutrina e na jurisprudência que a cumulação das sanções previstas na Lei só é possível quando cada uma das sanções atender a finalidades distintas (ou seja, quando procurarem proteger diferentes objetos, ou melhor, distintos valores jurídicos).[22]

Superada esta primeira questão, fato é que a lei processual prevê diferentes espécies de sanções, a depender da gravidade da conduta processualmente ímproba ou ainda das consequências desta para aquele que a sofreu. Numa rápida tentativa de sistematização, pode-se

20 ABDO, Op. Cit., pp. 254-255.

21 Mesmo porque, de uma perspectiva utilitarista, de nada servia o reconhecimento do abuso na inexistência do dano, porquanto não haveria o que indenizar ou punir. A mesma lógica se aplica, *mutatis mutandis*, às nulidades processuais: não há nulidade sem prejuízo *(pas de nullité sans grief)*.

22 Daí porque, no caso das multas, por exemplo, a se observar a oposição de Embargos de declaração com intuito meramente protelatório, não há que se falar na cumulação das multas previstas no artigo 81 (cumulado com o Artigo 80, inc. VII), e no artigo 1.026 §§ 2º e 3º do CPC. Seguindo o critério hermenêutico de *especialidade*, prevalecem as sanções dispostas no Artigo 1.026 do CPC.

dizer que, em suma, as sanções dividem-se em quatro grandes tipos: (i) restrição ou perda de direitos e faculdades processuais; (ii) multas processuais, sem caráter penal; (iii) penas propriamente ditas (como por exemplo a fraude processual, tipificada no Artigo 347 do Código Penal); e (iv) imposição da obrigação de reparar os danos causados.[23] [24]

Outra vez, a despeito de eventuais diferenças teóricas e doutrinárias que se possam estabelecer numa sistematização geral das sanções atribuídas a quem abusa do processo, fato é que, na prática, as sanções de aplicação mais comum são a **multa** processual e a imposição da **obrigação de reparar danos.**

Estas duas espécies de sanção, e que constituem objeto mais íntimo destas linhas, estão previstas no artigo 81 do CPC. Para os fins que se pretendem neste artigo, cumpre, preliminarmente, analisar estas referidas espécies, de forma a sedimentar uma relevante distinção.

Assim dispõe o caput do Artigo 81 do CPC:

> *Art. 81. De ofício ou a requerimento, o juiz condenará o litigante de má-fé a pagar multa, que deverá ser superior a um por cento e inferior a dez por cento do valor corrigido da causa, a indenizar a parte contrária pelos prejuízos que esta sofreu e a arcar com os honorários advocatícios e com todas as despesas que efetuou.*

Evidentemente, e para além da condenação em arcar com honorários e despesas processuais, a multa e o dever de indenizar são sanções diferentes, que pretendem tutelar, insista-se, distintos valores e diferentes bens jurídicos.

Em primeiro lugar, importa destacar o caráter sancionatório/inibitório da multa. Trata-se de sanção que visa punir, ou melhor, repreender o litigante de má-fé pelo exercício ou omissão abusiva de alguma facul-

---

23 É esta a classificação indicada por Barbosa Moreira. BARBOSA MOREIRA, José Carlos. *A responsabilidade das partes por dano processual no direito brasileiro*. Temas de Direito Processual Civil, São Paulo, Saraiva, 1977

24 Para além destas espécies de sanções, Helena Abdo faz menção às sanções oriundas de poderes conferidos ao juiz, à nulidade ou inexistência do ato abusivo e ainda à possibilidade de cabimento de ação rescisória. Por todos, ver novamente ABDO, Helena Najjar. *O abuso do processo*. Coleção Estudos do Direito de Processo Enrico Tullio Liebman (orient. Arruda Alvim), v. 60, São Paulo, Revista dos Tribunais, 2007, pp. 227-248.

dade ou dever processual. Destina-se, portanto e incialmente, a reprimir o ato abusivo, buscando coibir sua ocorrência.

Daí porque se afirma que a multa tem como objetivo imediato a proteção da integridade do sistema, cuidando de garantir o correto desenrolar da marcha processual. Tal sanção, portanto, volta-se antes à higidez das próprias "regras do jogo" e preocupa-se mais com dignidade da justiça[25], do que com os eventuais danos causados à parte adversa.

Sobre o tema, DINAMARCO assevera que, "as multas, como tem caráter manifestamente repressivo e não ressarcitório, deveriam reverter sempre ao Estado, como é o caso daquela imposta ao autor ou ao réu que injustificadamente deixe de comparecer à audiência de conciliação (CPC, art. 334, § 8º)".[26] Comentando o tema ainda sob a vigência do CPC de 1973, também o Professor JOSÉ ROGÉRIO CRUZ E TUCCI possui posição semelhante, ao tratar do bem jurídico tutelado por tal espécie de sanção e apontar, que, por muitas vezes, olvidava-se de tal natureza e de que o próprio Estado, em casos que tais, era o maior lesado. [27]

De outra banda, quanto à indenização, fica evidente que se trata da de sanção de cunho reparatório. A indenização, por óbvio, tem o objetivo ressarcir os danos efetivamente suportados pela parte (tornar *in dene*, *rectius*, retornar ao estado anterior). Tanto é assim que o próprio artigo 81 do CPC faz menção aos prejuízos que a parte *sofreu*. Com efeito, independentemente, adiante-se, da natureza do dano, fato é que verificado o abuso do processo e dele decorrendo um dano a um dos litigantes, haverá a obrigação de repará-lo.

Sintetizando bem esta diferença de natureza entre as espécies de sanção, DINAMARCO assevera que "a responsabilidade civil por litigância de má-fé constitui autêntica indenização e não multa (...) A multa a que alude o art. 81 do Código de Processo Civil não tem caráter indeniza-

25 Aproxima-se, pois, à figura do *contempt of court*.

26 DINAMARCO, Cândido Rangel. *Instituições de Direito Processual Civil: Volume II*. 7ª ed., São Paulo: Malheiros, 2017, p. 319.

27 CRUZ E TUCCI, José Rogério. *Repressão ao dolo processual: o novo artigo 14 do Código de Processo Civil*. Revista dos Tribunais (São Paulo), São Paulo, v. 91, nº 798, pp. 65-77, 2002.

tório, mas repressivo".[28] E, de fato, quanto a esta essencial distinção não subsistem divergências.[29]

Não obstante, ainda que bem vincadas as respectivas naturezas de cada sanção, a questão do beneficiário da multa, e ainda, do objeto e a extensão da indenização (ou seja, a que título se dá, ou melhor, o que se indeniza), parecem não gozar, ao menos a nível doutrinário, da mesma unanimidade. Esta última será o objeto de estudo específico mais adiante. Ainda assim, quanto àquela, são necessários alguns derradeiros apontamentos.

A discussão acerca da destinação da multa aplicada ao litigante de má-fé centra-se mormente no dilema de seu direcionamento ao Estado ou à parte contra quem foi praticado o abuso. Nesse diapasão, ainda que se reconheça que o Estado é, na grande maioria dos casos, um dos grandes atingidos pela prática de abusos processuais, a regra geral, disposta no artigo 96 do CPC vigente, é, na dicção da própria lei, que "o valor das sanções impostas ao litigante de má-fé reverterá em benefício da parte contrária".

Assim, tendo em vista este parâmetro geral de destinação à parte, o valor da multa só será devido ao Estado nas hipóteses que a lei processual assim expressamente dispuser.

A princípio, e considerando o caráter repressivo-punitivo da multa, que alberga *per se* a ideia de proteção da integridade do sistema jurisdicional e da observância dos deveres processuais impostos às partes, sua destinação ao litigante parece um contrassenso.

A se tomar exclusivamente a finalidade última do instituto e a natureza individual de cada espécie de sanção, a resposta mais natural, e novamente como bem aponta DINAMARCO[30], seria a destinação dos valores da multa ao Estado, uma vez que a ofensa aos deveres éticos-jurídicos que informam o sistema processual, antes de mais nada, gera danos ao próprio Poder Judiciário, enquanto ofensa ao ordenamento jurídico como um todo e também à dignidade da justiça.

De toda forma, e como se extrai da regra geral do artigo 96 do CPC, não foi essa a destinação dada pela lei, que fala em *reverter* tais quantias

---

28 DINAMARCO, Cândido Rangel. *Instituições de Direito Processual Civil: Volume II.* 7ª ed., p. 312, ver. E atual – São Paulo: Malheiros, 2017, p. 312.

29 Sobre o tema, também no mesmo sentido, a lição de BEDAQUE. BEDAQUE, José Roberto dos Santos. Código de processo civil interpretado / Antônio Carlos Marcato, coordenador. 2ª ed. São Paulo: Atlas, 2005, p. 96)

30 DINAMARCO, Cândido Rangel. *Instituições de Direito Processual Civil: Volume II.* 7ª ed., ver. E atual – São Paulo: Malheiros, 2017, p. 319.

em benefício da parte contrária, ou melhor, à parte prejudicada pelo ato processual abusivo.

Ainda assim, vale mencionar que, embora disponha diretamente sobre a destinação da multa, a Lei não contraria (teleológica e literalmente) a ideia de que seria ela, mesmo que inicialmente, devida ao Estado. A escolha do vocábulo "reverter" (se encarado semanticamente como converter em benefício, favorecer), aliás, da perspectiva lógica e por coerência, permite chegar à conclusão de que não se ignora o Estado enquanto destinatário original da multa.

Cumpre, então, indagar sobre os motivos que levaram o Legislador a reverter o valor da multa em benefício da parte, questão esta de fundamental relevância para a compreensão da extensão das sanções aplicadas ao *improbus litigator.*

A toda evidência, a ideia de destinação dos valores à parte carrega consigo a premissa de que o abuso do processo teria invariavelmente consequências danosas também ao litigante, e seria, *a priori*, uma forma de compensar estas perdas e danos.

Quais seriam as perdas, ou a que título se daria este redirecionamento da multa (do Estado à parte que sofreu com a prática do ato abusivo) é outra questão espinhosa, e que será retomada com mais cautela como forma de se defender a existência de um dano moral processual.

Por ora, basta para a sistematização da matéria a sedimentação de algumas premissas.

A prática do abuso de processo dá margem à aplicação de diferentes espécies de sanções, entre as quais as mais comuns são a aplicação de multa e a imposição do dever de indenizar a parte contrária pelos prejuízos suportados. A multa é sanção de caráter punitivo-repressivo, que tem por objeto coibir e punir a violação aos deveres processuais e à dignidade da justiça, ao passo que a indenização é sanção de conteúdo reparatório. Dada a natureza e objeto das multas, seria natural que fossem destinadas ao Estado, contudo, a regra geral do CPC é que o valor desta espécie de sanção seja revertido em benefício do litigante prejudicado pelo ato processual abusivo.

IV. O entendimento do stj sobre a aplicação da indenização por litigância de má-fé e a desnecessidade de comprovação do prejuízo

Esclarecidos os conceitos e as naturezas das sanções passíveis de imposição ao *improbus litigator*, cumpre então analisar a questão de sua aplicação, de forma a revelar se os institutos previstos na lei processual são utilizados para fins tecnicamente coerentes, ou, em caso negativo, encontrar respostas que busquem atribuir ao sistema uma maior coesão.

É, portanto, imprescindível a análise do posicionamento do Superior Tribunal de Justiça ("STJ"), enquanto Corte constitucionalmente encarregada de interpretar e dar a última palavra a respeito da aplicação da legislação federal infraconstitucional (artigo 105 da Constituição Federal).

Neste restrito tópico, incialmente, destaque-se que quanto à natureza das sanções de multa e de indenização, também na jurisprudência do STJ não subsistem maiores polêmicas. Adota-se, em resumo, o entendimento exposto no tópico anterior, e com amplo respaldo doutrinário, de que a multa teria caráter punitivo e a indenização reparatório.

No âmbito do STJ, a discussão se deu essencialmente sobre as hipóteses de aplicação da indenização, e, mais especificamente, sobre a necessidade de comprovação do dano para a incidência desta espécie de sanção.

Isso porque, ainda que a aplicação da multa seja automática, bastando para seu emprego apenas e tão somente a verificação da conduta processual abusiva, o mesmo não ocorre, de pronto, com a indenização. Ora, se a natureza da indenização é reparatória, há que se discutir o que reparar, ou melhor, o objeto em si da indenização, sob pena de aplicá-la indiscriminada e atecnicamente. Por óbvio, para se indenizar algo, primeiro há que definir qual é o dano.

Destarte, a se admitir a possibilidade de indenização sem a comprovação de dano, e para que não haja esvaziamento do sentido e da própria natureza reparatória desta espécie de sanção, o foco do intérprete deve ser na **classificação do dano**. Não só, repise-se, para que se defina o que está se indenizando[31], mas também para que, e este aspecto é de fundamental importância, se possa quantificar o dano e definir sua extensão.

Na jurisprudência do STJ, a questão da necessidade de comprovação ou não do dano para a aplicação da indenização por má-fé processual deu azo a diferentes interpretações. Por vezes, entendeu-se ser impres-

31 Já que, como visto, o terreno de discussão envolve relevante sopesamento de princípios entre direitos fundamentais do litigante e a integridade do sistema processual, e por isso mesmo reclama estrita atenção e evidencia a necessidade da motivação das decisões judiciais (v. DINAMARCO, Cândido Rangel. *Instituições de Direito Processual Civil: Volume II*. 7ª ed., São Paulo: Malheiros, 2017, pp. 320-321).

cindível a comprovação do dano[32]. Entretanto, em outras oportunidades, tal Corte Superior entendeu ser não ser necessária a demonstração do prejuízo para condenar o litigante de má-fé a indenizar a parte adversa.[33]

Em doutrina, frise-se, também podemos encontrar posicionamentos em ambos os sentidos. Sem qualquer pretensão exaustiva e apenas a título de esclarecimento, podemos citar os posicionamentos de HUMBERTO THEODORO JÚNIOR[34], para quem não se faz necessária a demonstração do dano para a aplicação da indenização, e, em sentido diverso, entre outros, é a posição de THANIA LIMA FERRO.[35]

Diante desta divergência de interpretação, a questão foi levada à Corte Especial, órgão máximo de deliberação do STJ, por meio dos Embargos de Divergência em Recurso Especial nº 1.133.262 - ES[36]. Decidiu-se, então e nesta oportunidade[37], que a indenização advinda da

---

32 É o caso, entre outros, verificado nos seguintes julgamentos: EDcl no AgRg no AREsp 532.563/SP, Rel. Ministra MARIA ISABEL GALLOTTI, QUARTA TURMA, julgado em 10/02/2015, DJe 23/02/2015; REsp 1331660/SP, Rel. Ministro RAUL ARAÚJO, QUARTA TURMA, julgado em 17/12/2013, DJe 11/04/2014; REsp 1325068/SP, Rel. Ministro SIDNEI BENETI, TERCEIRA TURMA, julgado em 11/12/2012, DJe 04/02/2013.

33 Conferir, nesse sentido, os seguintes julgados: EDcl no REsp 816.512/PI, Rel. Ministro NAPOLEÃO NUNES MAIA FILHO, PRIMEIRA SEÇÃO, julgado em 28/09/2011, DJe 16/11/2011; REsp 861.471/SP, Rel. Ministro JOÃO OTÁVIO DE NORONHA, QUARTA TURMA, julgado em 09/02/2010, DJe 22/03/2010; REsp 872.978/PR, Rel. Ministro MAURO CAMPBELL MARQUES, SEGUNDA TURMA, julgado em 07/10/2010, DJe 25/10/2010.

34 JÚNIOR, Humberto Theodoro. Curso de direito processual civil. Vol. I, 52 ed. Rio de Janeiro: Forense, 2011, p. 101.

35 FERRO, Thania Maria Bastos Lima. *Responsabilidade Civil por Abuso do processo.* Disponível em https://paginasdedireito.com.br/artigos/todos-os-artigos/responsabilidade-civil-por-abuso-do-processo.html. Acesso em 19/07/2023.

36 EREsp nº 1133262/ES, Rel. Ministro LUIS FELIPE SALOMÃO, Corte Especial, julgado em 03/06/2015, DJe em 03/08/2015.

37 A discussão teve por objeto imediato a análise do Artigo 18 do CPC/1973. Ainda assim, o entendimento ali exarado continua válido para o CPC vigente, não só porque a discussão se deu amplamente da perspectiva teórica, mas também porque, na prática, a alteração legislativa não representou mudanças de conteúdo no que toca às sanções processuais, mas apenas e tão somente atribuiu novos e distintos critérios de quantificação (há, em resumo, reprodução e simetria entre os dispositivos da nova e da antiga lei, com pontuais alterações quanto aos percentuais aplicáveis). Enquanto o artigo 18 do CPC/1973 determinava a aplicação de multa não excedente a 1% do valor da causa e de indenização em quantia não superior a

litigância de má-fé não necessita da comprovação do prejuízo efetivamente causado pela parte, podendo ser aplicada diretamente caso haja a caraterização, *lato sensu*, do abuso de processo. Cumpre-nos, pois, entender as razões que levaram a Corte Superior a esta conclusão.

Em breve síntese, concluiu-se ser desnecessária a comprovação do prejuízo para o emprego da indenização porque a lei processual não exige a prova do dano, mas apenas e tão somente que exista o prejuízo, seja ele potencial ou presumido. Não bastasse tal fato, demonstrou-se evidente preocupação com a própria eficácia da sanção. Nas palavras do Ministro Luís Felipe Salomão "a exigência de comprovação do prejuízo praticamente impossibilitaria a aplicação do comando normativo em análise, comprometendo a sua eficácia, por se tratar de prova extremamente difícil de ser produzida pela parte que se sentir atingida pelo dano processual."

Desta forma, restou decidido que a verificação da ocorrência das hipóteses de litigância de má-fé é causa suficiente para a configuração do prejuízo, tanto à parte contrária, quanto ao andamento do feito.

Ademais, argumentou-se que a se admitir a necessidade de comprovação do dano, estar-se-ia, muitas vezes, negando a possibilidade expressamente permitida pela lei de decretação da litigância de má-fé *ex officio*, donde emerge que, também da abordagem sistemática do Código, a interpretação mais razoável seria a de reconhecer a prescindibilidade da demonstração do prejuízo em si.

Importante passagem doutrinária a que fez menção a Corte Especial é a lição de BEDAQUE, que, comentando a matéria ainda na vigência do CPC de 1973, asseverou que

> embora se trate de indenização por perdas e danos, que não se confunde com a multa também prevista no caput, desnecessária a demonstração efetiva do prejuízo. Pode o juiz calculá-lo, à luz dos dados apontados, fixando o respectivo valor. Fosse exigível a comprovação das perdas e danos, dificilmente o dispositivo teria aplicabilidade. O dano marginal do processo, decorrente da demora na entrega da prestação jurisdicional,

20% do valor da causa (ou, ainda, a liquidação da indenização por arbitramento); o artigo 81 do CPC vigente determina que se aplique multa superior a um por cento e inferior a dez por cento do valor corrigido da causa, e, de outro lado, não aponta um percentual para a quantificação da indenização.

> foi agravado pelo litigante de má-fé, com a prática dos atos descritos no art. 17. Só isso já é suficiente para configurar prejuízo material, passível de indenização. Daí porque parece mais conveniente a imediata fixação do valor, em conformidade com o parâmetro estabelecido pelo legislador.[38]

Ou seja, do que se extrai do entendimento do STJ, o abuso do processo gera um dano **presumido** à outra parte, donde emerge o dever de indenizar. É interessante observar que em momento algum abandonou-se a premissa do caráter reparatório da indenização. Por isso mesmo, e mantendo a ideia do conteúdo ressarcitório de tal sanção, tem-se o inafastável resultado de que a litigância de má-fé gera por si só o prejuízo, não só ao Estado, como também à parte.

Sem embargo da presunção do dano, o STJ, contudo, não discutiu sua natureza, é dizer, qual seria o dano presumido, ou a que título se daria a indenização. Esta discussão foi apenas tangenciada pela Corte Especial, ao citar a lição de BEDAQUE acima transcrita. Neste ponto, reconheceu-se que a litigância de má-fé daria causa ao agravamento do dano marginal do processo, por retardar a entrega da prestação jurisdicional.

Conquanto seja mais específica, a simples referência ao dano marginal do processo ainda não responde a dúvida quanto a natureza do dano e, portanto, não encontra soluções para o objeto último da indenização. Afinal, não se indeniza o dano marginal em si (que é construção teórica), mas sim aquele dano causado pela conduta processual. Persiste, então, a dúvida: qual é, afinal, a natureza do dano presumido pela prática do abuso de processo?

Como visto, a resposta a esta indagação é fundamental, uma vez que há de que se fundamentar a condenação, e ao menos a princípio, a presunção do dano sem a devida especificação de sua natureza é por demais genérica e não atende ao dever de motivação das decisões judiciais. Ao fim e ao cabo, a se presumir o dano e sem se especificar do que se trata, estaríamos aproximando a multa da indenização, atribuindo um mesmo objetivo para duas espécies de sanções que não se confundem e possuem finalidades flagrantemente diferentes.

38 BEDAQUE, José Roberto dos Santos. Código de processo civil interpretado / Antônio Carlos Marcato, coordenador. 2ª ed. São Paulo: Atlas, 2005, p. 97. Não se concorda, contudo, e como se verá adiante, que a indenização para o dano presumido tenha por objeto a reparação de prejuízo material.

E mais importante ainda é a definição da natureza do prejuízo presumido para a quantificação total do dano. Não só pelo prejuízo presumido em si, mas também porque, a se observar a existência de outros danos que não apenas o presumível, saber qual a destinação de cada espécie de indenização é essencial para o estabelecimento final do valor da reparação.

Como já adiantado, parece que ao se presumir a existência do dano decorrente do abuso processual, buscou-se reparar um dano que é essencialmente ***moral***. É sobre esta natureza que, finalmente, passa-se a tratar.

V. O dano moral decorrente do abuso processual: a natureza do dano presumido

Do que até aqui se expôs, fica evidente que no sistema processual brasileiro reconhece-se a existência de um dano presumido toda vez que verificada a conduta processual abusiva. A presunção, aqui, é que a litigância de má-fé gera automaticamente um dano à parte adversa. Não só a jurisprudência do STJ aponta neste sentido, como a própria sistemática geral da lei (artigo 96 do CPC), no que toca à destinação das sanções (de qualquer espécie) à parte adversa, prenuncia a intenção de indenizar um dano.

Não basta, porém e para definir a natureza do prejuízo, afirmar que este dano é processual. Esta assertiva evidencia única e exclusivamente a origem do prejuízo: o dano é *processual* tão somente porque decorre do processo, é dizer, porque se originou de uma conduta processual.

Disso, emerge a imperiosa necessidade de se definir precisamente a natureza do dano, sob pena de, como visto, cair em definições tautológicas e tratar indenização e multa como uma mesma sanção, nesta hipótese, ainda, dando causa a verdadeiro (e proibido) *bis in idem*. Analisemos, então, o que se pretendeu indenizar quando se definiu por ***presumido*** o dano à parte adversa.

A construção teórica que se observa na posição do STJ, na esteira do quanto defendido por BEDAUQUE[39], se alicerça na premissa de que de todo processo decorre um *dano marginal*, consistente na demora para a entrega da prestação jurisdicional.

---

39 BEDAQUE, José Roberto dos Santos. Código de processo civil interpretado / Antônio Carlos Marcato, coordenador. 2ª ed. São Paulo: Atlas, 2005, p. 97

Nesse escopo, lembre-se que a ideia de que de todo processo decorre um dano não é, entre nós, nova, e tampouco encontra resistência da doutrina. De fato, ao submeter seus interesses ao crivo do judiciário, a demora natural do processo, ou melhor, o tempo que se leva para a obtenção de um julgamento final e, ainda, para satisfação da pretensão executiva, gera por si só um dano, uma vez não permite a satisfação imediata de um direito.[40] O dano marginal, então, nada mais é do que aquele produzido durante o desenvolvimento do próprio processo, como consequência de uma lentidão natural do sistema processual.[41]

Desta forma, o abuso do processo acentua um dano inerente ao próprio exercício da jurisdição, porquanto indubitavelmente retarda ou embaraça a entrega efetiva da prestação jurisdicional, obstaculizando a razoável duração do processo.

Ocorre que, da própria definição conceitual, o dano marginal é indissociável do processo, ou seja, está sempre presente. **Daí porque, na hipótese de abuso processual, o que se indeniza não é o dano marginal em si (posto que é natural), mas sim seu agravamento**, ou seja, a criação de obstáculos ainda maiores do que os já existentes para a concretização do direito. É, em si, a *"demora da demora"*, seja pelo uso de expedientes com o intuito direto de retardar a prestação jurisdicional, seja pelo uso de mecanismos para embaraçá-la ou deslocar seus fins.[42]

40 Na lição de BEDAQUE "o simples fato de o direito permanecer insatisfeito durante todo o tempo necessário ao desenvolvimento do processo cognitivo já configura dano ao seu titular. Além disso, acontecimentos podem também se verificar nesse íntcrim, colocando em perigo a efetividade da tutela jurisdicional". BEDAQUE, José Roberto dos Santos. *Tutela cautelar e tutela antecipada:* tutelas sumárias e de urgência (tentativa de sistematização). São Paulo: Malheiros,2003, p. 22.

41 ANDOLINA, Italo. "Cognizione" ed "esecuzione forzata" nel sistema della tutela giurisdizionale. Milano: Giuffrè, 1983, p. 28.

42 O dano marginal, aqui, deixa de ser algo natural (fisiológico) e torna-se patológico. Sobre o tema, comentando as lições de Andrea Proto Pisani, MARIA CAROLINA SILVEIRA BERALDO nos lembra que "pode ser que ao dano marginal normalmente suportável pelas partes some-se um evento *ulterior e específico provocado por um dos sujeitos processuais do qual emanem outros prejuízos cuja aceitação não seja razoável exigir*. Tal evento traduz-se, com frequência, em *ato processual desleal protelatório*, que prolonga o estado de litispendência e potencializa o dano marginal já arduamente suportado, dando origem ao chamado *dano patológico*. BERALDO, Maria Carolina Silveira. *O Comportamento dos sujeitos processuais como obstáculo à razoável duração do processo.* 2010. Dissertação (Mestrado) Faculdade de Direito, Universidade de São Paulo.

A se observar a premissa de que o processo por si só causa um dano, não é demais concluir que sua existência gera nos litigantes um desconforto, uma angústia intrínseca que decorre diretamente da lide e da discussão, perante o Estado, de direitos que as partes entendem por seus.

Por isso mesmo, ao se tratar do agravamento do dano marginal, antes de tudo, está-se diante da *frustração de uma expectativa*, não só de que o processo tenha uma duração razoável, e, por consequência, de que se dê efetividade ao direito (material), mas também da negação da ideia do dever geral de boa-fé, materializada pelo desrespeito aos deveres éticos processuais (e, portanto, legais) perante justamente quem detém competência para aplicar a lei.

Em assim sendo, a conduta processual abusiva exacerba um dano preexistente e intrínseco ao processo, de forma que resulta, ao fim e ao cabo, na própria negativa de um direito fundamental da parte contra quem foi praticada, qual seja, o de ter assegurada a razoável duração do processo (Artigo 5º, inc. LXXVIII, da Constituição Federal), ou, ainda, a licitude de seu fim.

Por esta razão, o dano que se presume causado à outra parte pelo *improbus litigator* é, justamente, o **dano moral**, na medida em que corresponde à frustração de uma expectativa que encontra amparo no texto constitucional, e materializa o incremento de uma angústia característica ao próprio processo (dano marginal).

Consequentemente, a má-fé processual, que, em si, se insere num contexto de valoração ética-jurídica, subtrai direitos personalíssimos do litigante por ela afetado, pois, ao prejudicar a concretização de direito fundamental (repita-se, num *locus* que essencialmente se destina a atender tais direitos), causa latente aflição, ofendendo-lhe a tranquilidade e diminuindo-lhe temporariamente o conteúdo de seus direitos enquanto jurisdicionado.

Em doutrina, corroborando com o entendimento aqui exposto, ANA LÚCIA IUCKER MEIRELLES DE OLIVEIRA, comentando a matéria também na vigência do CPC de 1973, assevera que

> As condutas previstas no Artigo 17, em contraposição com os deveres inscritos no artigo 14, geram, na maioria das vezes, danos patrimoniais, geralmente pela propositura ou resposta de ação, pela prática de atos que no tempo implicam gastos,

> **mas também e sempre, diríamos, geram dano moral, na medida em que sempre atingem o direito da parte contrária de ter o processo pautado por condutas de boa-fé** e sempre atingem o Estado, enquanto Poder Judiciário, atingem a dignidade da justiça. Destarte, a litigância de má-fé produz sempre o dano moral.[43]

No mesmo sentido, nas palavras de CELSO HIRSOSHI IOCOHAMA: "a dor moral chega a ser presumida pelo incômodo provocado pela conduta desleal, que inevitavelmente causa inconformismo e a insatisfação com o processo por quem sofre com o prolongamento indevido, por exemplo".[44]

Não obstante, tampouco destoam deste entendimento VALTER FERREIRA MAIA[45], RENATA SOLTANOVITCH[46], e, ainda MARISTELA CURY DINIZ[47].

Não restam dúvidas, pois, que se pode concluir presumível um dano de natureza moral, decorrente da própria litigância de má-fé. É esta a natureza do dano que, a prevalecer o entendimento do STJ acima exposto, se busca indenizar quando se tem por presumido o prejuízo decorrente do abuso do processo.

A contrario sensu, gize-se que o dano material invariavelmente não se presume e, a sua vez, depende de comprovação. Destarte, também por exclusão, é possível afirmar que a indenização a que faz menção o

---

43 OLIVEIRA, Ana Lúcia Iucker Meirelles de. *Litigância de má-fé.* São Paulo: Editora Revista dos Tribunais, 2000, pp. 66-67, **grifo meu.**

44 IOCOHAMA, Celso Hiroshi. *Litigância de má-fé e lealdade processual.* Curitiba: Editora Juruá, 2009, p. 227.

45 MAIA, Valter Ferreira. *Litigância de Má-fé no Código de Processo Civil.* Rio de Janeiro: Editora Forense, 2002.

46 SOLTANOVITCH, Renata. *Responsabilidade Processual.* 2006. Dissertação (Mestrado em Direito). Pontifícia Universidade Católica – PUC/São Paulo.

47 DINIZ, Maristela Cury. *A cobrança de multas e indenizações decorrentes das hipóteses de litigância de má-fé previstas pelo Artigo 17 do Código de Processo Civil.* 2010. Dissertação (Mestrado em Direito). Pontifícia Universidade Católica – PUC/São Paulo.

STJ, nas hipóteses em que se dispensa a comprovação do dano, tem por objeto a reparação moral.[48]-[49]

Por fim, ainda que se admita que o agravamento do dano marginal gere efeitos de ordem patrimonial, para estes, quando houver a entrega da efetiva prestação jurisdicional, o sistema já prevê soluções, como os juros e a correção monetária (institutos que, em si, do lado patrimonial, respondem à demora do processo)[50]. Assim, não há de fato que se falar em presunção de dano material apta a ensejar indenização tão somente pela observância da má-fé processual.

Evidentemente, não se defende que o prejuízo decorrente do abuso do processo esteja restrito à esfera dos danos morais. Da conduta processual abusiva podem decorrer as mais diversas hipóteses de dano, sejam eles classificados como materiais, morais, ou ainda que digam respeito à perda de uma chance ou outra hipótese. Veja-se que nem mesmo a hipótese dos danos morais se restringe ao agravamento do risco marginal do processo: é pensar, por exemplo, na hipótese em que o próprio exercício abusivo do direito de ação repercuta a nível extraprocessual, de forma que a divulgação do processo perante terceiros, por exemplo, ofenda a honra da parte. Em todas estas outras hipóteses, contudo, a construção será caso a caso, e estará intrinsecamente associada à efetiva comprovação do dano alegado.

---

48 Referendando esta conclusão, MARISTELA CURY DINIZ ensina que "demonstrada a existência do dano processual advindo da conduta eivada de litigância de má-fé, há de se inferir que houve prejuízo moral da vítima, que certamente sofrerá constrangimento, dor, angústia e desconforto em razão da litigância de má-fé, seja em razão do desrespeito, seja por conta da maior demora do processo, por exemplo. Não pode tal situação passar incólume, pois. O dano material, por sua vez, depende de demonstração, não podendo ser presumido, a fim de evitar o enriquecimento ilícito da vítima. DINIZ, Maristela Cury. Op. Cit.

49 Nesta linha de argumentação por exclusão, tampouco seriam aplicáveis à hipótese as outras espécies de dano reconhecidas pela doutrina civilista. O agravamento do risco marginal do processo não causa, presumidamente, dano estético ou resulta, em si, na perda de uma chance. Não há, por fim, que se falar em dano social presumido, e especialmente porque o âmbito de incidência da norma é direcionado à lesão do particular, do litigante em si (embora se reconheça que há dano à própria administração da justiça, o que se indeniza é o prejuízo da parte).

50 Por isso, tal como já exposto (*cfr.* Nota de Rodapé 37) não se concorda integralmente com a posição de BEDAQUE, no sentido de que haveria presunção de prejuízo material. Embora exista tal dano, não é ele o que se busca reparar pela indenização autônoma de dano presumido.

O que aqui se defende, portanto, é que ao se admitir um dano presumido (ou mesmo potencial) que decorra **automaticamente** da verificação da litigância de má-fé, este dano possuirá, sempre, natureza moral. Logo, o prejuízo que dá margem a aplicação da indenização prevista no artigo 81 do CPC, nas hipóteses em que se dispensa a comprovação do dano, é o dano moral, decorrente do agravamento do risco marginal do processo e dos reflexos desta piora do tempo do processo aos direitos fundamentais da parte.

Esta construção, por fim, e que se fez em complemento ao entendimento jurisprudencial, é fundamental para entender o que se indeniza nestes casos. Mais: sabendo que se trata de dano moral, dá-se um primeiro passo para auxiliar na quantificação da indenização.

No que toca à fixação do *quantum*, andou bem o legislador ao retirar o critério de prefixação previsto no artigo 18, § 2º, do CPC/73 e determinar, no Código atual, que o valor será fixado pelo juiz ou, caso não seja possível mensurá-lo, liquidado por arbitramento ou pelo procedimento comum (artigo 81, § 3º, do CPC). Isso porque, tratando-se de hipótese de reparação de dano, não é o caso de se estabelecer uma tarifação prévia, ainda mais a se considerada a natureza moral do dano presumido (respeitadas, por óbvio e como devem sempre ser, a proporcionalidade e razoabilidade).[51]

Eis aí, finalmente, outra relevante vantagem de se declarar a natureza do dano presumido: estabelecer critérios tecnicamente coerentes para sua quantificação. Sendo dano moral, cuja causa íntima esteja atrelada à angústia da parte pelo agravamento do dano marginal do processo, há de se considerar, para repará-lo, a natureza do direito discutido no processo, a relevância do direito para a parte, a situação econômica dos litigantes, entre outros parâmetros que possam auxiliar no cálculo da importância e da extensão da ofensa imaterial.[52]

51 Já que, nesta hipótese, cairíamos na falácia de que, sempre, o dano moral referente às causas de maior valor seria superior às causas de valor mais modesto. Não se pode afirmar isso, ainda mais a se considerar, por exemplo, o valor do dinheiro para a pessoa física mais humilde. A tarifação do dano moral vinculada exclusivamente ao valor da causa, portanto, não se revela instrumento preciso para a quantificação do prejuízo.

52 É pensar, por exemplo, que o agravamento do dano marginal em processo que tenha por objetivo a satisfação de verba de natureza alimentar dê causa a um dano moral de maior gravidade do que em processo no qual se discuta reparação de danos à pessoa jurídica. Ainda, quanto à pessoa jurídica, em que pese não pare-

VI. Conclusões

A avaliação da legalidade das condutas processuais das partes está intrinsecamente associada com a definição dos limites do exercício do direito de ação e de defesa e do contraditório, quando confrontados com a efetividade da jurisdição e com a duração razoável do processo. Se de um lado o processo é uma disputa de interesse das partes, de outro, não se pode olvidar de seu caráter público, enquanto instrumento necessário à consecução dos próprios fins do Estado e para a pacificação com justiça.

Por isso mesmo, em que pese a repressão da má-fé processual seja um interesse comum aos operadores do direito, inclusive como forma de se prestigiar a boa administração e a efetividade da justiça, ela não pode se dar sem o necessário rigor técnico, sob pena de sermos tomados por uma onda moralizadora[53] que prejudica os direitos fundamentais dos litigantes no que concerne à escolha de estratégias processuais e de defesa.

A imposição de sanções ao *improbus litigator*, pois, deve vir acompanhada da necessária e indissociável fundamentação, de forma a definir o que se pune e, ainda, o dano que se indeniza.[54]

No que concerne à atribuição de objetividade e racionalidade para identificação e sanção das condutas processuais ilícitas, a teoria do abuso do processo fornece elementos mais seguros para se definir aquilo que é ilícito, possibilitando, para além das hipóteses já previstas em lei, a identificação de condutas danosas (seja à dignidade da Justiça, seja à parte) a partir de elementos comuns, quais sejam, o exercício de direitos subjetivos, a nível processual, com desvio de finalidade.

ça equivocado reconhecer-se nas hipóteses de abuso processual um dano moral presumível, haveria de se analisar os efetivos impactos do agravamento do risco marginal do processo para sua atividade, honra objetiva e, ainda, relação comercial com terceiros. São, questões que fogem do escopo deste artigo, mas que devem nortear a discussão para a reparação do dano moral decorrente da má-fé processual, e que aqui se deixam apenas como convite à reflexão.

53 A expressão, como visto, é de Taruffo. TARUFFO, Michele. *Abuso del Processo*. Revista de Processo Comparado, vol. 5, ano 3, São Paulo: Ed. RT, jan.-jul. 2017, pp. 141-156.

54 DINAMARCO, Cândido Rangel. *Instituições de Direito Processual Civil: Volume II*. 7ª ed., São Paulo: Malheiros, 2017, p. 321.

Estabelecida, então, a teoria para a identificação das condutas puníveis, fato é que o sistema processual brasileiro disciplina diferentes espécies de sanções, entre as quais podemos destacar a multa e a indenização.

A multa é sanção de caráter repressivo-punitivo, que visa resguardar principalmente à dignidade da justiça (atrela-se mais à figura do *contempt of court*). A indenização, a sua vez, é sanção de caráter ressarcitório, e, portanto, serve como forma de reparação de um dano. Trata-se, obviamente, de sanções de diferentes naturezas, que tutelam objetos distintos.

Como visto, a Jurisprudência do STJ evoluiu no sentido de reconhecer a existência de um dano presumido à parte, toda vez em que verificadas as hipóteses de má-fé processual. Este dano decorreria de um agravamento do dano marginal do processo, o que justificaria a necessidade de aplicação cumulativa da multa e da indenização em todas as hipóteses em que observada a conduta processual abusiva.

Ocorre que, ao menos num primeiro momento, o STJ reconheceu tratar-se de dano presumível e, contudo, não especificou qual seria a natureza deste prejuízo, de forma que não se justificou com o necessário rigor a que título se daria a indenização. De fato, a se referendar o caráter ressarcitório da sanção de indenização, ela não poderia ser aplicada sem se definir especificamente o dano que se indeniza.

A isso, em que pese se fale em agravamento do dano marginal do processo como forma de presumir um dano sempre presente nos casos de abuso processual, some-se que tal constatação, por si só, não é apta a justificar a condenação do litigante de má-fé a indenizar prejuízos, pois faltaria, ainda, a própria especificação do dano.

O que se indeniza, como dito, não é o dano marginal do processo (posto que sempre presente, e que seu agravamento não representaria um *tertium genus* de dano), mas sim os efeitos de seu agravamento. A indenização é devida, pois, quando a demora natural do procedimento judicial deixa de ser *fisiológica* e passa a ser *patológica*[55], pela intervenção do litigante de má-fé.

Daí porque, ante a necessidade de se definir a natureza do dano nas hipóteses de presunção de prejuízo decorrente de abuso processual,

55 ABDO, Helena Najjar. *O abuso do processo*. Coleção Estudos do Direito de Processo Enrico Tullio Liebman (orient. Arruda Alvim), v. 60, São Paulo, Revista dos Tribunais, 2007, pp. 124-125.

chegou-se à conclusão de que, nestes casos, **há sempre um dano moral indenizável**. Isso porque o agravamento do dano marginal do processo gera uma frustração de expectativas, vinculadas à negação da ideia da duração razoável do processo, enquanto direito fundamental da parte.

O abuso de processo e, mais especificamente, a conduta de má-fé, portanto, ofendem não só a dignidade da justiça, mas também os direitos imateriais da parte adversa, pois lhe aumentam a angústia (intrínseca à própria existência do processo) e lhe retiram temporariamente a imediatidade (tanto quanto possível) de aplicação de direito personalíssimo, albergado no texto constitucional.

Todo este exercício interpretativo, lembre-se, foi feito diante da necessidade contextual de se delimitar com maior precisão técnica a que título se concedia a indenização constante no artigo 81 do CPC, precisamente na hipótese em que se tem por presumido o dano. Decorre, portanto, de uma inquietação que tem origem na própria falta de soluções no posicionamento do STJ sobre a matéria.

Nesse escopo, procurou-se oferecer uma resposta para o tema, mesmo porque, quanto as premissas aqui expostas, não há divergências substanciais com aquelas que levaram à conclusão da Corte Superior.

O que se propõe em adendo à posição jurisprudencial, e com apoio em numerosa doutrina, é que o dano que se admite como **presumido** nas hipóteses de litigância de má-fé, repise-se, é de natureza **moral**, decorrente do agravamento do risco marginal do processo e de seus efeitos à parte que sofreu com a conduta do litigante ímprobo.

Assim, presumindo a ocorrência de dano moral para toda a hipótese de conduta processual abusiva, chega-se à conclusão final de que, verificada as hipóteses de litigância de má-fé, é medida de rigor a aplicação das sanções previstas no artigo 81 do CPC, tanto da multa (a título de punição e que, como visto, deveria ser destinada ao Estado e não à parte), quanto da indenização, pois sempre haverá um prejuízo, ainda que exclusivamente moral, a se reparar.

VII. Bibliografia

ABDO, Helena Najjar. *O abuso do processo*. Coleção Estudos do Direito de Processo Enrico Tullio Liebman (orient. Arruda Alvim), v. 60, São Paulo, Revista dos Tribunais, 2007.

ANDOLINA, Italo. *"Cognizione" ed "esecuzione forzata" nel sistema della tutela giurisdizionale*. Milano: Giuffrè, 1983.

BARBOSA MOREIRA, José Carlos. *A responsabilidade das partes por dano processual no direito brasileiro*, In: Temas de Direito Processual, São Paulo, Saraiva, 1977.

BEDAQUE, José Roberto dos Santos. *Código de processo civil interpretado* / Antônio Carlos Marcato, coordenador. 2ª ed. São Paulo: Atlas, 2005.

BEDAQUE, José Roberto dos Santos. *Tutela cautelar e tutela antecipada:* tutelas sumárias e de urgência (tentativa de sistematização). São Paulo: Malheiros, 2003.

BERALDO, Maria Carolina Silveira. *O Comportamento dos sujeitos processuais como obstáculo à razoável duração do processo.* 2010. Dissertação (Mestrado) Faculdade de Direito, Universidade de São Paulo.

CRUZ E TUCCI, José Rogério. *Tempo e processo: uma análise empírica das repercussões do tempo na fenomenologia processual: civil e penal.* São Paulo: Ed. Revista dos Tribunais, 1997. 168p .

CRUZ E TUCCI, José Rogério. *Garantia do processo sem dilações indevidas: responsabilidade do Estado pela intempestividade da prestação jurisdicional.* Revista da Faculdade de Direito. Universidade de São Paulo, São Paulo, v. 97, pp. 323-345, 2002.

CRUZ E TUCCI, José Rogério. *Repressão ao dolo processual: o novo artigo 14 do Código de Processo Civil.* Revista dos Tribunais (São Paulo), São Paulo, v. 91, n. 798, pp. 65-77, 2002.

CRUZ E TUCCI, José Rogério. *Contra o processo autoritário.* Revista de Processo, v. 40, pp. 47-65, 2015.

DINAMARCO, Cândido Rangel. *Instituições de Direito Processual Civil: Volume II.* 7ª ed., São Paulo: Malheiros, 2017.

DINIZ, Maristela Cury. *A cobrança de multas e indenizações decorrentes das hipóteses de litigância de má-fé previstas pelo Artigo 17 do Código de Processo Civil.* 2010. Dissertação (Mestrado em Direito). Pontifícia Universidade Católica - PUC/São Paulo.

FERRO, Thania Maria Bastos Lima. *Responsabilidade Civil por Abuso do processo.* Disponível em https://paginasdedireito.com.br/artigos/todos-os--artigos/responsabilidade-civil-por-abuso-do-processo.html. Acesso em 19/07/2023.

GRINOVER, Ada Pellegrini. Ética, abuso do processo e resistência às ordens judiciais: o contempto of court. Revista de Processo nº 102, São Paulo: RT, 2001.

IOCOHAMA, Celso Hiroshi. *Litigância de má-fé e lealdade processual.* Curitiba: Editora Juruá, 2009.

JÚNIOR, Humberto Theodoro. Curso de direito processual civil. Vol. I, 52ª ed. Rio de Janeiro: Forense, 2011.

MAIA, Valter Ferreira. *Litigância de Má-fé no Código de Processo Civil.* Rio de Janeiro: Editora Forense, 2002.

OLIVEIRA, Ana Lúcia Iucker Meirelles de. *Litigância de má-fé.* São Paulo: Editora Revista dos Tribunais, 2000.

SOLTANOVITCH, Renata. *Responsabilidade Processual.* 2006. Dissertação (Mestrado em Direito). Pontifícia Universidade Católica – PUC/São Paulo.

TARUFFO, Michele. *Abuso del Processo.* Revista de Processo Comparado, vol. 5, ano 3, São Paulo: Ed. RT, jan.-jul. 2017, pp. 141-156.

VINHAS, Tiago Cação. *Sham Litigation: Abuso do Direito de Ação.* 2014. Dissertação (Mestrado) – Faculdade de Direito, Universidade de São Paulo.

A POSSIBILIDADE DA TUTELA COLETIVA PARA A PRODUÇÃO ANTECIPADA DA PROVA, À LUZ DA ANÁLISE ECONÔMICA DO DIREITO[1]

Rafael Barud Casqueira Pimenta[2]

1. Ao mestre, com carinho

O professor José Rogério Cruz e Tucci é uma força da natureza. Não apenas pela profundidade de sua erudição e pela vastidão do seu conhecimento, mas, sobretudo, pela sua abnegada generosidade intelectual – sempre disposto a compartilhar aquilo que sabe, seja por meio de sua monumental obra escrita, seja em sala de aula, seja apenas em conversas sobre prosaicas amenidades.

Em qualquer foro, com qualquer interlocutor, as palavras do prof. José Rogério vicejam: o obscuro se torna claro; o ignorado se torna conhecido; e o caos vira ordem. Nas palavras de Álvaro de Campos, um dos muitos heterônimos de Fernando Pessoa: "[o] historiador é um homem que põe os factos nos seus devidos lugares" (2005, p. 41). E assim é com o Prof. José Rogério: impossível sair a mesma pessoa depois de ter lido *Lições de História do Processo Civil Romano* (TUCCI e AZEVEDO, 2001a),

---

1 Minuta de artigo submetida à aprovação, em 31.07.2023, como contribuição à coletânea de textos, a ser publicada em livro, em homenagem ao Prof. Dr. José Rogério Cruz e Tucci.

2 Advogado; mestrando em Direito Processual pela FDUSP, matriculado sob o nº 12388044. E-mails: rafaelpimenta83@usp.br; rafaelpimenta83@gmail.com; e rpimenta@gc.com.br.

Lições de Processo Civil Canônico (TUCCI e AZEVEDO, 2001b), *Lições de História do Processo Civil Lusitano* (TUCCI e AZEVEDO, 2009) e o espetacular *Jurisdição e Poder* (TUCCI, 1987).

Embora a característica principal de sua obra esteja na análise histórica do direito – e, em particular, do direito processual —, seria muito pouco confinar a contribuição do Prof. José Rogério àquela de um historiador do direito. Não porque haja nisso qualquer tom diminutivo, mas apenas porque ele é muito mais do que isso. É um dos grandes nomes da ciência processual brasileira, cujas maestria e genialidade certamente hão de eternizá-lo, no panteão da literatura jurídica nacional, ao lado de gênios do quilate de Clóvis Beviláqua, Rui Barbosa, Tobias Barreto, Waldemar Ferreira, Teixeira de Freitas, Pimenta Bueno, João Mendes Jr., Joaquim Inácio Ramalho, Lafayette Rodrigues Pereira, Francisco Morato e outros.

O texto que se segue é, pois, uma sincera e humilde homenagem a um gênio. E, como tal, duas advertências preambulares são fundamentais. A primeira é que se optou por não tratar diretamente de fenômenos próprios da historiografia do direito, de cujo estudo o homenageado sobressai como *primus inter pares*. Arriscar-se a tratar de temas que ele domina como poucos seria menos uma homenagem, e mais um tormentoso teste de paciência espiritual, uma espécie de bilhete de trem rumo ao enfado. Só de ida.

A segunda é que a lente de análise escolhida (a Análise Econômica do Direito) não deixa de ser, ela própria, um fenômeno histórico da evolução da ciência jurídica, cujas condicionantes históricas são destacadas ao longo do texto (Capítulos 3.1 e 3.2).

Ao mestre, com carinho, essa singela homenagem.

2. Introdução; colocação do problema

What's here? A cup closed in my true love's hand?
Poison, I see, hath been his timeless end.—
O churl, drunk all, and left no friendly drop
To help me after! I will kiss thy lips.
Haply some poison yet doth hang on them,
To make me die with a restorative.
<She kisses him.>
Thy lips are warm!

> [...]
> Yea, noise? Then I'll be brief. O, happy dagger,
> This is thy sheath. There rust, and let me die.
> <She takes Romeo's dagger, stabs herself, and dies.>[3]

A transcrição acima, embora talvez dispensasse maiores apresentações, é parte do Ato 5, Cena 3 (v. 166-175), da peça Romeu e Julieta, de William Shakespeare. Nela, os personagens Romeu Montecchio e Julieta Capuleto, embora perdidamente apaixonados, não podem se casar, porque suas respectivas famílias são inimigas capitais. Em razão desse conflito, Romeu acaba banido da cidade de Verona; e Julieta, obrigada a se casar com o jovem Páris.

Num plano para adiar o casamento, Frei Lourenço oferece à jovem uma poção para fingir a sua morte, enviando, paralelamente, uma carta ao jovem Romeu acerca do plano. A carta, porém, não chega ao conhecimento de Romeu.

Operando, pois, num cenário de trágica assimetria informacional, Romeu tem notícia da "morte" de sua amada e decide comprar veneno para dar cabo da própria vida. Ao vê-la estirada no mausoléu da família Capuleto, ele forma um juízo de certeza quanto ao "fato" de que ela está morta.

A partir desse juízo equivocado, construído a partir de um mosaico de informações incompletas, ele decide tomar o veneno. Há duas questões de ordem econômica nesse cenário. A primeira é a quantidade de informação de que Romeu dispõe para tomar a sua decisão. Ela é incompleta, pois a carta do Frei – que lhe revelaria o verdadeiro estado de coisas – nunca chegou ao seu conhecimento. A segunda é que, a partir dessa informação incompleta, Romeu passa a ter controle sobre apenas uma variável para a sua tomada de decisão: isto é, assumindo a premissa de que Julieta estava morta (*ceteris paribus assumption*[4]), ele pode decidir matar-se (A) ou viver lamentando (B).

Trata-se, pois, de um cenário estático (a morte é irreversível), no qual não há restrições de natureza orçamentária para a tomada de decisão (o veneno já estava comprado), no qual Romeu pode exercer li-

---

3 (SHAKESPEARE, p. 236-237)

4 "This ceteris paribus (other things being equal) assumption is invoked in all economic analyses of utility-maximizing choices so as to make the analysis of choices manageable within a simplified setting".

vremente a sua *preferência*: A é preferível a B, então escolhe A. Um dos axiomas da escolha racional, o conceito econômico de preferência pode ser definido da seguinte forma (NICHOLSON e SNYDER, 2008, p. 87):

> An individual who reports that "A is preferred to B" is taken to mean that all things considered, he or she feels better off under situation A than under situation B. [...] Consequently, people are assumed not to be paralyzed by indecision: They completely understand and can always make up their minds about the desirability of any two alternatives.

Diferente seria se Romeu tivesse dúvida sobre a morte de Julieta, convertendo-a, pois, numa variável da sua equação. O ranking de preferências seria alterado para um esquema mais ou menos como esse:

	Romeu vivo (+1)	Romeu morto (-1)
Julieta viva (+1)	+2	0
Julieta morta (-1)	0	-2

Assumindo que cada um desses cenários tem 1/4 de chances de se materializar - e independentemente se Romeu poderia ser descrito como um *risk taker, risk avoider* ou *risk neutral*[5] —, aquele que maximiza a utilidade para Romeu é *Julieta viva/Romeu vivo*, pelo que, mesmo num cenário de incerteza, ele deveria agir para atingi-lo, permanecendo vivo.

O final, no entanto, é aquele que minimiza a utilidade para ambos (*Julieta morta/Romeu morto*) - o que poderia significar que, para além de uma tragédia no sentido literário, o enredo em questão é, igual medida, uma *tragédia econômica*. Julieta, ao acordar, vê o seu amado morto

5 Na teoria microeconômica, esses termos servem para classificar as preferências individuais em relação ao risco: "De um indivíduo que prefira uma renda garantida a um emprego arriscado com a mesma renda esperada diz-se que ele tem aversão a riscos. (Tal pessoa tem utilidade marginal decrescente para a renda.) [...] Para o indivíduo que apresenta neutralidade em relação aos riscos é indiferente o recebimento de uma renda garantida e o de uma renda incerta que apresente o mesmo valor de renda esperada [...] se um indivíduo é amante do risco, ele prefere uma renda incerta a uma renda certa, mesmo que o valor esperado da renda incerta seja menor do que o valor da renda certa" (PINDYCK e RUBINFELD, 2013, p. 159).

(aí sim, verdadeiramente morto) e, num cenário de completude informacional, exerce ela própria o seu juízo de preferências e decide se matar. Ela o faz inicialmente beijando os lábios do seu amado, para tentar uma última gota de veneno. E, na ausência de líquido suficiente, então toma a adaga de Romeu e a espeta em seu peito.

Esse preâmbulo, possivelmente de pouca ou nenhuma densidade científica, parece ser, inobstante, uma pertinente ilustração retórica[6] para o problema jurídico-processual que consubstancia o pano de fundo deste trabalho: o valor (jurídico-econômico) da informação e a (in) eficiência imanente que a falta de uma informação, precisa e completa, projeta sobre o comportamento das partes em Juízo e, consequentemente, sobre uma prestação da tutela jurisdicional hígida.

Nesse sentido, e deixando de lado eventuais arroubos literários, a pergunta-problema que orienta a construção do raciocínio, ao longo das páginas a seguir, pode ser condensada na seguinte indagação: *é possível usar os meios de tutela coletiva, previstos hoje no ordenamento brasileiro, exclusivamente para a produção antecipada de prova*?

Para respondê-la, usam-se dois filtros de análise. Um primeiro de raiz econômica, isto é, aplicando-se o instrumental analítico da Análise Econômica do Direito (AED) para compreender se a adoção de meios processuais coletivos pode ser mais eficiente para o sistema como um todo, ao permitir uma melhor alocação de custos para obtenção da prova – a partir de um ganho de escala na produção-utilização da informação – e ao tornar o *tradeoff* de litigar mais barato para as potenciais vítimas de atos ilícitos com repercussão coletiva e, ao mesmo tempo, mais caro para os potenciais causadores do dano, induzindo-os a uma composição não-adjudicada da controvérsia.

6 Ao lado da gramática e da dialética, a retórica é tradicionalmente entendida como uma das artes da palavra (*artes sermonicales*), cuja função primordial vai além da explicação verbal dos textos; é uma forma de extrair deles postulados normativos e convencer terceiros acerca da força desses postulados (LOPES, 2010, p. 45). Ou, na definição de Perelman, a retórica, assim como qualquer técnica argumentativa, tem o propósito de "adesão dos espíritos". (PERELMAN e OLBRECHTS-TYTECA, 1996, p. 6). Embora ela tenha experimentado um ostracismo de séculos, é possível que as novas investigações sobre a *economia comportamental* ou as escolhas de racionalidade limitada possam vir a redimi-la, porquanto a mente absorve melhor e de maneira perene imagens, comparações e/ou exemplos caricatos ou não-triviais, ainda que sem a objetividade, a neutralidade e (por que não?) um certo enfado característico da linguagem científica. (KAHNEMAN, 2012).

Para esse fim, faz-se um breve apanhado dos conceitos básicos da teoria econômica (Cap. 3.1), os contornos históricos da AED (Cap. 3.2) e seus fundamentos teóricos (Cap. 3.3), com particular, ao fim, sobre o valor (custo) da informação e a sua influência sobre o processo decisório das partes (Cap. 3.4).

O segundo filtro utilizado é o de matriz dogmática, ou seja, se efetivamente cabe no ordenamento jurídico vigente no Brasil o uso de meios de tutela coletiva exclusivamente para a produção de provas. Nesse ponto, tratamos de dois aspectos: (a) a mudança de paradigma normativo, com a introdução dos arts. 381 a 383 no Código de Processo Civil de 2015 (CPC/2015), que permitiu o processamento de pedidos autônomos de produção antecipada de prova, sem o requisito da urgência (Cap 4.1); bem como algumas notas sobre o posicionamento atual da doutrina sobre os referidos dispositivos (Cap. 4.2); e (b) considerações sobre a tentativa dogmático-normativa de conferir eficiência e racionalidade econômica a demandas de natureza coletiva (Cap. 5.1), bem como sobre fundamentos básicos, ainda que de maneira resumida, dos instrumentos coletivos previstos no ordenamento brasileiro (Cap 5.2).

No capítulo final, sobrepomos os dois filtros (econômico e dogmático), no esforço de responder à pergunta-problema (Cap 6). E a nossa conclusão – evidentemente sujeita a críticas de toda a ordem – é de que, de um lado, parece haver indicativos claros, do ponto de vista da AED, a recomendar o uso de meios coletivos de tutela, com vistas a expandir o nível informacional dos litigantes, reduzindo a assimetria e contribuindo para um uso eficiente da prova para o sistema como um todo; de outro, não parece haver entraves intransponíveis, do ponto de vista normativo, para esse fim. E ainda que houvesse dúvida sobre o encaixe perfeito entre o direito à produção antecipada, tal como prevista, hoje, no direito positivo brasileiro e as especificidades processuais do microssistema coletivo, entendemos que o vetor econômico (plasmado na ordem jurídica constitucional-processual através do princípio da eficiência) deveria orientar uma expansão interpretativa dos limites dos meios de tutela coletiva, permitindo o seu uso também para a produção antecipada de provas.

É de cada um desses pontos que se passa a tratar a seguir.

3. A análise econômica do direito: fundamentos gerais, a precificação da incerteza e o valor (custo) da informação.

3.1. Introdução: a definição de economia.

Do ponto de vista semântico, a definição do que significa a Análise Econômica do Direito - ou AED, como ficou e é conhecida no Brasil —, pressuporia a definição apriorística do que é *economia*.

Seria, no entanto, uma audácia sem precedentes - para não dizer um suicídio acadêmico - tentar responder, em singelas trinta páginas, a duas questões sobre as quais filósofos, juristas e economistas vêm se debatendo há vários séculos, sem chegar a um consenso. Para os módicos fins deste trabalho, o máximo que se pode tentar é uma aproximação teórica, à luz de alguns postulados.

Segundo Gregory Mankiw (2013, p. 3-4),

> a palavra economia vem do termo grego *oikonomos* e pode ser entendida como 'aquele que administra um lar'. Em princípio, essa origem pode parecer estranha, mas, na verdade, os lares e a economia têm muito em comum. [...]
>
> A gestão dos recursos da sociedade é importante porque estes são escassos. Escassez significa que a sociedade tem recursos limitados e, portanto, não pode produzir todos os bens e serviços que as pessoas desejam ter. Assim como cada membro de uma família não pode ter tudo o que deseja, cada indivíduo de uma sociedade não pode ter um padrão de vida tão alto quanto ao qual aspire.

Nesse sentido, conclui o professor de Harvard, "[e]conomia é o estudo de como a sociedade administra seus recursos escassos. [...] Os economistas, portanto, estudam como as pessoas tomam decisões: o quanto trabalham, o que compram, quanto poupam e como investem suas economias" (MANKIW, 2013, p. 4).

Numa primeira aproximação, portanto, são duas as premissas fundamentais da ciência econômica: (i) a de que existem necessidades humanas - fisiológicas, psicológicas, sociais, políticas, espirituais ou morais; e (ii) de que os bens materiais (mercadorias) que satisfazem tais necessidades são escassos[7]. Na definição de Marx, "[a] mercadoria é, an-

7 "Hoje, os economistas têm uma maneira particular de pensar sobre os recursos - isto é, os tijolos para construir uma escola, os medicamentos para curar doenças e

tes de mais nada, um objeto externo, uma coisa que, por suas propriedades, satisfaz necessidades humanas, seja qual for a natureza, a origem delas, provenham do estômago ou da fantasia" (2012, p. 57).

A mercadoria, pois, tem um valor natural, intrínseco (*valor de uso*) consistente na sua capacidade de prover as necessidades ou de servir às comodidades da vida humana[8]. E um *valor de troca*, pelo qual pode ser trocada por outras mercadorias de diferentes quantidades e qualidades[9]. A medida do valor de troca é a quantidade de trabalho dispendida para produzi-la. Novamente, com Marx, "um bem só possui, portanto, valor, porque nele está corporificado, materializado, trabalho humano abstrato" (2012, p. 60).

Essa, portanto, é a terceira premissa fundamental da ciência econômica: o *tempo* é a medida de valor dos bens aptos a satisfazer as necessidades humanas. Sendo o tempo, ele próprio, um "bem" escasso, tem-se que a economia é o estudo de como as pessoas individualmente consideradas ou as sociedades decidem sobre a alocação de tempo e recursos para a produção de determinados bens; ou, numa perspectiva invertida, sobre como elas decidem quais bens produzir à luz da escassez de recursos e tempo[10].

---

os livros que as pessoas querem. Eles afirmam que essas coisas são "escassas". Nos anos 1930, o economista britânico Lionel Robbins definiu a ciência econômica como o estudo da escassez. Coisas raras, como diamantes e pavões brancos, são escassas; mas, para os economistas, canetas e livros também são escassos, embora possam ser facilmente encontrados em casa ou na loja do bairro. Com "escassez", eles querem dizer que há uma quantidade limitada, e que os desejos das pessoas são potencialmente ilimitados. Se pudéssemos, possivelmente continuaríamos comprando canetas e livros novos para sempre – mas não podemos fazer isso, porque tudo tem um custo. Isso significa que precisamos fazer escolhas" (KISHTAINY, p. 3-4).

8 "Seria possível perguntar: por que são os bens procurados (desejados)? A resposta é relativamente simples: um bem é demandado porque é útil. Por utilidade, entende-se a capacidade que tem um bem de satisfazer uma necessidade humana" (RIZZIERI, 2017, p. 793-795).

9 "O valor de troca não guarda nenhuma relação e não depende do valor de uso da mercadoria. [...] A água tem um altíssimo valor de uso, pois é indispensável à vida humana, porém possui um baixo valor de troca. Por sua vez, um diamante tem alto valor de troca, muito embora seja irrelevante para a vida humana". A água tem um altíssimo valor de uso, pois é indispensável à vida humana, porém possui um baixo valor de troca. Por sua vez, um diamante tem alto valor de troca, muito embora seja irrelevante para a vida humana". (SANTOS, 2017, p. 1538-1541)

10 "A essência da atividade econômica, segundo Röpke, só pode ser compreendida por meio de três ideias básicas: escassez dos meios, escolha dos fins e custo. As

Mas, e aqui vale um complemento relevante, não é qualquer processo de escolha de que se ocupa a economia. Apenas daqueles ditos *racionais*, isto é, processos de escolha que visem a maximizar a satisfação de suas necessidades ou interesses pessoais (ou coletivas) com o menor uso possível de tempo e recursos (MANKIW, 2013, p. 6).

Chega-se, então, ao âmago da definição de economia, pelo menos para o propósito limitado deste trabalho: trata-se de uma ciência que, à luz das premissas acima, estuda *como* e *por que*, nós, seres humanos – entendidos como seres racionais – fazemos as escolhas que fazemos, para satisfazer as nossas necessidades pessoais, num ambiente de recursos escassos. Assim, como afirma Rizzieri, "[e]m Economia, tudo se resume a uma restrição quase física: a lei da escassez. Isto é, produzir o máximo de bens e serviços com os recursos escassos disponíveis para cada sociedade" (RIZZIERI, 2017, p. 781-782).

À luz desses postulados, pode-se afirmar que a ciência econômica, pela ótica de sua metodologia clássica[11] ou neoclássica[12], é indiferente a uma valoração moral acerca dos desejos pessoais ou das necessidades humanas, a serem satisfeitas com o uso de bens escassos. Ela analisará a eficiência dos atos do *homo oeconomicus*, "ser imaginário dotado de todos os reflexos julgados fundamentais e que obedece apenas a duas 'leis' – a lei do interesse pessoal e pecuniário e a lei do menor esforço" (PINHO, 2017, p. 22692-22694).

considerações sobre o equilíbrio entre as necessidades e os meios disponíveis para satisfazê-las estão sempre presentes quando se emprega a renda, dirige-se um negócio, organiza-se a produção, divide-se o tempo entre o trabalho e o lazer, o sono e a vigília" (PINHO, 2017, p. 22631-22634).

11 O termo *metodologia clássica* é aqui utilizado em contraposição à metodologia fisiocrata, duas escolas surgidas no fim do século XVIII, e cujo antagonismo mimetiza a distinção entre macroeconomia e microeconomia: "A metodologia da escola fisiocrática e da clássica era dedutiva e abstrata; mas, enquanto Quesnay e seus discípulos enfocaram os problemas econômicos do ponto de vista macroscópico, os clássicos permaneceram essencialmente na ótica microscópica" (PINHO, 2017, p. 22676-22677).

12 "O princípio básico dessa escola era o da racionalidade dos agentes econômicos, ou seja, perante uma série de opções, os indivíduos, livremente, escolheriam aquela opção que considerariam mais vantajosa" (LUQUE, 2017, p. 9450-9452).

3.2. Contornos históricos da análise econômica do direito

Na sua obra *Filosofia do Direito*, Michel Villey propõe a seguinte reflexão: "Faça o seguinte teste. Reúna um grupo de juristas. Pergunte-lhes: para que serve o direito? [...] Você não obterá resposta" (VILLEY, 2019). A conclusão do jusfilósofo francês parece pertinente - embora um pouco frustrante —, pois, assim como muitas das ciências naturais ou humanas, incluindo-se a economia, o Direito foi ressignificado múltiplas vezes ao longo da história[13].

A mais relevante delas - ao menos para o recorte que aqui se propõe - talvez tenha sido o avatar epistemológico da *racionalidade*[14], iniciado na Europa do século XVI, com o dito direito natural moderno[15], passando pelo Iluminismo jurídico-político do século XVIII, o utilitarismo econômico do século XIX[16], até atingir seu ápice na virada do século

13 Conforme afirma Bartolomé Clavero, o poder da História de ressignificar o conteúdo, semântico ou científico, do Direito está na pulverização do poder sobre a linguagem: "Uma autoridade pode estabelecer uma norma de direito, mas não consegue determinar o sentido do conceito. Um dicionário pode definir a palavra, mas não chega a criar o significado do termo. Ninguém tem poder sobre a linguagem, tampouco os professores. Somos todos, todos que usamos de uma língua, quem o determinamos" (CLAVERO, 2018, p. 3).

14 "Depois das lutas religiosas do início da Idade Moderna, o direito natural emancipou-se da teologia moral sob a influência da nova imagem fisicalista do mundo; baseava agora os seus postulados, não já sobre a vontade do Criador ou a ordem de criação, mas sobre as necessidades da razão e a experiência da realidade" (WIEACKER, 2015, p. 12).

15 "Se já não é possível um acordo sobre a finalidade da vida comum, substancialmente pelo menos, deve-se buscar um acordo possível quanto aos procedimentos. O direito deve ter por objeto garantir as expectativas recíprocas, não o alcance de uma vida feliz e justa. Se o termo e a finalidade do direito se tornam procedimentos, é possível tratá-lo até certo ponto como uma geometria. Pelo menos é possível compartilhar as esperanças despistadas pelos modernos na matematização do conhecimento. [...] O jusnaturalismo moderno tenderá, pois, ser axiomático, dedutivista, universal, impessoal, abstrato" (LOPES, 2011, p. 198-199).

16 "O utilitarismo de Bentham estava destinado a exercer uma forte influência sobre o direito, por um lado, por meio de seu aluno, John Stuart Mill (1806-73), em cuja proximidade se formou John Austin (1790-1859), que por sua vez influenciou Herbert Hart (1907-92) e o realismo americano; por outro, por meio do assim chamado 'segundo Jhering', cuja obra foi definida como um 'deutscher Benthamismus'" (LOSANO, 2010, p. 148)

XIX para o XX, com a dominação do pensamento jurídico ocidental pelo *positivismo*[17].

Pelos postulados do *positivismo*, na sua acepção tradicional, "a lei civil gera todo o conteúdo de obrigação estrita, pois o que é bom e o que é ruim (em termos de atividade externa), coisa que a fórmula indistinta da lei natural não dizia, é ela que o edita" (VILLEY, 2009, p. 745).

De maneira mais detalhada, segundo o *positivismo*: (a) o direito é um fato social, e não um valor, de modo que "o jurista, portanto, deve estudar o direito do mesmo modo que o cientista estuda a realidade, isto é, abstendo-se absolutamente de formular juízos de valor" (BOBBIO, 1995, p. 131); (b) a coação é elemento definidor do Direito e a lei, a sua fonte primordial; (c) o ordenamento jurídico deve ser reputado completo (i.e., sem lacunas) e coerente (no qual toda antinomia é um mal a ser eliminado), buscando-se na hermenêutica o instrumental necessário para fazer valer esses dois axiomas; e, por fim, (d) a lei deve ser obedecida – *Gesetz ist Gesetz* (BOBBIO, 1995). Há uma série de variações acerca do significado de *positivismo jurídico*, dentre as quais duas merecem destaque: o *normativismo* e o *realismo*[18], que espelham, em determinada medida, a *summa divisio* entre os ordenamentos da *Civil Law* e da *Common Law*.

O *positivismo*, enquanto sistema de pensamento jurídico dominante[19], entra em declínio a partir da Primeira Guerra Mundial[20], abrindo

17 "Com isto, a ciência jurídica perdeu, pela primeira vez, aquele carácter de moral sobreposta ao direito positivo que fora próprio do direito natural medieval ou do jusracionalismo moderno; daí que ela tenha ficado na convicção, muito tributária do jusracionalismo, de que através do sistema e da concatenação lógica dos conceitos gerais se podia atingir o direito justo" (WIEACKER, 2015, p. 13).

18 Nas palavras de Riccardo Guastini (2005, p. 355), "o normativismo supõe que o direito seja produto da legislação (em sentido lato) e que os juristas encontram as normas já feitas e acabadas, suscetíveis de conhecimento; supõe que a interpretação jurídica seja conhecimento de normas. Segundo o realismo, ao contrário, o direito não é outra coisa senão o resultado da interpretação e da aplicação, de sorte que não existem absolutamente normas antes e independentemente da prática judicial e administrativa".

19 A expressão é de Dworkin, ao se referir ao que chama de duas partes de uma mesma teoria: o *positivismo*, uma teoria que define "a verdade das proposições jurídicas" a partir "das regras que foram adotadas por instituições sociais específicas"; e o utilitarismo, que sustenta "que o direito e suas instituições deveriam estar a serviço do bem-estar geral e tão-somente isso" (DWORKIN, 2007, p. VII-VIII)

20 "Uma época de relativa paz social terá interesse em meditar sobre as formas do direito que felizmente a regem: a doutrina de Kelsen deita suas raízes na grande

espaço para o surgimento (ou desenvolvimento) de novas escolas de pensamento jurídico, como o Realismo norte-americano (Oliver W. Holmes, Benjamin Cardozo, Roscoe Pound), o Movimento do Direito Livre (François Gény, Hermann Kantorowicz, Ernst Fuchs e Eugen Erlich) e a Jurisprudência dos Interesses (Philipp Heck, Max Rümelin) (LOSANO, 2010).

Embora com relevantes diferenças entre si, essas escolas de pensamento serão caracterizadas por serem (mais) uma tentativa de ressignificação do fenômeno jurídico, rejeitando a concepção do direito como uma ciência formal lógico-dedutiva totalizante[21], cuja produção normativa consubstancia um monopólio do ente estatal, e passando a admitir outros critérios de produção, interpretação e aplicação da norma jurídica, mais próximas do direito enquanto valor (GICO JR., 2023) – em particular (i) a vontade do juiz, haurida de sua experiência pessoal acerca da realidade cognoscível; e (ii) o sopesamento de interesses, a partir de critérios de proporcionalidade.

É na esteira desse antagonismo entre o positivismo estrito e a discricionariedade judicial que nasce e floresce a Análise Econômica do Direito. "De acordo com ela, os juízes exercem e devem exercer a discricionariedade. Esta, porém, deve seguir os ditames de uma teoria econômica aplicada ao direito" (POSNER, 2010, p. XII).

A AED, porém, não nasceu com a pretensão ser uma nova teoria do Direito, e sim como uma espécie de "experimento" teórico, ao decompor

Viena da Belle Époque, num mundo estável que se dissolve com a Primeira Guerra Mundial. Uma época de fortes tensões sociais, ao contrário, tenderá a superar um direito antigo que dificulta a renovação social ou a infringir as normas de um direito que coativamente reprime os fermentos do novo: é a época de Weimar e dos totalitarismos" (LOSANO, 2010, p. 132).

21 A crítica a esse ideário ainda é muito viva em autores contemporâneos: "Quando falamos que toda lei carece de interpretação, assumimos um ponto de vista que hoje conta mais de duzentos anos. Eu diria que é essa concepção do Direito que hoje se encontra em xeque. Não para abandonar a legalidade ou a positividade do Direito, mas para deixar de lado certa ideia do "saber" ou da "ciência do Direito". Significa o surgimento de nova aproximação da filosofia e da teoria do Direito com a filosofia prática, a filosofia da ação, ou razão prática. A mudança consiste em abandonar a pretensão de objetividade e de certeza do conhecimento sobre o Direito com forma de ciência natural. Significa abandonar muito da perspectiva epistemológica moderna. Por isso, digo que a questão diz respeito não à positividade do Direito, mas à positividade do saber sobre o Direito" (LOPES, 2016, p. 219).

e examinar o fenômeno jurídico não mais a partir do seu instrumental tradicional (positivista ou antipositivista), mas a partir da "aplicação do instrumental analítico e empírico da economia, em especial da microeconomia e da economia do bem-estar social, para se tentar compreender, explicar e prever as implicações fáticas do ordenamento jurídico" (GICO JR., 2023, p. 37).

3.3. Fundamentos gerais da AED

A AED "nasce" com a publicação do artigo "The Problem of Social Costs", pelo economista britânico Ronald H. Coase (WOLKART, 2019). Nele, Coase analisa a questão do *custo social* e a inadequação das propostas de políticas públicas que buscam solucioná-lo. Por *custo social*, entende-se o efeito negativo de uma determinada atividade econômica sobre outras pessoas. O exemplo "clássico" de custo social é o da fábrica cuja fumaça lançada no ar prejudica propriedades vizinhas. Por propostas inadequadas, Coase se refere àquelas tencionam (i) responsabilizar o dono da fábrica pelos danos causados pela fumaça, (ii) aplicar um imposto proporcional à quantidade de fumaça lançada, ou (iii) banir a fábrica de áreas residenciais. (COASE, 1960).

Coase afirma, ainda, que as propostas tradicionais obscurecem a origem do problema, pois, numa relação em que atividade de "A" causa danos a "B", ao tencionar evitar a ocorrência de tais danos (ou mitigá-los), isso necessariamente se reflete num dano a "A". A escolha a ser feita deve ser aquela que maximiza o valor final, considerando-se o valor da atividade que está sendo restringida (e, consequentemente, o valor da restrição imposta) e o valor da outra atividade que se visa a conservar, a partir da restrição alheia (COASE, 1960).

Ao tratar especificamente do tratamento judicial de uma questão econômica, Coase afirma que é necessário que os Tribunais tenham em conta as consequências econômicas de suas decisões, ao delimitar (ou fixar) juridicamente direitos, estabelecendo de forma heterônoma o arranjo a ser seguido pelas partes.

Segundo o autor britânico, embora não o façam sempre de maneira expressa, parece não haver dúvida de que, em expressões como "razoável" ou "uso comum ou ordinário", há um certo tipo de reconhecimento dos aspectos econômicos das questões em julgamento. Por outro lado, afirma, não são apenas as decisões judiciais que formam um arranjo possível de direitos, o governo (i.e., o estado) também o faz por meio de leis e regulamentos – em geral, destinadas a prevenir pedidos de indenização por terceiros contra (ou limitar a responsabilidade dos empresários por) atividades potencialmente prejudiciais: as chamadas turbações autorizadas. Em síntese, segundo Coase (1960, p. 27):

> The problem which we face in dealing with actions which have harmful effects is not simply one of restraining those responsible for them. What has to be decided is whether ·the gain from preventing the harm is greater than the loss which would be suffered elsewhere as a result of stopping the action which produces the harm. In a world in which there are costs of rearranging the rights established by the legal system, the courts, in cases relating to nuisance, are, in effect, making a decision on the economic problem and determining how resources are to be employed.

De acordo com Wolkart, "[o] modelo de Coase trouxe uma poderosa ferramenta na busca da eficiência na forma de decidir a alocação inicial de recursos" (2019, p. 104). Outro autor fundamental na história e no desenvolvimento da AED é o jurista americano Richard A. Posner[22].

Em seu trabalho seminal ("An Economic Approach to Legal Procedure and Judicial Administration"), publicado em 1973, aplica conceitos e princípios da análise econômica ao estudo de processos judiciais, sustentando que a eficiência econômica deve ser levada em consideração na avaliação de sistemas processuais, a fim de otimizar a alocação de recursos e reduzir custos.

Como base do seu pensamento, Posner afirma que o erro judicial é uma fonte de custos sociais e a redução do erro é, e deve ser, um objetivo do sistema processual. É dizer: mesmo quando funciona perfeitamente, o processo envolve custos – o tempo de advogados, partes, testemunhas, jurados, juízes e outras pessoas, além de papel e tinta, manutenção de escritórios de advocacia e tribunais, serviço telefônico etc. Esses custos "inerentes" podem ser aumentados em caso de aplicação errônea do direito substantivo ou quando da negação de um direito processual a uma das partes.

22 Mais uma conforme lição de Wolkart, "[é] de Posner o mérito da inclusão da AED como disciplina nas escolas de direito estadunidenses. Uma de suas maiores contribuições para a popularização da AED foi a criação do "Journal of Legal Studies", do qual foi o primeiro editor-chefe" (2019, p. 109).

Ele ilustra o seu raciocínio, a partir do exemplo dos litígios por acidentes automobilísticos. De acordo com o autor, o objetivo de um sistema de responsabilidade por acidentes é minimizar os custos totais de acidentes e, também, o custo da prevenção desses acidentes. Para isso, e assumindo que o único método viável de prevenção é a compra de um determinado equipamento de segurança, o custo da prevenção (i.e., da compra dos equipamentos) deve ser igual a, ou menor do que, a economia no custo dos acidentes, decorrente do incremento da prevenção. Essa equação, no entanto, é distorcida por um terceiro fator: a possibilidade de erros judiciais na condenação da empresa "X" por acidentes (tanto para cima quanto para baixo). Se essa possibilidade de erros for superior a 1, ela tornará menor o produto da razão entre custo do equipamento dividido pelo custo do acidente, ou seja, a empresa X terá menos custos com os acidentes do que com a prevenção (POSNER, 1973).

Outro autor da AED que merece destaque é Guido Calabresi. Em seu trabalho, "Property Rules, Liability Rules and Inalienability: one view of the Cathedral" (1972), em coautoria com A. Douglas Melamed, ele distingue as situações em que se reputa economicamente mais eficiente que o Estado conceda a adjudicação específica de um determinado título de propriedade, protegendo a propriedade de quem eventualmente a tem ameaçada ou potencialmente prejudicada; e aquelas em que a resolução mais eficiente do conflito não se dá pela proteção da propriedade em si, mas, sim, pela sua conversão em perdas e danos.

Nos casos em que as partes são livres para negociar, afirmam os autores, a transferência da propriedade e em que os custos de transação dessa barganha são relativamente baixos, a proteção da propriedade em si revela-se mais eficiente, pois obriga as partes a negociarem e chegarem a um consenso. Nos casos em que a barganha é impossível (ou muito custosa), a resolução em perdas e danos se revela economicamente mais apropriada (CALABRESI e MELAMED, 1972).

Desde a publicação do texto de Coase, a AED se sofisticou consideravelmente e se expandiu "a todas as áreas do direito, abrangendo aquelas com mais óbvia importância econômica (direito concorrencial e regulatório, tributário, societário, falimentar, trabalhista), mas também aquelas centrais aos estudos jurídicos (direito contratual, responsabilidade civil, direitos reais, direito penal, direito processual civil e penal) e também novas áreas de interesse para os economistas do direito (direito de família, direito ambiental e a estrutura constitucional)" (GAROUPA e GINSBURG, 2023, p. 251-252).

Os autores que se dedicaram à AED foram construindo ou refinando modelos de análise positiva, normativa ou preditiva[23] para identificar (a) se, quando e como as partes devem litigar em Juízo ou devem buscar uma forma de solução não-adjudicada da controvérsia (SHAVELL, 1982; PIMENTEL, 2019; DEFFAINS e DESRIEUX, 2015; PATRÍCIO, 2005; ROSSONI e TRANI, 2023); (b) se, quando e como o Estado-Juiz deve intervir na instrução probatória de uma disputa privada acerca de bens disponíveis (GICO JR., 2020; COMOGLIO, 1980; COSTA NETO, 2023); (c) se uma determinada norma restringe ou expande o acesso à justiça para um determinado grupo de indivíduos é boa ou ruim ou, melhor dizendo, eficiente ou ineficiente (LANGENFELD e RICHARDS, 2014); (d) qual o custo de um litígio para o Estado e até que ponto é (economicamente) legítima a movimentação da máquina judiciária para a proteção de um direito individual, especialmente quando a sua expressão econômica for diminuta (WOLKART, 2019; SICA, 2014; VARGAS); e (e) os mecanismos de incentivo mais eficientes para que os atores do processo se comportem de maneira a tornar o litígio menos custoso para todos os envolvidos (AVENEL, 2010; MÜLLER, 2017).

Dentro dessa linha evolutiva, é digno de nota o surgimento de uma teoria, denominada *Legal Origins Theory* – segundo a qual as origens do sistema jurídico de um dado país são determinantes para explicar o seu nível de (sub)desenvolvimento econômico. A teoria, que ganhou grande impulso na literatura jurídico-econômica norte-americana a partir de um artigo, publicado em 1997, pelos professores Rafael La Porta, Florencio Lopes-de-Silanes, Andrei Shleifer e Robert W. Vishny, sustenta, em linhas gerais, que países cujo sistema jurídico deriva da *Common Law* têm maiores chances de se desenvolverem economicamente (LA PORTA, LOPEZ-DESILANES, *et al.*, 1998).

O debate em torno da *Legal Origins Theory* ganhou tamanha repercussão que, a partir de 2002, o Banco Mundial encampou a tese em seus relatórios, passando a utilizar o arquétipo normativo da *Common Law* como o objetivo a ser perseguido pelos países subdesenvolvidos (MICHAELS, 2009).

23 "[A] AED positiva nos auxiliará a compreender o que é a norma jurídica, qual a sua racionalidade e as diferentes consequências prováveis decorrentes da adoção dessa ou daquela regra, ou seja, a abordagem é eminentemente descritiva/explicativa com resultados preditivos. Já a AED normativa nos auxiliará a escolher entre as alternativas possíveis a mais eficiente, isto é, escolher o melhor arranjo institucional dado um valor (vetor normativo) previamente definido" (GICO JR., 2023, p. 43-44).

Obviamente, essa ramificação da linhagem de pensamento da AED extrapola os limites deste trabalho[24], mas serve como ilustração do grau de capilaridade e diversificação que os estudos de AED alcançaram ao longo dos anos.

A despeito das suas inúmeras ramificações, parece correto afirmar que a AED conserva, em todas elas, as linhas mestras do seu arquétipo teórico fundamental, isto é,

(a) os recursos são escassos;

(b) as preferências, desejos e necessidades pessoais são ilimitadas;

(c) as partes são obrigadas, portanto, a fazer escolhas;

(d) essas escolhas serão tanto mais *racionais* ou *eficientes* quanto mais puderem maximizar a utilidade advinda da alocação de recursos, ou seja, quanto mais as partes puderem extrair satisfação pessoal ao menor custo possível, "melhor" terá sido a sua escolha;

(e) as escolhas são feitas, pelo agente, a partir de uma projeção da realidade, construída a partir de um conjunto de fatos e informações que lhe estão disponíveis no momento da decisão, mas que não necessariamente é um conjunto completo, correto ou preciso, tampouco é o *mesmo* conjunto de fatos e informações de que dispõe a contraparte; e

(f) qualquer escolha que se faça (ainda que a escolha seja *não escolher*) é passível de gerar um custo, tanto para a parte que escolhe (*custo de transação*), quanto para aquelas que suportam, direta ou

24 Apenas a título de registro: em linhas gerais, os cultores da superioridade da infraestrutura normativa dos sistemas de *Common Law* para gerar um maior desenvolvimento econômico justificam tal superioridade a partir dos seguintes fundamentos: (a) juízes seriam mais independentes e menos sujeitos a influências do que legisladores, de modo que, sendo o direito produzido na *Common Law* essencialmente a partir de decisões judiciais, ele tenderia a ser um produto mais eficiente e menos um instrumento de proteção/consolidação dos interesses de um determinado grupo social (POSNER, 1996); (b) Uma variação dessa característica de independência seria a dificuldade natural de grupos de interesse se organizarem para, de maneira estrategicamente ordenada, pressionar os Juízes para alterarem seu entendimento e, consequentemente, mudarem a regra jurídica aplicável (CROSS, 2007); (c) o chamado *canal de adaptabilidade*, segundo o qual a criação do direito pela atividade jurisdicional seria mais bem adaptável às exigências de mudança social (MICHAELS, 2009); e (d) um sistema de criação do direito a partir de mecanismos de resolução de disputas tenderia, de um lado, à eficiência e, de outro, à estabilidade (CROSS, 2007).

diretamente, os efeitos, jurídicos e econômicos, da escolha alheia (*externalidade*)[25].

3.4. A precificação da incerteza e o valor (custo) da informação.

Aproximando-se a lupa do arquétipo teórico acima para o direito processual, tem-se a adição de um componente fundamental a essa estrutura: a *incerteza* e o custo de sua eliminação (ou redução).

A *incerteza* pode incidir sobre quaisquer fatos ou conjunto de fatos, sendo digno de nota, para o aspecto processual, aquela que se manifesta em relação (a) ao resultado do processo em si, isto é, quanto ao teor final da decisão do Estado-Juiz sobre a controvérsia que lhe foi submetida[26]; (b)

25 No âmbito da ciência econômica, o custo gerado a terceiros a partir da atividade econômica de um determinado agente é denominado externalidade. A externalidade pode ser de consumo ou de produção; negativa ou positiva. *Externalidades positivas* ocorrem quando uma atividade econômica beneficia terceiros, além dos envolvidos diretamente na transação. Por exemplo, se um fazendeiro decide plantar uma quantidade relevante de árvores em sua fazenda, isso pode melhorar a qualidade do ar e do solo, beneficiando a comunidade local. Nesse caso, a atividade do agricultor está gerando um benefício que não é refletido no preço de mercado dos produtos que ele vende. Essas externalidades positivas podem levar a uma subprodução do bem ou serviço que gera a externalidade, uma vez que o benefício social não é refletido nos incentivos privados. *Externalidades negativas*, por outro lado, ocorrem quando uma atividade econômica prejudica terceiros, além dos envolvidos diretamente na transação. Por exemplo, se uma fábrica despeja resíduos tóxicos em um rio, isso pode prejudicar a saúde das pessoas que usam a água para beber e pescar, bem como a fauna e flora do ecossistema. Nesse caso, a atividade da fábrica está gerando um custo que não é refletido no preço de mercado e que não é capturado pelo produtor. Essas externalidades negativas podem levar a uma superprodução do bem ou serviço que gera a externalidade, uma vez que o custo social não é refletido nos incentivos privados. (VARIAN, 2015)

26 Um dos pontos largamente apontados pela doutrina para o custo da *incerteza* gerada pela imprevisibilidade do resultado final está na pouca efetividade do sistema de precedentes brasileiro: "[...] não é preciso recorrer a estatísticas para saber que – para além do batido e apenas parcialmente correto argumento do excesso de recursos – há, no Brasil, uma considerável dificuldade para se lograr jurisprudência uniforme e estável, dentre outros, por conta de distorção do conceito de independência do juiz. Para ilustrar, bastará ver o que o Superior Tribunal de Justiça decidiu acerca do instituto da reclamação, mecanismo apto, em tese, a fazer valer o entendimento consolidado pelas cortes superiores. É quase como se o tribunal superior reconhecesse que sua missão é a de uniformizar, mas não a de controlar se os tribunais locais (estaduais ou federais) serão fiéis à orientação estabelecida" (YARSHELL, 2021, p. 3).

ao tempo de duração do litígio; e (c) aos fatos que consubstanciam (ou poderiam consubstanciar) a causa de pedir, próxima ou remota, da demanda.

Do ponto de vista econômico, a *incerteza* é um custo em sentido lato (ou, de maneira mais apropriada, uma *falha de mercado*), pois, ao reduzir a projeção do resultado esperado (RE), no âmbito de um processo judicial, ou o valor de compra (VC) numa transação comercial, ela implicará que um possível acordo entre os litigantes ou entre comprador e vendedor não seja feito pelo valor ótimo de transação ou, simplesmente não seja feito, como na hipótese do mercado de carros bons e ruins[27] (VARIAN, 2015).

A explicação de Pindick e Rubinfeld é bastante didática acerca do valor econômico da informação e como ela afeta a eficiência dos mercados – e justamente por isso tomamos a liberdade de transcrevê-la quase que integralmente (PINDYCK e RUBINFELD, 2013, p. 191):

> A tomada de decisão de um consumidor, com frequência, baseia-se em uma quantidade limitada de informações. Se uma maior quantidade de dados estivesse disponível, o consumidor poderia fazer previsões mais seguras, reduzindo, assim, os riscos. Como a informação é uma mercadoria valiosa, as pessoas pagarão por ela. O valor da informação completa é a diferença entre o valor esperado de uma escolha quando existe informação completa e o valor esperado quando a informação é incompleta.
>
> Para saber como a informação pode ser valiosa, suponhamos que você seja gerente de uma loja de roupas e tenha de decidir quantos ternos encomendar para a estação de outono. Se encomendar 100 peças, seu custo será de US$ 180 por peça;

27 No exemplo de Hal R. Varian, sobre o mercado de carros bons e ruins, a incerteza se revela através de uma assimetria informacional entre compradores e vendedores de carros usados. Todos sabem que, num universo de 100 carros, 50 são bons e 50 são ruins. Os compradores não sabem diferenciar a qualidade, mas cada um dos vendedores sabe se o seu carro é bom ou ruim. Os compradores estão dispostos a pagar 2.400 por um carro bom ou 1.200 por um carro ruim, ao passo que os vendedores estão dispostos a vender um carro ruim por 1.000 e um carro bom por 2.000. Como os compradores não sabem *ex ante* se o carro é bom ou ruim, eles estão dispostos a pagar um preço médio de 1.800. Se alguém tenta vender um carro ruim, isso afeta a percepção de todos os compradores, que certamente não estarão mais dispostos a pagar 1.800 por um carro ruim.

> porém, se encomendar ape- nas 50, seu custo aumentará para US$ 200 por unidade. Você sabe que venderá ternos por US$ 300 cada, mas não tem noção de quantas unidades poderá vender. Todos os ternos não vendidos podem ser devolvidos ao fabricante, mas pela metade do valor pago por eles. Não havendo nenhuma informação adicional, você agirá baseado em seu conhecimento de que há uma probabilidade de 0,5 de que 100 ternos serão vendidos e uma probabilidade de 0,5 de que as vendas sejam de 50 unidades.
>
> [...]
>
> Na ausência de informação adicional, você adquiriria 100 ternos se fosse neutro diante de riscos, criando assim a possibilidade de que seus lucros pudessem ser de US$ 12.000 ou, então, de US$ 1.500. Caso tivesse aversão a riscos, adquiriria 50 ternos; nesse caso, poderia ter certeza de que seu lucro seria de US$ 5.000. Dispondo de informação completa, você pode fazer a encomenda correta de ternos, quaisquer que sejam as vendas. Se as vendas forem de 50 unidades e você tiver encomendado 50 unidades, seu lucro será de US$ 5.000. Por outro lado, se as vendas forem de 100 unidades e você tiver encomendado 100 unidades, seu lucro será de US$ 12.000. Uma vez que ambos os resultados são igualmente prováveis, seu lucro esperado, havendo informação completa, seria de US$ 8.500.

Adotando-se o conceito acima – i.e., de que o "valor da informação completa é a diferença entre o valor esperado de uma escolha quando existe informação completa e o valor esperado quando a informação é incompleta" – e, transplantando-a para os modelos de AED do processo, pode-se dizer com Shavell (1982) e Pimentel (2019), que *valor esperado* é (a) para o autor, aquilo que ele espera ganhar (*ganho esperado*); e (b) para o réu, aquilo que ele espera perder (*perda esperada*), sendo que o *valor esperado* é obtido a partir da multiplicação do valor que o autor espera ganhar (ou o réu espera perder) pelo coeficiente de probabilidade.

Nessa linha de passo, e segundo ambos os autores, haverá acordo quando o *ganho esperado* do autor for <u>inferior</u> à *perda esperada* do réu; e não haverá acordo quando o *ganho esperado* do autor for <u>superior</u> à *perda esperada* do réu. Como o *valor esperado* é obtido a partir da multiplicação do valor que o autor espera ganhar (ou o réu espera perder) pelo coeficiente de probabilidade de essa situação esperada se materializar, e considerando que o litígio implica custos internalizados pelas partes (e não transferidos ao Estado), a equação de seria a seguinte:

> (*Ganho esperado* [x] *probabilidade de ganho*) [-] *custos* < (*Perda esperada* [x] *probabilidade de perda*) [+] *custos* = *acordo*
>
> (*Ganho esperado* [x] *probabilidade de ganho*) [-] *custos* > (*Perda esperada* [x] *probabilidade de perda*) [+] *custos* = *não-acordo*

A redução da *incerteza* consubstancia, portanto, um incremento de valor na precificação da pretensão do autor ou uma redução da precificação da perda esperada pelo réu. E ela pode ocorrer de múltiplas formas - percepção da segurança jurídica pelas partes em relação à aplicação do direito positivo pelo magistrado ou em relação ao respeito, pelo Judiciário, do conteúdo dos precedentes vinculantes, dentre outras —, sendo de particular interesse, para o propósito deste texto, aquela redução decorrente do aumento (qualitativo ou quantitativo) da informação disponível para cada parte.

Vamos assumir, pois, apenas para fins de raciocínio, que a informação é uma *mercadoria*, nos termos com que Marx a qualifica (já expostos no Cap. 3.1), mas com uma particularidade inexorável: é uma *mercadoria* que não é passível de ser objeto de uma troca comercial, seja ela uma compra e venda, seja uma permuta *in natura*. Mas ainda assim é uma *mercadoria*, pois satisfaz uma determinada necessidade humana (no caso do processo, a necessidade de provar os fatos da causa) e, por isso, é dotada de *valor-de-uso*. Esse *valor-de-uso*, por sua vez, não tem apenas um caráter moral, religioso ou hedonista; ele tem efetivamente um valor econômico tangível, consistente na pretensão deduzida em Juízo.

Mais do que isso, embora a informação não seja passível de ser objeto de uma troca mercantil em sentido estrito (cuja base jurídica é a convergência de vontades entre comprador e vendedor), ela pode ser obtida, forçadamente, pelo *ius imperium* da soberania estatal sobre o possuidor da informação. Para tal fim, aquele que deseja obtê-la, para além de demonstrar juridicamente a pertinência de suas razões, deve incorrer em custos (despesas processuais, honorários de advogado, perito etc.). Nesse sentido, ainda que de maneira imperfeita, pode-se entender a informação como uma *mercadoria*.

Assumindo essa premissa, parece razoável deduzir que, quando ilegitimamente retida a informação, ela passa a estocar em si um valor excedente (algo como uma espécie de *mais valia*), equivalente àquilo que a parte prejudicada pela sua retenção deixou de ganhar (ou perdeu) no âmbito da relação jurídica material subjacente ao processo (seja ela contratual ou extracontratual). Assim como o trigo colhido estoca no seu *valor-de-troca* o equivalente à quantidade de trabalho dispendido para produzi-lo, a informação retida estoca o equivalente ao que a parte prejudicada deixou de ganhar ou perdeu e que, num mercado eficiente, deveria ser-lhe devolvido a partir de um processo judicial.

Antes de prosseguir no raciocínio, permita-se uma breve pausa para uma ilustração hipotética, de modo a facilitar a compreensão do que se está a dizer.

Imagine-se uma grande companhia produtora de refrigerantes. Em razão do aumento da concorrência e da perspectiva de redução dos seus lucros, ela toma a decisão de reduzir a quantidade de refrigerante por lata em cerca de 10%. Mas o faz de maneira escamoteada, mantendo no rótulo das latas a mesma quantidade originalmente informada. Para burlar a fiscalização, a companhia não faz isso em todos os lotes, escolhe alguns e os distribui aleatoriamente em mercados consumidores nos quais ela entende que a fiscalização é mais branda ou a coletividade de consumidores menos informada de seus direitos.

Há funcionários da companhia que estariam dispostos a prestar depoimento, expondo a situação, mas foram dissuadidos por meio de incentivos financeiros e ameaças por parte da diretoria. Há também documentos internos (alegadamente confidenciais) que permitiriam ter uma conclusão clara acerca do dolo dos órgãos de cúpula da companhia pelo ilícito.

Uma parcela de consumidores desconfiou da situação, mas não teve qualquer incentivo para reclamar, pois não tinha controle nem registro de suas compras de refrigerante. Outra parcela chegou a reclamar extrajudicialmente e foi contemplada com bônus de fidelização e outros benefícios, dando-se por satisfeita.

No total, a companhia incrementou seus lucros em cerca de 6% com a prática ilícita. Esse valor é o que ela retirou indevidamente da economia popular, e transferiu ao seu patrimônio.

Voltemos então à narrativa. Há um valor excedente nessa relação de troca. Esse valor foi gerado a partir de uma prática ilícita. Para que o efeito econômico (patrimonial) dessa prática ilícita seja neutralizado, revertendo-se o ganho indevido para quem de direito, o acesso à informação é fundamental. A informação retida ela companhia, nessa hipótese abstrata, é o repositório material que abstratamente "estoca" o valor excedente indevido.

Nesse sentido, ainda que, sob a perspectiva da processualística tradicional, a informação tenha uma função inequivocamente instrumental – isto é, de permitir a realização do direito material —, sob uma perspectiva econômica, parece correto afirmar que, sendo a informação uma *mercadoria* com valor econômico próprio, o sistema jurídico-político deve (ou, ao menos, deveria) garantir meios de tutela para a sua obtenção, independentemente do tipo de procedimento previsto em lei para tal fim.

Dito de outro modo: assumindo uma perspectiva ampliada de que a informação é mais do que um direito de natureza estritamente processual, mas uma *mercadoria* com valor econômico autônomo, o direito de acessá-la, independentemente do tipo de procedimento estabelecido na lei processual para tanto, deveria ser considerado como algo imanente ao sistema jurídico-constitucional de liberdades individuais, proteção da propriedade privada e garantia da livre iniciativa.

Nesse sentido, a opinião de Flávio Luiz Yarshell (2021, p. 5):

> Ainda que não tenhamos nos equiparado, nesse particular, aos modelos do Common Law, o ordenamento dispõe de ferramenta adequada para que as partes possam melhor conhecer os fatos antes de litigar sobre o mérito, de sorte a que possam ter informação simétrica, avaliação de encargos, riscos e chances.
>
> É que, a partir do resultado da prova produzida antecipadamente, as partes poderão materializar ações ou omissões racionais e conscientes, orientadas por dados e informações outrora desconhecidos. Com isso, há potencial impacto no tempo e custo do litígio, o qual, ainda que não resolvido pela via autocompositiva, garantirá, quando menos, uma racionalização na utilização da via jurisdicional

Mas, deixando de lado, pelo menos por ora, essa construção a ser mais bem detalhada nos Capítulos a seguir, e retomando a questão sob o prisma dos postulados da AED, parece razoável formular algumas conclusões conceituais, ainda que preliminares e sujeitas a eventuais estudos futuros mais aprofundados:

(a) a informação tem conteúdo econômico tangível ($x \geq 0$);

(b) nos casos de prática de atos ilícitos, cujo desfazimento ou reparação dependa do acesso específico a um conjunto de informações, o valor econômico da informação (x) será equivalente ao valor excedente gerado pelo ilícito (y), de modo que $x \geq 0 = y$;

(c) o sistema jurisdicional é um *custo de transação* (α) para o acesso à informação (x) e ele será tão mais eficiente quanto maior for o delta entre o valor da informação e o *custo de transação*, ou seja, num sistema eficiente: $x - \alpha \geq 0 = y$; e

(d) tal como em qualquer mercado, o ganho de escala reduz o *custo de transação* (α), de tal modo que, se um único processo para acessar a informação puder permitir o seu uso por mais de um lesado pela informação retida (n), maior será a eficiência sistêmica, ou seja: $(n)x - \alpha \geq 0 = y$;

(e) um sistema eficiente de acesso à informação deveria consubstanciar, ao menos em caráter abstrato, um poderoso incentivo para que o possuidor da informação busque alternativas não-adjudicadas que possam reduzir a sua exposição em relação ao estorno do valor excedente estocado na informação retida;

(f) em igual medida, um sistema eficiente de acesso à informação deveria consubstanciar, ao menos em caráter abstrato, um poderoso incentivo para que o(s) lesado(s), por si ou por eventuais substitutos processuais, possa(m) aumentar a expectativa de retorno esperado, a partir do aumento do valor excedente estocado na informação que se tenciona acessar;

(g) o incentivo econômico às soluções não-adjudicadas é, ao menos *prima facie*, um eficaz redutor de custos para o próprio estado-juiz; e

(h) em igual medida, mas sob outro enfoque, o ganho de escala significa um redutor de custos para o estado-juiz, na medida em que a informação acessada num único processo poderá ser utilizada para perseguir a reparação noutros processos, dispensando-se a necessidade de acesso individual à informação em cada um deles[28].

28 Uma crítica que se pode fazer a essa conclusão é de que, na verdade, o ganho de escala não significaria uma redução de custos para o estado-juiz, na medida em que incentivaria a propositura de centenas ou milhares de processos individuais de reparação. Isso é verdade, em parte. Nada obstante, num cenário em que há um ilícito, que significa uma concentração de valor indevida nas mãos de uma pessoa (no caso, o agente causador do dano), a não-propositura das ações de reparação, por ausência de meios eficientes para tanto, significaria uma *falha de mercado*, permitindo – e, em certa medida, incentivando – a prática de atos não-equitativos por parte de agentes econômicos. Como afirmam Trebilcock e Leng: "The primary

4. A produção antecipada de prova no CPC/15

4.1. Antecedentes

Como se sabe, o CPC/15 inovou na matéria relativa à produção antecipada (ou autônoma) da prova, ao permitir que as partes pudessem requerê-la em Juízo desvinculada da urgência, requisito exigido pelo CPC/73. De acordo com os art. 381 do CPC/15:

> Art. 381. A produção antecipada da prova será admitida nos casos em que:
>
> I - haja fundado receio de que venha a tornar-se impossível ou muito difícil a verificação de certos fatos na pendência da ação;
>
> II - a prova a ser produzida seja suscetível de viabilizar a autocomposição ou outro meio adequado de solução de conflito;
>
> III - o prévio conhecimento dos fatos possa justificar ou evitar o ajuizamento de ação.

A inovação, assaz auspiciosa, é tributada, em larga medida, à tese desenvolvida pelo Prof. Flávio Luiz Yarshell, como requisito à obtenção do cargo de professor titular de direito processual da Faculdade de Direito da USP, publicada posteriormente pela editora Malheiros (YARSHELL, 2009).

Naquela obra, o prof. Yarshell sustenta que são distintos os contornos e o conteúdo do *direito à prova*, de um lado, e do *direito de provar*, de outro. Enquanto aquele coincidiria com o próprio direito de ação, justificando e sedimentando a sua autonomia em relação ao conteúdo material do pedido, o último seria um direito eminentemente processual (YARSHELL, 2009, p. 312-313):

reason why financial markets are particularly dependent on law and state contract enforcement institutions is that financial contracts tend to be highly technical and complex and usually involve large amounts of financial assets. Therefore, financial contracting usually entails considerable transaction and requires stable and predictable contract protection and assurance, including the protection of minority investors' rights" (TREBILCOCK e LENG, 2006, p. 1528).

> Para tanto, parece ser útil relembrar que o direito à prova, com os contornos aqui delimitados, pode ser entendido como abrangido pelo próprio direito de ação. Não se trata, é certo - e como se procurou demonstrar – de desdobramento idêntico ao que pode ser feito em relação ao direito de provar. Esse último, como visto, está ligado essencialmente ao processo cujo objeto é a declaração do direito; e, se e quando a prova aí for requerida de forma antecipada, seu pressuposto será mesmo a urgência. A prova, no contexto do direito de provar, é pensada como um dos direitos enfeixados pela concepção analítica da ação e também da exceção, e não com a autonomia que aqui se preconiza.
>
> [...]
>
> Se tais considerações são corretas, então, até mesmo em termos lógicos a natureza jurídica do direito à prova coincide com a natureza do direito de ação, sendo possível e bastante, ao menos em princípio, transpor para aquele o que em relação a este se discutiu ao longo de anos, bastando que se mantenha coerência com as opções conceituais adotadas.

Segue a sua linha de raciocínio, afirmando que, inobstante o fato de que a prova produzida de maneira autônoma não altera (cria, extingue ou modifica) uma relação jurídica subjacente, ressoa inexorável que, "uma vez que a prova seja produzida, a realidade está modificada", pelo que se afigura correto atribuir à sentença que determina a sua produção uma natureza constitutiva (YARSHELL, 2009, p. 314).

Nesse sentido, é bastante relevante a compreensão de que a prova (ou, melhor dizendo, o *direito à prova*) não tem como destinatário apenas o juiz, no múnus do seu encargo de resolver uma pretensão resistida que lhe é submetida, mas as próprias partes interessadas na sua produção, com vistas a expandir a sua compreensão da realidade e, à luz dessa realidade expandida, avaliar melhor a sua posição jurídica acerca da existência ou inexistência de direitos que possam ou não ser postulados em Juízo (YARSHELL, 2009, p. 441-442):

> Dessa forma, procurou-se evidenciar que, embora a prova tenha o juiz como destinatário quando se pensa no julgamento estatal, o mesmo não ocorre quando se pensa na valoração que as próprias partes podem e devem fazer relativamente

> aos elementos de instrução constituídos ou por constituir; inclusive como forma de chegarem a soluções não- estatais e fruto de autocomposição. Daí, portanto, o primeiro passo para sustentar que a produção antecipada da prova seja admitida fora das situações de risco, na medida em que a pré-constituição dos elementos de instrução serve à avaliação antes mencionada, a cargo dos interessados - constatação que, frise-se, só é possível quando se rompe o atrelamento exclusivo e tradicionalmente afirmado entre prova e julgamento estatal.
>
> Tomando-se as idéias assim extraídas do exame do ônus da prova, preconizou-se também uma visão dos poderes de instrução do juiz que sirva de fundamento para a antecipação das medidas de instrução sem a condição da urgência, tudo a confirmar a hipótese inicialmente figura da. Assim, buscou-se demonstrar que referido poder deve ser visto não apenas como instrumento de preparação do julgamento estatal (declara tório), mas também como meio de permitir o esclarecimento e o convencimento das partes, para que, tanto quanto possível, sejam evitados tanto o processo declaratório como a decisão imperativa.

Sob essa perspectiva – que, em larga medida, converge com as ideias expostas no Capítulo 3.4 acima – o autor chega a afirmar que, à época, quando ainda vigia o CPC/73, talvez fosse até desnecessário alterar-se a legislação então vigente, bastando, para tanto, a aplicação dos dispositi vos processuais, à luz dessa mudança de compreensão acerca do verdadeiro conteúdo do *direito à prova* (YARSHELL, 2009, p. 443-444):

> Finalmente, o exame do direito positivo brasileiro mostrou que, embora ele não disponha de mecanismos que possam ser equiparados à *discovery* americana ou à *dlsclosure* inglesa, nem por isso se pode afirmar a inexistência de mecanismos aptos a concretizar a antecipação da prova de forma autônoma e desvinculada da urgência. Assim, quer porque o fundamento do direito à prova pode ser obtido a partir de valores consagrados e tutelados no plano constitucional, quer porque o Código de Processo Civil prevê medidas adequadas àquela finalidade, não parece sequer necessário alterar o direito positivo para permitir que o interessado invoque a intervenção

> estatal para pré-constituição da prova na forma aqui preconizada; menos ainda cogitar de uma importação de institutos vigentes em outros ordenamentos, tais como aqueles supra mencionados.

Algumas notas sobre o posicionamento da doutrina acerca do instituto.

Em seus comentários acerca dos arts. 381 a 383, Nelson Nery Junior e Rosa Maria de Andrade Nery, afirmam que o objetivo do pedido é (NERY JR e NERY, 2015):

> Permitir a efetiva e prévia produção de provas em ação, em curso ou que virá a ser intentada, é a finalidade desta medida. O interesse da parte pode justificar seu ajuizamento em período anterior ao da ação principal, quando então terá caráter nitidamente preparatório; ou durante o curso de ação de conhecimento, quando a prova deverá ser produzida, desde que justificada a impossibilidade de a parte aguardar o momento processual próprio de produção probatória ou a possibilidade de acelerar ou engendrar a autocomposição. O formato dado à produção antecipada de provas no atual CPC admite ainda que o interessado verifique fatos de forma a se certificar da necessidade de propositura ou não da ação cabível no caso, ou ainda apure fatos que podem levar as partes à conciliação.

Teresa Arruda Alvim, por sua vez, destaca e aplaude o caráter de prevenção de litígios, sublinhando a desvinculação da urgência (WAMBIER, CONCEIÇÃO, *et al.*, 2015):

> Esse dispositivo legal traz importante inovação no campo da instrução probatória, na medida em que passa a considerar a prova não só como instrumento processual adequado para formar o convencimento do juiz a respeito das alegações de fato que embasam a pretensão da parte, mas também como meio voltado a auxiliar as partes na avaliação de suas chances de êxito numa demanda futura.
>
> [...]
>
> A apuração prévia dos fatos, em ação autônoma de produção de prova, poderá levar as partes a não promoverem a ação ou buscarem um acordo, diante do risco de sucumbência, ou, se

> assim não o for, a proporem a demanda ou formularem sua defesa de forma mais consistente, o que, por certo, contribuirá para que o processo alcance o resultado que dele se espera, que é uma decisão que não esteja divorciada da realidade.
>
> Tratase, como se vê, de medida voltada à redução da litigiosidade, seja por incentivar as partes a transigirem, seja por desestimulalas a promoverem demandas fadadas ao insucesso.

Posição semelhante é a de Daniel Amorim Assumpção Neves (NEVES, 2015):

> A produção antecipada de provas perdeu sua natureza de cautelar, tornando-se tão somente uma ação probatória autônoma, pela qual se produz uma prova antes do processo principal sem a necessidade de ser comprovado o periculum in mora. Trata-se de inovação extremamente positiva, cuja premissa é o objeto central de minha tese de doutorado na Universidade de São Paulo: a antecipação na produção de prova mesmo sem o risco do tempo como inimigo. E o legislador também fez a justificação perder a natureza cautelar, que agora, somada à produção antecipada de provas, deu origem à ação probatória anônima.

Marinoni e Arenhart parecem adotar posicionamento diferente daquele propugnado por Yarshell, aduzindo que não se trata de produção de prova em sentido estrito, mas de mera asseguração de prova futura[29] – e nessa linha parecem vincular todo e qualquer direito concernente à prova (i.e., tanto o direito à prova quanto o direito de provar) a uma

29 A mesma posição é defendida por Alexandre Câmara (CÂMARA, 2015, p. 236): "Perceba-se que neste caso não se tem, propriamente (e apesar da dicção do texto normativo), uma "produção antecipada da prova". O que se tem, neste caso, é a asseguração de que no futuro processo a prova poderá ser produzida. E é exatamente por isso que ao juiz do processo de asseguração da prova não é possível exercer qualquer valoração da prova (art. 382, §2º), cabendo-lhe tão somente colher a prova para que no futuro processo ela possa vir a ser produzida. Por tal razão é que aqui se fala em demanda de asseguração de prova".

atuação jurisdicional posta, diante de um conflito de interesses judicializado (MARINONI e ARENHART, 2015):

> Visa à proteção do direito fundamental à prova e, daí, à proteção do direito de ação, do direito de defesa e do direito ao processo justo. Tem por finalidade assegurar futura e eventual produção de determinada prova ou permitir que, à vista da prova, seja prevenido o litígio, recomendado o uso do processo judicial ou ainda aconselhado o emprego de outra técnica de solução da controvérsia. Não tem por objetivo produzir desde logo a prova. Embora o Código de Processo Civil aluda à "produção antecipada de provas", certo é que por esta via apenas se assegura a possibilidade de futuramente produzir prova. A asseguração de prova consiste em documentação de alegações de fato. É para a memória da coisa - ad perpetuam rei memoriam. Não há produção, mesmo porque sequer se sabe se o processo (em que a prova efetivamente será produzida) existirá, sequer cabendo ao juiz, neste procedimento, valorar a prova colhida (art. 381, § 2.º, CPC).

Fredie Didier, ao tratar do contraditório, das formas de defesa e da natureza da sentença afirma o seguinte (DIDIER JR, BRAGA e OLIVEIRA, 2015):

> Parece mais razoável compreender o dispositivo de modo não literal.
>
> Há, sim, contraditório reduzido, mas não zerado: discute-se o direito à produção da prova, a competência do órgão jurisdicional (se há regras de competência, há possibilidade de o réu discutir a aplicação delas, obviamente; a alegação de incompetência é matéria de defesa), a legitimidade, o interesse, o modo de produção da perícia (nomeação de assistente técnico, possibilidade de impugnação do perito etc) etc. Não se admite discussão em torno da valoração da prova e dos efeitos jurídicos dos fatos probandos - isso será objeto do contraditório em outro processo.
>
> [...]
>
> Encerrada a produção da prova, será deferida sentença constitutiva e homologatória da prova. Nesta sentença, o juiz não valorará a prova nem se debruçará sobre eventual direito ma-

> terial correspondente à alegação de fato que se buscava provar (art. 382, §2º, CPC).
>
> A valoração da prova será feita, se for o caso, na decisão que examinar o direito que se funda nos fatos cuja prova se pretendeu produzir na ação probatória autônoma

Talamini enfatiza a ausência de autoridade de coisa julgada à sentença que resolve a produção antecipada de prova (TALAMINI, 2015, p. 598):

> Não há coisa julgada quando o mérito da (possível) pretensão principal, pois nem cabe pronunciamento sobre ela, mas a própria regularidade da prova, atestada na sentença, é passível de revisão em futuro processo em que aquela venha a ser usada. A prova antecipada não é meramente provisória, mas é incompleta: a aferição definitiva de sua validade e sua valoração apenas poderão ocorrer no conreto contexto do processo em que ela venha a ser utilizada. Por outro lado, quem pediu e obteve a antecipação da prova não pode repetir a medida de produção antecipada, senão para outro objeto probatório ou para o desenvolvimento de outros meios probatórios. Falta interesse processual para o bis in idem. Já se a medida de antecipação for indeferida, não há o que impeça nova demanda, dada a sumariedade da cognição que ampara a decisão denegatória.

Em linhas gerais, esses são algumas das manifestações da doutrina sobre os novos dispositivos, com ênfase para o contraditório reduzido, para a ausência de valoração da prova produzida pelo Juiz que determinou a sua produção, a ausência de autoridade de coisa julgada da sentença.

5. Os meios de tutela coletiva no direito brasileiro

5.1. Considerações Iniciais: a busca de eficiência por meio de soluções dogmático-normativas

O sistema processual brasileiro, por suas raízes históricas, é filho do direito continental europeu, de corte romano-germânico de base codificada[30], que, num primeiro momento e durante muito tempo, aplicou

30 No modelo seguido, em particular, pelos países da Europa continental, pelo contrário, as codificações determinaram uma ruptura com o passado, ou seja, com o

os dispositivos processuais do Livro III das Ordenações Filipinas[31]; e, a partir da edição do Código de 1939, deu cores vivas à inspiração liberal individualista europeia do Século XIX (BARBOSA MOREIRA, 1984, p. 6).

A partir da segunda metade do século XX em diante - com particular destaque para o período dos anos 1980 em diante —, diante da consolidação de uma hegemonia econômico-cultural dos Estados Unidos e da inexorável ascensão de uma sociedade de consumo em massa, o processo civil brasileiro passou a receber a influência de meios de resolução de disputas tipicamente anglo-saxões (SICA, 2016). Em especial, a coletivização em sentido estrito de determinados tipos de tutela jurisdicional (décadas de 1980 e 1990) e, a partir da Emenda Constitucional 45 até a edição do CPC/15, a formação de um sistema de precedentes vinculantes (décadas de 2000 e 2010).

Ambas foram tentativas de índole normativa com vistas a dar conta do crescente congestionamento da máquina judiciária, com grave impacto no efetivo acesso dos cidadãos a uma tutela jurisdicional justa e tempestiva[32]. Nas palavras de Cândido Rangel Dinamarco (1988, p. 116),

> O legislador brasileiro tem sido sensível a essas exigências de endereçar social e politicamente o sistema processual, o que vem demonstrando mediante a edição de leis nitidamente ligadas a essa tendência. Refiro-me à lei da ação popular (Lei 4.717/65), à das pequenas causas (Lei 7.244/84) e à da chamada "ação civil pública" (tutela jurisdicional ao meio ambiente: Lei 7.347/85). Nelas está pateticamente presente a idéia de participação através do processo e a da abertura da via de acesso à justiça, como meios de conduzir à plenitude

método casuístico herdado do direito romano de época clássica, sobretudo porque a prevalência da lei escrita se sobrepôs a todas as outras formas de expressão do direito (TUCCI, 2004, p. 11).

31 "Antes da edição do Código de Processo Civil de 1939, o sistema processual brasileiro teve que arranjar-se com uma variedade de atos legislativos nem sempre adequadamente consolidados. Pode-se dizer que o essencial se encontrava no Livro III das Ordenações de 1603, chamadas Filipinas" (LOPES, 2017, p. 111).

32 "Pois a melancólica verdade é que o extraordinário progresso científico, de tantas décadas não pôde impedir que se fosse dramaticamente avolumando, a ponto de atingir níveis alarmantes, a insatisfação, por assim dizer universal, com o rendimento do mecanismo da justiça civil" (BARBOSA MOREIRA, 1984, p. 3)

> a consecução do objetivo magno de pacificação. E relevante observar que, desses diplomas, os dois últimos tiveram origem no Poder Judiciário: foram magistrados paulistas que, sentindo a necessidade de abertura do processo a novas causas e a maior número de pessoas, cuidaram de propor os seus anteprojetos de lei para a possível abertura (sem omitir a iniciativa pioneira dos juízes gaúchos, nos seus conselhos de conciliação e arbitramento).

No exato mesmo sentido é a reflexão de Antonio Magalhães Gomes Filho (1988, p. 187):

> Como se nota pelos exemplos registrados, a complexidade dos conflitos de uma sociedade moderna está a exigir uma reformulação de institutos processuais tradicionais levando o legislador à busca de novas soluções para possibilitar o uso do instrumento processual, soluções essas que não mais se inspiram em modelos formais, mas que tendem a propiciar maior efetividade do direito.

Em igual medida, a manifestação de Bedaque, na sua obra clássica "Direito e Processo" (2006, p. 18)

> A importância dessas inovações, como de outras verificadas a nível infraconstitucional, reside principalmente na sua causa. Depois de longo período caracterizado por preocupações endoprocessuais, volta-se a ciência para os resultados pretendidos pelo direito processual. Trata-se, sem dúvida, de nova visão do fenômeno processual, instrumento cuja utilidade é medida em função dos benefícios que possa trazer para o titular de um interesse protegido pelo ordenamento jurídico material.
>
> A conscientização de que o processo vale não tanto pelo que ele é, mas fundamentalmente pelos resultados que produz, tem levado estudiosos a reexaminar os institutos processuais, a fim de sintonizá-los com a nova perspectiva metodológica da ciência.

Em síntese, não parece haver dúvidas de que as tutelas coletivas foram inseridas no ordenamento brasileiro como uma forma de – olhando para fora - permitir dar *racionalidade* (aliás, um dos pilares da ciência econômica, cf. demonstrado acima, Cap. 3.1) e *eficiência* (outro postulado econômico, idem Cap. 3.1) ao sistema processual, com o propósito de concretizar a promessa constitucional de uma tutela efetiva e justa.

Elas são, assim, o verso dogmático, e talvez já um pouco vetusto, da mesma moeda que, hoje, os estudiosos da AED pretendem jogar, porém com outras ferramentas. Isso significa que, em linhas gerais, há uma inegável convergência de princípios entre os objetivos tencionados pelo microssistema de tutelas coletivas e aqueles vocalizados pela AED: num mundo de bens escassos, um sistema processual que não permita alocar de maneira eficiente os direitos e interesses entre os litigantes e que não permita ao Estado bem alocar os seus próprios recursos para tutelar os direitos cuja proteção lhe é postulada, não haverá bens suficientes para serem distribuídos ou protegidos. E nós, enquanto sociedade (dita) civilizada, seremos cada vez mais pobres no sentido de que teremos cada vez menos acessos a bens individuais ou comuns, pois eles terão sido, em grande parte (senão no todo) consumidos pela nossa própria ineficiência sistêmica.

5.2. Traços característicos do microssistema.

De maneira muito sintética, pode-se fazer uma sistematização dos traços característicos do microssistema de tutelas coletivas. O primeiro deles diz respeito à legitimidade ativa. O traço comum aqui é que, na Ação Civil Pública, na Ação Coletiva e na Ação Popular, os legitimados ativos o são por substituição processual - isto é, eles reclamam em Juízo um direito alheio, mas o fazem em nome próprio. Nas palavras de Rodolfo de Camargo Mancuso (2004, p. 67):

> Em primeiro lugar, é preciso ter em mente que a relação interesse/legitimação, existente nas ações de caráter privado, não é a mesma quando se trata de ações de natureza coletiva; nestas, o bem de vida perseguido não concerne especificamente ao autor, que ali comparece na condição de um adequado representante (*ideological plaintiff*, nas *class actions* do direito norte-americano): " o interesse no caso é difuso, espraiado num contingente indeterminado de pessoas (ex.: "consumidores"); logo, para usar o exemplo da lei brasileira, uma certa associação ambientalista pode estar legitimada para propor

ação civil pública objetivando a despoluição de um rio (Lei 7.347/85, art. 1.°, I, e art. 5.°, I e II), mas o seu interesse processual decorre, basicamente, da necessidade desse recurso jurisdicional, nada tendo a ver com a "titularidade" do interesse (substancial, primário), este pertinente à coletividade como um todo (CF, art. 225).

Em síntese, e para uma visualização mais didática dos respectivos legitimados extraordinárias:

(a) *Ação Civil Pública*: (i) Ministério Público; (ii) Defensoria Pública; União, Estados, Distrito Federal e Municípios; e (iii) Associação constituída há mais de um ano e que inclua "inclua, entre suas finalidades institucionais, a proteção ao patrimônio público e social, ao meio ambiente, ao consumidor, à ordem econômica, à livre concorrência, aos direitos de grupos raciais, étnicos ou religiosos ou ao patrimônio artístico, estético, histórico, turístico e paisagístico";

(b) Ação Popular: qualquer cidadão;

(c) Ação Coletiva Consumerista: (i) Ministério Público; (ii) União, Estados, Municípios e Distrito Federal; (iii) Autarquia, empresa pública, fundação ou sociedade de economia mista; Entidades e órgãos da Administração Pública, direta ou indireta, ainda que sem personalidade jurídica, especificamente destinados à defesa dos interesses e direitos protegidos pelo Código de Defesa do Consumidor; e (iv) Associações legalmente constituídas há pelo menos um ano e que incluam entre seus fins institucionais a defesa dos interesses e direitos protegidos pelo Código de Defesa do Consumidor, dispensada a autorização assemblear.

Em relação ao objeto, pode-se dizer que, do ponto de vista do direito material, ele é bastante amplo. Na Ação Civil Pública, busca-se a responsabilização de qualquer pessoa que tenha concorrido para causar danos, morais ou patrimoniais: ao meio ambiente; ao consumidor; a bens e direitos de valor artístico, estético, histórico, turístico e paisagístico; qualquer outro interesse difuso ou coletivo; por infração à ordem econômica; à ordem urbanística; à honra e à dignidade de grupos raciais, étnicos ou religiosos; ao patrimônio público e social (art. 1º, incisos I a VIII).

Por meio da Ação Popular, pode-se pleitear a anulação ou a declaração de nulidade de atos lesivos ao patrimônio (art. 1º), entendido esse como "os bens e direitos de valor econômico, artístico, estético, histórico ou turístico" (art. 1º, §1º).

Já por meio da Ação Coletiva Consumerista, pode-se pleitear a defesa dos "dos interesses e direitos dos consumidores e das vítimas" (art. 81). É desta lei a classificação sistemática dos tipos de direitos coletivos, que acabou sendo incorporada para todo o microssistema de tutelas coletivas: (a) "interesses ou direitos difusos, assim entendidos, para efeitos deste código [CDC], os transindividuais, de natureza indivisível, de que sejam titulares pessoas indeterminadas e ligadas por circunstâncias de fato" (art. 1º, §1º, I); (b) "interesses ou direitos coletivos, assim entendidos, para efeitos deste código [CDC], os transindividuais, de natureza indivisível de que seja titular grupo, categoria ou classe de pessoas ligadas entre si ou com a parte contrária por uma relação jurídica base" (art. 1º, §1º, II); (c) "interesses ou direitos individuais homogêneos, assim entendidos os decorrentes de origem comum" (art. 1º, §1º, III).

Como se vê, a Ação Civil Pública é mais ampla em relação aos direitos e interesses que podem ser objeto de reivindicação, muito embora, diferentemente da Ação Coletiva Consumerista, não sejam passíveis de tutela pela Ação Civil Pública os interesses ou direitos individuais homogêneos, apenas aqueles ditos coletivos em sentido estrito ou difusos, na terminologia classificatória adotada pelo CDC. Já a Ação Popular tem a sua restrição no fato de que, por meio dela, pode-se pleitear apenas a *anulação* ou a *declaração de nulidade* atos ou negócios jurídicos lesivos ao patrimônio público, não se admitindo um pedido declaratório de responsabilidade por ato ilícito extracontratual. De acordo com o art. 2º da referida lei, reputam-se nulos e consequentemente lesivos ao patrimônio públicos, os atos ou negócios eivados dos seguintes vícios: (a) incompetência; (b) vício de forma; (c) ilegalidade do objeto; (d) inexistência dos motivos; e (e) desvio de finalidade.

A Lei da Ação Civil Pública estabelece que ela "poderá ter por objeto a condenação em dinheiro ou o cumprimento de obrigação de fazer ou não fazer" (art. 3º), admitindo-se o uso de tutelas cautelares para a conservação do direito material ou para preservar o resultado útil do processo (art. 4º). Já a Ação Coletiva Consumerista é, ao menos *prima facie*, mais ampla, admitindo "todas as espécies de ações capazes de propiciar sua adequada e efetiva tutela" (art. 83).

Talvez o traço característico que, a despeito de ser uma das inovações mais relevantes do microssistema de tutelas coletivas, tenha sido mais questionado nos Tribunais, a ponto de ter dado ensejo à construção de uma jurisprudência bastante restritiva, é o dos limites subjetivos da coisa julgada.

No RE 573.232, o Supremo Tribunal Federal fixou a tese da limitação da eficácia subjetiva da coisa julgada em ação civil pública promovida por associação àqueles indivíduos que tenham conferido autorização específica para a sua propositura. Já, no RE 612.043, veio a fixar a tese da limitação da eficácia em ações coletivas aos filiados, "residentes no âmbito da jurisdição do órgão julgador, que o fossem em momento anterior ou até a data da propositura da demanda".

Não se pretende, aqui, fazer uma análise acerca da correção ou da incorreção dessas decisões – muito embora, pelo menos à primeira vista, elas pareçam estar em notório descompasso com as ideais inspiradoras do microssistema (cf. exposto no Capítulo 5.1 acima) e em antinomia com uma compreensão eficiente do processo.

O ponto relevante é que nenhum dos traços característicos do microssistema de tutela coletiva parece, ao menos *prima facie*, absolutamente incompatível com a ideia de que ela possa ser utilizada para fins de produção antecipada de prova, nos moldes em que a doutrina a concebeu e na forma em que ele foi inserido no CPC/15.

Pode haver dúvidas, e é natural que haja, acerca da real extensão desta compatibilidade. Nada obstante, a partir do núcleo da efetividade, enquanto vetor axiológico do exegeta processual, entendemos que, na dúvida, o sistema deve pender para a ampliação dos mecanismos de acesso à justiça e para a efetividade do processo, ainda que acesso e efetividade, no caso concreto, estejam confinados à pretensão de produção antecipada de prova. Nesse quadro de ideias, a sempre judiciosa a reflexão do prof. Barbosa Moreira (1984, p. 27-28):

> Elas configuram, por assim dizer, a problemática essencial da "efetividade", que sem esquecer quanto existe de subjetivo, quiçá de arbitrário, em qualquer escolha - ousaríamos resumir nos seguintes pontos:
>
> a) o processo deve dispor de instrumentos de tutela adequados, na medida do possível, a todos os direitos (e outras posições jurídicas de vantagem) contemplados no ordenamento, quer resultem de expressa previsão normativa, quer se possam inferir do sistema;
>
> b) esses instrumentos devem ser praticamente utilizáveis, ao menos em princípio, sejam quais forem os supostos titular)

> dos direitos (e das outras posições jurídicas de vantagem) de cuja preservação ou reintegração se cogita, inclusive quando indeterminado ou indeterminável o círculo dos eventuais sujeitos;
>
> c) impende assegurar condições propícias à exata e completa reconstituição dos fatos relevantes, a fim de que o convencimento do julgador corresponda, tanto quanto puder, à realidade;
>
> d) em toda a extensão da possibilidade prática, o resultado do processo há de ser tal que assegure à parte vitoriosa o gozo pleno da específica utilidade a que faz jus segundo o ordenamento;
>
> e) cumpre que se possa atingir semelhante resultado com o mínimo dispêndio de tempo e energias.
>
> Supérfluo frisar que nas linhas precedentes se indicam metas ideais, a que o processo deve tender. A perfeição, bem se sabe, não é deste mundo. E, além dos limites de fato postos por obstáculos de toda sorte, é forçoso contar com os limites de direito, decorrentes da necessidade de preservar outros bens ou valores, eventualmente em colisão com os que agora temos em vista.

Ainda no mesmo sentido, e muito embora o núcleo deste trabalho seja o arquétipo do microssistema de tutelas coletivas formado pela Ação Civil Pública, Ação Popular e a Ação Coletiva Consumerista, é possível destacar algumas notas em relação a outro mecanismo de tutela por substituição processual. Referimo-nos aqui especialmente a defesa dos interesses e do patrimônio da Sociedade Anônima por parte de acionista minoritário, contra abusos do acionista controlador, na forma do art. 246, *caput* e §1º, da Lei das S.A.

A referida demanda, embora não se possa afirmar "coletiva" em sentido estrito, é uma ação em que a lei confere legitimidade extraordinária[33] ao minoritário (EIZIRIK, 2011; TUCCI, 2021) para a defesa do patrimônio do substituído processual – a companhia[34].

33 Carvalhosa entende que não se trata de legitimidade extraordinária, mas de ação proposta pela própria companhia "corporificada" em Juízo nos seus acionistas minoritários. (CARVALHOSA, 2011, p. 71)

34 "Embora se trate de demanda que tem por escopo a defesa dos interesses coletivos da companhia (ou seja, foi a própria pessoa jurídica que diretamente sofreu

Deixando de lado as inúmeras controvérsias relevantes do ponto de vista doutrinário acerca da legitimação ativa e passiva, das questões atinentes à caução e outros requisitos próprios deste tipo de ação por substituição, fato é que há vozes poderosas na doutrina, clamando por uma leitura que maximize o acesso efetivo à tutela jurisdicional prevista no art. 246. Nesse sentido o escol de Eduardo Munhoz (MUNHOZ, 2016, p. 138; 148):

> [é] preciso fortalecer os mecanismos privados de concretização dos deveres do controlador e dos administradores, de modo a equilibrar e coordenar sua atuação com os mecanismos públicos [...] falta, no Brasil, um sistema equilibrado de freios e contrapesos que, em tema de controle do poder, se não corresponde a uma solução mágica, parece constituir o que oferece os resultados mais satisfatórios.

Tudo isso considerado, e de novo não ignorando as potenciais incompatibilidades procedimentais entre as tutelas coletivas e a produção antecipada, não parece haver incompatibilidades *icto oculi* que possam justificar a impossibilidade de veiculação da produção antecipada pela via coletiva.

6. A tutela coletiva da antecipada produção de prova: uma possibilidade?

À luz de tudo quanto exposto acima, pode-se fixar algumas conclusões – ainda que parte delas demande sem dúvida um aprofundamento teórico.

A eficiência é um *valor* do sistema processual, mas não apenas dele: é um *valor* do Estado brasileiro, que informa e orienta a atuação da administração pública e serve de régua para a aferição e interpretação dos atos por ela praticados. É, ao mesmo tempo, pode-se afirmar que a efi-

prejuízos por parte do controlador), no presente dispositivo legal, o legislador sequer se preocupou em conferir uma primeira oportunidade para que a companhia (controlada) pudesse acionar em juízo a sua controladora. Isto ocorre porque seria bastante improvável, para não dizer impossível, que qualquer deliberação da sociedade optasse por acionar judicialmente o controlador Gá que este, por natureza e também por definição legal, é quem detém o domínio das deliberações societárias e efetivamente exerce seu poder na direção das atividades sociais da empresa)" (LIMA, 2012, p. 70)

ciência é uma garantia dos jurisdicionados, na medida em que – num mundo de bens materiais escassos – a satisfação das necessidades individuais e coletivas será tanto maior quanto melhor for a alocação desses bens. A alocação ineficiente, pois, interdita o acesso a bens essenciais, prejudica a redução das desigualdades e piora as condições de desenvolvimento econômico e social do país.

O microssistema de tutelas coletivas é uma expressão normativa concreta desse princípio e uma tentativa de resposta às ineficiências do acesso à jurisdição. Em igual medida o direito à prova, que consubstancia a base teórica da produção antecipada, ao se revelar uma forma de permitir às partes aumentarem o seu conhecimento dos fatos e, sobre essa realidade fática aumentada, decidir melhor sobre seus próprios comportamentos, prever e estimar melhor suas chances de deduzir pretensões em Juízo, é convergente com o princípio da eficiência processual. Pode-se até afirmar que o estímulo à utilização autônoma do direito à prova é, em certa medida, e tal como o microssistema de tutelas coletivas, uma manifestação concreta do princípio da eficiência.

Nessa linha, o direito à prova, instrumentalizado sob a forma de tutela coletiva, ganha uma inegável dimensão política, isto é, ao permitir a revelação de fatos que interessam a uma coletividade de pessoas (consumidores, trabalhadores, vítimas de acidentes ambientais etc.) e a coleta do suporte probatório respectivo, ele converge com o escopo político do processo. Nas palavras de Cândido Rangel Dinamarco (1987, p. 238):

> Todas as formas de influência sobre os centros do poder são participativas, no sentido de que representam algum peso para a tomada de decisões; conferir ou conquistar a capacidade de influir é praticar democracia. Tem-se participação democrática, portanto e bastante significativa, na ação popular, onde se vê o cidadão contribuindo para a fiscalização da moralidade pública e podendo criar condições para o anulamento de atos administrativos lesivos ao patrimônio público; e também nas demandas relativas ao meio. ambiente, com os indivíduos reunidos em associações constitucionalmente permitidas e asseguradas, canalizando ao Estado, através do juiz, a sua denúncia de atos ou atividades lesivas ao patrimônio comum e pedido da solução socialmente adequada. No processo da ação popular e nos relativos ao meio-ambiente, a jurisdição é exercida com os objetivos imediatos de cada um e (sem considerar agora o escopo social de eliminar insatisfações)

também com vistas a institucionalizar a participação do indivíduo na determinação dos destinos da sociedade política.

Num plano mais concreto, e com vistas a harmonizar o direito à prova (leia-se, a produção antecipada) com os dispositivos do microssistema de tutelas coletivas, poder-se-ia afirmar o seguinte:

(a) Se os substitutos processuais podem veicular pretensões de direito material em Juízo – postulando a declaração de direitos de índole coletiva e a respectiva condenação dos agentes causadores de danos a fazer, não fazer ou pagar —, não parece haver razão para se negar a eles a legitimidade e o interesse para postular a revelação de fatos e informações, em caráter antecipado, que possam vir a dar ensejo às mesmas pretensões, sejam elas de índole coletiva ou individual;

(b) Considerando que a sentença que determinar a produção da prova não faz coisa julgada, um dos grandes obstáculos à efetividade da tutela coletiva (i.e., os limites subjetivos da coisa julgada, à luz do RE 573.232 e RE 612.043, mencionados no Capítulo 5.2) fica aparentemente contornado;

(c) Em igual medida, como afirma Yarshell, a decisão que determina a produção da prova tem natureza constitutiva – impondo-se sobre a realidade de maneira imediata —, mas não declara nem cria, modifica ou extingue direitos, o processamento de uma ação de produção de prova coletiva tende a ser mais célere e mais efetivo, pois, uma vez produzida a prova, a jurisdição alcançou o seu escopo;

(d) Ao mesmo tempo, e pela mesma razão apontada acima, uma tutela coletiva da prova não impediria nem prejudicaria a tutela individual de direitos, de modo que, pela perspectiva dos interessados, o sistema de proteção de direitos permaneceria hígido;

(e) Considerando que a prova dos danos de natureza coletiva ou difusa, em particular o seu nexo de causalidade e a sua quantificação, é, em geral, bastante complexa, demorada e cara, a veiculação de ações coletivas de produção antecipada de prova poderá conferir maior celeridade e efetividade a essa etapa processual;

(f) Ainda sobre o mesmo tema, em geral, ações civis públicas ou coletivas tendem a ser respondidas com uma miríade de questões preliminares pelos réus, a tendência é que a fase probatória só seja aberta depois de passado bastante tempo após a ocorrência do dano cuja reparação se postula, tornando, pelo menos em caráter abstrato, a produção da prova mais difícil e mais custosa. A ação civil pública ou coletiva de produção antecipada pode ajudar a contornar essa contingência prática, na medida em que a discussão estará confinada exclusivamente à produção ou não das provas em questão;

(g) A prova produzida, no âmbito de uma ação civil pública antecipada de provas, poderá dar ensejo a outros tipos de medidas, como por exemplo, a adoção de alguma punição em âmbito administrativo ou, até mesmo, criminal. E pode até mesmo, a depender do tipo de prática identificada, dar ensejo a mudanças legislativas específicas, visando a coibir ou prevenir determinado tipo de conduta. Ou seja: ao expandir a compreensão da realidade fática por uma série de atores, a produção de prova em âmbito coletivo tende a tornar mais eficiente todas as engrenagens do sistema jurídico, empurrando o eventual agente causador do dano para um ou mais acordos de índole coletiva com todos os segmentos da sociedade atingidos pela sua prática.

À luz dessas ponderações, em adição ao exemplo dado no Capítulo 3.4, da empresa de refrigerante que se apropria de uma parte da economia popular, por meio de um ato ilícito, e conserva e deposita nas provas acerca do ilícito o valor excedente produto de sua conduta ilegal, há outros que poderiam servir para ilustrar a compatibilidade de ambos os institutos.

A esse respeito, pense-se, por exemplo, num dano ambiental causado por uma produtora de fertilizantes, que derrama produto químico numa bacia hidrográfica específica. Há uma desconfiança de que esse derramamento possa ser a causa determinante da alteração do PH da água e da consequente mortandade de peixes que a ela se seguiu. Mas não é possível ter certeza desse nexo causal *ex ante*. Diante de um cenário como esse, parece bastante razoável que uma associação, com legitimidade ativa, à luz da Lei de Ação Civil Pública e/ou da Lei de Ação Coletiva Consumerista, possa ajuizar – ao invés de uma ação civil pública tradicional, com pedido condenação da empresa de fertilizantes a indenizar os danos causados – uma ação civil pública de produção de prova para, por exemplo, ter certeza (ou pelo menos uma certeza razoável) do nexo causal entre o dano causado e os atos da empresa, com vistas a permitir que a coletividade de prejudicados possa formar um juízo de convicção acerca da responsabilização da referida empresa. Nesse cenário, a depender do resultado da prova colhida, há também um inegável incentivo para que a empresa decida submeter uma proposta de acordo com os prejudicados, para evitar os custos de um litígio que lhe pareça de perda provável.

Pense-se, por fim, num dano de natureza individual homogênea. Uma empresa de determinado segmento vem praticando há décadas ilícitos de natureza contábil-fiscal, inflando seu balanço, a partir do registro de ativos existentes por um valor irreal ou a partir do lançamento de ativos meramente inexistentes. A apuração da responsabilidade efetiva por esses lançamentos é assaz complexa e difícil, dado que o período no qual a prática ocorreu é bastante extenso. Além disso, houve uma rotatividade de pessoal considerável ao longo dos anos e uma mudança constante de estrutura administrativa interna. À luz desse cenário, é praticamente impossível definir, com clareza e *ex ante*, o devido grau de individualização das condutas e o iter de processos decisórios que permitam estabelecer o nexo de causalidade entre o ato ilícito e o dano.

Nos dois casos ilustrativos acima, a dificuldade em definir *ex ante* as chances de êxito de uma eventual ação de responsabilidade, aliada à complexidade dos fatos, é um desincentivo à propositura de ações coletivas ou individuais de responsabilidade. Além disso, a prova a ser produzida é relativamente cara. Nesse sentido, a ação civil pública de produção de prova pode servir de instrumento, poderoso e eficiente, para estabelecer o nexo causal e a individualização das condutas, permitindo a cada um dos potenciais prejudicados a adoção das medidas de reparação que lhes parecer conveniente.

Em síntese, as ideias aqui expostas são uma módica tentativa de contribuição para o debate acerca da Análise Econômica do Direito, com um propósito concreto de, a partir delas, expandir e aumentar a eficiência do sistema probatório, dentro do quadro legislativo hoje vigente. Sem qualquer pretensão de exaurir o tema, espera-se ter contribuído para fomentar o debate acerca dos institutos.

Encerra-se este trabalho com uma passagem do texto de Flávio Luiz Yarshell, Viviane S. Rodrigues, Eduardo C. de Bezerra, Fabio de S. R. Marques, que soa – e não sem razão – como uma espécie de desabafo acerca da tentativa de redução dos limites da produção antecipada;

essa passagem bem ilustra a dificuldade de oxigenação do sistema por institutos que tencionam a expandir a sua eficiência e a sua efetividade, esbarrando numa espécie de muro de incompreensão. Com a palavra, os autores (YARSHELL, RODRIGUES, *et al.*, 2021, p. 456),

> A produção antecipada de prova desvinculada do perigo, é evidente apenas confirma essa constatação: por mais que se pudesse extrair do ins.
>
> Euro bons resultados, eles seriam sempre e apenas mais uma contribuição para atenuar os males que acometem o sistema de justiça no Brasil E seja notado que os benefícios não seriam poucos: o prévio e adequado conhecimento dos fatos, para além de eventualmente ser imprescindível para ajuizamento de uma demanda ou formulação de uma defesa, pode reduzir assimetria de informações, corrigir eventual otimismo exagerado das partes em relação a possível solução adjudicada da controvérsia, ajustar a avaliação de custos, ônus e riscos do processo, contribuir efetivamente para soluções consensuais, poupar custos do processo declaratório e da correspondente decisão adjudicada, dentre outros. Longe de ser uma panaceia; e longe de não apresentar desvantagens; teria o mecanismo, no entanto, um papel relevante a desempenhar num sistema que, de volta ao início, é reconhecidamente insatisfatório.
>
> Contudo, os doutores da psicologia ou da psiquiatria poderão melhor explicar o fenômeno do doente que não consegue viver sem a doença e que dela, ainda que inconscientemente, alimenta-se; ou o perfil das pessoas negativas, que sempre têm um problema para cada solução enendrada - como já se detectou com insuperável genialidade. Isso de certa forma funciona para a produção antecipada de prova, tal como prevista nos incisos II e III do art. 381 do CPC, vista com reserva ou desdém por operadores do Direito - de advogados a juízes. E se membros do Ministério Público disso escapam, não parece ser exatamente porque encamparam a novidade trazida pelo CPC/15, mas simplesmente porque continuaram a usar sua própria técnica de antecipação, contida nos procedimentos de inquérito, criminal e civil. Eles já conheciam as vantagens da prévia investigação de fatos, indispensável parâmetro para ajuizamento de demanda ou para soluções não adjudica-

das (que abrangem a não propositura de demanda, mediante arquivamento dos autos do inquérito).

Essa resistência aparentemente insensata não é uma exclusividade de operadores que atuam na jurisdição estatal.

Obras citadas

AVENEL, Éric. Élements d'analyse économique de la representation des parties dans le procés civil. In: COHEN, Dany **Droit et économie du procés civil**. Paris: LGDJ, 2010.

BARBOSA MOREIRA, José C. Notas sobre o problema da "efetividade" do processo. In: BARBOSA MOREIRA, José C. **Temas de direito processual (terceira série)**. São Paulo: Saraiva, 1984. p. 15-42.

BARBOSA MOREIRA, José C. Tendências contemporâneas do direito processual civil. In: BARBOSA MOREIRA, José C. **Temas de direito processual (terceira série)**. São Paulo: Saraiva, 1984. p. 1-13.

BEDAQUE, José R. D. S. **Direito e Processo:** influência do direito material sobre o processo. 4ª. ed.

BOBBIO, Norberto. **O positivismo jurídico:** lições de filosofia do direito. Tradução de Márcio Pugliesi; Edson Bini e Carlos E. Rodrigues.

CALABRESI, Guido; MELAMED, A. D. Property Rules, Liability Rules, and Inalienability: One View of the Cathedral. **Harvard Law Review**, 85, 1972. 1089-1128.

CÂMARA, Alexandre F. **O Novo Processo Civil brasileiro**.

CARVALHOSA, Modesto. **Comentários à lei de sociedades anônimas**. 4ª. ed.

CLAVERO, Bartolomé. **Instituição histórica do direito**. Tradução de João Luiz Ribeiro.

COASE, Ronald H. The Problem of Social Cost. **The Journal of Law & Economics**, Chicago, 3, October 1960. 1-44.

COMOGLIO, Luigi P. **Il Principio di Economia Processuale**.

COSTA NETO, José W. B. D. Contribuições da análise econômica ao direito probatório. **Revista de Processo**, São Paulo, Fevereiro 2023. 111-148.

CROSS, Frank B. Identifying the Virtues of the Common Law. **Supreme Court Economic Review**, 15, February 2007. 30.

DEFFAINS, Bruno; DESRIEUX, Claudine. To litigate or not to litigate? The impacts of third-party financing on litigation. **International Review of Law and Economics**, 43, 2015. 178-189.

DIDIER JR, Fredie; BRAGA, Paula S.; OLIVEIRA, Rafael A. D. **Curso de Direito Processual Civil**.

DINAMARCO, Cândido R. **A Instrumentalidade do Processo**.

DINAMARCO, Cândido R. Escopos políticos do processo. In: GRINOVER, Ada P.; DINAMARCO, Cândido R.; WATANABE, Kazuo **Participação e Processo**. São Paulo: Revista dos Tribunais, 1988. p. 114-128.

DWORKIN, Ronald. **Levando os direitos a sério**. Tradução de Nelson Boeira. 2ª. ed.

EIZIRIK, Nelson. **A lei das S/A comentada**.

GAROUPA, Nuno; GINSBURG, Tom. Análise econômica e direito comparado. In: TIMM, Luciano B., et al. **Direito e economia no Brasil:** estudos sobre a análise econômica do direito. Indaiatuba: Foco, 2023. Cap. 5.

GICO JR., Ivo. **Análise Econômica do Processo Civil**.

GICO JR., Ivo. Introdução ao Direito e Economia. Indaiatuba: Editora Foco, 2023. Cap. 1.

GOMES FILHO, Antonio M. A participação mediante o processo. In: GRINOVER, Ada P.; DINAMARCO, Cândido R.; WATANABE, Kazuo **Participação e Processo**. São paulo: Revista dos Tribunais, 1988.

GUASTINI, Riccardo. **Das fontes às normas**. Tradução de Edson Bini.

KAHNEMAN, Daniel. **Thinking Fast and Slow**.

KISHTAINY, Niall. **Uma breve história da economia**. Tradução de Janaína Marcoantonio.

LA PORTA, Rafael et al. Law and Finance. **Journal of Political Economy**, 106, 1998. 1113-1155.

LANGENFELD, James; RICHARDS, Raleigh. The Law and Economics of Class Actions: yesterday, today, and tomorrow. In: LANGENFELD, James **Research in Law and Economics**. [S.l.]: Emerald Group Publishing Ltd, v. 26, 2014. p. 1-9.

LIMA, Tiago A. R. A legitimidade ativa e passiva nas ações de responsabilidade civil contra o administrador e o controlador na lei das S/A. In: YARSHELL, Flávio L.; PEREIRA, Guilherme S. **Processo Societário**. São Paulo: Quartier Latin, 2012.

LOPES, José R. D. L. **O Oráculo de Delfos:** o Conselho de Estado no Brasil-Império.

LOPES, José R. D. L. **O direito na história:** lições introdutórias. 3ª ed.

LOPES, José R. D. L. Filosofia analítica e hermenêutica. **Revista de Informação Legislativa**, Brasília, 212, Outubro/Dezembro 2016. 203-226.

LOPES, José R. D. L. **História da justiça e do processo no Brasil do século XIX**.

LOSANO, Mario G. **Sistema e estrutura no direito**. Tradução de Luca Lamberti.

LUQUE, Carlos A. Teoria Macroeconômica: evolução e situação atual. In: GREMAUD, Amaury P., et al. **Manual de Economia**. 7ª. ed. São Paulo: Saraiva, 2017. Cap. 13.

MANCUSO, Rodolfo D. C. Ação Civil Pública: Instrumento de participação na tutela do bem comum. In: GRINOVER, Ada P.; DINAMARCO, Cândido R.; WATANABE, Kazuo **Participação e Processo**. São Paulo: Revista dos Tribunais, 1988. p. 190-211.

MANCUSO, Rodolfo D. C. **Ação Civil Pública:** em defesa do Meio Ambiente, do Patrimônio Cultural e dos Consumidores. 9ª. ed.

MANKIW, N. G. **Introdução à Economia**. Tradução de Allan Vidigal Hastings; Elisete Paes e Lima e Ez2 Translate. 6ª Edição norte-americana. ed.

MARINONI, Luiz G.; ARENHART, Sérgio C. **Novo Código de Processo Civil comentado**.

MARX, Karl. **O capital:** crítica da economia política: livro I. Tradução de Reginaldo Sant'Anna. 30ª. ed.

MICHAELS, Ralf. Comparative Law by Numbers? Legal Origin Thesis, Doing Business Reports, and the Silence of Traditional Comparative Law. **The American Journal of Comparative Law**, 57, 2009. 771-773.

MÜLLER, Julio G. **Negócios processuais**.

MUNHOZ, Eduardo S. Influência do patrimonialismo nas sociedades anônimas: importância dos mecanismos privados de efetivação dos deveres do acionista controlador e dos administradores. In: VENÂNCIO FILHO, Alberto **Lei das S.A. em seus 40 anos**. Rio de janeiro: GEN-Forense, 2016.

NERY JR, Nelson; NERY, Rosa M. D. A. **Comentários ao Código de Processo Civil**.

NEVES, Daniel A. A. **Novo Código de Processo Civil**.

NICHOLSON, Walter; SNYDER, Christopher. **Microeconomic Theory:** basic principles and extensions.

PATRÍCIO, Miguel C. T. **Análise Econômica da Litigância**.

PERELMAN, Chaïm; OLBRECHTS-TYTECA, Lucie. **Tratado da Argumentação:** a nova Retórica. Tradução de Maria Ermantina Galvão G. Pereira.

PESSOA, Fernando. **Aforismos e afins**. 2ª. ed.

PIMENTEL, Wilson. **Acesso responsável à Justiça**.

PINDYCK, Robert S.; RUBINFELD, Daniel L. **Microeconomia**. Tradução de Daniel Vieira. 8ª. ed.

PINHO, Carlos M. Metodologia da Ciência Econômica. In: GREMAUD, Amaury P., et al. **Manual de Economia**. 7ª. ed. São Paulo: Saraiva, 2017. Cap. 30.

POSNER, Eric. A. Law, Economics, and Inefficient Norms. **University of Pennsylvania Law Review**, Pennsylvania, 144, May 1996. 1702 e ss.

POSNER, Richard A. An Economic Approach to Legal Procedure and Judicial Admnistration. **The Journal of Legal Studies**, Chicago, 2, June 1973. 399-458.

POSNER, Richard A. **A economia da Justiça**. Tradução de Evandro Ferreira e Silva.

RIZZIERI, Juarez Alexandre Baldini. Introdução à Economia. In: GREMAUD, Amaury Patrick, et al. **Manual de economia**. 7ª. ed. São Paulo: Saraiva Educação, 2017. Cap. 1.

ROSSONI, Igor B.; TRANI, Luiza. Por que (não) interromper um litígio? Os (des) incentivos para a manutenção de demandas no CPC. In: YARSHELL, Flávio L., et al. **Ensaios sobre Análise Econômica do Processo Civil**. Londrina: Thoth Editora, 2023. p. 183-200.

SANTOS, Raul C. D. De Smith a Marx: a economia política e a marxista. In: GREMAUD, Amaury P., et al. **Manual de economia**. 7ª. ed. São Paulo: Saraiva, 2017. Cap. 2.

SHAKESPEARE, William. **Romeo and Juliet**.

SHAVELL, Steven. On Liability and Insurance. **The Bell Journal of Economics**, 13, 1982. 120-132.

SICA, Heitor V. M. Congestionamento viário e congestionamento judiciário: reflexões sobre a garantia de acesso individual ao Poder Judiciário. **Revista de Processo**, São Paulo, 39, 2014. 13-26.

SICA, Heitor V. M. Brevíssimas reflexões sobre a evolução do tratamento da litigiosidade repetitiva no ordenamento brasileiro, do CPC/15 ao CPC/73. **Revista de Processo**, São Paulo, 257, Julho 2016. 269-281.

TALAMINI, Eduardo. Comentários ao novo Código de Processo Civil. Rio de Janeiro: Forense, 2015.

TREBILCOCK, Michael; LENG, Jing. The role of formal contract law and enforcement in economic development. **Virginia Law Review**, 92, November 2006. 1517-1580.

TUCCI, José R. C. E. **Jurisdição e Poder:** contribuição para a história dos recursos cíveis.

TUCCI, José R. C. E. **Precedente judicial como fonte do direito**.

TUCCI, José R. C. E. Questões polêmicas acerca da substituição processual do acionista. In: YARSHELL, Flávio L.; PEREIRA, Guilherme S. J. **Processo Societário**. São Paulo : Quartier Latin, v. 4, 2021. p. 799-811.

TUCCI, José Rogério Cruz e; AZEVEDO, Luiz Carlos de. **Lições de História do Processo Civil Romano**.

TUCCI, José Rogério Cruz e; AZEVEDO, Luiz Carlos de. **Lições de Processo Civil Canônico:** (história e direito vigente).

TUCCI, José Rogério Cruz e; AZEVEDO, Luiz Carlos de. **Lições de História do Processo Civil Lusitano**.

VARGAS, Daniel V. Análise Econômica da Execução no Direito Processual Brasileiro. In: FUX, Luiz; FUX, Rodrigo; PEPE, Rafael G. **Temas de Análise Econômica do Direito Processual**. Rio de Janeiro: GZ Editora, p. 568.

VARIAN, Hal R. **Microeconomia:** uma abordagem moderna. Tradução de Regina Célia Simile de Macedo. 9ª. ed.

VILLEY, Michel. **A formação do pensamento juridico moderno**. Tradução de Claudia Berliner. 2ª. ed.

VILLEY, Michel. **Filosofia do direito:** definições e fins do direito: os meios do direito. Tradução de Márcia Valéria Martinez de Aguiar. 3ª Ed. ed.

WAMBIER, Teresa A. A. et al. **Primeiros comentários ao Novo Código de Processo Civil**.

WIEACKER, Franz. **História do Direito Privado Moderno**. Tradução de António Manuel Botelho Hespanha. 5ª. ed.

WOLKART, Erik N. **Análise Econômica do Processo Civil:** Como a Economia, o Direito e a Psicologia podem vencer a Tragédia da Justiça.

YARSHELL, Flávio L. **Antecipação da prova sem o requisito da urgência e direito autônomo à prova**.

YARSHELL, Flávio L. Revisitar o processo civil sob o enfoque econômico. **Revista de Análise Econômica do Direito**, São Paulo, 1, Janeiro-Junho 2021.

YARSHELL, Flávio L. et al. Produção antecipada de prova desvinculada da urgência na arbitragem: requiém? In: LUIZ, Yarshell F.; PEREIRA, Guilherme S. J. **Processo societário**. São Paulo: Quartier Latin, v. 4, 2021. p. 455-472.

RESTITUTIO IN INTEGRUM

Renato Resende Beneduzi[1]

SUMÁRIO: 1. Introdução; **2.** *Restitutio in integrum* no direito romano; **3.** *Restitutio in integrum* nas fontes lusitanas; **4.** Recepção da *restitutio in integrum* no Brasil; **5.** Conclusão; **6.** Bibliografia

1. Introdução

A história não é apenas *ciência do passado*. Como já dizia *Cícero em seu De oratore*[2], ela *é também magistra vitae*, porque conhecer o passado permite entender melhor também o presente[3]. Em relação especificamente ao direito, isso quer dizer que sem o conhecimento de sua história é não raro muitíssimo difícil compreender satisfatoriamente o direito hoje vigente. Somos todos devedores de José Rogério Cruz e Tucci, por exemplo, por seu "Precedente judicial como fonte do direito"[4], obra essencial para quem deseja entender o papel exercido *hoje* no Brasil pelos precedentes judiciais, e não apenas para aqueles que procuram conhecer sua história.

Neste artigo, que escrevo em homenagem ao meu professor, orientador e amigo, a quem tanto devo[5], escolhi tratar da famosa *restitutio in integrum*, ainda hoje tão frequentemente citada, no processo civil e

---

1 Professor de Direito Processual Civil e Direito Romano na Pontifícia Universidade Católica do Rio de Janeiro (PUC-RIO). Doutor em Direito pela Universidade de Heidelberg. Mestre em Direito Processual pela Faculdade de Direito da Universidade de São Paulo (USP). Graduado em Direito pela Pontifícia Universidade Católica do Rio de Janeiro (PUC-RIO). Pesquisador visitante nas universidades de Oxford (2014), Florença (2016), Munique (2018) e Cambridge (2021). Advogado.

2 "Historia vero testis temporum, lux veritatis, vita memoriae, magistra vitae, nuntia vetustatis" (Cic. de Orat. 2.36).

3 Para mais detalhes sobre os diversos debates em torno das funções da história, confira-se o seminal: *Koselleck*, Vergangene Zukunft: Zur Semantik geschichtlicher Zeiten (1988).

4 *Tucci*, Precedente judicial como fonte do direito (2004).

5 Em 2018, tive já a honra de participar de outra coletânea em sua homenagem, para a qual escrevi um artigo sobre a também famosa *Lex Poetelia Papiria* (*Beneduzi*, Lex Poetelia Papiria, in: Bedaque/Yarshell/Sica (eds), Estudos de direito processual civil em homenagem ao professor José Rogério Cruz e Tucci (2018), p. 663).

fora dele, embora em boa medida pouco conhecida em seu desenvolvimento histórico[6]. A história, também aqui, permite melhor compreender o presente.

A expressão *restitutio in integrum* aparece com frequência na doutrina e na jurisprudência. Em julho de 2023, por exemplo, mais de cinquenta acórdãos e oitocentas decisões monocráticas do Superior Tribunal de Justiça e quase cinco mil acórdãos do Tribunal de Justiça do Estado de São Paulo a mencionavam. Estas citações dividem-se essencialmente em dois grandes grupos.

De um lado, a *restitutio in integrum* é frequentemente mencionada como sinônimo de *reparação integral, recomposição integral* ou *retorno ao estado anterior*[7]. É neste sentido, por exemplo, que Gustavo Tepedino, Heloisa Helena Barboza e Maria Celina Bodin de Moraes, fazendo referência ao artigo 402 do Código Civil, esclarecem que este dispositivo, *"ao extirpar a regra do parágrafo único, prestigiou o princípio da restitutio in integrum. O devedor responderá por todos os prejuízos causados ao credor, sejam eles previsíveis ou não, desde que razoáveis, em se tratando de lucro cessante"*[8]. É também neste sentido que a jurisprudência do Superior Tribunal de Justiça afirma que *"a recomposição integral dos direitos do servidor"* é *"corolário"* do *"princípio da restitutio in integrum"*[9-10]

6 Embora a *restitutio* romana já tenha sido magistralmente tratada por Moacyr Lobo da Costa em seu "Revogação da sentença", parece-me haver ainda o que se dizer sobre ela, especialmente em relação à sua recepção no direito brasileiro.

7 Embora, a rigor, estas expressões não sejam exatamente equivalentes, como discutirei mais à frente.

8 *Tepedino/Barboza/Moraes*, Código Civil interpretado conforme a Constituição da República, vol. 1 (2ª ed. 2007), p. 734.

9 "Nos termos da jurisprudência do STJ, sendo considerado ilegal o licenciamento do militar de carreira, com a anulação do referido ato pelo judiciário, a respectiva reintegração, tem como corolário a recomposição integral dos direitos do servidor em respeito ao princípio da restitutio in integrum" (AgInt no REsp nº 2.031.490/PE, relator Ministro Benedito Gonçalves, Primeira Turma, julgado em 24/4/2023, DJe de 26/4/2023).

10 Em sentido similar: "A jurisprudência desta Corte é pacífica no sentido de que o período de afastamento ilegal do cargo é considerado de efetivo exercício para todos os fins, nos termos do art. 28 da Lei nº 8.112/90. Em consequência, assegurada a reintegração do servidor ao cargo efetivo que ocupava antes da demissão, **em atenção ao princípio da restitutio in integrum, deve haver a recomposição integral de seus direitos"** (AgInt na ImpExe na ExeMS nº 19.833/DF, relator Ministro Sérgio Kukina, Primeira Seção, julgado em 2/5/2023, DJe de 5/5/2023).

ou ainda que *"a reparação pelo dano material propõe restituição à situação anterior (restitutio in integrum)"*[11-12].

A *restitutio in integrum* é também comumente descrita na doutrina (especialmente entre processualistas), embora apenas raramente na jurisprudência, como um antecedente histórico da ação rescisória. Para Daniel Mitidiero, por exemplo, *"partindo de um ponto de vista histórico, nossa ação rescisória é herdeira da restitutio in integrum do direito romano, da querela nullitatis do direito medieval italiano e das vicissitudes da revista de justiça e da viam nullitatis do direito medieval lusitano"*[13]. Em sentido similar, acórdão recente do Tribunal de Justiça de São Paulo – citando Barbosa Moreira – explica que *"a ação rescisória, nesse contexto, seria historicamente a reunião da querela nullitatis, voltada aos 'vícios processuais que afetassem a validade da decisão', e a 'restitutio in integrum', relacionada à existência de 'motivo que, segundo a equidade, justificasse o reexame da matéria julgada, a fim de impedir a cristalização definitiva de um resultado visto como iníquo'"*[14].

A *restitutio in integrum* é, assim, expressão cujo sentido é equívoco na doutrina e na jurisprudência, e o estudo de sua história a melhor forma de compreender o porquê desta diversidade de sentidos (e o que podemos e devemos fazer a respeito).

11 "Conforme escólio da melhor doutrina, a indenização do dano extrapatrimonial visa a compensar a vítima pela dor sofrida e, de forma indireta, punir o transgressor. Ao contrário, a reparação pelo dano material propõe **restituição à situação anterior (restitutio in integrum)**. Dessarte, o magistrado deve estar consciente de sua função de, ao examinar o caso concreto, buscar de maneira razoável e proporcional encontrar o valor da compensação pelos danos sofridos sem gerar enriquecimento ilícito à vítima" (REsp nº 1.695.725/ES, relator Ministro Herman Benjamin, Segunda Turma, julgado em 16/11/2017, DJe de 19/12/2017).

12 "Com efeito, o ressarcimento pela ocupação do imóvel trata-se de consectário lógico do retorno das partes ao estado anterior, pois cabe ao magistrado, ao determinar a rescisão contratual, dispor acerca da forma como as partes deverão ser restituídas à condição original, sendo desnecessário, portanto, pedido expresso na petição inicial, reconvenção ou ação própria para essa finalidade, **à luz do princípio restitutio in integrum"** (REsp nº 1.731.753/SP, relator Ministro Marco Aurélio Bellizze, Terceira Turma, julgado em 9/5/2023, DJe de 12/5/2023).

13 *Mitidiero*, Ação rescisória no direito comparado: da comparação vertical à comparação horizontal, Revista de Processo Comparado 5 (2017), p. 43.

14 TJSP; Ação Rescisória 2072017-34.2022.8.26.0000; Relator (a): Ademir Modesto de Souza; Órgão Julgador: 6ª Câmara de Direito Privado; Data do Julgamento: 31/08/2022.

2. *Restitutio in integrum* no direito romano

A expressão *restitutio in integrum* (ou também *in integrum restitutio*) quer dizer, em uma tradução literal do latim, restituição (ou retorno) à situação primitiva (anterior ou original). E ela significava no direito romano, como define Hans-Peter Benöhr no verbete que lhe dedicou no recém-publicado *Handbuch des römischen Privatrechts*, a *"atribuição da mesma posição de fato ou de direito a alguém de que ele gozava anteriormente mas que veio a perder depois"*[15].

Não se sabe ao certo quando exatamente a *restitutio in integrum* teria surgido[16]. Sua importância no período clássico, no entanto, era já inegável[17], tanto que Ulpiano viria a afirmar, em passagem recolhida no Digesto (em um título especificamente dedicado a este instituto, Dig. 4.1.0, intitulado *De in integrum restitutionibus*), que *"não há nenhuma necessidade de enfatizar a utilidade deste título de tal modo ela é evidente"*[18].

Desconhecida em Roma a distinção que hoje se faz entre direito material e processo[19], não surpreende que a *restitutio in integrum*, um *extraordinarium auxilium* (auxílio extraordinário, não comum, ou ordinário), como a descreve Ulpiano[20], servisse então tanto para impugnar

15 No original: "Gewährung der gleichen rechtlichen oder tatsächlichen Position, die der Begünstigte früher einmal innegehabt hatte, inzwischen aber verloren hat" (*Benöhr*, Wiedereinsetzung in den vorigen Stand (in integrum restitutio), in: Babusiaux/Baldus/Ernst/Meissel/Platschek/Rüfner (eds), Handbuch des Römischen Privatrechts, vol. 2 (2023), p. 2.966).

16 Confira-se, por exemplo: *Kaser*, Zur in integrum restitutio, besonders wegen metus und dolus, Zeitschrift der Savigny-Stiftung für Rechtsgeschichte: Romanistische Abteilung 94 (1974), p. 179.

17 Para mais detalhes, por exemplo: *Levy*, Zur nachklassischen in integrum restitutio, Zeitschrift der Savigny-Stiftung für Rechtsgeschichte: Romanistische Abteilung 68 (1951), p. 361.

18 "Utilitas huius tituli non eget commendatione, ipsa enim se ostendit".

19 Para mais detalhes, por exemplo: *Calamandrei*, Concetto originario di nullità della sentenza per vizi processuali, in: Opere Giuridiche, vol. 6 (1976), p. 23 e *Kaser*, Das römische Zivilprozessrecht (1976), p. 2.

20 Ulpianus 11 ad ed. In causae cognitione etiam hoc versabitur, num forte alia actio possit competere citra in integrum restitutionem. nam si communi auxilio et mero iure munitus sit, non debet ei tribui extraordinarium auxilium: ut puta cum pupillo contractum est sine tutoris auctoritate nec locupletior factus est (Dig. 4.4.16pr.).

atos jurídicos privados quanto sentenças judiciais[21-22]. E isso por fundamentos variados, entre eles, por exemplo, o dolo, o erro, a coação, a ausência justificada[23], e outros que poderíamos descrever como tipicamente processuais como a falsa prova[24] e a descoberta de fatos novos[25]. Nunca se tratou, no entanto, de um rol típico de hipóteses de cabimento[26], sendo cabível a rescisão sempre que se verificasse a ocorrência de uma *iusta causa*[27]. Daí por que é correto dizer que, no direito romano, existiria uma verdadeira cláusula geral de restituição.

---

21 *Benöhr*, Wiedereinsetzung in den vorigen Stand (in integrum restitutio), in: Babusiaux/Baldus/Ernst/Meissel/Platschek/Rüfner (eds), Handbuch des Römischen Privatrechts, vol. 2 (2023), p. 2.989. Também *Kaser*, Das römische Zivilprozessrecht (1976), p. 268.

22 Não se deve esquecer, aliás, que durante longo período da história do processo civil romano a *restitutio* consistiria na única forma de impugnar decisões judiciais (tendo sido a *appellatio*, com efeito, uma criação relativamente tardia). Para mais detalhes, por exemplo: *Lobo da Costa*, Revogação da sentença (1995), p. 257 e *Tucci/Azevedo*, Lições de história do processo civil romano (2001), p. 163.

23 Por exemplo: *Kupisch*, In integrum restitutio und vindicatio utilis (1974), p. 78. Mais recentemente: *Chorus*, In Integrum Restitutio under Classical Roman Law, Particularly on the Ground of Metus, and Berthold Kupisch, Revue Internationale des droits de l'antiquité 65 (2018), p. 418. Também *Kaser/Knütel/Lohsse*, Römisches Privatrecht (22ª ed. 2021), p. 83 e *Moreira Alves*, Direito Romano (14ª ed. 2010), p. 252.

24 Conforme previsto, por exemplo, em Dig. 42.1.33, segundo o qual "Divus hadrianus, aditus per libellum a iulio tarentino et indicante eo falsis testimoniis, conspiratione adversariorum testibus pecunia corruptis, religionem iudicis circumventam esse, in integrum causam restituendam in haec verba rescripsit: " exemplum libelli dati mihi a iulio tarentino mitti tibi iussi: tu, si tibi probaverit conspiratione adversariorum et testibus pecunia corruptis oppressum se, et rem severe vindica et, si qua a iudice tam malo exemplo circumscripto iudicata sunt, in integrum restitue" (Callistratus 5 cogn.).

25 Conforme previsto, por exemplo, em Dig. 42.1.35, segundo o qual "Imperatores antoninus et verus rescripserunt, quamquam sub obtentu novorum instrumentorum restitui negotia minime oporteat, tamen in negotio publico ex causa permittere se huiusmodi instrumentis uti" (Papirius 2 const.). É preciso admitir, no entanto, que existem controvérsias sobre o significado deste fragmento.

26 Eestas hipóteses de cabimento foram aparecendo e se desenvolvendo pouco a pouco ao longo do tempo.

27 Conforme explica, por exemplo, Ulpiano, fazendo referência ao edito (e subordinando à concessão da *restitutio* à sua conformidade com o direito, *lato sensu*): "si qua alia mihi iusta causa esse videbitur, in integrum restituam, quod eius per leges plebis scita senatus consulta edicta decreta principum licebit." (Dig. 4.6.1.1). Para mais detalhes: *Lobo da Costa*, Revogação da sentença (1995), p. 36.

Em princípio, o próprio pretor[28] determinava o desfazimento (*rescissio*) do ato jurídico impugnado mediante a emissão de um *decretum*. Esta primeira fase do procedimento da *restitutio* viria a ser depois denominada (mas não pelos próprios romanos) como *iudicium rescindens* (juízo rescindente). Caso o decreto não bastasse para restituir o vencedor, efetivamente, à posição jurídica em que ele se encontrava anteriormente (por exemplo, porque o vencido recusava-se a cumpri-lo espontaneamente), poderia então o pretor conceder ao vencedor uma assim chamada *actio rescissoria* (ação rescisória) - denominação esta genuinamente romana[29] - dando assim início a uma fase que, posteriormente (não pelos próprios romanos), viria a ser denominada *iudicium rescissorium* ou *restitutorium*. Neste caso, a *actio rescissoria* teria por base a *ficção* de que a alteração da situação impugnada nunca teria ocorrido (por exemplo, a ficção de que a alienação de um bem mediante *mancipatio* não teria tido lugar)[30].

Estas, em linhas gerais, as características da *restitutio in integrum* romana, cujas similitudes com a ação rescisória e as hipótese de anulabilidade dos negócios jurídicos do direito brasileiro são - inegavelmente - muitas. E longo também o caminho que este instituto trilhou de suas origens até os dias de hoje.

3. *Restitutio in integrum* nas fontes lusitanas

A *restituição* aparece em diversas passagens das Ordenações Afonsinas, entradas em vigor em Portugal em meados do século XV sob o

28 Mas não, necessariamente, apenas por ele. Para mais detalhes, e sobre as mudanças por que passou a *restitutio in integrum* no período final da história do processo civil romano (cognitio extraordinaria), por exemplo: *Benöhr*, Wiedereinsetzung in den vorigen Stand (in integrum restitutio), in: Babusiaux/Baldus/Ernst/Meissel/Platschek/Rüfner (eds), Handbuch des Römischen Privatrechts, vol. 2 (2023), p. 2987 e *Buonamici*, Procedura civile romana, vol. 1 (1886), p. 480).

29 Como ilustram Dig. 4.6.28.5 e Dig. 4.6.28.6, segundo os quais, respectivamente, "exemplo **rescissoriae actionis** etiam exceptio ei, qui rei publicae causa afuit, competit: forte si res ab eo possessionem nancto vindicentur" e "in **actione rescissoria**, quae adversus militem competit, aequissimum esse pomponius ait eius quoque temporis, quo absens defensus non est, fructus eum praestare..."

30 Como exemplificam Jolowicz e Nicholas, "if a man has been induced by threats (metus) to make a mancipation of his property, the praetor may decree that the conveyance is to be held not to have taken place" (*Jolowicz/Nicholas*, Historical introduction to the study of Roman law (3ª ed. 2008), p. 229). Para mais detalhes, também *Brutti*, Il diritto private nell'antica Roma (2ª ed. 2011), p. 628.

reinado de Dom Afonso V[31]. Em seu livro três, por exemplo, em um título dedicado às exceções peremptórias, as Ordenações mencionam expressamente não só duas hipóteses de *restitutio* muito frequentes no direito romano, a do *"menor de vinte e cinco anos"* e a do *"ausente por causa da República*[32] *ao tempo que a sentença contra ele foi dada"*, mas permitem também *"desfazer a sentença definitiva por via de restituição"* por *"alguma outra justa razão, que se chama em direito cláusula geral"* (3.5.66). Especificamente em relação ao menor de vinte e cinco anos, aliás, esclarece ainda outra passagem das Ordenações Afonsinas que *"havendo algum menor de vinte e cinco anos perdido contra alguém, quer fosse autor, quer réu, e fosse dada sentença contra ele injustamente, poderá ele pedir restituição contra ela"* (3.126).

De modo similar, as Ordenações Manuelinas, promulgadas em sua versão definitiva em 1521[33], mencionam a restituição em diversas passagens. Em seu livro três, por exemplo, lê-se que *"se contra algum menor de vinte cinco anos for dada injustamente alguma sentença, poderá o menor contra ela pedir e impetrar restituição"* (3.86). Também a referência à cláusula geral aparece em alguns trechos das Ordenações. Nos casos de enfermidade do citando, por exemplo, as Ordenações estabelecem que *"poderá o citado ali enfermo desfazer o processo que contra ele for ordenado, pelo remédio de restituição da cláusula geral"* (3.8.12)[34].

Nas Ordenações Filipinas, de 1603[35], as referências à restituição tornam-se menos numerosas. Conservam-se em diversas passagens, no entanto, a menção expressa à situação do menor de vinte e cinco anos.

---

31 Para mais detalhes, por exemplo: *Domingues*, Ordenações afonsinas: três séculos de direito medieval (2008), p. 125.

32 "Note-se que o texto copia, sem qualquer escrúpulo, a fonte romana..." ao fazer referência expressa à *República* (*Tucci/Azevedo*, Lições de história do processo civil lusitano (2009), p. 284).

33 Para mais detalhes, por exemplo: *Almeida Costa*, História do direito português (3ª ed. 2007), p. 281, e *Silva*, História do direito português: fontes do direito (4ª ed. 2006), p. 330.

34 É bem verdade que esta hipótese já havia sido tratada pelas Ordenações Afonsinas, mas sem a referência expressa à restituição. Nelas, com efeito, lê-se apenas que "poderá o citado assim enfermo desfazer o processo, que contra ele foi ordenado, por cláusula geral" (3.9.12).

35 Para mais detalhes, por exemplo: *Almeida Costa*, História do direito português (3ª ed. 2007), p. 288, e *Silva*, História do direito português: fontes do direito (4ª ed. 2006), p. 364.

Por exemplo, quando se lê no título 61 do livro três que *"se contra algum menor de vinte cinco anos for dada injustamente alguma sentença (...) poderá pedir restituição contra a sentença, a qual lhe será concedida, e por ela tornado ao estado, em que era, antes da sentença ser contra ele dada"* (3.61.1). Também a enfermidade do citando continua a dar causa à restituição, registrando o título 9 deste mesmo livro que *"poderá o citado assim enfermo desfazer o processo, que contra ele for ordenado, per via de restituição de cláusula geral"* (3.9.10).

A leitura das Ordenações Afonsinas, Manuelinas e Filipinas permite notar que a restituição lusitana desenvolveu, sob influência embora do direito romano, contornos próprios; e, mais do que sua congênere romana, transformou-se em um instituto de natureza eminentemente processual. Suas hipóteses de cabimento, no entanto, foram se reduzindo com o tempo, desaparecendo pouco a pouco a noção de *cláusula geral de restituição* que o direito português herdara do direito romano.

4. Recepção da *restitutio in integrum* no Brasil

As Ordenações Filipinas continuariam em vigor no Brasil, ao menos em parte, até o Código Civil de 1916[36]. Não surpreende, assim, que o Regulamento 737, de 1850, mencione a restituição repetidamente no contexto da "restituição de menores". Segundo o seu art. 877, por exemplo, *"são admissíveis na execução, com suspensão dela e propostos conjuntamente nos seis dias seguintes à penhora os embargos"* (caput) *"infringentes do julgado com prova incontinente do prejuízo, sendo opostos"* (§8º) *"pelo menor e pessoas semelhantes, às quais compete restituição"* (nº 1). Em sentido semelhante, o art. 639 dispõe que *"dentro de dez dias depois da publicação ou intimação da sentença (art. 235); poderão*

36 Como bem lembrou Pontes de Miranda, "no art. 83 da Constituição brasileira da República (1891) dispôs-se: 'continuam em vigor, enquanto não revogadas, as leis do antigo regime, no que explícita ou implicitamente não for contrário ao sistema de governo firmado pela Constituição e aos princípios nela consagrados'. Em virtude da revogação implícita não podiam perdurar, e assim foi entendido: a servidão de pena, a morte civil, a diferença entre filhos de nobre os filhos de peão quanto ao direito de sucessões, etc" (*Pontes de Miranda*, Fontes e evolução do direito civil brasileiro (2ª ed. 1981), p. 43). Não se deve esquecer também que, mesmo antes da República, sucessivas leis viriam a revogar disposições específicas das Ordenações (por exemplo, a lei de 11 de setembro de 1830 que revogou a Ord. L. 3º T. 9º §12).

as partes opor embargos à sentença da 1ª instância, somente se forem de simples declaração ou de restituição de menores", com a ressalva, prevista no art. 640, de que *"os embargos de restituição de menores só serão admitidos, quando estes não tiverem sido partes desde o princípio da causa, ou se lhes não tiver dado tutor ou curador; ou tiver corrido a causa à revelia; ou o tutor ou curador tiver deixado de arguir alguma nulidade do processo no termo legal".*

Teixeira de Freitas, em sua *Consolidação das Leis Civis*, trataria da restituição em inúmeras passagens. Seu artigo 12, por exemplo, dizia que *"o benefício de restituição é concedido aos menores para poderem rescindir os atos extrajudiciais, e judiciais, em que forem lesos durante o tempo da menoridade"*[37], com a ressalva, conforme o art. 13, de que *"este benefício é extraordinário, só se concede em falta de remédio ordinário; e nos casos, e pela forma, que o Direito determina"*[38]. Segundo o art. 41, ademais, *"as Igrejas também gozam do benefício da restituição"*[39], regra esta que é herdeira direta da *restitutio* do direito canônico[40]. Em seu *Primeiras Linhas sobre o Processo Civil Brasileiro*, Souza Pinto bem resume o estado da restituição no Brasil na segunda metade do século XIX:

---

37 Em seus comentários a este artigo, explica Teixeira de Freitas que "o benefício de restituição é um direito da classe dos direitos restitutórios, estes são uma parte dos direitos rescisórios, estes são uma parte dos direitos relativos, estes são uma parte dos direitos divididos na sua compreensão, sendo a outra parte nesta sumidade os direitos absolutos" (*Teixeira de Freitas*, Consolidação das Leis Civis, vol. 1 (reimpressão 2003), p. 12).

38 Em seus comentários a este artigo, esclarece Teixeira de Freitas que a restituição só é cabível "em falta de remédio ordinário, isto é, quando a lesão não pôde ser reparada por outro meio judicial; particularmente quando o ato é nulo, ou anulável, caso em que a lesão pôde ser reparada por ação de nulidade, ou pela alegação de nulidade em defesa—L. 16 princ. e §§ 1° 6 3° Dig. de minonb, O benefício de restituição supõe que o ato é válido, mas que foi lesivo,— minor non restituitur tanquam minor, sed tanqum lesus" (*Teixeira de Freitas*, Consolidação das Leis Civis, vol. 1 (reimpressão 2003), p. 13).

39 Esclarece ainda Teixeira de Freitas: "Os Praxistas o fazem extensivo ao Estado, às Misericórdias, Confrarias, e Câmaras Municipais, pelos fatos ou omissões de seus agentes ou administradores. As Instruções de 10 de Abril de 1851 Art. 17, dadas pelo Conselheiro Maia aos Procuradores Fiscais, declararam que tal privilégio compete à Fazenda Nacional. — Os presos não têm restituição, porque a Lei de 11 de Setembro de 1830 revogou a Ord. L. 3° T. 9° § 12" (*Teixeira de Freitas*, Consolidação das Leis Civis, vol. 1 (reimpressão 2003), p. 34).

40 Para mais detalhes sobre a *restitutio* canônica, por exemplo: *Tucci/Azevedo*, Lições de história do processo civil canônico (história e direito vigente) (1996), p. 156.

"compete a restituição aos menores, aos furiosos, pródigos ou mentecaptos, às igrejas e corporações eclesiásticas, aos hospitais e misericórdias, às universidades, e aos presos; todavia esta restituição não é extensível às viúvas"[41].

Este panorama viria a mudar radicalmente com a promulgação do Código Civil de 1916, cujo art. 8º passou a dispor que *"na proteção que o Código Civil confere aos incapazes não se compreende o benefício de restituição"*. Este dispositivo levaria Pontes de Miranda a afirmar, nas notas que fez ao *Doutrina das Ações* de Correa Telles na edição *"íntegra, anotada, de acordo com o Código Civil brasileiro"* publicada em 1918, que *"não temos mais* [no Brasil] *a restituição* in integrum*"*[42]. Ele voltaria ao assunto muitos anos depois no volume quarto de seu Tratado de Direito Privado, para explicar que *"decretada a nulidade do ato jurídico, ou a sua anulação, não há benefício a favor dos incapazes: a restituição, a que se refere o art. 158 (verbis 'restituir-se-ão', 'restitui-las'), opera-se, porque o art. 8º não é regra jurídica de exceção ao art. 158: é regra jurídica de abolição de instituto, regra jurídica que explicita que não se pode tirar do sistema jurídico do Código Civil regra jurídica não-escrita sobre* restitutio in integrum *de incapazes"*[43].

O desaparecimento da restituição no Brasil se revelaria, no entanto, fugaz, com a popularização ao longo do século XX da ideia, romana em sua essência, de que a *restitutio* deveria ser compreendida em um sentido mais amplo como retorno ao estado anterior. Sem dúvida alguma, a redação do art. 158 do Código Civil de 1916[44], na qual o verbo restituir aparece duas vezes, viria a servir como força propulsora deste processo de renascimento[45].

Ainda em 1929, por exemplo, na segunda edição de seu Teoria Geral do Direito Civil, Clóvis Beviláqua afirmaria assim que *"anulado o ato, vol-*

41 *Souza Pinto*, Primeiras linhas sobre o processo civil brasileiro, vol. 3 (2ª ed. 1875), p. 135.

42 *Correa Telles*, Doutrina das ações (1918), p. 135.

43 *Pontes de Miranda*, Tratado de Direito Privado, vol. 4 (2ª ed. 1954), p. 110.

44 Segundo o qual "anulado o ato, restituir-se-ão as partes ao estado, em que antes dele se achavam, e não sendo possível restituí-las, serão indenizadas com o equivalente".

45 Apesar dos protestos de Pontes de Miranda, para quem "o Código Civil brasileiro, art. 158, tem o mérito de se não referir à 'retroatividade', nem de lembrar a in integrum restitutio" (*Pontes de Miranda*, Tratado de Direito Privado, vol. 4 (2ª ed. 1954), p. 252).

vem as coisas ao estado anterior à celebração do ato anulado. Não sendo possível, serão as partes indenizadas de modo correspondente ao que faltar à restituição completa ao estado anterior"[46]. Note-se que Beviláqua, ao explicar o sentido do art. 158, qualifica a restituição como "completa", o que o dispositivo originariamente não fazia (ao menos de modo explícito). Mais recentemente, Salvio de Figueiredo viria a explicitar esta relação de modo ainda mais claro: *"analisado dentro de uma visão ampla e sistemática, o art. 158, ao contemplar a 'restitutio in integrum', encerra o princípio jurídico do locupletamento sem causa, invocável sempre que se esteja diante de uma situação que reclame reparação indenizatória plena como consequência da prática de ilícito legal ou contratual"*[47].

Daí em diante, a jurisprudência do Superior Tribunal de Justiça não deixaria mais de aludir à *restitutio*, em sua forma latina e em literalmente centenas de decisões no sentido de reparação integral e retorno ao estado anterior, até os dias de hoje[48]. Esta, parece-me, a crônica da morte e ressurreição da restituição entre nós.

5. Conclusão

O grande desafio, quando se procura determinar o sentido da expressão *restitutio in integrum* no direito brasileiro atual, é sua ambiguidade. São camadas e camadas de diferentes significados, acumuladas ao longo dos séculos sem que a nova conseguisse apagar completamente a anterior. Pelo contrário. Não raro, camadas há muito esquecidas são redescobertas e, em uma versão nova, acumulam-se sobre aquelas que elas haviam desalojado no passado. Daí por que a *restitutio* pode querer dizer hoje, simultaneamente, ação rescisória, anulabilidade, benefício da restituição, reparação integral e retorno ao estado anterior.

Esta confusão, a bem da verdade, é compreensível. A *restitutio* romana reúne características que hoje atribuímos a diferentes institutos jurídicos. De um lado, por exemplo, a *actio rescissoria* e a dualidade *iudicium rescindens* e *iudicium rescissorium* evocam obviamente a nossa ação rescisória. Ao mesmo tempo, no entanto, a ideia de desfazimento

46 *Bevilaqua*, Teoria Geral do Direito Civil (2ª ed. 1929), p. 340.

47 REsp nº 43.296/RJ, relator Ministro Antonio Torreão Braz, relator para acórdão Ministro Sálvio de Figueiredo Teixeira, Quarta Turma, julgado em 4/10/1994, DJ de 19/12/1994, p. 35320.

48 Confiram-se os exemplos transcritos no item 1 *supra*.

de negócios jurídicos em razão da ocorrência de vícios de vontade também nos faz imediatamente lembrar de nosso regime de anulabilidades. E nada disso parece, ao menos à primeira vista, ter algo a ver com o benefício da restituição lusitano que o Código Civil de 1916 aboliu, e de que hoje poucos se lembram.

Ademais, também o uso (relativamente recente) da expressão *restitutio in integrum* para descrever tanto a reparação integral quanto o retorno ao estado anterior é problemático. E isso porque, embora os conceitos de retorno ao estado anterior e reparação tenham muito em comum, eles não se confundem. Como bem registra Caio Mário, *"indenizar o prejuízo nem é o mesmo que restaurar o objeto da prestação originária, nem implica necessariamente a conversão dele no seu equivalente pecuniário. Às vezes sim. Outras vezes, uma não exclui o outro, o que se dá sempre que o credor pode perseguir a res debita e mais as perdas e danos"*[49]. Descrever ambos os institutos, indistintamente, como *restitutio in integrum* embaralha-lhes assim o significado.

Ocorre que nada há de pior, para uma expressão técnica, como o é a *restitutio in integrum,* ser causa de confusão e equivocidade. Daí por que, em minha opinião, e a bem da precisão de que deve se revestir a linguagem jurídica, convém evitar entre nós seu uso. Sem deixar de reconhecer, obviamente, sua importância para a história dos direitos romano, canônico, lusitano e brasileiro.

6. Bibliografia

ALMEIDA COSTA, Mário Júlio. História do direito português (3ª ed. 2007).

BENEDUZI, Renato. Lex Poetelia Papiria, in: Bedaque/Yarshell/Sica (eds), Estudos de direito processual civil em homenagem ao professor José Rogério Cruz e Tucci (2018).

BENÖHR, Hans-Peter. Wiedereinsetzung in den vorigen Stand (in integrum restitutio), in: Babusiaux/Baldus/Ernst/Meissel/Platschek/Rüfner (eds), Handbuch des Römischen Privatrechts, vol. 2 (2023).

BEVILAQUA, Clóvis. Teoria Geral do Direito Civil (2ª ed. 1929).

BRUTTI, Massimo. Il diritto private nell'antica Roma (2ª ed. 2011).

49 *Caio Mário*, Instituições de direito civil, vol. 2 (23ª ed. 2010), p. 320.

CALAMANDREI, Piero. Concetto originario di nullità della sentenza per vizi processuali, in: Opere Giuridiche, vol. 6 (1976).

CAIO MÁRIO. Instituições de direito civil, vol. 2 (23ª ed. 2010).

CHORUS, Jeroen. In Integrum Restitutio under Classical Roman Law, Particularly on the Ground of Metus Berthold Kupisch, Revue Internationale des droits de l'antiquité 65 (2018).

CORREA TELLES, José Homem. Doutrina das ações (1918).

DOMINGUES, José. Ordenações afonsinas: três séculos de direito medieval (2008).

JOLOWICZ/NICHOLAS. Historical introduction to the study of Roman law (3ª ed. 2008).

KASER, Max. Zur in integrum restitutio, besonders wegen metus und dolus, Zeitschrift der Savigny-Stiftung für Rechtsgeschichte: Romanistische Abteilung 94 (1974).

KASER, Max. Das römische Zivilprozessrecht (1976).

KASER/KNÜTEL/LOHSSE. Römisches Privatrecht (22ª ed. 2021).

KOSELLECK, Reinhart. Vergangene Zukunft: Zur Semantik geschichtlicher Zeiten (1988).

KUPISCH, Berthold. In integrum restitutio und vindicatio utilis (1974).

LEVY, Ernst. Zur nachklassischen in integrum restitutio, Zeitschrift der Savigny-Stiftung für Rechtsgeschichte: Romanistische Abteilung 68 (1951).

LOBO DA COSTA, Moacyr. Revogação da sentença (1995).

MITIDIERO, Daniel. Ação rescisória no direito comparado: da comparação vertical à comparação horizontal, Revista de Processo Comparado 5 (2017).

MOREIRA ALVES, José Carlos. Direito Romano (14ª ed. 2010).

PONTES DE MIRANDA, Francisco. Fontes e evolução do direito civil brasileiro (2ª ed. 1981).

PONTES DE MIRANDA, Francisco. Tratado de Direito Privado, vol. 4 (2ª ed. 1954).

SILVA, Nuno Espinosa Gomes. História do direito português: fontes do direito (4ª ed. 2006).

SOUZA PINTO, José Maria Frederico. Primeiras linhas sobre o processo civil brasileiro, vol. 3 (2ª ed. 1875).

TEIXEIRA DE FREITAS, Augusto. Consolidação das Leis Civis, vol. 1 (reimpressão 2003).

TEPEDINO/BARBOZA/MORAES. Código Civil interpretado conforme a Constituição da República, vol. 1 (2ª ed. 2007).

TUCCI, José Rogério. Precedente judicial como fonte do direito (2004).

TUCCI/AZEVEDO. Lições de história do processo civil canônico (história e direito vigente) (1996).

TUCCI/AZEVEDO. Lições de história do processo civil romano (2001).

TUCCI/AZEVEDO. Lições de história do processo civil lusitano (2009).

REFLEXÕES ATUAIS EM TORNO DO OBJETO LITIGIOSO DO PROCESSO E DA COISA JULGADA

Ricardo de Barros Leonel[1]

1. Introdução

A singular oportunidade para render homenagens ao nosso eterno Professor, Orientador, companheiro de trabalho no Departamento de Direito Processual das Arcadas de São Francisco e dileto amigo é ocasião especial.

Cuida-se de formalizar o reconhecimento que a própria vida profissional, por variadas razões, já lhe reservou, dada sua contribuição ímpar e histórico profissional singular, tanto na advocacia quanto na docência, trilhando os caminhos que o levaram não só à condição de Professor Titular de Direito Processual Civil da Faculdade de Direito da Universidade de São Paulo, mas, também, de Diretor da Instituição de ensino por quatro anos.

A organização dos escritos para homenageá-lo oferece ensejo para refletir a respeito de dois temas visitados com intensidade, profundidade e precisão pelo nosso estimado homenageado, ou seja, o objeto litigioso do processo e a coisa julgada.

Há, ainda hoje, campo para pensar em aspectos atuais no que se refere à correlação entre os dois assuntos.

Identificar esta ligação é algo que, por si só, não se apresenta como novidade. Mas é possível extrair desta interação sinais particulares, que dizem respeito aos aspectos contemporâneos do fenômeno.

É o que se fará no texto adiante.

---

1 Mestre, Doutor, Livre Docente e Professor Associado junto ao Departamento de Direito Processual da Faculdade de Direito da Universidade de São Paulo. Promotor de Justiça em São Paulo.

2. Aspectos conceituais

Muita disputa doutrinária se travou em torno do alcance do conceito de objeto litigioso do processo.

Lembra nosso homenageado, em passagem célebre de sua obra, que a necessidade de formulação de um conceito satisfatório de objeto litigioso está relacionada à solução de problemas relativos a vários institutos processuais, como a cumulação de demandas, a modificação da demanda, a litispendência e os limites objetivos da coisa julgada.[2]

Sempre houve dissenso a respeito dos contornos do conceito.

É, em boa medida, conhecida ao menos uma parte da origem desta controvérsia.

Tendo o debate ganhado fôlego na doutrina germânica, veio à tona, primeiro, a dúvida consistente em saber sobre o conteúdo da expressão *Anspruch*, utilizada tanto na lei civil, ao tratar da prescrição (§ 194 [1] do BGB - *Bürgerlisches Gesetzbuch*), como na lei processual civil, ao tratar do conteúdo da petição inicial (§ 253 [2] 2 da *ZPO - Zivilprozessordnung*).[3]

Seguiu a discussão para saber qual o conteúdo da pretensão, como elemento apto a identificar o objeto litigioso do processo (*Streitgegenstand*). Isso se deveu à dicção do dispositivo da lei processual civil acima referido, apontando para a exigência de que fosse indicado o objeto e o fundamento da pretensão, bem como o pedido, mas sem qualquer menção à especificação de fatos.

---

2 Cf. José Robério Cruz e Tucci (**A *causa petendi* no processo civil**, cit., pp. 94-95). Repercutiu, assim, observação análoga realizada na clássica monografia de Karl Heinz Schwab (**El objeto litigioso en el proceso civil**, cit., p. 3-9), que destacava o tratamento do tema, à época de seu estudo, como missão principal da ciência processual em função, precisamente, de seu significado prático.

3 O § § 194 (1) do BGB (*Bürgerlisches Gesetzbuch*), cuidando do objeto da prescrição (*Gegenstand der Verjährung*), estipula que ela incide sobre a pretensão ("Das Recht, von einem anderen ein Tun oder Unterlassen zu verlangen [Anspruch], unterliegt der Verjährung.". trad. Livre: "O direito de exigir que alguém faça ou deixe de fazer algo [pretensão] está sujeito a prescrição"). O § 253 (2) 2 da *ZPO* (*Zivilprozessordnung*), por seu turno, tratando do conteúdo da petição inicial (*Klageschrift*), estipula que ela deve conter, entre outras informações, indicações relativas ao objeto e o fundamento da pretensão, bem como o pedido. ("§ 253 (...) (2) Die Klageschrift muss enthalten: (...) 2. Die bestimmte Angabe des Gegenstandes und des Grundes des erhobenen Anspruchs, sowie einen bestimmten Antrag". Trad. Livre: "A petição inicial deve conter: (...) A indicação precisa do objeto e dos fundamentos da pretensão, assim como um pedido determinado".

Em relação à primeira dúvida, acabou restando claro que que a "pretensão" (*Anspruch*) mencionada na lei civil, embora sinônima, não se confundia com aquela indicada pela lei processual.[4]

Ao dizer, a lei civil, que a pretensão se sujeita à prescrição, estava ela a se referir à exigibilidade do direito. Esta noção (exigibilidade do direito) está atrelada, essencialmente, ao direito material.

Por outro lado, a perspectiva metodológica que reconhece a independência entre o direito processual e o material se encarregou de sinalizar no sentido de que outro era o instituto mencionado pela codificação processual.[5]

Dúvidas tiveram curso, entretanto, com relação ao alcance do conceito processual de pretensão, sendo claramente identificável a existência de autores que procuravam dar um viés substancial ao objeto litigioso, ao lado de outros que lhe concediam uma medida essencialmente processual.[6]

Fato é que, com a consciência da importância dos institutos relacionados ao tema do objeto litigioso, bem como do seu valor ou sua utilidade essencialmente funcional deste, no que se refere à solução de

4 Prütting e Gehrlein enfatizam que o § 253 (2) 2. ZPO, ao empregar a expressão "Anspruch", refere-se à "prozessuale Anspruch", com a finalidade de designar o "Streitgegenstand" (**ZPO Kommentar**, cit., p. 740). Na mesma direção Zöller, ao cuidar, com relação ao dispositivo, do preciso alcance do objeto ("Bestimmte Angabe des Gegenstandes"), falando na "relação que concretiza o conteúdo do direito deduzido", acentuando a nota processual da pretensão. (**ZPO,** cit., p. 836. No original: o objeto é "der Sachverhalt [z.B. Vertrag, unerlaubte Handlung usw], der den Inhalt des geltend gemachten Anspruchs konkretisiert". Ainda sobre o caráter processual da pretensão deduzida, Rosenberg, Schwab e Gottwald (**Zivilprozessrecht,** cit., p. 520).

5 Para excelente abordagem sobre a evolução do conceito de pretensão, v. Fábio Peixinho Gomes Corrêa (**O objeto litigioso do processo civil**, cit., p. 144 e ss.).

6 A detalhada resenha dos autores, de suas posições e das consequências práticas de suas ideias, na época de seu estudo (que pode ser compreendido como o "apogeu" do referido debate), foi apresentada por Schwab (**El objeto litigioso em el proceso civil**, cit., p. 11-98), mencionando as elaborações de Lent, Rosenberg, Nikisch, Stein-Jonas-Schönke, Baumbach-Lauterbach e Böticher. Apontamentos a respeito também foram feitos por José Rogério Cruz e Tucci (**A *causa petendi* no processo civil**, cit., p. 92 e ss.). Na mesma linha, confira-se, estudo de nossa autoria (Ricardo de Barros Leonel, **Causa de pedir e pedido: o direito superveniente**, cit., 42-83, com resenha dos principais autores alemães, italianos e brasileiros que se ocuparam do tema).

problemas que se apresentam na prática processual, ganhou corpo a preocupação consistente em se definir qual é, efetivamente, o conceito e o alcance do objeto litigioso.

A dificuldade da empresa é evidente, não sendo possível dizer que se tenha encontrado uma resposta absoluta e definitiva para tal problema.[7]

É viável, entretanto, adotar como premissa boa hipótese de trabalho. Deve-se partir daquela que se apoia em consistente referencial teórico e é pragmaticamente direcionada à solução de problemas para os quais se mostra relevante a doutrina do objeto litigioso do processo.

Deve-se partir da perspectiva de que o objeto litigioso é a pretensão processual, consubstanciada no pedido formulado pelo autor, ou mesmo pelo réu (nos casos em que este faz pedidos), considerando-se tanto o provimento judicial pretendido (pedido imediato) como o bem jurídico pretendido (pedido mediato), para cuja proteção se busca tutela jurisdicional. Em outros termos, o objeto litigioso é, precisamente, o mérito. Ao decidir sobre o mérito o juiz está apreciando, para acolher ou rejeitar, os pedidos formulados em determinado processo. E é sobre o objeto litigioso que se decide.[8]

Nessa linha, observa-se que a fundamentação do pedido (fatos e fundamentos jurídicos, ou seja, a causa de pedir) não integram a pretensão deduzida (e, por consequência, o objeto litigioso do processo, o mérito), embora sejam úteis e necessários para a compreensão de seu alcance.[9]

Observe-se atentamente: os fundamentos do pedido (causa de pedir) estão inseridos no campo da atividade cognitiva do órgão judicial. Mas ele só decide sobre os pedidos. E a cognição do órgão judicial não se confunde com a decisão.

O juiz conhece dos pontos de fato e de direito, das questões de fato e de direito (dentro destes temas se inserem os dados relacionados à cau-

---

7 Reconhecendo a dificuldade, anotou em célebre passagem Cândido Rangel Dinamarco, após profundo estudo, nada concluir com relação à "natureza e alcance da pretensão processual representativa do objeto litigioso do processo" (**"O conceito de mérito em processo civil"**, "in" **Fundamentos do processo civil moderno"**, t. I, cit., p. 276).

8 Reitera-se, nesse passo, a mesma posição que adotamos em estudo sobre o tema (**Causa de pedir e pedido no processo civil: o direito superveniente**, cit., p 103-104).

9 No mesmo sentido a posição adotada na obra anterior, antes mencionada (**Causa de pedir e pedido no processo civil: o direito superveniente**, cit., p 104).

sa de pedir [fundamentos de fato e de direito]; às matérias alegadas em defesa; e às questões processuais), mas só decide a respeito de pretensões deduzidas (pedidos formulados, mérito, objeto litigioso do processo).[10]

Em outros termos, está presente nesta observação a distinção entre o eixo lógico (matéria a ser conhecida) e o eixo imperativo (matérias a serem decididas).[11]

Ou seja, o objeto litigioso do processo (mérito, pretensão deduzida) tem seus contornos delimitados pelo pedido (ou pedidos) formulados pelas partes, sobre os quais haverá de decidir o Poder Judiciário.

Todo o restante (pontos e questões de fato ou de direito, questões preliminares e prejudiciais) é, em princípio, matéria a ser analisada pelo juiz, que se pronunciará, neste particular, com a exclusiva finalidade de alcançar a base necessária (fundamentação ou motivação) para decidir a respeito do mérito. Precisamente, repita-se, o denominado eixo lógico do processo.

Em outros termos, o chamado eixo lógico, é a matéria a ser conhecida (cognição), enquanto o eixo imperativo diz respeito à matéria a ser decidida (decisão). Os temas se correlacionam, mas não se confundem.

3. Reflexos das premissas

As premissas aqui fixadas devem ser repetidas, com a finalidade de se organizar o raciocínio a desenvolver, de forma subsequente, em torno do tema.

Primeiro, que embora o objeto litigioso seja um conceito revestido de densidade teórica, seu emprego tem em vista a resolução de problemas processuais essencialmente práticos. É o que ocorre, por exemplo, no que se refere: à identificação da demanda (ação exercida) e sua estabilização; à definição de competência do órgão judicial; ao tratamento

10 Esta também é a orientação adotada por Cândido Rangel Dinamarco, observando não incluir a causa de pedir e os sujeitos no conceito do âmbito do objeto do processo. "Uma coisa é definir os lindes da sentença a proferir (art. 141), que incluem os fundamentos suscetíveis de integrar a motivação da sentença, e outra é saber a matéria que está sendo julgada, qual seja a pretensão" (**Instituições de direito processual civil,** II, cit., p. 218).

11 Distinção posta em evidência, com clareza, por Clarisse Frechiani Lara Leite (**Aporte de fatos ao processo e superação de estabilidades a partir de fatos e provas novos,** cit., p. 26 e ss.).

da conexão de demandas; à litispendência e à coisa julgada; entre outros (para ficar apenas nos mais evidentes e mais importantes).

Segundo, deve-se ter presente a distinção entre aquilo que se situa exclusivamente no campo da cognição judicial e aquilo que se insere no campo de decisão. O juiz decide apenas a respeito do objeto litigioso, mérito ou pretensão, que estão indicados, na demanda ajuizada (e na petição judicial que a documenta), nos pedidos feitos pelo autor (ou ainda, eventualmente, pelo réu, nas situações em que o sistema lhe autoriza a formular pedidos, como ocorre na reconvenção e no pedido contraposto, quando admitido, ou mesmo na ação declaratória incidental).[12]

Terceiro, que os elementos que não se encontram no campo de decisão não integram o objeto litigioso, mas são importantes para compreender seu alcance. É o que ocorre com a causa de pedir, as matérias deduzidas em defesa, as questões processuais, as questões preliminares ou prejudiciais (em princípio) etc.

Quarto, uma vez definido o objeto litigioso estará, por conseguinte, estabelecido o alcance da coisa julgada. Este é o ponto em que se torna relevante examinar a correlação entre o objeto litigioso e a coisa julgada.

4. Correlação entre o objeto litigioso e a coisa julgada

Cuidando apenas do essencial, considerando os limites do presente texto, é necessário lembrar que o sistema processual brasileiro, filiando-se à construção de Liebman, estipula que a coisa julgada material é a "autoridade que torna imutável e indiscutível a decisão de mérito não mais sujeita a recurso" (art. 502, caput do CPC-15).[13]

É assente a compreensão, portanto, de que a coisa julgada se revela no fenômeno que agrega à decisão uma qualidade, consistente na sua

12 A chamada ação declaratória incidental, no CPC-73, contava com previsão ampla (arts. 5º, 325 e 470). No CPC-15 se limita ao pedido de declaração de falsidade documental (art. 433).

13 Enrico Tullio Liebman (**Eficácia e autoridade da sentença e outros escritos sobre a coisa julgada,** cit., p. 50), anotava que a autoridade da coisa julgada deve ser definida como "a imutabilidade do comando emergente de uma sentença. Não se identifica ela simplesmente com a definitividade e intangibilidade do ato que pronuncia o comando; é, pelo contrário, uma qualidade mais intensa e mais profunda, que reveste o ato também em seu conteúdo e torna assim imutáveis, além do ato em sua existência formal, os efeitos, quaisquer que sejam, do próprio ato".

imutabilidade, por força da qual aquilo que se decidiu não se sujeitará a ulterior modificação.[14]

A imutabilidade se agrega à declaração de direito pronunciada na decisão e aos efeitos externos ao processo, dela decorrentes.

Também é ponto bem definido, por outro lado, que tal qualidade, ou seja, a imutabilidade, que se ajunta ao pronunciamento estatal, é objetivamente limitada.

Em outros termos, os limites objetivos da coisa julgada material estão circunscritos ao objeto litigioso do processo. Em princípio, só aquilo que se decidiu passa em julgado. E, no processo, em função da regra da demanda (art. 2º do CPC-15, pelo qual o processo "começa por iniciativa da parte"), e da correlação (arts. 141 e 490 e 492 do CPC-15, pela qual o julgamento deve ocorrer precisamente em relação ao pedido/pedidos, nada mais, nada menos), o órgão judicial deve decidir apenas sobre pedidos formulados de modo expresso. Não é lícito pronunciar sentença que conceda algo além ou diverso do que foi pedido (vício da denominada sentença *ultra* ou *extra petita*), nem deixar de apreciar o que foi pedido (vício da sentença *citra*).[15]

A consequência ou desdobramento lógico desta sistemática é que, em princípio, a imutabilidade (coisa julgada material) não cobre os motivos da decisão (ainda que fundamentais para que se compreenda o alcance do dispositivo da decisão) e a verdade dos fatos (estabelecida como fundamento para o pronunciamento judicial), como prevê o art. 504 do CPC-15.

Fala-se, aqui, numa orientação que se aplica "em princípio", pela possibilidade de que o sistema jurídico ofereça solução parcialmente distinta, ainda que excepcional.

---

14 Nada obstante a necessidade da reflexão, trazida por José Carlos Barbosa Moreira, no sentido de que a imutabilidade reside mais no comando emergente da decisão do que nos seus efeitos externos, visto que estes são, como circunstâncias da vida, sempre mutáveis. Basta pensar no pagamento de dívida reconhecida na sentença, ou mesmo no acordo, entre credor e devedor, com redução do valor da condenação, já na fase de cumprimento da sentença ("**Eficácia da sentença e autoridade da coisa julgada**", cit., p. 99 e ss.).

15 O que acima se diz tem relação com os limites objetivos da sentença e da coisa julgada. Quanto aos limites subjetivos, por todos, v. José Rogério Cruz e Tucci (**Limites subjetivos da eficácia da sentença e da coisa julgada civil**, cit., *passim*. Nessa obra, para uma excelente síntese quanto aos limites subjetivos v. p. 99-100).

É o que ocorre, atualmente e de modo limitado, no direito brasileiro.

Isso se verifica por força do art. 503, §§ 1º e 2º do CPC-15, que excepciona a regra geral, permitindo a formação de coisa julgada com relação à questão prejudicial decidida de modo incidental, desde que presentes os requisitos previstos na lei (da resolução da prejudicial depender o exame do mérito, observação de contraditório efetivo, inocorrência de revelia, competência do órgão judicial em razão da matéria e da pessoa, inexistência e limitações probatórias ou restrição à cognição judicial).[16]

À coisa julgada se associa, por outro lado, uma eficácia preclusiva. A chamada "eficácia preclusiva da coisa julgada" consiste na impossibilidade de discutir, em processo futuro, sobre pontos e questões de fato e de direito que poderiam ter sido examinados no processo anterior, mas não o foram, se a nova discussão, em outro processo, puder colocar em risco o pronunciamento anterior, sobre o qual recai a coisa julgada material.[17]

Esta diretriz está expressa no art. 508 do CPC-15, que cuida do "deduzido" e do "dedutível", ao prever que "transitada em julgado a decisão de mérito, considerar-se-ão deduzidas e repelidas todas as alegações e defesas que a parte poderia opor tanto ao acolhimento como à rejeição do pedido".

Assim, quando, num litígio relacionado à aplicação de multa em razão do descumprimento de determinada cláusula contratual, é pro-

16 Na vigência do CPC-73 alertava Bruno Vasconcelos Carrilho Lopes para a importância do tema, bem como para a conveniência na alteração da sistemática então estabelecida. Destacava que "além de prestigiar os princípios constitucionais da economia processual e da segurança jurídica, a extensão da coisa julgada aos fundamentos necessários da sentença é plenamente compatível com o *due processo of law*. As vantagens do sistema vêm sendo percebidas em diversos países que, gradativamente, inspirados no *colateral estoppel* norte-americano, vêm abandonando a regra da restrição da coisa julgada ao dispositivo da sentença" (**Limites objetivos e eficácia preclusiva da coisa julgada,** cit., p. 80).

17 A respeito da eficácia preclusiva da coisa julgada, anotava há José Carlos Barbosa Moreira que ela se manifesta "no impedimento que surge, com o trânsito em julgado, à discussão e apreciação das questões suscetíveis de incluir, por sua solução, no teor do pronunciamento judicial, ainda que não examinadas pelo juiz. Essas questões perdem, por assim dizer, toda a relevância que pudessem ter em relação à matéria julgada". Soma a observação de que "tem mera função instrumental: a preclusão das questões logicamente subordinantes não e um fim em si mesma, senão simples meio de preservar a imutabilidade do julgado" ("**A eficácia preclusiva da coisa julgada material no sistema do processo civil brasileiro**", cit., p. 100-101). Renato Montans de Sá (**Eficácia preclusiva da coisa julgada,** cit., p. 211 e ss.).

nunciada decisão de mérito, declarando a ilegalidade ou abusividade da multa e, em função disso, julgada improcedente a demanda, isto não impedirá (em princípio) que em processo subsequente entre as mesmas partes, em decorrência de outros fatos, seja novamente discutida a legalidade ou abusividade da mencionada cláusula penal.

A renovação da discussão será possível porque não colocará em risco a coisa julgada que se formou no processo anterior.

É diverso o que se verifica se há risco para a imutabilidade da decisão emitida no processo anterior.

Assim, se a declaração de procedência da pretensão ao pagamento da multa passou em julgado, tendo ou não sido suscitada e apreciada a questão da ilegalidade ou abusividade da cláusula contratual, não poderá esta ser objeto de ação declaratória por parte do vencido, se este, com tal iniciativa, pretender afastar o efeito prático da decisão de mérito pronunciada no primeiro processo.

O que impedirá tal iniciativa (propositura da ação declaratória da ilegalidade ou abusividade da cláusula) não será, propriamente, a coisa julgada, mas sim sua eficácia preclusiva (art. 508 do CPC-15).

Estas são algumas noções que não apenas decorrem de tradicional orientação, adotada pela lei processual brasileira.

Há que se observar, ainda, que há uma regra muito clara com relação à estabilização do objeto litigioso do processo. Nenhuma modificação poderá ocorrer após a decisão de saneamento do processo, nos termos do art. 329 do CPC-15.[18]

É viável observar, assim, que todas as orientações acima mencionadas decorrem da disciplina prevista na lei para os temas ora examinados, bem como da concepção que, entre nós, tradicionalmente tem sido adotada.

Mas cabe da indagação: seriam inquestionáveis tais diretrizes?

5. Retomada das discussões em torno dos conceitos

Reaparece, com alguma frequência, o esforço direcionado à revisitação do conceito de objeto litigioso do processo. Isso se verifica, no-

18 Sobre a estabilização do objeto litigioso do processo, confira-se: José Rogério Cruz e Tucci, (***Causa petendi*** **no processo civil**, cit., p. 197-200); Ricardo de Barros Leonel (**Causa de pedir e pedido: o direito superveniente**, cit., p. 223 e ss.).

tadamente, na doutrina de língua germânica, à luz de casos concretos apreciados no âmbito do processo europeu.

A nota marcante, neste ponto, é uma tendência, no âmbito dos processos que tramitam no plano dos órgãos judiciais da comunidade europeia, de reconhecimento de um viés material ou substancial na identificação do objeto litigioso do processo.

Cuida-se da chamada "teoria do ponto central", ou *Kerpunktheorie*, por força da qual o objeto litigioso do processo deve receber compreensão não estritamente formal, limitada aos pedidos formulados na petição inicial da demanda judicial, mas sim substancial, associada ao conteúdo do conflito existente no plano da relação jurídica material.

Assim, importa menos o modo como o pedido é verbalizado e mais o conteúdo da crise existente entre os sujeitos do conflito. Por esta perspectiva, tem-se, como desdobramento, maior campo de aplicação da imutabilidade decorrente da coisa julgada, pois nela estará compreendida a solução da controvérsia de modo mais amplo.

O exame dos precedentes em que, de modo concreto, esta orientação aparentemente surgiu, auxiliará na sua compreensão.

A discussão se apresenta no plano da identificação da ocorrência ou não de litispendência e de coisa julgada na hipótese de existência de "processos paralelos" (*Parallelverfahren*) em órgãos judiciais de países membros da União Europeia.

A norma aplicável aos processos que tramitam junte à Corte de Justiça da União Europeia, em Luxemburgo (*EuGVVO – Verordnung über die gerichliche Zuständigkeit und die Anerkennung und Volstreckung von Entscheidungen in Zivil- und Handelssachen*),[19] estipula, em seu art. 27, a possibilidade de reconhecimento de ofício, por parte de um tribunal de algum Estado-membro, de sua incompetência, quando o mesmo litígio já está pendente perante o tribunal de outro Estado-membro, que tenha competência exclusiva para a matéria.[20] A mesma análi-

19 Trad. Livre: "Ordenação sobre a competência judicial e o reconhecimento e execução de decisões em litígios civis e comerciais".

20 Eis a redação do art. 27 da EuGVVO: "Das Gericht eines Mitgliedstaats hat sich von Amts wegen für unzuständig zu erklären, wenn es wegen einer Streitigkeit angerufen wird, für die das Gericht eines anderen Mitgliedstaats aufgrund des Artikels 24 ausschließlich zuständig ist." (trad. Livre: "O tribunal de um Estado-membro deve declarar sua incompetência de ofício, caso chamado a atuar em litígio em relação ao qual o tribunal de outro Estado-membro tenha competência exclusiva, com fundamento no art. 24 desta Ordenação".

se se põe no plano do reconhecimento da existência de litispendência (*Rechtshängigkeitssperre*) e da coisa julgada (*Rechtskraft*) em função de processo pendente ou decisão final já pronunciada pela Justiça de algum Estado-membro.[21]

Pois bem. Cinco casos foram importantes para fomentar debates em torno da definição de linhas tendenciais para ampliação do conceito de objeto litigioso, pela Corte de Justiça da União Europeia, de modo a dar contornos ao instituto que o aproximam do direito material.

Na doutrina é feita referência a eles: *Gubisch/Palumbo*; *Tatry*; *Drouot Assurances S/A*; *Gantner/Basch*; e *Maersk*.[22]

Façamos a síntese dos casos e das soluções encontradas pela Corte de Justiça da União Europeia.

O caso denominado *Gubisch/Palumbo* pôs em confronto processos com pedidos de obrigação de fazer (*Leistungsklage*), de um lado, e declaratório (*Feststellungsklage*), de outro. Neste precedente teve a Corte de Justiça da União Europeia, pela primeira vez, que confrontar o problema da existência ou não da "mesma pretensão" (*desselben Anspruch*) nos dois processos.

A empresa alemã *Gubisch Maschinenfabrik KG* ajuizou demanda no Tribunal (*Landgericht*) de Flensburg em face do cidadão italiano identificado como *Palumbo*, buscando o pagamento do preço de uma máquina por este adquirida. Em seguida, *Palumbo* ajuizou demanda em Roma contra a *Gubisch KG*, formulando pedido de que fosse declarada sem efeito a proposta de compra. Sustentou a necessidade de desconsideração do contrato por ausência de acordo ou, alternativamente, sua resolução em razão do não cumprimento do prazo para entrega do bem adquirido. O Tribunal em Roma rejeitou a defesa consistente na alegação de litispendência (*Rechtshängigkeit*). Na sequência, a *Corte di Cassazione* italiana apresentou à Corte de Justiça da União Europeia dúvida sobre como a expressão "mesma pretensão" (*desselbe Anspruch*) deveria ser interpretada. A Corte de Justiça da União Europeia deu uma interpretação abrangente à locução "mesma pretensão". Concluiu que, sendo as duas demandas contrapostas ajuizadas com base na mesma relação con-

---

21 Sobre a apresentação do problema ao mesmo tempo teórico e prático, nas discussões do direito europeu, v. Christoph Althammer (**Streitgegenstand und Interesse**, cit., p. 123-125).

22 Christoph Althammer (**Streitgegenstand und Interesse**, cit., p. 126-147).

tratual, era correto reconhecer, no caso, a identidade de objeto e, consequentemente, a litispendência.[23]

Em outros termos, o "ponto central" (*Kernpunkt*) das duas demandas era, de fato, a eficácia do contrato (*Wirksamkeit des Vertrages*).

O segundo caso, *Tatry*, pôs em correlação demanda declaratória negativa (*negative Feststellungsklage*) e pedido de cumprimento de obrigação (*Leistungsklage*).

O navio de carga *Tatry* foi carregado com óleo de soja, no Brasil, em 1988. Após sua chegada no destino, em Roterdã, na Holanda, verificou-se que o óleo de soja havia sido contaminado com óleo diesel. Em 18 de novembro de 1988 o proprietário do navio ajuizou demanda, no Tribunal de Roterdã, contra o proprietário da carga, buscando a declaração de que não era responsável pela contaminação da carga. Em 14 de novembro de 1989 o proprietário da carga contaminada ajuizou demanda na Inglaterra, na *Admiral's Court*, contra o proprietário do navio, buscando sua condenação à reparação dos danos. O tribunal inglês, em primeira instância, rejeitou a exceção de litispendência em relação ao processo em tramitação no tribunal holandês. Em grau de recurso, na *Court of Appeal*, a decisão de primeira instância foi cassada, apontando-se para a necessidade, quando menos, de suspensão do processo em razão da possibilidade de identificação de litispendência.

Instada a se manifestar, reconheceu a Corte de Luxemburgo a litispendência. Assentou que o "ponto central" (*Kernpukte*) dos dois processos era, precisamente, o reconhecimento da responsabilidade. Em outros termos, tanto o pedido de cumprimento da obrigação como a pretensão de declaração de sua inexistência, embora formuladas de modo "contrário" (*umgekehrt*), ostentavam o mesmo objetivo (*Zielsetzungen*).

Anota Christoph Altammer que a finalidade da interpretação flexível ou ampliativa do objeto litigioso, nesse caso, foi evitar um problema prático, consistente no não reconhecimento de uma decisão

23 Relatando de forma sintética o caso, anota Christoph Althammer que tal resultado (identificação de situação de litispendência) foi alcançado, "weil die erste Klage auf Erfüllung und die zweite auf die Feststellung der Umwirksamkeit oder Auflösung desselben Vertrages gerichtet sei" (trad. Livre: "porque a primeira demanda, de cumprimento, e a segunda, de declaração de ineficácia ou resolução, foram direcionadas contra o mesmo contrato). (**Streitgegenstand und Interesse**, cit., p. 128-129).

estrangeira pela Justiça de um dos países envolvidos, em caso de conflito entre decisões.[24]

O terceiro caso, *Drouot Assurances S/A*, se referia aos limites subjetivos da exceção de litispendência (*subjekten Grenzen der Rechtshängigkeitssperre*).

Neste caso, a Corte de Justiça Europeia reconheceu que a "mesma pretensão" está presente em dois processos distintos: quando, de um lado, o *segurador de um navio* naufragado litiga com o *proprietário da carga e seu segurador*, pleiteando o pagamento de determinada soma para a recuperação do navio; e de outro lado, o *proprietário da carga e o seu segurador* ajuízam ação declaratória negativa contra o *proprietário do navio*, a fim de obter o reconhecimento da inexistência da obrigação de pagamento de soma pelo resgate da embarcação. Ou seja, a despeito da diversidade formal de partes nos dois processos, "o interesse do segurador e do segurado em relação ao objeto dos dois processos deve ser reconhecido como idêntico e inseparável".[25]

No quarto caso, houve o conflito entre a empresa *Gantner Eletronic GmbH* e a firma *Basch Exploitatie Maatschappij BV*. Esta última ajuizou na Justiça holandesa pedido de indenização com fundamento no descumprimento de relação obrigacional. Em seguida, exigiu a parte contrária em tribunal austríaco o pagamento do preço pelo período antecedente ao rompimento da relação contratual que previa a entrega de determinados produtos. Em função disso, a contraparte, no processo antes ajuizado na Holanda, suscitou a compensação entre as dívidas. A Corte de Justiça Europeia afastou a alegada identidade de pretensões. Assentou-se que entendimento contrário abriria o caminho para o abuso do processo. A alegação de compensação não foi enquadrada, portanto, no amplo espectro da *Kernpunkttheorie*.[26]

24 Segundo Christoph Althammer "Der Grund für die weite Auslegung der Rechtshängigkeitssperre liegt somit im Bestreben, durch die Beachtung ausländischer Rechtshängigkeit widersprechende inländische Entscheidungen möglichst zu verhindern." (trad. Livre: "O fundamento para uma interpretação ampla da exceção de litispendência reside assim no esforço para, por meio do reconhecimento da litispendência internacional evitar decisões conflitantes na justiça nacional"). (**Streitgegenstand und Interesse**, cit., p. 131).

25 Christoph Althammer (**Streitgegenstand und Interesse**, cit., p. 133).

26 Christoph Althammer (**Streitgegenstand und Interesse**, cit., p. 136-138).

O quinto e último caso envolve a empresa *Maersk Olie & Gas*, em litígio com *Haan en W. de Boer*. Põe em confronto a relação entre o pedido de constituição de um fundo de responsabilidade limitada perante um tribunal de um Estado-membro, de um lado, e de outro, o pedido da própria empresa lesada (*Maersk*), buscando reparação de danos contra o proprietário do navio, noutro foro. A Corte Europeia de Justiça negou a existência de identidade entre as demandas. Concluiu que os objetivos perseguidos nos dois processos eram distintos: num processo, a reparação e danos, no outro a constituição de um fundo com finalidade reparatória com valores limitados a um acordo subscrito décadas antes, no ano de 1957. Afirmou-se também que as duas demandas estavam apoiadas em fundamentos (causas de pedir) distintas: uma, na responsabilidade extracontratual; outra, apoiada no contrato existente, no qual havia a previsão de constituição do fundo de reparação.[27]

O que se percebe, no exame dos casos antes mencionados, notadamente naqueles em que foi reconhecida a identidade entre demandas, é a tendência da Corte de Justiça Europeia de mitigar uma concepção rígida, aceitando, em certas situações, uma noção mais flexível do objeto litigioso do processo. Esta se circunscreve à denominada "teoria do ponto central".

A especificidade da "*Kernpunktetheorie*" residiria, precisamente, na avaliação da identidade entre duas demandas formuladas em processos distintos não a partir de aspectos meramente formais (partes, causa de pedir e pedido), mas sim a partir da relação de direito material, considerando, inclusive, questões prejudiciais.[28]

Nada obstante, a orientação, na Corte de Justiça da União Europeia, no sentido de conceder maior peso à dimensão material do objeto litigioso, aproximando os critérios para a delimitação da pretensão deduzida em juízo ao direito material, aparentemente, não contou com adesão ou empolgação por parte do legislador europeu nacional.

Não há notícia de que a corrente de pensamento delineada em Luxemburgo, nos casos mencionados, tenha, efetivamente, provocado uma mudança no plano legislativo, doutrinário ou jurisprudencial dos países membros da União Europeia.

27 Christoph Althammer (**Streitgegenstand und Interesse**, cit., p. 144-147).

28 É a conclusão a que chega o profundo estudo de Christoph Althammer (**Streitgegenstand und Interesse**, cit., p. 150).

Não há como negar, contudo, que tal construção fornece elementos para retomar a reflexão crítica em torno do assunto.

Em outros termos, caberia a indagação: mostra-se, ainda hoje, suficiente a concepção segundo a qual os contornos do objeto litigioso são definidos, exclusivamente, por sua perspectiva processual?

Embora não se tenha, nesta singela análise, a possibilidade de colher elementos definitivos a respeito da dúvida acima destacada, há indicações de que ela foi sentida, com alguma densidade, no direito brasileiro.

É disso que se tratará a seguir.

6. Situação específica do direito brasileiro: coisa julgada sobre a questão prejudicial

É natural, como visto, a correlação entre o objeto litigioso do processo e a coisa julgada.

É, do ponto de vista lógico, plenamente viável estabelecer uma ligação, verdadeira "ponte", entre os pedidos formulados em determinado processo (na petição inicial ou em outros momentos em que a lei autorize a formulação de pedidos – como ocorre com os pedidos formulados pelo réu na reconvenção), o dispositivo da sentença e a coisa julgada.[29]

O objeto litigioso se circunscreve aos pedidos ou pretensões deduzidas. A compreensão de seu alcance se dá à luz da causa de pedir, que, segundo nosso entendimento, não se insere no objeto litigioso.[30]

Os pedidos fixam o chamado "eixo imperativo" do processo, sobre o qual o Poder Judiciário decidirá. A causa de pedir, por sua vez, se situa

---

29 Como anota Cândido Rangel Dinamarco, a regra de correlação entre o provimento jurisdicional e a demanda apresenta "a dupla face do veto a excessos e de exigência de inteireza na oferta da tutela jurisdicional" (**Instituições de direito processual,** vol. II, cit., p. 165). Em outro estudo, lembra Cândido Dinamarco que "assim como o pedido repercute no *decisum* sentencial, o qual é uma resposta afirmativa ou negativa a ele, análogo eixo funcional interliga a causa de pedir e os fundamentos da sentença. Assim como esses fundamentos são a demonstração da conclusão do demandante (pedido), simetricamente os fundamentos da sentença são a demonstração do acerto da conclusão do juiz (*decisum*)" (**Capítulos de sentença,** cit., p. 67).

30 Nesse sentido a opinião há muito externada, cf. Ricardo de Barros Leonel (**Causa de pedir e pedido: o direito superveniente,** cit., p. 103-104).

no "eixo lógico" do processo, em relação ao qual se operará a atividade cognitiva, mas sem que haja efetivamente decisão.[31]

É com base nessa relação lógica que a lei processual circunscreve a coisa julgada ao dispositivo ou "decisum", dela excluindo os motivos, ainda que relevantes para a compreensão daquele ou delimitação do seu alcance (art. 502, 503 caput e 504 do CPC-15).

Na vigência do regime anterior, sob o CPC-73, a única forma de fazer com que o órgão judicial não apenas conhecesse, mas efetivamente decidisse sobre algo que vai além dos pedidos era deduzir pedido de declaração incidental da relação prejudicial que se apresentasse, no processo, por meio de questão prejudicial.

Era nesse sentido da previsão da possibilidade de se requerer que o juiz decidisse, na sentença, a respeito de relação jurídica de cuja existência ou inexistência dependesse o julgamento dos pedidos deduzidos (arts. 5º e 325 do CPC-73), bem como de que, nesse caso, a apreciação/decisão sobre a questão incidente seria coberta pela coisa julgada material (art. 470 do CPC-73).[32]

O CPC-15 inovou na matéria, prevendo o art. 503, §§ 1º e 2º, a possibilidade de formação de coisa julgada a respeito da questão prejudicial efetivamente apreciada e decidida.

A lei estabeleceu requisitos para a formação da coisa julgada a respeito da questão prejudicial apreciada incidentalmente (independentemente de pedido), estipulando que isso ocorrerá (formação da imutabilidade a respeito da deliberação da questão prejudicial, mesmo sem pedido dos litigantes), se presentes as seguintes condições:

(a) a questão prejudicial tiver sido expressamente apreciada e decidida;

---

31 Sobre o "eixo lógico" e o "eixo imperativo" do processo, confira-se Clarisse Frechiani Lara Leite (**Aporte de fatos ao processo e superação de estabilidades a partir de fatos e provas novos,** cit., p. 26 e ss.).

32 Sobre a ação declaratória incidental, na vigência do CPC-73, anotava José Joaquim Calmon de Passos que a questão prejudicial "será decidida incidentalmente, e sem força de coisa julgada. Se pretenderem as partes que ela seja decidida *principaliter*, vale dizer, com força de coisa julgada, devem, sendo do réu o interesse, reconvir; se do autor, propor a declaratória incidental; também o réu, excepcionalmente, pode propor a declaratória incidental sem a forma reconvencional, caso a prejudicial haja surgido (o que não é impossível, ainda quando raro) em momento subsequente àquele em que lhe cumpria responder à demanda do autor". (**Comentários ao Código de Processo Civil,** vol. III, cit., p. 406).

(b) caso se trate de questão de cuja solução depender o julgamento do mérito;

(c) se, a seu respeito, tiver ocorrido o contraditório prévio e efetivo, o que não se verifica na hipótese de julgamento à revelia;

(d) se o juízo tiver competência em razão da matéria e da pessoa para decidir sobre a questão prejudicial como se principal fosse;

(e) desde que, no processo em que a prejudicial tiver sido apreciada, não haja restrições probatórias ou limitações à cognição que impeçam o aprofundamento da análise da questão prejudicial.

Trata-se de uma opção de política legislativa.

Nada obstante, possui nuances que podem gerar dúvidas a respeito de sua aplicação aos casos concretos.

Afinal, note-se: não é o juízo que sentencia o processo que dirá se a questão prejudicial, apreciada de forma incidente (sem pedido), passará ou não materialmente em julgado. A análise a respeito será realizada em processo subsequente (futuro), provavelmente por outro órgão judicial.[33]

Definir, portanto, se houve ou não apreciação da questão prejudicial, bem como se foram preenchidos todos os requisitos fixados no art. 503, §§ 1º e 2º do CPC-15, de sorte a se tornar possível reconhecer a formação de coisa julgada, é matéria naturalmente sujeita a viva controvérsia.

Ocorre reconhecer, contudo, a existência, nesta opção legislativa, de uma revisão de perspectiva em relação não apenas à coisa julgada, mas, igualmente, no que concerne ao objeto litigioso do processo.

Observando a solução dada pela lei ao tema (art. 503 do CPC-15) a partir da perspectiva conceitual do objeto litigioso do processo, é acertado concluir que a lei autorizou uma ampliação "ex lege", sem pedido, do próprio objeto litigioso do processo, para nele incluir a questão prejudicial, desde que presentes, no caso concreto, as condições estipuladas no dispositivo legal antes mencionado.[34]

---

33 A respeito dos requisitos para a formação da coisa julgada sobre a questão prejudicial apreciada incidentalmente, confira-se João Francisco Naves da Fonseca (**Comentários ao Código de Processo Civil,** vol. IX, cit., p. 131 e ss.).

34 Sobre a possibilidade de se compreender a solução normativa do art. 503, §§ 1º e 2º do CPC-15, do ponto de vista prático, como espécie de ampliação "ope judicis"

Ou seja, presentes os requisitos exigidos pela lei, o órgão judicial não apenas conhecerá da questão prejudicial, mas decidirá a respeito dela.

Note-se: não se cuida apenas de ampliação da coisa julgada, mas sim do próprio objeto litigioso do processo, de um modo distinto daquele associado às balizas clássicas de sua definição, que estão sempre ligadas à iniciativa das partes.

Lembremos que o objeto litigioso do processo é definido pelo autor, ao fazer seus pedidos (e excepcionalmente complementado pelo réu, quando deduz pedidos, autorizados na lei, como ocorre na reconvenção).

Além disso, há um momento de estabilização (no direito brasileiro a decisão de saneamento – art. 329, II do CPC-15), a partir do qual não será aceitável qualquer modificação voluntária do objeto litigioso.

A lei, ao autorizar que haja decisão sobre a questão prejudicial, mesmo sem pedido das partes, permite a ampliação do objeto litigioso em momento singular (quando do julgamento), sem que haja pedido dos litigantes.[35]

Sob outra perspectiva, é viável reconhecer, nesse tratamento legislativo, uma preocupação por parte do legislador em aproximar, do ponto de vista prático, a concepção do objeto litigioso aos contornos da própria relação jurídica de direito material, desconsiderando a segmentação feita pelo autor, que advém do modo como o pedido foi formulado.

---

do objeto litigioso do processo, confira-se (José Rogério Cruz e Tucci, **Comentários ao Código de Processo Civil,** vol. 2, cit., p. 491). Já defendia José Roberto dos Santos Bedaque, na vigência do sistema anterior, a possibilidade de decisão sobre aspectos não inseridos formalmente na petição inicial, mas decorrentes do debate no processo, em contraditório, ou seja, desde que a solução seja legitimada pelo procedimento em contraditório (**Os elementos objetivos da demanda examinados à luz do contraditório,** cit., p. 19 e ss.). Em trabalho anterior sustentamos, do mesmo modo, a possibilidade de ampliação do espectro da decisão judicial, desde que observadas, no caso concretamente considerado, as garantias constitucionais do processo (**Causa de pedir e pedido: o direito superveniente,** cit., *passim,* especialmente p. 243-250).

35 Ainda sobre a possibilidade de modificação do objeto litigioso, v. Marco Antônio dos Santos Rodrigues (**A modificação do pedido e da causa de pedir no processo civil,** cit., *passim.* Para didática síntese das conclusões do autor, p. 315-324).

Isso permite até mesmo cogitar que, de alguma forma, consciente ou inconscientemente, a lei processual brasileira fez escolha que, ao menos potencialmente, oferece temperamentos no tema, aproximando o sistema da "teoria do ponto central".

O futuro dirá a respeito da efetividade desta escolha e sobre seu acerto.

7. A título de conclusão

A singela abordagem realizada neste texto não tem a intenção de esgotar o tema.

A preocupação, aqui externada, é chamar a atenção para o fato de que, primeiro, os dois temas brevemente examinados – objeto litigioso e coisa julgada – estão em estreita correlação.

De outro lado, torna-se claro que, nada obstante a concepção tradicionalmente aceita no direito brasileiro, que circunscreve o objeto litigioso e a coisa julgada ao pedido e ao dispositivo da decisão, há espaço para uma visão mais flexível que permita expandir o alcance dos conceitos.

Esta expansão, do ponto de vista da construção teórica, pode passar pela exploração de mais de uma alternativa. Entre elas está a construção em torno da teoria do "ponto central" (*Kernpunktetheorie*). Também serve ao propósito a opção legislativa de permitir, na prática, a inclusão da questão prejudicial (eixo lógico do processo) no plano da matéria a ser decidida, e não apenas apreciada pelo juiz (eixo imperativo do processo).

O importante, nesse debate, é reconhecer que, mesmo quando se está diante de temas clássicos, no direito processual, há espaço para a elaboração de novas alternativas direcionadas à produção de resultados, quiçá, mais abrangentes.

Na temática aqui analisada essa evolução pode significar um resultado mais amplo no que se refere à efetiva adjudicação do conflito, com eliminação ou redução do campo para a renovação de aspectos de determinado litígio num novo processo.

Em suma: a dinâmica do direito processual propicia espaço para o constante e permanente aperfeiçoamento.

Bibliografia

ALTHAMMER, Christoph. **Streitgegenstand und Interesse.** Tübigen: Mohr Siebeck, 2012.

BEDAQUE, José Roberto dos Santos. "**Os elementos objetivos da demanda examinados à luz do contraditório**". "In" **Causa de pedir e pedido no processo civil (questões polêmicas).** (coord. José Roberto dos Santos Bedaque e José Rogério Cruz e Tucci). São Paulo: RT, 2002.

CORRÊA, Fábio Peixinho Gomes. **O objeto litigioso no processo civil.** São Paulo: Quartier Latin, 2009.

CRUZ E TUCCI, José Rogério. **A *causa petendi* no processo civil.** 2ª ed., São Paulo: Revista dos Tribunais, 2001.

___. **Comentários ao Código de Processo Civil,** vol. 2. (vários autores, coord. Cássio Scarpinella Bueno). São Paulo: Saraiva, 2017.

___. **Limites subjetivos da eficácia da sentença e da coisa julgada civil**. São Paulo: Revista dos Tribunais, 2006.

DINAMARCO, Cândido Rangel. **Capítulos de sentença.** 7ª ed. São Paulo: Malheiros, 2021.

___. **Instituições de direito processual civil.** II. 8ª ed. São Paulo: Malheiros, 2019.

___. "**O conceito de mérito em processo civil**". "in" **Fundamentos do processo civil moderno.** 3ª ed. São Paulo: Malheiros, 2000.

FONSECA, João Francisco Naves da. **Comentários ao Código de Processo Civil,** vol. IX. São Paulo: Saraiva, 2017.

LEITE, Clarisse Frechiani Lara. **Aporte de fatos ao processo e superação de estabilidades a partir de fatos e provas novos.** Tese de Livre Docência. Faculdade de Direito da Universidade de São Paulo, 2022.

LEONEL, Ricardo de Barros. **Causa de pedir e pedido: o direito superveniente.** São Paulo: Método, 2006.

LIEBMAN, Enrico Tullio. **Eficácia e autoridade da sentença e outros escritos sobre a coisa julgada.** (trad. Alfredo Buzaid e Benvindo Aires). Rio de Janeiro: Revista Forense, 1945.

LOPES, Bruno Vasconcelos Carrilho. **Limites objetivos e eficácia preclusiva da coisa julgada**. São Paulo: Saraiva, 2012.

MOREIRA, José Carlos Barbosa. "**A eficácia preclusiva da coisa julgada material no sistema do processo civil brasileiro**. "in" **Temas de direito processual, 1ª série.** São Paulo: Saraiva, 1977.

___. **"Eficácia da sentença e autoridade da coisa julgada"**. "in" **Temas de direito processual 3ª série.** São Paulo: Saraiva, 1984.

PASSOS, José Joaquim Calmon. **Comentários ao Código de Processo Civil.** Vol. III. 8ª ed. Rio de Janeiro: Editora Forense, 2000.

PRÜTTING, Hans, Gherlein, Marcus. **ZPO Kommentar.** 4. Auflage. Köln: Luchterhand, 2012.

RODRIGUES, Marco Antônio dos Santos. **A modificação do pedido e da causa de pedir no processo civil.** Rio de Janeiro: GZ Editora, 2014.

ROSENBERG, Leo, Schwab, Karls Heiz e Petter Gottwald. **Zivilprozessrecht.** 17. Auflage. München: Verlag C. H. Beck, 2010.

SCHWAB, Karl Heinz. **El objeto litigioso en el proceso civil.** (trad. Tomas A. Banzhaf). Buenos Aires: Ediciones Juridicas Europa-America, 1968. (do original, em alemão, **Der Streitgegenstand im Zivilprozess**, München und Berlin: C. H. Beck'sche Verlagsbuchhandlung, 1954).

ZÖLLER, Richard. **ZPO. Zivilprozessordnung.** 29. Auflage Köln: Verlag Dr. Otto Schmidt, 2012.

OS RECURSOS REPETITIVOS, O INCIDENTE DE RESOLUÇÃO DE DEMANDAS REPETITIVAS E O MODO DE VINCULAÇÃO NO DIREITO BRASILEIRO

Rodrigo Elian Sanchez[1]

SUMÁRIO: 1. Introdução. **2.** Primórdios dos precedentes vinculantes no Brasil. **3.** A crise do sistema judicial brasileiro e a ênfase dada aos precedentes, nas recentes reformas legislativas. **4.** Polêmicas atuais. **5.** Conclusão. **6.** Bibliografia.

1. Introdução

Ainda na égide do Código de Processo Civil de 1973, os "precedentes" e a jurisprudência[2] ganharam maior atenção dos operadores do direito, através de reformas realizadas que alteraram o antigo diploma

---

1 Mestre em Direito Processual Civil pela Faculdade de Direito da Universidade de São Paulo (USP). Advogado.

2 Carlos Alberto de Salles salienta a diferença entre o conceito de *jurisprudência*, definido como um conjunto de julgados relacionados a uma situação de fato específica durante um período, que expresse o posicionamento jurídico de um órgão julgador sobre a matéria, sendo o grande desafio da jurisprudência sua coerência interna, de modo que não existam posições antagônicas, em um mesmo espaço de tempo em relação a mesma situação fática. A edição de súmulas e sua revisão periódica, auxiliaria a manutenção desta almejada coerência. A jurisprudência assim seria utilizada como técnica persuasiva de fundamentação de uma decisão, ao expressar argumento de autoridade. Para Salles, o *precedente* é diverso, e deve ser compreendido como técnica decisória pela qual o julgador possa decidir um caso sucessivo com base na *ratio decidendi* estabelecida no caso anterior. O precedente "nasce" no julgamento do segundo caso, quando o juiz, ao considerar que as situações fáticas são idênticas entre os casos, invoca as razões de decidir do primeiro. De outra banda, pode-se dizer que determinado entendimento é jurisprudencial, quando remete a posicionamentos reiterados sobre as mesmas questões. Já no precedente não há necessidade de um conjunto de entendimentos pretéritos do órgão jurisdicional, mas simplesmente que a sua *ratio decidendi* possa ser (e seja) aplicada em casos futuros. "Se a técnica decisória relacionada a jurisprudência é persuasiva, ligada a motivação do julgado, a técnica dos precedentes, em nosso regime jurídico, está relacionada à agilização do processo". SALLES, Carlos Alberto de. **Precedentes e jurisprudência no Novo CPC: novas técnicas decisórias**. IN: GRINOVER, Ada Pellegrini (et al.). O Novo Código de Processo Civil – questões controvertidas. São Paulo: Atlas, 2015, pp. 80/81.

processual. Cite-se a possibilidade de o relator indeferir liminarmente recursos cuja pretensão colidisse com súmula ou jurisprudência dominante (art. 557, de acordo com a redação dada pela Lei nº 9.139, de 1995), ou a introdução dos artigos 543-B e 543-C, no Código de Processo Civil, pelo qual, diante de recursos repetitivos, os tribunais de origem deveriam escolher casos paradigmáticos e remetê-los aos tribunais superiores, para que a tese fixada pela corte superior fosse aplicada no julgamento dos demais processos sobrestados, que versassem sobre a mesma questão jurídica.

Devemos ainda destacar, a emenda constitucional nº 3 de 1993, que introduziu o §2 no art. 102 da CF, pela qual as decisões definitivas de mérito, proferidas pelo Supremo Tribunal Federal, nas ações declaratórias de constitucionalidade de lei ou ato normativo federal, produzem eficácia e efeito vinculante em face dos demais órgãos do Poder Judiciário e Executivo; e a emenda constitucional nº 45 de 2004 que, além de ampliar a incidência da regra contida no §2, no art. 102 da CF, introduziu em nosso ordenamento o instituto das súmulas vinculantes.

Já o Código de Processo de 2015 reforçou ainda mais à ênfase à jurisprudência e à utilização dos precedentes judiciais, tendo o art. 927 estipulado que os juízes e tribunais deverão observar: I - as decisões do Supremo Tribunal Federal em controle concentrado de constitucionalidade; II - os enunciados de súmula vinculante; III - os acórdãos em incidente de assunção de competência ou de resolução de demandas repetitivas e em julgamento de recursos extraordinário e especial repetitivos; IV - os enunciados das súmulas do Supremo Tribunal Federal em matéria constitucional e do Superior Tribunal de Justiça em matéria infraconstitucional, e, V - a orientação do plenário ou do órgão especial aos quais estiverem vinculados[3].

O Professor José Rogério Cruz e Tucci preocupado com a teorização e a aplicação dos precedentes judiciais, ainda em 2004, de forma

3 Não são poucas as críticas da doutrina em relação a este dispositivo legal, em especial a ausência de cientificidade ao tratar de forma homogênea diversas espécies de "precedentes" sem a devida distinção ontológica (CRUZ E TUCCI, José Rogério. **O Regime do Precedente Judicial no Novo CPC**. Precedentes. Coordenador: DIDIER JR., Fredie. Salvador: Juspodivm, 2015), ou a ausência de distinção entre jurisprudência e precedentes (SALLES, Carlos Alberto de. **Precedentes e jurisprudência no Novo CPC: novas técnicas decisórias**. IN: GRINOVER, Ada Pellegrini (et al.). O Novo Código de Processo Civil – questões controvertidas. São Paulo: Atlas, 2015, pp. 77/88).

bastante precursora em nosso país, se debruçou sobre o tema na obra: "Precedente Judicial como fonte do Direito". Com seu notório conhecimento histórico, investigou as origens e utilização dos precedentes judiciais, desde o período romano até os dias atuais. Sua profícua análise evidencia que a utilização do precedente[4] decorre de necessidades intrínsecas à atividade judicante, seja como auxílio ao julgador no processo hermenêutico em busca da correta interpretação da norma, ou instrumento de preenchimento de lacunas legais.

É de se destacar, que salvo raras exceções como a acima mencionada, em razão de predominar nos países adeptos do direito codificado, a orientação de que as decisões judiciais não gozam de força vinculante, até recentemente em nosso país o estudo da matéria não era objeto de grande interesse.

Entretanto e nos últimos anos, com a mudança legislativa que concedeu eficácia vinculante à certas decisões judiciais[5], o tema passou a ganhar maior atenção. De assunto relegado a interesse diminuto, os precedentes passaram a ser objeto de extensa produção científica[6,] sendo

4 Em sua obra, José Rogério Cruz e Tucci conceitua precedente como a regra definida para o julgamento judicial de um caso concreto, sendo composto de duas partes distintas: a) as circunstâncias fáticas que embasam a controvérsia; e b) a tese ou princípio jurídico que fundamenta a decisão (*ratio decidendi*). A depender do sistema jurídico, a decisão monocrática ou colegiada tem diferente eficácia; é classificada como precedente vinculante (*biding authority*: sistema da *common law*) e precedente persuasivo, ou de fato, ou revestido de valor moral (*persuasive authority*: em regra, sistema da *civil law*). CRUZ e TUCCI, José Rogério. **Precedente judicial como fonte do direito**. São Paulo, Revista dos Tribunais, 2004. pp. 11-12.

5 Código de Processo Civil de 2015, é controverso na medida em que estabeleceu em seu art. 927 que os juízes e tribunais observarão os *acórdãos* originados de julgamento de recursos extraordinário e especial repetitivos. Também consignou, no art. 489, V, que a sentença, ao invocar precedente, deverá identificar os correspondentes fundamentos determinantes e a demonstração de que o caso sob julgamento a eles se ajusta. Por outro lado, ao julgar recursos sob a sistemática dos repetitivos, se estabeleceu que o órgão julgador estabelecerá "tese jurídica", que a ela atribuiu efeito vinculante (CPC arts. 927, 985, 987, § 2º, 1.040), estabelecendo, ainda, que sua eventual revisão, pelas consequências que terá, deverá ser precedida de amplo debate. Restou a dúvida em relação a vinculação: a tese fixada é vinculativa ou *ratio* extraída do acórdão?

6 Em pesquisa no banco de dados da Universidade de São Paulo [www.teses.usp.br] encontramos mais de 100 trabalhos [dissertações, teses de doutorado e livre docência] tendo como palavra-chave "precedente judicial", sendo que nenhum deles é anterior à 2006.

que em razão da inexistência de quantidade significativa de análises doutrinárias e acadêmicas, não é raro encontrar dentre a atual produção científica a "importação" de doutrina originária nos países da *common law,* onde o assunto é historicamente objeto de trabalhos acadêmicos e teorização. A dúvida que surge é se a importação da doutrina estrangeira, sem maior reflexão, seria adequada ao sistema processual brasileiro, que é diverso do sistema de precedentes inglês ou norte-americano.

2. Primórdios dos precedentes vinculantes no Brasil

De início, é de se salientar que os precedentes (entendidos como decisões judiciais com eficácia vinculante) não são totalmente estranhos ao direito brasileiro. Na época colonial, o direito português aqui vigeu e de acordo com José Rogério Cruz e Tucci, as ordenações Afonsinas e Manuelinas arrolavam, entre as fontes do direito pátrio, os *estilos da Corte.* O *estilo* era a prática introduzida pelos juízes nos tribunais, entendido como a jurisprudência constante e uniforme dos tribunais superiores, ou seja, da Casa de Suplicação[7]. Três importantes requisitos eram necessários para que a orientação pretoriana fosse elevada à categoria de estilo: i) posicionamento não contrário à lei; ii) fosse suficientemente antigo: 10 anos ou mais (constância); c) confirmado em pelo menos duas ou três decisões (uniformidade).[8]

Ainda em Portugal, devemos destacar que a reforma pombalina de 1709 (Lei da Boa Razão) reiterou a função da Casa de Suplicação em proceder à interpretação autêntica da lei e proferir *assentos* na hipótese de dúvida dos desembargadores.[9] É de se destacar, que em linhas gerais o *assento* fixava a "genuína inteligência da lei" em casos de dúvidas interpretativas suscitadas pelos desembargadores ou pelo chanceler-mór, e gozava de eficácia normativa.

Em 1751 foi criado a Casa ou Tribunal da Relação do Rio de Janeiro, que tinha competência territorial sob parte sul do estado do Brasil. Os *as-*

7 CRUZ e TUCCI, José Rogério. **Precedente judicial como fonte do direito**. São Paulo, Revista dos Tribunais, 2004. pp. 136-137.

8 CRUZ e TUCCI, José Rogério. **Precedente judicial como fonte do direito**. São Paulo, Revista dos Tribunais, 2004. p. 137.

9 Os assentos já eram praxe dos tribunais do reino, conforme lei de D. João III de 10 de outubro de 1534. CRUZ e TUCCI, José Rogério. **Precedente judicial como fonte do direito**. São Paulo, Revista dos Tribunais, 2004. p. 142.

sentos emitidos por este tribunal, se subordinavam a ulterior aprovação da Casa de Suplicação, para então passarem a ter eficácia normativa[10].

É de se destacar, que o *assento* se desvinculava do caso em que o originou, sendo que era aplicado como um texto normativo de vinculação geral e abstrata para casos futuros[11].

Mesmo após a independência, continuou em vigor em nosso país a legislação portuguesa, sendo que apenas em 1850, com o regulamento 737, passamos a ter diploma processual próprio e à míngua de acervo jurisprudencial, em 23 de outubro de 1875, através do Decreto 2.684, os *assentos* preexistentes em Portugal e no Brasil foram recepcionados com força normativa. Também foi autorizado que o Supremo Tribunal de Justiça emitisse *assentos* para a inteligência das leis civis, comerciais e criminais, quando na execução delas ocorressem dúvidas manifestadas por julgamentos divergentes havidos no mesmo tribunal, relações e juízos de primeira instância[12].

O regime de *assentos* perdurou em nosso país até o advento da República. Em Portugal ainda em 1966, em razão da promulgação do Código Civil, os enunciados contidos nos *assentos* continuaram a ter força obrigatória e geral: "Art. 2°. Nos casos declarados na lei, podem os tribunais fixar por meio de *assentos*, doutrina com força obrigatória e geral[13]". Somente em 1993 o Tribunal Constitucional Português, declarou ser inconstitucional o artigo 2º do Código Civil em razão da ofensa do nº 5 do artigo 115º, da Constituição da República Portuguesa, que dispunha o seguinte: Art. 115°. 1. São actos legislativos as leis, os decretos-leis e os decretos legislativos regionais. [...] 5. Nenhuma lei pode criar outras categorias de actos legislativos ou conferir a actos de outra natureza o poder de, com eficácia externa, interpretar, integrar, modificar, suspender ou revogar qualquer dos seus preceitos[14].

---

10 CRUZ e TUCCI, José Rogério. **Precedente judicial como fonte do direito**. São Paulo, Revista dos Tribunais, 2004. p. 147.

11 NEVES, Antônio Castanheira. O instituto dos "assentos" e a função jurídica dos tribunais supremos. **Separata da Revista de Legislação e de Jurisprudência**, Coimbra, 1983, p. 228.

12 CRUZ e TUCCI, José Rogério, **Precedente judicial como fonte do direito**. São Paulo, Revista dos Tribunais, 2004. p. 233.

13 PORTUGAL. Disponível em: https://diariodarepublica.pt/dr/legislacao-consolidada/decreto-lei/1966-34509075. Acesso em 20.jun.2023

14 PORTUGAL. Tribunal Constitucional. Disponível em: https://www.tribunalconstitucional.pt/tc/acordaos/19960743.html. Acesso em 20.jun.2023

Ainda em nosso país, não devemos esquecer que na tentativa de uniformizar a interpretação e a aplicação do direito, o Decreto nº 273, de 20 de dezembro de 1923[15], criou o instituto do *prejulgado*[16].

Tal instituto era restrito à Corte de Apelação do então Distrito Federal, sendo que posteriormente tal técnica processual foi estendida para todo o território nacional através da Lei nº 319 de 25 de novembro de 1936[17]. O *prejulgado* era instrumento que visava dirimir os males advindos da existência de decisões divergentes no âmbito das cortes judiciais brasileiras, sendo que o seu art. 2º assim dispunha: "A requerimento de qualquer de seus juizes, a Camara, ou turma julgadora, poderá promover, o pronunciamento prévio da Côrte Plena sobre materia, de que dependa a decisão de algum feito, ou envolvida nessa decisão, desde que reconheça que sobre ella occorre, ou póde ocorrer, divergencia de decisões, ou de jurisprudencia, entre Camaras ou turmas".

De acordo com o Professor José Rogério Cruz e Tucci, o *prejulgado* possuía eficácia vinculante *intramuros* e, portanto, horizontal, já que a Lei nº 319 de 1936 previa que no caso em que uma das turmas viesse a contrariar a regra jurídica estabelecida pelo tribunal pleno, seria cabível recurso de revista[18].

No âmbito da justiça laboral, foi também instituído o mecanismo do *prejulgado*, através da regra contida no art. 902 da Consolidação das Leis do Trabalho. O *prejulgado* trabalhista resultava em decisão *in abstrato* sobre uma matéria polêmica[19], que deveria ser observada no julgamento de casos futuros. Tal técnica processual apenas foi revogada através da Lei nº 7.033 de 5 de outubro de 1982[20].

---

15 BRASIL. Presidência da República. Disponível em: https://www2.camara.leg.br/legin/fed/decret/1920-1929/decreto-16273-20-dezembro-1923-509027-publicacaooriginal-1-pe.html. Acesso em 19.jun.2023.

16 CRUZ e TUCCI, José Rogério. **Precedente judicial como fonte do direito**. São Paulo, Revista dos Tribunais, 2004. p. 237.

17 BRASIL. Câmara dos Deputados. Disponível em: https://www2.camara.leg.br/legin/fed/lei/1930-1939/lei-319-25-novembro-1936-556810-republicacao-76951-pe.html. Acesso em 19.jun.2023.

18 CRUZ e TUCCI, José Rogério. **Precedente judicial como fonte do direito**. São Paulo, Revista dos Tribunais, 2004. p. 239.

19 CRUZ e TUCCI, José Rogério. **Precedente judicial como fonte do direito**. São Paulo, Revista dos Tribunais, 2004. p. 239.

20 BRASIL. Congresso Nacional. Disponível em: https://www.planalto.gov.br/ccivil_03/LEIS/L7033.htm#art1. Acesso em 19.jun.2023.

3. A crise do sistema judicial brasileiro e a ênfase dada aos precedentes, nas recentes reformas legislativas

Após a promulgação da Constituição Federal, a conscientização da titularidade de direitos implicou em formidável aumento de litígios[21]. Esse crescimento no volume de demandas, em velocidade desproporcional com o número de juízes e estruturas judiciais foi uma das principais causas do entrave ao bom funcionamento do sistema judicial[22].

Ou seja, o crescimento no número de demandas judiciais impactou no tempo de julgamento dos processos, com prejuízos à eficiência[23]. Tal cenário (morosidade dos sistemas judiciais, perda de eficiência, obstáculos de acesso) são apontados pela doutrina, como fatores preponderantes para a crise da justiça[24]. As mais recentes alterações legislativas no direito processual brasileiro buscaram, em alguma medida, responder ao aumento de litigiosidade[25] e a correlata morosidade da

---

21 CRUZ e TUCCI, José Rogério. **Precedente judicial como fonte do direito**. São Paulo, Revista dos Tribunais, 2004.p. 280.

22 "A nova Carta Magna expandiu o contencioso constitucional, facilitando o acesso direto ao Supremo Tribunal Federal de ações de controle concentrado de constitucionalidade por iniciativa de diversos legitimados, indicados no seu artigo 103, aumentou as espécies de recursos e as instâncias recursais, mas o sistema recursal continuou o mesmo, com um número excessivo de recursos, que possibilita ao vencido reiterar o exercício da jurisdição de modo quase interminável, retardando o desfecho dos processos, o cumprimento das decisões e o acesso do vencedor ao pleno gozo do seu direito". GRECO, Leonardo. Princípios de uma Teoria Geral dos Recursos. **Revista Eletrônica de Direito Processual - REDP**, vol. V, 2010, p. 57.

23 VAN RHEE, C.H. **The Law's Delay: essays on undue delay in civil litigation**. Antwerp/Oxford/New York: Intersentia 2004.

24 ZUCKERMAN, Adrian AS. **The Dimensions of Civil Justice.** Civil Justice in Crisis: Comparative Perspectives of Civil Procedure, ed. Adrian Zuckerman, Oxford, 2003.

25 Contraponto importante a ser frisado é que em nosso país, a utilização do poder judiciário é concentrada e, portanto, o crescimento do volume de demandas judicial ocorre em contexto social e econômico, marcado por desigualdades de oportunidades e não representa acesso à justiça, por parte de todos os brasileiros. Poucos usam **muito** o Poder Judiciário, ao passo que uma maioria, ainda o utilizam pouco ou sequer o utilizam. De acordo com o Conselho Nacional de Justiça (CNJ), até 18/07/2023, os 20 maiores litigantes estão presentes no polo passivo

prestação jurisdicional[26].

É ainda de se mencionar que sociedades mais complexas, com relações massificadas, tem como fruto o aumento de demandas repetitivas. Heitor Vitor Mendonça Sica[27] destaca que diversas alterações foram realizadas de 1980 em diante, visando a solução de litígios complexos, surgidos em sociedade de massa urbana em expansão: **(a)** as que criaram e aprimoraram os mecanismos de tutela coletiva; **(b)** as que, posteriormente, reduziram a efetividade dos instrumentos de tutela coletiva antes criados; e **(c)** as que se propuseram a aprimorar os processos individuais. Não obstante, no que se refere a tutela dos direitos acidentalmente coletivos (individuais homogêneos), tais reformas não foram exitosas, especialmente no que se refere ao objetivo de reduzir a judicialização individual de litígios de massa e de promover isonomia. E uma das explicações para tal fracasso foi a diretriz de manter inalterado o direito de acesso individual ao Poder Judiciário, nas ações que visam a tutela dos direitos acidentalmente coletivos.

Por outro lado, o CPC/2015, relegou para segundo plano a tutela coletiva, como mecanismo de tratamento da litigiosidade repetitiva[28], e delegou às ações individuais tal papel, e no esforço de promover maior

de 22,23% dos processos em tramite em nosso país, e se considerarmos o polo ativo, em 8,75% dos processos. Conselho Nacional de Justiça, disponível em: https://grandes-litigantes.stg.cloud.cnj.jus.br/. Acesso em 28/07/2023.

26 Nas palavras de Leonardo Greco: "Desde 1995, sucessivas leis de reforma, a cuja elaboração se dedicaram ilustres juristas, na ânsia de debelar os males decorrentes do aumento do volume de recursos, agravaram ainda mais os defeitos do sistema, especialmente pelo progressivo abandono da colegialidade das decisões recursais e pela crescente invocação da jurisprudência". GRECO, Leonardo. Princípios de uma Teoria Geral dos Recursos. **Revista Eletrônica de Direito Processual - REDP,** vol. V, 2010, p. 6.

27 SICA, Heitor Vitor Mendonça. Brevíssimas reflexões sobre a evolução do tratamento da litigiosidade repetitiva no ordenamento brasileiro, do CPC/1973 ao CPC 2015. **Revista de Processo,** São Paulo, v. 41, nº 257, pp. 269-281, 2016.

28 Segundo Maria Cecília Asperti: "A litigiosidade repetitiva decorre da proliferação de demandas que reverberam a atuação de grandes entes públicos ou privados, que justamente em razão de serem regulados por leis, normas e contratos similares, tendem a judicializar ou serem acionados judicialmente em demandas que suscitam as mesmas questões de fato e de direito, em volume significativo e compatível com a amplitude de sua atividade. ASPERTI, Maria Cecília. **Acesso à justiça e técnicas de julgamento de casos repetitivos,** Tese de doutorado. Faculdade de Direito da Universidade de São Paulo, 2018, p. 133.

eficiência ao sistema processual, fortaleceu o sistema de precedentes e introduziu o Incidente de resolução de demandas repetitivas como mecanismo para gerenciar tal litigiosidade (Art. 976, CPC/2015). Tal tendência já era visível na égide do Código de Processo Civil de 1973, com a introdução de mecanismos de uniformização de jurisprudência, como súmulas vinculantes, do rito dos recursos repetitivos em superior instância (art. 102-A da CF/88 e 543-C do CPC/1973), e de gestão processual (art. 285-A, CPC/1973 – possibilitava a utilização de precedente do próprio juízo).

Além das razões acima destacadas, não podemos deixar de destacar que o recente fortalecimento e a utilização da técnica de precedentes, também está relacionado com o objetivo da promoção da segurança jurídica e isonomia na interpretação das questões de direito colocadas para julgamento[29]. De acordo com Teresa Arruda Alvim: "o estado não pode frustrar e desorientar o jurisdicionado, tendo condutas contraditórias, e, portanto, surpreendentes. Interpretar o mesmo texto de lei de modos totalmente diversos é conduta, evidentemente, contraditória. Um *venire contra factum proprium*"[30].

4. Polêmicas atuais

De acordo com a sistemática implantada pelo CPC de 2015, há decisões que já nascem como precedentes *obrigatórios*. Quando se diz *obrigatoriedade*, devemos destacar que o seu grau pode variar de acordo

---

29 Consta na exposição de motivos do CPC/2015: "O novo Código prestigia o princípio da segurança jurídica [...] tornando "segura" a vida dos jurisdicionados, de modo a que estes sejam poupados de "surpresas", podendo sempre prever, em alto grau, as consequências jurídicas de sua conduta. [...] A dispersão excessiva da jurisprudência produz intranquilidade social e descrédito do Poder Judiciário. [...] Proporcionar legislativamente melhores condições para operacionalizar formas de uniformização do entendimento dos Tribunais brasileiros acerca de teses jurídicas é concretizar, na vida da sociedade brasileira, o princípio constitucional da isonomia. Criaram-se figuras, no novo CPC, para evitar a dispersão excessiva da jurisprudência. Com isso, haverá condições de se atenuar o assoberbamento de trabalho no Poder Judiciário, sem comprometer a qualidade da prestação jurisdicional. BRASIL. Senado Federal. **Código de Processo Civil e normas correlatas**. Brasília. 7ª edição, 2015. Disponível em: https://www2.senado.leg.br/bdsf/bitstream/handle/id/512422/001041135.pdf. Acesso em 23.jun.2023.

30 ALVIM, Teresa Arruda. Papel criativo da jurisprudência, precedentes e formas de vinculação. **Revista de Processo.** Vol. 333, ano 47, pp. 373-405, São Paulo, Editora Revista dos Tribunais, 2022, p-378.

com a consequência que decorre de seu descumprimento. A obrigatoriedade será tida como forte, quando sua inobservância gera a possibilidade do manejo de medida ou ação concebida para esse fim, como o caso da reclamação, na eventualidade de desrespeito à: (i) enunciado de súmula vinculante; (ii) decisão do Supremo Tribunal Federal em controle concentrado de constitucionalidade; (iii) acordão proferido em julgamento de incidente de resolução de demandas repetitivas; ou, (iv) acórdão proferido em julgamento de incidente de assunção de competência (art. 988, III e IV, CPC).

A vinculação será média, quando o desrespeito ao dito "precedente" leva a necessidade de manejo de recurso. É de se destacar, que o desrespeito à tese fixada em julgamento de recursos extraordinário ou especial repetitivos, não enseja o manejo direto da reclamação quando não esgotadas as instâncias ordinárias (recursos cabíveis), motivo pelo qual entendemos que referidos precedentes tem grau de obrigatoriedade intermediário; não chega a ser forte, porém, é superior ao grau de obrigatoriedade média, já que cabe o manejo da reclamação, porém de forma postergada.

Por fim, a vinculação será fraca, quando se tratar de precedente de caráter meramente persuasivo. Feitas essas ponderações, já é possível verificar que os ditos precedentes brasileiros não são idênticos em relação a sua *obrigatoriedade*.

Por outro lado, e como já mencionado, o sistema concebido pelo CPC de 2015 visa predominantemente, debelar a miríade de ações de massa, sendo que os nossos tribunais, ao julgarem os recursos extraordinário ou especial repetitivos, como também incidente de assunção de competência, fixam teses a serem aplicadas a casos idênticos[31].

As teses buscam enunciar o cerne da decisão, de modo a facilitar a aplicação do precedente aos casos iguais, que estejam em curso ou aos futuros.

Por outro prisma e nos países da *common law*, a aplicação dos precedentes perpassa a compreensão das figuras do *ratio decidendi* e do *obter dictum*.

31 ALVIM, Teresa Arruda. Papel criativo da jurisprudência, precedentes e formas de vinculação. **Revista de Processo.** Vol. 333, ano 47, pp. 373-405, São Paulo, Editora Revista dos Tribunais, 2022, p. 386.

De acordo com José Rogério Cruz e Tucci[32], a *ratio decidendi* constitui a essência da tese jurídica (suficiente e necessária) para decidir o caso concreto (*rule of law*). É essa regra que vincula o julgamento dos casos futuros. Analiticamente são três os elementos que a integram: a) indicação dos fatos relevantes; b) raciocínio lógico-jurídico da decisão (*legal reasoning*); e, c) o juízo decisório (*judgement*).

A *ratio decidendi* de uma decisão é o princípio que se extrai especialmente da fundamentação de um julgado. São seus motivos determinantes, o percurso utilizado para que o julgador tenha chegado à solução; solução essa construída de forma rente aos fatos da causa de onde se originou. Segundo Riccardo Guastini[33] é a proposição passível de se abstraída de uma decisão, para reger casos alicerçados em fatos semelhantes ou idênticos. A *ratio decidendi*, equivale ao porquê da solução dada. Para apreendê-la faz-se necessária a leitura de toda a decisão precedente, das principais peças do processo que o originou. É preciso identificar qual a principal questão que estava sendo solucionada pela corte do precedente e, para tanto, será necessário conhecer o conflito, saber quais as questões de fato e de direito que foram debatidas naquele caso, até que a Corte chegasse a uma decisão[34].

É ainda de se ressaltar, que a *rule* é "criada" quando ocorre o julgamento de um caso novo (*case of first impression*), porém é geralmente reconhecida em julgamento de caso subsequente, que vislumbra no julgado anterior essa "autoridade"[35].

Em resumo, o processo de interpretação da *ratio* é complexo e intrincado, sendo que intérpretes diferentes podem extrair proposições diversas de um julgado específico[36]. Teresa Arruda Alvim, traz um exem-

---

32 CRUZ e TUCCI, José Rogério. **Precedente judicial como fonte do direito**. São Paulo, Revista dos Tribunais, 2004. p. 175.

33 GUASTINI, Riccardo. **Interpretare e argomentare.** Milano: Giuffrè, 2011, p. 264.

34 ALVIM, Teresa Arruda. Papel criativo da jurisprudência, precedentes e formas de vinculação. **Revista de Processo.** Vol. 333, ano 47, pp. 373-405, São Paulo, Editora Revista dos Tribunais, 2022.

35 ALVIM, Teresa Arruda. Papel criativo da jurisprudência, precedentes e formas de vinculação. **Revista de Processo.** Vol. 333, ano 47, pp. 373-405, São Paulo, Editora Revista dos Tribunais, 2022, p. 388.

36 Nas palavras de Neil MACCORMICK: "So there is a possibility that some precedents contain relatively clear rulings on fairly sharply defined points of law, and that others contain implicit rulings of similar, but perhaps less, relative clarity. Yet others because of judicial disagreement or simple confusion contain none. It is only a

plo bastante elucidativo para demonstrar a dificuldade de se extrair a *ratio*: "Caio de 17 anos, entra na faculdade, e seu pai, João lhe dá um carro. No ano seguinte, Pedro, irmão mais novo de Caio, entra na faculdade com 17 anos e, invocando o precedente, pede a João, um carro. João pode dar-lhe o carro. Mas pode, no lugar disso, dizer-lhe que a *ratio* do caso de Caio não se aplica ao seu (= de Pedro), pois entrou numa faculdade paga e muito cara. Caio, no entanto, entrou em Universidade Federal. A discussão entre eles deve girar em torno de ter (ou não) a faculdade em que entrou Caio (= fato) integrado a *ratio* da decisão: dar-lhe um carro de presente".

No sistema da *common law* a doutrina e jurisprudência ao longo de anos desenvolveram não somente o conceito de *ratio decidindi* como também do *obiter dictum*, de modo a distinguir os fundamentos da decisão que podem ser extraídos para aplicação à casos futuros, dos que não tem esse grau de universalização.

Em uma síntese, o *obiter dictum* são os fundamentos auxiliares utilizados pelo julgador para a construção da decisão judicial, mas prescindíveis para o deslinde da controvérsia. Nas palavras do Professor José Rogério Cruz e Tucci o *obiter dictum* apesar de não poder ser invocado como *precedente vinculante* em caso análogo, poderá servir como argumento de persuasão[37].

É de se destacar, que diante da ênfase dada à técnica da utilização dos precedentes, prestigiosa doutrina brasileira tem buscado destrinchar esses conceitos não tão familiares ao operador do direito brasileiro[38].

dogmatic fiction that the third class has anything which could reasonably be called a *ratio* at all, and the truth is that in relation to that type of case even the most rigid doctrine of binding precedent cannot in practice obligate the judge in a later case to do more than find some 'explanatory' proposition which is consistent with the actual decision of the precedent case and also relevant to the instant case; all the better if his 'explanatory' proposition squares in some degree with some at least of what was said in the confused or conflicting opinion or opinions given in the precedent". MACCORMICK, Neil. **Legal reasoning and legal theory**. Clarendon Press, 1994, p. 244.

37 CRUZ e TUCCI, José Rogério. **Precedente judicial como fonte do direito**. São Paulo, Revista dos Tribunais, 2004. p. 177.

38 Como exemplo podemos citar as seguintes obras recentes: MARINONI, Luiz Guilherme; **Precedentes Obrigatórios**; São Paulo: Ed. Revista dos Tribunais, 2011; MITIDIERO, Daniel. **Precedentes: da persuasão à vinculação**. São Paulo: Revista dos Tribunais, 2016; MANCUSO, Rodolfo de Camargo. **Sistema brasileiro de**

É de se sublinhar que em nosso país a dificuldade da extração da *ratio* é ainda maior, já que em julgamentos colegiados o relator faz constar o voto vencedor, sem trazer os votos dos demais julgadores, que tenham concordado com a conclusão, por outros fundamentos.

Entretanto, o "nosso sistema" de precedentes difere em muito do sistema criado historicamente nos países anglo-saxões. Aqui os precedentes são vistos, principalmente, como técnica para debelar a miríade de processos que tratam de causas massificadas (agilização de julgamento). Ao invés da ênfase na busca da *ratio*, o nosso código prevê também a elaboração das teses. Por sua vez, as teses jurídicas têm sofrido críticas semelhantes as endereçadas aos enunciados de súmula, já que nem sempre abrangem a *ratio* que deveriam evidenciar, e frequentemente são elaborados como enunciados normativos de caráter geral e abstrato, dissociados dos fatos que lhe deram origem[39].

Taís Schilling Ferraz em interessante artigo[40] traz como exemplo deste fenômeno, o julgamento pelo Supremo Tribunal Federal de recurso extraordinário com repercussão geral, em que foi assentada a seguinte tese: "é incompatível com a Constituição a exigência de inscrição na Ordem dos Músicos do Brasil, bem como o pagamento de anuidade, para o exercício da profissão[41]". Na tese jurídica enunciada pelo STF "não está contido o motivo determinante para a solução de casos subsequentes análogos, mas sim a própria solução, encartada em preceito de caráter

precedentes: natureza, eficácia, operacionalidade. 2014; THEODORO JUNIOR, Humberto; ANDRADE, Erico. **Precedentes no processo brasileiro**. Rio de Janeiro: Forense, 2021; ALVIM, Teresa Arruda; DANTAS, Bruno. **Recurso especial, recurso extraordinário e a nova função dos tribunais superiores: precedentes no direito brasileiro**. São Paulo: Thomson Reuters Brasil, 2018; CRAMER, Ronaldo. **Precedentes judiciais: teoria e dinâmica**. Gen, Editora Forense, 2016; PEIXOTO, Ravi. **Superação do precedente e segurança jurídica**. Salvador: Juspodivm, 2015.

39 ALVIM, Teresa Arruda. Papel criativo da jurisprudência, precedentes e formas de vinculação. **Revista de Processo.** Vol. 333, ano 47, pp.373-405, São Paulo, Editora Revista dos Tribunais, 2022, p. 398.

40 FERRAZ, Taís Schilling. Ratio decidendi x tese jurídica. A busca pelo elemento vinculante do precedente brasileiro. In: **Revista de processo**, São Paulo, v. 265, pp. 419-441, 2017.

41 SUPREMO TRIBUNAL FEDERAL, recurso extraordinário nº 795467, Relator: Min. Teori Zavascki, DJ. 4/06/2014

normativo, com expectativa de ampla aplicação, cujo suporte fático abstrai-se do caso paradigma[42]".

A crítica fica também por conta de que a razão que levou o STF ao julgamento pela inconstitucionalidade, e os fatos que foram objeto de análise para a construção da solução no recurso paradigma, não estão destacados na tese fixada. Ainda de acordo com Taís Schilling Ferraz, no caso mencionado, decidiu-se pela inconstitucionalidade *porque* a atividade de músico é manifestação artística protegida pela garantia da liberdade de expressão, sendo incompatível a exigência de prévia inscrição na Ordem dos Músicos como condição para o exercício dessa atividade, bem como de cobrança de anuidade.

São inúmeras as teses jurídicas que não contêm as razões determinantes que levaram a sua fixação. Podemos citar algumas fixadas pelo Superior Tribunal de Justiça, em julgamentos de recursos especiais repetitivos:

(i) "É válida a penhora do bem de família de fiador apontado em contrato de locação de imóvel, seja residencial, seja comercial, nos termos do inciso VII do art. 3º da Lei nº 8.009/1990" (Tema Repetitivo 1091);

(ii) "A discussão acerca da eficácia e efeitos da medida cautelar ou do julgamento de mérito da ADI 2332 não comporta revisão em recurso especial." (Tema Repetitivo 1071);

(iii) "O atraso, por parte de instituição financeira, na baixa de gravame de alienação fiduciária no registro de veículo não caracteriza, por si só, dano moral *in re ipsa". (*Tema Repetitivo 1078);

(iv) "Salvo disposição contratual expressa, os planos de saúde não são obrigados a custear o tratamento médico de fertilização in vitro". (Tema Repetitivo 1067).

Similarmente ao que ocorreu com a criação das súmulas jurisprudenciais, deve se destacar que o propósito é de racionalização à prestação jurisdicional, sendo até compreensível que a tese jurídica seja formalizada por meio de enunciados normativos abstratos e simplifica-

42 FERRAZ, Taís Schilling. Ratio decidendi x tese jurídica. A busca pelo elemento vinculante do precedente brasileiro. In: **Revista de processo**, São Paulo, v. 265, pp. 419-441, 2017.

dos de modo a viabilizar a sua aplicação padronizada, ao contingente de casos em que tratem do mesmo *thema decidendum*[43].

Não é de menor relevância que a expressão "tese jurídica" foi trazida pelo legislador, que a ela atribuiu efeito vinculante (arts. 927, 985, 987, § 2º, 1.040, CPC). De acordo com nossa tradição jurídica técnicas análogas como os *assentos* já estiveram em uso entre nós, sendo comum a fixação de teses como se fossem textos de lei, cuja aplicação futura se dava através de silogismo dedutivo.

Georges Abboud ainda em 2008, destacava que o modo de aplicação das súmulas vinculantes difere muito dos precedentes no sistema do *stare decisis*: "a súmula vinculante por sua vez, da mesma forma que o *assento* português, se desvincula do(s) caso(s) que a originaram, ela se impõe como um texto normativo de vinculação geral e abstrata para casos futuros tal qual a lei, possui dimensão atemporal, logo duração indefinida, passando a ter validade após sua publicação na imprensa oficial[44]".

As particularidades do nosso sistema decorrem tanto das necessidades da sociedade brasileira e dos desafios do poder judiciário nacional, como também das estratégias vislumbradas para suplantá-los. Por outro lado, evidente a influência da tradição do direito português no direito brasileiro. Assim, não seria possível "importar" a lógica dos precedentes desenvolvidos na doutrina do *stare decisis*[45], mesmo que se legisle sobre o suposto caráter vinculante dos precedentes. Na *common law*, o precedente é fonte do direito não por disposição legal, mas por tradição; nos falta esse elemento consuetudinário.

É de se realçar, que o modo de elaboração da tese jurídica em sede de recursos repetitivos ou Incidente de resolução de demandas repetitivas se trata de procedimento de formação concentrada, que não se confunde com a lógica do sistema de precedentes da *common law*. Esse modo de formação provocada reflete um claro objetivo de lidar com o

43 ASPERTI, Maria Cecília. **Acesso à justiça e técnicas de julgamento de casos repetitivos,** Tese de doutorado. Faculdade de Direito da Universidade de São Paulo, 2018, p. 147.

44 ABBOUD, Georges. Súmula vinculante versus precedentes: notas para evitar alguns enganos. **Revista de Processo**. Vol. 165, ano 33, pp. 218-230, 2008. p. 220.

45 A doutrina do *Stare Decisis* (da expressão latina *stare decisis et non quieta movere)* representa vinculação das decisões judiciais aos precedentes que se referem à mesma casuística a ser enfrentada por um magistrado no caso concreto, sendo este um dos alicerces dos sistemas jurídicos da *common law*.

volume de casos similares, ou de casos em que a questão repetitiva é veiculada, o que tem implicações em termos de sua formatação, aplicação e efeitos.

Assim, não é de estranhar que as teses fixadas sejam invocadas como premissa maior em julgamentos subsequentes, sem que se perceba a necessidade de recorrer à sua origem, àquilo que foi determinante para que as cortes decidissem em um e outro sentido.

Em resumo, entendemos que no sistema brasileiro o elemento essencial de um precedente quando fixada em julgamentos de recursos repetitivos ou de incidente de resolução de demandas repetitivas não é sua *ratio decidendi* mas sim a tese fixada, que deve ser aplicada à casos idênticos.

5. Conclusão

Nos parece que no direito brasileiro, em gerenciamento de demandas repetitivas, o elemento vinculativo a casos idênticos é a tese fixada quando do julgamento do recurso repetitivo ou incidente de resolução de demandas repetitivas (art. 311, III; §2º e 4ª, art. 927; art. 955, II; § único, art. 978; art. 985; art. 986; §4º, art. 988 e art. 1022, I, todos do CPC/2015).

Devemos mencionar que os "precedentes" em nossa história jurídica tem feição própria, sendo que em nosso país o sistema de *assentos* teve sua vigência até o advento da república[46]; posteriormente outra técnica, a dos *prejulgados* vigorou entre nós. O *assento* se caracterizava por se desvincular do caso que o originou; era elaborado como texto normativo de vinculação geral e abstrata para casos futuros.

Neste sentido, não é de se estranhar que as atuais teses fixadas sigam o modelo de preceitos normativos, com expectativa de ampla aplicação, cujo suporte fático abstrai-se do caso paradigma.

Já era assim na elaboração dos enunciados de súmulas vinculantes, e que tem como escopo o enfrentamento da morosidade e da busca da eficiência da prestação jurisdicional.

A vinculação pelo acórdão está prevista no art. 927 do diploma processual; os juízes e tribunais observarão os *acórdãos* (não apenas

46 CRUZ e TUCCI, José Rogério. **Precedente judicial como fonte do direito**. São Paulo, Revista dos Tribunais, 2004. p. 234.

as teses jurídicas) originados de julgamento de recursos extraordinário e especial repetitivos. O código também menciona que "o conteúdo do acórdão abrangerá a análise dos fundamentos relevantes da tese jurídica discutida" (art. 1.039, § 3º) e no art. 489, § 1º, V, determina que a sentença, ao invocar precedente, deverá identificar os correspondentes fundamentos determinantes e a demonstração de que o caso sob julgamento a eles se ajusta, estabelecendo, também, que para deixar de seguir um precedente, o juiz deverá demonstrar a existência de distinção no caso em julgamento ou a superação do entendimento.

Porém, para coerência sistêmica, a utilização de tal técnica ficaria restrita a aplicação à casos assemelhados. Em outras palavras, a técnica de extração da *ratio* do acórdão, poderia ser utilizada em relação a acórdão proferido em julgamento de incidente de resolução de demandas repetitivas, ou em julgamento de recursos repetitivos, desde que o "precedente" vise a aplicação em casos semelhantes (fática ou juridicamente).

Se é verdade que em conformidade com o CPC/2015 existe a possibilidade da vinculação se dar tanto pela tese fixada como pelo acórdão, é verdade também que os objetivos do legislador do CPC/2015 estavam muito focados no ganho de eficiência, e desse modo a vinculação pela tese se trata de técnica de agilização de julgamentos. O sistema de aplicação de precedentes através de identificação da *ratio decidendi* é complexo e custoso, exige problematização, análise comparativa, uso da analogia e construção da norma aplicável a cada nova decisão; o que seria incompatível com o ganho de eficiência que se almejava.

Neste sentido, a compreensão dos conceitos de *ratio decidendi* e *obiter dictum* e distinção entre casos, são um passo importante para conferir visibilidade ao raciocínio e aos limites a serem observados na operação com precedentes vinculantes. Entretanto, em nosso sistema, essa técnica não será a aplicada às demandas com questão de direito idênticas, fruto de relações massificadas.

Admitir que as teses vinculam e que muitas são elaboradas como textos normativos gerais e abstratos, sem menção aos fatos dos processos paradigmas que lhe são ínsitos, não implica, porém, que as teses possam ser fixadas fora dos limites da lide (caso paradigma), sob pena de violação ao devido processo legal.

Entretanto e nos casos que não se tratar de demandas repetitivas (outras técnicas de criação de "precedentes" como as decisões do Supremo Tribunal Federal em controle concentrado de constitucionalidade ou incidente de assunção de competência), por coerência a vinculação se dará pela *ratio* e é recomendável que o próprio tribunal que julgou o caso, não busque resumir as razões determinantes através da elaboração de teses, pois nem sempre é possível sintetizá-las em fórmulas simples. Ao se evitar a fixação de teses se evitará equívocos e permitirá que o órgão jurisdicional que for julgar o caso posterior tenha a liberdade de analisar o acórdão paradigma e dele descobrir a *ratio*, que será o elemento vinculativo.

6. Bibliografia

ABBOUD, Georges. Súmula vinculante versus precedentes: notas para evitar alguns enganos. **Revista de Processo**. Vol. 165, ano 33, pp. 218-230, 2008.

ALVIM, Teresa Arruda. Papel criativo da jurisprudência, precedentes e formas de vinculação. **Revista de Processo.** Vol. 333, ano 47, pp. 373-405, São Paulo, Editora Revista dos Tribunais, 2022.

ASPERTI, Maria Cecília. **Acesso à justiça e técnicas de julgamento de casos repetitivos,** Tese de doutorado. Faculdade de Direito da Universidade de São Paulo, 2018.

CRUZ E TUCCI, José Rogério. **Precedente judicial como fonte do direito**. São Paulo, Revista dos Tribunais, 2004.

____________. **O Regime do Precedente Judicial no Novo CPC**. Precedentes. Coordenador: DIDIER JR., Fredie. Salvador: Juspodivm, 2015.

FERRAZ, Taís Schilling. Ratio decidendi x tese jurídica. A busca pelo elemento vinculante do precedente brasileiro. In: **Revista de processo**, São Paulo, v. 265, pp. 419-441, 2017.

GUASTINI, Riccardo. **Interpretare e argomentare**. Milano: Giuffrè, 2011.

GRECO, Leonardo. Princípios de uma Teoria Geral dos Recursos. **Revista Eletrônica de Direito Processual - REDP,** vol. V, 2010.

MACCORMICK, Neil. **Legal reasoning and legal theory**. Clarendon Press, 1994.

NEVES, Antônio Castanheira. O instituto dos "assentos" e a função jurídica dos tribunais supremos. **Separata da Revista de Legislação e de Jurisprudência**, Coimbra, 1983.

SALLES, Carlos Alberto de. **Precedentes e jurisprudência no Novo CPC: novas técnicas decisórias**. IN: GRINOVER, Ada Pellegrini (et al.). O Novo Código de Processo Civil – questões controvertidas. São Paulo: Atlas, 2015.

SICA, Heitor Vitor Mendonça. Brevíssimas reflexões sobre a evolução do tratamento da litigiosidade repetitiva no ordenamento brasileiro, do CPC/1973 ao CPC 2015. **Revista de Processo,** São Paulo, v. 41, nº 257, pp. 269-281, 2016.

VAN RHEE, C.H. **The Law's Delay: essays on undue delay in civil litigation**. Antwerp/Oxford/New York: Intersentia 2004.

ZUCKERMAN, Adrian AS. **The Dimensions of Civil Justice.** Civil Justice in Crisis: Comparative Perspectives of Civil Procedure, ed. Adrian Zuckerman, Oxford, 2003.

REFLEXÕES SOBRE AS POSIÇÕES DE AUTOR E RÉU, À LUZ DO TEMA 889 DO SUPERIOR TRIBUNAL DE JUSTIÇA

Swarai Cervone de Oliveira[1]

SUMÁRIO: 1. O problema; **2.** Dois exemplos ilustrativos; **3.** O tema 889 e as razões de seu surgimento. Efetividade, economia processual, processo civil de resultados; **4.** Princípio dispositivo e regra da eventualidade. As diferentes posições de autor e réu; **5.** A leitura correta do Tema 889, à luz das distintas posições de autor e réu. O art. 508, CPC e sua relação com o Tema 889; **6.** A (ainda) necessária reconvenção para que a eficácia preclusiva da coisa julgada abranja todos os fundamentos que poderiam ter sido trazidos pelo autor para o acolhimento de seu pedido.

O presente artigo aborda, em seu desenvolvimento, questões relacionadas ao tempo do processo, à efetividade, à coisa julgada e, notadamente, à causa de pedir e à regra da eventualidade, assuntos tão caros e que foram tratados com excelência pelo homenageado.

1. O problema

Dispõe o Tema 889, STJ: *A sentença, qualquer que seja sua natureza, de procedência ou improcedência do pedido, constitui título executivo judicial, desde que estabeleça obrigação de pagar quantia, de fazer, não fazer ou entregar coisa, admitida sua prévia liquidação e execução nos próprios autos.*

Porém, uma vez que uma sentença de improcedência estabeleça os elementos de uma obrigação, em seu conteúdo declaratório, à luz do que foi discutido no processo, conforme a causa de pedir, é permitido ao autor, que foi vencido, defender-se, na fase de cumprimento (Art. 525, §1º, III, CPC), com base em alegações que poderia opor – e não opôs - ao acolhimento do pedido? O Tema 889 altera a interpretação que se costuma fazer do art. 508, CPC? Ele permite uma absoluta simetria de tratamento entre as posições de autor e réu? Ou ainda há distinção entre

1 Mestre, Doutor e Livre-docente em direito processual civil pela Universidade de São Paulo. Juiz de Direito

a hipótese de mera improcedência e aquela acrescida do julgamento de uma demanda reconvencional?

2. Dois exemplos ilustrativos

a) Tício ajuíza ação, pretendendo tutela declaratória, que reconheça que nada deve para Caio. A causa de pedir baseia-se na existência de doação da quantia recebida. Em sua contestação, o réu afirma que se tratou de mútuo, e não de doação. Sobrevém sentença de improcedência, que declara, em sua fundamentação, a existência de mútuo entre partes, apontando o valor devido pelo autor e a data em que ele deveria ter sido devolvido.

Segundo o Tema 889, uma vez que a sentença, transitada em julgado, posto que de improcedência, estabeleceu a obrigação de pagar, notadamente à luz do que preceitua o art. 503, §1º, CPC, pode o autor (vencido) alegar, na fase de cumprimento, alguma condição suspensiva ainda não cumprida?

b) Tício ajuíza ação, em que pede a declaração de inexigibilidade de duplicata, em razão da prescrição. Em sua contestação, o réu alega que não há prescrição e, portanto, o título é exigível. Sobrevém sentença de improcedência, que declara, em sua fundamentação, a inexistência de prescrição e, portanto, a exigibilidade do título

Segundo o Tema 889, uma vez que a sentença, transitada em julgado, posto que de improcedência, estabeleceu a exigibilidade do título, pode o autor, na fase de cumprimento, alegar a existência de vícios nos produtos entregues ou mesmo quantidade insuficiente?

3. O tema 889 e as razões de seu surgimento. Efetividade, economia processual, processo civil de resultados

A elaboração do Tema tem como principais fundamentos os princípios da efetividade, economia processual e a função da coisa julgada, como maneira de conferir segurança ao que foi decidido, evitando-se a frustração do resultado a que chegou o processo.

Um trecho do voto do Resp. 1324152, no qual se definiu a tese, é particularmente revelador a respeito das razões que a embasam:

"Afinal, há considerar os princípios da efetividade jurisdicional e economia processual como freios ao formalismo excessivo de impor ao titular do direito já reconhecido em sentença declaratória da exigibilidade da obrigação, o ajuizamento de demanda condenatória inútil, porquanto até mesmo a ampla análise da pretensão deduzida em juízo estaria impedida pela coisa julgada formada no processo anterior. O Instituto Brasileiro de Direito Processual - IBDP -, no parecer juntado aos autos, com acuidade, reforçou o fundamento de inutilidade da proposição de nova medida judicial como pressuposto de acesso às vias executivas (fl. 279): A inutilidade dessa nova demanda decorre do caráter de imutabilidade atribuído ao elemento imperativo da sentença que estatuiu a respeito da obrigação inadimplida. Nas sentenças judiciais de mérito a decisão contida no elemento imperativo atribui a uma das partes o direito que entre elas é controvertido, resolvendo, com isso, a crise de direito material que as levou a agirem em juízo. Atribuir o caráter de imutabilidade aos efeitos dessa decisão atende, acima de tudo, a uma necessidade prática e de utilidade social de encerrar definitivamente uma controvérsia. Se as decisões puderem ser alteradas facilmente, o processo deixa de ser um meio eficiente para a resolução dos conflitos. As disputas podem se arrastar por um longo período, ou então podem ressurgir a todo momento. A essência da coisa julgada sob o ponto de vista objetivo consiste, portanto, na imposição de um dever ao juiz de um processo sucessivo de não desconhecer ou de não diminuir o direito que foi atribuído a uma parte em um processo anterior. Assim, caso o vencedor de uma demanda em que se reconheçam todos os elementos da obrigação inadimplida intente nova demanda judicial, ainda que, desta feita, sob o selo da tutela condenatória, não restaria a esse novo juiz, dada a incidência da função negativa da coisa julgada, alternativa que não a extinção de plano desse novo processo

...

Ainda, a doutrina de Paulo Henrique dos Santos Lucon: Se a sentença meramente declaratória contiver todos os elementos identificadores da obrigação (sujeitos, prestação, liquidez e exigibilidade) não há como se negar sua eficácia executiva. Impor uma nova cognição para que sentença futura imponha apenas a sanção executiva atenta contra o bom senso e a eco-

> *nomia processual. (Revista do Advogado 84/152, São Paulo: AASP, dez. 2005)"*

De fato, o processo caracteriza-se como técnica da qual se vale o Estado para exercer a jurisdição. É, portanto, instrumento técnico colocado à disposição das partes.[2] No dizer de Bedaque, o processo é o método estatal de solução das crises verificadas no plano do direito material.[3]

Neste contexto, diz-se que o processo é instrumental ao direito material. Conforme o autor: *"A natureza instrumental do direito processual impõe sejam seus institutos concebidos em conformidade com as necessidades do direito substancial. Isto é, a eficácia do sistema processual será medida em função de sua utilidade para o ordenamento jurídico material e para a pacificação social. Não interessa, portanto, uma ciência processual conceitualmente perfeita, mas que não consiga atingir os resultados a que se propõe. Menos tecnicismo e mais justiça, é o que se pretende."*[4]

Ao se estabelecerem os meios para que o processo atinja os seus fins, deve-se ter em conta, ainda segundo Bedaque, a procura dos mecanismos mais eficientes para a solução dos litígios.

Couture ressalta que o processo se caracteriza como a somatória entre o procedimento e a relação jurídica processual. A ideia de processo é teleológica: seu fim é a solução do litígio. O procedimento, como parte dele, nada mais é do que uma sequência ou série de atos que se

2 Cf. CARNACINI, Tito, Tutela giurisdizionale e tecnica del processo, cit., p. 704.

3 BEDAQUE, José Roberto dos Santos. *Efetividade do processo e técnica processual.* São Paulo: Malheiros Ed., 2006. p. 72.

4 *Direito e processo:* influência do direito material sobre o processo, cit., p. 16. No mesmo sentido, aponta Proto Pisani: *"Come, infatti, il diritto processuale non potrebbe esistere senza il diritto sostanziale (indispensabilità del diritto sostanziale), così – è ora de aggiungere – il diritto sostanziale non potrebbe esistere senza il diritto processuale. Pur nella diversità, vi è una stretta interdipendenza (cioè dipendenza reciproca) tra diritto sostanziale e diritto processuale."* E prossegue, mais adiante: *"perchè sia assicurata la tutela giurisdicionale di una determinata situazione di vantaggio, non basta che a livello di diritto processuale sia predisposto un procedimento quale che sia, ma è necessario che il titolare della situazione di vantaggio violata (o di cui si minacia la violazione) possa utilizzare un procedimento (o più procedimenti) strutturato in modo tale da protergli fornire una tutela effetiva e non meramente formale o astratta del suo diritto."* (PROTO PISANI, Andrea. *Lezioni di diritto processuale civile.* 3ª ed. Napoli: Jovene, 1999. pp. 4-6).

desenvolvem progressivamente, com o objetivo de resolver, mediante o juízo da autoridade, o conflito submetido à sua decisão.[5]

Trata-se, então, de método de trabalho. A técnica de tal método tem dois grandes objetivos: conferir segurança ao instrumento, garantindo a participação das partes em contraditório; assemelhar a resposta jurisdicional à atuação espontânea de regra de direito material, do ponto de vista da justiça da decisão e da tempestividade da resposta.[6]

De acordo com Flávio Luiz Yarshell, o procedimento pode ser visto, na disciplina dos atos do processo, como 'penhor de legalidade' e como instrumento do contraditório. Por isso, a ideia de tipicidade dos atos deve ser cotejada com a instrumentalidade do processo e com a garantia do contraditório.[7]

A técnica, dessa forma, visa a manter certa ordem e a garantir determinada margem de segurança e conhecimento para as partes, limitando qualquer aspiração de arbítrio do juiz na condução do processo.

É o que ensina Carlos Alberto Alvaro de Oliveira quando, após fixar o conceito de formalismo como forma em sentido amplo, diz que ele é essencial para delimitar os poderes, faculdades e deveres dos sujeitos processuais, coordenando sua atividade e organizando o processo, com vistas a que ele alcance seu fim.

A ideia de formalismo liga-se à de ordem, organização. Em relação ao juiz, o formalismo garante às partes a proteção contra o arbítrio, já que seus poderes estarão regulados e a previsão de medidas típicas, embora não tenha caráter absoluto, dá a elas meios de controle da atuação jurisdicional.[8]

---

5 COUTURE, Eduardo Juan. *Fundamentos del derecho procesal civil.* 3ª ed. Buenos Aires: Depalma, 1958. pp. 121-122.

6 BEDAQUE, José Roberto dos Santos. *Efetividade do processo e técnica processual*, cit., p. 77.

7 O autor, que tem uma visão mais restrita sobre a atenuação do formalismo processual, ressalta que o procedimento é garantia de legalidade e forma de controle do poder estatal. O juiz, na direção do processo, deve pautar-se pela legalidade, respeitando a tipicidade dos atos e, ao excepcionalmente permitir a alteração do procedimento – mantendo a regra da tipicidade –, há de preservar o contraditório, assegurar o caráter racional desse procedimento e o atendimento aos escopos da jurisdição. (YARSELL, Flávio Luiz. *Tutela jurisdicional.* 2ª ed., rev. e atual. São Paulo: DPJ, 2006. p.183-187).

8 OLIVEIRA, Carlos Alberto Álvaro de. *Do formalismo no processo civil.* São Paulo: Saraiva, 1997. pp. 6-11.

No entanto, a técnica processual tem razão de ser na medida em que conferir às partes a efetividade da tutela jurisdicional. Não faz sentido que a técnica seja vista como um fim a ser alcançado, independentemente dos resultados do processo. Repita-se, sempre: a técnica processual é meio e, na condição de meio, deve ser efetivo.

Para Barbosa Moreira, a efetividade do processo *"é expressão que, superando as objeções de alguns, se tem largamente difundido nos últimos anos. Querer que o processo seja efetivo é querer que desempenhe com eficiência o papel que lhe compete na economia do ordenamento jurídico. Visto que esse papel é instrumental em relação ao direito substantivo, também se costuma falar da instrumentalidade do processo. Uma noção conecta-se com a outra e por assim dizer a implica. Qualquer instrumento será bom na medida em que sirva de modo prestimoso à consecução dos fins da obra a que se ordena; em outras palavras, na medida em que seja efetivo. Vale dizer: será efetivo o processo que constitua instrumento eficiente de realização do direito material."*[9]

Na direção do processo, deve o juiz buscar flexibilizar a técnica, nos limites da legalidade, com o objetivo de torná-lo efetivo. É essencial que o sistema processual dote o juiz de poderes mais flexíveis na direção e condução do processo. Isso advém do interesse público que o permeia.

De acordo com Bedaque, *"quanto mais o legislador valer-se de formas abertas, sem conteúdo jurídico definido, maior será a possibilidade de o juiz adaptá-la às necessidades do caso concreto. Esse poder não se confunde com a denominada 'discricionariedade judicial', mas implica ampliação da margem de controle da técnica processual pelo julgador."*[10]

O ideal, segundo Carlos Alberto Alvaro de Oliveira, *"é colocar a técnica processual a serviço do direito material e dos fins últimos do processo,*

---

9 MOREIRA, José Carlos Barbosa. *Temas de direito processual*: 8ª série. São Paulo: Saraiva, 2004. p. 15.

10 BEDAQUE, José Roberto dos Santos. *Efetividade do processo e técnica processual*, cit., p. 109. Ainda, no mesmo sentido, aponta Marinoni: *"Como é obvio, não se pretende dizer que o juiz deve pensar o processo civil segundo seus próprios critérios. O que se deseja evidenciar é que o juiz tem o dever de interpretar a legislação processual à luz dos valores da Constituição Federal. Como esse dever gera o de pensar o procedimento em conformidade com as necessidades do direito material e da realidade social, é imprescindível ao juiz compreender as tutelas devidas ao direito material e perceber as diversas necessidades da vida das pessoas."* (MARINONI, Luiz Guilherme. *Técnica processual e tutela dos direitos.* São Paulo: Ed. Revista dos Tribunais, 2004. p.225).

limitando-se o mínimo possível o desempenho dos sujeitos processuais, de modo que a regulação contenha apenas o indispensável para uma condução bem organizada e proporcionada do feito. Além disso, a par da maior eficiência do aparelho judicial estatal, mostra-se desejável que o desiderato de obter-se índice sempre mais intenso de democratização do processo, incrementando-se, assim, a afetiva acessibilidade dos usuários ao serviço judiciário, facilitando-se-lhes ao mesmo tempo o uso do aparelho estatal."[11]

Pautado pela eficiência que deve ter o processo, o juiz há de submeter as exigências do formalismo a exame crítico, fundado nos princípios da economia processual, da ausência de prejuízo, da instrumentalidade das formas e, principalmente, do contraditório e da ampla defesa.

O aproveitamento do tempo e energia já gastos no processo é essencial para que ele se torne um instrumento mais eficiente e menos custoso de pacificação social.

Em resumo, o juiz, em colaboração com as partes, respeitando o devido processo legal, deve, em tempo razoável, buscar o fim do processo, que é a solução do litígio e a pacificação social. Para tanto, a forma do processo deve servir de instrumento a ser devidamente manejado pelo julgador.

Efetividade, por seu turno, é conceito que se liga diretamente ao tempo do processo. As ideias complementam-se. Processo efetivo é aquele que confere à parte a tutela em tempo razoável.

José Rogério Cruz e Tucci ressalta que os processualistas, superada a fase das construções de cunho teórico, "*passaram a preocupar-se com um valor fundamental, ínsito à tutela dos direitos, qual seja, a imprescindibilidade da efetividade do processo, enquanto instrumento de realização da justiça."*[12]

O autor relaciona a efetividade do processo à sua duração, afirmando que um sistema será tanto mais eficiente quanto mais rápida for a resposta jurisdicional dada ao caso concreto. Ao contrário, a demora do processo acarretará a falta de efetividade do provimento, pois, em razão dela, pode haver descompasso entre a decisão final e a natureza do objeto litigioso.

---

11 OLIVEIRA, Carlos Alberto Álvaro de. *Do formalismo no processo civil*, cit., p.126.

12 TUCCI, José Rogério Cruz e. *Tempo e processo*. São Paulo: Ed. Revista dos Tribunais, 1997. p. 63.

Não basta assegurar à parte a abstrata garantia de que alcançará, no processo, exatamente aquilo a que tem direito, na conhecida fórmula Chiovendiana. É preciso que se lhe garanta que isso ocorrerá em um tempo razoável. O art. 5º, LXXVIII, dispõe que *"a todos, no âmbito judicial e administrativo, são assegurados a razoável duração do processo e os meios que garantam a celeridade de sua tramitação."* Por isso, o ideal que se procura é um sistema que alcance o correto equilíbrio entre os fatores segurança jurídica e celeridade processual.[13]

É exatamente isso que o legislador tem buscado com as técnicas de aceleração do processo. Conferir-lhe efetividade, diminuindo o efeito deletério do tempo, mas assegurando o respeito ao devido processo legal. A possibilidade de concessão das tutelas de urgência é o maior exemplo atual da preocupação do legislador.

O binômio efetividade e tempestividade da tutela é tão importante, que Luiz Guilherme Marinoni o coloca entre os direitos fundamentais enumerados na Constituição Federal. [14]

Conforme o raciocínio do autor, o art. 5º, XXXV, da Constituição Federal, prevê que "a lei não excluirá da apreciação do Poder Judiciário lesão ou ameaça a direito". Entende-se, assim, que é direito fundamental de todos uma prestação jurisdicional efetiva.[15]

Para ser efetiva, como visto, a tutela deve ser tempestiva, seja no que diz respeito à reparação do dano, seja no que concerne à sua prevenção. A locução "ameaça a direito" demonstra que a proteção visa, também, a impedir que o dano ocorra, e isso, à evidência, deve ser feito de forma tempestiva e efetiva. O processo é uma técnica para a prestação da tutela e, por isso, se *"não estiver disposto de modo a viabilizar a outorga*

---

13 TUCCI, José Rogério Cruz e. *Tempo e processo*, cit., p. 66.

14 Assim também entende Comoglio, afirmando que o direito constitucional de ação pode ser visto como o direito à efetiva tutela. Nas suas palavras: *"L''azione' in senso costituzionale, dunque, come non è più un mero 'diritto al processo' (ma è un 'diritto al giusto processo'), così è anche un 'diritto alla tutela' (o, se si preferisce, il 'diritto ad un'effettiva tutela'), bem potendo aspirari a porsi – nella dimensione individuata dalla Corte costituzionale – fra i 'princípi supremi' dell'ordinamento costituzionale o addirittura fra gli stessi 'diritti inviolabili dell'uomo', 'riconosciuti' e 'garantiti' dalla nostra Repubblica (art. 2ºcost.)."*(COMOGLIO, Luigi Paolo. Giurisdizione e processo nel quadro delle garanzie costituzionali. *Rivista Trimestrale di Diritto e Procedura Civile*, Milano, v. 48, nº 4, p. 1076, dic. 1994).

15 MARINONI, Luiz Guilherme. *Técnica processual e tutela dos direitos*, cit., p. 179.

da tutela inibitória àquele que a ela tem direito, certamente estará negando o direito fundamental à tutela jurisdicional preventiva."[16]

Marinoni resume sua lição nos seguintes termos: *"basta evidenciar que há direito fundamental à tutela jurisdicional efetiva, tempestiva e, quando for necessário, preventiva. A compreensão desse direito depende da adequação da técnica processual aos direitos, ou melhor, da visualização da técnica processual a partir das necessidades do direito material. Se a efetividade (em sentido lato) requer adequação e essa deve trazer efetividade, o certo é que os dois conceitos podem ser decompostos para melhor explicar a imprescindibilidade de adequação da técnica às diferentes situações de direito material."*[17]

Para tornar concreta a ideia de efetividade e economia processual, o Superior Tribunal de Justiça fez uso do conceito de coisa julgada. Resolvida a crise de certeza, já não haveria possibilidade de que a discussão tornasse a ocorrer em novo processo. Essencial, portanto, estabelecer exatamente o que fica coberto pela coisa julgada.

Em nosso país, contribuíram muito para o exame apurado do instituto as lições de Barbosa Moreira, expostas em uma série de artigos que tratam do tema. O autor procura estabelecer a diferença entre os efeitos naturais da sentença, sua carga declaratória e a incidência da coisa julgada, principalmente delimitando sobre o que ela incide.

Em um dos artigos mais importantes sobre a coisa julgada[18], o professor carioca inicia sua análise cuidando da noção romana da *res iudicata,* lembrando, assim como Chiovenda, que, para os romanos, ela se consubstancia na *res iudicium deducta* depois que foi *iudicata,* o que acontecia por meio da prolação da sentença, razão pela qual a coisa julgada seria efeito da sentença.

Em seguida, Barbosa Moreira afirma que, para a doutrina alemã, identifica-se a coisa julgada com o efeito declaratório da sentença não mais passível de recurso. E lembra que Carnelutti, na Itália, pretendeu equiparar a coisa julgada à eficácia da decisão, ou à sua imperatividade.[1918]

No entanto, a coisa julgada é fenômeno cuja justificação está baseada em razões de ordem eminentemente prática. O fundamento político

16 MARINONI, Luiz Guilherme. *Técnica processual e tutela dos direitos,* cit., pp. 182-183.

17 MARINONI, Luiz Guilherme. *Técnica processual e tutela dos direitos,* cit., p. 184.

18 *Ainda e sempre a coisa julgada, in* RT 416.

19 ob.cit. p. 10.

da coisa julgada é a necessidade de se conferir estabilidade ao julgado, à tutela jurisdicional conferida pelo Estado. A coisa julgada, acima de tudo, deve ser analisada sob o prisma de sua utilidade.

Peca, por isso, a doutrina, de inspiração alemã, que vê no elemento declaratório da sentença a autoridade da coisa julgada. Tal doutrina parte de uma diferenciação, similar à de Celso Neves, entre sentenças que se limitam a declarar uma situação jurídica e aquelas que modificam uma situação anterior, fazendo nascerem novos efeitos.[20]

O conteúdo declaratório valeria, em regra, apenas para as partes. Já a modificação, advinda da condenação ou da constituição de nova situação jurídica, surtiria efeitos para todos – efeitos *erga omnes.* Para Hellwig, citado por Barbosa Moreira, a essência da coisa julgada material estaria ligada à indiscutibilidade de que se reforça a declaração a partir do trânsito em julgado e que vincula as partes e todos os juízes. Tratar-se-ia da certeza da disciplina a que deve submeter-se a situação jurídica declarada. [21]

No entanto, aceita a premissa de que a coisa julgada é instituto com finalidade eminentemente prática, não se vê qual seria a utilidade de se cobrir com o manto da imutabilidade apenas a carga declaratória da sentença, deixando-se de lado os efeitos condenatórios ou constitutivos. Segundo Barbosa Moreira: "De que serve a Caio – ou, acima dele, à paz social, à segurança das relações interpessoais – tornar-se indiscutível, a partir de certo momento, o direito que tinha à anulação de seu casamento com Tícia, se entretanto se permite que continue a ser discutida a própria dissolução da sociedade conjugal? Uma vez efetuada a modificação – nisso estava certo Hellwig -, o direito de obtê-la já não tem qualquer significação atual, e bem fraca teria de reputar-se a garantia da coisa julgada se apenas a ela se reportasse, deixando ao desabrigo a modificação mesma."[22]

20 Celso Neves classifica as sentenças em objetivamente simples e objetivamente complexas, ligando as primeiras ao conteúdo meramente declaratório, e as segundas à somatória entre o conteúdo declaratório e o conteúdo constitutivo ou condenatório.

21 MOREIRA, José Carlos Barbosa, *Coisa Julgada e declaração, in Temas de direito processual – Primeira série,* São Paulo:Saraiva, 1977, p. 82. O autor menciona, também, o *accertamento* dos italianos, como instituto similar.

22 ob. cit. p. 83.

O autor examina, então, a lição de Liebman, para quem a coisa julgada se qualificaria como uma especial qualidade – a imutabilidade - de que se revestem o conteúdo e os efeitos da sentença passada em julgado. Discorda, essencialmente, da afirmação de que a imutabilidade atingiria os efeitos da sentença. Para o autor: "se alguma coisa, em tudo isso, escapa ao selo da imutabilidade, são justamente os efeitos da sentença."[23]

Tratando-se de direitos disponíveis, mesmo que verificada a coisa julgada, absolutamente nada impede que as partes disponham, no futuro, de forma contrária ao decidido, sem que a imutabilidade da decisão tenha qualquer influência em sua esfera de liberdade. É o direito material, mesmo depois do trânsito em julgado, que permitirá que as partes transijam, não se podendo, portanto, sustentar que os efeitos da sentença permanecerão inalterados com o decorrer do tempo.

A imutabilidade, na verdade, atingirá não os efeitos, mas o conteúdo do comando da sentença. Nas palavras de Barbosa Moreira: *"A imutabilidade (ainda ilimitada) do conteúdo da sentença não importa, é obvio, na imutabilidade da situação jurídica concreta sobre a qual versou o pronunciamento judicial. Se se julgou que A devia a B certa importância, nada obsta a que, antes ou depois do trânsito em julgado, A pague a dívida, ou B a remita, e assim se extingue a relação de crédito declarada pela sentença. Tal circunstância em nada afeta a autoridade de coisa julgada que esta porventura haja adquirido. A norma sentencial permanece imutável, enquanto norma jurídica concreta referida a uma determinada situação."*[24]

Já no que se refere à diferenciação entre eficácia da sentença e imutabilidade, ressalta que a sentença, como todo ato jurídico, destina-se a produzir efeitos no mundo do direito. Ela tem aptidão, é ditada de eficácia, para produzir esses efeitos. Cuida-se da eficácia potencial da sentença, verificada *in abstracto*. No entanto, do ponto de vista do momento concreto em que a sentença passa a produzir efeitos, Barbosa Moreira afirma que é o direito positivo que o ditará. Na verdade, a eficácia natural da sentença confunde-se com a sua eficácia legal, pois é o direito positivo que fixará o momento em que a sentença passará a surtir efeitos[25] – se antes ou depois do trânsito em julgado, é a lei que o dirá. Também será o direito positivo que, por razões de ordem prática, estipulará até

23 ob.cit. p. 12.

24 ob.cit. p. 15.

25 MOREIRA, José Carlos Barbosa, *Eficácia da sentença e autoridade da coisa julgada, in Temas de direito processual – Terceira série,* São Paulo:Saraiva, 1984, p. 101.

que momento a sentença, como ato jurídico, pode ser substituída por outro comando ou, por outro lado, se tornará imutável.

Portanto, eficácia da sentença e imutabilidade são fenômenos distintos que não guardam necessária relação de interdependência. A sentença, ainda que mutável, pode, por disposição legal, produzir efeitos enquanto não modificada. Da mesma forma, ainda que imutável, a sentença pode deixar de produzir os efeitos previstos – como na hipótese, já vista, dos direitos disponíveis. A imutabilidade, pois, não é conatural à sentença, mas algo que a ela se acresce por razões de ordem prática.[26]

Distinguida a autoridade da coisa julgada – imutabilidade – dos efeitos da sentença – eficácia concreta -, há de se verificar o que, exatamente, se torna imutável a partir do trânsito em julgado. A essa questão, Barbosa Moreira inicia sua resposta reafirmando que a imutabilidade não alcança, exatamente, os efeitos da sentença, pois que esses, como já visto, podem – e é natural, em certos casos, que assim seja – alterar-se com o tempo.

A coisa julgada material, como visto, alcança o conteúdo da sentença, como norma jurídica concreta, seja ele meramente declaratório, ou, também, constitutivo ou condenatório. A modificação - nos últimos dois casos - trazida pela norma concreta criada pela sentença é exatamente o seu conteúdo (e que se tornará imutável com o trânsito em julgado). A nova situação jurídica, consequente à modificação criada pela norma concreta, será efeito da sentença, passível de eventual alteração conforme a natureza (disponível) do direito.[27]

Em síntese, a coisa julgada cobrirá, segundo o autor, o conteúdo do comando da sentença. É esse conteúdo – e não os efeitos da sentença[28] -, como norma concreta, que não poderá ser rediscutido pelas partes ou alterado por qualquer outro juiz, depois de coberto pela coisa julgada.

---

26 ob. cit. p. 103.

27 ob. cit., p. 109, nota de rodapé.

28 Assente à lição de Barbosa Moreira, Eduardo Talamini assevera: "Convém frisar: as partes não ficam vinculadas à declaração jurisdicional; podem, no âmbito das relações disponíveis, abdicar da solução de eliminação da incerteza dada pelo juiz e consensualmente estabelecer outra; porém, ainda que estando de acordo entre si, é vedado às partes obter novo pronunciamento que vá contra o conteúdo do dispositivo revestido de coisa julgada." *(Coisa julgada e sua revisão,* São Paulo:RT, 2005, p. 40)

Um comando de improcedência, que, por sua vez, coloca fim à crise de direito material, declarando, em sua fundamentação, os elementos constitutivos de determinada obrigação, já não poderia ser rediscutido em processo posterior. Daí a razão de o Tema 889 dotar de eficácia executiva tal comando, evitando nova e estéril discussão, notadamente se se levar em consideração que o art. 503, §1º, CPC, estende a coisa julgada à questão prejudicial.

4. Princípio dispositivo e regra da eventualidade. As diferentes posições de autor e réu.

O Tema 889, ao dispensar a necessidade de reconvenção para que o réu possa executar uma sentença que lhe seja favorável, parece aproximar as posições de autor e réu no processo civil. Porém, o regime a que cada um se submete não é similar.

O sistema brasileiro impõe ao autor o ônus de eleger os fatos essenciais, baseando seus pedidos em determinada causa de pedir. A estabilização prende-se à narrativa fática e ao fundamento jurídico, pois só se pode conceber a substância do fundamento jurídico fazendo-se alusão aos fatos essenciais. É dizer: na medida em que não se podem alterar os fatos essenciais, não se pode modificar o fundamento jurídico. Se os fatos, vistos pelo autor, numa determinada ação, como secundários, puderem, sob um exame mais bem feito, também dar azo aos mesmos pedidos, será possível a propositura de outra ação, com nova causa de pedir. Trata-se, então, de um concurso de ações, cuja cumulação, num mesmo processo, resta vedada por causa da estabilização.

Contudo, vigora, em nosso sistema, indubitavelmente, o princípio dispositivo. É o autor, ao ajuizar a ação, em razão do princípio da demanda, quem escolherá, dentre os fatos a serem narrados, quais são os essenciais e quais são os secundários. Em outras palavras, é ele quem indicará os fatos e fundamentos jurídicos, elaborando pedido, e, respeitada a regra da correlação, a sentença sobre eles decidirá.

Cabe, nesse ponto, aliás, uma observação terminológica. Pode-se utilizar a expressão "princípio dispositivo" ou a expressão "princípio da demanda"[29], certas vezes, como sinônimas. Isso porque, para os fins ora

29 Para Dinamarco, aliás, não se trata de princípio, mas de regra técnica, visto que não dotada da generalidade de que o são os princípios de origem político-constitucional. Contudo, o próprio autor admite o uso do termo *princípio da demanda*,

examinados, o princípio dispositivo de que se trata é aquele de caráter substancial, segundo o qual, na medida em que a parte pode abrir mão de determinado direito - pode dispor dele -, também pode eleger a maneira como exporá sua pretensão, ou seja, a roupagem jurídica da demanda.

Como observa Antonino Barletta, no que respeita ao processo de cognição, o princípio da demanda é comumente relacionado (se não como expressão equivalente) ao princípio dispositivo substancial: para significar a impossibilidade de prescindir do específico e concreto pedido de tutela da parte interessada a fim de identificar a *res* controversa, isto é, o monopólio das partes na definição do *thema decidendum*".[3029]

O princípio da demanda relaciona-se com a máxima *ne procedat iudex ex officio*. Porém, ao mesmo tempo, a demanda reflete aquilo que foi pedido, e pelos fundamentos fáticos e jurídicos que embasaram esse pedido, conforme o poder de disposição da parte. Vale dizer, a intensa relação - senão sinonímia - entre o princípio da demanda e o princípio dispositivo substancial decorre do fato de que a ação é ajuizada conforme os contornos expostos pelo autor. Uma vez que ele pode dispor do direito material, pode demandar nos limites dessa disposição. Ou seja, pode expor os fatos e fundamentos jurídicos e pode fazer os pedidos conforme a conveniência que a disponibilidade do direito lhe confere.

Logo, dizer princípio da demanda ou dizer princípio dispositivo, para os fins do tema ora tratado, é indiferente. O que importa é a noção de que, por ser de disponibilidade do autor, a pretensão pode ser traduzida nos limites que ele entender oportunos, sendo defeso ao juiz extrapolá-los. Sob esse aspecto, afirmar que se quebrou o princípio da demanda ou o princípio dispositivo é a mesma coisa.[31]

observando: *"Falar em princípios como pontos de partida ou colunas externas de apoio a uma ciência, exclui realmente que se tomem por princípios do direito processual essas regras que, sendo internas a ele, não têm a responsabilidade de atuar como elementos de sua ligação ao ramos maiores e ao tronco da grande árvore do conhecimento jurídico. Mesmo assim e com toda essa ressalva, podemos continuar falando em princípios nesses casos, para evitar inúteis discrepâncias verbais em face da doutrina em geral."* (DINAMARCO, Cândido Rangel, *Instituições de direito processual civil*, vol. I, 5ª ed., São Paulo:Malheiros, 2005, p. 216).

30 BARLETTA, Antonino, *Extra e ultra petizione - Studi sui limiti del dovere decisorio del giudice civile*, Milano:Giuffrè, 2012, p. 54.

31 Conforme Buoncristiani, o princípio dispositivo substancial é traduzido pela regra segundo a qual se reserva à vontade das partes a disposição sobre suas situações

Pois bem. O autor, então, faz uma escolha. Diante de um fato complexo da vida concreta, ele elege aquilo que, no seu entender, são os fatos essenciais, subsumindo-os a determinada hipótese normativa. Daí extrai a causa de pedir. Não por outra razão, esse mesmo fato complexo pode dar azo a uma nova ação, desde que expostos novos fatos essenciais, que, na primeira ação, foram considerados fatos simples. Altera-se, assim, a causa de pedir.

Já o réu não tem essa mesma escolha. Uma vez ajuizada ação contra si, ele é obrigado a defender-se, de maneira concentrada, a respeito de toda a causa de pedir e contra todos os pedidos.

Porém, em certo sentido, o princípio dispositivo é fator de proteção ao réu. Uma vez que cabe ao autor eleger os fatos essenciais que consubstanciarão a causa de pedir, ao réu é garantido, pela regra da eventualidade, que é sobre esses fatos que terá de controverter. Trata-se do ônus de impugnação específica que a ele é imposto. Uma vez citado, o réu passa a ter ciência a respeito da pretensão do autor. Sabe de que pedidos se defender e quais os fundamentos terá de refutar. Conhece, numa expressão, as regras do jogo.

Como se vislumbra, portanto, não são idênticas as posições de autor e réu no processo. O autor não tem o ônus de expor todas as possíveis causas de pedir numa mesma demanda.

jurídicas subjetivas (BUONCRISTIANI, Dino, L' allegazione dei fatti nel processo civile. Profili sistematici,Torino:Giappichelli Editore, 2001, p. 12). Lembra Cécile Chainais que é necessário buscar a fonte da expressão "princípio dispositivo" na doutrina alemã da segunda metade do século XIX, sob a expressão *Dispositionsmaxime*, ou princípio de livre disposição. Tal expressão liga-se à ideia de que incumbe às partes a delimitação do objeto do processo. Ao mesmo tempo, o juiz fica jungido às máximas *"nemo judex sine actore'* e *"ne procedat judex ex officio"*. O princípio abarca, então, seja a iniciativa da parte na propositura da ação, seja a livre definição do objeto do litígio – a dimensão substancial do princípio dispositivo. (CHAINAIS, Cécile, Le principe dispositif: origines historiques et droit comparé, in Le procès est-il encore la chose des parties?, sous la direction de Laurence Flise et Emmanuel Jeuland, Paris;IJRS Éditions, 2015, p. 11).Vide, ainda, CAVALLONE, Bruno, Il giudice e la prova nel processo civile, Padova:Cedam, 1991, p. 30.

5. A leitura correta do Tema 889, à luz das distintas posições de autor e réu. O art. 508, CPC e sua relação com o Tema 889

Sendo distintas as posições de autor e réu, qual a leitura que se deve fazer sobre o Tema 889, na hipótese de o autor não expor, na demanda inicial, todas as possíveis causas de pedir, que poderiam levar, em tese, à procedência da ação?

Como visto, a coisa julgada confere imutabilidade ao comando decisório da sentença. Ela se liga, no que respeita aos elementos objetivos da demanda, não apenas ao pedido, mas ao pedido iluminado por determinada causa de pedir. A decisão que se torna imutável, portanto, prende-se ao pedido feito, segundo os fatos narrados e o fundamento jurídico exposto.

Nada impede, assim - deixando de lado a discussão sobre os limites subjetivos, que não interessam ao tema -, que, alterado algum dos elementos objetivos, se possa propor nova demanda.

Os limites objetivos da coisa julgada vinculam-se à resolução da lide, tal como posta na ação, identificada conforme seus elementos.[32] Já a eficácia preclusiva da coisa julgada liga-se a uma noção de estabilidade.[33] Ela não amplia seus limites objetivos, mas especifica que, com relação àquela mesma demanda – portanto, em relação àquela causa de pedir e àquele pedido, pressupondo-se, por óbvio, demanda dentre as mesmas partes -, *considerar-se-ão deduzidas e repelidas todas as alegações e as defesas que a parte poderia opor tanto ao acolhimento quanto à rejeição do pedido.*

32 Nesse sentido, PUGLIESE, Giovanni, *Giudicato civile*, in Enciclopedia del diritto, Milano:Giuffrè, v. 18, 1969, p. 862.

33 Ada Pellegrini Grinover diz, de forma objetiva, que a eficácia preclusiva consiste na aptidão de "excluir a renovação de questões suscetíveis de neutralizar os efeitos da sentença cobertos por ela." (GRINOVER, Ada Pellegrini, Os limites objetivos e a eficácia preclusiva da coisa julgada, in O processo: estudos e pareceres, São Paulo:DPJ, 2006, p. 114). Conforme a lição de Machado Guimarães, observando que, no que toca à eficácia preclusiva da coisa julgada sua abrangência é ampla, operando fora dos limites do processo – ao contrário da preclusão e da eficácia preclusiva derivada da coisa julgada formal, que operam efeitos meramente endoprocessuais. (GUIMARÃES, Luiz Machado, Preclusão, coisa julgada, efeito preclusivo, in Estudos de direito processual civil, Rio e Janeiro:Editora Jurídica e Universitária, 1969, pp. 15/16).

Não se partilha, por isso, da opinião de Araken de Assis, quando sustenta que o correto sentido do art. 508 do Código de Processo Civil (*transitada em julgado a decisão de mérito, considerar-se-ão deduzidas e repelidas todas as alegações e as defesas que a parte poderia opor tanto ao acolhimento quanto à rejeição do pedido)* – que repetiu, em sua essência, o texto do art. 474 do CPC/73 – é o de que os fatos e fundamentos jurídicos que poderiam ter sido expostos pelo autor, e não foram, ficam cobertos pelo efeito preclusivo da coisa julgada.

Segundo o autor: *"a palavra 'alegações', simétrica a 'defesas', conjuga-se com a parte final, vale dizer, deve ser capaz de embasar o 'acolhimento' do pedido. E o elemento, na demanda, hábil para ensejar a procedência – o verbo 'acolher' possui esse preciso significado no artigo 269, I, do CPC – do pedido é exatamente a causa petendi! Nem se compreenderia, de resto, que à 'defesa', que cabe ao réu alegar, segundo o art. 300 do CPC, se contrapusesse não a causa, e, sim, singelas 'alegações', vale dizer, os argumentos que a compõem. De modo que, por este lado, o art. 474 do CPC abrange as causas do autor e as defesas do réu não deduzidas"*[3433]

A ideia de que essa interpretação da eficácia preclusiva prestigiaria o sentido do art. 508, que é o de resolução total da lide, na sua dimensão pré-processual[3534], esbarra, como aqui já se defendeu, no princípio dispositivo. Importa, para a identificação do objeto do processo, a parcela da lide que é trazida pelo autor. Notadamente no que se refere à causa de pedir, têm relevância os fatos e os fundamentos expostos, e não aqueles que poderiam ter sido carreados, mas não foram.

As *alegações*, a que se refere o art. 508, são os argumentos, as razões de convencimento, tudo aquilo que orbita em torno da causa de pedir e serve de base para que o autor obtenha provimento jurisdicional favorável. Conforme Dinamarco: *"Não se trata de causas de pedir omitidas, porque a coisa julgada material não vai além dos limites da demanda proposta e, se houver outra causa petendi a alegar, a demanda será outra e não será impedida de julgamento; mas novos argumentos, novas cir-*

34 ASSIS, Araken de, *Reflexões sobre a eficácia preclusiva da coisa julgada*, in Revista Ajuris, ano XV, novembro1988, p. 40. O próprio autor, porém, ressalva as opiniões contrárias de Ernanes Fidelis dos Santos (*Comentários ao Código de Processo Civil*, Rio de Janeiro:Forense, 1980, nº 314, pp. 296/297) e José Carlos Barbosa Moreira (*A eficácia preclusiva da coisa julgada material no sistema do processo civil brasileiro*, in Temas de direito processual, São Paulo:Saraiva, 1977, p. 104).

35 ASSIS, Araken de, *Reflexões sobre a eficácia preclusiva*, cit., p. 41.

cunstâncias de fato, interpretação da lei por outro modo, atualidades da jurisprudência etc., que talvez pudessem ser úteis quando trazidos antes do julgamento da causa, agora já não poderão ser utilizados."[36]

Já as defesas ficam circunscritas àquela causa de pedir e visam a convencer o juiz de maneira contrária às alegações do autor. É ônus do réu defender-se do fato essencial e da consequência advinda de seu enquadramento em determinada *fattispecie* normativa, ao mesmo tempo em que deve refutar as circunstâncias narradas como suporte para o pretendido decreto de procedência.

Equilibram-se, com isso, as posições de autor e réu. Enquanto a estabilidade, que decorre da eficácia preclusiva, liga-se aos limites objetivos da coisa julgada em relação ao autor, no que toca ao réu, existe a garantia de que, se alterado algum dos elementos da ação, reabre-se a possibilidade de defesa ampla. O que se lhe veda é a pretensão a obter provimento incompatível com a decisão estabilizada. [37]

Daí porque acertada a lição de Barbosa Moreira, para quem a eficácia preclusiva tem por referência a mesma lide e liga-se ao dedutível, agregando essa característica aos limites objetivos da coisa julgada.[38] Nas lúcidas palavras de Eduardo Talamini: *"A regra em exame tem em vista exclusivamente resguardar a coisa julgada entre as partes e nos exatos limites objetivos acima postos. Fica vedado à parte valer-se das alegações e defesas que poderia ter feito e não fez, a fim de tentar obter outro pronunciamento jurisdicional acerca do mesmo pedido e causa de pedir e em face do mesmo adversário... toda e qualquer alegação, desde que interna aos limites da causa de pedir e do pedido, torna-se irrelevante depois de formada a coisa julgada – tenha ou não sido formulada; tenha ou não sido examinada pelo julgador."*[39]

---

36 DINAMARCO, Cândido Rangel, *Instituições de direito processual civil*, vol. III, 5ª ed., São Paulo:Malheiros, 2005, p. 323.

37 Tem razão, portanto, Bruno Vanconcelos Carrilho Lopes, que, ao abordar a eficácia preclusiva sob o ângulo do réu, aponta que ela representa *"o impedimento à propositura de demandas incompatíveis com a situação jurídica definida na sentença transitada em julgado, na medida da incompatibilidade."* (LOPES, Bruno Vasconcelos Carrilho, *Limites objetivos e eficácia preclusiva da coisa julgada*, São Paulo:Saraiva, 2012, p. 110).

38 MOREIRA, José Carlos Barbosa, *A eficácia preclusiva da coisa julgada material no sistema do processo civil brasileiro*, in Temas de direito processual, São Paulo:Saraiva, 1977, passim.

39 TALAMINI, Eduardo, Coisa Julgada e sua revisão, Coisa julgada e sua revisão, São Paulo:RT, 2005, p. 86.

A consequência, portanto, é que não se pode pretender que fiquem acobertadas pela eficácia preclusiva da coisa julgada as causas de pedir que poderiam ter sido deduzidas pelo autor, para a procedência de seu pedido, mas não o foram.

Resta verificar, dessa maneira, como interpretar o Tema 889 do STJ, respondendo à questão formulada no início do artigo.

6. A (ainda) necessária reconvenção para que a eficácia preclusiva da coisa julgada abranja todos os fundamentos que poderiam ter sido trazidos pelo autor para o acolhimento de seu pedido

De acordo com o Tema 889, uma sentença de improcedência que estabeleça obrigação de pagar quantia, de fazer, não fazer ou entregar coisa, constitui título executivo, admitida sua prévia liquidação e execução nos próprios autos.

Tornemos aos exemplos do início:

(a) Tício ajuíza ação, pretendendo tutela declaratória, que reconheça que nada deve para Caio. A causa de pedir baseia-se na existência de doação da quantia recebida. Em sua contestação, o réu afirma que se tratou de mútuo, e não de doação. Sobrevém sentença de improcedência, que declara, em sua fundamentação, a existência de mútuo entre partes, apontando o valor devido pelo autor e a data em que ele deveria ter sido devolvido.

(b) Tício ajuíza ação, em que pede a declaração de inexigibilidade de duplicata, em razão da prescrição. Em sua contestação, o réu alega que não há prescrição e, portanto, o título é exigível. Sobrevém sentença de improcedência, que declara, em sua fundamentação, a inexistência de prescrição e, portanto, a exigibilidade do título.

Respondamos agora à pergunta, similar em ambos os casos: segundo o Tema 889, uma vez que a sentença, transitada em julgado, posto que de improcedência, estabeleceu a obrigação de pagar ou a exigibilidade do título, notadamente à luz do que preceitua o art. 503, §1º, CPC, pode o autor (vencido) deduzir, na fase de cumprimento, alguma alegação que poderia ter trazido para o acolhimento de seu pedido, mas deixou de trazer?

A resposta é afirmativa. Pode fazê-lo, nos termos do art. 525, §1º, III, CPC: *inexequibilidade do título ou inexigibilidade da obrigação*. Isso porque, de acordo com o exposto, a eficácia preclusiva da coisa julgada atinge apenas as alegações internas ao limite da causa de pedir. Se havia outras alegações, que poderiam ter sido trazidas pelo autor, na conta de fatos essenciais - portanto, como outra causa de pedir – e não o foram, tais alegações não são acobertadas pela eficácia preclusiva. Vale dizer, podem ser deduzidas, como forma de defesa, na fase de impugnação.

É por isso que, pretendendo o réu que a eficácia preclusiva abarque todas as alegações e as defesas que o autor poderia opor, tanto ao acolhimento quanto à rejeição do pedido, deve reconvir.

Ao propor reconvenção, o réu deduz pretensão própria, tornando o autor réu dessa reconvenção. Na posição de réu, o autor da ação principal terá, aí sim, o ônus de se defender, de maneira concentrada, a respeito de toda a causa de pedir e contra todos os pedidos feitos na reconvenção.

A consequência é que, improcedente a ação principal e procedente a reconvenção, o autor, vencido, já não poderá, em sede de impugnação, deduzir defesa que deveria ter sido trazida na contestação à reconvenção. Só então o art. 508, CPC, operará toda sua força. Essa é a correta leitura que se deve do Tema 889, do STJ.

Bibliografia

ASSIS, Araken de, *Reflexões sobre a eficácia preclusiva da coisa julgada*, in Revista Ajuris, ano XV, novembro 1988.

BARLETTA, Antonino, *Extra e ultra petizione – Studi sui limiti del dovere decisorio del giudice civile,* Milano:Giuffrè, 2012.

BEDAQUE, José Roberto dos Santos. *Direito e processo:* influência do direito material sobre o processo. 2ª ed., 2ª tir. São Paulo: Malheiros Ed., 2001

___, *Efetividade do processo e técnica processual*. São Paulo: Malheiros Ed., 2006.

BUONCRISTIANI, Dino, L' allegazione dei fatti nel processo civile. Profili sistematici,Torino:Giappichelli Editore, 2001.

CARNACINI, Tito, Tutela giurisdizionale e tecnica del processo. In: *Studi in onore di Enrico Redenti.* Milano: Giuffrè, v. 2, 1951.

CAVALLONE, Bruno, Il giudice e la prova nel processo civile, Padova:Cedam, 1991.

CHAINAIS, Cécile, Le principe dispositif: origines historiques et droit comparé, in Le procès est-il encore la chose des parties?, sous la direction de Laurence Flise et Emmanuel Jeuland, Paris;IJRS Éditions, 2015.

COMOGLIO, Luigi Paolo. Giurisdizione e processo nel quadro delle garanzie costituzionali. *Rivista Trimestrale di Diritto e Procedura Civile*, Milano, v. 48, nº 4, pp. 1063-111, dic. 1994.

COUTURE, Eduardo Juan. *Fundamentos del derecho procesal civil.* 3ª ed. Buenos Aires: Depalma, 1958.

DINAMARCO, Cândido Rangel, *Instituições de direito processual civil*, vol. I, 5ª ed., São Paulo:Malheiros, 2005.

___, *Instituições de direito processual civil*, vol. III, 5ª ed., São Paulo:Malheiros, 2005.

GRINOVER, Ada Pellegrini, *Os limites objetivos e a eficácia preclusiva da coisa julgada,* in O processo: estudos e pareceres, São Paulo:DPJ, 2006.

GUIMARÃES, Luiz Machado, *Preclusão, coisa julgada, efeito preclusivo,* in Estudos de direito processual civil, Rio e Janeiro:Editora Jurídica e Universitária, 1969.

LOPES, Bruno Vasconcelos Carrilho, *Limites objetivos e eficácia preclusiva da coisa julgada*, São Paulo:Saraiva, 2012.

MARINONI, Luiz Guilherme. *Técnica processual e tutela dos direitos.* São Paulo: Ed. Revista dos Tribunais, 2004.

MOREIRA, José Carlos Barbosa. *Temas de direito processual*: 8ª série. São Paulo: Saraiva, 2004.

___, *Eficácia da sentença e autoridade da coisa julgada, in Temas de direito processual - Terceira série,* São Paulo:Saraiva, 1984.

___, *Ainda e sempre a coisa julgada*, Revista dos Tribunais, RT 416/9, jun./1970.

___, *Coisa Julgada e declaração, in Temas de direito processual - Primeira série,* São Paulo:Saraiva, 1977.

___, *A eficácia preclusiva da coisa julgada material no sistema do processo civil brasileiro,* in Temas de direito processual, São Paulo:Saraiva, 1977.

OLIVEIRA, Carlos Alberto Álvaro de. *Do formalismo no processo civil.* São Paulo: Saraiva, 1997.

PROTO PISANI, Andrea. *Lezioni di diritto processuale civile.* 3ª ed. Napoli: Jovene, 1999.

PUGLIESE, Giovanni, *Giudicato civile,* in Enciclopedia del diritto, Milano:Giuffrè, v. 18, 1969.

SANTOS, Ernanes Fidelis dos, *Comentários ao Código de Processo Civil,* Rio de Janeiro:Forense, 1980.

TALAMINI, Eduardo, *Coisa julgada e sua revisão,* São Paulo:RT, 2005.

TUCCI, José Rogério Cruz e. *Tempo e processo.* São Paulo: Ed. Revista dos Tribunais, 1997.

YARSELL, Flávio Luiz. *Tutela jurisdicional.* 2ª ed., rev. e atual. São Paulo: DPJ, 2006.

USO EXCLUSIVO DO BEM EM CONDOMÍNIO, INDENIZAÇÃO E PENHORA DA FRAÇÃO IDEAL

Tiago Ravazzi Ambrizzi[1]

SUMÁRIO: **1.** Uma palavra para o homenageado. **2.** Delimitação do objeto do presente artigo. **3.** Condomínio, uso exclusivo e direito à indenização correspondente. **4.** O julgamento proferido no Recurso Especial nº 1.888.863-SP. **4.1.** O caso submetido ao Superior Tribunal de Justiça. **4.2.** Orientação a favor da impenhorabilidade do bem de família. **4.3.** Orientação a favor da penhora da fração ideal. **5.** A falta de proteção possessória ao condômino credor ante o inadimplente. **6.** Orientação do Tribunal de Justiça de São Paulo em relação à penhora da fração ideal. **7.** Conclusões. **8.** Bibliografia.

1. Uma palavra para o homenageado

É com imenso orgulho e satisfação que recebemos o convite para participar da presente obra coletiva, elaborada em justo tributo ao Professor José Rogério Cruz e Tucci.

Mestre na mais bela acepção do termo, a nosso eterno orientador rendemos aqui a nossa admiração e sinceras homenagens. Sua obra, seu exemplo e sua simplicidade no relacionamento com os alunos nos serviram e servem de inspiração. Em sua agenda, de certo muito atribulada, nunca deixou de encontrar tempo para dedicar aos seus alunos e orientandos, o que sempre fez com simpatia.

Gratidão, Professor Tucci, pela oportunidade e por todo o incentivo e ensinamentos recebidos!

2. Delimitação do objeto do presente artigo

O presente artigo tem o propósito de abordar a questão jurídica que chegou ao Superior Tribunal de Justiça e que, por escassa maioria, foi decidida no julgamento do Recurso Especial nº 1.888.863-SP.

A questão que ali se colocou relaciona-se ao conflito entre condôminos. De maneira mais específica, indaga-se se o crédito decorrente do

---

1 Bacharel em Direito pela USP. Especialista em Processo Civil pela PUC-SP. Mestre em Direito Processual pela USP. Advogado em São Paulo.

uso exclusivo do bem por um dos consortes, ensejando o direito dos demais à reparação, pode ser satisfeito mediante a penhora e expropriação da respectiva fração no imóvel comum.

Existiria, na espécie, impenhorabilidade do bem de família, passível de ser invocada pelo comunheiro devedor, de maneira a impedir a expropriação de sua quota-parte para o pagamento do crédito dos demais pares?

Como já se antecipou e será adiante esmiuçado, a matéria foi decidida de maneira não unânime pela Terceira Turma do Superior Tribunal de Justiça.

Em julgamento datado de 10.05.2022, os Ministros Ricardo Villas Bôas Cueva e Marco Aurélio Bellizze votaram a favor do reconhecimento da impenhorabilidade do art. 1º da Lei nº 8.009/1990, de tal sorte que, presentes os requisitos legais, a condição de bem de família poderia ser oposta pelo condômino devedor em detrimento de seus consortes.

Já a maioria acabou sendo formada em senso diverso pelos Ministros Nancy Andrighi, Moura Ribeiro e Paulo de Tarso Sanseverino, que chegaram à conclusão de que a proteção da Lei nº 8.009/1990 não incide em se tratando de débito contraído entre condôminos, proveniente do uso ou fruição da coisa comum por apenas um ou alguns deles.

Interessa, pois, dedicar o presente artigo à análise dessa particular questão jurídica.

Primeiro, para fins de situarmos a discussão, será colocada brevemente em foco a situação relacionada ao uso ou fruição exclusivos do bem comum e obrigações que em função disso são constituídas entre os comunheiros.

Depois, passaremos a enfrentar mais diretamente o tema central da oponibilidade, ou não, da proteção do bem de família na relação entre os condôminos e na execução do débito contraído em função da posse exclusiva do bem comum.

Serão expostos os argumentos à base das duas correntes que se exteriorizaram no referido precedente e agregadas algumas observações que, a nosso ver, respaldam e reforçam o acerto e justeza da orientação majoritária consagrada na ocasião.

O estudo será executado à luz, principalmente, do referido julgado do Superior Tribunal de Justiça, pelo desenvolvimento amplo que os votos colidentes deram à matéria, sem prejuízo de sua correlação com outros precedentes jurisprudenciais, notadamente do Tribunal de Justiça de São Paulo, que enfrentaram a mesma temática.

3. Condomínio, uso exclusivo e direito à indenização correspondente

O direito de propriedade tem definição legal no art. 1228 do Código Civil, que dispõe pertencer ao proprietário "a faculdade de usar, gozar e dispor da coisa, e o direito de reavê-la do poder de quem quer que injustamente a possua ou detenha." Trata-se do mais completo dos direitos subjetivos, o direito real por excelência, que recai sobre coisa própria e que independe, para seu exercício, de prestação de quem quer que seja.

Quando se fala em condomínio, temos o direito de propriedade, titularizado, no polo ativo, por uma pluralidade de sujeitos.

Como observa o saudoso Silvio Rodrigues, a noção de condomínio contrasta, de certo modo, com o atributo da exclusividade, ordinariamente inerente à propriedade. Segundo expõe, "Uma vez posto o condomínio a funcionar, cada comunheiro, em face de terceiros, atua como proprietário exclusivo e ordinário; mas, em face de seus consortes, seu direito esbarra em igual direito destes, de maneira que sua atividade, no desfrute da coisa comum, só é permitida enquanto não invadir a área de interesse daqueles."[2]

Para regular esse tipo de relação, que não raro é descrita como fonte de discórdias e de conflitos, o legislador enuncia, afora regras de administração do condomínio (cf. CC, art. 1323 e seguintes), uma série de direitos e de deveres dos condôminos.

Assim é que, por exemplo, prevê:

> (i) que "Cada condômino pode usar da coisa conforme sua destinação, sobre ela exercer todos os direitos compatíveis com a indivisão, reivindicá-la de terceiro, defender a sua posse e alhear a respectiva parte ideal ou gravá-la." (CC, art. 1314, *caput*);
>
> (ii) que "O condômino é obrigado, na proporção de sua parte, a concorrer para as despesas de conservação ou divisão da coisa, e a suportar os ônus a que estiver sujeita." (CC, art. 1315, *caput*);
>
> (iii) que "Cada condômino responde aos outros pelos frutos que percebeu da coisa e pelo dano que lhe causou." (CC, art. 1319).

2 RODRIGUES, Silvio. *Direito Civil: Direito das coisas.* Vol. 5. 28ª Ed. S. Paulo: Saraiva, 2003, pp. 195-196.

Embora o direito precípuo de todos os condôminos seja, como visto, o de usar a coisa conforme a sua destinação, não são incomuns os casos em que, na prática, o bem acaba se submetendo a uso ou fruição exclusivos por apenas um dos consortes.

Essa situação parece estar bastante associada, de um lado, à natureza por vezes indivisível do bem comum, que, sendo insuscetível de ser fracionado, impede ou dificulta o desfrute simultâneo por todos os consortes. E, de outro lado, à formação muitas vezes involuntária do condomínio, como se dá, por exemplo, na sucessão *mortis causa*, dando azo ao surgimento do consórcio entre sujeitos que não necessariamente possuem os mesmos propósitos em relação à exploração da coisa ou mesmo afinidade entre si.

Fato é que, estabelecido o uso ou fruição exclusivos por um dos condôminos, nasce para os demais o direito de reivindicar o recebimento da compensação financeira correspondente. Seja por meio do repasse proporcional dos alugueres (caso o bem tenha sido locado a terceiro por um dos consortes),[3] seja por meio do arbitramento e pagamento de aluguel indenizatório (caso do bem seja objeto de uso exclusivo por um dos comunheiros).[4]

Trata-se de direito expresso no já referido art. 1319 do Código Civil e atrelado ao princípio maior da vedação de enriquecimento sem causa. Direito de vasto reconhecimento pela jurisprudência, que também

3 "Apelação. Ação de cobrança. Repasse de aluguéis do imóvel comum. Sentença de procedência. Inconformismo da ré. Documentos evidenciam total discordância da ré em relação ao custeio das benfeitorias do imóvel e, em tal sentido, restou avençado entre as partes no documento de fls. 14. Manutenção da sentença por seus próprios fundamentos (art. 252 RITJSP). Recurso não provido." (TJSP, 9ª Câmara de Direito Privado, Apelação nº 1052347-65.2015.8.26.0002, Relator Desembargador Piva Rodrigues, j. 13.12.2016).

4 "Arbitramento de aluguéis. Uso exclusivo de imóvel comum. Insurgência dos autores apenas no que tange à data do início da obrigação. É cabível aos autores pleitearem o pagamento de aluguéis indenizatórios em razão da ocupação exclusiva do imóvel pela ré, como forma de evitar o enriquecimento sem causa desta. Termo inicial dos aluguéis deve ser a data em que manifestada expressamente a oposição dos autores à utilização exclusiva do imóvel comum. Notificação extrajudicial válida nesse sentindo. Fixação desde 10/07/2011, portanto. Recurso provido." (TJSP, 3ª Câmara de Direito Privado, Apelação nº 1003676-66.2014.8.26.0577, Relator Desembargador Carlos Alberto de Salles, j. 19.02.2019).

consagra, de modo aparentemente predominante, a sua incidência nos casos de simples mancomunhão.[5]

Não havendo o adimplemento espontâneo e nem mesmo o pagamento voluntário (após formado o título executivo judicial contra o obrigado), vem à tona a questão central objeto do presente estudo.

Iniciada a fase de execução forçada, é lícita a penhora e expropriação, para a satisfação do condômino credor, da quota-parte ideal detida pelo consorte devedor no imóvel comum? Refinando o raciocínio, admitindo que se trate do único imóvel do condômino devedor, que esteja servindo de residência para ele e/ou sua família, poderia ser realizada a penhora e expropriação da respectiva fração ideal? Ou se aplicaria na espécie a proteção do art. 1º, *caput* e § único da Lei nº 8.009/1990, para blindar aquele patrimônio dos atos executórios?

Os questionamentos não são meramente teóricos, mas de relevância prática evidente. Na falta de outros bens do obrigado, a fração no imóvel comum poderá representar o único ativo apto a responder pelo débito e satisfazer os condôminos credores.

Por outro lado, mesmo fora de dúvida que a extinção de condomínio é direito potestativo de qualquer dos consortes (CC, art. 1320) e que, em se tratando de imóvel indivisível, ela se processa pela alienação da coisa comum, caso se reconheça a impenhorabilidade da fração ideal do devedor é razoável argumentar que ela se transporta e se sub-roga no produto da venda judicial, que assim não poderia ser alcançado e empregado para a satisfação dos condôminos credores. Não parece fazer sentido algum reconhecer a impenhorabilidade do imóvel e, em caso de extinção forçada do condomínio, efetivada mediante venda judicial,

---

5 "Apelação. Arbitramento de aluguel c/c cobrança. Ré que era casada em regime de união parcial de bens com o falecido desde 1991. Divórcio das partes que foi decretado em 2014, oportunidade em que houve a partilha do bem comum (apartamento). Falecimento do ex-cônjuge que ocorreu em 2016. Pretensão dos herdeiros de recebimento de aluguel pelo uso exclusivo do imóvel pela requerida. Sentença de parcial procedência. Irresignação da Requerida. Mancomunhão. Alegação de que perdura o estado de mancomunhão, já que não houve trânsito em julgado da partilha do bem na ação de divórcio. Não acolhimento. O arbitramento de aluguéis em favor de ex-cônjuge (no caso, do espólio), em razão da ocupação exclusiva do imóvel comum, independe de partilha. Precedentes STJ. (...) Sentença reformada em parte. Recurso parcialmente provido." (TJSP, 4ª Câmara de Direito Privado, Apelação nº 1011258-84.2022.8.26.0562, Relator Vitor Frederico Kümpel, j. 16.06.2023).

despojar o condômino obrigado do produto respectivo, que poderia ser empregado na aquisição de outro bem para lhe servir de residência.

Foi justamente essa a questão jurídica submetida e decidida, por apertada maioria, pela Terceira Turma do Superior Tribunal de Justiça, no mencionado Recurso Especial nº 1.888.863-SP. Confrontaram-se dois entendimentos, um a favor e outro contrário à incidência da proteção do bem de família na relação entre os condôminos e na execução dos débitos decorrentes do uso exclusivo da coisa comum.

É para o exame de ambas as orientações e de seus fundamentos que dedicamos os itens seguintes.

4. O julgamento proferido no Recurso Especial nº 1.888.863-SP

4.1. O caso submetido ao Superior Tribunal de Justiça

O recurso em epígrafe foi aviado contra acórdão do Tribunal de Justiça do Estado de São Paulo, que, em cumprimento de sentença que visava à satisfação de aluguéis devidos por um condômino em favor do outro, decorrentes do uso exclusivo do bem comum, (i) afastou a impenhorabilidade do bem de família e (ii) confirmou a adjudicação da fração ideal do condômino devedor pelo consorte.

A ementa do acórdão estadual esclarece bem a questão em debate e o entendimento que restou adotado pela Corte Local: "Agravantes que estão na posse do imóvel há anos, sem remuneração da agravada condômina. Impenhorabilidade que não tem efeitos contra a agravada exequente. Agravada que, na verdade, é condômina do imóvel, na proporção em que o imóvel fora-lhe adjudicado. Proteção concedida pela Lei nº 8.009/90 é resguardar o imóvel próprio do casal, ou da entidade familiar contra terceiro credor, e não contra o condômino."

O recurso especial, interposto pelo devedor, veio fundado na alínea *a* do permissivo constitucional e na alegada contrariedade ao art. 1º, *caput* e § único da Lei nº 8.009/1990. Aduziu o executado que, ao consentir a penhora da fração ideal para pagamento da remuneração ao condômino, restou autorizada "a expropriação do patrimônio familiar protegido por lei, descaracterizando o próprio instituto do bem de família."

No julgamento do especial, como já antecipado, houve divergência, com a exposição de duas correntes de pensamento antagônicas e sobre as quais se passa a discorrer.

4.2. Orientação a favor da impenhorabilidade do bem de família

Relator originário do recurso, o Ministro Ricardo Villas Bôas Cueva, acompanhado em seu voto pelo Ministro Marco Aurélio Bellizze, esposou entendimento no sentido da incidência da impenhorabilidade do bem de família na espécie. A proteção ao bem de família haveria de prevalecer mesmo em face dos consortes e de crédito proveniente da posse e exploração exclusivas do imóvel comum.

Ponderou-se que o bem de família corresponde a uma forma de afetação de bens a um destino especial, qual seja, o de ser residência da família, salvaguardando, portanto, princípios e garantias constitucionais maiores, a saber, o princípio da dignidade da pessoa humana (fundamento da República, art. 1º, III, da CF) e o direito à moradia e ao mínimo existencial digno, seus consectários.

A partir de tal perspectiva, a proteção legal ao bem de família haveria de aplicar-se em seu contexto mais amplo. Nas palavras do Ministro Ricardo Villas Bôas Cueva, "diante do interesse público que se impõe em relação a esse regime especial de afetação de patrimônio, infere-se que a finalidade da Lei nº 8.009/1990 não é proteger o devedor contra suas dívidas, tornando seus bens impenhoráveis, mas, sim, elevar a proteção da entidade familiar no seu conceito mais amplo. Nesse contexto, o seu art. 1º, tido por violado, revela-se como instrumento de tutela do direito fundamental à moradia da família e, portanto, indispensável à composição de um mínimo existencial para uma vida digna."

Por isso, inclusive, os enunciados das Súmulas 364 ("O conceito de impenhorabilidade de bem de família abrange também o imóvel pertencente a pessoas solteiras, separadas e viúvas"), 486 ("É impenhorável o único imóvel residencial do devedor que esteja locado a terceiros, desde que a renda obtida com a locação seja revertida para a subsistência ou a moradia da sua família") e 205 ("A Lei nº 8.0009/1990 aplica-se a penhora realizada antes de sua vigência"), todos no sentido de aplicar a impenhorabilidade em seu sentido mais elástico.

Nesse estado de coisas, a regra geral, presentes os pressupostos legais, corresponde à impenhorabilidade e consequente blindagem do bem de família, que somente poderia ser afastada diante do preenchimento das hipóteses típicas e taxativas dos arts. 2º e 3º da Lei nº 8.009/1990.

Insuscetíveis as exceções legais de interpretação ampliativa ou de aplicação analógica, no que de resto parece ser assente a jurisprudência,[6] a impenhorabilidade não poderia ser flexibilizada na execução do crédito movida pelo comunheiro. O rol legal de exceções à impenhorabilidade, apesar de não afrontar a Constituição, é *numerus clausus* e "não alberga a hipótese vertente, em que uma dívida de aluguéis é reclamada por um condômino que não usufrui do bem, em relação aos demais, nele residentes." De tal sorte que "o acórdão recorrido, ao afastar a impenhorabilidade do bem de família em virtude da condição das partes, ou seja, sob a alegação de que a regra não seria oponível entre condôminos, acaba por estender as exceções taxativamente estabelecidas para atingir hipótese não acolhida pela legislação de regência."[7]

A situação do crédito entre condôminos, decorrente do uso exclusivo do imóvel, assim, não se amoldaria a qualquer dos permissivos do art. 3º da Lei nº 8.009/1990, nem mesmo ao de seu inciso IV, que excepciona a impenhorabilidade em se tratando da "cobrança de impostos, predial ou territorial, taxas e contribuições devidas em função do imóvel familiar." Daí, tratando-se do único imóvel residencial do devedor, o entendimento no sentido de vedar a penhora e expropriação da respectiva fração ideal.

Em acréscimo a esses fundamentos, acenou a minoria então formada com a observação de que o sistema jurídico fornece outro meio de tutela, este sim idôneo, para os condôminos lesados pelo inadimplemento. Se de um lado não podem eles promover a penhora e expropriação da fração ideal do consorte devedor – quando se tratar de bem de família –, possuem, por outro lado, o direito potestativo e incontrastável de, a qualquer tempo, reivindicar a extinção do condomínio, se necessário mediante a alienação judicial do bem.

Assim, a situação antijurídica, decorrente do uso exclusivo sem o adimplemento da contrapartida correspondente, a despeito da vedação de penhora, seria na prática eliminada mediante a alienação consensual ou, se necessário, forçada do bem, na forma do art. 730 do Código de Processo Civil e seguindo o regramento de seus arts. 879 e seguintes.

6 "Ademais, a Lei nº 8.009/1990 ostenta natureza excepcional, de modo que as exceções à regra geral da impenhorabilidade do bem de família são previstas de forma taxativa, sendo insuscetíveis de interpretação extensiva. Precedentes." (STJ, Quarta Turma, REsp nº 1.074.838/SP, Relator Ministro Luis Felipe Salomão, j. 23.10.2012).

7 Trecho colhido do voto vencido proferido pelo Ministro Ricardo Villas Bôas Cueva.

4.3. Orientação a favor da penhora da fração ideal

Em senso contrário, capitaneada pelo voto-vista proferido pela Ministra Nancy Andrighi, acabou se formando a maioria, acompanhada pelos votos dos Ministros Moura Ribeiro e Paulo de Tarso Sanseverino.

O voto vencedor principia pela observação, a nosso ver crucial, de que é preciso distinguir a propriedade exclusiva daquela detida em condomínio. O condomínio, sob o prisma dos direitos subjetivos, implica reunião de direitos de propriedade, direitos de igual estatura e relevância, que são exercidos sobre um mesmo bem.

Assim, à primeira vista, causa espécie e sensação de injustiça que um dos comunheiros, em razão de situação meramente factual (de estar usando ou fruindo com exclusividade da coisa comum), possa ser alçado a um regime jurídico distinto dos demais, privilegiado, passando a contar com a proteção de impenhorabilidade que somente em seu favor aproveita e a partir disso podendo sair ileso de sua responsabilidade frente aos consortes.

Efetivamente, parece razoável a ponderação segundo a qual onde está a vantagem, ali está a responsabilidade, tornando inusitado que um dos condôminos, o inadimplente, possa utilizar da proteção ao bem de família em prejuízo de seus pares, que titulam o mesmo direito real sobre o imóvel e que deveriam receber o mesmo tratamento jurídico.[8]

Donde, de fato, o fator de discrímen a justificar que a moradia – razão de ser da impenhorabilidade do bem de família – seja garantida exclusivamente em favor de um dos condôminos, sobrepujando o mesmo direito que assiste aos demais consortes? Esse aspecto e essa incongruência não passaram despercebidos ao voto-vista exarado pelo Ministro Moura Ribeiro, que, aderindo à divergência, consignou:

> "Ademais, indaga-se se essa proteção pode ser exercida contra coproprietário que não detém o uso e gozo do imóvel.

8 A esse propósito, do voto da Ministra Nancy Andrighi, colhemos: "Na espécie, os recorrentes fazem uso exclusivo do bem condominial, o que lhe imputa a obrigação de remunerar os demais condôminos pelos frutos que obtêm individualmente. Resiste aqui o princípio geral de direito *ubi emmolumentum, ibi onus*. Em tradução livre, onde há a vantagem, ali está a responsabilidade. Deste modo, não pode um dos condôminos, utilizar-se da proteção ao bem de família para prejudicar o direito do outro condômino que, conceitualmente, dispõe, na medida de sua fração ideal, dos mesmos direitos reais sobre o bem em discussão."

> Isso porque, estar-se-ia garantindo o direito de moradia àquele que exerce a posse exclusiva do imóvel em detrimento do coproprietário impedido de usá-lo e dele fruir os rendimentos, cujo direito de moradia também lhe é igualmente garantido.
>
> Nos casos de copropriedade de unidade residencial, a todos devem ser resguardados do direito de moradia, razão pela qual não se vislumbra razoável a oposição da impenhorabilidade do mesmo bem como de família, em desfavor daquele igualmente proprietário do bem.
>
> A prevalecer a pretensão, isto é, se um condômino de imóvel indivisível pudesse alegar bem de família e a impenhorabilidade com exclusividade, isso significaria o mesmo que negar o direito dos demais condôminos, em clara violação ao disposto no art. 1.314 do CC/02.
>
> Nos termos do referido artigo de lei, cada condômino pode apenas usar da coisa conforme sua destinação, porém exercendo sobre ela todos os direitos compatíveis com a indivisão. Assim, num condomínio pro indiviso um condômino não pode usar da coisa de modo a suprimir ou reduzir o direito dos demais condôminos."

Conquanto essa referência não tenha sido colhida do acórdão aqui examinado, cumpre anotar que o Superior Tribunal de Justiça em antigo precedente já proclamara que "o condomínio é obstáculo à criação do bem de família, pois, naquele regime, com a pluralidade dos proprietários que podem ou não ser os instituidores, a coisa não pode permanecer indivisa, a favorecer a família de um dos proprietários."[9] Tudo a evidenciar a contradição de, a pretexto de se proteger o direito de moradia de um condômino, sacrificar-se direito de idêntica estatura de seus pares, instituindo-se um tratamento diferenciado entre eles, deflagrado por mera situação de fato (a ocupação ou fruição exclusiva do bem por um deles).

No entanto, é preciso ir além. É necessário enfrentar a afirmação, externada na corrente anterior, de que as exceções à impenhorabilidade são taxativas e de que a situação ora em exame – de dívida entre condô-

9 STJ, 4ª Turma, AgRg nº 164.391-MG, Relator Ministro Sálvio de Figueiredo Teixeira, j. 30.04.1999.

minos, em função a posse do bem – não estaria alcançada por qualquer das hipóteses do art. 3º da Lei nº 8.009/1990. Nem mesmo a de seu inciso IV, que alude à "cobrança de impostos, predial ou territorial, taxas e contribuições devidas em função do imóvel familiar."

Não se ignora que as hipóteses do art. 3º da Lei nº 8.009/1990 configuram exceções e que, assim, devem ser interpretadas restritivamente. Quanto a isso não há dúvida ou discussão.[10] Porém, a jurisprudência do Superior Tribunal de Justiça, em exegese àquele exato dispositivo, já teve ocasião de sedimentar (i) que as obrigações condominiais são *propter rem*[11] e (ii) que obrigações *propter rem*, por gozarem de prevalência sobre os interesses individuais de um condômino, autorizam a penhora do imóvel residencial para a sua satisfação.

Para além da ampla fundamentação externada nos votos-vista do precedente aqui em debate, cabe referir ao interessante julgamento proferido no Recurso Especial nº 1.473.484-RS, de relatoria do Ministro Luis Felipe Salomão, datado de 21.06.2018.

Naquele caso se tratava de ação de responsabilidade por danos, que foram causados a terceiro, autor da ação, em razão de queda de pedaços de reboco do edifício, que pela má conservação do prédio se desprenderam da fachada.

Julgada procedente a demanda para condenar o Condomínio ao pagamento de indenização, na fase executiva foi requerida e deferida a penhora de uma das unidades privativas, ao que sobreveio o ajuizamento de embargos de terceiro pelo titular, pretendendo afastar a constrição sob os argumentos de que o bem foi adquirido depois do evento danoso e de se cuidar de bem de família.

---

10 STJ, Quarta Turma, AgInt no AREsp nº 1.158.338/SP, Relator Ministro Lázaro Guimarães, j. 14.08.2018.

11 No sentido de que a obrigação *propter rem* "É uma espécie jurídica que fica entre o direito real e o pessoal, consistindo nos direitos e deveres de natureza real que emanam do domínio", só existindo "em razão da detenção ou propriedade da coisa": DINIZ, Maria H. Curso De Direito Civil Brasileiro: Teoria Geral das Obrigações. v.2. Editora Saraiva, 2023. E-book. ISBN 9786553628021. Na mesma linha e elencando dentre as obrigações *propter rem* as do condômino de concorrer para as despesas de conservação da coisa comum e de indenizar os danos atrelados ao uso da coisa: GONÇALVES, Carlos R.; LENZA, Pedro. Esquematizado - Direito Civil 1 - Parte Geral - Obrigações - Contratos (Parte Geral). Editora Saraiva, 2022. E-book. ISBN 9786555596656.

Ambas as teses restaram ao final rechaçadas pela Corte Superior no aludido precedente, fundamentalmente porque, em se tratando de obrigação *propter rem*, nascida precisa e necessariamente da relação entre o obrigado e a coisa, descabe invocar a impenhorabilidade do bem de família, ficando a situação submetida à ressalva do art. 3º, IV da Lei nº 8.009/1990.

Nesse ponto, inclusive, já decidiu o Supremo Tribunal Federal, cravando que o bem de família pode ser licitamente penhorado e expropriado quando se tratar de execução de contribuição condominial, sem que daí resulte inconstitucionalidade ou vulneração à dignidade da pessoa humana:

> "RECURSO EXTRAORDINÁRIO. BEM DE FAMÍLIA. PENHORA. DECORRÊNCIA DE DESPESAS CONDOMINIAIS.
>
> 1. A relação condominial é, tipicamente, relação de comunhão de escopo. O pagamento da contribuição condominial [obrigação *propter rem*] é essencial à conservação da propriedade, vale dizer, à garantia da subsistência individual e familiar – a dignidade da pessoa humana.
>
> 2. Não há razão para, no caso, cogitar-se de impenhorabilidade.
>
> 3. Recurso extraordinário a que se nega provimento."[12]

Ora, se a impenhorabilidade do bem de família não pode ser invocada pelo condômino sequer em face de terceiro, em ação decorrente de dano causado pela coisa, com muito mais razão não pode ser oposta em face de seu consorte, em execução de dívida contraída pelo uso exclusivo do bem comum. A obrigação, em ambos os casos, é claramente de natureza *propter rem*, própria da coisa e emanada do domínio, impedindo que a blindagem do bem de família possa ser suscitada.[13] Ainda mais

---

12 STF, Segunda Turma, RE nº 439003, Relator Ministro Eros Grau, j. 06.02.2007.

13 Nesse vértice, permita-se a reprodução de trecho do voto-vista do Ministro Moura Ribeiro, que compôs a maioria, sustentando a subsunção da situação aqui discutida à moldura do art. 3º, IV da Lei nº 8.009/1990: "Portanto, desde logo deve ficar esclarecido não ser o caso de aluguéis decorrente de locação propriamente dita, mas sim de indenização devida por condômino pelo uso exclusivo do bem, tal como preceituado no art. 1.319 do CC/02: cada condômino responde aos outros pelos frutos que percebeu da coisa e pelo dano que lhe causou. Diante do motivo jurídico ensejador da indenização, pelo uso e gozo exclusivo de imóvel comum, pode-se afirmar que se trata de obrigação *propter rem*. O texto legal, no fragmento

em desfavor do cotitular que dispõe dos mesmos direitos e de idêntica situação jurídica em relação à coisa.

Some-se a isso que recusar a penhora da fração ideal do inadimplente pode levar, na prática, à sua irresponsabilidade perante os consortes e a consequente enriquecimento sem causa, que a lei veda (CC, art. 884 e ss.). Não havendo outros bens, aptos a responder pela dívida, a penhora e expropriação da quota-parte do devedor no imóvel comum tende a apresentar-se como a única alternativa para que os demais consortes recebam o seu crédito e não amarguem o prejuízo.

Veja-se, nesse particular, que a circunstância de qualquer dos condôminos estar autorizado a reivindicar a extinção do condomínio, se necessário mediante a venda judicial do bem, não elimina e não resolve necessariamente o problema da inadimplência. A alienação do bem põe fim ao estado de condomínio. Mas, acaso se compreenda que a fração ideal do devedor é impenhorável, soa no mínimo ponderável o argumento de que a impenhorabilidade será transportada e se sub-rogará no produto da venda, que assim não poderá ser alcançado pelos credores.

Daí a justeza e a necessidade de se consentir a penhora e expropriação da fração ideal na espécie. A só venda e o desfazimento do condomínio podem não resolver a situação e a crise de adimplemento. De mais a mais, soa incoerente que, para a solução da crise de adimplemento, a tutela executiva não se mostre eficaz, forçando o credor a mover nova demanda, de extinção de condomínio, ao final da qual ficará sujeito a discutir se o produto da venda lhe poderá ou não ser revertido.

Por outro lado, em adição a todos os fundamentos acima, deve-se lembrar que, nos termos do art. 833, § 1º do CPC, "A impenhorabilidade não é oponível à execução de dívida relativa ao próprio bem". O que reforça a conclusão de que as dívidas *propter rem* contraídas entre os con-

pelos frutos que percebeu da coisa, demonstra essa origem. Nesse panorama, o inciso IV do art. 3º da Lei nº 8.009/90 excepciona a impenhorabilidade do bem de família decorrentes de impostos, taxas e contribuições devidas em função do imóvel familiar, ou seja, obrigação *propter rem*. A jurisprudência do Superior Tribunal de Justiça, ao apreciar a questão frente a dívida condominial, é pacífica no sentido de que, por se tratar de obrigação propter rem afasta-se a proteção legal insculpida na Lei nº 8.009/90 (AgInt no Resp 1.642.127/SP, Rel. Min. PAULO DE TARSO SANSEVERINO, Terceira Turma, Dje 29/10/2018 e REsp 1.473.484/RS, Rel. Ministro LUIS FELIPE SALOMÃO, Quarta Turma, DJe 23/08/2018)."

dôminos, em função do uso exclusivo do bem comum, são de fato imunes à exceção de impenhorabilidade do bem de família.[14]

5. A falta de proteção possessória ao condômino credor ante o inadimplente

Do quanto expusemos acima, resta claro que aderimos à segunda corrente, que se sagrou vencedora por apertada maioria no precedente em análise. Constituído débito em função do uso ou fruição exclusivos da coisa por qualquer dos titulares, o próprio imóvel pode ser perfeitamente alcançado pelos atos executórios, na fração detida pelo consorte inadimplente, representando importante garantia para os credores.

Não se trata de, por razão de eficiência, efetividade e economia processual, permitir a penhora e expropriação, uma vez que o bem poderia ser objeto de extinção de condomínio e alienação forçadas, chegando-se a resultado análogo. O ponto é que, pela natureza da obrigação e pela especial relação entre credor e devedor, a impenhorabilidade do bem de família não se aplica. Ela é oponível a terceiros, mas não ao coproprietário, cotitular do bem.

E, para além das razões acima desenvolvidas, parece ainda mais razoável tal entendimento à vista de outra constatação, ligada à aparente inexistência de meios para que os consortes lesados removam o condômino inadimplente da posse do bem.

Como já se viu, o direito comezinho de todo condômino é o de usar a coisa comum, conforme sua destinação (CC, art. 1314). Em função disso, mesmo em casos de confessada inadimplência do ocupante frente a seus consortes, tem-se reiteradamente decidido que estes últimos, credores, carecem de interesse processual, na modalidade de adequação da via eleita, para postular a tutela possessória frente ao devedor.

---

14 Invocando esse fundamento legal para rechaçar a alegação de impenhorabilidade do bem de família na execução de dívida entre condôminos, titulares do mesmo bem: "Arbitramento de aluguel. Uso exclusivo de bem comum. Cumprimento de sentença. Constrição dos direitos que a executada detém sobre a meação do imóvel. Alegação de impenhorabilidade do bem de família. Inadmissibilidade. Aplicação do artigo 833, §1º, do Código de Processo Civil. Dívida oriunda do próprio imóvel. Proteção legal se volta aos terceiros, não incidindo entre condôminos. Subterfúgio à inadimplência não pode prevalecer. Agravo desprovido." (TJSP, 4ª Câmara de Direito Privado, Agravo de Instrumento nº 2220230-50.2020.8.26.0000, Relator Desembargador Natan Zelinschi de Arruda, j. 20.10.2020).

Elucidativa nesse particular foi a decisão proferida pela 4ª Câmara de Direito Privado do Tribunal de Justiça de São Paulo, na Apelação nº 0030764-95.8.26.0482, Relator Desembargador Maia da Cunha, datada de 8.11.2012.

Naquele caso os autores, condôminos de imóvel residencial, ajuizaram ação possessória em face da ré, sua comunheira. Aduziram que a ré residia no imóvel sem nada pagar aos consortes, que a ocupante não adimplia sequer o imposto territorial e que não conservava o bem, onerando, portanto, os demais titulares. Pleitearam, assim, a reintegração de posse, com a remoção da possuidora.

Ao julgar a matéria, a Corte repeliu a pretensão, aduzindo que "não cabe a tutela possessória de um condômino contra o outro se a posse não recai sobre parte determinada do bem comum e indivisível. Não sendo a posse localizada, como seria se as partes hipoteticamente tivessem a posse sobre espaço certo dentro dos limites do imóvel, tem-se que os condôminos exercem-na conjuntamente sobre a integralidade do bem, de sorte que a concessão da tutela possessória a um, em detrimento do outro, acarretaria a inadmissível supressão de direito legítimo deste último. Em outras palavras, tendo as partes iguais prerrogativas sobre o bem, descabe a exclusão do direito da ré. De outro lado, também se afigura inviável a reintegração da posse dos autores apenas quanto à parte correspondente à proporção que lhes toca no imóvel."

Forte em tais razões, ficou rechaçada a pretensão dos comunheiros, mantendo-se o decreto de extinção terminativa do feito pela inadequação da via possessória. Foram remetidos os autores a promover "a extinção de condomínio se inconveniente a sua manutenção."

No mesmo sentido, sempre pelo descabimento do recurso à via possessória, haja vista o direito comum ao uso da coisa, há diversos outros julgados, *v.g.*: TJSP, 7ª Câmara de Direito Privado, Apelação nº 0010791-16.2010.8.26.0604, Relator Desembargador Miguel Brandi, j. 11.12.2013; TJSP, 9ª Câmara de Direito Privado, Apelação nº 9156295-97.2009.8.26.0000, Relator Desembargador Grava Brazil, j. 21.05.2013; TJSP, 5ª Câmara de Direito Privado, Apelação nº 0027778-49.2011.8.26.0554, Relator Desembargador Moreira Viegas, j. 20.02.2013.

Nessas circunstâncias, se o sistema não permite aos lesados os meios de removerem o consorte inadimplente e, assim, mitigarem o seu prejuízo – orientação que se respeita, à vista da letra do art. 1314 do Código Civil –, nada mais razoável que na execução de seu crédito poderem alcançar e expropriar a fração do devedor no imóvel comum.

Do contrário, afirmada que seja impenhorabilidade, ficarão ainda mais escancarados a injustiça da situação e o tratamento dicotômico dispensado àqueles que deveriam ter os mesmos direitos.

6. Orientação do Tribunal de Justiça de São Paulo em relação à penhora da fração ideal

Apesar da acirrada divergência que marcou o recente precedente exarado pelo Superior Tribunal de Justiça, no âmbito do Tribunal de Justiça de São Paulo a matéria aparenta estar bastante sedimentada, no sentido de não autorizar a invocação da exceção do bem de família nas relações entre condôminos.

Nesse exato teor, a título meramente ilustrativo:

> "CUMPRIMENTO DE SENTENÇA. Exceção de penhorabilidade de bem de família. Rejeição. Acerto. Executado é condômino dos exequentes, titular de um quinto do imóvel. Pretensão de obstaculizar a penhora de sua parte ideal sobre o bem comum, ao argumento de que o imóvel tem natureza de bem de família. Regra da impenhorabilidade prevista na Lei nº. 8.009/90 não se aplica a relações entre condôminos de bem comum. Credores que poderiam promover a alienação judicial da coisa comum, nos termos do artigo 1.320 do Código Civil, com o escopo de extinguir condomínio incômodo, e obter a satisfação do crédito que deu origem ao procedimento executivo. Crédito com origem na condenação do agravante ao pagamento de indenização pelo uso exclusivo do prédio comum. Uso exclusivo da coisa comum gera obrigação propter rem de indenizar os demais condôminos privados de igual prerrogativa. Não faz sentido proteger o direito de moradia de um condômino, sacrificando o direito de idêntica estatura dos demais condôminos que, reunidos, são titulares de 80% do domínio. Decisão agravada mantida. Recurso não provido."[15]
>
> "AGRAVO DE INSTRUMENTO. Cumprimento de sentença. Decisão que reconheceu a impenhorabilidade do bem imóvel

15 TJSP, 1ª Câmara de Direito Privado, Agravo de Instrumento nº 2133981-96.2020.8.26.0000, Relator Desembargador Francisco Loureiro, j. 18.08.2020.

> diante da natureza de bem de família e afastou o pedido de declaração de fraude contra credores. Insurgência da parte exequente. Agravante que é coproprietário do bem imóvel. Executado que fora condenado ao pagamento dos aluguéis em atraso, bem como decretado seu despejo. Alegação de impenhorabilidade pelo reconhecimento de bem de família incabível. O dever de pagar "aluguel" pelo uso exclusivo do bem comum configura-se obrigação propter rem e, por esta razão, enquadra-se na exceção prevista no art. 3º, IV, da Lei nº 8.009/90 que afasta a impenhorabilidade do bem de família. Fraude à execução. Ocorrência. Executado que firmou escritura de compra e venda em favor dos filhos em momento posterior à sua intimação para pagamento do débito. Afastamento da condenação ao pagamento de honorários de sucumbência por parte do exequente. Prosseguimento da execução. Recurso provido."[16]

Na mesmíssima linha e lastreados nos mesmos fundamentos e razões acima já analisados, confiram-se também: TJSP, 1ª Câmara de Direito Privado, Agravo de Instrumento nº 2216893-82.2022.8.26.0000, Relator Desembargador Rui Cascaldi, j. 18.11.2022; TJSP; 2ª Câmara de Direito Privado, Agravo de Instrumento nº 2266976-39.2021.8.26.0000, Relator Desembargador José Joaquim dos Santos, j. 17.12.2021; TJSP; 2ª Câmara de Direito Privado, Agravo de Instrumento nº 2195398-16.2021.8.26.0000, Relatora Desembargadora Hertha Helena de Oliveira, j. 09.12.2021; TJSP, 9ª Câmara de Direito Privado, Agravo de Instrumento nº 2057538-70.2021.8.26.0000, Relator Desembargador Galdino Toledo Júnior, j. 03.08.2021; TJSP, 9ª Câmara de Direito Privado, Agravo de Instrumento nº 2067392-88.2021.8.26.0000, Relator Desembargador César Peixoto, j. 06.07.2021; TJSP, 3ª Câmara de Direito Privado, Agravo de Instrumento nº 2174583-66.2019.8.26.0000; Relator Desembargador Donegá Morandini, j. 04.10.2019; TJSP, 6ª Câmara de Direito Privado, Agravo Regimental Cível nº 2078248-58.2014.8.26.0000, Relator Desembargador Francisco Loureiro, j. 29.07.2014.

---

16 TJSP, 30ª Câmara de Direito Privado, Agravo de Instrumento nº 2027921-94.2023.8.26.0000, Relator Desembargador João Baptista Galhardo Júnior, j. 16.06.2023.

7. Conclusões

1. Estabelecido o uso ou fruição exclusivos por um dos condôminos, nasce para os demais o direito de reivindicar o recebimento da compensação financeira correspondente.

2. Mesmo que se trate do único imóvel do condômino devedor, que lhe sirva de residência, a penhora e expropriação da respectiva fração ideal é permitida e lícita para a satisfação do crédito dos consortes, proveniente do uso ou fruição exclusivos.

3. A impenhorabilidade do bem de família não é invocável na relação entre condôminos, na execução do crédito decorrente do uso ou fruição exclusivos.

4. A obrigação proveniente do uso ou fruição exclusivos do imóvel comum encerra obrigação *propter rem* ou ambulatória, de tal modo que também fica submetida a espécie ao regime do art. 3º, IV da Lei nº 8.009/1990 (que afasta a proteção do bem de família para blindar a fração ideal do condômino devedor dos atos executórios).

5. A circunstância de o sistema não permitir aos lesados a remoção do inadimplente da posse, conservando-o apesar do reiterado descumprimento de suas obrigações, reforça a razoabilidade de, na execução do crédito, poderem alcançar e expropriar a fração do devedor no imóvel comum.

6. A jurisprudência do Tribunal de Justiça de São Paulo orienta-se, de maneira abundante, no sentido de afastar a exceção de impenhorabilidade na relação entre os condôminos, mostrando-se coerente com a posição majoritária adotada pelo Superior Tribunal de Justiça no julgamento do Recurso Especial nº 1.888.863-SP.

8. Bibliografia

ASSIS, Araken. *Manual da Execução*. 20ª Ed. S. Paulo: RT, 2018.

DINIZ, Maria H. Curso De Direito Civil Brasileiro: Teoria Geral das Obrigações. v.2. Editora Saraiva, 2023. E-book. ISBN 9786553628021.

GONÇALVES, Carlos R.; LENZA, Pedro. Esquematizado - Direito Civil 1 - Parte Geral - Obrigações - Contratos (Parte Geral). Editora Saraiva, 2022. E-book. ISBN 9786555596656.

MARINONI, Luis Guilherme; ARENHART, Sérgio Cruz; MITIDIERO, Daniel. *Código de Processo Civil Comentado.* 7ª Ed. S. Paulo: RT, 2021.

RODRIGUES, Silvio. Direito Civil: Direito das coisas. Vol. 5. 28ª Ed. S. Paulo: Saraiva, 2003.

THEODORO JÚNIOR, Humberto. *Curso de Direito Processual Civil: Processo de execução e cumprimento de sentença, Processo Cautelar e Tutela de Urgência.* 42ª Ed. R. Janeiro: Forense, 2008.